中国旅游年鉴

中国旅游年鉴编辑委员会

1990

中 国 旅 游 出 版 社

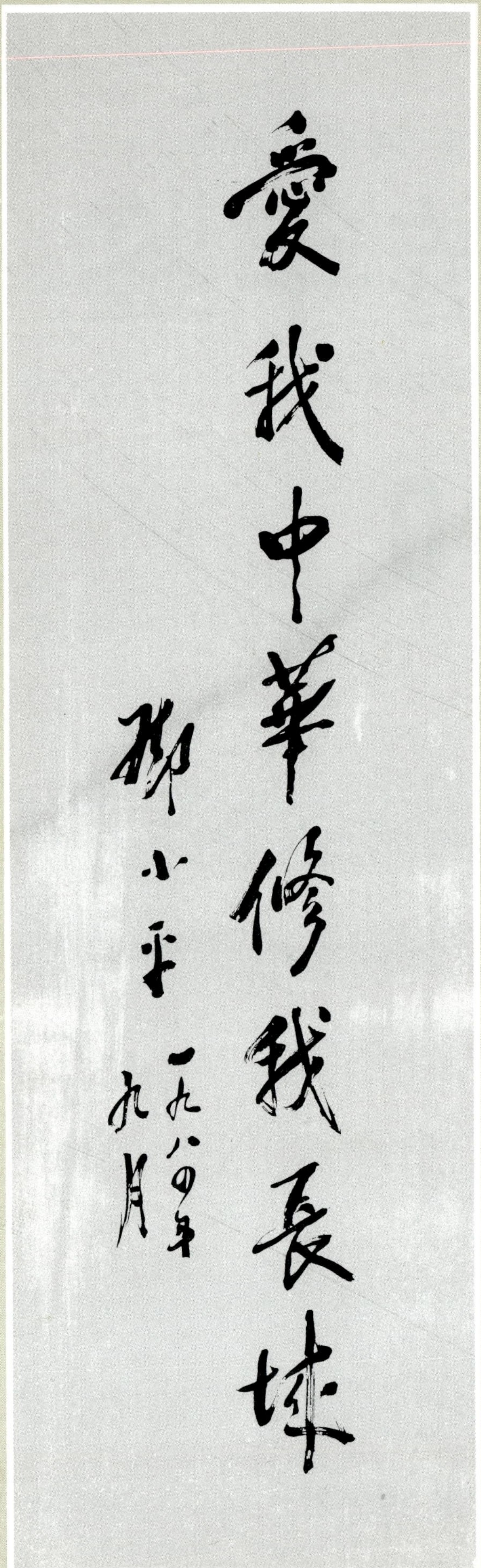

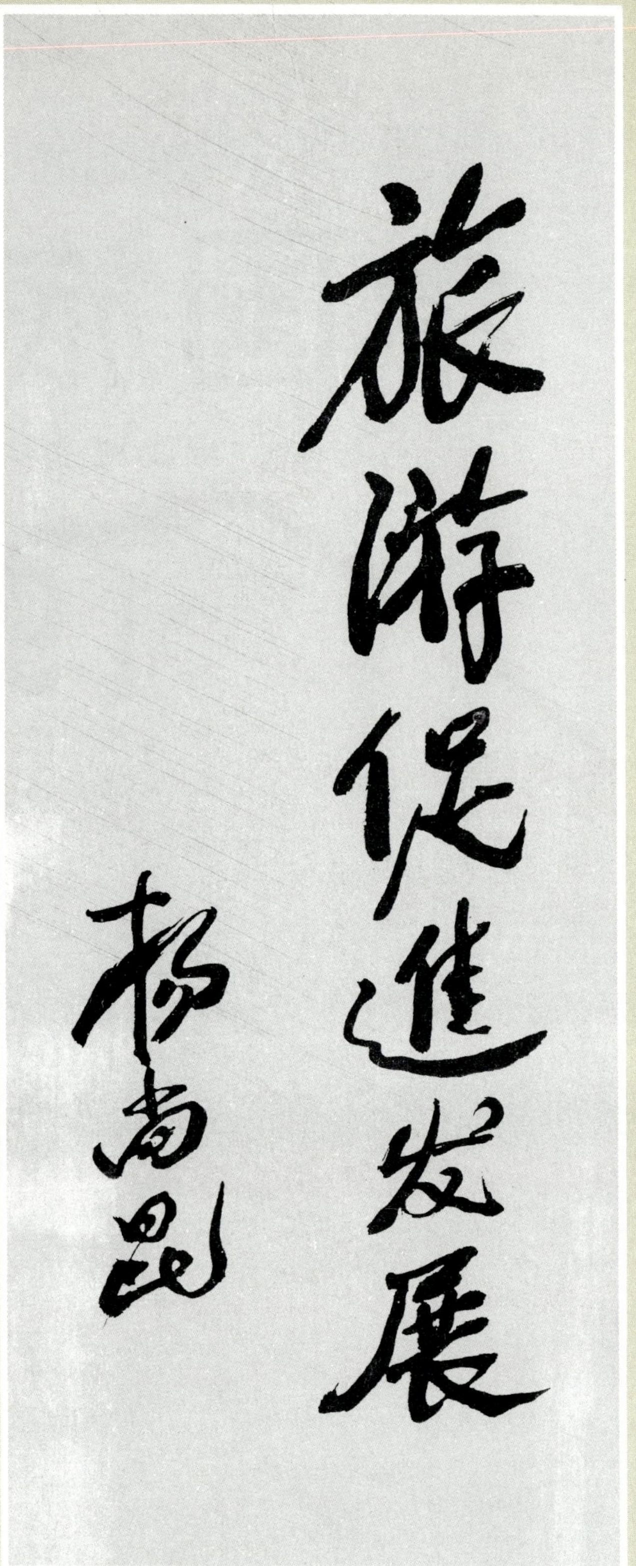

邓小平同志为修复长城活动题字：“爱我中华，修我长城”。
杨尚昆主席为旅游工作题字：“旅游促进发展”。

江泽民、李铁映视察北京第二外国语学院同二外师生代表座谈。王春山　摄

邓小平同志在北京兆龙饭店会见香港人士包玉刚先生。王文波　摄

万里委员长视察北京国际饭店。
刘辽西　摄

吴学谦、陈慕华、李昌安、刘毅等同志出席全国旅游涉外饭店星级颁布仪式，并向获得星级的旅游涉外饭店颁发证书。　孙占全　摄

何光晔副局长在春花杯中国导游大赛上与部分“全国十佳导游员”合影。　刘雅平　摄

1989年 9 月27日在陕西扶风县法门寺举行的部分“世界旅游日活动”。

陕西省旅游局供稿

89 ’北京“国际旅游研讨会”在北京召开。

北京市旅游事业管理局供稿

对公众开放后的北京天安门城楼。北京市旅游事业管理局供稿

1989年11月伦敦国际旅游交易会中国展台。

周振邦　摄

中华人民共和国旅游涉外饭店星级标志牌及证书。

中国旅游年鉴编辑委员会

编辑说明

一、《中国旅游年鉴》是全面、集中反映中国的旅游事业发展成就和基本概况，提供中国国际、国内旅游业方面的方针、政策、法律规定、信息资料及统计数据，为促进中国旅游事业发展服务，为广大读者服务。

二、本年鉴由中华人民共和国国家旅游局中国旅游年鉴编辑委员会编纂，文章、资料由旅游行业各部门负责人、学者、专家撰写、提供，内容全面、完整，资料翔实，数字准确，是国内唯一反映中国旅游事业基本情况的资料工具书。今后将每年出版一部。

三、本年鉴1990年刊的内容，主要收编1989年的资料。1990年刊是本年鉴第一部，对近年来中国旅游业发展的历史资料，附列于各部分相关内容之后，以便读者查阅。资料截止期为1989年底。

四、本期年内容共分"文献"、"法规"、"专文"、"中国旅游业"、"统计资料"、"国际交往纪事"、"旅游机构"、"企业名录"、"世界旅游业"、"附录资料"十部分。其中：

"文献"：收录党和国家领导人及有关部门领导人的重要讲话、文章；

"法规"：本期内容除1989年旅游有关法规外，还收录了近年来颁布的旅游行业重要法规以及部分相关法规、地方、有代表性的法规等；

"专文"：选登旅游工作方针、政策专述，旅游经济研究专文及研究动态；

"中国旅游业"：本刊的主要内容。较详尽地介绍旅游全行业和各地区旅游业的基本情况。地区顺序按国务院规定的省、自治区、直辖市次序排列；

"统计资料"：中国国际旅游业经济统计数据分析。由中华人民共和国国家旅游局提供，资料来源于全国各地旅游部门、统计部门、公安边检部门和工商行政管理部门。年鉴中的全国统计数字均未包括台湾省和香港、澳门地区的数字。

五、本期年鉴的地区旅游概况中，有关旅游统计数字，由于计算的口径、方法、范围不一而与年鉴"统计资料"中的数字不完全一致，请以"统计资料"中的数字为准。在使用时如发现已经公布的统计数字与本年鉴中的"统计资料"数字不符，则以本年鉴为准。

六、本期年鉴是首次编撰，尚缺乏经验，加之我们的水平有限，书中不足之处，欢迎广大读者指正。

目　　录

1 文　献　1

努力发展中国的旅游事业　吴学谦　3
吴学谦副总理1989年在全国旅游局长会议上的讲话　5
吴学谦副总理在中国旅游协会第二届理事会会议上的讲话　6
提高认识　重振旅游　刘　毅　7
加强队伍建设　发展旅游事业　何光玮　9
旅游教育的发展与思考　程文栋　11
中国式旅游道路浅识　何若泉　14
持续稳定地发展我国民航事业　管　德　19
中国铁路旅客运输和国际联运　周振庆　21

2 法　规　25

1989年我国旅游法制工作情况综述　刘汉奇　27
我国旅游法律法规简介　江　虹　29

中央法规　31

1989年旅游法规　31
关于对导旅人员实行合同管理的通知　（1989.2.15）　31
国家旅游局法规、规章制定和发布办法　（1989.5.11）　32
关于参加或举办国际旅游展销会的若干规定　（1989.5.26）　33
中华人民共和国国家旅游局关于海外朋友可以正常来华旅游的公告　（1989.6.14）　34
旅游对外招徕管理的若干规定　（1989.9.5）　34
关于中苏边境地区开展自费旅游业务的暂行管理办法　（1989.9.23）　35
关于与苏方联合开展第三国和港澳地区旅游团（者）跨国旅游业务的暂行管理办法　（1989.9.23）　36
关于旅游涉外饭店加收服务费的若干规定　（1989.9.30）　36
关于制止削价竞销的通知　（1989.9.30）　37
关于颁发和管理导游员证书的通知　（1989.12.11）　38
旅游外汇管理暂行办法　（1989.12.14）　39
关于认真开展扫除"六害"行动的通知　（1989.12.28）　40

历年来法规条例　41
旅行社管理暂行条例　（1985.5.11）　41
附：国家旅游局关于《旅行社管理暂行条例》有关问题的解答　（1985.12.27）　42
中国国际旅游价格管理暂行规定　（1985.12.5）　44
关于严格禁止在旅游业务中私自收授回扣和收取小费的规定　（1987.8.17）　45
导游人员管理暂行规定　（1987.11.30）　45
关于颁发中华人民共和国导游证书的暂行办法　（1988.1.14）　47
国营旅游企业财务管理若干问题的暂行规定　（1988.3.15）　48
旅行社管理暂行条例施行办法　（1988.6.1）　52
对国外旅行社旅行费用结算的暂行办法　（1988.6.15）　54
城市出租汽车管理暂行办法　（1988.6.15）　55
关于外国企业在中国设立常驻旅游办事机构的意见　（1988.6.17）　56
中华人民共和国评定旅游涉外饭店星级的规定　（1988.8.22）　57

相关法规　60
中华人民共和国文物保护法　（1982.11.19）　60
风景名胜区管理暂行条例　（1985.6.7）　62
旅馆业治安管理办法　（1987.11.10）　64
中华人民共和国环境保护法　（1989.12.26）　65

地方法规　68
我国地方旅游法制工作　张坚钟　68

地方政府法规　70
关于加强旅游区市场管理的暂行规定　（1986.3.4）　70
中共北京市委北京市人民政府关于改革北京市旅游事业管理体制的通知（摘录）（1986.12.17）　71
北京市实施《关于严格禁止在旅游业务中私自收授回扣和收取小费的规定》的处罚办法　（1987.10.15）　72
北京市执行《旅行社管理暂行条例施行办法》的处罚细则　（1989.11.18）　72
黑龙江省国际旅游管理暂行规定　（1989.10.6）　73

上海市严禁在旅游业务中索要、收授回扣和收取小费的规定 （1987.11.2） 74
上海市人民政府批转市体改办、市旅游局关于深化本市旅游管理体制改革的意见的通知 （1988.9.28） 75
关于深化上海市旅游管理体制改革的意见 75
江苏省人民政府办公厅转发省旅游局关于《江苏省国际旅游行业定点服务若干规定》的通知 （1988.9.7） 76
江苏省国际旅游行业定点服务若干规定 77
江苏省人民政府办公厅转发省旅游治安秩序联合调查小组关于加强对旅游市场综合治理的报告的通知 （1988.9.28） 79
关于加强对旅游市场综合治理的报告 79
湖南省人民政府办公厅转发省旅游局关于加强旅游行业管理意见的通知 （1989.3.1） 81
关于加强旅游行业管理的意见 81
广东省旅行社管理暂行规定 （1985.6.27） 82
外地旅行社驻广州旅游办事机构管理暂行办法 （1989.1.2） 84
陕西省旅游和来访外宾行李安全管理暂行规定 （1988.10.27） 85
陕西省旅游业管理暂行规定 （1989.2.24） 87
苏州市人民政府批转市旅游公司等五个部门《关于治理旅游环境、整顿旅游秩序意见的报告》的通知 （1989.1.11） 88
关于治理旅游环境、整顿旅游秩序意见的报告 88
地方旅游管理机构法规 91
关于对北京市新建新办旅游涉外企业、开发营业性旅游项目加强审查的通知 （1987.5.4） 91
北京市国际旅游价格管理暂行规定 （1987.5.8） 91
关于颁发导游员证件的暂行办法 （1987.10.15） 92
关于在北京地区直接开展国际旅游接待业务的外地单位履行登记手续的通知 （1987.10.15） 93
关于进一步加强旅游区市场管理的通知 （1987.10.31） 93
《关于颁发导游员证件的暂行办法》的补充规定 （1988.4.14） 94
关于颁发《旅行社业务经营许可证》的通知 （1988.11.15） 94
关于理顺旅游教育管理体制的通知 （1988.5.31） 95
关于社会力量举办旅游教育事业的暂行管理办法 （1988.5.31） 95
关于重申严禁导游、驾驶人员带旅游团队到非定点单位购物的通知 （1988.3.20） 97
关于贯彻经国务院批准、国家旅游局发布的《严禁在旅游业务中私自收授回扣和收取小费的规定》的实施办法 （1989.9.13） 97
关于颁发导游证等事项的通知 （1989.6.27） 98
关于颁发导游证等事项的补充通知 （1989.7.31） 99
关于旅行社在我省旅游景区设立分支社及办事处问题的暂行规定 （1988.8.30） 100
云南省旅游涉外商店暂行管理规定 （1988.6.3） 100
云南省旅游涉外宾馆（饭店）、餐馆暂行管理规定 （1988.6.3） 101
关于整顿旅游市场秩序的通知 （1989.5.24） 102
桂林市导游证发放管理暂行办法 （1987.3） 103
关于《桂林市导游证发放管理暂行办法》的补充规定 （1987.9.1） 104
定点餐馆服务标准考核暂行细则 （1988.4.11） 104
关于向涉外旅游车船颁发涉外许可证的通知 （1988.4.18） 105

3 专　　文 **107**

旅游经济研究 **109**
1978—1988：我国旅游经济研究发展概述 冯宗苏 109
面对滑坡的深层思考——1989年旅游经济研究综述 王铁岭 117
树立信心　重振旅游 刘　毅 121
发展旅游经济的战略思考 孙尚清 125
治理整顿中发展旅游业的思考 王立东 129
开展苏联东欧来华旅游问题的研究报告 孙　钢 132
“五个一起上”——一项重要的旅游发展方针 吕　远 136
日本旅游经济体制考察报告 魏小安　邱毅勇 141
资源、评价、开发 黄辉实 145
我国旅游事业发展中的“长线制约”与“短线制约”问题 朱一兵　饶　权 150
全面深化改革促进旅游发展 王步唐　黄启勋 155
发展“粤港澳大三角旅游区”的重要性　可行性及其前景 黄　继 158
文明古国的现代使命——关于发展我国旅游事业的几点刍议 吴乾翔 161
旅游饭店发展战略述略 齐　凡 163
昆仑模式：饭店管理“国产化”的启示 张凌云 171
西安宾馆抓改革初见成效 陕西省旅游局办公室 173
面临困境　积极开拓——关于发展饭店业的两点议论 钱学中 175
试论旅游饭店员工的挫折行为及心理对策 刘　纯　袁学娅 178
旅游价格改革的目标模式 黎艳阳　田　源　王政孝 180
旅游业清理“应收结算款”问题不容忽视

杨麟丽 183
关于我国旅游文娱工作现状的调查 王群 185
加强行业管理 整顿旅游市场 向才德 190
西安地区旅游经济效益综合分析研究 宫浩兴 胡俊平 192
浅淡孔子家乡旅游的对外宣传 子木 196
文章选登 198
让世界了解和向往中国旅游——旅游宣传工作10年综述 李海瑞 198
为旅游系统做好后勤服务——中国旅游服务公司成立十周年回顾与展望 黄正元 200
旅游期刊是旅游宣传战线上的方面军 潘超 202

4 中国旅游业 205

1989年旅游工作概况 李俊 207
1989年中国国际旅游业 孙纲等 208
旅游资源开发利用及保护 李亮 217
1989年旅游商品业 莫宇宏 224
发展中的旅行社行业 朱忠良 226
全国旅游涉外饭店星级评定工作 227
附：全国已公布的星级饭店 229
1989年的国际市场开发工作 徐汎 231
建国以来我国旅游宣传工作和国际旅游市场开发概况 沈受君 234
全国旅游教育事业的发展概况 陶汉军 240
全国旅游交通概况 赵远昭 244
1989年水上客运与旅游 冯守明 247
1989年公路交通与旅游 王宏图 250
城市出租汽车业 耿文 252
中国免税业 牛连枝 253

省、自治区、直辖市概况 256

北京市 256
概况 256
发挥和利用北京旅游资源的传统文化优势 薄熙成 261
大事记 262
先进人物 264
苦练实干的女厨师 264
宁愿自己辛苦不让宾客为难 264
徐征同志先进事迹简介 265
天津市 266
概况 266
大事记 267
河北省 267
概况 267
山西省 269
概况 269
内蒙古自治区 272
概况 272
认识特色利用优势发展内蒙古特色旅游 白云 273
大事记 275
辽宁省 275
概况 275
在治理整顿中继续发展国际旅游事业 鲍志强 278
吉林省 281
概况 281
大事记 283
黑龙江省 284
概况 284
大事记 286
上海市 288
概况 288
大事记 290
江苏省 292
概况 292
发展旅游业要在特色和配套上下功夫 冯惠群 294
大事记 296
浙江省 297
概况 297
大事记 301
安徽省 302
概况 302
大事记 306
福建省 308
概况 308
坚持社会主义方向 发展有福建特色的旅游业 南江 311
江西省 312
概况 312
江西旅游业的现状和发展前景 黄福田 315
大事记 316
山东省 317
概况 317
大事记 319
河南省 320
概况 320
湖北省 327
概况 327
大事记 334
湖南省 335

概况 335
广东省 337
概况 337
大事记 343
广西壮族自治区 343
概况 343
海南省 345
概况 345
四川省 350
概况 350
重振四川旅游 我们面临的选择 周绍全 354
大事记 356
贵州省 357
概况 357
大事记 359
云南省 361
概况 361
西藏自治区 365
概况 365
大事记 366
陕西省 367
概况 367
大事记 371
先进人物 376
全国模范翻译导游鱼新平 376
省劳动模范徐进前 376
陕西青年十杰赵宏 376
甘肃省 377
概况 377
大事记 384
宁夏回族自治区 386
概况 386
“马踏云雀”奔向世界 蒋纵舟 387
青海省 388
概况 388
新疆维吾尔自治区 390
概况 390
发展中的新疆旅游业 热合满·艾合特木 397

部分城市概况 400

沈阳市 400
大连市 401
长春市 403
哈尔滨市 404
南京市 405
杭州市 407
宁波市 409
厦门市 410
青岛市 411
武汉市 412
广州市 413
深圳市 416
桂林市 417
成都市 418
重庆市 419
西安市 421

旅行社概况 427

中国国际旅行社总社 427
概况 427
回顾 427
先进人物 430
中国有个董先生 430
中国旅行社 433
中国青旅集团 434
概况 434
回顾 435
大事记 437

附载：台湾香港澳门概况 439

1989年的台港澳旅游市场 刘桐茂 439
台湾的旅游业 沈受君 441
香港旅游业 沈受君 446
澳门的旅游业 沈受君 450

5 统计资料 453

来华旅游入境人数 455

1989年各月来华旅游入境人数 455
1989年各月来华旅游入境外国人数（按国籍分） 456
1984—1989年来华旅游外国人数（按国籍分） 457
1989年各月来华旅游人数（按乘坐交通工具分） 458
1980—1989年来华旅游入境人数 458

旅游者主要特征 459

1988—1989年来华旅游外国人数（按年龄分） 459
1988—1989年来华旅游外国人数（按性别分） 459
1988—1989年来华旅游外国人数（按职业分） 459

主要旅行社接待情况 460

1988—1989年全国有组织接待的来华旅游者人数 460
1989年1—12月全国有组织接待的来华旅游者人数 461
1988—1989年各月中国国际旅行社总社接待的来华旅游者人数 467

1989年各月中国国际旅行社总社接待的外国人数（按国籍分） 468
1988—1989年各月中国旅行社接待的来华旅游者人数 469
1989年各月中国旅行社接待的外国人数（按国籍分） 470
1988—1989年各月中国青年旅行社接待的来华旅游者人数 471
1989年各月中国青年旅行社接待的外国人数（按国籍分） 472

主要城市接待情况 473

1988—1989年主要城市接待的来华旅游者人数 473
1989年主要城市接待的外国旅游者人数（按国籍分） 475

涉外饭店基本情况 477

1988—1989年全国涉外饭店基本情况（按城市划分） 477
1989年全国涉外饭店基本情况（按地区划分） 485
1989年全国涉外饭店基本情况（按经济类型和规模划分） 486
1989年全国各地区涉外饭店数（按经济类型和规模划分） 487

旅游企事业基本情况 488

1988—1989年全国旅游企业基本情况 488
1985—1989年全国国际旅游从业人数 489
1989年全国国际旅游从业人数（按单位划分） 490
1989年全国旅游院校基本情况 491
1988—1989年全国旅行社单位数 492

主要旅游经济指标 493

1988—1989年二十五家外资饭店主要经济指标 493
1989年全国学建国饭店主要经济指标 494
1988—1989年十个主要城市旅游外汇收入 495
1978—1989年全国旅游外汇收入 495
1988—1989年全国旅游外汇收入构成 496
附：主要旅游统计指标解释 497

6 国际交往纪事 501

我国与外国政府旅游部门签订合作协议情况 503
1989年我国旅游业国际交流活动 504

7 旅游机构 505

行政管理 507

中华人民共和国国家旅游局 507
地方旅游管理机构 509
旅游驻外办事机构 521

旅游院校 522

全国高等旅游院校 522
开设旅游系（专业）的普通高等院校 522
培训中心 523
部分中等旅游职业技术学校 523

宣传出版 524

报刊 524
出版社 524

行业协会 525

中国旅游协会 525
中国旅游协会章程 527
中国旅游协会组成人员名单 528
中国旅游饭店协会章程 532
中国旅游饭店协会会员饭店基本条件 533
中国旅游饭店协会人员组成名单 534

8 企业名录 537

旅行社 539

中央一类旅行社 539
中央二类旅行社 539
地方旅行社 540

饭店·餐馆·商店·交通 570

旅游涉外饭店 570
餐馆·商店·交通 602

9 世界旅游业 621

世界旅游业 623

世界旅游业发展趋缓 沈蕙蓉 623
北美地区国际旅游业兴旺发达 应乐华 624
西欧地区旅游业发展平缓 段正湘 626
亚太地区旅游业发展迅猛 林洪滨 626
国际旅游市场的重要组成部分——苏联东欧 刘桐茂 628
非洲的旅游业在发展中 王丽敏 629

世界主要旅游交易会 630
巴黎世界旅游博览会（SMTV） 630
伦敦世界旅游博览会（WTM） 630
西柏林国际旅游交易会（ITB） 630
芝加哥国际旅游业展览会（ITIX） 630
香港国际旅游博览会 631
瑞典哥德堡国际旅游交易会（TUR） 631
日本国际观光会议（JATA CON） 631
世界主要旅游组织 632
世界旅游组织 徐京 632
国际旅游联盟 633
世界旅行社协会联合会（UFTAA） 633
妇女旅游组织国际联合会 634
国际旅馆协会（IHA） 634
国际民用航空组织（ICAC） 635
国际航空运输协会（IATA） 635
国际铁路联盟（IUR） 635
国际汽车联合会 635
国际旅游科学专家协会 635
国际旅游学会（IAT） 636
国际旅游研究院 636
世界旅游专业培训协会（WATTS） 636
欧洲旅游委员会（ETC） 636
欧洲运输部长会议（ECMT） 636
美洲旅行代表大会（IATA） 637
美洲旅馆与汽车旅馆联合会（AHMA） 637
拉丁美洲旅游组织联盟（CTOLA） 637
加勒比旅游组织 637
太平洋亚洲旅游协会（PATA） 637
东亚旅行协会（EATA） 638
东盟旅游协会（ATA） 638
世界旅游日 639

10 附录资料 641

对外国人开放地区一览表 643
中华人民共和国公民出境入境管理法 645
中华人民共和国公民出境入境管理法实施细则 646
中国公民因私事往来香港地区或者澳门地区的暂行管理办法 648
中华人民共和国外国人入境出境管理法 650
中华人民共和国外国人入境出境管理法实施细则 652
第一批全国重点文物保护单位名单 656
第二批全国重点文物保护单位名单 659
第三批全国重点文物保护单位名单 661
第一批国家重点风景名胜区名单 666
第二批国家重点风景名胜区名单 670
国家第一批历史文化名城名单 675
第二批国家历史文化名城名单 676
公安部、外交部、总参谋部关于公布中外籍人员入出境通行口岸的通知 681
外国旅游企业驻华办事处 682

文　献

努力发展中国的旅游事业

国务院副总理、国家旅游事业委员会主任　吴学谦

改革开放以来，我国的旅游业发生了巨大的变化，取得了可喜的成绩。1988年的旅游接待人数和外汇收入分别相当于1978年的17.5倍和8.5倍，十年期间的年平均增长率分别达到33.1%和24.1%。截至1989年，全国累计接待了近2亿海外旅游者，外汇总收入137亿美元。

在短短的十年间，我国的旅游业作为一项新兴的第三产业，形成了相当的规模。全国已有旅游饭店一千七百多家，26万间客房。旅行社达到一千六百多家。全国已经形成了七个重点旅游城市和地区。“长江三峡”、“丝绸之路”等一批新的重点线路也正在发展中。目前，旅游全行业的职工总数已超过150万人。旅游教育体系初具规模，旅游交通体系正在积极发展之中。总之，通过十年的艰苦奋斗，我国已经形成了交通、游览、住房、餐饮、购物和娱乐“六大要素”初步配套的旅游生产力体系，而且具有进一步发展的潜力。

在这一过程中，旅游业多方面的功能在逐步发挥。大规模的游客来华，是世界了解中国、中国走向世界的重要途径。旅游业也成为我国非贸易外汇的主要来源，在重点旅游城市，旅游业已成为当地经济中的重要产业。同时，旅游业也推动着经济、社会和文化等多方面的发展，有利于推动城市建设和改善投资环境。

1989年，由于动乱和暴乱的影响，我国旅游业一度遭受了严重的打击。各级旅游部门和旅游企业，按照中央的有关部署，振奋精神，采取积极措施，减少了损失，使总接待人数达到2450万人，外汇收入18.6亿美元。

当前，我国已实现了社会、政治、经济的稳定。稳定压倒一切，这是我国进行社会主义现代化建设，也是我们发展旅游业的基本政治条件。与国家对旅游业的期望相比，与我国的旅游资源和已经达到的产业规模相比，我国旅游业还有着相当的差距。我们还有很多事情要做。我们一定要努力扩大客源，增加海外游客。要使更多的游客想来，愿意来，而且能有更多的游客来了还愿意再来，关键在于狠抓管理水平和提高服务质量。在前几年旅游业快速发展时期，由于种种原因，我国旅游业的声誉有所下降，海外旅游者投诉多，“回头客”少。各级旅游部门一定要认识到声誉问题关系到我国旅游业的兴衰成败。

我国旅游业的发展，包括旅游基础设施的建设，应遵照“持续、稳定、协调”发展这一指导思想。在旅游基础设施建设上，今后要在促进旅游业“六大要素”的配套发展上下功夫。正如旅游业的发展离不开其他有关部门的协调配合一样，在旅游行业内部，

这些要素也要协调平衡配套发展。

无论从目前还是从长远来看，特别需要引起我们重视的是，我们的管理水平和服务质量比起硬件建设来要差得多。我们虽然有了一些管理和服务水平较高的旅游点以及饭店、管理人员、导游等等，但毕竟是少数，还需要做大量的工作才能改变当前旅游业的总体状况。

发展旅游业，要进一步改进旅游局对全行业的宏观管理，并切实加强各级政府对发展当地旅游业的领导，充分发挥中央和地方两个积极性。旅游行业的领导还应把抓好职工队伍的建设作为振兴旅游业的根本大计来抓，增强大家为发展我国旅游事业而努力的责任感。

我相信，只要我们按照党中央和国务院的部署，同心协力，克服困难，我国的旅游事业一定会在本世纪九十年代得到较大的发展，为国家的四个现代化建设做出积极的贡献。

吴学谦副总理1989年在全国旅游局长会议上的讲话

在治理整顿中，旅游业还是要继续发展的。

发展旅游业，在政治上、经济上都有好处。特别是对我们这样一个拥有丰富旅游资源、又需要争取更多的非贸易外汇收入来改善外汇收支状况的国家来说，积极发展旅游业不仅是需要长期实行的一项产业政策，而且是在当前治理整顿中贯彻积极发展对外开放方针的一个重要组成部分。发展旅游业，不仅能增进我国同世界各国人民的交往和友谊，服务和推动对外开放工作，而且可加强横向经济联系，开拓新的就业门路，促进地方经济和繁荣，为国家提供非贸易外汇收入。

在整顿改革中，我们应该充分利用十年改革中已经形成的旅游生产力，进一步发挥效能，为国家搞好经济调整服务，为支持四化建设服务，为贯彻实施对外开放政策服务。

旅游业是个“无烟工业”，两头在外，基本不存在与其它行业争夺原材料的问题。旅游业的进一步发展，不会影响治理整顿的总体部署，还会对经济调整产生一定的支持促进作用。

旅游业的治理整顿，要突出抓好提高经营管理水平，提高接待服务质量，提高我国旅游业的声誉。

旅游业的治理整顿，还必须把抓好提高经营管理水平和服务质量放到突出的位置上，统一认识，统一步调。切实搞出成效来。

各旅游局的领导同志必须认真加以重视，把刹住这些歪风作为旅游行业治理整顿中的大事切实抓好。旅游业的声誉，直接关系到对外招徕工作能否成功，关系到我国旅游业今后的兴衰成败，是一项既关系到当前又关系到长远的丝毫不能忽视的大事。正因为如此，我要强调指出，发展旅游业，旅游部门要抓好行业的治理整顿，坚决反对腐败现象，切实纠正不正之风，认真提高经营水平和服务质量，使我国旅游业的效益和声誉有新的提高。

提高经营管理水平和服务质量，必须首先强调思想教育，强调事业心，强调职业道德建设。旅游业是我国新兴的、贡献很大的、发展前景广阔的事业。旅游从业人员都要树立职业光荣感，都要发扬艰苦奋斗、拼搏开拓、勤俭节约的光荣传统，都要通过自己的热情周到的服务工作，当好“友谊使者”，为国争光。“一切向钱看”的思想，草率的、不负责任的工作态度，都是与旅游职业的要求相违背的，都应该通过治理和整顿解决好。否则，提高经营管理水平和服务质量就是一句空话。

提高经营管理水平和服务质量，基础在各个旅游企业。各级旅游局和各个旅游企业负责人，都要结合本地区本部门的实际，认真贯彻落实党中央、国务院关于治理整顿的部署，从本单位抓起，从自身做起。对海外旅游者目前反映最强烈的几个问题，各有关单位和部门要认真加以解决。要在治理整顿中，加强服务规范、工作制度、培训制度和赏罚制度的建设。旅游部门开展的优质服务竞赛活动，要结合治理整顿的新形势，充实新的内容。从旅游全行业看，已有一些旅游企业在海外赢得了声誉，应总结推广他们的经验，把优质服务工作真正抓出成效来。

要继续发展旅游区域联合，包括联合开发旅游资源，联合对外推销招徕。要有领导、有步骤地发展旅游企业集团。提高我国旅游企业在国际上的竞争实力。

吴学谦副总理在中国旅游协会第二届理事会会议上的讲话

（1989.9.11）

为了我国旅游事业健康地发展，当前一个重要任务是要下决心清理和整顿旅行社。应当肯定，随着旅游的发展，建立一批旅行社，这是完全必要的。现在的问题是太多太滥，有许多旅行社是不合格的，出现了许多拉后腿的、甚至违法的行为。不仅使我们的旅游业遭受到损失，并且败坏了我国的信誉，对这类旅行社必须严肃处理、撤销一批。

今年五、六月以来，由于在北京发生动乱和反革命暴乱的影响，我国旅游业处于严重的困难境地。我们既要重视当前的困难，同时也要看到这种困难是暂时的。发展我国旅游事业的基本因素都依然存在，有些正在继续扩充和改善。面对当前的暂时困难，我们不应当丧失信心或者消极等待。平息暴乱以后，邓小平同志的讲话明确指出，我们的基本国策不变，坚持独立自主的改革开放的政策不变。随着反革命暴乱真相为世界各国所了解，我国旅游业将得到恢复和进一步发展。在当前一个时期，我们要积极、主动做好对外宣传促销工作，同时加强自身的建设。要抓住目前旅游客人较少的时机，对全国旅游行业的企业和职工进行治理和整顿，加强坚持四项基本原则，反对资产阶级自由化的教育。在这里我想强调，我国的旅游事业是为社会主义建设服务的，是社会主义现代化建设的一部分，是改革开放政策的一部分。我们要引进那些有助于发展旅游业的外国资金、技术和先进管理经验，和外国同行进行各种形式的合作。但我们必须坚持抵制和清除各种腐败现象（赌博、娼妓、吸毒、敲诈勒索）。为了做到这一点，必须加强思想政治教育和健全各项管理制度，在职工中树立事业心、纪律性和良好的职业道德风尚。

提高认识　重振旅游

国家旅游局局长　刘　毅

1989年，中国旅游业经历了非常特殊的一年，旅游业在连续十年大幅度直线上升的形势下，由于北京出现春夏之交的动乱和反革命暴乱，使旅游业第一次遭受了首当其冲的重大挫折，成为经济产业中受害最大的产业。同时，1989年又是旅游战线的广大干部职工，在党中央、国务院和各级党委、政府的领导下，以坚定的信心，抓住全面吸引、重点促销和整顿队伍、增收节支三个重点，奋力爬坡，恢复旅游，取得出乎预料成绩的一年。大家经过了这一年的曲折，对于旅游业如何在困境中生存，在逆境中发展，有了现实的体验，受到了深刻的教益。

积极发展旅游业，是我国社会经济发展的一项重要产业政策。它是国家外汇来源的重要渠道，也是发展国际友好往来的重要阵地。1989年的事实告诉我们，旅游业作为一个依托性、脆弱性比较强的产业，格外需要一个和平稳定的环境。旅游是人们在和平环境中的生活享受，一个安定的社会环境，是发展旅游业的先决条件。事实告诉我们，国际政治因素对我国旅游业具有直接影响，我们应把客源市场的眼界放宽，力争更多地建立一些客源渠道，一旦发生国家间的干预，除了及时开展工作、减少影响外，可以立即转移促销重点。同时，也要看到旅游毕竟是人们的一种生活追求，即使发生国家间的制约，也仍有开拓的可能。事实告诉我们，旅游业是一个综合性的产业，又是国家收汇和货币回笼代价比较低的产业，一方面具有适度超前发展的可能，一方面又必须注意配套布局、配套建设，自觉地把旅游业纳入社会经济发展的组成部分，实行投入、产出的计划管理，以保证旅游业的健康发展。事实还告诉我们，国际旅游是在国际旅游市场上的竞争，我国除了丰富的旅游资源赋予我们强大的竞争力外，还必须要有适应海外市场特点的促销方式和政策措施，要有适应旅游生活的服务标准和服务规范，这样，才能保证旅游计划的实现，保持旅游市场的良好秩序，维护中国旅游的声誉。

1990年是重振旅游的关键一年，要努力争取达到1988年的水平，使下一年进入发展期。我们有许多有利条件，第一，党确定的继续坚持改革开放和治理整顿、稳定局势等一系列方针、政策，都有利于旅游业的发展；第二，解除北京部分地区和西藏拉萨的戒严，表明我国政局稳定，有利于旅游业的恢复；第三，1989年奋力开拓的一系列促销活动，将会在1990年发挥更大作用；第四，我们的旅游企业整顿、行业管理、队伍建设正在进行，服务质量正在改善。总之，我们有一个比较有利的外部环境和内部条件，可以加快恢复的进程，取得好的成绩。同时，我们也应看到，旅游业面临的形势还相当严峻，一是旅游的国际环境还存有对我不利的因素；二是对于整顿队伍和整顿外联市场秩序的重要性、迫切性，还认识不够。

我们要充分认识重振旅游的严峻性和紧迫性，提高整顿队伍、整顿企业、整顿旅游市场的自觉性。在国民经济的治理整顿中，如果旅游搞不上去，旅游企业的建设贷款无力偿还，将成为国家的一个沉重包袱，拖国家的后腿。如果能够尽快恢复和发展，有了好的效益，就会为国民经济的治理整顿提供物质力量的支持。只有在改善旅游市场秩序和改进服务质量、刹住不正之风等方面有个明显好转，才能开创旅游的新局面。

我们要坚定地办好具有中国特色的社会主义旅游事业。国际旅游是一项国际间的游览活动，中国的旅游业，既要考虑国际市场上的竞争需要，有其适应的一面，又要坚持中国的社会主义特色。第一，经营国际旅游的招徕业务，应由国营旅行社承担。这有利于对外联络工作的统一管理，有利于国家直接取得这项外汇收入，对大局是有利的。第二，旅游经营中，“嫖、赌、抽(吸毒)”是非法的，是绝对不允许的。我们应当建立有中国民族特点的、丰富健康的旅游生活，决不是没有嫖娼、赌博、吸毒就没有旅游业的繁荣。第三，旅游接待不收小费，要作为中国的社会主义服务宗旨加以坚持。第四，国际旅游价格要体现我国计划经济的本质要求，既有适应国际市场的价格管理政策，在大的方面能够管住，又给企业以灵活的机动权力，便于竞争。第五，旅游接待是多产业、多部门的综合性服务，要保证旅游产品质量的完整性，提供好的服务，必须具有行政手段、经济手段、法律手段并用的旅游市场管理规范。

我们对于旅游企业的调整和改革，要有新的认识。旅游企业应提倡走联合的路子，逐步向集团化方向深化改革。在1989年旅游企业所受挫折的影响中，我们看到凡是以旅游为主，围绕旅游搞了多种经营的企业，一般比较主动，因为它有助于解决局限性带来的脆弱性，有助于多方优势的发挥，也有助于从业人员的合理流动和配置。反之，遇到的经济困难就相当大，特别是旅游的温冷点尤为突出。因此，旅游企业在坚持以旅游为主的前提下，通过集团模式适当搞些多种经营是需要的。当然也必须明确，多种经营增加的收入，要为发展旅游服务，用于支持壮大旅游事业。

旅游业是大有作为的事业，只要我们能够把它作为一个经济产业加以重视，作为一个新兴产业加以扶持，依靠党和政府的领导，依靠旅游战线广大职工的百倍努力和主动工作，依靠相关部门的支持配合，中国的旅游业一定能够尽快重振，一定能够做出更大的贡献。

加强队伍建设　发展旅游事业

国家旅游局副局长　何光暐

党的十一届三中全会以来，在改革开放政策的推动下，我国旅游业迅速崛起，逐步走上持续、稳定、协调发展的道路。十年间，我国旅游业在党中央、国务院的领导下，在有关部门和地方的积极支持和配合下，在旅游行业全体职工的共同努力下取得了令人瞩目的成就。旅游接待人数和外汇收入持续稳定增长，十年间我国旅游接待人数和外汇收入的增长率平均为33.1％和24.1％，1988年接待人数和外汇收入分别为3169.5万人次和22.5亿美元，是1978年的17.5倍和8.5倍，到1989年累积创汇达135亿美元，成为我国非贸易外汇的重要来源。旅游基础设施取得明显进展，1985年以前饭店不足是我国旅游业发展中最主要的制约因素，几年来我们通过自力更生和利用外资相结合，新建、扩建和改建了一大批旅游饭店，目前全国已有旅游饭店1700多家，床位26万多张，主要旅游城市住房短缺的局面已经缓解。全国旅行社已达1600多家，其中一类社64家，二类社800家，三类社800家。旅游资源得到进一步开发和保护，目前全国的开放城市达到五百四十多座，七个重点旅游区和一批重点旅游线及游览点的配套建设得到了明显加强，国家和地方开发和建成了一批新旅游点，增强了我国旅游业发展的后劲。旅游队伍迅速成长，目前全国已有旅游大专院校4所，中专14所，职业学校271所，并在近60所高校办起了旅游专业，在校学生5.3万人，已培养出旅游专门人才2.8万人。旅游行业职工总数已超过150万人。

旅游业是综合性行业，旅游业的发展离不开有关部门的支持与配合。同时旅游业也是服务性行业，丰富的旅游资源和接待设施需要良好的服务来体现和完善。因此我们在加强宣传招徕、改善基础设施的同时，更应注重旅游队伍的建设。

旅游从业人员处在改革开放的第一线，通过旅游接待，不仅能够满足游客需要，为国家带来外汇收入，同时也促进了中国人民和世界人民之间的友谊和了解。近年来旅游战线涌现出了像董应烈、廖朝裕、葛正启等一大批模范工作者，他们不仅为旅游业的发展做出了贡献，也为国家争得了荣誉，是全体旅游从业人员学习的榜样。

随着旅游业的不断发展，我们对旅游服务质量的认识也在不断提高和深化。我们在初步建立了一个层次比较齐全的院校体系的同时，一批像天津旅游管理学院、南京旅游培训中心等培训基地正在抓紧建设。各级旅游部门和旅游企业都在积极开展不同形式、不同层次的培训工作。服务是旅游业生命线的意识越来越强烈。今年国家旅游局开展了在旅游行业中学习和弘扬雷锋精神的活动，号召全体从业人员以雷锋为榜样，坚定共产主义信仰，干一行、爱一行、钻一行。团中央和国家旅游局共同提倡开展的“青春在旅游业中闪光”活动正逐步走向深入。我们将在1990年底首次评选和表彰全国旅游行业中做出突出贡献的先进集体和个人，推动旅游服务质量持续不断的提高。

同时，我们也应该看到，由于前一段大气候的影响，我们强调政治思想工作不够，加上旅游行业职工增长较快，以及受资产阶级思想和生活方式的影响，旅游行业出现了索要小费、私收回扣等不正之风，极少数人甚至做出丧失国格人格的事，严重影响了我国旅游业的形象。我们必须对此高度重视，通过学习、教育、整顿等措施，增强旅游队伍拒腐蚀永不沾的能力，制止腐败风，维护民族精神，维护旅游信誉。1989年国家旅游局在西安“重振旅游”座谈会上明确提出了对全国旅游行业的干部职工普遍进行一次坚持四项基本原则、反对资产阶级自由化、消除腐败现象和纠正不正之风的整顿工作。1989年11月国家旅游局在苏州市召开了全国整顿旅游队伍现场会，推广了江苏省、苏州市、山东省、西安市旅游部门开展整顿的经验。各地旅游部门对整顿旅游队伍的必要性和重要性有了较为深刻的认识，许多省市旅游部门都把队伍整顿工作当成加强精神文明建设、恢复我国旅游业的大事来抓，取得了明显的效果。

旅游业的特点决定了我们对旅游战线人员的素质要求要高，应该是一支思想政治品质好，作风正派，廉洁奉公，精通业务的又红又专的队伍。我们通过经常性的思想教育和职业道德教育，不断调动广大职工的积极性和责任感，维护旅游信誉，维护国家形象。我相信，通过对服务认识的不断提高和整顿工作的不断深入，我国的旅游面貌将为之一新，服务质量将有明显改善和提高。我们的旅游队伍为我国旅游业的起步、开拓做出了重大贡献，也一定能为我国旅游业的重振和发展做出更大的贡献。

旅游教育的发展与思考

国家旅游局副局长　程文栋

·旅游教育的发展概况·

我国的旅游教育从1978年正式起步，已有十二年的历史了。十二年来，我国旅游教育从无到有，从小到大，如今已初具规模，初见成效，为我国旅游事业的发展做出了贡献。

我国的旅游教育是在党的十一届三中全会以后，随着旅游业的发展应运而生的。旅游教育一问世，就得到党和国家的关怀和支持。为了推动旅游教育事业健康发展，在百端待举、资金有限的情况下，国家对旅游教育的基本建设给予了尽可能的支持。七五期间，国家旅游局教育投资达1.93亿元，占同期国家旅游局基建投资定额9.3%；1990年国家旅游局教育投资升至二千余万元，占当年安排的基建拨款总额的50%以上。为了部署全国的旅游教育工作，国家旅游局于1980年和1986年召开了两次全国旅游教育工作会议。并先后编制了全国"七五"、"八五"旅游教育规划。

地方、企业、教育部门以及社会各界在发展旅游教育的过程中发挥了重要作用，在许多地区和层次上甚至发挥了主干作用。以全国旅游院校为例，属于地方、教育部门及其它单位的院校占全国旅游院校总数的90%以上。

目前，在全国已初步建立了一个具有一定层次和门类的旅游学校体系。截止1989年底，全国已有高、中等旅游院校354所(含仅设有旅游专业的学校)，其中高等院校69所(其中有4所完全的旅游院校)，中等学校285所(其中中等专业学校12所，技工学校2所，职业学校271所)。上述院校在校学生53042人，其中高等院校8551人，占16.12%，中等学校44491人，占83.88%。

经过十二年艰苦奋斗，我们逐步建立了一支政治上比较过硬，业务上具有一定水平的师资队伍，教材建设也初见成效。为了解决中等学校专业师资提高的问题和高等学校的专业基础课师资来源问题，国家旅游局在上海旅专特设了饭店管理师范专业，在南开大学开办了旅游经济管理研究生班。我局累计选派了六十余名骨干教师出国深造，每年固定聘请外国专家36名。在教材建设方面，各个学校作了大量工作，而我局陆续组织编写、引进和出版了5套统一教材，共计80种近一百册。

历年来，旅游院校为全国旅游部门输送了大批中级和高级专门人才。据初步统计，截止1989年底，旅游院校共为全国输送了三万余名毕业生，这些毕业生已经遍布全国绝大多数旅游区和从总经理到服务员的各级各类专业岗位，促进了我国旅游业的发展。

我国的旅游成人教育进展明显，一个多层次的职工培训网络正在初步形成。近年来成人培训基地的建设方兴未艾，目前全国开学和在建的旅游成人学校和培训基地共计21个，一批骨干院校在成人教育中发挥了重要作用，各大旅游企业纷纷建立了健全的培训机构，成人学历教育也有所开展，多种形式的短期培训工作在各地各单位开展得相当普遍。自1978年以来，国家旅游局将成人教育的重点转移到岗位培训上来，目前这项工作正在紧张有序地进行。

特别需要指出的是，从1989年起建立了导游资格考试制度，这个制度对提高导游专业水平、旅行社接待质量和加强旅行社宏观管理产生了积极作用。

我国旅游教育在发展过程中也存在一些问题，主要是：

(一)在一些地区、部门和单位，还存在抓业务指标“硬”、抓软件建设“软”的状况，对教育工作重视不够。

(二)旅游教育战线的人员素质还不能适应事业的需要。

(三)人才培养和使用不配套，很多旅游单位吸收新员工没有从对口专业的毕业生中录用，“先培训、后上岗”和凭证上岗的制度也未落实。

(四)旅游教育结构存在不合理的状况，高等教育规模偏大，职业技术教育和成人教育薄弱。

(五)旅游教育质量有待提高，尤其是德育水平和学生专业实践能力亟待提高。

·旅游教育改革与发展的思考·

今后我国旅游教育如何改革和发展？这是一个有待全国旅游教育同行深思和回答的问题。全国“八·五”旅游教育规划提出了“强化管理、调整结构、提高质量、合理投入、适应需要”的指导思想和一系列措施。目前有几个必须引起注意的问题：

(一)关于旅游教育的地位和作用。这是一个老的认识问题，但至今仍未解决好。各级领导重视教育是搞好教育的前提，发展教育是百年大计，对各行各业都很重要，对旅游行业更重要。因为我国旅游业是一个起步晚、人才基础差的行业，而这个行业又是外向型的，在管理和质量上必须实行国际标准，我们的竞争对象来自海外。要求从事这项工作的职工有较高的政治和业务素质。旅游教育问题是关系到全行业兴衰的大问题。

(二)要逐步实行资格考试、岗前培训和凭证上岗，并要逐步建立和推行能确保对口专业毕业生优先就业的制度，以逐步杜绝不合格人员进入旅游岗位并挤走合格人员的状况，从而提高旅游业员工素质和促进旅游教育健康发展。

(三)将德育工作切实放到旅游教育工作的首位。旅游教育必须坚定不移地坚持社会主义的政治方向，旅游教育工作者必须将教书和育人的两副重担一起挑，尤其要注意育人的工作，时刻不能忘记：我们的学校是培养革命事业接班人的。

旅游行业对德育工作特殊的要求。我们的行业是涉外的，员工直接或间接与海外客人接触，不能不受到西方思想和生活方式的影响。如果员工思想不过硬，立场不坚定，很容易出问题。在这方面我们也有不少教训。去年江泽民同志视察北京二外，也专门指示旅游教育要特别注意社会主义教育和爱国主义教育。

德育工作不仅正规院校要高度重视，成人教育也要如此。德育工作的关键一是领导要抓落实，二是教师要政治过硬。

（四）按照职业技术教育的规律和旅游业的要求，突出实践性和应用性，将旅游教育办出特色，办出水平。我国旅游教育的实践表明，凡是按照职业技术教育的路子办学的院校，其毕业生就比较受欢迎，而按普通教育和普通专业教育的轨道运行的院校，其毕业生就相对得不到用人单位的普遍承认。

为此，我们今后必须按照职业和岗位的需要确定基本的教学内容和教学要求；专业教师要达到既能上课，又能上岗的水平；配备模拟实验设施；充分抓好实习环节；突出职业道德教育。使我国的旅游教育事业更能适应我国旅游事业发展的需要，为旅游事业的发展多做贡献。

中国式旅游道路浅识

国家旅游局副局长　何若泉

党中央和国务院提出：要逐步走出一条日益兴旺发达的中国式的旅游道路。什么是中国式的旅游道路，这是一个很值得深入探讨的问题。

中国式旅游道路是建设具有中国特色的社会主义的组成部分，是由社会制度及旅游行业的性质和任务所决定的。党的十一届三中全会后党中央和国务院决定大力发展旅游业，之后并纳入国民经济计划。这标志着我国旅游业作为产业的一部分，并以其产品走向世界。

旅游产业同其他产业一样，必须以其独特和优质的产品参与市场竞争。因此，世界各发展旅游业的国家都在竞相发扬自己之所长，力争使自己立足于世界旅游业的先进行列。

什么是我们的所长？一是五千年的古老文化；二是得天独厚的名山大川；三是多民族的传统习俗。这是我国旅游业取之不尽用之不竭的宝贵财富。我们要精心爱护这些唯我独有的资源并不断加以开发和利用。

我国旅游资源丰富举世公认，但这只能说明我国是旅游资源的大国，不能说明它本身就是高质量的旅游产品。旅游产品是指旅游者在所有活动中由各种服务项目所组成的综合体。其中包括：吃、住、行、游、购和文娱活动。

旅游是经济事业，但就其活动的内容来说则是文化事业的组成部分。应该肯定，我们已经懂得了利用传统文化开展多种形式的旅游活动。许多地区还注意把旅游基础设施的建设同旅游文化的建设紧密结合起来，使其同步发展，涌现出一大批很有价值的具有浓郁民族和地方特色的旅游设施和文娱节目。所有这些都为进一步振兴我国的旅游业创造了条件。但不容否认的事实说明，我们认识到的东西和我们所提出来的措施有的付诸实现了，有的并没有变成行动，以致不同程度地影响了我国旅游产品的声誉。

为了说明这是一个值得注意的倾向，我想回顾一下有关国家在发展旅游业中所走过的路是有益的。

新加坡旅游业是发达的。但前几年接待人数的增长幅度下降，经他们反思后认为，所以出现这种情况根本的原因在于“失去了许多自己的和亚洲的特色而使旅游者感到没什么东西好看，只适于短期停留。”因此决定在今后五年的发展计划中投资10亿新元，用以保护和开发被认为有特色的旅游资源。比如，按原样子重建中国城和博物馆，并决定恢复已被取缔的街区活动。以便“使外国旅游者能切实地体验到新加坡人往日的生活”。

有的阿拉伯国家在发展旅游事业初期曾兴建大批西式现代化饭店，结果不受西方游客的欢迎。之后，他们建起了不少传统风格的木结构的阿拉伯式平房，西方游客涉足者却逐渐多了起来。诸如此类的例子不少，这里就不一一例举。

旅游业到底走什么路不仅仅关系到一个国家的旅游业前途，而且也关系到一个国家的民族文化的兴衰。一些国家和地区，随着旅游业的发展，由于缺乏抵制外来文化浸蚀的能力，致使本国的传统文化受到严重摧残。这已经成为世界性问题。为此《世界旅游组织》秘书长帕尔在1987年世界旅游日致词中曾强调指出："他们(指接待国)有责任采取有效措施，以确保作为基本旅游景观的环境和自然资源不因旅游而产生不良影响。并确保不会影响他们的道德标准和文化，或破坏他们的民族纯洁性。"

近十年来我国旅游资源的开发和旅游基础设施的建设总的情况是好的，取得了前所未有的成绩。应该说是经得起现实和历史的检验的。现实的检验是旅游者的评价，历史的检验者是我们子孙后代。王羲之在他的《兰亭集序》中说："后之视今，亦犹今之视昔。"当我们为祖先留下的灿烂文化而惊叹不已的时候，应该想到要审慎地去开发我们的旅游资源，充分考虑她所应具有的民族和历史价值，处理好现实需要和继往开来的关系，使我们的子孙后代对我们留给他们的遗产感到满意。这是我们所有从事旅游基础设施建设的同志都应认真考虑的问题。这样才能防止走偏方向，出现历史性的错误。

我们所说的中国式旅游道路最基本是要突出自己的，而且只属于自己的特点。就是说要在旅游的各个领域突出中华各民族的传统文化，并使之发扬光大，以其经久不衰的魅力，赢得我国和世界人民崇敬和尊重，使我国的旅游业永远立于不败之地。

在"文革"动乱期间，一位联邦德国的教授因为在外地拍照遇到一点麻烦，地方陪同要他曝光，他坚持不肯。他说："我没有做、也不想做有损于中国人民的事。我只是猎奇，拍下了我们国家和其他国家所没有的东西。"然后他不无挖苦地说："假如全世界的马都是四条腿，唯独中国的马是三条腿，那么有谁不感兴趣呢？"

这话讲得很尖刻，但却形象地反映了外国游客的心声。我们要去研究这些问题，并根据我国的国情，逐步走出一条区别于其它国家使人有新奇感的路子。

一、中国式的旅游应该是健康文明的旅游。我国旅游业既要为"四化"建设积累资金，赚取外汇，又要通过旅游增进同各国人民之间的相互了解和友谊，开展民间性的文化科技交流。我们的工作，既要为旅游者提供良好的服务，尽可能满足他们的精神和物质享受，使他们在华旅游期间过得舒适愉快，而又必须使他们的活动符合社会主义制度和道德规范。这就要求我们一定要在开发新的旅游项目上多下功夫。北京的老舍茶馆让旅游者边喝茶边听京韵大鼓、单弦、快板，观看双簧、京评戏演出。游客反映说："我们通过喝茶，切身体会到了中国人民的传统文化。"对其他文娱节目也应尽可能开展。如书画表演、气功表演、民族歌舞等。

二、中国式的旅游应该是充分利用我国的丰富资源，开展内容丰富多彩的旅游。我国的旅游资源是世界许多发达国家无可比拟的。数不清的历史文物、举世闻名的秀丽河山和悠久的传统文化艺术为我们开发出多种形式的旅游产品创造了条件。我们已经成功地开辟了三峡游、古运河游、丝绸之路游以及狩猎、钓鱼、疗养、徒步登山游等路线，满足了一批海外游客求新、求知、求奇、求变的要求。我们还可以设想得更多。在这方面我们应该提倡别出心裁，独树一帜。各地都应有“唯我独有”的旅游项目，并逐步形成产品向海外推销。

三、中国式旅游，应该是具有民族风格和地方特色的旅游。我国各民族的风土习俗差异极大，绚丽多姿，繁华似锦，使国内外游客为之向往和陶醉。拉萨举行的藏族雪顿节，每年都吸引不少海外游客。他们观后说：“这是神奇般的活动。”在旅游设施的建设上，我们强调了因地制宜，突出地方特点和民族格调，在内蒙古草原上建起了现代化蒙古包，在云南兴建竹楼式宾馆，这都是非常好的尝试。在少数民族地区开拓旅游项目的潜力很大，但目前限于交通条件还不可能大量开展。积十年之经验，对旅游基础设施建设一定要切实注意“使人有中国感”。有的大饭店设备先进，服务不错，但旅客却抱怨说：“我好像不在中国”。我们不仅要使旅游者感到在中国温暖，还要使他们切身体会到异国情调。

四、中国式旅游，应该运用我国幅员辽阔的特点，逐步发展区域旅游。我们国家地域广大，旅游景点分散，城市间距离过远，交通条件不如发达国家，一条线穿几个省市，不仅加剧了本来就供不应求的交通紧张状况，而且使旅游者疲于奔命。这种一次跑完大半个中国的做法，从旅游业的长远发展上看，不利于吸引更多的游客。因此要大力提倡区域联合，开展区域旅游。十年前根据小平同志指示，曾划分了六个旅游协作区。规定协作区的主要任务是：加强省市自治区之间的联系和合作，规划和建设好本区域的水、陆、空交通和游览点，在完成长线计划的同时，开展区域性旅游。很可惜由于种种因素，这个设想没有实现。现在各省都已经有了外联招徕权，如果说过去是由于权力过分集中妨碍了省市之间的联合，那么现在该是以联合求发展。有关旅游资源的开发和基础设施的建设也应严格按区域路线来进行，以便集中使用财力，使有限的资金尽快地发挥效益。

五、中国式旅游，应该是坚定地走社会主义道路。旅游业的发展会带来各种不同的阶级意识和生活方式，他们中的一些人也会以自己的生活方式要求为他们提供我们所不能接受的服务，以自己的政治观点对我们的同志施加影响，以致不可避免地出现意识领域的矛盾和冲突。解决这些问题的准则是坚持走社会主义道路。

就旅游行业来说是不受国界和社会制度限制的。外国人或华侨等四种人来华或回大陆旅游，必须尊重我们的规矩、道德和观念。过去几年，由于我们放松了思想工作和意识形态领域的斗争，自由化思想没有受到应有的抵制，导致本不属于社会主义的不良作风泛滥。诸如收取小费、要回扣以及有损于国格人格的人和事等，不同程度地败坏了我国的旅游声誉。今后应将反对资产阶级自由化思潮的侵蚀和反腐败的斗争，作为旅游业的一项长期任务来抓。要大力开展职业道德教育，提倡奉献精神，反对动辄伸手、无利不干的拜金主义腐朽习气，以高质量的服务取信于旅游者。

走中国式的旅游道路，最重要的是认识上的统一和观念上的改变。有人认为，走中国式的旅游道路必然排斥引进外来的先进技术和管理经验。也有人认为，引进外来的技术和管理经验不可避免地会带来外来文化。这两种观点都是不对的。这里用得着毛主席的一句话：“引进外国的东西，要把它改变，变成中国的。”我们许多引进的东西，这样做了，收到了良好的效果。既保持了民族传统和地方格调，又适应了国内外游客的需要。还有人认为只有“洋化”才是现代化，才有世界意义，才能适应“洋人”的需要，这是一种错觉。对于这些模糊认识，我们应通过实践，逐步加以澄清。

为了走出一条中国式的旅游道路，我认为当前应在统一认识的基础上抓好以下几项工作：

(一)用法律手段保护、开发、利用旅游资源和开展旅游基础设施的建设。过去由于我们缺乏严格的统一规划和指导，特别是缺乏强制性的手段，以致在城市或景区不同程度地出现了一批与我国古城风貌或山水名胜不和谐的建筑，对此，我们不能不感到惋惜。近十年来，城乡环境保护部门做了大量的工作，但仍然存在一些破坏性的建设。有的千年古城，如果规划和保护得好，本身就是一座巨大的博物馆，可是我们却在那里盖起了高楼。回顾是为更好地面对未来。未来应采取的办法是：加强法制建设，强制那些缺乏文化素养而又善于弄权的人慑服于法律。同时应更严格地审定和执行建设发展规划，大至饭店、娱乐中心，小至商店的门面和厕所，只要是建在古城或景区就必须从选址到设计都经过严格审批，否则依法制裁。

(二)要尽快解决旅游者的夜间娱乐生活问题。据1988年统计：来华旅游者中老年占69.3%。这是一个发人深省的数字。日本每年都有大量的青年夫妇到海外旅游，他们去美国、去新加坡，却很少到只一水之隔的中国来。他们说：“中国文娱生活枯燥，受不了。”目前由于文娱活动少而枯燥的缺陷，已经影响和削弱了我国对外招徕的魅力。

北京的老舍茶馆、曲阜的宫廷乐舞及各地一大批突出民族、地方特色的文娱节目，深受海外游客的欢迎，给了我们这样一个启示：我们不仅可以用传统文化取代其他国家的“三点一线”、“无上装”舞及其他不健康的娱乐活动，而且可以用我们的民族歌舞，招徕更多游客，提高经济效益。

我国文化艺术界和民间文艺团体及业余文娱爱好者中有一大批造诣极深的艺术家、舞蹈家、曲艺家以及武术表演家等，我们应该通过各种方式把这些人的积极性调动起来，为振兴旅游业做出贡献。

活跃旅游者的夜间文化生活，既要继承传统文化，又要力求新意，逐步形成新的特色，既要体现民族风情，又要体现泥土芳香；既要有阳春白雪，又要有下里巴人；地区间既要开展相互交流，又要防止相互雷同。这样才能逐步形成本地区、本民族的特有节目。

晚间的文娱活动要与餐食结合起来进行。边吃、边喝、边看。这是引进外来文化吗？不，我们祖先从来就有对酒当歌的传统。就是有些做法上的引进，只要不伤害我国的民族文化也不应排斥。这样不仅有利于安排旅游者的夜生活，而且可以扩大对外影响和旅游者的在华消费。

(三)要花大力气组织、开发旅游纪念品。我这里只谈纪念品，不是大范围的旅游商品。什么是旅游纪念品？即有民族特色，有欣赏和纪念意义，有使用价值的艺术品。有人归纳这种商品有三性：纪念性、工艺性、实用性。开发这种纪念品前途广阔，因为它深受广大游客的欢迎。许多旅游者把这种商品视为我国民族文化的象征，或自己使用，或馈赠亲友，或进行收藏。这种纪念品既可创汇，又可扩大对外宣传。

我们的很多地区和景点，纪念品太少。远远落后于旅游发达的国家和地区。一些国家纪念品之丰富叫人难以置信。可以说，旅游者所看到的几乎都有不同规格、不同质量的复制品出售。就是说，不仅叫你看到而且能够买到、“拿走”。既赚了钱，又宣传了自己的传统文化。至于开发旅游纪念品可以带来的其他方面的好处，更是不言而喻了。

（四）要多开发能体现传统文化和民族特点的旅游项目。我们要随时注意观察和了解旅游者的心理状态。其中包括不同国家的游客的共性和特性，以及不同阶层、不同职业、不同年龄的爱好，以便有针对性地开发多种形式的旅游活动。在这方面我们已经闯出了一些新的路子，如利用孔子的世界影响，开展祭孔活动；利用中华子孙寻根心理，开展祭黄陵活动；利用“龙的传人”的说法，开展龙年活动等。但这只是开始，诸如此类的活动应该搞得更多、更丰富。

旅游是个综合性的行业，它的产品是由各部门的产品综合而成的。其中包括旅行社、饭店、交通、铁路、民航、文化、商业等部门。因此，高质量的产品要靠各方面的协同动作才可能生产出来。我相信经过各部门的共同努力，我国的旅游产品必将日新月异，在不久的将来以其独特优质赢得世界各国人民和海外人士的赞扬。

愿我国的旅游业在中国式旅游道路的指导下不断兴旺发达。

持续稳定地发展我国民航事业

中国民用航空局副局长　管　德

1989年，在党中央和国务院的领导下，民航系统的广大职工发扬主人翁的精神，坚守岗位，克服困难，积极采取各种措施，最大限度地减少了动乱、暴乱所造成的损失，并使民航的各项工作有了新的发展。

一、运输生产比预计完成的情况要好

由于受动乱影响，1989年6月份民航运输总周转量比上年同期下降36.7%，仅相当于1986年的同期水平。面对严峻的形势，民航局在七月份及时召开了双增双节紧急会议，提出要振奋精神，克服困难，尽最大努力减少动乱、暴乱造成的损失。在各单位的积极努力下，运输生产得到了较快的回升。其中七、八、九三个月的运输总周转量分别比六月份上升13.7%、33.5%和37.1%。到年底止，民航全行业共完成运输总周转量205602万吨公里，旅客运输量1283.16万人，货邮运输量309699吨，虽比上年有一定下降，但比预计的情况要好。特别是各单位在客运减少的情况下，下力量抓了货运，使货邮运输量比旅客运输量少下降5.5个百分点。

二、航空运输网点继续扩展

1989年，民航共新辟国际航线4条，分别是北京—厦门—新加坡、广州—吉隆坡、哈尔滨—伯力、乌鲁木齐—阿拉木图。同时，根据国家和地区经济发展的需要，开辟了广州—襄樊、成都—福州、成都—长春、厦门—黄山等16条国内航线。截止年底统计，民航营运航线总条数达到378条，按重复距离计算的营运里程达到78.2万公里，不重复里程达到47.2万公里，分别比1988年末增加13.1万公里和9.8万公里。其中国内航线326条，通航城市达到88个，定期航班营运总里程重复距离计算为39.5万公里，不重复里程为29.6万公里。国际航线44条，通航27个国家和地区的37个城市，重复营运里程为37.5万公里，不重复营运里程为16.6万公里。至香港的地区航线6条，重复营运里程为1.2万公里，不重复里程为0.9万公里。

三、机队规模进一步扩大

1989年，通过租赁、贷款购买等方式新增运输机26架。其中波音747—400飞机1架，波音757飞机2架，A300—600飞机3架，MD—82飞机6架。运输机总座位数增加三千余座，比1988年末增加11.1%。运输机总架数达到193架，机型种类约有二十余种。同时淘汰了一些老旧飞机。机队的更新进一步提高了航空运输的安全性和舒适性。

四、基础设施及配套项目建设有新的进展

近年来民航抓了基础设施和配套项目的建设。1989年全部竣工投产的机场有8个，其中，大中型机场有沈阳桃仙机场，长春大房身机场，长沙黄花机场， 汕头外砂机场，小型机场有襄樊、屯溪、连云港、赣州机场。重庆江北机场也在年内基本完工。 此外，在建的机场跑道17条，总长度4.4万米，有7条年内建成投产。

在配套设施建设方面，计算机订座系统已覆盖国内30个主要城市， 并与国外30个城市联通；三个机场的仪表着陆系统建成投产；7个机场油库工程完工， 完工总容量为9.1万吨；此外，还新建或扩建了部分机场的候机楼、旅客售票处、 通讯导航台站等设施。民航飞行学院的初级教练机已经全部更新。

五、民航体改进展顺利

1989年民航局系统的“政企分开”的体制改革工作继续顺利进行， 年内继西南、东方和国际航空公司之后，又组建成立了中国西北航空公司。 民航局机关的机构改革也在年内基本完成。改革后的民航局机关在人员及编制方面做了较大精简， 增强了作为政府部门的宏观调控功能，对沈阳和广州管理局的改革也将按计划于1990年进行。

随着我国空运市场需求的不断增长和发展地方经济的需要，近年来， 地方航空公司也有较快的发展，到年底止，已有12家地方运输、 通 用 航 空 公 司 向民航局领取了许可证。这对促进地方经济的发展将起积极的影响。

随着我国政治、经济、社会进一步稳定和治理整顿、深化改革工作的不断深入， 我国的民用航空事业必将取得更大的发展。

中国铁路旅客运输和国际联运

铁道部运输局局长　周振庆

1989年，全国铁路客运工作取得了一定成绩，虽受各种因素影响，客运量低于1988年，但站、车服务质量得到了提高，旅客购票乘车条件得到了改善，多年来铁路客运超负荷运转的状态有所缓和，铁路和旅游部门相互配合，共同努力，基本上满足了外宾、华侨、港澳台胞旅客的需要。

一、基本概况

1989年全路运行图图定列车1043.5对，其中特快30对，直快102.5对，直客53对，管内特快54.5对，管内快车147.5对，管内客车456.5对，市郊列车156.5对，混合列车43对，日总运能为310万人。

1989年计划发送人数为11.6亿人次，实际发送11.16亿人次，完成计划的96.6%，也是历年来未完成计划的一年，其主要原因是：

1.1989年春夏之交，北京发生动乱和反革命暴乱，对下半年客流影响大，造成客流大幅度下降，由上半年的日均发送332万人，下降到下半年的266万人次，日均减少66万人次。

2.经济上进行治理整顿，财政压缩开支，控制人员出差，各种会议减少，也是客流下降的一个因素。

3.1989年9月5日开始调整铁路客运运价，部分旅客改乘公路，尤其是农民客流进城做生意、做工的有所减少。

4.发生动乱、暴乱后，受西方资本主义国家反动宣传影响，来内地参观、旅游的外宾、华侨、港澳同胞的人数下降，1989年与1988年相比，下降241万人次。

二、国际列车及国际直通客车情况

北京～乌兰巴托～莫斯科3/4次国际列车：

由中国铁路担当，每周开行一往返。每星期三由北京始发，星期一到达莫斯科；星期三由莫斯科始发，星期一到达北京。列车编组为：邮政车、行李车、餐车、高级软包2辆（定员32人）、软包车3辆（定员96人）、硬包车6辆（定员188人），合计定员316人。

北京～满洲里～莫斯科19／20次国际列车：

由苏联铁路担当，每周开行一往返。每星期六由莫斯科始发，星期五到北京；星期六由北京始发，星期五到莫斯科。编组内容为：邮政车、行李车、餐车、高级软包车1辆(定员18人)、硬包车9辆(定员320人)，合计定员338人。

北京～平壤27／28次国际直通客车：

每周开行四往返，由中朝两国铁路各担当两往返。每星期一、三、四、六由北京和平壤始发，星期二、四、五、日到达平壤和北京。编组为：软包车一辆（定员32人）、硬包车1辆(定员32人)，合计64人。

北京～乌兰巴托23／24次国际列车：

每年夏天期间(6—9月)每周开行一往返。由中蒙两国铁路隔年轮流担当。中铁担当时，每星期二从北京始发，星期三到乌兰巴托；星期四从乌兰巴托始发，星期五到北京。蒙铁担当时，每星期四从乌兰巴托始发，星期五到北京；星期六从北京始发，星期日到乌兰巴托。列车编组为：中铁编组与3／4次国际列车相同；蒙铁编组为：行李车、高级软包车2辆(定员36人)、高硬包1辆(定员高包8人，硬包16人)、硬包车5辆(定员176人)，合计定员236人。

北京～乌兰巴托89／90次国际直通客车：

每周开行两往返，由中蒙两国铁路各担当一往返。每星期二、五从北京和乌兰巴托始发，星期四、日到达乌兰巴托和北京，中铁编组为：软包车1辆(定员32人)、硬包车1辆(定员32人)，合计64人。蒙铁编组为：高硬包车1辆(定员高包8人,硬包16人)、硬包车1辆(定员32人),合计定员56人。夏季开行23／24次国际列车期间，89／90次国际直通客车停开。

根据国际联运旅客的需要，从1989年夏季起，北京～满洲里～莫斯科间加开第二趟19／20次国际列车。相应调整第一趟国际列车的到发日期。每星期六、日从莫斯科始发，星期五、六到北京，并于当日折返；星期五、六从北京始发，星期四、五到莫斯科，第二趟国际列车编组为：行李车、餐车、高级软包车1辆(定员18人)、硬包车8辆(定员284人)，合计302人。

1989年国际列车的国际直通客车的运量为72799人次，比1988年增长16.7%。现在列车定员尚能满足国际旅客的需要。但在夏季旅游季节，需采取临时加挂车辆的办法来解决。

三、广州～九龙直通客车情况

为了满足港澳同胞、外宾和内地旅客往返港穗的需要，广州～九龙间每日开行四对直通客车，节、假日还临时增开1—2趟直通客车。编组为：行李车、餐车、软座车11辆(定员840人)。1989年运量198万人次。

四、旅游列车开行及四种人运送情况

为了适应旅游客流需要，有的铁路局开行了管辖路段内旅游列车。

上海铁路局：

自1989年下半年开始，开行了南京～上海游1／2次。所使用的车辆是我国自己设计制造的新型双层客车，舒适、美观、运量大，软座定员为110个，硬座定员182个，开行以来，深受国内外旅客欢迎。同时，在该线上还开行了游15／16次，使用普通车辆。杭

州～无锡间开行游11／12次。

广州铁路局：韶关～深圳间开行了游11／12次。

北京铁路局：北京～承德间开行了游11／12次。

沈阳铁路局：沈阳～大连间开行了游1／2次。

济南铁路局：济南～青岛间开行了游11／12次。

柳州铁路局：柳州～南宁间开行了91／92次。

1989年发送外宾1139948人次，华侨335371人次，港澳同胞7396713人次，台胞396139人次，计9366713人次。

五、铁路客运设施有所改观

为满足铁路客运任务及旅游事业的需要，铁道部尽最大努力改造和更新设施，1989年天津、石家庄等新客站投入使用。投入了大量的车辆购置费购买新造车辆1700余辆，并从东德购进软卧、软座300辆，使我国铁路旅客车辆紧张状况得以缓解，在运能十分紧张的情况下，积极挖潜扩大运输能力，又增开了一些旅客列车。基本上满足了当前旅游任务的需要。

法　規

1989年我国旅游法制工作情况综述

·刘汉奇·

治理旅游经济环境，整顿旅游市场秩序是1989年我国旅游经济工作的重点，法律手段是治理整顿最有效的手段。1989年围绕治理整顿这个中心，旅游行业的法制建设也有了比较大的进展，颁布了《旅游外汇管理暂行办法》、《旅游对外招徕管理的若干规定》、《关于参加或举办国际旅游展销会的若干规定》等一系列法规性文件，建立起了必要的市场规则，将以往秩序比较混乱的旅游市场纳入了制度化管理的轨道，并在这些规章制度的执行过程中，依法通告处罚了一些违法经营的旅游企业，严肃了市场规则，有效地整顿了市场秩序。

依靠法律手段开展治理整顿工作，从而推动我国旅游业发展的观念已经成为旅游行业的共识。近年来，旅游行业的法规建设从中央到地方相继展开，为了使旅游行业的法规建设走上规范化、制度化的轨道，国家旅游局根据国务院《行政法规制定程序暂行规定》和《行政法规、规章发布办法》制定了《国家旅游局法规、规章制定和发布办法》，对旅游行业管理法规的起草、审议、发布的程序作了规定。按照《国家旅游局法规、规章制定和发布办法》的规定，国家旅游局根据国家旅游事业发展和加强法制建设的需要，制定旅游法规、规章的长远规划和年度计划；列入规划和计划的法规或规章由国家旅游局的业务司室或组成专门的起草小组负责起草；法规和规章应当对制定的目的、适用的范围、主管部门、具体规范、奖惩办法、施行日期等内容作出规定；国家旅游局法规、规章的发布要由局长签署规章发布令。《国家旅游局法规、规章制定和发布办法》的颁行为我国旅游行业法规建设走上科学化、规范化的轨道提供了法律保障。

针对几年来我国旅游企业的规模和数量发展过快，各类旅行社争相到国际市场上招徕客源，并采取相互诋毁、压低价格等不正当的竞争手段，客源市场比较混乱的情况，从整顿外联市场秩序入手，国家旅游局制定颁发了《旅游对外招徕管理的若干规定》和《关于参加或举办国际旅游展销会的若干规定》，两个文件重申了国务院1985年《旅行社管理暂行条例》的规定，从事对外招徕业务的旅行社必须是国家旅游局批准的一类旅行社。并规定了外联纪律，要求旅游企业在开展对外招徕业务的过程中，必须遵守国家的法律、法规，遵守职业道德和行业纪律；不得诋毁国内同行；坚持一致对外的原则，遵守国家确定的价格收费标准和政策；与客户的业务交往要签订经济合同，坚持“先收费后接待”的原则等等。为了配合这些规章制度的贯彻执行，限制一些企业超过经营范围，非法经营对外招徕业务，理顺对外招徕渠道，国家旅游局同外交部联合下发了《关于国外旅行团组签证通知问题的规定》，规定将签证通知权收归国家旅游局，批准国旅、中旅、青旅三总社可代理国家旅游局通知签证单位。授权各省、自治区、直辖市旅游局分别负责为本地一类旅行社所组织的国外旅游团（组）核发签证通知。有效地限制了一些旅游企业超经营范围非法经营对外招徕业务的行为，理顺了核发签证通知的渠道，为整顿旅游客源市场秩序奠定了基础。

为了加强旅游外汇管理，防止旅游外汇流失，增强旅游业的创汇能力，国家旅游局和国家外汇管理局联合制定下发了《旅游外汇管理暂行办法》，对旅游经营单位的外汇收入、上缴及外汇支出等问题作出了规定。《暂行办法》首先确立了“核准收取外汇兑换券许可证制度”，规定凡从事接待外国人、华侨、港澳台同胞的旅游企业须经当地外汇管理局审查，发给“核准收取外汇券许可证”，持证单位必须设置外汇券专柜或楼层，外汇券收入占营业收入的一定比例，并建立严格的外汇券财务管理制度。经营国际旅游业务的企业接待外国人、港澳台同胞必须收取外汇或外汇券，不得收取人民币。旅行社接待来华旅游团组必须坚持先收费后接待的原则，不得拖欠款，不得将外汇截留存放境外。《暂行办法》要求外国人、华侨、港澳台同胞在宾馆、饭店（包括餐馆）食宿必须以外汇券缴纳费用。规定严禁企业和导游、陪同及其他旅游从业人员套取外汇。对违反该办法的行为由外汇管理部门给予处罚。《暂行办法》的制定对理顺旅游外汇管理体制，防止外汇流失具有重要意义。

导游是旅游业的眼睛，导游人员的精神面貌代表着旅游业的形象，为了加强对导游人员的管理，贯彻《导游人员管理暂行规定》，国家旅游局在组织全国导游统一考试的基础上，针对目前导游队伍中存在的责任心不强，服务质量不高及私收回扣、小费等问题，下发了《关于对导游人员实行合同管理的通知》，要求旅行社与其导游人员签订管理合同，合同中对导游热情为旅游者服务、拒收回扣小费、不向游客兑换外汇券等作了明确规定。将导游管理工作引导上了法制的轨道。根据《导游人员管理暂行规定》1989年国家旅游局还下发了《关于颁发和管理导游员证书的通知》，要求导游人员必须经过全国导游统一考试，取得导游资格，领取导游证书。导游人员上岗时必须携带导游员证书，并佩戴导游胸卡，各省、自治区、直辖市旅游局要严格把关，加强监督检查，发现无证上岗者要依照有关规定给予处罚。上述两个文件将《导游人员管理暂行规定》具体化，使《暂行规定》在实际的管理工作中得到了贯彻执行，有效地加强了对导游人员的管理。

加强旅游价格管理也是旅游行业治理整顿工作的重要内容。1989年围绕旅游价格管理，国家旅游局、财政部、国家物价局、国家税务局联合下发了《关于旅游涉外饭店加收服务费的若干规定》。在1987年少数旅游涉外饭店试行的基础上，在全国旅游涉外饭店推行加收服务费的制度，对旅游涉外饭店加收服务费的项目及对象、条件、审批程序、收费标准、分配和使用办法等问题作了明确规定。文件规定旅游涉外饭店加收服务费，须区别中央和地方所属关系，分别报请国家旅游局或所在省、自治区、直辖市、计划单列市旅游局会同同级物价、财政、税务部门批准。旅游涉外饭店按其实际价格的10%或7%加收服务费，服务费收入按税后30%的比例上缴旅游主管部门作为宣传推广费，70%留给饭店，用于职工的福利和奖励。对服务费的管理方面，文件规定饭店加收服务费后要严禁私收小费，必须保证服务质量，旅游主管部门对饭店的服务水平实行严格的监督。发现服务质量下降的要减少服务费的比例直至取消加收服务费的资格。

除了制定旅游法规和法规性文件，加强旅游法规的执行工作，加强监督检查，处罚违法行为也是1989年旅游行业法制工作的重要内容。在整顿旅游市场的过程中，针对国内一些旅行社削价竞争的行为，国家旅游局及时下发了《关于制止削价竞销的通知》，批评了这些企业的违法行为，要求各省、自治区、直辖市、计划单列市旅游局对旅行社的报价情况进行一次检查，对问题较大的企业进行处理。及时有效地制止削价竞争情况的蔓延，树立了旅游行政管理部门管理旅游市场的权威。

随着中苏关系的改善，中苏两国的边境旅游及两国旅游界合作开发旅游业务的活动相继开展起来。为了加强管理，促进两国旅游界的合作，国家旅游局下发了《关于中苏边境地区开展自费旅游业务的暂行办法》和《关于与苏方联合开展第三国和港澳地区旅游团（者）跨国旅游业务的暂行管理办法》，《关于中苏边境地区开展自费旅游业务的暂行管理办法》对中苏边境地区开展自费旅游业务的范围、审批权限、申报程序、结算办法等问题作了明确规定，规定中苏边境自费旅游只能搞一日游，且范围仅限于部分中苏相毗邻的对外开放的边境城市或地区。在同苏方洽谈业务之前，须经省、自治区旅游局审核同意，并报国家旅游局批准后方可对外洽谈业务、签订协议。《关于与苏方联合开展第三国和港澳地区旅游团（者）跨国旅游业务的暂行管理办法》对两国联合开展旅游业务的原则、招徕对象、报价标准、结算办法等问题作了规定。规定要在平等互利的基础上与苏方签订《联合促销合同》，并依照合同开展联合宣传推销、招徕客源业务。开展跨国旅游业务的招徕、接待对象限于与中苏两国均有外交关系的第三国及港澳地区的旅游团（者）。对外报价统一以美元等硬通货报价，我方旅游综合服务费和专项附加费要严格按照国家物价局、国家旅游局规定的标准对外报价。各级旅游行政管理部门要统一管理此项业务，指定有外联权的旅行社具体承办，要做好协调工作，提高服务质量。

1989年春夏之交北京发生的动乱和反革命暴乱对我国旅游业造成了较大的创伤，海外旅游者纷纷退掉了原来的预订，取消了来华旅游的计划，使我国旅游业发展一度跌入低谷。为了迅速扭转这种滑坡的局面，重振中国旅游业，各级旅游行政管理部门做了大量工作，国家旅游局先后举行了数次中外记者招待会，并于6月16日发布了《关于海外朋友可以正常来华旅游的公告》，郑重宣布海外旅游观光者的人身安全是有保障的，旅游者可以按计划参观游览。《公告》的发布对迅速扭转滑坡的局面起到了重要作用。

此外，为了贯彻党中央、国务院关于开展全国性扫除"六害"的部署，国家旅游局还下发了《关于认真开展扫除"六害"行动的通知》，对全国旅游系统扫除"六害"的行动作了部署，组成了国家旅游局扫除"六害"办公室，要求各单位特别是营业性单位，必须加强管理，采取有效措施，使其成为抵制"六害"侵袭的坚强阵地。

我国旅游法律法规简介

·江　虹·

改革开放以来，我国的旅游事业发展迅猛。为了适应旅游业发展的需要，加强对旅游全行业的宏观管理，国家旅游局十分注意发挥法律手段的管理作用，一直把旅游法制建设当作一项重要工作来抓。在法制建设中又把立法工作放在首要地位，正在逐步建立一整套旅游法律法规。经过近十年的立法工作，已经在旅行社、旅游涉外饭店、导游人员等一些旅游业的基本环节和重大问题上，制定颁布了若干部旅游单项法规和规章、办法等。截至1989年底，已经发布的旅游法规、规章有：《旅行社管理暂行条例》、《导游人员管理暂行规定》、《中国国际旅游价格管理暂行规定》、《关于严格禁止在旅游业务中私自收授回扣和收取小费的规定》、《旅行社管理暂行条例施行办法》、《中华人民共和国评定旅游涉外饭店星级的规定》、《关于外国企业在中国设立常驻旅游办事机构的意见》、《关于颁发中华人民共和国导游证书的暂行办法》、《对外国旅行社旅行费用结算的暂行办法》、《国营旅游企业财务管理若干问题规定》、《关于参加或举办国际旅游展销会的若干规定》、《旅游对外招徕管理的若干规定》、《国家旅游局法规、规章制定和发布办法》；与有关部门联合发布了《城市出租汽车管理暂行办法》。

以下对其中几个主要的旅游法规、规章的内容作一简要介绍：

（一）《旅行社管理暂行条例》和《旅行社管理暂行条例施行办法》。《条例》的中心思想是把全国分散在不同系统、归口在不同管理部门的旅行社纳入旅游部门行业管理的轨道。《条例》明确规定了旅行社企业法人的性质；规定了旅行社的经营宗旨和基本职责；根据旅行社业务范围的不同，将旅行社划分为一、二、三类，确立了旅行社经营许可证、对违法经营的旅行社进行处罚等项规定。《施行办法》在《条例》的基础上，将一些原则性较强的条款，如：申请开办旅行社的条件、开办旅行社的审批程序等作了具体规定。同时还规定了各类旅行社的经营范围、各级旅游行政管理部门对旅行社的管理权限的划分及管理内容。

（二）《导游人员管理暂行规定》。制定这一规定的指导思想是加强对导游人员的管理，提高导游人员的素质，保障导游服务质量。《规定》中除了对导游人员应具备的条件和主要职责作了明确规定以外，还规定了导游考试制度和戴证导游制度。凡符合规定条件者，必须经过国家旅游局组织的全国导游资格统一考试合格后，方可担任导游工作。导游人员在执行任务时，还必须佩戴导游证，携带导游证书，以便旅游行政管理部门监督检查导游人员的工作。

（三）《关于严格禁止在旅游业务中私自收授回扣和收取小费的规定》。旅游行业的职工中，有少数人存在严重的私自收授回扣和收取小费的行为，这种行为严重影响了中国旅游业的形象。为维护中国旅游业的声誉，制止这种坏风气的蔓延，国家旅游局及时制定了这一法规，其中明确规定，旅游系统职工在工作中，不得私自索要、收授回扣（包括券证、实物和其他报酬）；不得向旅游者索要、收授小费，也不得接受旅游者主动付给的小费。对违反规定要求的，旅游行政管理部门将视其所得金额的多少、情节与后果，分别给予相应的罚没款项和实物及其他行政处罚。

（四）《中华人民共和国评定旅游涉外饭店星级的规定》主要内容有：在全国旅游涉外饭店中实行星级评定制度，将旅游涉外饭店划分为从一星到五星五个等级；参加星级评定的饭店范围；负责星级评定的组织机构和权限；星级评定的依据和评定方法；对星级饭店的检查制度；对所提供的服务不符合星级标准的饭店的处罚。国家旅游局还同时制定了《中华人民共和国旅游涉外饭店星级标准》，具体规定了各星级饭店在饭店建筑物、设备设施和服务项目等方面所应达到的必备条件。对旅游涉外饭店实行星级评定制度，将会使我国旅游饭店的经营服务水平更快达到国际一流水准，为国际旅游者提供优质服务。

（五）《关于外国企业在中国设立常驻旅游办事机构的意见》。根据《中华人民共和国国务院关于管理外国企业常驻代表机构的暂行规定》和《旅行社管理暂行条例》，国家旅游局制定上述《意见》。《意见》中规定了外国企业常驻中国旅游办事机构的性质应当是从事非经营性活动，不得经营招徕和接待的旅游业务。外国企业在中国设立常驻旅游办事机构的申请，由国家旅游局负责统一审核批准。《意见》中就外国企业在中国设立常驻旅游办事机构的申请程序、应提交的证件和材料以及其他一些具体事宜作了规定。外国企业常驻旅游办事机构及其人员违反规定要求的，国家旅游局有权进行检查和给予警告、没收非法所得、罚款、关闭等处理。港、澳、台地区企业申请设立常驻旅游办事机构的，也参照该《意见》办理。

旅游业是个综合性很强的经济事业，与其他行业或部门，如城建、文物、民航、铁路等部门有着十分密切的联系。这些行业或部门中，国家已经颁布了一些涉及到旅游业的法律法规，也作为旅游活动的依据，对旅游业的发展起着十分重要的协调、制约和保障作用。现简要介绍一些有关法律法规中涉及旅游活动的条款。

（一）《中华人民共和国环境保护法》。第十八条规定，在国务院、国务院有关主管部门和省、自治区、直辖市人民政府划定的风景名胜区、自然保护区和其他需要特别保护的区域内，不得建设污染环境的工业生产设施。第二十三条规定，城乡建设应当结合当地自然环境的特点，保护植被、水域和自然景观，加强城市园林、绿地和风景名胜区的建设。

（二）《中华人民共和国文物保护法》。总则中明确规定了文物所有权属于国家；规定了法律保护的文物范围；文物的管理部门及其管理范围；对国家确定的文物保护单位的保护；规定了几项管理制度和具体的奖惩办法。

（三）《风景名胜区管理暂行条例》。《条例》中规定了风景名胜区的划分标准，将风景名胜区按其景物观赏、文化、科学价值和环境质量、规模大小、游览条件等划分为三级，并分别规定了各级风景名胜区的评审公布程序；明确了风景名胜区的管理机构，要求在风景名胜区设立人民政府或管理机构，在所属人民政府的领导下，主持风景名胜区的管理工作；设在风景名胜区内的所有单位，除各自业务上受上级主管部门领导外，都必须服从管理机构对风景名胜区的统一规划和管理。《条例》还就风景名胜区规划的编制、景观与设施的保护、安全管理等方面作了具体规定，对违反规定的行为，有关部门将视其行为的情节，给予行政或经济处罚。

（四）《旅游业治安管理办法》。为了保障旅馆业的正常经营和旅客的生命财物安全，有关部门制定了这一管理办法。《办法》中规定凡开办旅馆，都必须具备相应的消防、防盗安全设施；建立起各种安全管理制度；设置治安保卫组织或者指定安全保卫人员。《办法》还就旅馆业经营中的一些具体事项，公安机关对旅馆治安管理的职责和对违法行为的处罚权等方面作了具体规定。

以上所介绍的国家旅游局制定发布的旅游法规和其他部门发布的涉及旅游活动的法律法规，是我国旅游法律法规体系中的重要组成部分，是从事旅游活动的法律依据和必须遵循的行为规则。各级旅游行政管理部门在对全行业进行宏观管理时，只有发挥法律的权威性和强制力，才能保障我国旅游业健康、协调地发展。就目前已颁布的旅游法律法规来看，距离建立一整套完善的旅游法律法规体系的目标还存在相当差距。为此，国家各级旅游行政管理部门正在加快旅游立法工作的步伐，力争尽快建立起完善的旅游法律法规体系，使旅游业纳入法制化的轨道。

中 央 法 规

·1989年旅游法规·

关于对导游人员实行合同管理的通知

（1989年2月15日　国家旅游局发布）

为了维护国家旅游声誉，提高接待工作质量，保障旅游者的合法权益，国家旅游局决定对全国导游人员在统考合格发证的同时实行合同管理，现将有关事项通知如下：

（一）目的和要求

对导游人员实行合同管理，是促使导游人员依法为客人提供导游服务的管理保证，是提高服务质量的重要措施，促进导游人员增强责任感、自觉为客人服务。为此，要求今年应考合格的导游人员和具备免考条件的导游人员，均要与所在旅行社签定导游服务合同书，才可担任导游员。

（二）内容和作法

合同书应体现导游人员和旅行社双方各自承担的义务，重点应放在导游服务工作上，为了便于各地执行，国家旅游局草拟了一个合同书范本随《通知》下发，供各旅行社参照执行。

导游服务合同签定以后，各地旅游行政管理部门方可给导游人员颁发《中华人民共和国导游员证书》。凡不签定导游服务合同的人员，一律不给予注册，也不颁发导游员证书。

（三）时间和步骤

对导游人员实行合同管理是一项新的工作，各级旅游部门要做好充分的思想工作，讲清实行合同管理的目的和意义，使每一个合格导游人员自愿同所在旅行社签定合同签字，自觉地履行合同义务。

此项工作是整顿旅行社的一项重要内容，各地务必做好。争取从文到之日起，到1989年6月底前完成。从7月1日起各地旅游局要对这项工作的实施情况进行监督检查。

临时导游人员的合同管理办法，参照上述精神执行。

附：导游服务合同书（范本）

导游服务合同书（范本）

为了提高中国的导游信誉，保障旅游者的合法权益，本旅行社与导游人员双方承担下列义务并保证履行：

（一）导游人员

1.坚守工作岗位、热情为旅游者提供导游服务，做到主动讲解、主动服务。对客人的提问要认真听取，耐心回答，态度和蔼。

2.讲究职业道德，遵守组织纪律，维护国格人格，决不向客人索要或暗示客人送小费和礼品。客人主动馈赠，在婉拒不了的情况下，要如数缴公按规定处理。

3.执行事先商定的日程，尊重客人的意见，不随意削减参观内容。

4.应客人要求带团到商店购物，认真为客人介绍商品，不向商店私收回扣或提成，不索要商品。

5.不向客人索兑外汇或外汇券，劝阻其他人的这种不良行为。

6.遇有重大问题应主动请示汇报，不擅自处理。上述各项如有违反，自愿接受旅行社组织的批评、警告、停止导游、收回导游合格证书和法纪处理。

（二）旅行社

1.关心导游人员的成长和进步，注意对他们进行培养教育，不断提高导游人员的思想和业务水平。

2.为导游人员提供必要的工作手段和工作条件，充分调动他们的工作积极性。

3.根据国家有关政策和规定，为导游人员提供应有的生活待遇。导游过程中收到的合法服务收入，按上级规定进行分配。

4.关心导游人员的身体健康，节假日期间如不能休息的，要事后补假或按加班处理。

双方条款由主管上级监督执行。

旅行社签字人　　　　　　导游员签字

年　月　日　　　　　　年　月　日

国家旅游局法规、规章制定和发布办法

（1989年5月11日　国家旅游局发布）

一、为使制定和发布旅游法规、规章的工作科学化、规范化、公开化，提高工作效率、保证法规、规章质量，根据国务院《行政法规制定程序暂行条例》和《行政法规、规章发布办法》等有关规定，制定本办法。

二、国家旅游局根据国家旅游事业发展和加强法制建设的需要，制定旅游法规、规章的长远规划和年度计划。

编制长远规划和年度计划，先由各司、室分别提出建议，经政策法规司汇总，综合协调，拟订草案，报送局长办公会议审议通过。

三、列入长远规划和年度计划需要制定的旅游法规、规章，凡属于专业性方面的法规、规章，由主管业务司、室负责起草。凡属综合性的重要旅游法规、规章，其内容涉及几个司、室的业务，由政策法规司负责牵头，组成有各有关部门参加的起草小组进行工作。

四、起草法规、规章一般应当对制定的目的、适用范围、主管部门、具体规范、奖惩办法、施行日期等作出规定。

五、法规、规章的内容用条文表达，每条可以分为款、项、目，款不冠数字，项和目冠数字。法规、规章条文较多的，可以分章，章还可以分节。整个法规应当结构严谨，条理清楚，用词准确，文字简明。

六、起草旅游法规、规章，应当注意与国家现行法律、法规相一致。

七、旅游法规、规章的起草工作完成后，由起草部门主要负责人签署，将法规、规章草案及说明书和有关材料送政策法规司审核。政策法规司在审核并提出意见后，报送局长办公会议审议。

八、法规、规章草案由局长办公会议审议，局长审批。

九、需要上报国务院审批的旅游法规草案经局长办公会议审议，并经局长审批后，由政策法规司负责办理上报国务院批准手续。

国家旅游局发布的规章草案，由政策法规司负责办理上报国务院备案手续。

十、旅游法规、规章发布办法如下：

1.经国务院批准，授权国家旅游局发布的法规，由政策法规司办文，局长签署法规发布令。

2.国家旅游局根据法律、法规，在职权范围内发布的效力及于全国的规章（规定、办法，不含政策文件和内部规章制度），经局长办公会议审议通过，局长审核批准后，由政策法规司办文，局长签署规章发布令。

3.法规、规章发布令包括批准机关和发布机关、序号、法规或者规章名称、通过日期或者批准日期、生效日期和签署人等项内容。

4.经国家旅游局局长签署发布的法规、规章全文刊登在《中国旅游报》。

5.国家旅游局与国务院有关部、委、局联合签署的法规、规章按有关规定发布。

附件一：

中华人民共和国国家旅游局行政法规发布令(格式)

第　　号

中华人民共和国　　　　条例（规定、办法），已于　　年　　月　　日经国务院批准，现予发布施行。

局长：　　（签名）

年　月　日

附件二：

中华人民共和国国家旅游局规章发布令（格式）

第　　号

现发布中华人民共和国国家旅游局关于　　　　　　　　规定（办法），自　月　日起施行。

局长：　　（签名）

年　月　日

关于参加或举办国际旅游展销会的若干规定

（1989年5月26日　国家旅游局发布）

一、国家旅游局将选择若干规模和影响大、有利于我扩大客源市场的国际旅游交易会、展销会和综合性贸易博览会，组织国内单位参展。国家旅游局将向各单位通报上述旅游展销会的名称和举办日期。

二、各地一类社及其他旅游企事业单位要求参展者，应当在国家旅游局规定期限内向所在省、自治区、直辖市、计划单列市旅游局提出申请，由省、自治区、直辖市、计划单列市旅游局统一报国家旅游局。如有特殊需要，在征得省、区、市旅游局同意后，各地旅游企事业单位也可直接向国家旅游局提出申请。中央部门的一类旅行社和饭店要求参展者，直接向国家旅游局申请。除了参展企业参加展销外，将通知所有一类社自愿自费到展览会与外国旅行社洽谈生意，以便更好发挥参展的直接作用，扩大招徕成交。

三、国家旅游局将根据总的部署、展览所在国的旅游市场需求以及申请单位的实际情况，进行综合平衡、统一协调，确定参展单位和人数，统一组成展团，并以书面形式通知有关省、区、市旅游局和中央部门的一类旅行社和饭店。各地请按中共中央中发（1985）10号文件规定的审批权限向各自的主管部门报批，办理出国护照等手续。

四、凡被批准参加国家旅游局组织的旅游展销会的单位，必须将参展人员名单及时报国家旅游局国际市场开发司，以办理出国签证等手续，并按指定的时间、地点报到。

展团成员如需提前出国或推迟回国，应在出展前两个月将计划报到国家旅游局。

报名参展的单位，经批准后要退出者，须承担有关经济损失。

五、除国家旅游局统一组织的旅游展销会之外，国家旅游局将选择有一定规模和影响的国际旅游展销会，委托旅游企业集团牵头组织国内有关单位参加。受委托的集团应将出展方案报国家旅游局批准。

六、省、自治区、直辖市、计划单列市旅游局和中央部门的一类社和饭店如拟参加其他国际旅游展销会，按国家有关规定报批，报国家旅游局备案。

各单位参加非国家旅游局组织的出国展销会，须事先与国家旅游局驻外旅游办事处取得联系，并在其指导下进行工作。如在未设立驻外旅游办事处的国家举办展销会，应事先得到我驻外使、领馆的同意，并主动争取其领导和支持。

七、坚持展销结合。所有参展单位，都应联合或单独推出有特色的旅游产品，印制高质量的、有招徕性的宣传品。凡国家旅游局统一组织出展的单位，要在出展前两个月向国家旅游局以书面形式报告各自的旅游产品和宣传品的内容。

八、各参展单位在展台布置和展品制作各方面，都要紧密结合展览的主题思想，坚持统一设计、分头制作的原则。

九、出国参展，一般不带文艺演出队。参加少数大型国际旅游博览会时，如需要，也可带小型的有特色的表演队，其费用由各参展单位合理分摊。

十、举办展销会所必需的一切公用费用，由各参展单位合理分担，并在展地结清账目。

十一、未被批准参加国家旅游局组织参展的单位，不得自行参展，但可请展团代为展出和发送其宣传品。如应外方邀请前去参观、推销时，也不得单独或以与外方合作的形式在展场设立标以国内单位名称的展台。

十二、未经展团领导同意，不允许外国及港、澳、台旅行社人员在我展台散发宣传品和进行咨询等活动。

十三、出国参加展销会，须事先弄清台湾是否参展和以什么名义参展，应按外交部有关规定，取得展方的书面保证，防止出现“两个中国”或“一中一台”的问题。

十四、各地在国内举办国际旅游展销会、博览会或交易会，由省、自治区、直辖市、计划单列市旅游局报当地政府同意后报国家旅游局备案。邀请副部长以上外国官员，或有以色列、南非、南朝鲜、梵蒂冈的代表参展，须报国家旅游局按有关规定审批。

十五、违反上述规定者，将视情节轻重，分别给予通报或停止其一至三年参展资格的处罚。

十六、本规定自1989年6月1日开始执行。

中华人民共和国国家旅游局关于海外朋友可以正常来华旅游的公告

（1989年6月14日）

中国首都北京发生的反革命暴乱已平息，北京市和西安、上海、广州、桂林、杭州、南京等旅游城市的交通、生活秩序都已正常。故宫也于6月13日开放。国际、国内航班、铁路运输和邮电通讯都是畅通的。各大宾馆、餐馆、商店都正常营业。在北京部分地区实行的戒严，不会影响旅游者参观游览以及晚间的文娱活动，旅游者的安全也有保障。

国家旅游局郑重宣布：海外来华旅游观光者的人身安全一直没有发生问题，是可以有保证的，旅游者可以按计划进行参观游览，欢迎来中国旅游，没有必要改变预定的旅行计划。

国家旅游局对于组织来华旅游的外国及港、澳、台旅行社，表示衷心的感谢，中国的旅游企业将与你们通力合作，我们并欢迎海外旅行社来华实地考察。

国家旅游局号召旅游业的全体职工，在自己的工作岗位上，加倍努力，热情地为来华的旅游者提供优质服务，发展友好关系和旅游事业。

旅游对外招徕管理的若干规定

（1989年9月5日　国家旅游局发布）

为了加强对外招徕工作的管理，维护我国旅游业的整体声誉和利益，整顿旅游市场秩序，特作如下规定：

一、根据《旅行社管理暂行条例》和《旅行社管理暂行条例施行办法》的有关规定，从事对外招徕业务的旅行社是国家旅游局批准的一类旅行社。

二、从事旅游对外招徕的基本原则是：

（一）鼓励在国际市场上，独自或联合开辟自己的客源市场，建立固定的招徕渠道，不准以不正当手段互挖客户；

（二）遵守职业道德和行业纪律，在任何场合不得诋毁国内同行，损害其他旅行社声誉；

（三）执行一致对外的原则，遵守国家确定的价格收费标准和政策；

（四）与海外客户建立业务往来，应遵循平等互利、信守协议的原则，应用合同形式将双方责任确定下来。

三、对外招徕的形式是：邀请海外客户来华谈判，派出推销小组到客源国销售新的旅游产品或联合对外推销；参加我国或有关组织的在国外或港、澳地区举办的旅游展销会。到海外招徕或参展，必须按国家旅游局有关规定报批。

四、遵守对外招徕工作的程序和规则。谈判组团要签订协议或合同，合同中应将组团人数、出入境时间、地点和航班、价格标准、费用总额、付款日期、结算货币、违约处罚等条款分别在协议或合同中载明，以便双方互相监督执行。

五、对外签订合同时，必须坚持“先收费、后接待”的原则。旅行团出境后，如有尾欠，应在一个月内结清全部费用；未结清部分，从下月起加收滞纳金。滞纳金按照外汇保值的外币的欠交额和中国银行公布的透支利率计收。如拖欠款占旅行社营业额10%以上，而欠款部分中50%的金额在旅行团出境三个月后，还未能收回欠款者，应停发其旅行签证通知。

六、从事对外招徕的工作人员，一定要“内外有别”，树立保密观念，绝不允许向外商泄漏国内其他同行企业对报价及有关的内部经营秘密。一定要拒腐蚀，遵守外事纪律。

七、出国进行对外招徕的团（组）和个人，应主动接受我驻外使领馆的领导和国家旅游局驻外旅游办事处的指导和监督。

八、有签证通知权的旅游行政管理部门，必须严格按照国家旅游局与外交部的规定，核发旅行签证通知，不准为所属范围以外或无外联权的旅行社代发旅行签证通知，如有违反，可视情况在一定期限内把签证通知权收回到国家旅游局。

九、违反上述规定，各级旅游行政管理部门将根据问题性质、严重程度，分别给予警告、严重警告、通报批评、停业整顿、追究企业领导人的责任、罚款、停止招徕业务、吊销旅行社业务经营许可证等处罚。

关于中苏边境地区开展自费旅游业务的暂行管理办法

（1989年9月23日　国家旅游局发布）

为认真贯彻中央对外开放方针，增进中苏人民的友谊和了解，促进边境地区旅游业的发展，对开展中苏边境地区自费旅游业务，特制定以下暂行办法。

一、开展中苏双方边境自费旅游，目前只搞一日游活动，旅游范围仅限于部分中苏相毗邻的对外开放的边境城市或地区。

二、参加一日游活动的人员目前仅限于边境城市所辖范围及附近地区的公民。我方派出团队和人员的组织、审查及批准权下放给省、自治区人民政府的有关部门。

三、参加一日游的人员，一律自费，不得以任何借口搞公费旅游，违者追究有关领导人责任。

四、申报程序

与苏联相毗邻的我国边境口岸城市和地区，在同苏方洽谈“一日游”业务之前，要事先作好可行性研究，逐案向省、自治区旅游局提出报告，由省、自治区旅游局制订具体实施方案和管理办法，在征得当地外事、公安、边防、边贸、海关、运输等部门的同意，经省、自治区人民政府审核同意后，向国家旅游局申报，经批准后方可对外洽谈，签订协议或合同。

五、由省、自治区旅游局指定边境口岸城市（地区）的旅行社承办组团和接待业务，实行企业管理，自负盈亏，按章收费，提供优质服务。

六、本着平等互利的原则，开展自费一日游活动，按以下原则与苏方商定：

1.双方直接向自已组织的游客收费，不动用外汇结算，提供对等综合服务。

2.原则上双方对等交换旅游团和人数，可逐步发展为中方少派，苏方多派。如我方顺差，苏方应以货物来补偿，由我方有对苏边境贸易经营权的外贸公司经营。

3.为补偿旅游费用从苏联进口的货物要照章纳税，其中属许可证管理的商品还要交验许可证。

七、我方参加一日游人员的入出境通行证，经旅行社组团后，由公安机关审批，所持证件按照《中华人民共和国公民出境入境管理法》办理，具体审批签发办法由省、自治区公安厅制订。我旅行社组织赴苏一日游的旅游团，如苏方提出事先在苏方指定的部门办妥入出苏联的签证，可同意。

苏方旅行社组织苏公民来我边境城市或地区一日游，应事先到我指定的公安机关办理团体旅游签证。苏联公民应持有苏联护照，如持用代理护照的证件，应事先经我公安机关认可。

八、参加一日游的中苏双方人员必须保证按时返回。中苏双方主管部门要承担将对方滞留人员送回的义务。

九、整顿好当地社会治安和旅游参观点，维护边境往来秩序，加强出入境人员的生命财产安全。

十、加强外事纪律和安全保密教育。参加一日游人员在苏期间不能个人单独活动，要严格遵守外事纪律，严守国家机密，严禁携带人民币、外币和各种紧俏商品出境，更不得在苏境内与苏方人员私自进行交易或变相易货，违者按国家有关规定处理，对苏方来华旅游人员既要友好相待，又要内外有别。

十一、参加一日游人员不得携带国家限制进口物品入境。

十二、本办法由国家旅游局负责解释。

十三、本办法自文到之日起施行。

关于与苏方联合开展第三国和港澳地区旅游团（者）跨国旅游业务的暂行管理办法

（1989年9月23日　国家旅游局发布）

为了开拓国际客源市场，招徕外国旅游者来华旅游，多创外汇收入，更好地指导我国有外联权的第一类旅行社，与苏联旅游部门（或旅游企业）联合开展第三国和港澳地区旅游团（者）跨国旅游业务，特制定本办法。

一、联合开展跨国旅游业务招徕、接待的对象，目前限于与中苏两国均有外交关系的第三国及港澳地区的旅游团（者）。

二、来华旅游的第三国和港澳地区旅游团（者），其入出境口岸和旅游区域，目前仅限于我国政府对外正式公布的一类通行口岸以及开放城市和地区。

三、坚持在平等互利的基础上与苏方签订“联合促销合同”，开展联合宣传推销、招徕客源业务，要依据合同办理。

四、接待或输送第三国和港澳地区旅游团（者），应统一以美元等硬通货报价、逐团按期结清和逾期罚款的方式进行结算。团体旅游，接团一方要向组团一方报净价，加价部分归组团一方。散客旅游，接待一方要向输送客源一方支付一定的手续费，其比例由双方商定。

我方的旅游综合服务费和专项附加费等，要严格按国家物价局和国家旅游局统一规定的标准对外报价，不得随意削价竞销。必须坚持“先收款后接团”的原则，在旅游团入境之前，应将在华旅费以美元等硬通货汇到我方旅行社开户银行的帐户上。

五、第三国旅游团（者）在出发之前，凭中苏双方旅游部门核发的签证通知函电，事先在其所在国分别向中、苏驻该国的使（领）馆申请一次或两次入出境有效签证。与中苏两国均有互免签证协议的例外。

六、组团人数、旅游路线和日程，入出境日期、航班和口岸，综合服务费所包括的项目及其服务质量标准，旅游费用报价和结算办法，旅行社责任保险事项，在旅途中遇到严重自然灾害和不可抗拒的原因所造成损失的赔偿责任，经济纠纷的调解和协商等问题，应以经济合同的形式明确规定双方的权、责、利，双方必须履行合同。

联合开展第三国和港澳地区旅游团（者）跨国旅游业务，目前只签订短期合同，试办一年，总结经验后，视情况再考虑延期或修订合同。

七、各省、自治区、直辖市、计划单列市旅游局统一管理此项业务，指定具有外联权的一类旅行社承办招徕和接待业务。中央各部门主管的一类旅行社开展此项业务，由国家旅游局归口管理和协调。旅游企业要改善经营管理，不断提高服务质量，做好招徕和接待的各项工作。

八、本办法适用于我方一类旅行社与朝鲜及蒙古人民共和国的旅行社开展此项合作业务。

九、本办法自文到之日起施行。

关于旅游涉外饭店加收服务费的若干规定

（1989年9月30日　国家旅游局　财政部　国家物价局　国家税务局联合发布）

饭店服务费是一种直接向来宾价外加收的费用，是国际上通行的作法。近几年来，随着我国旅游事业的发展，旅游涉外饭店的服务设施和服务水平有了较大的提高。1987年已在少数旅游涉外饭店试行了加收服务费的办法。为了更有效地加强旅游涉外饭店的内部管理，提高旅游涉外饭店服务质量，经国务院批准，在全国国营旅游涉外饭店逐步实行加收服务费。现对加收服务费的有关问题规定如下：

一、加收服务费的项目及对象

国营旅游涉外饭店加收服务费只限于对来店宾客提供服务的客房、餐饮、洗衣、电话等项目。宾客在饭店购物，不加收服务费。我国行政事业单位公费邀请外宾和在饭店举办活动，不加收服务费。

二、加收服务费的条件和审批权限

（一）已评定为星级的国营旅游涉外饭店经审批部门批准，可加收服务费。未经过星级评定，服务质量、设备设施维修保养、清洁卫生等方面符合饭店星级评定标准的国营旅游涉外饭店，经审批部门批准，也可加收服务费；但经过星级评定，未能达到星级标准的，则停止加收。对加收服务费，审批部门要严格把关，有步骤地逐步实行，不得搞一哄而上。

（二）国营旅游涉外饭店加收服务费，区别中央和地方所属关系，须分别报请国家旅游局或所在省、自治区、直辖市、计划单列市旅游局会同同级物价、财政、税务部门批准，地方批准加收服务费的需报国家旅游局、国家物价局、财政部、国家税务局备案，国家旅游局和国家物价局接到备案后一个月内未提出异议，地方批准的饭店即可开始加收服务费。

（三）国营旅游涉外饭店提出申请的同时，要随同报送按劳分配的奖惩办法以严禁私收小费的具体管理措施。审批部门要参照《中华人民共和国旅游涉外饭店星级评定标准》，对附送的内部管理、分配等办法和措施进行认真严格的审查。

三、加收服务费的标准及办法

已评定为星级的国营旅游涉外饭店，按实际价格的10%加收服务费。未经过星级评定，但经审批部门批准加收服务费的国营旅游涉外饭店，按实际价格的7%加收服务费。加收的服务费在账单中用中、英文印出，单独列项计收。

四、服务费的分配和使用

国营旅游涉外饭店加收服务费作为专项管理，免缴所得税，缴纳3%的营业税后的收入，按规定缴纳能源交通建设基金和调节基金后作如下分配：30%缴旅游主管部门，作为对外宣传推广费；70%留给国营旅游涉外饭店，用于职工的福利和奖励。

福利与奖励的分配比例，按饭店所属关系，区别中央与地方，分别由国家旅游局、财政部、地方旅游局、财政厅（局）根据饭店的规模和收入水平核定。用于职工奖励的部分，应考虑控制消费基金过猛增长，避免与其他行业差距过大，有利于调动职工积极性和稳定饭店职工队伍等因素。不要把中外合资饭店职工的收入作为“参照系”或攀比对象，对这部分收入免征奖金税。

上缴旅游主管部门的服务费，30%留国家旅游局，70%留给地方旅游主管部门。应缴纳此项费用的饭店，不论隶属关系，都必须按期如数上缴。具体缴纳办法，由国家旅游局会同财政部另行制定。

国营旅游涉外饭店加收服务费所收外汇应先结汇，后留成，留成外汇中的40%向旅游主管部门划拨外汇额度，用于对外宣传推广所需外汇。

五、加强对加收服务费的管理

加收服务费要切实管好用好。国营旅游涉外饭店实行加收服务费后，要严禁私收小费。要严格奖励制度，用于奖励的部分必须与服务质量的优劣相结合，不得平均分配。旅游主管部门必须对饭店的服务水平及服务费的收取和使用实行严格的监督。如发现饭店服务质量下降，宾客投诉强烈，有私收小费行为或不缴纳对外宣传推广费的，可减少其加收服务费的比例，直至取消其加收服务费的资格。上缴旅游主管部门的对外宣传推广费，要单独设账，专款专用，不得挪用。

六、本规定从1990年1月1日起试行。在此之前，已经有关部门批准加收服务费的饭店，必须补办审批手续，并按本规定执行。在此之后，未经审批部门批准，任何饭店不得加收服务费。如发现擅自加收服务费的，除没收其非法所得外，并追究领导人的责任。

七、外商投资饭店如何缴纳对外宣传推广费的问题另定。其他非国营旅游涉外饭店如加收服务费，也要按以上规定执行。

关于制止削价竞销的通知

（1989年9月30日　国家旅游局发布）

近来发现有些中央和地方一类旅行社违反国家旅游局、国家物价局关于1990年综合服务费价格继续稳定在1989年水平上的规定，擅自决定在对外报1990年旅游价格时，削价百分之二十，并依此对内拨款。这种削价竞销的做法势必搞乱我国旅游市场，降低服务质量，其结果是损害国家利益和旅游声誉。为了迅速制止这种混乱状况，特作如下通知。

一、要严格执行旅管理字（1989）第97号、第107号文件和6月21日明传电报的有关规定。各地及中央一类旅行社制订的报价计算细则与国家有关规定不符的，一律停止执行。凡是已对外报价，且报价水平低于国家规定的，应向客户说明情况重新报价。

二、各省、自治区、直辖市、计划单列市旅游局应对所属一类旅行社的报价情况进行一次认真检查，凡发现降价的，一律纠正过来，并对问题较多的旅行社结合清理整顿工作进行处理。

三、国家旅游局、国家物价局拟在今年四季度对中央及部分省市的一类旅行社的对外报价情况进行重点检查，发现有削价竞销、违法乱纪的，将根据《旅行社管理暂行条例》和国家有关规定，结合清理整顿旅行社工作予以严肃处理。

四、各级旅游行政管理部门必须加强对旅游签证的管理，严格执行签证审核制度。凡发现对外报价不符合国家规定的，一律不发签证通知。对享有国家旅游局委托签证通知权的旅行社，如果对外报价低于国家规定，应立即纠正并作出检查，如仍坚持不改，国家旅游局将考虑收回委托权。

五、为了有利招徕客源，1990年4至8月份临时增设综合服务费特价等，餐、车、杂费的价格标准不变，组团社和接团社可通过降低各自费用达到九折报价，其余月份的报价规定不变。

六、关于旅游交通调价后，对团体旅游客人的优惠，待与有关部门商妥后另行通知。

关于颁发和管理导游员证书的通知

（1989年12月11日　国家旅游局发布）

根据国务院批转的《导游人员管理暂行规定》及国家旅游局《关于颁发中华人民共和国导游证书的暂行办法》的有关规定，现就颁发和管理导游员证书的有关事项通知如下：

一、所有导游人员均需持有符合国家旅游局旅教字（1988）148号文件规定的《中华人民共和国导游人员资格考试合格证书》和《中华人民共和国导游员证书》或《临时导游人员证书》，方可从事导游工作。

二、国家旅游局委托省、自治区、直辖市旅游局代发导游员（含临时导游员）证书。证书由导游员所在单位或聘用单位，向省、自治区、直辖市旅游局申请办理。中央一级部门办的旅行社（旅游公司）由北京市旅游局代为办理。

三、申办导游员证书，需提交以下材料：

1.申请者的《中华人民共和国导游员资格考试合格证书》；

2.申请者与所在单位或聘用单位签订的《导游服务合同》；

3.《申请导游员证书登记表》或《申请临时导游员证书登记表》一式两份（见附表）。

四、专职导游人员的《中华人民共和国导游员资格考试合格证书》由所在工作单位保存。临时导游员的《中华人民共和国导游员资格考试合格证书》、《临时导游员证书》和胸卡，均由聘用单位保存。导游人员更换服务单位时，需先向所在或聘用单位申请解除《导游服务合同》，再由所在或聘用单位将《中华人民共和国导游员资格考试合格证书》转到新的单位，按规定重新代为申办《中华人民共和国导游员证书》或《临时导游员证书》。

五、为确保导游服务质量，旅游行政管理部门在颁发《临时导游员证书》时，应从严掌握。《临时导游员证书》只限颁发的当年有效。第二年可按原申办程序重新加盖年检合格章。

六、新分配到旅行社工作的大专院校毕业生和新调入而从未从事过导游工作的人员，在国家规定的实习期内，不能单独上岗做导游工作及申办导游员证书，但可佩戴见习导游员胸卡从事辅助导游工作。

七、自1990年5月1日起，全国导游人员上岗服务时，除必须携带《中华人民共和国导游员证书》或《临时导游员证书》外，同时还应佩戴导游员胸卡。

八、导游员胸卡尺寸为60×80mm，卡上需有导游人员彩色头像照片、中英文姓名、编号、语种及颁发单位。各省、自治区、直辖市旅游局按此规格、内容自行制作和颁发。

九、各省、自治区、直辖市旅游局对受委托颁发导游员证书要严格把关，并加强监督检查。如发现导游员转借、涂改、使用过期导游员证书、胸卡，甚至无证上岗者，可按有关规定，视情节给予扣留、收缴导游员胸卡和导游员证书，直至吊销《中华人民共和国导游员资格考试合格证书》等处分。凡是受到开除处分的导游人员，一律收回导游员证书及其它一切证件。

旅游外汇管理暂行办法

（1989年12月14日　国家外汇管理局　国家旅游局发布）

为加强旅游外汇管理，鼓励企业创汇，防止外汇流失，特制订本暂行办法。

第一条　本暂行办法适用于经营涉外旅游业务的旅行社、宾馆、饭店、车船公司、餐馆、旅游商品商店、娱乐游览场所等企业。

第二条　凡第一条所指从事接待外国人、华侨、港澳台同胞的旅游企业等收取外汇券单位，经当地外汇管理局审查，符合下列条件者，发给其“核准收取外汇兑换券许可证”（以下简称“许可证”）：

1.必须持有旅游、工商行政管理部门的有关批件；

2.必须有严格的外汇券财务管理制度；

3.外汇券收入必须占营业收入的一定比例或金额以上，具体比例和金额由各地外汇管理局商旅游局根据当地情况确定；

4.必须设置外汇券专柜、楼层或场所。

第三条　旅行社经营外国人、华侨、港澳台同胞来华旅游业务，必须向国外旅行社收取外汇和向旅游者收取外汇券，不得收取人民币。旅行社接待来华旅游团组，必须坚持先收费后接待的原则，不得拖欠款；不得将旅游外汇截留存放境外。对不坚持先收费后接待原则，导致旅游者已出境10天还未付费的长期拖欠款或将外汇截留存放境外的，一经查出，国家外汇管理局或其分局限其在指定的时间内将拖欠款或境外存款收回。

第四条　旅行社向国内持有“许可证”的单位支付旅游者旅游费用时，必须使用外汇券支票或通过银行转帐结算；向国内非收券单位支付费应使用人民币。

第五条　旅行社经营国际旅游业务所需外汇券周转金，须向外汇管理部门提出申请，由外汇管理部门会同旅游主管部门根据其营业收支情况定期从其当年应结汇外汇收入中核拨。如旅行社营业收支变动较大，外汇管理部门将会同旅游主管部门重新核定。

中央和地方一、二类旅行社外汇收入的结汇不得低于实现的外汇毛利额，并在季末十五日内将“旅行社经营毛利及结汇季报表”（见附表）和有银行签章证明当季已结汇数额的证明单复印件，分别报送给同级外汇管理局和旅游局各一份备查。年终，国家旅游局和地方旅游局根据旅行社报送的年终决算报表的外汇毛利额检查其结汇情况，并将检查结果通知同级外汇管理局。如结汇未达到外汇毛利额的，外汇管理局将从其营运外汇券帐户中扣减并结汇。

第六条　除旅行社以外的其他旅游企业，经当地外汇管理局批准在银行建立两个外汇券存款帐户，即“外汇券收入户”和“外汇券支出户”。企业将每日营业收入的外汇券在留足经当地外汇管理局核准的库存外汇券限额后存入“外汇券收入户”不得支出；企业在经营中购买餐饮料、烟、酒、商品等所需外汇，由当地外汇管理局按季根据“外汇券收入户”创汇实绩的一定比例（宾馆、饭店按企业外汇收入总额的20%核定，餐馆为30%）核拨其专用资金，进入企业“外汇券支出户”。“外汇券收入户”的剩余外汇按月或季结汇并办理留成。

第七条　使用国际商业贷款新建、改建和扩建旅游饭店的还贷，按照国发（1986）101号文件“国务院关于使用国际商业贷款自建旅游饭店有关问题的通知”中的有关规定办理。使用外汇收入归还国内外汇贷款，经国家外汇管理局或其分局审核后，可比照国发（1986）101号文件中的有关规定办理。

第八条　旅游企业“外汇券支出户”内的资金，可用于向允许收取外汇券的单位进货，并使用外汇券支票或通过银行办理结算，不得直接使用外汇券现钞，未经当地外汇管理局批准，不得兑成外汇并汇往经济特区、海南省或境外。

第九条　外国人、华侨、港澳台同胞在宾馆、饭店（包括餐馆）食宿必须以外汇券交纳费用，如个别旅游者以人民币交纳费用，应向其收取人民币押金，押金的比例由当地外汇管理局会同旅游局制定并分别报送国家外汇管理局和国家旅游局备案，所收押金单独设帐，并向旅游者出具收取押金的收据。如十五日内旅游者补交原外汇券费用，可退还其押金，过期则将其押金转作饭店人民币营业收入。

第十条　严禁旅游企业和导游、陪同及其他旅游从业人员套取外汇。各级旅游管理部门要建立举报制度，一经发现有套汇行为，由外汇管理局根据情节轻重，按《违反外汇管理处罚施行细则》给以处罚。

第十一条　民航、铁道、交通、邮电等部门对收入来华旅游者的交通、邮电费用，仍按现行规定逐笔办理结汇后按系统集中办理留成。

第十二条　根据国发（1985）70号文件发布的《旅

行社管理暂行条例》中第二十二条规定“未经主管部门批准和履行登记手续”的各级党政机关、团体及非旅游企业单位，不得以为自费来华外宾订房、订餐、订机票等名义经营旅游业务，今后，此类业务一律委托旅行社办理。对上述已从事旅游接待业务的单位，要进行清理整顿，对其所收外汇一律结汇，不予留成。

第十三条　对个体经济从事旅游商品或提供旅游服务收取的外汇券，经当地工商部门审查，确属经营所得，给其核定外汇券回笼指标，由工商部门定期收兑并送缴银行结汇，按结汇数的30%给工商部门计算外汇留成额度作为奖励。

第十四条　外汇管理局对持有“许可证”的收券单位实行年检制度，凡违反本办法第二、四、五、八、九条规定者，给予罚款直至吊销“许可证”。

第十五条　本办法第六条规定不包括各经济特区及广东、福建、海南省。

第十六条　本办法解释权属于国家外汇管理局。

第十七条　本暂行办法自1990年1月1日起开始执行，以前各项规定，凡与本暂行办法相抵触者，均以本暂行办法为准。

关于认真开展扫除“六害”行动的通知

（1989年12月28日　国家旅游局发布）

各省、自治区、直辖市、计划单列市旅游局和局各司室直属单位：

为了贯彻落实党中央、国务院关于在今冬明春开展全国性的扫除卖淫嫖娼等“六害”统一行动的部署，根据中共中央国家机关工委国党工发〔1989〕22号通知精神，现将有关事项通知如下：

一、请各单位组成由有关部门负责同志参加的领导小组（局机关各司室指定一名负责同志），切实加强对扫除“六害”的组织领导工作。

二、要充分利用各种宣传工具大张旗鼓地揭露“六害”对个人、社会造成的严重危害，宣传扫除“六害”的重要意义以及有关的政策，做到家喻户晓、人人皆知，不留死角。

三、要认真按照党中央、国务院和公安部及国党工发〔1989〕22号通知所规定的范围，对本单位进行一次清查。充分发挥党、政、工、团等组织的作用，发动全体干部、职工积极揭发有“六害”丑行的人和事，在查清的基础上，触及刑律者，交司法机关严肃处理，使广大职工受到一次清除腐败、扫除“六害”的教育。

四、明确政策界限，严格依法办事。扫除“六害”行动，是一项涉及面广、政策性强的工作。因此，在工作中必须严格执行党和国家的有关政策和法律，一定要坚持以事实为根据，以法律为准绳的办案原则，各单位特别是营业性单位，要针对内部存在的问题，采取有效措施，切实加强管理，使本单位成为抵制“六害”的坚强阵地。

五、为切实加强对全国旅游系统和局机关、直属单位扫除“六害”工作的组织领导，国家旅游局成立了扫除“六害”领导小组，国家旅游局副局长何若泉任组长，旅行社饭店管理司司长贾德炳、局机关党委副书记尤增钊任副组长，成员有：旅行社饭店管理司副司长袁宗堂、办公室副主任张连生、监察局副局长朱祥亭。办公室分设在旅行社饭店管理司（负责指导、掌握全系统的工作）和局保卫处（负责局机关和直属单位的工作）。

以上通知请各单位结合实际情况并根据公安和所在地政府的有关部署认真贯彻执行。重要案件和处理情况请及时报告国家旅游局扫除“六害”办公室。

·历年来法规条例·

旅行社管理暂行条例

（1985年5月11日　国务院发布）

第一条　为了加强对旅行社的管理，保护旅行者的合法权益，促进旅游事业发展，特制定本条例。

第二条　旅行社（旅游公司或其他同类性质的组织，下同）是指依法设立并具有法人资格，从事招徕、接待旅行者，组织旅游活动，实行独立核算的企业。

第三条　旅行社应当遵循扩大人民之间的友好交往，丰富社会主义文化生活，繁荣社会主义旅游经济的原则，开展经营活动，促进物质文明和精神文明的建设。

第四条　旅游行政管理部门对旅行社的管理，实行统一领导、分级管理、分散经营的方针。

第五条　本条例中的下列用语，除条文中另有规定者外，含义如下：

（一）“招徕”指旅行社按照主管部门批准的业务范围，在国外、国内开展宣传推销的业务，组织招揽游客的工作。

（二）“接待”指旅行社根据旅行者的要求，安排食宿、交通工具、活动日程、组织游览。

（三）“旅游行政管理部门”指国家和各省、自治区、直辖市旅游局以及市、县的相应管理机构。

第六条　旅行社按其经营业务范围的不同，分为三类：

第一类：经营对外招徕并接待外国人、华侨、港澳同胞、台湾同胞来中国、归国或回内地旅游业务的旅行社；

第二类：不对外招徕，只经营接待第一类旅行社或其它涉外部门组织的外国人、华侨、港澳同胞、台湾同胞来中国、归国或回内地旅游业务的旅行社；

第三类：经营中国公民国内旅游业务的旅行社。

第七条　开办经营第一类、第二类旅行社，必须具备以下条件：

（一）有符合国家规定的旅行社章程；

（二）有一定的组织机构和法定代表，有固定的办公或营业场所和必要的通讯设备；

（三）经营对外招徕和接待业务的旅行社，须拥有人民币50万元以上的注册资本；只经营接待业务的旅行社，须拥有人民币25万元以上的注册资本；

（四）有为旅行者提供符合条件的食、宿和交通等项服务的组织能力；

（五）有能保证服务质量和进行正常业务活动、熟悉旅游业务的经理人员、工作人员和经过考核合格的翻译导游人员。

第八条　开办经营第三类旅行社，必须具备以下条件：

（一）有符合国家规定的旅行社章程；

（二）有固定的办公地点或营业场所；

（三）有人民币3万元以上的注册资本；

（四）有按照经营的业务范围，向旅行者提供综合服务要求的组织能力；

（五）有熟悉旅游业务的管理人员和服务人员。

第九条　申请开办经营第一类业务的旅行社，地方上，应向所在省、自治区、直辖市旅游局提出申请，报国家旅游局审批；中央一级的部门，向国家旅游局申请审批。

前款旅行社获得旅游行政管理部门的批准后，必须按照国家工商行政管理规定办理申请登记手续，经核准，领取营业执照后，方可开业。

第十条　申请开办经营第二类业务的旅行社，地方上，须经所在省、自治区、直辖市旅游局审查批准；中央一级的部门，须经国家旅游局审查批准。

前款旅行社获得旅游行政管理部门的批准后，必须按照国家工商行政管理规定办理申请登记手续，经核准，领取营业执照后，方可开业。

第十一条　申请开办经营第三类业务的旅行社，经所在地旅游行政管理部门审查批准，并经当地工商行政管理部门核准登记，领取营业执照后，方可开业。

第十二条　第一类旅行社在国外或港澳地区设立或撤销派驻机构，事前必须报请国家旅游局审查批准。

第十三条 外国或港澳地区的旅行社未经国家旅游局批准，不得在中国设立其派出机构。经过批准设立的派出机构，不得经营招徕和接待的旅游业务。

第十四条 旅行社的基本职责是：

（一）根据国家的法律、法规和旅游事业的方针、政策同有关经营单位签订合同或协议，经营旅游业务；

（二）根据统一计划和市场需要编制旅游路线，进行招徕活动；

（三）按照旅行者选定的路线，安排食宿、交通、游览活动；

（四）为旅游者配备必要的翻译、导游人员；

（五）改善经营管理，提高服务水平，听取旅游者的批准建议，查处本单位工作人员违章违纪的行为；

（六）经营同旅游有关的委托代办业务。

第十五条 旅行社同民航、铁道、交通、饭店、汽车公司等营业部门或旅行社行业间的业务往来，应遵照《中华人民共和国经济合同法》的规定，在平等互利、协商一致、等价有偿的原则下，签订一定形式的经济协议或合同。

第十六条 旅行社应严格遵守国家法律、法规，执行有关旅游工作的方针政策，严格财务管理制度，按照规定缴纳税款和其他费用。

第十七条 旅行社对所属从业人员，应当加强遵纪守法、职业道德的教育和专业培训，不断提高从业人员的素质，以适应旅游事业发展的需要。

第十八条 旅行社及其职工，不准向经销旅游商品的商店、饮食单位收取回扣或其它报酬。经销旅游商品的商店、饮食单位，不准付给旅行社及其职工回扣或其它报酬。违反者，主管部门应给予必要的行政或纪律处分。

第十九条 旅行社应接受旅游、物价、税务和工商行政部门的管理、指导、监督和检查。

第二十条 旅行社停业关闭时，应向旅游行政管理部门和工商行政管理部门办理注销手续。

第二十一条 对于认真执行本条例的规定，在改善经营管理、提高服务质量等方面作出重要贡献，成绩显著的旅行社和职工个人，由旅游行政管理部门给予适当的奖励。

第二十二条 对于违反本条例的规定，未经主管部门批准和履行登记手续，擅自经营旅游业务，私自转让营业执照，欺骗旅行者，非法牟利的，视情节轻重，由旅游行政管理部门对旅行社的经理人员和直接责任者，处以罚款，或者责令旅行社停业整顿；情节严重的，由工商行政管理部门给予没收非法所得、吊销营业执照、责令停止营业的处罚。

第二十三条 本条例由国家旅游局负责解释。

第二十四条 本条例自发布之日起施行。

附：

国家旅游局关于《旅行社管理暂行条例》有关问题的解答

（国家旅游局 1985年12月27日）

国务院于今年五月十一日颁布《旅行社管理暂行条例》（以下简称条例）后，各地贯彻执行中提出若干问题，现综合解答如下：

一、什么是企业法人？旅行社是不是法人？

答：法人是指具有民事资格的企业、事业单位、国家机关、社会团体或其它组织。企业法人是法人的一种类型，它必须具备三个条件：（1）有一定的组织机构，有自己的名称、住所、组织章程或组织条例；（2）自主经营，自负盈亏，并拥有国务院或国务院授权部门所规定的最低限度的资金；（3）能够以自己的名义独立进行民事活动，享有民事权利和承担民事义务。

一个旅行社企业，如果具备了《条例》中所规定的办旅行社的条件，正式履行了申报和审批手续，在工商行政管理部门登记注册，领取了营业执照，即取得了旅行社企业的法人资格。

二、何谓法定代表人？谁是旅行社的法定代表人？

答：法定代表也称为法人代表，是指有法人资格的国家机关、企业、事业单位、社会团体的行政主要负责人。

旅行社的法定代表人是指旅行社的主要负责人，如董事长、总经理、经理。按照政企分开的原则，旅游行政管理部门的负责人不能作旅行社的法定代表人。

三、旅行社章程应当包括哪些内容？

答：一个符合国家法律规定的旅行社章程，应当包括以下内容：企业的性质、开办旅行社的宗旨和目的、旅行社使用的名称、经营业务的范围和种类、资金来源、组织机构和财务管理制度等。章程还应写明，为了保护旅行者的合法权益，旅行社所应承担的责任和义务。

四、旅行社是否必须是企业单位，目前属于事业性质的应当怎么办？

答：旅行社必须是实行独立核算、自负盈亏的企业。目前尚属于事业性质的，应当在本解答下达后的六个月内改为企业。如果已经具备了企业的条件，而不肯改为企业单位的；或者确实不具备改为企业的，一律不得经营旅行社的业务。

五、《条例》第七条（二）规定："有固定的办公或营业场所和必要的通讯设备"，应当怎样理解？

答：旅行社要有固定的办公或营业场所和必要的通讯设备，这是保证开展正常旅游业务最基本的条件。如果上述条件都不具备，就不能保证为旅行者提供服务，无法营业。这里所说的通讯设备，是指有专用电话等。旅行社可以租用房舍作为办公场地，但必须在申报时出示租用房舍一年以上的合同证明。

六、什么是注册资本，其资信证明怎样办理？

答：所谓注册资本，是指旅行社用于经营所拥有的固定资金与流动资金的总和。旅行社在登记注册资本时，必须同实有资本相一致，不得隐瞒和谎报。注册资本的资信证明，应分别由下列部门出具：固定资产部分，由当地财政部门依据核实的资金出具；流动资金由当地银行部门出具。贷款不得作为注册资本。

七、《条例》第二条（四）规定："有为旅行者提供符合条件的食、宿和交通等项服务的组织能力"，应当怎样理解？

答：这是指旅行社有能力为旅行者提供住房、餐食和车辆（交通票证）。多数旅行社本身并不拥有饭店和交通工具，但应当有同有关方面签订的协议或合同，能够通过自己的组织工作，保证为旅行者提供符合条件规定的服务。

八、《条例》第七条（五）规定："有能保证服务质量和进行正常业务活动、熟悉旅游业务的经理人员、工作人员和经过考核合格的翻译导游人员"，应当怎样理解？

答：所谓熟悉旅游业务的经理人员一般是指具有大专文化程度或同等学历，从事旅游工作三年以上者。经过考核合格的翻译导游人员，是指经过省、自治区、直辖市一级旅游行政管理部门考核，在政治思想素质、外语水平、旅游专业和社会知识、服务态度等方面符合条件的人员。

九、《条例》第八条（五）规定："有熟悉旅游业务的管理人员和服务人员"，应当怎样理解？

答：管理人员主要指旅行社的经理、财会和推销人员。这些人员应具有高中以上文化水平，有一定的经营管理能力和旅游专业知识。

服务人员，主要是指导游员，一般应具有高中以上文化水平，经过培训，熟悉旅游路线，具备一定的导游知识。

十、《条例》第九、十条中所指"中央一级的部门"包括哪些单位？

答：中央一级的部门，包括党、政、军、工、青、妇和全国性的专业团体。凡是这些单位，包括其下属的公司和挂靠单位，如果开办第一、二类旅行社，都必须向国家旅游局申请审批。

十一、第一类和第二类旅行社的主要区别是什么？

答：根据《条例》规定，第一类和第二类旅行社的主要区别在于：第一类旅行社经营对外招徕和接待业务，第二类旅行社不对外招徕，只经营接待业务。第二类旅行社应严格按照自己的经营范围进行活动，不得超越。

十二、第三类旅行社怎样办理审批手续？

答：根据《条例》第十一条规定，中央一级的部门，如申请开办第三类旅行社，经北京市旅游局审查批准，并经当地工商行政管理部门核准登记，领取营业执照，方可营业。省会市，如无旅游局，可经省、自治区、直辖市旅游局或市政府指定的部门批准，经当地工商行政管理部门核准登记，领取营业执照，方可营业。省会市以下地方，须经所在地旅游局（或当地政府指定的部门）批准，并经当地工商行政管理部门核准登记，领取营业执照，方可营业。

十三、涉外国营饭店、宾馆可否办旅行社？

答：涉外国营饭店、宾馆和旅行社的专业分工及经营范围不同。饭店、宾馆的任务是安排好客人的膳食和住宿，提供优质服务。从我国目前的实际情况出发，饭店、宾馆不宜办旅行社，但可以开展对外预定房间的业务。

十四、在《条例》颁布前已经开办的旅行社应当怎么办？

答：在《条例》颁布前已开办的旅行社（旅游公司或其他同类性质的组织），应当重新履行登记或补办手续。从本解答下达之日起，逾期六个月不办的，不得继续经营旅行社业务。

十五、有的饭店、汽车公司、园林等部门兼营组织国内游客的旅游业务，应当怎么办？

答：上述部门如果超出本单位正常的业务经营范围，组织招徕游客，并设有导游人员，旅游收入的部门应实行独立核算，按照《条例》规定办理第三类旅行社的登记注册手续。

中国国际旅游价格管理暂行规定

（1985年10月23日国务院批准　1985年12月5日国家旅游局　国家物价局发布）

第一条　为加强对国际旅游价格的管理，保护旅行者和经营者的正当利益，促进旅游事业发展，特制定本规定。

第二条　国际旅游价格是指直接为自费来华、归国或回内地进行游览、度假、探亲、就医、贸易、交往等活动的外国人、华侨、港澳同胞等，提供饮食、住宿、市内交通、游览等方面的服务收费价格。

第三条　国际旅游价格制定的原则是：参考国际市场旅游价格，按质论价，合理收费。

第四条　国际旅游价格的管理实行统一领导，分级管理。

第五条　国家旅游局、国家物价局负责制定旅行社服务收费的最高限价和最低保护价。

第六条　中国国际旅行社总社、中国旅行社总社、中国青年旅行社总社以及其他经营对外旅游业务单位的服务收费标准，属于对外国旅行者的，由经营单位提出方案，报国家旅游局、国家物价局审定；属于对华侨、港澳同胞等旅行者的，由经营单位提出方案，报国务院侨务办公室、国家旅游局、国家物价局审定。

第七条　地方经营对外旅游业务的旅行社（旅游公司或其他同类性质的组织）等单位，对外国旅行者和华侨、港澳同胞等旅行者的服务收费标准，由省、自治区、直辖市旅游局、物价局根据国务院侨务办公室、国家旅游局、国家物价局审定的旅行社服务收费标准，结合本地情况制定，并抄报国务院侨务办公室、国家旅游局、国家物价局备案。

第八条　接待国际旅行者的饭店（宾馆）房费，由国家物价局、国家旅游局会同有关部门，制定地区差价和最高限价。

第九条　国家物价局、商业部、国家旅游局共同制定接待国际旅行者的饭店（宾馆）餐厅、饭庄的综合毛利率。各省、自治区、直辖市物价局、商业厅（局）、旅游局可参照其规定标准，制定本地区的实施办法。

第十条　旅游系统汽车租价由国家旅游局会同国家物价局制定。

第十一条　一般游览参观点的门票、文娱票价，由当地人民政府责成有关部门管理，对内对外实行同价。少数特殊参观点的门票，由省、自治区、直辖市物价局、旅游局会同有关部门提出方案，报国家物价局、国家旅游局会同有关部门审定。

第十二条　游艇、游船和高空缆车的票价，由省、自治区、直辖市物价局、旅游局会同有关部门制定，报国家物价局、国家旅游局备案。

第十三条　旅游行政管理部门、物价管理部门和工商行政管理部门，有权对旅游经营单位的价格执行情况进行监督检查，旅游经营单位及其主管部门不得阻挠。

第十四条　对有下列行为的单位，由旅游行政管理部门会同物价管理部门按有关规定予以经济制裁，并可由工商行政管理部门勒令停业整顿或吊销营业执照；对直接责任人员，由主管部门予以处分，情节严重、构成犯罪的，由司法机关依法惩处：

1.不执行国家规定的国际旅游价格标准，擅自改变旅游价格标准的；

2.采取以次充好、巧立名目、变相涨价、克扣、勒索等手段，牟取非法利润的；

3.对执行旅游价格方针、政策以及检举、揭发违反本规定的人进行打击报复的；

4.泄露国际旅游价格变动秘密，造成重大损失的；

5.对违反本规定的行为包庇纵容的。

第十五条　本规定适用于所有接待国际旅游者的旅行社（公司）、饭店（宾馆）、旅游车队、旅游船队等。

本规定不适用于中外合资经营、中外合作经营、外商独资经营的国际旅游饭店（宾馆）。

第十六条　国家旅游局、国家物价局会同有关单位根据本规定，制定实施办法。

第十七条　本规定由国家旅游局负责解释。

第十八条　本规定自发布之日起施行。

关于严格禁止在旅游业务中私自收授回扣和收取小费的规定

（1987年8月8日国务院批准　1987年8月17日国家旅游局发布）

第一条　为了加强旅游系统职工队伍的精神文明建设，反对在旅游业务中私自收授回扣和收取小费的不正当行为，维护我国旅游声誉，更好地发展旅游事业，特制定本规定。

第二条　旅游系统职工在工作中，不得私自索要、收受回扣（包括券证、实物和其他报酬）。

违反前款规定，有下列行为之一的，由旅游行政管理部门根据情节予以处罚：

（一）私自索要、收受回扣金额在500元以下的，没收非法所得，并可处以相当于其非法所得等值或者以下的罚款，同时给予行政警告或者记过处分。

（二）私自索要、收受回扣金额在500元以上、一千元以下的，没收非法所得，并可处以相当于其非法所得等值两倍以下的罚款，同时给予留用察看处分。

（三）私自索要、收受回扣，金额在1000元以上的，没收其非法所得，同时给予开除公职处分。

第三条　接待旅游者的商店、餐馆、汽车公司等经营单位，在经营中不得向私人付给回扣。

违反前款规定，有下列行为之一的，由旅游行政管理部门会同有关主管部门根据情节予以处罚：

（一）主动付给私人回扣金额在1000元以下的，处以相当于其所付回扣等值两倍以下的罚款；主管部门应当对直接责任人和经营单位负责人给予行政处分。

（二）主动付给私人回扣金额在1000元以上、2000元以下的，处以相当于其所付回扣等值三倍以下的罚款；主管部门应当对直接责任人和经营单位负责人给予行政处分。

（三）主动付给私人回扣金额在2000元以上的，除按照本款第（二）项的规定给予处罚外，并可责令该经营单位停业整顿，或者由工商行政管理部门依法吊销其营业执照。

第四条　旅游系统职工在工作中，不得向旅游者索要、收受小费；也不得收受旅游者主动付给的小费。

旅游者主动赠送礼品，应当谢绝；确实谢绝不了的，应当按照国家有关礼品的规定处理。

第五条　违反第四条规定，有下列行为之一的，由旅游行政管理部门予以处罚：

（一）本人未主动索要，但收受小费的，给予批评教育，没收其所收小费。

（二）主动索要小费，或者暗示、刁难旅游者，造成不良影响的，给予行政处分，并可同时处以相当于其所收小费三倍以下的罚款；情节恶劣，后果严重的，可给予留用察看直至开除公职处分。

第六条　违反本规定第二条、第三条、第四条的行为，情节严重，触犯刑律的，交司法机关依法追究刑事责任。

第七条　因私自索要、收受回扣或者小费被开除公职的，不得再录用为旅游系统职工。

第八条　对于坚持原则，拒绝收受回扣、小费，热情为旅游者提供服务，得到旅游者好评的工作人员，应当给予精神和物质奖励。

第九条　罚没的款项和实物，应当按照国家有关规定处理。

第十条　旅游行政管理部门负责监督检查本规定的贯彻实施。工商、财政、审计等部门，应当在各自职责范围内加强配合。

第十一条　本规定适用于旅游系统的所有单位，以及其他涉及旅游业务的商店、餐馆、汽车公司等经营单位。

第十二条　本规定所称的“以上”，包括本数。

第十三条　本规定自发布之日起施行。

导游人员管理暂行规定

（1987年11月14日　国务院批准　1987年11月30日　国家旅游局发布）

第一条　为了加强对全国导游人员的统一管理，提高导游服务质量，保护旅行者和导游人员的合法权益，促进旅游事业的健康发展，制定本规定。

第二条 本规定所称导游人员，是指为旅行者（包括旅行团，下同）组织安排旅行和游览事项，提供向导、讲解和旅途服务的人员。

根据旅行者的不同要求，导游人员分别使用外国语、汉语普通话或者方言、少数民族语言进行导游。

第三条 导游人员分为全程陪同、地方陪同和定点陪同。

全程陪同导游人员，是指受旅行社（包括旅游公司，下同）委派或者聘用，为跨省、自治区、直辖市范围旅游的旅行者，提供全部旅程导游服务的人员。

地方陪同导游人员，是指受旅行社委派或者聘用，在省、自治区、直辖市范围内为旅行者提供导游服务的人员。

定点陪同导游人员，是指受旅行社委派或者聘用，在一个参观、游览点内为旅行者提供导游服务的人员。

第四条 导游人员的正当权益受国家法律保护，任何单位和个人不得非法干涉其执行工作任务。

第五条 导游人员的主要职责是：

（一）接受旅行社分配的导游任务，按照接待计划，安排和组织旅行者参观，游览；

（二）负责向旅行者导游、讲解，传播中国文化；

（三）配合和督促有关部门安排旅行者的交通、食宿，保护旅行者的人身和财物安全等事项；

（四）反映旅行者的意见和要求，协助安排会见、座谈等活动；

（五）解答旅行者的问讯，协助处理旅途中遇到的问题。

第六条 导游人员应当具备下列条件：

（一）必须是中华人民共和国公民，热爱祖国，拥护社会主义制度，遵纪守法，遵守旅游职业道德，热心为旅行者服务；

（二）具有高中以上文化水平，有胜任导游工作的语言表达能力；

（三）熟悉旅游业务，有组织接待能力；

（四）身体健康，能适应工作的需要。

第七条 具备前条所列条件者，经考试合格，办理登记注册手续，方可担任导游工作。

第八条 分配到旅行社工作的高等院校毕业生，具备本规定第六条所列条件者，可以担任实习导游人员，实习期满一年，经考试合格，可以转为正式导游人员。

第九条 根据工作需要，旅行社可以在社会上招聘业余导游人员。具备本规定第六条所列条件者，持有关证明，经考试合格，方可担任业余导游工作。

第十条 导游人员的考试工作，由国家旅游局批准组成的全国考试委员会统一领导和部署，各省、自治区、直辖市旅游行政管理部门批准组成的考试委员会具体组织实施。

第十一条 经考试合格者，由国家旅游局或者各省、自治区、直辖市旅游行政管理部门分别办理登记注册手续，并发给导游证书。

第十二条 旅行社对导游人员日常管理的主要职责是：

（一）进行政治思想、职业道德、法制、纪律教育；

（二）组织导游业务培训；

（三）负责内部考核和奖惩工作；

（四）处理旅行者对导游人员的意见。

第十三条 旅游行政管理部门可以派人检查导游工作，被检查的导游人员不得无理拒绝。

检查人员执行任务时，应当出示旅游行政管理部门的检查证件。

第十四条 导游人员在执行任务时，应当佩戴导游证，并携带导游证书。

第十五条 导游人员认真执行本规定，在工作中服务质量优异，作出重大成绩的，由旅游行政管理部门或者旅行社给予奖励。

第十六条 导游人员有下列行为之一的，由旅游行政管理部门予以处罚：

（一）不履行本规定第五条规定的各项职责造成严重后果的，根据情节轻重给予行政处分，并可以扣留导游证和导游证书；

（二）违反本规定第十三条规定，无理拒绝检查的，扣留导游证和导游证书；

（三）有上述两项行为，情节恶劣的，经省、自治区、直辖市旅游行政管理部门批准，收回其导游证和导游证书，吊销导游注册。

第十七条 对非法干涉导游人员执行任务，造成后果的，由旅游行政管理部门会同有关部门进行处理。有关部门应当配合支持。

第十八条 未按本规定参加考试、办理登记注册手续者，不得担任导游工作，擅自进行导游活动，收取导游费的，由旅游行政管理部门没收全部非法所得，并可处以非法所得三倍以下的罚款。

第十九条 受处罚者对旅游行政管理部门的处罚决定不服的。可以在收到处罚通知之日起十五日内，向上一级旅游行政管理部门提出申诉；上一级旅游行政管理部门应当在收到申诉之日起十五日内予以答复。

第二十条 本规定由国家旅游局负责解释，施行细则由国家旅游局制定。

第二十一条 本规定自1988年3月1日起施行。

关于颁发中华人民共和国导游证书的暂行办法

（1988年1月14日　国家旅游局发布）

第一条　为了维护旅游声誉，保证导游服务质量，便于进行监督检查，在《导游人员管理暂行规定》未正式施行前，试行颁发《中华人民共和国导游证书（以下简称导游证书）》。

第二条　导游证书是国家准许从事导游工作人员的证件，由国家旅游局统一制作，导游人员在工作时必须随身携带。

导游证书分为正式和临时两种。

第三条　领取导游证书的人员应当具备下列条件：

一、必须是中华人民共和国公民，热爱祖国，拥护社会主义制度，遵纪守法，遵守旅游职业道德，热心为旅游者服务；

二、具有高中以上文化水平，并能用一种以上外国语或中国地方语进行导游；

三、熟悉旅游业务，有独立的组织接待能力；

四、身体健康，能适应工作需要。

第四条　颁发导游证书的范围，是指1987年12月31日以前在旅行社从事导游工作的人员。其程序如下：

一、中央部门办的第一、二类旅行社，由国家旅游局负责颁发；

二、地方上办的第一、二类旅行社，由所在省、自治区、直辖市旅游局负责颁发；

三、旅行社临时借用的导游人员，须经借用单位人事部门审查同意后，颁发临时导游证书。

四、一九八八年一月一日以后到旅行社从事导游工作的人员，须按照《导游人员管理暂行规定》中有关考试、颁发导游证书的条款办理。

第五条　国家旅游局对颁发导游证书的工作进行监督检查。

第六条　有下列行为之一的，不予发放：

一、有违纪行为，受到记过以上处分，经教育仍不改正的；

二、有违纪行为，组织上正在审查，尚未作出结论和处理的；

三、工作严重不负责任，导游服务质量差，引起游客强烈不满的。

第七条　中华人民共和国导游证书在全国范围通用。

第八条　国家旅游局将在适当的时候，对全国的导游人员组织统一考试。中央部门办的第一、二类旅行社的导游人员，经考试合格的，由国家旅游局在导游证书上加盖“考试合格”印章；地方上办的第一、二类旅行社的导游人员，经考试合格的，由所在省、自治区、直辖市旅游局在导游证书上加盖“考试合格”印章。届时未加盖印章的，导游证书自行失效。

第九条　导游证书只供本人工作时使用，不得出借或转让。

第十条　导游人员在执行导游工作任务时，应自觉地接受当地旅游行政管理部门的监督检查。

第十一条　导游证书如有丢失，须通过导游人员所在旅行社，向原发证的旅游行政管理部门办理补证手续，并在当地省一级报纸和《中国旅游报》上刊登遗失作废声明。

第十二条　有下列行为之一的，由旅行社或报请旅游行政管理部门，根据情节轻重，可以扣留导游证书，暂时停止导游工作，直到吊销导游证书，取消导游注册。

一、工作不负责任，不认真履行导游人员的各项职责，引起游客强烈不满的；

二、违反外事纪律，泄露国家机密；

三、私收回扣和小费的；

四、私自出借或转让导游证书的；

五、无理拒绝旅游行政管理部门监督检查的。

第十三条　第三类旅行社导游证书的颁发办法另行制定。

第十四条　本办法自公布之日起施行。

国营旅游企业财务管理若干问题的暂行规定

（1988年3月15日　国家旅游局发布）

一、总　则

（一）财务管理是旅游企业经济管理的重要组成部分。为了适应我国旅游事业的发展，加强国营旅游企业的财务管理，促使企业加强经济核算，提高经济效益，根据国家现行的财务制度，结合旅游企业的经营特点，特制定本暂行规定。

（二）本暂行规定适用于各级旅游局、中国旅行社及其分社、中国青年旅行社及其分社所属的旅游企业；其他部门所属的旅游企业，经其主管部门和同级财政部门同意后，可比照执行。

城镇集体所有制旅游企业经省、自治区、直辖市旅游局和财政厅（局）批准后，可参照本规定执行。

中外合营旅游企业不执行本规定。

二、财务计划管理

（一）财务计划是企业计划的重要组成部分。企业一切经营活动的收入和支出，都必须纳入财务计划，按计划积极组织收入，控制支出，保证资金的正常供应，监督资金的合理使用。

（二）企业财务计划的内容包括：固定资金计划、流动资金计划、成本费用计划、利润和利润分配计划，专用基金计划、借款还款计划、外汇收支计划等。

（三）企业的财务计划分为月度、季度和年度计划三种。年度财务计划，应在计划年度开始前三十天上报主管部门，经主管部门审核汇总后，报同级财政部门审批或备案。

企业的季度和月度财务计划由企业自行编制和考核。

（四）主管部门应对企业的营业收入（旅行社包括营业收入总额和营业收入净额）利润、资金利润率，外汇收入（旅行社包括收汇总额和收汇净额）和结汇数五项指标进行考核。

（五）企业应将各项计划指标分别落实到各职能部门。企业及其各职能部门必须把各项计划指标作为经济责任制的一项主要内容。

（六）企业在计划执行中，如因特殊原因必须调整年度财务计划时，应向主管部门提出调整计划报告，并经主管部门批准，财政部门备案后，方可按调整计划执行。

（七）企业要按月、季、年度编制会计报表。季、年会计报表应按时报送主管部门，由主管部门逐级汇总后，报送国家旅游局及同级财政部门，企业年终决算按规定程序审批。

（八）企业要按月、季、年度检查和分析财务计划的执行情况。在报送季度、年度会计报表的同时，应将季度、年度财务计划执行情况报送主管部门。

主管部门应定期检查企业财务计划的执行情况，并将执行情况随同季度、年度会计报表（参考格式附后）按时报送同级财政部门及有关单位。

三、固定资金管理

（一）企业拥有的各种劳动资料和消费资料，凡使用年限在一年以上，单位价值在五百元以上的均为固定资产。

有些单位价值虽然低于规定标准，但为企业的主要劳动资料，也应列作固定资产；有些单位价值虽然达到规定标准，但更换频繁，容易损坏的，可以不列作固定资产。

（二）企业的固定资产分为八类：1.房屋及建筑物；2.机器设备；3.交通运输工具；4.家具设备；5.地毯；6.电器及影视设备；7.文体娱乐设备；8.其他设备。

（三）企业新增加固定资产，凡属专控商品、进口设备、基本建设项目以及按规定应当专案报批的项目，无论资金来源如何，都要按国家规定的报批程序报经企业主管部门和其它有关部门批准，其余固定资产的增加由企业自行决定。

（四）企业新增固定资产的价值按照下列规定确定：

1.新购置的固定资产，以进价加运杂费、安装费、保险费之和为原价。进口设备的原价，还应包括按规定支付的关税和产品税或增值税。

2.基本建设完工交付使用的固定资产，以建设单位交付使用的财产明细表中所确定的价值为原价，因建筑征用或拨入土地所发生的土地征用费、旧有建筑物拆迁费、青苗补偿费等，也应包括在与土地有关的房屋、建筑物的价值内。

3.在原有固定资产基础上进行改建、扩建或技术改造完成的固定资产，以原有固定资产原值加上改建、扩建技术改造所发生的全部支出减去改建、扩建或技术改造中发生的变价收入的净额为原价。

4.有偿调入的固定资产，以现行调拨价格加上本企业支付的包装费、运杂费和安装费之和为原价。

5.无偿调入的固定资产，以调出单位的帐面原值，减去原来的安装成本，加上本企业的安装成本以后的价值为原价。

6.自制自建的固定资产，以制造或建设中所发生的实际成本为原价。

7.其它固定资产的增加，如盘盈的固定资产和接受馈赠的固定资产，以其重置完全价值为原价。

已入帐的固定资产，除按规定应予重新估价外，不得任意变动其价值

（五）企业固定资产的调拨按照下列规定办理：

1.固定资产的调拨，原则上实行有偿调拨。调拨的固定资产要合理作价。新的固定资产按国家规定的调拨价格作价，旧的固定资产按质论价。

2.调拨固定资产所发生的运杂费、包装费、由调入单位负担，调出前机器设备的拆卸费用，由调出单位在所得价格款中开支。

3.固定资产有偿调拨给同一主管部门所属企业的，由企业自行决定；有偿调拨主管部门管辖以外单位的，单项原则不足1万元的，由企业自行决定；在1万元以上的，要报经主管部门批准。

4.调出固定资产所得价款，全部留给企业用于固定资产的更新改造，不得挪作它用。

5.固定资产无偿调拨，无论价值大小，均需报经主管部门批准。

（六）企业暂时不使用的固定资产出租给其他单位使用时，向租用单位收取租金。企业出租的固定资产，应照提折旧。所得租金冲减企业管理费中相应的折旧费，余额部分列入更新改造基金。租赁期间的修理费用，由租用单位负担。

（七）企业各类固定资产的使用年限和提取折旧的有关规定，按国家旅游局、财政部（89）旅财字第003号文颁发的《国营旅游企业固定资产折旧若干规定》执行，企业通过融资租赁方式租入的机器设备，也应按上述规定计提折旧（用计提的折旧基金作为偿还租赁费的资金来源）。

（八）企业固定资产的报废，应由企业技术部门，使用部门和财会部门共同作出鉴定后，填制固定资产报废单，按下列程序报批：

1.固定资产使用已达到规定年限而需要报废的，由企业自行决定处理；

固定资产使用尚未达到规定年限而需要提前报废，单项原值1万元以上的，报主管部门审批；

2.10万元以上的，由主管部门会同同级财政部门审批。

报废的固定资产的变价收入，减去清理费用后的余额，列入更新改造基金。

（九）企业清查财产中发现的固定资产盘盈、盘亏及损失，应查明原因，作出报告，按以下审批权限报经批准后处理：

1.盘盈的固定资产，经企业领导批准后，按盘盈固定资产的重置完全价值入帐；

2.盘亏和损失的固定资产，单项净值在1万元以上，不足10万元的，报主管部门审批，单项净值在10万元以上的，由主管部门会同同级财政部门审批。

（十）企业固定资产依照下列规定进行日常管理：

1.建立和健全固定资产管理责任制，固定资产管理部门、使用部门和财会部门要分别明确管理责任。各部门使用的固定资产，要有专人负责管理。

2.建立固定资产明细帐和固定资产卡片，及时记录固定资产的使用和变更情况。

3.完善固定资产增减变动手续，企业内部固定资产的转移，要由管理部门填写财产转移单，办理转移手续，并通知财会部门。固定资产的调拨，统一由财产管理部门会同财会部门报经批准后办理调拨手续，使用部门不得自行处理。

4.建立定期盘点清查制度，保证帐帐相符，帐卡相符，帐物相符。

5.合理安排使用各项固定资产，提高固定资产利用率。同时，做好固定资产的维修保养工作，提高固定资产完好率。

6.对于价值难以确定的某些字画、工艺品等贵重物品，应当建立登记卡，加强实物管理。

（十一）企业固定资产修理依照下列规定管理：

1.固定资产的中、小修理是指范围较小，费用较少，间隔时间较短的经常性修理，固定资产的中、小修理费在当年一次或分次列入成本费用。

2.固定资产的大修理是指企业的机器设备、车船进行全部拆卸和部分更换主要部件、配件等；房屋、建筑物进行翻修和改善地面、墙壁等工程。大修理费用，在大修理基金中开支。

3.固定资产大修理工程一般不增加固定资产的价值，但在大修理的同时进行技术改造的，属于用更新改造基金等专用基金、专用拨款和专用借款开支的部分，应当相应增加固定资产价值。

4.企业进行固定资产更新和技术改造，因资金不足而按照规定使用大修理基金的，也相应增加固定资产价值。

（十二）企业用基建借款中的外币借款购建固定资产的，在还款时，如因人民币与外币的比价发生变动而

多付或少付的人民币，应作增减待核销基建支出处理，不得增减有关的固定资产价值。

企业用外币专用借款（如更新改造借款，大修理借款）购建固定资产，在还款时，如因人民币与外币的比价发生变动而多付或少付的人民币，应作增减专项工程支出处理，不得增减有关的固定资产价值。

四、流动资金的管理

（一）企业的流动资金包括：储备资金、商品资金、货币资金、结算资金和待摊费用等。

企业必须严格按照国家规定的使用范围使用流动资金，保证企业各项经济活动的正常进行。不准将流动资金用于基本建设投资，购建固定资产。任何部门和单位都不得以任何名义抽调、挪用企业的流动资金。

（二）企业的定额流动资金包括：

1.旅行社和车船公司包括储备资金、应收取的旅行团费用和待摊费用。

2.饭店包括储备资金、商品资金、应收取的旅行团费用和待摊费用。

3.旅游服务公司包括储备资金、商品资金和待摊费用。

（三）企业的定额流动资金，应根据中国工商银行“关于国营工商企业流动资金管理暂行办法”的规定，按照既要保证企业经营需要，又要节约资金使用，提高资金利用效果的原则，结合企业特点，采用合理的计算方法，由主管部门配合银行核定。

（四）企业的储备资金依照下列规定管理：

1.储备资金包括原材料、燃料、物料用品、低值易耗品等物资所占用的资金。

2.凡单位价值在50元以上，但达不到固定资产标准的各种工具和家具等物品，为低值易耗品。低值易耗品的推销可以根据不同类别的低值易耗品，采用一次推销法五五摊销法或分期摊销法。

3.建立和健全储备物资的管理制度。加强物资采购、供应的计划性，有效地控制物资的库存储备额，确定合理的资金占用额；健全各类物资的入库验收、登记保管和领退手续；建立定期清查盘点制度，保证帐卡、帐物相符；对盘盈、盘亏和毁损变质的物资要及时查明原因，分清责任，按照规定的审批权限报经批准后处理。

（五）企业的商品资金依照下列规定管理：

1.商品资金包括库存商品和在途商品所占用的资金。

2.商品资金要实行分类管理，制定各类商品资金的供应计划，按计划及时供应进货所需的资金。

3.要按计划进货，严格审核购货合同，按合同及时付款；供应和采购部门要及时检查在途商品的到达情况。

4.加强商品储备的管理，严格商品入库验收、调拨手续。明确商品的保管责任，营业柜组要建立实物负责制。要按计划控制商品库存，加速商品资金周转。

5.加强商品销售的管理，不准赊销商品，及时催收销货款。

6.建立库存商品定期清查盘点制度，及时处理呆滞积压、残损变质的商品。

（六）企业的货币资金依照下列规定管理：

1.货币资金包括现金（人民币、外汇券）、银行存款，业务周转金和各种有价票券。

2.企业要遵守国家有关现金管理的规定。现金的库存限额应经开户银行核定，超过库存限额部分必须在规定时间内送存银行。不得坐支现金和以白条抵充库存现金，不得私设小金库，采购人员不得携带大量现金，不准因私事借支公款，不准假造用途套取现金。

企业要严格按照国家外汇管理规定，加强对外汇券的管理，收入的外汇券，应及时送存银行，并按期结汇。不准以收抵支，不准擅自扩大外汇券的使用范围，不准私自兑换，逃汇、套汇和变相买卖，严禁利用外汇券搞非法交易，牟取暴利。

3.企业同各单位之间的一切资金往来，除小额零星开支需要用现金结算外，必须通过银行办理转帐结算手续。领用支票时必须有批准手续，支票要指定专人保管和签发，开具支票时，应注明收款单位、签发时间和用途，不准签发空白支票和空头支票。

支票使用后，要及时向财会部门报销，企业的银行帐号不准借给外单位和个人使用。企业的银行存款每有要与银行对帐单相互核对，查明未达帐项及其原因，及时编制银行存款余额调节表。

企业经批准开设的外币存款户，要按不同的外币分别记帐，还要以人民币为记帐本位币。

4.企业拨给营业部门或个人的业务周转金或备用金，应根据不同情况分别核定定额。使用业务周转金或备用金的部门和个人，应定期向财会部门报帐，补充定额。财会部门应经常检查业务周转金或备用金的使用情况。业务周转金或备用金停止使用时，应及时收回。

5.各种有价票券，应视同现金进行管理，由专人负责发售、保管和回收；设置专门帐户进行核算，并定期检查、核对，保证帐实相符。有价票券一经发出或收回，应及时向财会部门交款和办理结转手续。

6.企业在现金收付中出现的长短款，应查明原因，明确责任，及时处理。短款一般应由责任者赔偿，长款列作营业外收入。

（七）企业的结算资金依照下列规定管理：

1.结算资金包括国内外各种应收应付结算款项。

2.加强结算资金的管理，严格遵守国家规定的结算纪律，执行经济合同和有关协议的结算规定。

3.对确实无法收回的应收款项，应查明原因和责任，分别处理。由于责任事故造成的坏帐损失，应追究有关人员的经济责任，并按情节轻重，责成过失人赔偿部分或全部损失。由于过失人赔偿弥补后的净损失以及由于非责任事故所造成的损失，应按以下规定的审批权限报经批准后，作为坏帐损失列入企业管理费：

单项损失不足5000元的，由企业自行处理，报主管部门备案；单项损失在5000元以上，不足5万元的，由主管部门审批；单项损失在5万元以上的，由主管部门会同同级财政部门审批。

（八）企业的各项待摊费用要严格管理，如实分摊，不得用多摊或少摊的办法来调整报告期的利润，掩盖本期的实际财务成果。

待摊费用应按有效的受益期分摊，但分摊期限一般为一年，最长的不得超过两年。受益期不明确的，应在十二个月以内摊销完毕，可以跨年度分摊。

（九）企业的原材料、燃料、物料用品、低值易耗品和商品等流动资产，因盘亏、毁损、变质或自然灾害等造成的损失，应及时查明原因，分清责任，区别不同情况，按下列规定处理：

1.属于定额内的正常损耗，由企业自行决定，列入本期成本费用；

2.属于责任事故造成的损失，应视责任大小，由过失人负责赔偿损失的部分或全部。需要核销的部分，按规定的审批权限报经批准后，在企业管理费列支；

3.属于自然灾害等原因造成的非常损失，按规定的审批权限报经批准后，以其净损失（即帐面净值扣除保险赔偿款和残值后），列作营业外支出；

4.责任事故及自然灾害等原因造成的损失，一次净值不足5000元的，由企业自行批准处理，报主管部门备案；在5000元以上，不足5万元的，由主管部门审批；五5元以上的，由主管部门会同同级财政部门审批。

5.流动资产盘盈，应查明原因，列作营业外收入。任何单位和个人不得隐瞒不报，不得抵补短缺和损失，或移作他用。

五、专用基金管理

（一）企业的专用基金包括更新改造基金、大修理基金、职工福利基金、职工奖励基金、发展基金、后备基金等。

专用基金应按照国家的规定提取和使用，加强管理。坚持先提后用，量入为出，专款专用，讲求效益的原则，按计划合理安排使用各项专用基金。

（二）企业留利中职工福利基金、职工奖励基金、发展基金和后备基金的分配比例，由主管部门会同同级财政部门核定。

（三）企业的更新改造基金依照下列规定管理：

1.更新改造基金的主要来源有：按规定提取的固定资产折旧基金，有偿调出固定资产所得价款，固定资产变价收入，财政和上级拨款，从发展基金中转入的部分等。

2.按规定提取的固定资产折旧基金，全部留给企业。

3.更新改造基金主要用于：设备的更新和房屋、建筑物等固定资产的重建，在原有固定资产基础上的技术改造和技术措施，劳动安全保护措施，固定资产购置，自制设备和土建工程开支，以及处理“三废”措施等支出。

（四）企业的大修理基金依照下列规定管理：

1.大修理基金，应按规定的提取率提取。原来实行大修理基金按固定资产折旧率一定比例计提的企业，今后仍按原定的固定资产大修理提取率计提大修理基金，不再与折旧率挂钩，不得因计算、提取折旧方法的改变而多提或少提大修理基金，原来未规定大修理基金提取率的企业和新投产的企业，其大修理基金提取率由企业主管部门商同级财政部门制定。

2.大修理基金主要用于固定资产大修理支出，企业结合固定资产修理，对机器设备进行必要的小型技术改造所发生的费用，在保证大修理需要的前提下，可以在大修理基金中开支，但要先转后用；较大的技术改造费用，应当在更新改造基金中开支。

（五）企业的职工福利基金依照下列规定管理：

1.职工福利基金，按应计提职工福利基金的职工工资总额的11%从成本费用中提取，并按规定的比例由企业留利中分配。

2.职工福利基金用于职工及其供养的直系亲属的医药费、医务人员工资，医务经费、职工因公负伤就医路费；职工生活困难补助；职工浴室、理发室、托儿所、幼儿园的人员工资和各项支出与各项收入相抵后的差额；食堂炊事用具的购置，修理费用；职工宿舍等集体福利设施支出；职工洗理费、托儿补助费、独生子女补助费等开支。

3.企业不得用职工福利基金发放奖金和实物。

（六）企业的职工奖励基金依照下列规定管理。

六、附　　则

（一）本规定自1988年7月1日起执行。

（二）各省、自治区、直辖市旅游局和财政厅（局），可以根据本地区的具体情况，制定补充规定，报国家旅游局、财政部备案。

旅行社管理暂行条例施行办法

（1988年6月1日　国家旅游局发布）

为了贯彻《旅行社管理暂行条例》的规定，特制定本办法。

第一章　开办旅行社的条件

第一条　申请开办第一类旅行社，应当具备下列条件：

（一）必须是全民所有制企业；

（二）经营第二类旅行社业务满三年；

（三）年接待外国旅游者及华侨、香港、澳门、台湾同胞不少于1.5万次和旅行社业务创汇总额不少于500美元。

（四）总经理具有大专以上文化水平，在旅游部门从事管理或接待工作满三年，其业务知识和工作能力经旅游行政管理部门考核合格；

（五）具有经考试合格的英、日、法、德及中国地方语的导游人员和外联人员。在编导游人员和外联人员不少于25人，其中以接待外国旅游者为主要业务的旅行社的外语导游人员和外联人员不少于20人；

（六）具有取得会计师以上职称的专职财会人员；

（七）营业场所的实际使用面积不少于200平方米；

（八）拥有电传机、传真机、直线电话机（不少于4部，其中1部为接受游客问询和投诉的专用电话）、电脑、复印机、打字机等设备和办公用具。

第二条　申请开办第二类旅行社，应当具备下列条件：

（一）必须是全民所有制企业；

（二）经理人员具有中专以上文化水平，有从事经济管理工作的经验，其业务知识和工作能力经旅游行政管理部门考核合格；

（三）具有经考试合格的英、日等两种以上的外国语及中国地方语导游人员。在编的导游人员不少于15人，其中以接待外国旅游者为主要业务的旅行社的外语导游人员不少于10人；

（四）具有取得助理会计师以上职称的专职财会人员；

（五）营业场所的实际使用面积不少于100平方米；

（六）拥有电传机、直线电话机（不少于两部）、复印机、打字机等设备和办公用具；

（七）有稳定的客源渠道。

第三条　申请开办第三类旅行社，应当具备下列条件：

（一）经理人员应熟悉旅游业务，其业务知识和工作能力经旅游行政管理部门考核合格；

（二）具有5人以上经考试合格的汉语普通语或地方语导游人员；

（三）具有专职的财会人员；

（四）有直线电话机和面积不少于30平方米的营业场所。

第四条　本办法公布之日前已经开办的第一类旅行社，达不到第一条规定条件的，须在本办法公布之日起两年内达到；届时仍达不到规定条件的，如符合第二条规定的条件，经批准，可登记为第二类旅行社。

第五条　各类旅行社所拥有的流动资金在其注册资本额中所占比例不得少于百分之五十。

第六条　在中国境内不得开办中外合资、中外合作或外商独资的旅行社。

第二章　旅行社的审批

第七条　国家旅游局和省、自治区、直辖市旅游局根据旅游事业发展的需要和供求关系的变化，对全国或本地区各类旅行社的数量和结构比例进行宏观控制，可以批准、暂缓批准或者停止批准开办各类旅行社。

第八条　申请开办各类旅行社的单位，按照《旅行社管理暂行条例》第九条、第十条和第十一条的规定，填写国家旅游局统一印制的“申请经营旅行社业务登记表”，经有关旅游行政管理部门批准后发给“旅行社业务经营许可证”；然后持此证及其他有关的批准文件到工商行政管理部门办理注册登记手续。

第九条　申请开办旅行社的单位，应提交下列文件：

（一）开办申请书。

（二）旅行社章程。章程应当包括下列内容：

（1）旅行社的名称（第一类和第二类旅行社应同时附有英文译名）；

（2）办公地址及电传、电话号码；

（3）经济性质；

（4）宗旨和目的；

（5） 业务经营范围；

（6） 注册资本金额及资金来源；

（7） 组织机构；

（8） 财务管理制度；

（9） 对旅游者承担的责任；

（10）其他应说明的问题。

（三）旅行社正、副经理的履历表。

（四）上级主管财务部门出具的资信证明书。

（五）如租用办公、营业场地，应出示租用房舍不少于一年的合同证明。

（六）与民航、铁道、公路交通、航运、饭店等签订的购票、用房等协议书。

（七）使用集团性名称的旅行社，须提交该集团同意使用其名称的证明文件。

（八）申请开办旅行社的单位属于国家限制或者禁止办企业的，中央一级部门，应出示国务院的批准文件；地方部门，应出示省、自治区、直辖市政府的批准文件。

第十条 本办法公布之日前已经开办的旅行社，必须在本办法公布之日起六个月内，补办和领取“旅行社业务经营许可证”。

第十一条 中央一级部门开办的第一类旅行社因业务需要在地方设立分支机构，应当首先征得当地旅游行政管理部门同意，并由省、自治区、直辖市旅游局报国家旅游局审查批准后方能设立。

第三章 旅行社的经营范围

第十二条 各类旅行社在坚持搞好旅行社业务的原则下，可以开展与旅行社业务有关的多种经营活动。

第十三条 第一类旅行社可经营下列业务：

（一）招徕或接待外国旅游者及华侨、香港、澳门、台湾同胞来中国、归国或回内地旅游；在国际市场上推销旅游路线；与外国及香港、澳门、台湾地区的旅行社签订旅游协议或合同，开展业务合作；

（二）经国家旅游主管部门批准，在条件成熟时，可以组织中国公民赴外国及香港、澳门、台湾地区探亲旅游；

（三）在自愿互利的原则基础上实行联合，组成旅行社经济联合体，向集团化的方向发展；

（四）集团性旅行社应当制定章程，对其集团成员的业务关系和权利义务作出明确规定。

第十四条 第二类旅行社可以经营下列业务：

（一）接待外国旅游者及华侨、香港、澳门、台湾同胞；

（二）开展旅游宣传，与第一类旅行社或其他涉外部门签订联合接待外国旅游者及华侨、香港、澳门、台湾同胞的协议；

（三）与我在香港、澳门地区的旅游公司、旅行社等单位签订协议，接待上述单位组织的旅游团（者）。

第十五条 第三类旅行社可以经营下列业务：

（一）经营本国公民在国内的旅游业务；

（二）与国内旅游有关的各种服务项目；

（三）根据业务需要，在自愿原则基础上发展横向联合，与同类旅行社签订联合经营合作协议。

第四章 旅行社的管理

第十六条 全国各类旅行社应严格执行国家有关旅游工作的法规、政策，接受国家旅游行政管理部门和地方旅游行政管理部门的行业管理。

各级旅游行政管理部门按照统一领导、分级管理的原则对旅行社进行管理：

（一）中央一级部门开办的第一类和第二类旅行社由国家旅游局进行管理；

（二）省、自治区、直辖市开办的第一类旅行社和省会市的第二类旅行社由所在省、自治区、直辖市旅游局进行管理；

（三）非省会城市的第二类旅行社和各地方开办的第三类旅行社由其所在地旅游行政管理部门进行管理。

第十七条 国家旅游局和省、自治区、直辖市旅游局负责通知驻外使领馆核发旅行签证。

第十八条 旅游行政管理部门根据权限，对所管辖的旅行社的对外报价、财务帐目、外汇收支、服务质量等经营情况进行监督检查，旅行社应该按照旅游行政管理部门的规定，定期提供各种报表及其他有关的文件和资料。

第十九条 旅游行政管理部门对所管辖的旅行社每两年进行一次审核，经审核合格的，由旅游行政管理部门重新注册；审核不合格的，限期整顿，直至吊销“旅行社业务经营许可证”，由工商行政管理部门吊销其营业执照。

第二十条 旅行社必须是实行独立核算、自负盈亏、依法向国家纳税的企业单位，在人、财、物方面与行政部门或事业单位实行政企分开。

第二十一条 旅行社自动停业、歇业等重大事项以及法定代表人、营业场所、上级主管部门的变更，必须事先向旅游行政管理部门报告，办理变更登记手续。

第二十二条 旅行社的名称受法律保护。旅行社的印章、牌匾、银行帐户应与其登记的名称相一致。

第二十三条 外国及香港、澳门、台湾地区的旅行社，在中国或在内地设立办事机构，须经国家旅游局批准，但不得经营盈利性业务。

第五章 罚 则

第二十四条 旅行社有下列行为之一的，由旅游行政管理部门或会同工商、物价、外汇等有关的管理部门给予警告、通报批评、处以罚款、没收非法收入；情节严重、性质恶劣的责其限期停业整顿、冻结银行外汇帐户，直至吊销其"旅行社业务经营许可证"，由工商行政管理部门吊销其营业执照：

（一）超越获准的营业范围，进行非法经营的；

（二）违反国家旅游价格管理规定的；

（三）倒卖、套换外汇等违反外汇管理规定的；

（四）降低服务标准和接待规格，服务质量低劣，造成不良影响的；

（五）滥用、冒用旅行社名称的；

（六）重大变更事项不及时办理变更登记手续的；

（七）无理拒绝旅游行政管理部门检查，不按旅游行政管理部门的要求提供有关报表、资料，弄虚作假欺骗检查人员的；

（八）经营不善，造成严重经济损失的。

第二十五条 对违法的旅行社进行处罚的同时，对其经理人员和直接责任者视其情节轻重，可同时处以不同数额的罚款。

第二十六条 未经旅游行政管理部门批准，擅自经营旅行社业务的，由当地旅游行政管理部门予以查处，没收全部非法收入，并处以非法收入三倍以下的罚款。

第二十七条 旅游行政管理部门对旅行社及其他单位和个人的经济处罚，应书面通知被罚者。被罚者如有不服，可在接到处罚通知之日起十五日内向上一级旅游行政管理部门申请复议。上一级旅游行政管理部门应当在收到复议申请三十天内作出复议决定；对复议决定仍不服的，可以向人民法院起诉。被罚者拒不执行处罚决定的，旅游行政管理部门可以向人民法院申请强制执行。

第六章　附　则

第二十八条 本办法由国家旅游局负责解释。

第二十九条 旅行社集团成立的条件和审批办法，由国家旅游局另行制定。

第三十条 本办法自发布之日起施行。

对国外旅行社旅行费用结算的暂行办法

（1988年6月15日　国家旅游局发布）

第一条 为了对国外旅行社及时结算旅行费用，防止国外旅行社拖欠款和破产倒闭造成坏帐，保障我国旅行社正当的经济利益不受损害，特制定本办法。

第二条 我国经营对外招徕和接待业务的旅行社，对国外旅行社的旅行费用结算，必须坚持"先收费，后接待"的原则。

第三条 对国外旅行社组团来我国旅行的费用结算办法，按以下规定办理：

（一）国外旅行社必须在旅行团入境前将该团应付的旅行费用寄到中国银行我方旅行社帐户上。

（二）旅行团在华旅行期间因增加旅行项目等属于增收的费用，应当在旅行团离境前结清。

（三）国外旅行社不论何种原因逾期付款，必须经我方旅行社负责人同意，凡超过本条第一款或第二款所规定的应付旅行费用期限延期交付的，要加收滞纳金。滞纳金按照外汇保值的外币的欠交额和中国银行公布的该种外币的透支利率计收。

（四）对国外旅行社旅行费用的结算，必须坚持国外旅行社分团预付，我方旅行社分团结算。

第四条 我方旅行社与国外旅行社建立业务往来，必须签订合同或协议书。合同或协议书中应当按照本办法的要求，将国外旅行社对旅行费用的付款方式、付款期限及拖欠款加收滞纳金等有关帐款结算的条款做出具体规定。

第五条 对不守信誉，拖欠旅行费用，致使我方旅行社蒙受经济损失的国外旅行社，受损的我方旅行社要及时报告当地旅游局及国家旅游局。由国家旅游局通报全国。国内各旅游部门、单位不得与被通报的国外旅行社建立业务关系。已经建立业务关系的，必须采取措施，清理帐款结欠，中断其业务往来。如果继续往来者，要对该单位责任人进行查处。

第六条 由于个人过失的原因，致使帐款拖欠，造成坏帐和其他经济损失的，对责任人要区别过失性质、受损程度，给予行政处分和罚款；触犯刑律的，由司法机关依法追究刑事责任。

第七条 本办法自下达之日起，凡经营对外招徕接待业务的旅行社在与国外旅行社签订合同或协议书时，有关旅行费用结算的条款均按本办法执行。

第八条 国家旅游局和省、自治区、直辖市旅游局，依照本办法进行监督检查。

第九条 各省、自治区、直辖市旅游行政管理部门，可根据本办法制定具体实施方案，并报国家旅游局备案。

城市出租汽车管理暂行办法

（1988年6月15日 建设部 公安部 国家旅游局发布）

第一章 总 则

第一条 为加强对城市出租汽车行业的管理，维护社会治安，保护合法经营，维护乘客与经营者的合法权益，促进城市客运交通事业的发展，特制定本办法。

第二条 凡在城市（含市辖行政区，下同）经营（含兼营）客运出租汽车业务（含旅游客运，宾馆、旅社、招待所、接待站客运业务）的国营、集体企业、外商投资企业和个体工商户、合伙经营者（以下统称出租汽车经营者），必须遵守本办法。

第三条 对城市客运出租汽车应贯彻“多家经营、统一管理”的原则，由当地人民政府主管公共交通的部门统一管理，并建立和完善客运交通管理机构，负责组织实施本办法。

第二章 管理机构

第四条 客运管理机构对出租汽车管理的职责是：

（一）对全市客运出租汽车的发展实行统一规划，制定有关出租汽车管理的规章制度；

（二）在出租汽车经营者向工商行政管理机关申请开业、歇业或停业前，对其情况进行审查并提出意见，制发有关出租汽车经营的证件；

（三）配合物价、税务部门制定出租汽车统一收费标准、收费方法和收费票据（国际旅游〈涉外〉出租汽车收费标准按国家旅游局和国家物价局制定的《中国国际旅游价格管理暂行规定》执行）；

（四）配合公安部门加强对出租汽车行业的治安和交通安全管理；

（五）对出租汽车经营者的经营活动，依照有关规定进行监督、检查、指导；

（六）负责处理乘客的投诉；

（七）检查本办法的执行情况，对违反本办法有关规定者进行教育、处罚。

第五条 各市的客运管理机构必须按所管车辆数的适当比例建立并充实专职和兼职的稽查队伍，进行经常性的检查，以维护出租汽车市场的正常秩序。

第六条 客运管理机构及其工作人员，应当模范遵守和执行本办法，认真履行职责。稽查人员执行任务时要身着统一制式的识别服装，出示证件。对以权谋私、滥用职权或玩忽职守的要严肃处理。

第七条 客运管理机构可以向出租汽车经营者按其营业收入或车辆客位征收管理费。收费标准由各省、自治区、直辖市人民政府制定。

（注：经营出租汽车业务的个体工商户，应按照1987年8月5日国务院发布的《城乡个体工商户管理暂行条例》第十三条的规定，向工商行政管理机关缴纳登记费和管理费。）

第三章 开业 停业

第八条 申请经营出租汽车业务的单位和个人，必须履行下列手续：

（一）单位持上级主管机关证明，个人持户籍证明和居住地街道办事处或乡、镇人民政府的证明，向客运管理机构提出申请；

（二）凭客运管理机构同意经营的证明和申请牌照的证件，向公安部门办理车辆检验登记手续，并登记备案；

（三）按照国家登记管理法规的有关规定，向工商行政管理机关申领营业执照，同时办理税务登记、第三者责任保险和乘客意外伤害保险，并报请物价管理部门核定所经营车辆的租价标准；

凡接待涉外旅行团出租汽车业务者，须符合涉外旅游汽车接待标准。

（四）凭取得的上述证件向客运管理机构领取准运证件和服务标志，并办理统一收费凭证。

第九条 在本办法公布前开业未办理上述手续的，应于本办法公布之日起30天内向当地有关部门补办审批手续。逾期未办的，不准营业。

第十条 出租汽车经营者停业或歇业，须于10日前向客运管理机构申报，经批准后缴销有关出租汽车运营证件，向公安部门办理车辆停驶手续。办理歇业的，还须向工商行政管理机关办理注销登记手续和车辆停驶手续。

第四章 车辆管理

第十一条 出租汽车除应当符合公安部门对机动车辆的统一规定外，还必须符合下列规定：

（一）在车顶安装出租汽车标志灯，装置显示空车待租的明显标志（大客车和经批准的特殊用车除外）；

（二）在明显部位有经营者名称或标记；

（三）应安装经公安部门鉴定合格的报警装置；

（四）安装经计量部门鉴定合格的收费计价器，在车内张贴经当地物价部门确定的租价标准；

（五）保持车辆技术性能完好、车容整洁。

第五章 经营者

第十二条 出租汽车经营者必须严格遵守国家法律和各项法规，接受当地客运管理、公安、旅游、物价、税务、计量部门和工商行政管理机关的管理、指导、监督和检查。

第十三条 出租汽车经营者必须执行当地物价部门制定的统一收费标准，使用统一票据。任何单位和个人不得擅自定价、改变收费方法或印制票据。

第十四条 出租汽车经营者要按照"安全第一，优质服务"的原则，建立、健全各项规章制度，并认真执行。

（一）经营出租汽车的单位必须有一位领导人负责安全管理工作，并根据车辆数量相应设置保卫和行车安全管理机构。或配备专（兼）职保卫和行车安全管理人员，建立治安保卫和交通安全组织，做好本单位出租汽车的治安保卫和交通安全工作；

（二）必须建立健全安全责任制度和治安防范措施。

第十五条 出租汽车经营者要对本单位从业人员经常进行遵纪守法、职业道德教育和专业培训，不断提高从业人员的素质。对有严重不良行为、经教育不改正的驾驶人员，应坚决调离、辞退或除名。

第十六条 出租汽车经营者必须执行客运管理机构协调运营业务的各项措施，及时调度车辆完成外事、抢险、救灾等特殊任务。

第六章 驾驶员

第十七条 出租汽车驾驶人员在运营服务时必须严格遵守下列规定：

（一）遵守国家治安、交通法规及有关各项规章制度；

（二）携带、佩戴准运证件和服务标志；

（三）按计价器照章收费，不得以任何方式直接或变相多收车费，不得暗示、索要、私收礼物和小费；

（四）遵守国家外汇管理规定，不得收取和索要外币，不得与乘客套汇、换汇，营业中收取的外汇人民币应按国家规定上缴；

（五）接受客运管理稽查人员和公安、工商行政管理、物价等部门的检查，遵守营业场所秩序，服从调度人员调派，在公安部门同意停靠的路段，遇招手即停车；

（六）夜间去远郊或出市运营，要到营业站点登记；

（七）仪表端庄、服装整洁、热情服务、礼貌待客，不论里程远近，无正当理由不得拒载；

（八）发现违法犯罪分子或有违法犯罪嫌疑的人，应及时报告公安部门和本单位保卫部门，不得知情不报；

（九）严禁利用出租汽车运载赃物、违禁物品和进行流氓、赌博等犯罪活动。

第七章 站点管理

第十八条 在乘客比较集中的机场、火车站、码头、饭店、宾馆等公共场所和风景名胜地区，客运管理机构应建立出租汽车公用站点，并组织一定数量的工作人员负责维护秩序，按顺序派车。各出租汽车公用站点必须对所有出租汽车经营者开放，不得以任何借口独占、垄断业务。

第八章 奖罚

第十九条 对认真执行本办法，在运营服务中成绩显著的出租汽车经营者和驾驶员，由当地客运出租汽车主管部门或有关部门给予适当的表彰、奖励。

第二十条 对违反本办法的经营者或驾驶员，视其情况轻重，分别由当地客运管理机构给予批评教育、罚款、没收非法所得、停业整顿、注销准运证件的处理；违反工商行政管理法规的，由工商行政管理机关依照有关规定处罚直至吊销其营业执照；属于违反治安管理行为的，由公安部门依照有关规定予以处罚；构成犯罪的，送交司法机关依法追究其刑事责任。

第九章 附则

第二十一条 各地公共交通主管部门应会同公安、旅游主管部门，参照本办法，结合当地情况制定或修订出租汽车管理规定，报当地人民政府批准后组织实施。

第二十二条 本办法自发布之日起实行。

关于外国企业在中国设立常驻旅游办事机构的意见

（1988年6月17日 国家旅游局发布）

各省、自治区、直辖市旅游局，中央各一、二类旅行社：

为了促进国际旅游交往和合作，管理外国企业常驻中国旅游办事机构，根据《中华人民共和国国务院关于管理外国企业常驻代表机构的暂行规定》和《旅行社管理暂行条例》，特提出以下意见：

一、外国企业常驻中国旅游办事机构，应当是从事非经营性活动的机构。不得经营招徕和接待的旅游业务（包括不得订房、订餐及机车票等）。

二、外国企业在中国设立常驻旅游办事机构的申请，由中华人民共和国国家旅游局审核批准。

国家旅游局在审批时，根据双边旅游关系的需要，及组团来中国人数的多寡、企业信誉的好坏决定。

三、设立常驻旅游办事机构，按照下列程序办：

（一）外国企业申请在中华人民共和国境内设立常驻旅游办事机构的，须向中华人民共和国国家旅游局提交由其董事长或者总经理签署的申请书。申请书交中华人民共和国国家旅游局，也可以委托各省、自治区、直辖市旅游行政管理部门或者中国一类旅行社代为转交。

（二）外国驻中国使馆、领事馆或者商务机构受其国内企业委托，申请在中国设立常驻旅游办事机构的，须出具由委托企业董事长或者总经理签署的委托书，向中华人民共和国国家旅游局提交申请书。

（三）申请在中国设立常驻旅游办事机构的外国企业，应当提交下列证件和材料：

1.由该企业填写的由中华人民共和国国家旅游局制作的《外国企业在中国设立常驻旅游办事机构申请表》；

2.由该企业所在国或者所在地区有关当局出具的开业合法证书和经营国际旅游业务注册副本（影印件）；

3.由同该企业有业务往来的金融机构出具的资本信用证明书；

4.由该企业董事长或者总经理签署的委任常驻旅游办事机构首席代表、代表的授权书和各该代表的简历。

四、外国企业在中国的常驻旅游办事机构代表人数不得超过五人。

五、外国企业获准在中国设立常驻旅游办事机构，应当在批准之日起的三十天内持批准证书，向所在省、自治区、直辖市工商行政管理局或受国家工商局委托的地方工商局办理登记手续。

六、常驻旅游办事机构租用房屋、聘用中国雇员，应当委托当地外事服务单位或者中国政府指定的其他单位办理。

七、常驻旅游办事机构要求变更机构名称、代表人员、业务范围、驻在期限、驻在地点时，应当在提出申请之日的三十天前向中华人民共和国国家旅游局提交由该企业董事长或者总经理签署的申请书。获得批准后，持批准证书向登记机关办理变更登记手续。

变更代表人员或者增加代表人数，应当提交由该企业董事长或者总经理签署的委任书和各该人员的简历。

八、常驻旅游办事机构及其人员的正常业务活动和合法权益，受中华人民共和国法律保护。

九、常驻旅游办事机构及其人员在中国的一切活动和进出中国国境，都应当遵守中国的法律、法规和有关规定。

十、常驻旅游办事机构及其人员违反本办法，中华人民共和国国家旅游局有权进行检查和给予警告、没收非法所得、罚款、关闭等处理。

违反其他法律、法规的，由中国有关主管机关依法检查和处理。

十一、常驻旅游办事机构驻在期限届满或者提前终止业务的，应当在终止业务的三十天前以书面通知中华人民共和国国家旅游局，并于债务、税务和其他有关事宜清理完毕后，向原发登记证机关办理注销登记手续。

如有未了事宜，原申请设立常驻旅游办事机构的外国企业应当继续承担责任。

十二、香港、澳门、台湾地区企业申请设立常驻旅游办事机构，参照上述意见办理。

中华人民共和国评定旅游涉外饭店星级的规定

（1988年8月22日　国家旅游局发布）

一、总　则

第一条　为适应我国国际旅游业发展的需要，尽快提高旅游涉外饭店的管理和服务水平，使之既有中国特色又符合国际标准，保护旅游经营者和旅游消费者的利益，特制定本规定。

第二条　全国旅游涉外饭店星级评定，根据国家旅游行政管理部门制定的《中华人民共和国旅游涉外饭店星级标准》进行。

第三条　《中华人民共和国旅游涉外饭店星级标准》按一星、二星、三星、四星、五星划分饭店等级。

第四条　饭店星级的高低主要反映客源不同层次的需求，标志着建筑、装璜、设备、设施、服务项目、服务水平与这种需求的一致性和所有住店宾客的满意程度。

二、星级的评定范围

第五条 凡在中华人民共和国境内，从事接待外国人、华侨、外籍华人、港澳台同胞以及国内人，正式开业一年以上的国营、集体、合资、独资、合作的饭店、度假村，均属本规定范围。

第六条 凡准备开业或正式开业不满一年的饭店，给予定出预备星级，待饭店正式开业一年以后再正式评定。

三、星级评定的组织和权限

第七条 全国旅游涉外饭店星级评定最高权力机关是国家旅游局。

第八条 国家旅游局设饭店星级评定机构，负责全国旅游涉外饭店星级评定领导工作，并具体负责评定全国三星、四星、五星级饭店。

第九条 省、自治区、直辖市旅游局设饭店星级评定机构，在国家旅游局领导下，负责本地区旅游涉外饭店星级评定工作，并具体负责评定本地区一星、二星级饭店，评定结果报国家旅游局饭店星级评定机构备案；对本地区三星级饭店进行初评后，报国家旅游局饭店星级评定机构确认，并负责向国家旅游局饭店星级评定机构推荐四星、五星级饭店。

四、星级的评定依据

第十条 饭店星级按饭店的建筑、装璜、设备、设施条件和维修保养状况、管理水平和服务质量的高低、服务项目的多寡，进行全面考察、综合平衡确定。

五、星级的评定方法

第十一条 饭店星级按饭店必备条件与检查评分相结合的综合评定法确定。评定饭店星级使用如下文件：

项目一、——建筑设施设备

——服务项目

项目二、设施设备检查评分表

项目三、维修保养检查评分表

项目四、清洁卫生检查评分表

项目五、服务质量检查评分表

项目六、宾客满意程度调查表

第十二条 凡1988年1月1日以前兴建的饭店，如个别设施设备达不到项目一规定的标准，饭店星级评定机构将根据本规定实施细则有关条款处理。凡1988年1月1日以后兴建的饭店，如发生相同情况则不能得到所申请的星级。

第十三条 所在申请评定星级的饭店，如达到项目二规定的应得分数和项目三到项目六规定的得分率，则不能得到所申请的星级。

第十四条 饭店所取得的星级表明该饭店所有建筑物、设施设备及服务均处于同一水准。如一家饭店由若干座不同设施设备标准的建筑物组成，饭店星级评定机构将按每座建筑物的实际标准评定星级，评定星级后，不同星级的建筑物不得继续使用相同的饭店名称，否则该饭店星级无效。

第十五条 饭店取得星级后，如需关闭星级标准所规定的某些服务设施、设备，取消或更改星级标准所规定的某些服务项目，必须经饭店星级评定机构批准，否则该饭店星级无效。

第十六条 饭店取得星级后，因进行改造发生建筑标准变化、设施设备标准变化和服务项目变化，必须向饭店星级评定机构申请重新评定星级，否则该饭店星级无效。

六、检查制度

第十七条 国家旅游局饭店星级评定机构设国家级检查员若干人，负责对全国各星级饭店进行星级评定前后的检查。

第十八条 省、自治区、直辖市旅游局饭店星级评定机构设地方级检查员若干人，负责对本地区各星级饭店进行星级评定前后的检查。

第十九条 各级检查员均由国家统一考核，颁发合格证书。取得合格证书的检查员每两年接受一次复核。

第二十条 全国所有旅游涉外饭店，均须接受各级检查员的检查。检查员依法行使职权，不受非法干预。

第二十一条 各饭店有责任据实向检查员提供饭店情况和资料，反映宾客的满意程度，为检查员提供工作便利。

第二十二条 各级检查员须秉公办事，严格执行规定和纪律，如滥用职权、徇私舞弊或玩忽职守，将按国家有关规定给予处分。

第二十三条 凡已定星级的饭店，其经营管理和服务水平如达不到与星级相符的标准，国家旅游局饭店星级评定机构和省、自治区、直辖市旅游局饭店星级评定机构根据权限做出如下处理：

——口头提醒。

——书面警告。

——罚款。

——通报批评。

——暂降低星级，限期整顿。

——降低星级。

——取消星级，吊销旅游涉外营业许可证。

以上处罚可以并处。对违反本规定条款，情节严重，构成犯罪的，依法追究法律责任。

第二十四条 根据检查员的检查结果和宾客意见，

国家旅游局将定期评比全国各星级最佳饭店并颁发流动奖杯。

七、旅游涉外营业许可证

第二十五条 国家对旅游涉外饭店实行由旅游行政管理部门，即旅游局颁发旅游涉外营业许可证制度。

第二十六条 所有新建饭店必须得到饭店星级评定机构给予的预备星级和旅游涉外营业许可证，方能进行旅游涉外营业。

第二十七条 饭店在接到定级通知书或暂不定级通知书后，须在三个月内凭营业执照向当地旅游局领取国家旅游局统一制发的旅游涉外营业许可证。逾期未领取者，不得进行旅游涉外营业。凡违反本规定强行涉外营业者，视为违反国家规定，将追究饭店经营者的责任，依法处理。

第二十八条 饭店因设施设备水平和服务水平不具备一星级饭店最低要求，在接到不予定级通知书后，不得进行旅游涉外营业。凡违反本规定强行涉外营业的，视为违反国家规定，将追究饭店经营者的责任，依法处理。

八、申诉处理

第二十九条 饭店若对其星级评定结果有异议，可向国家旅游局和地方旅游局提出申诉。

第三十条 一星、二星级饭店若对其星级评定的结果有异议，在接到星级通知后的三十天内，可向省、自治区、直辖市旅游局提出申诉，申诉应在六十天内裁定，并将裁定结果书面通知饭店。省、自治区、直辖市旅游局有对一星、二星级饭店申诉的最终裁决权。

三星、四星、五星级饭店若对其星级评定的结果有异议，在接到星级通知后的三十天内，可向国家旅游局提出申诉，申诉应在六十天内裁定，并将裁定结果书面通知饭店，国家旅游局有对三星、四星、五星级饭店申诉的最终裁决权。

九、费　用

第三十一条 所有参加星级评定的饭店，每年须向国家旅游局饭店星级评定机构交纳星级评定费用。

第三十二条 一星、二星级饭店按1元人民币/每间客房计交费用；三星级饭店按3元人民币/每间客房计交费用；四星、五星级饭店按4元人民币/每间客房计交费用。

十、附　则

第三十三条 饭店星级标志由国家旅游局饭店星级评定机构统一制作。

第三十四条 饭店星级标志须置于饭店正门入口处或总服务台最明显位置。

第三十五条 各饭店接到星级通知书后，须在本饭店所有印刷品及宣传品上印制本饭店星级标志。

第三十六条 本规定由国家旅游局负责解释，并负责制定其实施细则。

第三十七条 本规定于1988年9月1日开始执行。

·相关法规·

中华人民共和国文物保护法

（1982年11月19日第五届全国人民代表大会常务委员会第二十五次会议通过）

第一章　总　　则

第一条　为了加强国家对文物的保护，有利于开展科学研究工作，继承我国优秀的历史文化遗产，进行爱国主义和革命传统教育，建设社会主义精神文明，特制定本法。

第二条　在中华人民共和国境内，下列具有历史、艺术、科学价值的文物，受国家保护：

（一）具有历史、艺术、科学价值的古文化遗址、古墓葬、古建筑、石窟寺和石刻；

（二）与重大历史事件、革命运动和著名人物有关的，具有重要纪念意义、教育意义和史料价值的建筑物、遗址、纪念物；

（三）历史上各时代珍贵的艺术品、工艺美术品；

（四）重要的革命文献资料以及具有历史、艺术、科学价值的手稿、古旧图书资料等；

（五）反映历史上各时代、各民族社会制度、社会生产、社会生活的代表性实物。

文物鉴定的标准和办法由国家文化行政管理部门制定，并报国务院批准。

具有科学价值的古脊椎动物化石和古人类化石同文物一样受国家的保护。

第三条　国家文化行政管理部门主管全国文物工作。

地方各级人民政府保护本行政区域内的文物。各省、自治区、直辖市和文物较多的自治州、县、自治县、市可以设立文物保护管理机构，管理本行政区域内的文物工作。

一切机关、组织和个人都有保护国家文物的义务。

第四条　中华人民共和国境内地下、内水和领海中遗存的一切文物，属于国家所有。

古文化遗址、古墓葬、石窟寺属于国家所有。国家指定保护的纪念建筑物、古建筑、石刻等，除国家另有规定的以外，属于国家所有。

第五条　属于集体所有和私人所有的纪念建筑物、古建筑和传世文物，其所有权受国家法律的保护。文物的所有者必须遵守国家有关保护管理文物的规定。

第六条　文物保护管理经费分别列入中央和地方的财政预算。

第二章　文物保护单位

第七条　革命遗址、纪念建筑物、古文化遗址、古墓葬、古建筑、石窟寺、石刻等文物，应当根据它们的历史、艺术、科学价值，分别确定为不同级别的文物保护单位。

县、自治县、市级文物保护单位，由县、自治县、市人民政府核定公布，并报省、自治区、直辖市人民政府备案。

省、自治区、直辖市文物保护单位，由省、自治区、直辖市人民政府核定公布，并报国务院备案。

国家文化行政管理部门在各级文物保护单位中，选择具有重大历史、艺术、科学价值的作为全国重点文物保护单位，或者直接指定全国重点文物保护单位，报国务院核定公布。

第八条　保存文物特别丰富、具有重大历史价值和革命意义的城市，由国家文化行政管理部门会同城乡建设环境保护部门报国务院核定公布为历史文化名城。

第九条　各级文物保护单位，分别由省、自治区、直辖市人民政府和县、自治区、市人民政府划定必要的保护范围，作出标志说明，建立记录档案，并区别情况分别设置专门机构或者专人负责管理。全国重点文物保护单位的保护范围和记录档案，由省、自治区、直辖市文化行政管理部门报国家文化行政管理部门备案。

第十条　各级人民政府制定城乡建设规划时，事先要由城乡规划部门会同文化行政管理部门商定对本行政区域内各级文物保护单位的保护措施，纳入规划。

第十一条　文物保护单位的保护范围内不得进行其他建设工程。如有特殊需要，必须经原公布的人民政府和上一级文化行政管理部门同意。在全国重点文物保护单位范围内进行其他建设工程。必须经省、自治区、直辖市人民政府和国家文化行政管理部门同意。

第十二条 根据保护文物的实际需要，经省、自治区、直辖市人民政府批准，可以在文物保护单位的周围划出一定的建设控制地带。在这个地带内修建新建筑和构筑物，不得破坏文化保护单位的环境风貌。其设计方案须征得文化行政管理部门同意后，报城乡规划部门批准。

第十三条 建设单位在进行选址和工程设计的时候，因建设工程涉及文物保护单位的，应当事先会同省、自治区、直辖市或者县、自治县、市文化行政管理部门确定保护措施，列入设计任务书。

因建设工程特别需要而必须对文物保护单位进行迁移或者拆除的，应根据文物保护单位的级别，经该级人民政府和上一级文化行政管理部门同意。全国重点文物保护单位的迁移或者拆除，由省、自治区、直辖市人民政府报国务院决定。迁移、拆除所需费用和劳动力由建设单位列入投资计划和劳动计划。

第十四条 核定为文物保护单位的革命遗址、纪念建筑物、古墓葬、古建筑、石窟寺、石刻等（包括建筑物的附属物），在进行修缮、保养、迁移的时候，必须遵守不改变文物原状的原则。

第十五条 核定为文物保护单位的属于国家所有的纪念建筑物或者古建筑，除可以建立博物馆、保管所或者辟为参观游览场所外，如果必须作其他用途，应当根据文物保护单位的级别，由当地文化行政管理部门报原公布的人民政府批准。全国重点文物保护单位如果必须作其他用途，应经省、自治区、直辖市人民政府同意，并报国务院批准。这些单位以及专设的博物馆等机构，都必须严格遵守不改变文物原状的原则，负责保护建筑物及附属文物的安全，不得损毁、改建、添建或者拆除。使用纪念建筑物、古建筑的单位，应当负责建筑物的保养和维修。

第三章 考古发掘

第十六条 一切考古发掘工作，都必须履行报批手续。地下埋藏的文物，任何单位或者个人都不得私自发掘。出土的文物除根据需要交给科学研究部门研究的以外，由当地文化行政管理部门指定的单位保管，任何单位或者个人不得侵占。为了保证文物安全、进行科学研究和充分发挥文物的作用，省、自治区、直辖市文化行政管理部门，必要时可以报经省、自治区、直辖市人民政府批准，调用本行政区域的出土文物；国家文化行政管理部门经国务院批准，可以调用全国的重要出土文物。

第十七条 各省、自治区、直辖市文物机构、考古研究机构和高等学校等，为了科学研究进行考古发掘，必须提出发掘计划，报国家文化行政管理部门会同中国社会科学院审查，经国家文化行政管理部门批准后，始得进行发掘。

需要对全国重点文物保护单位进行的考古发掘，由国家文化行政管理部门会同中国社会科学院审核后，报国务院批准。

第十八条 在进行大型基本建设项目的时候，建设单位要事先会同省、自治区、直辖市文化行政管理部门在工程范围内有可能埋藏文物的地方进行文物的调查或者勘探工作。调查、勘探中发现文物，应当共同商定处理办法。遇有重要发现，由省、自治区、直辖市文化行政管理部门及时报国家文化行政管理部门处理。

在进行基本建设工程或者农业生产中，任何单位或者个人发现文物，应立即报告当地文化行政管理部门。遇有重要发现，当地文化行政管理部门必须及时报请上级文化行政管理部门处理。

第十九条 需要配合建设工程进行的考古发掘工作，应由省、自治区、直辖市文化行政管理部门在勘探工作的基础上提出发掘计划，报国家文化行政管理部门会同中国社会科学院审查，由国家文化行政管理部门批准。确因建设工期紧迫或有自然破坏的危险，对古文化遗址，古墓葬急需进行抢救的，可由省、自治区、直辖市文化行政管理部门组织力量进行发掘工作，并同时补办批准手续。

第二十条 凡因进行基本建设和生产建设需要文物勘探、考古发掘的，所需费用和劳动力由建设单位列入投资计划和劳动计划，或者报上级计划部门解决。

第二十一条 非经国家文化行政管理部门报国务院特别许可，任何外国人或者外国团体不得在中华人民共和国境内进行考古调查和发掘。

第四章 馆藏文物

第二十二条 全民所有的博物馆、图书馆和其他单位对收藏的文物，必须区分文物等级，设置藏品档案，建立严格的管理制度，并向文化行政管理部门登记。

地方各级文化行政管理部门，应分别建立本行政区域内的馆藏文物档案；国家文化行政管理部门应建立国家一级文物藏品档案。

第二十三条 全民所有的博物馆、图书馆和其他单位的文物藏品禁止出卖。这些单位进行文物藏品的调拨、交换，必须报文化行政管理部门备案；一级文物藏品的调拨、交换，须经国家文化行政管理部门批准。未经批准，任何单位或者个人不得调取文物。

第五章 私人收藏文物

第二十四条 私人收藏的文物可以由文化行政管理部门指定的单位收购，其他任何单位或者个人不得经营文物收购业务。

第二十五条 私人收藏的文物，严禁倒卖牟利，严禁私自卖给外国人。

第二十六条 银行、冶炼厂、造纸厂以及废旧物资回收部门，应与文化行政管理部门共同负责拣选出掺杂在金银器和废旧物资中的文物，除供银行研究所必需的历史货币可以由银行留用外，其余移交给文化行政管理部门处理。移交的文物须合理作价。

公安、海关、工商行政管理部门依法没收的重要文物，应当移交给文化行政管理部门。

第六章 文物出境

第二十七条 文物出口和个人携带文物出境，都必须事先向海关申报，经国家文化行政管理部门指定的省、自治区、直辖市文化行政管理部门进行鉴定，并发给许可出口凭证。文物出境必须从指定口岸运出。经鉴定不能出境的文物，国家可以征购。

第二十八条 具有重要历史、艺术、科学价值的文物，除经国务院批准运往国外展览的以外，一律禁止出境。

第七章 奖励与惩罚

第二十九条 有下列事迹的单位或者个人，由国家给予适当的精神鼓励或者物质奖励：

（一）认真执行文物政策法令，保护文物成绩显著的；

（二）为保护文物与违法犯罪行为作坚决斗争的；

（三）将个人收藏的重要文物捐献给国家的；

（四）发现文物及时上报或者上交，使文物得到保护的；

（五）在文物保护科学技术上有重要发明创造或者其他重要贡献的；

（六）在文物面临破坏危险的时候，抢救文物有功的；

（七）长期从事文物工作有显著成绩的。

第三十条 有下列行为的，给予行政处罚：

（一）在地下、内水、领海及其他场所中发现文物隐匿不报，不上交国家的，由公安部门给予警告或者罚款，并追缴其非法所得的文物；

（二）未经文化行政管理部门批准，私自经营文物购销活动的，由工商行政管理部门给予警告或者罚款，并可没收其非法所得或者非法经营的文物；

（三）将私人收藏的文物私自卖给外国人的，由工商行政管理部门罚款，并可没收其文物的非法所得。

第三十一条 有下列行为的，依法追究刑事责任：

（一）贪污或者盗窃国家文物的；

（二）盗运珍贵文物出口或者进行文物投机倒把活动情节严重的；

（三）故意破坏国家保护的珍贵文物或者名胜古迹的；

（四）国家工作人员玩忽职守，造成珍贵文物损毁或者流失，情节严重的。

私自挖掘古文化遗址、古墓葬的，以盗窃论处。

将私人收藏的珍贵文物私自卖给外国人的，以盗运珍贵文物出口论处。

文物工作人员对所管理的文物监守自盗的，依法从重处罚。

第八章 附　　则

第三十二条 国家文化行政管理部门根据本法制定实施细则，报国务院批准施行。

文物的复制、拓印、拍摄等管理办法由国家文化行政管理部门制定。

第三十三条 本法自公布之日起施行。1961年国务院颁发的《文物保护管理暂行条例》即行废止。其他有关文物保护管理的规定，凡与本法相抵触的，以本法为准。

风景名胜区管理暂行条例

（1985年6月7日　国务院发布）

第一条 为了加强对风景名胜区的管理，更好地保护、利用和开发风景名胜资源，特制定本条例。

第二条 凡具有观赏、文化或科学价值，自然景物、人文景物比较集中，环境优美，具有一定规模和范围，可供人们游览、休息或进行科学、文化活动的地区，应当划为风景名胜区。

第三条 风景名胜区按其景物的观赏、文化、科学价值和环境质量，规模大小、游览条件等，划分为三级：

（一）市、县级风景名胜区，由市、县主管部门组织有关部门提出风景名胜资源调查评价报告，报市、县人民政府审定公布，并报省级主管部门备案；

（二）省级风景名胜区，由市、县人民政府提出风景名胜资源调查评价报告，报省、自治区、直辖市人民政府审定公布，并报城乡建设环境保护部备案；

（三）国家重点风景名胜区，由省、自治区、直辖市人民政府提出风景名胜资源调查评价报告，报国务院审定公布。

第四条 城乡建设环境保护部主管全国风景名胜区工作。地方各级人民政府城乡建设部门主管本地区的风景名胜区工作。

第五条 风景名胜区依法设立人民政府，全面负责风景名胜区的保护、利用、规划和建设。

风景名胜区没有设立人民政府的，应当设立管理机构，在所属人民政府领导下，主持风景名胜区的管理工作，设在风景名胜区内的所有单位，除各自业务受上级主管部门领导外，都必须服从管理机构对风景名胜区的统一规划和管理。

第六条 各级风景名胜区都应当制定包括下列内容的规划：

（一）确定风景名胜区性质；

（二）划定风景名胜区范围及其外围保护地带；

（三）划分景区和其他功能区；

（四）确定游览接待容量和游览活动的组织管理措施；

（五）确定保护和开发利用风景名胜资源的措施；

（六）统筹安排公用、服务及其他设施；

（七）估算投资和效益；

（八）其他需要规划的事项。

第七条 风景名胜规划，在所属人民政府领导下，由主管部门会同有关部门组织编制。

编制规划应当广泛征求有关部门、专家和人民群众的意见，进行多方案的比较和论证。

风景名胜区规划经主管部门审查后，报审定该风景名胜区的人民政府审批，并报上级主管部门备案。

第八条 风景名胜区的土地，任何单位和个人都不得侵占。

风景名胜区内的一切景物和自然环境，必须严格保护，不得破坏或随意改变。

在风景名胜区及其外围保护地带内的各项建设，都应当与景观相协调，不得建设破坏景观、污染环境、妨碍游览的设施。

在游人集中的游览区内，不得建设宾馆、招待所以及休养、疗养机构。

在珍贵景物周围和重要景点上，除必须的保护和附属设施外，不得增建其他工程设施。

第九条 风景名胜区应当做好封山育林、植树绿化、护林防火和防治病虫害工作，切实保护好林木植被和动、植物种的生长、栖息条件。

风景名胜区及其外围保护地带内的林木，不分权属都应当按照规划进行抚育管理，不得砍伐。确需进行更新抚育性采伐的，须经地方主管部门批准。

古树名木，严禁砍伐。

在风景名胜区内采集标本、野生药材和其他林副产品，必须经管理机构同意，并应限定数量，在指定的范围内进行。

第十条 对风景名胜区内的重要景物、文物古迹、古树名木，都应当进行调查、鉴定，并制定保护措施，组织实施。

第十一条 风景名胜区应当根据规划，积极开发风景名胜资源，改善交通、服务设施和游览条件；按照规划确定的游览接待容量，有计划地组织游览活动，不得无限制地超量接纳游览者。

第十二条 风景名胜区应当充分利用风景名胜资源的特点，开展健康、有益的游览和文化娱乐活动，宣传社会主义和爱国主义，普及历史、文化和科学知识。

第十三条 风景名胜区应当加强安全管理，保障游览者的安全和景物的完好。

风景名胜区内的居民和游览者，应当爱护风景名胜的景物、林木植被、野生动物和各项设施，遵守有关的规章制度。

第十四条 对于保护风景名胜区有显著成绩或重要贡献的单位和个人，有关的人民政府或主管部门应当给予奖励。

第十五条 违反本条例，有下列行为的，给予行政或经济处罚：

（一）侵占风景名胜区土地，进行违章建设的，由有关部门或管理机构责令退出所占土地，拆除违章建筑，并可根据情节，处以罚款；

（二）损毁景物、林木植被、捕杀野生动物或污染、破坏环境的，由有关部门或管理机构责令停止破坏活动，赔偿经济损失，并可根据情节，处以罚款；

（三）破坏风景名胜区游览秩序和安全制度，不听劝阻的，由有关部门或管理机构给予警告或罚款；属于违反有关治安管理规定的，由公安机关依法处罚。

前款行为，情节严重，触犯刑律或违反国家有关森林、环境保护和文物保护法律的，依法惩处。

第十六条 本条例由城乡建设环境保护部负责解释；实施细则由城乡建设环境保护部制定。

第十七条 本条例自发布之日起施行。

旅馆业治安管理办法

（1987年9月23日国务院批准 1987年11月10日公安部发布）

第一条 为了保障旅馆业的正常经营和旅客的生命财物安全，维护社会治安，制定本办法。

第二条 凡经营接待旅客住宿的旅馆、饭店、宾馆、招待所、客货栈、车马店、浴池等（以下统称旅馆），不论是国营、集体经营，还是合伙经营、个体经营、中外合资、中外合作经营，不论是专营还是兼营，不论是常年经营，还是季节性经营，都必须遵守本办法。

第三条 开办旅馆，其房屋建筑、消防设备、出入口和通道等，必须符合《中华人民共和国消防条例》等有关规定，并且要具备必要的防盗安全设施。

第四条 申请开办旅馆，应经主管部门审查批准，经当地公安机关签署意见，向工商行政管理部门申请登记，领取营业执照后，方准开业。

经批准开业的旅馆，如有歇业、转业、合并、迁移、改变名称等情况，应当在工商行政管理部门办理变更登记后三日内，向当地的县、市公安局、公安分局备案。

第五条 经营旅馆，必须遵守国家的法律，建立各项安全管理制度，设置治安保卫组织或者指定安全保卫人员。

第六条 旅馆接待旅客住宿必须登记。登记时，应当查验旅客的身份证件，按规定的项目如实登记。

接待境外旅客住宿，还应当在二十四小时内向当地公安机关报送住宿登记表。

第七条 旅馆应当设置旅客财物保管箱、柜或者保管室、保险柜，指定专人负责保管工作。对旅客寄存的财物，要建立登记、领取和交接制度。

第八条 旅馆对旅客遗留的物品，应当妥为保管，设法归还原主或揭示招领；经招领三个月后无人认领的，要登记造册，送当地公安机关拾遗物品处理。对违禁物品和可疑物品，应当及时报告公安机关处理。

第九条 旅馆工作人员发现违法犯罪分子，形迹可疑的人员和被公安机关通缉的罪犯，应当立即向当地公安机关报告，不得知情不报或者隐瞒包庇。

第十条 在旅馆内开办舞厅、音乐茶座等娱乐、服务场所的，除执行本办法有关规定外，还应当按照国家和当地政府的有关规定管理。

第十一条 严禁旅客将易燃、易爆、剧毒、腐蚀性和放射性等危险物品带入旅馆。

第十二条 旅馆内，严禁卖淫、嫖宿、赌博、吸毒、传播淫秽物品等违法犯罪活动。

第十三条 旅馆内，不得酗酒滋事、大声喧哗，影响他人休息，旅客不得私自留客住宿或者转让床位。

第十四条 公安机关旅馆治安管理的职责是，指导、监督旅馆建立各项安全管理制度和落实安全防范措施，协助旅馆对工作人员进行安全业务知识的培训，依法惩办侵犯旅馆和旅客合法权益的违法犯罪分子。

公安人员到旅馆执行公务时，应当出示证件，严格依法办事，要文明礼貌待人，维护旅馆的正常经营和旅客的合法权益。旅馆工作人员和旅客应当予以协助。

第十五条 违反本办法第四条规定开办旅馆的，公安机关可以酌情给予警告或者处以200元以下罚款；未经登记，私自开业的，公安机关应当协助工商行政管理部门依法处理。

第十六条 旅馆工作人员违反本办法第九条规定的，公安机关可以酌情给予警告或者处以20元以下罚款；情节严重构成犯罪的，依法追究刑事责任。

旅馆负责人参与违法犯罪活动，其所经营的旅馆已成为犯罪活动场所的，公安机关除依法追究其责任外，对该旅馆还应当会同工商行政管理部门依法处理。

第十七条 违反本办法第六、十一、十二条规定的，依照《中华人民共和国治安管理处罚条例》有关条款的规定，处罚有关人员；发生重大事故、造成严重后果构成犯罪的，依法追究刑事责任。

第十八条 当事人对公安机关的行政处罚决定不服的，按照《中华人民共和国治安管理处罚条例》第三十九条规定的程序办理。

第十九条 省、自治区、直辖市公安厅（局）可根据本办法制定实施细则，报请当地人民政府批准后施行，并报公安部备案。

第二十条 本办法自公布之日起施行。1951年8月15日公布的《城市旅栈业暂行管理规则》同时废止。

中华人民共和国环境保护法

（1989年12月26日第七届全国人民代表大会常务委员会第十一次会议通过）

第一章 总 则

第一条 为保护和改善生活环境与生态环境，防治污染和其他公害，保障人体健康，促进社会主义现代化建设的发展，制定本法。

第二条 本法所称环境，是指影响人类生存和发展的各种天然的和经过人工改造的自然因素的总体，包括大气、水、海洋、土地、矿藏、森林、草原、野生生物、自然遗迹、人文遗迹、自然保护区、风景名胜区、城市和乡村等。

第三条 本法适用中华人民共和国领域和中华人民共和国管辖的其他海域。

第四条 国家制定的环境保护规划必须纳入国民经济和社会发展计划，国家采取有利于环境保护的经济、技术政策和措施，使环境保护工作同经济建设和社会发展协调。

第五条 国家鼓励环境保护科学教育事业的发展，加强环境保护科学技术的研究和开发，提高环境保护科学技术水平，普及环境保护的科学知识。

第六条 一切单位和个人都有保护环境的义务，并有权对污染和破坏环境的单位和个人进行检举和控告。

第七条 国务院环境保护行政主管部门，对全国环境保护工作实施统一监督管理。

县级以上地方人民政府环境保护行政主管部门，对本辖区的环境保护工作实施统一监督管理。

国家海洋行政主管部门、港务监督、渔政渔港监督、军队环境保护部门和各级公安、交通、铁道、民航管理部门，依照有关法律的规定对环境污染防治实施监督管理。

县级以上人民政府的土地、矿产、林业、农业、水利行政主管部门，依照有关法律的规定对资源的保护实施监督管理。

第八条 对保护和改善环境有显著成绩的单位和个人，由人民政府给予奖励。

第二章 环境监督管理

第九条 国务院环境保护行政主管部门制定国家环境质量标准。

省、自治区、直辖市人民政府对国家环境质量标准中未作规定的项目，可以制定地方环境质量标准，并报国务院环境保护行政主管部门备案。

第十条 国务院环境保护行政主管部门根据国家环境质量标准和国家经济、技术条件，制定国家污染物排放标准。

省、自治区、直辖市人民政府对国家污染物排放标准中未作规定的项目，可以制定地方污染物排放标准；对国家污染物排放标准中已作规定的项目，可以制定严于国家污染物排放标准的地方污染物排放标准。地方污染物排放标准须报国务院环境保护行政主管部门备案。

凡是向已有地方污染物排放标准的区域排放污染物的，应当执行地方污染物排放标准。

第十一条 国务院环境保护行政主管部门建立监测制度，制定监测规范，会同有关部门组织监测网络，加强对环境监测的管理。

国务院和省、自治区、直辖市人民政府的环境保护行政主管部门，应当定期发布环境状况公报。

第十二条 县级以上人民政府环境保护行政主管部门，应当会同有关部门对管辖范围内的环境状况进行调查和评价，拟订环境保护规划，经计划部门综合平衡后，报同级人民政府批准实施。

第十三条 建设污染环境的项目，必须遵守国家有关建设项目环境保护管理的规定。

建设项目的环境影响报告书，必须对建设项目产生的污染和对环境的影响作出评价，规定防治措施，经项目主管部门预审并依照规定的程序报环境保护行政主管部门批准。环境影响报告书经批准后，计划部门方可批准建设项目设计任务书。

第十四条 县级以上人民政府环境保护行政主管部门或者其他依照法律规定行使环境监督管理权的部门，有权对管辖范围内的排污单位进行现场检查。被检查的单位应当如实反映情况，提供必要的资料。检查机关应当为被检查的单位保守技术秘密和业务秘密。

第十五条 跨行政区的环境污染和环境破坏的防治工作，由有关地方人民政府协商解决，或者由上级人民政府协调解决，作出决定。

第三章 保护和改善环境

第十六条 地方各级人民政府，应当对本辖区的环境质量负责，采取措施改善环境质量。

第十七条 各级人民政府对具有代表性的各种类型的自然生态系统区域，珍稀、濒危的野生动植物自然分布区域，重要的水源涵养区域，具有重大科学文化价值的地质构造、著名溶洞和化石分布区、冰川、火山、温泉等自然遗迹，以及人文遗迹、古树名木，应当采取措施加以保护，严禁破坏。

第十八条 在国务院、国务院有关主管部门和省、自治区、直辖市人民政府划定的风景名胜区、自然保护区和其他需要特别保护的区域内，不得建设污染环境的工业生产设施；建设其他设施，其污染物排放不得超过规定的排放标准。已经建成的设施，其污染物排放超过规定的排放标准的，限期治理。

第十九条 开发利用自然资源，必须采取措施保护生态环境。

第二十条 各级人民政府应当加强对农业环境的保护，防止土壤污染、土地沙化、盐渍化、贫瘠化、沼泽化、地面沉降和防治植被破坏、水土流失、水源枯竭、种源灭绝以及其他生态失调现象的发生和发展，推广植物病虫害的综合防治，合理使用化肥、农药及植物生长激素。

第二十一条 国务院和沿海地方各级人民政府应当加强对海洋环境的保护。向海洋排放污染物、倾倒废弃物，进行海岸工程建设和海洋石油勘探开发，必须依照法律的规定，防止对海洋环境的污染损害。

第二十二条 制定城市规划，应当确定保护和改善环境的目标和任务。

第二十三条 城乡建设应当结合当地自然环境的特点，保护植被、水域和自然景观，加强城市园林、绿地和风景名胜区的建设。

第四章　防治环境污染和其他公害

第二十四条 产生环境污染和其他公害的单位，必须把环境保护工作纳入计划，建立环境保护责任制度；采取有效措施，防治在生产建设或者其他活动中产生的废气、废水、废渣、粉尘、恶臭气体、放射性物质以及噪声、振动、电磁波辐射等对环境的污染和危害。

第二十五条 新建工业企业和现有工业企业的技术改造，应当采用资源利用率高、污染物排放量少的设备和工艺，采用经济合理的废弃物综合利用技术和污染物处理技术。

第二十六条 建设项目中防治污染的设施，必须与主体工程同时设计、同时施工、同时投产使用。防治污染的设施必须经原审批环境影响报告书的环境保护行政主管部门验收合格后，该建设项目方可投入生产或者使用。

防治污染的设施不得擅自拆除或者闲置，确有必要拆除或者闲置的，必须征得所在地的环境保护行政主管部门同意。

第二十七条 排放污染物的企业事业单位，必须依照国务院环境保护行政主管部门的规定申报登记。

第二十八条 排放污染物超过国家或者地方规定的污染物排放标准的企业事业单位，依照国家规定缴纳超标准排污费，并负责治理。水污染防治法另有规定的，依照水污染防治法的规定执行。

征收的超标准排污费必须用于污染的防治，不得挪作他用，具体使用办法由国务院规定。

第二十九条 对造成环境严重污染的企业事业单位，限期治理。中央或者省、自治区、直辖市人民政府直接管辖的企业事业单位的限期治理，由省、自治区、直辖市人民政府决定。市、县或者市、县以下人民政府管辖的企业事业单位必须如期完成治理任务。

第三十条 禁止引进不符合我国环境保护规定要求的技术和设备。

第三十一条 因发生事故或者其他突然性事件，造成或者可能造成污染事故的单位，必须立即采取措施处理，及时通报可能受到污染危害的单位和居民，并向当地环境保护行政主管部门和有关部门报告，接受调查处理。

可能发生重大污染事故的企业事业单位，应当采取措施，加强防范。

第三十二条 县级以上地方人民政府环境保护行政主管部门，在环境受到严重污染威胁居民生命财产安全时，必须立即向当地人民政府报告，由人民政府采取有效措施，解除或者减轻危害。

第三十三条 生产、储存、运输、销售、使用有毒化学物品和含有放射性物质的物品，必须遵守国家有关规定，防止污染环境。

第三十四条 任何单位不得将产生严重污染的生产设备转移给没有污染防治能力的单位使用。

第五章　法律责任

第三十五条 违反本法规定，有下列行为之一的，环境保护行政主管部门或者其他依照法律规定行使环境监督管理权的部门可以根据不同情节，给予警告或者处以罚款：

（一）拒绝环境保护行政主管部门或者其他依照法律规定行使环境监督管理权的部门现场检查或者在被检查时弄虚作假的。

（二）拒报或者谎报国务院环境保护行政主管部门规定的有关污染物排放申报事项的。

（三）不按国家规定缴纳超标准排污费的。

（四）引进不符合我国环境保护规定要求的技术和

设备的。

（五）将产生严重污染的生产设备转移给没有污染防治能力的单位使用的。

第三十六条 建设项目的防治污染设施没有建成或者没有达到国家规定的要求，投入生产或者使用的，由批准该建设项目的环境影响报告书的环境保护行政主管部门责令停止生产或者使用，可以并处罚款。

第三十七条 未经环境保护行政主管部门同意，擅自拆除或者闲置防治污染的设施，污染物排放超过规定的排放标准的，由环境保护行政主管部门责令重新安装使用，并处罚款。

第三十八条 对违反本法规定，造成环境污染事故的企业事业单位，由环境保护行政主管部门或者其他依照法律规定行使环境监督管理权的部门根据造成的危害后果处以罚款；情节较重的，对有关责任人员由其所在单位或者政府主管机关给予行政处分。

第三十九条 对经限期治理逾期未完成治理任务的企业事业单位，除依照国家规定加收超标准排污费外，可以根据所造成的危害后果处以罚款，或者责令停业、关闭。

前款规定的罚款由环境保护行政主管部门决定。责令停业、关闭，由作出限期治理决定的人民政府决定；责令中央直接管辖的企业事业单位停业、关闭，须报国务院批准。

第四十条 当事人对行政处罚决定不服的，可以在接到处罚通知之日起15日内，向作出处罚决定的机关的上一级机关申请复议；对复议决定不服的，可以在接到处罚通知之日起15日内，直接向人民法院起诉。当事人逾期不申请复议、也不向人民法院起诉、又不履行处罚决定的，由作出处罚决定的机关申请人民法院强制执行。

第四十一条 造成环境污染危害的，有责任排除危害，并对直接受到损害的单位或者个人赔偿损失。

赔偿责任和赔偿金额的纠纷，可以根据当事人的请求，由环境保护行政主管部门或者其他依照法律规定行使环境监督管理权的部门处理；当事人对处理决定不服的，可以向人民法院起诉。当事人也可以直接向人民法院起诉。

完全由于不可抗拒的自然灾害，并经及时采取合理措施，仍然不能避免造成环境污染损害的，免予承担责任。

第四十二条 因环境污染损害赔偿提起诉讼的时效期间为三年，从当事人知道或者应当知道受到污染损害时起计算。

第四十三条 违反本法规定，造成重大环境污染事故，导致公私财产重大损失或者人身伤亡的严重后果的，对直接责任人员依法追究刑事责任。

第四十四条 违反本法规定，造成土地、森林、草原、水、矿产、渔业、野生动物等资源的破坏的，依照有关法律和规定承担法律责任。

第四十五条 环境保护监督管理人员滥用职权、玩忽职守、徇私舞弊的，由其所在单位或者上级主管机关给予行政处分；构成犯罪的，依法追究刑事责任。

第六章 附 则

第四十六条 中华人民共和国缔结或者参加的与环境保护有关的国际条约，同中华人民共和国的法律有不同规定的，适用国际条约的规定，但中华人民共和国声明保留的条款除外。

第四十七条 本法自公布之日起施行。《中华人民共和国环境保护法（试行）》同时废止。

地 方 法 规

我国地方旅游法制工作

·张坚钟·

在党的改革开放政策指引下，我国旅游业得到了长足的发展。与此同时，运用法律手段，保障和促进旅游业的健康、稳定发展，已成为广大旅游从业人员的共识。近年来，各地依据国家有关旅游业的法律、法规，结合本地实际，相继制定和发布了一批地方旅游法规、规章和规范性文件。据不完全统计，从1985年至1989年四年间，各地制定和发布了各类地方政府旅游规章和规范性文件共计120余件，其中由省、自治区、直辖市人民政府制定和发布的地方政府旅游规章16件；由省、自治区、直辖市旅游行政管理部门制定和发布的规范性文件105件。这些地方政府规章和规范性文件的发布施行，对进一步推动旅游业的治理整顿和深化改革，强化旅游业的全行业宏观管理，保障旅游业的持续、稳定、协调发展起到积极的作用，取得了显著的成效。

陕西省人民政府1989年2月颁发的《陕西省旅游业管理暂行规定》明确规定：“陕西省旅游局作为省人民政府的旅游行政主管部门，统一管理全省旅游业。”“凡在本省境内的旅游企业、事业单位，包括经营国际、国内旅游业务的旅行社，各类旅游涉外饭店、宾馆、餐馆、旅游汽车公司，对外开放的旅游风景区、游览点、旅游商品经销店，及其他经营涉外旅游业务的单位，不论隶属关系和所有制性质如何，都必须接受旅游行政主管部门的行业管理。”湖南省人民政府《关于加强旅游业行业管理的意见》规定：“省旅游局和各地、州、市、县旅游行政管理机构，是各级政府主管旅游事业的主管部门，行使旅游行业管理职能”。并对旅游行业管理的范围、职责作了明确规定。北京市委、市人民政府《关于改革北京市旅游事业管理体制的通知》和上海市人民政府《关于深化本市旅游管理体制改革的意见》中都明确规定：市旅游事业管理局是市人民政府主管全市旅游业的职能部门，统一管理本市的旅游业，并依据有关法律、法规，对全市旅游业进行检查、监督；对违法、违章旅游经营单位有权实行处罚；审查批准旅游企业、事业单位的开办及营业性旅游项目的开发等等。实践证明，省、自治区、直辖市人民政府以法规的形式确认旅游行政管理部门的行业管理职能，较之以往主要依靠行政手段进行管理，具有更大的权威性和有效性。

旅行社是旅游业的龙头。加强旅行社的管理，对于旅游业的健康发展至关重要。广东省人民政府依据国务院发布的《旅行社管理暂行条例》，于1985年6月制定发布了《广东省旅行社管理暂行规定》，规定“旅行社（含旅游公司或其他同类性质的组织）是指经营或兼营旅行业务，招徕、接待国内外旅行者，组织旅游活动，实行独立核算，具有法人资格的经济实体。”这就使国务院发布的《旅行社管理暂行条例》中对旅行社的规定更加具体化。该《暂行规定》根据《暂行条例》对旅行社的类别划分，将经营涉外旅游业务的称为“对外旅行社”；经营国内旅游业务的称为“国内旅行社”，以便于管理。为了保障旅游者和旅行社的合法权益，该《规定》规定：“对外旅行社在确认外国或港澳地区客户或旅行者的《委托书》后，应按确认项目向旅行者提供服务，除人力不可抗拒的原因外，凡旅行社不能如约履行的全部或部分项目而引起旅行者在经济上受到损失，应负责赔偿，并做好善后工作。由于外国或港澳地区客户或旅行者本身的原因，改变日程或取消旅游造成损失，应负责赔偿旅行社经济损失。”为了规范旅行社的经营行为，将其纳入法制轨道，北京市人民政府批准发布了《北京市执行〈旅行社管理暂行条例施行办法〉的处罚细则》，规定旅行社超越旅行社业务经营许可证核准的旅行社等级进行营业的；违反有关旅游价格管理规定，巧立名目、削价竞争的；有倒卖、套换外汇等违反外汇管理规定行为的；降低服务标准和接待规格，服务质量低劣，造成不良影响的；滥用、冒用旅行社名称的；业务经营的重大事项变更，事先未按规定期限报市旅游局批准的；以及拒绝旅游行政管理机关检查的，均可根据不同情节，给予处罚。该《细则》的制定施行，使国家旅游局发布的《旅行社管理暂行条例施行办法》的规定更加具体化。一些省市人民政府或省市旅游行政管理部门也都作了类似的规定。这些规章和规范性文件的施行，对于加强旅行社的管理，监督旅行社依法经营，保护旅游者和旅行社的合法权益等发挥了切实有效的作用。

广州市人民政府为促进旅游事业健康发展，加强对外地旅行社驻广州办事机构的管理，根据国务院颁布的《旅行社管理暂行条例》和国家旅游局发布的《旅行社管理暂行条例施行办法》及有关规定，结合实际情况，制订了《外地旅行社驻广州旅游办事机构管理暂行办法》，明确规定：“外地驻广州旅游办事机构须经广州市旅游局审查批准，并发给《外地旅行社驻广州旅游办事机构许可证》，方可开展工作”，“外地旅游办事机构应接受广州市旅游局的监督指导。”该《暂行办法》还对机构设立与审批程序、工作范围等作了具体规定。安徽省旅游局、工商行政管理局也制订了《关于旅行社在我省旅游景区设立分支社及办事处的暂行规定》，规定：“省内外一、二类旅行社在风景区或其他地、市设立的旅行社办事处，不得从事经营性活动。”为了整顿旅游区域内的秩序，北京市人民政府发布了《关于加强旅游区市场管理的暂行规定》，规定：“凡在旅游区（包括风景名胜区、公园、旅游点）从事经营业务的单位和个人，均须持有营业执照，农民出售农副土特产品，须持有临时营业执照，并按批准的经营范围，在指定地点经营。”“在旅游区从事经营活动的单位和个人，应以经营为旅游服务的商业、饮食业、服务业为主。旅游区市场的设置和建设由区、县人民政府负责。”江苏省人民政府批准转发的《江苏省国际旅游行业定点服务若干规定》中规定对全省国际旅游行业实行定点管理；并且，“对全省旅游行业定点服务实行检查制度，由省旅游主管部门统一制作和颁发‘港澳旅游行业检查证’。”“凡在省内经营的各类旅行社（公司或同类型经济组织）、国际旅游涉外饭店、餐馆、商店、汽车、游船公司及对外开放的参观点和风景点中确定为定点单位的，均应接受旅游部门的监督检查。”又如苏州市人民政府《关于治理旅游环境、整顿旅游秩序的意见》、南京市《关于书画市场管理的暂行规定》、秦皇岛市《关于整顿旅游市场秩序的通知》等等，都针对旅游市场秩序，作了明确的规定。这些地方政府规章和规范性文件的实施，对于建立正常、良好的旅游市场秩序，起到了很好的作用。

导游、司机人员处于旅游业的第一线，是直接反映我国旅游业的一面镜子。为此，各地非常重视对导游、司机人员的管理。浙江省旅游局《关于颁发导游证等事项的通知》；北京市《关于颁发导游员证件的暂行办法》；桂林市关于《导游证发放管理暂行办法》等等，均对导游人员取得证书的办法作了规定，并对导游人员的行为作了规范。针对部分导游、司机人员在旅游业务中私收回扣、小费的现象，各地根据国务院批准的《严格禁止在旅游业务中私自收授回扣和收取小费的规定》分别制定了施行办法。如上海市人民政府发布的《上海市严禁在旅游业务中索要收授回扣和收取小费的规定》；北京市人民政府批准发布的“北京市实施《关于严格禁止在游游业务中私自收授回扣和收取小费的规定》的处罚办法”；江苏省旅游局制定发布的“关于贯彻经国务院批准、国家旅游局发布的《严禁在旅游业务中私自收授回扣和收取小费的规定》的实施办法”；等等。均对导游、司机人员在执行公务中的行为规范作了规定。这些地方政府规章和规范性文件的发布施行，对于切实加强导游、司机人员的管理，提高导游人员的服务水平与质量，维护我国旅游声誉，起到了积极的作用。

在旅游业构成诸要素中，旅游饭店处于十分显要的地位。而在当前，国家尚无旅游饭店专门的管理法规可资遵循。为了加强旅游饭店的管理，各地根据国家有关法律、法规，制定了一些地方旅游饭店管理法规。如陕西省人民政府发布的《陕西省旅游和来访外宾行李安全管理暂行规定》中规定：各宾馆对旅游者的行李要实行安全管理承包责任制；应当设立行李房、保管室或保管专柜，对外宾寄存的行李财物实行统一保管，并应建立验证、登记、领取和交接班制度；还对损害赔偿的依据、程序等作了规定。云南省旅游局为了维护云南旅游涉外宾馆（饭店）、餐馆的信誉，保障旅游者的合法权益，制定发布了《云南省旅游涉外宾馆（饭店）、餐馆管理暂行规定》，对旅游涉外宾馆（饭店）应当具备的条件，服务标准与质量检查、经营管理等都作了具体规定；江苏省人民政府关于《国际旅游定点饭店若干规定》中对定点饭店的基本条件和要求；确定定点饭店的方法亦作了规定，如：定点饭店须经省旅游局批准，由省、市旅游主管部门发给定点饭店标志牌；各一类、二类旅行社招徕、接待的旅游团组（包括旅行社接待的散客）必须安排在定点饭店住宿等等。

旅游业的持续、稳定、协调发展，离不开旅游从业人员素质的培训和教育。这是发展旅游业必须充分重视的一个环节。一些地方政府旅游行政管理部门在提出“依法促教”的同时，也制定了若干法规性文件，以促进、保障旅游教育工作的顺利开展。上海市旅游事业管理局会同市教育局、人事局、劳动局等部门先后制定了《关于理顺旅游教育管理体制的通知》和《关于社会力量举办旅游教育事业的暂行管理办法》，规定由上海市旅游事业管理局统一规划和管理旅游专业人材和在职人员的培训，制定旅游业从业人员的专业考核标准，为全行业各旅游企业（集团）、事业单位人材培训工作提供服务。对业余旅游教育事业的举办条件、标准、教学人员的资格、学校层次、规模及学籍管理等等都作了明确的规定，为上海市旅游教育事业的发展提供了法律保障。

地方旅游法制建设是我国旅游法制建设中一个十分重要的组成部分。由旅游业本身特点所决定，对在旅游经济活动中产生的各种旅游法律关系，不仅需要有专门的旅游法规去调整，而且还需要由诸多民法、经济法、行政法等各种法律、法规去调整；不仅需要国家专门的旅游法律、法规作宏观、总体调整，亦需要地方旅游法规根据当地实际作具体调整。因此，在当前国家旅游法制处于逐步完善阶段的情况下，各地人民政府及旅游行政管理部门从当地旅游业实际出发，根据国家法律、法规，大力加强地方旅游法制建设，应当是旅游业发展中刻不容缓的工作。

·地方政府法规·

关于加强旅游区市场管理的暂行规定

（1986年3月4日　北京市人民政府发布）

为加强本市旅游区的市场管理，根据国家有关规定，结合本市具体情况，作如下规定。

一、凡在旅游区（包括风景名胜区、公园、旅游点，下同）从事经营业务的单位和个人，均须持有营业执照，农民出售农副土特产品，须持有临时营业执照，并按批准的经营范围，在指定地点经营。

二、在旅游区从事经营业务，须遵守下列规定：

1.亮挂营业执照，佩带营业证章；

2.明码标价，出售工艺美术品和工业品（小商品除外），须附具发货票或在商品上标印销售单位或个人印记；

3.技术人员须经有关主管部门技术考试合格；

4.不准流动经营，不准尾随围堵游人兜售商品，不准强买强卖；

5.非经批准，不得买卖国家限制经营的文物、金银等商品；

6.禁止倒换倒卖外币、外汇券、侨汇券；

7.照章纳税。

三、对在旅游区从事经营业务的人员，都要进行认真审查，并进行守法、文明经营教育。职工的审查和教育由其所在单位负责；个体经营者、出售农副土特产品的农民审查和教育，由其所在地街道办事处或乡政府指定的单位负责。由于审查不严发生问题的，要追究负责审查的单位领导者的行政责任。

四、在旅游区从事经营活动的单位和个人，应以经营为旅游服务的商业、饮食业、服务业为主。旅游区市场的设置和建设由区、县人民政府负责，并按规定履行审批手续。工商行政管理部门派专人管理，较大的市场，要专设工商行政管理机构。

五、对违反本规定的，由工商行政管理部门分别给予下列处罚：

1.不亮挂营业执照、不佩带营业证章的，不在指定地点经营的，不明码标价的，不按规定附具商品发货票或不标印记的，处以10元以上100元以下的罚款；

2.尾随围堵游人兜售商品的，强买强卖或超越经营范围的，处以20元以上200元以下的罚款，没收其商品和违法所得，直至吊销营业执照；

3.倒换倒卖外币、外汇券、侨汇券的，未经批准经营文物、金银等国家限制经营的商品的，没收其倒换倒卖的币券和违法经营的商品，并处以20元以上500元以下的罚款；

4.无照经营的，立即取缔，并没收其全部商品、经营工具及违法所得；

5.进行其他违法经营的，按有关工商行政管理法规予以处罚。

不服从管理，辱骂、殴打市场管理人员的，由公安部门按《治安管理处罚条例》予以处罚。

六、本规定应用中的具体问题，由市工商行政管理局负责解释。

七、本规定自1986年4月1日起施行。

中共北京市委、北京市人民政府关于改革北京市旅游事业管理体制的通知（摘录）

（1986年12月17日）

根据《中共中央关于经济体制改革的决定》和中央书记处关于首都建设方针的四项指示精神，为了促进北京市旅游事业的发展，决定对北京市旅游事业的管理体制进行改革。

一

成立北京市旅游事业管理局，按照宏观加强管理、微观放开搞活以及政企分开的原则，统一管理北京城乡旅游事业。

北京市旅游事业管理局的职责是：

统一管理北京旅游事业，改变过去多头、分散管理的局面。

制订北京旅游事业的方针、政策和发展规划，会同市计委做好综合平衡工作。

组织北京旅游事业的开发。凡旅游事业的新建项目，均先由旅游事业管理局根据整体发展规划会同有关部门进行审核。重点项目由旅游事业管理局提出可行性报告，报市政府批准。

制订相应的规章制度，加强对旅游事业的管理，凡在北京地区组建与旅游事业有关的涉外企业，开发营业性的旅游项目，必须经旅游事业管理局审查同意后，工商行政管理部门方可发给营业执照。旅游事业管理局依据法律和有关规定，对在京涉外旅游企业进行检查、监督，对违法违章单位有权实行处罚、停业整顿直至会同工商行政管理部门吊销其营业执照。逐步制订和完善旅游企业各类工作人员的专业考核标准并组织统一考核，合格者发给证书，不合格者必须进行培训，合格后方能上岗。

负责管理旅游企业的对外经济合作和业务交流，加强对有关中外合资、合作项目的计划、审核和管理工作。根据精简、有效的原则，加强对旅游事业方面的出国考察、出国培训、出国参加和举办会议等有关事宜的管理工作。

二

为适应北京市旅游事业发展的需要，本着政企职责分开、简政放权、增强各旅游企业活力的原则，对北京市旅游系统的管理体制和机构设置做相应的调整。

撤销原旅游局（旅游公司）和原饭店总公司建制。原两个单位所属各旅游企业根据简政放权、政企分开的原则，各自独立经营、自负盈亏，旅游事业管理局是其政府主管部门。

旅游事业管理局设党组。原旅游局（旅游公司）和原饭店总公司所属企业的党组织，暂由旅游事业管理局党组负责联系，指导其工作。

旅游事业管理局协助市委、市政府有关部门对其所联系的旅游企业的主管领导干部进行考核、管理、教育和任免。并做好各类旅游干部的培训工作。

三

北京市旅游事业发展的潜力很大。要通过改革，逐步建立起一整套符合首都特点的、适应首都旅游业发展的强有力的领导管理体制，进一步理顺和抓好旅游客源、交通、食宿、游览、娱乐、购物和旅游景点建设等各个环节的工作，使北京市旅游业有一个大的发展。

把北京市建设成为一个具有东方特色的、有巨大吸引力的世界旅游名城，是落实“四项指示”的需要，是开放、改革的必然趋势。市委、市政府各有关部门要积极支持旅游事业管理局的工作。旅游事业管理局要主动加强与各有关部门的联系和协调，全面组织好北京市旅游事业的开发、建设和管理工作。

北京市实施《关于严格禁止在旅游业务中私自收授回扣和收取小费的规定》的处罚办法

（1987年10月15日　北京市人民政府批准　北京市旅游事业管理局发布）

第一条　为实施国家旅游局《关于严格禁止在旅游业务中私自收授回扣和收取小费的规定》（以下简称《规定》），制定本办法。

第二条　凡本市行政区域内属旅游系统的单位以及从事旅游业务的商店、餐馆、汽车公司等单位，违反《规定》，私自收授回扣和收取小费的，按照《规定》和本办法处罚。

第三条　旅游系统各单位的职工私自收受回扣、收取小费，依照《规定》给予处罚的，按以下办法办理。

1.属市旅游事业管理局查实的，由市旅游事业管理局向责任人发出处罚通知书，并同时通知受罚人所在单位，由单位督促受罚人按通知书限定的日期将应交罚没款送交市旅游事业管理局。

2.属单位自己查实的，应当报告市旅游事业管理局，由市旅游事业管理局按上项规定处罚。

3.按照《规定》应对责任人给予行政处分的，由市旅游事业管理局通知其所属单位执行，并将处分结果报告市旅游事业管理局。

第四条　从事旅游业务的商店、餐馆、汽车公司等单位在经营中向私人付给回扣，依照《规定》给予处罚的，按以下办法办理。

1.由市旅游事业管理局向责任单位或责任人发出处罚通知书，受罚单位或个人必须在10日内将罚款送交市旅游事业管理局。

2.按照《规定》应对直接责任人或单位负责人给予行政处分的，由市旅游事业管理局通知所在单位或其上级主管部门执行，并由责任人的所在单位或责任单位的上级主管部门将处分结果报告市旅游事业管理局。

3.按照《规定》责令停业整顿的，由市旅游事业管理局发出停业整顿通知书；情节特别严重或在整顿期间继续进行违法经营的，由市旅游事业管理局提请工商行政管理部门吊销其营业执照。

第五条　旅游经营单位和个人违反《规定》和有关财务管理制度的，除按《规定》处罚外，移送财务、审计部门按国家有关规定给予处罚。

第六条　旅游系统各单位的职工因私自收受回扣或收取小费，按照《规定》予以开除的，各旅游和外事单位均不得重新录用。开除单位应将开除职工的姓名和情况报告市旅游事业管理局。

第七条　对坚持原则、拒绝收受回扣和收取小费事迹突出的，由市旅游事业管理局予以表彰或奖励。

第八条　罚没款项和实物，按《北京市实施＜罚没财物和追回赃款赃物管理办法＞的若干规定》处理。

第九条　本办法由市旅游事业管理局负责组织实施，并负责解释。

第十条　本办法经市人民政府批准，自1987年10月15日起施行。

北京市执行《旅行社管理暂行条例施行办法》的处罚细则

（1989年11月14日北京市人民政府批准　1989年11月18日北京市旅游事业管理局发布）

第一条　为具体执行国家旅游局发布的《旅行社管理暂行条例施行办法》（以下简称《办法》），结合本市情况，制定本细则。

第二条　凡本市行政区域内的旅行社，有《办法》第二十四条规定的违法、违章行为的，均按《办法》和本细则处罚。

第三条　超越"旅行社业务经营许可证"核准的旅行社等级进行营业的，没收其越级经营所获得的收入，并处以相当于其收入3倍以下的罚款；情节严重，性质恶劣的，责令其限期停业整顿，直至吊销其"旅行社业务经营许可证"，并移送工商行政管理机关吊销其营业执照。

第四条 违反有关旅游价格管理规定，巧立名目，削价竞争的，由市旅游事业管理局会同物价监督检查机关处理，并对经理人员和直接责任者处以1000元以下罚款；情节严重的，责令其按限期停业整顿，直至吊销“旅行社经营许可证”，并移送工商行政管理机关吊销其营业执照。

第五条 有倒卖、套换外汇等违反外汇管理规定行为的，除由外汇管理机关按国家外汇管理规定处罚外，给予通报批准，并对经理人员和直接责任者处300元以下罚款。

第六条 降低服务标准和接待规格，服务质量低劣，造成不良影响的，视其情节轻重，给予警告、责令按限期改进，并处5000元以下罚款；对经理人员和直接责任者处以1000元以下罚款。

第七条 滥用、冒用旅行社名称的，除赔偿受损害的旅行社的经济损失外，对其经理人员和直接责任者处1000元以下罚款；性质恶劣、后果严重的，按照有关法律、法规处理。

第八条 业务经营的重大事项变更，事前未按规定期限报市旅游事业管理局核准的，处3000元以下罚款，并责令限期改正。

第九条 拒绝旅游行政管理机关的检查，不按旅游行政管理机关的要求提供有关报表、资料，弄虚作假欺骗检查人员的，处5000元以下罚款，对经理人员和直接责任人员处1000元以下罚款；情节严重、性质恶劣的，责令其限期停业整顿。

第十条 对旅行社的罚款不准在经营成本中列支，对经理人员和直接责任者的罚款，不准用公款报销。

第十一条 依据《办法》和本细则对旅行社进行的处罚，由市旅游事业管理局执行。

第十二条 本细则执行中的具体问题，由市旅游事业管理局负责解释。

第十三条 本细则经市人民政府批准，自公布之日起施行。

黑龙江省国际旅游管理暂行规定

（1989年10月6日　黑龙江省人民政府发布）

第一条 为加强旅游行业管理，保证全省国际旅游业有计划地持续协调发展，根据国家有关规定，结合我省实际情况，制定本规定。

第二条 凡本省境内一、二类旅行社和涉外旅游饭店、旅游交通运输单位、旅游商店、重点风景区、旅游参观点及其他涉外旅游经营单位，均适用本规定。

第三条 黑龙江省旅游局是省政府管理旅游事业的专门机构，行使行业管理职权。

各行署、市、县旅游局负责本地旅游行业管理工作。

第四条 各地旅游资源的开发和旅游区的建设，由各级旅游局会同有关部门进行规划，经上一级旅游局及主管部门审核同意，同级政府批准，纳入当地国民经济计划。

第五条 本省境内重点旅游区的规划和建设，应经省旅游局与省建委、计委共同审核，报省政府批准。凡是由国家旅游局或省政府投资（或参与投资）建设的风景区和旅游点，省政府授权省旅游局参与领导和管理。

第六条 凡新建、改建、扩建涉外旅游饭店（包括中外合资经营、中外合作经营和外商独资经营的饭店）或聘请国外和香港、澳门、台湾饭店集团管理省内涉外旅游饭店，应报省旅游局同意后，再向国家旅游局和有关部门报批。

第七条 新建的涉外旅游单位，须经省旅游局审核同意并发放旅游营业许可证后，到工商行政管理部门申办营业执照。

第八条 已建立的各类涉外旅游单位，应向省旅游局补办旅游营业许可证，实行定点挂牌服务。

第九条 开办一类旅游业务的旅行社，须经省旅游局同意后，报国家旅游局批准。

第十条 开办二类旅游业务的旅行社，须经省旅游局批准并报国家旅游局备案。

第十一条 一类旅行社有权招徕外国和香港、澳门、台湾旅游者，由省旅游局统一办理签证通知。

各行署、市旅游局、旅行社出国进行业务活动，应报省旅游局审查同意后，再报有关部门审批（哈尔滨市除外）。

第十二条 涉外旅游经营单位，应执行国家旅游局及省旅游局规定的服务标准。各级旅游主管专门机构有权对服务质量低劣的单位给予警告、罚款、限期改进、停业改进、停业整顿，直至吊销旅游营业许可证的处罚。

第十三条 涉外旅游经营单位，均应执行省旅游局和省物价局确定的价格标准；旅游淡季对外报价不得突破最低保护价。

第十四条 涉外旅游经营单位应严格遵守外汇管理规定，接待国外和香港、澳门、台湾旅游者，应收取外汇兑换券，严禁截留、挪用、套换外汇兑换券，违者按《违反外汇管理实施细则》规定处罚。

第十五条 涉外旅游经营单位印制旅游宣传品，应按照管理范围向各级旅游局报送计划，由省旅游局审查批准，印制前，应将文稿和设计图样送省旅游局审核。

第十六条 各行署、市旅游局和涉外旅游经营单位邀请外国和香港、澳门、台湾新闻单位旅游记者或出国办旅游展览，应先向省旅游局提报计划，经省旅游局同意后报国家旅游局或省外事部门审批。

第十七条 省旅游局负责制定全省旅游职工培训规划及各行署、市旅游局长、重点涉外旅游经营单位经理的培训。各行署、市、县旅游局负责制定本地区旅游职工培训规划及中层管理干部与业务骨干的培训。未经业务培训的旅游从业人员不得上岗工作。

第十八条 全省旅游系统工人技术职称评定工作，由省旅游局工人技术考核委员会负责。

第十九条 本规定由黑龙江省旅游局负责解释。

第二十条 本规定自1989年12月1日起施行。

上海市严禁在旅游业务中索要、收授回扣和收取小费的规定

（1987年11月2日 上海市人民政府发布）

第一条 为了加强社会主义精神文明建设，禁止在旅游业务中索要、收授回扣和收取小费，维护本市旅游业的声誉，根据国家《关于严格禁止在旅游业务中私自收授回扣和收取小费的规定》，结合本市实际情况，制定本规定。

第二条 本规定适用于本市接待外国人、华侨、港澳同胞、台湾同胞等入境旅游者的旅行社（包括旅游公司或其他同类性质的组织）、汽车公司、饭店（包括宾馆、旅馆、餐馆等）、商店和参观游览单位。

第三条 本规定所称的接待人员是指前条所列单位的工作人员，包括管理人员、翻译、导游、陪同人员、服务员、营业员、驾驶员等。

第四条 本规定所称的回扣、小费是指在旅游业务中，饭店、商店和参观游览单位或旅游者给予接待人员的实物、现金或有价票券等各种名目的“馈赠”。

第五条 在旅游业务中，旅游者主动赠予礼品，接待人员应当婉言谢绝；谢绝不了的，应当按照国家和本市有关礼品处理的规定办理。

第六条 严禁接待人员在旅游业务中利用工作之便，索要、收取回扣和小费。

对违反前款规定者，由接待人员的所在单位（以下简称所在单位）根据不同情况，分别给予行政警告或记过处分；对其中屡教不改者，所在单位可予以留用察看或开除公职处分。市旅游事业管理局（以下简称市旅游局）和工商行政管理部门应对所在单位执行上述规定的情况进行监督，对所在单位不按规定处理的，可追究其主管人员的责任。

第七条 对违反第六条第一款规定的，市旅游局可会同工商行政管理部门没收其非法所得，并按非法所得额处以三倍以下的罚款。

第八条 索要、收取回扣或小费数额较大、情节严重、触犯刑律的，由司法机关依法惩处。

第九条 严禁饭店、商店和参观游览单位付给接待人员回扣。饭店、商店和参观游览单位不得以营业收入、利润和企业自有资金支付回扣给接待人员。

对违反前款规定者，其上级主管部门应严肃处理，并可对单位主管人员予以行政处分；工商行政管理部门除对单位按所给金额处以三倍以下的罚款，并可吊销其营业执照外，还可对单位主管人员和直接责任人员处以两百元以下的罚款；对屡教不改者，市旅游局可予通报并可作暂停其接待入境旅游者业务的处理。

第十条 凡违反本规定被开除公职者，本市任何接待入境旅游者的单位不得予以录用。

第十一条 对于检举、揭发违反本规定行为的有功人员，应给予表彰、奖励。

第十二条 罚没的款项和实物按国家和本市有关规定处理。

第十三条 市旅游局是本市旅游行业的主管部门，负责本规定的实施和解释。

工商行政、财政、税务、审计、劳动等管理部门以及接待单位的上级主管部门应按各自职责，协助市旅游局实施本规定。

第十四条 本市接待国内旅游者的单位，参照本规定执行。

第十五条 本规定所称的“以下”，包括本数。

第十六条 本规定自1987年11月15日起施行。

第十七条 本市过去的有关规定与本规定相抵触的，均以本规定为准。

上海市人民政府批转市体改办、市旅游局关于深化本市旅游管理体制改革的意见的通知

（1988年9月28日）

市人民政府同意市经济体制改革办公室、市旅游事业管理局《关于深化本市旅游管理体制改革的意见》，现转发给你们研究执行。

深化旅游管理体制改革，对于加强全市旅游业的领导，提高旅游业的服务质量和管理水平，加快本市旅游业的发展，具有重要的意义。市旅游事业管理局作为市政府主管全市旅游业的部门，要很好地担负起行业管理的职能。各有关部门、单位要给予积极支持和配合，对在深化本市旅游管理体制改革中遇到的问题，要共同研究、协调，努力加以解决。

关于深化上海市旅游管理体制改革的意见

党的十一届三中全会以来，本市旅游业发展很快。目前，全市旅游经营单位有近400家。其中：旅游涉外饭店28家，共有客房8454间；涉外宾馆48家；接待入境旅游者的一、二类旅行社24家；经营国内旅游的三类旅行社67家；专供入境旅游者购物的商店9家；大中型出租汽车公司200余家。一批新的旅游基础设施正在兴建，民航、铁路等交通部门的运力在逐步增加，旅游景点也在相应发展。上海现已成为全国重点旅游城市。但本市旅游业在发展中也出现了一些问题。主要是缺乏应有的长期发展规划和强有力的行业管理；政企不分，旅游企业缺乏生机和活力；服务质量和管理水平不够高；旅游涉外饭店建设规模过大，档次偏高；旅游业发展资金不足，缺乏后劲。这种状况，不利于本市旅游业的持续发展。

为了更好地改善上海投资环境，促进本市经济朝外向型经济转变，把上海建成太平洋西岸的国际旅游中心之一，进一步增进上海人民同世界各国人民的友谊，根据今年全国旅游局长会议提出的各级旅游局要实现“职能转变、政企分开、权力下放”的要求，我们提出深化本市旅游管理体制改革的意见如下：

一、市旅游事业管理局的职责加强对全市旅游业的管理

（一）市旅游事业管理局为市政府主管全市旅游业的职能部门，对全市从事旅游业务经营的企事业单位实施行业管理。根据《上海市人民政府关于调整本市旅游事业管理与接待工作的通知》（沪府发(1987)54号文）规定，市旅游事业管理局的主要职责是：（1）编制和上报上海旅游事业发展的长远规划和近期实施计划，并会同市计委做好综合平衡。会同有关部门做好调查、开发利用和保护本市旅游资源的工作。会同有关部门对旅游业的新建项目进行审查。（2)起草地方性旅游规章，制定有关制度。参与在上海市组建与旅游业直接有关的涉外企业的审批工作。按照国家颁布的有关旅游法规、条例，对全市旅游经营单位的经营管理和服务质量进行监督检查，对违章者，会同有关部门，视情节轻重，给予通报批评和经济、行政处罚。（3）会同市物价局制定、调整、检查、监督旅游价格和旅游收费标准。（4）规划和管理旅游专业人才和在职人员的培训，制定旅游从业人员的专业考核标准。(5）规划和管理对外旅游宣传、招揽和开拓国际客源市场的工作。审批和统一发放旅游签证通知，会同有关部门做好旅游经营单位对外经济合作、业务交流和其他活动的管理工作。（6）指导本市与兄弟省市在旅游业方面的联合开发和经营。（7）指导本市旅游行业性组织和群众团体开展旅游业务和学术活动。（8）在市旅游事业委员会指导下，做好旅游行业之间及旅游部门与有关部门之间的协调配合工作。（9）负责全市旅游行业的统计和资料汇总工作，做好国内外旅游信息交流和旅游市场行情的调查、预测工作。（10）完成市政府交办的其他有关工作。

当前，市旅游事业管理局要会同有关部门，针对本市旅游业存在的薄弱环节，如出租汽车的叫车难、乱要价；外宾买机票难；旅游饭店和旅行社的不正当的削价竞争；旅游企业的服务质量差等，采取切实措施，加以改进。出租汽车的整顿要从严格管理客运市场、加强企业内部管理，逐步增加车源和加强出租汽车行业管理等

方面进行。市旅游事业管理局与东方航空公司要定期举行航空协调会议，研究综合平衡外国旅游者的流向和流量，改进对外宾的售票办法，以缓和外宾买机票难的矛盾。要在市旅游优质服务竞赛领导小组的领导下，继续搞好今年的全市旅游优质服务竞赛活动，使外宾在吃、住、行、游、文化娱乐等方面能得到满意的服务，为了制止削价竞争、肥水外流，拟在本市涉外饭店和旅行社，实施最低保护价格。

（二）本市各部门、各系统经营管理旅游业务的企事业单位，包括旅游院校、旅游科研单位，经营国际国内旅游业务的旅行社，大中型旅游涉外饭店、宾馆和餐馆，旅游服务公司，出租汽车公司和游船公司，对外开放的主要旅游风景区、游览点和参观单位，较大的旅游商品、纪念品经销店，本市派驻国外、香港等的旅游办事机构，以及外省市和国外在沪设立的旅游办事机构等，均应接受市旅游事业管理局的行业管理。

（三）从事旅游业务的企事业单位的各主管部门，要树立“大旅游”观念，积极协助市旅游事业管理局搞好行业管理。市计委、对外经贸委、财税、物资、劳动、工商行政等综合部门及外事、人事、公安、文化、园林等主管部门，应配合市旅游事业管理局研究制定旅游业管理的实施办法，并积极协调和解决改革中出现的问题以达到本市旅游管理体制改革的目标。

二、实行政企职责分开，增强旅游企业的活力，理顺市旅游事业管理局与各联营公司的关系。

（一）改变目前市旅游事业管理局同华亭联营公司、上海旅游公司“三块牌子一套机构”的状况，实行政企分开。凡是属于企业的经营管理权限，坚决地、毫无保留地下放给企业。市旅游事业管理局不再直接经营企业，主动全力抓好本市旅游宏观管理和行业管理。并根据精简、统一、效能的原则，对局内部处室机构进行必要调整，以适应行业管理的需要。

上海市公司、华亭联营公司是自主经营、自负盈亏、独立核算、具有法人地位的经济实体，今后应改善经营管理、引进竞争机制，积极推行经营承包责任制，扩大企业的自主权。

为加强本市对外旅游宣传的管理，《上海旅游报》及上海旅游声像公司改为事业单位，直属市旅游事业管理局领导。

（二）锦江、华亭、东湖、新亚、衡山等（集团）联营公司的隶属关系暂维持现状，但有关旅游经营活动，必须要接受市旅游事业管理局的行业管理。同时，五大（集团）联营公司要正确处理内部集权与分权关系，充分调动基层企事业单位的积极性，发挥基层企业各自的经营特色和优势，并在市旅游事业管理局实施行业管理过程中，发挥大企业的骨干作用，带动其他旅游企事业单位，为实现本市旅游发展目标作出贡献。

三、筹集旅游发展资金，促进本市的旅游开发建设。

（一）利用经济手段，筹集旅游开发建设资金。市旅游事业管理局根据本市旅游发展总体规划的需要，确定旅游开发建设项目，对旅游开发项目实行招标、投标制，本市各企事业单位，均可参加投标竞争。“谁中标，谁建设，谁经营，谁得利”。对中标建设或经营的单位，可给予一定的政策优惠，以促进本市的旅游开发建设。

（二）对具有重大社会效益，但经济效益较少的旅游开发项目，由市旅游事业管理局每年编制开发项目计划报市人民政府审批，其所需资金由市财政局筹措解决。可通过安排无息或贴息贷款、设置市旅游发展资金等手段，支持全市旅游业硬件和软件的开发建设。

江苏省人民政府办公厅转发省旅游局关于《江苏省国际旅游行业定点服务若干规定》的通知

（1988年9月7日　江苏省人民政府办公厅发布）

省旅游局拟订的《江苏省国际旅游行业定点服务若干规定》，已经省人民政府同意，现转发给你们，请按照执行。各有关部门要积极配合，通力协作，为加强全省国际旅游行业的管理，提高旅游服务质量而共同努力。在执行中如有什么问题，请径与省旅游局联系。

江苏省国际旅游行业定点服务若干规定

（1988年9月7日）

为了加强对全省国际旅游行业的管理，提高旅游接待服务工作水平，全省国际旅游行业实行定点服务。现将定点服务有关事项规定如下：

一、国际旅游定点饭店

1.定点饭店基本条件和要求：

（1）领导班子和管理机构健全。管理人员和员工经过专业培训，并经考核合格，达到接待国际旅游者的要求。

（2）有较健全的店规店纪和以岗位责任制为中心的各项管理制度和服务规程。

（3）认真执行国家的有关政策和法规，坚持正确的经营方向，遵守旅游职业道德，不损害宾客利益。

（4）在设施、设备、服务项目、店容店貌、服务规格、卫生、安全保卫等方面，能达到省旅游主管部门规定的国际旅游饭店服务质量基本标准。

（5）接受旅游主管部门的指导、管理和监督，按时向当地旅游主管部门报送各种报表和有关资料。

（6）不以任何形式给陪同、导游和驾驶员回扣或实物。陪同、导游和驾驶员的住宿、就餐，按规定标准收费。

2.确定定点饭店的方法：

（1）凡经苏省旅（86）第195号文件批准的国际旅游饭店，都可向当地旅游主管部门申请（省属饭店报省旅游主管部门），当地旅游主管部门按照上述条件和要求组织审查，符合标准的报省旅游主管部门批准，由省、市旅游主管部门发给定点饭店标志牌，并挂牌于饭店大门显著位置。

（2）省旅游主管部门将批准的定点饭店名单通知全省各地一、二类旅行社。各地一、二类旅行社对国际旅游团（含旅行社负责接待的散客）必须安排在定点饭店住宿。

（3）旅游旺季，定点饭店满足不了接待国际旅游团需要的，各一、二类旅行社可经当地旅游主管部门批准，在涉外饭店租用客房。

（4）已经确定的定点饭店，如违反上述规定，由当地旅游主管部门提出警告，并限期改正。逾期不改的，市以上旅游主管部门可撤销其定点饭店的资格，并报省旅游主管部门备案。

二、国际旅游定点餐馆

1.定点餐馆的基本条件和要求：

（1）管理人员和员工经过专业培训，并经考核合格，达到接待国际旅游者的要求。

（2）有较健全的规章制度和以岗位责任制为中心的各项管理和服务规程。

（3）认真执行国家的有关政策和法规，经营思想端正，遵守旅游职业道德，不损害宾客的利益。

（4）在设施、设备、餐饮质量、服务规格、卫生安全、仪表仪容等方面达到省旅游主管部门规定的餐饮服务的基本标准。

（5）餐馆或其上级主管单位在银行有外汇人民币帐户。

（6）接受旅游主管部门的指导、管理和监督，按时向当地旅游主管部门报送各种报表和有关资料。

（7）餐馆无个体摊贩租用的场地和商品柜台。不以任何形式给陪同、导游和驾驶人员回扣或实物。

2.确定定点餐馆的方法：

（1）凡要求接待国际旅游者的餐馆，应向当地旅游主管部门申请，当地旅游主管部门按照上述条件和要求组织审查，符合条件的报省旅游主管部门批准，由省、市旅游主管部门发给定点餐馆标志牌，并挂牌于餐馆大门的显著位置。

（2）省旅游主管部门将批准的定点餐馆名单通知各地一、二类旅行社。各地一、二类旅行社按照实际需要安排国际旅游客人到定点餐馆就餐，不得擅自将宾客带至非定点餐馆就餐。

（3）已经确定的定点餐馆如违反上述规定，由当地旅游主管部门提出警告，并限期改正。逾期不改的，市以上旅游主管部门可撤销其定点餐馆的资格，并报省旅游主管部门备案。

三、国际旅游购物定点商店

1.定点商店的基本条件和要求：

（1）管理人员和员工经过专业培训，熟悉商品知识，服务态度好，具有一定的外语会话能力，并经考核合格，达到接待国际旅游者的要求。

（2）有较健全的店规店纪和以岗位责任制为中心

的各项管理制度和服务规程。

（3）认真执行国家的有关政策和法规，经营思想端正，遵守旅游职业道德，不损害宾客的利益。

（4）在设施、设备、商品质量、服务规定、店容店貌、卫生安全等方面达到江苏省旅游主管部门规定的商场（店）服务方面的基本标准。

（5）有固定的营业场所，商品陈列美观，明码标价。实行独立核算，在银行有外汇人民币帐户。

（6）接受旅游主管部门的指导、管理和监督，按时向当地旅游主管部门报送各种报表和有关资料。

（7）商店无个体摊贩或其他个人承包者租用的柜台。不以任何形式给陪同、导游和驾驶人员回扣或实物。

2.确定定点商店的方法：

（1）凡要求接待国际旅游者的商店，应向当地旅游主管部门申请。当地旅游主管部门按照上述条件和要求组织审查，符合条件的报省旅游主管部门批准，由省、市旅游主管部门发给商店标志牌，并挂牌于商店大门的显著位置。

（2）省旅游主管部门将批准的定点商店名单通知全省各地一、二类旅行社。各地一、二类旅行社必须安排国际旅游客人到定点商店购物，并协助做好旅游商品的介绍工作。陪同、导游不得带客到非定点商店购物，违者应追究其责任。

（3）已经确定的定点商店，如违反上述规定，由当地旅游主管部门提出警告，并限期改正。逾期不改的，市以上旅游主管部门可撤销其定点商店的资格，并报省旅游主管部门备案。

四、国际旅游定点汽车、游船公司（队）

1.定点车、船公司（队）的基本条件和要求：

（1）管理人员和员工经过专业培训、证照齐全、营运车辆（船）主要为国际旅游客人服务，经考核合格达到接待国际旅游者的要求。

（2）有较健全的规章制度和以岗位责任制为中心的各项管理和服务规程。

（3）认真执行国家的有关政策和法规，经营思想端正，遵守旅游职业道德，不损害宾客的利益。

（4）在车况、船况、设备、服务规格、卫生安全、仪表仪容等方面基本达到省旅游主管部门规定的接待标准。

（5）有固定的营业场所、联系电话、调度人员，在银行有外汇人民币帐户。

（6）接受旅游主管部门的指导、管理和监督，按时向当地旅游主管部门报送各种报表和有关资料。

2.确定定点车、船公司（队）的方法：

（1）凡要求接待国际旅游者的车、船客运单位，应向当地旅游主管部门申请（省属单位报省旅游主管部门），当地旅游主管部门按照上述条件和要求组织审查，符合条件的报省旅游主管部门批准，由省、市旅游主管部门发给定点车、船公司（队）标志牌和定点车、船证。标志牌挂在车、船公司（队）大门的显著位置，车、船证贴在车、船前玻璃的右下角。

（2）省旅游主管部门将批准的定点车、船公司（队）名单通知全省各地一、二类旅行社。各地一、二类旅行社接待国际旅游客人，必须使用定点车、船公司（队）中有定点车船证的车、船。

（3）旅游旺季，定点车、船公司（队）满足不了接待国际旅游者的需要，各一、二类旅行社可经当地旅游主管部门批准，另行安排车、船。

（4）定点车船证，如有遗失，须登报声明后，才办理补领手续。定点车、船证不得转借。无定点证的车、船不得在定点饭店、餐馆和商店内设点出租，招徕国际旅游客人。

（5）已经确定的定点车、船公司（队）和领取了定点证的车船，如违反上述规定，由当地旅游主管部门提出警告，并限期改正。逾期不改的，市以上旅游主管部门可撤销其定点车、船公司（队）的资格或收回定点车、船证，并报省旅游主管部门备案。

五、对江苏省旅游行业定点服务的检查

1.对全省旅游行业定点服务实行检查制度，并由省旅游主管部门统一制作和颁发"江苏省旅游行业检查证"。

2.凡在省内经营的各类旅行社（公司或同类型的经济组织），国际旅游和涉外饭店、餐馆、商店、汽车、游船公司以及对外开放参观点和风景点中确定为定点服务的单位，均应接受旅游部门的监督检查。

3.检查人员凭"江苏省旅游行业检查证"在指定地区和范围内进行检查。具体内容为：

（1）检查国家和省、市有关旅游法规、规章等的执行情况；

（2）检查服务质量；

（3）检查有关旅游设施、设备完好情况；

（4）了解经营管理情况；

（5）调查处理旅游宾客的投诉；

（6）检查有关旅游价格和外汇管理规定的执行情况；

（7）检查安全、卫生；

（8）对其它旅游行业定点服务有关事项进行检查。

4.检查人员执行任务时，须出示证件，被检查的单位和个人不得拒绝，应如实反映情况，积极协助检查人员工作。

5.检查人员必须秉公执法，严格履行职责，将检查情况如实向省、市旅游主管部门报告，并提出处理意见。

江苏省人民政府办公厅转发省旅游治安秩序联合调查小组关于加强对旅游市场综合治理的报告的通知

（1988年9月28日　江苏省人民政府办公厅发布）

省人民政府同意旅游治安秩序联合调查小组《关于加强对旅游市场综合治理的报告》，现转发给你们，请研究执行。

关于加强对旅游市场综合治理的报告

随着对外开放的不断发展，国外游客、港、澳、台同胞来我省旅游、参观、访问、探亲的人数不断增加。据不完全统计，今年一至六月份，全省共接待上述客人341918人次，比去年同期增加32.8%，其中外国人188849人次，华侨、港澳同胞62080人次，台胞90989人次，港、澳、台同胞去年同期增加123.9%。五月份以来，来我省观光的台胞明显增加，一个月内接待的人次超过了去年十一月至今年四月接待台胞数的总和。国外游客和港、澳、台同胞，通过参观、游览，真正看到了大陆的现状，和在台湾听到的大不相同，比没有来之前想象的要好得多，真是百闻不如一见。

但是由于对旅游市场的综合管理没有跟上去，也暴露出不少的问题。在车站、宾馆、商店等公共场所和一些旅游景点少数人强行倒换外汇券；一些乞丐向境外客人强要钱物；一些个体出租汽车司机和三轮车工人有时强行拉客套汇，多收费、敲诈客人；尤其严重的是在一些园林景点，个体户字画、工艺品商店通过给回扣、送好处等手段，串通陪同、导游、驾驶员向客人推销低劣、假冒字画，并套倒外汇，致使我省在国际旅游者大幅度增加的情况下非贸易旅游商品创汇国际旅游者大幅度增加的情况下非贸易旅游商品创汇却出现相对下降，一些景点商店的外汇收入，几乎流失一空。各市主要旅游景点的厕所“少、偏、差、脏、臭”的现象也十分严重，使许多入境游客望而生畏，不敢涉足，有时客人不得不中断旅游，返宾馆解手。一些台胞反映，大陆能造核弹、卫星，为何这些小问题却解决不了？这些问题不解决，以后再也不来了。

对于这些问题，省委、省政府领导非常重视，省政府决定由省旅游公司、工商行政管理局、公安厅、外汇管理分局等部门组成调查组，对南京、无锡、苏州三市进行旅游市场和景点秩序的联合调查。调查组会同当地工商、公安、城管、文化、园林、外管、物价、公用事业和旅游部门，通过介绍座谈、交流研究和实地察看，初步摸清了情况，找出了主要问题。在取得共同认识的基础上，对综合治理我省旅游市场和景点秩序提出以下几点意见。

一、切实抓好“窗口”地区和旅游景点的社会治安

1.各市公安机关对在“窗口”地区和旅游景点所发生盗窃入境旅游者钱物的案件，要组织力量，迅速侦破，及时打击违法犯罪分子，维护国家声誉。

2.坚决制止套、倒外汇。对车站、机场、旅游景点及宾馆、商店等地方，公安机关要积极配合工商、外汇管理、城管等部门，定点检查，严格查处违反外汇管理的行为。对屡抓屡犯，情节严重的，要按有关法律规定，从严惩处。同时对查获的这类人员进行拍照登记，建立档案，通报各个景点及这些人的住地派出所，加强群众监督。目前有的宾馆、友谊商店派出保卫人员或聘用保安人员巡查和取缔倒卖外汇的违法行为，这种做法切实可行，应予推广。

3.对在“窗口”地区和旅游景点向入境旅游者强要钱物的盲流、乞讨人员，公安机关要积极配合民政部门做好收容、遣送工作。对少数情节严重，造成很坏影响的，要给予严肃处理。

4.公安机关应根据工作需要，对旅游涉外饭店、宾馆进行安全检查，发现问题，及时提出整改要求，有关单位应本着“谁主管、谁负责”的原则，认真落实整改措施，加强防范，确保住店宾客的生命财产安全。

5.旅游旺季，公安机关要积极配合城管、工商等有

关部门维护“窗口”地区和旅游景点的治安秩序，取缔无证摊点，打击各种敲诈、欺骗游客的违法行为。

二、加强对出租汽车司机和三轮车工人的管理

1.各市应严格贯彻执行建设部、公安部、国家旅游局联合颁发的《城市出租汽车管理暂行办法》，由城市公共交通主管部门建立健全城市客运交通管理机构和配制相应的稽查队伍，加强对出租汽车和三轮车的行业管理。

2.城市客运交通管理部门，应配合工商行政管理部门、公安部门对出租汽车、三轮车开业、停业及其驾驶员、车辆等必要的经营客运条件进行严格的资质审验。凡不符合客运条件和屡次违章、情节严重的，由有关部门吊销其营业执照。

3.无论是企业还是个体的出租汽车，都必须安装计价器，否则一律不准营业。

4.在车站、机场等“窗口”地区设立出租汽车、三轮车服务站，明码标价，由城市客运交通管理部门组织管理，对车况、服务、卫生等方面不符合要求的不准载客。

5.各市客运部门要组织力量，增加稽查的频率，扩大覆盖面，把检查的重点放在机场，车站、码头、宾馆，对出租汽车司机、三轮车工人在接客中多收费，套、倒外汇，欺诈游客的，经查实后，要从快从严处理。

三、对景点内字画、工艺品商店要进行清理整顿

1.由文化、工商、园林部门对旅游景点内的字画、工艺品商店进行一次清理整顿，无证经营者，要坚决取缔。景点内一些不适宜设店的地方，以及个体经营的摊点，要劝其撤点。

2.景点内的字画、工艺品商店原则上应由本单位自己经营，也可与旅游部门联营。每个园林、景点根据规模大小，可设1—2个商店。

3.景点字画、工艺品商店所出售的创作性字画，要介绍作者的简历，标明价格，做到货真价实。所售的一般工艺字画，要标明生产厂家，由省物价部门会同有关部门制定作价原则，当地物价部门和主管部门按省定原则比照友谊商店的同类商品，按质论价，并对具有代表性的商品制定最高限价。

4.通过清理整顿，省、市旅游部门将确认一批旅游团队定点购物商店，发给定点标志，并由旅游部门通知各旅行社安排旅游者前往定点商店购物，坚决杜绝给陪同、导游、司机回扣。

5.参观单位、工厂、研究所等开设的商店，原则上以经销与本单位产品相关的商品为主。

6.工商、外汇、物价等有关部门对涉外旅游商店要在职责范围内加强管理，经常监督检查，一旦发现欺骗客人，给陪同、导游、驾驶员回扣，要严肃处理，情节严重的，旅游管理部门也将取消其定点资格。凡发现陪同、导游、驾驶员收受回扣的，也要视情节严肃处理。对坚持文明经商，努力为国家创汇的经营单位和积极推销旅游商品的陪同、导游，年终给予表彰和适当的奖励。

7.在重点旅游区，应设立工商行政管理所，加强对旅游区集市贸易的管理，查处经营中的违法活动，维护旅游区的市场秩序。

四、严格外汇管理制度

1.各收取外汇券的定点商店、单位，应建立严格的外汇券管理制度。要组织职工认真学习，切实遵守，严禁采用各种手段逃套外汇。

2.严格财务制度。销售旅游商品必须向入境旅游者开具发票，注明外汇券数额，外汇券和人民币应分开记帐。所收外汇券于当日（至迟下一个营业日）解缴经营外汇业务的银行。

3.为了防止套、倒外汇现象，对外国旅游者、港、澳、台同胞的住宿、购物等，宾馆、饭店和定点商店、餐馆原则上应收取外汇券，定点商店、餐馆的主管单位，要加强外汇的管理和检查，对应收外汇券要收足、快交，防止流失。

4.对未经批准收取外汇券的商店和个体商贩，原则上不准收取外汇券，如发现收取后截留和倒卖外汇券的，一经查实，严肃处理，情节严重影响很坏的应吊销营业执照。

五、改善旅游景点卫生工作

1.鉴于各市旅游景点的厕所普遍较差，园林部门经费又较紧张，建议省、市政府及各市城建、旅游等部门拨出经费，专款专用，逐年改造和新建一些能供外国旅游者和港、澳、台胞使用的厕所。

2.由城市环卫部门提供这类厕所的建筑标准，建议设计单位注意到厕所的风格和周围环境协调。工程竣工时，由环卫部门会同旅游部门进行验收，并提出规范化服务要求。厕所按属地管理，并对中、外宾客实行收费服务。

省、市旅游部门将制定厕所检查、评比制度，并列入旅游系统优质服务竞赛范围，对在管理上成绩突出的单位和个人，每年年终给予表彰和奖励。

六、加强陪同、导游、司机的管理、教育

1.省、市各类旅行社和汽车公司的各级领导要处处作表率，要奉公守法，严格执行国家法令，不得利用职权和工作之便，收取各种小费和回扣，牟取非法利益。

2.省、市旅游部门要加强思想政治工作和遵纪守法教育，组织陪同、导游、司机认真学习、自觉遵守经国

务院批准的《关于严格禁止在旅游业务中私自收授回扣和收取小费的规定》等文件，教育职工摆正国家、集体和个人三者的关系，增强事业心和责任感，抵制和纠正不正之风。

3.陪同、导游人员在安排团队活动前都应事先制定活动计划，合理安排参观、游览、购物路线，并经部门负责人批准后执行。如临时有变化的，应及时向部门负责人汇报。

4.驾驶人员要严格执行“1988年旅游汽车驾驶员服务质量基本标准”，不得随便改变行车路线，故意刁难陪同、导游人员，坚持做到人不离车，为客人提供良好的服务。

5.陪同、导游人员不得带旅游团队进非定点商店购物，对在旅游业务中私自索要回扣、小费的，一经发现，就要一查到底，按国家旅游局发布的有关规定严肃处理。

鉴于旅游市场的管理、旅游秩序的整顿是一项经常性的工作，需要多方面的协调配合，建议南京、无锡、苏州三市根据本市的情况，自行确定成立“旅游综合治理小组”这样一个松散的机构，请一名市级领导担任组长，请旅游、公安、工商、城管、公用事业、外汇管理、文化、园林、物价等部门负责同志参加，每个季度或不定期地研究旅游市场出现的问题。

湖南省人民政府办公厅转发省旅游局关于加强旅游行业管理意见的通知

（1989年3月1日　湖南省人民政府办公厅发布）

湖南省旅游局《关于加强旅游行业管理的意见》已经省人民政府同意，现转发你们，请结合本地区、本部门的实际情况贯彻执行。

关于加强旅游行业管理的意见

近几年来，在中央改革开放方针的指引下，我省旅游事业有了较快的发展。基础设施逐步改善，旅游企业不断增多，不断扩大，服务水平日益提高，旅游客源逐年增长，经济效益越来越好。但是，当前仍然存在不少问题，主要是：全省从上到下还没有形成一个健全有力的行业管理体系，以致不少地区旅游资源开发和建设缺乏统一规划；旅游设施建设不能适应旅游发展的实际需求；部分旅游经营单位经营作风不正，违法乱纪现象时有发生；一些涉外宾馆、饭店、旅行社缺乏基本条件，服务质量低劣等。这些问题不仅严重妨碍了我省旅游事业的健康发展，而且对我省经济环境和经济秩序造成了不良影响。根据1988年全国旅游工作会议和《国务院办公厅转发国家旅游局关于加强旅游工作意见的通知》（国办发（1988）80号）精神，现就加强全省旅游行业管理提出如下意见：

一、转变各级旅游行政管理部门的工作职能

省旅游局和各地、州、市、县（县级市、区）已经建立或根据需要将要建立的旅游行政管理机构，是各级政府主管旅游事业的职能部门，负责对本地区旅游行业实施归口管理。依照国家有关旅游工作的方针、政策和法规，行使旅游行业管理职能。各级旅游行政管理部门都要认真实行政企分开，抓好旅游行业的宏观管理和微观指导、协调和监督。

二、明确旅游行业管理的范围

旅游行业管理的范围包括：经营国际、国内旅游业务的各类旅行社；旅游涉外定点宾馆、饭店（餐馆）；旅游服务公司；旅游车、船公司（队）；定点旅游产品经销商店；对外开放的旅游风景区的游览点；旅游院校（系、科）和科研单位；我省派驻国外和港澳地区的旅游办事机构；省外、国外在湘开设的旅游办事机构等。上述单位的隶属关系均不变，但旅游局要按照国家的有关规定，实行行业管理和检查监督。各级旅游管理部门对各类旅游企业要一视同仁。所有旅游企事业单位都要接受行业管理和监督。

三、旅游行政管理部门实行旅游行业管理的职责

1.贯彻执行并组织实施国家、省关于旅游业发展、

旅游管理的方针、政策及法规；

2.依据国家旅游发展的总体规划和本省、本地区的社会经济发展的远、近期规划，统一制定本省、本地区旅游事业发展的长期规划和近期实施计划，报请同级政府批准后组织实施。

3.会同和配合有关部门做好本省、本地区旅游资源的调查评价、申报工作，提出分期开发利用和保护资源的意见，参与审定旅游业的新建项目，宏观调控旅游企业和旅游设施的布局及其发展规模。

4.会同有关部门对旅游企业实行许可证管理，指导、检查和监督旅游经营单位的经营管理和服务质量，总结推广先进经验，提高旅游经营的经济效益和社会效益。

5.统筹安排和合理使用国家旅游局及省、地（州、市）政府拨贷的旅游专项经费，并多渠道筹集资金，会同有关主管部门，组织好本省、本地区的旅游景点开发建设。

6.统一规划和管理对外旅游宣传和旅游招徕活动，传递旅游经济信息，不断开拓客源市场。

7.省旅游局统一管理对外发放旅游签证通知，并由省一类旅行社组织外联客源。

8.规划、管理旅游专业人才和在职人员的培训，制定专业考核标准，协助有关部门对旅游专业人员进行考核和评定技术职称。

9.会同物价部门制定、调整、监督、检查旅游价格和收费标准。

10.统一管理国家旅游局和省统计部门下达的旅游统一报表和资料汇总工作。

各级旅游行政管理部门，应从本地区的实际出发，搞好旅游业内部改革，加强行业管理，主动与其他各部门配合、协同工作，相互支持；努力加强旅游从业人员的思想建设和业务建设，提高全省旅游队伍的素质，树立良好的行业风气，提高工作效率，提供优质服务，增加创收、创汇能力，为发展我省旅游事业，振兴湖南经济作出更大贡献。

广东省旅行社管理暂行规定

（1985年6月27日　广东省人民政府发布）

第一条　为了加强对旅行社的管理，保护旅游企业和旅行者的权益，促进我省旅游事业的发展，根据国务院1985年5月11日发布的《旅行社管理暂行条例》，结合我省具体情况，特制定本规定。

第二条　旅行社（含旅游公司或其他同类性质的组织）是指经营或兼营旅行业务，招徕，接待国外或国内旅行者、组织旅游活动，实行独立核算，具有法人资格的经济实体。

第三条　旅行社要遵循“友谊为上，经济受益”的原则，为增进国内、外人民之间的相互了解和友谊，为促进我国社会主义物质文明和精神文明建设作出贡献。

第四条　旅游行政管理部门对旅行社的管理，实行统一领导、分级管理、分散经营的方针。

第五条　经营外国人、华侨、港澳同胞、台湾同胞来中国、归国或回内地旅游业务，用外汇作为结算手段的国营旅行社称对外旅行社，按业务范围分为一、二类，一类旅行社是指经营对外招徕并接待外国人、华侨、港澳同胞和台湾同胞的旅游业务的旅行；二类旅行社是不对外招徕，只经营接待一类旅行社和其他涉外部门组织的外国人、华侨、港澳同胞和台湾同胞的旅游业务的旅行社。

第六条　申请开办对外旅行社，必须具备以下条件：

一、有符合国家规定的旅行社章程；

二、有正式的组织机构和法定代表，固定的办公地点或营业场所和必要的通讯设备；

三、一类旅行社必须拥有人民币50万元以上的注册资本；二类旅行社必须拥有人民币25万元以上的注册资本；

四、有保证为旅行者提供食、宿和交通等项服务的能力；

五、有足以保证服务质量和进行正常业务活动、熟悉旅游业务的管理人员、工作人员和经过省旅游局考核合格的翻译导游人员。

第七条　申请开办对外旅行社按下列程序审批：

一、开办一类旅行社，省属单位要向省旅游局提出申请，由省旅游局审核提出意见转报国家旅游局审批，市（地）以下单位应先经市（地）级旅游行政管理部门同意后，报省旅游局审核提出意见转报国家旅游局审批。经批准后，按照国家工商行政管理部门规定办理申请登记手续；经核准，领取营业执照，方可开业。

二、开办二类旅行社，省属单位应向省旅游局申请审批；市（地）以下单位向市（地）级旅游行政管理部门申请，报省旅游局审批。经批准后，按照国家工商行政管理部门规定办理申请登记手续；经核准，领取营业执照，方可开业。

三、一类旅行社在国外或港澳地区设立或撤销派驻机构，必须事先向省旅游局申请，由省旅游局审核提出意见报请国家旅游局审查批准。

第八条 对外旅行社的业务范围：

一、编制旅行路线，在客源地进行宣传或招徕工作；

二、经批准可以对外招徕的旅行社，可同国外旅行社建立业务关系，进行业务洽谈，签订业务协议及承办国外旅行社所委托的旅游业务；

三、对有关旅游事宜进行咨询服务；

四、按照协议或合同组织各项接待工作，并配备翻译、导游人员；

五、按确认路线，安排旅行者的食、住、行及游览活动；

六、经营旅游有关的委托代办业务，代旅行者购买人身保险；

七、听取旅行者的批评建议，认真查处本单位工作人员违章违纪行为；

八、在保证搞好对外接待任务尚有余力的情况下，可以兼营国内旅游业务。

第九条 对外旅行社要为旅行者提供优质服务。

一、对外旅行社同民航、铁路、交通、饭店、宾馆、汽车公司等营业部门或旅行社行业间的业务往来，应遵照《中华人民共和国经济合同法》的规定，在平等互利、协商一致、等价有偿的原则下，签订一定形式的经济协议或合同。

二、对外旅行社在确认外国或港澳地区客户或旅行者的《委托书》后，应按确认项目向旅行者提供服务，除人力不可抗拒的原因外，凡旅行社不能履行委托的全部或部分项目，而引起旅行者在经济上受到损失，应负责赔偿，并做好善后工作。由于外国或港澳地区客户和旅行者本身的原因，改变日程或取消旅游造成损失，应负责赔偿旅行社的经济损失。

第十条 对外旅行社对所属从业人员，要加强遵纪守法、职业道德的教育和专业培训，不断提高从业人员的素质，以适应旅游事业发展的需要。

第十一条 对外旅行社同为旅行者服务的商业部门要建立正常的互利关系，不允许旅行社从业人员个人收取商业服务部门的手续费、回扣、劳务费或其它报酬。

第十二条 对外旅行社所组织的旅行团中，如发生旅行者失窃被盗事件，旅行社必须及时向当地公安机关报失，同时要积极协助旅行者妥善解决因失盗引起的生活、出境等问题；如发现有传染病人、重危病人及一切不适宜旅行的人员，也应负责妥善处理。

第十三条 组织和经营中国居民在国内旅游活动的国营、集体、个人开办的旅行社称国内旅行社。

第十四条 国内旅行社应具备如下条件：

一、有符合国家规定的旅行社章程；

二、有固定的办公地点或营业场所；

三、有固定资金，拥有3万元以上的流动资金，有赔偿由于经营不善造成经济损失的能力；

四、有按经营的业务范围，向旅行者提供符合服务要求的组织能力（如自备或有契约的交通工具和旅店床位等）；

五、有熟悉旅游业务的管理、服务人员和经过市（地）级旅游行政管理部门考核合格的导游人员。

第十五条 申请开办国内旅行社，按其经营范围区分为：

一、经营省内（不含深圳、珠海市）或跨省（区）旅游的国内旅行社，按照分级管理的原则，分别向省或市（地）旅游行政管理部门提出申请，经审查批准后，向当地工商行政管理部门申请办理登记，经核准发给营业执照。

二、经营深圳、珠海特区旅游的国内旅行社，必须报省旅游局审批。各市（地）所属单位经营此类旅行社，应先经市（地）旅游行政管理部门审核同意后，转报省旅游局审批。省工商行政管理部门核准或核转登记，发给营业执照，公安部门核准发给边防旅行证。

第十六条 旅行社因经营管理不善或其它原因，需停业或歇业时，必须向原审批机关和登记机关报告，办理注销手续，缴回执照，并做好善后工作。

第十七条 旅行社应严格遵守国家法律、法规，宣传党和国家的方针、政策；严格执行国家价格管理、外汇管理的有关规定，严格财务管理制度，按照规定缴纳税款及其他费用；妥善处理旅行社的意外伤亡事故，保障旅行者的正当权益和安全；按旅游行政管理部门的规定，定期填报旅游统计报表。

第十八条 外国或港澳地区旅行社在我省设立派出机构，须向省旅游局申请，报经国家旅游局批准后，向工商行政管理部门申请核准登记，领取登记证。经过批准并领取登记证的外国或港澳地区旅行社的派出机构，不得经营招徕和接待的旅游业务。

第十九条 中外合资、合作经营的宾馆旅游部和其它旅游企业设立的旅游部，经省旅游局审核批准，可在外招徕旅客到本宾馆住宿和在宾馆所在市、县范围内旅游，接待人数和客流情况应按月报当地旅游行政管理部门备案。

第二十条 对模范执行国务院《旅行社管理暂行条例》和本规定，在改善经营管理，提高服务质量和经济效益方面，做出突出成绩，对国家有较大贡献的旅行社和职工个人，由旅游行政管理部门给予表扬或奖励。

第二十一条 对违反国务院《旅行社管理暂行条例》和本规定，凡服务质量低劣，对外对内造成不良影响；经营管理不善，造成严重亏损；发生重大事故，造成严重后果或隐瞒不报；对进入边境地区旅游的人员管理不善，违反边境管理规定的，应视情节轻重，由各级旅游行政管理部门对旅行社的经理人员以及直接责任者，给予行政处分、罚款，或者责令旅行社停业整顿。凡未经旅游行政管理部门批准和履行登记手续，未领取营业执照擅自经营旅游业务；伪造、涂改、私自转让营业执照；欺骗旅行者，非法牟利的，应视情节轻重，由工商行政管理部门给予没收非法所得，吊销营业执照，责令停止营业的处罚。情节严重，触犯刑律的，交由司法机关依法惩处。

第二十二条 对单位和个人的罚款数额最高不超过500元，所罚款项上交地方财政。

第二十三条 省旅游局和各市（地）旅游行政管理部门有权负责受理国外和港澳地区旅游机构及旅行者的投诉，对国外或港澳地区旅游机构及旅行者同我省旅行社之间发生的纠纷，进行仲裁，如一方当事人对仲裁不服，可向有管辖权的人民法院起诉。

第二十四条 省旅游局和各市（地）旅游行政管理部门有权会同有关部门对本地区的旅行社和为旅游服务的单位进行业务指导、监督和检查。

第二十五条 省旅游局和各市（地）旅游行政管理部门会同有关部门派出的监察人员执行监察任务时，要出示监察证件，受检查的单位和人员，不得拒绝检查。

第二十六条 本规定在各级人民政府领导下，由旅游行政管理部门会同工商行政管理部门和公安部门组织实施，实施中的具体问题，由省旅游局统一负责解释。

第二十七条 本规定自公布之日起施行。

外地旅行社驻广州旅游办事机构管理暂行办法

（1989年1月2日　广州市人民政府办公厅发布）

第一章　总　　则

第一条 为促进旅游事业的健康发展，加强对外地旅行社驻广州旅游办事机构的管理，根据国务院颁布的《旅行社管理暂行条例》和国家旅游局关于《旅行社管理暂行条例施行办法》及省、市的有关规定；结合我市具体情况，制订本办法。

第二条 本办法适用于设在广州市内（含市属县，下同），所有外地旅行社驻广州旅游办事机构。

第三条 外地旅行社驻广州旅游办事机构（以下简称外地旅游办事机构）是外地旅行社在广州设立从事与本旅行社有关非盈利性旅游业务的联系机构。

旅游办事机构名称一律为“××旅行社（旅游公司）驻广州联络站”。

第四条 外地旅游办事机构应接受广州市旅游局的监督指导。

第二章　机构设立与审批程序

第五条 在广州市设立外地旅游办事机构必须具备下列条件：

（一）申请设立外地旅游办事机构的旅行社，必须是符合国家和省人民政府关于旅行社管理的规定，经当地旅游行政管理部门批准，有工商行政管理部门发给营业执照的外地旅行社。

（二）外地旅游办事机构的负责人必须由该旅行社正式工作人员担任，其他人员不得超过五人。

（三）外地旅游办事机构必须有固定的办公场所（含自有房屋或有一年以上租约的房屋）和必要的通讯设备。

（四）按照规定缴纳管理费（具体收费办法另行拟订）。

第六条 外地旅游办事机构须经广州市旅游局审查批准并发给《外地旅行社驻广州旅游办事机构许可证》后方可开展工作。

第七条 外地旅行社在广州设立旅游办事机构，应按照下列程序办理：

（一）由原地旅行社向广州市旅游局提交有法定代表人签署的申请书。

（二）填写《外地旅行社开办驻广州旅游办事机构申请登记表》，并提交下列证明、材料：

1.所在地的旅游行政管理部门发给的旅行社业务经营许可证、工商行政管理部门核发的营业执照。

提供营业执照影印件的，须经当地工商行政管理局盖章。

2.所在地的旅游行政管理部门出具同意其在广州设立旅游办事机构的证明。

3.原地旅行社法定代表人签署委任驻广州旅游办事机构负责人的授权书和负责人简历。

第八条 外国及港、澳、台地区的旅行社设立驻广州旅游办事机构，应遵照中华人民共和国国家旅游局《关于外国企业在中国设立常驻旅游办事机构的意见》有关规定，报经国家旅游局批准，在国家旅游局批准之日起三十天内，持该批准件，向广州市旅游局申请领取《外地旅行社驻广州旅游办事机构许可证》，并向广州市工商行政管理局办理工商登记等手续后，方可开展工作。

第三章 外地旅游机构的工作范围

第九条 属广东省内的外地旅游办事机构，只能为本旅行社主办的旅游团（者）办理在广州过境接待工作（即经广州回本地旅游）或负责向广州地区的旅行社委托代办广州旅游的联络工作。不得经营属“不回本地旅游，只在广州旅游或经广州中转往外地旅游”的业务。

第十条 属广东省外的外地旅游办事机构，只能开展与本旅行社与广州地区的旅行社进行横向联合的有关工作。需要组织旅游团（者）到广州旅游或需要在广州招徕旅游团的，必须委托广州地区的旅行社办理或与广州地区的旅行社联营有关订房、订餐、订机、车、船票和游览等旅游接待业务。

第十一条 外国及港、澳、台地区的旅行社驻广州旅游办事机构，应当从事非盈利性的旅游联络活动，其组织的旅游团（者），到广州旅游或经广州中转的，必须委托广州地区合法的旅行社办理旅游接待业务（包括订房、订餐、订机、车、船票和游览）。

第十二条 广东省内的外地旅游办事机构在广州接送回本地的旅游团(者)时，必须有鲜明的标志、旗号。陪同的导游人员应持有国家导游证书并佩戴导游证。

第十三条 外地旅游办事机构应按规定向广州市旅游局及时提供各种报表和资料。

第十四条 外地旅游办事机构名称的变更、办公场所的搬迁、办事机构负责人和工作人员的更换，必须在变更之日起十五日内到广州市旅游局办理变更登记手续；旅游办事机构的撤销，应在停止工作的二十天前书面通知广州市旅游局，有关事宜清理完毕后，向原发许可证和登记机关办理注销手续。

第十五条 外地旅游办事机构持有的《外地旅行社驻广州旅游办事机构许可证》每年进行一次年检。

第四章 罚 则

第十六条 违反本办法，有下列情形之一者，由广州市旅游局或会同有关部门予以查处，视情节轻重，分别给予内部通报；登报批评或处以五百元至贰千元的罚款；责令其关闭停业，吊销《外地旅行社驻广州旅游办事机构许可证》。

（一）国内的外地旅行社未经广州市旅游局批准擅自在广州设立旅游办事机构（或同类性质的组织）的；

（二）外国、港、澳、台地区的旅行社未经国家旅游局批准，没有领取《外地旅行社驻广州旅游办事机构许可证》，而擅自在广州设立旅游办事机构的；

（三）广东省内的外地旅游办事机构，接送在广州过境旅游团（者）时，无鲜明的标志、旗号，陪同的导游员无国家导游证书，不佩戴导游证的；

（四）机构有了变化，不向原登记机关办理变更登记手续的。

第十七条 对外地旅游办事机构超越工作范围或进行非法经营活动的，由广州市旅游局会同有关部门予以查处，没收其全部非法收入，并处以非法收入三倍以下罚款。

第十八条 对旅游办事机构进行处罚时，还应对其负责人和直接责任人，处以50元至200元的罚款。情节严重的，加倍罚款。

第十九条 广州市旅游局查处违法行为时，应当出示合法证件，进行罚款时，应书面通知被罚款者，并出具由广州市财政局统一印制的罚款单据。被罚者如有异议，可在接到罚款通知书之日起，十五日内申请复议。

被罚款者既不申请复议又拒不执行罚款决定的，由广州市旅游局向人民法院申请强制执行。

第五章 附 则

第二十条 本办法由广州市旅游局负责解释。

第二十一条 本办法自公布之日起施行。

陕西省旅游和来访外宾行李安全管理暂行规定

（1988年10月27日 陕西省人民政府发布）

第一条 为了加强对来陕旅游、应邀来访外宾所带行李的管理，保障旅客的人身和财物安全，根据国家有关规定，结合本省实际情况，制定本规定。

第二条 本规定适用于省内担负运送、接待来陕旅游、访问的外国人（以下简称“外宾”）的各民航站、旅行社、宾馆、饭店、招待所，以及承担外宾接待任务的机关、团体、学校、企事业单位。

第三条凡接待外宾的宾馆、饭店、招待所（以下统称“宾馆”），均应遵守国务院批准由公安部发布的《旅馆业治安管理办法》和省人民政府批准由公安厅发布的《陕西省旅游业治安管理实施细则》的规定。

第四条 各宾馆、旅行社等接待单位应指定陪同人员或行李押运、保管人员，负责外宾委托代运、代管行李的安全管理工作，并按责、权、利相结合的原则，实行安全管理承包责任制。

第五条 各宾馆应设立行李房、保管室或保管专柜，对外宾寄存的行李财物实行统一保管，并应建立验证、登记、领取和交接班制度，严防错领、冒领、丢失、损坏、被盗等现象发生，严防在行李中夹带易燃易爆等禁止携带的危险物品。

民航站、旅行社、宾馆在接受旅游、来访团体委托运输、保管的行李时，必须建立严格的交接验收制度。双方经办人员须当面清点行李件数，核对行李牌号码，检验加锁加封是否完好，并由经办人员在交接单上签字。如有封条破裂、行李破损等异常现象，必须在交接单上注明，并在该件行李上拴挂“免除责任”牌。旅游、来访团体在提取行李时，如发现有差错、丢失、破损等事故，应立即向代运、代管单位提出，双方共同查明情况，分清责任，并填写记录，作为应否索赔的依据。

第六条 民航站、旅行社、宾馆从事旅游、来访团体行李的交接、托运、装卸、保管工作的行李员、装卸工、司机，必须忠实可靠。任用前须经认真的品行审查，任用后要经常对其进行遵纪守法和职业道德教育，并实行严格的管理和考核。如发现有不轨行为，应立即调离。

行李员、装卸工要爱惜外宾的行李，在交接、托运、装卸、保管过程中，要做到文明装卸、稳移轻放，妥善保管，严禁胡摔乱扔，野蛮装卸。

第七条 旅游团体离宾馆时，应由接待单位的陪同人员向外宾告知有关不得在行李内夹带现金、机密文件和贵重、易碎、易然、易爆物品以及行李必须加锁加封等规定，并督促外宾照章办理。对不加锁加封的行李，行李员可拒绝接受，民航可拒绝托运。因不加锁加封所造成的行李物品损失，应由接待单位和陪同人员承担责任。

第八条 应邀来访团体外宾离开宾馆时，由接待单位的陪同人员负责督促外宾对所托运的行李加锁，按民航规定的时间提前送达机场，向民航运输部门办理托运交接手续，清点件数，双方签字。对未加锁行李，民航运输部门拒绝托运。行李破损，件数差错，应作记录。破损的行李，由民航运输部门拴挂“免除责任”牌。

第九条 旅行社接送旅游团体的行李，必须派出专车，由两名行李员押运，车辆要有安全设施，不得搭载非押运人员，不得绕道行驶，不得途中逗留，严防行李物品失控。

第十条 民航机场应设立团体行李存放区、装卸区，建立安全防护设施，实行严格管理。

第十一条 民航站、旅行社、宾馆的负责人和保卫部门，要经常检查本单位接待的旅游、来访外宾行李的安全管理工作，发现问题，及时解决。

第十二条 公安、保卫部门要监督民航站、旅行社、宾馆做好旅游、来访外宾行李的安全管理工作。发现不安全因素，应及时提出整改意见，限期改进。对逾期不改者，公安机关可签发《不安全警告书》，或者责令停止整顿。

第十三条 对在旅游、来访外宾的行李安全管理工作中做出显著成绩的单位和个人，由主管部门和所在单位给予表彰和物质奖励。

（一）全年实现旅游、来访外宾行李托运、装卸、保管工作无差错、损坏、丢失等事故，无被盗案件的单位；

（二）预防和制止事故、案件发生，有显著功绩的集体和个人；

（三）迅速查清行李安全事故原因和破获行李被盗案件的有功人员；

（四）检举揭发盗窃行李犯罪行为的有功人员；

（五）积极提出合理化建议，对改进行李安全管理工作有突出贡献者。

第十四条 对违反本规定有下列情形之一的，由主管部门对单位直接负责人或当事人，根据情节轻重，分别给予批评教育、行政纪律处分，或由公安机关给予治安拘留、二百元以下罚款或者警告；触犯刑律的，依法追究刑事责任。

（一）不重视旅游、来访外宾行李安全管理工作或者玩忽职守，造成不安全事故或发生刑事案件的责任者；

（二）因安全管理制度不健全，交接手续不清，保管不善，造成行李被翻窃、丢失的单位和个人；

（三）知情不报，包庇犯罪，故意隐瞒事故真相者；

（四）漠视公安机关签发的《不安全警告书》，拒绝执行整改要求，逾期不执行整改措施，严重危及旅游、来访外宾行李安全者。

罚款全部上交财政部门，不得挪作他用。

第十五条 对旅游、来访团体行李的被盗案件，民航、旅行社、宾馆等接待单位应按照业务分工履行各自的职责，积极组织力量迅速查处。对重大涉及案件，要及时报告当地公安机关立案侦破。

第十六条 旅游、来访外宾对行李的安全管理工作要给予积极合作。因外宾不按本规定办理造成的事故，应由外宾承担相应责任。

第十七条 本规定由陕西省航空安全领导小组负责解释，并可制定实施细则。

第十八条 乘坐火车及其他交通工具的旅游、来访外宾的行李安全管理工作，参照本规定执行。

第十九条 归国探亲、观光的华侨、港澳同胞、台湾同胞团体的行李安全管理工作，参照本规定执行。

第二十条 本规定自发布之日起施行。

陕西省旅游业管理暂行规定

（1989年2月24日　陕西省人民政府发布）

第一条 为加强旅游业管理，保护旅游者的合法权益，提高服务质量，促进旅游事业的健康发展，特制定本规定。

第二条 凡在本省境内的旅游企业、事业单位，包括经营国际、国内旅游业务的旅行社，各类旅游涉外饭店、宾馆、餐馆、旅游汽车公司，对外开放的旅游风景区、游览点、旅游商品经销店，及其他经营涉外旅游业务的单位不论隶属关系和所有制性质如何，都必须接受旅游行政主管部门的行业管理。

航空、交通、文物、轻工、商业、公安、工商、行政、物价、税务、外汇管理等有关部门，依照法定的职责，对旅游业实施相应的管理。旅游部门要与上述部门搞好协调。

第三条 省旅游局作为省人民政府的旅游行政主管部门，统一管理全省旅游业。地、市、县旅游行政主管部门分级管理辖区内的旅游业。

第四条 省旅游局负责：成立经营国际旅游业务的一类旅行社的审核、二类旅行社的审批，导游人员资格的统考和导游证的颁发，涉外旅游饭店开业许可证的审批和星级的评定。

涉外旅游商店、餐馆、汽车公司申请开业，应按隶属关系，分别由省，或地、市旅游行政主管部门进行资格审查，获准后，方得向工商行政管理部门办理登记。部属和外地驻西安市的涉外旅游商店、餐馆、汽车公司，挂靠在部属或省属单位的，由省旅游局审查。挂靠在西安市属单位的，由西安市旅游局审查。

第五条 涉外旅游饭店、商店、餐馆，一律实行定点管理。定点标准由省旅游局负责制定和颁发。

旅游饭店的定点，经省旅游局会同有关部门进行资格审查后，由省旅游局审批。涉外商店、餐馆的定点，由所在地、市旅游局会同有关部门审批，报省旅游局备案。

定点单位的批准证书和定点标志牌，由省旅游局统一制作，批准机关颁发。

定点单位由批准机关每年复审一次。经复审不合标准者，取消定点资格。

第六条 凡接待外国人、华侨、港澳台胞的旅行社对旅游团队购物和就餐均应实行计划管理。必须制定旅游团队购物、就餐计划，列入各该旅游团队的活动计划，严格依照执行。对违反计划管理制度的旅行社，处以2000元至1万元的罚款，并点名通报批评单位主要负责人。对违反计划管理制度的个人，由所在旅行社根据情节轻重给予经济处罚。

第七条 导游人员带领旅游团队到所住饭店、宾馆涉外点商店购物，要尊重旅游者的意愿。原则上每天限定一次。对随意多次带旅游团去商店购物引起旅游者投诉的，由旅行社根据情节轻重，对导游人员给予经济处罚，并可同时给予行政纪律处分。

第八条 导游人员、汽车驾驶人员不得擅自带领或运送旅游团队到非定点单位购物、就餐。如有违反，对专业导游人员吊销导游证一年，实习导游人员取消转正考试资格；兼职导游人员取消导游资格；汽车驾驶人员取消涉外汽车驾驶资格；所带领（运送）旅游团队的餐费，一律不予支付。

第九条 所有定点涉外旅游商店，不准个人承包或向个体工商户出租柜台。违者取消定点资格。

每个对外开放的旅游参观点内，除经特别批准者外，只许开设一个定点涉外旅游商店。

涉外旅游餐馆应以经营餐饮为主。未经批准，不得超越经营与餐饮无关的商品。违者由工商行政管理部门按照有关规定分别处以罚款、停业整顿，直至吊销营业执照。

个体工商户须经所在地旅游主管部门批准方得对国外来陕旅游者销售商品，并须固定售货摊点，亮照经营。严禁无证经营，强行兜售和游售商品。违者没收其非法所得，直至吊销营业执照。

第十条 涉外旅游经营单位的外汇上缴数额，由外汇管理部门会同旅游主管部门核定年度结汇指标。对完不成结汇指标者，视具体情况，或予以降低外汇留成比例，或吊销其准收外汇券的许可证。

涉外个体工商户的外汇上缴数额，由外汇管理部门和工商行政管理部门核定年度结汇指标。对完不成结汇指标者，由工商行政管理部门根据实际情况，分别予以警告、罚款、取消涉外商品经营资格的处罚，直至吊销营业执照。工商行政管理部门可以从上缴外汇中提取一定比例的外汇额度。具体比例由省外汇管理局会同省工商行政管理局另行规定。

第十一条 严禁在旅游业务中私自收授回扣和收取小费。从1987年8月17日国务院批准国家旅游局颁发《关于严格禁止在旅游业务中私自收授回扣和收取小费的规定》起，凡经查明接待外国人，华侨、港澳台胞的商店、餐馆、汽车公司等经营单位，付给私人回扣金额累计在1000元及其以下的，除按规定进行处罚外，对单位主要负责人予以点名通报批评；付给私人回扣金额累计超过1000元的，取消单位的定点资格，并处以相当于其所付回扣等值五倍至二十倍的罚款。

所有旅行社不得以任何形式从餐馆提取回扣。违者除按规定进行处罚外，对双方单位处以相当于其所收授回扣等值十倍至二十倍的罚款。并对双方主要负责人予以点名通报批评。

旅游行业工作人员凡私收回扣和小费者，从1987年8月17日起，凡经查明累计私收金额在500元至1000元的，除按规定进行处罚外，同时取消其涉外服务资格；累计私收金额超过1000元的，没收其非法所得，并开除公职。情节严重，触犯刑律的，移请司法机关依法追究刑事责任。

凡涉外旅游企事业单位的工作人员私收回扣和小费情况严重的，要对该单位的负责人进行通报批评，直至追究行政责任。

第十二条 对拒绝私自收授回扣、小费，在检查揭发以及查处不正之风中作出显著成绩的单位和个人予以适当奖励。奖励基金从上缴给同级财政的罚没款中列支

第十三条 陕西省旅游业优质服务检查评比委员会，负责全省旅游业优质服务竞赛的检查和评比工作。

第十四条 本规定由省旅游局负责解释，并组织和监督实施。

第十五条 本规定自1989年3月1日起施行。本省以前颁发的有关规定凡与本规定不一致的，以本规定为准

苏州市人民政府批转市旅游公司等五个部门《关于治理旅游环境、整顿旅游秩序意见的报告》的通知

（1989年1月11日　苏州市人民政府发布）

市政府同意市旅游公司、建委、公安局、工商管理局、外汇管理局《关于治理旅游环境、整顿旅游秩序意见的报告》、现转发给你们，望认真研究贯彻执行。

关于治理旅游环境、整顿旅游秩序意见的报告

近年来，我市的旅游事业持续发展，并取得了明显的经济效益和社会效益。1989年，预计全市国际旅游接待人数超过28万人，比上年增长23%以上；旅游外汇收入将近2000万美元，增长18%以上。然而，由于目前旅游行业的体制和综合管理还不能适应旅游发展形势的需要，旅游环境和旅游秩序方面仍然存在不少问题，有的还相当严重。主要表现在：

1.相当数量的工作人员借工作之便捞取“好处”。如一些陪同、导游、驾驶员利用陪国际旅游团组参观、游览、购物的机会，私自收取小费、回扣和倒换外汇券，个别的金额较大，甚至有“敲诈勒索”现象。

2.一些单位和个体户用不正当手段拉客、售物。如有的参观单位开设的商店和涉外餐馆，以低价供应商品和发“优惠券”、送实物等方法，吸引陪同、导游、驾驶员拉客；游览景点内不少个体户承租、承包的字画、工艺品商店，以送回扣、给“好处”等手段，笼络、串通陪同、导游、驾驶员拉客，而且互相攀比，愈演愈烈。在游览点和宾馆集中的区域，个体店堂缺乏管理，价格混乱、以次充好、逃汇套汇等现象甚多，有些无证商贩甚至围堵游客，强行兜售。

3.涉外治安事件增加。国际旅游者由铁路运送的行李，常发生“破损”、失窃。在虎丘等热点游览场所，旅游者常有钱物被窃。

4.旅游市场秩序混乱，违法经营现象严重。有的单位不执行旅游法规，私自经办二类旅行社业务。有的旅行社出现漏接、误接旅行团事故。一些出租汽车、三轮车，漫天要价，欺骗、讹诈乘客。

这些现象，不仅损害了苏州在国际上的声誉，腐蚀了旅游职工队伍的思想，而且扩大了外汇流失，降低了旅游行业的整体效益。全市旅游外汇收入增长速度明显低于旅游行业的营业收入和国际旅游人数的增长速度，而外汇券支出的增长幅度较大。

鉴于上述情况，我们认为，在当前治理经济环境、整顿经济秩序的过程中，应该不失时机地展开治理旅游环境、整顿旅游秩序的工作，以保证我市旅游业健康、持久地发展。现提出具体整治意见如下：

一、治理、整顿的指导思想和方法、步骤

1.按照中央治理整顿的精神，旅游行业的治理、整顿工作既要坚决，又要稳妥。首先要坚决地刹住不正之风，其次要坚持实事求是的原则，第三要做好过细扎实的思想教育工作。

2.在步骤上，当前要动员各部门、各单位认真贯彻执行国家和省、市有关旅游法规。根据治理、整顿的要求，推动旅游经营单位狠抓内部管理、统一行动，刹住不正之风。可结合实行国际旅游定点服务工作，先内部后外部地进行治理、整顿。在此基础上，各部门要进一步明确职责，加强配合协调，全面深化旅游行业的改革，逐步强化行业管理，推进综合治理。

3.经过治理、整顿，在国际旅游行业中要基本杜绝私自收授回扣和小费现象，减少外汇流失，造就团队接待、参观游览、商品销售、生活服务的正常秩序和良好风气，形成各行业、各单位间相互协作、合法经营，共创优质信誉，齐心协力办好旅游，扩大非贸易外汇收入的良好环境。

二、狠抓旅行社、旅游汽车公司的内部管理

收授回扣、小费，陪同、导游、驾驶员是矛盾的主要方面，因此，解决这个问题的关键是，全市各二类旅行社、旅游汽车公司，必须“以我为主”，率先行动，切实加强内部管理。

1.加强职业道德教育，利用冬训时节，组织本单位干部群众，深入学习党的治理、整顿的方针政策和有关旅游法规，提高法纪观念和参予治理、整顿的积极性。把国家旅游局制定的七条旅游职业道德规范，作为职业活动中必须遵循的行为准则，树立积极、妥善安排旅游团队购物，以正当手段增售增收的正确观念。

2.强化游览节目的计划管理。按照丰富旅游内容，适应客人爱好和积极创汇的原则，妥善编排和控制游览节目计划，制止导游自行变更节目的行为。客人游览中要求改变计划的，必须如实向部门经理报告。旅行社要建立导游、陪同人员任务卡，实行游览活动的签证、审核制度。凡擅自变更者，必须给予必要的处罚，由此开支的费用一律由其个人负责承担。

3.严肃查处违纪事件。各单位都要设立相应的质量监督机构，认真处理表扬、投诉和社会举报事项，自觉地接受旅游者和社会的监督。要修订奖罚细则，把服务质量、遵章守纪列为重要考核内容。所有举报都必须认真查核，凡有违法违纪行为的必须严肃处理。各旅行社和汽车旅游公司及其干部群众，均不得以任何形式从参与字画、工艺品等旅游商品销售活动中索取经济报酬。

4.重申以下行为属违纪：收取小费隐瞒不上交；以各种方式收取回扣；倒换、炒卖外币和外汇券；未经批准，带领旅游团队去非定点商店购物和去非定点餐馆就餐；私自更改游览节目计划又未如实报告者。

三、从定点服务入手严格各项管理制度

实行国际旅游行业的定点服务，是加强行业管理、开展治理、整顿的有效措施。要认真贯彻执行省政府办公厅（1988）116号和122号文件的规定，把加强对定点的单位的管理，作为治理、整顿的一项重点内容。

1.各定点单位要认真学习，对照检查，开展自我教育和自我整顿，并拟定具体的限期整改措施。

2.各有关局（公司）要统一认识、统一行动，本着：“谁主管、谁负责”的精神，加强对下属列入定点单位的领导、检查、督促，支持和促进基层的治理、整顿。

3.切实加强定点单位管理。涉外商店、饭店、餐馆，必须率先从严整顿内部，杜绝各类问题的发生，如发生违纪事件，其主管部门必须立即作出严肃查处。在定点工作中，要从以下几个方面来严格管理制度：

（1）审批定点单位，要按照基本达到标准，优先考虑特色项目需要，适当照顾创汇大户的原则，从严掌握。定点后，各旅行社应妥善安排客源。

（2）建立严格的外汇管理制度。定点商店必须在银行开设外汇券帐户，设立外币兑换台，外汇券收入必须如实全部进帐，不得截留、坐支；销售中必须开具发票，注明外汇券和人民币，分开记帐；完善承包经营制度，增加外汇收入指标；按时向市旅游公司报送报表及有关资料。

（3）严格财务制度。不得报销以任何形式给陪同、导游、驾驶员的回扣，不搞帐外帐，不留小金库，堵塞回扣资金渠道。

（4）对设在园林等景点内的字画、工艺品商店，

按方便游客的原则，由本单位直接经营，主要景点只设一个。有些单位确有困难的，可与市区内国营单位协商，以代销等方式予以扶植。

（5）定点商店要改进旅游团体参观购物的登记工作，并协助各旅行社做好对导游陪同节目安排的签证、审核。

（6）加强涉外开放工厂和景点内定点商店的外烟经营管理。

（7）定点单位未经市旅游公司同意，擅自录用旅游系统因违纪而被辞退、开除的职工者，即取消定点资格。

4.加强指导、监督、管理。及时组织定点单位的领导学习有关法规、政策，交流情况，不定期地进行普查、抽查、收集旅游团队反映和社会举报；及时组织查处违纪、违法事件。对违犯规定的定点单位，一经发现即提出警告，逾期不改或再犯的撤消定点资格。

四、通力合作，共同推进治理、整顿工作

全面推进旅游行业的治理、整顿，必须依靠各有关部门的通力合作，当前各部门要密切配合，抓好以下几件事：

1.按有关旅游法规，会同审查、清理、整顿旅游经营单位，制止违法经营活动，促进旅游行业提高管理水平和服务质量。

2.配合组织兼职治安力量、成立专门工作班子，加强重点旅游场所的治安管理，尤其是尽快查处外国旅游者行李“失窃”案件，狠狠打击犯罪分子。

3.加强对出租汽车和三轮车的管理，实行划片定点，明码标价，并一律凭执照行驶，不得转让。

4.逐步加强对经营字画、工艺品的个体户管理，制止无证商贩围堵游客，强行兜售现象的发生。

5.拟定办法，加强外汇管理，努力减少流失。

五、加强对综合治理的领导

1.建立综合治理组织。建议由市政府一位领导任组长，建委、交通、外办、公安、工商、外汇、税务、城管、旅游等部门各一位领导参加，组成“苏州市旅游综合治理协调小组”，其主要职责是加强对旅游行业治理、整顿工作的统一领导，协调各方面的关系和动作，研究制定有关政策措施。

2.设立“旅游监督举报中心”，并登报公布，公开办事制度，认真收集社会举报，负责组织查处违法违纪事件。

3.尽快拟定我市旅游行业治理、整顿的具体措施和执行细则。

以上报告，如无不妥，请批转执行。

·地方旅游管理机构法规·

关于对北京市新建新办旅游涉外企业、开发营业性旅游项目加强审查的通知

（1987年5月4日　北京市旅游事业管理局　北京市工商行政管理局发布）

为了加强对新建新办旅游涉外企业、开发营业性旅游项目的管理，使之纳入北京地区旅游整体发展规划，并确保这些企业、项目在开业时达到接待国外旅游者的标准，以提高本市旅游业的服务质量，维护本市旅游业的声誉，根据《中共北京市委、北京市人民政府关于改革北京市旅游事业管理体制的通知》中“凡旅游事业的新建项目，均先由旅游事业管理局根据整体发展规划会同有关部门进行审核”、“凡在北京地区组建与旅游事业有关的涉外企业，开发营业性的旅游项目，必须经旅游事业管理局审查同意后，工商行政管理部门方可发给营业执照”的规定，现对有关问题通知如下：

一、根据北京市目前的实际情况，对新建新办的旅游涉外企业、开发营业性旅游项目的审查，先在旅行社、涉外饭店（宾馆）、涉外餐馆和对外开放的营业性游乐设施4种企业中施行。

二、凡在本市新建扩建的涉外饭店、新开办的中央单位的3类旅行社和市属各类旅行社、新建和翻建升级的涉外餐馆、对外开放的营业性游乐设施，必须先向北京市旅游事业管理局提交申请报告，经同意，发给批准开办通知后，进行筹备工作：其中需进行基本建设的项目，属于地方的，其基本建设的申请报告须在上报市计委同时，报送北京市旅游事业管理局，经北京市旅游事业管理局审查同意后由市计委审批。属于中央各部门的基本建设项目，在审批时应征求北京市旅游事业管理局的意见。

三、上述新建新办旅游企业和开发营业性旅游项目筹建（筹备）完毕，在向工商行政管理部门申请领取营业执照前，必须向北京市旅游事业管理局报告，经检查符合接待国际旅游者的标准，发给《旅游接待合格证》。北京市工商行政管理部门凭《旅游接待合格证》发给营业执照。

四、旅游接待合格的主要标准是：

1.设施设备完好，达到接待国外旅游者的标准；

2.管理机构健全；

3.建立岗位责任制并有检查考核制度；

4.有具体的服务规范；

5.经理人员和服务接待人员经过岗前培训，考核合格达到接待国外旅游者的专业要求；

6.有符合接待国外旅游者标准的必需的服务项目；

7.卫生、消防条件得到有关部门的检查批准。

五、企业在经营中，如出现不符合第四条规定的标准的情况，北京市旅游事业管理局有权令其限期进行整顿。逾期仍不符合标准，严重损害本市旅游业声誉的，北京市旅游事业管理局撤销其《旅游接待合格证》，工商行政管理部门对其营业执照依法进行处理。

六、中外合资（合作），外商独资经营的旅游饭店（宾馆）、餐馆和对外开放的旅游设施在正式营业前，必须向北京市旅游事业管理局报告，经检查符合接待国外旅游者的标准，允许开展接待国外旅游者的业务；不符合接待国外旅游者的标准的，限期改正。

北京市国际旅游价格管理暂行规定

（1987年5月8日　北京市旅游事业管理局 北京市物价局发布）

第一条　为加强北京地区国际旅游价格的管理，保护国外宾客和经营者的正当利益，促进旅游事业的发

展，根据国家旅游局、国家物价局联合颁发的《中国国际旅游价格管理暂行规定》，特制定本规定。

第二条 国际旅游价格是指直接为来华、归国或回内地进行游览、度假、探亲、就医、贸易、交往等活动的外国人，华侨、港澳台同胞，提供饮食、住宿、市内交通、游览等方面的服务收费价格。

第三条 北京市国际旅游价格制定的原则是：根据国家物价局和国家旅游局的有关规定，参考国际市场旅游价格，结合本市情况，按质定价，合理收费。

第四条 北京市审批的经营对外旅游业务的旅行社（旅游公司或其它同类性质的经济组织）等单位，对外国旅游者和华侨、港澳台同胞等旅游者的服务收费标准，由北京市旅游事业管理局、北京市物价局根据国家旅游局、国家物价局公布的旅行社服务收费标准，结合北京市情况制定，抄报国家旅游局、国家物价局、国务院侨务办公室备案。

第五条 接待国外宾客的饭店（宾馆）客房租价，由北京市物价局、市旅游事业管理局根据国家物价局、国家旅游局有关规定，按照本市饭店等级标准，结合供求情况和服务质量核准和调整。

第六条 接待国外宾客的饭店（宾馆）餐厅、餐馆的饮食毛利率，由市商业委员会、北京市物价局、北京市旅游事业管理局会同有关部门制定。

第七条 一般游览参观点的门票、文娱票价，按市政府批准的价格分工管理权限管理，对内对外实行同价。主要游览参观点的门票，由北京市物价局、北京市旅游事业管理局会同有关部门提出方案，报市政府批准后执行。主要游览参观点，由市旅游事业管理局会同有关部门提出，报市政府批准确定。

第八条 游艇、游船和高空缆车的票价，由北京市物价局、北京市旅游事业管理局会同有关部门制定，报国家物价局、国家旅游局备案。

第九条 大、中型旅游轿车和出租汽车租价的制定和调整，由北京市物价局、北京市旅游事业管理局根据国家物价局、国家旅游局的有关规定提出方案，报市政府批准后执行。

第十条 旅游商品的价格，凡属国家定价或国家指导价的，必须按国家有关规定执行，其余由销售单位自行合理确定。北京市物价局、北京市旅游事业管理局有权进行监督检查和指导。

第十一条 北京市物价局、北京市旅游事业管理局有权对经营单位的国际旅游价格执行情况进行监督检查，经营单位及其主管部门须积极配合，不得阻挠。

第十二条 北京市旅游事业管理局、北京市物价局在监督检查中，对有下列行为的单位提出处理意见，由物价检查部门按有关规定予以经济制裁，并可由北京市工商行政管理局勒令停业整顿或吊销营业执照；对直接责任人员，由主管部门予以处分，情节严重，构成犯罪的，由司法机关依法惩处：

1.不执行规定的国际旅游价格标准，擅自改变作价办法和标准的；

2.采取以次充好、巧立名目、变相涨价、克扣、勒索等手段，牟取非法利润的；

3.泄露国际旅游价格变动秘密，造成重大损失的。

第十三条 本规定适用于北京地区所有接待国外宾客的旅行社（公司）、饭店（宾馆）、餐馆、商店、出租汽车公司、参观游览场所等。

本规定不适用于中外合资（合作）经营、外商独资经营的国际旅游饭店（宾馆）。

第十四条 本规定由北京市物价局、北京市旅游事业管理局负责解释。

第十五条 本规定自发布之日起执行。

关于颁发导游员证件的暂行办法

（1987年10月15日　北京市旅游事业管理局发布）

第一条 为保证北京市导游服务质量，维护首都导游队伍的声誉，促进导游人员政治、文化和业务素质的提高，北京市旅游事业管理局根据国家旅游局的要求，决定对北京地区的导游人员试行颁发导游员证件。

第二条 凡在北京地区从事涉外导游接待工作的导游人员，必须持有北京市旅游事业管理局颁发的导游员证件。

第三条 导游员证件由北京市旅游事业管理局统一制作颁发。北京市旅游事业管理局在颁发导游员证件的同时，对全市涉外导游人员进行登记注册，以加强对导游队伍的管理。

第四条 从事涉外导游工作的人员，须具备下列条件：（1）必须是中华人民共和国公民，热爱祖国，拥护社会主义制度，遵纪守法，遵守旅游职业道德，热心为旅游者服务；（2）具有高中以上文化水平，并能使用一种以上外语或方言进行导游；（3）熟悉涉外旅游业务，有独立的组织接待能力；（4）身体健康，能适应工作的需要。

第五条 1987年12月31日前在北京地区一类、二类旅行社从事涉外导游工作的正式职工，由所在旅行社进行严格审查后，统一报北京市旅游事业管理局核准颁发导游员证件。北京市旅游事业管理局不再对上述导游人员进行文化业务考试。具体手续另外行文。

第六条 自1988年1月1日起在北京地区新从事涉外导游工作的人员，必须参加由北京市旅游事业管理局统一组织的文化业务考试和思想品质审查。考试、审查合格者发给实习导游证件。实习满一年，胜任工作者，经所在旅行社做出鉴定，由北京市旅游事业管理局核准并颁发导游员证件。

第七条 导游人员执行工作任务时，必须随身携带导游员证件，并随时接受北京市旅游事业管理局持检查证的工作人员的检查。

第八条 导游人员在工作中违反国家政策法令和外事纪律，所在单位必须严肃处理。情节严重者，由北京市旅游事业管理局扣留导游员证件，直至吊销导游员证件。被扣留导游员证件的导游人员，在扣证期间暂时停止导游工作，被吊销导游员证件的人员三年内不得在北京地区任何旅游企业，以任何方式从事导游工作。

第九条 被吊销导游员证件的人员姓名，由北京市旅游事业管理局通报北京地区各旅行社。凡录用被吊销导游员证件后未满三年的人员从事导游工作的旅行社，一经查出，要严肃追究该录用单位及其负责人的责任。

第十条 北京市旅游事业管理局对持有导游员证件的人员每年底前进行一次年审，年审不合格者，注销其导游员证件。

第十一条 导游员变更工作单位，须由接受单位在变更后两个月内，到北京市旅游事业管理局办理变更登记手续。

第十二条 导游员证件丢失者，必须在丢失后7日内由所在旅行社报北京市旅游事业管理局。

第十三条 本办法及导游员证件只适用于北京地区。

关于在北京地区直接开展国际旅游接待业务的外地单位履行登记手续的通知

（1987年10月15日　北京市旅游事业管理局发布）

近年来，不少外地单位自行组团在北京地区直接开展国际旅游接待业务，缺乏统一管理。为对北京地区的旅游业加强宏观管理，维护首都旅游业的声誉和首都旅游市场的正常秩序，保证北京地区旅游业的健康发展，现决定凡在北京地区直接开展国际旅游接待业务的外地单位都要履行登记手续。具体办法通知如下：

一、凡在北京地区不论通过何种渠道，采用何种方式，使用何种名称直接开展国际旅游接待业务的外地单位，均须到北京市旅游事业管理局履行登记手续。

二、履行登记手续的单位持当地工商行政管理部门核发的营业执照和省、自治区、直辖市旅游局同意其在京开展国际旅游接待业务的证明，到北京市旅游事业管理局申请领取登记表。

将登记内容逐项填写清楚，并加盖本单位和上级主管单位公章后，报北京市旅游事业管理局旅行社管理处。我局将根据全市旅行社业的发展规划，该单位的业务情况等综合研究，最终审核批准。

三、登记时间截止到1987年12月31日。

登记地址：北京市东城区霞公府街13号，北京市旅游事业管理局旅行社管理处（电话：55.1425）

四、从1988年1月1日起，北京市旅游事业管理局将对外地单位在北京地区直接开展的国际旅游接待业务进行监督、检查和管理。届时没有履行登记手续的一律不得在北京地区开展任何业务活动。

五、根据《旅行社管理暂行条例》的有关规定，外国和港澳地区在京设立的任何机构，不得经营招徕和接待的旅游业务。

关于进一步加强旅游区市场管理的通知

（1987年10月31日　北京市工商行政管理局　北京市旅游事业管理局发布）

为了进一步加强旅游区市场管理，根据《北京市人民政府关于加强旅游区市场管理的暂行规定》，针对当前旅游区市场的特点及反映出来的突出问题，经报市领导同意特作如下通知：

一、凡经批准在旅游区内从事经营业务的单位和个人，必须亮照经营，并使用统一规格的标价签，实行明码标价。议价商品按行市标价后，价格在标价内可以向下浮动，不得超出标价。对超出标价者除没收高价部分外，并处以出售商品价值50%以内的罚款。

二、个体经营户出售商品必须附具信誉卡，对不附具信誉卡的，处以出售商品价值30%以内的罚款。

三、在旅区内从事经营业务的单位和个人，建立违法登记簿，如有违法行为，由工商行政管理和旅游管理部门进行登记，一年内违法行为超过4次的，吊销营业执照。

《关于颁发导游员证件的暂行办法》的补充规定

（1988年4月14日　北京市旅游事业管理局发布）

一、北京地区导游员证书是北京市旅游事业管理局统一颁发的导游员身份证明。分为正式导游员证书和临时导游员证书两种。正式导游员证书是旅行社在编的正式导游人员所执证书，临时导游员证书是旅行社临时聘用的导游人员所执证书。

二、正式导游员证书、临时导游员证书均由北京市旅游事业管理局负责审检和办理发放手续。申请导游员证书须交一寸免冠照片三张，填写导游人员登记表、登记卡各一份，由所在旅行社出具在职或临时聘用证明，并由旅行社负责到市旅游事业管理局办理。经审检合格后，发给导游员证书或临时导游员证书。

三、导游员调离旅行社行业，临时导游员应聘期满，原旅行社须在半个月内负责收回导游员证书，并上交市旅游事业管理局。导游员调往其它旅行社工作，调出单位须在调出三日内向市旅游单位管理局报告备案，接收单位须在该人调入半月内到市旅游事业管理局办理变更手续。临时聘用的导游人员一次聘期最长不超过一年。需继续聘用者，应在期满前半个月内到市旅游事业管理局办理续期手续。

四、导游人员有下列行为者，将在导游员证书的检查记录栏内填写检查记录。凡有两次以上违纪记录者，将扣留导游员证书三个月，直至吊销导游员证书：

1.在执行接团任务时，不带导游员证书累计三次者；

2.不服从旅游行政管理人员的管理，拒绝检查者；

3.在接团过程中，刁难游客，态度恶劣，克扣游客餐饮费等，造成不良影响者；

4.使用未经考核通过的语种接待旅游团（者）者；

5.利用工作之便，套换外汇者；

6.私自组织接待旅游团（者）者；

7.私自收取回扣、小费者；

8.违反国家法规、外事纪律和北京市旅游事业管理局规定者。

五、导游员证书的检查记录栏，由市旅游事业管理局填写，并由检查人员签字、加盖检查专用公章。

六、旅行社违反《关于颁发导游员证件的暂行办法》及本补充规定，将视其情节轻重，给予通报批评、罚款、停业整顿，直至会同工商行政管理部门吊销营业执照。

七、本补充规定由北京市旅游事业管理局旅行社管理处具体组织实施。

关于颁发《旅行社业务经营许可证》的通知

（1988年11月15日　北京市旅游事业管理局发布）

根据国家旅游局旅企字（1988）第065号文件“关于颁发《旅行社业务经营许可证》的通知”的规定，北京市旅游事业管理局负责对本市旅行社颁发《旅行社业务经营许可证》。现将有关事项通知如下：

一、经北京市旅游事业管理局批准的旅行社，必须持有由北京市旅游事业管理局颁发的《旅行社业务经营许可证》方可经营旅行社业务。

二、各旅行社要如实填写“旅行社业务经营许可证申请登记表”，并办理有关手续，市旅游事业管理局核准后颁证。

三、随《旅行社业务经营许可证》附发副本两份，以便于日常业务工作需要。

四、结合颁发《旅行社业务经营许可证》，北京市旅游事业管理局将对现有经我局批准开办的旅行社进行一次整顿。对符合《旅行社管理暂行条例施行办法》规定条件的旅行社颁发《旅行社业务经营许可证》；对目前尚不符合《旅行社管理暂行条例施行办法》规定条件的旅行社，将缓发许可证，限期具备条件后，经审核批准，再行颁证，对限期整顿后仍不具备条件的旅行社，将按有关规定处理。

五、《旅行社业务经营许可证》及其副本，不得复印、涂改、转让和出租。各旅行社有重大事项变更，要事先报告，经同意后及时办理有关手续。

六、《旅行社业务经营许可证》及其副本遗失，应立即登报挂失，并及时到市旅游事业管理局履行补办手续。

七、根据国家物价局（1988）价涉字48号《关于加强证照费管理的通知》和国家旅游局旅企字（1988）第065号文件的规定，各旅行社在领取《旅行社业务经营许可证》时，交成本费10元。

八、颁发《旅行社业务经营许可证》的具体事宜，由北京市旅游事业管理局旅行社管理处办理。电话：551425

关于理顺旅游教育管理体制的通知

（1988年5月31日　上海市成人教育委员会　上海市旅游事业管理局　上海市高教局　上海市教育局　上海市人事局　上海市劳动局发布）

为宏观调控旅游教育事业，理顺本市旅游事业管理局与市各有关综合部门的关系，理顺旅游事业管理局教育职能部门和全市各旅游企业（集团）、事业单位教育培训部门的关系，根据《上海市人民政府关于调整本市旅游事业管理与接待工作分工的通知》〔沪府（87）54号〕的精神，以及搞好全市旅游教育培训管理体制改革的要求，现对有关问题提出如下意见：

上海市旅游事业管理局是市政府统管全市旅游事业的职能机构，其在旅游教育方面的主要任务是："规划和管理旅游专业人才和在职人员的培训，制定旅游业从业人员的专业考核标准"，为全行业各旅游企业（集团）、事业单位人才培训工作提供服务。

上海市旅游事业管理局为全市旅游企业（集团）、事业单位教育培训工作管理归口单位。市成人教育委员会、市高教局、市教育局、市人事局、市劳动局等市有关综合部门将根据沪府（87）54号文件精神，密切与市旅游事业管理局教育职能部门的业务联系，促进和指导各类旅游教育事业的开展。为理顺旅游教育体制，旅游教育涉及与市有关综合部门的关系，由市旅游事业管理局统一与市有关综合部门协商解决。

为适应上海旅游教育事业发展的需要，市旅游事业管理局对全市各有关旅游企业（集团）、事业单位的人才培训规划、教育培训统计、教育培训规章编制等方面的工作实行行业管理；对全市各类旅游院校（系、专业班）、成人学校、中等职业技术学校（含专业）以及社会力量举办旅游教育事业等，由市旅游事业管理局负责配合有关综合部门对其进行宏观管理和业务指导。

关于社会力量举办旅游教育事业的暂行管理办法

（1988年5月31日　上海市教育局　上海市旅游事业管理局发布）

根据国家教委（87）教高三字014号《印发<关于社会力量办学的若干暂行规定>的通知》及沪教工农(86)第1号《印发<关于社会力量举办成人教育事业的暂行管理办法>的通知》的精神，现制定本市社会力量举办业余旅游教育事业的暂行管理办法。

一、业余旅游教育是社会主义旅游教育事业的一个重要组成部分，为鼓励和支持社会力量办学，加强宏观管理，促进其健康发展，特制定本办法。

二、本办法所称的社会力量举办的业余旅游教育事业系指具有法人资格的企业事业、机关和各民主党派、人民团体及批准成立的社会团体（不含本单位成员的内部培训），以及经国家批准的私人举办的、不需国家承认学历的各级各类业余旅游学校（班）。

三、社会力量办旅游教育必须坚持四项基本原则，遵守政府法令，执行国家有关教育的方针、政策，接受市、区教育行政部门的领导和管理及旅游事业管理局的业务指导。

四、社会力量举办业余旅游教育事业必须坚持办学（班）标准，具备与学校的性质、任务、规模相适应的条件：

（一）设置业余旅游学校，须配备精干懂行的人员主持学校的日常工作，其成员须具备较高的政治素质和管理能力，须具备大学专科以上的文化水平，熟悉成人业务专业教育工作，主要负责人聘任前应由市旅游事业管理局进行资格审查。

设置业余旅游学校还须配备适应办学需要的教学、行政、后勤管理机构（人员）。

（二）设置业余旅游学校，须有与培训任务相适应的稳定、合格、结构合理的教师队伍，教师可由专、兼职两类组成，其中专职专业教员应低于50%。

专、兼职教师，须经过任课资格审查，方可担任课程教学。

（三）设置业余旅游学校，应紧密结合办学面向地区和行业对人才的需要，确定办学规模，合理设置专业和课程，专业数至少应在两个以上。

（四）设置业余旅游学校，须具有与学校规模和任务相适应的专用校舍、设备、仪器，并满足教学计划、教学大纲所规定的实践环节的需要，如系租用教室和设备，必须具备正当合法的租借合同。

五、审批程序：

（一）业余旅游学校的设置、变更及停办，在征得上海市旅游事业管理局同意后，由学校所在地区教育行政部门审定批准。开办上述性质的班级，须经旅游事业管理局或其委托机构登记批准，报区、县教育局备案。

（二）设置业余旅游学校（班），实行必要性和可行性的论证制度及论证责任制。

设置学校的论证，应按学校的隶属关系，由申请办学单位或个人的上级分管部门邀请有关单位和专家、领导共同进行，并提出论证报告，论证报告应包括下列内容：

1.新建学校的名称、校址、种类、层次、规模、专业（班）设置、领导体制、招生及学员结业面向地区及单位等。

2.按本办法规定进行的人才需求、办学方向、办学效益、布局选址、办学条件、师资、资金来源、实习场所、学校名称等方面的科学论证。

3.论证参加单位的名称，法定代表人的姓名和职务，论证参加人的姓名、学衔或技术职务，参加论证的单位和个人均应在论证报告上盖章、签字。

4.办学负责人的政治思想、道德品质、业务能力。

凡通过论证，确需设置的业余旅游学校（班）可按教育行政部门规定办理审批手续。

六、经批准设置和备案的业余旅游学校（班），应建立学生成绩考核及学籍管理制度，并在每学期开学后一个月，将开班情况、师生名册报市旅游事业管理局、地区教育局备案。

七、社会力量办业余旅游学校（班）办学的招生广告，须征得市旅游事业管理局同意，并经地区教育局审核，出具证明，方可刊登、广播、张贴。

八、经批准设置的业余旅游学校（班）收费标准、财务管理制度、证书颁发、办学经费、上级部门管理费收取可按本市财政、银行、审计、教育等有关部门规定执行，并接受上述有关部门的监督和检查。

九、社会力量举办的旅游教育事业，如确需跨省、市招生或设教学管理机构的，除应经学校所在地的区教育行政部门及市教育局、市旅游事业管理局同意外，还须经所涉及省市地区教育行政部门批准。

十、旅游、教育行政部门之间应相互配合，通力合作，旅游事业管理局负责对批准的学校（班）的招生、专业设置、教学质量、结业考核等进行业务指导，教育局负责对批准的学校（班）进行教育行政管理。

业余旅游学校（班）需借用的校舍、教学场地，各有关教育部门应予支持，收费标准按市教育局、财政局有关规定执行。

十一、凡不符合本办法规定举办旅游教育，由市旅游事业管理局及学校所在地区教育行政部门，分别给予停止招生、限期整顿或停办等处置。

十二、本办法自发布之日起施行。本办法施行前设置的业余旅游学校（班）均需按本办法新的规定报告办学情况。有关整顿、验收工作由市旅游事业管理局会同地区教育行政部门进行。

十三、今后上级部门颁发新的社会力量办学管理规定，本办法与之抵触部分则按新的规定办理。

关于重申严禁导游、驾驶人员带旅游团队到非定点单位购物的通知

（1988年3月20日　江苏省旅游局发布）

各市旅游主管部门：

根据中央十三届三中全会提出的“治理经济环境，整顿经济秩序”的指导方针，结合我省旅游工作实际，经省政府同意，转发了《江苏省国际旅游行业定点服务若干规定》（苏政办发〔1988〕116号文），省旅游局于1988年12月公布了全省第一批国际旅游定点服务单位名单，对加强我省旅游行业管理，提高国际旅游的接待服务质量，起到了良好的作用。由于今年旅游旺季到来较早，特别是南京、苏州、无锡等市的国际游客比往年有所增加，据各地反映，一些非定点单位仍然采取给回扣、送小费等手段，贿赂导游拉团进店，部分导游与个体户串通一气，欺骗宾客，投拆和举报时有发生。这些现象已严重干扰了旅游行业的正常经营秩序，有损于我省旅游事业和声誉。为了进一步贯彻《江苏省国际旅游行业定点服务若干规定》，保护国际旅游者的合法利益，纠正旅游业的不正之风，促进我省旅游事业健康发展，根据省政府苏政办发〔1988〕116号文精神，特作出如下规定：

1.各旅行社要严格执行定点规定，所接待的国际旅游者必须安排在定点饭店、定点餐馆、定点商店住宿、就餐、购物和使用定点车、船公司（队）贴有定点标记的车船。旅游旺季，定点饭店满足不了接待国际旅游团需要时，应经旅游主管部门同意，到省政府办公厅批准的涉外饭店住宿。

2.导游人员应按照旅行社指定的路线带客游览，并主动介绍国际旅游行业定点服务的有关规定。

3.凡发现导游和驾驶员带团到非定点商店的，各级检查员有权扣留导游证书，记录车号和团名，将检查情况通报有关单位。

4.对进入非定点商店的导游和驾驶员要严肃处理。专职导游员予以记证和停止带团一至三个月，扣发三个月奖金，临时（业余）导游员取消导游资格；驾驶员停止开车一至三个月，扣发三个月奖金。如有私自收授回扣和收取小费者，将按照国务院批准的《关于严格禁止在旅游业务中私自收授回扣和收取小费的规定》中有关条款处罚。

5.各旅行社和有关定点车船公司在收到检查通报后，必须在一周内对违反规定的人员进行处理，并将处理结果报省旅游局旅游行业管理处。

6.各定点饭店、餐馆和商店要严格执行《关于严格禁止在旅游业务中私自收授回扣和收取小费的规定》，不准利用回扣和好处费引诱导游、驾驶员为其拉客。违者将依据《规定》予以处罚，严重者撤消其定点资格。

7.一个月内连续出现三次以上导游或驾驶员违反规定的旅行社和定点车船公司，将扣除主要负责人的当月奖金和职务津贴。

8.对导游问题较多的旅行社，将根据国务院颁布的《旅行社管理暂行条例》的规定，分别予以通报批评，停业整顿和吊销旅行社业务经营许可证，并追究单位领导的责任。

9.各市旅游主管部门要强化行业管理职能，建立健全管理机构，设立监督或举报电话，并主动会同工商、税务、物价、文化、园林、公安等部门，经常对旅游市场定点检查。

关于贯彻经国务院批准、国家旅游局发布的《严禁在旅游业务中私自收授回扣和收取小费的规定》的实施办法

（1989年9月13日　江苏省旅游局发布）

第一条　为了切实贯彻执行国务院批准的、国家旅游局发布的《关于严格禁止在旅游业务中私自收授回扣和收取小费的规定》（以下简称“规定”）、端正行风，不断提高服务质量，树立良好的旅游声誉，现从我省的实际出发，特制定本实施办法。

第二条　旅游系统职工不得利用工作之便私自索要、收授回扣（包括券证、实物和其它报酬）。违者，由职工所在单位按“规定”中第二条有关条款处理。

第三条 国际旅游定点饭店、商店、餐馆、车、船公司等单位在经营中不得以任何形式给导游、驾驶员等人员回扣。违者，由旅游行政管理部门会同有关部门根据情节按“规定”中第三条有关条款处理。

第四条 导游、服务员、驾驶员等人员不得利用工作之便向旅游者索要或私自收取小费。对一时无法谢绝的小费和赠送的礼品，应如实上缴所在单位，按国家有关规定处理。违者由职工所在单位根据情节按“规定”中第五条有关条款处理。

凡游客投诉导游、服务员、驾驶员等人员索要小费或采取种种手段刁难游客的，除按上述有关条款处理外，导游人员一次记导游证；两次吊销导游证，三次开除公职，驾驶员、服务员一次警告，二次罚款，三次开除公职。

第五条 全省已实行国际旅游定点服务，导游、驾驶员等人员不得擅自将旅游团队带入非旅游定点饭店住宿、非定点商店购物、非旅游定点餐馆用餐，也不得租用非定点车船公司的车船。违者，专职导游员将被记导游证一次，停止带团三个月，停发三个月奖金；临时（业余）导游员没收导游证，取消导游资格；驾驶员停止开车接团三个月，停发三个月奖金，累计三次违纪的，辞退留用察看半年，情节严重的或不思悔改的可开除公职。

第六条 各旅行社、定点车船公司应加强检查督促工作，发现所属职工私自收取回扣、小费或带团进非旅游定点单位的必须按“规定”严肃处理。接到旅游管理部门的通报或他人的检举揭发后，必须在一星期内查明情况，将处理意见报当地旅游行政管理部门。

第七条 旅行社和车船公司等单位的领导，应切实加强管理，如本单位职工多次私自收回扣，索要小费或收了小费少缴、不缴的，或带团进非定点单位的，视情节轻重和影响大小，给单位主要负责人停发当月职务津贴、奖金和必要的行政处分，并列为旅行社、车船公司年审考核的材料之一。

第八条 实行有奖举报。凡对旅游系统职工私自收取回扣和小费行为进行举报者，经查属实，在充分保护举报者的前提下，被检举职工的所在单位给予一定的物质奖励，采取退一、奖一，按“规定”罚二罚三的方法（即私自收取回扣、小费者退出非法的一份所得，奖给举报者，但最多不能超过一千元；对收取回扣、小费者本人，按“规定”中有关条款处以回扣、小费的二至三倍的罚款）。

第九条 违反“规定”第二条、第三条、第四条的行为，数额较大，情节严重，触犯刑律的，交司法机关依法追究刑事责任。

第十条 对被辞退或开除公职的导游、驾驶员等人员，我省旅游系统不得再予录用。

第十一条 为了使“规定”更好地贯彻实施，必须实行分工管理。凡旅游系统职工收取回扣、小费的，一经发现，由旅游管理部门监督检查，职工所在单位负责调查核实，按“规定”执行处罚，凡给回扣、小费的旅游经营单位，一经发现，省、市工商部门会同单位的主管部门，在各自职责范围内，按“规定”中第三条执行处罚。

第十二条 本实施办法自发布之日起执行。

关于颁发导游证等事项的通知

（1989年6月27日 浙江省旅游局发布）

根据国务院国函（1987）180号文批准、国家旅游局发布的《导游人员管理暂行规定》和国家旅游局旅条法字（1988）第003号《关于颁发中华人民共和国导游证书的暂行办法》的精神和要求，从今年7月1日起，所有导游人员必须带证上岗服务，各旅行社一律不准使用无证导游人员。

带证导游是整顿旅行社的一个组成部分，也是使导游人员逐步走向规范化服务的具体措施。因此，各地旅游主管部门和旅行社应予以高度重视，要积极做好宣传教育工作，使广大导游人员充分认识到带证上岗的重要性和必要性，遵纪守法，自觉按规定要求办事，以实际行动把旅游优质服务竞赛活动引向深入。现就颁发导游证和落实检查的有关事项通知如下：

一、导游证的种类和使用

导游证分为导游证书和导游胸卡两类。

导游证书是国家准许从事导游工作的人员的证件，由国家旅游局统一制作，导游人员在工作时必须随身携带。它分为：“中华人民共和国导游员证书”和“临时导游员证书”，两证均由国家旅游局统一制作，各省（市、区）旅游管理部门颁发，全国范围内有效。

导游胸卡全称“浙江省导游（胸卡）”，分为“专职”、“兼职”、“临时”和“见习”四种。

专职胸卡（一、二类为果绿色，三类为桔黄色），适用于各类旅行社具有导游员资格的专职导游员，使用范围限于省内，与证书配套可在全国使用。

兼职胸卡（淡黄色），适用于具有导游员资格的非旅行社专职导游员，使用范围限于省内，出省导游需到省旅游局办理“临时导游员证书”。

临时胸卡（淡蓝色），适用于资格考试中仅“外语笔试”和“实地导游考试”合格的各类专职导游员，使用范围限于省内，此证有效期截止于1990年全国导游人员资格考试结束。

见习胸卡（淡绿色），适用于各类实习导游员，使用范围限于省内，佩此证者不得独立带团，需在正式导游员的带领下随团工作。

导游证只供本人工作时使用，不得出借或转让。导游证如有丢失，须通过导游人员所在旅行社向原发证的旅游行政管理部门办理补证手续，并在省一级报纸或《中国旅游报》上刊登遗失作废声明。

二、检查的要求

从今年7月1日起，各地旅游主管部门应抽调专人到隶属区域各参观点、购物中心（商店）、餐馆等处进行检查。各一、二、三类旅行社也应配合旅游主管部门做好自查工作。

检查以导游人员有否佩戴证卡上岗服务和是否认真执行“导游人员管理合同”为主要内容。

凡是引导旅游者进行观光、游览等旅游活动的导游人员，不论隶属省内还是省外的各类旅行社，均属检查范围。

三、检查员的责权

各地旅游主管部门必须挑选遵纪守法，有高度政治觉悟和良好职业道德的同志担任检查员，他们对违纪现象要敢于坚持原则，严肃纪律，执行政策，秉公办事。在检查证件时，检查员应向被查的导游人员出示由浙江省旅游局统一制发的“导游检查证”。

导游人员在执行导游工作任务时，应自觉接受当地旅游管理部门的检查监督。检查员有权督促旅行社或报请旅游管理部门，对导游人员的下列违纪行为进行处理：

（一）工作不负责任，不认真履行导游人员的各项职责，引起客人强烈不满的，根据情节轻重，给予行政处分，并可以扣留导游证。

（二）无理拒绝接受检查员检查的，可以扣留导游证。

（三）未按国家旅游局有关规定参加资格考试，办理登记注册手续而擅自进行无证导游活动，收取导游费的，由旅游管理部门没收其全部非法所得，并可处以非法所得三倍以下的罚款。

（四）对已取得导游资格而未带证上岗者，可给予警告，扣留导游证等处分。

（五）有上述行为，情节严重、屡教不改的，可采取收回导游证，注销导游注册，并对其旅行社给予通报批评。

为了落实上述发证和检查的工作安排，我局将于1989年6月27日召开全省各地、市、县旅游主管部门以及在杭一、二类旅行社负责人参加的颁证大会，向已取得导游资格的导游员颁发导游证，并部署下一步的检查工作，使发证和管理工作同步进行（三类社导游证、卡委托各地旅游主管部门颁发）。各地在进行上述工作中，有什么经验和意见，请及时告诉我局。

关于颁发导游证等事项的补充通知

（1989年7月31日　*浙江省旅游局发布*）

根据国务院国函（1987）180号文批准，国家旅游局发布的《导游人员管理暂行规定》和国家旅游局条法字（1986）第003号《关于颁发中华人民共和国导游证书的暂行办法》的精神和要求，现对导游人员违章行为的罚款处理作如下补充规定。希望各地旅游主管部门在实际工作中结合浙旅（59）企字第122号文件一并执行。

一、对在执行任务时未佩带导游胸卡的导游人员，罚款5～20元；

二、未按国家有关规定参加资格考试、办理登记注册手续而擅自进行无证导游者，个人罚款20～50元；对所属旅行社罚款500～2000元；

三、未携带导游证、卡上岗服务的导游人员，按无证导游论处，罚款20～50元；

四、无理拒绝接受检查员检查的导游人员，罚款20～50元；

五、如发现旅行社雇用无证导游人员带团时，给聘用单位以罚款警告，直至吊销其“营业许可证”的处分；

六、被处罚的个人和单位若对处罚决定不服，可在接到处罚决定之日起十五日内，向上一级旅游行政管理部门提出申诉，上一级旅游行政管理部门应在收到申诉后的十五日内予以答复。

关于旅行社在我省旅游景区设立分支社及办事处问题的暂行规定

（1988年8月30日　安徽省旅游局　工商行政管理局发布）

近年来，随着我省旅游业的发展，省内外有一部分旅行社相继在我省风景区和部分客源较为集中的地、市设立分支机构或办事处。为了加强这方面的管理工作，根据国务院《旅行社管理暂行条例》及《旅行社管理暂行条例施行办法》，特作如下规定：

1.省内外一、二类旅行社需在我省风景区或其它地区、市设立旅行社分支机构，须按程序向旅游行政管理部门报批，领取许可证，并在所在地、市、县工商局注册登记后，方可经营。

2.省内外一、二类旅行社要在风景区域或其他地、市设立旅行社办事处，应报当地旅游行政管理部门批准，向省旅游局备案，并不得从事经营性活动。

3.省内外一、二类旅行社未经旅游行政管理部门批准和履行登记手续擅自经营旅游业务，私自转让营业执照，欺骗旅行者，非法牟利的，视情节轻重，由旅游行政管理部门对旅行社的经理人员和直接责任者处以罚款，或者责令旅行社停业整顿；情节严重的，由工商行政管理部门给予没收非法所得、吊销营业执照、责令停止营业的处罚。

希各地、市旅游行政管理部门会同有关部门，加强本地区的旅游行业管理，认真做好旅游市场的管理工作。

云南省旅游涉外商店暂行管理规定

（1988年6月3日　云南省旅游局发布）

第一条　为维护云南旅游商品市场的信誉，方便国外旅游团的购物，加强对旅游商品销售市场的管理，堵塞私收回扣等不正之风，制定本规定。

第二条　接待国外旅游团队的商店，必须是经过公安、工商、外汇管理等部门批准的涉外商店，依据接待国外旅游团队的有关条件，向云南省旅游局提出申请，经审查批准后发给“云南省旅游涉外购物定点商店”店牌（店牌悬挂于商店门前明显地方），方可接待国外旅游团队。

第三条　旅游涉外商店的条件：

（一）主要经营文物、字画、书籍、工艺美术品、旅游纪念品、中成药材等；

（二）坚持社会主义经营方向，经营思想端正，认真执行国家的各项政策、法规；

（三）服务人员、管理人员有较好的政治素质、业务素质，领导班子和管理机构健全；

（四）有固定的营业场所，环境卫生条件良好，有休息场所和就近停车场地；

（五）有必要的资金，实行独立核算，在银行有外汇人民币帐户，开具的发票应独立设计使用；

（六）销售的商品、品种具有云南民族特色，价格合理，商品陈列美观；

（七）有一定数量的可用外语售货的服务人员。

第四条　昆明地区旅游涉外商店的确定，依据有关条件，由云南省旅游局审查，合格者发给“云南省旅游涉外购物定点单位”店牌。各开放地区旅游涉外商店的规定，由各地旅游行政管理部门参照此办法办理。

第五条　旅游涉外商店商品的收费标准，应严格执行国家规定的价格销售，严禁以次充好，漫天要价，要自觉维护旅游商品的市场信誉和消费者的利益。

第六条　确定为定点购物的商店，如降低服务标准，商品以次充好，违章经营、违反国家外汇管理制度，除由有关部门进行处理外，情节严重的，省旅游局将取消其定点资格。

第七条　各旅行社接待的团队只允许在定点商店购物，定点购物商店不准给翻译、导游人员、司机回扣或用其它不正之风拉生意。违者，省旅游局将会同有关部门进行处理。

第八条 云南省旅游局在“统一领导，分散经营，隶属不变”的原则下，对各旅游涉外商店进行业务指导和监督检查，旅游涉外商店的主管部门要加强领导和管理。

第九条 本规定由云南省旅游局负责解释。

第十条 本规定自颁发之日起执行。

云南省旅游涉外宾馆（饭店）、餐馆暂行管理规定

（1988年6月3日 云南省旅游局发布）

第一条 为维护云南旅游涉外宾馆（饭店）、餐馆的信誉，保障旅游者的消费利益，促进云南旅游事业的顺利发展，特制定本规定。

第二条 本规定是经公安、工商、外汇管理等部门批准、领取了特种行业营业执照的涉外宾馆（饭店）、餐馆中，按照接待国外旅游团队的宾馆（饭店）、餐馆的要求制定的。适用于省旅游行政部门批准的各二类旅行社接待国外旅游团队。

第三条 旅游涉外宾馆（饭店）应具备的条件：

一、设施条件

1.饭店建筑外观应具有地方风格，建筑质量较好。

2.整幢建筑有供暖设备，公共场所或客房有空调（中央空调、柜、窗式空调），能保证冬夏季室温适度，有少量套间及单人间。

3.有中、西餐兼用的餐厅设施，有三级以上的厨师领班，能供应风味中餐和普通西餐，有1—2间宴会厅，布局及用具有特色，能举办小型宴会，有咖啡室或酒吧间。

4.饭店正门有适用的门厅，门厅外有一定面积的停车场。

5.三层上的客房必须有客人使用的电梯。

6.有电话、电报、邮政等电信服务设施。

7.可代办出租汽车服务。

8.有小卖部、理发室、外币兑换点，代办洗衣、修理业务。

9.有完善的消防设施和保安设施。

10.设有与接待量相适应的公共卫生设施。

二、标准客房条件

1.双人间净面积（不包括卫生间）12—14平方米，墙面为防水壁纸、油漆或涂料粉墙。地面铺地毯，水磨石地面床前铺小地毯。

2.室温冬夏适度，光线充足，空气新鲜。

3.有电话、音响设备或14英寸以上彩色电视机。

4.配有质量符合标准的全套家具和卧具，有普通软垫床和写字台、软椅、壁柜、床头柜；有台灯、壁灯、厚窗帘；有烟、茶具等。

5.客房必须设有卫生间，内设浴盆及淋浴，并备有洗浴用品，无卫生间的客房分设男、女浴室，一般6个床位设1个浴位，洗漱间每日供应热水不少于八小时。

三、服务项目和服务质量

1.饭店大门有专人迎送宾客，提送行李，总台服务人员应有一定的外语对话能力，昼夜有人值班，并有具备一定业务能力和外语水平的值班经理。

2.饭店所有服务人员应具有社会主义道德品质，遵守外事纪律，仪容仪表整洁大方，讲究礼节礼貌，服务热情周到。一线服务人员受过专业训练，熟悉本岗位业务知识，懂得本岗位一般外语会话，做到规范化、标准化、程序化。

3.餐饮卫生条件，符合中华人民共和国食品卫生法有关规定，餐食质价相符，毛利率应在40%—50%之间，不得超过。

4.客房清洁无味，床单、枕套、大小毛巾、浴巾一天一换，茶具每天清洗消毒，供应冷、热开水，热水瓶每天一换。

5.整个饭店应做到窗明几净，卫生整洁，无垃圾死角，无蚊、蝇、老鼠、蟑螂、臭虫、蚂蚁等。

6.卫生间或公用淋浴设备、公用厕所每天清洗消毒，做到无异味。

7.代办事项无遗忘、延误现象。

四、管理水平

1.有完善的规章制度和科学管理办法，各项工作职责分明，有条不紊，工作效率高。

2.总经理和部门经理受过专业培训，熟悉本岗位业务知识，能在本岗位中运用外语服务，有一定的管理经验和应变能力，能果断处理问题。

3.预订客房、结帐收款服务迅速。

4.修理、修缮工作及时，门窗、墙壁、家具、设备和设施保持完好无损，正常使用，管道线路无跑、冒、滴、漏现象，卫生器具无锈蚀；无停电、停梯、停水、火灾、食物中毒事故。

5.有防火、防盗措施和非常情况下紧急疏散宾客的行动方案，能确保宾客安全。

第四条 旅游涉外餐馆应具备的条件：

一、设施条件

1.建筑装饰具有地方风格，质量较好。

2.有暖气，有柜、窗式空调，能保证冬夏室温适度。

3.有1—2间小宴会厅和能供100人以上中、西餐兼用的餐厅设施，有三级以上厨师领班，能供应风味中餐和普通西餐。

4.有公共厕所，并做到每天清洗消毒、无异味。

5.餐馆门外有一定的停车面积，正门有适用的门厅。

6.三层上的旅游涉外餐馆必须有客人使用的电梯。

二、餐厅服务

1.服务员懂得餐厅一般外语会话，仪表仪容整洁大方，不浓妆艳抹，讲究礼貌，服务热情周到。

2.有引座员，引座员服饰与其它服务员有明显区别。

3.餐台上备有调味器皿、台号、菜单等，并做到清洁无破。

4.服务员能按顺序走菜，操作动作轻稳，不磕不碰，不滴不洒，上撤适度，不错不拖，能了解菜食特点，报清菜名。

5.服务人员能观察客人的就餐需要，及时照应尽力满足；如有投诉能认真听取，诚恳接受，尽快纠正。

6.取款和交还余款时能向客人致谢。

三、厨房服务

1.餐食卫生条件，符合中华人民共和国食品卫生法有关规定。

2.能烹制多种地方风味菜点及时鲜菜点。

3.冷荤餐点刀工精细，烹调菜点色、质、味、型符合标准，各工序有专人负责，出菜口有人把关。

4.有成本核算，定质、定量、定价，价质相符，收费合理。

四、管理水平

1.有完善的规章制度和科学管理方法，各项工作职责分明，有条不紊；馆容、馆貌清洁有序，工作效率高。

2.经理熟悉本岗位业务知识，有一定管理经验和应变能力，能果断处理问题。

3.可预定风味宴席，供应包餐及零点餐食，结帐收款准确迅速。

4.修理工作及时，各种设备和设施保持完整无损，正常使用；无停电、停水、停梯、火灾、食物中毒事故。

第五条 昆明地区旅游涉外宾馆（饭店），餐馆的确定，依据有关条件，由云南省旅游局审查，合格者发给“云南省旅游涉外宾馆（饭店），餐馆定点单位”店牌（店牌悬挂于大门外明显地方）。

第六条 已确定的旅游涉外宾馆（饭店）、餐馆，各旅游主管部门应按本规定加强领导和管理，并由云南省旅游局按照“统一管理，分散经营、隶属不变”的原则，对旅游涉外宾馆（饭店）、餐馆进行指导、监督、检查。

第七条 旅游涉外宾馆（饭店）、餐馆的各项收费标准，应严格执行国家确定的收费标准，开具的发票应独立设计使用，不允许乱要价，乱收费，更不允许为拉游客搞不正之风。

第八条 旅游涉外宾馆（饭店）、餐馆应遵照经国务院批准，公安部发布《旅游业治安管理办法》，加强治安、消防、安全保卫工作的管理。

第九条 已确定为旅游涉外宾馆（饭店）、餐馆的单位，如达不到本规定要求，或有违法乱纪问题的，除由有关部门进行处理外，省旅游局将视情节给予批评教育直至取消其接待旅游团队资格。

第十条 没有“旅游涉外宾馆（饭店）、餐馆定点单位”店牌的一律不允许接待国外旅游团队。

第十一条 各开放地区旅游涉外宾馆（饭店）、餐馆的确定，在国家旅游局尚未下达涉外宾馆（饭店）、餐馆管理规定前，各地旅游行政管理部门可参照此规定执行。

第十二条 本规定由云南省旅游局负责解释。

第十三条 本规定自颁发之日起执行。

关于整顿旅游市场秩序的通知

（1989年5月24日 秦皇岛市旅游局 秦皇岛市工商行政管理局 秦皇岛市物价局 秦皇岛市公安局联合发布）

根据市人民政府关于加强旅游行业管理的通知精神，对我市旅游市场秩序进行整顿，保护合法经营，取缔非法活动，开展优质服务，开创旅游市场的新秩序，针对当前旅游市场的特点及反映出来的突出问题，经市领导同意，特通知如下：

一、旅游企事业单位（涉外宾馆、餐馆、旅行社、汽车公司、旅游景点、商店）都要向市旅游局重新进行登记注册，经批准后颁发《经营许可证》，报工商行政管理部门批准，发给营业执照后，方可经营业务。

二、加强对导游人员的管理，导游人员必须经过旅游管理部门考试合格后，发给《导游资格证书》，方能从事导游业务。没有《导游资格证书》的一律不准从事导游业务，如违反此项规定，没收其全部非法所得，并处以其非法所得等值的一至二倍罚款。

导游人员索要回扣及私收小费的，一经查实，立即吊销其导游证，并按国务院批准的国家旅游局颁发的《关于严格禁止在旅游业务中私自收授回扣和收取小费的规定》处理。

三、各旅游汽车公司要对司机和职工进行遵纪守法的教育，明码标价，按国家规定收费，不准收受回扣，索要小费，不准以任何借口刁难乘客，不准故意绕行多收费或额外收取其它费用。

违者由有关部门除没收其全部非法所得外，并处以相当于非法所得等值一至二倍的罚款，情节严重或拒不认错的，要由主管部门给予行政处分直至开除公职。

四、凡在旅游区（包括对外开放的风景名胜区、公园、旅游点）从事经营业务的单位和个人，必须服从管理，均须持营业执照佩带工商部门发的经营证，并按批准的经营范围，在指定地点经营，态度和蔼、优质服务、文明经商、并须遵守下列规定：

1.亮挂营业执照，佩带营业证章；

2.明码标价，遵守物价政策；

3.不准流动经营，不准尾随围堵游人兜售商品，不准强买强卖；

4.禁止出售不符合卫生标准的食品、饮料；

5.严禁倒换、倒卖外币、外汇券、侨汇券；

6.照章纳税、纳费。

违反上述规定的，由有关部门分别给予下列处罚：

1.无照经营的，立即取缔，并没收其全部商品、经营工具及违法所得；

2.违反第一、第二条规定的，由工商物价部门按规定处罚；

3.违反第三条规定的，处以二十元以上、二百元以下的罚款，情节严重或屡教不改的，没收其商品和违法所得，直至吊销营业执照；

4.违反第四条规定的，按《食品卫生法》处罚；

5.违反第五条规定的，没收其倒换倒卖的币券，并处以二十元以上、五百元以下的罚款；

6.违反第六条规定的，按照税法工商法规处罚。

不服从管理，辱骂、殴打管理人员的，由公安部门按《治安管理处罚条例》予以处罚。

五、实行《检查证》制度。由市旅游局统一印发《检查证》，工作人员持《检查证》执行公务，各涉外宾馆、旅行社、导游员、旅游汽车、涉外餐馆和商店、旅游景点以及在旅游区经营业务的单位和个人，都必须服从工作人员的检查，并提供方便，如实反映情况，积极协助工作。

六、建立举报制度。市旅游局在各涉外宾馆、旅游景点设“评议箱”，对违反本通知规定的，广大游客都可以举报，对举报案件，各有关部门必须认真检查处理，并将查处结果答复举报者。

市旅游局服务质量监督电话：334364

桂林市导游证发放管理暂行办法

（1987年3月　桂林市旅游局发布）

导游证是导游人员在陪团时的身份证明，为改善导游证的发放方法和管理工作，提高服务质量，维护我市旅游声誉，特制定本规定。

一、导游证分三种。即：桂林市翻译导游证，发二类旅行社的正式翻译导游；桂林市导游证，发三类旅行社和旅游客运单位的正式导游；临时导游证，发各单位临时借用人员。

二、领翻译导游证和导游证者，必须经考核合格，不及格者，只发临时导游证，三个月后补考，及格者予以换证。

三、借用的临时导游人员，须出具借出和借用单位证明，如是待业青年，须同时出具待业证及父母所在单位证明和临时聘用合同书。临时导游人员经考核合格后发证，考核时间为每月的15日和30日两天。临时导游员只能受聘于一个单位。

四、为保证服务质量，临时导游人员不能超过本单位正式导游人员的三分之一。旅游客运车辆按每部车配1.3个导游的比例办理导游证。

五、临时导游人员未经办证机关允许，不准转借其它单位使用，违者给转借单位处以300元以下罚款。

六、各单位要加强对临时导游证的管理。无接待任务时，必须将证收回。临时导游证逾期失效。如需继续使用，按第三条规定办理延期手续。如发现使用过期导游证按每证每天十元对聘用单位罚款。

七、导游证要妥善保管，不准伪造涂改、转借，违者按有关条例处以罚款。如因不慎遗失，需登报挂失后，持遗失声明和单位证明办理补证手续。

八、全市实行戴证导游。如发现无证导游，按市工商局有关规定处罚。

九、各机关、团体、科研等单位从事非营业性质的对口接待，其工作人员不戴导游证，但必须携带单位对口接待的有关文件、证明和个人工作证，服从有关人员检查。

十、本局只受理单位集体办证。各单位必须指定专人负责导游证领取和管理工作。

关于《桂林市导游证发放管理暂行办法》的补充规定

（1987年9月1日　桂林市旅游局发布）

为进一步完善《桂林市导游证发放管理暂行办法》，现作如下补充规定。

一、导游人员（含临时导游）应具备下列条件：

1.必须是中华人民共和国公民，热爱祖国，拥护社会主义制度，遵纪守法，遵守旅游职业道德，热心为旅行者服务；

2.具有高中以上文化水平，并能较熟练地使用一种语言进行导游；

3.具有与旅游有关的历史、地理知识和一定的政治、经济、文化知识；

4.熟悉旅游业务，有独立的组织能力；

5.五官端正，身体健康，能适应工作的需要；

6.经旅游局考试合格。

二、凡聘用户口不在本市的人员作临时导游，聘用单位必须出具如下证明材料，经考核合格后，方可办理临时导游证。

1.经市劳动部门批准的借调或聘用合同书；

2.公安机关批准暂住本市的《暂住证》；

3.被聘用人员单位同意借出的证明；

4.聘用单位关于借用临时导游人员的报告。

三、户口不在本市又无工作单位的，各二类旅行社不能聘用为临时导游员。

四、被单位除名和受过各种刑事处分的，在一年内各二类旅行社不能聘用为导游人员。借用人员的政审问题由使用单位负责把关，否则追究领导责任。

五、临时导游证使用时间一次最长不超过三个月。到期因工作需延期者，按借用临时导游的有关规定办理延期手续。

六、各社接待部要加强对临时导游证的管理。临时借用人员的导游证到期必须收回。今后，凡临时导游证因管理不善，出现转让、涂改或其他问题者，追究各社接待部负责人的责任，罚款500元以下。

七、临时导游员只能受聘于一个单位，今后凡未经批准受聘于两个以上单位的，除按规定罚款外，收回导游证，并通知各社一年内不得借用。

八、办理临时导游证，每证交押金100元，押金收证时退回。有如下情况者，没收全部押金。

1.过期三天以上；

2.同时受聘于两个或两个以上单位；

3.涂改转借导游证；

4.超范围接待；

5.借用期受到客人两次或两次以上投诉。

九、凡导游证丢失需重新办证者，交手续费30元。

十、参加导游员考试（含口试、笔试）交报名考试费三元，考试不合格者三个月后才准予补考。考试合格，领取导游证者，交工本费二元。

定点餐馆服务标准考核暂行细则

（1988年4月11日　桂林市旅游局发布）

1.认真贯彻各部门的有关规定，经营作风正派，提供优质服务，凡服务质量低劣，或私给回扣的，停业或取消涉外资格。

2.空调设备完好，噪音小。空调不正常每发现一次罚款50元。

3.餐桌排放间隔适中。餐桌超过规定数每桌每次罚款20元。

4.餐具清洁、无缺口。摆放规范，每发现一件餐具破损罚款1元。

5.桌布、餐巾、口布清洁无破损，每发现一件不干净或破损的罚款1元。

6.餐具柜干净，用具排放整齐，清洗消毒符合要求。餐柜脏乱的每发现一次罚款10元；餐具消毒不合要求，每发现一次罚款100元。

7.卫生间无臭味，干净和备有手纸。卫生不合格和无手纸，每发现一次罚款5元。

8.服务员要统一着装，整齐清洁，热情服务，规范操作，无统一着装或工作服肮脏，每人每次罚5元；操作不符合程序每发现一次罚款5元。

9.餐饮数量、质量符合要求，必备六菜一汤，严格按规定的商业毛利率执行，数量不足或质量低劣，每发现一次每桌罚款100元。

10.冰镇饮料必须单独存放。生熟食必须分开冰冻储藏，发现混放的每次罚款30元。

11.因对客人无礼貌或餐饮数量质量不符合要求引起客人投诉，每一次罚款200元；第二次停业一个月；第三次取消涉外资格。

12.必须将旅游局不定期发放的宾客意见表按时报上，不报者每次罚款200元。

13.每月7日前，将上月的接待报表如实报旅游局。超过时间不报或弄虚作假，第一次罚款200元，第二次取消涉外接待资格。

14.各涉外餐馆必须参加优质服务竞赛活动，在优质服务评比中被评为最后三名者，若总分不及格，取消涉外资格。

15.本规定从下文之日起执行。

关于向涉外旅游车船颁发涉外许可证的通知

（1988年4月18日　桂林市旅游局　桂林市交通局　桂林航政所　桂林市公安局
桂林市工商局联合发布）

为加强涉外旅游车船的管理，决定对我市符合涉外条件的车船颁发《车船涉外许可证》。现将有关事宜通知如下：

一、颁发《车船涉外许可证》原则上在我市去年审定的涉外旅游车船企业所拥有的涉外车船中进行，车辆的涉外许可证根据需要分为正式和临时两种，具备涉外接待条件的非专业运输单位的空调车辆可申请《临时许可证》，并到市工商局办理涉外营业手续。

二、《正式许可证》和《临时许可证》有效期不同，根据全市涉外旅游市场的宏观需要和车船的基本状况，按期换发，保优汰劣。

三、凡申请涉外许可证的车船必须领取交通部门核发的车辆营运证或船舶营业运输证；车（船）容、车（船）貌、技术状况及基本设施等项目必须符合公安、交通（航政）和旅游部门规定的细则要求。

四、凡申请涉外许可证的车船均由所在车船企业逐台（艘）填写车船简历和主要技术数据送交市旅游局交通管理科，由市旅游局会同市公安局、交通局、桂林航政所及有关部门逐台（艘）检审、颁证。

五、1988年度的涉外车船检审时间从通知下达之日起至5月30日止，各单位的具体检审时间可根据各单位向市旅游局申报的先后顺序确定检审日期。

六、从6月20日开始，凡在我市经营涉外旅游业务的车船，一律亮证行驶，凡无许可证的车船，不得经营涉外旅游客运，违者按超范围接待论处。

專文

文書

·旅 游 经 济 研 究·

1978—1988：我国旅游经济研究发展概述

·冯宗苏·

我国的旅游业，从1978年实行改革和开放政策以来，已经形成颇具经济规模的社会主义新型产业部门。在此期间，我国的旅游经济研究，也经历了一个从无到有的逐步发展过程，对旅游经济实践起着多方面的促进作用。

国际上研究旅游科学的学者，大都首推1899年发表在意大利杂志上的《在意大利的外国人的移动及其在金钱上的消费》一文为最早的旅游研究论文，该文发表距今已有90年的历史。比较国外在这90年间旅游科学的成果，可以得出这样的结论：我国的旅游经济研究在最近10年的发展是加速度的，其成就几乎相当于国外研究在前30年，甚至前40年所达到的水平。在国内的横向比较方面，不论是在新兴部门经济学科研究中，还是在对第三产业各组成部分的研究中，旅游经济研究的发展，近年来也占有令人瞩目的领先地位。

总体而言，1978至1988年我国旅游经济研究坚持了为发展有中国特色的社会主义旅游业服务的方向；坚持了理论与实践紧密结合的科学方法；坚持了百花齐放，百家争鸣的学术发展指导方针；坚持了对于国外研究成果立足引进消化、为我所用，进而达到提高国内研究水平目的的原则。这些经验对于旅游经济研究的健康发展具有重要意义，应该认真总结和汲取。

一、旅游经济研究的三个阶段

众所周知，我国的旅游经济研究是伴随着我国旅游业的形成而产生的，其间几乎没有时滞。但是，这并不意味旅游经济研究的阶段划分应等同于旅游业发展的阶段划分。本文对1978至1988年间旅游经济研究各阶段的分野，主要关注的基本客观事实是：不同时期旅游经济研究的性质，各时期的研究特点和主要研究方向与课题的成熟程度，以及这些研究方向和课题的转移趋势。根据这种认识，我们可把我国的旅游经济研究发展过程划分为相互区别而又联系的三个阶段。

第一阶段，1978年至1982年。

党的十一届三中全会以后，我国实施对外开放政策，旅游业面临空前优越的发展机遇。然而，当时旅游业经济实力薄弱，在国民经济计划体制中尚无一席之位，缺乏各地方政府和相关部门的普遍理解支持。同旅游业初期发展的这一背景相适应，该阶段旅游经济研究的中心是阐述现代旅游业的性质，分析中国发展旅游业的意义和旅游业对未来国民经济增长的作用。这些研究面向政府、社会和旅游业从业人员，实质上是一次大规模的旅游经济意识的启蒙教育。

最早的旅游研究论文大多出自专门的社会科学研究机构和高等院校。这与专职研究人员和教师占有较多的国外信息资料有一定关系。1979年2月召开的全国经济科学规划会议，提出要大力建设和发展中国的部门经济学。在著名经济学家于光远的提议下，旅游经济学首次被列入国家经济科学研究重点项目序列。此举进一步扩大了涉足旅游经济领域的社会科学研究人员队伍。同时，由于相继建立了上海旅游专科学校、北京旅游学院、杭州大学、西北大学和南开大学等综合性大学的旅游系科，高等学校的研究力量也得到充实。

理论工作者与实际部门相结合，共同探讨研究旅游业发展的重大课题，在这个阶段形成良好开端。198年12月，中国社会科学院财贸物资经济研究所和中国旅行游览事业管理总局在北京联合召开了全国第一次旅游经济座谈会，着重讨论了旅游业的性质和意义，并就旅游业急需解决的问题交换了意见。这次会议的主要成果，是政府和民间人士对我国旅游事业的经济性与综合性取得了共识。会议还提出了《旅游经济研究参考题目（1981—1985）》。

1981年5月，国务院在北京召开全国旅游工作会议，传达了中共中央书记处关于"要走出一条日益兴旺发达的中国式旅游道路"的指示。这一指示深化了对发展旅游业的一般认识，促进旅游经济研究向深度和广度发展。同年12月，中国社科院财贸物资经济研究所与中国旅行游览事业管理总局在杭州召开第二次全国旅游经济理论讨论会，集中探讨了如何走中国式旅游道路的问题。诸如按照中国的具体国情，扬长避短，以长补短，量力而行的命题，在当前条件下，以发展国际旅游为主的命题，打破“官办”独揽，采取多种经济形式发展旅游业的命题；以中华民族优秀文化遗产和社会主义物质文明与精神文明为主要旅游内容的命题，都在这次会议上得到肯定。

在旅游经济研究的初始阶段，引进国外的研究成果和经验既是必要的，也是必然的。这种引进提高了国内研究的起点水平，相应地缩短了国内外旅游研究的差距，其意义是积极的。这个时期出版的旅游研究著述，如何礼荪编著的《旅游业漫谈》，吕严和编写的《兴旺发达的世界旅游业》，伍宇峰等人编著的《旅游经济》，沈受君撰写的《世界旅游概览》，都用很大篇幅介绍国外的情况。但是，在引入国外经验中也出现了某些机械教条的做法。例如，在论证旅游业的经济作用时，简单套用国外的某些计算参数；再如，忽视分析我国发展国际旅游业的投入特点和产出阶段，在认识上和宣传上将“投入少、见效快、效益高”的观点绝对化，等等。1982年2月，王立纲和刘世杰编著的《中国旅游经济学》一书由吉林人民出版社出版，这是国内第一部以中国旅游经济活动为主要研究对象的著作。该书内容基本上代表了当时旅游经济研究的范围和较高水平。

第二阶段，1983年至1985年。

第二次全国旅游经济理论讨论会以后，对中国式旅游道路的研究蔚为风尚。随着这一研究由表面层次向深层的延伸，研究的焦点愈来愈集中于我国的旅游经济体制上。理论工作者和实际工作者一致认为，我国发展旅游业的国情，与经济发达国家和其他第三世界国家都有所不同；所谓走中国式的旅游道路，首要任务就是改革现行的旅游经济体制，优化计划与市场、政府与企业、中央与地方、行政管理与经济管理的结合方式。只有在这个基础之上，才能真正的和全面的发挥中国旅游业的比较优势。

1983年12月，第三次全国旅游经济理论讨论会在郑州市召开。会议就我国旅游业经济体制存在的主要弊端、改革的目标、改革的原则及方案，展开了热烈的讨论。代表们指出，旅游业经济体制包括旅游业计划体制，旅游业行政管理体制、旅游业经济管理体制和旅游企业，关系错综复杂。改革旅游业经济体制，要有利于社会主义物质文明和精神文明的建设，有利于发挥中央和地方两个积极性，有利于加强计划性和正确处理各部门的经济关系，有利于贯彻物质利益原则，有利于国内旅游业和国际旅游业共同发展。这次会议还探讨了旅游业经济效益问题。

旅游经济体制纵贯宏观、中观和微观三个经济层次，是众多经济关系和经济利益的交汇处，对这一领域的关注，成为旅游经济研究由侧重于注释政策转向注重预见性、指导性和操作性的一个重要突破口。同前一阶段相比，这个时期旅游研究更为活跃，研究成果的形式呈现多样化，研究水平明显提高。旅游研究队伍中，来自实际部门的人员也有所增加。

第三阶段，自1986年始，到目前为止尚未发现明显的再分野标志。

旅游经济研究的前两个阶段都具有主题极为突出的特点，这固然与旅游业发展进程中需要解决的重大问题有关，同时在相当大程度上受到当时国家经济指导方针和政策的强烈影响。大致在1986年以后，旅游研究主题高度集中的状况逐渐改观，形成了研究的空白领域大面积开放，新的研究课题层出不穷的繁荣景象。产生这一趋势的主要原因，是已具基本经济规模的旅游产业开始进入比较常规的经济运行，需要更为直接和具体地处理大量经济技术事务。这就加速了实用性的对策研究。在最近几年的研究活动中，最具重要性的三个热点主题是旅游发展战略研究、旅游市场研究和旅游业宏观管理研究。1986年9月，中国社科院财贸所、国家旅游局政策研究室和中国旅游协会在南昌市联合主办的第四次全国旅游经济理论讨论会，就确定以这些问题做为会议的主要议题。这几个方面的研究政策性很强，需要熟悉业务并占有大量信息资料，还涉及与一系列相关部门的关系，易与实际部门的有关工作研究相结合。在这一过程中，旅游经济研究队伍在壮大的同时得到合理调整，众多实际工作部门和企业的人员参与研究活动，并且开始发挥了主导作用。这在旅游经济研究发展过程中也是一个富有意义的转折。

旅游经济研究发展的过程，同时也是大量研究成果投入实践检验和应用的过程。旅游经济研究紧密结合实际的特点，主要得益于产业发展迅速，推进了对策性研究的深入。另一方面，国家旅游局和中国社科院财贸所共同拟定重大研究课题，联合主办全国的研究交流活动，发挥了组织与协调全社会旅游经济研究力量的功能，明显地缩短了各类研究成果向实际部门传递汇集的过程，扩大了实际部门参考、分享、运用研究成果的可能性。10年间，涉及旅游业发展的一些重要政策措施，诸如旅游业正式列入各级政府国民经济发展计划、国务院先后成立旅游协调小组和旅游委员会、旅游饭店业有组织地学习建国饭店的管理经验、旅游行政管理部门转变职能，实施全行业管理、旅游饭店分等定级并实行星级制度、重要风景名胜旅游区改革管理体制等，大多经过各方面旅游研究人员率先探讨、多方论证，形成舆论、宣传推动的过程，从而在出台后取得良好效果。

二、旅游经济研究的重要成果

我们把旅游经济研究的成果划分为专题研究和理论

著作两大类。无论是资料的收集或是篇幅的容量，都只容许我们将所介绍的内容限于基础性的理论研究和对旅游实际工作起重要指导作用的政策研究两个方面；其中涉及的具体成果，比较而言，取得了较高的水平，或者在方法论上有所创新，但并非是完全成熟的，仅具有阶段的代表性。

（一）专题研究

1.旅游业的性质　对旅游性质的认识，最可说明我国旅游经济研究锲而不舍，逐渐深入的趋势。70年代末至80年代初，旅游界对旅游业是一项经济事业基本形成共识，但对诸如旅游业的政治性、外交性、文化性、综合性、娱乐性等性质的分析，存在“本源性”说明与“派生性”说明的分歧。1985年6月出版的由黄辉实主编的《旅游经济学》，根据旅游需求和供给内容的特殊性，提出“旅游业是具有文化性质的服务业”的命题。翌年初，著名经济学家于光远进一步提出：旅游业是带有浓厚文化性质的经济工作，也是带有浓厚经济性质的文化工作。这一认识提高了旅游部门对大力开发中国文化旅游资源的重视。

1987年至1988年间，著名经济学家孙尚清指出，中国的旅游业是一个经济—文化产业；随着国民经济的发展和人民物质文化水平的提高，旅游业将会转化为文化—经济产业。从发展前景看，许多产业会在产业更新顺序中逐步衰落，而旅游业随社会发展而发展，随人民生活水平的提高而兴盛，不存在“夕阳产业”的问题，前景是无限的。这一论证，既高度概括了旅游供需内容及方式的特征，又将世界旅游业发展的一般规律同中国旅游业的具体发展阶段有机地联系在一起，使这一基础性理论专题的研究达到了新的高度。

2.旅游发展战略　旅游发展战略研究是在两个层次上进行的。省一级的地区发展战略，基本遵循两条原则，即推进各项供给要素的配套，扩大综合接待能力，同时依据又竞争又协作的省际间联系，提高本地区在区域经营中分享的利益。在这一层次的研究中，1985年底完成的《北京旅游发展战略》具有较高质量。由于英士、李赓主持的这项课题，首次把北京旅游事业放在世界、国家和首都经济社会发展变化的大背景中，从战略角度对国内外客源、旅游资源、旅游设施、商品供给、旅游人才、旅游体制进行了全面论证，在理论上和方法上均有所突破。这项成果被评为北京市首届哲学、社会科学研究优秀成果一等奖。

全国的旅游发展战略研究，在80年代初期和中期，主要表现在旅游行政管理部门制定中长期接待人数及创汇指标和确定接待重点的部分计划工作中，缺乏有组织的系统研究。1987年，国家“七五”社会科学发展规划将《旅游经济发展战略研究》列为重点课题。在著名经济学家、国务院经济技术社会发展中心副主任孙尚清的主持下，全国各级旅游管理部门、各方面研究人员数百人密切合作，围绕37个子课题开展了大规模的调查研究活动，在两年内取得一大批阶段性成果。其中，《旅游投资研究报告》、《十年来我国国际旅游业发展的评价与对策》、《世界旅游业的回顾与展望》等研究成果中的一些分析与建议，得到旅游管理部门的重视。应该特别指出的是，孙尚清同志在这项研究中提出的旅游业需要适度超前发展的观点，奠定了旅游经济发展战略的选择以及与此关联的旅游经济规划、计划制定的理论基础。他的这个思想还包括旅游业的超前发展一定要适度，要注意与相关产业的协调；超前发展要以经济效益的提高为主导，要尽快结束投入较多，产出较少的第一阶段，转入投入产出平衡的第二阶段，并为进入产出大于投入的第三阶段积极创造社会的和产业的条件。

3.中国旅游业发展模式　旅游业发展模式研究是“走中国式旅游道路”的具体化。初期的研究，主要注意区别了旅游经营目的、方式及内容与资本主义旅游业的不同之处，提出发展中国旅游业要坚持计划经济与市场调节相结合，充分发挥中央和地方两个积极性，在建设和组织供给中注重民族风俗和地方特色等原则。

1988年12月，中国社科院财贸所研究人员魏小安撰写题为《世界旅游业的发展模式与中国的选择》一文，比较全面地分析了我国发展旅游业的基本国情，认为我国的旅游业发展模式首先应是大国模式，要通过市场机制自然选择和计划经济集中性选择相结合，形成资源的优化配置和规模的经济性。其次是穷国模式，要坚持以国际旅游业为先导，以创汇和提高经济效益为中心，实施地区和产品的重点发展战略。第三是古国模式，要在世界范围的资源优势比较中，开发具有垄断性的历史文化资源。第四是远国模式，要积极开拓高层次豪华型客源、东亚太平洋地区客源与苏联、东欧客源。第五是社会主义国家模式，要求把国内旅游问题摆到适当的位置，加强宏观调控，推进经济效益较高的相对集中经营。

4.旅游业管理体制　对旅游业管理体制的研究是1986年和1987年旅游经济研究的热点。中国社科院财贸所研究人员张广瑞对世界上数十个国家和地区的旅游业管理体制进行了比较和分类，总结出其共同的五大职能：监督管理职能、计划与控制职能、促销职能、财政职能和协调职能。在对我国旅游业管理体制结构的研究中，上海社科院旅游经济研究中心研究人员王大悟提出新体制主体构造的8个组成部分，即领导体系构造、集团体系构造、法规体系构造、投资体系构造、人材体系构造、价格体系构造、标准化体系构造和旅游商品体系构造。

湖北省社科院经济研究所郑建和提出的旅游体制改革的目标模式要点比较全面：（1）旅游体制应与发展有计划的商品经济的要求相适应。（2）旅游体制是国家整个旅游事业的根本管理制度。（3）体制的决策结构是多层次的。(4)旅游业的所有制结构是多元化的。（5）要从体制上确保企业成为相对独立的商品经营者的地位。郑建和认为，旅游体制改革所要解决的主要矛盾是如何健全和完善宏观管理，因此，改革的突破口应放在建立旅游业的宏观管理制度上。中国社科院财贸所副研究员乔玉霞则提出，深化旅游体制改革仍要以搞活企业为中心。这两种提法反映出在改革的具体思路上存在着差异。

5.国际旅游市场　80年代中期以前，我国旅游业的综合接待能力相对不足，旅游供给紧张，反映在国际旅游市场研究上，投入的注意力不够且学术空气较浓。随着卖方市场向买方市场的转化，对国际旅游市场总体格局和主要客源国市场的研究有所加强。1987年3月，国家旅游局徐汎同志应用市场细分的方法，把我国旅游业的各客源国和地区划分为一级市场和二级市场，并对一级市场的目标层进行了选择。此后。这种方法在各地的旅游市场研究中被普遍采用。

在众多的市场战略研究论文中，国家旅游局肖潜辉的《我国国际旅游业的市场战略探讨》一文具有较强的对策性和实战意义。他设计的旅游市场战略的目标模式是：按照收入最大化和稳定化的要求，建立一个既适合国际市场实际，又适合国内供给实际的有重点的多元化的国际旅游市场体系；将目前倚重观光旅游市场的局面转变为三个层次的格局即，（1）观光旅游，（2）特种旅游，（3）会议、奖励旅游；强化以邻近市场为主、以远方市场为辅的既定市场结构，同时，弱化团体市场为主、散客市场为辅的既定市场结构，最终过渡到散客市场的比重大于团体市场。

上海市的研究人员林洪岱发表的《国际旅游的区域性》（载《中国社会科学》1983年第6期），从国际游客的构成、分布、消长等方面，探讨了旅游经济中的一个规律性现象——区域性。他运用区域性概念，较深刻地说明了区域市场的经济意义、区域性波动其及其平衡的特点，并提出任何国家最有利、最重要的协作与竞争范围只能是本区域的观点。

6.国内旅游　以1986年12月在天津召开的“国内旅游经济理论讨论会”为标志，对国内旅游的经济研究形成高潮。研究成果表明，商品经济的发展，必然伴随着大规模的人口流动；私人投资机会不足、高档耐用消费品供给短缺，促使居民结余购买力更多地转向旅游消费。城市化和教育普及则是国内旅游经济现象发生的社会化因素，在本世纪的发展中，国内旅游将从数量型逐步向质量型过渡，并会产生倍增的经济效益和社会效益。

国内旅游与国际旅游的关系，是一个理论与实际密切相关的重大问题。西北大学旅游系教授朱玉槐认为，在这一关系中，国内旅游是基点，二者之间存在互促性和互补性。他强调国内旅游是我国整个旅游业的重点，在战略上和政策上补国内旅游发展之不足，也就是补国际旅游顺利发展所需各种条件之不足的课。多数研究者赞同在“积极引导、推动发展”的方针指导下，各地根据不同条件，因地制宜地制订当地国际旅游同国内旅游各有先后、侧重的具体方针。

7.旅游就业　增加就业机会是旅游业的主要经济功能之一，并应成为我国发展旅游业长期和重要的战略目标。西北大学旅游系讲师冯宗苏1988年完成的《中国旅游就业系统初步分析》，从需求和供给两个方面多角度地考察论证了旅游就业的发生和发展。其中关于旅游产业的柔性系链、农村旅游就业机制的研究，在国内尚属首次。这项研究提出的统计旅游就业与非统计旅游就业的概念，反映了旅游业劳动社会化的提高程度，也是全面评价发展旅游业的社会经济效果的一个认识工具。该文提出的旅游业劳动力相对置换的特点和置换方向——置换圈理论，也都具有新意和实用价值。

8.旅游产业结构　10年来，我国旅游产业发展迅速，形成数百亿元的固定资产。产业结构的配套程度，成为影响产业全面发挥经济功能，提高经济效益的主导因素。在这方面的研究中，国家旅游局孙钢同志比较重视从宏观出发，根据旅游业长期发展的需要，提出系统的政策性建议。孙钢认为，旅游饭店业建设的高速度存在合理性，饭店建设同一个地区的开放层次及水平大体有一个正比例的关系。整顿饭店建设的秩序，应区别具体情况，对症下药，不搞一刀切。他提出，饭店建设的适度既要体现在规模方面，还应特别重视体现在档次上。要适当抑制外商投资饭店领域的兴趣，并注意对引进和聘请国外饭店集团的控制与管理。

孙钢在关于《我国旅游交通问题的若干思考》一文中，提出要选择“积极平衡”的战略，从多方面创造条件，扩大以民航为主体的旅游交通运力；（1）加强对中国民航的建设；（2）进一步组织国内其他各方面航空运力；（3）积极创造条件扩大引进国外航空运力、管理和服务。在旅游部门方面，要加强与民航部门的协调配合，做好游客流量流向的预测预报，研究海外旅游者的聚散之道，发展区域旅游，减缓海外旅游者在国内的旅行节奏。

9.旅游经济区域构造　针对我国旅游资源高度分散、旅游交通运力不足的情况，在旅游经济研究中，很早就提出了开展区域旅游的意见。但因解决这一问题涉及地区内和地区间的许多具体因素，实证的研究与现实的区域构造设计未能展开。1987年5月，广东省旅游局提出发展“粤港澳大三角旅游区”的战略设想，1988年在深入论证的基础上联合各方面力量开始实施规划。这一规划思想的主线索是将大三角旅游区建立在内地与港澳的政治大三角和粤港澳经济大三角、文化大三角、地缘大三角和血缘大三角的基础之上，集中发展以改革开放中的中华民族文化、岭南地方文化和港澳地区中西合璧式文化为内容的旅游产品，适应和满足国际旅游市场重心逐渐移至东亚太地区的趋势。这一战略确定了区域旅游的范畴、合作对象及方式，选择了远近结合的市场结构，为旅游经济区域研究提供了范例和一系列经验。

10.旅游业经济效益　旅游业经济效益的定义、计算、评价，涉及一系列理论、制度和统计工作，十分复杂。大多数研究集中于两个方面：一是探讨旅游业的社会经济功能及其经济效益的表现形式，二是以个别企业、行业和地区为对象，进行经济效益的实际测算统计，提出提高经济效益的对策。由林南枝、陶汉军主编的《旅游经济学》，比较深入地分析了旅游业宏观与微观经济效益的概念，构成并提供了主要分析指标。在地区性的研究中，效益研究较为普及。旅游商品生产的经济效益是近年来行业一结构研究的一个重点。

1988年10月，由魏小安、邱毅勇、石建国等人合作完成的《旅游经济效益评价》研究报告，第一次从全社会的宏观范围上，依照旅游企业的客观配置格局，多层次、全方位地分析了我国旅游生产力发展水平及其宏观经济效益。报告设计了比较系统的经济效益评价标准，包括三个基本原则、四项考核标准和十项指标，对各种统计数据进行了多种新颖而有实效的组合比较。报告所形成的总体判断是：在过去10年里，中国旅游业以高投入支撑着高速度，体现出高投入、高速度、中效益的特征。同国民经济其它行业对比，旅游业的经济效益高于平均水平。但旅游业内部各个产业与地区的效益差别显著，机会成本和社会成本都较高。系统的优化组合、资源的优化配套尚未实现，旅游业的经济优势还没有得到充分体现。报告对此提出了十个方面的对策和建议。这项研究成果标志着旅游经济效益研究在高层次、大范围的实用化方面取得了明显进展。

（二）理论专著

1.学术著作　我国第一本学术性较强的旅游研究著作是王立纲、刘世杰编著的《中国旅游经济学》，1982年2月由吉林人民出版社出版。书中提出旅游资源、旅游设施和旅游服务是经营旅游行业的三个要素，并以这三要素为中心，研究了旅游市场、旅游体制、旅游业管理等问题。1983年，中国旅游出版社出版了杨时进、汀新懋合著的《旅游概论》，研究涉及的内容有所扩大，如专门论及国内旅游的问题。

上海社会科学院出版社于1985年6月出版了以黄辉实为主编的《旅游经济学》。作者认为旅游经济学是一门边缘学科，在编写中采取了将有关学科的研究进行内聚，使之综合化、系统化的方法。在理论上，该书也提出了一些新的观点，如旅游业是具有文化性质的服务业、旅游业是一个独立的经济部门，等等。

1986年7月，上海人民出版社出版了林南技、陶汉军主编的《旅游经济学》。这部第三本同名著作的问世，使该学科学术理论研究在若干基本概念、观点以至逻辑结构方面形成了比较明显的差别。应该认为这是一个可喜的现象。

在旅游研究的相邻学科中，周进步编著的《中国旅游地理》（浙江人民出版社1985年出版），属于较早出现的学术著作之一。这本著作比较全面介绍了我国的旅游地理情况，并对重要旅游资源及其发展前途给予评价。书中结合旅游流向和旅游资源特征，将全国划分为中央旅游区、东部沿海旅游区、川汉旅游区、华南热带景观旅游区、西南岩溶地貌旅游区、西北丝绸之路旅游区、东北旅游区、北疆塞外旅游区和青藏高原旅游区，反映出具有一定的地理思维水平。近几年，这类边缘性的旅游研究专著不断增加。

2 教材　我国大中专院校旅游教材建设是在一穷二白的基础上发展起来的，许多教材的写作过程也就是艰苦细致的研究开拓过程。由于国家旅游局高度重视发展旅游教育，积极支持教材的编写、出版，旅游教材成为旅游研究专著的一个重要组成部分。

天津人民出版社1983年出版的《旅游概论》是第一本适用于大专院校旅游专业教学的教材。此后，又陆续出版了《旅游饭店管理》、《旅游经济学》、《旅游市场营销》、《旅游心理学》、《旅游地理学》、《旅游会计》、《旅游经济管理》、《中国旅游管理学教程》等多分支学科的教材。目前，已初步形成了高等旅游经济教育的教材体系。

3.工具书　工具书的编纂出版反映了学科研究的系统性及规范化。中国展望出版社于1983年出版了刘世杰、王立纲编著的《旅游经济小辞典》，设有264个辞条，是我国第一部旅游经济研究的工具书。薄熙成、王大悟任主编的《旅游经营管理指南》，1988年由上海社会科学院出版社出版，是一部容140万字，用中英两种文字印刷的大型综合类工具书。全书分为“理论与经验”、“北京和沿海省市旅游业概况”、“企事业介绍”、“经营管理知识”、“主要风景点”、“旅游交通”、“法规”等九篇。

在旅游经济研究活动中，国外学术理论著作的翻译引进发挥了积极作用。这些译著展示了国际旅游经济研究的水平与趋势，提高了国内研究的起点。国内旅游经济研究的一些基本经济范畴，首先就是由翻译作者们提出的。

同样应该提及的一个重要方面，是10年来我国旅游研究工作者和在旅游业发达国家及地区学习、访问的人员，在国外的专业刊物上发表了一批研究成果。这一“输出”形式，标志着中外旅游经济研究相互交流协作格局开始形成。

三、旅游经济研究的组织与刊物

（一）旅游经济研究组织

我国最早成立的官方旅游研究组织是1978年成立的国家旅游事业管理局政策研究室。1978年上海社会科学院部门经济研究所设立了旅游经济研究室，成为国内社会科学研究机构第一个旅游经济专业研究部门。中国社会科学的最高研究机构——中国社会科学院，于1980年在该院财贸物资经济研究所建立了外贸旅游室，后又改为服务旅游研究室。

1979年，上海成立了国内第一所专业旅游院校——上海旅游专科学校。嗣后，在各级教育部门和旅游部门的积极合作下，1980年至1982年相继在杭州大学、西北大学、南开大学和第二外国语学院开设了旅游系科，北京市也建立了旅游学院。这些旅游院校及系科充分发挥了教学和科研两个中心的积极作用，很快就成为旅游队伍中的一支中坚力量。

广西壮族自治区旅游经济研究会成立于1980年，这是我国第一个研究旅游经济的民间学术团体。不久，北京等地也成立了类似的民间社团组织，成为组织各地跨行业、跨部门的旅游研究与交流活动的有力纽带。

1986年1月，中国旅游协会经国务院批准正式成立。协会章程规定的主要任务中，研究工作，交流信息，调查咨询占有很大比重。中国旅游饭店协会、中国旅游汽车联合会等行业组织，也都负有对涉及本行业发展的重大问题组织开展经济研究的职能。

80年代中后期，我国旅游经济研究体系已经初步形成，其主体包括：

1.中央和一些地方政府旅游行政管理机构的政策研究部门；

2.中国社会科学院及部分地方社会科学研究机构中的旅游经济专业研究部分；

3.全国各地四十多所大中专院校旅游系科的专业师资与附设研究所（室）的专业研究人员；

4.截止到1988年底，全国各省、自治区、直辖市和部分旅游热点城市已经成立的二十多个旅游协会或学会组织。其成员包括了社会各个方面热情关心旅游业发展的人员，在旅游研究方面具有较高的号召力和协同攻关能力。一些地方旅游协会，已有能力成功地组织地区性和全国性的大型研究交流活动。

5.一些与旅游业密切相关的部门和单位也开展了有组织的研究活动。例如，中国科学院地理研究所与旅游部门长期合作，在旅游资源开发、旅游线路设计、旅游区划评价方面形成了一批有价值的研究成果。又如，中国工商银行于1987年成立了由国内主要旅游城市分支行参加的旅游经济信息网，通过交流信息和召开年会，分析研究对旅游业的资金投向及其效益。

6.旅游企业的研究力量，包括少数大型企业和企业集团已经建立的研究机构，也包括中小企业里自觉研究旅游经济活动的零星人员。但是，这方面仍是目前旅游经济研究体系中缺乏组织的一个薄弱环节。

（二）旅游经济研究刊物

旅游经济研究初期发表论文、调查报告及其他形式的研究成果，主要散见于各地的经济专业期刊和大专院校学报。1983年2月，由北京市旅游学会主办的《旅游学刊》出版创刊，成为我国第一份旅游研究专业期刊。之后，一些旅游院校陆续创刊本校学报，国家及地方的旅游行政管理部门和主要的旅游行业组织也出版了一批工作研究与理论探讨相结合的刊物。

旅游研究刊物增多，扩大了旅游科学理论的宣传阵地，加强了旅游经济研究对实际工作的指导性，也为研究工作的深入和研究方法的更加科学化，创造了有利条件。正是由于旅游经济研究成果数量扩大和质量上升，提高了这一研究领域在经济社会科学研究中的地位，一些地方社会科学研究刊物近年来特别增辟了旅游研究栏目。《经济研究》、《中国社会科学》、《管理世界》等国内一级理论刊物也都曾刊载有关旅游经济研究的论文。

国内目前发行量较大、较有影响的旅游经济刊物有：

《中国旅游报》探索栏目，该栏目主要刊登研究旅游经济活动中急需解决的带有普遍性问题的文章。其特点是研究意识敏锐，主张一事一议和文章精炼。该栏目主持的专题讨论，形式活泼，颇受实际部门读者的欢迎。

《旅游调研》 系国家旅游局政策法规司和中国旅游报社联合主办的工作性与研究性相结合的期刊，每月出版1期。该刊宗旨是从国家对旅游经济活动实施宏观调控的高度，从理论同实践相结合的角度，研究重要旅游政策、旅游工作重点和产业发展趋势。因为该刊集政策宣传、理论探讨、工作研究和信息交流为一体，内容丰富，资料翔实，被越来越多的旅游行政管理机构、相关业务部门、旅游科研机构、旅游院校和各类旅游企业、旅游工作人员列为案头必备读物。

《旅游学刊》 北京市旅游学院学报，季刊。该刊较多刊登旅游经济理论研究的成果，以学术性见长。注重探讨社会文化因素同旅游现象的关系，也是该刊的一个明显特点。

《旅游》 北京市旅游局主办，月刊。该刊在国内众多省级综合性旅游刊物中属佼佼者。该刊除了每期用一定篇幅刊登经济研究文章外，还不定期地出版理论研究专刊，专刊的选题及文章的研究水平，都具有相当的吸引力。

《旅游经济》 系中国人民大学报刊复印资料的旅游卷，双月刊。该刊将全国主要报刊杂志发表的旅游研究成果定期编制目录，复印辑集，是旅游研究资料的集大成者，有较高的保存价值。

另外，由中国旅游饭店协会和北京第二外国语学院主办的《中国旅游饭店》（季刊），由上海社科院旅游经济研究中心与北京旅游学会主办的《饭店世界》（双月刊），都主要致力于对我国旅游饭店业经营管理进行研究。

四、旅游经济研究中亟待加强的工作

旅游经济研究虽然已取得明显进步，取得了不少重要成果，从历史、经验、研究人员素质和成果的总体水平等多角度考察，毕竟仍是一项年轻的事业，还不足以全面适应我国旅游业发展提出的各项客观要求。根据对十余年间旅游经济状况的系统动态分析，可以指出，认识并采取相应措施加强以下若干薄弱环节的工作，对于提高旅游经济研究队伍的整体素质和研究水平，从根本上增强我国旅游业的生产力，实现长期、稳定和协调发展的经济目标，有着重要的现实意义。

1.形成一个稳定的高层组织中心

旅游经济活动的高度流动性与综合性从客观上要求旅游经济研究必须具备高层组织中心，指导和协调全国的研究工作。这一中心的基本条件是信息网络健全而广泛，能够及时了解国内外旅游经济形势的最新发展；被赋予向全社会发布旅游经济信息，其中包括重大研究课题的法定职能与权威；拥有相当规模的较高水平的研究队伍，并且拥有专门出版物和具有一定的资金实力。

国内其他社会科学研究领域的高层组织中心可归纳为三种模式，即社会团体、科研机构和政府部门。80年代以来，旅游经济研究中正趋向形成一种政府部门——科研机构混合型的高层组织中心。迄今为止，由国家旅游局和中国社科院财贸物资经济研究所联合主办的四届全国旅游经济理论讨论会，有效地发挥了全国旅游研究的组织指导功能。但是，1987年以后，这一高层组织中心的形成过程有所放慢，在某种程度上使分散于社会上各个方面的旅游经济研究人员失去了对其确定研究方向、进行重大课题研究至关重要的导向。

实际表明，混合型的高层组织中心既能全面发挥政府部门的信息、行政、物质与财力条件，又可充分调动科研机构智力密集，多学科协同的优势，符合我国旅游经济研究的现实环境和理论与实际部门的各方利益，应该加速其形成的进程并使其职能及主要活动制度化。这一工作的主要内容一是坚持成效卓著的各所联合组织科研交流活动的传统，共同发布科研课题，组织重大科研项目的会战；二是开展政府相关部门间高层次的协调交流，尽可能汇集由不同渠道投入旅游经济研究领域的资金或掌握其流向以加强对研究活动的组织指导和监督；三是设立旅游经济研究奖励基金，褒奖重大理论研究和工作研究成果的获得者。

2.制定旅游经济研究的中长期规划

缺乏长期规划是我国旅游经济研究的一个重大缺陷。在目前旅游供需形势逆转，市场需求变化不明朗的条件下，旅游经济研究如果继续忽视制定和实施中长期规划，就直接意味着旅游经营风险相应加大。同时，中长期规划缺位，也不利于促使各方面研究人员加强自身学习，提高科研素质，在理论研究中赶超国际先进水平。

旅游经济实践已对中期和长期发展问题提出了一系列严峻的课题。例如，为有效地实施宏观调控，应如何认识旅游业运行中计划与市场的关系，设计何种结合方式；怎样合理划分旅游业的行业范围和管理的分工职能，使之有利于进行行业管理。既是理论问题，也是实际问题。又如，随着香港回归祖国期限日近，既需要对这一地区旅游机构的未来形式进行研究和设计，也要对届时有关旅游统计指标的变动和市场的反应做出估价。这类课题也涉及了政治、经济、法律、社会等众多因素，需要及早投入相当的力量。

制定中长期研究规划的两个前提条件是形成稳定的高层组织中心和保证必需的资金投入。规划的构成不但要有政策性研究，还应将基础理论列为重要的研究内容，也应注重制订针对各种不同情况的实施方案。即使是长期规划，也要根据各个年度的执行结果和形势的变化，进行滚动调整。

3.加强旅游经济研究的分工协作

旅游经济研究中缺乏分工协作的具体表现是：少数课题的研究力量高度密集，同层次浅开发现象甚为突出；一些专业性较强的研究领域，如旅游产品研究与旅游推销研究等，具有研究能力和兴趣的人员尚未组织起来，或者虽已组织起来，却未及时与其他研究组织和有关部门建立联系，信息不灵，延滞了开发新的研究领域，未能发挥自身的比较优势；无论是理论研究还是政府部门工作研究，都没有深入到基层，特别是广大旅游企业，因此限制了大量有价值和有个性的研究成果的形成。显然，不发达的分工协作关系不但酿成研究力量的浪费，还妨碍着研究向深度和广度的拓展。

强化旅游经济研究中的分工协作关系，首先要完善旅游经济信息网络，加速信息的传播和扩散，使各方面研究机构、社团和人员能够及时掌握旅游经济研究的热点和薄弱环节。其次，应对国家资助的重大科研项目推行招标制度，实行优胜劣汰，选择专业素质较高并已在该研究领域内取得相当成果的单位和人员承担，以促进研究的不断深化。第三，鼓励经济研究单位和人员深入实际，开掘各种高专业性和经济技术性的研究领域，直接为旅游企业的生产管理和经营服务，使更多的科研成果尽快转化为生产力。

4.重视对旅游宏观管理的研究

天津南开大学旅游系申葆嘉副教授曾在1986年撰文指出，宏观管理研究是国际国内旅游学术界的一个薄弱点；过份强调旅游的经济性质，会削弱对宏观管理研究的必要性的认识。虽然时隔数年，他的这一论断仍然具有现实意义。我们看到，正是由于忽视了对经济因素以外的一些重大社会政治文化条件的深入研究，使在国际旅游发展的一般规律上寻找中国的特殊规律的探索迟迟未获明显进展。随着我国旅游生产力的日益社会化和国际市场竞争烈度的提高，旅游业的发展将更多地取决于社会和文化因素，而人口的旅游流动也将给各地的社会文化方面造成多种效应，并进而从正面或负面影响旅游经济的投入——产出比率。这就要求在本来的和完整的意义上重视和加强旅游宏观管理的研究。即从经济、社会、政治、文化等诸要素有机联系的角度，探讨我国旅游宏观管理的理论和实际问题。这样的问题包括：本民族的社会经济文化特征怎样在旅游供给中完美健康地得到体现和运用；如何认识和创造更新我国旅游产品的社会文化条件；在努力发展国际旅游业的同时，怎样防止和消除外来颓废思想文化现象的渗透污染，等等。可以认为，中国旅游业向世界旅游市场腹地的发展，乃至中国旅游学理论体系的形成，都在很大程度上取决于旅游宏观管理研究的突破。

5.巩固和发展旅游研究认伍

就数量而言，我国的旅游研究力量仍然不足，特别是高水平的研究人员更为有限。因此，巩固和发展旅游研究队伍应是一项长期的战略性工作。

当前，巩固有关大专院校中的旅游师资队伍是这一工作的首要重点。专业旅游院校和一些综合性大学中旅游系科的教师，具有较高的理论素质和较强的组织性，是我国旅游经济研究的一支生力军。但是，近年来这支力量却显露出若干衰萎的征象，如骨干人员流散，研究队伍出现断层，青黄不接，有影响的研究成果数量下降，教学和学术研究中脱离实际的倾向有所发展。究其原因，除了人员流动和科研经费不足外，一个重要因素是实际部门与之交流联络逐渐削弱，有些地方甚至已达到不相为谋的地步，从而加剧了一部分院校研究力量的“在野”状态。这种情况对发展基础理论、政策研究与方案设计三位一体的旅游经济研究体系，加强研究工作的预见性、指导性和探索性是极为不利的。应该采取扩大交流，加强指导，适当资助的方针，逐步改善院校教师的研究条件，充分发挥这支队伍的智力优势和群体力量。

长远来看，发展旅游研究队伍的重点，应放在大力培养中青年研究人员、积极支持倡导企业培养研究人员、建立研究机构上。要为在旅游经济研究中取得重要成果的中青年研究人员创造较好的工作条件和学习条件，造就一批能够为21世纪中国旅游业设计蓝图并使之实现服务的高级研究人才。要通过培养一大批企业研究人员建企业研究机构，提高企业的素质和应变能力，并且健全和完善我国的旅游经济研究体系，加强研究同实际结合，加强宏观经济同微观经济的结合，使各种研究成果能够更快地转化为有形的和无形的生产力。

面对滑坡的深层思考

——1989年旅游经济研究综述

·王铁岭·

在中国旅游经济研究的编年史上，1989年应该说是极不平凡的一年。这一年中，政治风波的剧烈震动和经济政策的不断调整，使旅游经济研究面临的问题相对地更加复杂化，同时，也给人们提供了全面反思过去十多年旅游业发展的经验教训和今后继续深化改革的思路，从而推动旅游经济研究工作走向新的起点的契机。严峻的旅游经济形势使人们不再满足于以往一般对策研究，而是从更深的层次，更广的范围，以研究的实用性和超前性为基础来进行探索与思考。正是在这样的社会政治和经济的大气候下，广大旅游经济理论工作者和实际工作者，紧紧围绕着我国旅游经济发展中所遇到的市场、交通、治理整顿、体制改革等一个个难题进行了深入的探讨，提出了一些有学术价值和实用价值的观点和主张。

·关于旅游市场·

1989年下半年，旅游市场的现状和发展前景，成为人们最为关注的一个问题，原因有二，一是政治因素，即从“6·4”平暴以后，由于主要客源国政府的“告诫”和海外某些新闻媒介欺骗性的宣传，导致我旅游客源市场出现了前所未有的大滑坡。二是我们内部的因素，即我国目前的旅游市场状况相当混乱，表现在：（1）对企业资格和产品质量限制不严，以致众多没有外联权的二类旅行社为了企业自身的经济利益竞相外联，一些低质量的旅游产品纷纷涌入国际市场；（2）市场秩序混乱、鱼目混珠，一些旅游企业置国家利益、旅游声誉、商业道德于不顾，相互诋毁，压低价格等任意胡为；（3）竞争机制不完善，对外竞争不力，对内互相拆台，严重损害了中国旅游业的整体形象。对于市场问题，旅游界得出的共识是一抓市场促销，二抓市场整顿，促销应该强调联合促销，形成中央和地方的联合、同业的联合和各业的联合，形成相应的组织实体，采取资金、人才、物资、信息联合行动，加强宏观调节形成一套比较完整的利益机制。在促销内容上，强调重塑形象，而不完全局限于具体旅游路线，景点和各种旅游设施，只有彻底改善中国旅游业的总体形象才是促销成败与否的关键。此外市场整顿必须运用经济的、行政的和法律的手段并举：（1）实行市场主体制度，严禁不具备条件的旅游企业进入市场，更不允许非企业化的经营者进入市场。（2）实行经济合同制度。确立旅游企业的权利义务，违反合同的明确规定承担违约责任。（3）实行市场竞争规则，首先要限定竞争范围，对企业的经营资格实行规范和约束。其次对竞争手段的必要限制，抑制部分企业过度竞争，提高中国旅游业在国际市场的整体竞争能力。再次，对违反竞争规则搞弄虚作假、损人利己、投机取巧等不正当手段要严厉制裁，真正实现优胜劣汰的市场竞争机制。（4）实行市场调控制度，即旅游管理部门运用经济的、行政的和法律的手段调控市场的运行规范，使管理部门对市场的调节有章可循，更趋向合理。

为了应对欧美游客“大滑坡”的变故，进一步改善我国旅游接待的布局，旅游界在1989年纷纷把目光瞄准了苏联、东欧旅游市场的开拓。经过大量的可行性研究分析之后，得出的结论是——苏联、东欧国家是亟待开发、有潜力，而且前景可观的旅游客源市场。（1）历史上的原因。苏联、东欧旅游客源市场，曾经在50年代和60年代初是我国主要客源国，以后几十年中，旅游交往基本中断。近年来，随着中国与苏联、东欧国家关系正常化，这些国家访华旅游势头增长迅速。“6·4”以后，在主要客源国来华人数大幅度下降的情况下，苏联市场却从1988年的13位跃居第6位。（2）经济上的原因。就经济发展水平和人均收入来讲，苏联、东欧国家无疑要高我国一筹，他们人均国民生产总值均超过2000美元，具有个人支付来华旅游的经济实力。近几年，苏联、东欧国家每年出国旅游人数都已超过400万人。（3）地理上的原因。从地域上看，苏联、东欧国家距我国比欧美国家近得多，交通花费相对较低，容易接受。同时，这些国家普遍建立了比较完善的职工休假制度，每年来华几十万游客完全可能，从我国目前的接待能力来看也是完全可以承受的。（4）“互换旅游”的发展。1988年9月14日，中国黑龙江省黑河市——苏联布拉维申斯克市“一日游”活动正式开始，1989年，双方已组团近百个，这种互换旅游团的方式，避开了旅游外汇结算的“老大难”问题。对今后大规模组团是一个大胆的尝试，也奠定了一定的基础。因此，无论从出国动机、收入水平、闲暇时间和旅游交通等诸方面讲，苏联、东欧国家都是一个潜力很大的客源市场。同时，发展苏、东旅游对于改善我国旅游发展布局，开辟新的热点(线)地区，变淡季为旺季，形成我国旅游饭店接待的高中低档结合的架构、促进旅游商品销售，介绍第三国旅游者，开通连接中苏的国际航线等方面也都具有重要意义。

·关于旅游交通·

交通问题成为我国旅游业发展制约的“瓶颈”，一直是人们讨论的热门话题之一。十年来,旅游和民航的发展都很迅速，但由于我国交通基础薄弱,历史欠帐较多，加之国际旅游流量、流向及流速的形成和变化，同计划性要求很强的民航交通部门之间存在较大差异，旅游旺季运力不敷需求，特别是1988年以来，周期性航空运力紧张之势愈演愈烈，造成一方面运输工具超负荷运行，一方面机票紧缺，加之海、陆、空交通事故接连不断，旅游热点地区变成了“压客”热点地区，对外造成了极其恶劣的影响。1989年虽然有暴乱因素影响，但随着饭店总量迅速增长，客源逐渐回升，年底交通紧张状况又初见端倪。在旅游交通问题上大家一致认为，首要的是运力不足的问题，其次是需求和结构问题。解决这三个问题必须要有体制和政策的重大变革，因此旅游和民航界的一部分同志提出的主要观点是：（1）向协调要运力。在旅游与民航部门，可以先进行经营组织的改造。只有双方在经营组织方面结成利益的共同体，协调才从基础上有了保障，应尽力打破行业壁垒，然后组织旅游与交通业的企业集团。（2）向政策要运力。为改变目前交通运输落后状况，力争超前发展，中央应对民航实行特殊的扶持政策。同时也要调动全社会的积极性，改变目前“一家办交通，大家用交通”的被动格局。（3）向开放要运力。进一步对外开放，改变目前对等飞行的原则，允许包租外航飞机，引进外资办航空等。（4）向经济规律要运力。要充分利用价格这个经济杠杆，形成合理的价格政策和价格机制。旅游和民航部门在价格政策上加强协调，解决相应的结构问题，如减缓季节性客流大起大落、旅游部门实行淡季优惠价等，调节旅游对民航的需求，缓和供需矛盾。（5）向服务要运力。旅游和民航部门要以提高服务质量为前提，减少各种差错，搞好质量协调，一是确保安全正点，二是提高效率方便旅游者，逐步实行“联程票”。（6）向科学要运力。旅游与民航都要实现管理的科学化、合理化、现代化。涉外宾馆和旅行社管理要电脑化；民航航班要采取辐射式，对接式飞行。（7）向管理要运力。国家应采取强制手段,旅游旺季不准到旅游热点城市开会等，可在一定程度上缓解旅游交通紧张的矛盾。同时，加强景点建设,增加娱乐和服务项目,延长客人停留时间，也可相对缓解民航在旅游旺季运力紧张状况。

·关于旅游价格·

如何评价我国旅游价格水平的高低和旅游价格如何进行改革，也是讨论了多年的题目。人们一直普遍认为，我国的旅游价格水平偏高，高在哪里？向更深一层次的价格构成进行分析，得出的结论是，我们的饭店、餐馆收取的餐饮费不贵，大多数城市的房费不高，翻译导游的劳务费也是便宜的，但是总收价水平偏高，原因之一是国际间及国内交通费用比重大。原因之二是国外旅游代理商佣金比重较大。原因之三是国内旅游企业和一些相关行业，乱收费及克扣、截留，对外造成质次价高价值不符的印象。目前的形势是，国家急需增加外汇，旅游企业急需增加客源，而价格又是最敏感、最灵活的经济杠杆，应该发挥重要的调节作用。旅游价格的第一功能是参与国际旅游市场的竞争，这就要求定价原则是薄利多销，用尽可能低廉的价格吸引更多的国际旅游者。而我国正处于商品经济发育阶段，价格体系剧烈变动，物价控制逐步放松，通货膨胀是一个客观现实，这种力量推动着我国旅游经营成本和费用不断上升。要解决薄利多销的客观要求与经营成本难以控制的矛盾，要建立和不断完善旅游产业内部、旅游产业和一系列相关产业之间的综合配套条件，除深化旅游价格改革外，别无选择。首先，应形成一个与国际旅游市场密切挂钩，根据市场供求关系变化灵活调整，坚持以需定价，以销定价，以质定价，能够长期保持竞争优势的价格机制。其次，建立一个新型的旅游价格体系，主要是旅游比价有利于合理调配不同旅游企业和旅游相关产业之间的经济利益，促进协调发展。旅游差价有利于组织高质量的标准化产品，有利于缓解旅游在地区、季节上的不平衡，充分利用我国的资源优势和经济条件。再次，改革现行的旅游包价制度，根据供求关系的变化和经济环境的好转，逐步单列各个供给项目，使旅游产品和旅游价格多样化，降低直观价格，透明企业间分配，有利于旅游企业进入国际市场参与竞争。最后，运用竞争手段和经济协调的办法对综合服务费以外的旅游价格构成部分，形成某种程度的影响力，努力控制旅游价格总水平，为提高中国旅游价格的竞争力奠定比较广泛和坚实的基础。

·关于旅游教育·

我国旅游教育事业从无到有、从小到大，十年间已初具规模，发展速度快，在输送人才和提高人员素质及推动全行业发展方面发挥了不可替代的重要作用。但目前的状况是：第一，我国旅游从业人员的文化素质从总体上看并不高，其水平低于国内多数行业，距国际标准差距更远；第二，我国的旅游教育已日益受到各级领导和全行业的重视，但与旅游业发达的国家相比较，重视的程度还远远不够。具体讲，在旅游业，教育意识还不够强烈，人才立业的空气还不够浓厚，教育措施还不够得力，教育成效还不够理想。这是我国旅游业近年来增长乏力、信誉下降的重要原因之一。不能否认，现在，我国旅游教育存在三大矛盾：（1）供求关系的矛盾。

旅游院校的毕业生前几年供不应求的局面已被分配难所替代。对此，学术界有三种意见，其一是认为高校毕业生供给过剩，解决办法是缩小规模。其二是认为分配难是虚假现象，之所以出现分配难，是因为学生质量尚不理想，因此要一面扩大招生总量，一面提高教学质量。其三是认为主要矛盾不表现在毕业生总量上，而是集中反映在供给结构和供给质量上。在需求方面，最突出的问题是全国旅游行业没有建立普遍的岗位责任制，从而使旅游单位可以无规范的进入，而在职人员的培训，也因此成了不必兑现的任务。这意味着旅游全行业对教育和培训关上了需求的大门，至少是半掩了大门。解决供求矛盾必须整顿现有旅游院校，严格办学审批制，调整旅游教育的地区结构和层次结构，努力提高教学质量，推行岗位责任制。（2）教育投入不足的矛盾。长期以来，我国旅游业无论从宏观到微观都存在着对教育投入不足的问题。因此教育投入比例有必要应用行政法规的形式固定下来和建立全国旅游教育基金。（3）正规教育与成人教育的矛盾。在我国旅游教育发展初期，有重正规教育、轻成人教育的偏向；而今，则又出现了重成人教育、轻正规教育的势头。我们不能将二者对立，应该是协调发展，相互补充相互促进，发展成人教育，应当以正规教育为依托，而不应另起炉灶，否则，不仅加剧人、财、物的浪费，也将迟滞成人教育的发展速度。在目前和今后一段时期，成人教育有明显的暂时性和阶段性，只要在行业管理方面配套地实行岗位资格制，旅游专业毕业生就能良性顺畅进入工作岗位，未受过专门训练的人员作为旅游员工主体状况将不复存在，届时，成人教育也将由“专业扫盲培训”进化到深层的继续教育上。

·关于旅游发展战略与产业政策·

首先是旅游业要适度超前发展的观点，对此，人们有各种理解，目前学术界的主要观点是，旅游业发展要采取适度超前的战略。旅游业与国民经济其他产业的关系既依存又游离。所谓依存，就是没有其他产业的发展，各种景观建设和到达景观亲自观赏的条件就受到影响，旅游的行、游、食、住、购、娱六个重要环节的效益就难以达到，所谓游离，旅游者前来旅游，其兴奋的中心和消费的主体目标是各种自然和文化景观，一般讲，是可以永续利用的。旅游发展，虽然依赖于其他产业发展来支持，但比其他行业相对投资少、效益大，应适度超前发展。“适度超前”这不应理解为孤军突出，不是带头产业，也绝不是要把它的发展速度列为国民经济各部门之首，应该在对旅游者有支付能力的需求及旅游市场的发展变化加以科学分析和预测的基础上，在与国民经济发展相适应的前提下，将旅游业的发展速度适当提高一些。但提高到什么程度，需要加以很好的研究和深入探讨。因为只有在与旅游业相关产业可以承受的范围内，才能发挥它对相关产业的促进作用，真正实现适度超前发展的战略。

其次，是对“五个一起上”的认识。“五个一起上”是指加快旅游基础设施的建设，要采取中央、地方、部门、集体、个人一起上，自力更生和利用外资一起上的方针，这是中央1984年提出发展旅游业的一项重要产业政策。对此，近年来对如何认识和评价这一政策的正负效应争议较大，可以归纳为两种不同观点。其一是这一方针虽然有不少积极作用，但副作用也许更大，今后不宜再提，否则将导致更大的混乱。其二是这一方针是正确的，不仅在旅游业刚起步时是必要的，对今后旅游业的发展仍具有重大意义。一是使旅游基础设施建设跃上了一个新的高度，使我国旅游业饭店制约的局面从根本上得到缓解。二是旅游产业规模迅速扩大，奠定了发展的基础，在国民经济体系中确立了重要地位。三是使旅游业初步形成了以国际市场需求为向导外向型发展机制。今后坚持“五个一起上”的发展政策仍然是必要的和可能的。其理由是：（1）从过去投资效果看，客观上虽然产生了一些问题，但整体效果是好的，旅游企业的偿债率和产出效益在国民经济各个行业中名列前茅，仍然能吸引和调动社会上的闲散资金和国际游资。（2）从近期的建设看，虽然高潮已经过去，但旅游业仍需要生产力结构完善的配套建设、产品的更新换代、一些逐步升温的旅游城市和地区的投资，否则，现已形成的旅游生产力将会受到制约。（3）从宏观经济看，国家处于经济调整时期，能够拿出用于旅游建设的资金更为有限，要保证旅游业的进一步发展，还需要发挥各方面的积极性。

综上所述，1989年的旅游经济研究最显著的特点是实用性和超前性，它不仅为客观决策者提供了一些对策性的研究，并向更深的层次进行了探讨，为旅游业的长远发展提出了一些富有新意的理论观点。但是，我们还必须承认，目前，我国的旅游经济研究还远远不能适应旅游事业不断深入实践的要求，还有很多重要的理论问题亟待研究解决，理论与实际工作还存在一定的距离。因此，今后的旅游研究应在1989年的基础上解决好以下几个问题。

第一，理论要更加联系实际。首先是中国旅游事业发展中带有普遍性、趋势性、倾向性的实际问题。比如，旅游发展战略、旅游产业政策、体制改革、企业集团化等问题。同时，要根据现实的条件，注重研究成果的可操作性。

第二，将对策研究上升到理论高度。克服那种没有认识规律就提对策，研究文章只是“观点的转移”，问题面面俱到，缺乏深度的做法。对国外、国内已形成的经验和理论，我们都要学习、借鉴，也必须有所发展。

第三，研究要加强合作，各级旅游管理部门要合作，企业之间要合作，管理部门和企业要合作，形成合理的分工，这在很大程度上取决于会议制度和调研课题的选择，不要把有的学术会议开成部门、地方或局部工作的总结会。

第四，对重大理论问题的研究要有连续性并不断开拓出新意，如合资饭店的经营管理，旅游市场的治理整顿等问题的研究，不要"打一枪换一个地方"。

第五，建立一支坚持马列主义，理论水平较高，热爱中国旅游事业，稳定而有开拓精神的旅游经济研究队伍。

1989年主要的旅游经济学术会议简介：

△中国旅游交通问题研讨会

中国旅游报、北京旅游学会和中国民航报主办。1月24日至26日在北京举行。会议的主旨是：更好地认识我国旅游交通的现状及存在的问题，并寻找解决这些问题的途径。

△中国旅游价格理论研讨会

中国旅游报主办。3月16日至17日在北京举行。会议的主旨是：寻求培植我国旅游市场正常的发育良策，强化价格调节的正面作用，研究当前形势下旅游价格的改革方向。

△1989年北京国际旅游研讨会

北京市旅游事业管理局主办。7月12日至13日在北京举行。会议的主旨是：用事实来证明"6·4"平暴后中国安定的政治环境，批驳西方某些舆论机构制造的谣言，促使旅游市场尽快复苏。

△"八五"旅游教育规划研讨会

国家旅游局人事教育司主办，8月25日至29日在烟台举行。会议的主旨是：优化人材结构，提高软件质量，制定有中国特色的"八五"旅游教育规划。

△首届旅游与环境学术研讨会

中国旅游报和中国环境学会、北京旅游学会主办，10月7日至10日在江西九江举行。会议的主旨是：探讨旅游与环境的关系，促进有关部门和广大群众对旅游环境问题的重视，为旅游者进一步创造优美的旅游环境。

△旅游市场问题研讨会

中国旅游报和北京奥林匹克饭店联合主办。12月21日至22日在北京举行。会议的主旨是：交流旅游市场信息，对旅游市场的发展前景作出科学的预测，探讨促使旅游市场更快复苏的措施。

树立信心 重振旅游

刘 毅

一

党的十一届三中全会以来，我国的旅游业蓬勃发展，迅速成长为国民经济中的新兴产业。10年中，我国接待的人境旅游者累计达1.5亿人次，平均每年递增29.8%；其中外国旅游者11000万人次，平均每年递增20.9%；旅游外汇收入总额累计达119亿美元，平均每年递增21.6%。旅游外汇收入由1980年的世界第31位，进到1986年的世界前20位。这样高的发展速度，充分说明了我国旅游业的优势和潜力。

1988年，又是旅游业持续增长的一年。全年入境总人数316948万人，比上年增长了17.8%，有组织接待的海外旅游者434.9万人，比上年增长14.9%，其中外国人184.22万人，增长6.6%。全年国际旅游外汇收入22.47亿美元，比上年增长20.8%，净增3.8亿美元。国内旅游业也有发展，旅游人数达3亿多人次，比1987年增长3.5%，回笼货币187亿元，比上年增长33%，净增47亿元。在这些综合数字中，有几个值得单独加以说明的数字。一是台湾同胞全年到大陆探亲旅游的人数达45万人次，迅速形成了具有相当规模的新兴市场。二是接待10万人次以上海外旅游者的城市已经由1985年的13个达到现在的18个，占全国接待总数的91.7%。三是外汇收入增长率再次超过接待人数增长率，是外汇增长额最多的一年。1978～1985年，每年净增长大体为1亿美元，1986年净增长额为2.8亿美元，1987年为3.3亿美元，1988年达到3.8亿美元。这说明我国旅游客源市场在扩大，热点城市在增加，旅游前期投入开始产生明显效益。在旅游工作方面，特别要指出的是：基建调整基本完成，市场推销走向联合，行业管理正在展开，企业承包全面推广，旅游整顿正在进行。

现在，我国旅游业已经形成了相当的产业规模，从旅游涉外饭店的数量看，全国已有一千四百多家，客房22万间，在重点旅游城市、特区城市和沿海开放城市，饭店的供需状况已经比较宽松，具有接待更多一些海外旅游者的实力。从外联渠道看，现在全国已有一类社61家，初步形成了中央单位举办的一类社与地方一类社两个积极性一起上的新局面、形成了相互竞争、共同发展的机制。从风景旅游点的情况看，7个重点旅游城市及“长江三峡”、“丝绸之路”、广桂昆、江浙沪等重点旅游路线的建设都有所加强。我们有条件抓住机遇，迎接挑战，使我国已经形成的旅游生产力能够进一步发挥效能，为国家搞好经济调整服务，为沿海地区实施发展战略服务，为全国进一步搞好对外开放和发展经济做出新的贡献。

经过10年的发展，旅游全行业的职工总数已超过150万人，旅游业的经济影响与社会影响也越来越大，旅游作为一项重要的创汇渠道正在引起重视，旅游业作为一项经济产业的地位正在逐步确立，各地的旅游经营意识正在树立，各个方面支持旅游事业发展的社会大环境有可能更快形成。

正当中国旅游业度过了新兴的10年，准备迎接腾飞的第二个10年之际；正当旅游界刚刚总结了发展的经验教训，以新的姿态投入旅游旺季之时，全国一些城市发生的动乱和北京市发生的反革命暴乱及国外反动宣传所造成的恶劣影响，酿成了旅游业的严重困境，给旅游业带来了严重的损失。大量外国旅行团改变了旅华计划和日程，旅游饭店的出租率急剧下降，不仅今年的旅游业面临着极其严峻的形势，而且影响了整个“七五”旅游计划的完成。

面对这种形势，对于旅游业的复苏与重振有一些不同的认识。因此，要重振旅游，首先就要解决认识上的问题，暂时的困难并不可怕，可怕的是面对困难无所作为。要在党的十三届四中全会精神的指导下，统一认识，深化认识，坚决执行党的十三大确定的“一个中心，两个基本点”的基本路线，树立重振旅游的信心，采取应急措施，为实施10年发展战略贡献力量。

二

旅游业急剧的形势变化并不能也不应该动摇我们发展的信心，但却使我们更深刻地认识旅游经济运行的规律性，并反思我们工作的不足。尤其是因为我国的旅游事业毕竟是一项新兴事业，自觉地认识它需要一个过程，有效地利用它更要在实践中探索。从近期的工作来看，以下一些认识需要我们进一步深化和统一。

一是对于继续发展旅游业的认识。发展旅游是中央作为长期方针确立的，这是我国国民经济发展中一项重要的产业政策。从世界范围看，近年来出现的一个普遍趋势是许多国家都更加重视旅游业在社会发展中的作用。在发达资本主义国家，政府的旅游管理在加强；在新兴的工业化国家和地区，有的列为优先发展的产业，旅游业成为国民经济的重要产业；在苏联和东欧各国，正在组织投入，抓起飞，其根本宗旨是增强综合国力。在我国，由于旅游是新兴的产业，10年来发展速度又是快的，可以说处于高速增长期。但是，如果从增长额来说，从总额来说，同我国的旅游资源和国家的外汇需要都还不成比例。而国家建设又确实需要投入少、产出快的旅游业加速发展，这就决定了国家要求旅游的基本功能是多创外汇，为改善外汇收支状况和支持经济发展多作贡献。因此，一定要把旅游业作为经济事业来办。同时，旅游业具有综合功能，“旅游促进发展”已经成为世界公认的定论，不仅是经济，而且认为旅游业是促进世界和平、人类进步的重要媒介。我国的实践，也显示出旅游业是国民经济中带动作用比较强的行业。发展旅游，不但可以增加外汇收入，还可以增加就业，扩大货币回笼，促进对外开放，加强横向经济联系，加强爱国主义教育，推动城市建设，文物古迹的保护利用和美化环境等等。对于发展旅游业的经济意义和社会意义，我们要从更广阔的角度去看，要有多功能汇合一体的观点。

在我国，大力发展旅游业，具有多方面的优势。与国际上比较，我国有旅游资源丰富的优势；与国内比较，旅游业具有不争原材料和创汇成本低、创汇效能高的优势。这个优势，在今明两年的调整时期，能够更加充分地体现。由于去年旅游交通的供需矛盾，又带来了旅游规模、速度的认识问题。如果权衡国家外汇急需的得失，只能得出旅游应当继续发展的结论。我们处于发展阶段，基数比较小，增长的每一个百分点包含的收入额更小，如果没有一定的速度，我国旅游业已形成的生产力就难以发挥，提高经济效益就缺乏相应的基础。不保持一定的速度，将会对我们已经建起来的一千四百多家旅游涉外饭店和一千三百多家旅行社的经营产生直接影响。一旦出现大面积亏损，对国家不利，对企业不利，对还外债不利，这一切会对经济调整发生反作用。在实际工作中，有些同志强调饭店导向，有些同志强调交通导向，也有些同志强调市场导向。从根本上说，我们要以国家对旅游业的创汇需要为指导，并考虑到种种相关因素。我们要速度、效益一起抓，充分挖掘潜力，充分发挥优势，在保持一定发展速度的基础上不断提高旅游业的经济效益和社会效益。

二是对于旅游市场竞争的认识。我国旅游产品正在作为商品投入国际市场，而商品的购买者也自然要用国际标准来评判和选择。市场供求关系的变化使游客对旅游方式、旅游路线、旅游季节、旅游项目和旅游服务的选择空间越来越大，随之而来的是越来越激烈的竞争。1988年，全世界出国旅行人数达到3.9亿人，比上年增长了8.7%；旅游消费约1950亿美元，比上年增长22.8%；成为近15年来增长幅度最高的一年。面对这一形势，世界各国都在千方百计地改善旅游设施，丰富旅游项目，不断提高质量，加强市场促销，尤其是东亚太平洋地区，都取得了相当好的成绩。相形之下，我国的竞争能力较弱，集中表现为我国的两大客源市场，日本和美国的来华旅游人数出现滑坡。其原因，除了服务质量问题外，不能不看到我们外联和接待秩序混乱，竞销中对外自我相互诋毁，相互倾轧。现在，我们旅游行业的许多领导同志，从事经营的同志，已经有了市场观念和竞争观念，但是，对这两个观念的本质，即质量观念还认识很不够，没有质量观念的市场竞争观念必然产生内部竞争过度和服务质量差的扭曲现象。如果我们不下决心把质量抓上去，即使在短期内扩大了客源市场，也会很快萎缩。实际上，开拓客源市场的最大问题要从我们自身找，我们需要在市场上努力促销，现有的促销活动是很不够的，但是，如果销出的是次品，在激烈竞争的国际市场上是很难站住脚的。如果从领导上到企业经理和全体职工，不牢固树立质量观念，没有严格的管理要求和得力的措施，问题就会愈演愈烈。

服务质量是旅游业发展的生命线，是我国旅游产品的总体质量能否达到国际水准的重要标志，也是我国旅游业是否具有国际竞争力的关键。在我国，千万不要在旅游发展时期出现声誉危机，如果砸了牌子，就没有发展的后劲。总之，对服务质量问题，不是一般地强调一下，而是须从认识上有一个根本解决，坚定治理、整顿的决心，狠抓不放，抓出成效。

三是对于发展旅游的协调性的认识。旅游业的发展，需要多方面的协调配合，这是旅游经济的一个鲜明特点。旅游经济运行包括行、住、吃、游、购、娱6大要素，涉及国民经济的几十个部门，需要各个部门的支持；而旅游的消费，也会促进相关部门的发展，所以，旅游业必须与社会大环境协调。从实践来看，旅游业本身适当超前发展，对旅游相关经济的发展会起到促进作用。但在我国，旅游业是在国民经济产业结构不够合理、基础设施严重滞后的情况下发展起来的，发展与协调的矛盾，即发展与适应的矛盾比较突出。现在的形势，一方面要强调配套协调，一方面要看到，在很长时期内，我们只能是一项一项地突破不平衡的条件。因为国家建设需要投入少、创汇多、来得快的产业提高速度，这就决定了旅游管理中的协调任务的长期性和旅游工作的艰巨性。国家和各地旅游事业委员会领导小组的成立，使我国旅游业的协调发展有了组织保证。旅游管理部门和各个旅游企业必须充分认识，要改善旅游环境，提高服务质量，不仅要做好复杂的内部工作，还必须主动做好外部的协调工作。

旅游业的协调，在宏观层次上，要树立“全国旅游一盘棋”的思想；在微观层次上，要加强企业之间的协调。旅游是人的流动，不是物的流动，旅游企业之间不把人流协调服务好，哪个环节出现混乱，都直接损害中国和本地的旅游形象，尤其是在旅游者的流量和流向上，一定要加强计划协调，避免造成大的混乱。

四是对旅游体制改革的认识。我国旅游业是在改革开放以后发展起来的新兴产业，旧体制的束缚比较少。旅游业是面向国际市场，就地出口风景和劳务。我国对外开放以来，吸收了许多外国资金、管理人员及管理经验，从业人员的文化程度也比较高。这些客观条件，都是比较好的。但在实际工作中，旅游业的运行机制同国际旅游市场结合得不紧密，内外两张皮在旅游体制运转中比较明显。这中间形成的反差，说明我们的改革意识需要加强，需要提高紧迫感。

旅游体制改革的根本目的是促进旅游生产力的发展。各级旅游局的改革重点应该是转变职能，加强宏观指导，强化行业管理，强化规范管理，强化质量管理，企业自主经营，联合协调对外，形成能够充分促进旅游生产力发展的运营体系。各级旅游部门要牢固树立旅游发展要依靠改革，通过改革促进发展的指导思想，各级旅游局要成为信息灵、懂经营、会管理、效益高、作风正的行政管理部门。在去年的工作中，旅游体制改革在逐步进行，但是我们在国际、国内旅游市场上的盲目性、随意性是比较突出的，需要我们通过改革逐步建立旅游市场的新秩序。我们要上下共同努力，结合治理旅游经济环境，整顿旅游经营秩序的各项工作，全面深化旅游体制改革。

我国旅游业是新兴产业，应当成为新型产业，在国民经济的各个行业中率先达到国际水准。这样，旅游业的发展不仅为国家的建设提供外汇，提供资金，还应当对国家做多方面的贡献。

五是对于组建我国饭店管理公司的认识。在改革开放初期，我国的旅游饭店短缺，没有国际水准的正规服务体系，为了适应旅游业发展的需要，各地各部门都先后引进外资建设饭店，同时引入外国管理集团管理饭店，减缓了国家的投资负担，保证了旅游发展的资金需求和管理需求，使我国的饭店供求状况在较短的时期内大大改善。饭店业总的管理水平和服务水平得以提高，不仅适当解决了旅游发展的自身需要，也成为推动对外开放改善投资环境的一个重要方面，出现了外资外管饭店和国营饭店相互竞争、同时发展的局面。对此应当充分加以肯定。现在，已有9个国家的43个饭店管理集团或管理公司，在21个城市进入我国饭店市场，有些集团还制定了在我国联网布局的规划。在这种情况下，需要注意的是我们旅游部门内部出现了不加选择地争取外方管理，使一些外商临时组建管理公司，有些外方人员素质也不高，这一趋势如果发展下去，将会造成旅游外汇收入的大量流失。一个大中型饭店，一年付给外方管理集团的管理费一般要达到营业总额的2.5～3%，加上外方管理人员的高工资和生活服务支出，有大量外汇流出，并且加剧了外资外管饭店和国营旅游饭店的不平等竞争。现在，我们已积累了一定的饭店管理经验，形成了一支自己的管理队伍，在管理水平和服务质量上也有了一定的基础，有计划地组建我国自己的饭店管理公司的条件已经具备。我们要鼓励外管饭店的中方管理人员学习总结外方的适用经验，培养人才，扩大中方人员参与管理的比重。要加强合资饭店聘请外方管理的审批管理，有计划地增加中方管理的合资饭店。

六是对国内旅游业的认识。去年1月19日李鹏总理主持召开的国务院总理办公会议指出：“人民群众在具备了一定的经济条件之后，有着日益增长的游览娱乐的需求。从引导消费方向、进行爱国主义教育等方面看，开展国内旅游是好事。但在旅游旺季，会造成交通运输过于紧张和一个地区人员过于集中，带来一些问题。有关部门要研究拟订一些可以为大多数群众接受的办法，加强管理。”必须看到，我国进入80年代以后出现的国内旅游热，有其内在的必然性，也是我们国家经济社会发展进步的一个标志。虽然由于交通条件的制约，目前我们还不能鼓励国内旅游，但也要看到，人民群众自发的旅游趋势是很难限制的，应当加以引导和管理。国内旅游也同样具有综合功能，1988年回笼货币187亿元，就相当于近千万台电视机的回笼。国内旅游对于繁荣地方经济，尤其是帮助旅游资源条件好的老少边穷地区尽快脱贫致富，是一个大门路。“旅游搭台，经贸唱戏”是1988年的一个比较瞩目的现象。一项旅游活动带来几亿元的经贸成交额，一座山富裕了一个县，一个湖富裕了一个乡，一个洞富裕了一个村的例子也很多。对于发展国际旅游业来说，国内旅游业又是基础和先导。所以，我们要在集中主要精力抓好国际旅游业的同时，进一步加强对国内旅游业的指导和管理，做到国际、国内旅游业一起抓，促进国内旅游业逐步发展。

三

我们对于旅游业的复苏和重振具有充分的信心。国内局势已经安定，党的十三届四中全会确立了新的领导集体，在国内外都引起了巨大反响，许多政府的对华态度会有改变。邓小平同志和中央其他领导同志多次重申改革开放的总政策不变，独立自主的和平外交政策不变，对港澳台的政策和侨务政策不变，有利于扭转海外对中国形象的反动宣传。北京的故宫、天坛、天安门城楼等主要旅游景点重新开放，向世界旅游市场表明了中国的旅游秩序迅速恢复，从根本上来看，中国旅游资源丰富，吸引力是客观存在的。在国内，各个旅游企业招徕客源的积极性很高。在国外，我们仍然保持了一批长期合作、共过患难的老客户，他们也会尽力突破限制和舆论的压力，开拓客源市场。我们要下决心艰苦奋斗一年半，重振旅游，“八五”期间的奋斗目标不变。

当前，我们要在全国旅游系统认真学习党的十三届四中全会的精神，学习邓小平同志和其他领导同志的重要讲话，围绕着党的中心工作，统一思想，统一认识。我们要求全国旅游战线上的广大干部职工立即行动起来，同心协力，增强信心，加倍努力，重振旅游。

重振旅游，主要是两个方面的工作，第一是要抓促销，按照旅游业这一外向型经济的特点和规律，运用多种方式，进入国际市场，尤其是要稳定客户，巩固已有的销售网络。也需要采取价格等经济杠杆，调节供求关系，吸引更多的旅游者来华。第二是要抓质量，这是旅游业的生命线，也是经多年经验教训得出的认识。旅游质量问题也是综合性的，包括服务质量、餐饮质量、日程保障和参观节目保障、交通安全质量等等。在目前促销难度较大的情况下，要以高质量为基础，才能加快复苏和重振旅游步伐。这两个方面的工作，都需要多方面的配合和大力支持。旅游业作为依托性很强的产业，必须以社会安定为生存基础，以经济繁荣为发展条件。旅游业作为改革开放窗口的职能比过去更加重要。

具体来说，当前要做好以下几个方面的工作：

（一）大力加强对外宣传促销工作，将是今明两年十分重要的工作，以便逐步消除国外敌对势力的造谣和歪曲宣传所造成的影响。有选择地邀请一些海外旅游记者、旅游界知名友好人士来华实地采访和考察，请他们亲眼看看我们平息暴乱后的新局面，帮助澄清国外舆论。并且采取多做些广告等各种宣传方式进行工作，着重解决目前外国公众来华旅游的心理障碍。要有重点地到客源国进行游说，主要是做有关政府部门及旅游协会等半官方机构的工作。

支持各个口岸及旅游重点城市搞好宣传招徕活动，充分调动中央、地方和旅游企业等各个方面的积极性，集中一定的力量，抓好重点。继续搞好今年的几项大型活动，以形成宣传促销的声势。包括陕西的世界旅游日、山东的孔子文化节、建国40年大庆的旅游活动，以扩大宣传影响。

（二）稳定客户，巩固我们多年来建立的海外销售网络。按国际惯例，我们基本上不能在客源国直接销售，而主要是依靠客户代理，因此稳住已有客户是保证客源的关键。而稳定客户一靠做好他们的工作，增长他们克服困难、坚定不移做中国旅游生意的信心；二靠及时制定相应的政策和措施，使他们能渡过眼前的危机，积极组团，收到大量组织旅游者来华的利益。因此，稳定原有的销售网络将是一项十分紧迫的任务。在客户中，目前重点需要扶植的是那些长期做中国生意和专门做中国生意的客户。这些客户，多年来对我国旅游业的发展作了很大贡献，对于今后的发展仍具有重要意义。还要十分注意开辟新的客源市场，以弥补失去的部分市场。

（三）整顿队伍，治理旅游秩序和环境，提高服务质量。我们要切实在旅游工作中贯彻两手抓的方针，当前要充分利用“淡季”，不失时机地狠抓旅游队伍的整训及治理旅游秩序、整顿旅游环境的工作。按照党的十三届四中全会的精神和今年全国旅游局长会议的工作部署，切实整顿旅游队伍，形成新的旅游秩序，改善旅游环境。要在全国旅游系统中进行以坚持四项基本原则、反对资产阶级自由化、反对一切向钱看为主题的爱国主义、社会主义、艰苦奋斗的教育，要在思想整顿的基础上，解决旅游行业存在的几股歪风。还要继续抓紧整顿旅行社和饭店星级评定等工作，通过加强行业管理，尽快协调好旅游生产力的运行，使服务质量切实有个较大的提高。

（四）运用价格杠杆，吸引客户和旅游者。为有利销售，促进客源回升，要在稳定价格的基础上实行临时优惠价，这也是国际上解决旅游危机的通常作法，均能收到较为明显的效果。

总体来说，我国旅游业今明两年的工作要特别注意抓促销、抓质量。不抓促销，旅游就缺少客源；不抓质量，振兴旅游就缺少基础。只要这两方面抓好了，我们对我国旅游业的复苏和重振才有可能。

现在，正是我们从根本上治理整顿，提高质量的时机。我们应该通过艰苦细致的工作，扩大市场，在动乱之后形成一种新的面貌，新的气象，迎接长远的发展，为国家的现代化发展做出更大的贡献。

发展旅游经济的战略思考

孙 尚 清

随着改革、开放，我国旅游业不断兴起，目前它正处在成长过程中。在这个时候，深入探讨旅游经济发展战略，是使旅游业顺利发展的需要。

一、旅游业的性质

旅游是一种消费活动。人们在旅游过程中需要吃饭、住宿、参观、游览等等，这些活动都要消耗一定数量的物质资料和活劳动服务。恩格斯曾经把人们的生活资料划分为生存资料、发展资料和享受资料。看来，旅游消费资料已不是一般地维持人的生命延续的生存资料，而是满足人们发展和享受的资料。这就是说，旅游消费具有发展资料和享受资料两重性，至于二者的侧重点则根据一国经济发展水平和国民生活水平而变化。

国际上有这样的经验统计，当一国人均国民生产总值达到300美元时，居民将普遍产生国内旅游的动机；达到1000美元时，将产生国际旅游的动机；超过3000美元时，将产生洲际旅游的动机。这反映了经济发展与旅游消费需求相互影响的一般规律性。目前我国人均国民生产总值不到400美元。据预测，到2000年，我国人均国民生产总值将达到1000美元左右。那时的消费模式将是生存资料充裕，发展资料有所增加，享受资料局部进入消费。要适应这种情况，必须有一个发展旅游业的战略性的考虑。

从经济社会发展的总体看，旅游业是一种文化——经济事业。因为一方面在旅游消费中，无论人文景观还是自然景观，主要是满足旅游者文化生活的需要，具有明显的文化性质。但另一方面，旅游景观的开发和旅游设施的建设都需要投资。在商品经济条件下这种投资无论来自政府还是来自企业或部门，都需要进行投入与产出的比较，所以它又具有明显的经济性质。

社会主义经济还是商品经济。在社会主义初级阶段，旅游服务主要是当作商品来生产和经营的。因此，对我国现阶段旅游业性质的表述，就应当把“文化”和“经济”的次序加以调整，必须说它是一种经济——文化事业。凡为旅游者提供服务的企业或个人，都是商品生产者和经营者。有的地方或企业在发展旅游经济中只管投入，不问产出；只想自己有什么景观、能提供什么服务，不考虑旅游者的实际消费需要和消费能力；只顾招徕接待旅游者，不计成本、不讲效益，这些都是产品经济或非旅游经营观念的表现。我们对旅游业的观念需要更新，要用商品经济的观念来指导旅游业的发展。

首先是市场观念。旅游业的市场一在国际，二在国内。在我国外汇短缺的条件下，发展旅游业的重点是开拓国际旅游市场、争取更多的旅游者入境，取得更多的非贸易外汇。这就要求我们必须参与国际旅游市场的竞争。同时也要开发国内旅游市场，并且把国内旅游与国际旅游两个市场协调地结合起来，使之互相依存，互相促进。

其次是质量观念。质量是商品的生命。旅游服务当作商品在国内外市场上出售。它的质量如何，具有决定意义。旅游服务质量受多种因素的影响，它反映有关行业的综合水平。旅游服务质量的高低并不完全决定于设施是否现代化。我们应当提倡在简朴的旅游设施条件下创造高质量的旅游服务。目前我国的旅游服务质量不高，许多方面是人的主观因素造成的。合同规定的时间、线路、服务项目、服务收费等等，必须严格执行遵守。清洁卫生也是对旅游服务企业的起码要求。服务质量好，才能提高我国旅游服务商品在国际旅游市场上的占有率。

再次是经济效益观念。在社会主义初级阶段中，旅游业作为一种产业，必须考虑经济效益，讲求投入——产出比较。例如有一个风景区，10年来已投资1600万元，10年累计只回收100万元。这里有必要提出两个重要问题：一是如何正确认识并掌握国内旅游的社会文化福利性质。作为国家财政支出，政府有义务为纳税人免费提供一定的社会文化福利设施，资本主义国家尚且如此，更不要说我们社会主义国家了。但对于具有前述两重性的旅游业，在一定的社会经济水平上，必须正确认识并掌握其社会文化福利性与经济性的关系。在较低经济发展水平的国家，例如在我国，前者不可能也不应该占过大比重。二是如何正确认识并掌握发展中国家建设旅游业的一般规律：初期投入高、效益低。经过收支相抵阶段，才能进入收大于支的阶段。诚然这是带有规律性的，但我们还必须注意到，发展中国家发展旅游业时，都是力争缩短初期阶段的时间，并十分讲究超前投入的量度，忌讳超越经济水平的过量超前投入，尤其是在初期阶段，认真比较投入产出，并制定明确的产出预算。

三、从旅游业与国民经济的发展关系中把握旅游业的地位和作用。过去有的人认为旅游就是吃、喝、玩、乐。事实上，旅游业的发展与国民经济的发展是密切相关的。世界上有些国家就是依靠旅游业来推动国民经济大发展的。例如，战后西班牙旅游业的发展带动了整个国民经济的发展，19年中旅游业使国民生产总值翻了两番。奥地利、新加坡、菲律宾、香港等国家或地区，旅游业已成为国民经济的支柱产业之一。我们国家大、人口多，经济落后，在一个相当长的时期内都要以发展工农业生产为主，这是毫无疑义的。但是，积极地发展旅游业，给整个国民经济带来的益处，将会是巨大的。由于我国各地方发展不平衡，差别很大，有的地方也不排除把发展旅游业摆在更重要甚至支柱产业的地位。

发展旅游创汇，可为国家积累建设资金。1987年我国旅游业的外汇收入达18.44亿美元，在出口商品和劳务中，按大类统计，居第5位，相当于1987年外汇逆差的48.9%。一般地说，旅游外汇的换汇成本低，绝大部分为现汇收入。旅游外汇收入已经是我们国家的一笔重要财源。从国际旅游业发展趋势来看，可以说旅游产业将不知“夕阳产业”为何物，只要有和平环境和经济发展，它将始终处于“朝阳产业”的状态，欣欣向荣。鉴于我国在世界上的文化历史地位和自然条件，加上改革开放，考虑到国际市场的态势及走向，经过十几年的努力，相信旅游业可以成为出口商品和劳务中的一个大产业。那时，旅游业对整个国民经济的贡献就更大了。

据有关部门统计，1987年国内旅游达2.9亿人次，旅游服务收入在300亿元左右。可见国内旅游市场是宏大和兴旺的。目前我国相当大的一部分城乡居民收入已经达到可以进行国内旅游的水平，若不适当组织，满足他们的需要，势必增加其他商品供给的紧张程度，在一个相当长的时期内，我国实物商品短缺的状况难以有根本改变。增加服务商品供给，扩大货币回笼，应成为我们平抑物价、稳定市场的重要手段。当然，非正常的“公费旅游”必须严格禁止，国内旅游发展还必须同现存的交通设施的条件相适应，而不能盲目提倡。

旅游业本身是一个产业群体。国际、国内旅游活动的发展，必然使直接为旅游者提供服务的诸多行业首先得到发展。间接为旅游者提供服务的行业很多，例如，农业为旅游者提供粮食、蔬菜、水果、肉类、花卉等等；工业制造各种旅游服务设施、用品用具、旅游者的生活用品、旅游纪念品等等；建筑业的修建与装修；煤气、电力、自来水行业的煤、电、水供应等等。这些行业也会在旅游业的推动下得到进一步的发展。所以，旅游业是一种具有较强的带动作用的产业。一业兴，百业旺。因此，它可以作为适当超前发展的产业加以培育。

我国人口众多，劳动力资源丰富。但同时也带来了劳动就业问题。特别是在二元经济向现代经济转换过程中，农村多余劳动力大量转入非农产业的压力很大。旅游业的发展对于增加劳动就业的效果是明显的。1987年，仅旅行社、旅游服务公司、旅游车船公司、旅游购物商店等行业的从业人员就有10.7万人，这里未包括关联行业的就业者。至于以旅游为主要产业的县、市，大多数居民的收入都直接或间接与提供旅游服务有关。

旅游业还是发展社会交往（包括经济、文化、信息）的一个重要方面。国际旅游对增进了解和建立友好关系、促进中外经济、文化交流的作用是不言而喻的。旅游对提高居民文化素质也有积极作用。例如，据某研究所的一项抽样调查表明，农村90%的致富农民都有到外地增长见识的经历。在商品经济中，交往关系往往是商品交换关系的前奏，投资、合作、或相互发生商业关系，都是以相互交往为先导，旅游恰恰是增加交往关系的一种契机。各地的传统盛会或节日，例如风筝节、冰灯会、花会等等，都既是旅游，又是经济交往的大聚会。

旅游业的发展对社会产业结构合理化也有促进作用。从国内外产业结构变动的历史看，第三产业的发达程度是经济发展水平和产业结构合理化程度的一个重要标志。在发达国家中，第三产业的就业者已占社会劳动力总数的70%上下，第三产业的产值占国民生产总值的50—60%。在发展中国家，我国第三产业是较为落后的。据1987年的统计，我国劳动者在第三产业就业的人数为9301万人，占社会劳动者总人数的17.6%；第三产业的产值为2811.5亿元，占国民生产总值的25.5%。产业结构不合理，需要在努力提高第一、二产业劳动生产率的基础上尽快加以改变。旅游业是第三产业中的重要行业。它的发展同时要求或带动第三产业的主要部门如交通运输、邮电通讯、商业、饮食服务业、金融保险等以及文化卫生事业的发展。有些地方（如西安）把旅游业作为发展第三产业的带动产业，这是有道理的。

当然，旅游业的发展也会带来一些消极的东西，例如环境污染，生态平衡因人流扩大而受破坏。而旅游资源多数是难以再生的。长白山天池周围的高山苔藓层受到破坏，要三、四百年才能得到恢复。旅游还会使某些不健康的东西流入等等。对这些问题一要重视，二要治理，如果听之任之，旅游业就不能正常发展，还会给社会带来损害。这些，不光是旅游部门的事，也是全社会的责任。

二、对策建议

（一）我国旅游产业发展至今，已初具规模。在取得的巨大成就的基础上，从我国宏观经济条件的实际出发，应明确，到2000年实现年收汇80亿美元的目标的重点不在于扩大生产规模，遍地开花，而在于深化改革，完善重点，提高服务质量，调整服务收费结构。服务质量是决定国际竞争力的重要因素，因此，旅游服务质量应当向国际先进标准看齐，从我国的具体情况出发，提出相应的质量要求，采取措施，促其实现。要分阶段地制定发展目标。如八五期间、九五期间的具体目标，毋须争什么亚洲第一、世界几强的桂冠，而应紧紧把握国内外旅游市场的发展变化，扎扎实实地发展我国的旅游业。

（二）采取适度超前的战略。鉴于前述旅游业的发展对国民经济的促进作用，以及旅游业的发展受制于国民经济各有关部门的实际情况，根据我国旅游资源丰富、发展潜力大的特点，以及我国经济发展的经验教训，需要对“适度超前”有个正确的解释。这不是孤军突出，也不是带头产业的含义，只有在对旅游者有支付能力的需要及旅游市场的发展变化加以科学分析和预测的基础上，在与国民经济发展相适应的前提下，才能发挥旅游对相关产业的促进作用，所以绝不是要把它的发展速度列为国民经济各部门之首。

（三）积极开拓国际旅游市场，正确组织国内旅游市场。我国旅游业在国际旅游市场上所占的份额是极少的。旅游业发展的一般规律是先国内后国外，由近及远。所谓近，一是地理位置近，二是文化传统接近。我国开拓国际旅游市场的重点首先应选在亚洲经济比较发达的国家和地区，其次是欧美。对于国内旅游市场，现阶段所需做的首先是适当组织和引导。例如在旅游旺季，多接待国际旅游者，少组织国内旅游；在“热点”地区，尽量减少国内旅游冲击，引导国内旅游者转向“温”、“冷”线和新开发景区，进行疏导和分流。两个市场相互补充，彼此协调，才能达到共同发展的目的。

（四）突出特色，塑造中国旅游的美好形象，没有特色就没有旅游。我国地域辽阔，南方北方差别甚大，地形地貌奇异瑰丽，风景名胜区遍布各地。同时，我们是东方文明古国，有灿烂的古文化，有浓郁的民族风情。近代历史特别是中国革命史也丰富多彩，红军万里长征就是一部具有传奇色彩的史诗。丰富的旅游资源给我们提供了突出特色、塑造中国旅游形象的良好条件。突出特色有两方面的含义，一方面是突出我国天然垄断性的景观和文物，对旅游者产生特殊的吸引力；另一方面是突出旅游服务的特色，在既卫生又尽可能舒适的基础上创造风格各异的服务方式。这样，特殊的旅游服务方式与特殊的旅游资源相结合，就能够塑造出鲜明的中国旅游形象。

（五）旅游资源的开发利用与保护并重。旅游资源是历史和自然赋予我们的宝藏。但是，在未开发、利用之前，它仅仅是宝藏，只有在开发、利用之后才能变为财富。在开发旅游资源的时候，切忌有座庙、有个洞、有条水、有座山就要当作景观来投资建设，除了对客源、交通、食宿、供给等条件进行分析外，最重要的是进行比较研究，看看它有没有特色。旅游资源开发的重点应当是具有垄断性从而有不可替代性的景物。例如北京的故宫、西安的兵马俑馆、云南贵州的民族风情、桂林的山水、敦煌壁画等等。这些具有垄断性、不可替代的旅游资源，又具有不可再生的性质。所以，在开发、利用的过程中，必须细心地、严格地加以保护，以保证其永续利用。对那些旅游价值、生态环境价值、历史文物价值、科学研究价值俱高的资源，在保护措施未妥善解决之前，宁可暂时停止利用，也不贪一时之利，遗千古之恨。当今世界旅游的趋向是回归大自然，开发中应注意保护和表现景点的本来面貌，力求得趣自然，窥历史本来面貌之一斑，少搞人工景观，避免建设性破坏。建议对全国的旅游资源作一次全面普查、系统分析，以便统筹规划，分期分批进行开发，不断推出新的安全、经济、合理的旅游路线。

（六）广辟资金来源，提高投资效益。我国发展旅游业遇到的问题，是基础设施落后和交通运力不足。归根到底，都是资金短缺所致。我国发展旅游业资金短缺，像整个国民经济发展中资金不足一样，将是长期的。因此，必须树立量力而行的指导思想，不可贪多求快，结果欲速则不达。同时也需要通过多种渠道，开辟资金来源。在现行体制下，旅游业资金来源的各种渠道，都要加以合理利用：（1）国家的拨款和贷款，这是当前旅游建设资金的主要来源。（2）旅游企业通过改善经营管理，提高经济效益，实现自我积累、自我发展。目前我国旅游企业积累的资金有限，但从长远来看，它应成为旅游建设资金的主要来源。（3）发行债券，推行旅游企业股份制，吸收社会游资。这种集资方式的发展依赖于旅游企业经济效益的不断提高。（4）若某地区有发展旅游业的良好条件时，可以考虑把国家用于该地区的扶贫资金的一部分用来建设旅游设施，使原来的“输血”机制部分转变为“造血”机制，变单纯的政治效益为政治效益加经济效益。（5）鼓励其它行业投资于旅游业或从事旅游服务经营，多家办旅游。在资金短缺的情况下，对资金应当十分珍惜，慎重使用。以往资金使用效益不高，浪费较大。今后资金的使用，一应保护重点，即重点开发，重点建设，重点配套，建设一个旅游区就应使之具有综合接待能力；二应有可行性分析，并建立健全严格的投资经济责任，明确规定投资回收期，对投资的责任人（决策者的执行者）要严肃规定责、权、利并奖罚兑现。还可以考虑其他一些办法，保证有限资金的合理使用。

（七）努力改善旅游交通。我国紧缺的交通运输，已成为旅游业发展的瓶颈。而自然景观和人文景观丰富，又独具特色、发展旅游业的条件较好的地方，如张家界、九寨沟、云南贵州的一些风景区，多在高山大川、交通不便的偏僻之地。在商品经济中，“时间就是金钱”。如果旅游者要花几天时间才能观赏一个景区，他们会望而却步。我们应当研究在短期内我国交通运输状况不可能有较大改善的条件下，如何方便旅游者的问题。目前客流的现状大致是，入境旅游者大部分集中在北京、上海、西安、桂林、广东、江苏、杭州等主要城市和地区，同时又在旅游旺季。这几年旅游行政管理部门会同民航、铁路、交通等部门协商，采取一些季节性的措施，如增加航班、车厢、包机、专列等等，重点解决这些地方的旅游者的进出问题，已初步见效。在旅游方式上，现在多为观光旅游，旅游者在一个地方的停留时间短，这也增加了客流量。如果积极诱导，实现良好服务，就可望旅游者增加在一个地方的停留时间，从而也会相对减少客流量。

（八）提高服务质量，提高经济效益。我国旅游业的发展，除受交通条件的制约以外，还受到服务质量和经济效益不高的制约。现有的旅游企业，除少数采用科学管理方式因而有较高的服务质量和经济效益外，多数还受政企不分的影响，机关化的管理方式随处可见。值得注意的是，至今还未建立考核服务质量和经济效益的指标体系，特别是对全行业的经济效益不加考核，是对旅游服务经营进行宏观指导的重大缺陷。

（九）培养专业人才。在旅游业发展的初期，引进国外先进的企业管理方式，聘请少数外国专家是必要的。但这不是长久之策。培养自己的各种专业人才，才是解决问题的根本方法。职业学校和高等院校为旅游业提供了一定数量的专业人才，但还不能满足行业发展的需要，现在特别需要培养高级的旅游专业人才。

（十）深化旅游管理体制的改革。我国旅游业是在党的十一届三中全会以后，在改革、开放政策指导下发展起来的新兴行业，因此旧体制的影响并不那么深。旅游业有条件缩短新旧体制转换的过程，尽快建立起新的管理体制。

政企分开是中央已经确定了的方针，旅游业应当积极执行。政企分开的核心是国家行政机关——各级旅游局——不再充当国有旅游企业的资产所有者代表，不参与企业的经营活动。它的主要职责应是制订发展规划，监督政策法规的执行，对全行业进行规范化管理，协调行业内外关系。

旅游企业应加快集团化和股份化，股份制能较好地实现政企分开，所有权与经营权分离，使企业成为真正的自主经营、自负盈亏、自我发展的商品生产者和经营者。由于旅游服务的联系松散，需要企业之间建立紧密的联系，企业集团化既是股份制的必然趋势，又是旅游服务经营的内在要求。旅游投资应尽快由投资公司办理。国家的无偿投资即财政拨款部分可通过投资公司按投资程序发放并由投资公司监督其使用情况和使用效果。

治理整顿中发展旅游业的思考

王 立 东

在治理整顿经济的形势下，旅游业也感到了一定的压力，从而必然要提出“发展速度”的问题。有人认为，以往旅游业的发展过快，应该寻求最佳速度；有人则认为，旅游业应保持原有的速度，稳定发展。谁是谁非，需要从理论到实践的深入研究，但有一点是共同的，即旅游业要稳步前进，要适应当前治理整顿的大形势。

作为一种部门经济，旅游业与经济、社会是双向促进或制约的关系。旅游业的发展能够促进经济和社会的繁荣，但也需要整个国力作为它的基础。因此，在整个经济的发展中，旅游业不可能单向突进、孤军直入，其发展速度必然要受到国情的制约；近年来，我国渐趋严峻的经济形势也必然影响到旅游业。看到这一点，我们就应该在肯定成绩的前提下承认某些失误，承认旅游业在发展中出现的一系列矛盾与冲突。

——在整个交通运输业超负荷运行的前提下，交通客运已达到极限。几年来，一些旅游热点在旺季进不去、出不来的状况日益恶化，使交通成为遏制旅游发展的首要因素。更严重的是恶性交通事故时有发生，加剧了游客的心理恐慌。这是旅游业发展的致命伤。

——我国地区经济发展的不平衡性，客观上造成了旅游热点与温冷点发展的差距。差距拉大，形成热点过热、温冷点不足的状况。热点在旺季人满为患，使资源受到损害，进而破坏旅游地的生态环境，降低旅游质量的问题，已达到相当严重的程度。

——在我国固定资产投资过大、基本建设战线过长的情况下，涉外饭店的建设起到了一种触发作用，由此而兴起了一股全社会建设楼堂馆所的热潮。这股热潮虽然已被坚决刹住，致使一大批非经营性的楼堂馆所下马停建，并压缩了一部分经营性楼堂馆所的建设，但涉外饭店在某些地区数量过剩、在宏观上档次结构失调的状况已成为事实。

——我国教育发展滞后的苦果已开始显露，在国民素质降低的同时，“一切向钱看”的观念则深入人心，“官倒”“私倒”久禁不绝，加之外来文化中的消极影响，由此引起了一系列社会问题。旅游业队伍素质不高，服务水平不断下降，教育和培训一直是薄弱环节，就是这些问题在旅游业中的反映。更有甚者，敲诈游客、套汇倒汇、暗娼卖淫、性病、抢劫等等现代社会阴暗面的膨胀，也都波及到旅游业，有些问题在旅游从业人员中还有相当程度的表现。

——游客数量连年激增，加剧了我国经济的供给短缺，从而在一些热点城市刺激了物价的上涨。这种刺激又是发生在我国通货膨胀逐渐严重的背景之下。与此同时，随着旅游行业规模的扩大，旅游市场却并未形成一套相应的新机制，加之宏观调控不力，因此产生了一定程度的市场混乱。这与旅游业处于新旧体制转换时期这个大前提是分不开的。所有这些，都给改革的深化增加了难度。

可见，旅游业在发展中所产生的矛盾，与我国整个经济形势的变化是分不开的，这些矛盾与宏观经济中产生的矛盾相一致，主要的也是总需求大于总供给，行业内部的经济结构失调。在这种背景下，旅游业应当吸取以往的教训，坚决贯彻当前治理整顿和深化改革的方针，在国力允许的条件下适度发展，量力而行。

1.关于抑制需求

抑制需求，首先是对旅游人数增长的控制。无论是国内旅游还是国际旅游，都应控制其人数的增长，这是由于我国人口多、资源少的国情所决定的。

人口问题，是常常被我们忽视而在实际上又甩不开的包袱。人口失控，已对我国经济和社会发展造成了很大威胁，而旅游是一种人口的大规模流动，由于这种流动的连续性，使它实际上产生了一种增加旅游地人口的作用。增加人口就意味着增加需求，意味着拉大我国原有的供给缺口。尤其在当前形势下，我国基础产业的生产能力严重不足，发展滞后，已经给整个经济带来了威胁，同时也影响和制约了旅游业的发展速度。在农业上，粮食产量和人均耕地面积逐年减少；煤、电的供应相当紧张，今年2月份，发电与用电的比例已接近1:3；水资源短缺已成为突出的问题，据报道，我国目前有二百多座城市缺水，这已超过城市总数的一半以上，其中严重缺水的城市达40—50座；交通运输仍然是薄弱环节，潜力几被挖尽，扩大规模建设周期又长，短期内不可能有根本性转变；由于经济上的紧缩政策，今后一段时间旅游业在吸取投资上不再可能出现“黄金时代”。这种现实说明，不采取有效措施，我国供给短缺在人口失控的背景下将进一步加剧。因此，旅游业不应该再一味以接待人数的增长来求得行业的效益，只有从数量型发展转为质量型发展，才能缓和这种矛盾，从而更加适应经济治理和整顿的需要。这对旅游业本身也是有益的。

抑制需求，还应该拉大国际和国内旅游的消费档次。作为一个发展中国家，我国发展旅游业的重要目的之一是为经济建设积累更多的外汇，因此，我们把国际旅游业放在主要的地位，所走的是一条先国际、后国内的旅游发展道路。这就决定我们发展旅游业在一定时间内必然要使国民的旅游需求受到一定的限制，在当前经济紧缩的环境里，这种限制就显得尤为必要。限制国民的旅游需求，是为了保障国民的基本供给，缓和经济中的根本矛盾。相反，在国际旅游中，我们的方针应是在限制人数增长的前提下刺激旅游消费质量的提高，也就是要扩大游客的消费领域，提高游客的消费档次，改善游客的消费构成。只有在控制游客数量、提高消费质量的前提下，我们才能在宏观上实现既缓解供求矛盾、又增加外汇收入的目的。

抑制需求在地区发展上并不是一概而论。在总需求明显大于总供给的旅游热点城市，对需求应该加以限制；在供需基本平衡的旅游城市，旅游业应该继续协调发展；在供给大于需求的旅游城市，则应想方设法吸引游客，刺激需求的增长。我们所以提出抑制需求，是从宏观整体而言。宏观经济中供求失调已成为主要矛盾，反映在旅游业中，又表现为大量游客集中在少数的热点热线，形成供不应求的严重局面，所以，从全局出发必须提出抑制需求。但在全局抑制需求的总方针下，并不排斥具体情况具体分析，针对旅游发展不平衡的现实，我们应该采取政策引导和适当扶持的措施，鼓励那些温冷地区旅游业的适度超前发展。

2.关于增加供给

只有理顺旅游业内部的经济关系，确定部门之间协调发展的比例，才能够提高生产效率，增加旅游产品的供应能力。

理顺关系，首先是调整目前不合理的行业结构。旅游业是一种综合性行业，它的组成，主要是根据旅游活动的五大要素，大致包括饭店（餐馆）、旅行社、交通、景点（娱乐场）和商店。而在实际中，划分旅游行业的范围却是一件非常复杂的事情。所以复杂，一方面在于有的部门功能上的交叉性，另一方面又由于各个企业行政隶属关系的不同。功能上的交叉，例如交通部门，既输送游客又输送其他旅客；文物古迹，既有旅游价值又有考古价值。行政隶属关系的不同，例如同是旅游饭店，却由不同系统的上级单位主管等等。这种复杂性，给行业结构的调整带来了很大的难度。由此，旅游行业的结构调整需要做三个层次的考虑。第一个层次，是完全从旅游要素出发的调整，从目前来看，主要是控制饭店和旅行社的发展，增加交通客运能力，扩大景点的数量和容量，改进产品的结构与内容，挖掘旅游购物品的生产潜力。这种考虑，是要协调各部门之间的发展水平，尤其是缓解饭店超前、交通滞后的失衡局面。第二个层次，是消除行政隶属关系不同给调整造成的障碍。这里面的关键是深化改革，一方面切实做到政企分开，使企业真正获得自主权；另一方面是在政企分开的前提下切实转换政府职能，认真实行全行业管理。第三个层次，是妥善解决功能交叉给调整带来的困难。这就需要加强经济上的宏观调控，加强行业间的协同意识，并建立一种符合价值规律的平等交换关系。

理顺关系，还必须调整旅游产品的结构。依据旅游行为的不同层次，旅游产品可以分为观光型、消遣型和专项型。在我国目前的情况下，观光旅游既是国内旅游同时也是国际旅游的主要方式，这是由我国的旅游资源现状和经济供给能力决定的，同时也是相当一段时间内我国旅游产品的优势所在。由于国际旅游的消费水平相对较高，我们在国际旅游业中可以发展专项型旅游产品。而发展消遣型旅游产品投入较大，在目前为我国国力所不允许，在国际旅游市场上也缺乏竞争力，所以不宜发展。坚持观光旅游为主要形式，逐步扩大专项旅游的规模，控制消遣旅游的发展，应该是我们当前的发展方针。

理顺关系，在地区发展上应该是热点带动温冷点，从长远看应是逐步缩小地区差距，从而合理地调整地区结构，实现旅游资源的充分、合理利用。地区差距是一种长期形成的客观事实，它主要是由于经济发展的不平衡所造成的。我国旅游业发展的现状是东西部地区差距较大，中间地带呈过渡状态。目前我国的七个旅游热点城市和地区，有五个集中在东部沿海地区，两个处于中间地带，而西部则还没有一处成为热点。这不是因为西部缺少珍贵的旅游资源，而是因为西部的区位条件相对较差。针对这种状况，旅游业发展的战略思想应该是承认差距，但不拉大差距，在长期的发展中逐步缩小差距。如果拉大差距，将会破坏地区结构的合理性，造成旅游资源在一定程度上的闲置和浪费。

3.关于深化改革

旅游业要稳定发展，就需要处理好发展与改革的辩证关系。发展过度，不仅加剧了经济中的矛盾，而且增加了改革的难度；相反，改革停滞又会影响经济的发展。旅游业应该避免这种恶性循环而寻求一种发展与改革的良性关系，当前，就是以深化改革来保证治理整顿的正常进行。

在我国旅游业兴起的初期，改革曾经发挥了较好的社会示范效应。例如，旅游业引进外资和外方管理，以及“五个一起上”的方针，冲破了旅游业所有制和管理体制上的单一形式，改变了旅游经营独家垄断的局面，活跃了经济民主气氛，增加了旅游供给，在一定程度上缓和了当时的旅游供求矛盾。同时，由于引进了国外先进的管理经验，推动了旅游企业的制度改革，在一定程度上动摇了“大锅饭”、“铁饭碗”的传统思想。试想，如果没有当时的改革，旅游业就迈不出这一步，冲不破传统体制的束缚。所以，应该肯定改革的方向和成绩。当然，我们也应该看到后来产生的问题，如涉外饭店建设失控，档次结构失调，盲目引进外方管理，以及市场的混乱和不规则竞争等等。其中有些是因为我们的政策不完善，预见性差，缺乏配套的改革措施；有些则是进一步改革所要解决的问题。但从本质上看，产生这些问题并不等于说改革的方向是错误的；相反，它反映出深化改革的重要性和必然性。正是因为旅游业在后来改革的热情有所降低，致使改革出现了停顿现象，甚至在某些方面落在其他行业之后，才使产生的许多问题长时间得不到解决，从而使一些矛盾加剧。例如涉外饭店建设过热，就是一个明显的事例。

旅游业在后来改革进展缓慢的原因，具体有三点：第一，旅游市场情况良好，尤其是国际旅游市场的客源长期处于供不应求的局面，这使旅游业很少担心产品销售难的问题；第二，旅游业本身是一种新兴行业，又属外向型经济，享受国家一定的优惠政策，加之需求持续旺盛，所以在社会中处于一种“贵族”地位，本身有较强的“优越”感；第三，旅游业综合性强，涉及面广，内部关系复杂，牵一发而动全身，任何一环的改革都会影响全局，同时又不重视对改革理论的研究，这就增大了改革的困难。上述状况，在一定程度上削弱了改革的动力，致使旅游业发展中的某些问题积重难返，形成了当前供求总量和结构性失衡的局面。

面对严峻的形势，旅游业在治理整顿的同时，必须深化改革，其中主要是进行宏观调控、市场、企业三个方面的配套改革。

旅游业改革的中心仍是市场问题，目标是进一步形成“国家调节市场、市场引导企业”的运行模式。但是必须明确，我们建立的市场并非自发性的市场，我们进行的调节不是纯粹的市场调节。这是因为旅游市场在我国经济发展水平落后的制约下，呈现出供给不足而需求有余的特点。经济发展水平落后，决定了市场机制不健全，并进一步决定了市场调节功能的低下。在这种情况下如果缺乏宏观调控，将会造成市场竞争的极度混乱。此外，旅游市场的构成复杂，作为一种新型行业，其市场功能的提高必然要有一个过渡阶段，在这个阶段中，加强宏观调控就势在必行。这些道理，已为旅游业发展的实践所证明。

但是，加强市场的宏观调控并非是市场垄断。我们改革的目标是搞活经济，提高效益，实现有计划的商品经济，这就需要逐步创造一个经济民主的环境。而宏观调控正是为了保障经济民主的正常化，创造一种平等竞争的气氛。如果搞市场垄断，就势必会回到旧的体制之下，再走计划经济的老路。要实现平等竞争，国家就要制定一系列有关的市场规则和秩序，使企业在竞争中而不是在垄断下进行优胜劣汰，从而保证旅游经济在宏观上的平衡与协调。为此，当前仍要进一步实行政企分开，真正实现政府职能的转换，在宏观上加强信息交流、科学预测、战略规划、政策和理论研究等方面的工作，实行决策的科学化和民主化，坚决改变不按旅游经济规律办事的专断做法。

完善市场机制的另一方面，是加强企业活动力，其关键是政企分开、简政放权。旅游业结构复杂、外向型强，妄图采用政府包办代替的做法无法调动企业的积极性。只有真正实现政企分开，消除行政隶属关系上的复杂性，才能使企业放开手脚、发挥效率。为此，旅游业应该借鉴其他行业的改革经验，研究出自身体制改革的具体形式和方法步骤。从目前来看，我国企业改革的形式已有多种，例如承包制、租赁制、股份制、优化组合、破产兼并、建立企业集团和行业协会实行全行业管理等等。这些方法中，有些已被旅游企业的改革所实践，但从全局来看，旅游业的企业改革仍然缺少一种战略规划。哪些形式适合于旅游业，哪些不适合，哪些还需要创新，先后的次序和步骤如何衔接，改革中会出现什么新的情况，都需要有一个综合的考虑。同时，下放给企业的权力哪些还没放，哪些需要进一步落实，是一步放到底还是逐步下放，也需要通盘计划。之所以如此，是因为企业的改革应符合旅游市场良性竞争，企业的改革是在宏观调控下的改革，只有宏观调控、市场和企业三方面配套进行，才能真正使改革深化。

旅游业是一项综合性行业，因此，其改革的深化除了要注重综合配套外，还应注重改革的速度。改革不能停顿，但速度要适当，不能过急，否则就会产生一刀切和盲目性。旅游业改革的进展也需要和我国整个改革以及经济调整的形势相适应，同时又要保证旅游经济的治理和整顿。此外，旅游业的发展不能仅从经济上着眼，还要从文化上着眼。旅游业带有很强的文化性，旅游产品从某种意义上讲就是一种文化产品。只重经济效益，不重文化效益，将会给旅游业带来灾难。这并非危言耸听，我们在实践中已经在为这种失误付出代价。因此，要协调旅游业发展中经济与文化的关系，处理好对历史文化的批判、继承、发扬以及对外来文化的批判与吸收。在旅游业发展中只重经济效益而无视文化的作用，是一种简单、狭隘的观点，也是一种不负责任的态度。

开展苏联东欧来华旅游问题的研究报告

孙　钢

开展苏联东欧来华旅游业务（以下简称“苏东旅游”），是一项潜力很大、前景广阔、具有重要现实意义和战略意义的课题，也是需要国家各有关部门协调一致、辅以大政策、采取大措施才能大见成效的重大问题。

（一）现状和特点

就来华旅游人数看，苏东游客近几年增长较快。

	1985年	1986年	1987年	1988年	1989年 1—5月	合计
苏联	1.77（万人）	1.92	2.47	3.48	1.23	10.87
波兰	0.24	0.36	0.40	0.65	0.32	1.97
南斯拉夫	0.27	0.28	0.42	0.50	0.26	1.73
民主德国	0.17	0.18	0.28	0.38	0.19	1.20
罗马尼亚	0.16	0.16	0.17	0.20	0.17	0.86
匈牙利	0.07	0.11	0.17	0.19	0.13	0.67
保加利亚	0.06	0.09	0.11	0.15	0.11	0.52
捷克斯洛伐克	0.07	0.03	0.06	0.10	0.09	0.35
合计	2.81	3.13	4.08	5.65	2.50	18.17

由上表可以看出以下特点：

1.苏东游客，在1985年—1988年的四年间增长了一倍，总数是如此（201%），以苏联和其他七国分开计也是如此（苏联196.6%，其他七国208.7%）。

2.苏东八国中，苏联的游客占总数60%以上，1985年到1988年每年占比例分别为63.0%、61.3%、60.5%、61.6%。

3.苏东八国中，按来华旅游的累计人数排列依次为：（1）苏联；（2）波兰；（3）南斯拉夫；（4）民主德国；（5）罗马尼亚；（6）匈牙利；（7）保加利亚；（8）捷克斯洛伐克。

4.苏东来华旅游增长速度逐年加快，以八国合计数看，1986年比1985年增长11.4%；1987年比1986年增长30.4%；1988年比1987年增长38.5%；1989年1—5月比1988年同期增长100%。

结合我国旅游业其他统计数据，还可看出以下特点：

5.尽管苏东来华游客相对增长较快，但总体规模甚小，1985年到1988年，苏东游客占来华外国人总数的比例分别为：2.05%、2.11%、2.36%、3.07%。

6.苏联作为一个客源国，其位次基本是列在日、美、英、菲、西德、泰、新、加、法、澳、印尼、意大利之后居第13位（1987年曾超出意大利居第12位）；苏联游客占来华外国人总数的比例，1985年到1988年分别为1.29%、1.30%、1.43%、1.89%。

（二）问题和前景

苏东来华游客近几年增长的实绩，基本上是在客源国方面自发主动的状态下实现的。就我国旅游企业、旅游部门以及有关部门的协调配合上来说，所做的工作都是很有限的。主要问题有：

1.各一类社对扩大招徕苏东客源缺乏足够的认识和

有力的措施，基本上没有在苏东国家举办过旅游展销会、派出过旅游推销小组、印发过使用苏东国家文字的宣传小册子，使苏东国家对当代中国旅游业各个方面的知识和情况缺乏了解。其中有一个很大的思想障碍，就是往往认为这些国家的经济水平偏低，缺乏硬通货，招徕他们几个人，还不如欧美国家一个人。

2.旅游部门对苏东国家当代旅游业的状态缺乏了解和研究，因而很难提出切合实际、行之有效的促销战略和具体实施办法。前几年虽也研究过这一问题，但“热点”最后都集中到解决“人民币和卢布的结算比价”上，当这一“老大难”问题在研究过程搁浅后，就显得一筹莫展。应该承认，“结算”问题的确是终究绕不开的大问题，必须有积极解决的办法；但也应该承认，除此之外，还有一系列工作是可以做的。

3.大力开展苏东国家来华旅游业务，是我国目前在搞好对外开放、完善外交外贸格局、扩大对外经济技术合作总战略上的一个重要环节，它有许多区别于吸引欧、美、日、澳等发达资本主义国家游客的新特点，需要我国外交、外贸、计划、财政、银行、物资等各有关部门共同研究，制订政策，协调动作，才能真正奏效。但在前两年研究这一问题的过程中，大家站的角度似乎还不高，往往把这件事当作简单的旅游业务，故难以在方针政策上取得一致和突破。关于以旅游易货方式开展苏东旅游的研究，闹腾了一两年，最后不了了之，可以说是这方面问题的一个注解。

我们认为，如上述问题能够解决，发展苏东旅游是可以大有作为的。这是因为：

1.我国与苏东国家同属社会主义国家，苏东国家人民对中国人民普遍怀有友好的感情，许多人，特别是那些五十年代在中国帮助建设过的专家及其同辈人，都想到中国来旅游。中国和苏东国家又同时面临改革的任务，当代中国改革开放的成绩和经验对苏东国家的吸引力很大。我国前一段制止动乱，平息反革命暴乱所采取的措施，苏东国家一般都能理解和支持。今年1—5月，来华旅游的外国人总数仅比去年同期增长了7.1%，而其中的苏东旅游者却正好增长了一倍。

2.就经验发展水平和人均收入来讲，苏东国家无疑要比我国高出一个台阶。他们的人均国民生产总值一般都早已超过2000美元。（按“世界银行”《1986年世界发展报告》，1985年匈牙利和波兰都已达到2100美元，南斯拉夫达到2120美元，其他国家资料欠缺，但可以估计，苏联和民德会超过他们。）按国际旅游界的经验统计，一个国家的人均国民生产总值达到1000美元时，就将产生国际旅游的动机。事实上也是如此，苏东国家出国旅游的范围，虽然主要还是在“经互会”圈子内，但规模已相当可观。据有关资料介绍，匈牙利1987年出国旅游人数达719.6万，旅游支出1.85亿美元和1.46亿转帐卢布；南斯拉夫1986年有846.4万人出国旅游，其中去苏联的有26.4万，每年的旅游支出平均在8600万美元左右；波兰1986年的出国旅游人数有431.33万；苏联每年出国旅游人数约400万。这些国家，一般都已建立起比较完善的职工休假制度，在外汇兑换方面的政策也日渐松动，更值得指出的，从地域上看，它们距我国相对较近，交通花费较低。所以，无论从收入水平、出国动机、闲暇时间和旅游交通哪方面讲，苏东国家都是一个潜力很大的市场。

3.从我国接待能力上看，今明两年自然不在话下，即使在旅游接待任务很重的1988年以及九十年代的旅游重振时期，一年再增加接待几十万苏东旅游者，大多数城市都不成问题。

综上所述，我们认为苏东国家是亟待开发、潜力很大、前景广阔的市场。如果有关配套政策措施能够跟上，明后两年，我们就可能接待包括10万以上苏联旅游者在内的共15—20万苏东旅游者，以每人平均消费2000—3000卢布计，就可以创收3—6亿旅游卢布；如果持之以恒地抓下去，到1995年，我们就可能接待包括30万以上苏联旅游者在内的共50—70万苏东旅游者，以每人平均消费2500—3500卢布计，就可以创收12.5—24.5亿旅游卢布。

（三）现实意义和战略意义

今明两年，我国旅游业面临“滑坡”之势，设法扩大招徕老的主要客源国的客源，尽快恢复我国旅游业的发展势头，无疑是十分重要的工作。与此同时，尽快开通苏东旅游之路，让比以往多得多的苏东游客来华旅游，以填补欧美游客“大滑坡”所造成的旅游接待空白，无疑也是一项十分重要的工作。如果说，在前几年外国来华客源稳定增长的形势下，对苏东国家的促销工作还有点理由放在次要位置；那么可以说，在今明两年扩大欧美客源难度很大的形势下，再不积极开展对苏东国家的促销工作就毫无见识了。从发展我国旅游业的全局看，无论在现实上或在战略上，无论在政治上或在经济上，大力发展苏东旅游，都具有重要意义：

1.发展苏东旅游，是进一步发展同苏东国家友好关系的一个必然产物。旅游业的综合功能之一，就是增进我国人民同世界各国人民的交往和友谊，促进和服务对外开放工作。以苏东旅游现在的规模和水平，明显是同国家之间的友好关系水平不相称的。要把“在和平共处的普遍原则基础上建立新型的关系，既不回到五十年代的结盟关系，又摆脱六十、七十年代的对峙关系”的历史任务，真正落实到实践中去，旅游业必须而且可能发挥先导的作用。

2.发展苏东旅游，是进一步发展同苏东国家经济贸易关系的一个保证措施。以苏联为例，中苏两国在发展经济技术合作方面有很多有利条件，两国的经济发展和自然资源是互补性，苏联工业发达，在科技的许多领域也是领先的。但由于众所周知的原因，以前两国在经济技术合作的广度和深度方面都远远不够，双方经贸关系在许多方面带有偶然性，缺乏系统性。如果在这些方面稍有突破，比如谈成了一个引进核电站项目和大型企业项目，就会产生一个大额度的借贷和还款问题，旅游创汇的卢布就会在其中发挥平衡逆差的作用。前两年，在研究这个问题时，人们的思路往往被两国贸易中眼前存在的一点我方顺差所局限，以为"贸易已有顺差，旅游再有顺差，国家消化不了"，其实，这是缺乏战略眼光的。随着戈尔巴乔夫访华后，两国两党关系实现了正常化，今后两国经贸关系可望有较大的突破，旅游业必须而且可能在其中发挥平抑外贸逆差、保证经贸关系发展的作用。

3.发展苏东旅游，也是进一步拓展我国旅游客源市场、改善旅游发展布局的一个重要手段。拓展旅游客源市场问题前已述及，现就改善我国旅游发展布局看，发展苏东旅游：（1）可以使一批旅游温冷线变热。我国的东北地区、西北地区、华北地区（北京除外），对于接待欧美客人来说，目前还是温冷点（线），但这些地区，由于距苏东国家近，边境贸易也有一定规模，"一·五"期间又集中了苏东国家的主要援建项目，因而很可能成为开展苏东旅游的热点（线）地区。这些地区的"变热"，对于我国旅游业今后持续健康的发展是具有重要意义的。（2）可以使一些旅游地区的淡季变旺。欧美客人由于消费水平高，讲究享受，对旅游时间也比较挑剔。苏东客人由于消费水平相对较低，在冬季时他们那里较冷，而我们许多地区相对温暖，因此，如能在淡季促销上做些文章，相信会在淡季吸引一大批苏东旅游者。这也是带有战略意义的一个问题。（3）可以使一些中低档饭店找到最稳定的主顾。苏东游客由于出国花费水平所限，一般都要求住中低档饭店。从宏观上看，这一层次的旅游者正好与喜欢住中上等客房的欧美客人形成"互补"。（4）可以使我国旅游客源的构成形成高、中、低档需求结合得度的架构，并形成来自资本主义国家、社会主义国家和华侨等四种人结合的架构。从旅游社会学的观点看，后面一种架构，也更加有利于促进我国的社会主义精神文明的建设。（5）通过发展苏东旅游，还可以促进旅游商品销售、互相介绍第三国旅游者、开通连接中苏的国际旅游线。

（四）大政策和大措施

发展苏东旅游的现状、问题、前景、意义已如前述。要使这项前景广阔、意义重大的事业尽快见到成效，靠旅游部门一家"单枪匹马"去闯是不成的，靠边境地区开展"对等旅游"是干不出大局面的，靠以前议论过的"由国家给点外汇搞试点"的办法也适应不了当前的紧迫需要。如果本文前面提到的若干观点能够成立，我们建议：各有关部门要在统一认识的前提下，尽快研究制定一些大政策和大措施，并尽快付诸实施，诸如下列各项：

1.国家要把发展苏东旅游业务纳入双边"经贸合作混合委员会"的工作日程中去。从不同国家每年能招徕多少游客访华，旅游收入多少，要有精确的测算。在可能的情况下，应签订协议。我方的旅游收入，如国家认为有必要，可列为我方的支付手段之一。

2.对苏东国家旅游收汇的币种，应根据不同国家的不同情况采取灵活措施。对于能以硬通货支付的团体旅游者和散客，应采取优惠措施来扩大招徕。不要一提开展苏东旅游，就认为是"货币结算"的问题。事实上，用美元结算的苏东游客，以前不少，以后应该争取更多。

3.要使苏东游客形成大的规模，无疑必须认真解决好"货币结算"问题，可以采取的办法是：

（1）对苏联这样一个主要客源市场，可以考虑将我方旅游收入纳入经贸部管理的"记帐贸易"的"大贸"范围内，由国家对这一部分收入统筹安排使用。旅游接待单位的"卢布"收入，由各单位交付中国银行及其分行，中国银行按所制定的合理兑换牌价兑换给人民币，并出具"外汇三联单"。旅游接待单位凭此"外汇三联单"计报自己的外汇收入。对其它东欧国家，也可采用这个办法。

（2）对于经贸部门认为没有油水纳入"大贸"范围内的国家，可采取"易货贸易"的形式。为在组织上保证这项工作能够落实好，建议成立"中国东方旅游贸易公司"，统一经营全国的对苏东国家的旅游客源招徕、招待和易贸业务。以其接待旅游者的收入，购买双方国家的物资。这个公司所进口的物资和设备，不受配额和商品种类的限制，不论是生产资料、生活资料或消费品，凡在国内好销的均可进口、转口或直接投放市场。这个公司要在各地组织起接待网络，在东北、西北等开展苏东旅游的重点地区设立分公司。在网络内部，一律用人民币进行结算。凡未参加网络的一律不准经营同类业务。

4.及早研究制定对苏东旅游的价格政策和办法，对外提出。框架性原则有（1）对能够付硬通货的旅游者的优惠政策。同等同类的接待，在我国国内的费用，应稍低于欧美游客，并明显低于"付卢布"的游客；（2）对不能付硬通货的游客，统一以卢布结算，不把币种搞得太杂；（3）为防止造成卢布直观报价过高的印象，提出报价，可只报出在我国国内不同旅游线上几日游的报价，游客自出发地到中国的交通，可以乘他们自己的航班和国际列车，如需乘我们的航班，价格单列，不捆在一起。

5.及早编印一批用俄文（及东欧国家其他文字）编印的“中国旅游便览”之类的宣传小册子，介绍一批对苏东游客会有吸引力的旅游路线，提出旅游价格，以便散发。

6.由“中国东方旅游贸易公司”牵头，组织对苏东国家的旅游促销工作。今年内，就应该派出若干推销小组到这些国家，同这些国家的有关旅行社建立业务联系并推销中国旅游。

7.及早在莫斯科设立派驻旅游办事处，以开展调查研究，公关工作，收集分析来自第一线的消息，及时调整有关方针政策，待此旅游办事处设立起来，工作一段后，如认为有必要，可以在莫斯科再设立一个“中国东方旅游贸易公司”的办事处，直接开展经营业务活动，也可以考虑在南欧的贝尔格莱德再设一个旅游办事处。

8.今年九、十月间，在北京举办一次专门邀请苏东国家的旅行社、记者和旅游部门官员参加的“中国旅游展销会”，会后邀请各国若干代表赴我国一些重点旅游地区参观访问，争取在会上就能成交一批团队。

9.苏东旅游的开展，还需要得到民航、铁道、交通部门的支持和配合。这些部门的收费，建议也按上述精神调整。

10.与苏东国家在旅游业的合作方面，还有更广阔的领域，比如，到苏联合资建饭店、建餐馆，和苏东国家交换旅游信息，和苏东国家合作开展人才培训、旅游理论研讨，和苏联共同开拓国际旅游线路等等。这些，可待招徕接待更多的苏东旅游者成为事实后，加以落实和深化，并使其成为发展苏东旅游的一种激励力量。

“五个一起上”——一项重要的旅游发展方针

吕　远

“五个一起上”，是中央于1984年提出的发展旅游业的重要方针，这是我国旅游业发展过程中所实行的一项最重要的产业政策，可以说是十年中的一个分水岭和里程碑，在现实中产生了巨大的推动作用，

近来，围绕着对过去的反思和对未来的展望，如何认识和评价这一发展政策，也产生了一些不同的说法，见仁见智，褒贬不一，归纳起来，大体上有三种：

1.这一方针是正确的，但在理解和执行上发生了偏差，即把旅游基础设施的“五年一起上”理解为旅游发展的各个方面都要“五个一起上”，因此，需要重新明确和严格限定。

2.在过去的发展中，这一方针起了重大的作用，但现在旅游产业规模已经形成，外延式扩大的局面已基本结束，因此，这一方针今后不宜再提，否则将导致更大的混乱。

3.这一方针从一开始就是模糊的，大有“大跃进”的遗风，虽然有不少积极作用，但副作用也许更大，需要认真反思并加以扭转。

更有甚者，由于信息的扭曲和夸大，在社会上的非议更大，甚至产生了一种语言模式：有钱盖高级宾馆，却没有钱干×××。尤其是在宏观经济紧缩与旅游业滑坡的特殊背景下，各种笼笼统统或似是而非的说法很容易打动人心，占领市场，似乎这些问题不仅成为旅游业自身的问题，也成为宏观经济的重要问题了。

在这种情况下，对“五个一起上”的方针的认识，就不仅仅是反思，而且具有重要的现实意义，否则，从各个方面都有可能形成较大的阻力，影响旅游业的长远发展。

“五个一起上”的提出

1984年，从时间上看，恰好是我国旅游业十年发展的中期，从经济指标上看，入境总数从1978年的180.9万上升到1285.2万；其中外国人从22.96万上升到113.43万；旅游外汇收入从2.63亿美元上升到11.31亿美元。在这短短的几年内，中国的旅游业犹如一颗突然辉发的新星，大放异彩，引起了世界和国人的瞩目。当时，旅游业的进一步发展面临着三个较主要的矛盾：

第一，是需求膨胀与供给短缺的矛盾，尤其是饭店的短缺，已成为制约发展的焦点。当时，全国只有不足6万间客房，且大部分是原有的老旧设施，无论从数量上还是设施水平上都难以满足需要。尤其是在旅游热点城市，紧张的状况始终难以缓解，只能以热点城市现有的饭店数量进行短线平衡，严格控制流量。即便如此，也常常发生客人下飞机后只能先游览后住宿甚至需要到外地住宿的事情。这样，不得不把许多渴望来华一游的客人拒之于国门之外。

不加快饭店等的旅游基础设施的建设，就难以满足日益膨胀的需求，也难以提高旅游业的总体服务水平，而加快建设，又面临着资金短缺的矛盾。在此之前，旅游基础设施一部分靠原有的设施维持，一部分靠国家投资建设，引进外资和社会投资虽然已经开始，但始终未成气候。而在国家财力有限的情况下，继续维持原有的投资格局，显然无力适应进一步发展的局面。

第二，是各个方面进入旅游业的积极性与行业壁垒的矛盾。中国旅游业的发展，引起了各个方面的瞩目，也自然引起了各个方面进入这一行业的积极性。广阔的市场前景使旅游投资的风险较小，高额的垄断利润使吸引力增大，一部分旅游企业的示范效应又产生了更大的投资决心，加之对外开放的需要和各种非经济与非旅游因素的作用，不仅使国内的投资者，而且使国际的投资者都看好了旅游投资这一大市场。而同时，“非旅游部门”不得办“旅游”这一禁令仍然在发挥作用，行业壁垒依然存在。但价值规律已使得行政壁垒越来越薄弱，矛盾也越来越尖锐。

另一方面，是国内旅游的热潮已经兴起，形成了又一轮需求膨胀。以广东等开放见到显著成效的地区为先导，以江南繁盛之地为中心，在广阔的神州大陆上，由南向北，由东自西，迅速形成席卷之势，而国内旅游服务业也随之而蓬勃发展。这一市场的形成，需求与供给双方均不受行业壁垒的限制，但都对国际旅游的行业壁垒带来了巨大的冲击。

第三，是行业扩张、性质转变与认识不足、政策不力的矛盾。这一矛盾从现象上看并不十分突出，但却是深层的更具本质性的矛盾。1978至1984年的迅猛发展，不仅仅是形成了一些旅游热点城市和一定的产业规模，而且在经营组织、管理体制等各个方面都发生了根本性

的变化。一是全国绝大部分省市自治区都建立了旅游管理机构，一部分地区和城市也开始建立旅游局；二是旅游外联权下放，使地方发展旅游业的条件更加成熟；三是许多旅游经营单位开始向企业化转变。从总体上看，旅游业随行业规模的扩大和管理体制的部分变革，其性质已经从过去的民间外交、文化交流转变为一项经济产业迫切需要纳入国民经济的产业体系，需要更多的政策支持。从另一方面看，即使是旅游系统自身，也已经形成了一套自我发展的新的内在机制，要求政策的调整。但在当时，各个方面对于这些内在的转变以及由此而产生的要求缺乏明晰的认识，更缺乏有力的宏观政策，改革滞后于发展，政策滞后于现实，矛盾也逐步表面化。

当时的社会环境，也格外有利于旅游业的发展。一是改革的深化。1984年起国民经济体制改革的重心从农村转向城市，在各个行业都掀起了热潮，传统体制受到了猛烈的冲击，传统观念也在震荡。二是对外开放的步伐大大加快，在经济特区成功的基础上进一步开放沿海14个城市，形成了一条沿海开放带。对外开放地区达到近200个，开放范围已遍及全国，旅游业作为对外开放的窗口也越来越突出。

中国改革的深化和开放的加快进一步刺激了国内外各方面投入旅游的积极性，改革和开放本身又引起了世界的注意，产生“轰动效应”使其成为中国一项颇具吸引力的旅游资源，吸引了更多的国际旅游者纷至沓来，产生更大的需求膨胀。在这样的总体环境下，上述各方面的矛盾如果不尽快加以解决，将使旅游业的发展处处掣肘，也会影响到国家改革开放的大局。

正是在这种情况下，1984年6月，中央在听取旅游工作汇报中适时提出了“五个一起上”这一重要的发展政策，指出要采取正确的方针解决发展旅游事业的几个关键问题。其中谈到，加快旅游基础设施的建设，要采取国家、地方、部门、集体、个人一起上，自力更生和利用外资一起上的方针。要保护、调动地方、部门和广大群众办旅游的积极性，不要限制、挫伤他们的积极性。要允许国旅、中旅、青旅等几个单位竞争，发展旅游专业户。旅游基础设施要体现中国特色，高中低档相结合，以中低档为主。国家旅游部门要搞好规划，加强指导，当好参谋。

1985年1月，国务院在批转国家旅游局《关于当前旅游体制改革的几个问题的报告》中，上述指示进一步明确为“四个转变”，即从过去主要搞旅游接待转变为开发建设旅游资源与接待并举；从只抓国际旅游转变为国际旅游、国内旅游一起抓；从以国家投资为主建设旅游基础设施转变为国家、地方、部门、集体、个人一起上，自力更生与利用外资一起上；旅游经营单位由事业单位转变为企业化经营。

这一系列方针的提出，完成了对旅游业的认识的飞跃，形成了一套完整的政策格局，破除了不适应发展的老观念和老办法，开创了我国旅游业发展的新局面。

“五个一起上”的作用

在五年之后的今天来评价这一方针，更可以清楚地看出，一是顺应国家改革开放的大潮，二是遵循商品经济的规律，三是适应旅游业的客观性质，四是符合中国的国情，因而必然具有强大的生命力，使国内外各个方面的积极性充分发挥出来，旅游业出现了万马奔腾的欣欣向荣景象。

首先，使旅游基础设施的建设跃上了一个新的高度，尤其是饭店建设大规模兴起，使我国旅游业的饭店制约局面从根本上得到了缓解。从1984年至1988年期间，全国共新建、改建、扩建的客房数净增长14.3万间。

从附表（见下页）可以看出，以1984年为界，饭店的增长情况形成了鲜明的对比，1981年至1984年，年均饭店增长1.13万间客房，4年共增4.52万间；而“五个一起上”的政策提出后的4年，共增加客房14.3万间，率和接待3.56万间，后者为前者的3倍多。从饭店增长年均增长人数增长率来看，1984年起两者的增长曲线波峰波谷也较为吻合，充分说明这一政策对于饭店建设从而进一步对于旅游发展总体所起到的巨大的促进作用。

从利用外资的情况来看也是如此，虽然旅游部门引进外资谈判是较早的一个部门，但在1984年以前，数量较少，形不成气候。“五个一起上”的政策提出后，地方、部门甚至部分集体单位都采用多种形式，广开渠道，大力引进外资发展旅游业，取得了显著的成效。1985年，全国批准的中外合作项目共109项，其中旅游项目达73项，占总数的67%，包括饭店、游乐场、汽车公司、餐馆等各个方面。1984年后，全国饭店引进外资建设共计550个项目，利用外资协议额73亿美元，使旅游业迅速形成了相当的产业规模。

其次，旅游产业规模的扩大，奠定了发展的基础，增强了发展后劲，促进了多方面功能的发挥，也使其地位得以提高。1986年，旅游业正式列入国民经济计划，意味着旅游业在国民经济体系中确立了地位，在产业序列中取得了发展的保障，具有长远的重大意义。

第三，这一方针的实施，使旅游业初步形成了适应其以国际市场需求导向外向型发展的市场机制，符合党的十三大所提出的建立“国家调控市场，市场引导企业”的经济运行机制的总体方向。从“五个一起上”的发展政策提出之后，经营体制从独家垄断转变为“百舸争流”。这主要表现在外联权进一步下放和允许非旅游部门办旅游，经营内容也在逐步拓展，跨地区、跨行业、跨所有制的多元化经营日渐兴盛。从经营组织来看，集团化发展已经开始，旅行社三大集团的建立，饭店集团

饭店数量与接待人数增长情况

资料来源：中国旅游统计年鉴

年份	饭店客房数（万间）	增长数	增长率（%）	接待人数（万人）	增长率
1980	3.18	—	—	570.2	—
1981	4.32	1.14	35.8	776.7	36.2
1982	5.16	0.84	19.4	792.4	2.0
1983	5.96	0.8	15.5	947.7	19.6
1984	7.70	1.74	29.2	1285.2	35.6
1985	10.74	3.04	39.5	1783.3	38.8
1986	14.75	4.01	37.3	2281.9	28.0
1987	18.47	3.72	25.2	2690.2	17.9
1988	22.0	3.53	19.1	3169.5	17.8

的发展，跨行业集团的产生，都标志着市场组织的发育，也将在进一步的发展中产生新的市场规范和秩序，向旅游经济的良性循环方向迈进。

除此之外，这一方针在旅游发展的各个方面也都起到了重要作用，可以说，没有这项方针，就没有中国旅游的今天。但同时也应看到，在1981年以后，确实也出现了一些问题，突出表现在旅游管理宏观失控，微观混乱，热点旅游城市饭店建设速度普遍太快，饭店规模、档次不合理，高档饭店比重过高；一、二类旅行社结构不合理，许多二类社超范围经营，对外竞相压价，造成旅游市场的混乱。如何看待这些问题，这是否如有些同志所认为的，主要是由于“五个一起上”的方针所致，需要进一步加以分析。

对“五个一起上”的认识

从本意上来看，中央提出“五个一起上”是指旅游基础设施建设实行“五个一起上”，并不是指旅行社、旅游经营等方面都实行“五个一起上”，由于执行中认识上的偏差和模糊，不能正确地领会中央的意图，导致了实际工作中的混乱。但从根本上来说，理解的偏差并非生产混乱的主要原因，更不是唯一的原因。其实，在1984年没有明确“五个一起上”方针以前，即使在国旅系统内部，混乱的苗头就已经产生，可以比较肯定地认定，假设没有这一政策，假设仍然严格奉行“垄断性”经营体制，混乱也会自然而然地扩展的。因为就目前来看，旅行社经营的市场混乱，主要矛盾在于地方，也有相当一部分在旅游系统自身。这是由于中央和地方各类利益主体之间的利益冲突，并不在于以什么样的名义或什么样的形式出现。从宾馆建设的失控来说也是如此，一方面是由于宏观管理的体制等因素形成空白，另一方面则是各个利益主体之间以及与管理部门相抗衡的力量越来越大。

这些问题集中到一点，就是我国旅游业从1978年以来的发展之始就形成了多元化利益并存的格局，“五个一起上”的政策只是明确和强化了这种格局。这一政策的核心是保护和调动各个方面发展旅游业的积极性，而积极性产生的愈来愈强烈的深层动因是利益，地方、部门、企业、外商乃至集体和个人投入旅游的行为主要都是由利益导向。在这里面，投资资格、经营资格是相对称的，在现行体制下，也是难以分离的。所以，只要行业壁垒一撤除，蕴蓄已久的积极性自然如山洪暴发，一泻千里。从实际过程来看，1984年以来，首先兴起的是开办经营国内旅游的旅行社的热潮，上海从1983年的13家迅速扩张为六十多家，北京从空白增长为七十多家。之后，是汽车公司的热潮，一时间，从无到有，从少到多，全国城市出租汽车拥有量1985年为27078辆，1986年整整翻了一番，达到54746辆。北京的出租汽车公司1984年仅为3家，1985年即扩张为一百多家，1986年又达到二百多家。稍后，才是饭店建设热潮的兴起。再后，是经营国际旅游的旅行社的大量增加。这一过程，正是产业发展的自然递进过程。以资金投入量从少到多形成一条主线，从易到难、从简到繁，以行业壁垒的逐步突破形成一条副线，逐步积累经验，积聚人才，创造条件。而引导这一过程的主因，是价值规律，是“看不见的手”在起作用。否则，就很难理解为什么“五个一起上”的简明的辞意却被领会得如此复杂，更难以说明市场混乱的本质。

说到底，根本问题在于在过去几年的发展过程中，“看不见的手”压倒了“看得见的手”，即市场引导企业有余，而国家调控市场不足。“五个一起上”的政策提出后，与此相应的配套政策、措施、管理办法没有同步跟上，缺少一个强有力的管理、组织、协调机构和一套严密的法令、法规，无法实行强有力的、有效的调控，结果必然导致宏观失调，旅游市场混乱。但是，这个问题只是体制和管理中的问题，是需要通过深化改革和加强管理来解决的，绝不是方针政策本身的失误。正如打开窗户，吹进新鲜空气，但苍蝇、蚊子也飞进来，人们不能归咎于打开窗户，只能怪没有装纱窗，要补救的只是装纱窗而不是关窗户。

在商品经济条件下，市场的自发性会产生相当大的破坏作用，在比较完全的市场机制下，企业反应灵敏，投资转向也快，加之政府干预和产业政策的调节，这种破坏作用相应减小。但在我国旅游业市场上，这种自发性仍然在起着相当大的作用，尤其是处于国民经济体制总体转换的过程之中产生的扭曲，一是市场主体不健全，企业负盈不负亏；二是市场不规范，税率不一，企业不能在同一起跑线上开展平等竞争；三是行政保障较强，非经济因素和非旅游因素强烈干扰着市场的健康发育；四是缺乏市场规范，尤其是缺乏规范市场的力量，而使秩序混乱。总之，在多元化利益格局不断硬化的基础上，市场的自发性和部门、地方“割据”结合在一起，所产生的副作用也是加倍的。但正因为是各种因素错综复杂地交织在一起，所以显得光怪陆离，难以把握。又加上各种夸大的传闻和笼笼统统的说法，更为此罩上了一层模糊的面纱。

退一步说，市场的自发性也是一种必然性，其破坏作用是任何一项产业在发展过程中都必须付出的代价。即使我们当时对此有充分的认识，但是由于缺乏管理经验、管理人才，更缺乏足够的管理权威，不可能打消由积极性所引发的过高的投资预期心理，更不可能在一开始就理顺各种利益关系，尤其是在我们这样一个什么事情都喜欢“刮风”的国家里只能是在这一过程中尽力加以适度调整。但是，比较一下已经取得的成绩，比较一下国际上一些国情相似的国家所走过的弯路，比较一下国民经济一些产业发展所付出的沉重代价，可以说，第一，过去几年我们已经尝到了苦果，也付出代价，但作为一种必然性来说，并不是过于沉重。即使是在饭店建设方面，由于利用的主要是地方和部门的机动财力，社会闲散资金和外资，虽然对宏观经济有所影响，但绝不是如一般传闻的那么大。相反，其积极作用倒常常被忽略了。第二，由于旅游产业发展的极其迅速，所以在某种程度上，把市场发育的一个漫长的阵痛过程缩短了，相形之下、付出的代价就要小得多，回旋的余地也会大得多。第三，旅游产业仍然是一项新兴的产业，许多经济关系尚未完全硬化，深化改革，规范市场，使其健康发育的机会较之其他行业更多，阻力也相对小一些。第四，目前旅游业所产生的滑坡，从调整结构，规范市场等加强宏观管理的需要来看，是一个较好的时机，利益格局松动，利益关系软化，对企业的压力更大，不适应发展的自然淘汰，适应发展的通过兼并等各种方式以扩张，使市场组织进一步发展。在这种时候，尤其需要注意保护和调动积极性，加强引导，而不能退回到名为垄断实际上又难于垄断、市场混乱故态复萌的老路上去。

继续坚持“五个一起上”

我国旅游业现在已经形成了相当的产业规模，目前又处于低谷时期，是否需要继续坚持“五个一起上”的方针，我们认为，不能为暂时的困难所左右，在这种时期，尤其需要把定方向，坚持这一有效的发展政策。

首先，虽然目前处于低谷，但从中长期来看，我国旅游业的前景仍然是广阔的，中国的旅游资源的吸引力同时也就是对旅游投资的吸引力，这一点并不会因暂时的困难而改变，当然会使投资者相应降低预期，更加注意风险，更加谨慎小心。

其次，从长远发展来看，虽然过去那种大规模投资的热潮已经过去，但是旅游业仍然需要一定的投入，一是使旅游生产力结构完善的配套投资，二是旅游产品更新换代的投资，三是一些逐步升温的城市和地区的投资等等。如果没有后续的投入，现已形成的旅游生产力就难以更大地发挥功能，提高产出率，也缺乏足够的发展后劲。

第三，当前国家处于经济调整时期，能够拿出来用以旅游建设的资金更为有限，要保证旅游业的进一步发展，还需要继续发挥各方面的积极性。因此，我们认为旅游基础设施建设“五个一起上”的方针，不但在前些年旅游刚起步时是必要的，在今后旅游业的进一步发展中仍然是必要的。但在具体实施中，要根据各个不同阶段旅游发展的不同情况，适时调整旅游业内部的经济结构，在当前要适当调整资金的导向，适当减少用于饭店建设的资金，增加用于基础设施建设的投资。

第四，从过去的旅游投资效果看，虽然也产生了一些问题，但总体的效果是良好的，旅游企业的偿债率和产出效益在国民经济各个行业中名列前茅，又有相当的外汇产出，所以，仍然能够保持足够的吸引力以调动各个方面的闲散资金和国际游资。

总之，继续坚持“五个一起上”的发展方针，既是必要的，也是可能的，关键在于如何汲取过去的经验教训，使这一方针更加完善，更加有效地得以实施。

继续完善和坚持“五个一起上”的发展方针，基点是尽可能减少市场自发性的破坏作用，使计划经济优势与市场优势相结合。而要达到这一点，就必须加强国家对市场的调控，在目前的情况下，尤其需要加强旅游管理部门的权威，在重构投资机制的前提下，投资中心的功能需要长期发挥；法规实施中心的功能亟需强化；规划指导中心的功能需要完善；信息服务、人才培训等多方面的功能需要扩大。

第二，要加强行业管理。旅游行业管理的中心是管市场，通过市场规划、规范企业行为。因此，具有综合管理的性质，需要超越现有的企业行政隶属关系，具有综合管理部门的职能。当前有两个要点尤需注意，一是在治理和整顿过程中，要加强对旅游业经营资格的约束，但为了调动社会积极性，同时要放开对投资资格的约束。也就是说，要改变以前实体投入的格局，投资者并不一定具备经营资格，而采用股份化的方式使投资资格放开。这样，加强对经营资格的约束，就可以初步达到治理和整顿的要求，而在新的形势下放松投资资格的约束，更可以保证长期发展的后劲。二是要划清各级旅游局的职权范围。从深化体制改革入手，协调好在财政“分灶吃饭”体制下各个方面的利益关系。可以说，这一根本问题解决不了，混乱问题也会长期持续下去。

第三，要加强对投资的导向。几年来，饭店业始终是各方面资金流向的热点之一，在目前，应从产业结构完善的目标出发，使投资更多地引向旅游交通、尤其是民航业方面。这样，一是需要宏观政策的导向，使投资者有利可图，才有积极性；二是统筹安排，加强计划性，减少盲目性；三是旅游部门要带头导向，以缓解燃眉之急，并为长远发展充实后劲。在现实中，已经产生了这一趋势，但困难甚多，需要上下合力，一项一项突破。总之，要进一步保护和调动发展的积极性，又要限制发展的盲目性，这才是“五个一起上”这个系列方针的真谛。

综上所述，在过去的旅游发展过程中，“五个一起上”的方针取得了巨大的成效，在将来的发展中，仍然需要进一步继续坚持这一方针，经过十年的风风雨雨，我国旅游业已经积累了一定的经验，培养了一批人才，旅游管理体制正在逐步健全，深化改革势在必行，产业调整首当其冲。目前，各个方面都在结合中央的一系列指示精神，联系实际，研讨工作，对于“五个一起上”的各种认识也会在碰撞中升华，转化为实际工作的具体方针，以调动各方面的积极性，尽快走出低谷，更上一层楼。

日本旅游经济体制考察报告

魏小安　邱殺勇

应日本奈良日日新闻社邀请，以国务院发展研究中心副总干事孙尚清为团长的中日旅游体制交流团，于1989年5月19日至28日在日本考察交流。我们先后与日本国运输省国际运输观光局、日本旅行业协会、日本都市研究所、奈良县政府、市政府、奈良县观光协会等政府部门和社团法人进行了座谈，并考察了奈良"中国文化城"工程和吉野郡川上村的村办旅游项目。

第二次世界大战之后，日本旅游业的发展，从1946年8月国会通过了6名议员提出的"关于把发展旅游作为一项国策的建议"开始，大体上经历了三个阶段。第一阶段是从1946年到1965年，以接待外国旅游者为中心，确定重点旅游城市和地区，整备旅游设施，目的是增加国家重建中急需的外汇收入。第二阶段是从1965年到1987年，以1965年东京奥运会为转折点，标志着日本旅游业开始全面腾飞。同时，以贸易自由化为开端，日本人也开始发展海外旅行。这一阶段，入境旅游与出境旅游并驾齐驱，出境旅游逐步形成压倒优势，旅游业的发展目标已经从纯经济目标逐步向多功能、综合性转化。第三阶段，以1987年9月提出的"海外旅行倍增计划"为起点，日本旅游业开始进入高档化、国际化的新阶段。这一计划，以"黑字还流"，减少国际贸易摩擦为外在目的，以"日本地方的国际化"为内在目的。与之相辅相成的是"90年代观光振兴行动计划"的提出，主要是促进外国旅游者访日和扩大日本人民国内旅游的需求。

日本旅游业的发展，固然是以日本经济持续高速增长和社会的安定为基础，但其体制的优势也不容忽视。从总体来看，日本的旅游经济体制是一种官民协办的体制，政府、企业和各种协会组织彼此协调又相互约束，共同促进旅游业的发展。这一体制的基础是较为完善的市场机制。

一、旅游行政管理体制

（一）中央旅游行政管理机构

日本中央旅游管理机构，分为内阁、运输省、观光部三个层次。1．"内阁有关观光对策省厅联络会议"，它直接对内阁负责，为常设议事机构，受总理府直接领导，总理府总务长官任议长，17名委员由警视厅、环境厅、国土厅、法务省、外务省、大藏省、通产省、运输省及首都圈整备委员会、冲绳开发厅等部门负责人组成。此外，还有25名干事，由各省厅下面的部局负责人担任。其主要职能是：（1）协调、联络内阁各省厅对旅游业的管理；（2）审议旅行观光业的重要方针、政策；（3）审议全国旅行观光业的发展规划；（4）答复总理大臣及各省大臣对旅游观光业的质询等。2．运输省，它是日本旅行观光业的主管省。设运输政策局、航空局、物资流通局、国际运输观光局等。3．观光部，它是运输省国际运输观光局中具体负责全国旅游业管理的主管部门，其主要职能为：（1）制定旅游方针、政策及法规；（2）负责旅游区规划，指导旅游资源开发和设施建设，整顿旅游参观点；（3）负责对旅行社、翻译导游人员的审批、登记注册，指导和业务培训，监督、检查；（4）负责对饭店、旅馆业的审批、登记注册，指导、监督、检查；（5）负责对外旅游联系，加强国际业务往来，增进国际合作；（6）负责对外旅游宣传指导，对内开展旅游道德观念教育；（7）负责旅游调研及统计工作；（8）负责其他同旅游有关的事务。目前，在观光局下面分设了三个课，分别是企画课、旅行业课、振兴课，共有42名公务员。日本运输省还在日本的关西、关东、东北、九州、北海道等九个地区分设观光局，作为运输省的派出机构，协调所在地区的旅行管理业务。

在这三个层次中，"内阁观光对策关系省厅联络会议"类似我国的国务院旅游委员会，所不同的是参加单位要多出1倍以上，而且有区域开发部门参加。这样的设置反映了旅游业发展的综合性要求，适应旅游业发挥多方面的功能，与区域开发的紧密联系。且能够引起各个方面的重视，有利于协调各个方面的关系。这样的大旅游观念背景中产生的机构，对旅游业的总体发展起到了重大的作用。与这个庞大复杂的决策和协调机构形成鲜明对照的，是一个精干有效的操作班子——观光部。1988年，日本接待外国旅游者235万人，日本人出国旅行者840万人，而中央一级的行政管理机构仅有42人。这主要是由于：第一，实行较为彻底的间接管理。就旅游业而言，在日本没有国营企业，政府不必也不能直接干预企业的经营。第二，大量的行业协会组织代替了部分行政管理职能。第三，中央一级没有直接的投资职能，只有指导地方投资和组织民间财力的相应职能。第四，中央和地方各级旅游行政有相应分工，责权分明。第五，法律、法规严谨，执法严格。

（二）地方旅游行政管理机构

在地方旅游行政管理机构的设置上没有统一的模式，而是由各地因地制宜灵活设置。在全国47个都、道、府、县中，大多数是隶属于雇佣、劳动部门，也有的是隶属于林业或文化部门的。从职能来看，除了旅游行政管理的一般职能之外，地方旅游行政的任务，主要是：第一，进行宣传招揽游客；第二，开发旅游资源，尤其是文化性资源；第三，相应的投资职能，而这种投资职能又主要体现在改善投资环境上。中央行政与地方行政的关系并不是垂直领导的行政隶属关系，主要是指导与协调的关系。运输省观光部最近提出了90年代观光振兴行动计划，要点是充分发挥地方的积极性，促使地方积极行动起来。县以下各级的旅游行政，一般来说，由各有关部门兼管，少数地方设立了专门的管理部门。到村一级，有些实际上已经是政企合一了。建设资金的主要来源是国家的直接补助金和公积金，市政方面的投资由建设省负责，村长是政府公务员，同时也是旅游企业负责人，企业则组建财团法人为所有者。

和中国的旅游行政管理体制比较，他们具有“小政府”的特点，一是机构小，人员少；二是级别低，权力小。即使是奈良县这样的历史文化名城，提出“观光立县”的产业主导政策，也并没有因此而扩大机构或机构升格。但他们却有权威和效率。

二、企业制度和企业组织

日本的旅游企业数以万计，其中（1987年）旅行社及代理店八千四百多家，饭店三千三百多家，旅馆8万多家。经营者主导型是日本旅游企业的特征，企业家对事业扩张有无限的冲动，以极大的热情投身于市场竞争。

在这方面，日日新闻社及社长服部明行先生给我们留下了深刻的印象。日日新闻社是奈良的地方报社，读者对象主要是奈良市民，日发行量十几万份。23年前，报社经营发生困难，开始转向多种经营，以房地产经营为主，兼搞旅游，成为一个类似综合性商社的财团法人。服部先生对中国十分友好，近几年，他努力介绍中国。由日日新闻社主办的丝绸之路展，筹备2年，投资205亿。集资方式：（1）贷款，（2）预售门票（每张门票1500日元）。展览场地共32万平方米。展出6个月，观众达630万人。最高日客流量是4.7万人。日日新闻社还出资4亿日元，建了一个天府之国水上餐厅，专营中国菜肴，厨师是从中国请的。餐厅最高日客流量820人。经营一段时间后，新闻社便把这座餐厅赠送给奈良市政府，以进一步取得政府和市民的支持。目前，日日新闻社又在积极筹建中国文化村。这一工程占地总面积230万平方米，其中中国文化城占地50万平方米。奈良的旅游业是静态的，以参观为主，文化城的项目则是动静结合，以动为主，符合国际潮流，又不失奈良古城的风格。日日新闻社有意与中国国家旅游局合作，如果双方真诚合作，未来的奈良，尤其是中国文化村，可成为我对日宣传，吸引修学旅行客源的一个重要窗口。

日本国旅游业规模较小，在众多的旅游企业中，以中小企业为主，如日本的旅游饭店平均规模为80间客房，相当于我国旅游饭店平均规模的55%，而在8万多家旅馆中，平均规模仅为12.6间客房。其中，从业人员50人以下的占69.5%，201人以上的仅为2%。旅游企业一般都附属于一个集团。他们借助行业协会一类的团体，既保持企业的独立，又能相互协调，日本的旅游企业，没有官办或变相官办的，即使是大企业，所追求的也只是市场占有率，不能形成垄断。在竞争中，自然形成了产业分工和组织结构的梯次，大、中、小型企业各自有自己的活动领域，展开分层次的竞争。因此，在中小企业和大企业之间，更多的是依存关系。在旅行社业中，一般旅行社（类似我国的一类社）534家，一般旅行业代理店有2341家，二者的关系类似日本工业企业中的下承包关系，而国内旅行业者则达5501家，形成了金字塔形组织形式，而雄据塔尖的，则是日本交通公社、近畿旅行社、东急观光等少数巨头。

三、旅游行业协会的体制功能

各种行业协会等经济组织的活跃，是日本经济体制也是旅游经济体制中的重要特征。这些组织是企业之间横向的联结点，也是政府与企业之间纵向的联结点。

民间旅游事业团体组织是在振兴旅游事业过程中产生并发展起来的，它涉及旅游行业各个方面。目前日本民间旅游事业团体组织除国际观光振兴会（特殊法人）、全国旅行业协会（社团法人）、日本观光协会（社团法人）及日本旅行业协会（社团法人）外，根据旅游行业部门不同业务分工，还成立了各种民间旅游事业团体组织。在住宿方面有：由饭店企业组成的日本饭店协会（社），由涉外旅馆组成的国际观光旅游联盟（社）。此外，还有全国主要旅馆组成的日本观光旅馆联盟（社）及全国环境卫生旅游组合联合会、国际观光设备协会等。在温泉旅游资源开发、利用方面有：日本温泉协会（社）、全国温泉旅馆组合联合会（社）及观光资源保护财团（财）、日本观光开发财团（财）等。在翻译导游方面有：由从事翻译导游陪同工作人员所组成的日本观光翻译协会（社）。在旅游工艺品供应方面有：国际观光名牌产品商店协会（社）和全国观光土特产品联盟。在自然公园、都市公园及环境绿化方面有：国立公园协会（社）、都市计划协会及公园绿地、国民休假村协会（财）等。此外，还有日本修学旅行协会、日中青少年旅行财团、全国农协观光协会、日本交通公社（财）及观光产业研究所等五、六十个。

在日本全国都、道、府、县还有观光协会（或观光联盟），在市、町、村也有观光协会。日本的民间旅游事业团体都分别挂靠厚生省、通产省、农林水产省、环境厅等政府各部门。

在如此众多的旅游行业组织中，大致可以分为6类：（1）服务性的；（2）协调性的；（3）管理性的；（4）经营性的；（5）研究性的；（6）兼而有之的混合性的。它们在体制中发挥着不同的功能。服务性的主要是直接为消费者提供服务，如农协观光协会；协调性的主要是加强企业之间的横向联系，如全国观光土特产联盟；研究性的是为各行业提供理论和政策咨询，如观光产业研究所；管理性的则带有半官方色彩，代行部分政府职能，如国际观光振兴会，为特殊法人；经营性的是集资投资功能，使民间财力得以集中使用，产生效益，如日本观光开发财团。

经营旅游业，利润较高，风险也大；旅游业又是外向型的经济行业，需要大量的市场信息。单个的企业既难以抵御大风大浪，也难以获得大量的有效信息，因此，自然而然产生联合的愿望，这是日本旅游行业组织发达的基础。另一方面，在市场体系下，政府不能直接干预企业经营，又需要组织引导企业，发布信息，执行规则，也需要中间组织传递，这是旅游行业组织发达的一个重要原因。反过来说，有效的行业组织也正是“小政府”得以生存且有足够效力的必要条件。在这个意义上说，行业组织与政府组织互为表里。行业组织代表企业的共同利益，没有自身利益可言，是纯民间组织，又是相对超脱的、公正的，很多问题不便于政府解决，可由行业协会协调处理。在这些行业组织之间，也同样存在着互相依存、协调发展的关系。

四、几点认识和建议

（一）关于我国的旅游管理体制

旅游业是一个国际性的产业，旅游者的旅游行为带有很大的自发性和随意性，无法由政府或某一国际性组织制订并下达统一的计划，旅游业的供需完全依靠市场调节。旅游业的这种市场性特征，不论是在资本主义国家或是在社会主义国家都一样的，所不同的只是市场的大小和市场发育程度的差别。因此可以说，旅游业是天然的市场导向型产业。

从旅游市场需求看，中日两国接待的外国旅游者都是来自世界各国的游客。作为接待国，能够有多少客源完全取决于国际旅游市场对本国旅游的需求。当然，接待国可以通过宣传、招揽、优质服务、价格等，尽量争取较多的游客来访，提高市场占有率。

从旅游供给看，中日两国都是根据市场需求来组织供给，只是在组织形式和供给能力方面有所差别。在组织形式方面，我国旅游供给主要依靠政府规划、组织、协调。日本则主要依靠市场的作用，由民间自发地组织、协调，政府只间接给予适当的引导。在供给能力方面，我国处于社会主义初级阶段，经济落后，各行业发展不平衡，旅游设施不配套，经常造成旅游供给不足，形成短线制约。日本经济发达，物质产品丰富，基础设施比较完善，供给能力强，基本上只要市场上有多大的需求就有多大的供给能力。尽管中日两国在旅游供给方面存在差别，但是也都体现了市场化特征。

既然旅游经济属于市场导向型经济，那么在我国计划经济与市场调节相结合的总体模式中如何正确体现旅游经济的特点，是旅游管理体制改革面临的重要课题，需要深入研究。

（二）关于建立健全旅游法制

原有的旅游经济体制下，政企不分，企业缺少自主权，政府机构可以直接干预所属企业的经营。由于政企不分，政府机构行使管理权时不可避免地会带有利润动机，部门利益严重，这样必然无法实行公正的、有效的行业管理，无法搞好宏观调控；另一方面，由于企业缺少自主权，经营积极性不高，企业活力小，发展必然要受限制。我们必须实行政企分离，政是政、企是企。政府不直接干涉企业的经营，而是采用间接的办法实行宏观调控。要做到这一点，必须在两者之间找到一个结合点，这个结合点只能是法制。只有制订一系列法令、法规，严格实行，才能做到既放开搞活，又能够有效地规范企业行为，保证旅游的健康发展，促进旅游市场的正常发育。

（三）关于加强旅游行业协会建设

在我国现行的旅游经济体制中，企业与政府都不会产生对中间组织的需求，我国旅游行业协会虽已诞生数年但至今默默无闻，起不到应有的作用。这不是人员因素或资金因素，也不是组织因素，说到底是体制因素。今后，在市场竞争中解决不了的一些矛盾，可主动交给行业协会出面协调解决，实在解决不了的问题再由政府出面协调，使行业协会发挥越来越大的作用。

（四）关于适度超前的旅游发展战略

经过与日本旅游业人士交流和实地考察日本旅游业之后，进一步证实了旅游业可以适度超前发展。适度超前的含义是：在发展速度上，旅游业将适当快于国民经济及工农业的发展速度；但必须与交通运输等相关产业的发展相协调，不能盲目超前，也就是说超前应该是适度的；在发展水平上，旅游业的经济效益、人员素质、旅游产品质量总体水平高于国民经济的总体水平，在国际上树立中国旅游的良好声誉。日本是旅游业发展适度超前于国民经济发展的先例。如日本著名历史旅游城市奈良，该市原本经济不太发达，近年来通过大力发展旅游业使经济迅速发展，目前该市已制定出优先发展旅游业的规划，希望藉此振兴地方经济。日本政府在1987年制订“出国观光旅游五年倍增计划”，计划到1992年五年间日本国民出国旅游人数增加1倍，而同期日本经济增长率显然大大低于旅游的增长速度。日本的经验说明了在一定条件下，旅游业适度超前发展是必要的和可行的。

（五）关于积极支持、参与奈良中国文化村的建设

奈良中国文化村如果建成，将是宣传中国旅游的一个不可多得的窗口。通过中国文化村使大量的日本人更加了解中国，从而激发其来华旅游的愿望。建议国家旅游局在文化村内设一旅游办事处，建造中国旅游展览馆，安排中国各地轮流在展览馆巡回展出。也可考虑同日方合资、合作在文化村里建中餐馆或中国旅游纪念品、工艺品商店，既宣传了中国，又有经济效益。

资源、评价、开发

黄辉实

一

旅游资源，从广义方面理解，是指旅游供给所需要的一切来源，即供应旅游者吃、住、游、行、购、娱等全部旅游活动的各种设施服务所需要的土地、原材料等。从狭义方面理解，是把广义的旅游资源限制在“游”的供给上，把“来源”限制成为能吸引人们前来游览、娱乐的各种事物的来源，也就是说具有吸引旅游者的能力，能以开发成为吸引物的一个点、一个事物或一系列事物。这些事物可能是自然的或人文的，也可能是两者结合在一起的。

一般所谓的旅游资源，是指狭义的旅游资源。本文所要讨论的就是狭义的旅游资源。

有人把吸引物与旅游资源看成是同一事物，这是对旅游资源的误解。两者虽有联系，但不能说旅游资源就是吸引物。吸引物具有游客所喜欢的属性。这种属性就是吸引力。吸引力可以是天然的或文化的。吸引物由于具有这些属性而成为旅游者“游”的对象。旅游资源必须经过开发才能成为吸引物。旅游资源之所以能被开发为吸引物，是因为这些资源具有吸引力。例如黄山是自然形成的山岳，景色优美，经过开发可以成为一个山地游览地；海南岛的海滨、天气和沙滩都很好，经过开发可以成为一个海滨游览地；潍坊风筝会经过开发可以成为旅游吸引事物。但是，山岳、海滨、节目本身只能是旅游资源。

有的旅游设施，经过开发也可能成为旅游吸引物。如英国伊丽莎白时代建造的一个旅馆，虽然是供给旅游者住宿的设施，但由于它的古老和名声的文化属性，对一些旅客来说，也成为旅游吸引物。这一住宿设施也可以被认为是旅游资源。这就是设施资源化。

旅游资源通常被分为自然与人文两大类。事实上，很多资源既具有自然性质，又具有人文性质。所谓的自然资源或人文资源，只不过是自然性成分较重或人文性成分较重而已。旅游资源进行分类，其主要目的是便于认识资源的性质，有利于开发。如孔府、孔庙、孔林，我们是把它们看成人文资源的。它的吸引力在人文方面，在开发时要突出它的人文属性。

我国地域广阔，历史悠久，在自然方面和人文方面对旅游资源都赋予了优越的条件。世界上旅游资源的各种形式，在我国几乎无所不包，但并不是集大成，而是有着它自己独具的特点。

1.资源丰富，品种多样

自然资源中，气候宜人，各种山水、生物齐全；人文资源中，宫殿、建筑、雕塑、墓穴、工艺、风土人情各呈异彩。这一特点，世界上其他国家很少能与我国相比。像美国是一个大国，但历史短暂；埃及是文明古国，但自然景观逊色。

2.呈区域型资源分布

我国各大地区的旅游资源各具有本身的特色，形成区域的主题。如长江三角洲的江南水乡；西南地区的喀斯特地形形成的奇洞怪石；西南、西北的广西、云南、贵州和新疆、西藏、内蒙古的少数民族风情；北京、秦川的古迹、文物，等等。

3.自然的、历史的资源多于现代人为资源

我国自然形成的和历史上遗留下来的旅游资源十分丰富，现代人为的资源则较少。

4.在同一性中具有差异性

我国有很多同类的资源，它们各具异趣。例如，同是民居，西北的窑洞与西南的竹楼迥然不同；同是佛寺，在五台是宏伟高大，在九华山则是民舍结构；同是雕塑，有山西云冈的古雕佛像，也有四川大足的石刻；同是园林，却有北方之雄、南方之秀和岭南之新。

5.自然资源与人文资源紧密联系

我国许多山岳和其他美好风景常与寺庙、古迹结合在一起。如桂林除以漓江山水名冠天下外，还有古墓群、古亭台、溶洞、壮族人民生活风情和地方佳肴等，构成多种旅游资源的结合。

6.资源与文学紧密联系

我国历史上对旅游资源描述的文学数量极多，而且品类丰富。包括诗词、散文、楹联、匾额、碑铭、神话传说、历史掌故、寓言、歌谣、戏剧、小说等。它们以文学的形式或突出反映资源的属性，起画龙点睛的作用，或以作者的感受、想像和幻想赋予资源以美感，令人回味不绝。著名的诗歌，如“姑苏城外寒山寺，夜半钟声到客船”，“两岸猿声啼不住，轻舟已过万重山”；著名的散文，如《滕王阁序》、《永州八记》、《游黄山记》；著名楹联，如济南大明湖的《四面荷花三面柳，一城山色半城湖》等，都对旅游资源起着情景交融的作用，提高了旅游资源的价值。

二

1.为什么要对旅游资源进行评价？这是因为：第一，旅游资源必须经过开发才能成为吸引物，而旅游吸引物又是旅游供给的核心组成部分。所以旅游资源要不要开发，值不值得开发，怎样开发，开发给什么人看，是一个极其重要的问题。要解决这一问题，必须对旅游资源进行评价。第二，对于一个国家地区来说，会拥有许多旅游资源，有的好，有的不那么好，有的相类似，有的大体相同。为了资源的合理配置和有计划地开发，也必须对资源进行评价。经过评价以后，才能决定什么资源优先开发，什么资源结合开发，什么资源贮藏起来，暂不开发。

我国地域辽阔，划分旅游区是势所必然。旅游区既不是行政区，也不是经济区。它有自己的划分条件，而旅游资源则是划分旅游区的主要条件之一。为了更好地划分旅游区，也必须进行旅游资源的评价。

2.评定旅游资源的价值，主要是评定其使用价值。旅游资源之所以有效用，无论是自然资源还是人文资源，都是因为它能给人以满足，对游客具有吸引力或可能具有吸引力。然而，资源本身不是效用的客体，发生效用的是资源所具有的能导生效用的属性，也就是它的具有吸引能力的属性。通常，一个资源所具有的吸引能力的属性，不只一种，需要判定在诸属性之中最有吸引力的属性。同时，当一项资源与其他资源结合在一起时，很可能改变其最有吸引力的属性，也可能产生新的属性。另外，资源常处于一定环境之中，有的环境有利于资源属性的发挥，有的环境又会发生限制其属性发挥的作用。所以在考察资源的使用价值时，不仅要考察资源本身，还要注意它与其他旅游资源的结合及其所处的环境。

以上是旅游资源使用价值的质的方面的复杂性。在量的方面，更为复杂。旅游资源本身很难分割成很多的量，也很难找出一种单位来进行衡量。如果说资源的效用是指给人一种感受，这种感受是难以分割的。有一种办法，就是把它分割成若干个“看”来衡量。以一系列不同观察点为轨道，使若干个“看”汇集成为“欣赏”。但是，这种“看”或“欣赏”，在实践中还是难以作为衡量单位的。在实践中，只能按照在那里的消费者的数量来估定。当然，按照消费者数量估定的方法并不科学。因为第一，这只能是估定，确实的消费数量只有在资源被开发成为吸引物拿到市场上去交换时才能确定。第二，这一数量除受到资源影响外，还要受非资源因素，如宣传、分配渠道等的影响。第三，有的资源很可能由于消费者超饱和而降低质量，于是不得不限制消费者的数量。

综上所述，可以看到：（1）旅游资源使用价值的量的衡量更难于质的评定；（2）旅游资源使用价值的质和量，都脱离不开消费者。因此，在评价资源时，必须把旅游资源的属性与游客结合起来。

3.评价旅游资源应该从两方面进行，一是从资源本身来评价，二是从资源所处的环境来评价。

从资源本身来评价，可以有下列几项标准：

（1）美

美来源于资源的质性。美是资源是否给人以美感。美感是欣赏者对于美的认识以及由于美引起的主观情感。美感固然有历史性和阶级性，但资源的美质属性与人们对美的欣赏的共同性并不是绝不相容的，而是可以互相渗透的。例如，宋朝苏轼称道的“欲把西湖比西子，淡妆浓抹总相宜”，时隔数百年，到了今天，许多中外人士还认为它妩媚多姿。人们的美感，即是由于美所引起的主观情感。所以在评价资源时，还要注意资源给人的联想美。登长城会感到雄浑壮博，观海潮会觉得气势万千；仰望教堂尖顶有腾升天堂之想，幽居深山古刹有超世脱俗之感；访名人遗址倍增崇敬心情，与儿童接触启发天真无邪。这些都说明，在评价资源时应注意资源所引起的联想，所引起的美的感受。评价美时还要注意综合美。以山来说，除本身的地貌造形决定美与不美以外，林木、溪流和峰石等要素之结合，占很大比重。光秃秃的山是谈不上美的。

（2）特

特来源于资源的独特性。独特性是资源外貌与要素的独特结合，造成特有的或少见的资源，如西双版纳的原始热带雨林、云南路南的石林、少数民族的节日、婚礼以及熊猫、丹顶鹤等珍禽异兽。特也来源于资源的差异性（类似于产品差异）。差异性一方面由资源的自然条件和人文条件的不同所造成，一方面也由人们认识的相比所造成。如一般的大殿都有梁，但也有无梁殿；一般的湖泊都在平地，但也有高山上的“天池”。同是五百罗汉，有庄严静穆的坐像，也有各具神态的立像。

（3）奇

奇也来源于资源的独特性，但更给人以新奇之感，而且觉得非一般常理所能解释。例如，四川峨嵋金顶的佛光，云南大理的蝴蝶泉，浙江平湖县南北湖的日月同升，贵州打鸡洞内的银雨树（树生于石洞内，高可20米，矗立在石堆上，国人称为“国宝”，外人称为“球宝”）等。这些资源多由于当地诸多自然条件偶合所形成。在人文资源中，生活习俗等也有一些富有新奇之感的资源。

（4）名

名是具有声名的事物或与名人有关的事物。它来源于资源的熟悉性。资源对旅游者来说具有一种可认识或熟悉性。旅游者对资源的可认识或熟悉性，或因阅读过各种文史著作，或因各种中介，尤其是名人的介绍。熟悉性越强、越广泛，就越有名。如埃及的金字塔，比萨的斜塔，曲阜的孔庙、孔府与孔林，周总理生平活动的遗迹等。因为各种旅游者的熟悉性来源不同，熟悉性就有不同程度的限制，所以资源的“名”有很大差异。有的资源对本地人有名，对外地人不一定有；对本国人有名，对外国人就不一定有名。

（5）古

古与名相似，也来源于熟悉性。如古庙、古城、古建筑、古墓、古战场、古书院等的遗址，都反映不同于现代文化、现代生活的文化和生活，最容易使人发生联想。联想多来自历史，不熟悉该资源所涉及的历史的人，就不容易发生联想。“三国之游”对熟悉《三国志》或《三国演义》的中国人，可能会具有吸引力，对一般外国人，就难以受到欢迎了。“水浒传”上的有关资源，与“三国之游”有类似情况，也难作为吸引外国人的吸引物，凭主观开发出来，可能要得到外国人像不欢迎寺庙的同等后果。同时，旅游毕竟不同于考古，不是所有的“古”都可以开发成为吸引物，一般要与美相结合。例如西安的兵马俑之所以深受中外游人的欢迎，不仅因为它是两千多年的古物，而且在雕塑方面有极高的艺术价值。

（6）用

用是对人有用。在人文资源的手工艺品、日用品方面是很多的。在自然资源方面，如有医疗价值的温泉、泥疗；供玩赏食用的名花、异果等。

这六项标准，并不是排它的，而是互有联系的。一项资源常常兼有两种以上的标准。评价时应注意综合情况。

从资源所处的环境来评价，也是非常必要的。因为任何一个资源都不是孤立，它的价值与它所处的环境有密切关系。下面列举评价资源时在自然环境和社会经济环境的几项标准：

（1）气候

气候条件首先表现在季节方面。有的地方寒冷季节较长，有的地方炎热季节较长。由于季节性不同，风、雨和日照时间等的不同，资源在该地的价值就不同。例如滑雪运动的资源，在寒冷时间较长的地区评价较高；海滨资源，则在热天和日照时间较长的地区评价较高。好的气候是观光旅游和文化旅游的重要条件，如果气候条件不好，会降低兴趣和美。气候条件也表现在个别气候现象上。雨水过多或严冬较长，会使资源开发的成本上升，大风威胁架空缆索，暴风雨会限制划船，强烈的海岸季节风对沙滩不利，经常发生的地面大雾使飞机起降困难。

（2）土地

资源周围的地貌地形对资源利用的发展有很大关系。如海滩附近可使用土地少，便会限制海滨度假地的发展。资源本身面积的大小，规定着开发以后旅游活动的界限，或者称为资源的负荷能力。负荷能力决定其“自然能力”、“环境能力”和“魅力”。因为超过负荷能力，设施就饱和了，环境就退化了，游客享受就降低了。

（3）污染

一项旅游资源，如果处在不能控制的污染或噪声环境中，它的价值就会大受损失，甚至毫无价值。

（4）资源联系

各项资源之间常常是有联系的。有的在性质方面有联系，有的在位置方面有联系。通常位置方面的联系总涉及性质方面的联系。如苏州寒山寺撞钟与《枫桥夜泊》的拓片有联系，长江运河两岸景色与人民生活有联系。在互相联系的资源之间，有的相互辉映，有的相互带动。总之，以附近可联系的资源越多越好，尤其是与有名的资源的联系，因为它可以收到攀龙附凤的效果。

（5）可进入性

可进入性是接触资源的可进性，即一般所说的进得去，出得来，散得开。主要是指交通条件，交通不便，资源再好，人们不能来，没有市场，只能暂时贮存起来。反之，交通方便会提高资源的价值。

（6）基础设施

在国外称为基础结构。它分联结的基础设施和分配的基础设施两种。具体的设施项目很多，在前面已经谈到。如果缺乏基础设施，就会和缺乏进入性一样，只能把资源暂时贮存起来。基础设施需要大量资金，在评价资源时不能忽略基础设施的情况。

（7）社会经济环境

社会经济环境主要是指资源所在地的经济状况和社会状况。如农业不发达可能影响到蔬菜和副食品的供应。居民的好客态度会影响到接待工作等。在人文资源方面，与整个社会经济环境关系尤大。例如，上海就所具有的资源本身来看，质量并不高，然而就整体来说，上海人民的生活传统，上海的工业、农业、贸易、科技、文化、教育，上海的多姿多采的建筑物，近代国内外知名人物在上海活动的遗迹等，共同谱写出了上海经济、社会、文化的史诗和独特的乐章，从而使上海在国际、国内旅游市场中具有很大的吸引力。

除以上与旅游资源评价有关的七项环境条件外，还有市场和成本的问题。

市场是资源的开发准备吸引什么样人来，成本是资源的开发需要多少资金。市场和成本虽然是开发要考虑的主要问题，但在评价时也需要有一个大体上的估计。

资源评价是个极其复杂的问题。既涉及历史知识，又涉及现代知识；既涉及经济，又涉及文化；既涉及自然科学，又涉及社会科学。它需要地理学、美学、历史学、文学、心理学、经济学等各方面的知识。所以在评价资源时，必须邀集各方面的学者专家反复论证。

三

旅游资源的开发是指把资源改造成为旅游吸引物，并使旅游活动得以实现的技术经济活动。其最终目的是开发成为一个旅游产品，即一个旅游地或一个旅游专项。

旅游资源的开发有时是单项资源的开发，有时是多项资源的开发。一般说单项资源开发的情况是很少的，即是多项资源的综合开发，也是开发成一个旅游地或旅游区。

资源开发成吸引物，只是吸引旅游者前来的条件之一。旅游活动得以实现还需要其他各项旅游供给。所以旅游开发不能狭义的理解为只是将旅游资源改造成为吸引物的一种技术活动，而是包括交通、住宿、饮食等设施以及基础设施的兴建、人员的培训及接待和管理机构的设置等。因此，在开发的实践中必须有一个综合开发的规划。

1.资源开发的目的，简单地说是吸引旅游者。然而，旅游者多种多样，不同的旅游者不同的爱好。例如，国内游客感到新奇的“游乐园”，国外旅游者就不一定感到新奇。而我国的集市贸易，对外国旅游者颇具吸引力，但中国游客则认为是司空见惯。因此，资源开发，必须注意它的目的性。

考虑游客的需要是开发的一个方面，另一方面还要考虑资源本身的性质，要研究资源本身的属性及一切自然和人文条件，决定适合于开发成为怎样一个吸引物。这就是资源开发的需要和可能。结合需要与可能，确定资源开发的目的。

根据一般旅游者以改变日常生活寻求新的感受为旅游目的情况，资源开发至少要使旅游者能够达到下列目的：

（1）接触自然或接触不同于自己的文化或生活方式。

（2）安静、休息、有机会放松。

（3）有独自生活的环境，也有社交的机会。

（4）有消闲和娱乐的设施。

有一点值得注意，即任何旅游者的心理状态，都是要求在保持固有的基本生活习惯下接触新鲜事物。有人形容这种心理状态是旅游者要求处在一个可以随意接触外界的透明体中去感受新鲜事物。旅游者，尤其是外国旅游者，一方面愿意多接触自然，多接触异地的文化、生活习惯和异地的人；一方面又决不能改变他在睡眠、休息、卫生等各方面的舒适条件。

2.资源的开发可以有四种方式：

（1）兴建。即是在一块土地上，创造性地建立一个吸引物。例如建立一个主题性公园或游乐场、高尔夫球场等。

（2）利用。即利用原有的非旅游资源，使之成为吸引物。如利用一个工厂、一个幼儿园，让旅游者参观。

（3）提高。即在已有的资源或吸引物上，增加一些设施或服务，使之成为质量更高的吸引物。如对黄山吸引力的提高。

（4）改造。是对已有的资源经过全部或局部的改造，使之符合旅游需要，成为一项旅游吸引物。如对一个水库的改造。

以上四种开发方式很难截然分开，通常是结合需要与可能，确定开发方式和重点。

人文资源的开发，多数是不必要也不可能进行兴建，而是利用、提高和改造。例如，1986年南京决定开发的“秦淮风光带”，就是通过整治秦淮河，利用夫子庙，修复乌衣巷、媚香楼，改造文化用品、小商品、花鸟鱼虫、风味饮食、春节花灯等五大市场的一系列方式而形成的一个具有浓郁南京文化风味的旅游产品。

3.资源开发应注意下列几项原则：

（1）创造形象

通过开发，创造一个鲜明的旅游形象。旅游形象要求有自己的特点，自己的性格，强烈的魅力。在资源开发时创造形象，可采用下列途径：

（A）最好地利用特殊资源和该地的特点。

（B）开发的规模以及建筑的设计互相适应，反映周围环境和当地气候的性质，尽可能地使用当地材料和技术。

（C）对设施给予一种吻合于地点和气候的处理。

（D）提供与当地人民、当地手工艺和当地生活习惯接触的机会。

（E）实行特殊的办法，创造“气氛”和“身份”。

在创造一个地方或一个地区的形象时，不能损害全国的形象，如果我国全国的旅游形象是“四个C”（Charming, Culture, Civilization, China）时，各地资源的开发要有意识地加深这一形象。

（2）“真实”与“原始”

尽可能保持资源固有的形态和性质。只有体现本地自然资源和人文资源的真实和原始，才能满足旅游者的需要。旅游资源的开发，要绝对避免把旅游吸引物开发成为其他吸引物的复制品，令人有“东施效颦”之讥。当然，所谓真实和原始，并不是简单的原封不动，而是进行艺术手法的处理。

在开发的实践中，真实性是个很复杂的问题。因为它有三个变量需要研究。一个是吸引物本身的性质是否真实，一个是旅游者对吸引物的印象是否真实。两个变量交叉在一起，旅游者可能对吸引物有四种感受：（1）承认真实性并如实认识，（2）对真实性发生疑问，（3）不承认吸引物的不真实性，（4）承认其不真实性。第三个变量是旅游者本身对真实性的不同的希望。如果把这一个变量加进去，旅游者对吸引物会发生几种可能的感受。所以在开发资源时，尤其是创造性的制造一个非真实性的吸引物时，更要认真考虑。例如，在寺庙中，可以创造一个非真实性的“投钱（入龟口）祈福”的吸引物，因为到寺庙来的香客，大多是“希望不真实”的旅游者。但在非寺庙中制造这样一个吸引物，恐怕就不会受到大量游客的欢迎。

（3）协调一致

各种吸引物，各种设施要围绕着旅游形象取得协调一致。海天佛国不宜耸立现代的高楼大厦，现代化娱乐场也不宜穿插茅舍小屋。从青岛的前海沿向北面的对山望去，一座座建筑极像坟场的墓碑，与山间德式建筑极不协调。协调不仅要求形态上协调，还要求性质上协调、色彩上协调，在设施的建筑材料和技术上最好也能协调。武夷山宾馆中的竹制家具，曲阜阙里宾舍的装饰，都给人以协调之感。

（4）动静结合

动态资源常常要以静态资源为倚托，静态资源常需要动态资源赋以生气和魅力，花港观鱼、柳浪闻莺，当是有名的动静结合。吃鱼看捉鱼，购纪念品看制作过程，原始森林中野餐等，也是可行的动静结合。需要注意的是，这些结合要生动自然，不能矫揉造作，流于庸俗。

（5）情景结合

景不完全指景色，而是泛指资源的环境。开发成吸引物后，要求作到：当游客处身于具体环境之中时，思想感情上受到感染。这就是说要求情景交融或意境交融。元人马致远在其《秋思》中所写：“枯藤老树昏鸦，小桥流水人家，古道西风瘦马，夕阳西下，断肠人在天涯。”在意境交融方面极受人称道。我国寺庙环境的布置，有极高的造诣。处深山古寺，看香烟缭绕，听梵钟佛唱，使人悠悠而忘我，其情其景，怎不令人有仙世脱俗之感。

（6）游客参与

游客参与，就是使游客身在事物之中、身在景色之中。在参观刺绣品工厂时，游客即使能绣上最无关紧要的几针，买回去一定倍加珍惜。外国游客在孔庙杏坛举行几次中国文化的研讨，对大教育家孔子当更有尊崇之感。参与自然，使游客处身自然，设施也要尽量放在自然之中。给游客参与自然创造机会。设施可以采用渗入、延伸或扩大视野等方法参与自然。如非洲野生动物园的高台就是一例。我国北京三海的各项建筑的布局，在渗入自然方面都经过精心的设计。

（7）灵活多样

灵活可以适应旅游市场的敏感性和旅游地发展的需要。注意灵活性，在开发的初期阶段，尤为重要。灵活多样，决不是贪多逞巧，趋新逐时，而是要以树立形象、增强形象为目的。

（8）经济节约

这里有几种含义：一是要有重点，要慎重规划。凭主观臆断去开发那些不应开发的项目，是最大的浪费。二是不仅要求有大量的旅游收入，而且要求能带动其他有关事业。三是要注意吸引物的负荷能力，不能因开发而破坏了旅游资源。四是要计算单位成本、机会成本或影子成本，还要计算开发前的社会定向成本。

今天，我国财力还不富裕。采取兴建的开发方式，要投入大量资金。最好多采取利用、提高、改造的方式。一般说开发自然资源比开发人文资源的成本要大，开发人文资源中的社会资源成本则更小一些。而文化旅游更受旅游者（尤其是外国旅游者）的欢迎。因此，在今天我国应着重于开发人文资源。

我国旅游事业发展中的“长线制约”与“短线制约”问题

朱一兵　饶　权

一、旅游饭店长线制约现状及发展趋势

近几年，我国旅游饭店建设速度相当快。1983年全国有涉外旅游饭店371座，客房59588间，床位141627个。到1987年底，饭店总数已达1283座，客房184710间，床位400727个，客房年均递增达到32.7%，远远超出同期接待入境人数增长（17.2%），外国旅游者人数增长（18.6%）和旅游外汇收入增长（18.3%）这三项的年均递增率。由于1985年至1987年是我国合资、合作饭店建设高峰（三年外商投资协议额为前六年总和的2.6倍），这部分饭店在整个饭店建设规模中占了相当大的比重，而饭店建设周期一般需三年时间，因此，预计到1990年以前，我国涉外旅游饭店客房增长速度仍将继续保持在30%以上。

在全国饭店总量迅速增长的同时，几个旅游热点城市的饭店客房数增长更快。到1987年底，北京、上海、广州、西安、桂林、杭州六个主要旅游城市的涉外旅游饭店数已从1983年的81座，上升到235座，客房总数从23521间上升到60731间，四年时间内增长了近1.6倍。而更值得注意的是，这些城市已批准在建、待建的涉外旅游饭店项目，无论从数量上还是从建设规模上都有可能超过已开业的饭店数和客房数。如：北京现有在建、待建旅游饭店工程（含公寓，写字楼，后同）共84项客房总数为3万间左右；上海现有在建、待建旅游饭店工程34项，客房1.6万间；西安现有在建饭店15项（待建未计），客房0.7万间。这些饭店都是经1988年5月第一次清理“楼堂馆所”审查后保留下来的项目，且多数为合资、合作项目。如果按原定计划工程进度施工，预计到1991年（最迟到1992年）将全部建成投入使用。这意味着今后几年内，旅游热点城市的饭店建设将以更快的速度向前发展。

饭店接待能力的高速增长，必然会导致客源需求总量的急剧上升。为了便于匡算，我们假定，在某一旅游城市，如果旅游者人均停留天数和客房出租率保持不变，则下述公式成立：

$$\frac{1987\text{年实际拥有客房数}}{1987\text{年实际接待人数}}=\frac{1991\text{年预计拥有客房数}}{1991\text{年需接待人数}}$$

统计分析表明，近年来几个主要旅游热点城市的旅游者人均停留天数均趋于稳中有降。由此，可以简单地测算出，到1992年，在维持1987年客房出租率水平和人均停留天数的情况下，北京需接待国外旅游者242.6万人，比1987年净增134.8万人；西安需接待101.2万人，比1987年净增71.1万人；上海需接待230.9万人，比1987年净增154.1万人。即使把客房出租率降低到60%，北京也还需接待176.3万人，西安需接待93.3万人，上海还需接待180.6万人（详见表1）。如接待人数不能达到上述标准，这些城市涉外旅游饭店的总体经济效益将明显下降，甚至出现亏损局面。

表1　涉外游饭店客房增长及客源需求测算表

项目 / 城市	1987年			1991年		
	实有客房数（间）	接待来华旅游者人数（万人）	平均客房出租率（%）	预计拥有客房率（%）	客房出租率为1987年水平时需接待人数（万人）	客房出租率为60%时需接待人数（万人）
北　京	24000	107.8	82.7	54000	242.6	176.3
西　安	2832	30.1	65.1	9518	101.2	93.3
上　海	7983	76.8	76.7	24000	230.9	180.6

另外，在饭店问题上还有一个大难题，即外汇平衡和偿还外汇贷款问题。本来旅游饭店是旅游业为国家创汇最多的行业，但由于近几年我国饭店发展的高速度主要是通过大量引进外商直接投资而获得的，就不得不考虑另一种可能。初步统计，1979年至1987年已经政府有关部门正式批准合同的中外合资、合作饭店项目有550个，外商直接投资协议额累计达73亿美元，加上中方投入部分，数量相当可观。而建设这些饭店的投资中除少量注册资本外，大部分是以企业名义向国外银行贷款获得的，所筹资金又多由中方金融机构担保。如果今后出现客源严重短缺，一旦合营企业破产，企业在国际上直接筹措的资金将被迫由国家来偿还，这实际上增大了国家的偾务风险。90年代中期，我国将进入外债还款高峰期，这一时期也正是合营饭店的还款高峰期，旅游饭店业能否靠自身发展实现外汇平衡，将直接影响国民经济的全局。这就使旅游饭店的长线问题显得更为突出了。

二、旅游交通的短线制约现状及发展趋势

我国交通运输紧张状况由来已久，但对国际旅游影响最大的还是民航交通问题。统计分析表明，在来华旅游者中，有约1／3的国际游客是乘坐飞机出入国境的。而且这一比例还逐年有所上升。而在我国境内主要城市间的交通中，来华游客乘坐飞机的比例就更高了。如1987年北京航站旅客发运总量为243万人，其中使用外汇购票的占26.4%，绝大多数是来华旅游者。也就是说，在1987年北京接待的108万来华旅游者中有六十多万人是乘坐飞机的，占北京接待的来华旅游者总数的56%；到西安的来华旅游者乘坐飞机的比例更高。1987年西安共接待了30.1万来华旅游者，约有26万多人乘坐飞机，占西安接待的来华旅游总数的86%。由此可见民航在旅游交通中的地位。而民航又是旅游交通短线最突出的制约因素。

航空运力不足问题，自我国大力发展旅游业以来就一直存在，只是由于前几年国内旅游饭店缺口太大使民航运力有限的事实在某种程度上被掩盖了。近几年随着旅游人数的增长，民航客运供求关系紧张的矛盾越发突出起来。1988年4月份进入旅游旺季以来，北京、上海、西安、广州、桂林、杭州、成都、昆明等旅游热点城市相继出现了压客现象，几乎每天都有大量来华游客因买不到机票而被迫更改旅行计划，这不仅给旅行社工作带来了巨大压力和经济损失，也损害了中国旅游业的形象。尽管民航采取了积极措施，每月在主要干线上加飞二百多个航班，在地方线上加飞300个航班，仍然不能满足旅客人数增长的需要。是中国的航空事业发展得太慢以致拉了旅游业的后腿吗？这里必须明确的是，近十年来，我国民航事业的发展是相当快的。从1978年至1987年，中国民航的运力增长了6倍，其中国内主要旅游热线运力增长了11倍。特别是1986年以来，民航的运输周转量每年以25—30%的速度增长，年输送旅客人数每年以200—300万人的速度上升，远远超过了“七五”计划原定年均增长16.5%的发展目标。近几年，民航在主要干线上不断增加运力和航班密度，地方航空公司也陆续加入了部分航线的运营，空军组织的专为旅游服务的包机公司，也在相当程度上增加了航空客运能力。1987年民航年空运周转量比1978年翻了近三番，在大多数干线上航班的客座利用率始终保持在90%以上。可以说，民航这几年是在超速发展。但这一切并没有能够改变国内航线空运紧张的状况。

其原因主要有以下几个方面：一是底子薄，基础差。尽管近几年发展速度很快，但由于基础差，实际增长有限。二是机场建设落后，无论在数量上还是质量上

表2 1984—1987年北京、西安航站旅客发运量、来华旅游者及饭店增长情况表

项目 年份	航站旅客发运量（万人）				接待来华旅游者人数（万人）				涉外饭店客房数（间）			
	北京	增加%	西安	增加%	北京	增加%	西安	增加%	北京	增加%	西安	增加%
1984	109.07	/	22.79	/	65.7	/	45.1	/	13792	/	1272	/
1985	147.03	34.8	51.73	127.0	93.7	42.6	21.2	40.4	16612	20.4	1676	31.8
1986	197.02	34.0	52.85	2.2	99.0	5.7	25.8	21.7	25669	54.5	2476	47.7
1987	243.92	23.8	69.06	30.7	107.8	8.9	30.1	16.6	24128	6.0	2832	14.4
1984—87年年均	/	30.8	/	44.7	/	17.9	/	25.9	/	20.5	/	30.6

都不能满足国家建设和旅游事业发展的需要。许多机场基础配套设施不完善，通讯导航设施落后，影响了飞机的起降架次密度；一些旅游热点城市的候机楼容量太小，限制了接待旅客人数。三是客机数量严重短缺。据了解，我国民航目前总共有各类客机175架（约为苏联拥有量的3%），而且还包括需要更替的老型号飞机。四是飞行员的培养跟不上。我国目前每年仅能培养一百多名民航飞行员，但都只能飞小飞机，以后再逐步飞中型飞机、大型飞机。飞行员的这种特定成长周期限制了民航事业的发展。但所有这些最最关键的还是缺少资金投入。由于航空事业投资大，回收慢，投资主体和资金来源都很单一，受政策限制民航不能大量引进外商直接投资，搞国内联合也比较困难，长期以来民航建设主要还是靠国家投资。虽然交通是国家的建设重点，但由于财力有限，不可能在短期内拿出很多的钱，这就极大地限制了民航事业的发展。如：到1987年底，国家已经批准建设的机场有26个，总投资达三十多亿元，其中“七五”期间要求国家安排14亿元，但因投资不足，一大批机场将推迟到“八五”期间建设。另外购置机场通讯导航设备、购买飞机和培养飞机驾驶员的航校建设投资也都有很大缺口。这些都将影响民航事业发展的后劲，加上基数增大等因素，如不加大对民航的资金投入，预计“八五”期间民航客运量的增长速度将明显低于“七五”计划水平（年均增长16.5%），有可能降至年均增长13%以下。这无疑会使本来已经很差的旅游交通环境更进一步恶化。

三、“两难境地”综合分析

以上我们已就饭店建设、客源需求和民航交通供给情况分别作了分析，下面再以北京、西安为例进一步研究它们之间的数量关系。

首先我们研究表2（见上页）。从数据中我们可以看出，1984—1987年北京、西安涉外饭店客房年均增长速度分别为20.5%和30.6%，明显高于同期北京、西安接待来华旅游者人数年均增长17.9%和25.9%的速度，这是近几年北京、西安“住房难”问题基本得到解决，客房出租率开始下降的主要原因。而同一时期，北京、西安航站旅客发运量的增长速度分别为30.8%和44.7%，比接待来华旅游者人数的年增长率分别高出12.9%和18.8%，但民航客运紧张状况不仅没有改善反而更为严重。为什么会出现这一现象，分析其原因主要有两条：一是民航客运原有基数较小，虽然增长速度快，但净增人数较少；二是旅游淡旺季来华旅游人数差别很大。如1987年旅游旺季的六个月里来华外国人数占全年来华外国人总数的67.54%，而另外六个月仅占32.46%。1987年旅游旺季中约有80%的机票均为旅游团订走，但仍有大量客人受阻。这就使得新增的客运能力难以满足旅游发展的需要了。

注：1.航站旅客发运量以年均增长20%计算，其中，国外旅客人数按1987年实占比重测算。

2.饭店需要客源数1991年数由前述公式按1987年客房出租率和平均停留天数测得，然后计算出1987—1991年平均增长速度，计算出1988、1989、1990各年的饭店需要客源数。

下面我们再研究附表3。表3以1987年数据作为基数，在航站客运量年均递增20%的情况下，测算的1988至1991年北京、西安航站可能接待的国外游客人数和按维持1987年客房出租率和国外游客乘飞机所占比例，测算出的1988至1991年北京、西安客源需求数。图为以此数据绘制的增长曲线。

通过表3和图1曲线可以看出，从1987年到1991年北京、西安的饭店需要客源数中乘飞机人数与航站可能接待的来华游客人数之间的差值（X－Y）是在不断扩大的，北京1988年相差2万人，1989年为4万人，1990年为

表3　北京、西安乘飞机来华游客供求情况测算表　　单位　万人

城市	北京				西安			
年份＼项目	航站旅客发运量	其中外汇购票旅客	饭店需要客源数	其中乘飞机人数	航站旅客发运量	其中外汇购票旅客	饭店需要客源数	其中乘飞机人数
1987	224	65	108	65	69	27	30	27
1988	293	77	132	79	83	32	41	36
1989	351	93	162	97	99	39	55	49
1990	422	111	198	119	119	46	75	67
1991	506	134	243	146	143	58	101	90

图1　1987—1991年北京、西安国外旅客空运供求关系曲线

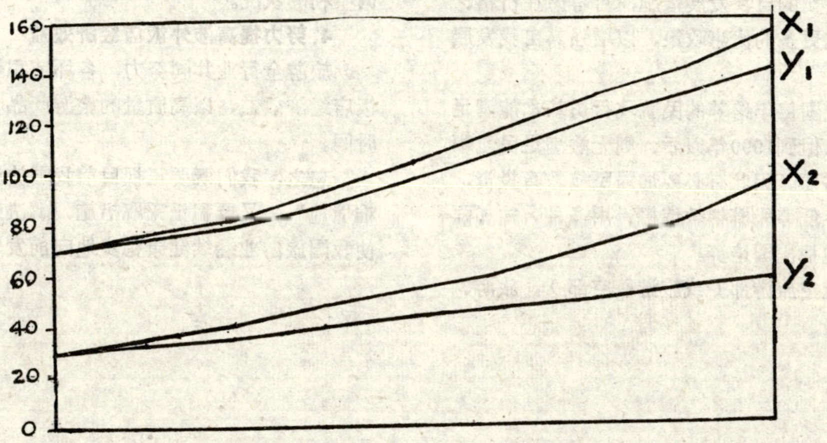

X1X2分别为北京、西安按饭店需求测算的飞机人数增长曲线。
Y1Y2分别为北京、西安按年均增长率20％测算的可接待国外旅客人数增长曲线。

8万人，1991年为12万人；西安的这种差值更甚于北京，1988年相差4万人，1989年为10万人，1990年为21万人，1991年高达32万人。由此我们不难看出，在今后4年中，即使北京、西安航站旅客发运量年均增长率达到20％，仍无法满足饭店客源增长的需求。而今后几年，如不积极采取措施，由于基数增大及资金短缺等原因，北京、西安航站要实现20％的年均增长速度是相当困难的，按“七五”计划是年均增长16.5％，到“八五”期间甚至可能降到13％以下。如再考虑到旅游淡旺季旅游人数不平衡问题，民航交通很难实现与旅游饭店客源需求的同步发展。

四、几点对策建议

1.控制饭店规模，降低建设速度

为了尽早从旅游饭店“长线”制约与民航交通“短线”制约的“两难境地”中摆脱出来，我们必须敢于正视现实。一味地要求民航交通发展去适应旅游饭店的客源需求是不现实的。而只能更多地在减少或延缓几个旅游热点城市的饭店客房建设上多下功夫。要坚决贯彻执行中央三中全会精神，清理在建项目，压缩投资规模，在“七五”后两年以至“八五”期间，在全国各旅游城市地区都不再批准建设高档旅游饭店；对北京、上海、西安等旅游热点城市的饭店总规模要严格控制，一般不再批准新项目；对合资、合作饭店项目凡因外方原因未履行合同的一律停建，手续完备的也应推迟开工时间，这样将有助于理顺饭店、客源与旅游交通之间的关系，尽量避免或减少因客源不足给饭店造成的经济损失。当然，也不能搞“一刀切”。对那些国外游客较多但接待设施严重不足的城市和地区，还要有计划地建设一些中低档饭店以满足国际旅游事业发展的需要。

2.做好旅游“八五”发展规划

认真做好旅游“八五”规划编制工作，对于今后处理好饭店建设和旅游交通事业发展之间的关系具有十分重要的意义。不可否认旅游“七五”发展规划对近几年我国旅游事业大发展起了十分积极的促进作用，但应当承认在旅游“七五”规划中，考虑客源与饭店之间的关系较多而考虑交通制约因素不足，如旅游“七五”规划目标是到1990年北京接待国外游客180—200万人，上海接待160万人，西安接待60万人，对其它几个旅游热点城市制定的接待人数发展目标也相当高。这对旅游交通的压力显然是太大了，在实际执行中很难实现。但另一方面，旅游饭店建设则是以接待人数计划为依据的，而且在执行中还有所突破，这也是形成目前饭店“长线”与交通“短线”的原因之一。因此，在制订旅游“八五”计划考虑饭店建设问题时，应着重研究交通制约极限问题，并做好与民航交通部门间的计划衔接工作。

3.多方面促进民航交通事业的发展

根据目前的实际情况，“两难”问题不得不主要靠短线平衡来解决。但从我国旅游业的长远发展来看，必须大力发展民航交通事业，这是关系到我国国际旅游业生死存亡的问题。

（1）为解决近期运力不足的矛盾，可以考虑增开民航口岸。这是投资少见效快的好办法。

（2）增加暂时性不对等飞行；适当引进国外旅游包机；多种形式租用其它国家和地区的客机；采取多种办法增加航班，以缓解旅游热线航运持续紧张的状况。

（3）为了根本解决民航交通紧张问题，国家应当考虑在投资方面采取一定的“倾斜”政策，增加民航事业的资金投入。同时，改变民航事业投资主体过于单一的状况，可考虑让旅游业与民航联营或参股，多渠道地

吸收资金，促进民航事业的发展。

（4） 鼓励民航的自我发展措施，可考虑在价格、税收等方面给民航更多的优惠政策，以增强其自我发展能力。

（5） 现在我国每年培养的民航飞行员基本能满足事业发展的需要，但到1990年以后，则无法满足民航事业进一步发展的需要。因此有必要加强民航教育投资，增购一批高、中、低等级模拟教练机；用多种方式加强飞行员的培养，包括出国培养。

（6） 成立航空旅游部（或旅游航空部），旅游、航空合二为一，有利于改变目前我国旅游与航空统一协调不利的状况。

4.努力提高涉外饭店经济效益

旅游全行业共同努力，各环节积极协调配合，提高饭店经济效益，以高质量的旅游产品吸引游客延长停留时间。

总之，我们既要正视目前我国旅游业所面临的“两难境地”，又要积极采取措施，解决矛盾，改善环境，使我国旅游业继续健康稳步地向前发展。

全面深化改革　促进旅游发展

——陕西旅游管理体制中期改革设想

王步唐　黄启勋

1979年以来，陕西旅游事业在改革开放形势的推动下，获得迅速发展，现已成为全省一个重要的经济行业。1987年，全省接待国外旅游者301448人，旅游外汇收入16708万元，分别为1979年的11.2倍和21.6倍；接待国内旅游者约1200万人次，回笼货币12亿多元。据调查，1987年，全省旅游业直接收入5.22亿元，间接收入13.42亿元，旅游业总收入18.64亿元，在产业部门中仅次于机械电子和纺织，居第三位，占全省第三产业产值的28.7%，成为全省仅次于纺织业的第二创汇支柱。目前，全省旅游业形成一定的规模和综合接待能力，有经营国际旅游业的旅行社22家，经营国内旅游业的旅行社15家，旅游饭店（宾馆）16家，床位7700张，旅游出租车辆比“六五”末期增加了一倍多。陕西旅游业又一次面临着大发展的机遇，只要不失时机地抓好旅游管理体制的改革，就一定能使旅游业进一步成为陕西一个重要的经济支柱，使“得天独厚的优势”更好地发挥出来。

一、陕西旅游管理体制改革的现状

陕西旅游业从1979年开始逐步进行了改革：

一是将省旅游局列入省政府工作部门，各地市县旅游管理机构相继建立。从1986年开始，旅游事业纳入了全省国民经济和社会发展计划。

二是成立了省旅游领导小组，加强了对旅游工作的领导和协调。领导小组先后对全省旅游事业“七五”发展规划、旅游行业管理和优质服务问题进行了研究，较好地协调了各方面的关系。

三是旅游行业管理迈开了步伐。根据旅游事业发展形势和经济体制改革的要求，1987年，省政府批转了关于加强全省旅游行业管理的报告，全省旅游优质服务，旅游人才教育培训，旅游发展规划，旅游统计和对外宣传等，逐步纳入行业管理。

四是深化旅游企业改革。在经营承包和横向联合方面已取得成效，全民所有制旅游企业和部分集体企业基本实行了经理负责制和经济责任制，企业基本独立经营，自负盈亏。省中旅社实行了招标承包后，接待旅游人数和经济收入明显增长。旅游业的横向经济联合有了较快的发展。国旅西安分社、省中旅社和青旅陕西分社先后和国内外一百多家旅行社建立了业务联系。陕西和甘、新、宁、青四省区成立了西北五省旅游协作区，联合开发“丝绸之路”旅游线路，已取得初步成效。

但是陕西现行旅游管理体制基本上还是旧的部门管理模式，缺乏行业管理和宏观调控能力，与旅游业迅速发展的形势越来越不相适应。主要弊端表现在以下三个方面：一是多头领导，宏观失控。全省从事旅游业的旅行社、旅游饭店（宾馆）、旅游汽车公司、旅游餐馆、旅游参观点、生产和经销旅游产品的工厂、商店及其他经营旅游业的单位数百个，都各有主管上级，隶属关系头绪多，又互不相通，出现了各行各业管旅游的状况。二是互相分割，互不协调。随着旅游业的发展，全省经营旅游业的单位形成许多条条块块，各成体系。如西安环城公园、华清池、华山等，都分别由几个部门管理，难以统一规划，割断了旅游经济的内在联系，影响了旅游业的协调发展。三是政企不分，事企不分。旅游业的现状，使旅游行政管理部门不得不转向把精力放在直属企事业单位的经营管理上，削弱了行业管理的职能。因此，只有对现行旅游管理体制继续改革，理顺关系，才能促进旅游业的稳步发展。

二、旅游管理体制中期改革的思路与目标

今后八年，是陕西经济改革与发展极为关键的时期，也是旅游业改革与发展极为关键的时期。进一步加快和深化旅游管理体制改革，必须首先树立以下指导思想：

（一）配套改革，健全机制，理顺关系，协调发展。旅游业是一项综合性的经济事业，旅游体制改革需要配套进行，要着力于形成一个新的旅游经济运行机制和旅游市场体系，理顺旅游业内部及与旅游业相关的各种关系，消除条条块块之间的磨擦，打破新旧两种体制胶着相持的状态。

（二）政企分开，行业管理，宏观控制，微观搞活。深化旅游体制改革，旅游行政管理部门及开办有旅游企业的其他部门必须政企分开，使企业独立自主经营；针对旅游业的多头领导、分散管理和条块分割，实行全行业管理，增强国家对旅游业的宏观调控能力，做到“管而不死，活而不乱”。

（三）解放思想，积极探索，有计划有领导地推进改革。旅游事业是一项新兴的事业，旅游体制虽然处在初期发育阶段，但由于受传统经济体制的影响和束缚，且改革又涉及到方方面面，必将遇到许多难点。因此需要有强烈的改革意识，勇于在实践中探索，才能做到稳步前进。

中期旅游管理体制改革的基本思路是：以中央关于经济体制改革的决定为指针，从陕西的实际出发，参照国家旅游体制改革的总体方案，以理顺旅游行业关系，搞活旅游企业为中心，从行业管理上重点突破。一是尽快建立一个能对全省旅游业实行集中统一领导和管理的权威机构及其工作体系，推动全行业管理；二是大力完善旅游企业经营机制，使之充满生机和活力；三是积极培育旅游市场，建立旅游业新秩序。逐步形成“国家调节市场、市场引导企业”的新的旅游经济运行机制，促进全省旅游生产力的更大发展。

从1988年到1995年旅游管理体制改革，拟分为两个阶段来确定目标。

前三年（1988—1990年）的改革目标是：

建立全省旅游管理部门工作体系，基本理顺全省旅游经济管理体制关系；旅游部门转变职能，推行行业管理；旅游企业独立经营，推行经营承包责任制，引进竞争机制，增强企业活力。到1990年，基本实现全省旅游业新旧两种管理体制的初步转轨。

后五年（1991—1995年）的改革目标是：

在理顺旅游经济管理体制的基础上，抓好旅游业的配套改革。培育旅游市场体系和市场机制，加强国家对旅游业的宏观调控能力。逐步实现“国家调节市场、市场引导企业”的新旅游经济运行机制，建立新的旅游经济体制的基本框架。通过改革，促进全省旅游业的稳步协调发展和旅游生产力的提高，使陕西旅游业逐步达到国内先进水平，接近国际水平。

三、旅游管理体制中期改革的主要任务

（一）建立旅游行业管理体系，明确职权，转变职能，实行统一领导，分级管理。

1.成立省旅游事业委员会。由有关部门参加的委员会，定期研究全省旅游工作的重大问题，协调有关方面的关系。省旅游局作为旅游委员会的办事机构，行使旅游主管部门的职能。

2.省旅游局转变职能，统一管理全省旅游事业。省旅游局作为省政府的职能工作部门，是面向全行业、统一管理全省旅游事业的综合部门。主要职责是：负责全省旅游事业发展战略，中长期规划和年度计划的制定和实施。根据国家颁布的有关方针政策和旅游法规，草拟地方性的工作条例、规定和办法，报省政府批准，并负责贯彻执行和检查监督。归口管理全省的旅游对外宣传和外联推销工作；负责规划和管理全省旅游人才的教育培养；统一管理旅游业服务质量，组织开展优质服务竞赛；开展调查研究，掌握旅游信息，协调和促进旅游企业的横向经济联合；会同计划部门规划和管理旅游饭店及其他旅游设施的建设；受理和审查涉外旅游饭店、旅游车队、旅行社和旅游商店的开业申请；会同物价部门管理和监督旅游物价；会同有关地、市、县对旅游资源进行调查、评价、保护、开发和利用，指导地市县旅游部门管理好各地的国际、国内旅游事业。

3.在涉外旅游工作任务较重的地（市）县，成立旅游局，统管当地的旅游事业。

（二）深化旅游企业改革，推行承包经营责任制，引进竞争机制，搞活旅游企业。

已实行承包的旅游企业，重点搞好企业内部的配套改革，建立和完善企业激励机制和约束机制。尚属部分承包的可创造条件，实行全面承包。还没有实行承包的，可由主管部门根据不同旅游企业的实际情况，采取多种形式实行承包。

实行承包经营责任制，要引进竞争机制，实行基数招标，经营者招聘，使一批旅游经济管理人才脱颖而出。企业内部管理人员的任用，也要体现平等竞争的原则，采取招聘、选聘、考聘等方式，逐级聘用，择优而任。

（三）发展横向经济联合，组建旅游企业集团。

倡导和鼓励以骨干企业为龙头，发展省内外旅游企业之间的联合。允许企业间的承包和兼并，组建企业集团。同时，可以采取参股的办法，合作经营，探索旅工贸结合的道路。组建旅游企业集团，是发展横向联合的重要形式。要从全省旅游业的实际出发，分别组建旅游饭店、旅行社、旅游汽车公司等同行企业集团，也可以由旅行社、旅游饭店、旅游汽车公司等联合组成企业集团，以提高在国内外旅游市场的竞争能力。

（四）成立行业协会，推进行业管理。

旅游管理体制的改革，可以从组建非行政机构的行业协会入手，理顺管理关系。行业协会是一种不同于政府派出机构或事业单位的民间性的具有权威的社会团体。内部实行行业民主自治的原则，理事会为领导机构。行业协会业务上接受政府主管部门的指导，主管部门只加强宏观控制，不再直接管理企业，大量行业指导和协调职能交给行业协会承担。行业协会可代表企业向上与政府协商对话，反映行业情况和企业愿望；向下则发挥同行业民主自治的积极性，共同协商办理政府和企业单独都做不好而又必须做的事情。拟成立的旅游行业协会主要有旅游饭店（宾馆）协会、旅行社协会、旅游汽车协会等。

（五）旅游体制配套改革。

1.旅行社体制改革。在国旅系统体制改革的同时，

积极组建陕西省的一类旅行社和西安市的一类旅行社，着力开拓国际旅游客源市场，搞好推销招徕工作。支持国旅西安分社和陕西省中国旅行社、青年旅行社陕西分社等二类社参加各自总社组织的旅行社企业集团，成立经济联合体。

2.旅游饭店体制改革。根据国家统一制定的旅游饭店星级评定标准和实施办法，搞好我省旅游饭店的星级评定，实行规范化标准化管理。组建省内自己的饭店管理公司，使合资饭店和内资饭店不聘或少聘国外饭店集团。加强对旅游饭店的宏观控制，使饭店数量在总体规模上同客源增长大体保持平衡，不搞盲目建设。饭店档次和国际客源市场的需求相适应，中期以中低档为主。

3.旅游价格改革。内资旅游饭店的房价在实行淡旺季浮动价格的基础上，制定最高限价和最低保护价，然后逐步放开，由饭店直接面对市场定价参与竞争。放开旅游商品价格，实行按质论价，优质优价。

4.旅游投资体制改革。①实行谁投资，谁受益，多投资，多受益的原则。②发展旅游股份公司或股份企业。采取入股的办法吸收各方面的资金，兴办旅游业。③建议征收旅游资源开发税。主要从全省旅游经营服务单位开征。④成立陕西省旅游信托投资公司。公司对有经济效益的旅游项目进行有偿投资，筹集和融通社会资金，发行旅游建设债券。

四、完成旅游体制中期改革任务的几点措施

旅游体制改革涉及到方方面面的权益，加之旅游法制不健全，市场机制不完善，省旅游主管部门缺乏宏观调控职能，使改革面临许多困难和障碍，具有一定的难度。要实现旅游体制改革中期目标，除增强改革意识和果断的决心外，还需要针对难点提出得力的措施，主要是：

（一）转变观念，扫除思想障碍。陕西长期处于封闭、半封闭状态，商品经济很不发达，要坚持改革开放，必须冲破旧的思想观念的束缚，树立群体改革意识，用社会主义商品经济观念和生产力标准来指导和检验体制改革。同时，还需要提高人们对旅游业在陕西经济发展中重要地位的认识，积极支持旅游体制的配套改革。

（二）理顺关系，促进旅游体制改革的协调发展。旅游行业长期多头领导，各自为政，条块分割和政企不分。这种管理体制影响了旅游业的协调发展，亟需理顺关系。一是理顺旅游主管部门与直属企业的关系，逐步由直接管理转变为间接管理。二是理顺旅游部门与相关部门的关系，合理调整利益分配，相互配合支持，促进旅游业协调发展。三是理顺旅游主管部门内部上下级之间的关系，做到统一领导，分级管理。重点要理顺省旅游部门与省会城市的关系。西安作为全国旅游热点城市，是陕西旅游业的缩影，发挥西安市兴办旅游业的积极性，对于发展全省旅游业至关重要。因此，凡国家明确赋予计划单列市的各种旅游管理权限，省旅游部门概不截留。在不改变旅游企业隶属关系的前提下，西安旅游城市优质服务，旅游涉外餐馆、商店的定点主要由西安市管理。

（三）培育市场，推进旅游体制改革逐步深化。我省旅游业起步晚，旅游市场体系尚未发育形成，在不正之风影响下，旅游企业内部又相互削价竞争，以及司陪人员回扣提成，都严重损坏了旅游声誉，阻滞了旅游生产力的发展。因此，需要迅速培育旅游市场机制，增强宏观调控能力。一是培育国际客源市场的推销体系，建立陕西的主要客源基地，逐步形成以省、市一类社和其他外联窗口为主的宣传招徕网络。统一对外，以适应国际旅游市场的竞争。二是培育旅游商品供销体系，形成产、供、销一条龙，主攻拳头产品。建立购物中心，放开旅游商品价格，纠正旅游回扣风。三是培育旅游质量管理体系，建立旅游服务质量监督网络，维护旅游市场秩序。

（四）加强法制，保证旅游体制改革顺利进行。我国旅游法规建设刚刚起步，法制工作非常薄弱。要使旅游业有法可依，必须大力加强旅游法规建设。对旅游从业人员经常进行法制教育，增强法制观念。要根据国家有关方针、政策，逐步制定陕西旅游工作的地方性法规。并逐步形成一支强有力的旅游执法队伍，用以保证旅游业健康顺利发展。

发展“粤港澳大三角旅游区”的重要性、可行性及其前景

黄　继

“粤港澳大三角旅游区”是指广东全省与香港、澳门构成的旅游大三角，重点是指以广州市为中心的珠江三角州同香港、澳门构成的旅游大三角。1987年5月，广东省旅游局正式把建立“粤港澳大三角旅游区”定为广东旅游发展战略的重点。几年的实践，特别是1989年“6·4”后的旅游情况，证明了这一战略决策的正确。建设和发展“粤港澳大三角旅游区”不仅是重要可行的，它的前景也将是十分广阔的。

一

“粤港澳大三角旅游区”的构想，可以说是广东、香港、澳门旅游界通过多年实践和理论总结的结果。虽然广东省自从实行“特殊政策、灵活措施”以来，以深圳、珠海这两个经济特区为桥梁，沟通香港、澳门两个国际旅游城市，并通过港澳两地加入国际旅游市场的竞争，已经在实践中形成了粤港澳的三角关系，但将三地这种自发的联系变成一种有意识的、共同拓展旅游市场的伙伴关系，却是近几年的事了。几年的实践证明，发展“粤港澳大三角旅游区”，不仅对于广东，而且对全国都具有特殊的重要性。

众所周知，当今世界国际旅游市场的竞争日益激烈，面对这种竞争的挑战，许多国家在旅游发展中认识到了区域合作的重要意义而走上了联合经济的道路，积极开展旅游协作，共同进行世界旅游市场的调研、推销，并取得了巨大成功。特别是近几年亚太地区区域内国际旅游的快速发展尤其引人注目，如印度同斯里兰卡等国广泛开展南亚区域旅游协作，联合制定推销宣传计划，促进短程多国旅游；东南亚的菲律宾、新加坡、马来西亚、泰国、印度尼西亚五国组成五国联盟，即东南亚旅行协会，提出了“整体一位旅游”，使旅游者游完一国名胜，又去观赏另一国风光；马来西亚同新加坡联合成立“马新旅游业八人委员会”，共同商讨制定旅游发展和推销方案，共同培训旅游人才。可以说，区域性或国际性的旅游经济协作在当今国际旅游市场中已经成为发展旅游经济的重要途径，成为提高吸引力和竞争力的重要手段。这样，发展“粤港澳大三角旅游区”，开展区域性旅游经济协作，就不仅是适应我们社会开放、改革的需要，适应我们时代经济、文化交流的需要，同时更是适应国际旅游市场竞争的需要，是我们稳步发展旅游业的重要策略。

粤、港、澳旅游业作为一个地区性的整体，互为补充，具有独特的吸引“合力”，同时，粤、港、澳三地共同开发国际旅游市场和联合宣传推销也具有强大的威力。毫无疑问，发展这一区域的旅游协作，对于广东、对于全国都是十分有利的。国内旅游业的发展，不仅需要吸引更多的港澳游客，同时需要以港澳地区为窗口，面向世界，招徕更多的外国旅游者。我们知道，香港是一个享誉世界的国际旅游中心，它凭着“购物天堂”、“东方之珠”、“美食天堂”等美誉吸引着来自世界各地的大批游客；而澳门也是一个众所周知的传统旅游城市，历来被视为香港旅游的伸延点，有东方“蒙地卡罗”之称，按面积和人口的比例，澳门旅游业就接待人数和创收外汇数额，完全可以同世界上最发达的旅游国家媲美。发展“粤港澳大三角旅游区”，借助港、澳的优势和协作，将港澳居民及到港澳旅游的外国客人吸引到国内旅游，对于广东及国内旅游业的发展所具有的意义，就可想而知了。近几年广东旅游业的发展实践特别是“6·4”风波后的旅游情况，充分证明这一区域性旅游经济协作的重要性。近几年来，港澳旅游界无论是在宣传推销方面，还是在旅游设施建设的投资方面，或者在组织客源方面所进行的工作，对于广东旅游业来说都是受益非浅的，特别是它们在广州、深圳、珠海、中山等地投资兴建旅游设施以及向内地引进先进管理经验，使广东旅游业很快走在全国的先进行列。同时，凭借“大三角”的优势，近几年以广州为中心的珠江三角洲的旅游热线一直保持着直线上升，尤其是1987、1988年，香港往珠江三角洲的三、四天团常常满额，而到访澳门的游客，也至少有20%的流量直接转赴珠海、中山以至珠江三角洲腹地旅游，使广东旅游业无论在接待人数方面还是在创收外汇方面都处于全国的领先地位。1989年“6·4”风波后，在广东旅游业急转直下的情况下，港澳旅游界竭力协作，不仅不惜增投巨额广告费用，宣传国内和广东形势，招徕客人到广东旅游，而且在实际上积极行动，组团到广东各地旅游，促进了广东旅游业较快恢复。广东全年的入境游客人数达到2392万人次，旅游创汇达到5.2亿美元，都恢复到1988年的八成多，而

短线旅游则恢复到九成多。可见，发展“大三角旅游区”加强粤港澳三地的协作，对于广东旅游业的发展有着不可否认的重要作用，它所具有的意义已经不只是理论上的推理，而且为实践所证明。

二

发展“粤港澳大三角旅游区”不仅是重要的，而且是可行的。这不仅是因为粤、港、澳三地在地理上连成一片，拥有发展旅游协作的地理优势。也不仅是因为区域内良好的旅游业基础和较完善的旅游设施提供了发展国际旅游区的物质基础。更重要的是三地旅游业具有共同的利害关系，这才是真正牢固的合作基础。

我们知道，在70年代以前，香港的旅游业是凭着香港的国际经济中心和金融中心的地位而吸引游客的，它的发展理所当然也受着西方国家的经济增长水平的制约。但自从我国开放和改革政策实施以来，香港就成了世界各地商人和游客进出内地的桥梁，这在很大程度上抵消了西方国家经济的起落对香港旅游业的影响。广东对外开放以来，香港旅游业获得迅猛发展，接待人数和收入都翻了一番多，可以说，内地的开放政策为香港旅游业注入了新的活力。另一方面，由于香港享有“购物天堂”的美誉，许多国外游客和华侨都喜欢取道香港进入中国。广东是从香港进入中国的主要口岸，这使得从广东入境的游客占全国入境游客总数的95%左右；而从港澳入境的游客，又绝大多数从广东出境进入香港和澳门，大大地提高了广东旅游业的地位。澳门方面，自开办珠海特区以来，澳门不再只是香港的小小伸延点，而成为沟通香港与珠江三角洲等地可以双向进出的旅游目的地。同时，近几年港澳商人对珠江三角洲旅游业的投资很大，不仅解决了部分劳动力的就业问题，而且使内地学习到港澳旅游业的先进管理方法，促进内地旅游业的发展；而港澳商人在内地投资获得的利润能很快地返回到港澳旅游业中，而且内地也有相当的投资进入港澳旅游业，促进港澳旅游业的发展，加之近几年广东开展内地居民赴港澳游活动，对港澳旅游业的发展极其有利。再者，香港、澳门虽然是世界著名的旅游城市，但它们既无名山大川，又乏名胜古迹，旅游业的发展受到资源的限制，需要向外延伸，广东是近邻，是中国现代化建设的“窗口”，又具有内容丰富、风格独特的旅游资源，正好弥补了香港、澳门旅游资源之不足；而广东的旅游业又需香港、澳门两地协同拓宽客源市场。

从上可见，粤、港、澳旅游业是一个互相促进、互相补充、互相需要的整体，三者紧密联系，息息相关。特别是1989年“6·4”风波后的情况就是一个明显的例证：国内受影响，旅游业滑坡，在香港也同样受到影响。1989年上半年香港旅游业比1988年同期的增长幅度下降12%，其中6月份下降20%；7月份香港酒店的开房率比1988年同期下降19%，饮食及零售商品下降40%，货物销售额下降30%。澳门旅游业在6、7月间也发生急剧下降，特别是做中国旅游生意的影响更大，很多旅游团队被取消。澳门中旅社7月份比1988年同期下降70%，8月份下降60%。可见，粤、港、澳三地旅游业之间存在着一荣俱荣、一损俱损的共同利害关系。由于这种直接的影响，“6·4”以后港澳旅游界竭力协助广东恢复旅游业就毫不奇怪了。我们说粤、港、澳旅游是一个紧密联系、息息相关的整体是毫不夸张的，它们之间由于有了共同的利害关系，其合作就有了牢固的基础，因而发展“粤港澳大三角旅游区”是完全可行的。事实上，自从1987年5月广东省提出把建设“粤港澳大三角旅游区”作为广东旅游业发展战略的重点以来，港澳旅游界对此也表现出了极大的热情和支持。几年来，三地旅游界积极配合，共同努力，为发展“大三角旅游区”做了不少工作。广东省旅游局多次召集三地旅游界代表召开发展大三角旅游业的论证会及三地旅游界的联席会、联欢会，如1988年7月在中山召开了“粤港澳大三角发展旅游论证会”，对协调发展大三角旅游业进行了理论探讨和论证；1989年12月在珠海召开了“粤港澳大三角旅游界联席会议”；1990年3月在广州召开了“粤港澳旅游界联欢会”等等，这些对于发展大三角旅游业、促进粤港澳三地的合作有着积极的意义。同时，广东省旅游局非常重视大三角旅游区省内段的建设，不仅组织有关人员到全省10个市进行实地勘查，制定主要旅游路线，而且重视搞好区内的三个老点、四个新点、五个潜力及前景很好的旅游风景区的配套建设。而港澳旅游界也积极配合，他们不仅踊跃参加我们为发展粤港澳旅游业而组织的一切活动，而且积极行动，宣传、推销“大三角”，提高“大三角”的知名度，并为建设“大三角”提出了很多很好的建议，如香港旅游界提出：粤港澳大三角旅游区应长远规划、逐步开发；珠江三角洲必须要有一个独具中国特色的、有吸引力的旅游区，建议在“食”字上做文章。澳门旅游界则提出：大三角旅游区要选准市场，搞好联合行动；要分层次搞联合，制定标准线路和价格，进行联合销售；在大三角旅游区的宣传推广方面，要集中资金，统一使用。港澳旅游界对建设“粤港澳大三角旅游区”的关注和支持，说明他们清楚地认识了粤、港、澳三地旅游业的相关性和整体性，协调发展粤港澳大三角旅游区，有助于三地旅游业的共同繁荣和发展。虽然商品社会的一般竞争规律在大三角旅游区内不可能不发生作用，三地之间存在着竞争，在一定程度上相互构成互争客源的对手关系，但从整体来看，三地是互为依托、互相利用、互相促进、共同受益的，竞争并不妨碍它们的合作。

三

当今世界，单一目的地旅游已经很难吸引游客。为了适应多目的地旅游的潮流，许多国家都在发展区域性旅游协作。“粤港澳大三角旅游区”是一个利用粤港澳地理位置的相关性和经济地理位置优势组成的联合区域。它在国际旅游市场上具有自己独特的优势。因为，这一协作区不仅在地理上连成一片，在资源上互为补充，具有吸引旅游者的一般优势，而且它是跨越两种不同社会制度和两种不同经济生活方式的综合性旅游文化区，这在世界上却是独一无二的。众所周知，由于历史上的原因，香港和澳门成了国际上的两个特殊地区，1997年和1999年两地主权回归祖国以后，现行制度保留半个世纪不变。港澳两地的资本主义社会具有与广东省的社会主义制度完全不同的旅游文化，从而使“大三角旅游区”成为既有中华民族色彩的旅游文化，又有中西方文明交汇形成的颇为独特的文化综合旅游区，可以适应世界各国旅游者的需要。因此，粤、港、澳三地旅游业作为一个整体具有独特的吸引“合力”，发展这一区域性旅游将有着十分广阔的前景。可以肯定，三地旅游资源的优势的联合，将大大提高“大三角”在国际旅游市场上的吸引力和竞争力。我们不仅有理由期望若干年后“大三角”将成为在远东乃至全世界最有魅力的旅游胜地，而且可以期待若干年后“大三角”在接待人数和创收外汇方面将会接近或达到世界上旅游最发达国家的水平。就1988年的情况来看，世界上旅游最发达的西班牙接待量约为5300万人次，外汇收益约为150～160亿美元，而粤港澳三地接待量为3900万人次，旅游收益约为55亿美元，后者分别为前者的74%和36%。随着粤港澳三地旅游界协作的加强，随着协作区旅游优势的充分发挥，若干年后协作区要赶上世界上旅游最发达国家的水平决不会是可望而不可即的事。对此，粤、港、澳旅游界全都充满了信心。大家一致认为，发展“粤港澳大三角旅游区”有着极大的潜力和良好的前景，通过三方的共同努力，一定会把它建设成一个有特色、有竞争力的国际旅游区。

文明古国的现代使命

——关于发展我国旅游事业的几点刍议

吴乾翔

旅游，人类文明的派生物，其发达的程度，往往折射着一个国家文明的程度。

中国，具有五千年悠久历史的文明古国，而且是世界上旅游活动发生最早的国度之一。从公元前二千多年前的夏禹踏遍千山万水而"疏三江五湖"，到十七世纪的徐霞客游历名山大川而著四海闻名的《徐霞客游记》；从西汉的张骞二度西行开辟了国际性交往的"丝绸之路"，到明朝的郑和七下西洋完成了国际性交流的航海壮举；从七千年前的母系氏族公社时期发明的世上最早的舟，到宋代发明的全球最早的指南针并最早用之于航海事业。林林总总，无不放射着中华文明史的璀灿光芒，也无不闪烁着中国古代旅游史的熠熠星辉。

然而，旅游作为一种相对独立的事业，作为一种自成体系的行业，中国却是全世界发展最晚的国度之一！

40年前，中华人民共和国成立之后，新中国打开了国际交往与国际旅游的大门，催发了新中国旅游事业的诞生，填补着中华旅游史上的一项项空白。从1953年10月建立首家中国国际旅行社，到1964年6月首次设立中国旅行游览事业管理局；从我国旅游管理体制的建立，到我国旅游事业的各项改革，虽经数番风雨、几度沉浮，但仍取得了开创性的业绩。尤其党的十一届三中全会以来，在改革开放的历史性大潮中，我国的旅游事业更是突飞猛进。仅全国接待的国际旅游者，便从1978年的188万人猛增到1988年的3169万人，十年增长16倍，这种国际旅游的增长速度，实为举世罕见！

不过，作为一门自成体系的事业的中国旅游业，毕竟还是年轻的事业。既然年轻就有待成熟，既然年轻，就大有潜力。尤其当此新技术革命已将地球日益"缩小"，世界经济日趋一体化之际，作为占世界人口五分之一的大国和旅游资源雄厚的社会主义开放国度，还远远不能满足于现有的基业，还必须谱写与中华文明史相称、与中国现代化相应的中国旅游新篇章。为此，笔者特提出关于发展我国旅游事业的几点刍议，供有关决策者参考：

一、要从世界旅游事业发展的速度上看清旅游事业发展的迫人趋势，下大决心，打总体仗，争取在本世纪末把我国建成世界旅游强国。二十世纪五十年代，世界旅游事业蓬勃发展，1950年全世界旅游人数仅有2530万人，收入共为21亿美元；三十多年后的今天，旅游人数竟达3亿，总收入则为一千多亿美元；以增长几十倍（高于任何经济行业发展的速度）的速度，超越钢铁工业，军火工业，跃上了仅次于石油工业的宝座，成为令人注目、震动世界的新兴事业。根据联合国的估计，到本世纪末，旅游业必将超过石油工业，成为世界最大的经济部门。我们的奋斗目标和工作规划应当充分考虑到这样一个迫人的形势，要走到形势发展的前面。

二、要认真选拔配置优秀人才，加强全国各级旅游班子的建设，路线确定以后，干部便是决定的因素，班子能否配置好，直接关系到旅游事业发展的前途命运。旅游战线的各级领导干部，应当具有较高的文化水平，知识面广、视野开阔、思路敏捷、熟识旅游、敢想敢为。由这样的人组成谷牧同志所说的"能打大仗，能打硬仗，能打胜仗，能开创新局面的朝气蓬勃的领导核心"，此乃事业成败的关键。

三、认识事业，了解事业，尽量避免旅游事业发展中的盲目性。盲目是认识与现实的脱离，不能只看到我们省内国内，旅游界应极目世界，尽一切努力去了解、熟识世界旅游这门新的事业、新的知识、新的规律、新的形势、新的特点、新的问题、新的方法、新的经验和动向，忽略了这些，必将陷入最大的盲目性，信息不灵、闭塞视听，要从根本上增强我们在国际上的竞争能力是不可能的，要使我们的旅游事业有一个很大的发展也是困难的。国家应当有计划、有目的地组织一些有用的人才到西班牙、意大利、法国、泰国、新加坡去考察旅游事业，扩大视野、打开眼界、解放思想，学习人家是为了超过人家，赶上世界旅游形势的发展。

四、实行优惠政策，鼓励外引内联，调动全民办旅游事业的积极性。为鼓励发展旅游业方面的外引内联，请中央、国务院考虑能否在现行有关政策的基础上，实行更加优惠的政策，没有优惠的政策，外资引不进来（现在用于旅游业的外资实在太少），内联的积极性亦待进一步去调动，对地方、部门、集体、个人办旅游事业亦应规定相应的鼓励政策。

五、能否重视旅游人才的投资是关系到我国能否跃居世界强国的百年大计。旅游人才的投资是国际旅游业竞争中获胜的重要因素，目前美国已从学校教育到社会教育形成一个完整的遍布全国的教育网，凡是从事旅游工作的人员上至经理、下至服务员，都要经过不同程度的正规教育和在职训练。国际经验一再证明，凡是旅游业发达的国家，旅游教育必定领先。为此，建议国务院考虑逐年增加一批以培养各级旅游行政管理干部（领导干部）、大专院校旅游专业的师资、重点高级宾馆的经理等专业人才的旅游院校，国各个重点大学亦创造条件增设旅游专业。各省旅游部门则应大力举办短期专业培训，旅游院校（含专业）实行定向招生，哪里送来，分回哪里，除院校事业经费由国家教育部门拨给以外，学员学习费用由学生使用单位负责。

六、建立由国家直接管理的国际旅游信息中心，及时迅速地向全国旅游部门传递有关国际旅游事业发展的历史、现状、未来的详细信息；传播各国创立、管理旅游事业的新经验、新方法、新特点、新动向，为从根本上增强我国旅游事业在国际上的竞争能力做出应有的贡献（常驻国外的记者、驻各国使领馆应把向国家提供旅游情报信息作为任务之一）。

七、交通、能源、通讯、供水均系旅游事业建设环境、投资环境必不可少的重要条件，国家应对目前全国七个发展旅游事业的重点拨出一定数量的资金（可用贷款形式），并且大力鼓励从事这方面建设的内引外联的积极性，力求赶在旅游发展的前面首先把它搞好。交通是旅游事业的一大要素，在发展航空事业的问题上，多方面的积极性比单一积极性好，应该允许国家（民航系统）与地方合作、地方自筹、外资与地方合作等多种经营形式同时存在，用最快的速度发展我国的航空事业，这对促进旅游事业的发展是很重要的。

八、在全国七个发展旅游事业的重点地区，建设一批像北京王府、香格里拉、丽都、长城、上海希尔顿、南京金陵、广州白天鹅、中国、花园那样具有一定先进水平的高级宾馆是完全必要的，这与提倡多建中低档宾馆的要求并不互相矛盾，一个比较先进的旅游大国，必须拥有自己一批足以和国际上第一流宾馆相媲美的高级宾馆，用以吸引国际上的富豪游客，提高我们吸收外汇的能力，高级豪华宾馆是当今世界旅游强国的重要标志。

九、做好国际旅游宣传，扩大国际业务联系（对旅游客户的联系）。增加旅游客源，是发展旅游事业不容忽视的重要环节，旅游部门应该多开国际客户会议，向国际客户大量提供宣传我国旅游资源，介绍我国旅游事业的影片、电视片、录相带；通过卫星大量发布旅游广告，广泛宣传我国有关旅游的优惠政策（这是增强国际竞争能力的重要措施之一）；发表国际游客对我国旅游的好观感；报道外国游客在我国旅游获得的安全保障（包括拾金不昧的事迹），不断引起世界旅游者对我国旅游的注意、兴趣。

十、组织必要的宣传，进行广泛的发动。让尽可能多的人了解发展旅游事业的重要性、必要性、目的、要求、方针、政策、方法、步骤。要坚持不懈地介绍各国、本国创办旅游的成就、经验，宣传靠旅游致富的典型，表彰对发展我国旅游事业有功的人员。与此同时，加强旅游出版单位的建设，大量增加旅游书刊杂志的出版，普及旅游知识，具体有效地加强对全国发展旅游事业的指导也是十分必要的。总之，要实现旅游强国的目标，大量的宣传组织工作是必不可少的，一个全民大办旅游热潮掀起之时，正是我国必将实现旅游强国之日。让我们全党、全民都来重视这门一本万利，永不衰退，蒸蒸日上的事业，用它来促进我国各行各业的发展，促进我们祖国的繁荣富强。

旅游饭店发展战略述略

齐　凡

旅游饭店（以下简称饭店）是旅游业三大支柱之一，是旅游经济发展的主要生产力，饭店的数量和质量，以及它的管理水平和经营能力，是旅游经济发展水平的主要标志。

饭店发展战略研究是旅游经济发展战略研究的重要组成部分。它的研究对象是：对已确定的旅游饭店发展战略目标和战略重点在实施过程中起制约作用的各种关系。它的研究方法是：通过总结历史经验、剖析现时状况，对各种关系进行概括和分析，从中发现那些规律性的东西，进而说明实现发展战略必要和可能的途径。

一、饭店发展战略目标

根据我国旅游经济发展总体战略，可以从今后六十年（1990—2050年）饭店建设和饭店管理与经营两个方面来论述我国饭店发展的战略目标；从时间上说，可以按本世纪末（1990—2000年）与下世纪中叶（2000—2050年）两个阶段来探索。

饭店建设方面：

从现在起到本世纪末，要实现的发展战略目标是：形成布局合理、数量宽松、类型齐全、功能完善、战线结合紧密、档次分布适当的产业发展结构，从整体规模上完成发展时期的转换，成为亚太地区第一大饭店产业，为我国旅游业在下一个世纪跻入国际旅游业发达国家行列奠定坚实可靠的物质基础。

从下个世纪初到下个世纪中叶要实现的发展战略目标是：进入全方位规模型和专业型发展，其覆盖面不仅遍及我国各省、自治区、直辖市的各个城市和风景名胜地区，而且延伸到亚太地区，世界主要旅游发达国家和主要客源输出国。其专业类型，不仅有观光型饭店、商业型饭店、度假型饭店、机场饭店，而且有疗养型饭店、公寓型饭店、国际会议型饭店、体育运动型饭店、汽车旅馆型饭店，以及伴随时代发展而产生的各类新型功能的饭店，迈入国际上饭店业最发达国家的行列。

饭店管理和经营方面：

从现在起到本世纪末，要实现的发展战略目标是：改革和调整现存管理体制和经营体制中不合理的成份，形成和完善符合旅游经济发展规律和国际旅游业发展要求的新型管理体制和经营体制；按国际标准建立若干个类似国际上希尔顿、喜来登、假日、洲际等饭店管理集团的我国饭店管理集团，形成以中国人自己管理为主体的坚实基础；通过政府部门对饭店进行星级评定和发挥管理集团的作用，基本上完成我国饭店管理由国内标准型向国际标准型的转换，并使它的服务质量从整体上基本达到国际水平；按我国旅游业资源组合、线路配置和客源市场分布情况以及旅游产销一头在内、一头在外的特点，在建立饭店集团时赋予其全线路经营权和海外经营权，使这些集团形成若干个系列型拳头产品，直接进入国际市场，使产销直接见面，扩大客源，提高经济效益。

从下个世纪初到下个世纪中叶要实现的发展战略目标是：优化管理体制，适应二十一世纪现代化饭店产业发展要求。在管理上，饭店管理集团全方位发展，一方面形成全国性的管理网络，另一方面对外输出管理，管理网络扩大到亚太地区旅游业发达国家和主要客源国，我国饭店的管理水平和服务质量整体上达到国际先进水平。在经营上，将我国饭店巨大经营活力全面开发出来，经营网络覆盖亚太地区、旅游发达国家和主要客源国，经营方式具有很浓的适应性和国际竞争力，成为国际同行业中一支举足轻重的生力军。

二、饭店发展的战略重点纲要

发展战略重点的纲要，有如下7点。

1.加快旅游业发展后劲线路的饭店建设。

2.调整建设速度，使其按效益原则，保持适度超前。

3.调整档次结构，限制兴建高档饭店。

4.改革和调整管理体制。

5.对合资饭店和国营饭店实行统一的管理政策。

6.建立我国自己的饭店管理和经营集团，使其管理水平和服务质量从整体上达到国际标准。

7.制定饭店行业法规。

三、实现战略目标的途径——处理好六大关系

为保证战略重点的实施和战略目标的实现，必须处理好制约战略重点实施和战略目标实现的六大关系。具体讲：

（一）饭店建设多与少的关系。

1978年到1988年的十年间，饭店建设经历了一个由起步到突飞猛进的大发展时期。1978年，我国饭店仅有137座，15539间客房，其中绝大部分是国宾馆和招待所，总体水平可以概括为：数量稀少、设施陈旧、功能单一、条件简陋。随着对外开放的深入和国际旅游业的大发展，特别是在1985年党中央、国务院制定了调动中央和地方两个方面积极性，建设旅游基础设施政策之后，饭店建设犹如雨后春笋，在全国范围内潮水般地迅速发展。到1988年，饭店数量增长到3496座，客房22万间，总投资约400亿元。十年增长了近14倍，饭店质量也有了翻天覆地变化。有把握地讲，十年前我国尚没有一家在功能、设施设备质量上，能达到国际三星级标准的饭店。而十年后的今天我国不但拥有了大批符合国际三星级建造标准的饭店，而且符合国际四星级高档建造标准的饭店就达一百多家。短短十年的发展，速度之快、投资之多、质量之高，是同时期世界上任何国家所不能比拟的。

饭店十年来的发展，为旅游经济发展奠定了强大的物质基础，在肯定这一巨大成就时，冷静地、客观全面地对它的发展过程和现状进行科学的分析，不难发现我国饭店发展数量存在“四多”、“三少”的问题。

1.饭店建设总体数量过多，已呈不适当超前发展之势。

众所周知，大量饭店建成后，客源增长如果不能相应跟上，并保持一定的增长速度，饭店还本付息、回收投资、偿还外债将成为十分严峻的问题。这些问题，本来在饭店建设之初就应该十分慎重地予以考虑，但由于种种原因，目前已经十分现实地摆在了我们面前。

从增长速度上讲，十年来饭店年平均增长速度为26.8%，而同期有组织接待境外旅游者人数年平均增长速度仅为12.9%，尽管还有一部分零星散客需住入饭店，但从总体看，饭店的发展速度和发展规模出现了不适当的超前。

从客房出租率情况看，饭店数量变化与客房出租率变化呈反比运动趋向。特别是近几年来，饭店数量年年大幅度增长，客房出租率水平年年下跌，这不能不说明饭店发展规模出现了总量过剩。

2.旅游热点城市饭店多，旅游发展后劲线路饭店少。

从饭店的分布情况看，主要旅游热点城市拥有约700座，客房12万间，占全国总量的55%，而旅游业后劲发展线路的饭店数量则呈不足。

以桂林市为例，目前饭店约40座，近7000间客房，在建饭店5座约1000间客房。按已形成的数量规模，每年能接待国际旅游者80万—100万人次，尽管近几年来桂林的国际游客不断增长，1988年已达33万人次，但饭店年平均出租率却由前些年的80%逐年下跌到40%。根据统计和测算，即便桂林的接待量按1988年水平翻一番，达到66万人次，由于在建饭店要投入使用，从总体看，仍然会出现“吃不饱”的情况。况且，客源翻一番非举手之劳，需要一个较长的“爬坡”时期，在这一时期内，大多数饭店将不可避免出现亏损，给国家背上沉重的财政包袱。

旅游热点城市饭店数量过多的情况，绝非仅只桂林，在西安等热点城市也日益明显地反映出来。

在旅游热点城市饭店数量过多的同时，我国旅游业已经初具规模的后劲拳头线路如长江三峡旅游线、丝绸之路旅游线等，饭店又显得不足，无论是在数量上还是在质量上，都还满足不了需要。例如，武汉——岳阳——荆州——沙市——秭归——巫山——奉节——万县——重庆这条长江三峡旅游线上，有些重要停留点仅有一些接待站，设备落后、简陋，不具备发展国际旅游的条件。又如在西安——兰州——敦煌——哈密——吐鲁番——乌鲁木齐这条闻名世界的丝绸之路主干线上，除西安外，其它点上尚没有一家能达到国际三星级标准的饭店，这就使丝绸之路旅游线无法接待中高档消费水平的国际游客，在国际市场上只能以低廉的价格销掉。

3.观光型饭店多，专业型饭店少。

在十年的发展中，尽管出现了一些在建筑形式上具有独特风格，在功能上具有专业性特征的饭店，但就总体看，由于我国的国际旅游在十年来一直是沿着观光旅游为主线发展，观光型饭店也自然成为主体类型。据统计，全国现有1500家饭店中，观光型饭店近1200家，占总量的80%。

我国旅游资源极其丰富，蕴含着发展各种专业旅游的现实可能性，就饭店建设讲，如果能从多方位吸引客源的方向考虑，在建造观光型饭店的同时，结合各地区的经济发展水平、自然资源和人文资源的特点，根据客源市场的需求，有针对性地建造各种专业型饭店，就会为招揽更多国际游客打下可靠的物质基础。

例如，我国地域广阔，横跨三个气候带，日照充沛，海岸线长。有针对性地建设一批海滨度假饭店，就能为打开亚太地区度假旅游市场创造条件。

中华民族文明悠久，独特的中医、气功、药膳、武术等，对调养、疗病、强身、健体有令人意想不到的奇特效果，根据人文资源的特点，建造一批具有中国特色的疗养型饭店，会吸引众多的海外华侨和外国人慕名前往。

饭店专业类型的丰富与否，在很大程度上反映旅游经济发展水平，我国在这方面出现的观光型饭店过多，各类专业型饭店偏少的情况，已经对我国旅游业进入国际市场产生不利影响。

4.规模大的多，规模小的少。

全国1500家饭店，客房数在100间以上的约占饭店总数的80%，客房数在400间以上的约占总数的60%，客房总数超过800间的（包括在建饭店）超过30座，约占总数的12%。从这三个数量指标看，我国饭店规模偏大，由此带来一系列问题。如：1.一次性投资大，债务重，投资回收慢；2.对市场变化适应性差，在经营上“船大难调头”；3.管理难度高。大型饭店这三个方面的弱点，恰恰是小型饭店的优势。

正确处理饭店建设“多与少”的关系的五个原则：

第一、饭店建设适度超前的原则。

饭店建设适度超前，是指建设速度在保持与客源增长速度基本同步的状况下，为进一步扩大客源，在物质基础建设上有一定的提前量。适度超前做为一项原则，应该是符合旅游经济增长规律的，但确立这项原则的依据必须是市场有需求，客源有保证。下面简单分析一下市场的情况。

港澳市场：

我国定居在香港和澳门的港澳同胞共有五百多万人，这些人基本上是从内地去港澳的，大部分亲属在内地，每年都要回乡探亲、访友、从事商业贸易等活动。据统计，仅1988年入境的港澳同胞就达二千九百多万人次，这部分旅游者人数众多，客源稳定，其中相当一部分要在饭店住宿、用餐、购物，这就为我国饭店带来了稳定的收入。

台湾市场：

1988年台湾当局放宽了对居民回大陆探亲旅游的限制，当年台湾同胞回大陆探亲旅游达443万人次，目前居住在台湾的大陆籍同胞达数百万人，这是一个源源不断输出客源的稳定市场。

海外华侨市场：

我国侨居海外的华侨、华裔达数千万人，他们当中许多人对祖国有特殊感情，很怀念故土，希望在有生之年能够回国探亲、旅游。他们的第二代、第三代中也有不少人想到中国看一看祖先生活过的地方，还有些人愿意在故乡投资办厂，这是一个潜力和容量很大的市场。

东欧市场：

东欧国家与我国在五十年代就有了密切来往，近几年来，我国改革开放的辉煌成果和经济发展取得的巨大成就，特别是经济特区的建设，对东欧国家具有很强的吸引力，越来越多的东欧人希望到我国旅游观光，学习改革和经济建设方面的经验，与我国开展经济文化交流。在解决了货币结算问题后，这个市场将为我国带来数量可观的稳定客源。

外国人市场：

外国人市场也具有广阔发展前景。我国传统客源地日本、美国、西欧仍有大量居民希望前来中国一游。

对以上六个市场的分析，可知稳定可靠的客源基础，是我们坚持饭店建设适度超前原则的依据。这种“适度”可用增长速度和客房出租率测算。饭店的超前应控制在大于客源增长速度10%以内，超过这个增长速度，可视为不适度超前或称过度超前；按国际市场规律，客房年平均出租率不低于55%。旅游旺季客房平均出租率不高于85%，可视为总量基本合适，适度超前，低于或高于两个临界线，可视为饭店过多或过少，或称总量不足或过度超前。

第二、宏观上加强总量控制的原则。

建设速度在局部地区过度超前甚至出现了一定程度的盲目发展，主要是宏观失控的结果。1985年全国兴起了“旅游饭店热”，相当一段时期内，在放权的同时尚未有效地建立起宏观调控和管理监督机制，缺乏对建设总量进行控制的权威机构和手段，使得不少地方、部门和企业的投资基本上处于失控状态，有些地方建设项目审批混乱，漏洞百出，饭店竣工交付使用后，没有客源保证、负债累累，成为当地财政沉重的包袱。对此必须认真吸取教训。

对今后的饭店建设，必须建立宏观调控制度和权威性的管理监督部门，确保总量发展水平的适度。

第三、降低旅游热点城市发展速度，加快旅游后劲线路配套的原则。

针对旅游热点城市饭店多，旅游后劲线路饭店少的状况，在投资管理上，严格控制旅游热点城市新开工项目，对那些饭店严重过剩的地方和没有客源保证的建设项目，该停的坚决停下来，以保证已经投产的饭店能够有效益。

在投资方向上，侧重对发展我国旅游业的后劲线路进行配套完善，支持这些地区按照全国旅游发展规划兴建、扩建、改建一批适合国际游客需要的饭店。

第四、针对客源市场的需求，发展多种类型饭店的原则。

发展多种类型的饭店，是针对客源市场需求，搞活旅游经营，吸引更多国际游客，增加国家外汇收入的必要条件。坚持这个原则要从饭店建筑特色和饭店功能两方面着手。

在饭店建筑特色上，避免单一的“火柴盒式”高楼大厦，讲求保持中国的文化传统，发挥中国的民族特色，使我国饭店建筑具有十分诱人的吸引力。例如，北方的四合院式饭店、江南园林式饭店、少数民族风格饭店、名园名宫饭店。这类饭店都可以把现代建筑技术与传统风格巧妙地融为一体，把我国古代文明与现代文明巧妙地结合起来，使游客赏心悦目，流连忘返。

在饭店功能上，除了有计划地发展度假、疗养等多种类型的饭店外，比较简捷的办法是：鼓励一部分已建成的观光型饭店根据市场需求，进行必要的功能调整，使之适于专业型接待要求。与此同时，要不断开辟新的旅游项目，以保证各类专业型饭店有稳定的客源。

第五、控制建造大型饭店，鼓励建造多功能型中、小饭店的原则。

（二）饭店布局中点与线、沿海与内地、档次高与低的关系。

布局的关系包含以下三个内容：即点与线的关系、沿海与内地的关系、档次高与低的关系。

目前存在三个问题：

1.点与线结合得不够紧密，部分地区仍在搞“小而全”。

根据旅游活动的客观规律，饭店建设应当体现有点、有线，点线相连的原则。为此，在兴建饭店时，就要考虑到如何与线路建设紧密结合，使饭店一建成，就能开通一条旅游线路，形成或完善全线路的综合接待能力。由于种种原因，在饭店建设上，不少地区出于本地区的利益，往往热衷于在各自的地段上搞小而全。由于忽视了点与线的密切联系，一方面搞了一些重复建设项目，造成很大浪费；另一方面，致使一条线路中各个点上的接待能力和接待条件不平衡，有些点的饭店“吃不饱”，有些点则“吃不了”。有的点饭店设施设备好，服务质量高，客人满意；有些点设备简陋，服务质量差，客人抱怨。结果降低了全旅游线路的综合接待能力和服务质量，也降低了相当一部分饭店的经济效益。

2.饭店布局重沿海城市，轻内地城市。

全国的饭店，从分布看，大多数集中在东部沿海一带，东部沿海十一个省市拥有客房16万间，占全国总量的70%；中部十四个省区拥有客房6万间，占全国总量的27%；西部五省区仅有客房7千间，占全国总量的3%。从总体上看，东部沿海城市饭店供需状况比较宽松，短线制约的状况已经解除，甚至部分城市形成了超前发展的局面。但在一些内地旅游温冷点地区和潜在旅游热点地区，住房紧张的问题仍然存在。这对于我国推出具有强大后劲的旅游线路和旅游项目，实现第一个阶段的战略发展目标显然是不利的。

3.高档偏多，中低档偏少。

在档次比例上，发达国家高、中、低档饭店比例一般为1:4:5，而我国高、中、低档饭店的比例（就设施设备条件而言），在旅游热点城市，初步测算为3:5:2。这里所指的高档饭店是五星级、四星级饭店；中档饭店是三星级、二星级饭店；低档饭店是一星级饭店。一方面我国饭店档次比例不合理，高、中档饭店过多；另一方面来我国旅游的客人又多属中、下消费阶层，高消费客人为数甚少，这就使我国饭店的收费水平远远低于国际上的平均水平。在我国，目前大多数高档饭店的客房平均价格达不到80美元／人(天)，而在旅游发达国家，高、中档饭店的客房平均价格约为150—250美元／人（天）、60—100美元／人（天）。

正确处理饭店布局关系有以下三个原则：

第一、均衡布点，点线结合的原则。

均衡布点是指一条旅游线路确定后，连接全线路各个点上饭店，要在规模上、档次上、接待能力上呈均衡分布。这不仅是旅游接待规律的客观要求，也是旅游消费规律的客观要求。

从旅游接待规律要求看，旅游线路的合理客流量与全线路上各点的客容量有密切关系，当各个点的饭店建设规模和接待能力相符时，就能有效保证全线路的接待工作畅通无阻。如果不是这样，有的点饭店规模大、数量多、接待能力高，有的点规模小、数量少、接待能力低，则该线路的客流量将受到接待能力低的点所制约，显然饭店过多的点就会设施设备闲置，发生亏损。

从旅游消费规律看，国际游客通常的消费要求是：在所购买的旅游线路各个点上住相同档次的饭店。如果全线路各点上的饭店档次分布不均衡，差异较大，客人在此点住中档饭店，彼点住低档饭店，必定会引起抱怨和投诉，影响全线路旅游服务质量。

点线结合，必须打破地方主义的藩篱，一切按旅游业发展总体规划办事。在宏观管理上，无论资金来源如何，凡是重复建设项目一律不批，凡是划地为牢，搞“小而全”要坚决制止，只要宏观上控制严，项目审批严，投资把关严，就能有效地促使点线合理结合，形成“一条龙”旅游生产能力。

第二、巩固东部沿海优势，兼顾西部旅游后劲地区开发的原则。

所谓巩固东部沿海优势，指的是东部沿海城市的饭店在发展形式上，走以内部扩大再生产的道路，在不断完善服务设施和服务功能的基础上，进一步提高接待能力和创汇能力。

所谓兼顾西部旅游后劲地区开发，指的是兼顾那些确有发展国际旅游业条件，新建一些饭店，就能与现有的旅游线路连网的项目，或本来就是潜在的旅游拳头产品，通过新建或改造饭店，使之很快成为现实旅游拳头产品的项目。对这些开发项目，兼顾要有计划、有步骤地进行，决不能盲目兼顾。

谈到兼顾问题，思路可以再宽一些，除考虑饭店本身的建设外，还有必要考虑饭店对社会经济发展的辐射作用。

饭店就其特点和作用，除了能为发展国际旅游（观光旅游、商务旅游、探亲旅游、经济文化交流旅游等等）提供综合服务，直接创汇，还能为对外开放和引进外资，创造社会经济环境，促进社会经济和文化的发展。从这个意义上讲，通过兼顾内地及西部的饭店建设，国家给予这些地区必要的扶植，当地在各方面予以支持和配套，饭店一旦建造起来，不但会完善旅游线路的配套，而且会带动当地其他经济事业和文化事业的发展。在近十年的饭店建设发展过程中，一个地区兴建一座饭店，打开了若干条引进资金和技术的渠道，引来了一大批合资合作项目，促进了当地工农业产品大量出口，不少人找到了致富的门路，这样的例子已经屡见不鲜。

第三、调整饭店档次结构，促使各档次协调发展的原则。

把一个在总体上档次构成失调，高、中档饭店比重过大的饭店业，调整到档次构成合理的轨道上来，在我国只能采取一种方法，即：在相当长的一个时期内限制高档饭店的发展，除此之外，没有别的出路。因为我们不能像发达国家那样，拿出钱来把高档饭店改造成中档饭店，以达到调整档次结构的目标。我们没有这样的经济实力，也背不起这么沉重的债务包袱。

因此，坚持这个原则，需要在全国饭店发展规划中明确规定，在正常发展的情况下，十年内我国禁止兴建五星级饭店，严格限制兴建四星级饭店，在潜在旅游热点地区和线路上，至多允许兴建三星级饭店，鼓励兴建符合《中华人民共和国旅游涉外饭店星级标准》的二星级和一星级饭店。对饭店改造也要严格把关，严格控制通过改造提高档次的现象发生。发展规划一旦生效，要有法律效用。只有这样，才能在一个相当长的时期内把我国饭店不合理的档次结构调整过来。

（三）饭店经营和管理中条与块的关系。

1.饭店经营和管理的特点及客观要求。

旅游资源的有限性和不平衡分布，决定了旅游活动只能相对集中在若干旅游资源比较丰富或发展潜力比较大的地区。由此也决定了饭店的布局和建设只能按照旅游资源组合的点、片、线的配置来发展。旅游资源、旅游活动和饭店分布与发展的规律性，在管理体制的要求方面，与其他行业按中央、省、市、县，这种四级递进、多层次逐级管理的要求是不一样的。

旅游活动是一种沿着交通线路在各个旅游点展开的经济活动，这是一种跨地区、跨城市的活动，这种活动的规律性客观要求，各旅游点的饭店需要在经营上相互连接，紧密结合。旅游销售商在市场上的推销活动，通常是以跨地区、跨城市的旅游线路，而不是以某一个景点做为主要内容。销线不销点的现实，使他们必须把这些景点上的饭店有机地串连结合起来，以构成完整的旅游线路，产品才能拿到市场上推销。旅游产品营销的这种规律性，客观要求饭店的经营不宜采取以点为基础的独立经营，而应是以线为基础的整体型经营。

旅游消费者在市场上购买旅游产品时，绝大多数是买“线”而不是买点，而且他们通常要求在所购买的旅游线路上，住相同档次的饭店，享受相同水平的服务。要适应旅游客人消费规律，使各个景点相同档次的饭店在服务上要达到相同的质量标准，就必须在管理上采取按档次进行纵向管理的方式，实现管理标准化、规格化。

旅游资源的不平衡分布规律，旅游经济活动规律，旅游市场营销规律和旅游客人消费规律，对饭店宏观经营方式和宏观管理体制提出如下两点要求：

第一、饭店不宜于采取条块分割、分散经营的方式，而应按资源组合、线路配置的客观条件，采取跨地区、跨城市的纵向连锁经营方式。这种经营方式就是把单一的、分散的旅游产品组合成相互关联、相互衔接的、完整统一的饭店产品，使之在市场上易于销售，消费者乐于购买，吸引更多的客源，从而提高饭店的整体创汇能力和经济效益。

第二、饭店管理，不宜于采取条块分割的体制，而要适应旅游资源、旅游活动和饭店分布及经营方式的规律，采取统一领导、集中管理的体制。这不但有助于从宏观上控制和协调饭店的发展方向、发展速度和发展水平，保证因地制宜、重点发展，形成线路生产力；也有助于形成跨地区、跨城市的纵向连锁经营体制，并保证按这种体制展开的经营活动环环相接、畅通无阻。

2.目前存在的两个问题。

第一、按照行政系统、行政区划经营饭店，割断了部门之间、地区之间、企业之间自然的经济联系和协作，造成经营紊乱和经营疲软。

我国1800家饭店，按行政系统划分，分别归属于旅游局、机关事务管理局、侨办、共青团、工会、体委、外交部、文化部、经贸部、公安部、军队等二十几个系统。按行政区域划分，三十个省、市、自治区都有所属饭店；按直接隶属关系划分，分别隶属于434个单位（部门）。饭店隶属谁谁管理，形成了目前经营上条条块块分割、各饭店彼此互不往来的格局。

从条条上看，部门所有制使一个城市内归属不同行政系统的饭店，都乐于搞自己的“大而全”、“小而全”，由于各系统都有自身的系统利益，在经营上往往互相封锁，甚至形成分庭抗礼。旺季时，你的客人由于没有房住急得团团转，我这里有客房也不准用；平季时，你的饭店“吃不饱”急于揽客上门，我这里宁可“吃不了”也不能让“肥水流入外人田”；淡季时，大家为争客源，竞相削价，结果于人于己都不利，于国家更不利。

从块块上看，地区所有制使旅游活动的有机联系割裂开来，使客源的分配和接待能力相互脱节。例如，客源的组织和分流按线路进行，而接待工作则是由点、片来完成。由于各个点的饭店分散经营，互不衔接，致使旅行社组团带有很大“风险性”，往往某个点上预定好的客房突然被当地的某项活动或会议挤占，一下子千万条线短路。此点客人进不去，彼点客人出不来，结果抱怨四起，客人纷纷要求赔偿，这种情况年年发生，但年年解决不了。

第二、按行政系统、行政区划管理饭店，宏观上难以控制和协调饭店发展方向、发展速度和发展水平，难以将饭店形成网、实现纵向连锁经营的发展目标。具体讲，这种条块分割的管理有如下三种弊病：

（1）建设规划难以实施。

各系统、各地区在饭店的建设上，都有立项权、审批权、贷款权，事实上形成了你有你的规划，我有我的办法的状况，其结果，建设盲目性很大，宏观上难以控制，不能调节其数量、规模和档次。

（2）统一管理政策难以形成。

各系统、各地区对本系统本地区的饭店都有权制定管理政策，致使不同系统、不同地区的饭店在政策待遇上以及经营自主权的宽松度方面有明显差距。例如，某个系统或地区所属饭店享受税收、收入分配、利润分成、职工福利方面的优惠，在经营上可以放宽限制、提高自由度。而在另外系统或地区所遇就有很大不同。这种多头管理的现状，一方面造成了市场混乱，企业之间争斗激烈，对外竞争疲软，生产力的整体优势难以发挥出来。另一方面，肢解了国家的统一管理职能，政策不能统一，各种经济杠杆的调节作用失灵，再好的管理政策、方案、办法也难以在全行业实施和奏效。

（3）开展纵向连锁经营，扩大客源的目标难以实现。

管理体制上的权力分散，使经营体制上的集中成为不可能，也根本组织不起按旅游线路和进行纵向连锁经营的生产活动。这已经在一个相当长的时间内对我国旅游业发展产生十分不利的影响。许多专营中国旅游业务的外国旅行商一而再、再而三地强烈反映，在办理世界主要旅游国家组团业务中，唯独去中国不能一次性预定一条线路上的所有饭店，客人不知道在中国各地住在哪家饭店，更不知道能享受什么水准的服务，这已经严重影响了客源的招徕。

3.解决问题两个办法。

（1）建立“统一领导、集中管理”的宏观管理体制。

宏观管理体制实行“统一领导、集中管理”，是根据旅游资源分布、旅游活动、旅游市场营销、旅游客人消费的规律，以及在总结多年来宏观管理的经验、教训的基础上提出来的。所谓“统一领导”是指由国家旅游局进行领导，所谓“集中管理”是指由国家旅游局进行管理。

“统一领导，集中管理”的目标内容是：新建、扩建、改造饭店无论资金来自何方，一律要由省一级旅游局和国家旅游局审批后方可立项；饭店必须经省一级旅游局审核，国家旅游局核定，方有进入市场(即营业)的资格；饭店必须执行国家旅游局制定的统一的管理政策和管理制度。任何部门、任何地区自定的饭店管理政策和制度，如与统一政策和制度冲突一律无效；饭店总经理必须获得国家旅游局颁发的任职资格证书，凡未获得任职资格证书者，即使有主管部门任命也无效；在不改变所有权的条件下，由国家旅游局划定一批饭店组成管理和经营集团，划入集团的饭店的管理权由集团统一掌握。

建立“统一领导、集中管理”的体制，其途径必须是立法。

（2）建立饭店管理和经营集团。

建立若干个饭店管理和经营集团，通过发挥集团企业的管理优势和经营优势，逐步改变目前“条”、“块”、“店”各自行事的经营，形成按旅游线路进行“连锁经营，集团营运”，从根本上提高管理水平、服务质量和经营能力。

建立管理和经营集团的原则：所有饭店集团均隶属国家旅游局；集团总经理由国家旅游局任免；各饭店根据国家需要加入集团，凡加入集团的饭店不改变所有权，只改变隶属关系和管理权。

饭店集团主要任务：制定集团饭店设计、建筑、装修、设备的标准和管理制度、服务规范；培训集团饭店各级管理人员和服务人员；建立预定系统，保证客源；建立连锁经营网络，实现系列化经营；建立物资供应系统，统一采购物资。组建集团的途径，以目前已经创出牌子、享有一定国际信誉和管理水平、服务质量较高、人才雄厚的饭店为基础，按照国际上已经取得成功的知名饭店集团的组建方式，给予一定财力支持和政策扶植，由国家旅游局负责组建，并负责在主要旅游城市分别扩展其分店和联号。

（四）国营饭店与合资饭店的关系。

1978—1988年十年期间，我国利用外资共兴建了207座中外合资、中外使用和外国人独资（以下简称合资）饭店。合资兴建饭店促进了我国饭店业发展，解决我国建设投资不足的问题；缓解了当时客房供不应求的状况；提高了我国饭店的设计水平、建筑等级和设施设备质量；促进了我国饭店在管理和服务方面的现代化发展进程。目前，合资饭店已成为我国饭店的重要组成部分。

在国营饭店与合资饭店的关系上，目前存在的主要问题是：在管理和经营两个方面还没有为这两种所有制性质不同的企业创造一个政策公平、机会均等的竞争环境。合资饭店享有许多国营饭店享受不到并以法的形式确定下来的优惠待遇。具体讲，这种政策差别是：

合资享受开业头两年免征、后三年减半征收所得税优惠；国营全额征收所得税。

合资享有进口和部分减免进口税优惠；国营无权进口，并要全额缴纳进口税（国家有特殊规定的除外）。

合资享有外汇使用权，外汇收入不需到中国银行结汇；国营不能自由使用外汇，所有外汇收入必须结汇（外汇流动资金除外）。

合资有定价权；国营无权自行定价。

合资有招工、用工权；国营无权自行招工、用工。

合资职工收入高，免征奖金税；国营职工收入低，并缴纳奖金税。

以上六个方面的差别，反映出现行管理政策的过度倾斜，而过度倾斜的结果是使作为我国饭店业主体的国营饭店无法与合资饭店在同一条起跑线上进入市场，开展优胜劣汰的平等竞争，使本来就在设施设备质量、管理水平和经营能力上，与合资饭店有明显差距的国营饭店处于更加不利的地位。

处理国营饭店与合资饭店关系的三个原则。

（1）统一管理体制和管理政策的原则。

政府部门建立的宏观调控机制，应该对同一个行业的所有企业都具有权威性的调控作用。目前国家旅游局仅能调控国营饭店，合资饭店则由经贸部管理，其管理政策由经贸部制定和解释。这种把对同一个行业的宏观管理职能分解为两个部分的作法，使建立统一的宏观管理政策成为不可能。要解决这个问题，必须从管理体制的改革着手，建立以国家旅游局作为权威性管理机构的体制，这一管理体制建立后将有利于政出一门，政令、法规、政策统一，从而为改善国营饭店与合资饭店的关系，逐渐缩短二者之间的政策待遇的差距，创造竞争条件。

（2）统一市场规则的原则。

统一市场规则，必须正视公平竞争的客观要求，立足点应移到为所有具有进入市场资格的企业创造一个机会均等、优胜劣汰的经济活动环境上来。如果仍按目前的情况，在价格政策上合资企业可根据客源供需规律定价，旺季高价，平季平价，淡季低价；国营企业则只能价格僵死；在推销政策上，合资企业可直接到海外招揽，国营企业只能等客上门；在管理政策上，合资企业设备可随时更新，维修配件可随时进口，国营企业设备坏了急得团团转，申请进口一等就半年；在收入分配政策上，合资企业工资高，收入多，国营饭店待遇偏低，人才纷纷向合资企业流动，一个健康的市场就发育不起来，市场规律、价值规律的调节作用就难以得到充分发挥。国营企业在这种没有公平规则的市场上就无法立足，管理水平、服务质量和经济效益也都难以提高，整个行业的发展将出现畸形。

从理论上讲，任何一项政策（包括法规），如果长时间并且普遍引起同一类性质的问题出现，那么无论政策制订前的动机多么良好，一定是政策本身不正确或不完善。就国营饭店与合资饭店的现实关系讲，如果强迫国营企业长期接受政策倾斜的压力，使其在市场上长期得不到一视同仁，最后产生的结果只能会与制订政策的动机适得其反。

（3）利益适当优惠的原则。

从我国对外开放，引进外资，促进四化建设的大局看，给合资饭店以适当的优惠是完全必要的。但问题是给什么优惠，怎样优惠。

如果再提到统一市场规则的原则，不是合资企业在经营和管理上的优惠多了，而是说国营企业的优惠太少了。因此发生了市场规则的不公平，引起了市场发育的扭曲。解决这个问题的办法，就是给两种所有制不同的企业制定相同的市场规则，给予一视同仁的待遇。

那么，除此之外，对合资企业适当优惠怎样来体现呢。我们认为，可以通过调整投资年限的规定给予优惠。在近十年引进外资过程中，外方在谈到优惠问题时最不满的是投资年限的限制，许多海外华侨反映，世界上许多国家对外资不但没有年限限制，而且欢迎永久性投资，所以海外中国人可以在世界许多国家生根、开花、结果。由于我国有这种限制，海外中国人却不能在自己的祖国生根、开花、结果，这种反映不是没有道理。所以，在给外资优惠时，可以把立足点移到放弃投资年限限制，放宽减免税年限的方向上来，而不宜许以不符合市场规律要求的那些优惠。

（五）中方管理与外方管理的关系。

在十年发展中，我国饭店业在引进外资的同时，聘请了大批外方管理集团来我国管理和经营饭店。到目前为止，美国、法国、日本、新加坡、菲律宾、瑞典、香港等十几个国家和地区的饭店管理集团正在管理着我国近百家饭店，覆盖面遍及主要沿海城市和旅游热点城市。对外方管理的利弊，可作以下分析。

有利方面主要有：为我国现代化饭店的建设和发展引进了国外标准；系统引进了科学管理经验，为我国饭店管理上和经营上的发展树立了样板；培养了一批管理人才；为我国国际旅游业开拓了新的客源市场。

不利方面主要有：外方拿走的管理费用高昂；外方管理人员工资及吃、住、行费用昂贵，加大了经营成本和费用；外方管理者大量使用进口产品，千万外汇流失，阻滞了国内产品就地换汇；外方控制人事权、采购权、销售权，经常引起中外双方矛盾；外方一般不转让关键管理技术。处理中方管理与外方管理的关系一般可遵循以下四项原则。

（1）拿来主义的原则。

我们花了大量外汇，付出高昂的代价，引进国外饭店管理，其目的，是为了引进一整套符合国际标准的现代化管理技术，为我国所用，并结合我国国情有所创新和发展，从而全面提高我国饭店的软件水平。总结几年来的实践经验，尽管有些管理技术已经拿到手，但一些关键技术，例如：饭店集团的预定系统、电脑管理网络、海外推销技巧、财务控制办法等，外商转让十分困难。对此，国家应要求在外方管理的饭店中工作的中方人员，努力接近核心技术，系统地全面地总结外方管理的先进经验和先进方法，经过一个不长的时间，把外方管理的全套技术拿到手，真正让我们付出的代价能有所值。

（2）控制外方管理发展的原则。

国际上一些大饭店管理集团在经营上有很强的渗透力，八十年代后，他们开始向我国市场进军。他们首先在主要旅游热点城市设点，然后立即连线布网，到目前为止，美国假日集团已在十二个城市管理了十二家饭店，喜来登集团已在主要旅游城市连成饭店网，香港新世界酒店管理公司也不甘示弱，迅速接管了八家饭店。这一情形继续蔓延，将会导致由外方管理集团控制我国旅游饭店，使我国旅游业发展受制于人的局面。

控制外方管理发展，一方面需制定必要的限制政策，这项工作尽管做晚了，毕竟已经开始做了。另一方面要进一步做出规定：凡外方管理的饭店，合同期满不再延长，必须由中方接替管理。再一方面，要逐步减少外方管理人员在饭店职工中所占比例，中方有能力替代的岗位，要尽可能让中方管理人员替代。最后，要求所有与外方签订管理合同的单位，在可能的条件下，经过协商，尽量把连锁管理（管理权完全由外方控制），转变为联号管理（外方只提供商号和技术，不参与管理）。

（3）以我为主，组建饭店管理和经营集团，替代外方管理的原则。

（4）完善对外方管理饭店财务审计制度，切实减少盲目进口、控制外汇流失的原则。切实把好进口关、控制海外采购权，努力降低进口量，减少经营成本和费用，阻止外汇流失。

（六）立法——协调饭店业内部关系和外部关系。

饭店业是一个综合性经济行业，其外部，要与旅行社、旅游交通、旅游消费者以及各行业和国民经济各部门发生密切联系。其内部，饭店之间也要发生各种关系。旅游行政部门要有效地行使协调其外部与内部关系的手段，切实发挥宏观管理职能和作用，建立一套完善的法规。

饭店业的立法工作，是宏观管理的薄弱环节。长期以来，我们的宏观管理比较注重采取单一的行政管理方式，在饭店尚未采取单一的行政管理方式，在饭店也未作为一个产业部门，仅仅是作为外事接待部门时还勉强应付得过去。八十年代以后，饭店很快由外事接待部门转轨变型为产业经济部门，这时，旅游行政部门若不以立法为基础，主要运用法律手段，附以各种经济手段来管理其经济活动，势必会出现宏观管理失调的现象。从实践情况看，近几年，中央和地方兴建饭店的积极性很高，这本来可以通过立法加强宏观调控，有效地调节饭店布局、档次、规模、比例和推进以中国人自己管理为主体，吸取国外先进管理经验，建立饭店管理和经营集团的有利时机。但，由于没有充分重视立法，不但没有促进形成统一的宏观管理基础，反而出现了一个多头管理，各自为政的混乱局面。经验和教训已经反复证明：不立法，旅游行政部门的宏观管理地位和宏观管理权威就无法确立；饭店建设的盲目性就不能根治；行业内部就无法打破条块分割的局面；优化经营的战略就难以实现，因此，立法建设应成为下一阶段饭店发展战略的重点工程，全力推进。

立法的主要内容：

1.确立饭店与国家的关系。

2.协调饭店与旅行社、旅游交通的关系，确立调节它们之间关系的准则。

3.协调饭店与国民经济有关部门、有关行业的关系，确立调节它们之间关系的原则。

4.协调饭店与消费者的关系。

5.确立饭店管理体制和管理方式。

6.确立饭店经营发展方向和经营体制。

7.确立市场规则。

8.确立饭店行为规则。

以上所阐述的六大关系及其处理原则，仅仅是实现饭店发展战略基本对策，由于饭店发展中的问题错综复杂，各地的情况不尽相同，许多具体问题还须根据实际采取相应对策。但就总体上讲，只要处理好这六大关系，切实解决上述问题，就可以基本保证饭店发展的宏观战略目标得以实现。

昆仑模式：饭店管理“国产化”的启示

张凌云

“从昆仑饭店的管理水平来看，中国人完全可以管理好自己的饭店”。

——一位美联社官员的评语

随着我国旅游业的发展，大量中高档涉外饭店的兴建，业内人士开始思考着一个共同的问题：中国人究竟能不能管理好自己的高档饭店？继广州白天鹅宾馆和南京金陵饭店之后，昆仑饭店的成功进一步增强了我们的自信心。同时，也为我国旅游业今后发展开辟了一条新的途径。

·起步：超越西方饭店管理中的雇佣逻辑·

昆仑饭店是一家豪华型饭店。1986年9月，饭店在基建工程尚未竣工的情况下，开始试营业。先后聘请了香港、美国的饭店管理集团主持管理店务，但却因外方不了解和不适应中国的实际情况，而提前撤离了昆仑饭店。

1987年4月，饭店董事会决定聘请上海锦江（集团）联营公司承担管理，并实行总经理负责制。1988年11月，饭店正式营业，走上了一条探索、创业的道路。

昆仑饭店领导一班人，在认真总结外方管理的经验和教训基础上，扬长避短，发挥自己的优势，采取了一系列行之有效的经营管理措施，使饭店面貌迅速发生变化。

首先，他们调整了饭店各部门的人员结构，定点定编，优化组合，正确处理好饭店上下级的人际关系。从锦江集团来的管理干部与职工同在一个食堂用餐，饭店干部不准占住客房。在用人制度上任人唯贤，开展“我们都是昆仑人”的教育，避免了一些外方管理饭店中普遍存在的那种等级森严现象和雇佣观念，同时也克服了国营饭店中常见的“内耗”局面，增强了企业内部的凝聚力。

其次，饭店建立了各项岗位责任制，使每个员工都能各司其职。通过各种报表的收集整理，保证总经理及时获得信息，掌握饭店的经营运行情况。

再次，饭店加强了对外销售和树立饭店形象的宣传，在竞争激烈的客源市场上，客观地制订饭店的主要目标市场和竞争伙伴，及时地从以前以接待旅游团队为主的市场转移到以旅游团队和商务客人并重的方向上。经过销售部的努力，现已争取到一百九十多个长住户，承办国际会议三十多个，各种重大宴会六十多个。自开业以来，曾先后接待过美国前国务卿基辛格博士、匈共总书记卡达尔·亚诺什、捷共总书记雅克什、民柬主席西哈努克、日本前首相福田赳夫和美联社董事长、社长以及国际著名影星格里高里·派克等一批知名人士，并受到了他们的赞誉。

去年，饭店还通过一系列的宣传促销活动，消除了社会上一度出现的对昆仑饭店不利的传闻，改变了饭店在国内外的形象。

·情感与效率：昆仑人的管理哲学·

大凡在昆仑饭店住宿过的朋友都会在昆仑享受到东方人情味的服务：当你乘车来到昆仑饭店时，门卫会替你开车门、开大门、让道、问候。

当你刚从升降梯中跨出，楼层的值班服务员，会主动向你问候、鞠躬，并为你指引你所住宿的房间方位。在楼层过道上遇见服务员，他（或她）也会向你招呼、立停靠边、让你先过去。

当你送客下楼或外出时，值班服务员会及时通知有关人员，为你整理好房间，当你返回时，客房整齐如初。连在大门外的汽车司机也能享受到昆仑人的服务：免费擦车、倒烟灰、供应司机午餐等。此外，昆仑饭店还有一项为同行业所称道的：大厅的公共洗手间，服务员汤少明师傅为客人拧洗手水龙头，递送擦手纸，拉门送客等。

总之，在昆仑的空间里，我们可以感受到昆仑人的那种“笑意写在脸上，客人挂在心上”的服务品质，体验到一种轻松愉悦的气氛，一种东方人特有的情韵：落落大方而略带矜持，爽朗活泼而讲究礼仪。

在这些成绩背后，凝聚着管理者和服务员的许多智慧和大量心血。

曾多次成为新闻人物的汤少明在接受访问时说，昆仑的公共洗手间归属客房部管辖，客房部经理不仅对我们严格要求，而且还常常亲自给我们分析客人要求、服务顺序和服务规范。

有一次经理以客人的身份走进洗手间检查工作，汤师傅正埋头擦地。没想到，经理却批评他，心中没有把客人放在第一位。汤师傅由此悟出了“服务”两字的真谛。以后，他主动热情为宾客服务，屡次受到嘉奖。

客房部经理戴仲旗曾经在国外学习和考察过饭店管理，但他并没有完全模仿外国的管理方法，而是通过实践，逐步探索出一套适合于我国国情、适合于昆仑特点的客房管理模式。“带兵要严，爱兵如子”，这是他管理哲学的概括。他的具体做法是：规定10个管区的主管每晚在从3层到25层客房区内检查时不得漏掉工作中的任何不规范处和差错。每天上午9时开简短的碰头会，奖优罚劣，立刻兑现。同时，每月评比“七面红旗”，包括物资管理、设备保养、安全消防、文明礼貌、考勤、卫生和服务质量等。每月挂红旗者奖，挂黑旗者罚，连续三次“抹黑”，主管即被撤换。

对于服务员进客人房间打扫卫生，更是有许多规章制度：进房门要敞开，便于外人监督；不准翻阅客人的东西，不能将手伸进客人放东西的抽屉……不管客人是否丢失东西，只要一经发现有人犯规，就会立即被“劝退”。

一些客房服务员说，我们这里的“检查”无所不在，防不胜防，无法侥幸过关，如果不按规章制度顺序操作的话，十有八九会遭扣罚奖金。

当然，戴经理除了有严的一面外，还有爱的一面。如果员工中家属有事如生老病死等，从领班、主管到部门经理、甚至总经理都会主动关心，排忧解难。

在全饭店干部员工的共同努力下，饭店1988年的营业收入比1987年翻了一番，并打破了连年亏损的局面，出现了盈余，1989年前5个月的营业收入比去年同期增加了40%。

在北京市行业评比中，1988年饭店商场营业收入居全市第四名，创汇率属第一，利润率位第二。

·昆仑：面对未来的思考·

在堪称一流的业绩面前，昆仑人是怎样想的呢？饭店总经理杨原平说，昆仑的成就是昆仑上下一起努力的结果，昆仑的干部员工素质较高，管理层中50%以上的人去过国外学习考察。锦江集团有较长的饭店管理历史，在海内外享有较高的信誉。尽管锦江集团对于现代化饭店管理也是在摸索试验。

在谈到企业发展后劲时，杨总毫不隐讳地承认：“昆仑虽有长足的进步，但仍存在着一些急待解决的问题，如过去对于员工的培训工作抓得不紧，现在我们拨款并专门建立主管饭店员工培训工作的部门。第一批学员有450人左右，共10个班，集训3个月，并抽调各部门的业务骨干共12名担任教员。”

这是一个精明企业家的远见之举。

昆仑的腾飞给我们哪些启示呢？首先，昆仑是中外合资饭店，外方能够同意接受中方管理，这说明海外对于中国旅游饭店管理水平提高到一定层次的肯定；其次，昆仑的管理是所有权和管理权分离、国内跨地区管理的第一家饭店，也是我国集团化管理饭店的有益尝试。

饭店管理是一个系统工程，需要一种统一的管理思想和风格，需要整班人马的默契和合作，而不仅仅是培训一两个人所能解决的。因此聚集专业管理人才，成立专业饭店管理公司（集团）业已成为我国饭店业深化发展的一个方向。专业性的管理集团在研究和改进我国的饭店管理方法和手段上，例如建立客人档案技术、电脑换代、扩展销售网络等方面都具有一定的优势。

我国饭店业向国外学了这么多年，应该毕业了，这是中央领导同志对饭店业的要求，也是全社会对旅游行业的期望。

昆仑饭店的经验说明了，把这种期望变成现实，并不是可望而不可即的事。

西安宾馆抓改革初见成效

陕西省旅游局办公室

西安宾馆是目前陕西省楼层最高（14层）、设备较好的一座旅游饭店，有标准客房287间，床位554个，餐厅、商店、酒吧间、弹子房、理发室、医务室和洗衣房等服务设施比较齐全。现有职工418人。1982年3月基本建成，当年开业，当年盈利。近两年来，他们坚持抓改革，较好地调动了职工的积极性。今年，在学习北京建国饭店的改革经验以后，改革工作更加深入了一步。从领导体制到管理制度、分配制度和人事制度等方面，进行了一系列的改革试点，取得了较好成效，实现了接待人数、营业收入和利税三同步增长。1至9月，接待内外宾46890人次，比去年同期增长10.7%；客房利用率比去年同期提高2.5%；营业收入467万元，比去年同期增长25.5%；实现利润114万元，比去年同期增长37.34%，预计全年可实现利润140万元以上。人均营业额11119元，比去年同期增长26%。

西安宾馆进行改革的主要情况和做法是：

一、改革领导体制，实行经理负责制

过去，西安宾馆各级干部对下级都可以越级指挥，班组长和服务员感到“婆婆多”，事难办。为了改变这种不适应经营管理的领导体制，提高工作效率和经济效益，他们在改革中建立灵便的指挥系统，实行总经理和部门经理负责制，垂直指挥。总经理受国家和上级主管部门的委托，全面负责宾馆的经营管理工作，直接对国家、集体和上级主管部门负责，对全馆各部门实行垂直指挥，工作指令逐级下达，有经营决策权和财权，有任免部门经理、选拔干部以及辞退不称职职工的人事权。部门经理对本部门的工作全面负责，有权提名任免部门副经理，有权调整班组和任免班组长，有权对所属干部职工予以奖惩，有经营自主权，看准了有利的经营业务，可以拍板定案。党委主要保证党的路线方针政策的贯彻执行，加强对思想政治工作的领导，支持经理大胆行使职权。实行垂直指挥后，从总经理、部门经理、管理员到班组长和服务员，一人只有一个“婆婆”，一级管一级，下一级对上一级负责，不搞越级指挥，上下级之间关系顺畅，指挥灵便。每星期一、三、五早上，总经理召集副总经理和部门经理开碰头会，及时通报情况，处理问题，协调各部门关系，提高了工作效率。改革以来，总经理推行经济指标部门承包、开展预订客房和实行职工劳动合同制等决策，都能比较快地得以实施。

二、改革管理制度，实行经济责任制

西安宾馆开业时，机构设置是仿照行政机关的科室建立的，很不适应企业经营管理的要求，他们在改革中对机构进行了调整，科室改为部门，科长改为部门经理，并且明确各部门经营管理的职权范围，本着便于管理，有利工作和提高服务质量，各部门实行定员定编，由班长组阁和组织调配相结合。比如过去客房每个楼层有6名服务员，现减为5人，餐厅减少12人，全馆从原工作岗位共精减28人。裁减下来的人员，开办新的服务项目，接待服务工作有了新的起色。

在调整机构，定员定编的同时，各部门都实行经济责任制。宾馆将营业额、毛利率指标下达给各部门，各部门再将经济指标分解到班组。经济指标分解为月指标和全年指标，逐月考核，年终算总帐。半年和年终，宾馆对各部门考核一次利润指标，把企业各部门经营的好坏、职工贡献的大小同个人利益挂钩，谁经济指标完成得好，服务质量高，职工的收入就高；完不成任务的就罚。改革以来，服务部为了提高床位利用率，积极联系客源，妥善安排宾客来馆住宿，客房床位利用率逐月提高，超额完成计划指标。卖品部增加花色品种，坚持薄利多销，同时增设国际邮购邮售业务，广开生财之道。6月份，卖品部经理根据旅游者在馆停留时间短，商店地方小，购物不便的情况，利用晚上时间在宾客出入的大厅举办台布和陕西地方产品展销，很快引起了旅游客人的兴趣，一星期内平均每晚增加营业收入一千二百多元。饮食部在接待好国外旅游者的同时，主动承办社会宴会和友谊舞会，还为外国旅游者举办民族音乐欣赏晚会和西方轻音乐舞会。餐厅自从营业额指标下达到班组后，人人关心营业收入，服务员主动动员宾客在馆内就餐，炊事员增做风味食品，月月超额完成盈利指标。

把经济指标下达到各部门以后，还必须建立严格的检查制度。现在从总经理、部门经理到班组长、服务员，不管是前台接待人员，还是机关后勤职工，人人都有明确具体的岗位责任制和检查考核标准。宾馆实行馆对部、部对班组和班组对职工的三级逐日考核制度。同时，日常工作检查组在总经理的直接领导下，由一名副总经理负责，定期和不定期地检查各部门的经营管理、服务质量、清洁卫生、工作人员的仪表、服务态度、工作程序和执行规章制度等各项工作情况，根据优劣予以奖惩。工作出了差错，先追查领导干部的责任。哪个部门某项工作不合格，总经理要扣罚部门经理的工资。各部门从工作实际出发，制定各种具体考核条例和办法分别实施。

三、改革分配制度，实行浮动工资制

宾馆将全馆职工平均月工资的30%和奖金捆在一起浮动。浮动部分采取考核计分法，完成任务好的加分，工作表现不好的扣分，然后根据当月得分多少的原始考核记录，由本部门评定后交政工部审查，尔后由计财部核定发放。对正副总经理、正副部门经理（主任）、管理员和班组长给予不同等级的职务津贴，离开本职工作岗位或工作不称职、失职的取消职务津贴。干部改月工资为日工资，取消季度假，和工人、服务员一样进行出勤和岗位责任考核，上一天班算一天工资，请一天假扣一天工资。以服务部8月份情况为例，服务员月工资中的浮动部分一般为四十多元，最高的六十多元，最低的浮动工资没拿到，还扣了部分基本工资。服务员说："现在干好干坏，干多干少就是不一样，再不混日子了，一定得好好干。"

四、改革劳动人事制度，实行劳动合同制

宾馆制定《员工守则》，经过职工反复学习讨论，以合同形式正式印发给每个干部职工。干部职工都和总经理履行签字手续。《员工守则》详细规定了职工的政治思想、工作作风、工作标准、劳动纪律、仪容礼貌和劳保福利待遇，以及给予奖惩的具体条例。凡违反《守则》有关规定，宾馆有权视情节轻重对职工给予行政处分、经济处罚以至除名辞退；职工可以申请辞退另谋出路，但要提前三个月向宾馆写报告。人事劳动制度的改革，解决了干部能上能下、能干能工及职工能进能出的问题。6月份以来，宾馆打破不能从工人中直接提干的框框，提拔了11名优秀服务员和工人担任管理员，不但发挥了他们的才干，而且使全馆服务员和工人受到鼓舞，感到有奔头。另外，对5名表现不好的职工分别给予留馆察看和停薪留职另谋出路的处分。

五、做好改革中的思想政治工作和业务培训，提高职工素质

为了保证改革的顺利进行，西安宾馆注意联系职工思想实际，有针对性地做好思想政治工作。从3月份开始，宾馆党委多次组织部门经理以上干部学习北京建国饭店经验和省委领导同志的批示，统一思想认识，同时在职工中反复进行思想动员，围绕为什么要学"建国"和怎样学"建国"，深入座谈讨论。原来不少同志认为，宾馆设施不如"建国"美，房价不如"建国"高，收入不如"建国"多，待遇不如"建国"好，"建国"的经验好是好，但我们学不了。通过思想教育，使大家明确认识到，北京建国饭店的经验，代表现代旅游饭店经营管理的先进水平，应当是我们学习的榜样。许多干部职工积极提建议，想方案，热情参与改革工作。宾馆在加强思想政治工作中，不单纯依靠行政命令，也不单纯靠一般说教，而是把思想政治工作和经济工作紧密结合起来，与物质利益结合起来，既注重讲清道理，又注重解决实际问题。在对职工进行重奖重罚时，首先把思想政治工作做在前头，使受奖者大家尊敬，被罚者本人服气。宾馆不间断地对职工进行"五讲四美三热爱"教育和反腐蚀教育，开展"创优质服务，为祖国争光"活动，自觉树立"宾客至上"思想，搞好接待服务工作。服务人员坚持做到礼貌待客，微笑服务，"请"字开头，"谢"字随后，努力按标准化、规格化、程序化服务。1989年1至9月，全馆收到宾客的感谢信、表扬信73件，有113人次拾到宾客遗失的物品和收到赠送的礼品七百余件，都主动退还宾客或上交，其中有高级照相机、手表、金项链等贵重物品以及美元、日元、港币和外汇券、人民币等大量现钞，受到各方面的好评。

与此同时，西安宾馆还注意有计划地搞好业务培训。采取淡季集中培训和旺季岗位练兵相结合，集体组织学习和个人自学钻研相结合，外出参观学习和馆内互教互学相结合等办法，不断加强对职工的文化知识、业务技术和外语培训。他们先后派出四批人员到香港、上海和北京第二外国语学院、西北大学培训。有33名职工自愿参加了夜大、刊大、电大和业余自学辅导班学习。经过培训和个人自学，现在98%的人懂一门外语，能比较流利地和外宾对话，部分人员还初步掌握了多种外语。

西安宾馆的改革工作，目前尚在继续进行，有的还处在探索之中，需要进一步完善和提高。目前，宾馆正在针对薄弱环节，研究改进。

面临困境　积极开拓

——关于发展旅游饭店业的两点议论

钱学中

一

今年5月以来，由于动乱和暴乱，我国的饭店受到了前所未有的冲击。大批外国人，华侨和港澳同胞匆匆离境，原订来华的也纷纷改变了计划。我国的饭店从空前的繁荣高峰跌入前所未有的萧条低谷，惨淡经营，损失很大。

1988年年初，上海地区“甲肝”流行，使国内外的人士视上海为畏途。稍后，又在上海郊区发生了“3.24”铁路重大交通事故，加上在此之前发生的几起交通事故，不少旅游者对我国的交通安全疑虑重重。受其影响，上海各饭店的客源明显减少。

纵观世界，现代饭店业的发展频频受到政治事件、突发事件和自然灾害的影响。1986年苏联切尔诺贝利核电站的核泄漏事故，影响了苏联乃至邻近国家的旅游业、饭店业的发展；印度伯帕尔的毒气外流事件也影响了印度旅游饭店业的发展。此外，近年来发生的劫机、空难、地震、恐怖活动等，都对旅游饭店业发生了强烈的影响。

从某种意义上来说，饭店业的繁荣与否，取决于客源市场是否兴旺；而客源市场能否兴旺，则由很多因素决定的，但其中一个很重要的因素就是安全因素。人们外出旅游、公干，首先考虑的就是此行是否安全，明显的不安全因素将直接影响人们的旅行计划。从这个意义上说，饭店业是一个受外界影响很大的行业，具有一定的脆弱性。本地、本国乃至邻国发生的政治事件，突发事件和自然灾害都有可能对饭店的客源市场产生不利的影响。轻者，减少一时的收入，重者，则可陷入萧条，甚至导致危机。

饭店业是脆弱的。中国的饭店业更脆弱。面临竞争日益激烈的市场，饭店业应有自我保护的意识。在当前至少可以从下两个方面来注意。

一、要注意改变单一经营的模式，避免大起大落。国外的饭店集团，一般是在世界各地设点的。因此，即使一地乃至一个地区的客源市场出现了严重不足，并不影响整个集团的经营发展。而我国现有的饭店集团，其主要饭店往往集中于一地，一旦这一地区的客源市场发生严重不足，那么该地区的整个饭店业都将呈现萧条。对此，真正有责任感的企业家们应当在制定发展规划时，充分注意到以下两点，一是顺应饭店业发展的潮流，逐步与国内和国外有影响的饭店市场建立联网，实行连锁经营；二是要注意发展多元化经济，适当提高非饭店产业，如制造业、商业等在集团经济中的地位。一旦饭店受到影响，其他行业则可给予一定的补充，以避免大起大落。

二、要使饭店的全体员工转变观念，居安思危、树立风险意识，真正认识到优质服务的重要性。近年来，不少人，尤其是青年人往往被在饭店工作有较舒适的环境和较好的待遇所吸引，但对在饭店工作所应具有的服务意识认识不足。面对着这次突如其来的萧条，有远见的饭店经理应抓住时机，引导广大员工居安思危、树立风险意识，增强服务意识。决定饭店萧条与危机的外部原因，固然不是饭店本身所能决定的，但复苏过程的进展如何，在外界条件相同的情况下，则取决于各饭店的努力。这种努力，表现在复苏的过程中当然是重要的，但还有一个很重要的方面，就是需要在平时的工作中，真正确立宾客至上的观念，以强烈的服务意识，绝对的安全意识，给宾客以真正的信赖，使这些宾客成为饭店忠实的朋友。从两个月来，本市饭店复苏的情况来看，也大致说明了这一情况。

还想再说几句，在前一阶段饭店业呈现萧条的日子里，有的同志为使饭店业尽快复苏，提出了以优惠的价格和优质的服务吸引宾客的对策。我们感到这个搞法对复苏饭店业，究竟有多大的意义是值得探讨的。造成6月初客源严重不足的主要原因是宾客对人身安全的忧虑，而优惠的价格和优质的服务并不能消除宾客对安全的忧虑。这不同于季节造成的淡旺季，可通过价格规律来调节。再说，在市场出现供大于求的情况下，本来就很容易滋生竞相削价，互挖客源的情况，因此，提出优惠价格的建议只能起到推波助澜的作用。而与此同时提出的优质的服务，则是一个没有赋予新内容的一般号召。因此，在执行中，很容易导致短期行为。事实上，在价格降低的情况下，要求做到优质服务，往往是很难实现的，最终产生的很可能是价格和服务都下降的结果。用这种办法复苏饭店业，只能说是饮鸩止渴。不是明智的饭店经理所为。一种比较有远见的做法则应是，建议政府有关部门发挥宏观调控的作用，维护正常的竞争秩序，控制短期行为的产生。

二

目前，上海市的宾馆、饭店按其管理来说，已形成了三分天下的格局：

一是由外国的饭店管理集团管理的饭店（以下简称三资饭店）。随着我国改革开放政策的实施，外国的各大饭店管理集团，为发挥在中国的市场，对我国进行了战略性的布点联网。上海作为全国最大的工商业城市，自然是他们竞争的重点。目前，已进入上海饭店管理市场的有希尔顿、喜来登、日航等，即将进入的有文华、半岛、新世界等。这些饭店，有的是直接由饭店集团与我方合资或合作建造的，有的是由中方投资建造，邀外国饭店管理集团前来管理。从已开业的情况看，由于这些饭店管理集团拥有丰富的国际竞争经验，系统的订房网络，科学的管理规范，再加上我国政府给予的优惠政策，使他们在劳动工资、奖金分配、外汇留成等方面有很大的自主权。因此，在正常的情况下，经营状况一般都比较好。应该说，在改革开放的初期，我们原有的宾馆、饭店无论是在客房数量上还是在服务质量上，都远远不能适应形势的发展。利用外国的资金和技术建设和管理一些饭店，对推动我国饭店业的发展，是具有一定积极意义的。当然我们为此也付出了一笔不小的外汇，目前有关部门已决定，停止审批新的外国饭店集团进入我国市场。

二是由旅游饭店集团管理的饭店（以下简称集团饭店）。随着经济体制改革的深入，一些原来隶属于行政部门的宾馆、饭店，从各自的主管部门中分离出来，分别按系统组建成企业性的饭店集团，主要有华亭、锦江、新亚、东湖等。由于实行了政企分离，给这些饭店集团的发展注入了巨大的活力，加上国家在政策上的扶持，近年来发展很快，已达到了一定程度的规模效益。目前，这些集团已初步建立和形成了各自的客源市场、配套设施和服务规范，并拥有一批具有丰富工作经验的管理和技术人员。几年来的发展已经证明，组建饭店业集团的路子是成功的，要进一步发挥旅游饭店业集团在建设四个现代化中的作用，就应进一步扩大企业自主权。政府的有关部门要转变观念，学会用经济和法律的手段，做好宏观调控工作，不要重走“一放就乱、一收就死”的老路。

三是由非旅游饭店业系统建造并管理的饭店（以下简称非集团饭店）。由于改革开放的初期，本市涉外饭店的客房空前紧张，客房数量甚至一度成了能否继续扩大对外开放的关键，极大地刺激了各行各业建造宾馆的积极性。一时间出现了“工农商学兵，一齐建饭店”的局面。非旅游饭店业系统在这一期间上马建造了不少的饭店。目前，这些饭店中有的已竣工开业，有的即将竣工。这些非集团饭店，一般没有稳定的客源市场以及必要的管理和技术人员，缺乏竞争力。这些饭店为了生存，不得不一方面削价竞销，在国内互抢客源；另一方面则用高薪金、高福利吸引旅游饭店业集团的管理和技术人员。经营状况不甚理想，同时也影响了旅游饭店业集团的正常发展。

三分天下的格局，在上海是这样，全国的情况也是大致如此。目前，不少有识之士已经注意到了以下两种竞争：一是三资饭店同我们的集团饭店和非集团饭店的竞争，这是难以避免的，也是正常的；二是集团饭店和非集团饭店的竞争，这是内耗性的竞争，客观上不利于我们饭店业的发展。值得关注的是，目前上海客房供不应求的时期已经过去，随着客源市场逐步向买方市场转化，以上两种竞争，将会变得越来越激烈。

严峻的现实迫使着人们不得不思考这样一个问题：由我们中国人自己管理的饭店．特别是非集团饭店，面对三资强有力的竞争，如何才能立于不败之地呢。

要解决这个问题，我们认为，应该顺应世界饭店业发展的趋势，发展我们中国的饭店业集团，形成以集团对集团的竞争。在具体实施上，可以饭店业集团为依托，组建饭店管理公司，接受聘请，管理非集团饭店，形成具有中国特色的紧密型与松散型相结合的饭店管理集团。这样，可产生以下有利的情况。

一、有利于组织实施。饭店集团是饭店业发展到一定阶段的产物，它适应了饭店业为追求更高的经济目标——整体效益的需要。但是，在政企尚未完全分开，条块关系还未真正理顺的情况下，要使分属不同地区和部门的饭店联合起来，只有绕开产权、财政和隶属关系的藩篱，组成紧密和松散相结合的饭店管理集团。紧密型是指资产和资金均属集团所有，并能按照集团的规范经营的，即资产、资金、经营一体化。而松散型的则是产权、财政和隶属关系维持不变，经营工作纳入饭店集团的轨道，实行经营一体化。

二、有利于提高我们饭店业整体的竞争能力。当今世界的主要客源市场，已基本上被国际上大的饭店管理集团所垄断。要靠一家一户的饭店孤军作战是很难在国际竞争中争得一席之地的。饭店业的竞争，其实质就是集团与集团的竞争，说到底又是客源市场和服务质量的竞争。要建立稳定的客源市场需要有庞大的订房网络和足够的广告宣传，而优质的服务则需要有大批训练有素的管理和技术人员，以及强大的技术开发和培训能力。这一切，只有在规模效益提高的条件下，才有可能逐步实现，反之，只能是各搞一套“大而全”、“小而全”，在低水平上重复。既花了代价，又难以达到实际的效果。

三、有利于我们的饭店业走向世界。我们目前的饭店集团，无论就其规模还是实力，还远远不能同国外大的饭店集团相比。前面所说的提高竞争能力，充其量也仅仅是指在我们自己的国度里，同外国饭店集团的竞争。要谋取更大的经济利益，就应该走出国门，在世界各地建点联网，同国外的饭店业集团相抗衡，加入世界市场的竞争。但就我国目前来说，在管理、技术、体制和实力等方面，还远远不能适应世界市场竞争的需要。千里之行，始于足下。我们先要在自己的国家里，利用天时、地利、人和的优势，联合起来与外国饭店集团竞争，在竞争中提高我们的管理和技术水平，理顺机构体制，增强经济实力。而后才能跻身世界市场，在国际竞争中冲浪。

试论旅游饭店员工的挫折行为及心理对策

刘 纯 袁学娅

心理学上将挫折解释为当一个人从事有目的的活动时，在环境中遇到障碍或干扰，致使其管理动机不能获得满足时的情绪状态。研究员工的挫折行为，对提高旅游饭店的经营管理及服务水平来说，具有十分重要的意义。

心理学的研究表明，当一个人受到挫折之后，很可能产生对抗性行为反应。理智的对抗性行为可能会导致目标的改变或降低动机水平，非理智的对抗行为可能导致侵害性或破坏性的行为。

在现实社会中，一个人不可能总是一帆风顺的，随时有受到挫折的可能。在旅游饭店经营管理中，一方面，应尽量消除引起员工挫折的环境，避免员工受到不应有的挫折。当员工受到挫折时，应尽量减低由于挫折所引起的不良影响，提高员工对挫折的忍受力。

旅游饭店员工产生挫折的原因，一般可分为组织环境因素和个人主观因素两类。

组织环境因素主要包括以下四个方面。

1.组织的管理方式。 传统的组织理论多采用X理论，即主张用权威控制和惩罚的方法来管理员工，形成组织目标（要求员工服从）与个人动机（要求自我实现）之间的严重冲突。正如霍桑研究指出，以生产成绩为中心的个人奖励制度，即论件计酬的生产方式，迫使员工在金钱的需要与社会需要之间作一抉择，而产生内心的冲突。

目前国际上一些大的饭店管理集团一般在管理中仍采用这种方法，所以在国内那些聘请国际管理集团管理的旅游饭店，员工受挫现象较为普遍。行为科学家阿吉里斯在《人格与组织》一书中，甚至认为现代人神经病的主要根源，是组织与管理的环境不良，阻碍了个体需要与人格的发展。

2.组织内的人际关系。 组织内上级与员工之间的沟通关系如属单轨方式，即员工没有机会向上级反映自己意见的机会，则影响组织内的人际关系，员工对上级缺乏信赖，产生不满情绪，甚至仇视的态度。

例如，在中外合资或合作的旅游饭店内，人际关系更难处理。上下级之间，国籍不同，语言不同，文化背景不同，思维概念不同，从而容易造成沟通速度受阻，上级意图和下级想法互相误解，上级有火难发，下级有苦难诉。因此，人际关系容易形成紧张的状况。

3.工作性质。 工作对于个人的心理具有两种重要的意义。第一是能够表现出个人的才能与价值，获得自我实现的满足；第二是能使个人在群体中表现自己，以提高个人在群体中的威望。但如果工作性质不适合个人的兴趣及能力，则反而成为心理上的负担。分权的不当，大材小用，或小材大用，都将构成员工的挫折。

如现代化的旅游饭店，过分强调分工精细，以致工作对员工显得单调、枯燥与重复，这是导致员工产生挫折的原因。又如在与国外管理集团合作管理的饭店内，各级中方管理人员往往都是起一种配角作用，这对一步步从服务岗位提拔上来的管理人员问题还不大，对那些从其他内资饭店调来的，原来就是管理人员的人来说就极容易产生挫折，因为从凡事说了算变成凡事商量做，这个过程是较痛苦的，很不习惯。

4.工作环境。 员工工作环境设计，诸如通风、照明、噪声、安全措施、休息、卫生设施等，环境设计不理想，不但直接影响员工的健康，也引起情绪上的不满。如果工作性质已属单调、枯燥，再加上工作环境不良，则员工将面临类似感觉剥夺时的心理状态。人们在极端缺乏刺激变化的环境里，也容易引起挫折。

其他组织因素还有工作与休息时间安排不适当，强迫加班或恶性延长工作时间，以及偏低的工资、奖金，不公平的晋级制度等因素，都能影响员工的情绪，引起员工的挫折感。

个人主观因素主要有以下两点。

1.个人的生理条件。 指个人的智力、能力、容貌身材及生理上的缺陷、疾病等所带来的限制。这种限制不能担任某种工作，或在某种工作中遭到失败。

例如，一个外语水平低、五官很端正的员工很难担任前台的工作，只能安排他（她）在后台部门或做清洁卫生工作。反之，一个外语水平很好、但五官不够端正的员工，往往很难安排在前台工作，只能安排做那些不和客人直接打交道但需要用外语的工作，如发电传、打字、文字翻译等。

2.动机的冲突。 指个人同时产生两个或两个以上的动机，假如这些并存的动机无法同时获得满足，而且互相对立或排斥，如果其中一个动机获得满足，其他动机则受到阻碍，这时所产生的难于作抉择的心理状态就是动机的冲突。

在现代社会中，动态产生的冲突是产生挫折的主要原因之一。尽管每个员工的欲望及生活环境不同，所遇到的冲突内容各异，但由于现代社会的共同特征，员工所面临的心理冲突也有其共同的特征，具体表现在理想与现实的冲突，满足欲望与抑制欲望的冲突，竞争与合作的冲突分三个方面。

（1）理想与现实的冲突。现代社会的人都有一定的理想和抱负，尤其是旅游饭店的青年员工理想水准高，一方面，由于自我估计不足，理想和抱负超出了个人的实际水平，致使理想和抱负不能实现，而产生挫折感；另一方面，一个人的理想和抱负往往受到客观环境的限制，个人往往无能为力，也会产生挫折感。

如不少青年走进旅游饭店工作前，想象中自己将从此风度翩翩地在环境优雅、条件优越的大饭店工作，但实际工作中，劳动强度高、工作额度大、班头严厉等等，使大多数员工时刻处于高度压力之下，现实的理想的差距极容易导致挫折感。

（2）满足欲望与抑制欲望的冲突。由于社会的发达和进步，社会上刺激欲望的物质愈来愈多，员工对物质生活和精神生活的欲望也不断增加。但另一方面，由于经济上，或由于法律上及传统道德上的原因，又必须抑制这些无穷的欲望，从而产生挫折感。

（3）竞争与合作的冲突。现代旅游饭店的员工，必须做出积极的努力和竞争才能取得成绩和成功。然而在另一方面，现代旅游饭店的任何一项工作都必须依靠员工之间的通力协作才能圆满完成，因此，构成内心竞争与合作相互间的冲突。

对待员工可能产生的挫折，饭店领导者可以采取以下四种心理对策。

1、引导员工正确看待挫折。古人说：“人生逆境十之八九”，人随时都可能遇到挫折。挫折的结果也并非完全无益，它可以引导个人的认识产生创造性的变迁，即增长解决问题的能力，也能引导人以更好的方法满足需要。正如英国心理学家布朗所说的：“一个人如果没有任何阻碍，即将永远保持其满足和平庸状态，既愚蠢又糊涂，像母牛一样的怡然自得。”

2、对受挫员工采取宽容的态度。对领导者来说，对来自受挫者的攻击和不轨行为采取宽容的态度是很重要的。帮助受挫者是领导者的责任之一，应耐心细致地做思想工作，要以理服人，不应采取针锋相对的反击措施来对付攻击行为。这并非表明领导者软弱，而是说明领导者有比反击更好的方法来对待攻击。因为以反击对付攻击不仅是不符合社会企业的领导者品质和作风，领导者应当把受挫者看成像生理上的病人一样的心理上的病人，他们非常需要得到像医生一样的领导者的帮助。

3、提高认识，分清是非。宽容的态度并不等于不讲原则，不分是非，在采取宽容的态度之后，领导者应当在受挫者冷静下来的时候，以理服人地热情帮助他们提高认识、分清是非。如果确属领导者工作失误而引起员工的挫折则要勇于承认错误，积极改正引起员工挫折的行为。只有这样，才更有利于促使受挫者变消极行为为积极行为，领导者必须尽量地少采取惩罚性措施，因为这样做会加深员工的挫折。

4、精神发泄法。这是一种心理治疗的方法，就是要创造一种环境，使受挫者可以自由表达他受压抑的情感。一般地说，人们在受到挫折后心理失去了平衡，常常是以紧张的情绪反应代替了理智行为，只有使他们把这种紧张情绪发泄出来，才能恢复理智状态，达到心理平衡。

精神发泄法可以采用各种形式，可以让受挫者用写申诉信的办法发泄不满，也可以采取个别谈心的办法，倾听受挫者的抱怨，以及让受挫者在一定的会议上发表意见，领导者和同事们耐心听取他们的意见，并对其正确的意见给以充分肯定。

旅游价格改革的目标模式

黎艳阳　田　源　王政孝

为了使我国旅游业健康发展，必须通过改革建立与有计划的商品经济相适应的新型旅游价格模式，并使其与我们新时期的旅游发展战略相吻合。我们认为，新的旅游价格模式应是在行业协调基础上的竞争价格模式，即各种旅游商品和服务价格由行业组织在竞争的基础上确定，各经营单位承担执行价格的义务，为保证行业价格的有效性，制定必要的市场规则和奖罚制度。

实现上述目标模式是有相当难度的，必须有一套循序渐进的实施程序才能使其有实际意义和操作上的可行性。鉴于我国现行旅游价格所存在的问题以及旅游价格的特点，我们认为可以分三步到位。

第一步：通过对企业的经济环境、经营运行秩序进行清理、整顿，为下一步完善价格结构、修整价格水平奠定基础。

解决的中心问题：结束企业间盲目削价竞争，损害国家整体利益的无序状态，改革有损我国旅游业声誉的旅游价格多轨制。

这些问题是目前旅游价格中比较突出的问题，也是实现新型价格模式的前置性问题，为此我们认为应首先解决：

1.采取经济加行政的双重手段彻底结束有损国家利益的盲目削价战。

在一个旅游业刚刚起步的发展中国家，企业间的价格战是取低层次的竞争。为了防止肥水外流，许多国家都制定了相应的保护措施。我国自1985年以后，旅游企业间的削价大战一浪高过一浪，然而不仅没有因此吸引更多的客源，增加收入，反而使本来就不发育的旅游市场更加混乱，国家的整体利益成为个别企业牟取局部利益的代价。

分析削价大战的深刻原因，一是各旅行社在上缴税收上不平衡，国家对有些旅行社实行低税甚至免税优惠，低免税企业有能力削价，而高税企业（往往是经营好的企业）则处于被动地位。二是我国对旅游企业的资格审批制度不够严密，致使一些素质较差的企业不断涌入旅游市场。三是政企不分，一些行政事业单位经营旅游，在价格上不接受国家制定的价格标准，亏盈都混入行政事业经费之中。四是我国存在三种汇率（牌价、调节价、黑市价），使某些企业得以利用汇率差获得非经营收入。最后，我国交通运力供给能力低，也在客观上加剧了削价大战。如果这些问题不尽快解决将无法把企业引向市场，使其在平等竞争中加强合力。结束这种状况首先要严格税收制度。无论由谁经营的旅游企业一律实行统一税收标准，作为优惠政策不宜采取减免税的办法，可考虑增加补贴或其它照顾。第二，严格旅游企业的资格审查制度，制定统一的不同旅游企业的资格标准，并使之法律化。凡是旅游经营者在价格上应遵守国家的价格。第三，严格外汇制度，无论所属，只要经营旅游商品的企业其收汇用汇一律由国家外汇部门管理，对私自套汇者应取消其经营资格。

2.改革旅游价格中的多轨制，增强买者对价格的选择性。

之所以出现旅游价格的多轨制，主要是源于我国以前的外事接待的历史背景：考虑到政治影响，我国的华侨政策，对港澳同胞、海外侨胞实行优惠的旅游价格，考虑到我国人民生活水平比较低，实行内外有别的价格政策，这样就形成了内宾一种价，港澳华侨一种价，外国人一种价的旅游价格多轨制。旅游价格多轨制是以消费者不同作为定价前提的，它违反了按商品价值定价，按质论价，同质同价的经济原则。因而在实际执行中，使旅游经营企业不得不牺牲自己的经济利益完成接待外宾和华侨等四种人的任务，而且使企业的经济效益无法得到正确的评价。企业为了自身的经济利益，为了竞争的需要经常出现不愿接待华侨，想方设法抢外宾的现象，不仅影响我国的声誉，也于我们的华侨政策不利。

这个问题已经引起了旅游部门的重视，近几年在解决这个问题上也有所作为，但是动作的幅度和速度还显得太小。首先，要区别开经济活动与政治接待任务，对负有政治接待任务的企业国家应给予明确的补贴，而不宜采用行政压价的方式。其次，政治政策与经济政策要恰到好处地结合，对企业而言其价格的制定只取决于经济因素而不能取决于接待对象。最后，无论饭店价格、交通价格、游览价格等旅游价格应实行标价一致，如对某些特殊商品有必要实行多种价格，应以按质论价的原则保证一种价格一种质量，让客人自由选择不同质量的不同价格。

第二步：完善旅游价格构成，全面修订现行价格体系，改革的中心是解决行业旅游价格体系的扭曲问题。

1.转换旅游价格形成与实现的运行模式，把旅游价格从单纯的核算层次上升到促进与调节的机制上来。

我国旅游价格虽然有旅游交通票价、景点观赏及娱乐门票收费，旅游服务收费及旅游商品价格等各自不同的核算方法，但在传统体制的影响下，各项旅游价格的形成实现，都是以成本加利润这种耗损型框架所构筑。它作为一般商品价格的原始构成框架是可以的，但在现代商品经济和不同的商品价格上，特别是对旅游价格的形成与实现，则必须有其特定的经济内涵加以规定才行。否则，旅游价格仍会从那个耗损型框架中，回归到传统的旅游价格旧秩序之中，不是单纯地按核算要求定价，就是按成本加利润，走上封闭型的老路。

2.将旅游价格体制改革纳入整体价格改革之中，进行同步改革。

自1987年我国进行价格体制改革，以调为主，放调结合，国家指令型价格的商品种类逐渐减少，实行市场调节价格的商品增多，由经营者根据市场供求状况自行订价的方式越来越成为商品经济发展中的重要内容。而旅游价格体制改革与整体价格改革比较处于弱势，正在形成一个不和谐的价格断层。在新的价格模式实现以前，彻底消除这个断层是有一定困难的，但我们可以从饭店价格和旅游商品价格的改革入手，可将这部分价格的制定、管理权真正放还给企业，国家及地方政府不再具体干涉，但企业应向政府备案，并服从监督检查。

3.对现行旅游价格水平进行全面评价。

对旅游价格水平进行科学评价是我国旅游工作中的薄弱环节。在我国旅游业发展的近两年中，人们对旅游价格水平高低的看法很不一致，然而无论是言高者还是言低者普遍认为我国现行旅游价格水平包含不合理成份，而且已经对发展旅游业产生不良影响。对旅游价格水平做出科学的评价，将有助于我们制定出有利的发展策略和具有竞争性的价格政策。我们认为以下几个方面可以作为分析、评价价格水平的参照系：（1）旅游商品的自身价值。（2）国内价格水平。（3）我国旅游资源的价值。（4）所能提供的硬件水平（旅游设施、交通、市政建设等）、软件水平（服务质量、管理水平、便利程度），尤其是后者与国际同类水平的比较。（5）我国的政治、经济环境。（6）我国的旅游供给储备能力。（7）我国的地理位置与自然条件。

4.改革僵化的包价制，增强旅游商品定价的灵活性，提高市场占有率。

我国对外旅游价格以综合包价制为主，其它价格形成较少，包价又很死，游客的可选择性很小，一方面给旅游者带来诸多不方便，另一方面也大大降低了我国旅游市场占有率。包价制本身是一种很好的价格形式，所有旅游经营国都采用，问题是我们应在保持包价制的同时增加多种价格形式，即使包价也应以方便顾客为宗旨，灵活掌握，不能一包到死。我国旅游商品收入在整个旅游收入中所占比重一直很低，这与我国旅游商品订价死板，服务质量差有很大关系。要实现2000年旅游外汇收入80—100亿美元的目标，旅游商品收入将是重项，因此为了方便游客购买，提高商品售卖率，在每个集中经营旅游商品的地区或较大的商店开设外汇兑换处，对经营的商品一般实行议价制，提高价格的灵活性，以便于推销，扩大市场占有率。

5.扩大旅游价格的质量差价、地区差价、季节差价，提高接待能力。

现行的旅游差价，不仅差距不大，而且掌握死板，起不到或未完全起到调节的作用，须拉开高、中、低不同档次，拉开不同服务内容的项目差价，拉开不同时间的季节差价和不同冷热线的地区差价。

第三步：实现行业协调基础上的竞争价格模式。

解决的中心问题：彻底放开旅游价格管制，给予旅游经营者充分的价格自订权及管理权，同时实行旅游行业的价格自治。

第一、二步为结束价格管制做了充分的准备，企业有了一个平等竞争的外部经济环境，通过国家对旅游价格结构、水平的完善和修订，整个旅游行业已经初步形成一种自然构成的秩序，靠行政管制维持的价格秩序失去了效力，企业自然地开始走向市场，解除旧体制的时机成熟了。在取消国家对具体价格管理的同时，需要做这样几项工作：

1.建立行业协会组织。

大力扶持和建立有权威性的各层次旅游行业协会组织，并建立健全行业管理网络，这是强化宏观与微观经济之间的中介机制。作为完全的民间机构，政府机构不干预其内部事务，国家负责制定旅游发展规划及战略，并据此通过投资、信贷、外汇管制、税收等手段引导控制旅游企业的发展。所有从事旅游经营的企业都是协会的会员，对会员的责任和义务要以法律的形式固定下来。在价格的制定管理方面，国家将权力全部交给企业和协会，由协会在会员中达成一致，企业在协会的统一步调下价格自订自管。行业协会的责任是规范所有会员企业的行为，并对有损国家利益及行业利益的行为进行查处，仲裁企业间经营中的各种纠纷，对参与国际市场竞争的企业给予多方面的帮助和优惠（诸如提供市场供需信息、价格情报、投资咨询、筹资等）。协会领导集团由会员选举产生，任何国家机构无权指派，但协会必须服从国家法律监督。

2.对旅游企业实行星级评定，并制定相应的价格标准。

按国际标准对现有宾馆、饭店进行星级测定，对各旅行社进行级别测定，然后参照国际水准对每个级别的企业价格划线，其价格在何时做何种变动均由企业自己制定，但要经过本地区行业协会的认可，否则该企业将受到其它企业的经济制裁。

3.由行业协会提出全行业在每个时期的最佳利润率，这个利润率以经济效益中等偏上的企业利润率为基础，全行业企业依此制定各自的价格。如果某企业要求改变利润率，须向行业协会申请，由协会根据当时市场状况做出决定，全行业统一执行。

4.扩大我国旅游业在国外的影响，增加宣传广告费用，尽快培训一批精通国外情况，推销我国景观商品的人才，积极开办我国海外批发业务，把外国批发商从我们旅游生意中赚走的超额利润拿回来，这样将大大降低我国旅游直观价格，增强吸引力。

5.把经营旅游业的每个企业都直接推向国际市场，其价格与国际市场挂钩。由于旅游业所具备的某些特点，主要是它的国际性及对国内市场价格的影响较间接，而使我国旅游市场的形成可能快于整个国内市场，所以每个旅游企业的价格都能够直接面向国际旅游市场。

新型价格模式完全取代了旧的行政命令式的价格体制，其最大的优点就是使价格的运行更符合经济规律，把企业从价格管制的半死状态下解脱出来，企业真正掌握了自己的命运。价格的放开启动了竞争机制，迫使企业提高经济效益，在竞争中求生存求发展。为了避免企业的价格竞争增加内耗、肥水外流，在严格税收制度、外汇制度、企业资格审查制度的条件下，应由行业协会控制利润率从而达到控制整体价格水平的目的。

旅游业清理"应收结算款"问题不容忽视

杨麟丽

应收结算款是涉外旅游企业在接待经营中已经垫支的旅游费用，处在结算过程的应收款，它包括应收综合服务费、住房费、交通费、销货款等等。

应收结算款是流动资金的组成部分，它是宾客在游览玩乐过程中，耗费的物化劳动和活劳动资金的货币表现。企业的资金，是不断地发生增减变化和循环周转的，具有垫支、周转、补偿、增殖的特征。资金的增殖，表现为社会主义再生产过程中的企业利润。从这个意义上说，应收结算资金垫支量与收回的时间和旅游企业的资金增殖有密切的关系，它存在时间因素和速度问题。企业从用货币资金垫付旅游费用开始，到收回应收结算资金为止，在一定时期内垫、收回的周期越短，周转次数就越多，需要垫付的资金量就越少，资金的增殖额就越大。相反，如果应收结算资金大量的存在和趋于增加，对企业的财务状况和经济效益会产生不利的影响，会使企业的资金冻结，周转不灵。垫支旅游费用的资金长期被拖欠，不仅占压了资金，失掉了利息，还有可能形成滞帐、坏帐，使企业的资金和经济效益遭受不应有的损失。这些滞帐、坏帐损失若不及时处理，会形成企业的"隐亏"现象。企业再将这些含有"隐亏"数额的利润进行分配，就会出现不该上缴的资金上缴了，不应留成的"利润"分配了的情况。从微观来看，旅游接待必要的流动资金被抽走了，长此以往，企业的经营业务就很难顺利进行。从宏观来说，国家将这些丧失了物资保证的货币进行再分配，刺激了社会购买力的扩大，造成物价上涨，既影响群众生活水平，又破坏了国民经济的综合平衡。因此，旅游涉外企业对应收结算款被拖欠的问题，必须引起高度重视。现在，我想借桂林市旅游局对桂林市37家涉外企业1988年上半年应收结算款的专项调查，来谈谈自己的见解。

一、旅游业结算款被拖欠的情况严重

从桂林市旅游局调查的37家涉外旅游企业（其中旅行社12家、旅游饭店24家、旅游车船公司1家）来看，仅有湖滨饭店是接待零散外宾和国内旅客，没有被占压旅行费用，其余的36家涉外企业的旅行费用都不同程度地被拖欠。据不完全统计，该市未收回的应收结算款高达4222.6万元，其中，国外欠款945.01万元（港澳的组团社欠823.54万元；日本的组团社欠53.04万元；美加的组团社欠36.91万元；欧洲等组团社欠31.52万元），占拖欠总额的22.38%。因为，这些国外组团社又拖欠了我国其他省市的组团社的旅行费用，致使国内其他省市拖欠桂林市旅行费用2263.14万元。以上两项相加，占拖欠总额的75.98%。从全国30个省市来看，就有27个省市拖欠了桂林的旅行费用，拖欠最多的是北京和广东，仅北京就有25个企业占压了该市的旅行费用共630.85万元，广东有40个企业占压了该市旅行费用496.02万元，造成这么众多地区和单位，不合理和不合法地占用该市旅游费用的理由，就是"国外款未到，无力支付"。这样一来，连锁反应，桂林市的各家旅行社也就无力支付本市各旅游饭店、车船公司的旅行费用共1014.40万元，这些企业直接负责旅游者的食、住、行、玩等接待任务，他们必须一手钱、一手货的购回客人需要的食品、物品及支付劳务。现在国外那么多的国家，国内27个省市中那么多的企业都拖欠了桂林的旅行费用，造成了桂林市旅游企业流动资金的循环和周转层层受阻，迫使流动资金脱离本企业资金周转长期挂在帐面上，老帐未还又欠新帐，需要的流动资金只能再拖欠其他行业的货款来解决，如果靠拖欠别人的款仍不能补偿正常经营业务的需要，银行就得被迫另外拿出贷款来解脱企业的困境。这样，又削弱了银行发放贷款的基础，妨碍了整个社会化大生产有计划按比例的安排资金。在被调查的37个企业中，因资金被占压而流动资金不足，以贷款维持正常经营的有10家，贷款额共1090万元。现假设欠款单位还旧帐、欠新帐使其欠款数常年平均数保持在422.6万元不变数来计算，每月少存入银行422.6万元，按当时的存款月息1.5‰计算就少得利息6.33万元，一年就少得利息76万元，若再从银行贷出4222.6万元来抵补流动资金，还要另支付贷款利息，以月息6.6‰计算，一个月就是27.87万元，一年就是334.43万元。从以上数字来看仅利息一项一个月的损失就达34.2万元，一年就是410.43万元。若再按现行的存款利息率和贷款利息来计算，损失还不止这些了。而且这些欠款单位一般都是收新帐还旧帐，常年占用该市的流动资金，如果再按年息复利计算，那损失就更大了。其他的坏帐损失，外汇的流失就不用说了，一个小小的桂林承担这么大的经济负担，要搞活经济能说没有困难吗？

二、结算资金被拖欠的原因

在旅游经营活动中发生结算资金是不可避免的，也是正常的。重要的是不能忽视正常占用与不合理占用之间的区别，对正常占用也应限定一个最低限度和最长的时间界限。旅游业结算资金不合理就在于它没有实行“先收费、后接待”的原则。通过结算资金的收费占旅行费用收费的80%以上，结算资金回笼的时间一般都要超过两个月甚至一年或几年，这就给一些企业靠拖欠其他企业资金搞非法交易、计划外经营创造了“生财之道”的条件。例如：某旅行社到深圳蛇口某单位和广州某旅行社催收结算款，得知该企业已将欠的钱拿去做生意，而不愿还欠，后见来收款的人员催收意决（坐等10日未归），广州某旅行社和蛇口某企业只好分别归还11万元和24万元。类似这种靠占压其他企业资金，用于无计划的经营和生产，逃避了银行的监督、指导，就有可能出现不符合社会需要的投资，形成不合理的产业结构和经营规模，带来一些滞销、积压商品而占压国家资金。可想而知，其后果就不仅是丧失本单位的信誉，而且造成整个旅游行业流动资金恶性循环，最终会影响整个国民经济的协调发展，影响社会效益。

1.不理想的结算方式

旅行费用结算方式存在着不合理、不科学的地方。例如：（1）负责组团的国外旅行社没有在旅行团入境前将该团应付的旅行费用寄到我国银行收方旅行社帐户上；（2）当旅行团在华旅游期间需要追加旅游景点及服务项目时，没有及时办理追加收费手续或在该团离境前没有结清该团所有费用；（3）在国内旅行费用结算实行的是“先接待、后结算”的方法；（4）银行办理转帐结算拖的时间太长。由于各专业银行联行往来业务自成体系，在不同的两个专业银行开户的两个企业单位之间办理转帐结算，银行内部的中转手续复杂，拖了企业单位办理转帐结算的时间；（5）负责接待的单位，由于不了解不掌握宾客的支付能力和组团社（特别是国外）的信誉，就被迫接待及垫付接待费用，等到客人走后才办理结算；（6）旅游企业中负责接待的有些陪同图省事，不愿在接团通知单上确定接待宾客的人数、等级标准、价格、地点和结帐的单位及方式，不结算旅行费用；负责结算的财会人员又不了解接待中的具体情况及变化；在结算中难免出现分歧或开错单，再加上旅游费用的结算时间长达两月以上，就不可避免会发生一些企业的关、停、并、转的变化及经手人的调动，这就不可避免地使接团单位蒙受拖欠款的损失及承担不必要的风险损失。

2.不完善的管理方法

长期以来，在旅游企业中普遍存在重接待轻结算的管理现象：（1）只求有客源，不管结算方式、结算时间。经常发生服务档次、接待数量、时间、价格以及结算的差错。造成接待与合同上的扯皮现象，而给对方拖欠款创造了条件；（2）有些企业对延付拖欠的情况和损失，不敢派人催收，怕影响客源；（3）结算工作无专人负责，缺乏对结算资金必要的分析，例如有一些企业，甚至是老企业拿不出去年同期应收款的明细数来对比分析，要掌握那些不守信誉、非法占用旅行费用的情况就更困难了，因而，也就很难制订出科学的管理方案来，即使制订了也会流于形式。

三、旅行费用结算的改进意见

研究应收结算资金的问题，是为了使国内外旅行社经常清理各项帐款，检查旅行费用相互拖欠悬延不结的现象，防止国外旅行社破产倒闭造成坏帐损失，减少结算资金占压，加速资金周转，提高企业和社会的经济效益。现提出以下改进的建议：

1.改进结算方式

笔者认为不论国内国外旅行费用结算一律应该坚持“先收费、后接待”的原则。国外旅行社必须在旅行团入境前将该团应付旅行费用寄到中国银行我方旅行社帐户上，我方组团社可以征得银行同意，将催收结算方式改为信用证结算方式，信用证结算方式内容是：国内组团社将对方寄来本户头的旅行费用预先扣除本身应得的报酬后，委托银行开出旅游信用证，通知异地接团社和接待单位开户银行转告收款单位（接待单位），接待单位按照合同和信用证规定的等级、人数、价格、时间等项目提供旅游服务，待随团陪同签字核准、银行代组团社付出接团费用后，旅行团陪同才能率队离店。

2.完善管理方法

（1）将结算资金管理的责任落实到人，明确其责任和权力，对合同进行严格的管理，根据历史情况和当前情况，掌握结算天数、结算金额的增减变化，掌握对方企业的经济实力和风险变化，避免无力支付结算资金的情况发生；（2）严格掌握结算时间，不论国内国外，不论何种原因逾期付款，必须经收款的旅游企业负责人同意并加收滞纳金；（3）对那些经常发生差错致使对方延付拖欠旅行费用，造成企业重大损失的个人，要制定一个惩罚的条例；对收款及时者给予奖励。只有这样，才能促进经办人充分重视结算资金拖欠问题，以达到正确组织企业资金运动，有利于社会扩大再生产过程的顺利进行，使旅游行业的资金使用达到较为理想的效果。

关于我国旅游文娱工作现状的调查

王　群

第一部分：中国旅游文娱工作的经验

一、实施宏观调控的主要经验

（一）运用行政机构的权威提高认识水平

来华海外旅游者（以下简称：外宾）夜生活贫乏的问题由来已久。但只是当旅游“硬件”相对充足、形成买方市场时，它才逐渐上升为主要矛盾或矛盾的主要方面之一，日益引起各级行政领导的注意。1988年底，刘毅局长提出：文娱工作是旅游生产力诸要素之一；要促进吃、住、行、游、娱、购等六大要素的协调发展。协调发展旅游业的观点被国务院采纳并写入1989年的政府工作报告，成为中国旅游业发展的总纲，也成为统一各级干部思想的准绳，把对旅游文娱工作的认识，提高到生产经营的新水平。

（二）通过行政命令和组织措施进行调控

1987年以前，我国政府旅游管理部门主要通过文件提出要求，对文娱工作实施行政指导。之后，有关调控措施逐渐强劲并趋于组织化、制度化。1987年5月，北京市旅游局采取行政命令的办法，指定16家直属及主要涉外饭店，每月至少安排一次晚间专场游乐活动，并要求各饭店提前预告，事后汇报。1988年，该局指定了专人负责夜间文娱工作并赋予相应的责、权、利。

1989年初，国家旅游局领导基于对文娱工作的新认识，在调整局机关内部机构时，改变原来的设想，第一次在旅行社饭店管理司中设立了文娱生活指导处，从组织上保证了文娱工作的生产经营性和连续稳定性。一位记者敏锐地抓住了这个举动的意义，在《人民日报（海外版）》上撰文预告：“海外游客来华，晚间将不再寂寞”。

事实的确如此。国家和各地旅游局正开始有组织、有计划地着手解决外宾夜生活贫乏的难题。1989年上半年，国家旅游局在综合各地意见的基础上起草了《“八五”期间中国旅游业发展规划纲要（讨论稿）》。其中专门提出设想，要在广州、上海、北京、西安等地建设旅游文化娱乐中心，以丰富外宾夜生活。

二、分配领域的主要经验

（一）投资分配中内引外联、融汇百川。

1.吸引国内资金，兴建旅游文娱基础设施。

（1）旅游部门和企业在新建或改建风景区、饭店时，开始分出部分资金，用于文娱基础设施的建设。江苏省旅游局在南京市兴建秦淮风光带时，同步规划建设了影剧院、博物馆等35处文化设施并辐射渗透到沿岸5个街道的文化站、文化室，构成具有秦淮风情的大文化、大旅游活动网络。山东济南齐鲁饭店则投资50万美元，在顶楼改建出现代化的康乐中心。

（2）集聚社会各方游资，合资兴建。河北正定县旅游局自1986年以来，集资840万元，先后兴建《西游记》艺术宫等9个娱乐游览点，接待国内外游客七百多万人次。他们成功的秘诀在于实行了一整套灵活优惠的政策。

（3）吸引国内非旅游企业独资兴建。中国北方工业公司投资兴建的国际射击场、北京国际会议中心耗资数千万元兴建的康乐宫等都是例证。

2.联合海外人士，引进资金和技术。

（1）引进海外资金，实行国内企业管理。

目前已建成或正在建的广东东方乐园、北京游乐园、上海大光明俱乐部大多是这样发展起来的，而且热头不减。

（2）引进海外智力，实行合作经营。

引进智力的一层含义是学习海外先进的管理知识或直接聘请海外专业人员管理。这在引进资金的同时常常伴生。另一层含义是购买海外文娱产品的专利权。这就是新的尝试。青岛旅游局于1988年从日本购买了“大迷路”设计的专利使用权并将40万元付款折股，作为日方的智力投资，合作经营青和近代娱乐公司。“大迷路”建筑只花费20多万元，开放半年就收回这笔费用。

（3）引进海外实业家或企业，实行独资联营。

福建石狮琼林乐园就是菲律宾华侨蔡秋丹独资独营的游乐场。国际假日饭店集团则先是在北京投资兴建国际假日艺苑，继而又把广州文化大酒店接纳为集团成员，力图插足中国广阔的旅游文娱市场。这是值得重视的动向。

（二）资源分配中就地取材、全面开发。

资源分类的角度很多。这里从资源分布及其利用的空间着眼，将其分为两大类。

1.露天场所。具体开发利用，形成文娱节目的方式主要有：（1）开发自然资源的，如桂林漓江渔火；（2）开发人文资源的，如漳州灯谜会；（3）开发民俗资源的，如凉山火把节；（4）开发经济资源的，如苏州十全街夜市；（5）开发科技资源的，如圆明园金秋科技灯会；（6）开发时令资源的，如庐山之夏艺术博览会。

2.室内场馆。具体开发利用，形成文娱节目的方式主要有：（1）兴建或利用综合性文娱活动场所，如苏州华夏宫；（2）固定专门的文娱演出剧院，如北京二七剧场；（3）兴建文娱与美食结合的专用场馆，如西安唐乐宫；（4）兴建文娱与茶饮结合的专用场所，如广州的音乐茶座；（5）利用现有的群众文化活动场所，如街道文化站；（6）利用饭店宾馆现有康乐、影视设备，如保龄球室、舞厅等；（7）利用企业名气、历史等特种资源，如店庆等等。

（三）利益分配中风险共担、成果共享。

1.以文为饵，带动其他，主办单位独享收益。1988年5月，北京饭店在建店88周年的店庆活动期间，安排了大量文娱节目，共开支12.5万元。但它吸引了大批宾客，带动了其他方面的销售。仅5月份的商品、餐饮销售额就比头年同期分别增加29.4%和9.49%。

2.旅游“搭台”，百业“唱戏”，社会各界利益均沾。自贡市旅游局1987年灯会吸引了国内外160万人参加。全市各行各业抓住旅游文娱活动带来的人、财、物和信息流，大做交易，其中商品、经济、技术成交额达5.69亿元；净回笼货币2316万元，比头年同期增长254%；引进大量资金、物资，转让一批技术成果。与之相比，灯会门票等直接收入的160万元，真正是“长城上的小鱼”。其间接效益大于直接效益。

3.积极组织，繁荣文化，旅游和文艺企业同受益。苏州市旅游局主动与市戏曲博物馆联系，利用该馆古式舞台为外宾演出古装戏后，既丰富了外宾的夜生活，又使该馆扭亏为盈。

三、生产领域的主要经验

（一）自己培训与争取外援相结合，形成旅游文娱生产者队伍。

1.自己培训，多种方式参与生产。一些旅游企业大致采取四种方式：（1）结合本职工作，鼓励职工自学成才；（2）结合企业经营，组织业余文娱表演团体；（3）根据企业需要，组织专兼职结合的表演团体，如山东曲阜阙里宾舍古乐舞队；（4）对专职的文娱工作者实行系统培训和管理。

2.争取外援，实行长短结合的生产方式。所谓“短”是指临时邀请国内外文艺工作者为外宾表演文娱节目。所谓“长”是指在相对固定的时期聘请国内外文艺工作者定点、定时、定节目、定价格为外宾表演。值得高兴的是，一批国内文艺界人士自觉自愿地加入到旅游文娱生产者的行列中。有二十多年艺龄的著名歌唱家朱逢博，最近辞去当了8年之久的上海轻音乐团团长的职务，在上海开办了“朱逢博酒家”，内设酒吧、伊人乐府，准备办成游客的艺术之家。

（二）根据国情、参照国际、大胆试验，在探索中前进。

1.借鉴引进海外通行做法，赋予产品时代感。各地旅游文娱工作者本着“洋为中用、取精除糟”的原则，引进了迪斯科、保龄球等国际流行的文娱活动方式和经营办法，使中国的旅游文娱产品不断追踪时代的步伐。如广州一些歌舞厅或以优惠女宾、或以抽奖送餐为号召，招徕客人。

2.采用先进科学技术，赋予产品现代感。电子合成器、激光灯具、镭射影像和音响设备、红外线遥控、计算机程序等最先进的高科技，被广泛地运用于旅游文娱生产。有些旅游企业还试用了国际卫星传播技术，收到成效。

3.勇于突破常规旧习，赋予产品新颖感。1989年初，福州华福宾馆开办了全国第一家侏儒酒吧。该酒吧共有6名侏儒服务员。他们除提供常规服务外，还为客人唱歌、跳舞。该酒吧开业以来，夜夜客满，日营业额2000元左右。

4.努力排除各种障碍，赋予产品亲切感。为排除不同文化交流中的障碍，各地旅游文娱工作者做了多方努力。西安康乐宫为客人提供了有四种文字的节目简介。宁夏京剧团则用英语和日语排演了京剧《三岔口》等折子戏。

5.在探索中知错即改，坚持生产的正确方向。深圳、珠海一些旅游企业曾尝试引进异性按摩、陪酒女郎等海外做法，但一旦发现弊端很多时，马上关闭或停止。

（三）围绕“古”、“土”、“俗”，尽力出新意，形成唯我独有的中国特色。

1.在保持历史特色方面，做到立足“古”字，推陈出新。灯会在我国已有两千多年的历史。近年来，各旅游企业在灯会布局、立意、花灯设计、扎制等方面大胆创新，采用了声、光、电等高科技。上海复兴公园科技灯会上的“金龙戏珠”，全部用钛金属制作，用计算机控制操作。

2.在保持地方特色方面，做到抓住“土”字，花样翻新。（1）抓住“乡土”，再造旧景，上海华亭宾馆在宴会厅造出20年代上海滩的旧景，使参加89迎春鸡尾酒会的宾客忆旧思今、兴致盎然。（2）抓住“泥土”，渲染民情。1989年第六届潍坊国际风筝会期间，山东省和潍坊市旅游局在开幕式上安排外宾乘马车入场，参加团体操中荡秋千、民族歌舞表演等活动；在临朐县焰火晚会上燃放“花果山”等地方题材的焰火；另外，安排千里民俗游与之配套，使外宾沉浸在齐鲁民情中。

3.在保持民族特色方面，巧借“俗”字，谱写新章。

（1）巧借民族礼俗，易地重演。新疆吐鲁番宾馆根据维吾尔族在家中歌舞迎宾的风俗，每到旅游旺季的夜晚，都在宾馆葡萄架下铺起地毯、摆上瓜果，为外宾表演热情奔放的维族歌舞。

（2）巧借民族风俗，就地改造。云南旅游文娱工作者借用彝族青年在“火把节”狂欢的风俗，在传统的节日聚会地——石林，装上彩灯、燃起篝火，组织彝族青年为外宾表演并一起狂欢。

（3）巧借民族习俗，直接接触。经四川省旅游局安排，西德、瑞士旅游记者在成都一居委会文化站茶馆里，与当地居民一起观看了“打团场”（即川剧清唱）等节目后，流连忘返，称赞这里是“真正的民间艺术”；说这种安排是“了解国外游客心理的杰作”。

四、交换和消费领域的主要经验

（一）运用多种手段，拓宽销售渠道，争取成网络，上线路。

1.追踪市场需求，全方位推销。

（1）赶潮流。北京京伦饭店了解到海外掀起健美热就马上推出韵律操表演；了解到海外宾客喜欢中国服装，立即组织时装表演，如此等等。

（2）做广告。宗清乐舞——《盛世行》上演期间，北京市旅游局先后在各种传播媒介大做广告，积极推销。

（3）给折扣。东方乐园等单位实行团体票、套票、季节票等多种价格折扣、优惠，以广招客人。

（4）对内宾。北京燕京饭店是涉外旅游饭店，但它的舞厅主要对内宾开放，由于管理得当，不仅生意兴隆，还被评为文明舞厅。

2.由专题到网络直至线路，形成系列产品供给。

（1）搞专题。上海兴办的首届国际旅游京剧“艺术欣赏周”，有五百多名外宾参加。他们白天观光，晚上看戏、学戏、演戏，乐不可支。

（2）成网络。广东珠海—斗门—白藤湖、顺德—西樵—番禺等地已初步形成区域性旅游文娱产品供给网络。各地优势互补、物畅其流。在这些区域，外宾可参加篝火烧烤、燃放烟花、幸运抽奖等各项文娱活动。

（3）上线路。被誉为国际水平的仿唐乐舞，已成为西安旅游线的必看节目。每到旺季，30美元一张的门票如不预订是搞不到的。

（二）抓住五个特性，刺激消费，促进生产。

（1）抓参与性，满足宾客亲身接触异地民众的需求。北京长城饭店把街头小贩请进店内卖小吃，同时让小贩与游客聊天，使游客既吃到风味，又体验到京味文化。

（2）抓交融性，满足宾客与异质文化交流的需求。一些旅游文娱工作者常常在自己演出中，插入一些外宾熟悉的世界名作或他们国家民族的著名节目，打破了异质文化的隔阂，使不同民族的文化交融。

（3）抓知识性，满足宾客求知的欲望。东方乐团民乐演奏中心邀请一名懂两门外语的青年当主持人，边演出边介绍有关知识。结果每场演出终了，总有一些宾客不肯离去，围着演员问这问那或到剧场小卖部购买磁带和民族乐器。

（4）抓趣味性，满足宾客求乐的需要。成都旅游工作者在灯会舞龙节目后，常常安排专人教外宾舞龙，使他们尽兴而归。

（5）抓自娱性，满足宾客的表现欲望。卡拉ＯＫ舞会、电子游艺等都是应运而生。北京前门饭店雅园歌舞厅推出选点节目、观众自演、观众与演员同台表演等多种自娱形式，很受欢迎。

第二部分：中国旅游文娱工作的问题及其对策构想

一、分配中的主要问题

资源和原材料分配渠道不畅通。

1.部门所有制导致资源闲置与贫乏并存的局面。

源远流长的传统文化和民间艺术是中国旅游文娱生产用之不竭的丰富资源。在这方面，北京占有地利。但由于种种原因，其中主要是部门所有制作梗，北京市旅游行业至今没有一个综合性的文娱活动场所。同时，极有综合开发价值的某王府却因主管部门无钱修整，仍然处于闲置或半闲置状态。

2.文艺生产不对路和不景气导致原材料紧缺。社会文化产品是旅游文娱生产的原材料、半成品或成品。但我国庞大的文化生产部门主要是为国内群众服务，所以直接或稍事加工就能提供给外宾的产品不多。加上近年来文艺生产不景气，出现不演不赔、多演多赔的现象，以致一些文艺团体歇业散伙，连可供旅游文娱部门加工的原材料也紧缺起来。

3.投资不足和资金不够导致旅游文娱生产形成不了独立体系和规模的生产能力。目前，国家旅游基建投资中尚无文娱基建专项，加上其他原因，以致旅游行业中，带同声传译的剧场、综合文娱场馆为数寥寥，三分之一的旅游饭店没有闭路电视系统，绝大多数旅游饭店康乐设施不配套。曾深受游客欢迎的夜游西湖节目，因浙江省旅游局无钱改造空调船，一到夏季只好停办。许多饭店买录相片，要靠总经理特批；一般只有30盘录相带，仅靠维持7天的节目不重复率。

4.文娱票价过低和司陪人员私收回扣导致利益分配

不公。文娱票价内外宾等同及综合服务费中定死每人每天两元的文娱活动费，影响了文艺团体组织外宾专场和旅行社组织观众的积极性。上海杂技团在国内为外宾演出一张门票卖3元人民币，在国外却可卖到10多美元；另外外宾专场因人数较少，相应单位成本较高，因此不愿天天演出，使一些慕名而来的外宾很扫兴。外宾在一地停留不足两天时，旅行社组织文娱活动就要赔钱。

少数司陪人员私要回扣，加重了文艺团体的成本承担。文艺团体不给回扣，又怕得罪了这些司陪人员，断了资源，只得忍痛掏钱，1989年5月，北京几家文艺团体演出8场，收入五千多元，而个别司陪人员拿走的回扣则达1800元。

二、生产中的主要问题

（一）生产的主、客体分离。

1.生产者与生产资源分离。

现在我国相当多的文艺团体没有自己的剧场、固定的基建投资和生产发展资金，不得不听命于掌握生产资料调配权的主管部门。主管部门如果对旅游文娱不感兴趣，文艺团体热情再高也没有用。主管部门如果调配生产资料的权力有限，也很难组织起旅游文娱生产。某部议定的旅游演出流产，原因之一就是拿不出钱资助，结果拟邀请的地方剧团纷纷婉拒。

2.生产者与生产对象分离。

作为目前旅游文娱生产主力的文艺团体往往不了解自己的生产对象——外国游客，了解外宾的旅游企业大多还未参与文娱生产。这样生产出来的产品难免不对外宾的口味和路子。它造成一种互相指责的局面：外宾指责导游安排不当，导游指责演员水平太差，演员指责导游不尊重中国艺术家的劳动。

3.生产者与生产成果分离。

在旅游文娱生产中，文艺团体只得到演出报酬，因此不是生产的利益主体。这使某些文艺工作者既缺乏自愿组织演出的主动性和利益冲动，又没有加强生产管理、提高产品质量的积极性和责任感，常常发生捞一把的短期行为。1988年，某市旅游局花了30万元，请演出公司组织外宾专场演出，结果一些演员只顾赚钱，不顾质量。问题反映到演出公司却未得到及时解决。

（二）生产过程的限制较多。

1.时、空限制。

（1）中外节庆时间错位。年初年末是我国人民节庆较为集中、文娱活动较多的时期。但此时不仅恰逢旅游淡季，而且我国主客源国游客大都在本国庆祝自己的节日，如圣诞节、复活节、感恩节等。他们在旺季赶得上的节日，如端午节、中秋节等，我国人民又无休假，文娱活动相当少。

（2）作息时间错位。大多数外宾习惯晚起晚睡，夜生活常常延续到凌晨2点。而我国接待单位只能按照“日出而作、日落而息”的民族传统安排外宾旅游。因为不仅各相关行业都遵循这种习惯的作息时间，而且有些地方的行政部门还订有“夜生活不许超过十点半”等规定。

（3）旅游目的地与旅游文娱生产能力错位。我国相当一部分旅游目的地不在中心城市，利用不上中心城市的文娱生产能力，如桂林、黄山。就某个旅游城市而言，由于各方招徕、外宾居住地过于分散，集散地变动过快，造成专门的文娱场所难以定点，辅助性的文娱场所时而不足、时而过剩。另外，登高观夜景、夜间参观博物馆、展览等项目，也因安全、交通等原因开展不起来。

2.行政限制。

（1）政出多门，办事很难。某市旅游局经过几年的努力，不知跑了多少腿、说了多少话，才勉强征得有关十多个部门的一致同意：允许对外宾开放的舞厅实行有限度的中外人士混跳，即只许外宾与亲友、翻译陪同和驻华外国商社的中方的雇员一起跳舞。

（2）政策不活，常搞一刀切。有关行政部门实行演出许可证制度是必要的。但有时缺乏灵活性，对一些临时性的外事演出卡得过死。

3.经济限制。

除文娱活动费少、票价低、上座率不高等经济限制外，现行奖金税也是一种限制。因为它按现在的工资总额收奖金税。而这种工资总额基数较小。现在自不必多说，即使今后文娱票价单列，旅游企业想多干也很难多得，所以组织文娱生产的积极性会受影响。

（三）产品质平量小、陈旧雷同。

1.大宗产品不对路，对路产品质量一般。

由于生产者与生产对象分离等原因，文艺工作者习惯按为国内观众演出的办法参与旅游文娱生产，而两者常常是矛盾的：即国内观众喜欢的，外宾不一定欢迎，反之亦然，这就导致大宗产品不对路。另外，由于生产者与生产资料、生产结果分离等原因，本来就不多的对路产品质量停留在一般的水平上，老是提高不了。如大多数文艺演出还是观赏型，缺乏参与型、自娱型的节目。

2.缺乏创新意识，各地产品千篇一律。

在寻求对路产品品种方面，一些文娱工作者不是积极创新，而是抄袭仿效，一拥而上，结果搞得各地旅游文娱产品千篇一律、品种单调，甚至使某些对路产品需求饱和，相对过剩。杂技的命运就是如此。

三、交换中和消费中的主要问题

（一）交换中的主要问题。

1.某些必要的产品尚未商品化。精神产品不可能完全商品化，但现在的问题是，某些应该和可能转化为商品的旅游文娱产品仍然停留在无偿供应的阶段，如部分饭店的康乐设施、文娱演出等等。长此以往，这些产品的交换就无法进行。

2.某些重要的交换过程尚未社会化。

（1）创新的旅游文娱产品缺乏专利保护。由于许多文娱产品还不是商品，人们就不承认它的价值属性，更不承认创新产品的知识产权。所以专利保护法规和措施就提不上议事日程。而这正是旅游文娱生产中抄袭模仿、产品雷同的根源之一。

（2）推销意识淡薄、缺乏统一的营销网络。

现在许多旅游文娱活动只是追求表面热闹的效果，组织者习惯等客上门。据对1989年3月份香港《文汇报》旅游广告的调查统计，国内旅游企业推销观光路线、饭店产品者甚多，推销文娱产品者寥寥。另外，文娱活动指南、电脑联网售票等交换网络和手段还是空白，停留在自搞一套、互不往来的小生产水平上。

3.某些主要的交换行为尚未规范化。

（1）推销活动的滞后性。某跨省市的旅游专项路线宣传了半年有余，与之配套的歌舞节目才姗姗出台。这时已很难把它安排到已定的旅游线路和接待计划中。

（2）购销行为的随意性。现在旅游文娱产品的交换以旅行社代购代销的形式为主，而它的决定权主要操纵在司陪人员手中。他们可以根据自己的意愿购销，使交换结果难使外宾如意。

（3）交换结果的单一性。现在许多演员只会一种技艺，许多文艺团体只演一个品种的节目，这就使外宾一次交换活动只能得到一个成果，不能满足他们花尽可能少的时间、费用，看到中国文化多侧面的愿望。另外，许多文艺演出的编排缺乏综合性，显得单调、枯燥，节奏拖沓。

（二）消费中的主要问题。

1.腐朽丑恶的产品仍有一定市场。

我国旅游文娱消费是严禁嫖、赌、吸毒的。但由于极少数海外游客有这方面的需求，刺激国内一些人违法从事这方面的活动，屡禁不止。这些人中有个别旅游企业的职工，但主要是社会上的闲杂人员和坏分子。另外也要看到，搞嫖、赌、吸毒的海外游客还是少数，据某旅游热点城市1987年统计，当年抓获的186名嫖客中，海外游客仅5名，占总数的2.7%。可见，不能以偏概全。

2.旅游文娱消费对国内群众有一定的副作用。这种副作用主要表现在意识形态领域和生活方式等方面。如诱发享乐至上的倾向，冲击我们传统的文化观念、道德意识等。对这种副作用既不能熟视无睹，又不能因噎废食，而应积极地加以限制和清除。

四、解决上述问题的对策构想

1.关于宏观调控的对策建议。（1）建立国家旅游事业委员会文娱工作协调例会制。（2）建立旅游文娱工作的管理体制、制度、统计报表。（3）经济上给予优惠政策，文娱活动费用单列。（4）设立在中国旅游文娱工作奖励基金。（5）修订有关法规，制定旅游文娱产品专利保护法。（6）制定整体发展战略和规划。

2.关于微观领域的对策建议。（1）生产领域的对策主要有：鼓励旅游企业组建演出公司等生产、经济实体；建立必要的考核标准和制度，调整作息时间；广泛联合，组织各类艺术节、文娱活动，开办夜市；加速科研和产品更新换代的步伐。（2）交换领域的对策主要有：区域配套、线路联网、全国沟通，面对海外大力推销。（3）消费领域的对策主要有：严厉打击卖淫、设赌、贩毒等违法经营，尽量限制、清除旅游文娱消费的副作用。（4）分配领域的对策主要有：设立旅游文娱基建投资专项和发展基金；兼顾参与旅游文娱工作各方面的正当利益。

加强行业管理　整顿旅游市场

向才德

随着桂林旅游业的迅速发展，行业规模的形成，它所潜藏的内在矛盾逐步显露出来。这些矛盾是：旅游业的迅速发展与国民经济其他部门相对滞后的矛盾；旅游业发展速度与效益的矛盾；日益繁重的还本付息与企业自我更新改造的矛盾；城市财政困难与旅游基础设施建设的矛盾；旅游“硬件”同“软件”的矛盾；旧的旅游管理体制与新的旅游生产力的矛盾等等。在众多的复杂的现实矛盾中，我们认为，占主导地位和起决定作用的是旧的旅游管理体制与新的旅游生产力的矛盾。表现为桂林上百家旅游企业归属几十个主要部门，多头领导、政出多门、各自经营、盲目竞争，呈现宏观上控制不住、微观上难以搞活的困难局面，严重阻碍旅游生产力的发展。为改变这种状况，我们本着改革精神，自1987年4月以来，着重抓紧建立新的旅游管理体制，在实行行业管理、整顿旅游市场方面主要做了以下几项工作。

——统一思想，提高实行旅游行业管理客观必然性的认识。面对桂林旅游业的众多矛盾，尤其是全市近百家旅游企业多头领导、政出多门、各自经营、盲目竞争、市场混乱、效益不高的状况，经深入调查研究，我们认为关键在于应该建立新的适合桂林旅游生产力的管理体制，旅游局抓好职能转变，实行全行业管理。理由是：1.实行行业管理，有利于培育旅游市场机制，建立旅游市场规则，维护旅游市场秩序，符合旅游体制改革的精神；2.有利于协调解决桂林旅游业存在的现实矛盾；3.有利于统一对外，积极参与国际旅游市场的竞争，提高桂林旅游业在国际旅游市场的竞争能力。总之，实行旅游行业管理，不是主观任意的，是桂林旅游业迅速发展、行业规模逐步形成的必然结果。

——旅游局政企分开，实行职能转变。在实行行业管理之前，市旅游局和旅游公司是两块牌子、一班人马、政企不分、职能不明，长期陷入处理具体业务工作之中，无暇进行旅游行业管理。为此，我们拟定了改革方案，经市人民政府批准后，于1987年4月组织实施，撤销了原桂林市旅游公司，保留桂林市旅游局。政企分开后的市旅游局作为政府的职能部门，统管全市旅游业，其工作重点是贯彻执行国家关于发展桂林旅游业的方针、政策；制定桂林旅游发展战略；综合运用行政的、经济的、法律的手段执行规划、组织、协调、服务、控制等宏观管理职能，努力建设一个强有力的、有权威的、高效能的管理核心。

——制定旅游发展战略，加强政策配套建设。城市旅游发展战略和中长期规划，规定着旅游业的经营方向和发展速度，是行业管理的重要内容。一方面我们积极支持配合市经济研究中心，选拔优秀专业人员组成研究班子，并在财力、物力上予以积极支持桂林旅游发展战略研究。研究人员在深入调查研究、广泛收集资料的基础上，经过加工分析提炼、多方征询意见、反复确认论证，长达六十多万字的《桂林旅游发展战略研究》一书，于1988年通过省级核定，已交漓江出版社出版，填补了我区旅游战略研究的一项空白。另一方面，我们注重取得各有关部门的支持，搞好旅游政策配套建设，如制定桂林旅游资源开发利用政策，桂林外方旅游投资政策，桂林旅游环境保护政策，桂林旅游企业劳动工资政策等。努力创造良好的旅游环境和投资环境，确保桂林旅游业健康、协调发展。

——强化行政职能，树立管理权威。1987年初，我市旅游市场混乱，经济效益低下，有令不行，有禁不止，究其根本原因在于缺乏一个强有力的有权威的宏观管理部门。因此，实行行业管理必须强化市旅游局的政府行政职能，树立管理权威。具体做法是：1.凡以旅游者为服务对象，通过提供劳务或出售商品满足旅游者消费需求的旅游企业，无论其所有制如何也无论其隶属关系如何，都必须服从市旅游局的统一管理。2.市旅游局具有人事任免、规划外资、资格审定、人才培训、业务考核、市场监督、宣传招徕、财务审计等项权力，监督企业各项经营活动，确保国家和地方政府发展旅游业的方针、政策、法令、法规的贯彻执行，违者将给予罚款，停业整顿，直至会同工商部门吊销其营业执照。1988年6月，市旅游局对不执行旅游最低保护价，扰乱桂林旅游市场秩序的6家旅行社分别做出罚款、停业警告、停业整顿的处分，维护了桂林旅游市场秩序。总之，通过理顺管理体制，强化行政手段，加强行业管理，成功地把由几十家“婆婆”主管的上百家旅游企业纳入宏观调控的轨道，树立了旅游局的管理权威。

——运用经济指标，规范企业经营。实行行业管理仅仅凭借行政手段是不够的，还必须善于利用经济手段，引导或规范企业经营活动，使企业的微观目标和全局的宏观目标相一致。就桂林旅游企业的实际来看，有些企业职工工资没有与企业的经济效益挂钩，甚至出现低效益，高工资的现象；有些企业跑汇、漏汇严重，经济效益较差。为改变这种状况，局财务科、审计科在逐家调查企业主要经济指标的基础上，制订或正在着手制订《桂林旅游企业职工工资与经济效益挂钩的规定》、《关于奖励旅游企业完成或超额完成各项主要经济指标的实施细则》，以促进企业加强和改善经营管理，扩大服务范围，抓好优质服务，防止外汇流失，提高桂林旅游经济效益（由于受暴乱的影响，有些工作被迫推迟进行）。

——依法治理旅游，整顿旅游市场。旅游业是新兴产业，与其它行业相比，旅游法制建设有待在实践中不断建立和完善。作为地方城市政府旅游职能部门，一方面必须坚定不移地贯彻国家关于发展旅游业的法令、法规；另一方面必须从实际出发，创造性的制定地方旅游管理办法或治理旅游行业的规定。我们的做法是：

1.制定行业法规。两年来，我局会同公安、工商、物价等部门先后发布了包括旅游体制改革、旅行社归口管理、旅游涉外饭店经营、导游证发放管理、旅游最低保护价、追回拖欠款、整顿散客部等几十个行业管理的规定，将旅游业改革的积极成果以法规形式巩固下来，有效地加强了对全行业的调控管理。

2.严格按章办事。有了好的规定，必须坚决贯彻，认真实施。两年来，凡是重要的旅游行业规定出台，我们注重出台一个落实一个，扎扎实实地贯彻执行。如1987年，我们制定了《关于13家二类旅行社归口桂林旅游局管理的实施细则》，《细则》规定了旅游局的四项权力：一是有权任免局属旅行社正副经理；对非局属旅行社的正副经理，在其主管部门提名的基础上有权考核；二是旅游局有权指导和检查旅行社机构设置、外联组团、接待经营，有权组织旅行社各类人员的培训、进修考核，有权统一制发导游证；三是有权对违反《旅行社管理暂行条例》和其它旅游法规的旅行社予以行政的、经济的处罚；四是有权对旅行社的经营活动、财务收支、创汇结汇进行审计、监督。通过一件件抓落实，初步改变了旅行社多头领导、政出多门、分散经营、效益较低的被动局面。

再如，对旅游涉外饭店、车船企业、餐馆和书画店实行定点挂牌经营有关规定，采取分期分批、步步落实的方法，一年迈一大步，使桂林旅游接待市场、客运市场、商品市场的秩序发生了根本性的转变。

3.加强旅游监察。去年5月，我市成立了全国第一家旅游监察所。主要职责是：取缔非法经营，查处违章经营，受理游客投诉，确保国家和地方各项旅游法令、法规、规定的贯彻执行。

——理顺外部关系，创造一个各有关方面都来支持桂林旅游业发展的社会大环境。去年以来，我们注重同旅游业密切相关的部门协调关系，召开各种座谈会、协调会，及时通报旅游业取得的成绩和遇到的困难，共同商讨克服困难的对策。通过旅游协会、旅行社协会、旅游饭店协会和旅游学会等中介性行业组织，主动听取意见、互通情况、增进理解、协调配合，创造旅游业发展的良好外部环境。

——成立旅游智囊团，保证决策的科学化、民主化。实行旅游行业管理，旅游局的权力大了，责任重了，这就给管理决策工作提出了更高的要求。为避免领导者受自身知识结构、思维方式、管理经验、决策能力等因素的局限，保证决策的民主化、科学化。今年我们成立了桂林市旅游局智囊团，将对旅游业有一定研究的专家、学者、行家联系起来，在做出每一项重大决策之前，广泛听取他们的意见，尤其是不同意见，全面考虑，科学论证，避免决策失误。

通过做好以上工作，逐步改变了旅游企业多头领导、政出多门的局面，树立了旅游局面向全行业管理的权威，促进了桂林旅游生产力的发展。

西安地区旅游经济效益综合分析研究

宫浩兴　胡俊平

近年来，西安地区旅游业持续发展，其经济效益如何？对社会经济发展的作用怎样？这是人们普遍关心的问题，也是旅游战略研究的重要方面。本文旨在运用科学的计算方法，回答以上问题，并对未来的经济效益加以预测。

一、旅游经济效益概算

旅游经济效益的计算是一个十分复杂的问题，在目前情况下，要做到完全准确是不可能的。我们试图根据旅游业本身的特点和目前的统计分类，寻找一种尽可能接近实际的计算方法。并运用这种方法对1987年西安地区旅游经济效益进行概算。

（一）旅游经济效益计算方法

一个地区的旅游收入实际上是旅游者在该地区旅游过程中的花费总合。由于旅游消费本身的多样性，使得旅游者的花费分散在旅游地区国民经济的各个部门。根据这些部门参与旅游业的程度，可以分为直接为旅游服务部门和间接为旅游服务部门。相应的旅游收入也因此分为直接旅游收入和间接旅游收入。旅游总收入，则是直接和间接旅游收入之和。

西安地区直接为旅游服务的部门大体上可以分为旅游参观点、旅游宾馆、旅游餐饮、旅游汽车、旅游商品生产、旅游商品销售、旅游经营性公司以及个体旅游经营服务等8个方面。直接经济效益的计算，主要采取直接累加的方法。

间接为旅游服务的部门大体可分为铁路客运、民航客运、公路客运、市内交通、邮电通讯、饮食服务、旅游住宿、商业、公园等9个行业。间接经济效益的计算主要采取比例折算的方法。

（二）旅游经济效益概算

1.直接旅游经济效益概算

1987年，西安地区计有34个具有一定经济收益的旅游点、18家具有接待外宾能力并实际接待相当数量外宾的宾馆饭店、10家主要旅游出租汽车公司（其中西安市1064个个体出租车户算为一个单位）、19家旅游经营性公司、8家主要涉外餐馆、17家主要旅游商品生产厂家、10家主要旅游商品经销公司和商店以及华清池、秦俑馆、大雁塔周围等10个主要旅游个体户集中地的1486户营业摊点。以上8类直接为旅游服务行业的直接旅游收入为52157.8万元，实现利润6051.1万元，上交税金3532.3万元。

2.间接旅游经济效益概算

通过抽样调查、统计分析及与有关单位座谈的方法，分别确定出各间接为旅游服务行业旅游毛收入折算系数：铁路客运32.5%、民航客运60%、公路客运39%、饮食服务64.3%、住宿服务64.3%、零售商业35.5%、市内交通50%、邮电通讯20%、主要公园60%。间接旅游收益的计算，建立在按以上系数折算所得的旅游毛收入基础上，由于许多系数直接或间接来源于国内游客的测算表，没有考虑国际游客的情况，一些指标的计算则和直接旅游收益有重复的地方。在增加遗漏部分和扣除重复部分（调整）之后，得出旅游间接收入为134186.7万元。其中因旅游业的发展而带来的利润和税金，按各行业一般收入得税率计算。计算结果，实现利润16098.9万元，上交税金12964万元。

3.旅游业总收益及其构成

旅游业的总收益，就是直接和间接旅游经济收益之和。1987年西安地区旅游总收入为186344.5万元。其中外汇人民币收入16708.1万元，比1984年增长2.5倍多，占总收入9%；实现利润22150万元，占总收入11.9%；上交税金16496.3万元，占总收入8.9%；各行业收入占总收入多少依次是：商业、交通邮电、住宿、饮食、其他和文化娱乐。

二、旅游经济效益现状分析

（一）投资分析

与直接旅游收入和间接旅游收入相对应，旅游业的投资也有直接和间接之分。截止1987年底西安地区直接为旅游服务行业，投资总和为41262.13万元。旅游参观点投资，通过调查统计和具体分析，确定为2012.47万元，其中省文物事业管理局投资占90%以上，旅游点所在县和省旅游局也各有一定量的投入。属文物修复保护性质的拨款，不应也没有列入旅游投资以内。宾馆、出租汽车等行业的投资则完全属于旅游性质，它们的投资是这些行业1987年固定资产原值的机械累加。间接为旅游服务行业，基本上是在原有投资规模上运行，因旅游业的发展，而新增设备的资金占用相对很少。

调查分析表明，西安地区旅游投资有以下特点：一是直接投资相对较多。表现为发展过程中的外延不断扩大，接待能力不断加强。但由于对全省配套发展控制不力，致使宾馆投资过多，而旅游点的建设方面则显得不足。二是间接投资相对较少。旅游业的发展，大大促进了间接旅游行业的内涵扩大，设备利用率、劳动生产率都有了很大提高。但也给间接旅游行业造成相当大的压力，使原有规模的不适应日益明显，亟需外延扩大。尤其是民航、铁路、公路交通的外延扩大与否，已成为今后旅游业能否继续发展的关键。三是投资来源渠道增多。仅以宾馆饭店为例，有外资，也有中外合资；有本省、市投资，也有外地、县投资；有企事业单位投资，也有农民集体或个体投资。这些投资，一方面增加了旅游的接待能力，发挥了一定的积极作用，另一方面对外汇流失及合理规模的控制也带来了一定困难。

（二）经济效益分析

从总的方面来看，西安地区旅游经济效益的现状是好的。一是旅游企业网点增加。1987年直接旅游行业企业网点总数已达1601个，除去个体旅游经营户之外，尚有国营、集体、合资和外资旅游企业116个，比1984年网点增加63个，增长1.2倍。二是旅游总收入大幅度提高。1987年旅游总收入比1984年增加10亿多元，增长1.47倍。其中外汇人民币收入达到1.67亿元，比1984年增长2.55倍。

旅游经济效益提高的主要原因：一是客源增加。据统计，1987年接待国际游客30.14万人次，比1984年增长99.6%；国内游客达到1200万人次，比1984年增长62.2%。二是自主外联扩大。据统计，1987年共自主外联2.44万国际旅游者，占接待总人数的8.1%，比1986年增加34.4%；估计一般自主外联游客，每人可为旅游业增加收入十多美元。三是改革见成效。个体旅游业从无到有，从少到多。1987年仅主要旅游点周围和西安市从事旅游业的个体户已达1486户，从而为旅游增添了活力，增加了收入。四是部分价格理顺。如民航机票价格改变后，收入由1984年的2319万元，增加到1.7亿多元，经济效益大大提高。

经济效益分析表明，西安地区旅游经济主要有以下特点：一是货币回笼多。1987年国内旅游回笼货币16.96亿元，相当于西安市同期社会商品零售额的41.4%。二是经济效益高。1987年旅游直接收入行业拥有固定资产41262.13万元，实现利税达到9583.33万元，固定资产利税率23.2%，比全省1986年机械工业固定资产利税率高1.5倍，接近纺织工业固定资产利税率26.4%的水平。三是人员就业多。1987年旅游直接收入行业就业总人数2.2万人。同时，扩大了就业面。仅以临潼为例，1987年风景区共有个体从业人员5980人，占全县个体从业人员的65.6%，比1983年同一地区增长9.5倍。四是旅游创汇高。1987年全省旅游外汇收入16708.1万元，相当于西安市1987年各类商品出口总值的1.83倍，居全省同期各行业创汇大户之第二位。

（三）存在问题

1.行业发展不平衡。直接旅游经济效益最好的是经营性公司，人均收入7.58万元，固定资产利税率115.12%，而最差的是旅游参观点和旅游出租汽车，人均收入只有0.74和0.75万元，固定资产利税率只有8.2%，二者相差甚远。行业之间的不平衡造成收入最低行业的萎缩。迎宾汽车公司，1984年拥有固定资产420万元，职工83人，到1987年固定资产只有160万元，职工也减少了32人。同一行业中也存在发展不平衡的问题。如国际和国内旅行社中，普遍存在着国际旅行社效益特别高，而国内旅行社却有不少是亏损企业。造成以上问题的主要原因是旅游宏观管理不能适应经济形势变化的要求。如不抓紧解决，势必影响配套发展，降低整体效益。

2.人均收费较少。从1986年接待人数看，西安地区为全国第7位，而同期旅游外汇收入是全国第9位。北京和广州接待人数分别是西安的4倍和8倍，收入却是西安的14倍和15倍。造成人均收费偏低的主要原因，一是停留天数下降，1987年外宾在陕停留天数为2.004天，比上年又下降8.3%，为历史最低水平。二是收益结构不合理，玩、买等弹性较大的部门甚少。1987年旅游外汇收入中，商品销售仅占16.78%，该比例不足北京、广州的一半。

3.外汇流失严重。据估计，西安地区旅游收汇数字，最多只能反映实际收汇的70%左右。造成这种状况的原因就是外汇流失严重，外汇流失大约有4种主要渠道。一是外资和合资宾馆偏多，利润分成不合理，场地使用费、劳务费过低。据统计，1987年西安地区内资与合营饭店客房数之比已达100:116，有的合营企业内外协商利润分享比甚至只有1:9、3:7；场地使用费每平方米只有15元，占不到合理使用费的1/10；职工工资只有美国的1/35和香港的1/5。二是进口物资过多。除了进口建筑材料以外，大部分内资和外资宾馆的食品原料、低值易耗品都由国外进口，采购成本很高，造成不应有的外汇流失。三是个体外汇收入缺乏管理，致使个体户手中的外汇又通过其它渠道流失国外。四是一些旅游行业的不正之风严重。例如回扣现象等使外汇导致进一步流失。

4.诱导旅游收入偏低。所谓诱导旅游收入，就是为旅游服务部门提供服务的部门的收入。按照乘数理论，诱导旅游收入是旅游总收入的第二个层次，根据国外研究成果，诱导旅游收入一般是旅游总收入的0.7—0.8倍。实际上，西安地区诱导旅游收入估计最多只有总收入的

0.3—0.4倍。造成诱导旅游收入偏低的主要原因，是产品的外货（国外、省外商品）市场占有率太高。例如，旅游汽车行业，外货占有率达95%以上；服装市场外地产品占有率也在80%左右。说明了在抓旅游业本身建设的同时，许多社会经济部门还落后于旅游业形势发展的要求，致使旅游业的发展对地区经济发展的促进作用远远没有发挥。

三、旅游业的综合效益分析

1987年，西安地区旅游业刚刚起步时，接待外国游客1.4万人次，外汇收入只有305万元。旅游业所产生的影响是微乎其微的。九年来，西安地区旅游业迅速发展，已形成一定的行业规模。作为一个新兴的产业，它的作用和地位在发生显著变化，它对西安地区经济、文化、社会的影响已具有了举足轻重的意义。主要表现在以下几个方面：

（一）为国家和地方吸取了可观的外汇，平衡了国际收支。

扩大外汇收入有两条途径，一是通过对外贸易，一是非贸易。发展国际旅游业是增加非贸易收入的一条主要途径。西安地区由于劳动生产率低下，产品质量及包装不过关等原因，外贸出口产品在国际市场上缺乏竞争力，再加上国际运输费用以及关税等因素的影响，出口商品换汇的成本很高，相比之下，旅游业的换汇率要高于外贸出口的换汇率，具有相对优势。目前，旅游业已成为西安地区最重要的创汇行业之一，从1978年至1987年底，全地区旅游外汇收入累计已达5.3亿元外汇人民币，平均年递增56%，超过旅游人数年平均递增40.96%的幅度。对平衡西安地区的国际收支起了巨大作用。从旅游业的发展趋势看，其创汇的优势地位愈来愈明显。

（二）为西安地区的产业结构调整和优化提供了新的途径。

旅游业在西安地区国民经济发展中具有特定的导向作用，带动了一大批相关产业的发展。

1.促进了农业全面发展及其商品化。据调查，来西安地区的国内游客人均饮食花费20.07元，国际游客人均饮食花费78.72元，其中以农产品为原料的价值约为32%。据此推算，1987年西安地区旅游饮食所用农产品原料价值为8467.49万元，是1982年的2.5倍。同时，旅游饮食所需农产品种类繁多，有利于农业内部农、林、牧、副、渔多种经营的全面发展．并且由于旅游者的消费水平比较高，有利于粮食由原料向多种成品或半成品的转化，增加其经济效益。

2.促进了旅游商品工业的崛起和发展。1987年，西安地区旅游商品生产企业17家，比1984年增加了10家，增长1.43倍。据对这17家主要旅游商品生产厂家统计，1987年其经营收入为6447.25万元，实现利润263.99万元，上交税金212.09万元，固定资产利税率为19.59%，远远超过了西安地区机械工业固定资产利税率。目前，西安地区旅游产品生产企业仍在继续增加。

3.促进了第三产业的发展，优化了产业结构。按照国民生产总值国内口径计算范围，1987年旅游业带来的直接产值达14044.6万元。1987年各行业旅游收入与1984年相比：交通邮电旅游收入达31985.52万元，增长2.66倍。游客住宿收入16381.14万元，增长56.68%。饮食销售收入16044.81万元，增长84.44%。旅游商品销售收入106761.07万元，增加1.46倍。旅游文化娱乐收入1478.09万元，增长1.14倍。其它旅游收入13693.82万元，比1984年增长3.02倍。

4.西安地区的建筑业、家具业、床上用品制造业等，也在旅游业发展的同时得到了发展。旅游业发展使得与其有较强相互联系的行业得到了新的发展，为这些行业开辟新的生产门路提供了可能。

5.带动了农村第三产业发展，促使许多农民走上富裕道路。临潼县华清池附近的东尧村，有300名劳动力全部围绕旅游业从事饭馆、旅社、照相、娱乐、商店、旅游商品生产等三十多种旅游项目，集体收入从1979年的5万元，猛增至1988年的100万元，户户年收入均超过万元。秦陵附近的下河村，有500名劳动力，其中80%从事旅游业，取得了很高的收入。

旅游业的综合性很强，所涉及的行业范围极广，其发展一方面需要这些行业的发展予以支持，另一方面又反过来促进、带动这些行业发展，还可刺激新的行业产生与发展。旅游业的这种促进、带动和刺激作用，有可能使其成为西安地区经济腾飞的突破口，其作用和地位是极其重要的。

（三）有利于扩大其它工业产品的销售，促进社会主义商品经济的发展和市场繁荣。

旅客是不花钱的活广告，又是其它工业产品的直接购买者。旅游业的发展，特别是商务旅游业的发展，拓宽了销售渠道和信息传播渠道，有力地推动了其它工业产品的推销，并从中培养和加强了竞争意识，提高和培养了推销手段及服务质量，从而促进了商品经济的发展和市场繁荣。在当今产品处于买方市场的情况下，旅游业的这种作用更显得重要。

（四）增加了就业机会，解决了社会问题。

就整体而言，旅游业劳动力的密集化不但高于工业企业，也高于一般服务行业，它是一种以提供劳务为特征的大就业容量的生产力类型，1987年，西安地区旅游系统直接为旅游服务的就业人员达22337人，间接为旅游服务的就业人数则更多。旅游业的发展使就业人数大大增加，就业面迅速扩大，就业这个社会问题在发展旅游业中可以找到一条出路。

（五）改善投资环境，为促进引进外资和技术经济

合作，提高西安地区开放档次创造有利条件。

旅游业发展，使西安地区的城市基础设施、各类供应以及人员素质等投资环境得到进一步改善，外商的投资兴趣大大增加。至1987年，外商直接投资达110项，协议金额达10.34亿美元，西安地区实际吸收引进外资1.42亿美元（不包括中央企业）。技术经济方面的合作得到进一步加强。同时打破了闭塞局面，促进了对外宣传，提高了西安的知名度，加快了精神文明建设步伐。

当然，还应看到发展旅游业，会带来许多不利的影响和作用，随着旅游业规模的扩大，这些不利影响和作用也愈来愈严重。诸如对城市自然生态环境以及旅游资源的污染和破坏、诱发城市物价上涨、加重城市供应负担、居民生活受到干扰、道德观念和价值观念发生某些不良变化等等。这就需要对旅游业实行正确引导，将其发展纳入整个地区社会经济文化的总体发展战略之中，采取得力措施，有效地减弱旅游业所产生的消极影响。

浅谈孔子家乡旅游的对外宣传

子　木

孔子同山东的旅游业已经结下了不解之缘。他的名字正越来越多地出现在旅游宣传中；他的形象正随着旅游宣传周游列国，走向世界。今年是孔子诞生2540周年，围绕着一系列纪念活动和学术活动，旅游部门推出形形色色的孔子家乡旅游项目，展开了大规模的宣传。在宣传中，大家碰到的一个突出问题是如何宣传孔子。我想就此谈几点粗浅的看法。

第一点，应将“让孔子为发展旅游业服务”作为指导思想。

我们为什么要在发展现代旅游业时请出孔夫子来帮忙而没有请出其他人呢？因为，孔子创立的儒学和儒家思想统治和影响了中国社会两千多年，其作为中国历史上伟大的思想家和教育家的地位和影响是无可争辩的；在国际上繁若星辰的历史名人中，他也是公认的少数几位先哲之一，有着很大的影响；在山东国际旅游业的一些主要客源国家中，他还得到许多人的尊崇；作为孔子的故乡，山东还保留有大量有关他的珍贵文物和名胜古迹。仅这几点，孔子也就足以成为重要的人文旅游资源。现代旅游业，其文化属性日益增强。越来越多的人抱着增长见识、学习知识的目的而成为旅游者。旅游业已经成为中外文化交流的重要桥梁。一个外国人，要想在有限的时间内比较完整全面地了解东方古老文明、中国的传统文化和现代中国及中国人的风貌，最好的选择之一就是到孔子的家乡——山东来。基于此，山东省旅游部门一开始就把孔子在旅游业中的作用放在重要位置，提出开发鲁中“一山（泰山）、一水（济南泉水）、一圣人（孔子）”旅游资源的战略。近十年的实践证明，这一战略是正确的，孔子在发展山东旅游业中确实发挥了重要作用，山东旅游业的形象已经有孔夫子站立其中了。

在旅游业对外宣传孔子时，坚持“让孔子为发展旅游业服务”的指导思想，要注意以下几点：一是在对孔子及其学说的评价上，只采用人们比较一致的定论，或客观介绍其生平业绩、理论体系等，而不必陷入学术争论中去打笔墨官司，因此也就不必担心被划为这派或那派，也不必无限期地等待学术界争出个青红皂白后再去宣传。二是在宣传内容上可根据海外游客的心理和口味有所取舍，不必斤斤计较于字里行间，担心这不全面，那不系统。三是宣传形式要生动活泼，采用宣传对象喜闻乐见的形式，而不必拘泥于一些清规戒律，担心这样做不伦不类，那样做亵渎了圣贤。当然，以“让孔子为发展旅游业服务”为指导思想，并不是说只要能招徕游客，就可以随心所欲地去宣传。因为我们发展的旅游业是具有中国特色的旅游业。我们所开发的旅游项目和旅游活动，都是有利于发扬中华民族的优秀文化传统和社会主义精神文明建设，有利于广大旅游者的身心健康和求知欲的满足，有利于中外人民之间的相互了解和各方面交流的不断发展。况且，情趣高雅，文明健康，正是山东开发孔子旅游的一个突出特点。

第二点，宣传孔子应有科学的态度。

所谓科学的态度，就是辩证唯物主义和历史唯物主义的态度，实事求是的态度。这些年，我了解了一些外国朋友和海外旅游者，他们心目中孔子的形象以及对孔子及其学说了解的程度，可以说千差万别。如果简单地按“尊孔”或是“反孔”来划分就太不科学了，按照这种划分去开展宣传，肯定不会收到好的效果。所以，我们在宣传孔子形象时应注意以下几点：

孔子是人不是神。二千年封建社会对孔子的尊崇将其神化，这种神化的痕迹在现存的文物古迹、历史典籍中随处可见。在旅游宣传中，稍不注意就可能陷于神化宣传的泥沼。其实，孔子是一位有血有肉的学者，他有七情六欲，他虽然学识渊博，聪明睿智过人，但他不能未卜先知。我们可以为有这样一位伟大的先人而自豪，去讴歌他、赞扬他，但不能神化他。我见到一些外国游客将“寿星图”、“财神爷”误作孔夫子，就说明这种神化已殃及海外。因此，在旅游宣传中，对孔子应多一点人情味，多一点古代哲人的形象。

儒学是一种学说，不是一种宗教教条。儒学是孔子创立的一种学说，在中国漫长的历史中不断地得到了儒家学者们的补充、开发和解释。因此说，儒学是中国历代儒生共同智慧的结晶和集大成。尽管儒学在中国历史上曾经显赫过，被推崇到统治地位，独占过鳌头，却从来没有成为宗教。孔子的著述被视为“经典”、“经书”，但从未被当作佛教或道教的经文一样看待。在旅游宣传中，不妨将孔子同耶稣、穆罕默德、释迦牟尼等作比较，但对他们之间的区别应当有个根本认识。随之而来的是曲阜同耶路撒冷的不同，前者是历史文化名城，而后者只不过是一座圣城。如果旅游宣传中将曲阜说成圣城，把到曲阜去旅游说成朝圣，那肯定会大大降低孔子家乡旅游的影响，效果是不会好的。我认为，旅游宣传中应体现出，儒学是在中国历史上有着重大影响的一种学说，同其它诸子百家的学说一样，是先人留给我们的珍贵历史文化遗产，也是全人类的共同财富。至于广大旅游者用何种态度来对待这份遗产，那只有仁者见仁、智者见智了，我们旅游宣传不必去干预它。

既要尊重历史，又要大胆创新。孔子作为历史人物，必然有其历史局限性，不能割断历史，不能苛求古人。既不能全盘否定，也不能全盘接受。我个人认为，海外游客或潜在客源对孔子及其学说的了解，除少数专家学者外，还是不多的。他们对孔子家乡旅游活动产生兴趣的原因，不单是要了解孔子，而是同了解中国文化的需要联系在一起的。因此，在旅游宣传中应把孔子放进中国文化这个大的背景中，放进历史的长河中，作客观的、能为绝大多数游客所接受的介绍和展示，这就是尊重历史。同时，还应看到，旅游宣传并不是博物馆、陈列室，在开发宣传孔子旅游项目时，允许从实际出发，有所创新，有所舍弃，有所改进。例如祭孔古乐舞的整理和表演、孔府宴、仿古马车等，如果完全照搬照抄历史，不仅不可能，就是能做到也会索然无味，行不通。我觉得，曲阜阙里宾舍的设计思想和建筑艺术，就是既尊重历史，又善于改革创新的典范，值得我们在旅游宣传中学习和效法。

第三点，让孔子为山东的旅游业发挥更大的作用。

这些年来，山东在开发、宣传孔子家乡旅游方面的成就是有目共睹的，那些孔子家乡旅游项目的设计者、开发者们是令人钦佩的。但我认为，利用孔子发展山东旅游业中的潜力和作用还远远没有被充分挖掘和发挥出来。今后，应当进一步解放思想，把孔子家乡旅游项目的开发和对外宣传结合好，把孔子家乡旅游提高到一个新水平。对孔子家乡旅游的对外宣传有几点建议，不顾浅陋，一并提出：

宣传重点应当放在新加坡、日本、南朝鲜等孔子影响最大的国家和香港、台湾地区。华人和华侨比较多的国家和地区也应受到重视，兼顾全世界。宣传的重点对象应当瞄准上述国家和地区的广大阶层，因为这是山东旅游业今后的潜在客源。

努力提高孔子家乡旅游的文化性。从我省现有的孔子家乡旅游项目看，绝大多数文化性都很强。今后，除了对现有项目的文化层次应继续提高外，在设计和开发新项目时应充分注意其文化性。当然，我们不能要求旅游活动者也达到专家学者或专业文艺工作者的水平，但要进一步同他们保持密切联系和合作，注意吸取他们的意见和建议，及时把他们的意见和建议贯彻于旅游项目的开发中。有些学术活动、文化活动本身就可以发展成为旅游项目，并且都是对外宣传的良好机会。事实已经证明，孔子家乡旅游活动的发展促进了文化、学术活动的繁荣，文化、学术活动的发展又能大大提高旅游活动的层次。

建立起一支对外宣传骨干队伍。这支队伍应包括国内外研究孔子、儒学、中国历史、文化等方面的专家、学者，旅游宣传界人士，大众传播和文化艺术界知名人士以及孔子后裔。主要是同他们保持较为密切的联系，不断给他们提供有关孔子家乡旅游的情况和资料，请他们亲自参加有关活动。这些人士的影响比较大，通过他们来宣传、介绍孔子家乡旅游，肯定会有比较好的效果。他们还可以运用其学识为孔子家乡旅游提出一些有价值的意见和建议。至于这些人士对孔子及其学说的评价各不相同，这是自然的，这并不妨碍“让孔子为发展旅游业出力”的要求。

总之，孔子家乡旅游的对外宣传是一项很严肃、很重要的工作，也是对外文化交流的组成部分，需旅游、宣传、文化艺术等各有关部门和学术界的共同努力才能做好。其中，既需要有高超的见解和精心的设计，又需要做大量扎扎实实的基础工作。让我们齐心协力来让孔夫子的形象为发展山东旅游业、为中华民族的振兴和现代化，作出更大的贡献。

·文章选登·

让世界了解和向往中国旅游

——旅游宣传工作10年综述

李海瑞

1985年，旅游宣传管理部门邀请北京一家大饭店参加国际旅游交易会，答复是：我们10年内不愁客源，不需要宣传。时隔两年，到1987年，这家饭店主动找上门要求参加出展。

这一戏剧性的变化反映了主管旅游企业的人，对于宣传的认识上的转变。

10年前，中国的大门忽地向全世界敞开了，世界各地的旅游者们争先恐后地到中国来，想一睹这个神秘的东方古国的真面目。这就给人以假象：似乎无需宣传，游客可以不招自来。尤其是一些热点城市，更是“皇帝女儿不愁嫁”。殊不知，这种神秘感也是宣传的效果，只不过这不是自己宣传，而是别人替我们宣传而已。

意大利旅游局长莫雷蒂先生说：“我们积100多年经营旅游业之经验，深知宣传工作是带动旅游业前进的火车头。”我们不少同志对于“火车头”的认同，大约花了六七年的时间。在神秘感逐渐淡化以至消失，中国在国际旅游市场的供求关系随之变化之后，宣传工作才开始受到大多数人的重视。

70年代末，我全方位的国际旅游业刚起步时，宣传手段只有导游图、简介、明信片“老三件”。有些地方连这“老三件”也不全，甚至没有。10年来，在宣传经费十分菲薄的情况下，艰难举步，奋力搏进。宣传手段由少到多，自小到大。从印刷品逐渐扩展到电影、录像、展览、公关、开辟驻外窗口、借助大众传播媒介、外出宣传推销等。

至1988年，全国全年制作的印刷品上百种、数百万册，发往国外150吨。1982年起组织摄制旅游电影和录像，至今已有100多部旅游片，近3万拷贝（盒）的影片（录像）在国外流通使用；在国际旅游电影节上，先后有19部中国旅游片获奖，其中4部获金奖。1981年我国第一次举办旅游展览时是从画报上剪下图片展出的。现已综合运用彩照、灯箱、录像、幻灯、实物、模型等多种手段，每年参加各类国际旅游博览会、交易会20多次，具有浓郁的中国风格的展台，在国外先后三次获最佳展台奖或金奖。每年邀请主要客源国家和地区的旅游报刊、电视台的记者、摄影师、节目主持人来华采访逾百人次。驻外办事机构从无到有，先后开设了东京、纽约、洛杉矶、伦敦、巴黎、法兰克福、悉尼七处。

创业的艰辛换来经验的积累。在自身经验的基础上，继承我宣传工作老传统中仍具有生命力的精华部分，参照国外已被证明为行之有效的一些做法，这三者的融合，构成了一套有中国特色的旅游宣传方针、原则的指导思想。现在我国已明确了旅游宣传的范围、对象、目的、任务、内容、手段和基本观念。对于旅游摄影的创作，旅游影像的摄制，以及旅游展览、邀请记者、出版宣传品等工作的组织实施等，我们也都有了一定的章法。

国际旅游市场的竞争焦点是争夺客源。宣传招徕方面的竞争首当其冲。因此，对于市场的调查是旅游宣传工作的起点。几年来通过市场调研，我们已逐步明确了我们的主要客源市场，以及各个市场的客源目标层；已研究了各类客源层的旅游动机、消费心理、审美趣味、传统观念、欣赏习惯和逻辑思维方法。在此基础上我们制订了宣传策略和计划，并按“唯我独有，有的放矢，实事求是，常变常新”的原则，来研究和确定宣传内容和宣传的方式方法。

与此同时，我们还密切注视我周围国家和地区中的竞争对手们的宣传招徕动向，研究他们在宣传推销方面的新招数，制定和采取对策。

瞬息万变的国际旅游市场对宣传工作不断提出新的要求。为了增强吸引力和竞争力，旅游宣传不仅要顺应不断变化着的市场需求，而且要探索和依据市场的潜在趋向，创造新的需求。近年来市场需求更趋多样化，弹性更大，旅游宣传也随之朝多元化、多层次的方向拓展。

宣传意识、市场观念的形成和强化，推动地方旅游局、旅行社、饭店等投入对外宣传招徕的浪潮。旅游企业的积极参与使宣传与推销、形象性宣传和推销性宣传更好地结合起来。

然而，地方、企业单枪匹马地外出宣传推销收效甚微，旅游产品的综合性决定着宣传推销必须走联合的道路。西北五省率先采取联合行动，联合出旅游宣传小册子，联合拍摄电影录像，联合邀请记者，联合出国参展和推销。随后各地旅游局、各企业按旅游产品的组合构成，也先后开始跨省、跨地区携手联合。

对外旅游宣传任务繁杂，涉及面广，仅靠旅游系统本身的力量是不够的。这些年来，各地旅游部门联合和依靠新闻、出版、电影、电视、文化、文物、宗教、园林等部门，与他们团结协作，密切配合，共同完成了各项宣传任务。

市场竞争的加剧和国际旅游者对于多国旅游产品的需求的增加，促使各国联合起来，以统一的形象进行国际旅游招徕。许多国家实行了区域性国与国之间的旅游业联合与合作。我和邻国新加坡于1986年也结成了既竞争又联合的新关系，两国联合出小册子和拍摄旅游片，共赴第三国宣传推销联合产品等。

10年来，在繁重的旅游宣传工作实践中，培养和锤炼了一支政治坚定，作风正派，事业心强，能吃苦耐劳，头脑灵活，知识面宽，包容了各种专业人才的宣传干部队伍。正是这支常年在国内外宣传工作第一线上不断拼搏的队伍，以自己的工作实绩，赢得了中宣部对外宣传局前局长高梁同志的赞誉："旅游宣传工作是整个对外宣传工作中最活跃、最有生气和最有成效的一部分。"

过去的10年是旅游宣传工作的开创期，收获与失误并存。回顾自身历程似觉进展显著，若与他国相比则差距甚大。由于经费和其它原因的局限，一些重要的宣传领域（如广告等）尚未涉足。我国在国际旅游市场的影响还是微弱的。旅游宣传天地广阔，今后的10年将出现新的局面。

为旅游系统做好后勤服务

——中国旅游服务公司成立十周年回顾与展望

黄正元

在党的改革、开放方针的指引下，伴随着我国旅游事业的兴起和发展，作为中国旅游事业的后勤保证系统，中国旅游服务公司经历了从无到有，从小到大蓬勃发展的历程，取得了显著成绩。

中国旅游服务公司创建初期，只有十几个人，注册资本仅150万元，在暂时没建立起正常的产、供、销渠道和人员不足的困难条件下，边筹建边开展业务，为旅游部门提供了一些急需的旅游物资设备，但是数量很少，年营业额仅几百万元，远远满足不了旅游系统的需要。1984年中国旅游服务公司开始实行独立核算、自负盈亏的企业化管理，在国家旅游局的大力支持下，旅游服务公司制定了适合公司特点的发展战略，即：第一，紧紧依托旅游业来开展自己的业务，始终遵循为旅游业提供后勤服务的宗旨；第二，加强扩大与国内外旅游产品生产厂商的业务联系与合作，疏通货源渠道；第三，在各地建立分公司，实现供销渠道网络化；第四，积极开发实业，走旅、工、商、贸相结合的综合发展道路，增强企业自我发展能力。从此，中国旅游服务公司逐步走上蓬勃发展的道路，十年来，先后与国内外五百多家旅游产品生产厂商建立起业务联系，与全国近千家旅游饭店、旅游汽车公司建立了长期的商品供销关系，经营的商品品种从几十种发展到上万种，年营业额从几百万元增加到1.7亿元，实现利税累计达5000多万元，与外商签定的旅游商品贸易额达1.6亿美元，累计创汇6000多万美元。

经过十年发展，中国旅游服务公司还在全国29个省、自治区、直辖市和部分计划单列市设立了35个地方公司，从业人员5000余人，在全国50多个出入境口岸开办了免税商店，已经基本建立起了网络化的旅游商品物资供销渠道。由于中国旅游服务公司多年来始终坚持一业为主，多种经营的方针，注重发展实业，目前，全国旅游服务公司系统已经建立起服务和生产型的企业数十个，包括：旅行社、旅游车船队、旅游饭店、工厂、商店、餐馆、舞厅、汽车修理厂、海滨浴场、旅游清洁公司等等，初步发展成为旅、工、商、贸、服务相结合的多元化的社会主义企业集团。中国旅游服务公司的注册资本已从创建初期的150万元增加到1400万元，全国旅游服务公司系统的总资产已超过亿元。

改革开放十年来，我国旅游业取得了举世瞩目的成就。在旅游业的现代化发展进程中，中国旅游服务公司发挥了一定的作用。

为旅游宾馆、饭店组织提供了大量的国产物资和用品，促进了旅游产品的国产化。

全国1000多家旅游宾馆、饭店每年要消耗大量物资用品，包括：小到客房使用的淋浴帽、浴液、小香皂、牙膏、牙刷、拖鞋、针棉织品、床上用品、装饰品、食品饮料，大到客房家具、卫生洁具、厨房设备、装修材料等近万个品种，而且对质量款式要求很高。这些物资过去没有专门的机构负责组织和供应。饭店宾馆盲目采购，不仅质量、款式不符合要求，而且数量也难以保障，经常断档，许多饭店不得不到国外采购，赚回来的外汇又都花了出去。中国旅游服务公司成立以后，利用全国各地公司网络化的优势，扶持了一批旅游产品生产厂家，定点组织生产。自1980年以来，中国旅游服务公司每年举办一次全国性的旅游产品订货会，全国数百家旅游产品生产厂家和部分外商，与近千家旅游饭店、宾馆的代表到会，产需直接见面，当场订货，不仅满足了宾馆饭店的需求，而且促进了旅游产品的国产化，沟通了供需双方的信息交流，提高了国产旅游产品的竞争力。

引进先进的旅游专用设备，加速了旅游设施的现代化进程。

为了改变我国旅游基础设施的落后状况，自1980年以来，中国旅游服务公司经国家批准，为全国旅游系统的宾馆、饭店进口了一部分机电设备，包括国内在质量、性能等方面尚不过关的空调器、制冰机、清洁机构、客房用彩电、小冰箱、音响、照明设备及厨房机械等等。据统计，全国旅游系统半数以上的饭店客房中的彩电、冰箱是由中国旅游服务公司提供的。

积极为旅游部门提供各种国产和进口旅游汽车，缓解了旅游汽车不足的矛盾。

十年前，我国基本上没有旅游汽车行业，接待旅游外宾靠的是少量破旧的城市出租汽车，甚至使用公共汽车，不仅条件差，而且经常找不到车，旅游者反应强烈，曾一度成为影响我国旅游业发展的卡脖子问题。中国旅游服务公司成立后，担负起为旅游系统组织提供旅游汽车的任务。十年来，旅游服务公司通过进口和国内生产等多种方式组织车源，先后为全国旅游系统提供了2万多辆各种类型的旅游汽车。目前，全国有70多家旅游汽车公司的车辆是由中国旅游服务公司提供的。这些汽车公司都已经成为旅游汽车行业中的骨干企业，在旅游系统中发挥着积极的作用。

大力发展免税品业务，提高旅游商品创汇水平。

中国旅游服务公司成立不久，便大胆吸收采纳国外先进的经营方式，在中国创办了免税的业务，向来华旅游外宾提供免税商品，为我国开创了一条新的创汇渠道。随着我国旅游业的发展，免税业也日益受到重视和发展。1984年国务院批准成立中国免税品公司，在中国旅游服务公司领导下进行工作，并授权免税品公司对全国免税业务进行统一对外谈判，统一制定销售价格，统一组织定货，统一制定规章制度。由于国家一开始就把免税业作为一种特殊行业纳入专营轨道，因此几年来免税业得到了健康、迅速的发展，取得了显著效益。到目前为止，全国由中国免税品公司经营和管理的免税店已达56家，分布在全国各个出入境口岸，经营销售十几个大类上千种世界名牌产品。几年来，免税品的供货额达1亿多美元，为国家创汇数千万美元。除此之外，中国免税品公司已经与国际免税品组织建立起合作关系，积极参与国际免税品组织的各项活动，在国际上宣传我国免税业的发展成就，学习国外免税品业务的经营管理经验。1988年初，国际免税品组织邀请中国免税品公司的代表以评委身份出席在伦敦举办的国际免税品奥斯卡奖评奖活动，表明中国免税品公司在国际免税业中具有良好的信誉和影响。

为旅游部门提供各种技术和劳务服务，发挥拾遗补缺的作用。

中国旅游服务公司成立十年来，先后举办了汽车、空调、清洁机械、电器维修以及免税、外贸等各种类型的业务技术培训班近百次，为全国旅游系统培训了近千名业务技术人员。近几年来，中国旅游服务公司还为一些宾馆、饭店进行了装修或改造。北京回龙观饭店舞厅就是由中国旅游服务公司装修的，深受中外游客的称赞。1987年，经国家旅游局批准，在中国旅游服务公司属下成立了中国旅游清洁公司，专门为旅游宾馆、饭店提供清洁地毯、大理石地面、饭店内外墙壁、厨房、卫生间除尘、除垢、除味、除虫等劳务服务。

回顾过去，中国旅游服务公司已经迈出了可喜的一步。它不仅为旅游业的发展作出了积极的贡献，而且探索出了一条符合旅游行业需要的后勤物资供应的路子，为今后进一步发展业务奠定了基础。展望未来，中国旅游服务公司仍然面临着十分艰巨的任务。总的来说，我国旅游商品物资供应工作还比较落后。尤其是旅游用品、旅游专用设备、旅游汽车等的生产水平比较低，不能满足旅游部门的需求，一些宾馆、饭店、汽车公司不得不花外汇去进口旅游专用的设备、物资和汽车；其次，我国旅游工艺纪念品等旅游商品的生产水平不高，款式落后，多年来，其创汇水平始终徘徊在旅游业总创汇收入的35%左右，离国务院旅游发展规划要求的40%—50%的比例尚有很大差距，如果这个问题不认真解决，未来十年，我国旅游创汇达80—100亿美元的规划很可能落空；第三，旅游系统需要的物资商品始终未被纳入国家计划供应渠道，旅游系统的物资供应时常是“饥一顿，饱一顿”，没有保障。加上最近北京发生的反革命暴乱，旅游业出现了空前的大滑坡，使旅游商品物资供应工作面临着更加严峻的困难。但我们应该看到，在面临困难的同时，也存在着发展的机遇。经过整顿和调整，我国的产业结构将日趋合理，供需矛盾将逐步缓解，旅游商品物资的产、供、销工作将被纳入正常的轨道。

旅游期刊是旅游宣传战线上的方面军

潘　超

国内的旅游期刊，都是在中国共产党第十一届三中全会以后问世的。到目前已有13家。他们是：《旅游》（北京）、《旅游天地》（上海）、《西南旅游》（四川、贵州、云南）、《旅潮》（广东）、《黄山》（安徽）、《山东旅游》（山东）、《旅游纵横》（山西）、《旅游文苑》（天津）、《旅游博览》（陕西）、《旅游生活》（安徽）、《潮汕旅游》（福建）、《旅游学刊》（北京）、《旅游调研》（北京）。

宣传了祖国的壮丽山河 展示出各自的地方风景

这些旅游期刊创刊以来，始终坚持正确的办刊方向，努力把期刊办出特色来。第一个也是最大的特色，就是用爱国主义的基调，大力宣传了祖国的锦绣江山、名胜古迹和丰富多彩的民族风情，以及我国旅游事业的方针、政策，取得的成就和发展的现状。这对在人民群众中进行爱国主义教育，加强精神文明建设，繁荣中华旅游文学，都起了积极的作用，作出了一定的贡献。其中，《旅潮》和《山东旅游》分别得到所在省新闻出版局的表扬；《西南旅游》、《黄山》、《旅游博览》也分别得到省市领导机关的表扬或肯定；《旅游》被批准由双月刊改为月刊；《旅游天地》被评为上海的“优秀刊物”。这些事实表明了：旅游期刊已经成为一支日益发展壮大的宣传队伍，成为我国旅游宣传战线上的重要方面军。

这些旅游期刊的另一个特色，就是“立足本地，面向全国，综观世界”。大家都注意立足本地，力争比较鲜明地反映地方特色。同时不忘从世界的高度与广度着眼，面向国内广大读者，办出具有中国特点、群众喜闻乐见的刊物。例如，《旅游》带着改革开放新潮的光彩；《西南旅游》有着浓郁的地方和民族情趣；《旅游博览》展现出中华古老艺术的画卷；《旅游天地》融汇着中外古今；《旅游纵横》、《黄山》、《山东旅游》、《旅游文苑》、《旅游生活》、《潮汕旅游》也都有着自己的独特风姿。因此，尽管期刊家数不断增加，但各领风骚，并无雷同之弊，反而交织出一幅反映中华锦绣山河、多彩民族风情的巨幅画卷！

这些旅游期刊的第三个特色，是在坚持四项基本原则的前提下，力求思想性、知识性、实用性、趣味性和艺术性的统一。结合各自刊物的特点，进行了爱国主义和社会主义的宣传，激发广大读者的民族自尊心和民族气节，鼓励树立远大的理想和高尚的情操，加强爱护祖国文化遗产和自然景观以及自觉遵守社会公德和秩序的教育，对旅游从业人员倡导树立高度的事业心、自信心和责任心。尽管刊物上还有不够完善、不够有力、甚至不妥之处，但依然赢得日益增多的读者，发行量画出增长的箭头轨迹。

召开了首次全国旅游期刊座谈会 确定了联合举办“神州旅游杯”征文

国家旅游局1987年在兰州召开的全国旅游报刊工作座谈会上议定：今后，旅游报刊和旅游期刊应分别召开会议，以便对口地研讨问题和交流经验。1989年9月在贵阳市召开的有史以来的首次全国旅游期刊工作座谈会就是在这个背景下举行的。《旅游》、《旅游天地》、《西南旅游》、《旅潮》、《黄山》、《山东旅游》、《旅游纵横》、《旅游博览》、《旅游文苑》等九家杂志和贵州省旅游局的代表参加了会议。《旅游》杂志社事前经由各兄弟单位推举牵头组织了本次会议，并受国家旅游局委托主持了这次座谈会。国家旅游局派原宣传司副司长沈受君同志为代表，在会上介绍了国际旅游业的现状和我国旅游业的形势，并提出了今后办好旅游期刊的意见。贵州省人民政府副秘书长、省旅游局局长龚成华同志在讲话中赞扬大家办好期刊为旅游事业服务的创业精神，同时还介绍了贵州丰富的旅游资源，引起与会人员的极大兴趣。

座谈会的中心议题是：如何坚持四项基本原则，加强精神文明建设，以进一步提高旅游期刊的质量。大家围绕着“团结协作，努力把旅游期刊办成弘扬中华文化、增强人民群众爱国主义思想和高尚情操的粮仓”的论题，充分交流了在开掘选题、组织编辑、出版发行、横向联系与合作等方面的经验。

为了把旅游期刊办得更具吸引力，发挥更大的影响，各家期刊的代表一致认为：有必要加强各旅游期刊间的团结协作。他们商定：

1、通过沟通信息，交流选题计划、互荐稿件、交换刊物等方式，加强经常性的联系和协作。

2、每一两年召开一次旅游期刊工作座谈会或研讨会。与会代表对《旅游》杂志社牵头组织的本次会议的工作表示满意。代表们还一致推选《西南旅游》杂志筹组下届会议，《旅游》杂志社协办。

3、会议议定：为进一步提高刊物的质量，调动各方面的积极性，关心和支持旅游期刊，有效地弘扬中华文化，促进精神文明建设和旅游事业的发展，以全国旅游期刊的名义在1990年联合举办“神州旅游杯”征文活动。

中國旅游業

1989 年旅游工作概况

李 俊

1989年是我国旅游业发展史上非常特殊的一年。

年初，旅游接待人数呈稳步发展势头。头四个月来华旅游的外国人人数达58.6万人，比前一年同期增长10.2%。面对良好的机遇，国家旅游局一面在抓紧饭店星级评定、导游员资格考试、对旅行社和旅游队伍的教育整顿工作；一面提出了综合治理，整顿队伍，组织旅游生产力向纵深发展这几项任务。从四月下旬开始，北京及其它一些城市发生了学潮和动乱，使正常的旅游秩序受到了严重干扰，发展到反革命暴乱的时候，旅游秩序急剧恶化，旅行社组织正常旅游的活动相当困难。旅游形势急转直下，5月份接待的外国旅游者与上一年同期相比呈负增长（－2.9%），6月份有组织接待人数比上年同期减少64.6%，其中旅游部门直接接待人数减少84.5%。形势如此严峻，这是我们始料未及的。

在出现空前未有的滑坡的形势下，为了尽快恢复旅游，国家旅游局在各级领导和各个方面的大力支持下，整个旅游系统迅速达成共识："艰苦奋斗，共度难关"。党中央、国务院非常关心旅游的形势，国务院旅游事业委员会几次召开会议听取国家旅游局的汇报，及时指示工作；民航、财税等有关部门及时配合，一起做工作；各地党委、政府高度重视旅游的复苏工作，组织了一系列的促销活动。6月14日、6月28日国家旅游局两次发出可以来华正常旅游的公告；制定了扭转旅游滑坡的六项措施和开展宣传招徕的十条办法；7月25日国家旅游局又在西安召开了重振旅游座谈会；派出促销小组到日本、美国、西欧、东南亚调查旅游市场进行展销洽谈；邀请了许多外国记者、友好人士、旅游界知名人士及旅游批发商来华访问；通过他们做工作，恢复形象、影响游客。据统计，全国向海外发布文字消息约达725次；邀请了26个国家和地区的2104个客商来访，接待了13个国家和地区的57批483名记者来访，在国内举办了17次招徕活动。这些活动有的取得了直接的显著效果，有的为恢复旅游市场渠道开了好头。在整顿工作方面，国家旅游局坚持了原定的工作部署，在饭店评出了135家星级饭店，为我国旅游饭店向国际化、标准化方面迈进了一大步；对旅行社的导游人员进行了资格考试，共有一万八千多人应考，并分别与所在企业签订了合同，实行了带证上岗制度；11月20日国家旅游局又在苏州召开了"整顿旅游队伍现场会"，江苏、山东、苏州、西安市分别介绍了他们在进行正面教育、重点培训、制度建设和解决回扣案件等各个方面的经验，并组织发挥审计工作的作用，使行业不正之风开始收敛。

由于旅游战线全体职工的共同努力，随着国内政局的稳定，1989年实际完成入境总人数2450万，其中外国人146万，有组织接待人数324万，外汇收入18.1亿美元，大体相当于1988年的八成。国内旅游达2.4亿人次，回笼货币150亿元，也相当于1988年的八成，事实已经表明，我国旅游业经受住了大波大折的考验，这是值得欣慰的。

1989 年中国国际旅游业

孙　钢等

1989年，受春夏之交发生的动乱和反革命暴乱的影响，我国旅游业出现了十年蓬勃发展的首次大滑坡。在突发的严峻形势和困难面前，旅游行业的广大干部职工，在党中央、国务院的正确领导下，在有关部门、有关地方的积极支持和配合下，千方百计，克服困难，重振旅游，使我国旅游业逐渐走出了低谷。全年来华旅游入境总人数2450.14万人，比上年下降22.7%；全国有组织接待旅游人数322.82万人，比上年下降25.8%；旅游外汇总收入18.60亿美元（按国家统计局年报数），比上年下降17.2%，大大超过了去年六、七月份海内外各方面人士的预想。这一年里，我国旅游行业的治理整顿和加强行业管理等方面的工作也取得了明显的进展。

（一）旅游客源市场

1989年，我国旅游客源总的运行轨迹是先升后降，大波大折，增长的波峰与下降的波谷遥遥相对，并具有一个显著的特点，即从客源市场的内部构成看，欧美日游客、港澳同胞的大幅度下降与苏联游客、台湾同胞的高速增长形成了相反的两极。

1.来华旅游入境人数

1989年，来华旅游入境总人数2450.14万人，比上年下降22.7%。其中：外国人146.10万人，下降20.7%；华侨6.86万人，下降13.6%；港澳同胞2243.08万人，下降23.5%；台湾同胞54.10万人，增长23.6%。全年情况大致可分为前五个月和后七个月两个阶段：

前五个月属常规发展，外国游客累计74.77万人，比上年同期增长7.1%；华侨2.51万人，下降31.6%；港澳同胞1024.61万人，下降12.8%；台湾同胞28.4万人，增长129%。后七个月，由于受暴乱影响，外国游客累计为71.33万人，比上年同期下降37.6%；华侨4.35万人，增长1.9%；港澳同胞1218.47万人，下降30.7%；台湾同胞25.7万人，下降18.1%。港澳市场的下降幅度比外国市场要小。后七个月同前五个月相比，港澳市场的相对下降幅度为18个百分点，而外国市场的相对下降幅度则达45个百分点；外国游客增长速度最高的二月份同下降幅度最大的六月份相比，极差达74个百分

表1　1989年11个主要客源国来华旅游人数

	人数		占外国游客总数比重（%）	
	本年（万人）	比上年增减（%）	本年比重（%）	比上年增减（%）
外国游客总数	146.10	－20.7	100.0	0.0
其中：日本	35.88	－39.4	24.6	－7.5
美国	21.5	－28.6	14.7	－1.6
苏联	8.13	133.6	5.6	3.7
菲律宾	7.34	2.7	5.0	1.1
英国	7.22	－25.2	4.9	－0.3
新加坡	5.79	－11.5	4.0	0.4
泰国	5.49	－16.6	3.8	0.2
法国	5.19	－17.9	3.6	－0.2
澳大利亚	4.87	－20.2	3.3	0.0
西德	4.71	－31.8	3.2	－0.5
加拿大	4.6	－27.4	3.1	－0.3

表2　1989年各月台胞来大陆旅游入境人数　　单位：万人

月　份	当　月	年初至本月累计	月　份	当　月	年初至本月累计
一　月	2.2	2.2	七月	3.4	33.5
二　月	2.9	5.1	八月	3.8	37.3
三　月	7.2	12.3	九月	5.4	42.7
四　月	9.0	21.3	十月	5.0	47.7
五　月	7.1	28.4	十一月	3.4	51.1
六　月	1.7	30.1	十二月	3.0	54.1

点。需要指出的是，外国游客中商务旅游者的下降幅度要比观光旅游者的下降幅度小得多。从外国游客的职业构成看，属于商人、企业界的，全年下降幅度为13.5%，比外国游客总的下降幅度（20.7%）低7.2个百分点。因而使得发生暴乱的六月份，外国游客仍达到了上年同期的46.8%。（1989年各月来华旅游入境情况详见统计资料部分各表）。

2.主要客源国情况

1989年，四分之三的外国游客来自十一个主要客源国，东南亚诸国的市场份额加大。这一年里，我国共接待了世界上169个国家和地区的外国旅游者146.1万人。其中日本、美国、苏联、菲律宾、英国、新加坡、泰国、法国、澳大利亚、西德、加拿大位居前十一名，来华游客总量合计为110.72万人（详见表1），占我国接待的外国游客总数的75.8%（1986—1988年，这一比重分别为82.3%、81.5%、80.4%）。这十一个主要客源国总的情况是：东南亚的菲律宾、泰国、新加坡人数下降幅度较小、回升较快，三国来华旅游人数共计18.62万人，占外国游客总数的12.8%，比1988年上升1.7个百分点；日、美、英、西德、加拿大等五国来华旅游人数下降25%以上；澳大利亚来华旅游人数下降20%左右；苏联来华旅游人数增长1.3倍。

3.台胞成为我国接待海外旅游者中的最大客源（不计港澳）

1989年，我国共接待台胞54.1万人，比上年增长23.6%，超过我国最大的客源国日本来华旅游人数的50.8%，相当于外国游客总数（146.10万人）的37%（台胞来大陆探亲旅游的情况见表2）。台胞市场的崛起，对我国旅游业今后一段时期的客源市场结构、旅游产业结构及区域旅游发展结构均将产生重要影响。以福建为例，1989年台胞旅游者人数增长46%，已占当地外联总人数的60%左右。由于台胞激增，福建旅游业近两年来有了长足的发展。1989年全省旅游外汇收入达0.84亿美元，已跃升到全国第四位（仅次于广东、北京、上海）。台胞旅游者的增多，对于当地吸收台资、发展外向型经济、进一步搞好对外开放也有重要意义。

（二）旅游接待人数

1.全国有组织接待人数及旅游部门接待人数

1989年，全国有组织接待的来华旅游人数（指经过旅行社、旅游公司等旅游企业及政府部门、群众团体等

表3　1989年13座主要旅游城市接待人数、人天数

城市	人数（万人数）	比上年同期增减（%）	人天数（万人天）	比上年同期增减（%）
广州	122.98	—39.8	237.35	—32.0
深圳	85.45	—17.8	117.49	—13.0
上海	65.58	—28.4	280.40	—17.7
北京	64.52	—46.4	274.80	—45.2
桂林	28.21	38.6	57.7	39.9
杭州	24.85	—28.8	51.71	—29.0
珠海	24.46	—29.2	30.25	—22.7
西安	21.20	—20.2	41.23	—43.5
泉州	*20.34	1.0	*165.52	29.9
南京	17.24	—35.9	31.26	—31.6
苏州	15.96	—37.4	20.49	—37.5
汕头	14.01	—19.5	33.23	—25.3
厦门	13.85	—9.0	26.95	—5.3
小计	518.65	—	1317.75	—

*泉州数字中包括了在居民家中住宿的海外旅游者.

非旅游企事业单位组织接待的旅游者人数，包括旅游入境人数中的所有外国人、华侨，以及经过上述企事业组织接待的港澳台同胞）322.82万人，比上年下降25.8%。其中：旅游部门接待190.49万人，比上年下降38.2%；非旅游部门接待132.32万人，增长4.5%。

在旅游部门的接待人数中，中央一类旅行社外联和第一站散客人数共111.27万人，占旅游部门接待人数的58.4%（国旅总社13.78万人，比上年下降73.8%；中旅系统84.31万人，下降23.6%；青旅系统9.98万人，下降32.2%；地方外联和第一站散客人数（不包括中央一类旅行社地方分社外联人数）79.22万人，占旅游部门接待人数的41.6%。

2.主要城市接待情况

1989年，全国49座主要旅游城市接待海外旅游者人数累计609.71万人次（指城市旅游饭店接待的过夜海外旅游者人数，旅游者在几个城市过夜，统计几次），比上年下降33.3%；人天数累计1558.61万人天，比上年下降27.7%；在每个城市的人均逗留时间为2.56天，比上年增加0.23天。

49座城市中年接待量在10万人次以上的有13座，按接待人数排列依次为：1.广州；2.深圳；3.上海；4.北京；5.桂林；6.杭州；7.珠海；8.西安；9.泉州；10.南京；11.苏州；12.汕头；13.厦门。这13座城市，1989年累计接待518.65万人次、1317.75万人天，分别占49座城市接待总人次数、总人天数的85.1%和84.5%。（详见表3）

这13座主要旅游接待城市1989年共接待外国游客171.90万人次，占49座城市接待217.52万外国游客总人次数的76%。（详见表4）

3.地方外联招徕人数

1989年，全国30个省、自治区、直辖市、外联和第一站散客人数（包括中央一类旅行社地方分社外联人数，未包括口岸城市组织的一日游人数）105.09万人，其中：广东、北京、上海、福建、浙江、广西、陕西、江苏、黑龙江、山东居前十名，合计为99.07万人，占94.3%。广东省外联和第一站散客人数达71.28万人，占地方外联和第一站散客总人数的67.8%。（详见表5）

（三）旅游外汇收入

1.全国旅游外汇收入及构成

1989年，我国旅游外汇收入18.60亿美元，比上年下降17.2%。按收汇性质分，商品性收入6.30亿美元，下降29.5%，在外汇收入总量中占33.9%（其中：旅游商品销售收汇4.96亿美元，下降47.6%，占25.2%；饮

表4 1989年13座主要游旅城市接待的外国人（按国籍分）

城市	合计	其中										
		日本	菲律宾	新加坡	泰国	美国	加拿大	英国	法国	西德	苏联	澳大利亚
广州	264895	57259	3177	18595	10025	40992	10857	14695	18271	16013	648	10630
深圳	49104	14286	1367	2365	2015	8878	2446	3526	2830	946	150	823
上海	397696	179258	13248	7122	3281	50092	9725	11905	17994	20244	8359	5771
北京	460208	122276	4715	12740	4640	72598	12046	24033	20522	33315	9831	8679
桂林	131840	46999	189	1255	1001	21968	3592	7061	11931	11497	28	3805
杭州	66094	19804	1504	3080	2402	9533	2065	1591	3147	5075	296	2121
珠海	7090	3180	99	167	146	779	173	267	137	211	4	154
西安	137861	20783	144	1547	719	30549	3129	8484	15555	19494	197	3475
泉州	10593	1255	3453	3299	70	393	80	87	47	119	16	5
南京	54377	15476	412	2448	1731	8276	1633	2678	3278	4653	320	1449
苏州	59937	26095	59	524	215	6906	1566	2739	5344	3741	106	1049
汕头	46857	2404	79	8689	29148	1899	701	237	663	264	19	455
厦门	32474	4786	7291	9219	3979	2193	372	472	219	625	40	261

表5　1989年全国省、自治区、直辖市、外联和第一站散客人数

地　区	人数（人）	地　区	人数（人）
全国合计	1050888		
广　东	712773	海　南	5270
北　京	79699	湖　南	4278
上　海	53578	河　南	4238
福　建	45849	河　北	3256
浙　江	22226	江　西	2166
广　西	21527	安　徽	1747
陕　西	19028	湖　北	1585
江　苏	16308	新　疆	1561
黑龙江	10395	吉　林	976
山　东	9360	甘　肃	934
贵　州	8670	山　西	765
云　南	7060	西　藏	214
天　津	6205	内蒙古	212
辽　宁	5555	青　海	17
四　川	5527	宁　夏	—

食销售收汇1.61亿美元，下降20.0%，占8.7%）；劳务性收入12.30亿美元，下降9.0%，占66.1%（其中：住宿费收汇4.05亿美元，下降19.4%，占21.8%；长途交通与邮电收汇6.26亿美元，增长3.8%，占33.6%；市内交通、旅行社和其它服务收汇1.99亿美元，下降19.2%，占10.7%）。

1989年，影响旅游外汇收入变动的主要因素是客源的减少和民航、铁路的提价，形成了我国旅游外汇收入中除长途交通收汇略有增长外，其它方面收汇均较多下降的局面。

2.各地区旅游外汇收入

全国30个省、自治区、直辖市按旅游收汇额（以各地旅游局上报数计，由于统计口径原因，各地加总数仅16.83亿美元，低于国家统计局汇总数字）可分为五个档次：第一个档次是收汇额在1亿美元以上，有广东、北京、上海三省市，累计收汇11.91亿美元，占全国总数（以各地方加总数计）的70.8%；第二档次是收汇额在5000万—1亿美元，有福建、江苏、辽宁3省，累计收汇2.06亿美元，占12.3%；第三个档次是收汇额在1000—5000万美元，有广西、陕西、浙江、山东、四川、天津、海南、云南等8个省、自治区、直辖市，累计收汇额2.26亿美元，占13.5%；第四个档次是收汇额在500—1000万美元，包括新疆、湖南、湖北、黑龙江、甘肃、河南等6个省、自治区，累计收汇额0.41亿美元，占2.4%；第五个档次是收汇额在500万美元以下，有河北、吉林、西藏、江西、安徽、山西、贵州、内蒙古、青海、宁夏等10个省、自治区，累计收汇额0.18亿美元，占1.1%。各地区旅游外汇收入详见下表。（表6）

3.主要城市旅游外汇收入

从城市看，旅游外汇收入的分布更为集中。旅游外汇年收入在1000万美元以上的城市全国有19座，各城市的旅游外汇收入详见下表。（表7）

（四）旅游企业经济效益

1.旅游饭店、旅行社经济效益

1989年，经过艰苦努力，旅游业在重灾之年仍取得了较好的经济效益。据1788家饭店年报资料汇总，旅游饭店业全年营业收入113.36亿元，利润总额4.40亿元；据389家旅行社年报资料汇总，全年营业收入9.30亿元，利润总额1.17亿元。旅游业没有出现全行业亏损的情况，这是出乎人们预料的。1989年旅游饭店业、旅行社业主要经济效益指标详见表8。

表8中附列了1988年的工业效益指标。在作具体分析之前，需要说明的是：第一，产值指标，不能将旅游业和工业做简单、直观的比较，因为它们之间存在着一定的不可比因素。由于工业生产协作关系广泛，一个企业的产品往往是另一个企业的原材料或零部件，因此工业总产值存在着较多的重复计算因素；而旅游业销售的无论是有形还是无形产品，都是直接销售给最终的消费者——旅游者，旅游饭店之间、旅行社之间不存在重复计算的因素。第二，旅游业是受动乱和反革命暴乱危害最直接、程度最深的行业，1989年的旅游经济效益出现了大幅度下降，因此对旅游业经济效益的评价，特别是将其与其他行业进行比较时，应引用常规状态下的数字，或对非常规状态下的1989年的数字作适当的矫正。

从表8可以得出两点总体性的结论：第一，旅游饭店业人均占用的固定资产高于工业部门，旅行社业人均占用固定资产与工业部门大致持平。1989年，旅游饭店人均占用固定资产4.95万元，是工业部门的2.88倍，其中：内资饭店人均占用固定资产3.61万元，是工业部门的2.10倍；外资饭店人均占用固定资产8.66万元，是工业部门的5.03倍。旅行社人均占用固定资产1.99万元，是工业部门的1.16倍。旅游饭店业人均占用固定资产高是旅游业行业特点决定的，为了接待高消费的海外旅游者，需要以较高投资兴建符合海外旅游者需要的较高于

表6　1989年各省、自治区、直辖市旅游外汇收入（地方上报数）

地区	外汇收入（万美元）	比重（%）	名次	地区	外汇收入（万美元）	比重（%）	名次
广东	50355.1	29.9	1	湖南	859.4	0.5	16
北京	46471.2	27.6	2	湖北	720.2	0.4	17
上海	22273.0	13.2	3	黑龙江	540.0	0.3	18
福建	8378.0	5.0	4	甘肃	521.0	0.3	19
江苏	6782.1	4.0	5	河南	509.1	0.3	20
辽宁	5470.0	3.3	6	河北	378.0	0.2	21
广西	3917.6	2.3	7	吉林	334.9	0.2	22
陕西	3837.8	2.3	8	西藏	271.6	0.2	23
浙江	3493.0	2.1	9	江西	227.7	0.1	24
山东	3258.0	1.9	10	安徽	209.4	0.1	25
四川	2736.6	1.6	11	山西	177.9	0.1	26
天津	2600.0	1.5	12	贵州	135.7	0.1	27
海南	1733.0	1.0	13	内蒙古	43.0	—	28
云南	1064.0	0.6	14	青海	28.9	—	29
新疆	953.6	0.6	15	宁夏	5.6	—	30
累计	168285.4	100.0					

表7　1989年主要城市旅游外汇收入

城市	外汇收入（万美元）	比重（%）	名次	城市	外汇收入（万美元）	比重（%）	名次
全国总计	186048.0	100.0		杭州	2908.6	1.6	10
北京	46755.9	25.1	1	大连	2902.0	1.6	11
广州	24395.6	13.1	2	天津	2600.0	1.4	12
上海	22065.6	11.9	3	青岛	2556.0	1.4	13
深圳	11565.7	6.2	4	厦门	2415.4	1.3	14
珠海	6261.5	3.4	5	无锡	1438.0	0.8	15
桂林	4656.0	2.5	6	成都	1447.0	0.8	16
汕头	4515.2	2.4	7	沈阳	1286.0	0.7	17
西安	3760.5	2.0	8	重庆	1222.6	0.7	18
南京	3242.6	1.7	9	苏州	1155.0	0.6	19

表8　1989年旅游饭店、旅行社经济效益指标（附1988年工业效益指标）

	百元固定资产原值实现产值（元／百元）	百元固定资产原值实现利润（元／百元）	百元产值实现利润（元／百元）	全员劳动生产率（万元／人）	人均实现利润（元／人）	人均占用固定资产（万元／人）
一、工业(1988)	171.3	11.2	6.5	2.96	1923.8	1.72
1.轻工业	311.2	16.7	5.4	3.47	1872.9	1.12
2.重工业	119.2	9.1	7.7	2.60	1999.8	2.20
二、饭店(1989)	51.4	2.0	3.9	*2.58	*1012.7	*4.95
1.内资饭店	53.2	5.9	11.0	*1.96	*2175.5	*3.61
2.外资饭店	49.0	<0	<0	*5.09	<0	*8.66
3.直属饭店	65.0	8.8	13.5	2.34	3157.4	*3.60
4.热点地区饭店	59.5	2.4	4.0	*3.59	*1435.8	*6.03
5.温冷地区饭店	35.5	1.3	3.6	*3.37	*1213.8	*3.53
6.学建国饭店(1989)	48.6	9.9	20.4	2.82	5747.7	5.79
7.学建国饭店(1988)	55.6	17.7	31.8	3.45	10965.7	6.20
三、旅行社	191.0	24.1	12.6	3.81	4801.3	*1.99

注：1.工业为1988年全民所有制独立核算企业数字，据《中国统计年鉴——1989年》推算。
2.直属饭店（253家）、旅行社（389家）资料据国家旅游局财汇司。
3.有*号标记的为预计数。
4.热点地区指：北京、上海、浙江、江苏、广东、广西、福建、陕西等8省、自治区、直辖市；温冷点地区指全国30个省、自治区、直辖市中除热点地区以外的其它地区。

国内居民生活标准的接待设施。

第二、旅游业的人均创利水平仍高于工业部门。由于外资饭店在去年出现了全行业的亏损（外资饭店实行的会计制度与内资饭店不同，本报告系按各外资饭店上报的统计资料作汇总分析），使得全国旅游饭店业人均创利水平大大下降，仅为1012.7元，比工业人均创利水平还低；但内资饭店人均实现利润2175.5元，是工业部门的1.13倍；各级旅游局直属饭店人均实现利润3157.4元，是工业部门的1.64倍。我国旅游饭店中的主体饭店——全国114家学建国饭店，人均创利润5747.7元，是工业部门的2.99倍。旅行社人均创利4801.3元，是工业部门的2.5倍。考虑到1989年，旅游企业的人均创利水平下降很多，仅全国学建国饭店的人均创利水平就比1988年下降了47.6%，因此完全可以说，在常态下，旅游业人均创利水平要远远高于工业部门。

以上两点表明，旅游业具有初期投入较多、产出较高的总体特点。换言之，发展国际旅游业，初期投入较高，但可以在较长时间实现较多利润而得到很好补偿，即使在非常规状态下的1989年，这一结论仍然是肯定的。

2.热点地区、温冷点地区级差效益十分显著

在表8的六项指标中，投入指标（人均占用固定资产），热点地区是温冷点地区的1.71倍。这主要由于人均固定资产高的外资饭店多集中在热点地区。在五项产出指标中，热点地区均超过温冷点地区。由于出现全行业亏损的外资饭店又多集中在热点地区，因而大大降低了热点地区饭店经济效益指标的平均水平。如果扣除这一因素，热点地区和温冷点地区的级差效益还要大些。从主要集中在热点地区的全国学建国饭店的经济指标看，产值利润率是温冷地区的5.7倍，人均实现利润是温冷点地区的4.7倍。形成热点地区、温冷点地区级差效益显著的根本原因，在于旅游客源的分布密度不同，也有经营管理不善方面的问题。

3.动乱和暴乱给旅游业造成的损失

1989年春夏之交发生的动乱和暴乱，对我国旅游业的打击十分严重。以旅游饭店业为例，1989年全国投入使用的涉外饭店共1788家，初步统计，有460家饭店亏损，亏损面达25.7%，亏损总额达8.2亿元，饭店全行业盈利仅4.4亿元；全国涉外饭店的客房出租率由1988年的67.9%降为1989年的57.2%，降幅为10.7个百分点，经济效益指标大幅度下降。以学建国饭店为例，营业收入下降了15.2%，劳动生产率下降了18.5%，利税总额下降了42%。旅游饭店业中，经济效益滑坡最大的是外资饭店，1989年投入使用的外资饭店共300家，客房出租率只有49.6%，外资饭店发生总体性亏损2.97亿元。从地区看，全国30个省、自治区、直辖市中，有10个地区的旅游饭店盈不抵亏，出现全地区性的旅游饭店亏损，其中以陕西省为最，旅游饭店的亏损面达66.7%，亏损总额为0.73亿元。上海12家合资饭店中，有8家发生亏损，亏损面也达66.7%，亏损总额达0.91亿元。

1989年全国旅游饭店营业收入113.36亿元，客房出租率57.2%，初步匡算，如果客房出租率和房价达到1988年的水平，那么营业收入即可增加25亿元以上；按长途交通及邮电业的营业收入合旅游饭店营业收入的70%匡算（根据1989年旅游外汇收入构成），长途交通和邮电营业收入又可增加17.5亿元。仅这两项合计就达42.5亿元。这就是说，由于动乱和暴乱的影响，我国旅游业仅在饭店、长途交通和邮电的营业收入方面的直接经济损失，折合外汇就在10亿美元以上。换言之，如果没有动乱和暴乱的影响，我国旅游业在1989年实现外汇收入26亿美元的计划是完全有把握的。

（五）旅游业的产业规模、发展水平与产业布局

1.产业规模

1989年，包括涉外旅游饭店，一、二类旅行社，旅游车船公司，旅游服务公司，旅游管理机构等方面的我国国际旅游从业人员已达到51.74万人，比上年增长17.9%；全国涉外饭店总数1788座，比上年增加292座，增长19.5%；客房26.75万间，增加4.73万间，增长21.5%；全国一、二类旅行社895家，比上年增加40家，增长4.7%；全国旅游院校（包括高等旅游院校及开设旅游系或旅游专业的普通高等院校、中等专业学校、职业中学）354座，在校学生5.3万人。

1989年，我国国际旅游外汇收入18.6亿美元，占当年全国非贸易外汇收入的四分之一以上，超过对外承包工程和劳务合作营业额（13.8亿美元）的34.8%。

1989年，我国旅游饭店的固定资产总值已达220.35亿元，全国已涌现了十家年营业额超亿元的旅游饭店。旅游饭店加上旅游汽车、旅游商店、旅行社等行业的固定资产，其数额已超过了300亿元。在旅游业的需求导向下，全国各地已形成了一批为旅游业服务的蔬菜、水产品、水果、饮料、商品等生产基地。旅游业对外贸、外资、轻工、纺织、建材的促进作用也很大，旅游业还提供了大量的劳动就业机会。以上情况表明，经过十年发展，我国旅游业已经具备了相当的产业规模，虽然旅游业的直接收入占我国国民经济总量的比重还不大，但作为国民经济中的新兴产业和改革开放的前沿产业，在国民经济的发展中所起的作用是不可替代的。动乱和暴乱虽然给我国旅游业造成了很大损失，但毕竟是暂时的。我国拥有世界第一流的旅游资源，发展旅游业无疑具有十分广阔的前景。由于旅游业产业关联广泛，乘数作用大，带动功能强，旅游业必将在我国经济和社会发展中发挥日益重要的作用。

2.发展水平

我国旅游业在行业配套水平、综合接待能力和创汇能力方面，均与世界先进水平有很大差距。我国旅游资源方面的优势，还远远没有变成经济实力。从旅游外汇收入看，我国近年在世界上的位次有明显退步。1986年，我国旅游外汇收入15.3亿元，位居世界第20位；1988年，我国旅游外汇收入虽达到22.47亿美元，比1986年增长46.9%，但在世界上位次已降至第24位。我国旅游外汇收入在全世界国际旅游业收入中所占的份额，1986年为1.9%；1988年为1.15%。从亚洲地区看，1986年，我国旅游外汇收入仅次于香港、新加坡、南朝鲜而名列第四，1988年已居于香港（41.66亿美元）、南朝鲜（32.65亿美元）、泰国（31.2亿美元）、日本（28.93亿美元）、新加坡（23.99亿美元）、土耳其（23.55亿美元）及台湾地区（22.89亿美元）之后，而名列第八。1989年，我国国际旅游业大滑坡，各项位次进一步下降。从旅游外汇收入构成看，1989年，刚性收入（住宿、长途交通、邮电）占54.4%；弹性收入（饮食、购物、娱乐）占45.6%。接待同样数量的旅游者，住宿、交通收入增长的潜力有限，而饮食、购物、文娱方面收入增长的潜力则较大。因此，刚性收入和弹性收入在旅游外汇收入构成中的比重，就成为衡量旅游发展水平的重要标志。目前，我国旅游业刚性收入所占的比重明显高于旅游发达国家。从1986年到1989年，住宿、长途交通、邮电收入所占比重已由46.1%提高到55.4%，上升了9.3个百分点，而同期商品收入所占的比重下降了7.2个百分点，表明我国旅游业的发展水平仍处在较低层次。

从旅游供给结构看，我国饭店目前供大于求的矛盾趋于突出。1989年，由于客源下跌，旅游饭店的客房出租率全年全国平均为57.2%。分地区看：黑龙江省最高，达68.6%，主要是接待了大幅度增加的苏联游客；西藏最低，仅为10.7%；陕西省倒数第二，为32.2%，主要是由于陕西接待的绝大多数是纯观光游客，而这部分游客在去年下半年锐减，也和陕西省近几年新建饭店较多有关。

客房出租率是反映饭店业供求关系的晴雨表，饭店业状况是各方面关注的敏感问题。从全国来看，我国饭店供给不足的矛盾已经缓解，大规模的饭店建设热潮已

经过去，供需状况基本平衡。但具体分析每一个接待城市的情况，则有的严重地供大于求，有的平衡有余，有的严重不足。今后饭店建设的重点，主要应是填平补齐和老饭店的更新改造。对于供大于求的城市，坚决不准再铺新摊子；对于饭店确实不足的地方，还要按计划建设或改造一些中、低档饭店，以使我国饭店布局更加合理，适应我国旅游业协调、健康发展的需要。

表9　1989年各月来华旅游入境人数

	旅游入境总人数（万人）	比上年同期增减（%）	外国人（万人）	比上年同期增减（%）	华侨（万人）	比上年同期增减（%）	港澳台同胞（万人）	比上年同期增减（%）
1月	209.93	-10.8	12.53	15.3	0.48	-33.3	196.92	-12
2月	253.32	-6.7	11.55	20.8	0.45	37.5	241.32	-7.7
3月	231.07	-2.3	17.14	2.1	0.44	-47.7	213.49	-2.5
4月	232.06	-16.2	17.39	9.0	0.59	-18.7	214.08	-17.7
5月	203.92	-15.2	16.18	-2.9	0.54	-16.4	187.20	-16.1
6月	159.49	-34.5	7.19	-53.2	0.37	-20.9	151.93	-33.3
7月	178.39	-32.6	8	-47.5	0.47	-30.2	169.92	-31.7
8月	209.53	-26.5	10.45	-37.8	0.63	30.8	198.45	-25.9
9月	134.98	-48.7	10.98	-40.9	0.82	23.3	123.18	-49.5
10月	203.24	-16.2	12.79	-37	0.75	5.7	189.7	-14.4
11月	206.02	-14.6	11.6	-27.6	0.67	11	193.75	-13.7
12月	228.19	-38	10.32	-14.9	0.64	-4.6	217.23	-38.9
全年合计	2450.14	-22.7	146.1	-20.7	6.86	-13.6	2297.18	-22.8

3.产业布局

“七五”期间，我国确定了北京、上海、江苏、浙江、广东、广西、陕西七个重点旅游地区。这七个地区，1989年国际旅游从业人员达33.23万人，占全国的64.2%；一、二类旅行社455家，占全国的49.7%；拥有客房14.29万间，占全国的53.4%；接待海外旅游者累计499.62万人次，占全国49座主要旅游接待城市总量的81.9%。这七个重点地区，北京、广东、上海是“重中之重”，都在东部地区；江苏、浙江及创汇水平已超过广西、陕西的福建、辽宁也在东部地区。东部九省市（辽宁、北京、天津、山东、江苏、上海、浙江、福建、广东）1989年旅游创汇额占全国的80%以上。形成我国旅游产业布局东重西轻的原因，主要是由于我国东部地区开放层次高，对外交通相对便捷，商品经济相对发达，社会基础设施相对完善，旅游资源开发层次相对较高，服务质量相对较高，能够形成综合接待能力。这一格局有其合理性，在今后较长一段时间内，我们仍应坚定不移地加强对包括东部九省市和广西、陕西等重点旅游地区的配套建设，进一步提高其综合接待能力和创汇能力，使它们成为我国旅游业发展前进的基地和外汇收入的基地。同时我们也应看到，这一格局也有一定的缺陷。从我国旅游资源的分布看，从发展我国旅游业的长远需要看，我们都有必要逐步加强对中西部旅游资源的开发利用。经过十年来的开发建设，我国中、西部的旅游业已具备一定规模，许多游览点和线路已推向海外并受到欢迎。应该有计划地在中西部加强航空建设，包括开辟几个国际航空口岸，以逐步合理调整我国旅游业的产业布局，推动我国旅游业进一步走上长期、持续、稳定、协调发展的轨道。

1990年，是重振我国旅游业的关键性一年。在“希望与困难并存”的总形势下，旅游业的广大职工，一定要认真贯彻执行党中央、国务院关于进一步搞好治理整顿和深化改革的各项部署，抓住时机，奋力拚搏，努力恢复和拓展国际客源市场，努力提高接待服务质量，努力提高我国旅游业的效益和声誉，为争取我国旅游业的尽快全面复苏，为完成并争取超额完成旅游入境人数达2800万人次、有组织接待旅游人数达350万人次（其中外国人155万人次）、旅游外汇收入达20亿美元的国家计划，作出新的更大贡献。（孙　钢　石建国　李承榕　任佳燕　张　军　孙　波）

旅游资源开发利用及保护

李　亮

旅游资源开发是现代旅游业发展的一项重要的基础工作，它通过大量的经济技术活动和社会活动发挥，提高和改善旅游资源的吸引力，将旅游资源建成旅游产品，推向旅游市场，促进旅游业的发展。现代旅游业发展至今，最为游人关注且为开发建设范围所及的旅游资源，主要包括：自然旅游资源和人文旅游资源两大类。在我国许多自然和人文资源相互交融、依托，使旅游资源又富有突出的东方文明色彩。现代旅游的迅速发展又使旅游方式日趋多样化。面对门类纷繁，形式多样的旅游资源，在对其开发建设中，注意突出发挥我国旅游资源的优势，开拓唯我独有的旅游项目和多层次的综合利用，必将使我国旅游事业在激烈竞争的国际旅游市场保持特殊的吸引力和竞争力。

中国旅游资源的优势和国家级旅游资源

我国是世界上旅游资源大国之一，在我国辽阔的国土上，绚丽的河山，灿烂的文化，蕴育了丰富多彩的旅游资源，为我国发展旅游事业奠定了丰厚的基础。与世界上其他国家相比，我国的旅游资源又具有以下几个方面的特点：一是我国是世界著名的文明古国，在五千多年连绵不断的历史发展过程中，创造了灿烂辉煌的文化，留下了极为丰富的历史文化遗产，它们自成体系，风格独特，风貌犹存，蕴藏分布在全国各地，构成了我国旅游资源的核心，受到了世界各国的瞩目。二是我国国土幅员辽阔，气象万千，复杂的地质结构塑造了千姿百态的地貌景观，构成了我国自然旅游资源的主体，其中不乏由世界上罕见而独特的地貌类型组成的雄伟壮丽的珍奇的自然景观，对现代旅游有着极大的吸引力。三是我国是一个多民族的国家，各个民族都保持着浓郁的生活习俗和多彩多姿的节庆佳日活动，颇受旅游者的喜爱。近十年来我国在改革开放中不断发展，形成了发展旅游事业的社会背景，倍受国际旅游界人士的关注。

如此丰富的自然资源和人文、社会资源相互交汇集于一国，使我国旅游资源的综合优势更加突出，在当今激烈竞争的国际旅游市场中，受到国际旅游者的瞩目。

为了使丰富的旅游资源能够得到科学的保护和合理的利用，国家已经将具有重要历史、文化和科学价值的古建筑物和古建筑群、古文化遗址和革命遗址、古墓葬、石窟寺，以及其他文化艺术创作品和各种纪念物500处，列为全国重点文物保护单位；将具有悠久历史、拥有重要历史文物和传统城市风貌、民俗风情、具有重要历史意义和革命意义的城镇62座，列为国家历史文化名城；将具有观赏、游览、文化和科学价值的自然景物、人文景物比较集中、自然环境优美的地域84处，列为国家风景名胜区。这些具有典型意义的环境或景观，凝聚着东方文明的色彩，经过长期的自然和人为选择、淘汰，留存至今已经铸成中国历史文化的精华，体现了国家国土景观的特色，富有极大的魅力，具有较高观赏游览价值，是我国旅游资源中最主要的组成部分。1987年联合国教科文组织又将万里长城、北京明清故宫、西安秦始皇陵、敦煌莫高窟、周口店北京猿人遗址和泰山风景名胜区，作为中国第一批人类文化遗产列入世界遗产目录，大大提高了它们的知名度。已经成为国际旅游者十分向往的旅游胜地。

旅游资源开发建设历史阶段

我国旅游资源的开发可以渊源到人类蒙昧时期，在漫长的人类历史发展过程中，古代人民创造了光辉灿烂的古代文化。至今保存在地上地下极为丰富的历史文物，反映了中华民族各个发展阶段政治、经济、军事、文化、科学和社会生活状况，凝聚着中华各族人民的创造力和聪明才智，反映了中华民族对整个人类文明历史做出的贡献，受到世界的瞩目，成为我国重要的旅游资源。

新中国成立以后，人民政府继承了丰富的、具有传统文化特色的各种旅游资源，在建国40年的历程中，随着社会主义建设事业发展的各个时期，旅游资源开发建设工作表现出不同的特点。旅游资源保护开发建设大体上经历了两个发展阶段。第一阶段从1949年至1978年，是我国旅游资源开发初期阶段。国家在创建完整的国民经济体系中，十分重视对历史上遗留下的人文旅游资源的保护和恢复工作。同时，社会主义各行各业的蓬勃发展和建设，又丰富了我国旅游资源的内容。第二阶段是从1978年以来，随着国家“把工作重点转移到以经济建设为中心的社会主义现代化建设上来”，旅游事业发展规划正式纳入国家国民经济和社会发展计划。从此，旅游资源的开发建设工作也进入了新的发展时期。

（一）旅游资源开发初期阶段。新中国成立之初，人民政府面对历史上遗留下的旅游资源历遭封建势力和帝国主义分子破坏、掠夺的残破局面，首先进行了中国历史上从未有过的历史文物保护工作，颁布法令，制定政策，杜绝了帝国主义分子对国家珍贵历史文物的肆意掠夺，结束了近百年来祖国历史文物被公开盗劫的局面，及时地保护了祖国的人文旅游资源。1953年和1956年国家提出了“既对文物保护有利，又对基本建设有利”的两利方针，解决了大规模工农业生产建设与地上地下文物保护的矛盾。1961年国家发布了“重要文物保护管理暂行条例”和第一批全国重点文物保护单位，实行重点文物保护制度，这些法规的及时颁布对历史文物的保护起了重要的作用。

在全国重点文物保护单位中，包括全国最为珍贵的革命遗址及革命纪念建筑物、古建筑、石窟寺、古墓葬等。国家拨出专款对全国重要的革命历史文物进行保护和维修，如广州的黄花岗七十二烈士墓、农民运动讲习所旧址、上海中国共产党一大会址、湖南湘潭韶山冲毛泽东主席故居、江西南昌“八一”起义指挥部、井冈山革命遗址、重庆红岩村、南京梅园新村等都得到保护和管理，吸引了大批群众前来瞻仰、凭吊。按照“整旧如旧”的原则同时对许多著名的古建筑、古园林、石窟寺等历史文物古迹也进行了修葺和保护。如河北赵州安济桥；北京八达岭长城、明十三陵、明清故宫、颐和园、北海；承德避暑山庄和外八庙；天津蓟县独乐寺；山西太原晋祠；应县佛宫寺释迦塔；江苏苏州拙政园、留园；上海豫园；杭州六和塔、灵隐寺；山东曲阜孔庙、泰安岱庙；河南白马寺、登封嵩岳寺塔、古测景（观象）台；湖北武当山金殿；湖南岳阳楼；云南大理崇圣寺三塔；成都武侯祠、杜甫草堂；拉萨布达拉宫、大昭寺等以及各地较为著名的历史文物古迹。为今后建设成为旅游胜地创造了良好的条件。

历史上的著名风景名胜区的恢复工作受到国家的重视。首先恢复了城市近郊区的风景区，如在杭州西湖风景名胜区内疏浚了西湖，营造了风景林；在桂林漓江风景区内清理了桂林至阳朔的航道，组织了风景区规划，为恢复“甲天下”的景色创造了条件；泰山风景区内修复了登山道路，开辟了游览公路，增设了服务设施，使游览泰山更为方便。同时国家极为重视生产在第一线的产业工人的劳动保护工作，在各个风景优美、环境优良的地区，恢复和新开辟了许多休养所、疗养院。如：无锡太湖，北戴河，庐山，临潼华清池等。这些工作都促进了风景区的建设和各项设施的完善。

在创建社会主义国民经济体系中，各项建设事业的蓬勃发展，硕果累累，丰富了我国旅游资源的内容。在“绿化祖国”的号召下，使祖国大地披上了绿装。一些风景旅游城市的绿化覆盖率得到了提高。如北京西郊风景区、南京中山陵风景区、广州白云山风景区、徐州云龙山风景区……等，都成为风景诱人的游览胜地，也为改善城市环境条件发挥着重要的作用。兴修水利、开发水电的大量建设工程创造出许多具有游览价值的旅游资源，如浙江富春江—新安江水库，贵州红枫湖水库，吉林净月潭水库，黄山太平湖水库，以及北京十三陵水库，肇庆星湖水库都成为碧波荡漾、气候良好、环境优美的游览区。

风景名胜区的建设，历史文物古迹的保护以及各项建设事业的发展，为人民群众提供了一个进行游览、娱乐、休息的环境。由于旅游资源得到初步开发建设，也由于我国经济建设成就和社会主义道德风貌的特殊吸引力，大批华侨和港澳同胞回国观光，许多国际友人前来参观游览，在国内外引起良好的反响。

“文化大革命”时期，许多历史文物古迹被视为“四旧”，横遭扫荡。古建筑，园林，风景区被占用，拆除。毁林开荒，围湖造田，又使许多自然环境受到污染，风景景观被破坏，城市布局被打乱，传统风貌丧失殆尽。许多旅游资源在不同程度上受到损失和影响。

（二）1978年十一届三中全会以来我国旅游资源保护开发工作，进入了新的发展时期。进入六十年代以来，国际旅游业迅速发展，赋予了我国发展旅游业一个有利的国际环境。党中央在十一届三中全会上提出的对外开放，对内搞活的政策，使我国旅游业开始从政治接待、文化交流为主，转入以经营服务、赚取外汇为主的经济事业。旅游资源的保护和开发工作也由扩大旅游点数量逐步转变为改善风景区的环境质量和扩大环境容量，并注重发挥我国旅游资源优势，有计划地重点建设一批富有传统文化特色的旅游项目上来。配合重点旅游城市综合能力的提高，逐步完善旅游系统工程。1978年至1985年我国旅游资源处于积极恢复阶段，国家采取立法建设，建立保护管理系统，设立管理机构等一系列措施来加强历史文化和自然遗产资源的保护和管理。全国人大先后通过了“森林法”、“环境保护法”、“文物保护法”和“风景名胜区管理条例”。国务院先后公布了第二批“全国重点文物保护单位”62处、第一批国家重点风景名胜区44处和第一批国家历史文化名城24座。这样也使我国旅游业在利用这些旅游资源时得到了有力的保证。

随着国土资源普查工作的深入开展，发现了许多过去未曾发现和无力开辟的风景资源。它们以独特的自然景观、优良的自然条件，丰富了我国的旅游资源。如由高山森林和湖泊、瀑布群组成的九寨沟；有雪山和露天岩溶彩池的黄龙寺；有火山地貌内容丰富，造型富有动态感的五大连池；也有以热带雨林和傣族村寨风光著称的西双版纳。

国家考古发掘工作有计划地开展和博物馆雨后春笋般的建设，极大地提高了旅游资源的利用层次。如明十三陵定陵地下宫殿博物馆、周口店北京猿人遗址陈列馆、享有世界第七奇迹盛誉的秦兵马俑博物馆、有西汉百科全书之称的长沙马王堆汉墓文物陈列馆、反映我国古代科技史的四川自贡盐业博物馆和湖北大冶铜绿山铜矿遗址博物馆，以及自贡恐龙博物馆，形形色色，蔚为奇观。我国最有代表性的历史文物，是古生物遗迹博物馆，具有丰富的科学内容和极高的观赏价值，受到国内外游人的青睐。

我国沿海开放城市、经济特区和经济开发区的蓬勃建设，促进了旅游业的迅速发展。如深圳、珠海、厦门等都成为经济繁荣、游人云集的旅游城市。体现了我国社会主义经济事业欣欣向荣的新风貌，倍受国际旅游者的关注。

大量国际旅游者的到来，使我国现有的旅游接待设施难以满足旅游业迅速发展的需要。由国家投资和积极利用外资兴建的一批旅游饭店，使我国旅游事业的基础服务设施建设工作拉开了序幕。经过“六五”期间旅游饭店大规模建设，1988年北京、上海、广州、杭州、西安、桂林等重点旅游城市的旅游饭店已经基本满足了旅游事业发展的需要。

“六五”期间国家每年用于旅游基本建设投资的相当一部分也用于风景区内的游览设施的建设，1983年和1988年在泰山风景区和黄山风景区内分别建设了登山游览索道，为游览各山风景区提供了便利的条件。此后，1989年又建成峨眉山登山游览索道。为了解决旅游城市和风景区环境卫生问题，国家旅游局专门拨款，建设了近200座符合卫生标准的旅游厕所，使全国旅游城市和风景区的环境卫生状况有所改善。

1985年12月国务院常务会议决定把旅游事业作为国家重点支持发展的一项事业，原则上批准了国家旅游局编制的“1986—2000年旅游事业发展规划”，并将“七五期间旅游事业基本建设计划”正式纳入国家国民经济和社会发展计划，大大加快了旅游事业的发展步伐。“七五”期间旅游事业发展规划确定了北京、上海、广州及海南岛、西安、桂林、杭州、江苏（南京、苏州）作为重点旅游城市和旅游地区，在“七五”期间要集中人力、物力、财力，有计划地把这七个重点旅游城市和地区的旅游资源建设项目和系统配套工程同步建设好，改善提高综合接待能力。形成拳头产品，为实现到2000年使我国成为世界旅游发达的国家打下一个良好的基础，这是我国旅游事业发展中一项带有战略意义的决策。

旅游资源开发建设的格局和建设内容

在全国大办旅游的热潮中，国家旅游局根据北京等七个重点旅游城市及地区所拥有的旅游资源制定的“七五旅游事业发展规划”，提出了完善这七个重点旅游地的系统配套工程，发挥当地的旅游资源特色，建设经久不衰的旅游项目，扩大环境容量，提高综合接待能力，使之成为我国旅游事业发展的基地，并以此为中心，发挥辐射作用，带动全国旅游事业的发展的设想，确定了这七个重点旅游城市和地区的建设项目。同时，“七五期间旅游事业发展规划”还确定，将西藏高原、丝绸之路、长江三峡、中原旅游区、山东半岛旅游区、云贵川旅游区、厦门——泉州——福州——武夷山旅游线路、南昌——景德镇——九江旅游线路、湘西武陵源风景旅游区、川西九寨沟——黄龙寺风景旅游区、山西大同——五台山旅游线路和东北旅游区、内蒙古草原旅游区等15处旅游区域或旅游线路，作为第二类旅游资源开发建设项目的主要内容，从而形成了一个以重点突出、区域和路线相结合的开发建设格局。

北京等七个重点旅游城市及地区，经过历代的开发建设，拥有许多闻名遐迩的旅游资源，大部分已经成为我国著名的旅游胜地。进一步发挥各个城市及地区的旅游资源特色，建设一批富有吸引力的旅游项目，丰富旅游活动内容，增强我国旅游产品的竞争力，是旅游资源开发建设的重要任务。

杭州市是我国著名的风景旅游城市，旅游资源内涵十分丰富。“七五”期间兴建的“中国丝绸博物馆”、“中国茶叶博物馆”、“胡庆余堂中药博物馆”和“南宋官窑瓷器陈列馆”，通过现代博物馆的科学、艺术和实用的展览手法，从不同方面把浙江省素有“鱼米之乡、丝绸之府、文物之邦”的传统特点，集中、生动地展现在游人面前，让每一位游人在一次次鉴赏过程中获得历史知识和得到传统文化艺术的享受。从而发挥了杭州社会人文旅游资源的特色，充实了杭州游览观光活动的内容。

海南岛自然资源具有突出的热带特征。全岛长夏无冬，冬季气温宜人，阳光充足，植物繁盛，四季繁花似锦，椰林榕荫，一派热带风光。环岛有六十多处海湾，滩缓沙细，海水清澈碧蓝，具有开展现代旅游活动，建设海滨避寒度假的理想条件。

“七五”期间，确定三亚市伢龙湾海滨度假村的建设项目作为开发建设海南岛旅游资源的先导工程。制定了伢龙湾旅游区总体规划，进行了三通一平基础工作，并建设了富有民族建筑风格的小型度假村。随着全岛基础设施的建设，伢龙湾旅游区作为国家旅游资源开发建设的重点工程，将逐步成为我国国际海滨避寒度假旅游胜地。使海南自然旅游资源优势转化成为我国的拳头旅游产品。

旅游商品的销售额在整个旅游创汇中具有重要的作用。上海是我国举世闻名的国际大都市，历来市场繁荣，金融贸易发达，具有发展成为亚洲地区享有一定声誉的旅游购物城市的基础条件和优势。来到上海的国内外旅游者都喜欢在上海选购商品和旅游纪念品。1985年以来，上海市的旅游商品销售收入占全市旅游创汇的50%左右，开发旅游商品大有可为，这是上海旅游事业的优势。“七五”期间配合上海发展外向型经济和发展发展第一产业的部署，在上海建设“上海国际购物中心”。“购物中心”大厦具有当代世界大型商业建筑的特点，商品门类品种繁多，服务设施功能齐全，建筑造型富有现代特色。从而提高游人购物的乐趣和舒适性，使人乐而忘返。

具有“江南园林之雅，传统商市之盛”的豫园传统商业区整修工程，也纳入了“七五”期间旅游资源开发建设项目。整修了步行商业街，开设了旅游工艺品商店，扩建了停车场，加强了绿化，整修了园林、寺观，完善了市政配套工程，改善了环境质量，逐步将豫园建成以“商、寺、园”为内容，富有地方传统文化特色的商业旅游区，充分发挥上海旅游购物的优势，扩大全国旅游购物收入。

改善主要旅游区环境质量，已经成为提高旅游服务质量的重要问题，受到国家旅游局的重视。并把扩大旅游区接待规模和改善游览区环境条件的工作，作为首要的问题加以解决。

北京是世界著名的旅游城市，每年接待有组织的国际旅游者在全国居重要的地位。随着旅游事业的不断发展，旅游人数的不断增加，已经使得许多著名旅游区的环境容量无法适应。国家旅游局和北京市政府根据北京市旅游资源知名度高，开发利用潜力大的状况，决定“七五”期间首先扩大国际旅游者较为集中的长城旅游区和颐和园的环境容量。开辟慕田峪、金山岭和司马台等新的长城游览区，缓解八达岭长城游览区的拥挤状况。同时，修复颐和园后山苏州街景区，扩大参观游览面积，增加游览观赏内容。从而大大改善了游览区的环境容量，增加了北京市总体的接待能力。

如今慕田峪长城、金山岭长城和司马台长城游览区，初具规模，各具特色。慕田峪长城环境幽静、设施齐全，已经成为一处公园性质的长城游览胜地。金山岭长城和司马台长城游览区的建设都再现了古代长城遗址饱经沧桑的历史风貌，突出了明代长城防敌楼密集，依险设防的特点。具有较高的游览观赏价值。

颐和园后湖苏州街的复建工程，依据整旧如旧、不增不减、不移不挪的原则，按江南水乡一河两街的传统布局，仿照清代民间各行各业典型店铺修复了一条古香古色的买卖街。如今在后山后湖之间苏州街两岸茶馆酒肆、鞋铺、帽店、药堂、钱庄，鳞次栉比，招幌垂挂，酒旗飘展，纱灯高悬，宛如一幅江南水乡图画。与前山长廊景区有异曲同工之妙。游人乘龙舟从前山昆明湖穿游到此游览，会沉浸在一派古典阁楼水乡小镇的雅境之中，别有一番情趣。

苏州寒山寺除夕听钟声旅游活动是我国最富有特色的专项旅游项目。每年除夕慕名而至的国际游人络绎不绝。然而寒山寺历史上形成的环境容量十分有限。平时，寒山寺游览的内容也十分单调。来往车辆造成的噪音也破坏了寺院的宁静气氛。寺院前古运河又受到工业废水的污染。游览环境质量亟待改善。“七五”期间根据“寒山寺旅游区总规划”，着重解决游人容量超饱和的状况以及水体、噪音污染、旅游服务设施不健全等各种环境质量问题，同时也为了提高和丰富游览内容，满足不同层次游人的需要。寒山旅游区的建设首先敷设了地下管线，拓宽了道路，新建了游船码头和停车场，搬迁了过境公路，并进行了园林绿化，建成了一处环境幽静的“寒山别院”景区，恢复了寺院的宁静气氛，扩大了听钟声的环境容量。对靠近寒山寺的造纸厂每天排放的污水进行了治理。这一工程的完满解决，将使旅游区的环境质量大大提高，也为将来开辟在古运河中停船听钟，亲身体验“夜半钟声到客船”古诗意境创造了条件。同时搬迁了寒山寺小学，建成了寒山寺史迹陈列馆，增加了参观寒山寺的内容。此外，整修了枫桥和江村桥以及铁岭关，改善了古桥古关的周围环境。同时对寒山寺西侧存留下来的两条古街巷进行了整修，建成了具有江南水乡格调的步行商业街。既改善了环境景观，又为旅游区增添了游览内容。随着旅游区的逐步建设，寒山寺旅游区将成为以古寺和古桥、古镇、古运河为游览内容，以“枫桥夜泊”诗篇意境为特点的历史文化游览区。

漓江风景山水相映是桂林旅游资源的灵魂，畅游风景如画的漓江成为桂林重要的旅游活动。但是由于漓江一年内水量分配不均，使两岸优美的自然景色日益遭到破坏。洪水期江水暴涨流速加快，两岸植被被冲刷破坏，堤岸坍塌。枯水期，水位下降，浅滩裸露，造成游船航程缩短。因此，改善漓江的旅游环境质量已经成为发展桂林市旅游活动的重要任务。经过七十年代对漓江水质污染治理之后，“七五”期间确定解决漓江枯水期补水问题。补水工程采取补水和河道整治相结合的治理方案。经过四年的建设，加高加固了青狮潭水库、大坝，对东西两条灌溉渠道进行了防渗处理。增加了水库蓄水能力，保证了枯水期补水用量问题。桂林至阳朔86公里的航道进行了全面的整治。清理险滩，筑坝治导，提高了水位，改善了航道通航条件。如今，漓江枯水期治理工程初具成效。在枯水季节，游船可以从桂林直航阳朔，结束了分段通航的历史，促进了旅游业的发展。

西安秦始皇陵兵马俑博物馆，一号坑展馆自1974年对外开放以来，已经成为我国最有吸引力而蜚声中外的旅游胜地。然而十年来一号展厅仅发掘了2500平方米，仅占一号展厅展览面积的1／7，至今游人无法看到整个秦兵马俑的全貌。经过考古发掘，现已探明秦兵马俑共有四个殉葬坑。一、二、三号坑占地二万平方米，呈品字形分布，形成一个庞大的军事场面。为了丰富秦兵马俑博物馆的展出内容，展现秦兵马俑的宏伟气势，“七五”期间确定建设二、三号坑展厅，增加参观内容，扩大接待国内外游人的容量。二、三号坑展厅采用大跨度柱网结构形式，将文物遗址全部覆盖，保护在展厅之内。展厅建筑造型成覆头式，格调古朴质拙，与文物的特点相协调。为了丰富参观内容，同时规划建设铜车马陈列馆和影视厅，向观众更形象地介绍有关秦兵马俑的历史。

1989年三号坑展厅建成并开放展览。三号坑展厅面积520平方米，形状为“凹”字形，从出土的文物的数量、性质、用途以及武士俑的装束、姿势、排列情况看，三号坑展示了秦军三军统帅部的面貌。车兵待发，步兵庄严地守卫在指挥部周围，形成了一个卫戍部队的编队形式。驷马战车上的陶俑均戴单卷尾长冠，其装束显示出较高的级别。与一、二号坑出土文物有着明显的区别。三个兵马俑坑的布局显示了古代秦兵马俑设计家高远、宏深的构思和纯熟精妙的匠心。每个局部自成体系，又与全局溶为一体，构成一个雄伟的局面。今后随着二号坑展厅的建成，秦兵马俑博物馆的陈列内容将更加丰富，游人的接待容量逐步扩大，秦兵马俑博物馆必将成为我国经久不衰的旅游参观项目，在我国旅游事业发展中发挥更大的作用。

配合城市建设，开发旅游资源。近十年来，我国在逐步实现城市现代化的过程中，注意把旅游活动渗透到历史文化名城的广阔领域中去，形成富有特色的旅游活动，也使历史文化名城得到保护和发展。如我国著名的历史文化名城——南京。历史上的“六朝金粉”、“十里秦淮”盛极一时，体现了南京历史上享有“江南佳丽”地的美誉。岁月流逝，秦淮河几经兴废，至清代后，繁华渐去，沦为一条臭水沟。1986年经国家和省政府批准，秦淮河治理工程拉开序幕。为配合南京市进行综合治理秦淮河污染工程，江苏南京秦淮河风光带的建设同时列为国家旅游局的重点建设项目。

秦淮河风光带一期工程的建设以夫子庙为中心，包括东起桃叶渡西至中华门城堡4.4公里长的秦淮河整治工程和中华门城堡的修复工程。经过四年的建设，夫子庙、文庙古建筑群全部经过整修，并按历史上形成的庙市合一的格局重建了东、西步行街。学宫古建筑群相继修复落成。贡院街商业建筑群也恢复了传统建筑格调，形成了一种具有强烈民族建筑特点的观赏环境和充满市井气息的商业文化街区。中华门城堡经过整治，清理了城堡外围的积土垃圾，使27个藏兵洞和两侧马道显露出全貌。重现了古堡昔日的雄姿。秦淮河的治理也初具成效，完成了2.1公里河段的治理工程，清除了淤泥，砌筑块石驳岸，完成了桃叶渡至锁淮桥两岸的污水截流管工程，实现河水变清的目的。两岸重新规划建设的河房河厅、园林建筑错落有致，青砖灰瓦、古色古香。1989年举办的“江苏国际旅游周”活动，将秦淮河风光带推向了国际旅游市场。“朱楼映绿山，画舫泛碧流”的迷人意境已经实现。

1989年旅游资源开发建设基本工程建设概况

1989年是执行“七五”计划的第四年。根据党中央、国务院关于清理整顿的各项部署，和“七五旅游事业发展规划”确定的旅游资源开发建设格局，在旅游资源开发建设资金安排上，确保了重点旅游城市及地区的重点工程项目的建设，对扩大旅游区的环境容量和改善环境质量，对尽快提高综合接待能力发挥了重要作用；并且积极支持重点旅游线路上的旅游资源开发项目的建设，提高旅游资源开发程度、丰富旅游活动内容。与此同时，对一些确有发展潜力、能在短时间内形成接待能力的旅游资源开发建设项目，也给予支持，以增强旅游发展的后劲。

经过四年的建设，一批旅游资源开发建设重点工程已经具有一定的规模。如江苏南京秦淮河风光带、西安秦兵马俑博物馆3号坑展厅、桂林漓江枯水期补水工程、苏州寒山寺旅游区、北京颐和园后山苏州街复建工程、扬州瘦西湖二十四桥景区、镇江宋元古整修工程、杭州胡庆余堂中药博物馆等，都具有浓厚的中国传统文化特色和良好的旅游环境。受到了国内外游人的好评，提高了我国旅游产品在国际旅游市场上的吸引力。

在重点旅游城市还进行了北京明十三陵神路改造工程，广州东方乐园文化街工程和上海豫园商业文化旅游区的园林、寺观、步行街的整修工程。逐步建设成为环境质量良好，富有中国传统文化特色的旅游产品。

重点旅游路线和区域旅游资源的开发建设也形成了一批新的旅游产品。如丝绸之路上的嘉峪关旅游区，重建了嘉峪关城楼和游击将军府，维修了登城马道和关城两侧的古长城，使这座古代重要的关隘更加雄伟、古朴。吐鲁番城内绿荫浓浓的葡萄藤将街道妆扮得更具特色，交河古城堡博物馆集中展现了丝绸古道上古镇的兴衰，赛里木湖旁建设了游船码头，丰富了草原丝路旅游的内容，长江三峡旅游路线将有“宜昌号”旅游船和“扬子江二号”旅游船相继下水投入使用，增加了三峡之旅的接待能力。同时，建造了具有地方特色的柳叶舟、组织巴东神农溪漂流，开展了香溪河赛龙舟活动和巫山大宁河小三峡畅游，从而让游人领略到长江三峡不同的自然景观和乡土风情。中原旅游区的洛阳地下古墓博物馆，嵩山少林寺演武厅和开封宋都一条街相继落成，体现了中原地区旅游资源历史悠久、文物种类丰富的特点。为开辟东北末代皇帝旅游路线，修复了长春伪皇宫缉熙楼并改善了鞍山汤岗子温泉旅游设施；继湖北武汉黄鹤楼落成后，位于武汉东湖风景之滨的古编钟博物馆也开始动工兴建，将为游人欣赏典雅的楚国古典音乐，体验两千余年前的楚国文化情趣和风采，创造一处理想的环境；荆州的关公陈列馆的建设又独具三国历史的特色：江西南昌滕王阁仿照宋代建筑形式，重建在赣江之滨，高阁连城歇山重檐、回廊绕阁、碧瓦丹柱，成为南昌的城市标志。景德镇古陶瓷历史博览区以园林式的布局，以明清世俗建筑群和古窑作坊、画坊和镇窑为主体，构成独具特色的古文化区，体现了景德镇悠久的陶瓷历史文化，丰富了南昌——景德镇——九江旅游路线的游览内容。在国家重点风景名胜区内亦进行了基础设施的建设，如安徽黄山、湖南武陵源、广东肇庆星湖、山西五台山、贵州黄果树和织金洞等风景区内，修建了游览道路和观景亭台。山东泰山风景区内的水库建设工程又有了新进展，四川九寨沟风景区内进行了泥石流治理，保护了风景区的环境。浙江千岛湖风景区修建了穿山隧道工程，改善了交通状况。此外为了提高旅游路线上的接待条件，还修建了青海沱沱河接待站、辽宁绥中“九龙口”长城旅游区接待室、甘肃棚园接待站、河北金山岭长城旅游区餐厅。

根据国务院扶贫工作的部署，国家旅游局把发展旅游事业，开发利用旅游资源与扶持贫困地区发展生产力，搞活经济有机地结合起来。例如在贵州安顺地区关岭布依族苗族自治县安排了旅游商品的开发建设项目。积极利用山区丰富的自然资源，发展饮食产品，带动地区副业生产。目前具体产品项目正在论证之中，以便更好地发挥当地的资源优势，使贫困地区的人民尽快受益。

黄果树国家风景名胜区位于关岭县境内，近几年来当地政府积极开发了风景区内的天星桥景区，区内造型奇特、千姿百态的岩溶地貌景观，吸引了大量的国内外游人。为了进一步搞好天星桥景区的建设，使之进一步配套完善，根据风景区总体规划的要求，国家旅游局将天星桥景区的开发建设列入扶贫项目，安排资金，进行了游览道路、停车场、茶室和厕所等基础设施的建设，同时改造天星洞内的灯光布置，提高艺术效果和观赏价值。

随着天星桥景区的进一步开发建设，将使黔西旅游路线更加充实和完善，同时也将对关岭县人民通过旅游脱贫致富产生积极作用。

旅游资源普查工作

为了科学地保护和合理地利用我国丰富的旅游资源，发挥我国旅游资源的优势，形成具有中国特色的旅游产品，促进我国旅游业稳定持续地发展，在全国范围内开展旅游资源普查工作，摸清中国旅游资源的基本情况，并在此基础上对中国旅游资源进行综合评价，制定全国旅游资源保护和开发利用规划，指导今后全国旅游资源的开发建设工作。这是一项发展我国旅游事业的基础性工作，具有十分重要的战略意义。

进行全国性旅游资源普查，在我国还是第一次。过去在旅游事业发展过程中，虽然进行过不少区域性或专题性的资源调查和评价工作，但并没有按照统一标准，有系统地去筹划和管理，资料成果无法对比，难以制订出地区性或全国性旅游资源开发利用规划。尤其是我国旅游资源的内涵丰富，类型繁多，而且国土幅员辽阔，因此在我国首次开展全国性的旅游资源普查工作，是一项综合性很强，涉及到多学科、多部门的社会系统工程。1989年以来，国家旅游局资源开发司（以下简称资源司）承担了全国旅游资源普查工作，并把这项工作列入了“八五”期间旅游事业发展规划之中，作为日常工作的重点来抓，为了加强普查工作的科学性，切实做好这项工作，资源司先后走访了国家海洋局、国家文物局、地矿部、建设部等有关部门。就开展普查工作进行了调查研究。确定了开展普查工作的指导思想，即以我为主，积极依靠和借助社会力量，充分利用各方面已有的普查成果；旅游资源普查工作应同旅游资源开发建设相结合，边普查边开发建设，尽早发挥效益；旅游资源普查工作应采取科学态度，在实践中逐步丰富和完善。为此设想了开展全国普查工作拟分为三个阶段进行的工作方案。第一阶段：在调查研究的基础上，确定开展普查工作的基本思路，落实普查经费，组织科研单位，研究编制旅游资源普查规范。第二阶段：结合旅游资源开发建设的需要，进行普查试点实践，修改完善普查规范，分期分批组织各地按普查规范要求进行普查工作。第三阶段：对各地普查结果进行整理评审和验收，编写全国旅游资源普查成果报告，建立省、市级和国家级旅游资源信息数据库。并在此基础上进行有关科研开发和综合利用。

1989年开展了第一个阶段的工作。根据其它部门开展普查工作的经验，第一阶段的中心任务是提出科学的普查分类方案和编制普查规范。因为只有制定了统一的分类标准和普查规范，开展全国性普查工作才能有章可循，才能进行综合评价。

普查规范的研究和编制全过程采取了专家、科研技术人员和业务管理人员相结合的方式进行。将“中国旅游资源普查规范”研究课题委托给中国科学院地理研究所，并由资源司和地理所组成了规范起草小组和领导小组，组织了专家顾问组。普查分类是普查规范编制的必要研究前题，课题组首先就旅游资源普查分类方案进行了探讨，经过半年的工作，五易其稿和两次专家论证会，进一步明确了旅游资源的概念、含义和普查工作的指导思想，提高了初步可行的普查分类方案。其中普查分类表采用以旅游资源形态为主的属性原则进行分类，突出了各类资源形态的差异。整个分类系统分为“类”和“基本类型”两个层次。“基本类型”共有109项，是整个分类系统的基础，是普查工作的具体对象。在旅游点和旅游区中可以按单一指标划分出来的旅游资源类型，也是旅游点或旅游区的基本构成部分。“类”共有8项，是一个分类级别。它只限于将若干属性相同或相近的基本类型进行归类，不需要开展实际调查。分类表中109个基本类型归为以下8个类：1、地表形胜类：包括地质与构造、山地形态、洞穴形态、黄土、沙漠与戈壁形态、海岸与岛屿形态等方面的基本类型共20项；2、水体形胜类：包括湖泊、瀑布、泉、河流、冰川、海洋方面的基本类型共8项；3、生物形胜类：包括森林、草原、动植物等方面的基本类型共8项；4、气候及天象形胜类：包括避暑、避寒胜地和奇特气候及天象景观方面的基本类型共6项；5、历史胜迹类：包括人类和历史文化、教育、艺术、科学、军事遗迹和遗物方面的基本类型共25项；6、近现代胜地类：包括工程设施、农林场所、各类建筑等方面的基本类型共13项；7、文化、游乐、体育胜地：包括各类园林、场馆设施等方面的基本类型7项；8、风情胜地：包括特色村镇、街巷和民风、民俗等方面的基本类型共10项。

旅游资源普查分类方案按照工作计划提出以后，为下一步编写“普查规范”创造了条件。并在今后的普查工作实践中逐步修改、完善。

全国旅游资源普查工作作为国家旅游局的软件建设，已经列入国家科委的科研课题，得到了我国高级科研机构的重视和支持。随着旅游资源普查工作的深入开展，旅游学科的发展也将得到不断充实提高，并且在此基础上逐步建立起旅游资源的独立、完整的体系，推动旅游学科的理论研究和实践工作的发展。

1989年旅游商品业

莫宇宏

概况

1989年，正当中国旅游业度过了蓬勃发展的十年，在中国首都北京发生了动乱和反革命暴乱，中国旅游业受到了首当其冲的重大损失，出现了大滑坡。全年来华旅游入境人数为2450.14万人次，比上年下降22.7%；其中，有组织接待人数323万，外国人146万，港澳台同胞和华侨2304万，分别比上年下降25.7%、20.8%、22.8%。全年旅游外汇收入18.6亿美元，比上年下降17%；其中，商品性收汇（包括旅游商品销售和餐饮收入）6.3亿美元，劳务性收汇（包括住宿、交通、邮电等收入）12.3亿美元，分别比上年下降29.5%和9%。1989年的旅游商品销售收入4.68亿美元，比上年下降32.4%，占同期全国旅游外汇总收入的25.2%。虽然旅游商品销售收入仍然是中国旅游住宿、交通、邮电、餐饮等各个服务项目中创汇最多的一个项目，但自1986年以来，旅游商品销售收入占旅游总收入的比重已呈连续下降的趋势，1989年当年下降的幅度比其它服务项目下降的幅度大。

加强治理整顿，奋力恢复旅游

"6·4"风波使正常的旅游秩序受到了严重的干扰，尽管6月初平暴以后，中国旅游秩序已经恢复正常，旅游安全已有保障，但由于西方的反华宣传浪潮，主要客源国政府采取了限制来华旅游的不友好态度，外国旅游者纷纷取消来华计划，使我国旅游接待人数出现空前未有的大滑坡。仅6月份这一个月，有组织接待人数就比去年同期减少64.6%。在严峻的旅游形势面前，旅游战线的各级领导和全体职工，千方百计，奋力开拓，力争减少损失，尽快走出低谷。8月国家旅游局在西安召开"重振旅游座谈会"，部署加强宣传促销、治理整顿和增收节支三项任务。11月，在苏州召开"整顿旅游队伍现场会"，江苏省、山东省和苏州市、西安市分别介绍了他们在进行正面教育、重点培训、制度建设和突破回扣案件等各个方面的经验，并组织发挥审计工作的作用，使行业不正之风开始收敛。在增收节支方面，绝大多数企业在旅游业面临生存的考验面前，不消极、不等待，积极采取自救措施，多门路创收，多方面节支。上海市旅游局在11月底召开旅游商品生产、销售信息座谈会，研究加强旅游商品市场的宏观管理和协调。加强旅游商品的研究、设计、开发、生产，扭转旅游商品市场的滑坡现象。筹备成立上海市旅游商品行业协会，从组织上加强对旅游商品业的协调工作。9月30日—10月6日，北京市旅游局接待北京国际旅游年有奖购物第一位中奖旅游者——来自日本的青木和夫先生和夫人。此项活动，在日本引起很大反响，对开拓中国旅游商品市场起到了一定的推动作用。

旅游商品的构成

1989年，旅游工艺美术品创汇3.20亿美元，比上年下降23.26%，占当年旅游商品销售收入的68.38%，仍然为目前中国旅游商品的重要构成。

重点旅游城市的旅游商品业

1989年，一批重点旅游城市和沿海经济开放城市仍是我国旅游商品销售的创汇中心。北京、上海、广州三个口岸城市的旅游商品销售创汇1.3亿美元，占全国旅游商品销售收入的27.8%，比上年同期商品销售收入下降53.2%；深圳、珠海、汕头三个经济特区的旅游商品销售创汇1.1亿美元，占全国旅游商品销售收入的23.5%，比上年同期商品销售收入下降41.8%。下表是旅游商品销售收入排列全国前10位的重点城市旅游接待人数和旅游商品销售收入数。

旅游商品服务

1989年9月，轻工系统的中国旅游产品生产供应公司克服困难，在广州举办了第二十三届旅游产品、内销工艺品交易会。28个省、自治区、直辖市和10个计划单列市的38个代表团共900多个厂家参加，有22个大类的4万多种产品参展。由于全国旅游业的严重滑坡，致使本届交易会成交额较上届大减，仅为2.1亿元（22届交易会为10亿3千万元）。但据会上信息反馈，传统名特产品、民间民族特色产品、特色创新产品、特别是小商品，仍很受欢迎。传统名特产品，如广东端砚、潮绣、抽纱、江西景德镇瓷、苏州刺绣、檀香扇等，工艺独特精湛；民间民族特色产品，如贵州蜡染服装，成都蛋壳漆盘、甘

城市	接待海外旅游者人数（万人次）	旅游商品销售收入（万美元）	占旅游总收入的比重（%）
上海	65.58	5265	30.0
珠海	24.46	4397	89.0
北京	64.52	4213	11.3
深圳	85.45	3786	41.0
广州	122.98	3598	18.5
汕头	14.01	2807	78.9
福州	9.60	1286	52.4
厦门	13.85	1084	45.0
青岛	3.91	767	38.3
沈阳	2.59	624	60.5

（资料来源：国家统计局、国家旅游局）

肃夜光杯以及以敦煌壁画图案为题材的丝毯、海南椰雕等，民族民间风情浓郁；特色创新产品，如山东威海锡镶紫砂陶，青岛麦秆工艺品，上海镀银餐具，河南唐三彩新品种三彩釉壁画、壁挂，辽宁硅酸盐花瓶，构思新颖多姿，均受旅游者的欢迎。

北京市旅游商品供应服务总公司，是以经营旅游商品为主的综合配套的多功能新型商业企业。1989年在旅游市场滑坡、国内市场疲软的困难形势下，振奋精神，群策群力，调整经营策略，开发具有旅游特色，适合旅游市场需要的商品，超额完成全年任务，营业额和利润反而比上年分别提高10.3%和3.05%，为国家创汇一百多万美元。该公司所属旅游艺术品公司与亚运会组委会联合经营金首饰，并在北京首家推出“三包”（包修、包退、包换）服务措施，被市消费者协会定为“信得过”单位。所属的友谊商业合作公司向日本、西德、土耳其等国外派厨师技术服务41人次，为国家创汇九十多万美元。为繁荣首都旅游商品市场发挥了积极作用。

发展中的旅行社行业

朱忠良

近十年来，由于我国坚持对外开放政策，旅游业发展很快。在这种形势下，旅行社的数量有较快的增长。据统计，1985年全国一、二、三类旅行社共270家，到1989年剧增至1592家。其中一类旅行社63家，二类旅行社811家，三类旅行社718家。旅行社从业人员达到6万。这些旅行社在发展我国旅游事业中起到了积极作用。其中从事国际旅游业务的一、二类旅行社，每年接待三百万左右的有组织的海外旅游者。为了满足旅游者的需要，我国旅行社积极开发旅游产品，开展多种旅游项目，如团体观光旅游、散客和家庭旅游、会议旅游、奖励旅游、专业讨论会和博览会及零星服务，还有特殊项目旅游，如自行车旅游、汽车旅游、徒步旅游、草原旅游等。

由于近年来旅行社的数量增长大于客源增长，加上去年旅游滑坡的影响，当前旅游市场有些混乱，削价竞争现象比较严重，有些旅行社服务质量差，影响了我国旅游业的声誉。

为了促进我国旅游业的健康发展，根据中共中央、国务院关于清理整顿公司的决定和国家旅游局关于清理整顿旅行社的通知，要求各地方、各部门认真抓好清理整顿旅行社的工作。清理整顿的重点是经营国际旅游服务的一、二类旅行社，撤并一批不符合经营条件的旅行社，切实解决多头对外，削价竞争，服务质量差的问题。

我们相信治理整顿后的我国旅游市场将会更加繁荣有序，旅游业将会继续健康协调地发展。

全国旅游涉外饭店星级评定工作

全国旅游涉外饭店星级评定委员会

1989年，国家旅游局全国旅游涉外饭店星级评定委员会，按照《中华人民共和国评定旅游涉外饭店星级标准》检查、考核、审批之后，公布了两批135家星级饭店。这就必然使我国饭店业进一步走向符合国际惯例和国际标准又富有中国特色的道路，必将使我国饭店进一步提高服务质量和管理水平，大大促进我国旅游事业的发展。

一、评定旅游涉外饭店星级是全国饭店业盼望已久的一项建树。

1986年，国家旅游局决定把评定饭店星级列为工作重点。1987年，国家旅游局集中了很大力量制定《中华人民共和国评定旅游涉外饭店星级的规定》和《中华人民共和国旅游涉外饭店星级标准》（以下简称“规定”和“标准”）。由于以前我国从未有饭店业的统一标准，国家旅游局采取了审慎态度，要求做到既符合国际标准，又适合中国国情，具有中国特色。第一步，和国务院有关部委协商，分清职责范围，明确了我们是从国际国内旅行者和观光客人的要求，主要是从饭店的经营管理、服务和产品质量的角度来制定饭店的星级标准。第二步，和部分省、市旅游局及各类饭店管理者和专业人员以及院校和科研人员多次举行研讨会，根据我国饭店业建国四十年来，尤其是改革开放以来积累的经验，在继承我们东方礼仪之邦的文化传统和发扬地方及民族特色的基础上，国家旅游局认真研究并借鉴国际上十五个国家，尤其是亚太地区的饭店星级标准，认真地进行了饭店星级标准的起草工作。第三步，征求香港有关方面专家的意见，并取得世界旅游组织的支持，请来了专家、顾问，听取了他们的有益的意见。《规定》和《标准》定稿后又送世界旅游组织，得到了他们的赞同。最后，于1988年8月22日，国家旅游局以（88）066号文件颁布了《规定》和《标准》。

《规定》是进行饭店星级评定工作的依据和准则；《标准》则是旅游涉外饭店行业的星级评定标准。通过推行我国这套既具有鲜明中国特色，又符合国际标准的星级制度，使我国的饭店业，在建设上有了具体参照的专业规范，在经营管理上有了统一的准则和目标，在服务上有了统一的质量标准。从而必将促使我国饭店业从整体上较快达到国际同等级饭店的水平。

二、《标准》的内容和特点。《标准》是一个完整的系统工程，既符合国际标准，又适合中国国情具有中国特色。

对饭店实行星级评定是国际饭店业通行的惯例，星级制度是国际旅游业中通用的语言。世界上大多数发达国家以及旅游业较发达的发展中国家，对本国饭店评定等级，大都以“星”的多少来表示饭店的等级。国际上饭店星级标准大体一致，在具体做法上又各有特点。国家旅游局根据我国的实际情况，更好地满足来华旅游者的需求，创造条件进入国际饭店业市场的竞争，制定了我国饭店星级评定制度。

《标准》由六个部分组成：

项目一是饭店建筑物、设备设施、服务项目的必备条件，主要是对饭店的“硬件”的齐全程度等方面的基本要求。

项目二是饭店设施设备检查评分表。它参照了国际上的做法并结合了中国的特点，规定了不同星级饭店应具备的不同分数，能够从整体上把握饭店的星级标准。

项目三是饭店维修保养检查评分表。

项目四是饭店清洁卫生检查评分表。

项目五是饭店服务质量检查评分表。

从项目三到项目五是饭店的“软件”，反映出饭店的管理水平和服务水准，并且在标准的各个项目上，从注重定量分析的百分比打分法再到定性分析综合的分析评定，具体地反映了饭店有形产品和无形服务产品质量的动态指标。

项目六是宾客满意程度调查表。是请宾客评论饭店的服务质量，提高宾客满意程度。此项检查要通过饭店、旅行社、机场、车站、口岸向宾客发放、回收调查表，统计出宾客对饭店服务的满意程度。

总之，饭店星级标准有六个特点：一是既符合国际标准，又具有中国特点，重服务，重管理，重软件；二是标准是一个完整的系统工程，六个项目缺一不可，相互联系，相互制约；三是量化和质化相结合，由定量的打分，逐项检查到综合评定法确定饭店星级；四是有强烈的针对性，侧重在于促进管理，提高服务质量；五是以市场需求为导向，以服务为宗旨，以宾客满意为最终目标；六是为我国旅游涉外饭店的深化改革，走向国际市场铺平道路，打好基础。

三、星级评定的组织实施工作。

评定饭店星级在我国是一项崭新的工作，是一项面广量大的艰巨工作。我们对评星工作总的要求是：注重质量，严格按照《规定》和《标准》办事，既要积极，又要稳妥；先试点后推广；先重点后一般；循序渐进，逐步展开。国家旅游局刘毅局长特别强调：一定要严格执行标准，在标准面前家家平等，不搞照顾，要把主要精力放在抓管理和服务方面，把星级评定工作搞得扎扎实实。据此，全国的评定饭店星级工作分为四个阶段：

第一阶段，搞好广州试点。摸索出评定星级经验，是搞好全部工作的基础。1988年11月初，国家旅游局章新胜副局长主持了广州的试点工作，国家旅游局工作班子会同广东省、广州市的评定星级工作班子一起开展试点工作。参加试点工作有四个方面的力量：一是国家、省、市旅游局的干部；二是饭店企业的代表；三是院校的教授、讲师；四是请了世界旅游组织的两位专家。试点工作采用了实地考察、就地会诊、案例分析等方法，取得了较好的效果，摸索出一套实施办法和经验，1989年5月25日在广州公布了我国22家星级饭店。

第二阶段，狠抓培训，办好研讨班，培训星级评定工作的领导骨干和检查人员。从1988年12月起举办了五期饭店星级检查员培训研讨班，通过讲授、研讨、实地考察、安全分析，实践练习，资格考试。目前，全国各省、自治区、直辖市旅游局已有300多位管理干部取得了饭店星级检查员的资格证书，成为我国饭店行业管理的领导中坚和骨干力量。

第三阶段，在广州试点的基础上，在十个城市（北京、上海、广州、南京、苏州、西安、桂林、杭州、厦门、大连、成都）推广试点。抓好在这十个城市中星级评定工作重点是放在三星饭店上，方法是抓好标杆，树立样板，推动全面工作。经过几个月的努力，十个城市都选出了不同星级的标杆饭店。与此同时，一些省、市也积极努力，抓住重点，开展饭店星级评定工作，选出自己的饭店。今天，在这里公布的12家一星饭店、52家二星饭店是一些省、市星级评定机构审定报全国旅游涉外饭店星级评定委员会备案的。44家三星饭店是一些省、市星级评定机构初评后报全国旅游涉外饭店星级评定委员会确认的。5家四星级饭店是由一些省、市饭店星级评定机构推荐，由全国旅游涉外饭店星级评定委员会检查、评定的（名单附后）。

第四阶段，逐步在全国全面展开，争取在1990年底，大体完成全国的旅游涉外饭店星级评定工作。

四、我国旅游涉外饭店推行星级制度，将会产生较大的经济效益和社会效益。

对旅游涉外饭店推行星级制度，有利于我国旅游涉外饭店业的发展走上正规化、专业化、规范化和科学化的道路，有利于来华旅游者选择和预定饭店，进一步争取和扩大客源，增加净外汇收入，有利于改变我国1496家旅游涉外饭店谁建谁管、松散的、互不关联的状况，能够促进饭店企业加强横向联合，为建立我国自己的专业化饭店管理公司创造条件。有利于在旅游涉外饭店行业中引入竞争机制，建立公平的竞争环境，促使饭店经营者在竞争中不断提高服务水平和管理水平，促使饭店管理者提供最佳服务，创造本星级最佳饭店。

五、目前，全国旅游涉外饭店的星级评定工作，已在各省、自治区、直辖市展开，国家旅游局要求在饭店星级评定中，要坚决反对盲目追求提高硬件水平，不切实际地争攀高星的倾向，要把出发点和落脚点放到严格按照标准，特别是软件标准，提高旅游涉外饭店的管理水平和服务质量，提高住店宾客对服务工作的满意程度。已经取得星级的饭店，要不断对照标准，巩固和提高现有的管理水平和服务质量，使我们的星级过得硬，得到国际旅游者的好评。正在申请星级的饭店，要认真地对照标准，找出不足，加紧工作，实现达标。全国各地旅游行政管理部门，要根据饭店星级评定总要求、总政策，加强领导，通过促管理、抓服务、深化改革，加强行业管理，抓好这项工作。可以预料，我国不久将会有更多的符合国际星级标准的旅游涉外饭店。这样，我国饭店业在国内外的形象就会得到明显的改善。

今后，国家旅游局将向海外旅行商和旅游者提供标有饭店星级等内容的中国旅游涉外饭店指南。

附：

全国已公布的星级饭店

第一批（22家） 1989年5月

广东省广州市：

四星级饭店1家：

中央酒店

三星级饭店7家：

白云宾馆、流花宾馆、南湖宾馆、广州宾馆、爱群大酒店、华侨酒店、东山宾馆

二星级饭店13家：

红棉酒店、广东酒店、新亚大酒店、新华大酒店、北京大酒店、南方大厦酒店、白宫酒店、粤新大酒店、华粤大厦、梅花园林宾馆、天河宾馆、天河大厦、天河酒店

一星级饭店1家：

广东肇庆酒店东楼

第二批（113家） 1989年10月4日

四星级饭店5家：

北京市：长城饭店、昆仑饭店

广西自治区桂林市：桂山大酒店

福建省厦门市：悦华酒店

江苏省无锡市：无锡大饭店（预备星级）

三星级饭店44家：

北京市：民族饭店、燕翔饭店、前门饭店、东方饭店（新楼）

广东省广州市：望星楼宾馆、新侨酒店、华燕宾馆

广西自治区桂林市：玉桂宾馆、桂林大酒店、桂星酒店、华侨大厦

山东省青岛市：华侨饭店

辽宁省沈阳市：华厦饭店

大连市：仲夏客舍、怡怡楼宾馆、金帆宾馆、华联宾馆、国际海员俱乐部、友谊宾馆、老虎滩宾馆

福建省厦门市：集美宾馆、航空宾馆

上海市：嘉定宾馆

陕西省西安市：夏威夷酒店、体育宾馆

河南省洛阳市：友谊宾馆（西楼）、东方宾馆（预备二星）、花园大酒店（预备二星）

河北省承德市：倚望楼宾馆

山西省太原市：迎泽宾馆

江苏省苏州市：姑苏饭店，园外楼饭店、吴中苑饭店、友谊宾馆

无锡市：梁溪饭店

南京市：去轩山庄

浙江省萧山市：萧山宾馆

吉林省吉林市：西关宾馆、东关宾馆、哈达宾馆

长春市：白鹤宾馆

浑江市：浑江宾馆（二号楼）

四川省成都市：西藏饭店

乐山市：嘉州宾馆

一星级饭店52家：

广东省广州市：西城大酒店（南楼）

陕西省西安市：书院宾馆

广西自治区桂林市：泰和饭店

辽宁省大连市：青旅宾馆、北方楼宾馆、景山宾馆

四川省成都市：光明宾馆

河南省洛阳市：洛矿宾馆

河北省承德市：承德宾馆（南楼）

吉林省吉林市：银花宾馆

山西省繁峙县：砂河宾馆

吉林省长白县：长白宾馆

上海市：上海大厦、国际饭店、衡山宾馆、金沙江大

酒店、华夏宾馆、新苑宾馆

天津市：北方宾馆

广东省广州市：远洋宾馆、新大地宾馆（新楼）

佛山市：佛山宾馆

南海县：西樵山大酒店

珠海市：珠海国际服务中心、珠海园林大酒店

陕西省西安市：万年饭店、钟楼饭店、西安宾馆

江苏省苏州市：苏州饭店（新楼）、南林饭店（新楼）

南京市：丁山宾馆

浙江省杭州市：望湖宾馆、友好饭店、新侨饭店

广西自治区桂林市：假日宾馆、凯悦酒店

四川省成都市：锦江宾馆、成都饭店

重庆市：重庆饭店

辽宁省大连市：南山宾馆、民航大厦

沈阳市：凤凰饭店

福建省厦门市：鹭江宾馆、信息酒店

河南省洛阳市：友谊宾馆（东楼）

河北省承德市：云山饭店

山东省济南市：齐鲁宾馆

潍坊市：鸢飞大酒店

黑龙江省哈尔滨市：天鹅饭店、友谊宫（西楼）

吉林省长春市：长春宾馆

山西省太原市：山西大酒店（预备星级）

二星级饭店11家：

北京市：德胜饭店、光华饭店、日坛宾馆

广东省广州市：同福乐酒店、华丽宫大酒店、燕岭大厦、花城宾馆、沙河大饭店、飞霞大厦、云山大酒店、民航旅客服务公司、东亚大酒店

（全国旅游涉外饭店星级评定委员会提供）

1989年的国际市场开发工作

徐 汎

一、客源市场

1989年，我国的国际旅游客源市场发生了较大的变化。1—4月，来华旅游市场长势良好，有组织接待132.54万，较上年减少2.4%（主要是华侨、港澳同胞减少较多），外国人58.6万，较上年增长10.2%。4月下旬—6月，在北京发生的动乱和反革命暴乱，使我国旅游业受到意外的严重冲击。5月份，客源开始减少。6月份，大幅度下滑。以后几个月，下降幅度逐步回升，接待的人数尤其是外国人，逐月略有增多。将当年分成两段来看，有组织接待人数1—5月占全年的50.86%，6—12月占到49.14%。外国人的接待数1—5月占51.2%，6—12月占到48.8%。1988年，前5月占全年的比例，有组织者为40.1%，外国人数是37.8%。

1989年来华客源分月变化情况

月 份	全国有组织接待人数（万人）	较上年同期增减%	其中外国人（万人）	较上年同期增减%
1—5月	164.63	-5.7	74.8	+7.1
6—12	154.79	-39.78	71.39	-36.97
6	12.99	-64.6	7.2	-53.2
7	18.89	-52.2	8	-47.5
8	24.88	-35.3	10.5	-37.8
9	21.13	-46.7	10.98	-40.9
10	27.24	-33.5	12.79	-37
11	25.62	-15.2	11.6	-27.6
12	24.04	-31	10.32	-14.9
1—12	323.68	-25.6	146.1	-20.7

（资料来源：国家旅游局）

以往，我国主要国际客源市场大致分为日本、美国、西欧（英、德、法）、东南亚（新、菲、泰）四块。八国的客源占我接待外国人总数的70%强。1988年，日本客源59.19万，占来华外国人的32.1%；美国来华39.09万人，市场份额为16.3%；西欧三国来华22.88万人，占到市场的12.40%；东南亚三国客源20.27万，占总数的11.1%。

1989年，四块市场下跌的幅度和回升的速度不等，在总的市场格局中所占的比重发生变化。日本客源下降最多（-39.4%），市场份额也减少较多（减7.5%）；

美国客人减少28.6%，市场份额减1.6%；西欧三国的市场份额略有减少（-0.7%）；东南亚三国增长了1.6%。

主要客源市场份额变化

	1989年 来华人数（万人）	占总数%	1988年 占总数%	份额变化
日　本	35.9	24.6	32.1	-7.5
美　国	21.5	14.7	16.3	-1.6
西欧三国	17.1	11.7	12.4	-0.7
东南亚三国	18.6	12.7	11.1	1.6

在主要客源市场中，日本、美国和西欧来华客源减少较多。1988年，五国来华112.2万人，占我接待外国人总数的60.8%。1989年，五国客源仅74.5万人，占我接待外国人总数的比重下降到51%。这五国客源中，观光团的比重较大，消费水平相对较高，欧美旅行团的停留时间较长。对我旅游企业（旅行社、饭店）的经营有更多、更直接、更明显的影响。东南亚市场受到的影响相对较小。新、菲、泰和马来西亚、印度尼西亚五国的华裔近2000万，占全世界华人的2／3。这部分人出于寻根问祖，探亲访友等原因，形成来华探亲、观光的一个潜力可观的客源。1989年，三国客源曾一度减少，但下半年恢复较快。全年来华18.62万人，已接近1988年的水平（20.3万人）。

在我国的海外旅游市场中，台湾作为一个新起的客源地，在1989年仍保持了较好的发展势头。自1987年11月，台湾当局准许岛内居民来大陆探亲，台胞来大陆的客流猛增，1988年达43万人，一跃而为有组织接待的旅游者中居第二位的大市场（第一位是日本，当年来华人数为59万）。1989年，客源继续增长。6—7月，曾有大批旅行团取消，但回升较快。到10月底，来访人数已逾43万。全年人数54.1万，超过日本（1989年日本来华35.88万人），成为有组织接待的旅游者中居第一位的客源市场。

二、国际市场开发

面对严峻的市场形势，全国旅游行业迅速应变，致力于恢复与重振。

国家旅游局6月14日、6月28日两次向海内外发出公告，申明来华游客可正常旅游。6月25日研究了“加强宣传招徕的十项措施”。7月初，吴学谦副总理主持国家旅游事业委员会工作会议，听取了国家旅游局关于全国旅游形势的汇报，并批准了重振旅游，大大加强宣传促销等若干措施。7月下旬，国家旅游局召开“重振旅游”座谈会，确定了“全面吸引，重点促销”的开拓市场应急策略。在各省、自治区、直辖市人民政府的大力支持下，各地旅游局迅速行动，想方设法恢复市场。相继举办了有声势的促销活动。北京市旅游局组织了“北京国际旅游研讨会”，山东在曲阜举办了首届孔子文化节，陕西省旅游局以世界旅游日为题，举办了大规模的、富有地方特色的活动。东北三省一盟联合召开新路线发布会，江苏省旅游局结合秦淮河风景区竣工典礼，举办了“国际旅游周”，福建召开了“妈祖朝圣旅游研讨会”，深圳庆祝“锦绣中华”微缩景区开幕，河北省举办了吴桥杂技节等。西北五省、江苏、辽宁、北京、上海等省市旅游局还率领本地旅游企业及有关单位到日本、东南亚等地推销。全国的一类社也千方百计，奋力开拓。向海外发电传，保持并加强业务联系，邀请客户来华实地考察。请主要客源国的旅行商协会代表团来访，共商恢复市场大计，举办洽谈会，稳定客户等。据不完全统计，1989年各省、自治区、直辖市、计划单列市旅游局、各一类旅行社向海外发布消息725次；邀请了26个国家和地区的2104位客户代表来访；接待了13个国家和地区的57批记者约483人次；在国内举办招徕性活动47次；省（市）政府及旅游局领导会见客户或记者427次；向33个国家和地区派出193个推销团（组）。25个省、自治区、直辖市、9个计划单列市投入宣传费1800万元。

与此同时，国家旅游局除配合各地举办各项活动外，还发布公告，召开新闻发布会，接受记者采访，会见客户代表等，向海外宣传我国内局势稳定，对外开放和改革的政策不变，以及中国旅游的现状等。为支持客户组团，宣布在一定时期内，综合服务费实行优惠。与民航商定，对国外旅行团实行有限期的国内票价优惠。派代表团相继往日本、香港、联邦德国等地，作客源市场高层的工作。组织出旅游企业外联人员参加的联合促销小组，赴泰国、马来西亚、新加坡、菲律宾四国，广泛接触客户，促进销售。共组织了9个国家和地区的20批记者（121人次）往19个省（市）采访。这些记者发表了大量的文章和照片，介绍中国的旅游资源及设施，介绍中国稳定的局势，起到了较好的宣传效果。参加陕西、山东两地活动的4名泰国记者，回国后发表了43篇文章（约8万余字）和50多幅照片。两批日本记者采访后制作了2小时的节目在“电视东京”播放，其中介绍西安9.27活动时，有交通公社的大旅行团参观兵马俑的镜头，在日本引起较大反响。此外，还组织了51个省（市）旅游局、旅游企业参加了13次国际旅游博览会。制作印刷宣传品13种，48万余册；拍摄录像片9部；对外发送730个拷贝。

1989年，我国的旅游业遭受了从未有过的严重挫折，激发出全国旅游战线广大干部职工从未有过的拼搏精神。全国上下的奋力促销，对于恢复中国形象，增加客户信心，稳定市场，招徕客源起到了积极作用。在来华人数六月份骤然下跌，七、八月份跌入低谷后，九月份就开始较快恢复。全年入境总人数达2450万，其中有组织接待人数323.68万，外国人146万，外汇收入近18亿美元，比调整计划超额30%。取得了全年有八个月受到严重影响，接待人数和外汇收入达到1988年的近八成的来之不易的好成绩。

三、参加国际旅游展销会情况

展览名称	展览时间	展览地点	展览面积（平方米）	参展国家、单位、人数	接待人数	中国展台面积（平方米）	中国展团人数
西柏林国际旅游交易会	3月4日—9日	西柏林		152国（地）2961单位	公众6.99万 专业人员2.99万	300	64
伦敦世界旅游博览会	11月	伦敦	22000	135国（地）2500单位	专业人员 4万	93	43
日本国际观光会议及旅游展览	12月	东京		70国（地）1800人		44	32
芝加哥国际会议与奖励旅游展览会	9月	芝加哥				54	24
香港国际旅游博览会	3月	香港		45国（地）290单位	专业人员3900	200	
巴黎世界旅游博览会	2月			941单位	公众12.4万 专业人员1.35万	70	20
米兰国际旅游交易会	2月	米兰	80000	138国（地）2734单位	公众10.3万 专业人员1.35万		
马德里国际旅游博览会	3月	马德里		135国（地）3250单位	公众20万 专业人员2.5万		
汉堡国际旅游展览会	2月	汉堡	20000	71国（地）10229单位	公众20万	70	26

建国以来我国旅游宣传工作和国际旅游市场开发概况

沈受君

中国国际旅游业始创于五十年代初，接待对象主要是苏联和东欧国家的旅行者，也有华侨和港澳同胞。当时，主要是做好来华外国旅游者和到大陆探亲、访问的华侨、港澳同胞的接待宣传工作，尚未开展招徕性的旅游宣传工作。六十年代初，为开辟资本主义国家旅游客源市场而开始制作了一些旅游宣传品，但由于"文化大革命"的开始而中断。七十年代初，中国国际旅游业开始逐步恢复，但由于当时的政治环境和极左思想的干扰，以及客观上人力、物力、财力不足，加之缺乏经验，因而对外旅游宣传工作进展缓慢，尚处于探索和准备阶段。

自1978年实行对外开放政策以来，由于党中央、国务院重视中国国际旅游业的发展，在旅游业和各个方面都取得了很大进展。为了开发国际旅游市场和适应旅游业不断发展的需要，旅游系统各部门都程度不同地加强了对外旅游宣传工作。可以说，对外旅游宣传工作是从无到有，由小到大，逐步发展起来的。到目前为止，已创建了一系列灵活多样、丰富多彩的旅游宣传方式和手段，在开发国际旅游市场方面取得了一定进展。在全国范围内，建立和健全了各级旅游宣传机构，并已形成了一支具有相当水平的旅游宣传干部队伍，为旅游业的大发展作出了一定的贡献。

一、1949—1978年期间中国旅游宣传工作和国际旅游市场开发简况

1949年12月厦门华侨服务社成立，开始接待华侨和港澳同胞，除进行口头宣传外，还编印了《华侨回国须知》、《福建华侨进出国须知》、《侨汇资料汇编》、《华侨出国联运图》和《海陆联运出国价目表》等宣传资料。此后，在福建、广东两省侨乡先后成立了20多个华侨服务社（站），1957年3月，在北京正式成立了华侨旅行服务社总社，以后逐步扩展到全国各省。由于华侨旅行服务社的主要任务是接待好回大陆探亲、旅游的华侨和港澳同胞，所以各地华侨旅行服务社，除编印一些《华侨回国须知》等服务介绍的宣传品外，一般都不编印招徕性的旅游宣传品。

中国国际旅行社成立于1954年4月，开始只接待苏联和东欧国家的自费旅游者，每年接待人数都是通过两国旅行社签订合同或协议书确定，所以不必开展招徕性宣传，主要是做好来华后的接待和口头宣传工作。但是，随着来华外宾的不断增加，他们反映买不到令人满意的介绍中国名胜古迹和反映建设情况的外文出版物；各国旅游机构和中国驻外使馆纷纷来函索取各种旅游宣传资料。因此，国旅总社和外文出版社等单位于1956年起即着手编印外文旅游宣传资料。继1957年法国摩尼旅行社开始组团来华旅游，1958年，联邦德国、瑞典、英国、比利时、印度、澳大利亚、意大利和加拿大的自费旅游者也开始陆续访华。为加强旅游宣传工作，1959年2月，国旅总社向各分支社发函，要求编印出一批图文并茂的外文旅游宣传品。各分、支社在1959年内基本上都编印了本城市的导游图，有些分、支社还编印了游览点和参观点简介，如国旅南京分社编印了一份《南京》导游图和6份游览点简介（即《明孝陵》、《太平天国纪念馆》、《中山陵》、《灵谷公园》、《玄武湖》和《雨花台》）分别用中、俄、英、法、德五种文字出版；国旅无锡支社分别用俄文和英文出版了《无锡》导游图，无锡华侨旅行社出版了中文版《无锡》导游图，北京出版社出版了《北京游览图》（俄文版）。这是新中国成立后出版的第一批旅游宣传品。国旅总社编辑的《中国旅行略图》（俄文版和英文版）于1960年出版和《中国主要旅行城市画册》（俄文版）于1961年出版。这是我国旅游宣传品中第一册全国旅行图和第一本旅游画册。

1964年7月，经人大常委会批准，设立中国旅行游览事业管理局，其主要任务之一是负责有关旅游的对外联络工作和宣传工作。为此，专门设置了宣传处，以加强旅游宣传工作。

为了积极开发旅游市场，宣传处着手编印《旅华便览》（英文版），并以中国国际旅行社名义于1964年12月出版，内容包括：旅华须知、签证、海关、检疫、外汇、旅行安排及汇款手续、交通情况、旅馆、餐食、气候衣着及各城市部分游览参观项目介绍等。这是第一本带有招徕性的旅游宣传品。

1964年5月1日中巴通航，从而开辟了联结欧洲和亚非国家的空中通道，为发展中国的国际旅游业创造了极为有利的条件。为了能在中巴通航时扩大旅游宣传，宣传处分别印制了英文版的北京、上海、南京、苏州、无锡、广州等六个主要旅游城市的导游图和12个旅游城市的画册《欢迎来中国旅行》，以及中、英文版的《中国旅行略图》；还先后印制了1965年和1966年两份风光挂历，并制作了一批风光名胜织锦画、丝织手帕、剪纸、

钢笔和幻灯片等旅游纪念品。为了提高导游水平，宣传处还编印了一本介绍北京、上海等8个城市和地区的主要游览参观点的《各城市导游资料汇编》上册。

此外，为开展对外宣传，中国新闻社曾拍摄过《月是故乡明》和《泰山南北》等影片，在海外发行后，扩大了影响。对国内介绍旅游的读物，除一些作家和记者曾在中央和地方报刊文艺栏目内以游记、散文和报告文学形式介绍各地的风光名胜和风土人情外，早在1955年1月，中国青年出版社就创办了旅游月刊《旅行家》，深受广大读者的喜爱。

“文化大革命”开始之后，国际旅游活动逐渐减少，旅游宣传工作处于停顿状态。

1971年2月，毛主席对中国旅游事业作了“人数可略增加”的批示。同年4月，周总理在接见旅游工作会议代表时提出“宣传自己，了解别人”的重要方针。这对旅游宣传工作具有重要的指导意义。

随着国际旅游业的缓慢地逐步恢复，必须加强对外旅游宣传工作，以开拓客源市场，中国旅行游览事业管理局1973年6月重新恢复了宣传处建制。在抓紧各项旅游宣传品的编印出版的同时，还着手筹组中国旅游出版社。1975年6月经国家出版事业管理局批准，中国旅游出版社正式成立（当时中国旅游出版社与宣传处合署办公，1979年才正式分开）。在此期间，主要编印出版了下列各项旅游宣传品：

1.1973年，经过充实、修订再版了英文版《旅华便览》；1977年经再次增补、修订，配以彩色风光照片，并以中文和英文分别再版了《旅华便览》；

2.于1974年起，每年印制一份彩色精印的挂历，1974年和1975年还曾分别印制过两套年历卡；

3.以中国国际旅行社名义和外文出版社合编的《中国旅游》画册于1974年出版，分中、英、日三种版本；

4.与地图出版社合编于1974年出版了《中国旅行游览图》，分中、英文两种版本；

5.1975年至1978年，中国旅游出版社先后出版了三本《中国旅行》小型画册，分中、英文两种版本。第一本介绍上海、杭州、南京、无锡和苏州；第二本介绍郑州、洛阳、安阳和林县；第三本介绍西安。同时，还出版了郑州、洛阳、开封、西安、长春、吉林、济南等开放城市的明信片以及简易的英文版《中国旅游略图》等。国旅广州分社和广东人民出版社合编出版了《中国旅行》（广州、佛山）小型画册。

这一时期出版的各种旅游宣传品，由于受政治倾向的影响，三分之二以上的图片是反映建设成就，说明词几乎都是“套话”，而反映旅游资源和旅游设施的篇幅很少。

与此同时，为了满足各部门对外宣传和翻译导游口头宣传的需要，宣传处从1973年起即着手编印《开放城市和地区参观单位简介》，包括当时对外开放的34个城市和地区，并于1974年9月出版。1977年9月又出版了《开放城市和地区参观单位简介续编》，包括16个城市；并将新华通讯社向外介绍我国29个省、自治区、直辖市基本情况的特稿汇编成《中国概况》出版。北京外语学院英语系，为满足翻译导游人员工作和学习需要，编印了北京、上海、广州等十余个开放城市的英语资料。

二、1979—1988年十年来中国旅游宣传工作和国际旅游市场开发简况

随着我国对外开放政策的实施，国家又作出了大力发展旅游事业的决定。为实现这一决策，必须大力加强对外旅游宣传工作，积极开发国际旅游市场。可是，由于受习惯势力和极左思想的影响，首先要转变思想认识，其次，要以开拓的精神，逐步开展国际上广泛运用的各种旅游宣传方式和手段，再次，建立和健全各级旅游宣传机构，加强协作，把旅游宣传和市场开发密切结合起来，以达到增加客源、加速旅游事业的发展。

（一）对旅游宣传认识的转变

长期以来，我国旅游接待工作只着眼于政治接待，不讲求经济效益，因此，旅游宣传只着重于我国的建设成就和增进友谊，毫无疑问，这是必要的，但并未开展招徕性旅游宣传。所以，要大力发展旅游事业，首先在认识上要明确，旅游事业既可增进与各国人民的相互了解和友谊，又是一项经济事业，可增加外汇收入和积累四化建设资金。因此，为了不断开发国际客源市场，就要大力加强旅游宣传工作。

其次，由于受极左思想影响，旅游宣传内容仍不敢大胆宣传风光名胜和风土人情。为此旅游总局和国家出版局于1980年6月下旬在无锡联合召开了旅游出版工作座谈会，任务之一就是要求大家进一步解放思想，敢于宣传风光名胜和风土人情以及有关的民间传说、神话故事和历史掌故等。

再次，八十年代前期，由于我国的国际旅游业迅速发展，几个主要旅游城市在旅游旺季客房和交通非常紧张，因而给人以假象：似乎无需宣传，游客可以不招自来。因此，在相当一部分人中，产生一种“皇帝女儿不愁嫁”的思想。随着旅馆客房的迅速增加，旅游交通有所缓解，在旅游客源的激烈竞争面前，才开始意识到加强旅游宣传的重要，八十年代初的“中国热”、“神秘感”只是一种在对外开放初期的暂时现象，在旅游发展走上正常轨道时，大力加强旅游宣传，积极开发国际市场是一项刻不容缓、连续持久的工作。

最后，中国的对外旅游宣传是从无到有，由小到大，逐步发展起来的。因此，在前一时期，各项旅游宣传方式和手段，都是打基础，树立中国旅游形象，提高中国旅游在国际上的知名度。到八十年代中，随着旅游系

统各部门主管领导宣传意识和市场观念的形成和强化，各旅游企业也积极投入对外旅游宣传招徕的行列，因而使旅游宣传与市场开发结合起来，使形象性宣传与推销性宣传更好地结合起来。随着中国国际旅游业由卖方市场向买方市场转化，国际旅游市场争夺客源更趋激烈，促使地方、企业走联合宣传推销的道路，如西北五省、东北三省、西南地区等都相继采取联合行动，联合出版旅游宣传品，联合拍摄电影录像，联合邀请记者，联合出国参展推销。随后，各地旅游局、旅游企业按旅游产品的组合构成，也先后开始跨省、跨地区开展联合宣传推销。为了加强国际旅游业之间的联合与合作，我国和新加坡旅游部门于1986年正式达成协议，并已联合编印宣传品和拍摄旅游电影以及共赴第三国宣传推销联合产品等。这一切都是宣传意识和市场意识不断增强的结果。

（二）对外旅游宣传方式和手段的开拓和发展

十年来，在宣传经费有限的情况下，我国对外旅游宣传方式和手段，从无到有，由少到多，由小到大，逐项开拓和不断发展，从印刷品逐渐扩展到电影、录像、展览、邀请记者、公关、开辟驻外窗口、借助大众传播媒介、外出宣传推销等。

1.印制旅游宣传品。

七十年代末，我国决定大力发展国际旅游业之时，各地旅游宣传手段非常缺乏，就连最起码的城市导游图，明信片和游览点简介“三大件”也不全，甚至没有。因此，旅游总局和国家出版局于1980年6月下旬在无锡联合召开的旅游出版工作座谈会，目的是确定旅游出版工作的方针、任务，拟定二、三年内的重点出书规划，要求20个城市在一年内出齐急需的“三大件”，并委托有关出版社牵头组织各省、自治区、直辖市出版部门共同编辑出版《中国风物志》丛书、《中国特产、风味指南》丛书、《中国旅游手册》丛书、《江山多娇》丛刊、《旅游专业知识》丛书等18项任务。这些任务，基本上都如期完成了。之后，各地出版社还出版了大量介绍各地旅游城市和地区的旅游丛书。尤其是对外旅游宣传品，国家旅游局、各地旅游宣传部门，以及旅行社、饭店等企业都有计划、有针对性地印制了大量中外文的旅游宣传品，品种已从“老三件”发展到旅游便览、专项旅游介绍、招贴画、画册、挂历、旅游路线介绍、饭店介绍等，种类繁多，而且外文已有英、法、德、日、西文等版。国家旅游局委托中国旅游出版社分别出版了29个省、自治区、直辖市的导游图，而且分别以英、法、德、日四种文字出版。此外，中国旅游出版社还先后同香港、美国、日本、联邦德国、西班牙、意大利等国家和地区的出版社、广告公司合作出版了各种外文版的《中国旅游指南》、《旅华便览》、《中国免税品手册》、《中国风貌》等旅游读物。

2.制作幻灯片和摄制旅游电影、录像。

为了开展声像宣传的第一步，旅游总局宣传处于1979年起，一方面支持、推动北京幻灯片厂制作各地的旅游幻灯片，到1988年底为止，该厂共编制发行了214种不同专题、3170个画面的幻灯片，累计发行达100万套；另一方面，委托日本东洋现象所制作了五十多个专题的幻灯片，直接用于对外旅游宣传。1984年，又同美国柯达公司合作，摄制了一部长达一个半小时，同时用一部16毫米电影机和15台幻灯机介绍中国旅游资源的多图像电影幻灯片，在美国50多个城市放映，收到了良好的宣传效果。

1980年，旅游总局在中国新闻纪录电影制片厂的支持下，从该厂挑选了《中国风貌》、《长城》等9部风光纪录片（中、英文两种语言解说），并洗印了一批16毫米的电影拷贝，供国内外旅游宣传使用。1981年，宣传处委托该厂将《中国风貌》和《蓝天抒情》缩编成一部《在中国旅行》，同时摄制《江苏秀色》、《河南寻古》、《内蒙草原》和《湖南风光》等4部旅游电影，每部10分钟，分别配上中、英、法、德、日五种语言的解说，并洗印了大量16毫米拷贝，同时提供给各驻外旅游办事处和驻外使馆文化处。这是我国自行摄制的第一批旅游影片。

1982年以后，国家旅游局先后委托长春电影制片厂、上海科学教育电影制片厂、湖北电影制片厂、珠江电影制片厂、峨眉电影制片厂、西安电影制片厂、八一电影制片厂、北京科艺影业公司等为全国29个省、自治区、直辖市各摄制一部旅游影片，于1985年完成；1984年开始摄制旅游专线、专题旅游片，如《船游中国古运河》、《无锡旅游花样多》；1985年开始摄制区域旅游影片，如《中国西南行》、《丝路之旅》等。到1988年止，共摄制旅游影片近五十部。

1987年，国家旅游局与中央电视台合作，委托除西藏以外的28个省、自治区、直辖市电视台录制本地区的旅游电视片，还委托中国旅游声像出版社录制《中秋节》、《民俗旅游》和《吴桥——杂技之乡》等7部录像片。

此外，各地旅游宣传部门、制片厂、电视台也都单独或合作拍摄了不少旅游影片和录像片，到1988年止，全国各地自行摄制的旅游影片共五十多部，旅游录像片三百多部。

为了利用外力并充分运用电视这一现代化的传播手段开展对外旅游宣传，国家旅游局于1983年起先后邀请或接待自费来华的日本、美国、联邦德国、法国、英国、澳大利亚、瑞士、加拿大等国家和港澳地区的影视机构、旅行社和独立制片人来摄制旅游电影录像片。到1988年为止，已经摄制旅游电影46部，旅游录像片一百多部。

为了扩大宣传和获取国际旅游界摄制旅游电影的信息和经验，国家旅游局于1983年起先后参加了法国、捷克和澳门地区举行的国际旅游电影节，到1988年为止，共有21部中国旅游影片参加各种国际旅游电影节的评奖，其中有19部影片单独或数部共同获奖。计获金奖3个（《西藏—西藏》和《中国西南行》分别获金奖，《江苏秀色》和《河南寻古》共获金奖）、银奖2个、重要奖1个、公众奖3个、特别奖3个、音乐奖2个、其它奖5个。

3.举办旅游展览和参加各举国际旅游交易会和世界博览会。

旅游展览是一种综合的直接的旅游宣传形式，它通过图片、实物、模型、声像等手段开展形象宣传，并散发各种旅游宣传品和纪念品以加深印象和扩大影响，同时可进行旅游咨询和开展推销活动，以不断开发和拓展客源市场。

1980年12月，国家旅游局为在北京举行的“中国——1980年国际旅游会议”举办的旅游展览，和1981年在美国纽约等城市参加的中国文化展览所展出的图片，主要是从画册和风光挂历上收集来的风光名胜图片。1982年起，每年出国参加的各种国际旅游交流会和展览会以及在世界博览会的次数逐年有所增加，到1988年，已达20次。参加展出的城市有美国洛杉矶、芝加哥、迈阿密、新奥尔良、加拿大温哥华、多伦多、日本东京（新加坡、香港地区），欧洲有伦敦、巴黎、柏林（西）、里昂、马德里、米兰、阿姆斯特丹、汉堡等，以及澳大利亚悉尼等城市和巴西的巴西里亚、里约热内卢等。其中规模最大的是每年举行一次的柏林（西）国际旅游交易会，我国于1986年首次参加。其次是伦敦、巴黎、米兰、马德里等地的国际旅游博览会，一年一度，我国都已参加展出。现已综合运用大型彩照、灯箱、录像、幻灯、实物、模型、手工艺表演等多种手段，具有浓郁的中国风格的展台，在国外已先后三次获最佳展台奖。

4.邀请国内外记者采访报道。

1979年起，旅游总局每年要邀请首都各大通讯社和中、外文报刊记者去各地旅游城市采访，尤其是有特色的和新开发的地区，记者们采访后都作了大量报道。

1982年起，国家旅游局开始邀请外国记者来华采访报道。外国记者主要来自美国、日本、英国、法国、联邦德国、爱尔兰、瑞士、澳大利亚、意大利、加拿大、荷兰、西班牙、瑞典、挪威、丹麦、比利时、匈牙利、泰国、新加坡等国家。他们都是各国主要报刊、旅游杂志、电视台、电台的记者、旅游作家、摄影师、节目主持人等。邀请记者的人数逐年增加，1982年仅1批6人；到1988年一年已达二十多批，一百多名记者。

外国记者最了解本国读者的兴趣和爱好，他们所写的报道，在内容上、文采上都更易为该国读者所接受，能取得较好的宣传效果。其中有些记者还作了大量报道，如1983年，美国《休斯顿邮报》旅游记者萨尔比·霍茨女士应邀访问了上海、江苏、北京等处后，在《休斯顿邮报》上连续发表了《正在苏醒的国土》、《江苏的城市仍保留着传说中的秀美》、《上海——西方人旅华的入口》、《北京——一个古今相连的城市》等十篇文章，并配有不少彩色照片。1983年，法国《旅游接触报》记者弗罗芒在华采访后，先后在6家报刊上发表了9篇文章；法国《费加罗》杂志记者为该刊撰写了一篇长达17页的报道中国的文章。

5.举行新闻发布会、记者招待会和开展供稿工作

国家旅游局每年都要举行一、二次新闻发布会或记者招待会，由一位局长或新闻发言人发布新闻，主要是介绍中国旅游业的发展情况、重要的方针政策和措施、新的旅游景区和设施的开发和建设等，并答复记者提出的问题。参加新闻发布会的有各国驻京记者和首都各通讯社、报刊、电台和电视台的旅游记者。一些省、自治区、直辖市旅游局必要时也在当地举行新闻发布会和记者招待会。国家旅游局宣传司和承德市政府还曾在北京联合举行新闻发布会，介绍承德市的旅游资源和旅游设施。

宣传司经常向我驻外旅游办事处提供旅游信息和情况，供各驻外办通报驻在国新闻媒介和各大旅行社；同时，每年还向我驻外旅游办事处和部分驻外使馆文化处提供一、二套旅游图片供展出使用。

6.设立驻外旅游办事机构，开展市场调研和对外宣传。

国家旅游局于1981年起先后在东京、巴黎、纽约、伦敦、法兰克福、悉尼、洛杉矶设立了旅游办事处，并在香港设立香港中国国际旅行社有限公司，开展市场调研和对外宣传工作，主要是接待来访、答复咨询、寄发旅游宣传品、出借旅游影片和录像、应邀作专题旅游报告、参加旅游展览和广泛开展公关工作。

7.逐步开展广告宣传。

我国旅游系统的广告宣传还只是起步，只有部分旅行社和旅游饭店开始在国内外报刊上刊登一些广告，国内报刊如《中国日报》、《中国旅游报》和英文版《中国旅游报》等。北京市旅游局在中央电视台开辟专题，介绍北京地区的旅游资源和定点旅游、餐馆和商店。中国驻纽约旅游办事处会同中国民航驻纽约办事处，于1986年起组织国内有关单位先后在美国和加拿大的10份旅游杂志上刊登广告。当然，这些仅仅是开始，与国外所刊登的旅游广告相比，可说是“微不足道”。

8.国内先后创办了一批旅游报刊，许多报纸开辟了旅游专栏，开展广泛的旅游宣传。

国内唯一的旅游杂志《旅行家》，由中国青年出版社主办，于1855年1月创刊，于1960年7月停刊。1980年2月，《旅行家》杂志复刊，改为双月刊，这是一本介绍祖国名胜古迹、风土人情、地方志异和历史传说以及报道世界风情的旅游杂志。1986年初，《旅行家》杂志停刊，

前后共出版了105期。

1978年以来，由于国际国内旅游业的不断发展，各地陆续出版了一批旅游报刊，其宗旨一般都是面向国内旅游者和旅游爱好者，部分报刊还同时面向旅游从业人员，少数报刊还向海外发行。这些旅游报刊中，创刊最早、影响最大的是《中国旅游报》。该报于1974年4月1日创刊，原名《旅游通讯》，为半月刊；1981年改名为《旅游报》，1983年1月起更名为《中国旅游报》；1987年1月起，该报改为周二刊，每逢星期三、六出版。该报宗旨是：立足旅游业，面向全社会，及时地宣传党和国家的旅游方针政策，报道国内外旅游动态信息，传播旅游知识，提供咨询服务，力争集思想性、指导性、知识性、趣味性、实用性于一体，图文并茂，雅俗共赏。为了及时向国外旅行商、旅游界人士和来华旅游者传播旅游信息，介绍中国旅游资源和旅游设施，中国旅游报社于1988年10月开始创办《中国旅游报》（英文版）试刊，并于1989年4月正式创刊，现为半月刊，每月10日、25日出刊。

此外，尚有长江航运管理局主办的《长江旅游报》，周刊，1984年9月创刊；成都铁路局主办的《旅行报》，月刊，1985年11月创刊；三门峡市主办的《黄河游》，1986年4月创刊；上海市海运局主办的《海上旅游报》，月刊，1986年5月创刊，1987年9月更名为《上海旅游报》，周刊，归上海市旅游局主管；由浙江省旅游局和浙江省新闻研究所联合主办的《江南游报》，周刊，于1986年10月创刊；之后，各地旅游部门又先后创办了《交通旅游报》（广东）、《江南旅游报》（江苏）、《桂林旅游报》（桂林）、《旅游文化报》（四川）等。

关于旅游期刊，除《旅行家》外，北京旅游出版社于1979年10月创办了《旅游》双月刊，1988年起，与原北京旅游学会于1985年7月创刊的《旅游时代》双月刊合刊，仍用《旅游》刊名，归北京市旅游局主管。上海文化出版社主办的《旅游天地》双月刊，创刊于1980年1月。四川人民出版社主办的《旅游天府》季刊，创刊于1980年11月，1984年起改为双月刊；1987年起，由四川、云南、贵州人民出版社和重庆出版社联合主办，并更名为《逍遥游》，后又更名为《西南旅游》。由黄山旅游杂志社主办的《黄山》季刊，创刊于1982年初。广东旅游出版社主办的《旅潮》双月刊，创刊于1986年3月。此外，一些省、自治区、直辖市也先后创办了以宣传介绍本地旅游资源和情况为主的刊物，如新疆的《丝路游》，山西的《旅游纵横》，山东的《山东旅游》，天津的《旅游文苑》和《天津旅游》，陕西的《旅游博览》，黑龙江的《龙江旅游》，河南的《河南旅游》等。

此外，不少报纸还出版了旅游专刊或开辟了旅游专栏。如《人民日报》（海外版）每周五的第八版为旅游专版；陕西日报《星期天》增刊与陕西省旅游局宣传处联合编辑旅游专栏，河南郑州晚报与河南省旅游局宣传处联合编辑出版《郑州晚报星期刊》旅游专版，等等。

（三）国际旅游市场开发简况

为使中国国际旅游业能持续稳步发展，中国旅游部门加强了对国际旅游市场的调查研究，逐步明确了我们的主要客源市场、次要客源市场、潜在客源市场，以及各个市场的客源目标层；对各类客源层的旅游动机、消费心理、审美趣味、传统观念、欣赏习惯和逻辑思维方法等进行了一定的研究。在此基础上制订了宣传策略和计划，并按“唯我独有，有的放矢，实事求是，常变常新”的原则，研究和确定宣传内容和宣传的方式方法。同时，还密切注视我周围国家和地区中的竞争对手们的宣传招徕动向，研究他们在宣传推销方面的新招数，制定和采取对策。

自1978年以来，中国旅游部门的旅游对外宣传，始终以主要客源市场日本和美国以及次要客源市场联邦德国、英国和法国为重点，利用一切机会，运用各种宣传手段，开展广泛的宣传活动，因而在1979—1988年十年中国国际旅游业的持续发展中起了一定作用。

十年来，旅华人数始终居首位的日本，1979年旅华人数为10.6万多人，1988年已达59.2万人，是1979年的5.56倍，年平均增长率达21%。旅华人数居第二位的美国，1979年旅华人数为67789人，1989年已达31.5万多人，为1979年的4.65倍，年平均增长率达21.2%；1988年，由于我国和美国本身多方面的原因，美国旅华人数为30.09万人，比上年减少了4.6%。

欧洲的联邦德国、英国和法国，十年来始终保持着较高的增长速度。联邦德国1979年旅华人数为10833人，1988年已达69007人，是1979年6.37倍，年平均增长率达22.8%；英国1979年旅华人数为16289人，1988年已达96590人，是1979年的5.93倍，年平均增长率达21.9%；法国1979年旅华人数为13587人，1988年已达63246人，是1979年的4.66倍，年平均增长率为18.6%。

此外，欧洲的意大利、荷兰、瑞士、瑞典以及北美的加拿大等国家，旅华人数一直保持着较快的增长速度，其中，加拿大1979年旅华人数为7428人，1988年已达63328人，是1979年的8.35倍，年平均增长率达26.9%。

澳大利亚旅华人数在八十年代前半期中，保持着高速增长的势头，1985年旅华人数达78135人，为1979年旅华人数的10.6倍，年平均增长率高达48.3%；在1982—1985年的四年中，澳大利亚一直是仅次于日本和美国的第三大客源国，1986年和1987年，由于澳大利亚经济不景气，旅华人数逐年下降，1988年又有所增加。

回顾过去10年的旅游宣传工作，虽取得了较大的进展，并有一定成效，但也存在一些失误和不足，尤其是与旅游发达国家相比，差距甚大。但是，10年来，我国已初步建立了自中央到地方，从旅游管理部门到各旅游企业的一系列的旅游宣传和市场促销机构，国家旅游局已建立了直属的中国旅游报社、中国旅游出版社和中国旅游声像出版社等专业旅游宣传机构，各地也建立了一些必要的旅游宣传机构。10年来，在繁重的旅游宣传工作实践中，培养和锻炼了一支政治坚定，作风正派，事业心强，能吃苦耐劳，头脑灵敏，知识面宽，各有专长的旅游宣传和市场促销干部队伍。他们以自己的工作实绩，博得了中宣部对外宣传局前局长高梁同志的赞誉："旅游宣传工作是整个对外宣传工作中最活跃、最有生气和最有成效的一部分"。

全国旅游教育事业的发展概况

陶汉军

我国旅游教育同其它专科教育相比，是一个崭新的事业。在党的十一届三中全会改革开放方针的指导下，我国旅游业获得了迅速的发展。为旅游业发展培育人才的旅游教育，在国家教委和国家旅游局的领导下，由于各地旅游部门、企事业单位以及教育界广大教职员工的共同努力，取得了显著的成绩。

一、我国旅游教育事业的发展

我国旅游教育始于1978年，十年来经历了一个从无到有，从小到大的发展历程。为发展我国旅游业培养人才，1978年江苏省发扬勤俭办教育的精神，因陋就简在宜兴一座废弃煤矿旧址上开办了第一所旅游中等学校；次年上海市在奉贤县原上海市“五七”干校的基础上，建起了我国第一所旅游专科学校。至1988年底，全国已建立高等旅游院校四所，在五十余所高等院校中开办了旅游系或旅游专业，中等旅游学校已发展为中专12所，技校2所，职业高中（班）237个。上述各类院校共设置了14个旅游有关专业。另外，还在南开大学和上海旅游专科学校，分别开设了为高等旅游院校和中等旅游学校培养师资的研究生班和饭店管理师范专业。经过十年的发展，全国已初步形成了具有一定规模、层次结构比较齐全的旅游院校体系。十年来，各类院校的毕业生已达2.78万人；1988年在校生3.9万人。

与院校教育发展的同时，成人教育也取得了很大成绩。至1988年底，成人学历教育（包括干部专修科、夜大学、函授大学）共开办了11个专业。已毕业学员639人，在校学员1308人。自1978年以来，各级旅游部门和企事业单位根据“干什么，学什么，缺什么，补什么”的精神通过各种渠道，开办非学历教育短期培训工作，对在职人员开展了多种形式的培训。仅1988年，参加十天上培训的人员就达8.4万人次。

为了更好地发展我国旅游教育事业，提高我国旅游业的经营管理水平，各级旅游部门、旅游院校和企业，已与世界上数十个旅游业发达国家和地区的旅游教育机构建立了不同程度的合作交流关系和友好往来。至1988年底，仅通过国家旅游局派往国外旅游院校和旅游企业学习进修与培训实习半年以上的人员就有580名，其中，已回国服务的471人，占派出人数的81.2%。

二、我国旅游教育管理体制

我国旅游教育是国家教育事业的一部分，在教育的大政方针、政策上接受国家教育委员会的领导。

国家旅游局人事劳动教育司主管全国旅游教育工作。它在教育方面的主要职责是：1.结合旅游业实际，贯彻执行国家教育委员会和有关部委制订的教育和培训工作的方针、政策、法令和规章制度。2.对旅游院校和地方旅游管理部门和企业的教育培训工作进行指导；3.制定旅游教育发展规化；4.编制旅游有关专业教学计划、主要课程教学大纲，组织教材编制；5.督促、检查旅游院校和地方旅游教育培训工作，总结交流经验；6.规划和推动旅游院校与培训中心师资的培养和提高工作；7.负责直属院校与联合办学院校招生和分配；8.领导和管理两所直属院校和一所旅游管理干部学院；9.负责旅游教育和培训的部分对外交流工作。

根据中央关于发展我国旅游事业的基本方针和要求，旅游教育实行统一性与多样性相结合、旅游教育主管部门规划与地方分级管理相结合的原则。旅游高等院校中的三所直属院校实行双重领导、归口管理，即国家旅游教育主管部门、所在直辖市教育行政管理机构与地方旅游部门共同领导，国家旅游教育主管部门进行管理。非直属旅游高等院校与高等院校中设置的旅游系或旅游专业分别由中央有关部委和有关省、自治区、直辖市和计划单列市教育行政机构领导和管理。按照国家教育事业分级管理的原则，旅游中等学校由各省、自治区、直辖市和计划单列市教育行政领导机构或地方旅游行政管理部门领导和管理。旅游在职人员的教育和培训则实行国家旅游局、省、自治区、直辖市旅游局和旅游企业三级管理分工负责的体制。

三、“八五”旅游教育发展规划

根据“八五”期间我国旅游事业发展规划的指导思想和规划的任务以及旅游教育目前发展的实际情况，1989年，就“八五”期间各类各层次旅游人才需求进行了广泛的调查研究。首先，在有关院校的帮助下，先后对全国十三个省、自治区、直辖市的旅游人才需求情况，进行了较详细的调查；其次，通过地方教委和旅游局对有关院校旅游专业的人才供给情况进行了较全面的了解。在掌握供需求情况的基础上，于1989年8月邀请了旅游院校、旅游部门和企业、旅游与教育研究部门的专家、学者33人，在烟台召开了“八五”旅游教育发展规划研讨会，就确保“八五”期间我国旅游业持续、稳定、协调发展对旅游人才需要的数量、质量、结构，和

1989年全国中等旅游学校与职业班情况

	学校数	招生数	毕业生数	在校生数	备注
北京	46	3588	3300	10000	其中 技校二所
上海	31		5145	4153	其中 中专一所、技校二所
天津	3	199	65	441	其中 技校一所
黑龙江	3	207	58	374	
吉林	2	299	249	1119	
辽宁	16			5030	
内蒙	3	92		92	
河北	5	143	40	634	其中 中专一所
山东	20			2035	其中 中专一所(1987年数字)
山西	8	100		775	
河南	7			953	其中 中专一所
安徽	2			312	
江苏	54	635	745	5012	其中 技校三所、中专一所
浙江	4			385	其中 中专二所
江西	4			750	
福建	5			880	
广东	15			3303	其中 中专一所
广西	1				
湖南	5			376	
湖北	8			953	其中 中专一所
四川	19			2156	其中 中专一所
陕西	10	241	302	852	其中 技校一所、中专一所(1988年数字)
甘肃	1	280	142	478	
宁夏					
青海	2	90	266	343	
新疆	1			76	(1988年数字)
西藏					
云南	4			727	
贵州	4	164	152	192	其中 中专一所
海南					
合计	283	6038	10464	42401	

旅游教育要采取的相关政策和措施，进行了深入的讨论。然后，编制了“八五”旅游教育发展规划。该规划的指导思想是：坚持旅游教育为旅游业服务的方向，继续深化教育改革，强化旅游教育管理，调整院校教育结构，提高人才培养质量，合理投入教育资金，培养又红又专的旅游专门人才，适应旅游业发展需要。“八五”旅游教育发展规划的任务是：在院校教育中培养各类管理人员3900人，各类导游人员2700人，各类专业教师700人，推销公关人员1600人，研究人员200人，厨师厨工5900人，服务人员1.78万人，其他人员8100人，合计4.09万人。在成人教育中培训各类管理人员1万人，岗位合格人员14万人。

四、院校教育

1.1989年院校教育的发展

1989年我国旅游院校教育又有了新的发展。据初步统计，开办旅游专业的院校数量有了新的增加。其中，高等院校为69所（包括1989年新设旅游专业的院校和这以前未统计在内的院校），中等院校283所。与此相适应，在校生人数也有了增加，共五万余人，比1988年增加了一万余人。1989年各类院校旅游专业毕业生1.23万人，其中高等院校1200人，中等学校1.11万人。各类院校开办的与旅游有关的专业共18个，比1988年增加了4个。在旅游教育的对外交流方面，1989年通过国家旅游局派出学习进修的人员有46人，学业完成回国工作的有26人。

2.招生与分配改革

1989年国家旅游局直属院校与联合办学院校的旅游专业共招收707人，分配毕业生822人。

根据继续深化教育改革的精神，按照国家教委招生分配工作的指示，针对旅游院校在一些地区招生分配中存在的生员供给与需求的矛盾，1989年11月21日至25日在武汉市召开了招生分配工作会议，讨论并拟定了《关于改革我局直属、联合办学院校招生、分配工作的意见》，对招生分配工作做了进一步的改革。

在招生工作中，①改变过去由院校一家制定招生计划的方式，实行生源地区旅游局提出本地区招生初步意见、院校制定初步招生计划，国家旅游局审批的办法，将招生工作建立在自下而上与自上而下相结合的基础上，使招生与分配、生员供给与需求衔接起来。②试行定向招生、定向就业，将需求相对饱合而生源充足地区的考生导向生源相对稀缺而需求较大的边远地区，以解决这些地区旅游人才长期供不应求的矛盾。

在分配工作中，①将国家旅游局每年一度的毕业生供需见面会，改由各省、自治区、直辖市和计划单列市旅游局分别组织，以充分发挥各地旅游局在毕业生分配工作中的协调作用，使来自各地区的旅游专业毕业生与当地的旅游人才需求紧密结合起来；②在继续坚持生源地区的毕业生原则上回生源地区工作的前提下，允许生源地区旅游部门无法接收而又同意放行的该地区毕业生，在专业对口和政策许可的情况下，进行跨地区调剂或按照国家有关规定由该地区分配部门统一分配。

3.教学工作

旅游专业教学计划是旅游专业教学的指导性文件。根据近几年的教学实践，旅游教育开办初期拟定的旅游有关专业教学计划，已不能适应旅游业发展对人才培养的需要。1989年4月在上海旅游专科学校召开了旅游院校第二次协作会，分别对旅游经济管理、饭店管理、旅游财会、英语导游、日语导游、饭店服务与管理和烹饪七个专业的教学计划进行了修订。在新修订的教学计划中，根据培养“四有”新人的要求，注意了课程设置的科学性和课时分配的合理性，突出了政治思想教育以及理论与实际的结合，加强了专业技能训练和社会实践的锻炼。

为了加强教学的基础建设，1989年初步拟定了《旅游概论》、《饭店管理》两门大学课程的教学大纲，审定了《旅游概论》、《旅游服务接待礼节礼貌常识》、《饭店装饰与布置》、《餐饮服务与管理》、《客房服务与管理》、《中餐烹调技术》、《西餐烹调技术》七门中等旅游学校教材和《旅游审计》一门大学教材。出版了《营养与食品卫生》、《冷盘制作技术》、《菜点酒水知识》、《面点制作》、《旅游英语》、《英文打字》六种中等旅游学校教材和《旅行社经营管理》、《旅馆建筑与设备概论》两种大学旅游教材，并翻译出版了美国旅馆管理与汽车旅馆协会组织编写的《安全与损失预防管理》、《美国饭店法》和《饭店业督导原理》三种饭店管理教材。

五、成人教育

1.1989年成人旅游教育的发展

1989年成人旅游教育取得了可喜的进展。这一年，一方面，我国旅游业受北京地区动乱和反革命暴乱的影响，出现了空前的大滑坡，各级旅游部门和企业利用接待游客少的间隙，加紧了在职人员的培训，既稳定了职工队伍，又为今后的发展准备了后劲。另一方面，为贯彻上一年兰州会议的精神，一些地方按照国家旅游局制定的旅游行业主要岗位职务标准，有计划地开展了岗位职务培训工作。据统计，在成人学历教育方面，1989年各种成人旅游专业学历教育（包括普通高等院校开设的干部专修班、夜大学、函授大学和专业证书班）共有毕业生348人，目前在校生1259人。

2.岗位职务培训的计划与实施

岗位职务培训是适应岗位职务要求而进行的以提高本职工作能力为目的的培训，即在职人员胜任其岗位和职务工作需要的资格培训。今后的成人教育将逐步转到以岗位培训为主的轨道上来。在1988年制定旅游行业主要岗位职务标准的基础上，1989年又根据国家有关部委的文件，结合旅游业的实际，针对旅游行业的领导干部的岗位职务进行培训，先后制定并下发了《关于旅游行业开展大中型企业领导干部岗位职务培训工作的意见》、大中型旅游饭店及一、二类旅行社经理岗位职务培训指导性教学计划等，计划从1990年开始，用三年时间，对全国大中型旅游企业的三千九百余名正副总经理，按岗位职务要求分期分批轮训一遍。岗位职务培训是一项系统工程，涉及全国旅游行业各类人员，层次多，专业复杂。为了更好地指导和开展这一工作，国家旅游局成立了岗位职务培训指导委员会，负责对全国旅游行业岗位职务培训工作的指导、计划、监督和实施。

根据岗位职务培训的要求，1989年先后举办了第三期全国旅游局长研讨班，首次全国导游培训和资格考试，并委托中国青年旅行社总社筹办了青旅系统首期旅行社经理岗位职务培训班。

第三期全国旅游局长研讨班，于1989年12月8日至21日在福建省厦门市举行。参加这次研讨班的学员共45人，其中省、自治区、直辖市和计划单列市旅游局正、副局长31人，高等旅游院校（系）负责人11人，国家旅游局司级干部3人。在两周的研讨中，中外专家讲授了行政管理、国际法、经济法等方面的宏观管理知识以及旅游资源的规划、开发和管理、旅游市场调研和经销、旅游饭店管理与服务质量的宏观控制等专业知识，并结合我国旅游行业在这一年出现的大滑坡的情况进行了研讨。

在1988年一省一市导游考试试点的基础上，1989年开发了覆盖全国各类导游的培训和考试。其中一、二类旅行社导游人员的培训和考试由国家旅游局导游考评委员会统一组织、统一教材、统一命题、统一考试时间、统一评卷标准，三类旅行社导游人员的培训和考试由各省、自治区、直辖市旅游局导游考评委员会参照全国一、二类旅行社统考的办法组织考试。应参加导游培训与考试的各类导游人员共计17938人，实际参加考试的为16689人，其中11921人考试合格，及格率为71.4%。经考核合格，符合免试条件的有3215人。全国共有15126人取得导游资格考试合格证书。为了总结和交流首次全国导游培训和考试的经验，加强导游队伍的管理，部署1990年导游培训与考试工作，1989年8月9日至12日在呼和浩特市召开了“全国导游人员资格考试和合同管理工作经验交流会”，下发了《关于对全国导游人员进行资格考试的补充意见》和《1990年全国导游人员资格考试工作实施计划》。文件规定了专、兼职导游的界限和兼职导游的报名审核程序等有关问题，以及1990年导游考试的教材编审、培训、命题、考试时间、评卷和发证的计划与安排。根据首次全国导游培训与考试的实践，为落实《1990年全国导游人员资格考试工作实施计划》，1989年委托北京第二外国语学院、上海旅游专科学校和北京旅游学院对导游培训考试教材进行了重新编写，并邀请了有关院校、旅游局和旅行社的专家、学者36人，于10月17日至20日在石家庄召开了审稿会，对新编的《方针政策》、《导游基础知识》、《导游业务》和英、日、法、德、西语导游培训进行了审定。

首期青旅集团旅行社经理岗位职务培训班是在国家旅游局直接领导下，由青旅与北京第二外国语学院于1989年12月1日至1990年1月20日联合开办的。参加培训的学员共39人，其中青旅各省市分公司总经理22人，副总经理14人，总公司职能部门干部3人。在50天的培训中，学员们根据共青团中央与青旅集团提出的“认认真真搞培训，老老实实当学生”的要求，除学习了国家计经委规定的全国大中型企业经理岗位职务培训的统一课程外，还学习和研讨了旅行社管理、旅游市场与经销、公共关系学、主要客源国概况、计算机基础知识及在旅行社业务中的应用等专业课程，并观摩了现场导游实践。经过考试和考核，39人全部获得岗位任职资格。

全 国 旅 游 交 通 概 况

赵 远 昭

一　旅游交通协调概况

1988年5月，为解决旅游者乘机难的问题，国家旅游局、中国民航局召开了两局协调会议，会议确定了建立旅游、民航两局协调会议制度。协调会议的主要内容是：协调旅游接待计划、客源流量、流向和民航运力的安排，以及民航、旅游加强合作等方面的问题。

根据民航局〔1988〕188号文《关于在旅游热点城市建立旅游、民航协调会议制度》的通知和国家旅游局旅计字（1988）第095号文《关于贯彻在旅游热点城市建立旅游、民航协调会议制度通知的意见》的精神，北京、上海、西安、广州、南京、杭州、桂林几个旅游热点城市，先后建立了旅游、民航协调会议制度。

1989年，主要从高、中、基层等三个层次进行了协调。

高层次的政策协调：通过国家旅游事业委员会，对国家旅游局关于民航、铁路客运票价上调后的几个问题和建议，进行了协调，最后作出决定：对十人以上（包括十人）的旅游团队，在淡季给予7％的票价优惠，在旺季给予3%的票价优惠。

中层协调：主要是旅游部门与交通部门从规划、计划等方面进行协调，旅游、民航每月一次的一级协调会议及工作上的协调，就是这个层次的协调。1989年共召开三次一级协调会议，对旅游与民航“八五”期间发展的总体规划，以及旅游旺季提前到来，缓解运力紧张状况等问题进行了协调。旅游部门“八五”规划中计划海外旅游者平均年递增9.8—11.2%；民航“八五”初步规划，运输总周转量将平均每年递增14.8%，1990年底，机座将达到26171个，预计1995年机座可达4万多个。从两者增长速度总量来看，基本是平衡的。但“八五”期间，一些旅游热点城市在旺季时，旅游交通运力仍将呈紧张态势。因此，为充分发挥现有运力，进一步加强旅游、交通部门的协调工作是十分必要的。

基层协调：由地方旅游局与地方交通部门从计划执行、客源流向、流量预报、售票等几个方面进行协调。根据（89）旅综字第013号《关于落实旅游、民航二级协调会议制度的通知》的精神，上海、广东等旅游热点城市先后召开了二级协调会议。1989年三月，旅游出现小高峰，客运紧张，通过旅游、民航协调会议，解决了上海飞往桂林、西安、北京等地游客的机票问题；广州民航采取了广州至西安航班在桂林加降的办法，解决了广州至桂林的运力紧张的问题，还解决了广州至厦门的部分缺额机座。

另外，通过旅游汽车联合会，对进口汽车配件国产化，旅游汽车公司购买国产旅游汽车，旅游汽车开展多种经营及旅游汽车市场相互调剂用车等问题，进行了大量的协调工作。

总之，旅游与交通在协调中发展，在发展中协调，经过协调配合，旅游交通紧张的状况逐步得到缓解。

二　旅游安全工作情况

“没有安全便没有旅游业”。这是旅游业界从实践中取得的共识。

1989年，在旅游战线广大干部、职工的共同努力下，旅游安全工作取得显著进展。

为加强旅游安全管理工作，贯彻“安全第一，预防为主”的方针，将安全工作纳入法制轨道，国家旅游局于1989年10月在兰州召开了全国旅游安全管理工作座谈会。

国家旅游局何若泉副局长在会上就当前旅游安全工作做了重要讲话；有11个单位的代表介绍了他们搞好旅游安全工作的经验；大家认真讨论和修改了《旅游安全管理暂行办法》（草案）。会议明确在今后一段时期内必须抓好以下几项工作：

1.认真抓好法制建设和法制教育；

2.要结合贯彻这次会议精神，组织全面检查，发现问题，及时整改；

3.建立健全旅游安全管理机构；

4.在旅游队伍治理整顿过程中，要把提高人员的政治素质，强化旅游安全管理工作和保护旅游者的人身安全作为一项重要内容来进行；

5.加强与有关部门的配合与合作，对旅游安全进行综合治理；

6.把旅游安全工作做为对旅游从业人员培训的重要内容；

7.尽快建立旅游安全报表制度，建立健全安全工作档案。

会后，各旅游部门认真贯彻会议精神，按照会议要求，积极开展工作，形成了全面做好旅游安全管理工作的局面。

三 我国旅游交通现状

旅游交通是指为旅游者实现旅游，从出发地到目的地，以及在目的地内进行游览后再回到出发地，整个旅游活动过程中所利用的各种交通运输方式的总和。旅游交通是发展旅游业必不可少的要素之一。

多年来，民航、铁路、公路、水运部门，为保障旅游交通顺畅，作了大量的协调配合工作。在总体运力紧张的情况下，基本满足了海外旅游者的需求。

目前，已初步形成由航空交通承担中长距离游客运送任务，由铁路交通承担城市与景点间的游客运送任务，由水运交通承担游览性质的游客异地游的运送任务的格局。在这个格局中，具有中长途的游客运送以飞机为主体，短途游客运送以汽车为主体的特点。

随着旅游者接待量的增长，旅游与交通部门从规划、计划到客源流向、流量以及运输工具的安排等方面需进一步解决好结构合理、协调发展的问题。尤其在运力增长有限的情况下，上述问题的解决至关重要。

目前我国旅游交通的实际情况，按民航、铁路、海运和内河航运分述如下：

（一）民航：

1988年底，中国民航已有航线350条（航线里程65万公里），其中通往国外和香港地区的航线48条。可以飞往26个国家和地区的34个城市。国内，已经形成了连接各大中心城市的四通八达的航空运输网。运输量已从1978年运输总周转量2.9亿多吨公里、载客量231万人，增加到1988年的23亿多吨公里、1442万人，分别比十年前提高了7.7倍和6.2倍，平均年递增30%左右。

1988年底中国民航已拥有各类运输机170架。十年中新增飞机126架，淘汰老旧飞机82架，净增44架。商载吨位比1978年增加了1.6倍。其中波音737、747、757、767，麦道82、空中客车等先进大中型客机的商载吨位占民航全部机队商载吨位的52.7%。由于采用了先进的管理手段，飞机的日利用率从1978年的每天1.9小时提高到每天4.9小时。

近几年，各地民航部门先后投资10亿元，用于新建和改扩建机场47个，新增通航城市19个，供民航使用的运输航班机场达到93个，其中可起降波音737的机场47个，比十年前增加了21个。1988年航班正点率为86.7%，比1980年提高了9.7%。1989年，民航共运送国内外旅客1405万人次，完成运输总周转量20亿吨公里，增加各型飞机29架，增开国际、国内航线23条。航班正点率为89.8%，比上年提高了3.1个百分点。新开辟了乌鲁木齐—阿拉木图；哈尔滨—伯力；广州—吉隆坡3条国际航线和成都—福州等20条国内航线。

另外，中国将与国际航空业合作制造150架大型客机供国内航线使用，客机将设有150至180个座位。目前，麦道公司与上海已签定了1991年合作生产23架MD—82客机的协议，已按时交付7架。

民航1978、1988、1989年部分营运指标统计表

年度	航线	运输总周转量（亿吨公里）	年运客（万人）	飞机（架）	日利用率（小时/天）	可使用机场（个）	航班正常率（%）	通航国家（个）	飞国外城市（个）
1978	262	2.9	231	126	1.9				
1988	350	23	1442	170	4.9	93	86.7	26	34
1989	373	20	1425	196		99	89.8	30	36

（二）铁路：

为适应旅游业的发展，中国铁路部门采取了多项措施改善旅游运输条件，以保证中外旅客乘车方便、舒适。

1988年以来，铁道部从国外进口了一批空调软卧和空调软座车，先后装备了北京—广州、北京—西安、北京—上海、北京—北戴河、上海—广州等游客集中的线路。目前，中国的软卧车厢已大部分安装有空调设备，在游客集中的线路正逐步实行整列空调。

中国铁路部门现有客车2.7万辆、软卧1100辆、硬卧7600辆、软席750辆。每天开行2000列旅客列车，日运送旅客328万人次。铁路1988年运送外国旅游者、华侨、港澳台同胞共1147万人次。为运送国外大批旅游团体，铁路部门还安排了车船接续服务。去年开行了北京—烟台、北京—青岛、沈阳—大连等线路旅游列车，再从烟台、青岛、大连等港口用船接送。中国铁路从七十年代开始办理开行旅游列车任务，开行了株洲—韶山、南昌—九江、北京—北戴河、北京—承德、上海—杭州、上海一南京、广州一肇庆等二十余条线路。1988年，中国铁路部门在北京一大同一西安一洛阳一南京一苏州一上海等5条线路开行被称为“中国东方快车”的旅游专列103趟。1989年，在苏州一无锡、北京一洛阳一西安一南京一上海等旅游热线扩大开行“中国东方快车”130趟。此外，中国铁路部门1987年以来，在9条往返线上开行了9列（以中国名山大川命名）旅游列车。

（三）海运与内河航运：

海运方面，主要是以上海港、天津港、宁波港、温州港、厦门港、汕头港、梧州港为主要海运港口与日本的神户港、大阪港、横滨港及香港通航；以上海港、大连港、广州港、海口港为中心形成了国内海上运输网。具体通航情况如下：

上海一神户	每周1班
上海一大阪	每周1班
上海一横滨	每周1班
天津一神户	每周1班
上海一香港	
宁波一香港	
温州一香港	
厦门一香港	
汕头一香港	
梧州一香港	
大连一烟台	每周2班
大连一天津	每4天1班
大连一营口	每2天1班
大连一威海	每2天1班
大连一青岛	每4天1班
大连一上海	每天1班
青岛一上海	每2天1班（旺季每天1—2班）
上海一宁波	每2天1班
上海一温州	每天1班
上海一福州	每5天2班
上海一厦门	每6天1班
上海一厦门一广州	每5天1班
大连一青岛一广州	每半个月1班
广州一海口	每天1班
广州一三亚	每周1班
海口一广西	每天1班
海口一湛江	每天1班
海口一海安	

内河航运方面，以上海、南京、武汉、重庆为中心，开通了部分航线；长江轮船海外旅游总公司、无锡外事旅游游船公司、桂林市旅游车船公司、湖北宜昌三峡旅游公司都经营内河游船业务。

上海一重庆	每3天1班
上海一汉口	每天2班
武汉一重庆	每天2班

每个班次客运量基本上在800～1000人之间。

长江轮船海外旅游总公司拥有12条中、高级及豪华游船，共有1138个床位，航行于武汉一重庆之间。

无锡外事旅游游船公司拥有现代豪华型和具有古代民族风格的高、中速大小游艇13艘，一次可接待近千人。主要经营镇江、扬子江、古运河水上旅游线路。另外，国旅镇江支社也经营此旅游线路。

桂林市旅游车船公司有8艘木质游船和20余艘豪华游船。

（四）旅游车船工作情况：

1989年主要开展了以下几方面工作：

1.积极筹备成立“中国旅游车船协会”。经国家旅游局局长办公会讨论决定，同意成立这个行业组织，并确定参加的范围要广泛；其性质是旅游车船的行业组织；它不具有行政管理职能；挂靠在国家旅游局，其工作联系归口在综合业务司。

2.面对旅游滑坡，帮助企业找出路，研究多渠道创收的途径。

3.抓好全员培训，治理整顿和车辆保养修理工作。

4.召开进口汽车配件国产化新闻发布会，推动进口汽车配件国产化进程，降低成本，节约外汇。

1989 年水上客运与旅游

冯守明

中国幅员广大，海岸线长达一万八千多公里，海域辽阔，群岛环列、沿海港口林立，可直通世界各大洲。全国共有流域面积超过100平方公里的河流5800条，总长四十三万多公里；共有大小湖泊九百多个。辽阔的海域，纵横交错的河流湖泊，古往今来为促进中外经济文化的交流创造了有利条件。近年来，随着改革开放的不断发展，人民生活水平的提高，古老的中华文明，秀丽的名山奇峰，又为中国旅游事业的发展创造了得天独厚的条件。中国沿海地区和江、河两岸丰富的旅游资源，每年吸引着大批国内外游客，加上沿海地区经济腾飞，水上客运量持续增长。

1989年，全国水上客运量完成3.15亿人，客运周转量达到190亿人公里。其中，交通运输部门海上客运量完成2734万人，客运周转量完成24.14亿人公里，内河客运量完成19159万人，客运周转量完成131.8亿人公里。水上旅游运输也有一定的发展。

一、远洋旅客运输

中国远洋运输总公司（简称中远公司）是中国最大的国营远洋运输企业，目前已拥有远洋船舶六百多艘、一千四百多万载重吨，中远公司船舶航行于世界一百五十多个国家和地区的六百多个港口，每月从国内主要沿海港口开出135艘次定期班轮，不定期航班遍布全球，形成了以中国为主要基地的国际运输网络，为国家外贸提供了可靠的海上运输服务。远洋商船队已居世界第八位，是国际航运市场上一支不可忽视的力量。中远公司的“明华”客船，1979年投入国际旅游营运后，在服役期间以其安全、正点和船员们良好的服务、以及拾金不昧的风尚，在外国旅游者中传为美谈。1981年9月中旬的一天，乘坐该轮的澳大利亚游客哈扎德女士突然心肌梗塞，病情危急。船上医护人员立即全力抢救，使她病情稳定。然后通过卫星与堪培拉有关当局联系。在海上救助中心的援助下，哈扎德女士被顺利护送上岸，转危为安。当天下午，悉尼广播电台播送消息：“中国的旅游船‘明华’号出色地抢救了一位患心肌梗塞、心力衰竭的垂危旅客，这实在是一个奇迹，澳大利亚政府和人民向‘明华’号船员和中国医生致以诚挚的谢意！”“明华”号客轮的美誉随即传遍澳大利亚全国。1982年，在“明华”号客船船员的精心照料下，澳大利亚一位96岁的旅游者哥德乐和一位双脚截肢靠轮椅移动的老妪乘该轮来到中国，船抵天津后，“明华”轮派船员照顾二位外国老人畅游了长城，使他们终于实现了平生夙愿，他们感慨地说“中国的长城太宏伟了，能看到它，要感谢明华号的船员。这次旅游毕生难忘”。中远公司航行于中国上海和日本神户的定期客货班轮“鉴真”号，自1985年投入运营以来，在客运工作中，始终坚持服务第一，旅客至上的宗旨。以安全、正点的运营、优雅舒适的环境、热情周到的服务，赢得了中外旅客的交口赞誉，现已累计运送9.8万人次，其中1989年运送旅客17134人次。目前，“鉴真”轮全体船员响应党中央继续向雷锋同志学习的号召，根据船舶特点结合服务工作，掀起了学雷锋的热潮，他们举办“回忆雷锋先进事迹，重温雷锋日记，继承雷锋精神座谈会”，举行“学习雷锋好榜样演唱会”，船舶领导提出：今天社会主义的两个文明建设需要雷锋精神，我们要使雷锋精神在“鉴真”轮上发扬光大。船员们在座谈会上纷纷表示，要以雷锋为榜样，全心全意为中外旅客服务，兢兢业业做好各项工作。他们把过去只限于旅客上船后或下船前的服务，扩大到客运站和通行道上，他们在站里、道口帮助旅客办理行李托运，打包捆绑，搬行李，帮助语言不通的旅客办理海关手续，协助客运站维持秩序，对特殊旅客特殊照顾，对老弱病残者，做到接、送、扶、抱、抬，还免费将热菜热饭送到病人和晕船旅客手中，帮助小旅客洗澡、洗头、洗衣服，碰到盲人旅客，除上述照顾外，还帮其找到接主交待清楚，直到满意为止。他们热情周到的服务，深受中外旅客的欢迎，博得旅客和客运站的赞扬。最近上海市部分人大代表和政协委员对“鉴真”轮进行了暗查，认为是交通邮电系统几十家被查单位中最过硬的一家。1989年7月18日，日本检疫局在对该轮进行环境卫生检查时，十分满意地打了98分，并将免检签证由一年优惠为二年。

二、沿海旅客运输

中国海岸线长，许多重要城市依傍着这条海岸线，沿海地区工业集中，经济发达，人口稠密，人员交往频繁。加之北方有北戴河、大连、烟台、青岛、威海等避暑胜地，南方有深圳、珠海、汕头、厦门等经济特区；还有浙江的普陀山和厦门的南普陀等著名旅游胜地，吸引着大量国内外游客。海上旅客运输是中国客运中的重要组成部分。目前全国沿海共有客运航线96条，客船

206艘、客位8.5万个，其中交通部直属海运企业经营的客运航线有23条，客船56艘，客位4.7万个；地方海运企业经营的客运航线73条，客船150艘、客位3.8万个。

近年来，为了适应海峡岛屿间旅客和车辆运输需要，采用滚装船开辟了大连至烟台、青岛至黄岛、蓬莱至长山岛、上海至崇明、白峰至鸭蛋山、湛江至海口、海安至海口、蛇口至珠海等车／客渡航线。为了适应旅游业的发展，沿海相继开发了威海至刘公岛、上海至舟山、广州至上川岛及下川岛等旅游专线。上海、浙江、福建、广东、广西、海南等省（市、区）及深圳特区还开辟了港澳航线19条。上海、厦门市开辟了通往日本的大阪、神户、横滨、那坝等地的客运航线。1989年天津、大连、烟台、青岛、秦皇岛、上海、宁波、厦门、湛江等港共接待外国游船85艘次，接待外国人35900人。

担负中国海上主要航线客运任务的是交通部上海、广州海运局、大连轮船公司。上海海运局共有客船29艘，客位2.5万个，主要经营上海至大连、青岛、宁波、温州、福州、厦门、广州和上海至香港、宁波至香港等9条沿海客运航线。1989年运送旅客372万人，完成旅客周转量达到12.17亿人海里。上海海运局坚持两个文明建设一起抓，在旅客运输中提倡学习全国劳动模范杨怀远的“小扁担”精神，为旅客提供优质服务。近年来，先后出现了“上海至大连”、“上海至香港”等文明航线。在上海市的“十大窗口”业比赛中，上海海运局客船成绩显著，先后有5人被评为“服务明星”，“长山”、“上海”、“长白”等客船被评为“最佳服务窗口”。大连轮船公司有客船12艘，1.35万个客位，主要经营大连至烟台、龙口、威海、新港、青岛，龙口至新港、烟台至新港等7条沿海客运航线。1989年运送旅客305.5万人，完成旅客周转量3.47亿人海里。大连轮船公司年运送的客运量占全国海上客运量的近40%，该公司经营的大连至烟台航线是全国海上客运航线中客运量最大的一条航线。现在，在这条航线上运行的豪华型客／车滚装船“天鹅”轮，一次可载客1100人，载大货车30辆、小轿车150辆。特点是车货直接上下船，减少装卸环节，提高运输效率。广州海运局有客船14艘，7500个客位，主要经营穗琼、穗亚、香亚琼、申穗、连穗等5条海上客运航线。1989年运送旅客177万人，完成旅客周转量2.47亿人海里。

广州至港澳海上客运蓬勃发展。近年来，随着改革开放的不断发展，港澳宾客回广东探亲访友游览观光的不断增加，为了适应这一需要，广东省先后开辟了广州至香港、澳门，江门至香港、澳门，三埠至香港、澳门，肇庆至香港，东莞至香港，中山至香港，湾仔至澳门，汕头至香港，湛江至香港，海口至香港等14条海上客运航线，现拥有客船23艘，七千多个客位，年客运量达一百九十多万人。大型豪华客船和时速60公里的双体客船，乘风破浪，穿梭于粤、港、澳，满足了港澳宾客探亲访友和观光的需要。

三、内河旅客运输

中国河网密布，水资源充沛，水运较为发达的内河水系有长江、珠江、黑龙江、京杭运河和淮河，通常称“三江两河”。

长江是中国第一大河，名列世界第三大河，干流全长6300公里。长江水系是全国最大的通航水系，共有三千六百余条通航河流，通航里程七万多公里，约占全国内河总通航里程的70%。长江干流贯通云南、贵州、四川、湖北、湖南、安徽、江西、江苏等省和上海市。现在，万里长江对外开放已取得世人瞩目的成就。长江各港口外贸物资运输吞吐量由十年前的50万吨，增加到现在的700万吨。武汉、南京、九江等港口已分别与日本、美国等四十多个国家和地区的一百多个港口有航线相连。长江两岸自然资源和人文资源非常丰富，集名山大川，名胜古迹，名城重镇，古今文化于一线，有著名中外的三峡胜景，有气象万千的庐山，有景色秀丽的黄山，有历史名城南京，有同天堂美景媲美的名城苏（州）杭（州），有景色秀丽且经济文化较为发达的沪宁杭地区……挺拔雄奇的秀山奇峰，历史悠久的名城古镇，金碧辉煌的梵宫古刹，风光旖旎，景色怡人，是世界著名的游览胜地。长江是驰名中外的水上黄金旅游线。游览长江，特别是领略长江三峡的壮丽风光，更是舍船别无它途。

担负长江干线主要客货运输任务的是交通部长江轮船总公司，是中国最大的内河运输企业，拥有各类船舶二千五百多艘，载客量12.8万客位，现有客运航线四十余条，1989年完成客运量2987.6万人，客运周转量72.73亿人公里，分别占长江水系的19%和66%。长江轮船总公司经营的昆仑、神女、三峡、峨眉、巴山、西陵、陵中、白帝、长江之星、江汉135等十艘豪华、高级旅游船，担负着长江沿线的旅游运输任务。其中“昆仑”号是长江轮船总公司的第一艘被赞为“五星级”旅游船，它不仅以其精良的设备和典雅的舱室布置使游人如身居别墅之中，而且还以其服务人员的优质工作和高尚品德赢得了游客的普遍赞誉。该公司开辟了上海至九江、汉口至九江、重庆至丰都、宜昌至奉节、岳阳至九江、重庆至宜昌等旅游航线，组织一条龙服务，集吃、住、行、游、娱、购于一体，每艘游船都有中央空调和音响系统，船上其他设施齐全，布局宽敞，陈设典雅，服务周到，生活舒适，堪称水上宾馆，是探幽览胜，旅行度假，召开中小型国际会议及棋牌竞技的理想场所。随着长江对外开放，长江旅游业得到较大的发展，每年接待海外和港澳游客四万余人次。1989年1～5月份，长江上10艘旅游船就接待海外游客1.1万人，创历史最高纪录。6月份，北京发生反革命暴乱，使长江旅游业受到巨大的损失，全年共接待海外游客1.57万人。1990年，长江轮船总公司将成立长江轮船海外旅游公司，对旅游船舶统一管理、统一经营、统一对外宣传，合理安排航次，更好的为中外游客服务。同时，新建造的"长江明珠"号高级旅游船将正式投入营运。

其它水系客运情况。珠江沿线旅游景点众多，珠江干流西江也有风景如画的三峡（即三榕峡、大鼎峡、羚羊峡），自古以来，也是旅游的好去处。广东省经营珠江旅游的珠江航运公司有客轮四十多艘，1.1万个客位。他们大力发展水水、水陆联运旅游，积极开办逍遥自在的"套票旅游"及食、住、行、玩购的"一条龙"旅游，使旅游触角从省内延伸到省外，初步形成了一个以广州为中心，以水路为主体，触及广西、海南、福建等省主要旅游服务区的联运旅游线路网。

"山水甲天下"的漓江，吸引着众多海内外游客，使漓江旅游业充满了生机。桂林漓江旅游业发展很快，现已有游船120艘，八千七百多个客位，每年运送游客一百多万人。为使游客高兴而来，满意而去，漓江旅游船上还开展了优质服务达标竞赛，让心灵美与桂林山水同等美。

上海客运轮船公司开办了黄浦江游览业务，近10年中接待各地、各民族旅游者570万人，其中外国旅客和香港、澳门、台湾同胞57万人，还接待部长级以上外宾二百多批，其中包括：阿根廷总统、丹麦首相、荷兰首相、希腊总统等贵宾。

四、水客运设施建设和旅游航道整治

近年来，国家对发展水上旅客运输非常重视，为适应海上客运需要，先后更新和建造了一批客船，从1970年至1985年，国家投资建造和购买客船50艘。"天鹅"、"百灵"、"海樱"、"山茶"、"红菊"等客船投入营运，改善了旅客的旅行条件，初步实现了安全、舒适、快速运送旅客的目标。特别是客货滚装船和高速汽垫船的营运，取得了良好的社会效益。

为了适应客运发展的需要，方便国内外游客乘船旅游，近年来建成了一批客运设施，1988年，厦门港建成了万吨级客运码头2个，年新增旅客运输能力52万人次，还建成了400客位的小轮客运码头1个，年新增客运能力100万人次，广东南澳前江港建成了千吨级码头1个，年新增客运能力20万人次。福州马尾港建成3000吨级的客运浮码头1个，年新增客运能力15万人次。广西涠州岛建成500吨级客货码头1个。福建省连江县建成客货泊位1个，年新增客运能力6万人。1989年，交通部"七五"期间的重点建设工程——宜昌港客运站建成竣工验收，宜昌港客运站有客运码头5座及客运大楼一幢，年增加客运能力150万人。

1989年，中国内河航道建设取得新进展。全年改善和提高航道等级里程452公里，整治航道136公里，复航里程316公里。改善了内河客运条件。为进一步发展漓江旅游业，国家旅游局投资3000万元整治漓江，从桂林至阳朔90公里、62个滩险航道，经过两个枯水期的紧张施工，已全线竣工验收。至此，桂林至阳朔可长年通航旅游船，昔日滩多水浅的漓江，以新的航道面貌迎接国内外游客。"山水甲天下"的漓江，像一幅更加美丽的画卷，吸引着中外旅游者乘坐漓江旅游船游览桂林山水的美妙姿色。

1989 年公路交通与旅游

王宏图

一、旅游公路迅速发展。新中国成立40年来，特别是改革开放十年来，各级交通部门为了适应旅游事业蓬勃发展的需要，把旅游公路建设列为重要任务之一，从1979年到1988年十年间新建改建了旅游公路四千多公里。其中，广东省配合经济特区的开发，新建改建了广州至珠海、广州至从化、广州至肇庆等旅游公路；广西交通部门建成了桂林至杨堤、梧州至荔浦和武鸣至伊岭岩等旅游公路；北京市投资1.56亿元，新建改建了八达岭旅游复线、石花洞游览线、张坊至十渡以及雁栖湖等游览线；湖北省以每年30万元的投资规模，完善各个旅游区的公路和桥梁，还专项投资600万元，修建了武当山旅游区的公路；甘肃省采用“以工代赈”方式，新建了通往贵清山、庆阳北石窟、天水麦积山等名胜区的公路。青藏公路、天山公路等建成通车，几年来对沿线旅游业的发展起到很好的作用，成为著名的“旅游热”。

“七五”期间，全国重点安排建设的北京至承德、北京至北戴河、山海关，西安至临潼，贵阳至黄果树，成都至峨眉山、南京至杭州至上海等13条、1796公里的旅游公路，绝大部分已经开工或部分开工，有的已经建成交付使用。1989年又有沈阳至大连高速公路的鞍山一鲅鱼圈段，广州至佛山高速公路，石家庄至定州半幅高速公路，新张至郑州一级、二级公路，烟台至青岛公路的烟台段，京哈公路的吉林段、黑龙江段等重要公路相继建成通车，大大加速了我国公路建设和旅游事业的蓬勃发展。仅1989年全国就新增公路里程 .5万公里；其中高速公路179公里，一级公路421公里，二级公路五千多公里；新增桥梁2500座，桥长11.3万延米（其中有大桥158座，61000延米）。截止1989年底，我国公路总里程达到101万公里，突破了百万大关，提前一年时间超额完成了“七五”计划。

现在北京的慕田峪长城、十渡、上方山，山西的五台山，河北的清东陵，河南的嵩山、少林寺、龙门石窟，湖北的武当山，湖南的衡山、张家界，安徽的黄山，陕西的华山、兵马俑、延安，江苏的张公洞、灵谷洞、花果山，浙江的雁荡山、瑶琳洞，福建的武夷山，四川的九寨沟，黑龙江的镜泊湖等都通了公路。许多原有通往风景区的公路，经过改建，铺上了水泥或沥青路面，行车条件显著改善。重要的旅游线，还修建了一级公路和二级公路，使通过能力成倍提高。北京至八达岭旅游公路汽车畅通无阻，行车速度比原来提高了一倍以上。济南至曲阜，是中国的一条旅游热线，去泰山和孔府、孔林的游人很多，1983年前，只有一条三、四级公路，行车条件很差，现在济南至泰安建成一条宽18米的超二级公路，泰安至曲阜建成了宽23～26米的一级公路，全线铺上了沥青和水泥路面，有些地段还修了附道，实行快慢分道行驶，行车速度比过去提高了近两倍。另外从泰安一泰山中天门，还修了一条登山公路，游人可乘汽车直达半山腰，然后坐缆车到南天门，为人们观赏泰山风光节省了时间，提供了方便的交通条件。

大中城市特别是旅游城市出口公路建设成效显著。“七五”期间，截止至目前，共修建城市出口公路七千多公里，全国每个大中城市至少有两条进出口公路进行了拓宽，有的城市四个方向的出口公路均得到改建，“出城难”问题基本解决。受江河阻隔的城市，建成一批大型公路桥梁，如哈尔滨的松花江大桥、广州洛溪大桥、南宁邕江大桥、惠州东江大桥、开封黄河大桥、蚌埠淮河大桥等，使两岸得以贯通。新建成的城市出口路，采用了较高的技术等级标准，一些主要出口路采取了快慢车道分行，有的还修建了全封闭、全立交的汽车专用路，减少了交通事故，提高了行车和旅游速度，取得了明显的经济效益和社会效益。公路旅游环境明显得到改善。1989年全国公路管理部门，按照建养结合，保证畅通的原则，继续搞好公路的养护和管理工作，广泛开展了公路的标准化、美化工程，不断提高我国公路建设和养护的水平，也为中外游客创造了优美舒适的旅行环境。到1989年底，全国公路平均好路率达到71.2%，比1988年提高1.6个百分点。其中，干线公路的好路率达到了79.2%。1989年底全国公路绿化里程累计达37.7万公里，占公路可绿化里程的62.6%。其中干线公路已绿化14.6万公里，占可绿化里程的85%。1989年5月开始，交通部首先在102和107等国道上实施标准化和美化工程，一年来实现标准化和美化工程的公路已达近万公里，其中河南省境内107国道路段达标段已有375公里，占境内全线里程的69.1%，从而使公路行车平均速度由1988年的每小时57.7公里提高到1989年的每小时65公里。据全国25个省市统计，1989年共新增公路绿化里程

1.7万公里，植树1252万株，种花251万株，种草330万平方米，平均成活率达84.4%。北京、天津、河北、广州等地干线公路绿化率达到90%以上；辽宁、吉林、黑龙江、浙江、成都、重庆等地干线公路绿化率也达到了70～89%。公路绿化的卓著成果，被人们誉为祖国的“绿色长廊”。

二、旅客运输量发展快。1989年，全国公路交通虽然受到了春夏之交在北京发生的政治风波的干扰影响，但是，人们乘坐公路交通工具进行探亲访友，观光旅游的人数依然呈现出较好的势头，整个公路旅客运输量仍然取得了好成绩。1989全年全社会完成公路客运量63.05亿人次，旅客周转量2521亿人公里，与1988年的运输量基本持平，分别比1979年增长了323.2%和383.9%。其中交通部门完成公路客运量43.3亿人次，旅客周转量1960.1亿人公里，也与1988年相仿，分别比1979年增长了211.5%和276.9%。

1989年底，全国绝大部分风景旅游区和80%以上的乡镇都开通了客运班车，全国每天开发的公路客运班车有三十多万个班次，每天运送旅客近二千万人次。目前从福州—深圳，济宁—北京等线路都可乘坐长途汽车直达。北京、西安、南京、杭州等城市的交通部门还开办了一日游、三日游、五日游，满足了广大观光人们的需要。全国公路交通部门在全行业大力加强了精神文明的建设，广泛开展了礼貌待客，优美服务活动，努力提高服务质量，不断赢得中外游客的赞誉。

三、旅客的乘车条件日益改善。近几年国家采取了一系列加快国产客车生产步伐的政策。公路交通部门先后研究开发了“龙江牌”、“黄海牌”、“扬州牌”等中高档客运汽车，同时从波兰、匈牙利、南斯拉夫等国引进了一大批软座位、高靠背、宽敞明亮、配有空调、音响设备的高级客车，投入到主要旅游线路，逐步淘汰了一批木板座位的老式客车。1989年公路交通部门又研制生产出了“龙江牌”LJ97Y10型公路客车，“三湘牌”XJ662A型公路客车，“金陵牌”双层公路客车等优质新产品。到1989年底全国公路客车已达到了146.43万辆，为1988年的112.3%，比1987年增长4.65倍。

客运站点建设速度加快。近几年，国家每年拿出一定数量的资金资助地方建设和改善主要城市、旅游区的汽车客运站点的设施。全国每年都有一百多个造型美观，设施齐全的新汽车车站落成。1989年底全国汽车站点已达11万多个，大大方便了旅客购票、候车，减轻了旅客遭受风吹、日晒、雨淋之苦。

四、深入整顿公路运输市场，加强公路客运管理。根据党的十一届三中全会提出的治理经济环境，整顿经济秩序的方针和要求，交通部确定把治理运输经济环境，整顿运输秩序作为工作重点之一，于1989年2月发布了《关于整顿治理道路、水路运输市场的决定》，10月在苏州召开了全国道路、水路运输市场治理整顿工作会议，进一步提出了全面治理整顿的目标、任务、要求和措施。一年来，大多数省、自治区、直辖市已经完成了对运输经营者经营证照的审验和经营资格的审查，开始了对市场秩序和经营行为的整顿，取得了很大进展。安徽省对全省8190辆客运汽车重新进行审验，审验公路运输线路2398条。宁夏回族自治区对全区93.5%从事客运的汽车进行了清理整顿。黑龙江省制定和发布了客运管理，托运包装管理等七个配套性法规文件，强化了公路客运市场的管理手段，整顿了欺行霸市，硬拉旅客，野蛮服务的现象。通过治理整顿，一个开放活跃、秩序良好、协调贯通、优质高效的运输局面正在形成。为促进旅游业的健康发展，交通部又于1989年12月颁发了《出租汽车、旅游汽车客运管理规定》，进一步强化行政管理的手段。另外，根据国家的有关政策和精神，从1989年第四季度起，不少省、自治区、直辖市对公路客运价格进行了调整。河南、湖南等省的公路汽车客运价格开始实行了平原与山区、干线与支线、长途与短途以及不同车型、不同营运方式的差别运价，许多旅游线路实行了优质优价。各地调整公路汽车客运价格后，运输市场稳定，秩序井然，旅游活动旺盛。

城市出租汽车业

耿　文

出租汽车行业是我国交通客运的重要组成部分，为我国的旅游事业发展、促进城乡文化交流和方便人民生活起到了重要的作用。截止到1989年，全国已有192个大中城市兴办了出租汽车业务，经营出租汽车的企业和单位共计2674家，另有21957户个体经营者。全行业总共拥有各种出租汽车82238辆，从业人员20万人。其中拥有千辆以上出租汽车的城市有北京、上海、广州、天津、杭州、武汉、深圳、珠海、重庆、昆明、贵阳、成都、长春、吉林、长沙。

出租汽车作为现代化城市的一项基础设施，出租汽车业由建设部通过各城市主管部门下设的客运（出租汽车）管理处负责具体组织、规划、协调、指导、监督、服务等。现在全国已有30多个城市设有客运管理处和出租汽车管理处，并发布了出租汽车的管理法规。为了及时沟通城市间的行业信息、交流经验，加强行业管理，还成立了中国出租汽车协会及各城市出租汽车协会。

出租汽车具有及时、方便、舒适、经济等特点。我国出租汽车车种以日本、国产、东欧、西方等车型组成，其中日本车占50%以上。租车方式有：一次性租车；半日、全日连续租车或按日包车；为方便乘客，乘客可以提前预约租车；打电话租车；也可以直接到营业站租车，对无人乘坐的出租车实行招手停车。

我国出租汽车一般实行按乘坐公里收费。一般小轿车为每公里1.20元、1.00元、0.90元和0.80元四个档次，旅行车为1.00元至2.60元，大客车为1.80元至4.00元。另外，还设有起租费、基价公里费、空驶费、夜间收费、等候费、空调费、过渡费等。为了加强行业管理，维护乘客利益，地方有关管理部门制定了一系列法规和规定。对城市出租汽车进行监督、管理和检查，规定出租汽车经营者必须严格执行物价部门制定的租价规定。合理收费，规定小客车必须安装里程计价器，严格按照里程计价显示金额收费。为了加强管理，各地区建立了稽查队伍，组织监督检查，向社会公布政府和企业主管部门设置的监督电话，实行投诉奖励办法。建立了较完善的城市出租汽车服务体系。

我国部分城市出租汽车拥有量

城市	人口（万）	经营单位数	营运车数（包括个体）
北京	510	259	11893
沈阳	325	97	3191
大连	137	11	1394
哈尔滨	225	10	2615
上海	687	416	10582
南京	191	253	1411
苏州	63	20	523
杭州	101	40	1250
宁波	55	12	250
福州	78	20	400
厦门	34	19	634
青岛	116	12	850
武汉	296	11	1420
广州	256	79	9340
深圳	18	65	3200
桂林	32	21	959
重庆	208	22	1577
成都	159	48	1075
西安	173	72	1831
乌鲁木齐	93	17	342
天津	420	115	2200

中 国 免 税 业

牛 连 枝

十年以前，免税店对大部分中国人来说还是陌生的。那时中国对外开放的口岸不多，在出入境口岸的商店里，销售的商品也只是国产的旅游纪念品和日用品。随着对外开放政策的实行，中国的国际旅游业逐步发展起来。1980年，设立在北京首都机场、上海虹桥机场和广州白云机场隔离区内的免税店相继开业，向离境的中外旅客出售世界名牌白兰地、威士忌和香烟等商品。这是我国建立的第一批免税店。这项业务是由当时国家旅游局所属的中国旅游服务公司负责管理的，后来由1984年成立的中国免税品公司（国家旅游局下属单位）所接管。

十年来，中国的免税业得到了迅速的发展。如上海机场免税店，已由最初的一名售货员和一个柜台，发展到目前的六十余人，几十组柜台，年销售额超过1000万美元。截止到1989年底，包括上海机场在内，中国免税品公司已在全国各地设立了56家免税店，近几年来总营业额每年平均以20%的速度增长着。另外，深圳和珠海特区的免税店由当地特区政府授权的公司经营管理。

根据销售对象，中国免税店可分为以下几种类型：

1.北京机场、上海机场和大连机场免税店。这三个免税店的主要顾客是日本人。北京机场免税店也有相当的欧美人光顾。

2.其他机场免税店和南方港口客运站免税店，如桂林、厦门、昆明、广州等机场免税店和深圳、珠海、广州、中山等港口客运站免税店。这类免税店的主要顾客是港、澳、台胞及东南亚人，也有从中国大陆去港、澳、东南亚各国的日本人和欧美人。

3.港口外轮供应公司免税店，如上海、天津、大连、青岛、广州等外供免税店。这类免税店负责向停泊在当地港口的外轮及其船员供应免税品。

4.驻华外交人员免税店。这类免税店专门向驻华使领馆及外交人员供应免税商品，目前设在北京、上海、沈阳市内。

几年前中国的免税店里还仅销售烟、酒、香水、化妆品、领带、皮带、表、笔、打火机等免税商品。近年来，根据顾客的需求，增加了一些新的品种，如丝巾、首饰、太阳镜、T衫、工艺品、礼品、皮包、小皮具、玩具、小型电器、食品、巧克力、饮料等。在驻华外交人员免税店，除上述品种外，还销售服装、家用电器、办公用品、摩托车、汽车等，由于各免税店的销售对象、顾客购买力、消费习惯和本国市场状况各不相同，各免税店的经营规模及商品品种也有所区别，但基本上能够满足客人的需要。

虽然世界各国对免税业务采取不尽相同的管理方式，但有一点是共同的，那就是经营管理者都是专利的。如同亚洲许多国家一样，中国的免税业务是由国家集中统一管理的。除了深圳、珠海等个别免税店外，中国免税品公司作为国家授权的专业公司，统一管理全国的口岸免税业务，并负责向驻华外交官员以及外国驻华新闻机构、外国专家、中外合资企业的外方人员供应免税品，负责统一对外谈判、统一订货、统一制定零售价格、统一对外支付货款和统一制定规章制度。这种集中统一的管理方式，是针对中国的实际情况制定的，符合中国国情。这种管理方式维护了免税店、顾客和免税品供应商三方面的利益。统一对外谈判，争取对中国市场最优惠、合理的进货价格，维护了国家和免税店，尤其是中小免税店的权益，防止不法中间商钻空子，同时也维护了免税品供应商分地区的价格管理政策。统一制定零售价格，避免了不必要的价格竞争，保障了顾客的利益不受损害。当然，这里所说的统一定价，并不是指全国实行一种价格。中国免税品公司根据不同地区、不同顾客，按机场、港口、客运码头、驻华外交官员商店等不同类型的商店，分别制定统一零售价格。商品在这几种类型的商店里的价格是不同的。对国际海员和驻华外交官执行最优惠的免税价格。统一进货和统一支付货款，减少了免税品供应商许多麻烦和顾虑，增强了共同开发中国免税市场的信心。几年来，中国免税品公司及各免税店的对外信誉是良好的。

目前，中国免税品公司已与世界上一百多家免税品生产商、供应商、代理商建立了贸易关系。主要贸易方式有以下三种：一种方式是，公司与免税品供应商直接联系、签署有关协议，各供应商直接向中国各出入境口岸免税店发货；另一种方式是，通过公司指定的代理商，就所需的品种与各免税品供应商联系，成交后向各免税店发货；第三种方式是，公司与各免税品供应商指定的代理公司联系成交。不管用以上哪种方式进行交易，成交的价格及各种条款均由中国免税品公司与免税品供应商共同确定。该公司对外贸易的原则是，无论以哪种方式相联系，都是以最优惠的价格、最优质的服务为最基本的条件。为加强中国免税业务的对外竞争能力，今后将更多地发展和加强与各供应商的直接往来和联系。

经过十年的努力，中国的免税业务已由初创阶段进入正规发展阶段。目前，中国已建立了从货物、财务、价格、计划、统计、人员的一整套管理制度，以及从中国免税品公司到各免税店完整的批发、调拨手续和售货程序。做为统一管理全国免税业务的专业公司，中国免税品公司设有商品分类、商店管理、信息调研、价格、财务、报关提货等部门，密切注视着国际免税市场的变化和发展，研究免税商品的走向，分析顾客的购物心理，及时、迅速、定期地把远东及国际免税市场的信息传送到全国各地。今日中国的免税店与十年前相比已有很大改观。各免税店都扩大了售货场地，有的店还重新装修了店堂和柜台，为适应顾客的需求，商店不断增加适销对路、丰富多彩的商品。售货、服务人员的素质也有所提高。

按照中国政府的规定，中国的免税店不同外资合营或对外租赁。广大的职工有信心、有能力依靠自己努力搞好中国的免税业务，逐步缩小与旅游及免税业发达国家和地区的差距，并在不远的将来赶上和超过世界先进水平，为中国的旅游业的发展，为国家的对外开放做出更大的贡献。

中国免税品公司免税店一览表

机场、航空公司免税店	1.北京首都机场免税店；2.上海虹桥机场免税店； 3.厦门机场免税店；4.天津机场免税店；5.桂林机场免税店； 6.昆明机场免税店；7.广州白云机场免税店；8.福州机场免税店； 9.大连机场免税店；10.海口机场免税店；11.汕头机场免税店； 12.湛江民航机场免税店；13.中国国际航空公司客舱服务部免税店； 14.东方航空公司客舱服务部免税店；
港口客运站、车站免税店	15.广州洲头嘴免税店；16.广州黄浦港免税店；17.汕头港免税店； 18.广东开平三埠港免税店；19.上海港国际客运站免税店；20.湛江港客运站免税店； 21.广东江门港客运站免税店；22.广东肇庆港客运站免税店；23.海口港客运站免税店； 24.广东惠阳县澳头港免税店；25.广东台山县广海港免税店；26.中山市中山港免税店； 27.广东顺德县容奇港免税店；28.广东番禺县莲花山港免税店； 29.广东汕尾港免税店；30.广州火车站免税店；
港口外供免税店	31.上海外供免税店；32.天津外供免税店；33.大连外供免税店；34.湛江外供免税店； 35.广州外供免税店；36.福州外供免税店；37.宁波外供免税店；38.青岛外供免税店； 39.秦皇岛外供免税店；40.连云港外供免税店；41.汕头外供免税店；42.南通外供免税店； 43.烟台外供免税店；44.营口外供免税店；45.广西防城外供免税店；46.福建泉州外供免税店； 47.海口外供免税店；48.南京外供免税店；49.江苏镇江外供免税店；
外交（籍）人员免税店	50.北京驻华外交人员免税店；51.上海驻沪外交人员免税店；52.沈阳驻辽外交人员免税店； 53.上海石油特供免税店；54.上海外籍人员免税店；55.山西平朔露天煤矿外籍人员免税店。 56.天津渤海对外经济服务总公司免税店。

附表　中国免税店销售的主要进口商品

香　烟	万宝路 (MARLBORO)、 拉克 (LARK)、 万事发 (MILD SEVEN)、 三个五 (S.E.555)、 健牌 (KENT)、 总督 (VICEROY)、 希尔顿 (HILTON)、 云丝顿 (WINSTON)、 沙龙 (SALEM)、 骆驼(CAMEL)、 多好(MORE)、 登喜路(DUNHILL)、 乐富门(ROTHMAN)、 卡地亚 (CARTIER)、 良友 (GOOD COMPANION)、 红双喜 (DOUBLE HAPPINESS)、 时运 (SILK CUT)、 大卫朵夫 (DAVIDOFF)、 高趣 (COURREGES)、 百乐门 (PARLIAMENT);
白兰地酒	人头马 (REMY MARTIN)、 轩尼诗 (HENNESSY)、 金花 (CAMUS)、 金堡 (CHABOT)、 马爹利 (MARTELL)、 拿破仑 (COURVOISIER)、 金像 (OTARD)、 百事吉 (BISQUIT)、 御露 (HINE'S)、 麦提沙 (METAXA)、 拉森 (LARSEN), FOV、 蜂巢 (BEEHIVES);
威士忌酒	尊尼获加 (JOHNNE WALKER)、 芝华士 (CHIVAS)、 皇家礼炮 (ROYAL SALUTE)、 皇冠威 (CROWN ROYAL)、 老伯威 (OLD PARR)、 金铃 (BELL'S)、 百龄坛 (BALLANTINE'S)、 顺风 (CUTTY SARK)、 船长 (CAPTAIN'S TABLE)、 登喜路 (DUNHILL)、 先生 (TEACHER'S)、 格兰菲迪 (GLENFIDDICH)、 杰克丹尼 (JACK DANIEL)、 白马 (WHITE HORSE)、 添宝 (DIMPLE)、 国王 (KING OF SCOTS)、 珍宝 (J&B)、 龙津 (LONG JOHN)、 三得利 (SUNTORY)、 帕斯普 (PASSPORT)、 格兰威 (GRANT'S);
香水、化妆品	沙耐尔 (CHANEL)、 姬文奇 (GIVENCHY)、 巴黎世家 (B.A.V.)、 菲济 (FIDJI)、 兰金 (LANCOME)、 克立斯汀·迪奥 (CHRISTIAN DIOR)、 娇兰 (GUERLAIN)、 丽姿 (NINA RICCI)、 罗莎夫人 (MADAM ROCHAS)、 韩蜜斯 (HERMES)、 兰万 (LANVIN)、 哉 (JOY)、 依夫·圣洛朗 (YVES SAINT LAURENT)、 依丽莎白·雅顿 (ELIZABETH ARDEN)、 伊露姿 (YVES ROCHER);
领　带	沙耐尔 (CHANEL)、 兰素 (LANCEL)、 克立斯汀·迪奥 (CHRISTIAN DIOR)、 登喜路 (DUNHILL)、 珑琅(LONGCHAMP)、 甘迪茜(COMTESS)、丽姿(NINA RICCI), BALLY;
丝　巾	丝琳 (CELINE)、 甘迪茜 (COMTESS)、 珑琅 (LONGCHAMP)、 克立斯汀·迪奥 (CHRISTIAN DIOR), RICHEL、 丽姿 (NINA RICCI);
T　衫	珑琅 (LONGCHAMP)、 来格仕 (LACOSTE)、 丽姿 (NINA RICCI)、 克立斯汀·迪奥 (CHRISTIAN DIOR)、 RICHRL;
皮　带	登喜路 (DUNHILL)、 兰素 (LANCEL)、 珑琅 (LONGCHAMP)、 甘迪茜 (COMTESS)、 BALLY、 丽姿 (NINA RICCI);
皮　包	兰素 (LANCEL)、 珑琅 (LONGCHAMP)、 克立斯汀·迪奥 (CHRISTIAN DIOR)、 甘迪茜 (COMTESS)、古芝 (GUCCI)、 登喜路 (DUNHILL), BALLY、 丽姿 (NINA RICCI);
手　表	雷达(RADO)、 浪琴 (LONGINE)、 欧米茄 (OMEGA)、 阿鲁巴 (ALBA)、 精工 (SEIKO)、 天梭(TISSOT)、 登喜路(DUNHILL), SWATCH;
笔	派克(PAKER)、 十字(CROSS)、 万宝隆(MONTBLANC)、 犀飞利(SHEAFFER)、 登喜路(DUNHILL)、 都彭(DUPONT)、 珑琅 (LONGCHAMP)、 确无比 (COLIBRI);
打 火 机	登喜路(DUNHILL)、 都彭(DUPONT)、 卡地亚(CARTIER)、 珑琅 (LONGCHAMP)、 确无比(COLIBRI)、 珑琅(LONGCHAMP), ZIPPO;
首　饰	COURREGES、 克立斯汀·迪奥 (CHRISTIAN DIOR), ATTWOOD、 圣依夫 (SAINT YVES)、 登喜路(DUNHILL)、 珑琅(LONGCHAMP)、 丽姿(NINA RICCI);
水晶工艺品	施华洛世奇(SWAROVSKI);
巧 克 力	瑞莎(SUCHARD)、 特别乐(TOBLERONE), M&M, HAWAIIAN KING, PERUGINA、 夏威夷(HAWAII), SAROTI。

省、自治区、直辖市概况

北　　京　　市

概　况

1989年

在1988年举办北京国际旅游年的基础上，1989年头4个月，北京旅游业继续保持了蓬勃发展的势头。1～4个月，全市接待海外旅游者30万人次，旅游创汇1.73亿美元。但是，进入5月份以来，动乱和反革命暴乱使北京旅游业受到了严重损害，直接影响了1989年全市旅游业的经济效益。1989年中，全市接待海外旅游者64万人，仅是全年计划122万人的50%左右；外汇收入4.6亿美元，仅是全年计划6.8亿美元的68%左右；饭店客房年平均出租率为58%，比1988年平均出租率降低23.8个百分点。

面对北京旅游业面临的问题和困难，全市广大旅游战线的职工，振奋精神，团结战斗，坚决贯彻和响应市旅游局提出的“党员带头，为国分忧，艰苦奋斗，重振旅游”的号召，对外积极开展促销，对内积极进行治理整顿，为稳定动乱和反革命暴乱后的旅游市场秩序，振兴和发展北京旅游业做了大量工作，取得了明显的成效。

一、积极克服动乱和暴乱影响，开展对外促销活动

动乱和反革命暴乱给旅游业带来的损失和困难是我国旅游史上前所未有的。北京的旅游业受到的冲击最早，恢复起来的难度也最大。暴乱发生后的6月10日，是全市旅游业的谷底。日接待量不足4000人，外汇收入从正常的日平均收入200万美元降到30万美元。全市饭店客房出租率下降到20%以下，而能维持20%出租率的主要原因是由于饭店的常住外宾人走房未退，或是国内客户用房，偏远及新建饭店基本上无一客人。因外宾来京人数锐减，各旅行社、涉外餐馆、旅游商品商店、出租汽车和园林景点都受到了很大的经济损失，不少企业的经济面临着极大的困难。

为了尽快恢复，重振北京旅游业，消除海外游客的顾虑，6月13日，北京市旅游局在故宫重新开放之时，向首都20多家新闻单位发出了“暴乱期间来京的海外游客无一人受毫发之伤，热烈欢迎海外各界人士来京旅游”的新闻稿，并通过中央电视台、北京电视台播放了这条消息，在海外旅游界人士中收到了良好的效果。随后，又召开了“北京旅游业中外方管理人员座谈会”，54家旅游中外合资企业的外方管理人员与中方管理人员二百多人一起共同商讨恢复北京旅游业的措施和办法。与此同时，市旅游局认真分析了当前旅游业所面临的巨大困难，提出了：“党员带头，为国分忧，艰苦奋斗，重振旅游”的口号，要求共产党员，特别是党员领导干部要以身作则，艰苦奋斗，带领旅游业职工共渡难关。许多单位中层以上干部和许多党员纷纷自动取消职务津贴或减少奖金，决心带领广大职工艰苦奋斗，共渡难关。广大职工在困难面前思想稳定，积极想办法，出主意，努力为重振旅游业争作贡献。

为了创造一个有利于恢复北京旅游业的大环境，市委、市政府采取了多种积极措施。暴乱刚刚平息不久，就先后恢复开放了故宫、天坛、天安门城楼，并就在京的海外游客的照相、团体参观天安门广场等问题一一作了妥善安排。

7月12～13日，在市政府的全力支持下，北京市旅游局隆重召开了“1989北京国际旅游研讨会”。这次会议原计划邀请十几个国家的百余名代表，结果来自29个国家和地区，代表世界上290家旅行社的440余名代表出席了会议。这次会议成为暴乱后在京召开的首次大型国际会议，是我国旅游史上规模最大的一次国际研讨会。

会议期间，代表们进行了实地考察，游览了北京市容、天安门广场和天安门城楼。市旅游局、国家旅游局、中国国际航空公司和三大总社举行了招待会。吴学谦副总理、国家旅游局刘毅局长、民航总局胡逸洲局长和北京市副市长张健民分别出席招待会并讲了话。会议准备的揭露暴乱真相的宣传材料、录相带被代表们一抢而空。美国、英国、法国、加拿大等许多国家的新闻媒介当天进行了报道。各国旅行社的代表通过研讨会，增强了在中国开展旅游业务的信心。一些持观望态度，甚至准备转向做别国生意的客户，会议没开完，就坐不住了，纷纷给其总部打电报、电传，变消极为积极地开展业务。许多代表索要此次会议的录相带，以便向本国人民进行宣传。与会代表纷纷表示：希望中国旅游业尽快恢复。还有一些代表积极为恢复中国旅游献计献策。不少国家的旅行商还表示，回国后马上组织旅游团来京。

研讨会之后，许多国家和地区的报纸连载与会代表撰写的文章，畅谈北京和平安定的景象及此次大会的盛况。几十家日本旅行社联合行动，敦促政府取消所谓不要到中国旅游的劝阻。德国一旅行社代表还向本国政府要求，当地报纸要对当前中国政局多做正面报道，以抵消前一段一边倒的宣传等等。

“北京国际旅游研讨会”取得了巨大成功，它不仅是一次成功的对外政治宣传活动，也成功地促进了中国旅游业的尽快恢复。

进入7月中旬以来，外国来华旅游人数日见回升。外国旅游者在京亲身感受到中国局势的稳定。美国一旅行社组织的百人“亲眼看看天安门广场”旅游团的所见所闻，更在海外、特别是美国引起较大反响。随着来华旅游人数的增长，北京的各大旅游饭店和客房出租率和外汇收入也都开始增长。

7月底，市旅游局召开“北京市旅游工作会议”，北京市副市长张健民出席并讲了话。会议号召全行业11万名职工把当前的困难当作一次挑战，认真地抓好旅游队伍、旅游市场和旅游行业的整顿，为旅游业今后的更大发展做好准备。会议要求全市各旅游企业在严峻的形势面前，要坚决贯彻十三届四中全会精神，加强思想政治工作，带出一支政治素质好、业务技术熟练的职工队伍；广大职工要艰苦奋斗，为国分忧，千方百计增收节支，渡过难关；要抓紧时机，做好旅游市场的整顿工作，切实提高服务质量，努力走出一条适合发展中国特色的旅游业的成功之路。

会议之后，全市旅游企业积极响应大会的号召，在抓好干部职工思想教育的同时，努力提高服务水平，挖掘潜力，开源节流，千方百计增加收入。在全行业的共同努力下，我市旅游业逐步从低谷中走出，经营状况日趋好转。

1989年，北京旅游业还举办了“金龙杯”国际旅游年摄影比赛展览，热烈欢迎了龙年国际旅游年有奖购物活动的第一位中奖者日本的青木和夫来京免费奖励旅游，进一步扩大了对外宣传。

二、开展“我爱北京山和水”旅游活动

为促进郊区县旅游业的发展，提高北京区县旅游景点的知名度，减缓旅游热点的压力，进一步开发建设旅游景区，带动和促进京郊区县的经济繁荣与发展，更重要的是丰富广大市民的文化生活，对青少年进行爱祖国、爱北京、爱家乡的爱国主义教育，寓学习、教育于旅游之中，市旅游局与市教育局、团市委、部分新闻单位和12个区县等22个单位发起组织了“我爱北京山和水”活动。活动从1989年4月1日起至11月底结束，为期8个月，共推出圆明园遗址公园、卢沟桥、八大处公园、十渡风景区、慕田峪长城、焦庄户、湖洞水、龙庆峡、金海公园等遍布12个郊区县的40个旅游景点。为了促进“我爱北京山和水”旅游活动的开展，分别在北京植物园、圆明园遗址公园等著名景点举办了桃花节、科技灯会、登高会、度假村夏令营等三十余项各类大中型活动。北京市旅游事业管理局在4月2日组织了隆重的“我爱北京山和水”旅游活动宣传日，积极开展宣传、咨询活动。宣传日中，共售出旅游活动纪念卡和《实用北京郊游指南》近万份，同时，共散发近百万份宣传资料，几十万中外游客特别是北京青少年热情地参加了这项活动。为了吸引和鼓励更多旅游爱好者参加“我爱北京山和水”活动，北京市旅游事业管理局还在活动中设立了“紫禁杯旅行家奖”，并与北京青年报联合举办了“我爱北京山和水”的知识竞赛。有效的宣传活动，不仅提高了“我爱北京山和水”活动的知名度，而且进一步促进了这项活动蓬勃、健康地发展。

“我爱北京山和水”旅游活动取得了较好的经济效益和社会效益。新推出的40个景点在此期间接待游人700万人次；门票收入超过600万元，分别比1988年同期增长30%。通过这项活动的开展，使京郊区县及旅游部门积累了组织大中型旅游活动的经验。许多单位通过举办活动收到了一定的经济效益，各方面纷纷要求北京市旅游事业管理局今后继续组织“我爱北京山和水”活动。

三、认真贯彻治理整顿方针，促进旅游业稳定健康发展

1.严厉打击违法乱纪行为，维护旅游市场秩序。根据国家旅游局刘毅局长的有关批示，北京市旅游局对涉外定点商店逐家进行了检查、宣传、教育，对旅行社、出租汽车公司的导游员、司机带团到非定点单位和私自收授回扣等违法乱纪行为进行了检查。召开全市旅游企业负责人会议，部署了彻底清查和坚持制止收授回扣等不正之风的工作，要求各旅游企、事业单位立即行动起来，大造声势，向旅游业务中存在的违法乱纪行为和不正之风开展坚决的斗争。并对全市旅游企业中的公对公劳务费问题进行了清理。

为了严肃旅游有关法规，在社会上造成公众舆论，对违犯法规的人员或单位进行了严肃的处理。在北京人民广播电台和北京日报、北京晚报广播、刊登了市旅游局对长城旅行社一名临时导游员带团到非定点单位的处罚决定和点名批评了一批非定点商店。打击了不正之风，支持了定点单位的工作，收到了较好的效果。

2.加强对旅行社的管理，提高优质服务水平。一是对旅行社的整顿。按照国家旅游局颁发的《旅行社管理条例》，结合北京市旅行社行业的具体情况，对那些管理混乱、经济效益低、无力经营的旅行社进行了治理，先后撤销了京西旅行社、信达雅旅行社。二是对一、二类旅行社的导游服务采取在主要景点定点检查和随团检查，以及向旅行社和旅游客人直接发放评议卡等办法进行了服务质量大检查。年内对280个团进行了定点检查，对19家旅行社的21个团进行了北京一地的随团检查，对28家旅行社100个团的1831位旅游客人发放了对导游、司机人员评议卡。在定点检查和随团检查的301个团的导游人员中，合格的导游员占绝大多数。历次检查情况与结果都通报全行业，对存在问题的单位或人员进行了处罚并限期改正。三是完成了旅行社导游员考核与发证工作。为了加强导游队伍的管理，提高导游队伍的素质，1989年2月27日至3月14日分别对全市54家旅行社的专、兼职导游人员进行了考试资格审查。经过培训和全国统考，共有1617名导游员成为第一批取得合格证书的导游员。四是制定了北京市执行《旅行社管理暂行条例施行办法》的处罚细则，并报经市政府批准执行。

3.北京地区旅游涉外饭店客房租价实行浮动价格，规定了价格浮动幅度。近年来，随着旅游涉外饭店的增加，一些饭店为了争取客源，竞相压价销售客房，特别是北京地区发生反革命暴乱后，给旅游涉外饭店带来极大的损失，大部分饭店的出租率较去年同期下降很多。针对这一情况，市旅游局多次召开旅游涉外饭店经理座谈会，并对50多家涉外定点饭店的房价、客房创汇等情况进行了抽样调查，在经调查和征求意见的基础上，市物价局、市旅游局联合制定了北京地区旅游涉外饭店客房租价实行浮动价格的规定并下发了通知，决定对客房价实行浮动价格，对上下浮动幅度给予一定限制，对稳定旅游市场起到了积极作用。

4.开展饭店星级评定工作。1989年，我国首次开展这项工作，按照国家旅游局制定的统一标准和安排，北京地区星级评定工作由北京市旅游局负责。为把评定饭店星级的过程同时作为加强行业管理，提高饭店管理水平和服务技能的过程抓好，局星级评定办公室于1989年2月15日至3月11日首先对124家涉外饭店，以及海淀、昌平、门头沟、延庆、房山等区县旅游机构的负责同志进行了培训，提高了他们对饭店星级评定的目的和意义的认识，理解、掌握了星级评定标准的内容和要求，为正式评定星级奠定了思想基础和业务基础。5月底前全市完成了星级的申报工作，共有103家饭店进行了星级申报。在此期间，局星级评定办公室对部分饭店进行了试评，帮助基层企业改进管理和服务。6月份开始正式评定。在评定过程中，采取了明察与暗访相结合，自报和评定相结合的方法，严格按星级评定标准，逐条评议，逐条打分。各涉外饭店均成立了专门的星级评定领导班子，认真开展自查、自评活动，并把着眼点放在提高饭店“软件”建设上，在不违反国家禁止大兴土木方针的前提下，设法补齐力所能及的缺项。由于上下积极配合，努力工作，使整个饭店星级评定工作进展顺利。首批星级饭店已被国家旅游局批准并颁发了证书。它们是北京的长城、昆仑两家饭店为四星级饭店；民族、燕翔、前门、东方4家饭店为三星级饭店；光华、日坛、德胜3家饭店为二星级饭店。

5.开展了学习、普及6种语言的6句敬语活动。为了提高服务质量，强化文明礼貌用语，北京市旅游事业管理局、市一商局、市园林局、市饮食服务总公司、市出租汽车管理处5个单位，1989年共同组织在全市涉外旅游行业全体干部、职工中开展学习、普及6种语言的6句敬语活动。6种语言是英语、德语、日语、法语、西班牙语和广东地方语；6句敬语是：(1)您好？(2)谢谢！(3)对不起。(4)我能为您做些什么？(5)再见！(6)欢迎您再来。为使这项活动健康、扎实地开展并取得预期效果，事先，市旅游事业管理局举办了全市涉外饭店、餐馆等6大行业的教员参加培训班，下发《六种语言的六句文明礼貌用语》学习手册13万余份、录音磁带500盒，市旅游事业管理局还同北京人民广播电台联合举办了学习、普及6种语言的6句敬语专题节目。

自1989年4月10日市旅游事业管理局等5单位联合发出了《关于学习六种语言的六句敬语检查、考核、奖励办法》后，各个旅游企、事业单位非常重视，及时组织进行了认真的学习、讨论，并结合本单位的实际情况制订了教学方案，培训了小教员。在学习过程中，为提高干部职工的学习热情，使学习敬语活动不走过场，不留死角，达到能说会用的要求，各单位均采用了积极有效的措施和方法，使学习取得了显著的效果。1989年底，市旅游局及有关单位组成联合检查组对学习、普及6种语言的6句敬语活动进行了检查，评出先进单位166个。

1990年，北京旅游业将积极利用在北京举行的第十一届亚运会的机会，为促进北京旅游业尽快恢复和发展，为使北京旅游业更上一个新的台阶而更加努力奋斗。

北京市是祖国的首都，是全国政治、文化、外交活动的中心城市和国际旅游主要客源集散地。北京自然风景秀丽、山河壮观。故宫、万里长城、颐和园、天坛、十三陵等已成为世界知名旅游景点，为北京增添了古老神奇的色彩。自然旅游资源和人文旅游资源融为一体的北京，具有得天独厚的发展国际旅游的优势和建成世界旅游名城的有利条件。

北京市的国际旅游业在改革开放前，旅行社主要以政治接待为主。旅游业被当作国家外事工作的一部分，以搞好“民间外交”为主要任务。十一届三中全会以后，北京旅游业迎来了自己的春天，焕发了青春的活力。1986年底，在原北京市旅游局和北京市饭店总公司基础上，成立了北京市旅游事业管理局，作为北京旅游市场统一规划、统一管理的政府机构，对旅游业实行全行业管理，从而使北京的旅游业从旅游管理、接待设施、经济效益、人员素质等方面都发生了巨大的变化，取得令人瞩目的成绩。

历史回顾

一

北京市旅游业11年来的主要变化表现在：

（一）年接待海外旅游者逾百万，旅游创汇额成倍增长。

1979～1989年全市累计接待来自世界五大洲140个国家和地区的旅游者740.9万人。相当于1978年前20年接待人数总和的二十余倍。1987年接待107.4万人，首次突破年接待百万人大关。1988年接待人数持续上升，达到120.4万人，是1978年的6.4倍，占全国接待海外旅游者人数的28.6%。1989年，由于动乱和反革命暴乱的影响，接待数只有64.5万。

1979～1989年，旅游创汇额共32.38亿美元，除1989年特殊情况外，平均每年以27.5%的速度增长，1988年达到6.74亿美元，为1978年的12倍，占全国当年创汇的28.9%。1989年在特殊情况下，旅游创汇仍达4.65亿美元。旅游创汇已成为本市外汇收入的重要来源。

（二）旅游设施配套发展，综合接待能力显著增强。

目前全市共有定点饭店101家（其中公寓4家），客房29340间。旅游饭店已遍布城市与郊区，档次齐全，可满足不同层次客人的需求，为旅游业的大发展提供了良好的住房条件。1988年客房出租率平均在81.8%。1989年春夏之交的反革命暴乱，使年客房出租率降为58%。

旅游餐厅遍布全市。新建改建了一批餐馆，恢复了部分老字号。目前全市有旅游定点餐馆109家，总餐位3.1万个。全国八大菜系荟萃北京，除烤鸭、涮羊肉、宫廷菜等北京传统风味餐厅外，近年来又引进了全国20个省、市、自治区的风味菜点小吃一千多种。旅游者不出北京就可以品尝到全国风味。同时，还引进了外国许多名店、名餐、名厨，如苏联风味的莫斯科餐厅、法国风味的巴黎马西姆餐厅和美尼姆斯餐厅、美国风味的肯德基家乡鸡餐厅、匈牙利风味的烤鸭店、意大利风味的图雅—北京餐厅、泰国风味的泰国餐厅、印尼风味的椰城餐厅、朝鲜烧烤等等。这些各具特色的外国风味餐厅汇集北京，给首都餐馆业增添了异国风采，为首都人民和旅游者提供了品尝异国风味美餐的机会。

旅游商品的生产和销售有了较大的发展。经营旅游商品的商店增多，目前涉外定点旅游商品商店就有80余家，而且生产和销售一条龙正在逐渐形成。1988年旅游商品创汇达1.09亿美元。

旅游交通有所改善。到1989年，主要承担旅游团队业务的公司35家，车辆1.1万辆，旅游者乘车难的问题已有所缓解。旅游公路通遍各景区，市内交通条件也有所改善，北京地区铁路客运量也有较大的增长，旅游旺季分别增开了北京—北戴河、八达岭、承德、青岛的旅游列车，并可随时加开高级旅游团乘坐的豪华专列，提高了北京的吞吐能力。民航机座逐渐增多，开辟了北京至重点旅游城市的新航线。

（三）旅游资源开发建设成绩喜人。

经过十多年的开发和建设，目前北京旅游参观景点达二百余处，供国际旅游者游览的主要景点为35处。近几年先后修复了慕田峪长城、潭柘寺、大钟寺、云居寺、恭王府、昭陵等名胜古迹，开辟了石花洞溶岩景观、龙庆峡和十渡风景区，新建了密云、石景山、龙潭湖三个游乐场。这些已成为国内外旅游者的重要游览、游乐场所，既提高了全市旅游景点的容量，也减轻了故宫、颐和园、八达岭长城等旅游景点的压力。目前北京已形成多元化多层次的服务设施、旅游景区网络，为首都增添了诱人的魅力。

（四）旅行社发挥龙头作用。

至1989年，全市已有旅行社84家，其中一类社16家（市属的2家：海外旅游公司和新华旅游有限公司），中央二类社15家，北京二类社36家，旅游部7家，三类社10家。旅行社收入1988年为2642万美元，占全市旅游总收入的3.9%。有12个外国语语种和4个国内方言的翻译导游三千人，大专学历的占65%，比1978年增加10倍。

（五）旅游从业人员不断提高。

目前全市已有直接从事旅游行业的职工10.8万人。这支队伍大多数人是经过专业式岗位前培训的，素质较好。旅游教育从无到有，具备了高等、中等和岗位培训相互配套的旅游教育系统。目前隶属北京市的旅游高校有北京联合大学旅游学院。每年可输送导游和旅游管理人才一百二十余名。一所北京旅游服务中专学校，几年来共输送具有中等技术的人才1660人，37所职业高中，1989年前毕业生总数达8623人，充实于旅游企业一线，增强了骨干力量。

二

随着旅游业的发展，旧的多头领导、部门分割、缺乏统一规划的管理体制，越来越不适应形势的要求。如何加强宏观管理，建立起有效的行业管理体制以保证首都旅游业健康、持续地发展，成为亟待解决的问题。北京市委、市政府经过长期调查研究，于1986年底，决定对北京旅游管理体制进行改革，撤销了原市旅游局和原市饭店总公司建制，合并组建为新的北京市旅游事业管理局，作为政府管理机构统一管理北京地区城乡旅游事业。

旅游管理体制的改革，对于加强北京地区旅游业的宏观管理，整体开发国际旅游市场和开展对外宣传招徕工作，提高旅游服务质量，综合治理整顿旅游市场，统一规划和开发新的旅游资源，以及旅游业内部各行业之间的综合协调、配套改革等方面都发挥了重要作用。

（一）加强旅游法规建设，坚持依法管理。

旅游是一个新行业，涉及面大，依托性强，没有现成的法规可以借鉴。许多旅游企业分属上至中央、下至各个不同单位和部门。为了迅速实现全行业管理，使旅游管理部门和旅游企业都有法可依，市旅游局把旅游行业法规建设放在十分重要的位置上。自1987年以来，共制订法规性文件六十余个。内容包括旅游市场管理和整顿，提高服务质量、促进旅游服务标准化、规范化和搞好北京旅游业的宏观经营等方面。北京市旅游局对旅游企业采取的定点管理办法，被国家旅游局向全国推广。

（二）大力提高旅游服务质量。

优良的服务，是旅游业持续发展的重要条件，直接关系首都的声誉。市旅游局成立后围绕提高服务质量开展了大量活动。首先抓制度建设，健全了各项岗位责任制，修正了各项服务标准；其次抓业务技术培训；第三抓检查评比，每年至少检查四遍。1987年起，设立了首都旅游紫禁杯，作为北京地区旅游业的最高奖励，开展了全市性的旅游服务竞赛评比活动。1988年2月进行了首届评比发奖大会。全市有105个旅游企业获奖，其中7个单位荣获紫禁杯最佳企业称号。150名旅游行业职工获个人奖，其中30名同志获最佳个人称号并赴新加坡学习考察一周。新加坡舆论界称这是中国“改革开放的体现”，引起国内外很大反响。首都旅游紫禁杯每年评比一次，经过1989年的评比，在第三届紫禁杯竞赛中，建国饭店、中国青年旅行社、首都汽车公司、仿膳饭庄、颐和园、友谊商店等6个单位，获最佳企业称号并捧走紫禁杯；另外获先进企业奖80个单位，先进个人奖119名。第四抓薄弱环节——公厕卫生。从1988年起，全市开展了涉外旅游单位公厕卫生大奖赛。旅游涉外单位的厕所统一编号挂牌，定期检查。截止1989年底全市有编号挂牌厕所373个，新建厕所30个，改造厕所240个。厕所卫生面貌已初步改观，1989年全市评出卫生最佳厕所15座，卫生优秀厕所25座，卫生先进厕所40座，优秀保洁员160名。1988年，北京市荣获全国城市旅游服务质量竞赛评比的金杯。

（四）开展国际旅游年活动。

1988年是龙年，市政府决定举办规模浩大的国际旅游年活动，市旅游局与有关单位共同举办了龙庆峡冰雕展、龙潭湖庙会、大兴县及门头沟国际风筝赛、北海灯会、舞龙大赛、八大处重阳登山游园等28项旅游观赏大型活动。各旅游企业举办了食品周、服装表演和展览，以及文化娱乐等各类活动六百多项。龙年旅游活动在国内外引起很大的反响，在国外，西德、新加坡、日本等国分别在本国开展了龙的形象设计比赛、龙年展览等活动。在国内，形成了大规模的联合促销局面，对扩大宣传，招徕客源起了重要作用。由于北京市旅游局开展龙年旅游活动成绩显著，世界旅游组织特授予薄熙成局长1988年度世界旅游组织奖。

（五）搞好“我爱北京山和水”大型旅游活动，推进郊区旅游景点的开发建设。

举办“我爱北京山和水”旅游活动，旨在促进郊区县旅游业的发展，提高北京郊区旅游景点的知名度，减轻旅游热点的压力。培养旅游爱好者、特别是中小学生的“爱祖国、爱北京、爱家乡”精神。这一活动共推出圆明园遗址公园等40个景点，遍布北京12个郊区县。举办了桃花节、科技灯会、夏令营等生动活泼、各具特色的大中型活动三十余项。40个景点在活动中共吸引了700万人参加，门票收入超过600万元，比1988年同期增长30%。“我爱北京山和水”旅游活动，为正确引导国内旅游作出了新的尝试，总结了好的经验。

（六）扩大对外宣传，提高北京旅游业的知名度。

对外宣传是开拓旅游市场的关键。市旅游局每年拨出专款用于对外宣传工作，利用多种方法开展对外宣传和公关活动，近年来共摄制了16部电影片和录相片，参加了十多个国家和地区的旅游博览、旅游展览活动，展示了北京丰富的旅游资源和民族文化。增强了各国人民对北京的了解。1989年，北京市旅游局以“北京，迷人的城”为主要对外宣传口号，以“旅游促进社会的繁荣与发展”为对内宣传口号，开展了大规模的宣传活动。在北京发生的反革命暴乱被平息后不久，7月12日至13日北京旅游局成功地举办了“北京国际旅游研讨会”。世界上29个国家和地区、代表290家旅行社的四百四十余名海外代表参加了会议。这是平息反革命暴乱后在京举行的首次大型国际会议，是一次成功的对外政治宣传活动。这次会议对于介绍我国平暴真相，宣传我国的稳定局势，解除海外旅游界人士的顾虑，促进北京旅游业的恢复和发展起了重要的作用。

三

北京国际旅游业虽然发展很快，但毕竟还是一项新兴的年轻产业，特别是经历了动乱和反革命暴乱之后，北京旅游业面临着更大的考验。旅游业本身存在的一些问题，如综合配套能力还不够强；旅游景点有待于进一步开发；旅游服务质量与国际水准相距较远；旅游市场秩序需要进一步整顿；旅游业发展中涉及到的某些政策问题还没有解决等等，也都需要引起高度重视，并采取积极有效的措施加以解决，以便北京的国际旅游业有更大的发展。北京旅游业广大职工决心为把北京早日建成世界第一流的，有东方特色的旅游名城而不断奋发努力！

（王淑娟）

发挥和利用北京旅游资源的传统文化优势

北京市旅游局局长 薄熙成

北京有着丰富的旅游资源。改革开放以来，首都的旅游设施建设飞速发展，旅游业迅速崛起，目前已基本确立了旅游业在首都社会经济发展中的重要产业地位。全国范围的治理整顿，第十一届亚运会的举行，这些我国社会政治经济生活中的重大事件，将对旅游业的发展产生重大影响，成为北京乃至全国旅游发展史上重要的阶段性划分标志：旅游业经历了10年大发展的阶段之后，将步入以质取胜的新起点。

今后，从北京地区的旅游业发展来看，整体的宣传要转向国外为主，市场开发要转向重点开发为主，旅游资源的开发建设也要转向注重体现其文化内涵，发挥其展示传统文化优势上。就后一个方面说，应该成为今后提高北京旅游质量的重要途径之一。

旅游业作为一项经济事业的根本属性是不容置疑的，这是我国发展旅游业的认识基础和工作目标。为了旅游业的更大发展，我们应该重视旅游文化在吸引旅游者，发展旅游业过程中至关重要的作用。只有大力弘扬具有东方特色的中国传统文化精华，深入开掘北京旅游资源深厚的文化内涵，才能顺应当今世界旅游业的发展潮流，促进普通的观光旅游向高层次、更富吸引力的文化需求型旅游发展，从而使北京旅游业有一个长期稳定发展的势头。

北京作为3000年古城，中国历史上的五代故都和社会主义中国的伟大首都，贯通了中国历史各个发展阶段的文化精萃，特别是明清文化更为典型；融汇了中国各民族的传统民俗风情，特别是表现中国北方民族习俗的各种民间节日和民俗活动丰富多采；体现中华民族人杰地灵的历史文化名人故居和遗址，遍布京华各处；一些重大历史事件发生地，记录着北京人民在近代革命史上英勇斗争的史迹。还有如京剧文化、曲艺文化、饮食文化、茶文化、酒文化、清宫文化……，都从各自不同的角度展示了中华民族独成体系的传统文化特质。据统计，北京地区区县以上的文物重点保护单位就有近千家之多。各类传统节日、庙会、民间庆祝活动，仅据清末人编写的《燕京岁时记》记载，就有100多种。对于这些丰富的旅游资源，我们经过加工整理，去粗取精，古为今用，与现已开发的高知名度的旅游景点结合起来，可以组成展现中华传统民族文化的各种旅游序列。这对于世界不同地区、不同爱好、不同专业的各类旅游者的各种文化探求都会产生极大的吸引力。

一般来说，一个民族的传统文化，按其存在形式可以分为有形文化和无形文化两类。文物古迹、名人故居、重大历史事件发生地等以实物形态体现民族传统文化特征的属于前者，而民俗风情、民间节日、礼仪、技艺和民族歌舞等以人们世代相传的方式保存下来的非实物形态的文化属于后者。发挥和利用首都旅游资源的传统文化优势，既要注意两类文化的不同特点，又要有机地把它们结合起来。

作为有形文化体现的北京地区的旅游景点和古建筑遗存，表现了中华民族独特的建筑美学，具有很高的观赏价值，其中也不乏充溢着优美的民间传说和奇幻的神话色彩的去处。但是总的来说，一个显著的特点是它们富有真实的历史见证的意义。从周口店猿人遗址，3000年前的北京古城遗址，一直到大量的明清古建筑群、皇家园林和近代历史文化名人故居、重大历史事件发生地，这些历史实物与历史史实结合起来，相互印证，系统地展示中华历史文化进程，对于希望通过旅游活动来寻觅中国历史遗迹和革命历程的旅游者来说魅力无疑是极大的。

民俗风情、民间节日和民族艺术，作为一种无形文化，是北京地区旅游资源的一个重要组成部分。开发这些旅游资源，发掘它们的文化内涵，利用它们的文化优势为旅游业服务，在旅游者对旅游活动有着更广泛、更直接的“参与性”要求的今天，有着特殊的意义。北京历史上的民俗民间庆祝活动十分丰富，历史上举办这些活动的场所也保存得比较完整，将这些无形文化旅游资源与有形文化旅游资源结合起来进行开发，既可以进一步提高景点的旅游利用价值，又可以使旅游者“身临其境”感受到历史文化气氛，增加这些旅游项目的吸引力。近几年，北京各景点和各区县举办了一系列民俗表演和文化庙会活动，吸引了大批的国内外旅游者，但是我们还要充分利用无形文化旅游资源十分丰富的优势，进一步开发专门为海外旅游者组织的高档次的传统文化欣赏节目。这些节目有优美、典雅、历史文化气息浓重的环境布置，旅游者可以欣赏或参与京剧演唱、茶艺、御膳、明清歌舞……。

发掘北京旅游资源的文化内涵，充分发挥北京旅游资源的传统文化优势，对于吸引海外旅游者和开发国际旅游市场有着现实的意义。我国的来华旅游者客源结构构成的一大特点是，除欧美客人外，港澳台同胞、华侨、外籍华人和同属中国近邻文化的日本、东南亚宾客占有很大的比例，这些地区是我国一个相对稳定的客源市场。发挥北京旅游资源的文化优势，不仅可以满足希望欣赏异域风光和异国文化风情的欧美及其它国家客人的旅游需求，而且对来华追根寻祖，探求文化认同的中国近邻国家和地区的旅游者来说更有吸引力。

在充分发挥和利用我国旅游资源的文化优势发展旅游上，全国各地旅游业的同行们都曾进行过多方面的尝试，有些是颇有成效的。我们一定要认真吸取这些好的经验，加紧工作，以为北京旅游业从质量上获得提高开辟一条新的途径。

大 事 记

1989年

1月14日 北京国际旅游年有奖购物开奖仪式在京伦饭店举行。记者及游客代表200余人出席了开奖仪式。经北京市公证处公证，开奖号码是：6200、9792，凡持有奖购物奖券中奖者，可于1989和1990两年内携一亲属，免费在北京旅游一周。

1月27日 北京国际旅游年总结大会在北京展览馆剧场举行。薄熙成局长作1988年北京国际旅游年总结。大会向第二届“首都旅游紫禁杯”竞赛30名最佳个人，120名优秀个人和1988年涉外旅游单位公共厕所卫生大奖赛15个先进单位，60座获奖厕所，60名优秀保洁员颁发了奖状和荣誉证书。

1月30日 市局和东城区共同主办的第四届地坛春节文化庙会开幕。

2月2日 北京市海外旅游公司正式成立，这是市属第一家一类旅行社。

2月27～28日 在国家旅游局举行的全国首次导游员资格统考中，北京考区1500名专职、兼职导游员参加了考试。

3月4日 举行第四届旅游新闻发奖大会，卢兵副局长出席了会议并讲话。经过评委审定评出一等奖10个，二等奖24个，三等奖41个，还评出专项活动报道奖、内参奖、编辑奖、照片奖、广告奖。在京的近百名新闻工作者出席了大会。

3月18日 首都旅游业紫禁杯文艺汇演在北京展览馆剧场隆重开幕。

3月22日 北京市旅游事业管理局中青年干部培训班结业典礼在旅游服务学校举行。局长薄熙成为学员发了结业证。

3月25日 局党组副书记白祖成及综合二处负责同志率1988年旅游紫禁杯的30名最佳个人赴广州学习考察。

3月22～26日 在全国旅游局长会上，国务院副总理吴学谦把1988年世界旅游组织秘书长签发的世界旅游组织（WTO）奖颁发给薄熙成局长。以表彰他为中国的旅游宣传和发展做出的积极的、公认的和宝贵的贡献。

3月30日 北京旅游新闻工作者协会成立大会在燕京饭店举行。二百多位新闻界人士应邀出席。会议通过了协会章程和常务理事会人选。薄熙成局长当选为名誉会长，卢兵副局长当选为会长。

4月1日“我爱北京山和水”旅游活动组委会在民族文化宫剧场召开大会，隆重推出“我爱北京山和水”旅游活动。国家旅游局局长刘毅、北京市副市长张健民及22个组委会成员单位的领导出席了大会。北京郊区县旅游管理部门和60多位新闻记者等各界代表一千多人参加了大会。

宗清乐舞《盛世行》首演式在天桥剧场隆重举行。这是市旅游局为扩大北京地区旅游宣传和影响、丰富旅游客人的晚间生活，联合北京歌舞团共同推出的。首演式邀请了主要客源国使馆的文化参赞、雇员和部分外国驻京旅行社、航空公司的177位代表和800余名海外旅游者。

4月2日 “我爱北京山和水”旅游活动宣传日。北京市东城、西城、崇文、宣武、海淀、朝阳区的13所外事职业高中，一千二百多名师生在王府井、东单、前门等28处主要繁华街道和旅游景点设立宣传、咨询站，开展“我爱北京山和水”的宣传。国家旅游局局长刘毅、北京市旅游局局长薄熙成、副局长卢兵、林竲卿、国家旅游局市场开发司副司长顾树保、市文教办主任李学信、副主任史文炳、市人大常委科教委主任侯继承、市教育局局长陶西平、副局长杨玉民等领导到各宣传站巡视指导和慰问广大师生。

4月15日 由市局、园林局和海淀区政府共同举办的“桃花节”活动在市植物园开幕。

4月27日 首次北京市旅游行业合资企业外方经理座谈会在和平宾馆召开。全市旅游系统24家中外合资企业（包括市属和中央在京单位）的外方经理、国家旅游局、市经贸委有关部门的领导近50人出席了座谈会，薄局长向各位来宾介绍了北京市1988年和1989年第一季度的旅游市场形势，饭店业基本建设规模，北京民航运力状况，全市利用外资还本付息等情况，还就利用外资，收取小费、劳动工资，旅游宣传等问题同外方经理进行了坦诚的对话。

20～29日 局公共关系部组织外国记者、外国旅行社代表，中国对外刊物记者10人，前往长春、沈阳、抚顺、鞍山、大连、承德等地考察“末代皇帝”专项旅游路线。

5月11日 国务院副总理、国家旅游事业委员会主任吴学谦主持召开了国家旅游事业委员会第五次会议，听取并讨论了北京市旅游事业发展情况的汇报。会议认为，北京旅游业对全国的辐射能力和带动作用都很大。要把北京旅游业作为一个重点，给予必要的支持，以增强其综合接待能力。

5月12～16日 全国导游大赛在北京举行。我市6名选手参加，国旅北京分社的孟小权、方舟旅行社的王颖获得十佳导游称号，北京市中国旅行社沈月获大赛特别奖。

5月23日～6月1日 动乱、暴乱发生后，在出现错误的新闻导向情况下，《北京日报》坚持传达党和政府的正义之声。但是由于歹徒围攻，邮路受阻，《北京日报》送不到群众手中，在这种情况下，局机关和首都汽车公司、北京饭店、京伦饭店等10个单位，出动干部职工三千多人次，在东城、西城、丰台等7个城近郊街头出售《北京日报》。几天共卖出《北京日报》70.5万份，及时向广大市民宣传了党和政府的声音。

京伦饭店、北京饭店、建国饭店、西苑饭店等14家企业在其主体建筑物上悬挂了27条大幅标语。标语的内容有：伟大、光荣、正确的中国共产党万岁！坚定不移地走社会主义道路！坚持四项基本原则，坚持改革开放！旗帜鲜明地反对资产阶级自由化！坚决制止动乱，维护安定团结！这些标语得到广大群众支持，也遭到少数暴徒的谩骂和围攻。

6月13日 为尽快重振北京旅游业，消除海外游客因首都出现反革命暴乱而产生的恐惧和忧虑，扩大对外宣传，广泛招徕客源，市旅游局向20家新闻单位发出“北京市旅游事业管理局新闻发言人关于暴乱期间来京海外游客无一人受毫发之伤”的新闻稿。北京电视台、北京日报等10余家新闻单位先后广播，一些国外报纸转载。

6月19日 市旅游局在北京饭店东二楼宴会厅召开了“北京旅游业中外管理人员座谈会”。54家合资企业，国内37家一、二类旅行社，15家新闻单位及外国航空公司、旅行社驻京代表近200人参加了座谈会。薄熙成局长首先向与会者介绍了平息反革命暴乱后北京当前的形势和国家振兴旅游业的方针。燕山大酒店总经理袁伟明先生、奥林匹克饭店总经理、建国饭店第一副总经理赫尔斯、长城饭店销售推广总监木村野先生等就发展旅游业、改进服务质量、提高管理水平等问题提出了积极的建议。

6月24日，27日薄熙成局长参加了张百发副市长召开的研究天安门城楼恢复开放问题的会议。会议决定7月1日，天安门城楼恢复向中外游人开放。

6月12～13日 “1989·北京国际旅游研讨会”在昆仑饭店隆重召开。出席会议的有来自29个国家和地区的290家旅行社的443位海外朋友。北京市政府、国家旅游局、中国国际航空公司、国旅、中旅、青旅三大总社和6个热点省市旅游局的负责同志等共900人应邀出席。会议就北京旅游各方面问题进行了广泛讨论，特别是针对反革命暴乱后，国际上出现的歪曲报道，开展了正面宣传。请来宾游览市容，参观天安门广场，收到较好的宣传效果。

29日 我局在北京展览馆召开全市旅游工作会议，400多个旅游单位的党、政领导干部1146人出席。中旅总社、西苑饭店、友谊商店分别介绍了他们克服动乱和反革命暴乱带来的影响，广泛开展增收节支的活动的体会和措施。张健民副市民和薄熙成局长作了重要讲话。

8月9日 亚运会组委会秘书长万嗣全，副秘书长杨登彦在北京饭店东二楼召集亚运组委会有关部门会议。市旅游局同时作为亚运会旅游接待部，部长薄熙成，副部长卢兵、吴泽民等同志参加了会议。会议研究了亚运会期间的票务、车辆、住宿、餐饮、商品、旅游、服务、宣传广告等问题。

8月14日 薄熙成局长，卢兵、吴泽民副局长会见了美国国华假日旅行社总裁邓仁宋先生。邓先生此次来京，是率领平暴后美国的第一个大型旅游团——百名美国游客参加的“自己看看天安门广场”专项旅游路线而来的。此旅游路线引起了美国游客极大的兴趣。

8月15日 局党组决定对局系统接收的77名应届大学生举办为期三个月的学习班，集中进行思想教育和岗位培训。学习班今天举行开学典礼。

8月22日 局下发《关于禁止在涉外饭店星级评定工作中大兴土木，扩大基建投资的紧急通知》。要求各饭店在星级评定工作中重视“软件”建设，避免对设备进行不切实际的投资改造，盲目追求高星级。

8月26日 市旅游局和市摄影协会联合举办的北京国际旅游年“金龙杯摄影大奖赛”获奖作品展览今天上午在中国美术馆开幕。

9月6日 北京市教育局、北京市旅游局在民族宫礼堂召开第二次北京市中小学优秀班主任“紫禁杯”发奖大会。

9月9日（8月20日～9月9日） 市旅游局对全市110家定点餐馆进行抽查，抽查的主要内容是餐馆的服务、卫生、餐饮质量、物价及违章、违法行为。在抽查中对5家定点餐馆暂停了定点资格，同时收回4家餐馆的定点标志牌，对3家餐馆提出警告，限期整顿。

9月11日 为了搞好廉政建设，市旅游局向全市100家旅游企业发了“机关工作人员廉政情况调查表”，广泛征求意见。

9月16日 “我爱北京山和水”旅游活动“紫禁杯旅行家”首次抽奖颁奖仪式在和平宾馆举行。通过抽奖产生了一等奖10名，二等奖15名，三等奖50名，纪念奖2500名。

9月24日 国家旅游局在昆仑饭店举行全国旅游涉外饭店评星、定星、授星颁布仪式。我市长城、昆仑、燕翔、前门、民族、东方、德胜、光华、日坛9家饭店在仪式上接受了星级证书。

9月25日（9月25日～10月5日） 我局共组织本市一、二类旅行社的421个团队，7258人次参观了天安门广场。

9月26日　为庆祝建国40周年，市旅游局工会、团委在北京饭店举办了“北京旅游事业管理局迎国庆慰劳模歌咏大会”。400名干部、职工登台演唱了各个革命历史时期优秀歌曲35首。

9月30日　市旅游局在机场举行仪式热烈欢迎“北京国际旅游年有奖购物”第一位中奖者青木和夫先生来北京免费旅游1周。

11月5日　市旅游局第二期中青年干部培训班开学。这期培训班49名学员来自25个企事业单位，将参加为期三个月的学习和训练。

12月18日　经市政府批准，市旅游局公布《北京市执行〈旅行社管理暂行条例实行办法〉的处罚细则》。

11月19日　市旅游局与中国青年报联合举办的《旅游在北京》专栏评比工作结束。评出一等奖5名，二等奖10名，三等奖15名。

12月8日　“我爱北京山和水”旅游活动第二次抽奖仪式在崇文门饭店举行。在东城区公证处的公证下，此次抽奖产生出一等奖10名，二等奖15名，三等奖50名，纪念奖2500名。

12月11～16日　北京市旅游局直属企业经济工作会议在香山饭店召开。此次会议明确了1990年全局工作的指导思想，与25家直属企业分别签订了1990年经营合同书。该合同书中明确规定了各企业1990年的利润指标和相应的奖罚条款。（王淑娟）

·先进人物·

苦练实干的女厨师

——北京饭店西餐特二级厨师王蜜妮事迹简介

王蜜妮同志是北京饭店西餐饮部西餐厨房厨师长。1964年从服务学校毕业分配到北京饭店西餐厨房至今，25年来，刻苦学艺，受到外宾好评，并在第五届布拉格国际烹饪大赛中获特别金奖。1985年被评为“全国三八红旗手”，1987年全国“五一”劳动奖章获得者，1989年又被评为北京市劳动模范。

做中国菜不容易，做好外国菜就更难了。西餐讲究口味清淡，形式美观、加工细腻，严格掌握配料和制作工艺。为了达到客人要求，王蜜妮经常向餐厅服务人员了解各国宾客的风俗习惯及特殊要求，还利用业余时间钻研国内外有关资料，她现在已能做二百种冷热菜、点心，并能独立承担和组织宴会、酒会任务。

普普通通的萝卜被雕刻成水灵灵的花朵摆在大型宴会上，很受中外宾客欢迎，既调节了宴会气氛，又增进了友谊。王蜜妮于是下决心学刻萝卜花。她一有空就去饭店的盆花前观赏，星期天也常去公园看花，反复揣摸各种花的形象和色彩特点。为早日刻出像样的萝卜花，她上班练，下班还练，有时候刻起来着了迷，忘记了吃饭和睡觉。在师傅的指导下，王蜜妮刻花技术一点点进步，在国家领导人宴请巴基斯坦总统和夫人的宴席上，设置了王蜜妮刻的小花坛，总统夫人惊讶地说“简直不敢相信这是用萝卜刻成的。”邓颖超同志对她刻的马蹄莲也很喜欢。

1986年10月，王蜜妮作为中国烹饪代表团的成员，参加第五届布拉格国际烹饪大赛，这是我国第一次参加国际性烹饪比赛。王蜜妮的任务是用各种萝卜刻成一个花篮，代表中国代表团向大会开幕式献礼。

中国代表团抵达捷克斯洛伐克首都布拉格时，离大赛开始的日子只有五十多个小时。时间紧任务重，王蜜妮顾不上休息，在到达的当天夜里八点便开始干起来。整整用了一天两夜的时间，熬红了眼，手上磨了泡，肩膀也酸疼起来，终于用萝卜刻出了90多朵各式各样的鲜花，还雕刻了十只蝴蝶和六只蝈蝈。她用十根大洋白菜等作底，黄洋子叶和冬青草作衬，用雕刻的90朵萝卜花装饰成一个宽75公分，高90公分的大花篮。花篮上紫红、深红、浅黄、血红色彩缤纷，牡丹花、月季花、菊花、白玉兰、大丽花、芍药花、马蹄莲竞相开放。十只蝴蝶跃跃欲飞，六只爬行在花中的蝈蝈在欢叫。花篮展出后，轰动了整个赛场，外国朋友惊叹不已，很多人不相信是用萝卜刻成的，不相信那些花朵是出自一位妇女之手。当他们确信不疑之后，许多外国朋友伸出拇指赞扬中国人了不起。在这次大赛中，我国烹饪代表团共获九枚金牌，十七枚银牌和四枚铜牌。而王蜜妮雕刻的萝卜花篮获得了特别奖（因为比赛没有设这个项目）金奖。

作为女厨师，要比男同志付出更多的努力和代价。王蜜妮破除陈腐观念，下决心做一辈子厨师。王蜜妮是两个孩子的母亲，爱人又长期在国外工作，在家又当妈又当爹，在工作岗位上又是个出色的技师。王蜜妮牺牲了很多个人利益，为了国家的荣誉，为了客人的满意，她在所不惜。

现在，王蜜妮在工作中更加精益求精，艺无止境，同时帮助青年厨师提高技术，搞好传帮带。王蜜妮和她的同事们正在为繁荣祖国旅游事业做出新的努力。

宁愿自己辛苦　不让宾客为难

——记北京市旅游汽车公司司机侯森森

北京市旅游汽车公司司机侯森森，在平凡的岗位上辛勤地工作．先后被评为公司、局先进工作者，市安全驾驶员和北京市劳动模范，1988年获得了全国“五一”劳动奖章。

侯淼森1979年调到北京市旅游汽车公司后，做为一名旅游汽车司机，为了维护祖国和首都的声誉，给宾客留下了一个美好的回忆，他力求从每一件小事做起。

有一次，侯淼森接待一个美国团，参观了首都名胜古迹之后，客人们怀着依依不舍的心情就要回国了。到机场后，一位老人眼镜架上的一颗螺丝钉丢在车上。侯淼森先安排老人去候机室休息和办手续，自己仔细查看了他坐的位置，然后蹲下身子一寸一寸地找，一点一点地摸，腿麻了腰酸了，汗也下来了，最后干脆跪在地板上找，最后终于在座位下的角落里找到了这一颗小小的螺丝钉。在候机大厅里，老人戴好侯淼森重新装好的眼镜，紧紧握着侯淼森的双手连声说：“谢谢，谢谢。”他对翻译讲：“这简直不可想象，真了不起”。当事后有人问起这件事时，侯淼森说：“一个人有双眼而看不到景物是十分痛苦的，这位老人离开眼镜会给他带来很多的不便。我不能让客人带着遗憾离开中国，我只是尽了自己的一点努力。”

还有一次，旅游团中有位外宾八十岁生日在北京度过，领队临时提出在吃午饭时最好能有一个生日蛋糕。因天气比较热，这种生日蛋糕在市场上已不多见了。但是为了满足外宾的愿望，侯淼森跑了几个食品店，售货员几乎是异口同声地讲，因天气热，不好保存，已不卖这种蛋糕了，有的店也只有几个儿童生日蛋糕。最后终于在西单食品店看到了所要买的蛋糕，当售货员知道面前这位满头大汗的人是一名司机，为一位外宾买生日蛋糕时，便问：“你们司机除了开车怎么连生日蛋糕都管买呢？现在这时节买到这样的蛋糕真是不容易了，看样子你已跑了不少地方，你会得到不少好处吧！”侯淼森回答他说：“好处不好处的问题我没考虑，我只想让我的客人在北京过上一个有意义的生日。”中午，当侯淼森把买来的蛋糕摆在客人们的桌子上，他们为这位八十岁高龄老人唱起了生日赞歌。看到他们高兴的样子，虽然侯淼森满身汗水，可是他心里乐滋滋的。

确保行车安全是优质服务的前提，没有行车安全，也就谈不上优质服务。一次在去八达岭长城的路上，客人们都为雄伟壮观的长城惊叹不已，有说有笑，当车行驶至距长城只有两个弯道时，侯淼森像往常一样，减低了车速，鸣了三声喇叭，车靠右侧行驶。没听到对面有任何反应，但侯淼森并未放松警惕，不怕一万就怕万一，果然，刚刚接近弯道，就见一辆军用卡车，很快地冲了出来，侯淼森右脚紧紧地踩住了刹车，拉紧了手制动，紧握着方向盘。军车擦边而过。全车的外宾在一场虚惊中清醒过来，情不自禁地鼓起掌来。连声说，“中国司机过得硬。”

侯淼森就是这样在自己的岗位上默默地工作，为祖国的旅游业获得了荣誉。

徐征同志先进事迹简介

徐征同志1982年从部队转业分到国旅北京分社，现系社欧洲部“英意科”副科长，意大利语翻译导游。入社8年来，她热爱旅游事业，满腔热情地努力工作，勤勤恳恳、兢兢业业、踏踏实实、任劳任怨，全心全意为宾客服务，屡受外宾高度赞誉。

意大利语是个小语种，但近几年，随着改革开放的不断深入，意大利来华游客猛增，因此，接待工作任务繁重。徐征同志在转业前曾从事过意大利语的教学及笔译工作，但这与翻译导游工作比起来是完全不同的工作，而且由于身体不好，刚到旅行社的时候，她曾担任内勤工作，1985年，由于工作的需要，徐征同志开始从事意大利语翻译导游工作。重新拾起外语对于当时已经三十出头的她来说，难度是相当大的。

从全国范围来看，意大利翻译很少，当时要想在书店里找到一本意文版的书都不太容易，在旅行社也几乎找不到现成的意语导游材料。就是在这样的条件下，她刻苦钻研业务，虚心向老同志学习，不懂就问。她用心积累各方面的知识、材料，又自己动手翻译了一部分导游材料。她还购买和阅读了大量有关的中文书籍，不断充实自己的知识量，开阔自己的视野。她从一点一滴做起，要求自己成为有心人。在陪团中，她主动征求外客意见，取得他们的帮助。她努力做到每接一个团都要有总结，有提高。在办公室里，她主动与同事们交流陪团经验，注意取长补短。在接团的最初两年里，她放弃了大量业余时间专攻业务，以至于节假日都顾不上带小孩出去玩一次。父母亲都说，一年中难得见她几次。就连看电视，也只看看新闻，其它节目都顾不上看。由于她刻苦努力，勤于钻研，摸索，终于总结出了一套适合自己的导游材料，其内容涉及到政治经济、文化教育、风景名胜、历史地理、风土人情、社会福利诸方面，使她迅速适应了工作需要，并且工作越做越主动、越自如。

1988年，意大利团的特点与往年有所不同，一是大部分都是分社自己外联的，这就要求导游不但要当北京游览的“地陪”，还要兼做“全程陪同”。二是大团人多，工作量很大，有些团的线路很艰苦。但不管碰到什么团，好接的，难接的，顺利的或不顺利的，也不管碰上的是通情达理的客人还是比较挑剔的客人，徐征同志都以饱满的工作精神和热情负责的态度接待好。1988年8月4日临时派她接待意大利8803团。那天下午三点半钟，她正陪一个40人的团在颐和园游览，突然下起大雨，她全身都浇透了，但由于意大利8803团的紧急需要，欧洲部和科里决定让她改做该团全陪，要求她于当天下午5点前赶到办公室取机票，6点赶到餐厅与该团接头，当晚即陪同该团离京去了内蒙古。此时该团不但计划尚未完全订妥，且路线又长：东起山东，西至新疆，北到内蒙，南达海南岛遍及全国十五、六个城市。在内蒙古又遇到了连日暴雨，洪水泛滥。途中由于计划改动而出现的诸多困难接踵而来，这还不算，由于意语缺乏，所到的十几个城市没有一地配备了意大利语地陪，她几乎成了“全程”的地陪。面对这诸多复杂情况，徐征同志以极大的理智、冷静和加倍的努力，超常的工作，出色的服务克服着一切困难。为了避免或减少疏漏，她总是提前与下一站取得联系，核实计划，主动了解下一站情况、风土人情等，并利用晚上休息时间翻阅随身携带的各类有关材料，为下一站的工作尽可能多掌握一些素材。当有客人生病时，她主动为他们请医生、联系病号饭，当不得已取消了一些主要城市的参观游览项目时，她除了耐心向外宾解释外，还尽可能增加另外一些参观项目。如当她了解到该团大部分人都是虔诚的天主教徒时，她便在每个城市都为他们增加了参观天主教堂、做弥撒，会见主教等活动，使客人感到非常满意。由于她的出色工作赢得了全团客人的信赖和好评。当要离开中国的时候，全团客人都依依不舍，回国后还给她写来了热情洋溢的感谢信。组团并要求北京分社向他们保证今后仍让她做他们旅游团的“全程陪同”。

入社8年来，徐征同志就是这样脚踏实地、勤勤恳恳地做好本职工作的，用自己的优质服务架起了我国与各国人民之间友谊交往的桥梁。1989年她光荣地被评为北京市劳动模范。

天　津　市

概　况

天津市的旅游业创办于1954年，当时由中国国际旅行社天津分社和天津市华侨旅行服务社共同经营，主要接待来自苏联和东欧国家的旅游者及外国海员、商人、专家、留学生等零星散客，每年不过几千人，旅游只是被视为完成政治任务的一种民间友好往来。

天津市旅游业作为一项新兴事业得到迅速发展是在1978年党的十一届三中全会以后。为贯彻党的改革开放的方针，开创旅游工作的新局面，天津市人民政府于1978年底决定建立天津市旅行游览事业管理局，统管全市旅游工作，继而又成立了天津市旅游总公司。从此，天津市的旅游业步入一个新的发展时期。

从1978年至1988年这十年间，天津市旅游业有了较快发展，奠定了初步基础。这表现在：1）旅游景观形成初步格局。全市已有以海河为轴线的市中心区、蓟县旅游区和塘沽滨海旅游区为主的一百多个自然、人文景观。2）旅游服务设施日益完善。全市有各类旅行社29家，拥有一支较熟练的翻译导游队伍。涉外宾馆21家，共有客房4319间，床位7857张。涉外旅游汽车公司（队）14家，各种汽车600余辆。涉外定点商店35家。3）旅游项目突出特色。除了组织游览参观外，结合天津城市特点及优势，还开展了国际游船、国际会议（展览）以及医学、教育、法律等各种专业旅游活动。4）国际客源市场逐渐拓宽。着力发展地方自主外联，1988年自主外联的旅游团组达1.6万人，在全国旅游系统自联团中列第四名。5）旅游专业队伍扩大，素质不断提高。1988年旅游专业队伍发展到八千余人。10年间新开设有南开大学旅游学系、天津商学院餐旅企业管理系、中国旅游干部管理学院（天津中国旅游培训中心）以及旅游职业学校等院校（系），采取各种措施加强培养人才和培训工作，旅游从业人员的素质不断提高。6）国内旅游也有较快发展。全市已建立国内旅行社10余家，通过组团的旅游人数每年达40～50万人。7）旅游业的经济效益和社会效益日益显著。1988年旅游外汇收入比1978年增长了10倍。旅游业的发展，在扩大联系，增进了解，交流信息，促成引进先进技术、设备，扩大就业，促进精神文明建设等方面均起了很好的作用。

1988年，在接待人数和旅游外汇收入方面均创历史最好水平（见表1）。

表1　“七五”前三年（1986～1988年）基本状况

项目＼年	1986	1987	1988
接待海外旅游者（万人次）	6.5	12.5	14.81
旅游外汇收入（外汇人民币，万元）	7234.55	9120.85	10452.92

1989年，由于受北京动乱和反革命暴乱的影响，使十年来持续发展中的国际旅游业受到严重冲击，旅游行业面临极大困难。由于采取加强宣传推销，多方招徕客源，抓治理整顿，加强经营管理，提高服务质量，开源节流，降耗增收等措施，使损失减少，但全年接待人数仍下降，旅游外汇收入减少（见表2）。

1988～1989年基本状况

项目＼年	1988	1989	±%
接待海外旅游者（万人次）	14.81	10.81	-27%
其中外国人	10.68	7.67	-28%
华侨	0.7	0.16	-77.1%
港澳台同胞	3.44	2.98	-13.5%
旅游外汇收入（外汇人民币，万元）	10452.92	9730.15	-6.9%

大事记

一、完成“津门十景”评选工作

由天津市《今晚报》发起，市旅游局、文化局等单位参加组织的“津门十景”评选及命名活动，从1989年5月1日起，经过近8个月的群众与专家评议，已于1990年1月21日评定并正式公布。

二、完成十家饭店星级评定工作

市旅游局在市饭店星级评定办公室领导下，经过办班学习，自查自改，反复核查评议，1989年共评定十家星级饭店：

四星级3家：喜来登大酒店、水晶宫饭店、凯悦饭店

三星级3家：北方宾馆、利顺德饭店、津利华大酒店（预备）

二星级2家：天津第一饭店、新港国际海员俱乐部

一星级2家：龙凤酒店、中冀宾馆

三星级、四星级饭店均获国家旅游局确认或批准，并已公布。

三、天津市两家旅游饭店获国际奖

天津喜来登大酒店（四星级），经喜来登饭店集团评议，在亚太地区的23家喜来登饭店中被评为1989年度亚洲最佳饭店奖。

具有百年历史的天津利顺德大饭店（三星级），经国际企业家俱乐部和国际出版公司共同组成的评选委员会评为第十五届国际旅游酒店杰出奖。（程汝锟）

天津市“津门十景”景区地理位置

景名	景区	位置
蓟北雄关	黄崖关长城	蓟县北部
海门古塞	大沽海口	塘沽区东部
独乐晨光	独乐寺	蓟县县城
三盘暮雨	盘山	蓟县西北部
沽水流霞	海河风景线	和平区东侧
龙潭浮翠	水上公园	南开区南部
中环彩练	中环线	天津中环线
故里寻踪	古文化街	南开区东北部
双城醉月	南市食品街 南市旅馆街	和平区西北部
荧塔旋云	天津电视塔	河西区西北部

河北省

概况

1989年

河北省因位于黄河以北而得名，地处首都北京周围，东临渤海，西负太行，北跨长城，南望黄河，位于东经113°27′～119°55′，北纬36°04′～42°42′，面积18.77万平方公里。河北省地势背山面海，地貌大致可以分为张北高原、冀西和冀北山地、河北平原三部分，是全国唯一有高原、有山地、有平原、有湖泊、有海滨的省份，具有丰富多采的自然旅游资源。

河北省历史悠久，是中华民族的发祥地之一。河北人民在漫长的岁月里创造了光辉灿烂的历史文化，为中华民族增添了光彩。河北省有着绚丽多彩的人文旅游资源。

目前，河北省有国家级风景名胜区4个，即，承德外

八庙，秦皇岛北戴河，涞水县野三坡，井陉县苍岩山；省级风景名胜区9个，包括：赞皇县嶂石岩，涞源县凉城，平山县天桂山，邯郸市响堂山，涉县崇州，邢台县白云山，满城县陵山，临城县白云洞，乐亭县石臼坨岛等；此外，还有国家自然保护区兴隆县雾灵山。

河北省境内有国家级重点文物保护单位37处，与陕西省并列为全国第一；省级文物保护单位268处；现已出土文物70余万件。承德、保定是国家第一批公布的历史文化名城。著名的平山县西柏坡革命纪念地是中国革命最后一个农村指挥所，解放战争中党中央所在地；举世闻名的万里长城横跨河北，总长达1700公里。其中长城始点山海关、老龙头，巍峨壮观的金山岭长城等，集中了长城的精华；承德避暑山庄和遵化清东陵、易县清西陵分别是我国现存规模最大、保存最为完整的古典皇家园林和皇家陵寝群；围场县木兰狩猎场是全国唯一古代皇家狩猎场；被誉为华北明珠的白洋淀湖区水面面积达366平方公里。目前河北省境内已逐步发展起来的旅游景点达400多处。

民间手工艺绚丽多彩。具有悠久历史的定州窑、磁州窑和唐山的陶瓷，王习三鼻烟壶，蔚县剪纸，廊坊景泰蓝和金银首饰，保定健身球，曲阳石雕，易水石砚，衡水毛笔，武强年画，涿州金丝挂毯等，在国际上享有很高声誉。

地方戏曲和民间文艺在我国文艺史上占有重要位置。地方戏曲有河北梆子、评剧、北方昆曲、老调、秧歌、丝弦、皮影、唐剧、武安平调、武安洛子、西河大鼓、乐亭大鼓、木板大鼓等。已有两千年历史的“吴桥杂技”誉满中外，其杂技艺人在世界30多个国家和地区从事杂技艺术活动。我国的传统武术门派有许多起源于河北。霍元甲、王子平等著名武师以及著名的八卦掌、杨氏太极拳等都出自河北。

河北的土特风味食品丰富。渤海对虾、京东板栗、河北鸭梨、深州蜜桃、沧州金丝小枣、宣化葡萄等水果；承德野鸡、狍子、野鹿、黄羊等野味；蕨菜、口蘑、山里红、猕猴桃、木耳等山珍；石家庄的全面席、白洋淀的淡水鱼虾宴、秦皇岛的海鲜风味、承德的清宫皇家宴、清东陵的清宫空心面，以及廊坊的馅饼、唐山的麻糖、乐亭的吊炉烧饼等名吃，都深受人们喜爱。

河北省丰富的旅游资源，正在吸引越来越多的国际、国内游客。它的进一步开发，为河北省旅游事业的发展展现了美好的前景。

〔旅游接待〕1989年前五个月，河北旅游业持续稳定发展，各项经济指标上升较快，五月份以后，由于“两乱”严重冲击，旅游业出现了大幅度滑坡的趋势。经过艰苦努力，全年接待海外旅游者2.74万人，比上年下降55%。其中，来自43个国家和地区的外国人为2.584万人，比上年下降57%；华侨、港澳台同胞6782人，比上年下降48%。1989年旅游外汇收入378万美元，比上年下降55.3%。

1989年，国内旅游业继续发展。重点旅游区接待国内旅游者1150万人，直接收入1.85亿元，分别比上年增长7.7%和8.2%。

〔旅游设施〕经过10年建设，到1989年底，全省已有32家旅游涉外饭店，床位近万张，重点旅游城市已拥有一批中高档旅游涉外宾馆、饭店，如石家庄河北宾馆、国际大厦、承德云山饭店、绮望楼、蒙古包度假村、秦皇岛信谊大酒店、金山宾馆、海岳大厦、唐山宾馆、保定宾馆、邯郸宾馆等，供需状况比较宽松；有各类旅行社40家，其中一类旅行社1家，二类旅行社17家，三类旅行社22家，初步形成了一个功能比较齐全，档次基本合理的旅行社体系；有涉外车船公司12家，汽车370余部，具备了与现有旅游景点基本适应的客运能力。

〔旅游市场开发与宣传〕1989年，针对动乱和反革命暴乱以后出现的客源市场迅速萎缩的局面，河北省旅游部门邀请了日本、美国、加拿大、澳大利亚、南朝鲜、台湾、香港等国家和地区的旅行商社代表和记者24家32人，来华进行旅游考察，使他们了解“两乱”真相和国内形势，解除他们的思想顾虑，巩固了老关系，发展了新客户。

与此同时，河北省在1988年开始向日本派出长驻外联代表的基础上，1989年，又向美国纽约、澳大利亚墨尔本和香港派出了常驻代表，与驻在国和地区的商社发展关系，开展中国旅游业务，取得显著成绩。

1989年秋季，在一些资本主义国家对我实施政治压力和经济制裁的情况下，河北省政府积极组织旅游、经贸、文化等有关部门在石家庄同时举办第二届中国吴桥国际杂技艺术节和第二届河北省戏剧节、河北省1989年对外经济合作洽谈会，有保加利亚、丹麦、蒙古、波兰、瑞典、泰国、苏联、中国等八个国家的21个杂技艺术团体参加了第二届吴桥国际杂技艺术节，还吸引了17个国家和地区的450名客商前来洽谈贸易和经济技术合作项目。不仅宣传了河北的旅游项目，而且通过“旅游搭台、经贸唱戏”，促进了河北省对外开放的发展。

〔旅行社整顿和饭店星级评定〕到1989年底，河北省对各类旅行社进行了初步清理整顿。通过清理整顿，对40家旅行社重新颁发了《旅行社业务经营许可证》；各旅行社基本实现政企分开，与行政单位在人、财、物等方面脱了钩；重新修订和健全了内部经营管理制度、考核奖惩制度和财会制度；各旅行社都与经过全国统考合格的导游员签订了合同书，保证了导游队伍的相对稳定和业务素质的不断提高。

1989年，河北省开展了饭店星级评定工作，全省达星级的宾馆、饭店40家，其中三星级的有河北宾馆、石家庄国际大厦、承德云山饭店、秦皇岛金山宾馆、信谊大酒店。饭店星级的评定，有力地促进了管理水平和服务质量的提高。

〔旅游教育〕为了不断提高旅游部门的经营管理水平和服务质量，河北省积极发展旅游教育工作，加快培养旅游专业人才的步伐。

到1989年底，河北省承德大学、燕山大学已设旅游系，在校学生近百名。全省有旅游职业中学6所。

1989年，河北省对导游人员进行了资格考试，考试前组织了短期培训，有371人取得了合格证书。为配合饭店评星工作，还举办了有37家饭店83人参加的旅游饭店服务师资培训班。

近几年来，河北省先后向西德、美国、英国、香港派出了27名旅游专业进修人员，他们刻苦学习，大都取得较好成绩。

历史回顾

〔接待人数和经济效益〕河北省旅游业自1979年以来，经历了初创到持续稳定发展的过程，1988年达到了历史最高水平，接待人数，从1979年的12816人，增长到1988年的65146人。

〔旅游资源的开发、建设〕1984年，在调查论证的基础上，经省政府批准，河北省确立了"立足本省，依托北京，突出重点，带活全局"的发展旅游事业战略方针，即从本省旅游资源实际出发，以北京为发展旅游中心，突出开发建设承德、秦皇岛旅游区和清东陵、清西陵旅游点，带动河北省其它旅游区的建设。1986年，河北省将旅游事业正式列入全省社会发展和国民经济计划，制定了全省第一个发展旅游事业的五年计划，即"七五"计划。1989年制定了1990年至2000年全省旅游事业发展规划。十年来，特别是执行"七五"计划以来，河北省的旅游事业得到了较大发展。十年间，国家和省直接用于旅游资源开发和基础设施建设的投资5468.6万元，各地、市和旅游重点的县政府和有关部门也对当地旅游资源的开发、建设投入大量资金，先后完成了秦皇岛山海关长城、老龙头长城、角山长城，北戴河海滨游船码头，滦平金山岭长城，涞水县野三坡景区，正定县隆兴寺、荣国府、西游记宫、封神宫，遵化清东陵景区，易县清西陵景区，邯郸黄粱梦，涉县响堂山石窟，承德外八庙和避暑山庄皇家园林等一批旅游景区、景点的恢复和建设。同时，国家和省还先后投资5790万元，完成了北戴河至七里海、北京至清东陵（三河县段）等总计100多公里的旅游公路的扩建改造工程。

〔专项旅游产品〕近年来，河北省不断开发和举办了一系列在国内外颇具吸引力的专项旅游项目。包括：把北京皇城、承德皇家园林和清东陵、清西陵连接起来的清代皇家系列旅游，从八达岭到山海关的徒步长城旅游，沧州武术旅游，安国中医中药保健旅游，嶂石岩民俗风情旅游以及书法、陶瓷、军事、宗教等多种形式专项旅游。1987年和1989年在省会石家庄举办的第一届、第二届"中国吴桥国际杂技艺术节"，在国内外引起强烈反响。

〔旅游市场开发与对外宣传〕近年来，河北旅游部门印制了大批旅游宣传品，摄制了一批旅游风光电影、电视片和幻灯片。其中，1987年华北五省市联合摄制的介绍华北五省市名胜古迹、风土人情的电影片《华北旅游》，获1987年全国旅游影视片研评会"银天马"奖；1987年摄制的反映在河北徒步长城旅游的纪实录像片《长城行》，获1987年全国旅游影视片研评会专项奖；1988年摄制的反映沧州武术的电影片《武乡行》，获1988年无锡国际旅游电影节"迎燕杯"纪念奖和河北省电视体育专题片一等奖。1989年河北省旅游部门设计制作印刷宣传品11种7万余份，录制了《白洋淀的冬天》、《天桂秀色》、《古城正定》等6部电视专题片。1989年还参加了西柏林和新加坡举办的国际旅游展览。

（刘筱利　赵瑞岐　黄洋光　邢树坤　陈俊燕）

山　西　省

概　况

1989年是不平凡的一年，也是旅游事业经受严峻考验的一年。年初，全省旅游业势头很好，旺季来临早，台湾、东南亚客人来势迅猛。一至五月底已接待海外游客6629人次，创汇252.02万元，分别比1988年同期增长26.44%和10.69%。六月份以后，由于动乱和暴乱的影响，旅游业出现滑坡。面对严峻形势，在山西省委、省政府和国家旅游局的领导下，积极研究对策，力挽动乱造成的损失。6月21日省旅游局及时召开"全省旅游局长、旅行社、宾馆饭店经理座谈会"，认真分析形势，统一认识，决定在抓好思想政治工作的同时，广开门路，主动出击，积极开展生产自救。经过多方努力，国际旅游八、九月份开始回升，到年底全省共接待海外游客22980人次，旅游营业额达4321万元，实现利润420万元，上交各种税金248万元，上交能源交通基金48.7万元，创汇841.55万元（外汇人民币）。国内旅游保持了持续稳步发展的趋势，全年国内游客达460万人次，与1988年基本持平，回笼货币2.2亿元，比1988年增长1%。一年来，省旅游局重点抓了以下几项工作：

一、狠抓思想政治工作，加强廉政建设。思想政治工作一直是旅游部门比较重视的问题。动乱和反革命暴乱一开始，各级旅游部门就把这项工作做为头等大事来抓，及时组织学习，贯彻中央有关方针、政策，坚决在政治上与党中央保持一致，使全省旅游系统保持了安定团结的政治局面和正常的工作秩序。平息反革命暴乱以后，各级旅游部门又认真贯彻“四中”、“五中”全会精神，深入进行形势教育、爱国主义教育和职业道德教育，坚持四项基本原则、坚持改革开放，着重加强廉政建设。从省旅游局到下属单位，都制定了各自的廉政建设具体措施，基本刹住请客送礼、公费旅游、收授回扣、小费等歪风，多数企业走上了依法经营的轨道。在1989年全省177个重点单位开展的财务、税收大检查中，省旅游服务公司博得了省检查组的好评。

二、采取具体措施，使行业管理迈出新步伐。1989年山西省旅游局认真贯彻国家旅游局《关于加强旅游工作的意见》，努力行使行业管理的职能。一年来，在有关部门的支持配合下，从定点管理、星级评定和财务统计入手，努力把全省旅游企事业单位统一在各级旅游行政管理部门的监督、管理之下，为实行行业管理打下了基础。

首先，我们针对一些企业中存在的“自立标准、自定价格”的混乱状态，参照北京、天津、江苏等地有关经验，把定点管理和星级评定作为实行行业管理的突破口。颁发了《山西省旅游涉外定点管理暂行办法》，制定了具体的实施意见，并有组织，有步骤地评出了部分定点单位。同时根据国家的有关规定、经过较长时间的论证，评出了山西大酒店、迎泽宾馆东楼和五台山砂河宾馆，作为山西省的一、二、三星级标杆饭店。

其次，根据国家旅游局“加强行业管理，统计先行半步”的要求，结合全省实际，经与省统计局会商，省旅游局又制定了《山西省旅游统计报表制度》和《实施旅游行业归口统计报表考评暂行办法》，初步做到了统计、财务有法有章，受到国家旅游局的好评。上述工作的开展，使我们在实行行业管理中，迈出了突破性的一步。

三、采取多种形式，大抓教育培训。1989年，我们本着“突出技术型、专业型和管理型”的原则，采取多种形式，重点抓了教育培训。省旅游局全年共举办了涉及全省范围的各种培训班七期，参加培训人员达549人，同时，还选派了56人分别到本省院校或外国学习深造，在规模、范围和人数方面都超过往年。各单位也根据各自情况与特点，积极开展了各种培训。山西大酒店为了创一流服务，开业前就举办了两期近200人次的“饭店员工岗位职责强化培训班”，大大提高了员工素质。试营业开始，就圆满完成了“两会一节”接待任务，赢得了“三晋第一家”的称誉。国旅大同支社从社到个人，都编制了切实可行的自修学习计划，形成了一种比学赶帮的学风，取得了良好效果。

四、加强计划管理，认真编制“八五规划”。1989年，省旅游局一方面深入基层，做细致的指导工作，一方面进一步加强监督检查，堵塞漏洞，避免投、管、用的脱节，保证了投资效果。一年来，完成了山西大酒店的建设、普救寺的主体工程和壶口瀑布景区的部分前期准备工作；实地考察了以壶口瀑布为龙头、孟门——石门——龙门一段的“三门黄河游”的线路，还根据我省和国内外旅游行业的发展情况，经多方反复论证，编制完成了山西省旅游“八五规划”草案。

五、有的放矢，积极主动地开展宣传促销工作。1989年我们根据东南亚市场增长快，台胞回大陆人数来势猛的趋势，首先以“稳定老客户、建立新客户”为方针，多次派出团组，有目标地宣传促销，努力扩大客源市场。平息反革命暴乱以后，我们积极主动向新老客户发函致电，寄宣传资料，大力宣传国内平暴真实情况和我国的对外政策，使有关的旅游商和游客对我国的政策逐步了解，对旅游业的回升起了积极作用。

其次，省旅游局还抓住“两会（人大、政协）一节（国庆）”的时机组织了一次规模较大的新闻发布会，并通过电台、电视、报刊等新闻媒介作了广泛宣传，使旅游的概念更加深入人心。另外，还编印了《山西旅游便览》和《山西旅游纵横》，摄制了《神奇的忻州》、《黄河南下》、《欣欣向荣的山西旅游业》等旅游宣传片，在国内外广为散发宣传。通过多方宣传促销，进一步扩大了宣传范围，提高了山西省知名度，使来晋游客数在八、九月份后又有所回升。

六、认真进行治理整顿，积极开展生产自救。为了尽快弥补动乱造成的损失，各级旅游部门按照6月21日座谈会精神，针对新情况、新问题，深入基层，研究对策。省旅游局决定继续积极开展国内旅游工作，以国内旅游弥补和促进国际旅游，赢得了主动。至年底全省共组织中长途国内旅游人数达2万余人次，比1988年增长15%，仅五台山景区，国内游客就达39万人次，比1988年增长15.7%，旅游收入1124.2万元，比1988年增长3.23%；上交国家利税115万元，比1988年增长10.6%。其它旅游企业也在治理整顿中另辟新途、增强活力。如国旅太原分社，认真抓旅游贸易部门工作，营业额比1988年增长34%，利润增长9.5%，在国际旅游滑坡的情况下，仍收到了较好的经济效益。

1989年，山西省旅游工作取得了一定的成绩，但仍有许多不足，特别是山西省旅游业知名度低、交通不畅、开放区域小和服务质量差等问题，仍未得到根本解决，旅游业本身的脆弱性也初步暴露出来。这些问题使我们清醒地认识到，形势是严峻的，任务是艰巨的，但前途也是光明的。（陈少卿）

山西省接待国际、国内旅游人数及收入统计表

年份	国际旅游者人数（人次）	外国人（人次）	华侨（人次）	港澳台胞（人次）	旅游外汇收入（外汇券百元）
1979	20 969				276
1980	16 855	12 745	238	3 872	200
1981	19 590	16 110	148	3 332	249
1982	20 101	15 122	108	4 871	265
1983	18 956	14 633	226	4 097	280
1984	29 226	23 733	576	4 917	386
1985	34 327	26 066	1 523	6 738	420
1986	36 282	31 196	612	4 474	755
1987	44 742	37 511	1 555	5 676	1 012
1988	47 213	40 455	627	6 151	1 102

接待外国旅游人数统计表

单位：人

国别（地区）	1980年	1981年	1982年	1983年	1984年	1985年	1986年	1987年	1988年
合计	12 745	16 110	15 122	14 633	23 733	26 066	31 196	37 511	40 455
日本	4 467	4 082	4 057	3 437	5 092	5 796	10 370	13 119	13 636
菲律宾		1	83			156	—	17	3
新加坡			—	73	279	282	131	197	142
泰国	2		11	33		148	67	95	35
印度尼西亚	6	12	—			18	16	14	22
美国	2 394	3 750	2 592	2 673	2 951	1 679	3 572	3 227	3 595
加拿大	81	233	88	74	519	507	580	582	610
英国	902	2 001	2 067	1 542	1 845	1 042	2 232	2 272	3 065
法国	2 684	2 097	2 883	2 952	5 946	2 442	6 088	6 039	7 079
西德	1 424	2 170	2 112	2 056	4 618	4 421	4 319	5 196	6 070
意大利	133	240	170	264	992	891	1 095	1 120	1 120
苏联			—			10	4	7	48
澳大利亚	154	290	336	357	246	487	405	626	818
新西兰	11	22				293	32	252	199
其它	487	1 207	723	1 172	1 245	7 894	2 255	4 748	4 013

内蒙古自治区

概况

1989年

1989年是旅游业受到挫折，努力奋进的一年。

由于6月北京发生动乱和反革命暴乱，1989年旅游事业受到了严峻的考验。全区共接待了72个国家和地区的旅游者8700人次，比1988年减少1.6万人次。其中旅游部门接待5550人次，比上年减少54.37%。全年创收外汇63.2万美元，比1988年减少78.4万美元。

面对困难，全区旅游战线的职工，奋力拼搏，大抓治理整顿，积极开展促销活动，为重振旅游而努力：

1.整顿旅行社。按照国家旅游局的要求，对经营国际旅游的一、二类旅行社，进行了登记和发放营业证的工作。

2.整顿旅游市场。为了防止削价竞争，认真检查了各旅行社的对外报价和执行情况，并在调查研究的基础上调整了零散客人的价格结构和牧区旅游点的收费标准。要求做到以质论价，保证对游客的服务质量。

3.对旅游涉外饭店开始星级评定工作。全区参加评定的涉外饭店共18家，分批分期进行。

4.对翻译导游人员进行业务培训和资格考试。给一百多人发放了合格证书和中华人民共和国导游员证书。

5.1989年4月1日至17日，是中国国际旅游开办十周年的纪念周。这期间，内蒙电视台、电台连续播放了介绍内蒙旅游的电视片和报道。《内蒙日报》4月8日发表了题为《发展旅游业振兴内蒙古》的专版。自治区旅游局发表了《十年创业十年发展——谈我区国际旅游业的现状和将来》的文章。

6.制作了新的宣传品。华北五省区联合印制了《中国华北旅游图》。自治区旅游局制定了内蒙古旅游标志，图案是圆形、绿草地、蓝天、骑马人。体现了内蒙古旅游的民族特色和地区特点。制作的电视片有：《草原之行》（自行车旅游）。

7.坚持举办旅游那达慕活动。由于北京发生动乱和反革命暴乱的影响，原来打算参加1989年旅游那达慕的国外游客，纷纷退团。为维护我们的信誉，仍然坚持开办旅游那达慕，产生了良好的效果。

8.积极开展横向联系，与华北、东北、西北友邻省区联合推销，努力开辟新的旅游路线。1989年推出了三省（辽宁、吉林、黑龙江）一区（内蒙古自治区）新旅游路线。与陕西、山西等地旅游部门研讨开发呼和浩特——太原——西安；呼和浩特——兰州（银川、西宁）——西安两条旅游路线。

9.1989年还探讨了中苏、中蒙之间开展相互之间或第三国旅游的可能性和具体实施方案。

历史回顾

内蒙古自治区的旅游事业是在党的十一届三中全会之后发展起来的。它在百花盛开的草原上破土而出，一开始就显示了独有的芳香和巨大的生命力。

内蒙古有非常优越的旅游资源。概括说来有：如花似锦的草原、美妙动听的响沙、浩淼无垠的大森林、洁白多姿的雪景、大量的出土文物、历史悠久的古迹名胜以及别具特色的北方少数民族的历史、文化和风情。当前我们正在开发的只是其中很少的一部分，即草原风光和蒙古族的风土人情，人们把它称作内蒙古草原民族风情旅游。

从1979年一开始，内蒙古草原民族风情旅游以独特的韵味打入了国际旅游市场。当年接待了国外和港澳的旅游者3000人，1980年接待人数增加到1万人，年创汇50万美元。此后的几年，由于住宿、交通等条件的制约，旅游系统接待的游客基本稳定。1986年接待了国外的旅游者1.2万人，创汇62万美元。从1979年到1988年10年，旅游部门共接待了来自日本、美国、香港等32个国家和地区的旅游者十万多人，创汇六百多万美元。内蒙古旅游在国际旅游市场上创出了牌子，树立了信誉，客源也在稳步增长。旅客普遍反映良好，认为内蒙古草原、民族风情旅游前景广阔。

辽阔的草原是内蒙古的主要旅游资源。全区天然草场有88万多平方公里，占自治区面积的2／3以上，是全国天然草场的1／4，居我国五大天然草场首位。希拉穆仁、葛根塔拉和灰腾希勒是距离呼和浩特最近的草原观光点。具有原始风貌的草原，犹如无边无际的绿色地毯，也是花的原野。芳草萋萋、百鸟飞翔；牛羊遍地、骏马奔腾。大地回荡着悠扬动听的牧歌，蓝天飘动着朵朵白云。白天，草原广袤无垠，令人心旷神怡；夜晚，空气带着草香沁人肺。心牧民性格憨厚、纯朴、待客热情。在大草原上，可以观看欢快的民族歌舞，品尝香喷喷的奶茶、奶酒，鲜美的“手扒肉”和可口的奶食品。

游客还可以骑马驰骋，乘驼“荡漾”；或穿上蒙古袍，试试拉开成吉思汗的弓弦得有多大力量；或同蒙古族摔跤手较量，领略一下“马背上的民族”的慓悍。夜间可住进蒙古包，过一个幻想联翩，富有浪漫色彩的夜晚。如果机遇好，还可以参加传统的祭敖包盛会、那达慕大会、蒙古族婚礼和祭奠成吉思汗的活动。内容丰富的草原民族风情旅游，不仅可以观赏大草原的风光，了解蒙古族的文化传统，还可以看到内蒙古各族人民当今的生活情况。返朴归真的大自然之美，使人经久难忘。因此，内蒙草原民族风情旅游，作为一种独有的旅游商品，越来越受到世界各国游人的喜爱，也是我们发展旅游业的主要依托之一。

中国旅游以具有自然风貌的山水风光、五千年悠久历史文化传统和丰富的文物古迹以及众多少数民族风情习俗这三项主要内容和特色而著称于世。内蒙古旅游正是构成这种内容和特色的一个重要组成部分。几年来，我区的旅游业凭借地方特点和民族特点，努力发挥自己的长处和优势，在开创中国式旅游道路上探索前进。

在旅游物质基础设施建设方面，几年来，在国家旅游局和自治区政府的领导和支持下，将有限的财力和物力，集中用于开发呼和浩特（包括希拉穆仁、格根塔拉草原）、包头市（包括五当召）、伊克昭盟（包括库布其沙漠即响沙湾和成吉思汗陵）这条旅游线路的建设。陆续在草原和沙漠旅游观光点上设置了114顶蒙古包，并有单独的和公共的卫生间。修建了餐厅和文娱活动场所，备有骆驼、马匹等。配备了游客在室内外活动的设备。为解决游客从呼和浩特到各个旅游点的交通问题，自治区旅游局成立了车队，先后购买各种类型进口车60辆。国家旅游局和自治区共同投资兴建了有500床位的“内蒙古饭店”。到1987年，呼和浩特市各部门兴建的可以接待国内外旅游者的宾馆床位达二千张以上。包头、东胜、锡林浩特、二连、通辽、海拉尔、满洲里、赤峰、乌兰浩特、扎兰屯等开放地区，也已经或正在兴建旅游宾馆、配备较好的车辆，设置了蒙古包。同时，自治区旅游纪念品的生产也有了发展。自治区旅游局成立了旅游服务公司，为游客购物创造了条件。自治区各有关方面对旅游事业给予了大力支持。交通部门修筑了武川至希拉穆仁和乌兰花两条公路；邮电部门同步进行通邮、通话；水电部门接通了水源和电源；文化、城建、商业、轻工部门都进行了有效的配合；呼和浩特市和包头等开放城市的人民政府，重视绿化、美化和卫生工作，加强了市民的文明礼貌教育；民航扩大了机场，增加了ＢＡＥ—146客机；铁路为运送游客提供了方便。总之，经过各方面的共同努力，旅游客人的“吃、住、行、游、购”五大要求，已初步得到解决。

为适应旅游接待工作的需要，从1979年开始先后成立了中国国际旅行社呼和浩特分社、中国旅行社内蒙古分社、中国青年旅行社内蒙分社和内蒙古体育旅游服务分公司；包头、东胜、锡林浩特、二连、海拉尔、满洲里等地建立了国际旅行社支社。通过实际工作的锻炼，各地形成了一支有一定政治思想觉悟、业务水平和管理能力的翻、导和管理人员队伍。以国旅呼和浩特分社为例，现有英、日、法、新蒙文、中文等翻、导人员30名。通过有计划地在国内外培训和进修，思想和业务素质都有了不同程度的提高。近年来，通过旅游系统开展的优质服务竞赛活动，各旅行社、饭店、车队职工的服务态度和服务质量有所改善和提高，受到游客的称赞和表扬。从1986年起，旅游部门更加重视了“软件”建设，大抓人材培养教育和精神文明、职业道德教育，坚持四项基本原则，反对资产阶级自由化，努力提高经营管理水平，收到了良好的效果。

在开展对外宣传和招待工作方面，从1983年开始，先后在北京、杭州、香港参加了四次国际旅游博览会；1985年在澳大利亚中国博览会上布置了内蒙古旅游宣传橱窗；印制和散发了外文《内蒙古旅游便览》、《内蒙古》、《呼和浩特》等多种旅游宣传品；拍摄并向外提供了《请到我们草原来》、《草原览胜》、《华北行》等电视片。先后多次邀请日本、美国等许多国家的记者和国内有影响的报刊记者来我区采访旅游。在日本、美国、香港等一些国家、地区的著名报刊杂志和电视台，发表了介绍内蒙旅游的文章和电视片，有效地宣传了内蒙古自治区，扩大了影响，提高了内蒙草原民族风情旅游的知名度，吸引了不少游客。

经过10年艰苦创业，内蒙古的旅游事业从无到有，初见成效，随着国家和自治区社会主义经济建设的蓬勃发展，内蒙古的旅游事业必将欣欣向荣、绚丽多彩。

认识特色利用优势发展内蒙古特色旅游

内蒙古自治区旅游局局长　白　云

内蒙古自治区的旅游事业，是在党的十一届三中全会后才逐步发展起来的。十多年来，我区推出的“草原风光和民族风情”旅游，以其浓郁的地方特点和民族特色，在国际旅游市场上逐步引起了众多旅游者的兴趣。回顾我区旅游事业从无到有，从小到大的发展道路，使我们深刻体会到：只有正确认识特色，发挥优势，才能创出一条符合实际的，具有内蒙古特色的旅游发展道路。

所谓特色，这里是指“唯我独有”的地方色彩。国际旅游者之所以不远万里到内蒙古来旅游，其目的是想看到、听到、吃到、买到、玩到其它地方所看不到、听不到、吃不到、买不到、玩不到的东西，得到其它地方所不能得到的精神和物质享受。所以说，特色是旅游的灵魂。鲁迅先生曾经说过“有地方特色的，倒容易成为世界的，即为别国所注意”。华山之险，泰山之雄，无不以其独具的特色而获得巨大的生命力。

那么，什么是内蒙古特色呢？用一句话概括，就是“草原风光和民族风情”。这是我们在十年旅游工作实践中，逐步认识到的。

旅游初创时期，同志们热情高，干劲大，社会上很多人也认为：内蒙古幅员辽阔、土地广袤、民族众多、历史悠久，且有草原、沙漠、森林、湖泊，还有不少名胜古迹，可谓旅游资源十分丰富，只要投资兴建一批现代化旅游宾馆、饭店，或引进一些类似迪斯尼乐园一样的洋玩艺，游客定会络绎不绝。也有人迫不及待地将草原上世代袭用的蒙古包搬到海滨城市，想赚一笔大钱。由于这种种做法脱离了内蒙古自治区的客观现实，其结果只能是事与愿违。而另外一部分同志却抱有和前者截然不同的思想，认为内蒙古“山不青，水不秀”“没有什么好看的”，根本不具备发展旅游的条件，开展国际旅游更是得不偿失的事。

实践证明，上述这种盲目乐观和盲目悲观的情绪都是没有根据的一种主观愿望。

1978～1988年，全区共接待国际旅游者11.02万人，其中以看草原风光和民族风情为目的10.2万人，占92.5%。

为什么来内蒙古的旅游者中占92.5%的人是以看草原风光和民族风情为目的，而不是其它呢？其原因主要是：内蒙古自治区有天然草场面积88万平方公里，占全区总面积的2/3，约相当于两个日本和一个半法国的国土总面积。草原之大，堪称全国之冠，在国际上也享有盛誉，这是其一；长期以来，生活在草原上的蒙古民族，马背上生，马背上长，过着“逐水草而居”的游牧生活，形成一套完全不同于其它民族的独特生活方式和文化传统，具有一种神奇的色彩，这是其二；如果说是江南水乡赋予南国少女那“妩媚多姿的柔情”的话，那么，是广阔无垠的大草原熏陶了蒙古民族那坦荡、广阔的胸怀，粗犷、豪放的性格和能歌善舞、热情好客的情感，这是其三。

如果再从旅游者心理角度分析，更会使我们对内蒙古的特色魅力确信无疑。十年来，我们接待的国际旅游者中，80%是来自日本、美国、西欧、港澳等经济比较发达的国家和地区。这些久居现代化大都市的人，总有一种回归大自然的欲望。所以他们总想去寻求那些原始的自然风貌，淳厚的人间情感；去享受大自然的恩赐，借以回避人间的烦恼，获得乐趣。而我区的茫茫大草原，蓝天绿草，牧歌声声，没有污染，没有噪声，不正好是他们理想的旅游目的地吗？

认识特色的目的，是为了利用特色发挥优势，将其变成一种能够被旅游者所接受的旅游产品，以获得较大的社会和经济效益。然而，从旅游资源到旅游产品是需要一个艰苦的开发过程，这不但需要一个科学的规划，合理的布局，而且旅游业的发展直接受交通、能源、教育、文化等社会经济、文化事业发展总水平的制约。因此发展旅游也必须有计划、有重点地逐步进行，决不可操之过急，一哄而上。

我们在开发内蒙古旅游资源过程中，始终坚持了积极稳妥的原则，随着对我区旅游资源认识的逐渐深化，有计划地将有限的资金，投向便于开发利用的呼和浩特北部草原和海拉尔附近草原。先后修筑了呼和浩特市到希拉穆仁、葛根塔拉草原的公路；解决了水、电等能源问题；修建了砖木结构的蒙古包式餐厅；购置了足够数量的蒙古包、马匹、骆驼和蒙古族服装、弓箭等配套用品。为了使游客置身草原，亲身体验到蒙古族牧民能歌善舞、热情好客的风情，各草原旅游点都成立了小型演出队。在人员配备上除了个别管理人员外，大部分服务人员都来自当地牧民。在旅游活动安排中，除了骑马、骑骆驼、看赛马、摔跤外，还特意安排了访问牧户，与牧民交谈的活动。为了使内蒙古特色旅游活动更加丰富多彩，我们在呼和浩特市增加了民族歌舞和马术表演活动项目。在内蒙古饭店设置了蒙古餐厅，并增加了蒙古民族传统的敬酒仪式。这些都得到了游客的赞许。

我们在开发利用草原旅游点的同时，还特别注意开发了一批具有观赏价值的旅游景点。目前我区已形成了以草原风光和民族风情为特色的两条旅游路线，即：呼和浩特市——草原（希拉穆仁、葛根塔拉）——包头市（五大召）——响沙湾——成吉思汗陵；满洲里——陈巴尔虎旗（或鄂温克族）草原——海拉尔市。各旅游景点基本能够满足游客吃、住、行、游、购的需求，具备了一定的接待能力。

为了适应国际旅游市场的新变化，挖掘现有设备条件的潜力，1987年，我们又向国际旅游市场推出了：草原骑马、骑骆驼旅游；草原骑自行车、摩托车旅游；那达慕旅游；游牧旅游等具有内蒙古特色的专项旅游活动。由于特点突出、环境适宜，已初步显出其特有的魅力。

实践初步证明，在我区发展专项旅游潜力很大，主要因为，我区目前所开发的草原旅游点还只是在草原边沿地区，加上一般观光旅游者停留时间短，难以全面领略草原风光和民族风情，而专项旅游停留时间长，活动范围大，接触面广，就能够更广泛地领略内蒙古大草场的自然风貌和蒙古牧民的习俗，引起游客的情趣。另外一方面由于专项旅游费用高，企业有利可图，积极性很大，特别是宜于组织一些蒙古民族传统的马队迎送仪式，能够更加突出内蒙古的民族特色。第三，由于游客情趣高，游兴大，影响深，客观上能起到一种间接宣传的效果，对于扩大我区的知名度，招徕更多的游客大有益处。

所以，在今后一个时期内，积极贯彻“开拓创新、特色取胜”的原则下，不断加强经营管理、提高服务质量，充分利用现有条件巩固一般观光旅游的同时，挖掘潜力，积极开展专项旅游是我区旅游发展的主要任务。

随着我国改革开放的深入发展和内蒙古自治区提出的“南联北开”战略方针的贯彻落实，我区的社会、经济、文化发展水平的不断提高，到条件成熟的时候，我们将利用我区南跨三北，北和苏联、蒙古接壤的优越地理位置，逐步形成以草原、森林、民俗为中心的海拉尔旅游区；以辽上京、中京遗址、红山文化为中心的赤峰旅游区；以阿尔山温泉为中心的疗养旅游区；锡林郭勒草原、民俗旅游区；呼和浩特旅游区；伊盟鄂尔多斯风情旅游区；巴盟阴山岩画为中心的北方文化考古旅游区；阿拉善盟黑城遗址为中心的沙漠探险旅游区等8个功能不同的旅游区。这是内蒙古特色旅游的光辉前景。

大 事 记

1978年

4月26日　内蒙古自治区党委批准成立自治区革委会旅游局，同时成立了中国国际旅行社内蒙古自治区分社，包头市和锡林浩特支社。

任命自治区革委会外办主任德力格尔兼旅游局长，副主任白云兼旅游局副局长。

1980年

4月14～21日　全区外事旅游工作会议在呼和浩特市召开，各盟市主管外事旅游工作的负责同志参加了会议，自治区政府副主席云世英、杰尔格勒（副书记、副主席）、郝秀山同志出席会议，并发表讲话，外办副主任、旅游局副局长白云同志作1980～1985年全区旅游发展规划和1980年工作部署的报告。

1982年

4月13～23日　全区外事旅游会议在呼和浩特召开，全区各盟市和开放旗县的负责同志155人参加了会议，自治区党委副书记云世英同志到会讲话，外办主任、旅游局长德力格尔作工作报告。

1985年

2月5日　全区旅游会议在呼和浩特召开，主要内容是：传达贯彻全国旅游会议精神，讨论修定全区1985～2000年旅游规划，研究1985年全区旅游工作，自治区党委副书记千奋勇、政府副主席白俊卿到会讲话。

1988年

7月20日　内蒙古自治区首届旅游那达慕大会在四子王旗葛根塔拉草原举行，国家旅游局何光暐副局长、北京市旅游局薄熙成局长应邀出席。

1989年。

4月1日～7日　内蒙电视台、电台发表电视片、文稿纪念内蒙国际旅游开办十周年。

7月20日～25日　四子王旗葛根塔拉举行旅游那达慕大会。

10月　呼盟旅游局与东北三省共同召开1990年中国东北地区旅游新路线发布会。

（唐万鹏　连东先　高云飞）

辽 宁 省

概 况

1989年

1989年初，我省旅游业按照确定的奋斗目标，各项工作顺利展开，1～5月份，旅游接待人数和创汇呈现大幅度增长的好势头。但是，从六月上旬开始由于“6·4”北京发生反革命暴乱，旅游形势急转直下。面对旅游业大滑坡的严峻形势，我省各级旅游部门在各级党委和政府的领导下，带领全省旅游业广大职工，振作精神，奋力拼搏，积极采取对策和措施，努力减少“两乱”造成的损失，使我省旅游业较快地走出低谷。实践证明，我省旅游队伍整体素质是好的，是能够经受住政治风波和工作困难考验的。

全省各级旅游部门，坚决贯彻党的十三届四中、五中全会精神，努力克服各种不利因素，狠抓重振旅游的各项任务的落实。继续在深化改革，增强企业活力；开发市场，努力增加客源；转变职能，实行行业管理；以及综合开发，加强配套建设等方面，进行了卓有成效的工作。经过全省上下的共同努力，较好地完成了全年旅游工作任务。

〔**全省旅游业主要经济指标完成较好**〕　全省接待海外旅游者80245人次，比上一年下降22.78%。旅游外汇收入5470万美元，基本保持了我省旅游外汇收入历史的最好水平，并由全国的第八位跃居全国第六位。每接待一个海外旅游者平均收汇681美元，比历史最高水平的533

美元增加147美元。

〔**推行承包经营的试点工作**〕 收到明显效果。1989年，省旅游局提出深化旅游企业经营机制改革后，各地从实际出发，积极创造条件开展试点工作。有的是主管部门与企业之间，有的是在企业内部，开展了以加强经营管理、增强企业活力、提高经济效益为目标的各种形式的承包经营或目标管理，并取得了较好的效果。以省局六个直属企业为例，按照承包合同规定，实现了“两个超额完成”，即：实现利润613.2万元，超额5.7%；外汇收入805.2万元（外汇人民币），超额54.8%；创“五个历史最好水平”，即：营业收入3847万元，比上一年增长7%；上缴税金453万元，比上一年增长51.3%；结汇490万元（外汇人民币），比上一年增长27%；实现固定资产总值3729万元，比上一年增长15%；还贷款291万元，是历史上还贷最多的一年。

〔**国际市场开发工作取得较大突破**〕 第一次制定了全省国际旅游市场开发战略和策略，编制了国际旅游市场开发工作规划，召开了首次全省国际旅游市场开发工作会议。面对旅游滑坡，国际客源锐减，省、市旅游部门及经营单位共同开发和推出了十条旅游新路线。通过“三省一盟”和沈阳民航局联合召开的旅游新路线发布会，邀请了18个国家和地区255名旅行商及旅游机构代理人前来我省进行考察，并与我省旅行社签订书面合同73份，达成协议120多项。新路线发布会得到国家旅游局的支持与肯定，特拨专款15万元，以资奖励。1989年，也是我省组团出国宣传推销最多的一年，主要参加了新加坡、汉堡、西柏林、日本和香港五个不同内容的宣传推销活动。经过一年的紧张工作，较好地理顺了国际市场开发工作的思路，初步摸清了国际市场底数，进一步扩大了我省及各市的知名度，为扩大今后的客源奠定了基础。

〔**全省旅游行业管理工作迈出了步伐**〕 去年，省和部分市旅游局通过调整充实机构，转变职能，开始把工作重点转到行业管理上来，铺开的行业管理工作均有不同程度的进展。经过调查研究，多方协商，制定了我省第一个发展旅游业的中期规划——辽宁省“八五”期间旅游业发展规划纲要（草案），确立了辽宁旅游业要有一个较大发展的战略思想和走出一条效益型发展道路的基调，其主要指标已纳入全省国民经济和社会发展中期规划及年度计划。大连、本溪、丹东、锦州、朝阳等市也制定出与全省规划相衔接的发展本地区旅游业的中、长期规划。在全省范围内对第一、二、三类旅行社207名翻译导游人员进行了培训和资格考试，加上免试者，全省共有269名翻译导游人员获得合格证书。根据国家旅游局的统一安排，圆满地完成了我省首次在全行业评聘高级技师的试点工作。全省旅游涉外饭店星级评定试点工作进展较快，大连、沈阳两市已评出24家（大连21家，沈阳3家）星级饭店，大连市旅游局对星评工作非常重视，为全省开展星评工作提供了有益的经验。其它市虽然还没有正式评定，但是结合加强饭店管理和开展优质服务等普遍做了调查摸底，有的还进行了自查、自检和硬件完善工作。为适应旅游行业管理和宏观决策的需要，在全省范围内开展了旅行社整顿工作和加强了旅游价格的管理，制定和完善了我省旅游业统计、财务指标体系，开始实施全行业的统计、劳资和财务报表制度。

〔**基础建设明显加强**〕 综合接待能力不断提高。当年，又有5家旅游涉外饭店投入使用，使全省旅游涉外饭店总数达到89家，客房12034间，床位26706张，分别比上年增加5.9%、16.6%和20.2%。旅游交通条件明显改善，沈阳、大连、丹东3个主要旅游城市与国内各主要城市间的航线及班机密度增加；11、12次特快列车在旅游旺季增加了在省内旅游热点城市的停车站，沈大高速公路南北两段正式通车；以主要经营国际旅游业务的汽车总座位增加到3862座，比上年增长29.5%。程控电话的引进和开通，显著改善了国际直拨电话业务，方便了海外旅游者。九门口长城、抚顺监狱、义县大佛寺、汤岗子龙宫温泉等一批新的旅游景点，加快了修复建设的速度，有的已经接待游人。到年底，全省各类旅游经营单位已达到174家，旅游从业人员20679人，分别比上年增长3%和11%。

〔**各级政府越来越关心和重视旅游工作**〕 去年，省政府专门召开省长办公会议。听取旅游工作汇报，解决旅游业发展中的实际问题，制定了支持旅游业发展的六项政策措施。省政府还召开了由各市主管市长参加的全省旅游工作会议，下发了《关于大力发展旅游事业的决定》的文件。在省政府的重视和领导下，去年以来，各市、县政府也越来越重视当地旅游事业的发展，一些旅游会议和活动，许多领导同志亲自出席讲话，进行具体指导。如抚顺、锦州市政府有关领导同志亲自部署、检查、指导行业优质服务竞赛活动，收到较好效果。目前，许多市的党委和政府，正在采取措施解决影响当地旅游业发展的一些实际问题。

总之，由于各级政府的关心和重视，各有关部门的大力支持和密切配合，旅游行业广大干部群众的奋发进取和辛勤劳动，使我省旅游业摆脱了困境，取得了可喜的成绩。同时，我们还应该清醒地看到在全省旅游工作中还有一些值得重视的问题和差距。

历史回顾

1979年以来，随着改革开放政策的不断深入，辽东半岛对外开放方针的不断贯彻实施，辽宁国际旅游业迅速发展，在旅游资源开发建设、旅游基础设施建设、旅游队伍建设和旅游创汇等方面尤有较快发展，整个旅游业处于向上发展的势头。纵观旅游业十年发展历程，可以得出：要取得旅游业的更大发展，就必须坚持改革开放，大胆开发旅游资源，扩大客源，创出一流服务水平，与对外经济贸易紧密结合，走中国式的旅游发展道路。可从六个方面说明了辽宁十年来旅游业的发展成就。

1.旅游资源开发成绩显著。

辽宁省旅游资源比较丰富，名城古迹、名山、奇景、海滨、湖泊、边疆和少数民族发祥地等诸种资源一应俱全，人文价值，史料价值都很可观，但在1978年以前，这些资源大多未被开发。1979年以来，旅游资源开发随着旅游市场成为买方市场的变化而受到重视，按照中央关于旅游业要“积极发展，量力而行，稳步前进”的方针，大力开发旅游资源，取得可喜成果。

第一，发现和修复了一大批新景观，其中一些蜚声海外。有在历史价值上同八达岭长城并论的绥中万家碣石秦汉遗址，有在军事意义上超过山海关的九门口长城，有在景观上可与湘西张家界媲美的庄河、冰峪风景区，有被称为“中华文明曙光”的朝阳红山五千年前文化遗址，有堪称“华夏第一洞”的本溪水洞，还有大连南海岸旅游带、营口鲅鱼圈浴场、沈阳棋盘山旅游区、桓仁五女山雾海、宽甸鸭绿江树挂等等，佳景奇观、层出不穷。

第二，整修和扩建了一批老景观。其中有号称辽宁三大名山的千山、凤凰山的和医巫闾山，有兼风光和古迹于一身的辽西兴城和抚顺萨·尔浒风景区，有反映满清文化特色的沈阳故宫、新宾兴京、辽阳东京和沈阳盛京、新宾永陵、沈阳福陵和昭陵等等，修复后面目一新。

第三，创造和组织了一些人工景观。如大连碧海山庄游乐场、沈阳清代一条街和蒸汽机车博物馆、七千二百年前的新乐遗址博物馆，摩托车旅游、自行车旅游、乡俗旅游、修学旅游、健康旅游等专项旅游，以及赏槐会、服装节、马拉松赛等大型旅游活动，等等，颇受游客青睐。

这些被开发的资源中，有国家级风景名胜区和文物保护单位24处，有省级风景名胜区、文物保护单位和自然保护区168处，形成旅游资源网络，使辽宁旅游环境初具规模。

在旅游资源开发中，国家和省财政投资一千八百多万元，群众和集体赞助近1300万元（其中赞助修建长城1000万元，修建医巫闾山110万元，修建义县奉国寺130万元，修建绥中古迹35万元），加上各部门、各市以及乡镇的集资，全省旅游资源开发的总投入共达1.5亿元，充分体现了中央关于“国家、地方、部门、集体、个人一齐上”的旅游开发总方针。

2.旅游交通得到相当大的改善。由于对外开放、经济建设和旅游业发展的需要，进入“七五”以后，改造了大连周水子机场、新建了沈阳桃仙机场，增加和开辟了沈阳、大连、丹东至省内外主要旅游城市的航班，开辟了大连至日本，沈阳、大连至香港定期航班和包机，增加了海外旅游者进出辽宁的容量。铁路、公路交通条件更为优越，方便了旅游者在省内主要城市和旅游点的旅行。

3.旅游基础设施建设取得了突破性进展。三年来，国家、地方、部门和集体投资、集资和利用外资，先后改造了11座老饭店和招待所，新建了42座旅游饭店。到1988年底，全省已有旅游涉外饭店89座，客房1.2万间。合资、合作饭店16座，分别比1978年底增加2.7倍和2倍，属全国第三位和第四位。

4.接待能力提高，旅游服务行业队伍不断壮大。十年来，各级旅游主管部门和旅游经营单位大力抓了经营管理人员培训，旅游经营单位正在从接待服务型向经营服务型转变。新建的旅游饭店第一线服务人员几乎全部通过职业高中的培训，老饭店第一线服务人员也进行了大幅度更新；北京建国饭店管理方法先后在我省一些饭店推行；省及国家在旅游系统开展优质服务竞赛，极大地推动了省内各旅游经营单位的管理、服务水平的提高。全省有相当一部分旅游经营单位人均创利在万元以上，有两个单位、两个集体、4个个人被评为全国旅游优质服务先进单位、集体和个人。1989年底全省已有一类旅行社8家，二类旅行社29家，三类旅行社20家，旅游涉外饭店89家，旅游车船公司（队）11家，旅游服务公司和其它旅游经营单位四十多家，旅游从业人员二万多人，除直接服务单位外，全省还新办设有旅游专业的大专和职业高中学校10所。综合接待能力有了根本性提高，与全国其他省份相比，已居中上水平。

5.接待海外旅游者人数突破10万大关。1979～1982年3年间，全省大体上每年接待国际游客3万人次左右，1983年增至4.7万人次，1985年增至9.6万人次，1987年和1988年分别闯过10万大关，达到10.2万人次和10.3万人次。十年间，全省共接待来我省观光、探亲、考察、经商以及从事文化交流的国际游客63.2万人次，平均每年6.3万人次。其中，外国旅游者占78.8%，华侨占1.8%，港澳台胞占19.4%。1988年我省的国际旅游接待量居全国第十四位。十年来由我省自主外联的国际游客越来越多，1985年为3711人，1988年已达9673人，占当年接待量的9.3%。

6.旅游创汇收入大幅度增长。1979年我省国际旅游外汇收入515万美元，1988年上升到5542万美元，为1979年的10.8倍，年递增率26.8%，旅游创汇占全国旅游总创汇的比重，由1979年的1.2%上升到1988年的2.5%。1988年创汇额居全国第八位。十年间，共创汇1.7亿美元，分得非贸易外汇留成额度5510万美元，支援了辽宁的经济建设。辽宁省平均对每个海外旅游者收汇高于全国平均水平。1979年全国国际旅游人均收汇106美元，辽宁为164美元，1984年全国人均收汇为67美元，辽宁省为294美元，1988年全国人均收汇为70美元，辽宁省为533美元，居全国各省市中第二位。

辽宁省旅游系统的经营状况也在好转。1979年全省利润总额为31万元，1988年猛增到2293万元，增长73倍，利润率由1979年的9.4%上升到1988年的11.2%。涌现出一批如沈阳凤凰饭店、大连南山宾馆、国旅沈阳分社、大连分社和新亚旅行社等人均创利逾万元的单位。

总之，十年来，辽宁旅游业从小到大，逐步健康地发展，不但增加了我省的非贸易外汇收入，回笼了货币，开辟了新的就业门路，带动一些地方的经济繁荣，而且增进了与世界各国人民的交往和友谊，改善了对外开放环境，促进了对外开放的发展，同时也为今后辽宁旅游业的更大发展打下了基础。（王跃进）

在治理整顿中继续发展国际旅游事业

辽宁省旅游局局长　鲍志强

在治理整顿中，旅游业怎么办？需要统一认识的问题很多，其中，最为重要的是如何全面贯彻中央五中、六中全会精神，正确处理发展国际旅游业与治理整顿的关系。

在治理整顿中，旅游业不是要下，而是要上。那种认为在治理整顿期间，国际旅游业没什么"戏"好唱，需要"降温"的看法是缺少根据的。因为：第一，从坚持对外开放看，党的十三届四中全会以后，中央反复强调，必须坚持对外开放的方针，中国的大门不能关上。国际旅游业作为发展外向型经济的先导和媒介，对外开放重要组成部分，理所当然地要继续大力发展。第二，从调整产业结构看，国际旅游业是"风景出口"，它的发展基本不同于其它产业，没有争夺原材料和能源的问题，不仅不会加剧社会总需求与社会总供给的矛盾，而且有利于促进产业结构的合理调整。第三，从缓解我国外汇短缺的矛盾看，国际旅游业不仅是低成本创汇的产业，而且是我国贸易外汇的必要补充。目前，我国旅游业年创汇已达20多亿美元，但是，与其应有的发展潜力相比还是微不足道的。只要我们坚持大力发展的方针，国际旅游业必将会成为我国创汇的一大支柱产业。第四，从发展我省国际旅游业的基础条件看，由于近些年来，采取了国家、地方、部门、集体、个体五个一起上的正确方针，使我省的旅游交通、通讯、饭店等基础设施和接待服务设施的"硬环境"有了很大改善。这些都为我省国际旅游业的进一步发展奠定了坚实的物质基础。

基于上述分析，在治理整顿期间，我省的国际旅游业，不仅不能放慢步伐，而且要力争保持较高的发展速度。同时，我们开展具体工作的一些思想、方法，依据环境条件的变化，也应做适当的调整。从我省的实际情况看，总体而言，主要应实现以下五个转变：

一、从围绕增加海外旅游者人数开展工作，转到以提高旅游经济效益为中心，拓宽经济渠道和工作领域上来。

对待旅游业发展问题，事实上存在着两种截然不同的发展观，即"速度型"和"效益型"。这两种不同的发展目标位置怎么摆法，是关系旅游经济发展战略的大问题。一种把增加海外旅游者人数放在第一位，人次指标成为计划工作的出发点和评价旅游经济发展水平的尺度。一味追求旅游者数量的增长，接待海外旅游者人数多的地方，将在很大程度上支配旅游经济的发展。如果这种思想占主导地位，对于如何调整旅游者的结构；延长人均滞留天数；增加旅游商品创汇及投入与产出的关系等往往得不到应有的重视，旅游经济效益完全成为由旅游者人数决定的被动结果。另一种，把以提高旅游创汇为主要指标的旅游经济效益作为旅游工作的中心任务，整个旅游工作主要围绕提高旅游经济效益来安排。旅游经济效益指标成为计划工作的出发点和考核旅游经济发展水平的标准。这样，最大限度地提高旅游经济效益，就成为旅游经济发展的方向和动力。上述分析不难看出，那种把眼睛盯在海外游客人数多少上，并以此作为评价旅游经济发展水平主要尺度的认识，有很大的局限性和片面性。"速度型"与"效益型"二者之间的本质区别，在于是把旅游业作为友好接待，还是作为经济产业来看待。

因此，我们对待如何发展国际旅游业的思想观念，必须从单纯追求海外游客人数的增长转到以提高旅游经济效益为中心的轨道上来。在实践中能够真正的体现这一点，以下几个环节应予以充分重视：一是，尽快建立和完善科学的反映旅游业经济效益的指标体系。这个指标体系反映的旅游经济活动产生的经济效益，既包含反映宏观经济效益的指标，又包含反映微观经济效益的指标。同时，所制定的旅游经济效益的指标体系还必须得到社会的承认。即在国民经济和社会发展的计划、统计中表现出来。这样，才能充分调动社会的力量推动旅游经济持续、稳定、协调地发展。二是，切实把旅游经济效益指标，作为衡量一个地区旅游业发展水平和旅游企业经营管理水平的标志。并根据旅游经济效益指标的执行情况，制定鼓励政策，评价下级工作，确定投资方向等。只有把能否提高旅游经济效益作为衡量旅游经济发展和考核旅游经济工作的标准，并确定了这种旅游经济发展的价值观，才能按照正确的方针，选择正确的战略目标，制定正确的发展策略。三是，围绕如何提高旅游经济效益，规划指导行、住、吃、游、购、娱各旅游生产力要素的协调发展，以获得更好、更大的经济效益。例如：在辽宁省旅游利汇总额中，购物创汇占的比重较大（约45%），在接待海外游客的构成中，商务旅游者比重很大（约60%），依据这一客观的资源条件和现实效果，按照以提高旅游经济效益为中心的指导思想，大力发展购物旅游和商务旅游，自然应当提到我省旅游工作的重要日程上，予以足够的重视。

二、从过去主要抓基础设施和接待服务设施的建设，转到充分利用现有设施，加强“软件”建设上来。

旅游活动的实现，就其本身而言，最基本的条件是保持旅游需求与旅游供给的平衡。旅游需求与旅游供给的矛盾运动是推动旅游经济周而复始运转的动力。所谓旅游供给，就是为旅游者提供的各种旅游资源、旅游设施和旅游服务。无论是吸引旅游者的旅游资源，还是接纳旅游者的旅游设施，只是进行旅游活动和旅游业存在与发展的客观物质条件，而旅游服务则把这些客观物质条件变成现实的旅游产品，满足旅游者活动的需要。除上述理论分析外，从我省旅游供给的现状看，要进一步发展辽宁省的国际旅游事业，也必须在重视旅游基础设施等“硬件”建设的同时，充分重视以提高旅游服务质量为中心内容的“软件”建设。应当看到，一方面，近些年来，我省的旅游“硬件”建设取得了很大进展：沈阳、大连两个国际空港的通航，大连、营口、丹东、锦州、鲅鱼圈五大港口群的形成，跨越五城市的沈大高速公路的建设，以及通往旅游景区道路的开通，使我省旅游交通条件有了明显的改善，不存在旅游旺季海外游客进不来、出不去的卡脖子问题；目前，我省已投入使用的涉外旅游饭店90座，床位近二万八千张。涉外饭店的座数仅次于广东、北京，居全国第三位。涉外饭店的年接待能力可达五十万人次。虽然涉外饭店的档次结构和布局分布还有些不尽合理，但总体而言，住宿难的问题已经解决，沈阳“一宫二陵”，“本溪水洞”，大连“金石滩”，锦西“九门口长城”等一百余处各具特色的旅游景区、景点的开发、建设，在国际市场上也具有一定的吸引力；55万门程控电话的开通，可使全省各市及部分县（市）直接挂拨国际电话，大大方便了海外旅游者等等。另一方面，与现有“硬件”条件相比，“软件”建设显得还很薄弱。服务项目单调，接待服务质量不高，已成为国际旅游者普遍抱怨的一个突出问题。正如国外有些友人讲的，中国有国际一流的宾馆，却没有国际一流的服务。可见，低质量的服务已成为影响我省旅游业进一步发展的一大制约因素。

因此，在治理整顿期间，我们应当把治理整顿的重点放在加强“软件”建设上，努力在“三个提高”上下功夫。即，提高经营管理水平，提高接待服务质量，提高我省旅游业的声誉。逐步形成全社会重视“软环境”建设的合力，努力改善和提高我省旅游形象。要做好这方面的工作：一要加强思想政治工作，通过各种行之有效的形式，开展生动活泼的教育活动，使旅游从业人员进一步增强工作事业心和职业道德感，不断提高政治、思想、业务素质。二要从本单位实际出发，加强制度建设，使服务、管理工作逐步达到规范化、标准化、程序化。三要通过推行企业承包责任制，层层分解目标，并实现权、责、制的统一，逐步形成提高旅游接待服务质量的保证体系和运行机制。四要加强宏观管理和监督。各级旅游主管部门要把接待服务质量的管理工作摆到重要位置上，对旅游企业接待服务质量实行定期检查制度；自下而上建立一支接待服务质量监督队伍；通过立法、并严格执法，树立旅游行业管理的权威。

三、从单一层次的观光旅游产品的生产，转到多层次的旅游产品开发上来。

旅游者的需求是广泛而多样的。广义的旅游活动是包含着游览在内的各种目的旅行。从层次的角度分析，它包括：观光、消遣的基本层次；购物、娱乐的提高层次；学习、公务、度假、商务、探亲、宗教、体育、会议及各种专项旅游等专门层次。多层次的旅游活动是旅游者不同层次需求的外在表现，这种多层次的旅游需求，客观上要求旅游资源的开发，不能停留在单一层次的观光旅游产品的生产上，而应立足本省资源、扬长避短，努力开发多层次的旅游产品。这一思想的确定，具有十分重要的现实意义，既有利于我们冲破狭隘的传统旅游资源观念的束缚，拓宽视野，走出无旅游资源可开发的困境，又有利于适应国际旅游市场需求的变化趋势，促进旅游产品结构的调整，吸引更多的新客源。按照这一思路开发旅游资源，就会使我省发展旅游的路子越拓越宽。

要多层次地开发具有一定吸引力的旅游产品，涉及的问题很多，当前，应当引起普遍注意的问题是，首先，要加强国际旅游市场的调查研究，了解需求，摸清行情，切实把旅游产品的开发建立在适应不同国家和地区的游客不同需求的基础上，变以产定销为以销定产。同时，要把旅游产品的研制、生产、销售三个环节有机地统一起来，在抓现实旅游产品销售的同时，注意旅游新产品的研制和生产。当已有的老产品的吸引力减弱丧失其竞争能力时，保证有新的旅游产品及时推出，使海外旅游者对我们的旅游产品始终有一种新鲜感、吸引力，以保持其在国际市场上的竞争强度，增强发展的后劲。其次，用能否对海外旅游者产生吸引力，去衡量旅游资源开发的价值，并按国际客源市场的需求标准确立开发、建设的水平。切忌上那些无国际旅游市场需求或无吸引力的低标准项目，避免或减少人、财、物力的浪费。真正把满足海外游客的需求作为国际旅游资源开发的出发点。第三，在旅游资源开发资金短缺的情况下，必须集中有限的资金用在刀刃上。在旅游资源开发资金的投放上，与其照顾一片，不如突破一点，即，集中优势兵力打歼灭战，使开工的项目尽快形成集聚效应，使其成为有较强吸引力的“拳头”产品，在此基础上，再由点的突破到线和面的扩展。这要比分散资金，四面出击办法好得多。

四、从传统的宣传推销方式，转到多渠道、多手段、多层次的宣传推销方式上来。

宣传推销，是指把旅游目的地国家、地区或旅游企业的旅游产品，向旅游消费者进行的宣传报道，以促进和影响人们的购买行为和消费方式的活动。宣传推销的主要任务，就是将旅游产品的信息传递给旅游者，以达到扩大销售的目的。在以往开发国际旅游客源市场方面，由于资金有限或“惜投”思想的影响，以及宣传推销方式的落后，总的来看，不仅未能起到诱导需求，创造需求的作用，而且连应有的知名度也没有宣传出去。这个问题如不妥善加以解决，即使有较高价值的旅游产品，也难以成为现实的旅游产品。要使这种潜在的旅游生产力转化为现实的旅游生产力，就必须十分重视宣传推销的媒介作用。所谓重视宣传推销，既包含改变有些地方“坐门等客”的消极态度，又包含改革传统的落后宣传推销方式。只有在这两方面加以改进，才能收到实实在在的效果。

要从传统的宣传推销方式中跳出来，必须在“多”字上下功夫。一是多渠道宣传推销。依靠旅游主管部门、旅游企业的力量积极扩大宣传推销是十分重要的方面，但仅靠这一方面的力量势单力薄。还要充分发挥新闻媒介，驻外商贸机构，国外旅行商社的业务联系及在国外举办科技、文化、贸易等展览的作用，收集和反馈旅游信息，扩大宣传推销的覆盖面。二是多手段宣传推销。宣传推销的手段直接关系到宣传推销的效果，这方面有很多成功的经验可供我们借鉴。如：采取向主要客源国派出常驻人员或团组，有针对性地宣传推销；利用国外有影响的报刊、画册开辟专栏、专页定期宣传推销；借助广播、影视及大型活动等各种形式宣传推销等。三是，多层次宣传推销。一方面，旅游主管部门侧重宣传推销的组织协调及旅游形象的宣传，旅游企业侧重旅游产品和旅游线路的宣传，在分工上要体现层次性。另一方面，要努力形成旅游系统纵向宣传推销与相关行业横向宣传推销相结合的纵横交错的宣传推销网络。

五、从过去主要希望国家投资办旅游，转到依靠政策调动社会各方力量办旅游上来。

现代旅游业，是随着生产的发展，社会分工的深化，旅游活动与社会经济日益结合的产物。它是包含政治、经济、科学、文化等内容的综合性事业的新兴的经济产业，是为国内外旅游者的行、住、吃、游、购、娱等方面提供各种服务的行业总称。它主要由旅行社、交通客运业、旅馆业、饮食业、游览景区、娱乐场所及旅游商品、纪念品的制造和销售业组成。除旅行社外，其它各部分均是国民经济中有关部门或行业的一部分，它们在满足旅游活动需要这一共同目标下组合起来。其主要职能，是向旅游者提供进行旅游活动需要的旅游对象物（包括自然的和社会的）、产品和服务。旅游业的这一特点，决定了旅游业的发展，必须建立在全社会重视的基础上。旅游主管部门一项重要任务，就是在调查研究上提出建议，当好国家、政府制定鼓励、支持旅游业发展政策的参谋。不能把发展旅游的希望仅仅寄托在国家多投资上，况且，在治理整顿期间，国家也难以拿出更多的资金投入旅游的开发和建设。要保持旅游业的发展后劲，我们必须牢固地树立“大旅游”的观念，走依靠政策调动社会各方力量办旅游的道路。

要使全社会真正重视、支持旅游业的发展，当前，突出要解决的几个问题是：一要把发展旅游业作为实现全省经济和社会发展战略目标的有机组成部分，摆到各级政府的议事日程上，尤其是各级党委、政府的领导同志，应把旅游工作同其它经济工作一样放到同等重要的位置上，像抓外贸工作那样抓旅游工作。二要把旅游事业当作一项重要的经济产业，纳入全省和地方国民经济和社会发展规划、计划之中，作为一项新兴的带头产业实行倾斜政策，以扶持旅游业的发展。三要结合机构改革，改革旅游管理体制，适当充实、加强旅游行政管理机构的力量。使旅游行政管理体制和行政管理机构的力量，适应旅游形势发展及旅游行业管理的需要。四要加强各级政府对有关部门的协调、指导、监督工作。在旅游基础设施和接待服务设施的建设上，继续坚持国家、地方、部门、集体、个体五个一起上的方针，动员社会各方力量支持旅游业的健康发展。

总之，上述五个转变，是针对我省旅游业目前的实际状况及治理整顿的要求提出来的。而真正实现这些转变，还要做大量艰苦细致的工作，要经过一个坚持不懈的奋斗过程。但只要我们目标明确，措施有力，开拓进取，脚踏实地，实现上述转变是完全有可能的。而实现了这些转变，必将对我省的国际旅游业产生极大的促进作用。

吉　林　省

概　况

1989年

一、基本情况

1989年吉林省接待人数和创汇额均低于最好年份的1988年。全年共接待海外旅游者25260人，比1988年减少40%；其中外国人12121人，华侨、港澳台胞13139人。全省旅游外汇收入334.9万美元，比1988年减少11.9%。1989年全省有组织接待的海外旅游者16521人，比上年减少18.7%；其中外国人5171人，华侨、港澳台胞11350人，分别比上年减少22.8%和16.8%。全省旅游企业直接创汇184 7万美元，比1988年减少10.3%。吉林省的主要客源国有日本、美国、英国、西德、加拿大等22个国家和地区。1989年，旅游客源市场发生了变化，原主要客源国日本由1988年的72.75%下降到1989年的30.38%；1988年接待苏联旅游者120人，1989年猛增到600人，比1988年增长了400%。1989年，全省又新辟8条专项旅游路线。到1989年底，全省旅游形势开始出现好转势头。至1989年底，全省共有各级旅游行政管理机构6个，即：省旅游局、长春市风景旅游局、吉林市旅游局、延边州旅游局、通化市旅游局和浑江市旅游局。其它市、县的旅游事业均由地方政府外事办公室兼管。全省有开展国内外旅游业务的一类社（公司）2个；二类社19个；开展国内旅游业务的三类社23个；旅游涉外星级饭店27家，其中三星级5家（其中2家已报待批），二星级10家，一星级11家，预备星级1家；旅游涉外定点购物商店19家，定点餐馆15家；旅游服务公司10家；旅游汽车公司（队）3家，旅游用车109辆。全省旅游行业职工5,547人。1989年，旅游交通条件有了较大改善，提高了客运能力。特别是长春机场和延吉市民航机场相继开通和扩建后，一些新航线为全省旅游业发展创造了极为有利的条件。铁路客运也增加了数对通往全国各大旅游城市的特快、直快列车。

二、治理整顿

1.旅游市场管理有所加强

1989年，以整社、评星和定点为主要内容，进行了全省旅游行业的治理整顿，行业管理进一步加强。按国家统一部署，组织全省导游人员统考发证，提高了导游人员的业务素质；对旅行社重新进行了审核登记，对新建的旅行社进行严格审查把关，对违法违纪的旅行社进行了严肃处理。多数旅行社充实了设备，改善了接待条件。省旅游局会同物价、工商等部门检查了旅游对外报价，及时处理了检查中发现的问题。评定旅游涉外饭店星级工作进展顺利，到年底，全省已有27家旅游涉外饭店被确定为星级饭店。在三个重要旅游城市试行旅游涉外购物商店和餐馆的定点工作，到1989年底已审查确定定点商店19个、定点餐馆15个。

2.旅游企业改革进一步深化

1989年省旅游局对直属的5个企业，继续试行了经济承包或目标管理。根据各企业的不同情况和治理整顿的精神，分别对各企业的承包合同和经济指标进行了部分调整和修改，使直属企业的改革得以进一步深化，企业承包合同更趋完善，调动了企业领导和职工的积极性。尽管受到1989年春夏之交政治风波的影响，旅游业出现滑坡，吉林省旅游局直属5家企业仍能在困境中努力开拓，尽力减少损失，取得的效益比预想更好一些。1989年这5家直属企业总营业额达到2453.5万元，利润297.7万元，创汇98.3万美元，其中创汇额占全省旅游企业直接创汇总数的53.2%。

三、宣传促销

1.国际市场开发促销

省旅游局先后派出6批人员，参加了香港、新加坡、西德汉堡、西柏林4个国际旅游博览会（展销会），开展了业务交流和外联活动；派人与苏联远东地区旅游部门进行了业务洽谈，促进了吉林省与海外旅游部门和中间商的业务合作。先后接待了法国、英国、香港、新加坡等国家的五批记者团。开展了“旅游促进发展”的宣传周和世界旅游日的宣传活动。10月，与辽宁省、黑龙江省和内蒙呼盟及民航沈阳管理局共同举办了“三省一盟旅游新路线发布会”，公布了10条新旅游路线，加强了横向协作。发布会之后，有海内外旅游客商125人到吉林省实地踏察旅游路线，对国际旅游市场的开发和促销、重振吉林旅游业都起到积极的促进作用。

2.宣传品的制作

1989年，省旅游局相继印制了《长白山》旅游画册、《吉林专项旅游》、《东北三省旅游图》、《吉林省首届艺术节》、《吉林民间节日》等宣传品，先后摄制了《向海之恋》、《白城掠影》、《呼伦贝尔漫游》等录相片。

四、规划建设

1989年吉林省“八五”旅游发展总体规划已基本完成，省旅游事业委员会已原则通过，并上报国家旅游局和省政府。吉林省还完成了长白山区旅游资源系列开发规划的编制工作，为进一步确定具体开发计划打下了基础。1989年全省落实旅游基建投资620万元（其中国家旅游局投资360万元），使吉林省急需的重要景点和设施建设得以初步完善和改善。长春伪皇宫缉熙楼已修复并接待游人；安图、敦化、长白山宾馆等主要旅游饭店的建设和改造已经开始。由国家、省，地方共建的长白山庄于7月开业，改善了长白山旅游的接待条件。此外，长春市对完颜娄室古墓的修复进展较快。吉林市旅游部门建设和完善了松花湖、滑雪场等景区（点）的设施。特别是长白山山上公路、吉林市至丰满的沿江公路和长春至净月潭公路的建成，对吉林省旅游业的发展具有很大的促进作用。

历史回顾

1.旅游资源和风景名胜

吉林省多火山，其数量之多，形状之奇居全国之首。长白山位于省内东南部，是我国名山之一，堪称“东北第一山”，以其壮观的火山山水和冰雪风光见长。长白山是目前我国最大的自然保护区，1980年加入联合国教科文组织“人与生物圈”保护区网。长白山林海苍茫，有高等植物、珍贵中药材、经济树木、草本植物及菌类等近两千种。动物种源繁多，有兽类50余种，珍贵动物有紫貂、棕熊、梅花鹿、金钱豹和东北虎等29种，有中华秋沙鸭等珍禽鸟类280余种，昆虫两千余种，以及两栖类、爬行类和鱼类等野生动物，可谓天然的动植物园。长白山天池位于长白山主峰之侧，池水面海拔2155米，面积98.2万平方米、平均水深204米，最深373米，是我国最高、最深和最大的火山口湖，为松花江、图们江、鸭绿江之源头，也是中朝界湖。近年传说天池中有怪兽出没，更给天池增添了神秘色彩。长白山的自然景观和风景名胜有：落差68米的长白瀑布、星罗棋布的温泉、矿泉、药泉群，充满神奇传说的圆池、王池、小天池，锦江瀑布、梯子河、幽谷森林、补天石、八卦庙、牛郎渡等。长白山垂直景观可谓世界之最；冬季的长白山是名副其实的林海雪原。长白山是东北三宝的原产地，山脚下的抚松是闻名中外的人参之乡。长春市曾是伪满洲国的“首都”（新京），中国末代皇帝（伪满洲国傀儡皇帝）爱新觉罗·溥仪的宫殿（伪皇宫及其陈列馆）就坐落在长春市的“八大部”——净月潭风景区，被列为国家级著名风景名胜区。吉林市的树挂，是我国四大自然奇观之一；松花湖为我国国家级著名风景名胜区。西部的向海、莫莫格分别为国家级和省级鸟类自然保护区，是省鸟丹顶鹤的故乡。延边地区是我国朝鲜族聚居之地，朝鲜族的民风民俗极富特色；其传统文体活动多姿多彩；延边的风味小吃更是别具一格。白山松水是满族发祥地，四平叶赫是清朝两代皇后的故乡。集安有高句丽时期古墓万余座，堪称古墓博物馆。吉林省的民间艺术“二人转”闻名遐迩；工艺美术品以白山木画、羽毛画、彩绘木雕、树根雕、安禄石雕、松花石砚等闻名中外。吉林省的饮食独具特色，风味小吃别具一格。

2.旅游业的创建

1958～1977年是吉林省旅游事业发展的创建时期。1958年7月，以中国国际旅行社长春分社的成立为创业的标志。1958年7月，在吉林省人民委员会正式批准成立了中国国际旅行社长春分社。1973年，长春市、吉林市正式对外开放。随即，吉林市成立了中国国际旅行社吉林支社。当年，吉林省共接待国际旅游者329人。1974年，在吉林省华侨旅行服务社的基础上，相继成立吉林省华侨旅行社和吉林省中国旅行社，与中国国际旅行社长春分社合署办公。在“文革”中，吉林省旅游业的发展几乎处于停滞状态。

1978～1988年吉林省旅游事业仍处于初创阶段。1978年4月，根据中共中央、国务院关于大力发展旅游事业的指示，吉林省委决定成立吉林省旅行游览事业管理局，统一领导中国国际旅行社长春分社、省华侨旅行社和省中国旅行社，属局社合一体制。同年，全省接待国际游客6733人，旅游业创汇约合人民币一百多万元。1980年5月，省政府召开第一次全省旅游工作会议，讨论发展全省旅游事业问题。1982年3月，省旅行游览事业管理局直接隶属于省政府。1983年4月，省旅行游览事业管理局改称省旅游局，由省政府外事办领导，负责统一管理全省的旅游工作。1984年11月召开吉林省旅游工作会议，较全面地分析了全省的旅游资源，确定了发展旅游事业以长春市、吉林市和长白山为重点的初步设想，讨论了旅游体制改革等问题。

3.“六五”旅游发展概况

1981～1985年的“六五”期间，全省接待外国人、外籍华人、华侨、港澳台胞等56477人，创汇合人民币1521万元。在发展国际旅游的同时，国内旅游也迅速发展。据不完全统计，仅1985年由旅行社接待的国内游客就达50万人之多。随着旅游事业的不断发展，吉林省的旅游接待能力也逐年提高。到1985年底，全省拥有旅游涉外饭店（宾馆）8所，共有床位1826张；拥有旅游汽车公司（队）3个，旅游用车89辆；经营国际旅游业务的旅行社9家，还有一批经营国内旅游业务的旅行社。

4.“七五”前三年旅游发展概况

1986年是“七五”计划的开始，全国旅游工作会议制定的规划中把吉林摩天岭雪场、长春电影城和伪皇宫修复列入了计划。在全国旅游会议精神指导下，省旅游局制定了《吉林省旅游事业发展规划(1986～2000年)》。

"七五"旅游发展规划第三年的1988年，全省共接待海外旅游者42083人，比计划的31400人净增10683人，完成计划的134%，三年平均增长率为27.7%。其中，外国人、外籍华人17857人，华侨、港澳台同胞24226人，分别完成计划的151.3%和123.6%。全省旅游创汇380万美元，完成计划的88%，三年平均增长率为32%，其中旅游企业直接创汇200万美元。

"七五"前三年，旅游投资总额达到5,673万元，(不包括其它部门的有关配套投资)，其中国家投资1690万元。"七五"规划中确定的重点开发建设项目均有不同程度的进展。全省旅游宣传和外联工作，三年内得到省财政补贴16.5万元。省旅游局先后参加了北京、香港等地举办的7个国际旅游博览会；派出13个外联组，前往美国、日本、西德等12个国家和地区，进行外联活动，同时加强同外国旅游商的联系和合作。1988年自主外联人数1509人。至1988年末，全省有主要旅游涉外饭店24家，客房3157间，床位7282张；旅游接待用车109辆，座位1219个；二类社12家19个旅行社；已开发使用的各类旅游景点76个，已发现未开发的各类自然景观30处。

"七五"前三年的1987年1月，省政府成立了吉林省旅游协调小组。2月，召开了全省旅游局长会议，传达了全国旅游局长会议精神，研究部署了全省旅游工作。12月，省旅游局由省外事办所属，划为省政府直接领导。1988年9月，吉林省为加强对旅游事业发展重大问题的协调，成立了吉林省旅游事业委员会(原旅游协调小组撤销)。截止1988年末，省旅游局的直属企业普遍试行了承包经营责任制。初步解决了企业吃国家"大锅饭"、职工吃企业"大锅饭"的问题，受到国家旅游局和省政府的肯定。省旅游局直属企业的营业额、利税额和创汇额，分别比1987年增长了29.89%、55.5%和45.68%。

大事记

1989年

1月17～18日　省旅游局在长白山宾馆举办了全省旅游涉外饭店星级评定学习班。全省各市、地、州旅游局长和旅游企业负责人及省、长春市有关部门的负责同志80余人参加了学习班。副省长刘希林作了重要讲话。成立了吉林省旅游涉外饭店星级评定领导小组。省旅游局局长李培森作了总结发言。

2月10日～3月4日　吉林省政府副秘书长李默等一行3人分别参加了汉堡旅游博览会和西柏林国际旅游交易会。在两个展览会之间，吉林省代表先后赴瑞士、奥地利进行了推销活动。在汉堡的国际旅游博览会上，吉林省突出重点，大力宣传了末代皇帝旅游路线，并辅以其它专项旅游路线。

2月27～28日　3月1～14日　省旅游局分别对全省一、二类旅行社的导游人员进行资格考试。并于4月7～9日，对全省三类旅行社的导游员进行统一考试。

4月1～7日　吉林省旅游局根据国家旅游局发出关于今年4月1日至7日为全国旅游宣传周的通知精神，在全省范围内开展了较大规模的"旅游促进发展"宣传周活动。

5月23～25日　以日中友好协会全国本部副会长、日本宫城县日中友好协会会长佐佐木信男先生为团长的"第三次日本宫城县民之翼访华团"一行97人，访问了长春市。该团是为庆祝中华人民共和国成立40周年，宫城县和吉林省友好省县关系建立两周年，仙台市和长春市友好城市缔结9周年而来访的。团长佐佐木信男先生是中国人民的老朋友，这是他第三次作为宫城县民之翼访华团的团长来吉林省。访问期间，代表团还参观游览了长春市的风景名胜等参观点。

6月25日　吉林省旅游局根据国家旅游局有关规定，审核批准了第一批(7个)长春市涉外定点购物商店。

7月12日　吉林省旅游局按国家旅游局关于加强涉外餐饮业管理的精神，审定长春市第一批旅游团体定点餐馆(5个)。

7月13日　吉林省旅游学会、吉林省旅游局和长春市风景旅游局在长白山宾馆联合召开了"八大部"——净月潭风景名胜区旅游资源开发研讨会。原省顾委主任王大任、副主任于林和省政府副秘书长李成等同志应邀出席了研讨会，并作了重要讲话。"八大部"——净月潭风景区是1988年8月经国务院批准定为国家级旅游风景名胜区的。

7月25日　东北地区辽宁省、黑龙江省、吉林省和内蒙古自治区呼伦贝尔盟(即"三省一盟")在长春举行了东北"三省一盟"1989年旅游协调会议。"三省一盟"的旅游局长、企业管理处和对外宣传处长参加了会议，沈阳民航局和吉林省民航局的领导也应邀出席了会议。会议就联合进行宣传推销、统一东北地区旅游价格和开展边境旅游、开发客源市场等问题，坦诚地交换了各自的看法，并取得了一致意见。会议还决定于10月份联合举办"东北三省一盟旅游新路线发布会"。

7月26日　吉林省旅游局举行了旅游宾馆餐厅厨师、服务师进级考试，共有96人参加了考试；86人考试合格，发给进级合格证书。

8月20～30日　吉林省旅游局在长春举办了全省旅

游行业管理会计统计人员培训班。集中培训了各市、地、州旅游局和企业（旅行社、部分旅游宾馆和旅游汽车公司）的会计、统计人员42人。

9月15日　经省旅游涉外饭店星级评定领导小组审查，批准吉林市的东关宾馆、西关宾馆、哈达宾馆，长春市的白鹤宾馆，浑江市的浑江宾馆2号楼为二星级饭店；批准吉林市的银花宾馆、长白县的长白宾馆为一星级饭店。

10月10～11日　东北地区辽宁省、吉林省、黑龙江省和内蒙古自治区呼伦贝尔盟以及民航沈阳管理局在沈阳联合举办了“1990年东北‘三省一盟’旅游新路线发布会”。15个国家和地区的255位旅游客商应邀参加了发布会。在10条旅游新路线中，吉林省有3条，即：长白山旅游线、末代皇帝旅游线和集安访古旅游线。会后，旅游客商分别考察了旅游新路线。

10月12～17日　来自9个国家和地区的125位旅游客商，在参加了“三省一盟旅游新路线发布会”之后来吉林省作为期一周的实地考察。旅游客商与吉林省的6家旅行社交流了信息，达成了20多项协议。

11月29日～12月9日　吉林省旅游局派出由4人组成的访问组去苏联洽谈旅游业务，商讨开展第三国和港澳地区旅游团（者）跨国旅游业务的问题。访问组先后访问了哈巴罗夫斯克、伊尔库茨克和南萨哈林斯克，与这三个地方的国际旅行社进行了业务洽谈，参观考察了旅游景点、宾馆、交通等旅游设施。

12月6日　由吉林省旅游事业委员会主任、副省长刘希林主持，召开了旅委会全体会议。会议听取了省旅游局局长李培森关于1989年全省旅游工作的情况，1990年全省旅游工作安排、全省旅游业治理整顿意见、“八五”旅游发展规划问题的汇报；听取了省旅游局副局长高书福关于旅游队伍整训和中苏边境旅游工作的汇报，与会同志就发展吉林省旅游事业等问题进行了充分的讨论。刘希林副省长作了总结讲话。

12月28日～1990年1月3日　吉林省旅游局和吉林省、长春市美协在长春市工人文化宫联合举办了“集安古壁画临摹作品展”。展览使人们对吉林省的旅游资源有了进一步的了解，展示了集安高句丽时期文物古迹的风采。

（王跃进）

黑　龙　江　省

概　况

1989年

1989年全省共接待国外旅游者3.1万人，创汇772万元；局直属企业实现利润420万元，创汇426万元。

〔**客源市场得到恢复**〕　由于受春夏之交发生的动乱和北京地区反革命暴乱影响，全省有165个国外旅游团组取消来华旅游计划，全省客源呈萧条现象。为了增加客源，弥补损失，省旅游局采取了三项促销措施：一是确立日本、香港、澳门、台湾为主要客源市场，进行重点推销；二是联合开展宣传推销攻势。黑龙江、吉林、辽宁三省联合踏察旅游资源，共同制定旅游价格，一齐邀请国外旅行商社代表考察新开发的旅游项目，洽谈旅游组团事宜，并达成了58份组团协议。三是组成了黑龙江省冰雪旅游推销3团赴香港、澳门宣传推销落实旅游客源。四是派员参加了在联邦德国汉堡举行的国际旅游博览会和在新加坡举行的旅游展览会。派员到南朝鲜、日本、香港常驻，稳定了老客户，建立了新关系，使客源市场得到较大幅度的恢复，下半年接待国外旅游者的人数相当于1988年同期的70%。

〔**对苏旅游有了新进展**〕　按照省政府在更大的范围内，更深的层次上开展对苏旅游的要求，省旅游局成立了以局长杨国俊为首的对苏旅游领导小组，接待了首批跨国旅游团。与此同时，加强了“黑河一日游”管理，制定了《黑河一日游管理暂行办法》，省政府组成了以省旅游局长杨国俊为组长的联合调查组，对“黑河一日游”工作进行全面检查总结，使“黑河一日游”工作得到健康发展。1988年9月至1989年底，黑河市与苏联布拉戈维申斯克市双方过境人数已达15996人。其中，中方7858人，苏方8138人。此外，省旅游局通过旅游搭台，经贸唱戏，组织省内工商、建筑等部门赴苏联考察洽谈，达成了合作协议。哈尔滨天鹅饭店在苏联哈巴罗夫斯克举行了中餐表演展销，取得较好效益。

〔**资源开发取得成就**〕　省旅游局会同省水产、林业等部门组成了联合调查小组，赴沾河考察冷水鱼资源情况，开辟了人工投放钓鱼点，协助当地采取了保护措施。对五大连池、连环湖、佳木斯、兴凯湖等地旅游景点规划建设给予了帮助指导。赴杜尔伯特自治县踏察了骑马旅游路线。此外，重点抓了黑河宾馆、齐齐哈尔扎龙自然保护区招待所改扩建项目。

〔**星级饭店评定工作全面展开**〕　根据国家旅游局在全国旅游涉外饭店开展星级饭店评定工作的要求，经省政府批准,成立了由省旅游局牵头,由省接待办、市旅游局等单位参加的全省星级饭店评定工作领导小组。并于4月在大庆召开了全省旅游局长会议对星级饭店的评定工作进行了具体部署。选派人员参加国家旅游局星级饭店评定业务学习，举办管理人员学习班和外语培训班提高人员业务素质。组织有关人员深入到全省四家申报星级的饭店，指导改进服务质量和进行硬件建设。并按照国家旅游局制定的《星级饭店标准》对首批申报的旅游涉外饭店的基本设施、服务项目、人员素质、服务质量进行了认真全面地检查，又经国家旅游局抽查后，于9月19日正式批准天鹅饭店和龙谊宫西楼为黑龙江省首批三星级旅游涉外饭店。

〔**行业管理得到加强**〕 一是按照国家旅游局的要求，认真地整顿了全省旅游市场，治理了旅游经济环境。对全省21家一、二类旅行社进行了思想业务整顿，对整顿验收合格的单位重新颁发了许可证，并会同省工商局对一、二类旅行社进行了重新登记注册。二是以省政府的名义正式颁布了《黑龙江省国际旅游管理暂行规定》。对全省旅游资源开发、旅游区建设、新建、改建、扩建涉外旅游饭店，对外进行旅游招徕，旅游签证，对外进行旅游宣传，出国举办旅游展览，旅游在职人员培训，旅游系统工人技术职称评定等工作分别做了明确规定。要求新建的涉外旅游单位，实行旅游经营许可证，已建立的各类旅游涉外单位实行定点挂牌服务。三是在总结1988年考核工作的基础上，对局直属企业的经营管理和服务质量考核指标及标准进行了修改完善。四是加强了全省旅游涉外价格管理，制定了冬季旅游最低保护价，防止了压价竞争肥水外流的现象。

继续完善企业改革、继续完善局直属单位经营承包责任制，重点抓了自上而下的落实，做到横向到边，纵向到底，哈尔滨国际饭店从本单位的实际出发，采取多种经营承包形式，对于饭店餐饮和客房两个较大经营项目实行部门集体承包；对洗衣室、冰棍厂实行班组承包；对后勤保障部门实行专项承包；对于空调维修实行个人承包；对技术性较强的项目实行了外聘承包。由于采取以上措施，国际饭店在国外旅游者大幅度减少的不利情况下，营业收入达1584万元，比上年增长186%，利润达211万元，比上年增长3%。黑龙江省海外旅游总公司把外联指标分解到科室，落实到人头，促进了市场开发。省旅游汽车公司进一步完善了单车承包，调动了职工的积极性、利润比上年增加16%，取得了较好的经济效益。

教育培训成果显著。一是按照国家旅游局的安排，在全省认真进行了翻译导游人员考试。考试的主要内容有旅游业务基础知识，导游业务基础知识、旅游心理学、外语、党的方针政策及时事政治等。全省一、二、三类旅行社参加考试284人，考试合格245人，占总数86%，加上免试合格78人，全省共有323人获得了国家旅游局颁发的导游员资格证书。二是协助了上海旅游专科学校在全省涉外单位开办了函授班，共有112人参加了学习。三是由省旅游培训中心牵头，根据全省旅游业工作需要开办了各类旅游业务培训班，培养了特级中餐厨师8人，培养了一、二级中外厨师65人，培养了二、三级西餐厨师38人，培养了二、三级餐厅摆台服务员42人，促进了全省旅游行业人员素质的提高。

认真进行了队伍整顿工作。按照国家旅游局的要求，利用下半年客源减少的时机，对全省旅游队伍进行整顿。首先在国旅哈尔滨分社进行了试点，然后召开全省性会议，对全省旅游队伍的整顿队伍工作进行认真部署,整顿工作已在全省展开。重点进行了四方面的工作：一是通过思想教育和回顾反思，提高了全局系统干部职工坚持四项基本原则的自觉性；二是通过加强纪律教育，解决有令不行有禁不止问题；三是通过加强职业道德教育，纠正行业不正之风，解决看钱服务，私收小费，索取回扣，利用工作之便套换外汇，谋求出国等问题；四是进行了业务培训，提高了旅游从业人员的业务素质。

历史回顾

从1978年到1988年期间，黑龙江省旅游事业得到了长足发展，取得了较大的成就。

一是旅游管理体系基本形成，队伍建设得到加强。1978年，作为省政府主管旅游事业的职能部门省旅游局正式组建。之后，相继有15个地、市、县组建了旅游管理机构。1987年省政府决定成立了旅游事业委员会，作为省政府的常设议事机构，研究和解决全省旅游业发展中的有关问题。成立了黑龙江省旅游协会。1978年全省仅有两三家旅行社和饭店，现在已有经营国际旅游业务一、二类旅行社19家；经营国内旅游的三类旅行社8家；旅游涉外饭店25家；1978年全省从事旅游业的职工不足500人，现已超过8000人，增加了17倍。特别是拥有了一批多语种的翻译导游人员，经过严格培训的饭店服务人员和具有一定理论水平和实践经验的管理人员。

二是旅游基础设施初具规模，旅游资源开发成果明显。12年来，黑龙江省改建、扩建和新建了一批旅游饭店（宾馆），有标准床位近万张。其中经国家旅游局批准的三星级饭店2家，二星级饭店3家，一星级饭店1家。12年间，旅游交通条件也有了很大改善。1978年只有4条航线，现有国际航线一条，国内航线11条，省内航线4条。这些航线先后开辟，促进了黑龙江省旅游事业的发展。与此同时，黑龙江省旅游局加强了资源开发工作。省政府先后建立了保护珍稀植物或自然生态的保护区15处；对全省文化古迹和革命遗址分别划定了保护等级，落实了保护办法，对镜泊湖、五大连池等著名风景区制订了保护、建设的长远规划。1985年省旅游局组织力量对全省旅游资源进行了普查，编制了开发建设规划。先后充实、完善了20多个旅游景点，开辟、新建了30多个旅游点，重点兴办了专门接待国外旅游者的特种旅游项目30多个。其中桃山狩猎旅游、扎龙观鸟旅游以及哈尔滨、齐齐哈尔的冰雕冰景在国际旅游市场上都有一定的知名度和较强的吸引力。

三是不断开拓客源市场，接待人数大幅度增加。12年中，共印制各种宣传品30多种、八十多万份；录制电影、电视剧8部，其中旅游影片《中国冰城——哈尔滨》获1983年全国旅游影片第一名，1984年获法国塔布第17届国际电影特别奖和音乐奖。该片被译成英、法、德、日、西班牙等五种语言拷贝在国外放映。此外参加西德汉堡、苏联莫斯科、新加坡、香港等国家和地区的旅游展览12次；邀请国外记者和旅行商社的代表二十余批近200人次，发稿49篇；派员出国考察、推销56次；旅行社同18个国家和地区150余家旅行社建立了业务联系。12年前，只有少数日本人来我省旅游。现在，不仅巩固了日本客源市场，还开拓了西欧、北美、东南亚客源市场。对苏旅游的工作取得了实质性进展。国务院于1988年批准了黑龙江省黑河市与苏联布拉戈维申斯克市开展“一日游”活动，双方过境团组达389个，过境人数达15996人。1989年国家旅游局批准开展对苏旅游和对苏跨国旅游业务。黑龙江省旅游客源市场得到进一步扩大，由口袋底变成了口袋嘴。1978年黑龙江省旅游部门接待国外旅游者3769人，到1989年共接待国外旅游者33.5万人。

四是加强旅游教育培训工作，服务质量有了明显提高。为了提高旅游从业人员思想素质和业务素质，省旅游局加强了教育培训工作。成立了教育培训处和省旅游培训中心。自1985年以来全省旅游涉外系统接受培训人员达2902人，接受培训的管理人员有190人。为了切实提高旅游服务质量，省旅游局对全省的旅行社和旅游宾馆进行了整顿和重新审批。结合星级饭店评定工作，认真落实国家旅游局下达的星级饭店服务标准，促进了服务质量的提高。与此同时积极开展优质服务竞赛活动，加强安全保卫工作，使全省旅游服务趋向程序化、标准化、规范化。

五是取得了较好的经济效益和社会效益。12年间全省旅游创汇超亿元，旅游部门直接创汇累计达五千多万元，旅游业已成为全省非贸易创汇的重要产业。为了充分发挥旅游业联系广、信息灵的特点，黑龙江省旅游局树立了旅游为发展全省经济、技术和贸易服务的观念，积极为引进人才、引进资金、引进项目、引进技术牵线搭桥。哈尔滨市近几年来举办的冰雪节不但招徕了大量的国内旅游者，而且取得了较大的经济效益。冰雪节期间所举办的商品交易会成交额达18亿元。“黑河一日游”已成为黑龙江省对苏贸易交往重要渠道，通过“一日游”媒介已同苏联结成贸易伙伴200余家，贸易额达三千余万瑞士法郎。日本旅游者藤园长作在方正县传授的“寒地水稻旱育稀植栽培法”在黑龙江大面积推广后，进而推广到我国“三北”地区，产生了巨大的经济效益和社会效益。此外，旅游业的发展，推动了交通运输、建材建筑、商业服务、文化教育等部门、行业发展，提供了更多的就业机会。桃山林业局通过发展旅游业，促进了各业的发展，成为黑龙江省经济体制改革的试验区，多次被评为全省的文明单位。牡丹江镜泊湖瀑布村通过发展旅游，甩掉穷帽子，走上了富裕的道路。 （张杰 姜一海）

大事记

1989年

1月24日　局长杨国俊同志向省人大民族侨务外事委员会汇报全省旅游工作情况。省人大副主任张若先、省人大民族侨务外事委员会主任张文林等同志听了汇报，并对全省旅游工作做了指示。

3月5日　省政府在北方大厦召开第三次省长办公会议，局长杨国俊同志汇报了对苏区域性旅游、哈港直航包机工作情况。代省长邵奇惠、副省长陈云林、安振东、杜显忠、戴漠安分别讲了话。会议决定继续开办哈尔滨至香港旅游直航包机业务，决定在更深的层次上和更大的范围内开展对苏旅游业务。

3月12日　省旅游局在国际饭店召开局直属单位总经理承包责任制兑现奖罚大会。会上根据对局直属5个单位总经理责任制的考核情况，兑现了奖罚。局长杨国俊在讲话中强调1989年工作要继续深化改革，强化经营管理。

3月13～21日　中国国际旅行社（以下简称国旅）哈尔滨分社参加莫斯科旅游交易会。

3月14日　省旅游局召开第五次局长办公会议。会议重点讨论落实第三次省长办公会议精神。会议决定成立以副局长孙雅琴为组长的哈港旅游直航包机工作领导小组，具体包机业务交由黑龙江省海外旅游总公司经营；成立对苏旅游工作小组，杨国俊局长任组长，姜潮副局长任副组长。会议还讨论通过了全省评星级饭店工作方案，提出成立由省旅游局牵头，有省接待办、省工商局、市旅游局、市商委等单位参加的全省评星级饭店领导小组意见，后得到省政府批准。

3月22～26日　局长杨国俊同志参加了在北京召开的全国旅游局长会议。国务院副总理吴学谦、国家旅游局局长刘毅在会上讲了话，中共中央政治局候补委员丁关根、国务院副秘书长李昌安出席了会议。会议主要讨论了旅游体制改革、开拓国际客源市场等问题。

3月28日～4月8日　国旅哈分社副总经理井瑞亭随国旅总社团赴日本外联。

4月2～23日　省旅游局赴新加坡参加旅游展览会，重点推销黑龙江省冰雪旅游项目。

4月11日　省旅游局在大庆市召开了全省旅游局长会议。杨国俊局长、姜潮副局长参加了会议。会议传达了全国旅游局长会议精神。分析了全省旅游形势、讨论了对外宣传招徕工作，并对全省星级饭店评定工作进行了部署。

4月16～24日　应黑龙江省海外旅游总公司邀请，苏联国家旅游委员会经济部主任伊果·亚历山大洛维奇·奥宾斯夫来哈洽谈双方开展跨国旅游业务事宜，并达成了意向性协议。

4月26日～5月4日　哈尔滨国际饭店副总经理孙德安、餐务部副经理魏志明等一行7人赴苏联莫斯科参加国际青年旅馆餐厅职业竞赛。之后，应列宁格勒波罗的海饭店邀请，考察洽谈在列宁格勒合资办中餐馆事宜。

5月15～26日　省旅游局长杨国俊等3人到桃山猎场、伊春市、佳木斯市考察旅游资源开发工作。

6月25日～7月2日　哈尔滨天鹅饭店副总经理赵宏声一行7人赴苏联哈巴罗夫斯克，举办中国食品风味展销。

7月2日　省旅游局在天鹅饭店召开了局直属单位"创先争优"表彰大会。会上表彰了哈尔滨天鹅饭店后勤支部、哈尔滨国际饭店联合支部等6个党支部（小组）；表彰了张杰、刘成果等26名党员；表彰了姜祖英、尹众等4名党务工作者，局长杨国俊在会上讲了话。

7月9～30日　副局长姜潮、旅游处长吴文治，国旅哈分社总经理王德久赴苏联新西伯利亚、新库兹涅茨克、伊尔库茨克等城市与当地的旅游部门进行了业务洽谈，并达成了意向性协议。

7月25～27日　局长杨国俊、宣传处长苏长德、企业处长陈殿凤赴长春参加东北三省旅游局长联谊会，会上决定三省共同举办旅游新路线发布会，并邀请国外旅行商社代表参加。

7月25～28日　孙雅琴副局长参加了国家旅游局在西安召开的重振旅游座谈会。共有14个省市旅游局负责人出席了会议，国家旅游局长刘毅主持了会议。会议主要研究加强外联增加客源，整顿旅游队伍问题。

8月12日　省旅游局在国际饭店召开了全局系统科以上干部大会，会议就贯彻中央四中全会精神，挽回动乱暴乱给旅游业造成的损失，重振全省旅游业做了认真部署。局长杨国俊在会上讲了话。

9月1～12日　省政府组成了以省旅游局长杨国俊为组长、并有黑河行署、省政府办公厅四处、省审计局、哈尔滨海关等单位参加的"黑河一日游"情况调查小组，赴黑河现场调查总结一日游工作情况。并形成《黑河一日游情况的调查报告》，经省政府办公厅转发全省。

9月5日　省旅游局下发在全省旅游系统开展整顿队伍工作方案。方案提出了整顿队伍的指导思想，强调坚持四项基本原则，反对资产阶级自由化。重点解决有令不行、有禁不止的无政府主义；自由散漫乱发牢骚。乱发议论的自由主义；看钱服务私收回扣索要小费、套汇、卖外汇等问题。

9月5～7日　省旅游局在齐齐哈尔鹤城宾馆召开重振龙江旅游座谈会。会议传达了国家旅游事业委员会第六次会议纪要精神和国家旅游局在西安召开的重振旅游座谈会精神。省旅游局长杨国俊、副局长姜潮、孙雅琴参加了会议。会议制定了加强外联工作，大力开发国际旅游客源市场的措施。

9月16日　省旅游局召开第14次党组会。为了挽回动乱给全省旅游业造成的损失，决定组成黑龙江冰雪旅游推销团，赴香港推销冬季冰雪旅游项目，并开发台湾、南朝鲜客源市场。

9月19日　国家旅游局正式批准哈尔滨天鹅饭店、友谊宫西楼为黑龙江省首批三星级旅游涉外饭店。

9月23日　国家旅游局下达了《关于与苏方联合开展第三国和港澳地区旅游团（者）跨国旅游业务的暂行管理办法》并规定开展跨国旅游业务招徕对象限于与中苏两国均有外交关系的第三国及港澳地区，必须指定具有外联权一类旅行社承担招徕和接待业务。

同日　国家旅游局下达《关于苏边境地区开展自费旅游业务的暂行管理办法》的通知，推广黑龙江省黑河市与布拉戈维申斯克市开展一日游做法和经验，并同意在吉林省、辽宁省、内蒙古自治区、新疆维吾尔自治区开展此项业务，通知还规定了开展自费一日游活动范围、参加人员、接待和收费结算方法。

9月26日～10月6日　局长杨国俊、旅游处长吴文治、黑龙江海外旅游总公司总经理郭一梅，乘哈尔滨一伯力首航客机参加了苏联国旅在伊尔库茨克举行的国际旅游洽谈会，接触了日本、南斯拉夫、匈牙利、波兰、联邦德国、法国、瑞士、意大利、美国、加拿大、新加坡、香港、台湾、苏联等14个国家和地区的29家旅行社，并签署了一些合作协议，会后分别考察了伊尔库茨克、哈巴罗夫斯克、海参崴、比罗比詹旅游业情况，并同这些地方的旅游部门就今后合作问题广泛地交换了意见。

10月6日～12月25日　局宣传处长苏德长，国旅哈尔滨分社外联部经理李秀琴赴新加坡参加黑龙江省旅游展览工作。

10月12日　在天鹅饭店举行了由黑龙江省、辽宁省、吉林省、内蒙古自治区呼伦贝尔盟共同参加的东北地区旅游新路线发布会。副省长田凤山在会上讲了话，省政府秘书长王玉夫、副秘书长王承志等领导参加发布会。日本、苏联、美国、法国、香港、台湾等十个国家和地区近百家旅行商社的代表参加了会议。局长杨国俊介绍了黑龙江省新开发的旅游项目。会后，国外旅行商社代表考察了桃山、玉泉、五大连池、黑河等地旅游资源，同我省旅行社洽谈了二百余次，签订书面组团协议58份。

10月20日　省旅游局制定《关于坚决禁止机关工作人员用公款旅游的管理办法》提出了加强对公出人员审批管理，严格出外参观考察．如无特殊需要，不许在风景区、旅游点召开会议，严格“一日游”参游人员审批工作，压缩党政群机关参游人数等项要求。

10月23～11月17日　黑龙江海外旅游总公司副总经理董世和、亚洲部经理苑贵喜赴香港推销我省冰雪旅游项目，洽谈有关哈尔滨至香港旅游直航包机业务问题。

10月23日　国家旅游局在黑河市召开了边境旅游工作现场会，黑龙江省、辽宁省、吉林省、新疆维吾尔自治区、内蒙古自治区等五省区旅游局负责同志参加了会议。国家旅游局国际联络司副司长杨柳荫、省旅游局副局长姜潮参加了会议。会议充分肯定了黑河一日游开展一年来所取得的成就。

10月25日　在天鹅饭店召开局直单位贯彻，‘两高一部’《通告》动员大会。局长杨国俊同志在会上讲了话，对全局贯彻《通告》精神做了具体部署。

11月6日　邵奇惠省长签署《黑龙江省国际旅游管理暂行规定》，规定共二十条，对旅游资源开发、旅游区建设、新建改建扩建涉外旅游饭店，对外招徕、旅游签证，对外宣传、出国办旅游展览、旅游在职人员培训，旅游系统工人技术职称评定分别做了规定。要求新建的涉外旅游单位实行旅游营业许可证，已建立的各类旅游涉外单位要实行定点挂牌服务。

11月12～21日　省旅游局组织沾河林业局副局长李清华、连环湖水禽猎场副场长司广武等一行3人赴法国考察猎场。

11月14～16日　黑龙江海外旅游总公司总经理郭一梅赴苏联哈巴罗夫斯克洽谈对等旅游事宜。

11月20～23日　副局级干部刘杰参加了在苏州举行的全国整顿旅游队伍现场会。45个省市旅游局以及中央一、二类旅行社负责同志参加了会议。会议交流了经验，国家旅游局副局长何光時出席了会议并对贯彻会议精神提出了要求。

11月27日～12月5日　省旅游局旅游处长吴文治、天鹅饭店副总经理马学武等一行5人赴苏联哈巴罗夫斯克与苏方洽谈合作办餐馆事宜，双方达成了意向性协议。

12月9～18日　省旅游局副局长孙雅琴、省中旅副总经理傅国忠、国旅齐齐哈尔支社经理崔国君一行6人赴香港推销黑龙江省冬季旅游项目，并开发南朝鲜、台湾及东南亚等国的客源市场。

12月12～17日　省旅游局组织建筑等方面有关人员18人赴苏联伊尔库茨克洽谈合作项目。

12月12～26日　国旅哈分社副总经理赵树臣赴苏联新库兹涅茨克和新西伯利亚地区洽谈跨国旅游业务。

（姜一海）

上　海　市

概　况

1989年

1989年是上海旅游业经受暂时困难考验的一年，上海国际旅游市场受“六·四”事件的影响发生了剧烈动荡，来沪入境旅游者人数比1988年下降三成，旅游外汇收入比1988年减少二成，持续十年增长的上海旅游业，第一次面临大滑坡的局面。

以应变求发展，以调整求效益，上海旅游业在困境中抓住相对从容的契机，作出果断抉择：对内治理整顿——提高旅游全行业的服务质量，对外联合促销——整体宣传旅游目的地的形象。经过全体旅游从业人员的艰苦努力和旅游相关部门的支持配合，终于把握了重新崛起的主动权，为复苏和重振上海旅游创造了有利条件。

1989年上海共接待入境旅游者为65.6万人次，比1988年减少26.1万人，下降28.5%。其中，外国人39.8万人次，下降40.1%；华侨1.1万人次，增长1.4%；港澳同胞8.8万人次，下降15.4%；台湾同胞15.9万人次，增长16%。旅游外汇收入8.3亿元外汇人民币，比1988年减少2.3亿元，下降21.4%。其中，商品性收入2.71亿元，下降35.7%；劳务性收入5.6亿元，下降11.5%。

综观1989年上海旅游接待情况，其主要特点是：

一、前五个月旅游接待大幅增长，后七个月缓慢回升。一至五月份，上海旅游业呈现良好发展势头，接待入境旅游者40.1万人次，比1988年同期增长23%；旅游外汇收入为4.47亿元外汇人民币，比1988年同期增长31%。

其中，三月份来沪入境旅游者已突破10万人次，达10.2万人，比1988年同期增长37.2%；五月份接待了12.1万人次，比1988年月接待最高纪录的十月份增长4.7%，创历史月接待量最高纪录。由于西方对“六·四”事件的歪曲报道和采取制裁措施，上海旅游业陷入从未有过的困境。六月份仅接待2.4万人次，比1988年同月骤降71.9%。经过半年的艰难爬坡，上海旅游业逐步走出了低谷，接待入境旅游者人数以平均每月6个百分点的速度缓慢回升，与1988年同期相比，七月份下降69.1%，八月份下降63.7%，九月份下降56.4%，十月份下降52.9%，十一月份下降38.4%，十二月份下降35.9%。

二、主要客源国人数锐减，苏联旅游者增加。1989年来沪旅游外国人的下降幅度高于来沪旅游入境人数下降幅度11.6个百分点，比1988年减少了四成。减少最多的是日本、美国和西欧。日、美两国来沪旅游者分别为18万人次和5万人次，比1988年分别下降44.89%和50.1%。所占比重也比1988年减少了6.3个百分点。其它国家的来沪旅游者分别为联邦德国2万人次、法国1.8万人次、英国1.2万人次、加拿大1万人次、意大利0.8万人次，分别比1988年下降24.9%、34.1%、41.7%、42.9%和48.4%，除联邦德国外，下降幅度均超过来沪旅游者的降幅，上述七个国家来沪旅游者占来沪外国人总数的74.8%，比1988年减少23.5万人次。相反，苏联来沪旅游的情况很好，全年来沪旅游者0.8万人次，比1988年增长27.3%，在来沪旅游客源国中，排列名次从1988年的第十位上升到第八位。

三、台胞客源市场异军突起，形成三足鼎立格局。1989年来沪旅游的台胞一枝独秀，达到15.9万人次，增加2.2万人次，比1988年增长15.9%，所占比重从上年的14.9%上升到24.3%，增加了9.4个百分点。上海旅游市场形成了外国人、台胞、港澳同胞三大市场并驾齐驱的新格局。

四、零散旅游者比重上升，团体旅游者比重下降。1989年来沪的零散旅游者占旅游者总数的比重由1988年的46.6%上升为55.7%，增加了9.1个百分点，而团体旅游者所占比重却从1988年的53.4%下降为44.3%。

五、主要旅行社接待人数下降。1989年上海二类旅行社共接待31万人(过夜人数)，比上年减少21.4万人，比1988年下降40.9%。其中，国旅上海分社接待11.02万人，下降56.7%；上海市中旅社接待6.02万人，下降46.4%；青旅上海分社接待4.07万人，下降17.6%。

六、商品性旅游外汇收入大幅下跌。1989年旅游外汇收入共8.3亿元外汇人民币，比1988年减少2.3亿元，下降21.4%。其中，商品性外汇收入2.7亿元，下降35.7%（商品销售收入2.5亿元，下降39.4%）；劳务性外汇收入5.6亿元，下降11.5%（旅行社服务费下降24.6%；宿费下降11.7%；铁路下降16.3%；民航下降5.1%；市内交通下降41.2%）。商品性外汇收入所占比重为32.5%，比1988年减少了7.5个百分点。

七、1989年旅游涉外饭店星级评定。

到1989年底，上海经批准的营业或试营业的旅游涉外饭店已达7家，客房11376间，平均出租率54.5%。其中，经上海市旅游事业管理局饭店星级评定机构评定，国家旅游局批准的三星级饭店有6家：上海大厦、金沙江大酒店、华夏宾馆、国际饭店、衡山宾馆、新苑宾馆；经上海市旅游事业管理局星级评定机构批准的二星级饭店1家：嘉定宾馆。

历史回顾

上海是中国现代旅游业的诞生地和发源地，也是当前我国七大行政旅游城市（地区）之一。早在1923年，上海商业储蓄银行总经理陈光南先生在该银行增设了旅行部后，即开办起了现代旅游业务；1927年，旅行部与银行分立，改称“中国旅行社”，于是，中国历史上第一家由中国人创办的旅行社在上海诞生了。解放后1954年8月1日，上海率先成立了国内第一家接待外国旅游者的“国际旅行社上海分社”；1956年10月10日成立了以接待华侨为主的“上海华侨服务社”，次年又改名为“上海华侨旅行服务社”；1958年上海创建了国内第一家专营国内旅游业务的“上海旅行社”。至此，上海经营旅游业务的组织机构已初具规模，为以后上海旅游业的发展打下了基础。

建国以来上海旅游业的发展并不是一帆风顺的。六十年代初，我国曾出现发展旅游业的极好机遇。1963年年底和1964年年初，周总理访问亚非14国，随即中法建交、中巴通航，中央于1964年作出了关于加强和发展旅游事业的决定，国务院成立了“中国旅行游览事业管理局”，在此大好形势下，正当各方面在思想上、组织上准备大力发展旅游事业之际，却遭到了十年“文革”的浩劫。十年“文革”动乱期间，在极“左”路线的严重干扰下，造成人们思想严重混乱，组织陷于瘫痪、解体，业务全面萧条。

粉碎“四人帮”为上海旅游事业的恢复和振兴创造了前提，而1978年十一届三中全会的路线、方针更进一步为旅游事业的发展指明了方向。1979年是我国旅游事业发展历史上的重大转折点，对上海旅游业来讲，其作用不仅是简单恢复在十年动乱期间被破坏的东西，实际上是在新的历史条件下向前飞跃发展的起跑点。在此之前，旅游事业作为外事工作的一个组成部分，检验旅游事业的成败得失主要是政治标准，如扩大政治影响，争取国际友人等。在此之后，旅游事业已成为第三产业的一个重要组成部分，检验其成败得失除了政治标准之外，同时要考虑社会效益和经济效益，接待的对象也从原来主要是左派进步人士扩大到国外社会各阶层。全市从事旅游业的单位也纷纷从原来行政事业单位转为企业单位，上海的旅游事业从此进入了一个迅速发展时期。从1979年至1988年10年中，上海接待入境旅游者累计518.36万人次，年均增长率为23.29%。1988年上海接待入境旅游者91.6万人次，为1979年的7.25倍。1979年至1988年旅游创汇累计40.76亿元，年均增长率为36.73%。1988年当年旅游创汇为10.6亿元，比1978年增长近20倍。主要从事国际旅游业务的国际旅行社上海分社，在"文革"前的1965年只接待5800人次外国旅游者，1988年接待了26.6万外国旅游者，增长45倍；经济上则从原来的国家财政补贴单位转为每年盈余1500余万元的创利单位。

旅游促进发展，表现在各个方面。上海接待入境旅游者的老的旅行社原只有国际旅行社上海分社和上海市中国旅行社两家，至1988年年底，本市二类旅行社已经发展到22家。饭店业的发展更为明显。1979年，上海用于接待国际旅游者的饭店仅10家、约2000间客房。至1988年年底，已发展至33家、客房9649间。至1989年年底，进一步发展至37家、11376间。预计至1991年年底，将达54家、18983间。上海地区民航事业的发展也很明显。1978年，上海航空港旅客吞吐量仅52.39万人次，至1988年增加至354.76万人次，增长7.37倍。早期民航三叉戟飞机已经基本淘汰，代之A—310空中客车、MD—82型、BCA—146型、肖特—360型等现代大型喷气客机。目前上海的东方航空公司始发航线共有49条，其中国际航线12条、国内航线37条。国际航线可直达旧金山、洛杉矶、纽约、多伦多、温哥华、东京、大阪、长崎、福冈、巴黎和香港；国内航线可直达北京、广州、成都、桂林等37个城市。市内出租汽车业务从原来只有几个小型车队发展至拥有近400家汽车公司和一万余辆各种不同型号的客车。旅游促进商业的作用也甚明显。1988年，上海入境旅游者购物金额达4.2亿元外汇人民币，占总的旅游创汇39.6%，比1979年增长8倍。本市专供入境旅游者购物的大小商店从原来的3家，发展至近200家。此外，旅游业作为一项对外开放的外向型的服务行业，它为本市各部门同世界各国开展经济、贸易、文化、科技、教育等交流方面所起的桥梁作用和服务作用更不应忽视。诚然，没有城市的开放，就没有旅游业；但旅游事业的发展如没有一定的规模和速度、达不到一定的质量标准，必然会影响整个城市的对外开放。从这一意义上说，旅游业的发展是整个城市对外开放的一个重要标志。

正像任何新生事物在成长发展过程中必然会遇到各种困难一样，旅游事业在发展过程中，也遇到不少问题，经历了许多曲折。1983年，上海因前两年忽视涉外饭店建设，旅游者住房发生严重困难，曾发生数千名入境旅游者睡统铺、大厅、机场、船舶，以至安排部分旅游者飞往邻近城市过夜，次日飞回上海游览的事件，引起了旅游者的强烈不满。此后，由于狠抓了涉外饭店的建设，一大批新建饭店陆续使用；但由于对客房的合理需求缺乏科学的计算和预测，加上本市对旅游业的宏观管理存在某种"失控"现象，本市饭店业又出现了客房数量过多、档次过高、供过于求的现象。新建饭店，特别是那些地处偏僻的高档饭店正面临客源不足，出租率下降、削价竞争、经济效益下降，以至流动资金短缺、还本付息困难等问题。正当以加强对外招徕，吸引更多客源来适当改善客房供求之间的平衡关系的时候，1988年又出现了全国性的交通设施和运力的严重不足，使开拓客源市场受到制约。此外，上海在旅游景点的建设、文化娱乐设施的建设、旅游购物点、市内交通和饮食服务建设方面，均极需加强；而在上述各项建设中，"硬件"建设和"软件"建设相比较而言，软件建设更需加强。近年来，上海随着旅游事业的发展，旅游业从业人员队伍迅速扩大，这支队伍以青年为主体，总的来看，文化水平较高，但专业知识和业务能力同实际工作需求尚有距离，精神文明建设方面存在问题更为突出。对以上问题的认识和解决，将最终决定上海旅游业藉以生存和发展的基础——综合服务接待质量的提高和旅游业发展的前景。

上海发展旅游业的条件十分有利，它具有优越的地理位置、四通八达的交通网络，它作为全国的经济中心、国际著名港口而著称于世。近年来，随着四项基本原则和改革开放方针的贯彻，上海同世界各国在经济、贸易、科技、文化等方面的联系日益密切，特别是随着浦东地区的深层开发，上海整个城市的开放度将大大扩大，国际知名度将进一步提高。上海还是我国历史文化名城之一，中国近代史的"博物馆"和当代中国的"橱窗"，全国最大的旅游商品产销基地，第三产业在整个国民经济中的比重较高，这些正是上海发展旅游业的优势所在。悠久的上海旅游业经历的道路是曲折的，但它具有发展国际旅游业的潜在素质，经过若干年的努力，上海必定将成为太平洋西岸的旅游中心之一而屹立于世界。

（汪正元　周丰年　王祖兴）

大事记

1989年

1月　上海成立一类旅行社——上海旅游海外公司由国家旅游局批准成立。

2月中旬　为更好发掘上海旅游资源，使海外人士与上海市民更了解上海，由《上海滩》杂志社、解放日报、文汇报、新民晚报、上海旅游报等联合举办"沪城名景"评选活动。

2月23日　上海市旅游事业管理局宣布第二批10家涉外定点单位名单，其中餐馆7家、商店3家。

2月25日　上海外国投资工作委员会和上海市旅游事业管理局举行“三资”饭店总经理座谈会，以加强全市旅游业的宏观管理和协调。

3月15日　城市酒店试营业。该酒店为上海青旅直属企业。上海市旅游局召开旅游优质服务总结大会，对1988年优胜单位进行表彰，对1989年优质服务竞赛提出了“治理旅游环境，整顿旅游市场，维护旅游业声誉，改善投资环境，以旅游优质服务促进全市旅游业和总体服务水平的提高”的指导思想。

3月31日　根据国家旅游局有关文件精神，对全市各旅行社实行颁发《旅行社业务经营许可证》制度。

4月14～23日　举行龙华庙会。

4月　为了加强上海旅游业的管理，贯彻市政府关于“旅游行业要归口管理”的指示精神，对全市宾馆、餐馆、商店的涉外审批工作由市政府外办划归市旅游事业管理局办理。

5月17日　为缓解上海旅游旺季热线航空运力紧张状态，上海市旅游局与东方航空公司联合组成工作班子，分别于3月29日～5月17日召开了6次协调会。

6月10～11日　上海市刘振元副市长在旅游局长王乃粒同志陪同下看望一些宾馆职工，期望上海旅游业尽快复苏。

7月12日　市旅游事业管理局根据国家旅游局有关文件，对本市一、二、三类旅行社导游人员发放导游人员证书工作。

8月16日　上海召开旅游行业贯彻国家旅游局“重振旅游”精神大会。刘振元副市长强调必须加强宏观管理、提高服务质量。

8月22～26日　中国旅游饭店协会第二次会员代表大会在上海召开，全国343家饭店代表共商重振旅游、使饭店业复苏大计。

9月12日　上海市旅游事业管理局与市府外办、市委对外宣传小组办公室联合召开上海“专业部门对外宣传招徕座谈会”。邀请全市涉外经济贸易、教育、文化、科技、体育、司法、园林、商业等专业部门人士参加共商联合对外宣传促销，开发上海非观光性旅游良策。

会后，市旅游事业管理局编制了《1990年全市大型国际活动预报表》，以供全市旅游部门与非旅游部门参考，以利对外整体促销。

9月13日　经国家旅游局确认，上海公布首批7家星级宾馆。上海大厦、华夏宾馆、衡山宾馆、金沙江大酒店、国际饭店、新苑饭店被评定为三星级饭店，嘉定宾馆为二星级饭店。

10月12日　首期旅游涉外饭店总经理研训班开学。

10月15日　花园饭店开业。该饭店聘请日本大仓饭店经营管理。

11月18～28日　′89上海食品节由上海市烹饪协会和上海市饭店业协会会同东湖、华亭、新亚、锦江、衡山五大饭店集团共同举办。

12月“上海十佳建筑”评选活动由民用设计院等单位联合主办。华亭宾馆等建筑被评为“十佳”。

（史铁华）

上海市1979～1988年旅游接待情况统计

年份	入境旅游者（人次）	比上年增长率（%）	其中			旅游外汇收入（万元外汇人民币）	比上年增长率（%）	其中	
			外国人	华侨	港澳台同胞			商品性外汇收入	劳务性外汇收入
1979	213579	69.1	152670	5592	55317	8077		4644	3433
1980	311822	46	210481	5827	95514	12878	59.4	7636	5242
1981	369149	18.4	254997	7608	106544	16486	28	8406	7080
1982	371162	0.6	265993	7617	97552	18371	11.4	10148	8223
1983	440353	18.6	333099	22807	81447	20894	13.7	10884	10010
1984	532170	20.9	419952	12084	100134	29177	39.6	15880	13297
1985	602289	13.2	489360	7589	105340	42078	44.2	21307	20771
1986	659340	9.5	536520	11787	111033	64642	53.6	28650	35992
1987	767713	16.4	634830	11399	121484	89020	37.7	37571	51449
1988	916992	19.4	664298	11186	240908	105647	18.7	42307	63340

江　苏　省

概　况

1989年

1989年在治理整顿深化改革的方针指引下，年初旅游业呈现着持续发展的势头，全年计划接待海外游客88.3万人次，创汇8995万美元，分别比上年增长5%和13%。前五个月，全省接待海外旅游者34.5万人次，比上年同期增长25.7%，旅游创汇1.28亿元外汇人民币，比上年同期增长26.7%。两项指标均创历史最高水平。但是由于春夏之交的政治风波，旅游业急剧滑坡，七月份全省海外客源跌入最低谷，接待海外游客仅为1988年同期的14%。8月份，全省接待海外旅游者人数回升到上年同期的24%，9～12月份四个月中客源逐月回升，全年全省接待海外旅游者53.3万人次，为上年同期的63.7%，完成计划60.3%。全省旅游创汇2.52亿外汇人民币，为上年同期的85.8%，完成计划75.3%。两项指标均超过了国家旅游局的预测指标。接待国内旅游人数1915万人，回笼货币18.7亿元。

自改革开放以来，一直持续稳定发展的江苏旅游业，突然出现严重滑坡。在严峻的形势面前，省内各级旅游部门，一手抓宣传促销，一手抓治理整顿，千方百计采取措施，重振江苏旅游业。

第一、认真抓对外宣传促销，积极恢复旅游市场

（1）不失时机地展开宣传攻势，积极消除动乱影响

五月下旬动乱发生后，我们及时分析了旅游形势，6月4日北京平息反革命暴乱后，省局于6月7日向省政府作了《关于当前旅游形势和采取对策措施的请示报告》，迅速得到省政府的支持。针对海外蛊惑人心的反面宣传，省局通过海外旅游公司用各种方式，广泛地向海外各旅游客户通报情况，说明真相，并召回驻外机构人员，介绍国内情况，统一思想认识，研究有关对策。苏州、无锡两市旅游局发动翻译导游人员向海外客户发信，介绍国内形势，消除海外客户疑虑。六月下旬，江苏在全国最先邀请了日本、美国、台湾等地的52家海外旅行社代理人来江苏考察，省、市领导同志亲自出面做工作，使他们了解真相，消除疑虑，对恢复市场起到了积极的作用。

（2）主动出击，开拓市场

为尽快恢复旅游市场，1989年下半年，省局重点组织了三个由局领导带队的推销小组赴日本、法国、西德、意大利、美国、加拿大等地进行宣传促销。省中旅、苏州、无锡等地旅游部门也先后派组出去宣传推销。出访期间，与海外旅游商、新闻单位、友好城市、学校和社会团体进行广泛接触，向他们介绍国内形势，推销旅游新线路、新项目、新景点，宣传重振旅游的新措施，听取客户对恢复中国旅游的意见和建议，并与一些单位商定了组团计划。南通、扬州、常州、镇江、徐州、连云港等地都积极加强与国内兄弟省市的横向联系，利用各种时机进行宣传推销。

（3）举办江苏国际旅游周活动，取得了较好的效果

1989年11月1～7日，省旅游局会同南京市旅游局和南京市秦淮区政府举办了首次大型旅游宣传活动——江苏国际旅游周。应邀参加这次活动的有十二个国家和地区的70多家旅行社的160多位代表，还有中外记者和国内、省内同行160多人。这次旅游周活动多角度地（包括新的旅游项目、景点、线路、旅游交通、旅游餐食、服装仪表等方面）展示了我省在重振旅游方面所取得的新的进展。台湾观光杂志的一位总编辑在文章中写道：“江苏重视旅游事业，江苏旅游潜力无穷，江苏接待的台胞很多，希望台湾旅游业者多支持江苏旅游业的成长进步。”中外宾客对这次活动从形式到内容都给予了很好的评价，效果是好的。

为了让社会各界了解旅游和支持旅游，根据国家旅游局的统一部署，在全省大规模开展了旅游宣传活动，举行了旅游新闻发布会，组织了旅游宣传报道，进行了旅游征文活动；为了更好开拓市场，推销旅游产品，印制对外宣传报刊，登载江苏旅游方面的文稿达三百余篇，为招徕海外客人发挥了一定的作用。如日本近畿旅行社自1989年11月开始组织江苏探访团（系列团）来江苏游览观光，新推出的“乾隆之旅”也已开始见成效。

第二、全面进行旅游行业治理整顿，树立江苏新的旅游形象

在过去的一年中，全省旅游部门主要抓了治理旅游环境、整顿旅游秩序、整训旅游队伍。从四月上旬开始，省局先后在南京、扬州、常州召开了四次会议，分析情况，交流经验，提出了任务和具体部署。

苏州市政府十分重视旅游业的治理整顿，旅游部门

决心大，措施得力，对纠正行业经营作风抓出了成效。十一月份，国家旅游局在苏州召开了全国整顿旅游队伍现场会，这对江苏省旅游业的治理整顿无疑是一个有力的推动。

一年来，全省旅游行业治理整顿方面的工作主要是：

（1）控制了旅游固定资产投资和旅游基建规模

根据中央、国务院有关文件精神，去年省局对全省旅游“七五”发展规划作了进一步的调整。根据实际情况，本着“不上新项目，严控老项目，保证重点项目”的原则，会同各地，对旅游基建规模予以压缩，停建和缓建了无锡太湖度假村、连云港瀛洲饭店等。与此同时，各地抓紧了上马项目的审批、续建工程。去年十一月，南京秦淮风光带一期工程竣工，苏州寒山寺也按计划进入二期工程建设，苏州竹辉饭店、雅都大酒店、常熟虞山饭店、常州大厦、南京金陵培训中心等项目也加快了工程进展，今年都将陆续开业，迎接旅游业的复苏。还有南京古兰都饭店已奠基开工。

（2）会同有关部门加强了旅游环境和秩序的整顿

省局针对旅游市场上出现的问题，配合工商、物价、公安、外管等部门进行了调查研究，在此基础上制定了《外汇管理规定》、《城市出租车管理办法》，省局还颁发了《关于严禁三类社和涉外宾馆、饭店经营二类社业务的通知》和《关于重申导游、驾驶员不准带团到非定点单位的通知》。南京市旅游局先后制订了有关旅游行业管理的七个规定，为旅游行业全面地治理整顿提供了重要依据。各地还对园林里的个体户涉外商店进行了清理和整顿，严格了定点单位审批条件，加强定点单位年审工作。与此同时，各地旅游部门还协助有关部门打击了社会上套倒外汇、强行兜售商品、盗窃、卖淫、嫖娼等非法活动，并结合“扫黄”和“除六害”，在旅游企事业单位进行了宣传教育和清查，使旅游市场秩序和环境有所好转。

（3）认真开展了旅游职工队伍的整训

根据国家旅游局的统一部署，全省旅游企业事业单位的职工进行了分批整训。为了使整训抓出成效，省旅游局还制定了八条检查验收标准。全体旅游从业人员通过整训学习，提高了坚持四项基本原则，反对资产阶级自由化的自觉性。大多数同志提高了对行业不正之风危害性的认识，分清了是非，放下了包袱，振作了精神。许多同志主动交出了回扣小费。据不完全统计，自整训以来，主动上交回扣小费者已达400余人。根据情节轻重，先后给予罚款、政纪、辞退处理近100起。

（4）进行了旅行社整顿和翻译导游考核

根据中央清理整顿公司的一系列文件精神，省旅游局开始了全省二、三类旅行社的清理整顿工作，全省所有三类旅行社已经按照省旅游局整顿要求进行了旅行社的登记工作，同时对照《旅行社管理条例》和省局颁布的标准，开始认真进行自查。无锡国内旅行社协会配合当地旅游部门，抓了治理旅游环境、导游队伍的建设、三类旅行社整顿。整顿期间，省内个别经营混乱，倒、炒卖外汇、偷税漏税，大搞削价竞争的旅行社已被停业整顿。为了提高导游人员的政治业务素质，去年上半年，全省有1124名翻译、导游人员参加了省旅游局统一组织的业务考核，省局给全省1459名（包括免试人员511人）合格的导游颁发了合格证书和胸卡，并明确规定今后导游无合格证书，一律不许带团上任务，从而推动了广大导游学习业务和专业知识的积极性，促进了服务质量的提高。

（5）认真开展了饭店星级评定工作

继去年九月份江苏省10家饭店获得星级以后，今年2月省内又有12家饭店经国家旅游局批准，获得星级饭店称号。在星级评定工作中，对“软件”和“硬件”设施加以完善和提高。各饭店还重点抓了店容店貌、服装仪表的改进工作。省旅游局为推进这一项工作，于11月份举办了全省旅游饭店店服大奖赛，取得了国内外旅游同行的一致好评。

为了重振江苏旅游，树立江苏省新的旅游形象，省旅游局于1989年10月1日向海外发布了公告。公布了全省旅游服务基本规格和标准，欢迎海外旅游者监督。全省9家饭店开始制定了团体餐饮标准菜单，受到了海外同行的欢迎。

第三、发挥政治优势，加强思想工作

去年，春夏之交的这场风波，使我们深刻的认识到政治思想工作放松不得，必须重视发挥我党的政治优势，采取多种形式，集中抓了十三届四中、五中全会精神的学习和贯彻，普遍提高了坚持党的基本路线和反对资产阶级自由化的自觉性，围绕一要稳定，二要鼓劲的精神，加强了形势和任务的教育，以充分调动广大职工的积极性，为重振江苏省旅游作出贡献。一些旅游部门和企事业单位，根据旅游行业的特点，开展了生动活泼、形式多样的教育活动，有的地方开展爱店、爱社的系列活动；有的举办了专题报告会；有的组织了革命传统歌曲演唱比赛和书画展览；有的开展了学习革命先烈和青年突击队活动等。通过这些活动，鼓舞了士气，振奋了精神。

各地旅游部门注重加强党的建设工作。充分发挥党员在重振旅游中的先锋模范作用。不少单位组织党员认真学习了党的基本知识，进行了党的宗旨、性质、任务的教育，并坚持“三会一课”制度，定期召开民主生活会，特别是在动乱以后，更重视发挥基层党组织作用。一些旅游部门还加强了对党员的民主监督，开展了民主评议党员的工作，有的单位通过对党员的评议，有效地促进了后进党员的转化工作。

省旅游局成立了直属机关党委；进一步健全了党的组织；同时建立了旅游局工会，直属单位已建立了六个基层工会；省局还新建立了监察、审计室（与原纪检合署办公），从组织上加强了廉政建设方面的工作。有些城市为加强政治思想工作，增设了有关职能机构。

由于各地重视了队伍建设，全省旅游队伍的素质总体是好的。在去年春夏之际的动乱中，整个队伍比较稳定，组织纪律也是好的，普遍做到坚守岗位，排除干扰，忠于职守，确保接待任务的圆满完成，经受了这场斗争的考验，并在重振旅游中作出了新的贡献。

历史回顾

江苏历史悠久，人文荟萃，旅游资源丰富，具有发展旅游业的潜力。新中国成立后，来华旅游者日益增多，全省旅游事业逐步发展起来。

1954年，中国国际旅行社南京分社成立，接着又相继成立了无锡、苏州支社，标志着我省现代旅游业的起步，当时国旅分支社的任务是“统一安排外宾食、住、行事务和各种外事活动，并发售火车、飞机票”。同时，还承担统一管理旅游业的职能。1965年，全省（主要是南京、苏州、无锡三市）接待国外来宾8041人次，比1954年增长三倍多，年均递增13.8%，其中大部分来自苏联和东欧等国家。

“文化大革命”前期，全省旅游工作处于瘫痪状态。

1971年，旅游业逐步开始恢复，来江苏参观、旅游的外国人逐步增加，1971年接待了10914人次，1976年增加到43113人次，六年内增长了三倍。

党的十一届三中全会以来，在改革开放方针指引下，江苏省旅游业得到了全方位、持续稳定的发展，各方面都取得了较大的成绩。

1.经营接待大幅度增长。1988年全省接待外国旅游者、华侨、港澳台胞83.5万人次，比1978年增长6.4倍，年均递增22.1%；营业收入4.4亿元，比1978年增长38.8倍，年均递增44.6%；利润8745万元，比1978年增长53.3倍，年均递增49.1%；创汇2.94亿元外汇人民币，比1978年增长24.7倍，年均递增38.7%。十年来，共接待外国旅游者、华侨、港澳台胞441万人次，营业收入15.3亿人民币，其中利税3.6亿元，创汇11.5亿元外汇人民币。

2.旅游企事业单位得到了发展，旅游设施进一步完善。全省现有旅行社130家（其中一类社2家，二类社53家，三类社75家），比1978年增长11倍。旅游饭店34家，客房6266间，分别比1978年增长47.8%和4.2倍。旅游汽车1287辆，比1978年增加5.4倍，新增游船37艘。

3.扩大了旅游景区和景点。旅游资源开发逐步由利用型转向开发利用型。1984年前，全省共有89个旅游景点，自1985年以来，全省新建、扩建、修复了景点123个。充实丰富了旅游项目和参观游览内容。

4.对旅游宣传促销工作进行了积极的探索和开拓。根据旅游行业的特点，注意了宣传的招徕性、形象性、针对性、超前性。全省共编印了宣传资料206种，近800万册；制作幻灯片47万张，录相片76部，拍摄旅游电影15部，参加国际性的旅游展销会25次。在对外招徕上，江苏已与15个国家和地区132家旅行社建立了业务关系，共设计编制了对外推销旅游线路四十余条，自主外联客人10万人。

5.旅游活动逐步由单一的观光旅游转向观光与专项相结合。我省专项旅游起步较早，先后开辟了修学、古运河、除夕撞钟、自行车、烹饪、钓鱼、书画、针灸、太极拳、农家乐、新婚等共二十多项专项旅游项目。

6.服务水平不断提高。在全国同行业评比中一直居于前列。南京曾三次获得全国评比总分第一，国旅无锡支社连续四年在全国评比中夺魁，无锡市1988年被评为全国旅游先进城市。苏州国旅支社在1988年全国评比中也跃居第二。在1988年全国旅游系统评比中，全省被评为先进单位和集体的有15个。

7.培养锻炼了一支旅游队伍。全省现有旅游职工2.1万人（不包括从事国内旅游人员），其中翻译、导游人员二千余人。旅游队伍中从地方旅游职业学校毕业的有1947人；从省旅游学校毕业的有1233人；送国内大专院校深造的165人；从各类大专院校毕业的五百余人；送国外培训学习人员二百余人。目前我省各主要旅游城市都办有旅游职业学校，省里办有旅游中专学校，现正建设南京金陵旅馆管理干部学院，全省初步形成了培养初、中、高级管理人才的网络。

8.协同有关部门，缓解旅游交通运力紧张的矛盾。1984年以来，先后与有关部门联合开辟了港宁包机（每周七班）；开辟了南京至名古屋的不定期包机；与铁路部门合作投资改造了三节旅游专用车厢；购置了五辆大型旅游交通客车，用于开展公路旅游。

（金汉山　薛剑华）

发展旅游业要在特色和配套上下功夫

江苏省旅游局局长　冯惠群

今年在北京召开的全国旅游工作会议上，国务院和国家旅游局的领导着重指出，旅游业必须注重发挥各自的特色和吃、住、行、游、购、娱的配套发展，这既是对过去旅游工作的经验总结，也为今后旅游业发展指明了方向。实践也使我们越来越深刻地认识到“特色”和“配套”是发展旅游业的一项基本战略方针。人们的旅游活动，是一种文明的有目的的社会实践活动，也是人们一种日益增长的物质文化生活的需要。因此，一个旅游目的地的规划建设和经营管理必须具备较高的文化层次和鲜明的特色，以及日益完备的配套设施，才能满足游客的要求，具有较强的吸引力。

江苏是一个旅游城市密集的省份，全省有13个旅游城市，其中有七个全国历史文化名城。为了更好地发挥每个旅游城市的作用，必须统一规划，努力在特色上下功夫。近几年来，从省到各旅游城市都在这方面进行了探索。苏州、南京、宜兴等旅游城市，经过这几年的开发、充实和完善，使它们的特色更鲜明。如宜兴现有千年的古窑址，百年的古龙窑，陶瓷生产的古作坊，陶瓷研究所，陶瓷产品陈列馆，陶瓷产品市场，陶瓷产品运输码头，生产各种陶瓷产品的工厂，还有陶瓷装饰的一条街；加上溶洞、竹海、茶园的衬托，构成颇具陶都特色的风貌。南京近几年来修复开放了秦淮风光带，更加丰富了六朝古都的内容。苏州是中国江南古典庭园最多的地方，素以天堂闻名中外，近几年来扩建了寒山寺陈列馆，修复了古街和盘门三景，增设戏曲、民俗、丝绸等一批专业博物馆，还将开辟古镇游项目和东西山风景区，姑苏风情更为浓郁。经过不断地开发建设，有些城市的特色已经初步形成，如无锡突出一个水字，以太湖、运河为主体，在水字上做文章，开展多种特色旅游，目前正在兴建江南民俗风情旅游区。徐州是兵家必争之地，西汉文化已经成为这里的旅游特色，现有北洞山汉墓和汉兵马俑，是画像石刻博物馆，戏马台等历史胜迹。盐城位于黄海之滨，现已建成丹顶鹤自然保护区和麋鹿自然保护区，是观赏和研究野生动物的理想场所。有些旅游城市的特色正在逐步形成。如扬州在今年内将基本修复瘦西湖的主要景点，恢复乾隆皇帝坐船旅游瘦西湖的路线，再现“一路楼台直到山”的美景；汉墓博物馆现在正抓紧进行施工，计划到年底建成对外开放；扬州是传统手工艺品的重要产地，工艺品展销大楼现已建成开放。镇江和扬州隔江相望，坐船往返，既可领略长江的雄姿，又可欣赏古运河风情；镇江的东郊风景区正在抓紧建设金山上的金山寺、樵山上的碑标，北固山上的甘露寺等古迹也都得到了修缮，“城市山林”成为镇江的一大特色。常熟是我国历史文化名城之一，清光绪皇帝的老师翁同龢故居得到了修复，仲雍、言子古墓进行整修，虞山景区和尚湖景区正在开发，千年古刹兴福寺香客不绝。南通、常州、淮安、张家港、连云港等旅游城市，正在按照自己的特色抓紧开发建设。

抓住特色配套发展，这是我们发展旅游业的又一个重要课题。人们的旅游活动是由吃、住、行、游、购、娱六大基本要素构成的，搞好这六个方面的配套发展是很重要的。

江苏人称鱼米之乡，物产丰富。淮扬菜是中国四大菜系之一，取料新鲜，制作精细，有广泛适应性，中外游客反映较好。为了进一步提高饮食质量，不断满足游客的需要，近几年来又挖掘了一批传统的名菜名点，如南京的全鸭席、金陵民间小吃、扬州的红楼宴、镇江的菜斋、常州的保健食品（药）、无锡的乾隆宴、苏州的传统风味小吃等。江苏以接待团体游客为主，进一步搞好团队的餐食质量尤为重要，经过统一研究和协调，在全省主要旅游饭店制定了团体标准菜单、风味菜单和自选菜单，以便旅游商早知道，好推销，也免得各地重复无特色，还可供客人选择，早预订；便于保证数量和质量。采取多种形式开展饮食方面的广泛交流，促进开发新品种、挖掘民间传统菜点、经常举办食品展销和食品节，如每年秋天的旅游黄金季节，南京丁山宾馆都要举办食品节，冬季举办涮锅展销；南京饭店举办狗肉系列菜肴展销；南京夫子庙常年供应金陵民间小吃，并每年举办一次以民间小吃为主体的美食节；无锡位于太湖之滨，可品尝有地方传统特色的太湖船菜；苏州糕点品种繁多，精美可口；淮安、镇江的蟹黄汤包，扬州的三丁包，无锡的小笼包都是传统的上等名点。江苏水利资源丰富，境内有著名的太湖、阳澄湖、洪泽湖和穿越江苏的扬子江，以及一千二百余公里的海岸线，盛产银鱼、甲鱼、鲥鱼、鳗鱼、刀鱼、大闸蟹、清水虾和丰富的海鲜，通过厨师们的精心制作，鲜美可口的菜肴更使人喜爱。

江苏气候温和，景色秀丽，为了充分发挥其独有的江南特色，满足游客的需要，近几年扩建和新建了一批旅游饭店。其中以中档的具有民族特点的庭园式饭店为主体，如苏州的南林饭店、南园宾馆、竹辉饭店，无锡的湖滨饭店和太湖饭店，南京的丁山宾馆、南京饭店，扬州的西园饭店、扬州宾馆等。也有中高档的现代化饭店，如南京的金陵饭店、无锡大饭店、南通大饭店、苏州胥城大厦、常州大酒店、南京玄武饭店和即将建成的南京中心大酒店、苏州雅都大酒店，正在兴建的南京古南都饭店等，还有适合海滨度假的连云港神州宾馆等。

为了丰富夜间文娱生活，除在饭店内部不断完善各种文体设施外，正在根据各地的特点，丰富夜间文娱生活。苏州开放夜花园活动，灯彩满园，地方戏曲，民间音乐，工艺美术，应有尽有，古雅舒适。无锡将举办夜游古运河，船上设有餐厅、酒吧、乐队，并可观赏运河两岸风情及河运的繁荣景象。南京的秦淮风光带将逐步建成夜间文娱活动中心和文化夜市。扬州将在瘦西湖的二十四桥景点，按照“二十四桥明月夜”的意境，举办古典民乐欣赏活动。

江苏根据自身的特色自1978年起，不断探索和开发各种专项旅游活动，有自行车旅游、保健疗养旅游、修学旅游、古运河旅游、新婚蜜月旅游、寒山寺除夕撞钟旅游、太湖赏月旅游，以及各种体育交流旅游、文化交流旅游、商务旅游、奖励旅游等共二十多种；目前还将开发乾隆江南之旅、江苏美食之旅、考察自然动物之旅、老年长寿之旅等。明年是开展古运河旅游的10周年，将举办庆祝活动，并使古运河旅游增添新的内容。

江苏的旅游商品十分丰富。苏南是桑蚕之乡，丝绸生产历史悠久、品种繁多，有各种色彩鲜艳的丝绸衣料、丝绸被面和款式新颖的丝绸服装；陶都宜兴生产各种陶瓷产品，如日用陶瓷、工艺陶瓷、工业陶瓷、卫生陶瓷、建筑陶瓷，其中最有名的是紫砂茶具和精陶餐具；江苏的各种精巧优美的刺绣工艺品久负盛名，其中苏州双面绣闻名中外；苏州的檀香扇，扬州的漆器、玉器、剪纸、藤竹编织工艺品，镇江的玩具、灯彩，连云港的贝雕工艺品，手织羊毛地毯，常熟花编台布、床罩、红木家具，南通的扎染花布，常州的梳篦，无锡的惠山泥人和日用工艺陶瓷，南京的云锦、雨花石等都独具风格，畅销海内外；江苏还盛产各种名茶，其中以苏州的碧螺春、无锡的毫茶、宜兴的阳羡茶、南京的雨花茶为代表。

交通是发展旅游业的关键，要充分利用一切条件发展旅游交通。江苏旅游开放城市多，城市间距离基本相等，一般在60～100公里之间，都可由航空、铁路、公路、水路交通往返。1984年开始运行了香港与南京之间的定期包机，现在每周有七班；南京与日本名古屋之间还有不定期包机；为了疏通客源，南京市旅游局还购买了两架专门用于旅游交通的飞机。目前，南京已与全国25个城市开通了航线，每周平均有120个定期航班，无锡硕放飞机场正在扩建，常州机场得到了改造，连云港、徐州机场陆续开放使用，南通新机场已开工建设，全省空中交通有了较大的发展。铁路客运是江苏客流疏散的主要渠道之一，近几年来，南京至上海、南京至杭州之间增开了3列专门的旅游列车，去年下半年又增开了往返于南京至上海之间的目前国内第一台双层列车；江苏省旅游部门与铁路部门共同投资，改造了三节旅游专用车厢。随着公路条件的改善，逐步开展公路旅行；江苏省外事旅游汽车公司已购置一批设备齐全的大客车，每辆车有50个座位，并带有行李间，装有航空洗手间，还有冷藏柜，可以随时提供饮料。沿运河的杭州、苏州、无锡、常州、镇江、扬州等城市坐船往返，顺便从水上欣赏运河两岸的民俗风情；无锡与杭州之间增开了穿越太湖的高速游船，上海与南通之间也加开了双体高速客轮。淮安、连云港、徐州之间的公路交通也得到较大的改善。

江苏旅游业的发展虽然作了一些努力和探索，我们的事业仅是一个开端，尚须继续奋斗，为发展具有中国特色的旅游事业不断作出新的贡献。

大事记

1989年

1月10日　江苏省旅游事业委员会成立。江苏省人民政府发文正式成立江苏旅游事业委员会，以协调旅游发展中的问题。江苏省副省长张绪武担任委员会主任，省政府秘书长段绪申、省旅游局局长冯惠群担任副主任，委员会成员有省计经委、省外办、省经贸委、省建委、省侨办、省财政厅、省轻工厅、省工商局、省公安厅、省文化厅、省外汇管理局、省物价局、南京铁路分局、省民航等部门的负责人。南通、苏州、南京市也相继建立了旅游委员会，徐州市建立了旅游协调小组。

2月14日　国家教委发文(（89）教计字015号)正式批准建立南京金陵旅馆管理干部学院。该学院建立后，将由国家旅游局和江苏省旅游局双重领导，以江苏省旅游局管理为主，近期内学院的主要任务是面向全国旅游行业饭店，对在职管理干部进行岗位培训和成人大学专科教育，学院各类培训的在校学员规模为八百人。

江苏海外旅游公司成立。经国家旅游局批准，以原江苏省旅游局外联处为主体的江苏海外旅游公司，于1989年3月1日正式成立。公司总经理：刘家骥，副总经理：章宝平、徐振华。公司下设：日本部、欧洲部、亚洲部、美大部、市场开发部、综合部、财务部。南京市也成立了海外旅游公司。

4月4～6日　在南京召开了江苏省旅游工作会议。主要传达贯彻全国旅游局长会议精神，总结江苏旅游业十年发展的成绩，重点研究了在治理整顿形势下如何发展全省旅游业。

4月5～15日　江苏省旅游局在连云港市神州宾馆举办了全省旅游涉外饭店运转经理培训班，全省共有59家饭店八十余人参加了这次学习。

4月中旬　江苏省旅游局局长冯惠群带领局计划统计处、旅游促进处和江苏海外旅游公司销售部负责人，赴南通、扬州、镇江三市与当地市政府领导、旅游部门和有关部门负责人一起，认真考察了旅游资源，着重研究如何从实际出发，不断充实丰富现有旅游参观景点的内容，并开发出一批具有地方特色的适合国际市场需要的旅游新产品和新项目。

5月18、19日　江苏省旅游局在扬州召开全省旅游工作座谈会，会议分析了全省上半年的旅游形势，总结交流了全省旅游市场治理整顿情况，讨论研究了市场开发推销问题。

6月7日　江苏省旅游局针对“六·四”事件，向省政府作了《关于当前旅游形势和采取对策措施的请示报告》。

6月22、23日　江苏省旅游局主持召开全省第一次一、二类旅行社总经理会议，会议总结了今年上半年旅游市场整顿治理工作情况，部署下半年旅行社整顿工作。

6月下旬至7月上旬　江苏在全国最先邀请了日本、美国、台湾、西德等52家海外旅行社代理人来江苏考察，省、市领导同志亲自出面做工作，使他们了解真相，消除疑虑，对恢复市场起到了积极作用。

8月22～24日　江苏省旅游局在南京丁山宾馆召开“重振江苏旅游”座谈会，省旅游事业委员会和十三个旅游开放城市的旅游部门负责人出席了会议。

9月　江苏省全面开展职工队伍整训工作。这次整训分两批进行，每期45天，从9月份开始，这次整训的范围主要是全省一、二类旅行社、旅游行业的接待定点单位，以旅行社和汽车公司为主，各旅游企业的全体干部职工都参加了轮训。

10月1日　江苏省旅游局向海外旅游者发布公告，公布了五条全省旅游服务基本规格和标准。另外还设立旅游者投诉受理中心。

10月17～24日　国家旅游局刘毅局长在江苏省旅游局领导的陪同下对南京、苏州、无锡、扬州、镇江五市进行了考察。

10月下旬　江苏省旅游局会同江苏省电视台在南京金陵饭店举办了全省旅游涉外饭店服装仪表大奖赛。获一至五名的是南京金陵饭店、苏州南林饭店、南京丁山宾馆、苏州胥城大厦、南京玄武饭店，无锡大饭店和南京饭店并列第6名。

11月1～7日，江苏省旅游局会同南京市旅游局和秦淮区政府共同举办了“江苏国际旅游周”活动，日本、美国、西德、法国、意大利、丹麦、澳大利亚、马来西亚、菲律宾、香港、台湾等12个国家和地区的70多家旅行社的160多位代表以及160多位中外记者和国内同行参加了活动。这次旅游周多角度地（包括新的旅游项目、景点、线路、旅游交通、旅游餐食、服装仪表等方面）展示了江苏省重振旅游方面的新进展，取得了较好的效果。

11月21～24日　国家旅游局在苏州召开“全国整顿旅游队伍现场会”。全国30个省、自治区、直辖市及计划单列市、重点旅游市、中央一、二类旅行社和中央有关部门的负责同志等共计一百余人参加了会议。会上，江苏省旅游局介绍了旅游队伍整顿的经验；苏州市旅游局介绍了整顿治理旅游市场的做法；山东省旅游局和西安市旅游局分别介绍了队伍整训和查处私自收授回扣等方面的经验。

江苏省旅游局进行内部机构调整，调整后的旅游局机关共设十个职能处室：办公室、综合业务处、旅游管理处、旅游促进处、计划统计处、财务外汇管理处、人事教育处、保卫处、直属机关党委、纪检（审计、监察合署办公）、工会。苏州市旅游局成立。

江苏省旅游局于上半年组织3个由局领导带队的旅游推销小组，分赴日本、法国、西德、意大利、美国、加拿大进行宣传促销活动。

江苏省旅游局公布135家国际旅游定点服务单位名单，其中旅游饭店36家、商店65家、餐馆19家、车船公司15家。

江苏改造3节旅游专用车厢。由江苏省旅游部门和铁路部门共同投资，对原有3节硬席车厢进行改造，在车厢内安装空调、铺设地毯、添置窗帘、座位加海绵垫和座套、增设两道车门以和国内乘客分开；经过改造的车厢在沪宁线运行，专供来江苏观光旅游的外国人、华侨、港澳台同胞使用。

江苏有十家旅游饭店获全国首批星级饭店称号。这十家饭店是：预备四星级：无锡大饭店；三星级：南京丁山宾馆、苏州南林饭店、苏州饭店；二星级：南京云轩山庄、苏州姑苏饭店、吴中苑饭店，园外楼饭店、友谊宾馆、无锡梁溪饭店。　　（金汉山　薛剑华）

浙　江　省

概　况

1989年

一、基本情况和主要特点

（一）旅游接待人数和自主外联人数大幅度下降

1989年，全省累计接待国际旅游者294062人次，比上年降低25.1%。其中杭州接待248502人次，比1988年减少28.84%，杭州接待人数占全省接待总数的84.5%，比上年下降4.5个百分点；宁波接待18984人次，比上年增长12.35%；温州接待4189人次，与上年大致持平；绍兴接待4773人次，比上年减少4.4%；舟山接待11289人次，比上年增长105.21%。

在对外招徕客源方面，全省共自主外联21771人，比上年减少37.56%。

1989年，全省接待国内旅游者2150万人，比上年减少10.41%，回笼货币21亿元，比上年增加31.25%。

（二）旅游创汇下跌幅度更大

1989年，全省共创汇13380万元外汇人民币，比上年下降36.06%，其中商品性收入3763万元，比上年减少49.80%，劳务性收入9617万元，比上年减少28.39%。杭州创汇10926.46万元，比上年减少36.8%，其中商品性收入2096.17万元，比上年减少53.82%；劳务性收入8830.29万元，比上年减少30.92%。

（三）高涨——低谷——回升

1989年，浙江的旅游呈现出高涨——低谷——回升的特殊进程。1～5月，全省共接待国际旅游者168899人次，比1988年同期增长32.28%，其中3月份比上年同期上升80%以上，4月份比上年同期增长48.27%，5月后半月虽受动乱影响，仍比上年同期增长19.51%，随后两个月的情况急转直下，6月仅接待8179人，比上年同期下降80.22%；7月接待7325人次，比上年同期下降81.07%，跌至低谷。从8月起渐有回升；8月接待11488人次，比上年同期减少63.71%；9月接待21656人次，比上年同期减少54.31%；10月接待37431人次，比上年同期减少36.18%；11月接待20252人次，比上年同期减少36.01%；12月接待18832人次，比上年同期减少34.95%。

（四）来杭人数剖析及主要客源的变化情况

从来杭旅游者的构成看，台胞114811人次，比上年增长25.99%，占来杭总人数的46.20%，已从上年的第二位上升为第一位。外国人66094人次，比上年减少55.79%，多年来首次退居第二位，占杭州接待总人数的26.59%。第三位是港澳同胞，48778人次，比上年减少28.91%，占来杭总人数的19.96%。第四位是华侨，18819人次，比上年减少52.93%，占来杭总人数的7.57%。从上述分析可以看到，台胞回乡旅游虽然受到动乱的影响，但仍然保持相当比例的增长，台胞市场在今后相当长的时期，是我主要市场，潜力很大，对此必须有充分的估计。对港澳、外国人和华侨旅游市场，要下大气力促其回升。

日本、美国是浙江旅游的传统客源国。在杭州接待的外国自费旅游者中，日本游客19804人，仍占首位；美国旅游者9533人次，位居第二。日、美两国旅游者在来杭外国旅游者中的比重，已从上年的49%下降至44.4%，下降4.6个百分点。西德、法国、新加坡、泰国、加拿大、意大利、英国、菲律宾等重要客源国来旅游的人数，也均有大幅度下降。

（五）旅游者在杭停留的天数与上年相同，人均消费额继续减少

1989年，旅游者在杭州的平均停留天数仍为2.08天，但人均消费却降至439.69元，降低了11.36%。从全省看，人均消费442元，下降17%。

二、颇有成效的几项工作

（一）加强对外宣传和促销

平暴后，省旅游局、浙江海外旅游公司、杭州市旅游总公司、宁波市旅游公司等向海外、特别是日本、香港的旅行社发出几百封信，说明浙江省的局势稳定，旅游者的安全有保障，服务质量在稳步提高。邀请日本和香港部分旅行社代表来浙江考察，争取他们组团来我省旅游。派出数十人赴美国、日本、加拿大、西德、法国、西班牙、菲律宾、新加坡、香港等国家和地区进行宣传和推销，特别是赴日拜访旅行社、佛教寺院和学校、团体，扩大了影响。省旅游局还及时将有关情况通报我驻外旅游机构和有关人员，参考国外信息，进行有针对性的宣传。通过上述工作，使外界进一步了解中国，特别是浙江的旅游环境，争取了一些客源，使旅游出现转机。

（二）对旅游涉外饭店评定星级

在对省内47家饭店调查摸底的基础上，对评定工作进行具体指导。还组织专门小组，按照国家旅游局制定的星级标准，对饭店的设施和服务逐项评定打分，结合宾客意见，确定星级饭店。已评出第一批7家三星级饭店：望湖宾馆、友好饭店、新桥饭店、花港饭店、亚洲华园宾馆、宁波饭店、临平宾馆；一家二星级饭店——萧山宾馆。其中望湖宾馆、友好饭店和新桥饭店的星级已由国家旅游局对外公布。这次评定星级工作的特点是依靠专家，坚持标准，突出软件，注意引导企业把工作的重点放到改进经营管理、提高服务质量上来，防止片面追求高星级和大铺基建摊子。星级评定，是旅游饭店建设和管理的一次大的突破，旅游者可以按国际通用的标准选择饭店，享受服务，旅行社可以更好地组合和推销旅游产品。

（三）导游考试发证工作在全省范围内开展

首先，对导游人员进行为期二十天的培训，然后按国家旅游局的统一命题进行笔试。全省一百多家旅行社的一千二百多名专职和兼职导游人员参加了考试或考核，总合格率为55.77%。对合格者，由省旅游局发给“中华人民共和国导游员证”和“浙江省导游证”（胸卡）。从7月1日起，全省一、二、三类旅行社一律实行了持证导游。

（四）技师评聘工作成绩显著

按照国家旅游局、原劳动人事部关于实行技师聘任制的要求，省旅游局从1988年9月起，在望湖宾馆、花家山宾馆、浙江宾馆、杭州香格里拉饭店、花港饭店、杭州华侨饭店、友好饭店、黄龙饭店、新侨饭店等9家旅游涉外饭店的厨师中进行技师评聘工作试点。到1986年6月，评出高级工72人，然后从中评聘技师19名。8月，遵照国家旅游局和劳动部《关于旅游行业评聘高级技师的实施意见》，又进行了评聘高级技师的试点，经过考

试、考核、论文答辩，评出5名高级技师，他们是望湖宾馆杨定初、金虎儿，花港大酒店冯洲斌（均为中式烹饪高级技师）；杭州香格里拉饭店周吉林（西式高级烹饪技师）和杭州友好饭店胡德瑜（中式面点高级技师）。他们具有较高的本专业（工种）的理论知识和高超精湛的技艺，其中有2人在1988年全国第二届烹饪技术大奖赛中获得金牌，有2人到日本、美国作操作技术表演。1989年12月15日他们在北京中南海受到李鹏总理等领导人的接见。

表一：

接待国际旅游者人数

（1989年）

单位：人次

单位	合计	比上年增减%
全省	294062	－25.1
杭州	248502	－28.8
国旅	44264	－43.4
中旅	53504	－48.7
青旅	21162	＋2.9
杭旅	20298	＋8.3
饭店	89176	－24.2
其它	20098	
宁波	18984	＋12.3
温州	4189	
绍兴	4773	－4.4
舟山	11289	＋105.2
湖州	2530	－28.4
嘉兴	2569	－24.6
天台	453	－38.5
金华	592	－46.6
桐庐	181	

表二：

全省旅游外汇收入

（1989年）

单位：外汇人民币万元

合　计	13380
一、商品性收入	3763
（一）商品销售收入	2967
（二）饮食销售收入	796
二、劳务性收入	9617
（一）旅行社、旅游业务费收入	1873
（二）宿费	2432
（三）长途交通费	2599
（1）民航	2250
（2）铁道	305
（3）海运	21
（4）内河	21
（5）公路	2
（四）市内交通费	499
（五）邮政电讯费	795
（六）文化娱乐费	99
（七）其它	320

历史回顾

浙江省地处我国东南沿海，气候宜人，物产丰富，交通便利。现有国家级风景名胜区7个，它们是西湖风景名胜区、富春江—新安江风景名胜区、普陀山风景名胜区、雁荡山风景名胜区、天台山风景名胜区、楠溪江风景名胜区、嵊泗列岛风景名胜区等，还有15个省级风景名胜区，包括山岳、江河、溶洞、森林、海滨等多种景观。浙江历史悠久，文物古迹遍及各地，仅全国重点文物保护单位就有19处之多，有省级文物保护单位94处，市（地）县级文物保护单位1024处。余姚河姆渡遗址、良渚文化遗址、六和塔、飞来峰石刻造像、天一阁、保国寺等早已闻名于世。国务院1983年公布第一批全国重点文物保护单位中，浙江省寺庙就有14座。普陀山是我国佛教四大名山之一，天台国清寺是日本佛教天台寺和日莲寺的发源地，而径山万寿寺又是日本佛教临济寺和黄宗的祖庭。如此丰富的自然景观和人文景观，为发展我省的旅游事业提供了雄厚的基础，加上良好的地理位置，较为便利的交通，使我省历来成为旅游业比较发达的地区之一。

浙江的旅游活动开展较早。晋代大书法家王羲之邀文人聚于绍兴兰亭，留下千古名篇《兰亭集序》。隋代大运河开通，为旅游提供了交通之便。唐白居易、宋苏东坡疏浚西湖，使杭州成为有名的风景旅游城市。南宋时杭州旅游业已甚发达，出现了“地经”，即早期的导游图。元代时，意大利旅行家马可·波罗游览杭州时赞美杭州是“世界上最美丽华贵之都”。明代时日本使者也留下过歌颂西湖的诗句。近代旅游业开始于本世纪初，1924年杭州接待了由上海组织的一个旅游团。全国解放后，浙江的旅游业，特别是国际旅游业逐步兴起，经过40年的发展，在全省的国民经济中占有一定的地位。

从1949年到1965年，浙江的旅游业和全国一样，处在初创阶段。在此期间，先后成立了中国国际旅行社杭州分社、杭州华侨服务社（后改称杭州华侨旅行服务社，是浙江省中国旅行社的前身），前者专门接待自费外国人，后者专门接待华侨和港澳旅游者。旅游设施建设也开始起步，先后建造了杭州饭店、华侨饭店、西泠宾馆、花港招待所等。到1965年，省交际处有涉外饭店4家，招待所5处，床位1350张，汽车百余辆，有接待服务人员700人，包括翻译、导游30余人。1959年，国旅杭州分社接待外国旅游者1409人次，其中苏联东欧旅游者占75%。华侨旅行社接待2300人次。1965年，国旅杭州分社接待3592人次，为建社以来最高纪录，但客源构成发生重大变化，苏联东欧旅游者锐减，而西方旅游者在外国人中的比例上升到82.1%。

1966～1976年的“文化大革命”期间，旅游处于停顿阶段。1967～1970年只接待外国旅游者1100人次，相当于1965年的30.6%，接待华侨、港胞6000人次，仅相当于1965年的接待数。1971年周恩来总理亲自部署贯彻毛泽东主席关于外国人来华旅游的批示，旅游业开始恢复，接待数开始回升。

1978年，全省接待国际旅游者5.6万人次，1984年接待21.31万人次。1985年底，国家开始将旅游作为创汇三大支柱之一，纳入国民经济和社会发展计划。在我国的旅游市场由卖方市场向买方市场转变、国际旅游市场竞争激烈的情况下，浙江省着手加强了自主外联和对特色旅游项目的开拓，使全省国际旅游接待在基数较大的基础上，得以保持16.5%的较高的年增长率。自1978年至1988年，全省累计接待国际旅游者230万人次，其中1987年接待33万人次，1988年达39.26万人次，旅游创汇也呈上升趋势，1987年创汇1.6亿元外汇人民币，外汇增长超过了接待数的增长。以台湾当局放宽台胞回大陆探亲限制为契机，1988年来浙江探亲旅游的台胞超过10万人次，形成了外国人、台胞、华侨和港澳同胞三大市场并驾齐驱的市场格局。国内旅游逐步兴起，1988年全省接待2400万国内旅游者，回笼货币约16亿元。

为适应旅游业的发展，自1978年至1988年，国家旅游局和省机动财力共投资约7000万元（拨款2948万元，各种贷款四千余万元），加上地方财力，用于旅游资源的开发和旅游饭店的更新改造。西湖的治理极大地改善了旅游环境。中药、丝绸、茶叶、官窑博物馆的建设，将进一步丰富浙江旅游的文化内涵，增强其吸引力。特别是杭州饭店等一批饭店的改造，望湖、黄龙、友好、新侨和亚洲华园等饭店的建成开业，使旅游硬件大为改观。到1988年底，全省有涉外旅游饭店41家，客房5388间，其中杭州13家饭店、客房3071间。用于国际旅游接待的汽车七百余辆。

旅游教育从无到有。在国家旅游局的支持下，杭州大学开办了旅游经济专业，后发展为旅游系，省旅游局于1983年开办了旅游学校，为我省培养了一批既有理论知识，又有实践经验的旅游管理人才和旅游从业人员。

旅游接待机构也有很大的发展，到1988年底，全省有可直接向海外招徕游客的一类旅行社3家，可接待国际旅游者的二类旅行社34家，形成了中央外联、地方自主外联和横向吸收客源三位一体的外联体制。全省涉外旅游系统职工已超过1万人，有了一支包括英、日、法、德、西、意、俄多语种和广东、福建等地方话的翻译、导游队伍。

为了加强地方旅游业的领导和管理，1978年4月成立了浙江省旅游局，统一管理全省的旅游业。此后，在杭州、绍兴、宁波、舟山、温州、桐庐、建德、淳安、富阳等地陆续成立了旅游管理机构，对管理、规划当地旅游业的发展正在发挥有益的作用。

十年来浙江省旅游的发展说明，必须将旅游当作经济事业来办。长期以来，我们一直是把旅游当作政治接待任务来办的，十一届三中全会以来，我们逐步认识到，旅游事业是一项综合性的社会经济事业，逐步实现旅行社、饭店、汽车公司等从事业单位向企业的过渡，对国家建设作出了贡献。以省旅游总公司系统为例，1978年尚处于亏损状态，而1988年营业收入（不含中外合资的杭州香格里拉饭店）已达12579万元，利润2175.84万元。

浙江省旅游局和各旅游企业为努力引进客源做了大量宣传工作，并取得了很好的效果。在面上，通过发行小册子和电视录像等方法提高了浙江省的知名度，省旅游局郭宏声编剧的《浙江山水情》，1986年春在第十八届捷克卡罗拉旅游电影节上获大奖；国旅杭州分社摄制的《杭州——旅游者向往的地方》的英语电视片，获得了国家旅游局的奖励和美国商务部长及美国客户的好评，已翻录一百多部送往世界各地播放。他们协助日本东京电视台拍摄的反映我省西线旅游的电视片《新世界纪行—中国之名山——黄山仙境行》在日播出后，受到日本同行的称赞，促进了西线及至黄山旅游的兴起。杭州1986年特殊旅游会议，是国内一次全国规模的旅游展销会。各旅行社通过出国参展、建立驻外机构、与外国旅行社联合推销，开辟客源渠道。浙江省已和国外、港澳几十家旅行社建立了旅游业务关系，1988年自主外联34868人次，比上年增长16%。旅游项目必须体现民族特色和地方特色。这几年推出了新婚旅游、教育旅游、民俗民风旅游、书法旅游、宗教朝圣旅游、体育旅游等特色旅游项目，提高了浙江旅游的吸引力，推动了自主外联的发展。其中富阳新沙岛“农家乐”旅游项目，旅游者可以坐牛车、乘竹筏、看养蚕、手绣、手工脱谷磨面、脚踏水车、斗羊等，深得欧美旅游者的青睐；教育旅游，因为可以学习中国文学、书法、民间音乐、烹饪，具有很大的参与性，吸引了美国和北欧的大批旅游者。服务质量是旅游业的生命，必须严格管理，加强培训。这几年各级旅游主管部门和旅游企业制定并实行了严格的岗位责任制，实行了目标、质量、规程管理，又采取多种方式，对员工分层次进行就业前和在职的培训，提高了员工的素质。在1988年第二届全国烹饪技术比赛中，浙江代表队荣获团体总分第一名。产生了像杭州香格里拉饭店和花港饭店那样为旅游界公认的优质服务先进企业。省中国旅行社获得全国中旅系统导游成绩第一名，国旅杭州分社获全国国旅系统综合成绩第四名，省青年旅行社获全国青旅系统导游成绩第一名和综合成绩（导游、餐饮、饭店、车辆、游览）第一名。特别是国旅杭州分社以其开拓进取、优质服务和显著经济效益，于1988年1月29日在马德里荣获第十三届世界旅游、饭店、餐饮业“金牛奖”，这是我国旅游部门首次获得这种奖励。

（黄公白）

表三：

1978～1988年浙江省接待国际旅游者人数

单位：万人次

年份	全省	比上年增减％	杭州	比上年增减％
1978年	5.6		5.3	
1979年	9.06	61.78	8.6	62.26
1980年	13.13	44.92	12.3	43.02
1981年	16.64	26.72	15.7	27.64
1982年	18.03	8.35	16.2	3.18
1983年	18.43	2.21	16.6	2.47
1984年	21.31	15.62	18.9	13.85
1985年	27.29	21.92	23.84	26.14
1986年	29.40	7.65	26.64	11.74
1987年	33.00	12.28	30.06	12.84
1988年	39.26	19.00	34.92	16.16
合计	231.15		209.06	

表四：

近几年全省旅游创汇

单位：万元外汇人民币

年份	创汇数	比上年增减％
1985	7273	
1986	14168	94.80
1987	15962	12.66
1988	21000	31.56

大事记

1989年

1月3日　宁波市人民政府以甬政发（1989）1号文件授权宁波市旅游公司履行全市旅游行业管理职能。

1月5～19日　省旅游局委托浙江旅游培训管理中心在临平宾馆举办第一期市县旅游局长研讨班，各市、县旅游局长、旅游公司经理和一些兄弟省的市县旅游局长共21人参加，开设了《领导方法与艺术》、《旅游经济管理》等14个专题讲座。

3月2日　国家经贸部颁发（1989）外经贸合营证书第26号，批准中西合资熊猫有限公司正式成立。

8月17日　作环球旅行的5万吨级的著名英国游船“堪培拉”号靠泊北仑港，1693名外国朋友游览了宁波市。

4月14日　宁波市召开旅游工作会议，传达全国旅游局长会议精神，并提出贯彻意见。全市旅游接待单位负责人近80人参加会议。

5月2～9日　应省旅游局邀请，由新华社、人民日报、中新社、人民中国、中国旅游报、中国国际广播电台、中国日报等单位组成的中国记者团，采访浙江西线旅游和桐庐中药节活动。

5～6月　在北京发生的动乱和反革命暴乱对旅游业造成很大的损害。全省6月份仅接待国际旅游者8133人次，比上年同期41355人次下降80％。

5月12～18日　首届春花杯中国导游大赛在北京举行，从全国3万多名导游中脱颖而出的35名佼佼者展开激烈而友好的角逐，决出了十佳，国旅杭州分社聂闻文、浙江省中旅社孙思奋包揽了华东地区进入十佳的桂冠。

7月1日　全省一、二、三类旅行社的数百名导游人员实行持证导游。按照旅行社管理暂行条例及其实施细则的要求，省旅游局组织统一培训，进行由国家旅游局命题的统一笔试和现场导游考试，于6月底对合格者发放了“中华人民共和国导游员证”和“浙江省导游证”（胸卡）。

8月22日　根据共青团中央、国家旅游局的统一部署，省旅游局、共青团浙江省委联合发出通知，决定今明两年在全省范围内开展“青春在旅游业中闪光”主题活动。

9月6日　宁波市召开涉外旅游单位干部大会，传达贯彻全省对外开放工作会议和国家旅游局在西安召开的“重振旅游”座谈会精神。宁波市旅游公司副总经理陈愈润作《认清形势、坚定信心，为重振宁波旅游而奋斗》的报告。

9月24日　国家旅游局在北京公布第三批全国旅游

涉外星级饭店113家。杭州望远宾馆、友好饭店和新侨饭店被定为三星级饭店。

9月24～27日 浙江省国内旅游协会成立大会在富阳召开，会议推选过杨炳任名誉会长，祝炳松任会长，谷幼英、陈愈润、何思源任副会长，汪黎任秘书长。

11月16～18日 杭州西湖、富阳、桐庐、建德、淳安和安徽歙县旅游部门领导在杭新闻单位记者共45人，在桐庐竞秀饭店召开浙西——黄山线旅游协作会议，共商联合开拓，振兴浙西——黄山线旅游业大计，成立了“浙西——黄山旅游线协作区”，就加强联合宣传推销、交流和相互支持景点开发、发展旅游商品贸易、优质服务、制止回扣和小费风、互送客源、提供信息等达成协议。

11月18日 根据《国务院关于批转侨务工作会议纪要的通知》，省人民政府浙政办发（1989）164号文批复，浙江省中国旅行社将于1990年1月1日起划归省政府侨务办公室领导，其旅游业务仍接受省旅游局的行业管理和指导。

11月26日～12月2日 国家旅游局刘毅局长为团长，包括北京、浙江、江苏三省市旅游局负责人的旅游代表团访问日本，与日本运输省讨论旅游合作协定事宜。参加第七届日本国际观光会议，并与日本四十多家旅行进行座谈，探讨中国旅游业出低谷的有关问题，同时听取了日本各旅行社对我旅游服务质量的意见。省旅游局副局长祝炳松随团出访。

12月15日 国家劳动部在北京召开全国首批高级技师颁发证书大会，机械电子、航空航天、轻工、旅游、中国人民银行印钞等五个行业39家企业的211人取得了高级技师证书。全国旅游行业有12名厨师获得证书，我省望湖宾馆杨定初和金虎儿、花港大酒店冯洲斌为中式烹饪高级技师，杭州香格里拉饭店周吉林为西式烹饪高级技师，杭州友好饭店胡德瑜为中式面点高级技师。

12月22日 中国茶叶博物馆土建工程完成并通过验收。该博物馆是国家旅游局批准的“七·五”重点旅游项目，总建筑面积2849平方米，建筑与园林融为一体，具有江南园林特色，设有展览及制茶工艺区、学术业务交流区、品茗游览区等。预计1990年4月可对外开放。

4月～12月 根据中央提出的“治理经济环境，整顿经济秩序”方针，按照国家旅游局的要求，结合我省旅游发展中存在的问题，对旅行社进行一次清理整顿，做到基本理顺对外招徕、收汇、正当竞争的秩序，纠正私收回扣、小费等违纪行为，提高服务质量和经济效益。在整顿的基础上，向一、二、三、类旅行社发放了经营许可证。

（黄公白）

安　徽　省

概　况

1989年

1989年1～5月全省旅游形势十分喜人，海外旅游者来皖人数和创汇数都比上年同期有较大幅度的增长。然而春夏之交发生的重大政治风波，使旅游形势急转直下，一度出现了滑坡的局面。自9月份以后，情况逐渐好转。年末岁初，来自香港、澳门、台湾以及日本、南朝鲜、欧美等一百多家旅行社的一百四十位客商登临黄山进行旅游考察，使我省旅游出现了复苏的征象。

1989年，全省各地共接待海外旅游者33282人次，创汇206万美元，分别比上年减少20%和增长23%。

一年来，全省各级旅游管理部门在改革开放和治理整顿中推进各项工作，取得了很大的成绩：

1.坚决执行中共中央、国务院和省委、省政府关于进一步清理整顿公司的决定。省局撤销了天马旅游物资供应公司。黄山管委会清理了党政机关办企业和在职干部、离退休干部参与经商办企业等问题，变更了两个公司的名称。

2.认真贯彻治理整顿方针，着手进行旅游全行业管理。旅游行业管理是全省各级旅游管理部门的基本职能。过去的一年，我省在实行旅游行业管理方面，迈出了重要的一步，根据国家旅游局部署，全省各地对旅行社进行了初步清理整顿，重新登记注册。组织省内133名导游人员参加了全国统一的资格考试，会同公安、工商、物价、卫生等部门，对全省90多家饭店进行了全面检查验收，确认了60余家旅游涉外饭店。许多地方从行业管理的需要出发，举办了各种学习班、训练班和业务竞赛活动。如黄山市旅游局与团市委联合举办了首届宾馆、饭店服务技能竞赛，取得了成效。

3.根据国家旅游局的安排，开展了“旅游宣传周”活动。下半年，屯溪机场复航，在黄山市举行了复航剪彩仪式，举办了第七届九华山庙会；举办了首届马鞍山国际吟诗节。各地制作了一批导游图、画册，向海内外发送了大量宣传稿件和资料，解除海外旅游市场对我国旅游形势的疑虑。不少地方还配合有关部门，摄制了

《黄山颂》、《太白仙踪》、《畅游皖东南》等旅游风光片。针对旅游滑坡的局面，多次邀请海内外旅游商、旅游记者来皖考察。通过一系列宣传招徕活动，使全省旅游业在较短时间内，开始稳步地恢复和发展。

4.在调查研究的基础上，调整了“七五”后期我省旅游业的发展计划，编制了全省“八五”期间旅游业发展规划以及旅游资源综合开发利用规划。安徽饭店八月底如期封顶，内外装修工程等全面展开。1989年，黄山风景区通过资源调查，发现既具有较高观赏价值又可开发的新景点一百余处。基本建成了白云溪至天海7.5公里游览线，玉屏楼后山水库及其配套工程完工并交付使用，西海水库已蓄水并供水，北海宾馆主楼、玉屏楼宾馆等进行了改造。年末，黄山客运索道通过国家级验收。九华山建成九华街——花台——天台新游览线，九闵公路交付使用。天柱山良药坪水库竣工。全省各地旅游景点开发和设施建设都有新的进展。

在各地支持下，安徽省旅游志的编写正在顺利进行。有些地方的旅游志已脱稿或出版。

5.多渠道多层次地培训各类旅游人员。省旅游培训中心先后举办了宾馆饭店经理、旅游会计、导游人员和服务人员等12个培训班。国旅合肥分社根据接待港澳台胞的需要，聘请专家教授培训粤语导游。安徽饭店在抓紧“硬件”建设的同时，十分重视“软件”建设，将一百多名中层管理干部、厨师、工程技术人员、服务人员分别选送到北京、上海、南京、广州等地进行专业培训。黄山旅游总公司举办了为期两年的涉外宾馆英语学习班，以适应外向型旅游发展的需要。通过培训，全省各地旅游干部和从业人员的思想、业务素质有了新的提高。

6.调动各方面积极性，发展旅游经济。旅游业是一项重要的第三产业，必须讲求经济效益。去年的动乱使旅游业一度跌入了低谷。如何把旅游经济搞上去，各地创造了许多好的经验，归结起来，主要的就是挖掘内部潜力，调动各方面的积极因素，加强经营管理，提高服务质量。黄山管委会在面临困境的情况下，深入开展双增双节活动，千方百计挖掘潜力，广开财源，全年总收入达2550多万元，完成计划99.7%，实现利润670多万元，完成计划102%，创汇223万元外汇人民币，比上年增长47.7%。太极洞管理处各项指标和收入均比上年增长19%左右。1989年九华山全山总收入比上年增长13.8%，他们的主要做法是“深化改革、主动出击、扩大门路、增加收入”。

1989年，在上级领导下，在全省旅游职工的共同努力下，安徽省旅游工作取得了较大成绩。但是综观全局，还存在许多问题。主要表现在：

各地旅游业发展不平衡，机构体制不太顺，有的地方至今没有配备专职旅游干部。

由于资金匮乏，就总体来说，旅游资源和旅游项目开发不足，旅游基础设施建设尤其是交通、通讯等还不配套。

人才不足是制约全省旅游业发展的又一重要因素。许多地方翻译导游人员、经营管理人员、工程技术人员数量少、素质低，很难适应现代旅游业的需要。

旅游收汇、结汇率低。外汇兑换点少，跑冒滴漏现象尚未堵住，外汇流失较多。

旅游产业结构不合理，旅游商品的研制和生产、销售仍是个薄弱环节。如不及早研究解决，将严重影响全省旅游业经济效益和创汇水平的提高。

就省旅游局而言，编制少、人手紧，局领导和机关干部深入基层，调查研究不够，旅游主管部门的职能作用发挥不够，亟待在今后的工作中加以改进和提高。

附：

〔第一批省级风景名胜区〕

1987年，安徽省人民政府决定，将下列21处列为第一批省级风景名胜区：休宁县齐云山、滁州市琅琊山、金寨县天堂寨、巢湖市合肥市庐江县的巢湖、枞阳县浮山、宿松县白崖寨、太湖县花亭湖、马鞍山市采石矶、宣州市敬亭山（含龙泉洞、白云洞）、南陵县西山、黄山市及泾县太平湖、贵池县齐山——秋浦仙境（包括齐山、万罗山、四岭水库、秋浦河、大王洞等）、石台县溶洞群（包括蓬莱洞、紫云洞等）、宿松县小孤山、凤阳县凤阳山（包括凤阳县水库、韭山洞、禅窟洞等）、怀远县涂山——白乳泉、广德县太极洞、霍山县南岳山——佛子岭水库、舒城县万佛山（柱头尖）——龙河口水库、肖县皇藏峪（寿县、淮南市、凤台县）、八公山（包括夹山口和茅仙洞等）。

〔黄山客运索道验收〕

受国家计委和国家旅游局委托，黄山客运索道工程由安徽省计委、省旅游局负责组织验收工作。1989年12月7日至8日在黄山云谷山庄召开了验收会议。会议认为，黄山索道的选线是合理的，工程施工能注重环境的保护，索道的建设能与自然环境取得协调，工程设计、设备的引进是先进的，勘察资料是符合实际的，施工安装质量是符合国家验收规范和设计要求的，索道建成后的社会效益和经济效益是显著的，整个索道工作的建设是成功的。索道工程定于1990年1月1日起正式营运生产。

经国家旅游局和城建总局同意，国家计委批准，黄山客运索道于1984年1月1日开工，1986年6月30日完工，工程总投资为1115.5万元，自1986年7月1日至1989年9月30日试运营782天，计21725次，运送国内外游客125.3万人次，总营业收入1010.1万元。

黄山客运索道由云谷寺至白鹅岭，往复式，索道斜长2803.96米，水平距离2693.25米，是我国目前最长的一条索道。上下两站高差772.80米。沿途有五根支架，支架间最大跨度939.13米。缆车载客40人，每秒行速7米，约8分钟左右，可将一车游客从云谷寺送至海拔1800米的白鹅岭。

历史回顾

安徽境内奇山叠起，秀水蜿蜒，文物古迹遍布，旅游资源十分丰富。在党的十一届三中全会阳光照耀下，安徽的旅游业迈出了新的步伐。1978年，成立了隶属于省外事办公室的旅游业务处。1979年，成立了安徽省旅游局，主管全省旅游工作。中国国际旅行社合肥分社、安徽省中国旅行社也相继成立。合肥、芜湖、马鞍山、黄山、九华山、蚌埠、安庆、淮南、淮北、铜陵等地先后对外开放。各地积极进行旅游景观的建设，服务设施的兴建，旅游交通的完善，并大力开展宣传外联，使旅游业蓬勃发展，接待人数大幅度增加，取得了明显的经济效益和社会效益。

一、景观建设不断发展

安徽省有国家级风景名胜区黄山、九华山、天柱山、琅琊山；有中国历史文化名城歙县（徽州古城）、寿县、亳州市；有国家级文物保护单位明皇陵、中都城及云岭新四军军部等9处；省级风景名胜区21个；省级重点文物保护单位200处。省人民政府确定旅游的发展战略是首先建设以黄山为中心的皖南旅游区，并以此作为振兴安徽经济的支柱之一。

（一）黄山风景区："天下奇山"展新姿

被誉为"天下奇山"的黄山，雄峙于皖南。黄山风景区面积达154平方公里，奇松、怪石、云海、温泉号称"黄山四绝"，有"五岳归来不看山，黄山归来不看岳"的赞语。在1986年评选全国十大风景名胜时，黄山是唯一入选的山岳名胜。建国以后，黄山开始了新的建设。仅50年代，就完成了观瀑楼、温泉楼、商店、黄山大门、登山公路等20多项工程。1979年7月，邓小平副主席在万里同志陪同下到黄山视察，对黄山的工作和建设作了重要指示。从此，黄山进入了正规建设时期。至1987年，已整修温泉、玉屏楼、北海，以及云谷寺至北海景点，改造、兴建了桃源宾馆、温泉游泳池、云谷山庄、北海宾馆等旅游服务设施。此外，还整修、新建登山蹬道40788米，石阶26073级、桥梁12座、景区公路20公里。以奇险著称的天都峰，历来只有一条磴道，1984年，又增建了一条。1986年，建成了黄山第一条登山索道——云谷寺至白鹅岭索道。60年代，黄山每年只接待几千人，到80年代，中外旅游者激增，1988年达到150多万人天。

（二）佛教胜境放异彩

九华山位于皖南青阳县境，风景区面积120平方公里。九华山兴起于唐代中叶。唐开元七年（719年）新罗国高僧、王子金乔觉渡海来华，在九华山修行，功德高深，圆寂后三年不朽，众僧尊之为地藏菩萨示现。此后，九华山便辟为地藏道场，与四川的峨眉、浙江的普陀、山西的五台并称为我国四大佛教名山。现有庙宇82座，大小佛像六千八百多尊，文物二千多件，其中珍贵的有梵文贝叶经、明万历帝钦赐的《藏经》等。1979年，九华山对外开放以后，围绕佛教特色，进行一切建设。国家投资和自筹资金一千余万元，重建重点寺庙两座，维修庙宇四十余座。全山新辟风景点13处，修复和新建山前、九华街、闵园、天台、花台五个景区。为满足旅游者的需求，山中还兴建了东岩宾馆、聚龙山庄、芙蓉酒楼、电影院、工艺品部等接待服务设施，旅游建筑面积达六万多平方米。新建长达6456米的石板道、桥梁20座和两条盘山公路。为了满足众多的善男信女和旅游者的需要，九华山佛教协会还经常举行佛事活动。农历7月30日，为地藏吉诞，山中举行盛大的"地藏法会"，同时还开展物资交流和有地方特色的文娱活动，海内外的佛门弟子及信士纷纷赶来参加，常常引来数以万计的旅游者。

（三）今日琅琊更俊秀

琅琊山在滁县西南，为皖东胜境。宋代大文学家欧阳修在《醉翁亭记》中曾记叙其胜。文以山丽，山以文传，琅琊山也因此文而扬名海内外。

50年代初，人民政府就拨款整修了琅琊寺和醉翁亭。1974年，建立了琅琊山管理机构，逐步修复了醉翁亭、琅琊寺、古山道、深秀湖、盆景园5个景区，新建了醒园、揽秀堂等建筑。在醉翁亭里新塑了欧阳修像、增建了《醉翁亭记》碑亭。1985年，中国文联在山中筹建"琅琊书斋"宾馆一幢，主要接待全国作家前往疗养、创作。同年，中国散文学会、安徽作协、中共滁州市委在琅琊山联合举办"醉翁亭"散文节，留下不少吟咏名山的佳作。前往琅琊山的旅游者也大量增加，1986年便增至33万人。

（四）庐州古城面貌新

位于皖中的合肥市，为庐州古城，今安徽省省会。建国以后，在省、市人民政府的重视、支持下，园林、城建、文物、宗教、旅游等部门紧密配合，大力修复景观，抓紧旧城改造，使古城面貌焕然一新，成为省内历史名胜旅游胜地。市内的名胜古迹有：包公祠——纪念北宋清官包拯的祠堂；教弩台——东汉末曹操所建，用以教练强弩手的场所；台上有始建于南朝萧梁时的明教寺；逍遥津——曹操大将张辽勇战东吴孙权的故地，著名历史小说《三国演义》中"张辽大战逍遥津"的故事即源出于此。包公祠附近有新建的包公墓园和浮庄。墓园占地3公顷，有神道、享堂、墓冢等建筑，庄严宏伟，是建国以来省内兴建的最大徽派古建筑工程，也是目前国内少有的较为完整的名臣墓园。合肥市还兴建了集购物、饮食、娱乐为一体的城隍庙市场。市场占地90亩，建筑面积4.9万平方米。市场内有古色古香的街道、粉墙黛瓦的商店、巍峨壮观的牌坊。还有始建于北宋皇祐年间（1049～1053）的庐州府城隍庙供人们游览观光。为了美化环境，合肥市还兴建了犹如一串绿色项链围绕市周的环城公园，赢得“绿色城市”的赞誉。

（五）其它景观的建设

宣州地区为了开发建设历代诗人吟咏处——敬亭山，组织了开发建设领导小组，制订了总体规划，筹集资金三十余万元，仅一年多时间就完成了独坐楼、十贤祠、闲云亭等十多个项目，初步形成了接待能力。广德县太极洞群景观丰富，独具特色，有四洞、六室、八厅，水洞还可行船。为开发此洞，自筹资金一百二十多万元，贷款156万元，争取省投资五十多万元，开辟了洞内景观，修造了洞外人工湖，兴建了接待游人的太极山庄和5公里长的公路。淮南市沈巷乡农民集资200万元，兴建了八公山仙阁公园。宿松县克服困难，多方筹集资金，把一座衰败的小孤山建成初具规模的旅游点。

全省初步整修、开发、建设的景观还有：位于潜山县古称“南岳”的天柱山、位于休宁县的道教名山齐云山、位于马鞍山市的采石矶、太白楼，以及宣城的龙泉洞、贵池的大王洞、太平湖畔樵山的神仙洞、巢湖的仙人洞、石台的鱼龙洞和蓬莱仙洞。修复、重建的人文景观有：歙县的牌坊群、黟县的古民居、宿县的陈涉吴广起义旧址、凤阳县的明皇陵、亳州的花戏楼、华佗纪念馆、灵璧县的虞姬墓、和县的霸王庙和陋室、屯溪的老街和戴震纪念馆、颍上县的管鲍祠、泾县桃花潭的踏歌岸阁、全椒县的吴敬梓纪念馆、绩溪县的胡适故居等。

二、接待服务设施不断完善

（一）旅馆的兴建

现在，全省涉外旅游饭店已发展到65家，客房七千余间；在建的6家，客房700间，除少数地方外，基本上能满足当前国内外旅游者的需求。在这些宾馆还能品尝到著名的徽菜和其它风味菜，能买到安徽的土特产品和纪念品。合肥在50年代用于接待外宾的仅稻香楼宾馆，现已有安徽饭店、友谊宾馆、庐阳饭店、江淮饭店、梅山饭店等。黄山在建国后先后兴建了黄山宾馆、北海宾馆、桃源宾馆等十多家，共有床位四千余张。位于黄山云谷寺的云谷山庄，有客房100间，周围群山环抱，松竹呈翠，景色幽美。九华山东岩宾馆，共有床位三百余张，为庭院式建筑，外观类似古庙，与周围庙宇建筑融为一体，内部曲廊回旋，花木掩映，别有情趣。

（二）旅行社的建立

1.国际旅行社。1978年4月，中国国际旅行社合肥分社成立。1979年9月，九华山、黄山、芜湖、马鞍山等地先后成立了中国国际旅行社支社，办理国际旅游者前往该地的接待业务。各地旅行社除热情搞好游览接待外，还通过旅游渠道，为经济、文化、科技、教育等专业交流牵线搭桥，增进友谊和了解。安庆、芜湖等市，从旅游团的友好交往开始，同日本建立了友好城市关系。

2.中国旅行社。安徽省中国旅行社与华侨旅行社于1979年正式设置。芜湖、铜陵、安庆、黄山、九华山等地也先后成立了中国旅行社。

3.国内旅行社。近几年来，先后成立了黄山国内旅行社、芜湖旅游服务公司、安徽旅行社等三十多家。

（三）旅游交通的改善

1.旅游区的交通。在交通、铁路、公路、民航等部门的支持及各地的配合下，各旅游区的交通有很大改善。皖南扩建、新建了屯溪至黄山、黄山至九华山等七条旅游公路，共392公里。皖赣铁路贯穿黄山市。黄山机场扩建后，可全天候起落大型客机。合肥建有大型机场，有航班飞往上海、北京、广州、福州、武汉、成都等城市。为方便外国人及港澳、台胞来皖探亲、旅游贸易，由省旅游局牵头，开辟了合肥至香港包机航班。

2.旅游车队。随着旅游事业的发展，省旅游局，黄山、九华山管理处（局）等均建立了旅游车队。

三、旅游业的改革不断深化

（一）管理体制的改革

1987年9月，报经国务院审核同意，安徽省旅游局单独设置，作为省政府的职能部门，主管全省旅游事业。1988年6月，成立安徽省旅游事业委员会，以加强对全省旅游事业的规划、指导和协调。安庆、合肥、巢湖、亳州、蚌埠、歙县等地、市、县都先后成立了旅游局。1987年11月，经国务院批准，成立地级黄山市，辖三区（屯溪、黄山、徽州）、四县（黟县、歙县、休宁、祁门）。在逐步健全领导机构的基础上，实行政企分离。同时，逐步对全省旅行社、涉外旅游饭店、旅游车队等旅游企业进行行业管理。

（二）旅游企业的改革

1.实行招标承包，引入竞争机制。1988年，省旅游局对国旅合肥分社、友谊宾馆、服务公司公开招标，选聘总经理。

2.开展联合协作，促进旅游发展。早在80年代初，省旅游局就参加了华东旅游协作组织。歙县旅游部门积极发展横向联系，使旅游业迈出了较大的步伐。

四、社会、经济效益不断提高

（一）为国家创汇增收

1987年，全省接待国际旅游者11.7万人天，外汇收入116万美元，分别为1979年的11倍和3.5倍。接待国内旅游者768万人，回笼货币2亿元。

（二）促进有关行业的发展

黄山市围绕旅游发展经济，兴建、扩建了一批生产啤酒、茶叶、医药、食品、丝绸、旅游工艺品和纪念品的工厂，取得了较好的经济效益。

（三）为地区注入经济活力

九华山九华镇的农民，过去很多是“超支户”，1979年人均收入仅102元。由于旅游的发展，使农民收入增加，到1987年，人均收入已超过600元。天柱山所在的潜山县，由于旅游的兴起，县城流动人口比过去增加两倍多，财政收入相应增加。

（四）为社会就业广开门路

原徽州地区有3万多农民从事旅游业，他们办起300多家旅社，经营四百多个饭店、小吃店，以及370个商业网点，为旅游者提供食、宿和购物方便。

大事记

1978年

4月21～26日　省革委会在合肥召开全省首次旅游工作会议，讨论安徽旅游业的发展规划和任务，为安徽旅游业的起步作了积极的准备。

4月25日　安徽省第一个负责管理全省旅游业务的行政机构——安徽省外事办公室旅游处成立。

中国国际旅行社合肥分社成立。此后，黄山、九华山、芜湖、马鞍山等地先后成立了国旅支社，办理外国人前往该地旅游的业务。

6月6日　经国务院批准，合肥市、芜湖市、马鞍山市正式对外开放。

8月10日　中国国际旅行社合肥分社接待了第一名自费来皖游览的外国旅行者——英国学生玛丽·亚历山大。

10月　国家财政部和旅游总局拨给安徽省40万元，改造黄山宾馆接待楼。黄山宾馆主楼始建于1959年，共有接待楼5幢，客房83间，床位170张。

1979年

1月16日　日本北海道农业酪农友好会访华团一行来合肥参观访问。这是安徽省接待的第一个外国自费旅行团。

13日　邓小平同志接见安徽省委常务委员，对黄山风景区的规划建设及旅游业的发展作了指示：“这里发展旅游是好地方，要有点雄心壮志把黄山的牌子打出去”。当晚，邓小平同志挥笔题写了“天下名泉”四字。

12月6日　经省革委会批准，安徽省旅游局成立，与省外办、省侨办、对外友协安徽分会合署办公，统一管理全省的旅游业。

1980年

5月　外交部组织59个国家的驻华使节、外交官和夫人以及联合国驻华机构人员共114人来合肥、芜湖、黄山游览。客人们对各地的秀丽风光给予很高评价。

1982年

6月8日　省人民政府决定建立古牛降、清凉峰、马宗岭、皇藏峪、皇甫山和扬子鳄六个自然保护区。

11月8日　国务院批转城乡建设环境保护部等部门《关于审定第一批国家重点风景名胜区的请求的通知》，安徽省列入第一批国家名胜风景区的有黄山、九华山、天柱山。

1983年

3月21日　安徽省首届旅游系统先进集体、先进工作者表彰大会在合肥举行。会议总结了省旅游事业起步以来的经验，表彰了一批旅游战线上的先进集体和先进个人。

4月9日　九华山的化城寺、肉身殿、百宫、甘露寺、祇园寺、天台寺、萌檀林、慧居寺、上禅堂及天柱山的三祖寺等被列为全国重点寺观。

1978～1983年合肥市有计划地整顿市容，改造街道，开辟了街心花园和环城公园，设计城市雕塑，整修了逍遥津、包公祠、教弩台等游览景点。

1984年

8月11～26日　省旅游局参加在香港华润大厦举办的安徽外贸旅游资源展览。

1985年

年初　《中国旅游报》发起并组织“评选中国十大风景名胜活动”，有包括港、澳、台胞在内的37万多人参加，我省黄山作为唯一的山岳名胜入选。

2月1～15日　以省旅游局长王杰、副局长王胜才为首的安徽省旅游代表团访问日本，先后在10个城市40多家旅行社介绍了安徽，洽谈了业务，开拓日本客源市场。

12月　1985年内全省修复、扩建、新建的景点有：凤阳明皇陵大型石雕群，合肥城隍庙仿古商业街，亳州的花戏楼，华佗庵、汤王陵、曹乐宗族墓、天柱山、齐云山、小孤山、浮山、齐山的部分摩崖石刻、石雕、风景亭、景区道路等。

1986年

2月下旬　应意大利意中旅游开发公司邀请，省旅游局副局长苏国华、国旅合肥分社总经理吴浩参加在意大利米兰举行的国际旅游交易会，展出安徽风光图片。会上，安徽代表同各国参展客户、新闻机构人员进行了广泛接触，同意中旅游开发公司签订意向书。

4月中旬　由北京市、上海市、安徽省旅游学会联合发起，在安徽九华山召开了旅游学术讨论会。会议期间，举办了旅游书刊、资料、纪念品交流展览。

5月16日　黄山空中客运索道建成试运行。

5月　中国国际体育旅游公司与日本热气球联盟协会《地画》杂志社组织的热气球在安庆横越长江试飞，获得成功。

6月　由徽州地委宣传部和安徽电视台联合摄制的大型系列风光电视片《徽州风情》拍摄成功，系列片有：徽州风光、民俗考察、文物考察、徽菜烹饪、民间工艺、探险旅游、土特产品、徽州新貌10个专题。7月份在省及全国播出，部分向国外发行。

7月1日　被明代文学家冯梦龙誉为“天下四绝”之一的广德太极洞，从1985年进行开发以来，第一期工程现已结束，并对外开放。景区有砚池湖、苑公亭、卧龙桥、山门牌楼等景点，并有太极山庄等服务设施。

9月3日　九华山举行长达35天的庙会，庙会期间举办四项大型佛事活动（9月3日“地藏吉旦”、11日“方丈升座”、12日“菩萨开光”、14～10月8日“僧尼受戒”），同时举办展销会，并有龙灯、狮子灯等民间娱乐活动。

9月下旬　安徽省首届旅游品工艺品交易会在淮南市东风工艺厂艺苑大楼举行，参加交易会的有文房四宝、雕塑、编织、抽纱、刺绣、铁画、金属工艺品、玩具、工艺鞋帽、伞扇、纺织、旅游品12个门类上千个品种，近万件商品。

10月　由国家城乡建设环境保护部主持的1986年度城乡建设优秀设计优质工程评选揭晓，安徽“合肥市环城公园及四景点”、“庐阳饭店客房楼”，分别荣获全国优秀设计一等奖和三等奖，“合肥市城隍庙商业中心”获全国优秀城市规划设计二等奖。

12月　1986年内全省修复、新建、扩建的景点还有：黄山的慈光阁、全椒县的吴敬梓纪念馆、灵璧县的虞姬墓、巢湖市银屏山的观花楼、怀远县涂山的禹王庙和禹王像、屯溪的戴震纪念馆、当涂的李白祠和李白塑像、齐山的翠微亭和沐红堂、桐城的文庙、凤台县的文物陈列馆和寿州古陶展览馆、亳州的仿古商业药材街、宿县陈涉吴广起义旧址——涉故台、蒙城的庄子祠、嵇康亭和万佛塔等。此外，淮南市的八公仙阁公园、丁山公园、茅仙洞风景区均已完成第一期工程，并对外开放。

至1986年，合肥市环城公园基本建成，公园全长8.7公里，总面积2064亩，有东门、包河、银河、稻香园、西山、环北6个风光迥异的景区。

1987年

5月15～23日　国务委员谷牧及国务院副秘书长王书明、国家旅游局副局长何若泉、城乡建设部副局长甘伟林、国家旅游协调小组办公室阮信忠一行前来黄山及歙县、屯溪市、黟县、太平湖、九华山、芜湖市、合肥市等地考察工作。

7月10～25日　省旅游局崔之康等同志首次赴新加坡参加了“亚太地区国际旅游及旅馆博览会”。这次国际性旅游展销会共有新加坡、印度、日本、马来西亚、南朝鲜、香港和中国等七个国家和地区参加。中国馆由浙江、西藏、广东、上海、天津、重庆、大同和安徽八个省、自治区、直辖市组成。

8月20日　省政府以皖政（87）53号文，公布第一批省级风景名胜区。有齐云山（休宁县）、琅琊山（滁州市）、天堂寨（金寨县）、巢湖（巢湖市、合肥市、庐江县）等21处。

9月　合肥包拯墓园重建工程竣工。墓园位于风景秀丽的包河南岸，占地45亩，建筑面积669平方米，总投资260万元，1985年开始规划。墓区内建有照壁、子母双石阙、神门、石刻群、享堂、地下墓室等）。建筑古朴典雅，具有徽派风格，为国内罕见的名臣墓园。

12月　1987年内，黄山发现了香姑潭、石门潭、九龙潭等新景点；歙县发现了呈坎村中的三百多幢古民居；齐云山整修了真武殿、太素宫，新建了方腊塑像和望仙亭；屯溪修建了龙山寺、仙人洞、戴震公园；黟县整修了西递村、宏村古民居；绩溪县整修了胡适故居；合肥市在西郊兴建了体育跑马场；金寨县发现了天堂寨风景区。天柱山续建、新建西关路、邮电通讯等工程。贵池县大王洞对外开放。

1988年

4月22日　据国务院《关于黄山建设问题的会议纪要》，2月6日省委书记卢荣景、省委副书记孟富林赴京向谷牧同志汇报黄山发展建设问题。4月22日，国务院副秘书长王书明，国家计委副主任刘中一召集会议，进一步研究落实黄山建设中有关公路、邮电、供水、供电、防火等方面建设资金问题。国家旅游局局长刘毅、国务院有关部委的同志及安徽省旅游局局长崔之康参加了会议。会议认为，黄山风景区景观奇特、气势雄伟，确是我国丰富旅游资源中的一颗瑰宝。根据国务院领导同志的指示精神，黄山已正式列入全国旅游重点区。

6月15日　省政府办公厅政秘字（88）68号文件，决定成立安徽省旅游事业委员会，吴昌期副省长任主任，省政府副秘书长李守璋、省旅游局局长崔之康、省计委副主任黄荣宗任副主任，省直16个有关单位的负责人为委员。委员会日常工作由省旅游局承担。

6月30日～7月2日　全省旅游工作会议召开，参加会议的有部分地市分管旅游工作的专员、市长、各地市旅游局长（外办主任）、省直属机关有关负责人近百人。崔之康局长传达了全国旅游局长会议精神。省委书记、省长卢荣景、副省长吴昌期到会并讲了话。会议明确了今后几年发展旅游业的战略指导思想：以效益为中心，以创汇为重点，把黄山推向国际旅游市场，把全省旅游推向新水平。

7月　经国务院同意，国家建设部批准《天柱山风景名胜区总体规划》指出：“天柱山峰雄石奇，洞幽水秀，人文景观丰富，是以开展风景游览活动为主的山岳型国家重点风景名胜区”。总面积82.46平方公里。

8月1日　安徽省琅琊山被列入第二批国家重点风景名胜区。风景区面积115平方公里，包括琅琊山、城西湖、姑山洞、清流关三古（古关隘、古驿道、古战场）四大景区。

7～9月　国画大师刘海粟以九十三岁高龄十上黄山，作画46幅。

1989年

1月14日　省旅游局成立安徽海外旅游总公司。

4月13～22日　局宣传处组织安徽大学专家、教授到九华山进行了为期一周的考察，认定新罗（今朝鲜）僧人金乔觉自唐代中期来九华山修行后，使佛教在九华山兴旺发达，历来被佛教徒奉为地藏菩萨的化身。山中现有同金乔觉有关的遗踪、遗迹景点二十多处，同他有关的物产有六、七种，如金地茶、金竹、黄粒稻，是金乔觉从朝鲜带来的品种，由此可见中朝人民源远流长的友谊。

4月23日　安徽省人大常委会第十次会议通过了《黄山风景名胜区管理条例》，并于4月28日公布施行。

5月15日　安徽省人民政府公布省级历史文化城三个，即安庆、桐城、黟县。省级历史文化保护区六个，即屯溪老街、休宁县万安古镇、泾县陈村古镇（含万村）、东至县东流古街、绩溪县大坑口——湖村——勘头、绩溪县上庄——冯村。

7月17日　省旅游局决定成立安徽省旅游涉外饭店星级评定委员会。苏国华任主任委员，吴震、朱福生、杨祝任副主任委员，委员会下设办公室。

9月21日　经过三年改造和扩建的安徽省黄山机场恢复通航，改建后的黄山机场是一座具有国际二级标准的现代化空港，拥有长2200米、宽45米的水泥路面跑道，从国外引进的通讯、导航系统，全天候的指挥中心，可供波音737等大中型客机每日24小时起飞降落。黄山机场通航后，首批开辟黄山至上海、厦门、广州、合肥四条航线，继而将开辟至北京、西安、桂林、杭州、南京等旅游城市的航线。

12月　黄山客运索道通过国家级验收。

（喻培元　王　洁　宛　琚）

福　建　省

概　况

1989年，我省旅游业在克服了春夏之交政治风波冲击带来的困难，胜利前进，取得了重振旅游的好成绩。全年共接待来闽旅游、探亲、投资、贸易及进行各种活动的外国人、华侨和港澳台同胞504594人次，比1988年减少3.4%，其中台胞首次突破20万大关，达到209491人次，约比1988年增长41.7%左右；旅游创汇达到1085.39万元（外汇人民币，下同），比1988年增长9.16%，是全国率先恢复到1988年最好水平的省份之一。

从去年的发展情况看，福建旅游业呈现出三个明显的特点：一是坚持治理整顿，使我省旅游创汇数在接待人数下降的情况下，仍然有所增长。出现从数量型向效益型转变的好势头；二是我们把开拓华人市场作为发展旅游的战略，几年来苦心开拓东南亚、港澳台市场，特别是台湾市场，取得初步成效，展示了广阔的客源前景；三是我省坚持走以旅游为主、旅工贸相结合的路子，取得较好的经济效益，增强了发展旅游业的后劲。

1989年我省旅游业的发展，大体上分为三个阶段。

第一个阶段是1989年头五个月，全省旅游业保持着近年来持续增长的好势头。

主要抓了三方面的工作：

一是加强宣传促销。2月，组织全省15家旅行社、旅游饭店参加香港“'89国际旅游博览会”，进行宣传和业务洽谈；派出推销小组参加在日本福冈举行的国际旅游博览会，并向菲律宾马尼拉、法国巴黎等地派驻联络员，了解市场动态，开展促销；同时邀请日本关西、琉球电视台记者来闽采访，拍摄福建旅游风光片，以扩大影响。4月，在全省范围内开展旅游宣传周活动，增进全社会对旅游业的理解和支持。福州、厦门、三明、莆田、龙岩、武夷山等地、市的广播电视部门作了广泛报道。这些宣传促销活动，大大提高了福建旅游业的知名度。

二是注重行业管理。省旅游局从服务入手，逐步加强对全省旅游经营活动的宏观调控，在行业管理上向前迈进了一步。1月，召开全省旅游饭店总经理会议，强调提高服务质量，按照国家旅游局对旅游涉外饭店评定星级的部署，开展饭店星级评定工作。4、5月，对福州、厦门两地饭店进行摸底试评。还分别在福州、厦门举办全省各类旅行社总经理和财务经理培训班，学习旅行社经营管理知识。同时，组织全省导游人员考试，1170名（包括三类旅行社）参加国家统一考核、考试的专职、兼职导游，及格率达到87.7%。7月，在福州举行全省西厨考试，国家旅游局向全国旅游行业介绍了福建省这一经验。

三是改善交通状况。在民航等部门的大力支持和配合下，从去年3月起，福州至香港的旅游包机每周又增加了3班，达到每周18班，厦门至香港的旅游包机每周18班，使福建省通往海外的空中走廊更加通畅。5月18日，福州至武夷山的旅游航线正式开通，每周有二个航班往返，初步改变了进出武夷山疲于奔波的状况，为更多的游客一睹武夷玉女的秀丽风姿，创造了更为便利的条件。

经过大家的共同努力，1～5月，全省接待境外旅游者人数、旅游创汇分别比1988年同期增长13.93%和25.98%，其中台胞增长140.89%。按照这一势头发展下去，超额完成1989年全年的旅游接待和创汇任务，是完全可以实现的。

第二个阶段是五、六月间，由于发生政治风波，旅游业首当其冲，遭受到严重打击，陷入大滑坡的艰难境地。

据不完全统计，全省被取消的团队达600多个，约2万人次。面对这种严峻局面，省旅游局首先抓稳定旅游队伍，稳定旅游秩序的工作，反复组织学习《人民日报》4·26社论，邓小平同志和中央领导同志的重要讲话，多次强调没有安定团结，就没有旅游业的兴旺发达，就没有祖国的繁荣富强；注意引导干部职工从思想上、政治上同党中央保持一致，支持对北京部分地区实行戒严，要求全体员工坚守岗位，不信谣，不传谣。因此，在这场政治风波中，全省旅游队伍表现是好的，没有人参与与动乱有关的活动。在动乱和暴乱期间，我们认真接待了在北京、上海和福建有活动的几个旅行团，他们平安出境，对国外不真实的宣传，是有力的驳斥。

第三个阶段是下半年，为了挽回损失，尽快走出低谷，我们群策群力，奋力爬坡，采取了一系列有力措施。

一、动用多种手段宣传福建及全国的稳定局势。北京发生反革命暴乱后，全省分别于6月12日和6月30日两次举行新闻发布会，宣传福建形势稳定，旅途畅通，来闽游客尽可放心。中央电视台等国内及香港的10多家新闻单位相继报道，在海内外影响很好。省旅游局利用“郑和号”仿古官船开赴日本的机会，在新闻发布会上强调福建形势稳定，欢迎海外游客来闽旅游。全省各地旅游部门充分利用电传、传真、电话、信函等形式，向境外上百家客户解惑释疑，澄清事实真相。9月，全省各地旅游部门，举行各种大规模活动，庆祝世界旅游日，宣传“旅游促进发展”，振奋旅游员工精神；还邀请世界著名摄影家陈复礼先生来闽举办“福建纪行”暨艺术摄影展览，宣传福建省旅游资源，以扩大影响。

二、通过“请进来走出去”大力招徕客源。我们邀请港台10多家旅行商和新闻界、实业界人士，组成香港国际华商观光协会考察团，到福州、武夷山等地考察旅游线路。省旅游公司邀请三十多名菲律宾旅行商及知名人士和马来西亚二十多家旅行社老板，先后来闽考察，开展联合推销。国旅、中旅、青旅等省内旅行社都邀请国外和港澳台的主要客户前来考察和洽谈，或派出推销小组招徕客源；省旅游局还邀请外国的记者来闽采访，派人参加国家旅游局组织的考察团，到香港开展宣传促销。华闽旅游公司也充分发挥驻港的优势，利用多种形式开拓客源市场。

三、花大力气开拓台湾客源市场。7月，福建省旅游局邀请台湾电视摄制组到福州、莆田、武夷山等地，拍摄40集电视连续剧《妈祖外传》的外景，既通过艺术形象介绍风光秀奇的武夷山水和蜚声中外的妈祖祖籍地，扩大福建旅游资源在台湾的影响，又让台湾同胞看到全省政局稳定的实际情况。7月底，国家旅游局在西安召开“重振旅游”座谈会后，福建省旅游局提出进一步开拓台湾客源市场的贯彻意见。国家旅游局向全国各省转发了福建的意见。随后，刘毅局长给我省写信，明确指出台湾是来得快的、潜力大的、近期的最好市场，台湾市场的开发，福建同志的工作最有利。为了落实国家旅游局西安会议精神和刘毅局长的指示，10月初，福建省旅游局配合莆田市精心组织妈祖升天1002年纪念活动，仅10月8日（农历九月初九，妈祖升天日）这一天，到湄洲妈祖庙进香朝拜的台胞就超过3000人。在全国旅游业处于低潮时，这种游客如云的难得景象，对发展旅游业无疑是很大的鼓舞。为了扩大影响，福建海外旅游实业总公司，于11月2日在福州召开福建省妈祖朝圣旅游研讨会，弘扬妈祖文化，提高对妈祖旅游的认识，从而促进了妈祖朝圣旅游热的发展。

四、抓好旅游队伍整顿。全省旅游企事业单位的干部、职工分二至三批轮训了一次，每期时间约一个月。结合清理清查、扫黄打丑、党员评议、干部考核等工作，许多旅游单位认真抓好惩治腐败，实行廉政。有的旅行社、宾馆还处理了一些索要小费、回扣、套汇、赌博和套购免税电器的从业人员。省旅游局还专门就加强廉政建设、整顿旅游队伍、收授小费、回扣、礼品和宴请接待、干部亲属不能安排本系统工作等问题，作了制度规定。经过初步整顿，全省旅游队伍的风气已开始好转。

五、开展旅游企业的治理整顿。依照国家旅游局《关于整顿旅行社的通知》，进行了导游员发证工作；并对一、二类旅行社逐个进行整顿验收，分批颁发旅行社营业许可证。省旅游局还和省物委联合，对全省旅行社进行对外旅游报价大检查。全省已有64家饭店提出星级评定申请。试点已结束。厦门有5家酒店达标，并正式获得星级称号。至目前止，全省还有15家饭店初评达标，已上报待批。这都标志着全省旅游饭店管理向国际化、标准化迈进一大步。

六、进一步完善旅游硬件。厦门华联宾馆、福州东湖宾馆元春楼、漳州华侨饭店等相继开业或投入试营业。泉州刺桐饭店、漳州温泉大厦、莆田湄洲宾馆、福鼎太姥宾馆等都将完成主体工程，积极准备开业。武夷玉女山庄、邵武宾馆等正抓紧施工。全省已经开业的旅游宾馆有72家约2.1万个床位。福厦两地每周通往香港的旅游包机有二十多班，通往国内各主要旅游城市的航班100多班。莆田文甲至湄洲岛的300吨级车、客轮渡码头7月底开工。全省各旅游风景点的建设也在逐步完善中。宁德地区采取“多方集资”的办法，建设旅游景点，仅屏南鸳鸯溪景区就集资30.5万元。

七、走旅工贸相结合的路子。刚组建的福建海外旅游实业总公司，在搞好直属单位协调工作的同时，兢兢业业，办好三个合资企业。福建塑胶厂已于今年二月试生产PU革，产品质量合乎设计标准。福贝墙纸厂继续取得好成绩。省旅游服务公司在市场疲软情况下，营业额和实现利润仍保持1988年水平。三明市旅游局专门召开会议，研究如何走旅工贸相结合的路子，永安、将乐、明溪、宁化等县办起了旅游服务公司。泉州旅游局对直属企业推行目标责任制，1989年创利税比1988年增长4.9%。

经过多方努力，全省旅游形势从7月开始逐月好转。7～12月，在全省接待的境外旅游者中，仅台胞就达117451人次，比1988年同期增长21.12%。

由此可见，1989年福建旅游业取得可喜的成绩，是来之不易的，是全省旅游员工同心同德、群策群力、奋力开拓、重振旅游的结果，也是民航、财政等有关部门尽心尽力支持的结果，真是“脚力尽时山更美”。1989年底，刘毅局长在京听取福建省旅游工作汇报后高兴地说，福建是第一个来报喜的。随后他又亲临福建省，进行为期12天的考察，肯定福建实际上已成为中国旅游的重点，在恢复旅游、重振旅游方面，福建占特殊重要的地位。

福建省国际旅游接待情况（1980～1989年）　　单位：人次

类别＼年份	1980	1981	1982	1983	1984	1985	1986	1987	1988	1989
合计	135059	173351	177835	211529	270443	355748	362320	410821	558057	504594
外国人	25498	27208	27352	41521	53831	76719	89737	98541	93012	71561
华侨	18226	23290	24778	28107	29165	25471	36446	36947	17326	10173
港澳台	91335	122853	125705	141901	187447	253558	236137	275333	447719	422860

福建省旅游外汇收入情况　　单位：万元外汇人民币

指标＼年份	1982	1983	1984	1985	1986	1987	1988	1989
合计	2995.71	3533.36	6363.2	8304.67	12924.37	18609.21	28476	31085.39
一、商品性外汇收入	2101.08	2341.16	5244.53	5657.3	9218.43	12234.35	18310	18981.84
1.商品销售收入	2078.1	2308.71	5115.75	5339.07	8612.85	11612.93	17550	18179.28
2.饮食销售收入	22.98	32.9	128.78	318.23	596.58	621.42	751	802.56
二、劳务性外汇收入	894.63	1192.1	1118.67	2647.31	3705.95	6374.86	10175	12103.55
1.长途交通费	564.47	664.93	289.75	522.79	563.33	1512.27	3040	3704.04
2.旅行社费用	121.28	192.97	165.76	845.38	876.65	1932.92	2181	2423.79
3.宿费	50.37	76.13	305.33	991.49	1620.47	2073.37	3616	3855.21
4.市内交通费	30.25	53.76	18.45	24.25	—	20.23	—	26.65
6.文化娱乐费	—	—	28.11	96.12	—	304.96	—	1234.88
5.邮政电讯费		—	8.99	8.71	—	21.81	—	15.61
7.其它	128.26	204.91	302.28	158.57	645.47	509.2	1338	843.37

坚持社会主义方向
发展有福建特色的旅游业

福建省旅游局局长　南　江

近年来，福建旅游业发展较快，特别是1989年经受了春夏之交政治风波的严重冲击，在困境中仍继续发展，取得重振旅游的好成绩。据统计，1989年，全省共接待来闽的外国人、华侨和港澳台同胞504594人次，比1985年增长42%；创汇8300多万美元，比1985年增长194%。这些成绩的取得，是执行党的“一个中心、两个基本点”基本路线的成果之一。同时，我们从福建旅游资源的实际出发，注重发挥福建旅游的特色和优势，摸索出一些行之有效的做法。

一、充分发挥旅游业在发展外向型经济中的先导和桥梁作用

目前，旅游创汇在我省国民经济中所占比例还很小，但由于旅游活动的广泛性、多样性，必然会促进与旅游业相关行业的发展，从而促进全省经济的发展。特别是福建省在实施对外开放过程中，旅游业的先导和桥梁作用越来越明显。大家知道，要有对外经济、文化、技术的交流，首先要有人员的交流。旅游者的旅游过程，很可能就是考察福建投资环境，选择合作对象的过程；今天的旅游者，很可能就是明天的贸易者、投资者、合作者。旅游业的发展，将带动投资环境的改善。实践已经证明，旅游业的宣传、服务、信息、媒介等功能的逐步发挥，在很大程度上促进了福建经济外向度的提高。目前，西方一些国家对我们实行经济制裁，给我们的对外开放带来一定困难，旅游业又是外界朋友认识福建、了解福建的最好渠道。我们要坚持对外开放，打破经济制裁，其中做好旅游工作，就是很重要的一条。因此，旅游业的发展，事关一个地区建立良好的政治、经济和开放形象等问题，也是对外开放程度的重要标志之一。

二、社会主义精神文明应成为我国旅游业的主要特色

我国的社会主义制度，决定发展旅游业必须体现社会主义精神文明。这就要求，我国的旅游业一定要名副其实地向海外旅游者提供健康的、积极向上的东西，坚决杜绝资本主义旅游业中盛行的赌博、色情、娼妓等现象，宣传中华民族的传统美德、优秀文化和精神风貌。还由于旅游业是各种思想渗透的战线，又处于对外开放的前沿阵地，加上司陪人员单兵作战等特点，所以我们要坚决抵制和警惕腐朽思想的侵蚀。坚持旅游业的社会主义方向，其中很重要的一个特征就是廉洁，要树立起廉洁的形象。目前，仍有一些人欺诈蒙骗游客，索要回扣、小费，损坏了旅游业的名声，应下决心解决。声誉是旅游业的生命，声誉败坏了，还谈什么发展呢？

三、华人客源市场是福建旅游业的优势所在

福建地处东南沿海，面向台湾、邻近港澳，又是我国著名侨乡，与东南亚一带关系密切。从这种实际情况出发以及根据当前国际旅游活动中普遍存在的区域性特点，福建旅游业在较长一段时间内，开拓客源的主攻方向应放在华人市场，我们采取了“远广交、近开拓”的发展方针。所谓“远广交、近开拓”的方针，就是既抓北美，西、北欧，澳大利亚及日本和南朝鲜市场等，又抓东南亚、台港澳等市场，重点抓台湾市场。坚持这一做法，既能拓展国际旅游不同类型的客源市场，形成福建旅游客源类型的多种指向；又能发挥福建旅游优势，保持相对稳定的旅游客源。值得一提的是台湾市场，是来得快的潜力大的近期的最好市场。台湾市场开发，福建的工作最有利，1989年“六·四”后，我们进一步加强了台湾市场的开拓。去年全年旅闽的台湾同胞首次突破20万人次大关。

四、必须走旅游与贸易（实业）相互促进发展的路子

福建旅游业近年来虽然有很大发展，但总的来说还是处于创业阶段，资金缺乏，基础薄弱，如果单纯地搞旅游求发展，将会遇到许多困难。从1989年政治风波给旅游业带来的严重损失来看，就旅游搞旅游，无法克服旅游业自身的脆弱性，如果走旅游与贸易、实业相互促进发展的路子，就能增强旅游业经受意外事件影响的能力。再从旅游业自身的特点看，旅游行业有联系广、信息灵的特点，在吸收资金、掌握市场动态上有自己的优势，而且国外旅游社大多兼营贸易。只要我们充分利用上述这些有利条件，把以旅游为主和旅工贸一起上很好地结合起来，既可大大增加资金的积累，加快旅游业的发展步伐，又可以增强旅游业的发展优势。

五、发展旅游业要坚持不断开拓的精神

旅游部门处理问题的能力很小，求人的事情不少，但也不是“靠天吃饭”。搞旅游需要开拓，没有开拓就没有旅游业。福建旅游业就是靠着开拓精神闯出了一条路子，从而跃居全国前列。但什么是真正的开拓呢？我认为，所谓开拓，应该从宏观上来看，从投入产出的关系上来看，从对其它行业发展的影响来看，都应当有较好的经济效益和社会效益。要敢于开拓。开拓是有风险的。几年来，我们发展专项旅游，搞包机，召开对外新闻发布会，设立驻外办事处，走旅游为主、旅工贸相结合的路子，取得了一定的成绩；但在开创阶段，无论哪一件事都不同程度地承受了来自各方面的压力，在这种

情况下，没有一点开拓的精神是干不起来的。当然，也有不成功的。可见开拓并非百分之百都能成功的，因为开拓就是走前人没有走过的路。因此，作为领导者，应支持那些干工作的人，保护开拓者；批评那些不干的、甚至捣蛋的；以扶正祛邪，树立正气，为开拓者创造良好的社会环境。

六、坚持正确发展福建旅游业的指导思想

福建的知名度不高。福建旅游业处于强手林立的亚太地区，又处于上海苏杭旅游区和广州、桂林旅游区的夹缝之间，无论是生存发展还是争得一席之地，都是困难的。福建的旅游业有今天这样的局面，是全省旅游员工同心开拓的结果，也同省旅游局坚持正确发展福建旅游业的指导思想有关。这些指导思想，比较突出表现在正确处理以下七个关系，即：发展优势与制约因素的关系，开拓精神与加强经营管理的关系，远景规划与量力而行的关系，投入与产出的关系，重点与一般的关系，学习国外先进经验与坚持民族特色的关系，提高服务质量与增加经济效益的关系。总之，必须处理好上述的几个关系，才能促进我省的旅游业从过去以旅游接待为主，迅速转变为以旅游资源开发、旅游商品生产和旅游接待服务三者并举，从以发展国际旅游为主逐步转变为国际旅游与国内旅游并举，使福建省旅游业能够持续稳定协调地发展。

江　西　省

概　况

1989年

1989年，是江西旅游业初步理顺管理体制，开始实行行业管理的一年，也是旅游业在比较困难的情况下得以发展的一年。

一季度，江西旅游业曾出现良好的发展势头，接待海外游客人数比上一年同期增长4.9%。6月以后，受动乱和北京发生的反革命暴乱的影响，江西的旅游业同全国一样，出现大滑坡，一度处于旅行社无团可接，饭店住房率急剧下降的状况。面对严峻的形势，江西各级旅游部门采取了积极的应变措施，先后向海外旅行社寄发100余封函电，宣传我国及江西的稳定局势；派遣推销小组赴深圳、珠海与港澳旅行商见面，直接洽谈旅游业务；深入开展双增双节运动，努力提高经济效益；整训旅游队伍，保证接待工作正常进行。通过努力，江西的旅游业取得了比预料要好的成绩。全年共接待海外游客41749人次，与上一年相比，仅减少8.4%；创汇226.3万美元，与上一年相比，减少17.6%。全省旅游企业营业收入达1.8亿元，上缴税金850万元，利润总额890万元。

1989年，江西省建立和健全了旅游管理机构，初步理顺了旅游管理体制。1988年12月，省委、省政府决定将省旅游局与省外办分设，独立建制，定为省政府直属工作部门（一级局）。之后，地、市和旅游重点县相继成立旅游局。目前，全省11个地市全部设立了旅游局。其中，南昌、九江市旅游局为单设机构（正县级），其它地市旅游局与外办合署办公。还有14个旅游重点县（区、市）也设立了旅游局。同年8月，江西省人民政府批转了省旅游局《关于加快发展我省旅游事业的意见》，明确了全省旅游业发展的指导思想、战略目标、具体任务和行业管理的职责范围。各级旅游管理部门据此逐步加强了行业管理。这一年，还制订了《江西省“八五”期间旅游业发展规划纲要》，召开了全省首届旅游资源开发规划研讨会和江西省旅游业发展规划研讨会。年底，确定了第一批84家旅游涉外定点单位，其中宾馆44家，餐馆15家，商店25家。

1989年，江西着重抓了旅游基础建设，为今后旅游业的发展创造了良好的条件。南昌滕王阁主楼、绳金塔、九江浔阳楼、琵琶亭等一批富有江西旅游特色的旅游景点相继建成对外开放，井冈山革命烈士陵园碑林、景德镇古陶瓷博览区等旅游景点得到进一步完善。此外，还推出了赣南大余——赣州——龙南等旅游线路。接待条件得到进一步改善，景德镇合资宾馆建成开业，江西宾馆、南昌宾馆、赣南宾馆等一批旅游涉外饭店进行了更新改造，并对旅游涉外饭店开始进行星级评定工作。旅游交通和邮电通讯条件也有改善，由旅游部门直接参与经营的南昌至香港直航包机于1988年12月开通，至1989年底共飞行51架次，运送乘客8177人次，其中海外游客8049人，平均乘座率68%。2月，九江及庐山开通万门程控电话。至年底，全省共29个城镇开通了国内长途直拨电话，其中11个地市所在地和庐山开通了国际长途直拨电话。人才培训工作得到加强，年初，举办了全省导游人员培训班；年底，分别举办了旅游统计和旅游财务人员培训班。4月，江西省旅游学校教学大楼基建工程破土动工，年底基本完成了框架工程。对外宣传招徕工作得到加强，成立了江西海外旅游总公司（一类旅行社）；派员参加了日本“东京国际观光会议”；印制了《江西之旅》等宣传品；邀请了美国、日本、港澳台等国家和地区的旅行商、记者赴赣考察采访。

1989年，江西的旅游业虽然遭受了大滑坡的影响，但是通过全体旅游从业人员的努力，减少了损失，为旅游业实现全面复苏，打下了扎实的基础。

历史回顾

江西旅游资源丰富，地处长江中下游，交通比较方便，很早就开始有旅游活动。建国以后，特别是1978年以来，旅游事业作为一项经济产业，受到人们的重视。通过十余年努力，江西的旅游事业已逐步发展为一项新崛起的、具有一定规模的新兴产业。

新中国建立不久，江西省即着手对风景名胜和历史古迹进行保护和开发，并初步开展一些外事接待型的旅游活动，赴赣的外国游客日渐增多，由1953年的近400人次增至1959年的近4000人次。之后，受中苏关系变化和“文革”的影响，赴赣的外国旅游者曾一度骤减。1978年中共十一届三中全会以后，国家实行改革开放政策，中外交往日趋活跃，给旅游业的发展提供了有利条件。江西省积极开发旅游景点，改善旅游交通，更新接待设施，充实旅游队伍，旅游业开始出现蓬勃生机，海外游客明显增多。由1980年的1.21万人次增至1989年的4.17万人次。创汇由1980年的90万美元增至1989年的226万美元。

江西的国内旅游一直比较活跃，1978年以前，每年接待50～60万人次，1980年达100万人次，近几年每年达700万人次，其中1988年仅三类旅行社直接接待的国内游客就达37万余人次。

江西的旅游事业受到了各级党委和政府的重视。1985年，江西省人民政府决定“把旅游业作为江西国民经济的重要行业来抓，把它摆在同工业、农业同等重要的战略位置上，把旅游业办成江西扩大财源和创汇的重要经济手段之一。”同年11月召开的全省经济工作会议，正式把旅游业列入1986年国民经济计划。1986年全省计划工作会议又把旅游业纳入全省国民经济和社会发展“七·五”计划。1989年11月召开的省委八届九次全委会提出，要“大力开发旅游资源，发展旅游事业，增加非贸易外汇收入”。

为了适应旅游事业发展的需要，江西省委、省政府和各级党委、政府加强了对旅游工作的领导。1949年，省人民委员会设立交际处。1958年，省委设立外事领导小组，下设办公室（即“外办”），外办、交际处、国旅南昌分社三块牌子一套人马，负责涉外管理与接待事宜。景德镇、九江等地也成立了外办。1979年，江西省旅行游览事业管理局成立，统一管理全省旅游事业。1983年机构改革，省旅游局与省外办、省侨办合署办公。1985年，庐山风景名胜区管理局成立，之后，其它国家级风景名胜区相继成立管理局。1986年，省旅游总公司成立，与国旅南昌分社、省中旅社合署办公，负责全省的旅游接待。1988年12月，省委、省政府决定省旅游局与省外办分设，独立建制，为省政府直属工作部门（一级局），主管全省旅游业的计划、协调、监督和指导。目前，全省11个地市均已成立旅游局。其中，南昌、九江为单设机构，其它地市旅游局与外办合署办公；此外，14个旅游重点县（区、市）也设立了单独或合署的旅游局，旅游管理体制得到初步理顺。1989年8月，省人民政府批转了省旅游局《关于加快发展我省旅游事业的意见》，明确了旅游管理部门行政管理的职责和范围。各级旅游管理部门逐步加强行业管理，整顿旅游市场，狠抓服务质量，加强对外宣传，开展人才培训，为今后旅游业的发展打下了一个良好的基础。江西的旅游事业开始走上全面兴起、稳定发展的道路。

从五、六十年代开始，江西就注意加强旅游景点建设，除庐山等风景区和部分历史古迹外，着重对南昌、井冈山等地的革命遗址进行了保护和修复。“文革”中，历史古迹，特别是宗教寺庙等惨遭破坏，给旅游业带来不可估量的损失。1978年以后，各地普遍开始重视对风景名胜和历史古迹的保护、开发和建设，并取得了明显的成效。全省现有庐山、井冈山、龙虎山、三清山四处国家级风景名胜区，景德镇、南昌两座国家级历史文化名城，一处鄱阳湖国家级自然保护区，以及国家级重点文物保护单位十一处，国家级重点寺观五处。李白、苏东坡等中国历代名人和陶渊明、王安石、文天祥、汤显祖等江西籍历代名人的遗迹、遗址和遗墨，得到保护、整理和利用。1985年，南昌——庐山——景德镇三角旅游线路被列为国家第二类旅游线路。之后，三角旅游线路不断扩大完善，形成了包括观赏候鸟、庐山赏雪、陶瓷研修、宗教朝圣等专项旅游在内的环鄱阳湖旅游圈。目前，湖口石钟山、彭泽龙宫洞、南昌滕王阁、九江浔阳楼、赣州通天岩石窟等一大批景区景点得到修复或重建。党的宗教政策得到落实，云居山真如寺、庐山东林寺、西山万寿宫、南昌佑民寺、抚州天主教堂等42座寺观被列为重点寺观，受到较好的保护和修复。全省旅游景区、景点已达2406个，其中，国家级21个，省级331个，市县级2054个。

江西较早就设立了旅游接待机构。1954年，中国国际旅行社南昌分社成立，至1973年，九江、庐山、景德镇、井冈山、鹰潭等地相继设立国旅支社或中国旅行社。现在，全省已有一类旅行社1家，二类旅行社17家，三类旅行社27家，还有1家派驻香港的机构——江西（香港）旅游有限公司。1978年以前，江西有旅游涉外宾馆10家计1000张床位，档次都很低。现在已有旅游涉外宾馆44家，3200个标准间，还有一些比较高档的套房。各地还修建了一批接待国内游客的饭店和招待所。著名旅游胜地庐山，有各种饭店、招待所近120家，床位近2万张。此外，全省还有旅游涉外餐馆15家，旅游涉外商店25家，旅游汽车公司（队）4家。全省旅游涉外从业人员6600多人，从事国内旅游的员工达数万人。

江西的旅游交通条件，随着旅游业的发展，有了较大改善。五十年代，江西民航仅开通了南昌——杭州——上海航线。之后，民航航线逐渐增多。1985年，中国联合航空公司江西分公司成立，并开通了庐山至北京、广东惠阳（深圳）航线。现在，民航局和联航分公司已开辟从南昌、赣州、庐山通向各口岸城市和大中城市的9条航线。1988年12月，旅游部门开通并参与经营了南昌至香港直航包机。铁路和公路条件有很大改善。现在，已有浙赣、皖赣、鹰厦、向九、向乐、分文等6条铁路线，有南昌通往九江、北京、上海、广州、南京、杭州、厦门等旅游热点城市的旅游特快列车或直达快车，在江西境内运行或过境的客车共30对。公路运输除省内各城市有通向各风景区的班车外，还有通向武汉、长沙、广州等地的直达班车。江西紧傍长江，境内有中国最大的淡水湖——鄱阳湖和纵横交错的江河，水运较发达，其中，九江沿长江，上可通武汉、重庆，下可达南京、上海。江西的邮电通讯也有很大发展。五、六十年代，江西的电话传输主要是架空明线和人工交换机，是华东唯一没有长途电缆、不能直拨长途电话的省份。1982年，全省各地区的市话自动改造工程全部完成，实现了长话半自动拨号。1987年6月，南昌开通了程控电话交换系统，建成无线寻呼中心。同年7月。全省各地市开通了高速真迹传真。1989年4月，南昌——九江——瑞昌光缆建成。同年8月，南昌用户电报系统开通。之后，各地相继开通长途直拨电话。至1989年底，全省已有29个城镇开通了国内长途直拨电话。其中11个地市所在地和庐山开通了国际直拨电话。目前，南昌的主要旅游涉外宾馆已可提供长话直拨、传真、电传等服务，其它城市和主要风景区的邮电部门可提供上述服务。

五十年代，赴赣海外游客主要来自苏联和东欧诸国，除到庐山避暑度假外，多为到景德镇参观陶瓷文化和到井冈山考察革命斗争史。这期间，亦有少量港澳同胞和华侨赴赣旅游，并有少量自费旅游者。六十年代，江西主要接待各国驻华使馆旅游团和各种访华团，并有少量日本、东南亚、西欧等国的游客，自费旅游者明显增多。七十年代，开始有英国、美国、澳大利亚、新西兰等国的旅游者涉足江西。这期间，赴井冈山的各共产党代表团和解放战线代表团明显增多，1977年达1177人

江西省1979～1989年国际旅游接待情况统计表

年度	海外游客入省第一站人数		全年接待海外游客数（人次）	旅游创汇数（万美元）	海外游客平均停留天数
	总数（人）	其中外国人（人）			
1979年	4384	2511	—	—	4.81
1980年	6436	2937	12089	90.58	2.94
1981年	6218	2375	12477	80.25	3.20
1982年	7440	3513	14814	59.17	2.95
1983年	7242	3515	14626	67.91	3.03
1984年	8912	3517	19960	76.75	3.42
1985年	15346	4359	31019	121.60	3.76
1986年	20059	5048	46853	188.57	3.41
1987年	15647	5962	28563	213.27	4.00
1988年	26514	4894	45600	274.7	2.54
1989年	25986	3744	41749	226.33	2.69

（徐璋凤）

八十年代初，赴赣的海外游客来自20多个国家和地区，八十年代末增至60个国家和地区，主要客源市场为台、港、澳地区和日本、美国、西德、澳大利亚等国。

从七十年代末开始，江西省旅行游览事业管理局即着手抓对外宣传。几年中，共印制各种导游图、旅游画册等宣传品94.3万件，还拍摄了旅游风光影片和录像片，并逐步开展自联组团工作。1984年起，开始邀请海外记者和旅行商赴赣采访考察。1985年，举办了有港澳地区旅游界人士和新闻记者参加的井冈山杜鹃花会。1986年，派员参加“香港亚洲国际旅游博览会”。1989年派员参加日本“东京国际观光会议”。同年，成立有外联权的江西省海外旅游总公司，并邀请了美国、日本、港澳台等国家和地区的旅行商、记者赴赣考察采访。

随着旅游事业的发展，江西加强了对旅游从业人员的教育和培训。1981年，举办了全省旅游涉外馆店经理培训班。1983年冬，举办了翻译导游和旅游服务人员培训班，培训骨干560人。之后，各级旅游管理部门和接待单位相继开展职工上岗前和在岗培训。全省有四十多名企业中层以上管理人员进入旅游院校培训，达到大专水平。1989年，举办了全省导游人员强化培训班。经过培训，有160名导游人员分别通过了国家旅游局和省旅游局组织的统考。江西还利用各类学校培养旅游专门人才。1985年起，赣州、南昌、九江相继开办职业高中旅游班。1986年，南昌职业技术师范学院开办旅游系（大专）。1989年4月，江西省旅游学校教学大楼基建工程破土动工。江西的旅游研究工作也被提上议事日程。1978年以后，各地就旅游资源的保护、规划和开发，相继进行调查研究和讨论探索。1989年5月，召开全省首届旅游资源开发规划研讨会。同年12月，召开江西省旅游事业发展规划研讨会。是年，还制订了《江西省“八五”期间旅游业发展规划纲要》。江西的旅游商品和工艺品的生产历史悠久，品种较多。尤以陶瓷、茶叶、竹编、木雕等为佳。各旅游城市和风景区分别设立了销售旅游商品的文物商店、瓷器商店、友谊商店或卖品部。

（张韶文）

江西旅游业的现状和发展前景

江西省旅游局局长　黄福田

位于中国长江中下游南岸的江西省，早在西周时期便是江南著名的旅游胜地，是中国古代旅游活动最早的地区之一。汉晋以后，江西地区的“陶瓷之路”旅游（以景德镇为代表）和宗教旅游（以道教祖地龙虎山佛教净土宗发源地庐山等为代表）活动，更著称于世。经过三千年来历史烟云的熏陶，旅游业作为一项经济事业，终于在二十世纪七十年代末，在江西省的大地上兴起。党的十一届三中全会以来，江西省的旅游业从无到有、从小到大，逐步得到发展。到1989年底为止，共接待海外旅游者14.4万人（入省第一站人数），旅游业创汇4523万元（外汇人民币）。

十一年来，江西省旅游事业的成就是令人瞩目的。但与旅游业发达的兄弟省、市相比，江西省还有不少的差距，例如国际客源市场尚未完全打开、旅游交通业不够发达、旅游资源开发建设不够、旅游服务质量不高等，致使江西省国际旅游业在全国尚属温冷线地位。然而，大力发展江西省旅游业，使之尽快跻身于全国旅游业发达地区之林，我认为不但是应该的，而且是可能的。

第一，江西省拥有丰富的独具特色的旅游资源，其中有些旅游资源不仅在国内、甚至在国外都是属于独一无二的。例如：国家级自然保护区——鄱阳湖候鸟自然保护区，是迄今为止全世界最大的一处候鸟（尤其是鹤类）越冬栖息地，鄱阳湖又是中国最大的淡水湖；全国历史文化名城——景德镇市，是驰名世界的“瓷都”，那里不仅出产名瓷，而且拥有许多独具特色的旅游名胜和陶瓷古迹，其中湖田古窑址是全国最大的一处古瓷窑址；全国重点风景名胜区——鹰潭市龙虎山，是中国道教最早的发源地，第一代张天师（张道陵）曾在这里“炼丹”和传道，第四代张天师又在龙虎山创建了“正一道”，龙虎山仙水岩春秋战国古崖墓群是迄今为止中国发现的最大一处古崖墓群；全国历史文化名城——南昌市，是中国人民解放军的诞生地，滕王阁被誉为“江南三大名楼之首”；全国重点风景名胜区——庐山，以避暑和冬游胜地享誉海内外，其各国风格的别墅群为中国名山所罕见；全国重点风景名胜区——井冈山，是毛泽东同志创造的中国第一个农村革命根据地，以瀑布和十里杜鹃林著称，其珍奇动植物资源十分丰富；全国重点风景名胜区——三清山，以奇岩怪松和自然野趣著称，被国内专家们誉为“揽胜遍五岳，绝景在三清”，等等。

第二，近几年来江西的旅游交通条件已有所改善。航空方面扩建了南昌、赣州机场，新辟了南昌至武汉、厦门、西安和九江至惠阳、北京、上海、南京航线，开通了南昌至香港定期直航包机航班，建立了南昌海关；铁路方面加挂了旅游软卧车厢；公路方面整修了南昌至九江至景德镇的路面。过去海外游客旅游江西“进不来、出不去”和“行路难”的情况，已有所改观。

第三，江西的旅游馆店服务设施、设备基本具备。近几年来，江西省各地先后新建、扩建或改建了一批涉外旅游饭店，拥有标准客房3200多间，呈富余状态。具有接待更多海外旅游者的潜力。

第四，过去十几年来（尤其是近几年来）通过培养、训练，各级旅游部门和涉外旅游单位造就了一支旅游接待和服务工作队伍，积累了一定的工作经验。

因此，面对激烈竞争的国际旅游市场和国内旅游发展形势，只要我们努力发挥江西旅游业的独特优势，不断开拓旅游工作的新局面，江西省发展旅游事业是大有希望的。

“八·五”期间，是江西省发展旅游业的关键时期。根据江西旅游市场参与能力、省内旅游综合供给能力和国际、国内旅游市场总需求状况的分析与预测，江西省旅游业在“八·五”期间将会有较大的发展。“八·五”期间，预计来赣海外旅游者将会持续增长，到1995年全省一年接待海外旅游者可能达到10～14万人次，旅游外汇收入可能达到900～1000万美元。“八·五”期间，江西省环绕鄱阳湖的国际旅游线路将进一步完善，并向东延伸，形成包括三个国家级重点风景名胜区、两个国家级历史文化名城、一个国家级候鸟自然保护区和多种特殊旅游项目的大旅游网络。与此同时，赣南三角旅游线路、赣西骨干旅游线路和赣中专项旅游项目都将逐步形成，各地还可能推出一系列新的特殊旅游项目。从江西旅游综合能力看，交通运力将进一步增强，景德镇机场建成启用，南昌至香港直航包机增加班次，南昌和九江机场提高利用率；浙赣铁路复线全线贯通，大沙铁路交付使用，向塘至吉安铁路投入运行；九江长江大桥建成，南昌至九江高速公路竣工通车，赣粤西线二级公路改建通车；水路扩建九江港和南昌港等。“八·五”期间，通过改建和扩建，江西的涉外旅游饭店设施将更加完善，服务质量将进一步提高。

江西位处“吴头楚尾、粤户闽庭”。九十年代世界旅游市场重心东移的趋势对于毗邻沿海地区的江西省来说，无疑是个“福音”。总之，展望旅游业发展前景，更加使我们信心百倍。我们应当一方面下大力气抓好对外促销，另一方面采取有效措施提高旅游服务质量，同时切实抓紧旅游资源和旅游商品开发、建设，努力提高江西旅游产品的对外吸引力。我想，江西省在“八·五”期间的旅游接待人数和创汇目标，是完全可能实现的。

大事记

1989年

元月6～15日　全省第一期导游人员培训班在南昌举行。省内39家旅行社的98名导游人员参加了培训。

元月19日　纵贯江西的105国道赣粤西线（南昌至龙南）改建工程完工通车。该线路全长593公里。

2月16日　吴官正省长在九江召开的省长现场办公会上指出，九江市应当大力发展旅游业，要把九江建成长江中下游的旅游热点。黄福田局长列席会议，并作了发言。

2月18日　九江市开通万门程控电话。至年底，全省29个城镇开通了国内长途直拨电话，其中11个地方所在地和庐山开通了国际长途直拨电话。

3月1日　江西省旅游总公司与国旅南昌分社（含省中旅社）分设。该公司经国家旅游局批准为一类旅行社。

3月5～13日　美国地理学会书籍处主任查尔斯·欧·海曼和国家地理学会研究员玛丽·贝·迪肯森，到江西省南昌、九江等地考察采访。

4月1～7日　省旅游局和省委宣传部联合在全省范围内开展旅游宣传活动。张逢雨副省长在江西日报发表题为《江西旅游业要有一个大发展》的署名文章，并在江西电视台发表旅游宣传电视讲话。

5月30日～6月2日　省旅游局、省地质学会、省城乡规划设计院等在三清山联合召开全省首届旅游资源开发规划研讨会，收到有关论文62篇。黄福田局长出席会议并讲了话。

6月17日　针对全国部分地区出现的动乱和北京发生的反革命暴乱给旅游业带来冲击，使旅游业出现滑坡的状况，省旅游局发出《关于尽快组织海外游客来赣旅游的紧急通知》，要求各地旅游管理部门、各旅游涉外单位认真学习贯彻中央和省委关于平息动乱和反革命暴乱的指示精神，做好稳定旅游行业职工思想的工作，保证旅游工作的正常运转；加强对外宣传、广泛招徕游客；开展增收节支运动，整训旅游队伍，尽力减少动乱和暴乱给旅游业带来的损失。

同日，省旅游局、省公安厅、省工商局、省物价局联合发出《关于确定我省旅游涉外定点单位的通知》，决定在全省范围内，对经营旅游涉外业务的宾馆、餐馆、商店等进行审查，实行定点挂牌经营。

7月25日～8月1日　万秋元副局长率有关部门、有关单位负责同志赴广州、深圳、珠海等地，向香港旅行商宣传我国和我省的安定局势，并洽谈组团业务。

8月9日　上饶、抚州地区旅游局分别成立。至此，全省11个地市中的10个地市（吉安、萍乡、九江、宜春、新余、鹰潭、景德镇、赣州、上饶、抚州）成立了旅游局。

8月27日　省政府批转省旅游局《关于加快发展我省旅游事业的几点意见》就切实加强各级政府对旅游工作的领导，逐步实行旅游业的全行业管理，充分发挥旅游资源优势，努力开拓国际客源市场，提高旅游服务质量，大力发展旅游商品、纪念品的生产和销售，加强同各有关部门的协调配合等问题提出了具体意见。

10月8日　南昌滕王阁主楼工程竣工，并正式对外开放，国家旅游局发了贺电，省、市领导和海内外人士共一万余人参加了落成典礼。

11月24日　省委八届九次全委会通过的《中共江西省委关于贯彻执行〈中共中央关于进一步治理整顿和深化改革的决定〉的决议》中要求"大力开发旅游资源，发展旅游事业，增加非贸易外汇收入"。

11月29日～12月13日　黄福田局长率部分地市旅游局和直属企事业单位负责同志赴皖、浙、闽三省学习考察旅游工作。

12月12日　国务院副秘书长、国家旅游事业委员会副主任李昌安同志在南昌听取了张逢雨副省长和省旅游局关于江西旅游业发展情况的汇报。

12月25日　省旅游局召开新闻发布会，公布全省第一批84家旅游涉外定点单位名单。同时举办全省部分旅游涉外饭店员工服装仪表仪容表演。

12月26日～28日　省旅游局、省委宣传部、省计委、省建设厅、省文化厅、省社科院联合召开"江西省旅游事业发展规划研讨会"。各地市、省直有关部门、单位的负责人和专家、学者、研究人员等100余人出席会议。张逢雨副省长到会讲了话。

12月29日　南昌至香港直航包机飞行第51架次。直航包机系1988年12月24日开通，由江西省海外旅游总公司和五家驻港中资公司联合经营。香港旅游界和新闻界人士20余人乘包机赴赣参加了首航仪式。包机自开航以来，共运送乘客8177人次。其中海外游客8049人，平均乘座率达68%。

山　东　省

概　况

1989年

〔基本情况〕

1989年是山东省旅游业经受严峻考验的一年。动乱和反革命暴乱给旅游业造成了严重损失。面对前所未有的困难，全省旅游系统干部职工振奋精神，积极应变，艰苦奋斗，摆脱困难，使旅游业跨出低谷逐渐回升，创汇效益显著提高，队伍建设进一步加强，企业整顿取得初步成效。

1989年初，为适应旅游业的迅速发展的形势，山东省旅游局提出了"因地制宜，分类指导，全面推动，共同繁荣"的工作方针，分别召开了开放城市旅游工作会议和开发地区旅游工作座谈会，提出开放城市要以提高服务质量为中心，积极开拓国际市场，配套挖潜，提高创汇水平；开放地区要以发展国内旅游和开发创汇商品为主，抓好旅游业的基础建设，促进全省旅游业的共同繁荣。经过积极努力，1～4月份全省旅游业呈现出良好的发展势头，接待海外游客3.1万人次，比上年同期增长24.5%，旅游创汇3254.86万元，比上年同期增长37.1%。

春夏之交的动乱和北京发生的反革命暴乱，使山东国际旅游客源在连续10年大幅度直线上升中突然出现了全面滑坡。5～10月份，来山东的国际游客比上年同期减少4.38万人次，下降49.8%。为重振山东旅游业，全省各级旅游管理部门和旅游企业，积极贯彻国家旅游局西安会议精神，及时采取一系列应变措施，重点抓好国际市场促销，全员集训和企业整顿、双增双节等三项主要工作，重振旅游工作取得初步成效。1989年全省接待海外游客8.8万人次，比上年下降36.07%；在国际旅游客源滑坡，全国各地旅游创汇普遍下降的情况下，山东旅游创汇仍比上年增长19.22%，达1.25亿元外汇人民币。

〔主要工作〕

1.开拓市场，扩大客源

平息暴乱后，针对国际旅游市场出现的新情况、新变化，山东省旅游局及时调整了组织机构，加强对外宣传工作的统一领导，主动开展市场促销工作。一是利用多种渠道和形式，及时沟通与国外客户的联系，广泛宣传，澄清事实，消除疑虑。二是有选择地邀请美国、日本、联邦德国、加拿大、南朝鲜等主要客源市场的旅游商和旅游记者23批53人来山东考察采访。三是派出推销团组，赴意大利、加拿大、联邦德国和新加坡等国开展促销活动。四是充分利用孔子诞辰2540周年的有利时机，举办孔子文化节、孔子家乡国际旅游艺术节等大型旅游活动，促进全省整个宣传活动的开展。五是提前组织旅游淡季推销活动。上述工作的开展，有效地遏制了旅游滑坡趋势，促进了客源的回升。

2.积极开展全员集训和企业整顿

（1）认真学习贯彻中央指示精神，旗帜鲜明地反对动乱和反革命暴乱。在严峻的政治斗争中，旅游战线广大干部职工认真学习领会党的四中全会文件和中央领导同志一系列重要讲话精神，坚决贯彻中央和省委、省政府关于制止动乱、稳定大局的各项重要措施，排除干扰，坚守岗位，维护旅游工作正常秩序，经受了锻炼和考验，为制止动乱、平息暴乱、稳定大局做出应有贡献。

（2）切实抓好全员集训。根据国家旅游局的统一部署，1989年下半年，在全省旅游企业中普遍开展了全员集训。集训的内容重点是坚持四项基本原则，反对资产阶级自由化的教育；遵守职业道德，反对行业不正之风的教育；以及业务规范化教育。全省共举办3个月以上的集训班20期，参加集训的员工达800人。许多地方和企业还针对不同情况，举办了各种类型的短训班，使旅游队伍面貌发生了显著变化。在这一工作中，山东旅游局把40多名刚刚走上工作岗位的大学毕业生集中到济南灵岩寺进行了为期3个月的培训。集训时将思想政治教育同社会实践活动结合起来，使学员的思想觉悟、精神面貌和生活作风等方面发生了深刻变化。灵岩集训班的经验，受到国家旅游局的重视，并在全国介绍推广。

（3）全面开展旅行社整顿。按照国家旅游局的有关规定，并结合山东实际，对全省一、二类旅行社的服务质量、对外报价、财务帐目、外汇收支等方面进行了普查，并建立健全了各项规章制度。对个别违犯纪律的翻译导游人员进行了严肃处理。此外还对省内的三类旅行社进行了调查摸底。通过整顿，山东旅游市场秩序进一步改善，旅行社的经营管理水平和服务质量普遍得到提高。1989年，全省已有一类社2家，二类社22家，三类社31家，初步形成了与山东旅游发展相适应的外联、接待体系。

（4）认真组织旅行社导游资格考试。在这一工作中，山东坚持统一领导，周密安排，从严要求，制定了检查、监督措施，使全体导游人员的政治、业务水平普遍得到了一次检验。1989年，全省有620名导游人员（包括兼职导游员）参加了全国统一举行的导游资格考试，其中有480人考试合格。

（5）开展旅游涉外饭店星级评定。为把星级评定作为提高饭店管理服务水平的有效手段，在实际工作中强调把软件建设放在首位。许多饭店结合自查达标，强化员工素质，制定岗位规范，完善规章制定，向国际化标准迈进了一步。1989年，山东有3家饭店被国家旅游局授予首批星级饭店。其中济南齐鲁宾馆、潍坊鸢飞大酒店为三星级饭店，青岛华侨饭店为二星级饭店。

3.大力开展双增双节

针对国际市场滑坡，国内市场疲软的困难局面，全省旅游企业从增强应变能力，锻炼职工队伍入手，一方面瞄准社会需求，拓宽经营渠道，开辟新的财源，另一方面节约挖潜，努力降低成本，严格管理制度，堵塞浪费漏洞，进一步树立起艰苦奋斗、勤俭节约的优良作风。

4.继续抓好旅游规划和开发建设

在旅游业面临严重困难的情况下，省及各市地旅游部门继续抓好旅游资源，服务设施的规划和开发建设，为山东旅游业的进一步发展积蓄后劲。在旅游设施建设方面，年内先后完成了蓬莱八仙居宾馆、临朐沂山茅舍、淄博宾馆新楼等工程项目。

历史回顾

山东省旅游事业是在党的十一届三中全会之后迅速发展起来的。10年来，伴随着改革开放的进程，山东省旅游业已初具规模，效益增长显著，作为一项新兴产业，在全省国民经济建设和对外开放中发挥着愈来愈重要的作用。

1.旅游接待人数及旅游收入大幅度增长

1978年全省共接待海外旅游者9000人次，旅游创汇折合人民币100万元。1988年全省接待海外游客13.8万人次，是1978年的15倍，10年间平均递增22.65%；旅游创汇1.04亿元外汇人民币，是1978年的100多倍，10年间平均递增62.07%。山东国内旅游发展也十分迅猛。仅1988年，全省主要旅游景区（点）接待国内旅游者达2269万人次，旅游消费额达7.4亿元。发展旅游业的社会经济效益更为显著。如前五届潍坊国际风筝会，贸易成交额累计达15.6亿元。

2.旅游资源及服务设施开发建设成效显著

山东为齐鲁故地、孔孟之乡，具有丰富而独特的旅游资源。孔子故乡曲阜，拥有享誉中外的“三孔”等文物古迹。“五岳之首”泰山，1987年被联合国教科文组织列为“世界自然遗产”。众泉汇集的“泉城”济南，海滨城市青岛、烟台、威海，“世界风筝都”潍坊，齐国故都淄博等，也都各具特色，令海内外游人所向往。

根据旅游资源的地理分布和文化特征，山东旅游总体规划将全省旅游资源主要划分为“两大片”和“一条线”，即山东西部以曲阜、泰安和济南为主体的“山水圣人”旅游区，胶东半岛上以青岛、烟台、威海为一体的海滨旅游区，以及以潍坊为主，延伸到淄博的“千里民俗旅游线”。近年来，全省共修建、扩建和新建了六十余处景区（点）。“山水圣人”旅游区内，维修了曲阜孔庙大成殿、奎文阁，修复了邹县朱檀墓，新建了泰山天街坊、回銮阁和国内第一条客运索道，新建了济南环城公园、解放阁和五龙潭公园。海滨旅游区内修复了蓬莱水城，重建了蓬莱振阳门、平浪宫，开发建设了牟平养马岛和威海刘公岛，新辟了青岛石老人旅游开发区，扩建了青岛第一海水浴场。“千里民俗旅游线”上，新建了潍坊风筝博物馆、杨家埠木版年画陈列室、安丘石家庄民俗博物馆和临朐古生物化石陈列馆，开辟了淄博桓台马踏湖和博山溶洞等。同时还对菏泽牡丹园、枣庄石榴园、水泊梁山、阳谷狮子楼、沂源溶洞等进行了开发建设。

为满足旅游市场需求，山东各地充分发挥旅游资源优势，推出了丰富多彩、参与性强的各种特色旅游活动，如潍坊国际风筝会、孔子诞辰故里游、淄博元宵花灯会、泰山国际登山活动、登州古市游、民俗旅游、孔子家乡修学旅游、书法鉴赏旅游、济南至乌鲁木齐国际汽车长途旅游等30多个项目，有些项目为山东独有或首创，深受海内外旅客和旅游界人士的欢迎。

为改善旅游接待条件，新建了曲阜阙里宾舍、济南齐鲁宾馆和舜耕山庄、潍坊鸢飞大酒店、青岛汇泉王朝大酒店、泰安泰山宾馆、烟台芝罘宾馆等旅游涉外饭店。至1988年，全省旅游系统共有旅游宾馆14座，床位3450张。在建的旅游宾馆还有威海卫大厦、曲阜杏坛宾馆、泰安天街宾馆、济宁太白楼宾馆、邹县择邻山庄等。改善旅游交通方面，铁路部门增加了来往于山东的客车车次和软硬卧车厢；新建了104国道济南至曲阜段，济南至青岛、青岛至烟台的一级公路正在加紧建设。1988年，全省拥有各类旅游汽车五百多辆，座席五千五百多个。民航部门1988年开辟了几十条航线，省内济南、青岛和烟台3个机场与北京、上海、广州、西安、南京、沈阳等城市空中连接。青岛市旅游包机服务公司自1988年6月开通了青岛至香港的直航包机。海运部门已在青岛、烟台、威海、蓬莱、龙口、石岛和日照石臼港等海港辟有客运码头，有通往上海、天津和大连等城市的航线，青岛和烟台港还可接待大型国际游船。

3.旅游机构逐步健全，旅游队伍不断壮大

1956年，山东最早的旅游接待机构济南华侨旅行服务社（后改称山东华侨旅行社和山东中国旅行社）。1978年10月，为适应旅游业迅速发展的需要，山东省旅游事业管理局在济南成立。至1988年，济南、青岛、烟台、威海、潍坊、淄博、泰安、济南、东营等9个开放城市和曲阜、蓬莱、长岛、牟平、青州等近10个县（市）都成立了旅游局。9个开放城市都设有国际旅行社分支社，济南、青岛、潍坊、泰安和曲阜等地还设有中国旅行社。省内旅游机构已先后同世界上一百六十多家旅行社建立了业务联系，并向日本、美国和香港派出了常驻人员或机构。此外，全省还有四十余家国内旅行社。旅游系统从业人员已达六千余人，其中有英、日、德、法、意、朝和西班牙等7个外国语种及粤、闽南和潮州等方言的翻译导游210人，管理人员880人，各类服务人员五千余人。

附：1978～1988年山东省国际旅游接待及旅游创汇统计（见上表。）

1978～1988年山东省国际旅游接待及旅游创汇统计

年份	接待人数（万人次）	比上年增长（%）	旅游创汇（万元）	比上年增长（%）
1978	0.9		100	
1979	2.3	155	178.26	78.26
1980	2.74	19.1	288.53	61.8
1981	2.69	－1.8	532.44	84.5
1982	3.34	24.2	1303	144.7
1983	3.73	11.7	1139	－12.6
1984	4.7	26	1432	25.7
1985	7.6	61.7	1841.73	28.6
1986	9.2	21	4101	122.67
1987	10.87	18.1	8077	96.95
1988	13.8	27	10488	29.85

大事记

1987年

1月3日　中国国际旅行社济南分社与中国山东旅游公司机构分设。

1月19日　山东旅游局在济南召开“振兴山东省旅游业”座谈会，省直40多个厅局负责人出席会议。

2月14日　山东省人民政府办公厅转发了山东省旅游局《关于进行旅游涉外饭店星级评定的报告》。

2月23～26日　中国山东旅游公司1989年旅游业务恳谈会在上海召开。国内60多家一、二类旅行社及国外驻沪旅游机构的代表共130余人出席会议。

2月27～28日　山东省首次导游资格考试笔试在青岛、潍坊和泰安等地同时举行。

3月2～26日　山东省首次导游资格考试现场导游考试在全省各地轮流举行。

3月7日　由山东省旅游局主办的中国山东孔子家乡国际旅游摄影大奖赛评选揭晓。

同日　青岛海外旅游公司成立。

3月17日～4月29日　山东省旅游局派员参加了在日本福冈举办的亚洲太平洋博览会，展出了山东为纪念孔子诞辰2540周年推出的专项旅游活动。

4月1～10日　第六届潍坊国际风筝会暨中国风筝精英大奖赛隆重举行。来自世界26个国家和地区的966名海外游客参加了这一盛会。中共中央顾问委员会常务委员会黄华、山东省省长赵志浩、国家旅游局副局长何若泉参加了开幕式并观看了风筝放飞表演。

4月7日　中国东营市国际旅行社成立。

4月22日　山东省旅游局局长蒋奎生受省政府委托，向省七届人大常委会第九次会议作了关于山东旅游工作情况的汇报。

4月29日～5月18日　由中国对外文化交流协会、中国山东国际文化交流中心和山东省旅游局联合举办的

“孔子家乡国际旅游艺术节”在济南举行。印度、土耳其、扎伊尔、新西兰和美国等5国的69位艺术家应邀参加了艺术节的文艺演出。

4月28日 中共山东省旅游局机关委员会向局属党总支、支部发出《关于必须旗帜鲜明地反对动乱的通知》。

5月8～9日 由山东旅游公司外联的日本和歌山县“日中友好之翼”访华团189人来山东济南、曲阜访问。

5月16日 东营市旅游协会成立。

6月1日 济南至青岛间的“齐鲁号”特别旅客列车首次开通运行。

6月12日 山东省旅游局召开直属旅行社负责人会议，部署旅行社导游人员培训和旅行社整顿工作。

6月14日 山东省旅游局召开直属企业负责人会议，分析由于动乱和暴乱给旅游业造成的损失，研究制定应变措施。

6月16日 山东省旅游局局长蒋奎生向海外140家旅行社发出函电，澄清国内事实真相，消除客商疑虑。

7月4～5日 中共山东省旅游局党组召开扩大会议，根据“两手抓”的方针和重振旅游工作的需要，决定成立政治学习领导小组、市场开拓领导小组和双增双节领导小组，以加强对各项工作的集中领导。

7月11日 由山东旅游公司外联的加拿大会议旅行社系列团恢复来华访问。

9月9～25日 山东省旅游局副局长李清德率推销小组赴意大利访问、推销。

9月14日 第三届泰山登山活动举行。

9月22～30日 国家旅游局副局长何光暐来山东济南、泰安、曲阜、潍坊和烟台视察。

9月24日 被首批评为星级饭店的济南齐鲁宾馆、潍坊鸢飞大酒店、青岛华侨饭店参加了在北京举行的全国旅游涉外饭店星级颁布仪式。

9月25日 济南张庄机场改建竣工复航。

9月26日～10月10日 山东省首届孔子文化节在曲阜隆重举行。来自世界26个国家和地区的1250名海外游客参加活动，成为1989年我国平息暴乱后规模最大的旅游活动。全国政协副主席谷牧、国家旅游局副局长何光暐出席了开幕式。

10月19～23日 由山东旅游公司外联的美国萨克拉门托市友好人士访华团近百人访问山东济南、泰安和曲阜等地。

10月23～26日 由山东旅游公司外联的日本“理想之国”号游船访华团270人来山东青岛、济南、曲阜、泰安访问。

12月 共青团山东省委、山东省旅游局和山东省省级机关事务管理局联合发出通知，决定1990年在全省开展“青春在旅游业中闪光”活动。

（王元生 周嘉禄 牛国栋）

河　南　省

概　况

1989年

〔**接待海外旅游者人数和旅游创汇**〕 1989年旅游工作本着“抓改革、抓整顿、抓培训、抓完善服务设施，提高水平，增加效益”的指导思想，围绕着政府下达的1989年目标开展工作。5月份之前，接待海外旅游者人数呈上升趋势。春夏之交发生的动乱和暴乱，使旅游业受到重大损失，出现了大滑坡。为扭转滑坡，摆脱困境，重振河南旅游业，省旅游局及各地旅游部门，认真贯彻执行了党中央、国家旅游局的指示，加强旅游系统干部、职工的思想政治工作，在政治、思想、行动上与党中央保持一致。省局及时制订《河南省旅游工作八项应变措施》，各地旅游部门积极行动，抓宣传促销，抓队伍整顿，抓人员培训，抓提高服务质量，开展增收节支，振奋精神，齐心协力。计划、财政、铁路、民航、邮电及其它有关部门也都大力支持，我省旅游业从9、10月份以后开始复苏。

全省全年共接待海外旅游者70294人次，完成年计划指标12万人次的58.58%，比上年减少38.6%。其中外国人35510人次，比上年减少50.53%；华侨、港澳台同胞34784人次，比上年减少18.62%。

全省地方外联招徕国际游客4238人，较上年减少33.6%。全省旅游创汇3869.56万元外汇人民币，完成年计划指标3786万元的102.1%，较上年增长11.08%，其中旅游系统创汇1955.54万元外汇人民币，比上年减少11.8%；豫港旅游包机创汇940万元外汇人民币，比上年增长180.76%；铁路、民航、邮电、商业收入969.02万元外汇人民币，比上年减少11.08%。

全省旅游外汇收入2418.36万元外汇人民币，完成年计划指标2940.72万元的82.24%，较上年减少6.33%。其中旅游系统外汇收入1449.34万元外汇人民币，较上年减少6%。

〔旅游景点建设〕 本着压缩规模、保重点（中原旅游区），完善竣工项目，配套成龙，使之尽快发挥效益的指导思想。全年共完成建设投资810万元，其中：国家旅游局拨款50万元，贷款200万元，拨款改贷款260万元；省财政拨款300万元。进行少林寺演武厅的配套工程、开封东京大饭店、开封樊楼收尾工程建设。温县太极拳演武厅进入主体施工。

〔环翠峪风景名胜区开放〕 9月28日，河南省级风景名胜区环翠峪正式开放。

环翠峪风景名胜区地处郑州西58公里的浮戏山中，是荥阳、密县、巩县的交界处，面积约24平方公里。景区内山峦叠翠，景色秀丽，古迹颇多，自然与人文景观一百四十余处。这曾是扼守中原的交通要塞，历来为兵家必争之地。现存有三十多华里的郑、韩古长城遗址和宋、元、明、清历代修建的古城堡群落遗址十余处，建筑风格粗犷、奇特，是研究古代军事建筑的珍贵历史资料。这里还有相传为周朝时期王子晋驾鹤神游的“落鹤涧”和北魏寇谦之修道炼丹的“嵩山石涧”，以及“双龙峡”、“斗龙沟”等，坡陡度大，峭壁险峻。卧龙台寨古城堡为明清时期的建筑，建在卧龙台上。寨墙高7米、宽2米，有东、北、东南3个寨门，周长1695米。寨墙依山势而立，就地取石块堆砌而成。山顶的岩石上布满了天然的白色云花图案，宛若精美的浮雕镶嵌，造形奇特，堪称卧龙台山上的一绝。寨内重新复制了古代用兵作战的“军旗阵”。

笔架峰、山羊山、蛤蟆峰、鸡冠山、牛头岩、武士岩、象鼻石、仙童望月、五龙聚首等奇石竞秀、姿态各异，贤孝山的灵龟石、笔峰石，落鹤涧的“悟空尊师”，“雄狮拜浮丘”和东沟山上的“卧女峰”，不但形象逼真，还带有美丽的神话传说，令人回味无穷。

镶嵌于山间的孔孔岩洞，又给游人展现出一个新天地，这里有传说中八仙居住过的“八仙洞”；有内壁岩石峥嵘、水渍斑斑，不时水点滴落，发出清脆响声的“燕窝洞”；洞中有河，河中有洞，洞深千米，流水咚咚的“付里洞”；有布满石乳、石笋、石幔、石花等的陈庄地下溶洞。

环翠峪不仅自然景观迷人，而且气候适宜，年均气温14°C，夏季平均气温24.8°C，是理想的旅游、避暑胜地。

〔郑州号“黄河游”汽垫船试航成功〕 我国第一艘豪华旅游汽垫船于10月7日在郑州黄河游览区正式下水，投入试营运。

“郑州号”旅游汽垫船是由省旅游局投资，上海飞机制造厂建造，船长13.2米，宽5.5米，高2.6米，总重量10吨，额定乘员33人。船体造型美观，舱内装饰豪华，视野宽广，时速最高可达55公里。由于采取了飞机螺旋浆推出力的形式和气流垫升作用，所以航行适应性强，水陆两栖，浅滩、激流、沼泽、草地、水面均安全平稳行驶。这不仅为黄河游览区增添了新项目，也使人们遨游黄河的梦想变为现实，不再为到了黄河边不能游黄河而感到遗憾了。

〔整顿一、二类旅行社〕 根据国家旅游局《关于整顿旅行社的通知》，河南省旅游局对省内43家一、二类旅行社（省旅游总公司、国旅分支社14家、中旅社15家、青旅分支社2家、职工旅行社1家、其它旅行社10家）进行了全面调查摸底。经自查自报，依照《旅行社管理暂行条例》进行整顿验收，省旅游局向达标的33家旅行社颁发了《旅行社业务经营许可证》；对经营情况较差的出示了“黄牌”，限期停业整顿；取缔了2家不合格的旅行社（郑州中原旅行社、洛阳友谊旅行社）。经过整顿，旅行社的经营管理水平，导游队伍的素质、服务质量均有不同程度的提高和改善。

〔旅游涉外饭店首次进行星级评定〕 河南旅游涉外饭店评星工作年初开始。省旅游局召开了全省评星工作会议，各地旅游管理部门及申请参评的22家饭店认真学习了有关评星工作《规定》、《标准》，制定并实施培训计划、达标方案，重点放在软件建设、提高管理人员素质、服务质量、完善设施设备方面。省旅游局依据《中华人民共和国评定旅游涉外饭店星级的规定和标准》，上半年试评出星级标杆饭店4家，作为全省样板。年底全省评出星级饭店6家，正式颁发证书和星级标志。洛阳友谊宾馆东楼为三星级；洛阳友谊宾馆西楼、开封宾馆为二星级；洛阳东方宾馆、洛阳花园酒店为预备二星级；洛阳矿山宾馆为一星级。这标志着河南旅游涉外饭店在正规化、专业化、规范化、科学化管理的道路上迈进了一大步。

〔旅游对外宣传促销〕 4月1日～7日，河南首次举办旅游宣传周活动。其间，省、市（地）、县旅游局长分别在当地电台或电视台发表讲话，在报刊发表文章，介绍河南旅游业十年发展及成果。《河南日报》发文字、图片专版各一个，专访和消息二篇。《郑州晚报》、《安阳日报》、《开封日报》、《焦作日报》、《登封报》等也发了专版。省、市电视台分别播放介绍河南旅游资源的电视片《中州揽胜》、《走中原》、《酒仙杜康》、《少林拳》和《陈氏太极拳》。郑州市开展了旅游咨询服务。安阳市、登封县举办了旅游知识竞赛。鹤壁市召开了“旅游业十年展望”座谈会。温县通过有线广播、驻马店市采取电影招待会等形式，宣传旅游业在国民经济和社会发展中的地位、作用。省旅游局邀请中国旅游饭店获奖服装表演队，在郑州、登封、洛阳等地表演。全省张贴旅游宣传招贴画四千余张，在各级电台、电视台播放旅游片等260分钟，报纸、刊物发稿94件。旅游宣传活动丰富多彩。

利用海外报刊为我宣传招徕。如日本《读卖新闻》—

年发表宣传河南旅游稿件30多篇，香港《广角镜》刊登稿件7篇，对河南旅游宣传招徕起了积极作用。

全年摄制电视录像片8部，与广东电视台合作摄制了《中州风情》（22集），编印6种导游图中、英、日三种文字7.2万份，印制台历、贺年片1.2万份，制作各种旅游纪念品1.7万件。全年接待美国、日本、法国、联邦德国、瑞士等国家及香港地区的专栏作家、文字、摄影记者、电影、电视摄制人员37批76人。

〔**中原与大黄河之旅专线游**〕在旅游业"滑坡"形势面前，省旅游局以日本游客为主要对象，于10月初成功推出了"中原与大黄河之旅"专线旅游新线路。游客由上海入境，游开封、洛阳、西安三大古都和黄河。客人在开封游览新建的宋都一条街、龙亭、相国寺、夜市等，并在樊楼品尝宋代宫庭风味料理。经郑州赴少林寺，参观少林寺、塔林、武术馆，一睹精湛的少林武术表演。在洛阳参观龙门石窟，游览"九朝古都"，参加省旅游局为游客举行的欢迎酒会。在三门峡乘船游黄河，参观民俗、民宅（窑洞），赴西安游览，上海出境。客人在省内停留4天3夜，每到一处，饭店宾馆都悬挂欢迎横幅，鸣放鞭炮，列队迎送。热烈的气氛、优质的服务、丰富的项目、合理的安排，受到了游客的赞誉。突出了"古都"、"武术"、"大黄河"中原旅游区独具的特色。三个月（10～12月）接待专线团31个821人。

〔**举办中国少林武术节**〕9月20日～26日，在嵩山少林寺武术馆举行了为期7天的中国嵩山少林寺武术节。这是一次少林武功高手云集，争相献技的盛会。

每天上、下午各有一场精彩的武术表演。陆续来自美国、意大利、新加坡、日本、台湾、香港等10多个国家和地区的200多位游客观看了表演，有些游客还与武术馆教练、学员交流和切磋武功。武术馆学员的套路、器械、对打表演，教练员的硬气功、气功点穴表演和少林寺武僧的电气功表演，以及"嵩山少林寺"武术散打夺魁赛等，不时赢得全场热烈掌声。在此期间，省旅游局局长蔡流海举行了新闻发布会，宣布从1990年起，每年9月1日～6日，在少林寺武术馆举办"中国嵩山国际少林武术节"，进行少林弟子精英大赛和国际散打（即自由搏击）擂台赛，并为在少林寺武术馆接受过培训的海外少林拳师进行段级晋升评定，每年举行一次。

〔**旅游包机**〕郑州至香港直航旅游包机，上年运营情况良好，产生了较好的社会效益和经济效益。2月5日，经国务院批准，河南第一个国际空港——郑州机场正式对外开放，可以起降波音737、757和ＭＤ等大型客机。郑州至香港临时旅游直航包机，改为郑州至香港直航旅游包机，并由每周一个航班次，增为每周两个航班次，旺季增为每周两个航班次。包机全年共飞行206架次，载客18576人次，平均上座率为70%，创汇940万元外汇人民币，比上年增加180.76%。

〔**旅游教育及培训**〕旅游经营单位，充分利用接待任务量小的"有利时机"，以岗位职务服务培训为中心，结合饭店星级评定、旅行社整顿，开展多形式、多渠道、多层次的培训，提高了从业人员的政治、文化、业务素质。全年共举办各类培训班225期，培养各类专业人员7500人次。省旅游局与河南师范大学联办旅游大专班，全省招生420人。开办康提组河南外事旅游分院，分设日英两语种，3个班，参加学习干部、职工157人。郑州旅游学校招生142名，毕业162名。省旅游局被省政府授予"职业技术教育工作先进单位"。

〔**全省翻译导游员少林资格考试，颁发资格证书**〕全省首次翻译导游员资格考试于1988年11月上旬开始，到1989年5月底结束。全省43家旅行社专兼职翻译导游员报名443人（一类社16人，二类社355人，三类社72人），按条件免试125人（一类社7人，二类社109人，三类社9人），实际参加考试291人，各门成绩总评合格235人，及格率为80.8%；考试不合格56人，占19.2%。361名旅行社翻译导游员获中华人民共和国导游资格证书。这次考试组织严密，步骤稳妥，考训结合。通过考试，全面提高了翻译导游员的政治素质和业务技能，培训锻炼了一批导游培训师资，初步摸索了一套组织翻译导游员培训、考试的方法和经验。导游培训工作受到国家旅游局好评，并在8月全国导游工作经验交流会上介绍了经验。

〔**省会旅游涉外饭店举行服务技术竞赛**〕9月26日下午，省会旅游涉外饭店首届服务技术竞赛在河南省国际饭店举行。省国际饭店、丽晶大厦、中州宾馆、嵩山饭店、黄河饭店、郑州饭店和郑州旅游学校共40人参赛。竞赛项目有托盘、斟酒、西式做床比赛和中、西餐摆台表演。以标准化、程序化、规范化的服务要求，按国际旅游业通用服务标准评判打分。经激烈角逐，省国际饭店、中州宾馆分获团体冠、亚军；黄河饭店范丽、丽晶大厦王贲、郑州饭店王旭分别获取托盘、斟酒、做床个人单项第一名。省政府副秘书长杨昌基、省旅游局局长蔡流海、副局长郭全收观看表演，并分别向获胜单位和个人颁发了锦旗和奖状。来自郑、汴、洛三市旅游涉外饭店和部分饮食、服务行业的三百余名代表观摩了竞赛表演。

〔**召开殷墟甲骨文发现90周年国际学术讨论会**〕9月10日～14日，殷墟甲骨文发现90周年国际学术讨论会在安阳举行。与会外国学者全部以旅游者的身份，自费专程到安阳。来自苏联、日本、联邦德国、英国、法国、澳大利亚、意大利和我国19个省、市、自治区的130多名国内外学者参加。会议回顾了90年来甲骨学由绝学发展到当今显学的辉煌历史，肯定了国内外甲骨学研究的巨大成就。会上国内外学者宣读论文68篇。这次会议对国内外甲骨学、商史、考古学的研究和宣传安阳旅游起了较大影响。

〔中国农民旅游业协会第三次大会在郑州召开〕 4月26日～28日，中国农民旅游业协会第三次大会暨首届旅游农业研讨会在郑州黄河游览区举行。中国旅游协会会长韩克华、国务院农村发展研究中心顾问吴象、河南省副省长秦科才等出席会议。全国17个省、市、自治区80多位代表参加。

中国农民旅游业协会成立于1987年，是一个由农民旅游企业家、与农民旅游业联系密切的旅游企事业单位以及热心农民旅游业的组织、知名人士组成的全国性的专业性群众团体，现有17个省市自治区的几十个会员单位。会议认为，发展农民旅游业，不是说让农民去旅游，而是让一部分旅游资源较好的地区，通过发展旅游业，促进当地的经济建设，繁荣农村经济。农民旅游业的方向是，开发、挖掘、扶植具有民族特色和地方特点的专项旅游活动，不断充实、完善游览内容，由单纯的游览观光型，向参与、观光、游览方向发展，以延长海外旅游者在我国的停留时间。会议期间，代表们就如何利用我国农村资源优势，发展农民旅游业等问题，进行了广泛的讨论。

〔省内免税商品提货点开业〕1月30日，河南省第一家"在外售券，境内取货"免税商品提货点在郑州市经二路11号正式开业。

该提货点归属中国华侨旅游侨汇服务总公司河南公司，由该公司与香港中旅贸易有限公司筹建。主要经营免税商品在郑州提货业务。过去，回豫探亲旅游的海外华侨、港、澳、台胞，外籍华人和出国探亲、留学、进修人员在境外购买的大件免税商品，只能在北京、上海、广州、西安等地提货，手续复杂，费时费力，且增加开销。现在，可"在外售券，境内取货"。上述有关人员在入境前，可在香港中旅贸易有限公司所属，分布于美国、英国、法国、加拿大，巴西、荷兰、比利时、菲律宾、马来西亚、新加坡、瑞典、澳大利亚、日本、泰国、香港15个国家和地区的30个代售处，购买自己选中的、允许入关的免税商品券，而后直接在郑州提货。原在外地提货的，也可通过郑州提货点办理易地提货手续，直接从郑州提货。

历史回顾

河南省地处中原，是中华民族的发祥地之一。历史悠久，文物荟萃，名胜古迹众多，自然风光秀丽，旅游资源丰富多彩，非常适宜发展旅游事业。全国七大文化古都，河南省境内有3个（安阳、洛阳、开封）。中州大地曾几度成为全国政治、经济、文化中心，历代劳动人民创造了灿烂的文化，境内留下大量文物古迹。截止1989年底，河南省有国家级保护文物30处，省级保护文物484处，市级保护文物2609处；有洛阳、安阳、开封、商丘、南阳等5座历史文化名城，九朝古都洛阳和七朝古都开封被列入全国24座历史文化名城中；龙门、嵩山、鸡公山3个风景区属全国44个风景名胜行列；《中国名胜词典》所载河南的名胜古迹达226处，遍布全省80个市县。

河南境内，中岳嵩山居中，太行山、伏牛山、桐柏山、大别山四大山脉雄踞于西北南三面，黄河、淮河、海河、汉水四大水系呈扇状分布，山区有许多龙潭瀑布和天然美景。省政府公布有云台山、大伾山、浮戏山、嵖岈山、南湾湖、石人山、亚武山、五龙口和环翠峪等9个省级风景名胜区；有济源县猕猴禁猎区等16个生长着珍奇动植物的自然保护区。发源于河南的少林拳和陈氏太极拳闻名海内外，历史悠久的豫菜、工艺品、土特产品以及地方戏曲杂技等，都具有鲜明的地方特色。

河南丰富的旅游资源，自古以来吸引着众多的游客。

中华人民共和国建立后，河南的旅游事业起步于50年代。1958年成立中国国际旅行社河南分社，以后相继建立洛阳、三门峡、开封、安阳、林县支社。当时除接待少量归国观光、探亲的华侨、港澳同胞外，主要接待苏联和东欧等国家的外国旅游者。1966年，"文化大革命"开始，各旅行分支社瘫痪解体，旅游业务停滞。1972年后，随着中国对外关系的改善，中日、中美相继建交，西方国家的游客及华侨、港澳台同胞来河南旅游探亲的人数逐年增多。

1978年中共十一届三中全会以后，实行对外开放政策，1979年6月全国人大五届二次会议确定了"大力开展旅游事业"的方针。1981年7月，国务院召开第一次全国旅游工作会议，提出旅游事业发展的方针、道路和政策。河南省认真贯彻执行中央的方针政策，迅速发展旅游事业，打基础，创牌子，树信誉，探索有中国特色的旅游道路，取得了显著成就。

〔建立旅游管理和经营体系〕 1979年7月成立河南省旅游事业管理局（与省人民政府外事办公室合署办公），1983年易名为河南省旅游局。在全省29个市县恢复和新建中国国际旅行社和中国旅行社的分支社以及接待国内游客的旅行社。到1989年底，在全省70个开放市县中，单设旅游局的有3个市县，旅游局与外事办公室合署办公的有9个市县，其它开放市县的旅游管理工作由当地外事办公室承担。全省有接待国际游客的一类旅行社1家、二类旅行社40家、接待国内游客的三类旅行社10家，形成了接待国内外旅游者的服务网。全省旅游系统职工已达五千多人。

〔加快旅游景点建设，实现对外开放〕 河南旅游资源虽然丰富，但由于过去战乱的破坏和十年浩劫，致使许多旅游景区年久失修，残破不堪。为适应发展旅游事业的需要，在对全省各地旅游资源进行普查与规划的基础上，1979年至1989年，国家旅游局投资4565万元，省投资3877万元，市县投资3118万元，群众集资7936万元，共投资19469万元，对旅游景区、景点有计划、有重点地进行整修、开发、保护。在开发建设中，注意发挥河南"古"的优势，本着以古为主古今结合、文物古迹和风光名胜相结合、保证重点兼顾一般的原则。到1989年底，基本建成以开封、郑州、洛阳为轴线的中原旅游区，开辟了三门峡"黄河游"、豫北、豫南、豫西南、豫东等旅游线，以及武术（少林拳、陈氏太极拳）、洛阳牡丹花会、开封菊花花会等专项旅游项目。

中原旅游区东西长300公里，南北宽100公里，是国家旅游局"七五"规划的二类重点旅游区，是河南省旅游景点建设的重点。经过10年的努力，中原旅游区已初具规模。

在省会郑州的黄河南岸，建成了以体现黄河灿烂文化为主题的新型旅游胜地——黄河游览区。满山的人林，各式亭台楼阁，"黄工河母亲"、"大禹治水"、"战马嘶鸣"等大型塑像，巨型砖雕"西游记"，多采的民间及现代娱乐项目，把整个游览区装点得生机盎然，人们称之为黄河岸边的"大观园"。在市北郊的大河村原始人村落遗址处，建成了夏代出土文物陈列室，复制了原始村落及原始人生活塑像群。在位于古荥镇的汉人冶铁遗址处修建了陈列馆。在登封县嵩山地区，修复了名刹少林寺、中岳庙、嵩阳书院、古观星台、嵩岳寺塔，新筑了三条嵩山石阶登山路，建起了王城岗夏代出土文物陈列馆。在少林寺内翻修了殿堂，重建了大雄宝殿，新建了拳谱堂、碑廊、牌坊，在寺院东侧兴建了少林寺武术馆。在巩县，整修了石窟寺、杜甫故里纪念馆。在密县，对打虎亭汉墓进行了配套建设。

在七朝古都开封，整修了龙亭，新建了午门、玉带桥、嵩呼、朝门、朝房等一组古建筑，在龙亭大殿和朝房内建立了中国第一个"宋代蜡像馆"，净化了潘杨二湖。在市区新建了"包公祠"、"宋都一条街"旅游景点。"宋都一条街"与龙亭的午朝门紧紧相接。400米长的街道两旁均为仿宋建筑，楼阁鳞次栉比，主体工程矾楼和角楼是仿北宋东京最大酒楼而建，造形奇特。一条街为商业街．店铺50多家，开封特产、文化用品、旅游纪念品琳琅满目。对相国寺、铁塔、禹王台、繁塔、延庆观、山陕甘会馆等旅游景点都进行了整修。

在九朝古都洛阳，对龙门石窟、白马寺、关林进行了全面整修。新建了白居易陵园、植物园、民俗博物馆、洛阳古墓博物馆、偃师县商代出土文物陈列馆等旅游景点。洛阳古墓博物馆别具一格，4个地下墓厅，第一批已迁入自西汉至北宋时期的典型古墓22座。一年一度的"牡丹花会"，更给洛阳旅游业增浮了活力。

中原旅游区接待游客量占全省的90％以上。

与中原旅游区建设同步，安阳殷墟博物苑、汤阴县岳飞庙、南阳汉画馆、武侯祠、灵宝县函谷关、信阳鸡公山风景区、南湾湖风景区、浚县大伾山风景区、驻马店嵖岈山风景区、济源县五龙口风景区、焦作云台山风景区、荥阳县环翠峪风景区等一大批旅游景观景区（点）相继得到开发建设，为国内外游人所青睐。

到1989年底，全省对外开放的市县共70个（市23个，县47个），旅游点147处。

〔**兴建服务设施　改善旅游交通**〕1978年前，全省可接待国（境）外旅游者的饭店、招待所6座600张床位，到1989年底，旅游涉外饭店增加到38座1.4万张床位。郑州的国际饭店与丽晶大厦、洛阳的友谊宾馆、开封的东京大饭店，以较为规范的标准为游客提供国际通讯、外币兑换、中西餐、酒吧、卖品部、美容、桑拿浴、健身房、出租汽车、旅行社业务等多种服务。建于嵩山少林寺旁的少林寺武术馆备有客房，融接待、食宿、特殊旅游项目为一体，可接待国内外游客在此进行短、中、长期学拳习武。在全国优质服务竞赛中，1982年，洛阳友谊宾馆、中国国际旅行社洛阳支社被评为全国旅游系统先进单位，出席了国家旅游局在北京召开的表彰先进大会。1985年以来，贯彻中央关于经济体制改革的方针，在涉外饭店、汽车公司等旅游企事业内部引入竞争机制，先后实行了承包经营责任制和目标责任制，促进了旅游企事业经营管理水平和服务质量的不断提高。1989年，按照《中华人民共和国评定旅游涉外饭店星级的规定和标准》，对旅游涉外饭店评定星级，实行星级制度，这标志着河南省旅游涉外饭店正在向现代化管理迈进。

1986年洛阳建成飞机场，开通了至北京、西安、上海、广州等旅游热点城市的航线。1988年郑州经国家正式批准为对外开放口岸，开通了郑州至香港的旅游包机，每周运行二至三班，为国外游客直抵河南观光游览提供了便捷的交通。由郑州乘飞机可直抵北京、上海、广州等20多个大中城市。铁路交通，郑州本来就是连接四方的交通枢纽，近年来，又增开郑州、洛阳至北京、上海、西安的始发火车。省内公路路况明显改善，洛阳经郑州至开封也是贯穿中原旅游区的公路干线建成了二级公路。郑州建成了黄河公路大桥，郑州至豫北新乡建成一级公路。汽车运输，全省适于国际游客的汽车1987年时只有四十多辆，1989年增加到312辆，郑州、洛阳、开封有3家专营涉外旅游的汽车公司。郑州、洛阳每天都有发往少林寺的"一日游"汽车，这些，都大大提高了旅游综合接待能力。

〔**大力宣传促销，加强市场开发**〕河南省的旅游宣传工作，从1978年开始，根据国际旅游市场的不同需求，有针对性地采取了文字宣传、形象化宣传、举办展览、邀请记者采访等多种形式，大力宣传河南旅游，收到了良好效果。

（一）文字宣传。为翻译导游及其他从事旅游工作的人员提供党和国家的方针政策及对外宣传口径、国内外政治经济动向、国际知识、历史知识和导游知识。1980～1985年编印内部刊物《接待与导游》82期，205万多字。1987年改刊为《河南外事旅游通讯》，编印12期，约50万字。1980年编印《河南省导游手册》，1985年又重新编印，书中详细介绍全省风景名胜古迹、旅游点及工农业参观点，1989年单独出版《河南旅游》已出版6期。

对旅游者编印有《河南省概况》，介绍河南的政治、经济、地理、历史文化。编印的《中原旅游区故事》、《中原地区风俗民情》，还译成外文印刷发行。1986年编写《中国旅游大全河南卷》，约10万字。另外，还分别为中国建设》、《人民画报》、《中国旅游报》、《旅游》杂志、《河南日报》、《郑州晚报》、《福建画报》及香港《大公报》、《中国旅游》画册等报刊撰写文章、提供图片共100多篇（幅），省电视台发稿90多次，宣传河南的旅游资源和旅游业发展情况。

（二）形象化宣传。1979～1989年，河南省旅游局委托和协助中国新闻纪录电影制片厂来河南拍摄、制作的旅游宣传电影片8部：《今日安阳》、《古都开封》、《中州大观》、《河南访古》、《河南寻古》、《陈氏太极拳》、《少林寺和少林拳》、《少林武术传友谊》，其中《河南寻古》于1983年在法国国际旅游影片评比中获金奖。

摄制录像片37部，其中主要有《中州揽胜》、《走中原》、《少林寺》、《少林寺功夫学习旅游》、《太极拳学习旅游》、《中原大黄河游》、《开封灯展》、《酒仙杜康》等。和广东电视台合拍《中州风情》电视系列节目22集。协助日本朝日电视台和香港丽的电视台拍摄电视片2部：《中国之旅行》、《河南旅行》，在日本和香港播放后反映较好。

制作幻灯片7种：河南风光、开封、洛阳龙门、白马寺、关林、少林寺、嵩山访古，共1.8万套。

编印导游图17种：河南、郑州、洛阳、开封（两种）、郑州、开封、嵩山、巩县、林县、新乡、鸡公山、三门峡、少林武术馆、黄河游、古墓、包公祠，印数共602万份，有中、英、日3种文字。

印制明信片11种：河南、郑州、洛阳、龙门、牡丹、开封、少林寺、嵩山、安阳、鸡公山、三门峡，共25万份。

编印画册6种：《江山多娇》（河南、洛阳、郑州），有中、英两种文字，印数9万册；郑州——开封《风光名胜、文物古迹》画册，印数3万册；《南阳画册》印数1万册；《驻马店画册》、《三门峡画册》、《信阳画册》（每种印数1万册），共16万册。

编印挂历，发行国外进行宣传。1981年印制选有河南风光的摄影作品挂历1万份；1982年编印河南风光小台历2万份；1985年印有河南籍名家的书画作品挂历1.5万份；1986年印河南风光挂历1万份；1987年印朱仙镇年画挂历7000份，1988年、1989年印《龙门》、《少林寺》台历共2万份。

此外，各开放城市的火车站、机场设有游览宣传橱窗。省国际饭店、洛阳友谊宾馆安装了闭路电视，播放河南旅游项目。

（三）举办展览。1983年2月至1989年底，赴美国、新加坡、法国、澳大利亚、联邦德国、瑞士、香港等国家和地区举办或参加旅游展览12次，在国内参加国际性展览4次，国内展览1次，均收到较好的效果。

1985年9月，省旅游局派出以副局长王伯兴为领队的旅游资源展览和对外联络组，于9月6日～15日在美国堪萨斯州哈钦森市举办河南旅游资源展览，这是中国到美国举办的第一次旅游资源展览。堪萨斯州州长卡林及州政府30多名官员出席开幕式。展览期间，当地电视台和报纸多次报道展览情况，前往参观的美国观众约30万人次，散发和销售宣传品八千多件。最后将展品留在美国，由国家旅游局驻纽约办事处负责在纽约市进行展览。展览组还到旧金山、洛杉矶、堪萨斯城、纽约、华盛顿、夏威夷等地，向六十多家旅行社宣传河南的旅游资源。

1987年，河南旅游对外宣传工作采取"突破一点，扩大辐射面，提高河南知名度"的方针。河南省旅游局根据国际旅游市场的新变化，确定以两拳（少林拳、陈氏太极拳）为锋尖的旅游产品宣传推销策略。3月19～26日，以省旅游局局长蔡流海为团长的河南旅游展销团21人，赴新加坡举办"中国河南省旅游展销大会"。这是河南省首次在国外自己举办旅游展销会，历时8天。观众达15万人次，散发、销售各类宣传品一万余份（套），销售一百余种旅游纪念品共一万余件；登封县少林寺僧人释永寿和温县陈家沟拳师陈小旺表演少林拳和陈氏太极拳的消息，被视为"爆炸性新闻"。当年河南接待新加坡旅游者由1986年的33人增加到386人。

国家旅游局在日本、美国、英国、法国、联邦德国和香港地区设的派出机构，都开办有中国旅游宣传橱窗，河南省旅游局不断为其提供旅游宣传材料进行宣传。

（四）邀请记者采访。1983年5月，河南省旅游局邀请首都《人民日报》海外版、《中国建设》等10家对外宣传的新闻单位到河南采访旅游工作，经过两周的实地考察后，通过国际电台、对外刊物和报纸等，对河南的旅游资源和经济建设成就作了大量报道。1983年下半年，在国家旅游局协助下，省旅游局有计划地邀请外国记者来河南采访旅游。至1989年底，邀请美国、日本、法国、联邦德国、瑞士等国家和香港地区的专栏作家、文字记者、摄影记者及电影、电视摄制人员共107批319人来河南参观采访；接待国内记者30批210人。河南省旅游局与省市报刊、电台、电视台，还共同组织了"洛阳古墓博物馆"、"豫港旅游包机首航"、"三门峡黄河游添新船”等专题报道。

河南地方自主对外联络工作，1979年10月以后，根据国务院在北戴河召开的全国旅游工作会议精神，河南省旅游局开始直接与国外旅行社建立业务关系，招徕游客。1980年国旅郑州分社成立对外联络科。1983年省旅游局成立对外联络处。1986年省旅游局在香港设立“豫港旅游有限公司”常驻办事机构。1988年开始派驻美国1名旅游推销员。1981年至1989年，省旅游局、省旅游总公司、国旅郑州、洛阳、开封分支社先后共派出26个对外联络推销组，赴香港、日本、美国、新加坡、泰国、澳大利亚、瑞士、法国、意大利、联邦德国等主要客源国家和地区开展旅游推销业务，有计划地与日、美、香港等10多个客源国家和地区的78家旅行社建立了业务关系。还与日本、美国的友好组织、武术团体如日本少林寺拳法联盟加强了旅游交往。由于不断开辟客源市场，河南地方自主外联来豫旅游的客人逐年增多。1981年为450人，1982年970人，1983年2100人，1984年2900人，1985年3300人，1986年2980人，1987年4269人，1988年6386人，1989年因动乱造成旅游滑坡下降到4238人，9年间共计27569人，其中以日本、香港的游客居多。

〔发展旅游教育，培养专业人才〕 1984年在郑州开办了旅游职业班，1988年升为河南省第一所旅游中等专业学校，开设了导游、贸易、管理、服务等专业班，面向全省招生，到1989年底，已输送毕业生350人，在校生640人。省旅游局与河南师范大学合办旅游大专班2个（英语、文秘），并分别在郑州、开封、洛阳、平顶山、新乡、商丘设立函授班6个，全省旅游系统500余名干部职工参加学习。1989年在郑州开办了学习外语的康提组外事旅游分院，分设英、日两语种3个班，参加学习150多人。洛阳、开封、三门峡、焦作等地开办了旅游职业班。此外，每年各地还选派部分人员出国研修、进修，选送北京第二外语学院、旅游学院、上海旅游专科学校等学习、进修。

河南省旅游局及各地旅游部门，都比较重视提高职工的政治、文化和业务素质。旅游经营企事业单位，普遍建立了培训机构，配备了专、兼职人员，坚持常年不懈，围绕搞好企业管理，提高服务质量，提高职工素质等，开展了多层次、多形式的岗位职务培训。全省370余名服务员取得了服务员级别。361名旅行社翻译导游人员通过资格考试，获得中华人民共和国导游资格证书。1989年，省旅游局被省人民政府授予职业技术教育工作先进单位。

〔接待人数迅速增加经济效益不断提高〕 随着旅游事业的发展，特别是改革的10年，河南省以中原旅游区为中心的6条旅游线全面开放以来，国内外游客与日俱增。1958年至1989年，全省累计接待外国人和华侨、港澳台同胞583327人，其中1958年至1978年20年间仅接待30812人，而1979年至1989年11年间接待552515人，年平均增长率为18.3%。年最高接待量的1988年达到114523人次。随着人民生活水平的提高，国内旅游人数增长很快。1986年以来，全省每年接待国内游客约1200万人次，洛阳牡丹花会每期20天即接待国内外游客300万人。

河南省旅游业已成为一个新兴产业。1978年前，旅游接待工作单纯讲政治友好。1979年后，坚持贯彻“友谊为上，经济受益”的方针，不断提高经济效益和社会效益。

旅游业的发展，为增加地方外汇收入开创了新的途径。1979年至1989年，全省旅游业直接创汇和铁路、民航、邮电、商业等间接创汇折合人民币总额1.8亿元。国内旅游回笼货币约5亿元。

旅游业的发展，促进了对外经济、科技、贸易等方面的交流与合作。洛阳市从1983年起利用每年四月举办的牡丹花会旅游吸引大量中外来宾，到1988年六届花会累计接待国内外游人1200万人次，其中外宾19926人，来自20多个国家和地区，市政府在花会期间举办中外经济技术洽谈会，把旅游和贸易相结合，签约项目达296项，定交金额4.3亿元。仅1988年第六届牡丹花会期间，各项经济活动成交额12.98亿元。其中订货部分各个行业分别计算毛利达3248万元，而花会投入仅140万元，产出是投入的23.2倍。

旅游业的发展，为商业、手工业、服务业等行业的发展开辟了新的市场，繁荣了商品经济，扩大了劳动就业。据不完全统计，全省各旅游区从事旅游、交通、商业、饮食、照像等各类直接为旅游服务的人数约8万余人。登封县嵩山旅游区的城关镇、少林寺、中岳庙都形成了规模较大的旅游市场，该区旅游业1988年实现经济效益806.43万元，占全县国民生产总值4.1亿元的1.96%。

旅游业的发展，促进了河南省具有地方特色的民间工艺品和土特产品的生产，为钧瓷、唐三彩、南阳玉雕制品和格花制品、开封汴绣、三门峡通草画、民间面人、剪纸、草编、书画、篆刻等传统工艺美术的发展带来了生机，名烟、名酒、土特产的生产能力不断增强，经济效益明显提高。1988年，全省旅游商品总产值达2亿多元。以生产唐三彩制品为主的洛阳工艺美术陶瓷公司，1979年还是一个仅有职工78人，经营不很景气的小企业，到1988年已发展成为拥有10个部、所、厂，1600多名职工，能生产1000多个品种的中型企业。该公司生产的“九都牌”仿唐三彩制品成为畅销国内外的名牌产品。全公司产值由1979年的21万元，增至1988年的1285万元，利润由2.1万元增至93万元，创收外汇由40万美元增加到65.3万美元。

旅游业的发展，促进了环境建设。在对旅游景点开发建设中，有关方面密切配合，本着旅游效益，社会效益和环境效益相统一的原则，促进了景点的美化、优化、合理利用，发挥效益。改革开放10年来，全省新辟风景区12个，其中国家级3个，省级9个。

〔河南省旅游徽标〕

河南省是少林武术、陈氏太极拳的发源地，在海内外被誉为“武术之乡”、“功夫摇篮”，这是发展河南旅游业的一大优势。为了突出河南旅游业的特点，树立河南在国际旅游市场的形象，省旅游局将“两拳”作为全省统一的旅游标记。徽标图案为弧边三角形框连，中间为一抽象化的拳师，象征“两拳。”草写体的英文为“少林和太极”，下面为中英文“中国河南”字样。

（潘建军、盛元麟、荣建新）

湖　北　省

概　况

一、综　述

〔行业沿革〕

湖北的国际旅游业至今已有66年的历史，是我国最早开办旅游业务的省份之一。1924年成立上海商业储蓄银行汉口分行旅行部，1928年正式改为中国旅行社汉口分社，随后又设立了武昌、宜昌两支社。

建国前夕至今，湖北省的旅游发展历程大致可划分为四个阶段。第一阶段：1949年6月到1954年10月，1949年6月成立武汉市军事管制委员会交际处负责接待外宾、华侨等六种对象。1954年中央政务院批准成立了中国国际旅行社总社，同年9月，成立了中国国际旅行社武汉分社，是全国最早成立的14家分、支社之一。这一阶段的旅游工作方针是“友谊第一、安全第一”。

第二阶段：1954年到1966年年底，随着国际总社业务范围的扩大，全省接待的外宾、华侨和港澳同胞开始增多。1956年成立武汉华侨服务社，负责接待华侨和港澳同胞，1964年改名为湖北省暨武汉市华侨旅行服务社。这一阶段的方针是：政治挂帅，促进世界革命，不计经济效益。

第三阶段是“文革”十年，旅游者来得很少。1966年以后，外事旅游机构撤销，人员大多去干校，业务停止。1973年根据中央精神恢复了国旅武汉分社和省华侨旅行社，1974年又增设了湖北省中国旅行社，负责接待邀请外宾和国外自费旅行者、华侨和港澳同胞。这一阶段的方针是：政治挂帅，促进世界革命，不计经济效益，有的则是免费旅游，食宿交通费用招待。

第四阶段：1978年湖北省旅游局成立起到现在。1978年5月，经省人民政府批准，成立湖北省旅游事业管理局，与省外办合署办公。申剑同志任局长.王登玉、陈平晖、王勇、唐仲仪同志任副局长。1980年与省外办正式分开，但仍归口省外办。这一阶段的旅游大发展始于1985年以后，全省各级旅游局、旅行社的发展。湖北省旅游发展规划和近期旅游格局的确立和128个旅游景点的发展，客房和交通的发展，各种旅游学会、研究会、刊物的兴起，对外宣传和开展国内横向联系和海外客源的开拓等等，特别是1986年的两个突破（接待人数突破10万人次，创汇突破1 000万美元），更是湖北省旅游事业有了较大的发展的标志。这时初期的方针是“友谊为上，经济受益”，以后则更讲究经济效益。

〔旅游机构设置〕

1978年，湖北省旅游事业管理局下设办公室、政治处、宣传处、行政管理处、外宾接待处（与国旅武汉分社合署办公）、华侨接待处（与省华侨旅行社、省中国旅行社合署办公）等机构。1984年，湖北省旅游局定为省外办的下属单位，袁亚莹同志任局长，张平、刘辉、潘细汉同志任副局长，唐仲仪同志任副厅级巡视员。下设办公室、政治处、宣传处、企财处、旅游开发处（后改为计划开发处）等机构。1989年11月，省委对省旅游局领导班子作了重新调整，游先胜同志任局长，刘大江、张平、潘细汉同志任副局长，刘辉同志任副局级调研员。同时局内部机构作了部分变动，下设办公室、政治处、国际市场开发处、计划开发处、财务外汇管理处、企业管理处、审计处、机关党委、监察室（与纪检合署）等11个处室，定编73人。

随着旅游事业的发展，全省各地旅游机构也相继设置。至1985年，黄石市、宜昌地区、十堰市、鄂州市、蒲圻市、通山县、巴东县、秭归县、宜昌县、长阳县、五峰县等11个地市县成立了旅游局。截止1989年，16个省辖市和省辖地区、自治州均设有旅游局，17个县市也成立了旅游局。但大部分旅游局仍与当地外办或接待办合署办公。

全省现有各类旅行社70家，其中经营国际旅游业务的一、二类旅行社36家，经营国内旅游的三类旅行社和经营旅游商品的旅游服务公司34家，初步形成了开放型、多渠道、条块结合的经营体系。

全省旅游系统现有职工6371人，其中各类旅行社翻译导游人员473人，为旅游行业服务的人员约5万余人，基本上建立了一支专业化的旅游队伍。

〔旅游设施建设〕

五十年代，全省担负外事接待工作的只有武汉市的璇宫饭店、江汉饭店、胜利饭店、汉口饭店、惠济路1号别墅、东湖客舍、洪山宾馆、武昌饭店等，号称“八大饭店”。七十年代末，经营国际旅游业务的只有璇宫饭店、江汉饭店和胜利饭店，其床位总数不足160张。八十年代后，省旅游部门陆续新建和扩建了晴川饭店、长江大酒江、江汉饭店、新华饭店、桃花岭饭店、海观山宾馆和三峡宾馆等，改善了外宾住宿难的状况。截止1989年，全省共有旅游涉外饭店26家，客房4669间，床位10731张。其中旅游部门饭店12家，客房2282间，床位5200张。

经过湖北省辖区的长江三峡旅游船共12艘，其中省旅游局属“扬子江”号旅游船1艘，宜昌地区旅游局属“昭君”号旅游船1艘，以及长江旅游总公司属旅游船10艘。湖北省旅游系统有大、中、小型汽车325辆，共有座位4301个。

总之，旅游设施规模的不断扩大，增强了湖北省国际旅游的综合接待能力，加快了省内旅游事业的发展。

〔旅游交通网络〕

湖北地处长江中游，省会武汉是京广铁路线和长江两大交通动脉会合处，素称“九省通衢”。自古以来就是我国内地的重要商埠和交通枢纽。

全省公路经过三十多年的建设，已形成了以武汉为中心，以100条干线为骨架，全长45.2万公里，连接各港站码头，贯通省内外城乡的多层次路网体系。湖北省的第一条旅游公路是1933年修建的襄阳至隆中公路。建国后，又陆续兴建了蒲圻至赤壁公路、武当山公路等。

湖北省的水路客运有得天独厚的优势，长江、汉江贯穿全省，支流纵横交错。以武汉为中心共开辟客运航线87条，其中国际航线10条，国内航线77条。

铁路是湖北省交通运输的骨干。全省境内有京广、焦柳、襄渝、汉丹、武大等11条铁路干线，京广、焦柳铁路纵贯南北，襄渝、汉丹、武大铁路横穿东西，分别相交于湖北的两个旅游中心城市——武汉和襄樊。

全省还拥有武昌南湖、宜昌、恩施、沙市、老河口、襄樊等六个民用机场，可通达北京、沈阳、大连、广州、福州、上海、合肥、西安、重庆、成都、宜昌、沙市等旅游中心城市的航线30多条。1987年12月24日开通了武汉至香港（包机）航线，初步形成了以武汉为中心，有铁路、公路、水运、航空组成的四通八达的综合交通网，为湖北旅游业的发展奠定了良好的基础。

二、省委、省政府重视旅游事业的发展

〔省委常委关于加强外事工作、加快发展旅游事业的讨论纪要〕

1980年，省委、省政府决定对省旅游局系统实行“以旅游养旅游”的方针，规定盈余不上交财政，用于旅游设备添置和更新，并从当年起停止对旅游局的财政拨款。

1985年4月8日，由省委书记关广富主持，省委常委听取了外办党组和旅游局党委关于通过整党，端正业务指导思想，加快发展外事、旅游事业的汇报，并就几个主要问题进行了讨论，作出了决定。会后以鄂办发（1985）40号文发了纪要。

省委常委认为，全省旅游工作，要大胆改革，给旅游事业的发展以更多的活力和动力，要破除不适应旅游发展要求的老观念、老办法、老框框，充分调动各方面的积极性，要从只抓国际旅游转变为国际、国内旅游一起抓；从主要搞旅游接待转变为开发、建设旅游资源与接待并举；从国家投资为主建设旅游基础设施转变为国家、地方、部门、集体、个人一起上，自力更生与利用外资一起上；旅游经营管理要由事业单位转变为企业单位，建立责、权、利相结合的运用行政的、经济的和法律的手段，加强对旅游事业的管理；解放思想，大胆改革，开创湖北省旅游工作的新局面。

省委还决定，湖北省旅游局作为省政府的职能部门，要面向全行业，统管全省旅游事业，同时又是经济实体，执行“以旅游养旅游”的方针。经济上给旅游局以自主经营，自负盈亏，自我改造，自我发展的活力和动力。旅游局所属企业应上交给国家税收，如所得税等，凡省政府有权批准免征的，从1985年起，五年之内国家予以免征，留给旅游局用于发展旅游的各项开支；旅游企业所需油、汽、燃料纳入省计划之中，实行优惠价格，所属企业创汇留成部分，由旅游局直接掌握，用于引进设备和购买旅游商品。此外，目前湖北省民航运力不足，要抓紧解决。

〔省政府关于发展旅游事业的意见〕

为了加速湖北旅游事业的发展，湖北省人民政府1987年向全省各地区行政公署，各市、州、县人民政府，省直有关部门下发了126号文件。就提高对旅游业重要性的认识，切实加强对旅游工作的领导；制定全省旅游业发展的战略目标，合理进行旅游布局；多渠道筹集资金，分步骤开发旅游资源；实行优惠政策，搞活旅游业发展的战略目标和布局。对旅游业在纳税、还贷、外汇使用及物资供应方面给予了一些优惠政策。对发展旅游业所需资金提出了解决办法。要求各级政府和各部门把旅游业列入议事日程，纳入经济和社会发展计划的轨道。

三、旅游管理体制与行业管理

〔旅游管理体制〕

在1984年全省机构改革中，因国家规定省市厅局数目系列指数所限，省政府确定省旅游局为二级局，由归口省外办改为直属省外办，旅游管理权限有所缩减。局内部职能处室设置得不多，也难以适应旅游事业综合发展的需要。

省旅游局接受省政府、省外办和国家旅游局的双重领导，作为省政府的职能部门，对全行业实行统一管理。1989年调整了局内部机构，增加了一些职能处室，以利实行行业管理。

全省16个地、市、州均设有旅游局，而单独建制的只有6个，其余10个与当地外办、侨办合署办公。全省县市级旅游局17个，大多与当地接待办、外办及侨办合署办公，一套人马。各地旅游局虽实行必要的分工协作制度，但因人力有限，权力不够，也难以对本地的旅游事业实施全行业的管理。

目前，省政府拟着手改革全省旅游管理体制，将旅游业纳入全省国民经济和社会发展计划。

〔服务质量管理〕

1989年，全省旅游行业开始实行技师聘任制，严格执行工人技术等级标准。同年2月，成立省旅游局工人技术考核委员会，由副局长张平同志等11人组成，下设中式烹饪、中式面点、西式烹饪、西式面点、餐厅服务和酒吧调酒、客房服务，美容美发等七个专业考评小组。

考核委员会的任务是，负责本省属企事业单位，从事旅游涉外接待工作的部门的工人技术等级培训考核、发证；指导地、市旅游行业技术等级培训考核；负责本行业的高级技师考核、评审和申报；审批省属企业工人技术职称和发证；审批地、市旅游行业高级技术职称；组织技术交流、专业技术培训和示范表演；评定旅游行业的技术专利。

〔旅行社管理〕

1988年11月，省旅游局、省工商行政管理局联合发出了“关于颁发《旅行社业务经营许可证》和办理注册登记的通知”，对各类旅行社颁发许可证的行政管理机关，对旅行社的清理整顿和管理权限都作了明确的规定。随后，对10家符合经营条件和手续的旅行社颁发了营业许可证。

为了提高湖北省导游翻译的政治、业务素质，加强对全省导游人员资格考试、发证的领导，1988年元月，成立省旅游局导游人员考评领导小组和省旅游局导游人员考评委员会。

〔价格、外汇管理〕

根据国家旅游局旅行社饭店管理司《关于对旅游对外报价大检查的通知》精神，严肃价格纪律，整顿旅游市场秩序，制止对外削价销售和竞相削价的混乱状况，省旅游局于1989年11月下发了“关于对全省一、二类旅行社进行旅游对外报价检查的通知”。在各地自查的基础上，同年12月上旬，省旅游局和省物价局抽派专人成立检查组，分别赴荆州、沙市、宜昌、襄樊、黄冈、孝感、黄石、鄂州等地进行了抽查，对饭店和车辆物价进行了核查，对对外报价进行了检查。1989年现有执行价基本上控制在1988年的水平。目前，“扬子江”号旅游船率先实行美元报价。

为了加强外汇管理，1988年初，省旅游局会同省外汇管理部门和银行共同制定了“关于加强省旅游局所属企事业外汇券管理工作的暂行规定”等规章制度。

〔安全管理和保卫工作〕

1987年12月中下旬和1988年2月上旬，省旅游局会同省公安厅组成联合调查组，先后到十三个地、市和三个县市旅游部门，就全省安全保卫工作作了调查，并提出了加强安全保卫工作的办法。

在抽查的29个宾馆饭店中，有16个已设立了保卫科，其余13家也都指定了1～2名专职保卫干部，有的成立了安全小组、治保会、义务消防队和联防组等组织。各地都不同程度地完善、落实了保卫制度，单列保卫经费，增加了安全保卫的技术设施，“晴川”、“长酒”、“桃花岭”、“三峡”等饭店宾馆安装了全套烟雾自动报警或喷淋式报警装置。

四、旅游资源开发、利用和建设

湖北旅游资源丰富，并得到一定程度的开发、利用和建设。从1986年到1989年的四年中，全省已获国家批准资助的20个旅游建设项目中，已完成了襄樊隆中诸葛亮草庐、荆州关公陈列馆第一期工程及咸宁竹林等项目。省古代音乐博物馆、隆中书院、荆州博物馆珍宝馆等开始动工兴建或即将竣工。荆州古城、武当山、黄鹤楼等重点旅游景区得以充实完善。四年来用于资源开发的投资总数达6600万元，使全省旅游资源的开发有了明显起色。全省各地还根据本地经济建设和社会事业发展的需要，开发建设了一批旅游景点，如京山空山洞，对促进当地的经济发展和丰富人民群众的物质文化生活起到了积极作用。此外，对于那些目前不具备开发条件的宝贵旅游资源也采取了保护措施。

五、旅游宣传促销

〔旅游宣传品的制作〕

为了配合湖北旅游景点和旅游线路的宣传推销，1978年以来，省旅游局单独摄制和组织参与了《湖北旅游》、《三国胜迹湖北多》、《三峡情趣》、《欢迎乘坐“扬子江”》、《今古楚风》、《鄂南秀色》、《三峡传说》、《武当山》、《长江三峡》、《武汉风光》、《古隆中》等旅游片和幻灯片的拍摄。1988年摄制了专题片《改革十年的湖北旅游业》在省电视台播出，并通过各地配合中央电视台，省、市、电视台摄制了《武汉散记》、《古城襄樊》、《江南重镇——鄂州》等电视片。省局摄制的《三国胜迹湖北多》目前已翻译成三种文版。国家旅游局委托省局组织参与的《三峡情趣》，在法国塔布国际旅游电影节中获得了银比雷娜奖，同时在1986年全国旅游影评中获金天马奖。由省局牵头和5省7方（河南、湖北、广东、广西、湖南、国旅总社、国家旅游局）联合摄制了《中南的魅力》旅游片。其中有的旅游片和制作的旅游宣传品参与了加拿大、澳大利亚、香港等国家和地区举办的博览会和展览会。

1989年着重在"新"和"适销对路"上下功夫，委托和组织参与了一些旅游宣传品的制作。在旅游声像制品方面，摄制完成了旅游推销片《中南情调》、《武当山》两部影片，录像路线片《鄂西北之旅》（正在后期制作）、《古三国之旅》和五部简介片《武汉》、《襄樊》、《武当山》、《荆州》、《宜昌》。此外还完成了《黄鹤楼中秋赏月》、《神农溪漂流》两部专题片。在印刷宣传品方面，省局与有关地、市旅游局和接待单位以联合或协作的形式，印制了《荆州导游图》、《武汉导游图》、《欢迎来湖北旅游》的宣传册。《江汉饭店简介》、《湖北交通旅游行图》目前正在印制中。

1978年至今，印制湖北简介，武汉导游图，局属企业简介，有关地、市的导游图等约55万余份。其中，省旅游局编制的《湖北旅游便览》，在1988年全国对外优秀出版物的评比中获编辑奖。

〔旅游外联推销〕

为了参与国际旅游市场的竞争，使湖北旅游业走向世界，发展客源，多创外汇，1984年，省旅游局派员赴美国、日本、香港等地考察旅游，宣传推销武汉市和长江三峡旅游线。1985年又派人参加在澳大利亚举行的"假日与旅行"展览会，重点宣传长江三峡和"扬子江"号旅游船。1985年，又先后派出9人赴日本、美国、联邦德国、香港等国家和地区外联推销，自联国外游客1200人。是年，"扬子江"号旅游船一改以往客源不足的状况，国际旅客骤增。1988年省旅游局先后派出了五批20人次分赴香港、日本、美国和西德等地区和国家，开展宣传推销和外联工作，自联游客1600多人，进一步巩固了老客户，发展了新客户，扩大了与世界旅游业的业务往来，并向美国、日本派出常驻代表进行宣传推销，为吸引更多的国外游客来湖北创造了条件。

1989年又派出三批10人次去美、日、德、法等国进行宣传推销工作，签订了一批旅游协议，并计划邀请外国的老朋友、旅游商来汉观光旅游、洽谈业务，继续开拓国际旅游客源市场。

目前，湖北已同欧、亚、美等8个国家和地区的41个旅游机构建立了业务往来，扩大了湖北省旅游的对外影响。

六、旅游教育、培训与职称评定

〔湖北省旅游学校〕

创建于1979年10月，始名湖北省旅游技工学校，1985年1月改名为湖北省旅游职工中等专业学校，1986年正式命名为湖北省旅游学校，是我国较早的四所旅游中等专业学校之一。

1985年1月，兴建校址于武昌卓刀泉，1989年底基本竣工。校园面积36亩，建筑面积九千余平方米，拥有教学楼、图书室、阅览室、语音室、模拟室等教学设施和设备，拥有教工宿舍、学生宿舍、食堂、运动场地等生活、体育设施。

学校设旅游专业、外语、文化基础3个教研室，有教师四十人，其中讲师9人，高级讲师1人。此外，学校还聘请外籍教师、客座教师和有经验的企业家担任教学工作。学校加强与各地旅游院校的合作与交流，对外与美国摄政旅馆公司保持友好关系。

学校设有导游、饭店管理、服务与管理3个专业，开设二十多门课程。除抓在校学生的系统教育外，还为本省及邻省培训了各类学员一千八百多名。

〔湖北省旅游培训中心〕

1989年10月正式成立。该中心的指导思想是，立足本系统，面向全行业，服务全社会。

培训中心以省旅游学校为基地，利用该校的师资力量，同时聘用旅游系统有关专业人才为兼职教师，对全省旅游企事业单位管理人员进行培训，负责各类旅游从业人员的政治、业务培训，以及新职的岗前培训等。

〔导游人员资格考试〕

全省二类、三类旅行社导游人员资格考试的工作，按照国家旅游局的统一部署，1988年12月开始，1989年5月14日结束。

为了搞好全省的导游资格考试，省旅游局成立了由潘细汉副局长等五人组成的考评领导小组，建立了考评委员会及考评办公室。对其中的现场导游考试科目，成立了由副译审和有经验的翻译、干部组成专班到全省各个考试点巡回，逐一对应试导游进行考试，保证了质量。

导游资格考试工作中，贯彻了"先培训、后考试"的原则。凡是各级领导对这项工作重视的，都取得了良好的效果，例如宜昌地区旅游局和湖北省中旅社、武汉分社都取得了较好成绩。

这次导游资格考试中，取得个人总成绩第一名的是国旅荆州支社的邹公平。

全省二、三类旅行社的导游人员总数473人，其中通过考试取得合格证书的有387人，及格率为76.6%。大部分导游人员分别与所在企业签订了合同，基本上实行了凭证上岗制度。

〔专业技术职称的考核、颁证〕

1988年，省商业厅、省劳动厅会同省旅游局对局系统的专业人员进行了技术考核和评定，并颁发了技术职称证书。

省旅游局直属饭店（船）共授予技术职称279人。高级技术职称27人，其中特一级烹调师7人，特一级宴会设计师2人，特一级洗染师1人；特二级烹调师4人，特二级西点师1人，特二级面点师3人，特二级西餐烹调师2人，特二级宴会设计师3人，特二级理发师2人；特三级烹调师2人。中级技术职称160人，其中一级烹调师7人，二级烹调师30人；一级餐厅服务员23人，二级餐厅服务员36人；一级客房服务员11名，二级客房服务员41人；一级洗（烫）衣师1人；二级洗（烫）衣师6人；二级理发师5人。初级技术职称87人；其中三级烹调师70人，三级理发师9人，三级洗（烫）衣师8人。名誉特级厨师5人。

七、旅游团体、报刊和科研

〔湖北省青年旅游研究会〕

于1986年7月3日在湖北大学成立。其全称为湖北省青年社会科学工作者协会研究会，由省内热衷于旅游科研的青年组成。

研究会的任务是：在全省建立旅游研究网络，在旅游事业方面为全省经济文化建设战略提供咨询并给予论证；致力于规划和人才培训，国内外学术交流以及编译、编印旅游书籍、论文等。

研究会下设旅游经济、旅游资源、旅游文化、规划设计和综合等六个组，并出版年刊《中国旅游学探索》杂志。

〔长江中游地区旅游协作会〕

1986年6月25日在武汉新华饭店举行的首次会议上宣布成立。协作会是在1985年底"江汉平原及沿江沿铁地区旅游协作会"筹备会的基础上，由武汉市经济技术协作委员会与武汉市旅游事业管理局倡议召开和成立的。会议代表来自湖北、湖南、江西、河南四省二十个地、市、县的35个单位，讨论通过了《长江中游地区旅游协作会章程》，推选武汉市旅游事业管理局为本年度协作会的理事长单位，并初步商定在古三国之旅线、大小三峡线、庐山线、武当山线、索溪峪环行线、洛阳西安线等六条旅游线上进行协作。

协作会的宗旨是，协调长江中游地区的旅游工作，开发、利用该地区古老的文化遗产和优美的风景资源，开拓、完善吃、住、行、游、乐、贸等旅游活动。

〔湖北省旅游地理专业委员会〕

全称为"湖北地理学会《旅游地理专业委员会》"，1985年7月3日在襄樊市成立。委员会的宗旨是，开展对旅游地理学》的研究和探讨；组织学术交流和综合考察；为更好地开发、利用、合理规划湖北省旅游资源，进一步发展湖北省旅游事业贡献力量。专业委员会地址设在武汉大学新闻系内。

在襄樊会议期间，专业委员会对保康县歇马山永行兴洞和武当山风景区进行了为期三天的考察活动。

〔长江旅游协调会〕

1987年10月成立。是由湖北、四川、湖南、重庆三省一市旅游局和长江轮船总公司、长江航务管理局、中国国际旅行社总社组成的跨区域的旅游协调组织。

协调会旨在开发重庆至武汉间以长江三峡为中心的旅游线。其主要任务是，加强横向联系，探讨开发利用长江三峡旅游线中带有共同性的方针政策、改革大计和重点建设问题，本着"自愿联合、互利互惠"的原则，组织和推动长江旅游线内各旅游企业，交通及旅游产品企业之间的横向经济联系与协作；对外共同宣传和招徕客源。

协调会每年举行一次正式会议，按重庆、湖北、四川、湖南、长江轮船总公司的顺序，轮流担任主席。

〔湖北省旅游研究会〕

1988年7月12日在武汉大学成立。参加研究会的有省、市、中央在汉旅游企事业、高等院校、新闻出版和科研近25个单位的四十多位领导和专业技术人员。

成立大会制定了《湖北省旅游研究会章程》。确定其宗旨是：在坚持四项基本原则的前提下，遵循党和国家制定旅游事业发展战略目标，积极开展旅游科学的理论与实践问题的研究，为发展湖北省旅游事业贡献力量。规定其任务为开展旅游学研讨，学术交流，综合考察和综合规划，发展旅游教育和培训，开展旅游宣传，出版旅游丛书。

研究会由省人大常委会副主任王利滨任名誉会长，武汉大学管理学院院长樊民任会长。

〔宜昌地区旅游涉外饭店管理协会〕

1989年4月20日由宜昌地区旅游局筹备组建。参加管理协会常务理事单位有桃花岭饭店、秭归县招待所等13家饭店、招待所，选举了常务理事13人。

成立大会还通过了《宜昌地区旅游涉外饭店管理协会章程》和1989年度协会工作计划。协会主要做了经理（所长）培训、管理科学化、服务规范化和优质服务竞赛评比活动等工作。

〔神农架旅游学术讨论会〕

1986年7年15日在神农架林区松柏镇开幕，7月22日在秭归县闭幕。由武汉大学、湖北省旅游地理专业委员会联合组织召开。参加会议代表共88人，有来自全国十七所高等院校和科研单位的知名学者、教授和专家；有省、地（市）、县政府或旅游部门的负责人。大会收到论文30篇。

讨论会分三阶段进行，第一阶段考察神农架；第二阶段考察兴山高岚自然风景区和昭君故里；第三阶段考察秭归屈原庙和长江二峡。考察后，讨论会对景点开发的规划和建设，基础设施的完善和配套提出了许多好的建议。

〔鄂西旅游资源考察〕

1988年7月19日～31日，省科协学会部组织省地理学会、旅游研究会、李四光研究会、动物学会、地质学会、旅游地理研究会以及古生物学会的专家、教授13人，由省李四光研究会理事长景才瑞教授带队，对鄂西利川市腾龙洞和巴东县神农溪的旅游资源进行了考察。

通过考察，初步弄清了两地旅游资源的情况和分布组合规律，写出了《利川市腾龙洞洞穴资源考察报告》，提出了关于“开发腾龙洞旅游资源的建议”，即：科学论证，全面规划；客观分析，扬长避短；广筹资金，以洞养洞；先易后难，分段开发；多种资源，同步开发；保护环境，加强服务等。

〔中国比利时联合考察组对利川市、五峰县的考察〕

1988年8月，中国比利时洞穴考察组一行6人（中方2人，比方4人）赴利川市对腾龙洞进行了为期32天的科学考察。专家们总的评价是：水洞世界仅有，旱洞规模宏大，水洞、旱洞相互贯通，景观险峻、奇特。

应五峰县的邀请，中比洞穴联合考察组于同年9月下旬考察了五峰县的长生洞、大洞及犀牛盆等溶洞。总的评价是：很有特色、很美；有博大幽深的、也有小巧玲珑的；具有较高的探险和旅游价值，是一大潜在的旅游资源。

八、主要旅游企业

〔中国国际旅行社武汉分社〕

位于武汉市江汉一路48号，成立于1954年。是建国以来我省最早、规模最大的专门接待外国旅游者和华侨、港、澳、台同胞的旅行机构。现与世界上100多家旅行社有着广泛的业务联系，有经过专门训练的英、日、德、法、西等语种的翻译接待人员。

该社已开展的业务项目有：综合服务、委托代办、市场推销、国际联运、贸易展览，国际会议等。

该社的宗旨是，向旅游者提供优质服务，并通过旅游，促进中国人民与世界各国人民之间的友好往来，广交朋友，加深了解，增进友谊。

〔晴川饭店〕

位于长江、汉水汇合处的汉阳南岸嘴。1979年1月动工，1984年7月建成开业。

饭店建筑面积23000平方米，塔式主楼，高88.6米，共24层。1层为服务中心，设总服务台、邮电、电传、美容美发、保健按摩、医疗针灸等项目；2层为购物中心；3层至19层共设有客房300间（套），600张床位；20层为咖啡厅和西餐厅，22层为观景楼，顶层辟有屋顶花园。饭店设中央空调、电梯、消防报警及电子蜂鸣器等设施。附楼设“翠怡园”、“鸣鹤山房”、“挹芳馆”等宴会厅和风味餐厅，还设有酒吧间和多功能娱乐厅。

饭店开业后，定为自主经营、自负盈亏的企业单位，1985年实行总经理负责制。饭店主要接待国际旅游者，同时也承担重大的外事接待工作。1989年初，饭店部分客房进行了装修改造。

〔江汉饭店〕

位于汉口胜利街245号。其前身为德明饭店，1919年建成开业。1949年建国后改为今名。1953年又建成新楼。1985年改造新楼，1989年又开始装修老楼。

饭店现有客房100间，床位200个，有大小餐厅7个，中餐以川、鄂菜著称，西菜以俄、法式见长。饭店有美容、医疗、电传、传真、国际国内电话、商品部、外币兑换、车、船、机票的预订等服务项目。

饭店花园与老楼毗邻，内有音乐茶座、舞厅、商场等娱乐、购物场所。

七十多年来，饭店接待过世界许多国家的元首及政府首脑。

〔长江大酒店〕

位于汉口解放大道航空路口，原名航空路饭店。1984年12月武汉市旅业公司与香港发展有限公司签订了合资经营此饭店的合同书。并改名为长江大酒店。1985年5月动工改建，1987年4月28日试行营业，1988年11月8日全面开业。

酒店主楼高九层，建筑面积15000平方米。有客房205套，写字间8套，设绿菌阁西餐厅和楚宫中餐厅，辟有商场、美容美发中心、商务服务中心、医疗所、会议室、出租办公室、台球室、舞厅等服务娱乐设施，办理洗衣、外币兑换、预订机票、小车客运、通讯联络等服务项目。

酒店实行理事会领导下的总经理负责制。下设大堂部、管家部、中菜部、西菜部、行政部、人事部、财务部、保安部及工程维修部等机构。

长江大酒店为我省第一家中外合资的旅游涉外饭店。

〔“扬子江”号旅游船〕

1982年4月由武汉造船厂承造，1983年8月建成营运。为省旅游局直属企业。

旅游船长84.5米，宽16.4米，高12米，分五层，每层高2.4米。有客位146个，其中双人小标准房64间，特等房2间，加铺4床位的标准房4间。

船上有观景台、娱乐厅及各种服务设施。配有受过专门训练的能讲英、日语的服务人员。特聘名厨烹制湖北珍肴的"楚秀佳宴"和京、苏、川、粤等中国名菜及西餐。酒吧间，食品部供应佳酿名点。工艺品部销售长江流域的工艺美术精品及土特产品。美容理发、保健按摩、电报通讯和洗烫服装等服务项目，一应俱全。

"扬子江"号旅游船航行在波涛滚滚的扬子江上，往返于武汉至重庆之间穿行了诗库画廊的长江三峡，观赏瑰丽多姿的天造奇观。沿途停靠沙市、荆州古城、宜昌及四川的万县、石宝寨，并引导游客上岸寻踪觅迹和访古探幽。

1988年8月2～6日，在省旅游局领导下，"扬子江"号旅游船和国旅武汉分社主办了"湖北省龙年旅游活动——神农溪漂流和扬子江号旅游船营运五周年庆祝活动"，应邀代表有美国、联邦德国及香港等国和地区的旅行社、国家旅游局、中国国际旅行社总社、国内有关旅行社、北京及在汉新闻单位，共125人。这次活动加强了对外宣传，扩大了扬子江船、长江三峡旅游线及神农溪在国外的影响，提高了湖北旅游的知名度。

〔**桃花岭饭店**〕

位于宜昌市云集路29号。1978年建成开业，现隶属宜昌地区旅游局。系庭院式宾馆，供国际旅游者使用的床位有615个。

饭店有中西餐厅、卖品部、邮电、国际电报电话、兑换外币，酒吧间、咖啡厅、国际会议室、舞厅、球类场所、中央空调、停车场等服务设施和项目。

〔**三峡宾馆**〕

三峡宾馆是一座豪华型旅游宾馆，紧靠风景秀丽的长江葛洲坝之畔，取世界著名的长江三峡为店名。

三峡宾馆主楼地上11层，地下1层，高43米，配有中央空调系统、烟感报警系统，有高级套房和标准客房118间，床位236个。客房内有空调、电话、彩色闭路电视、电冰箱、音响、华丽卫生间。馆内设有多功能厅、咖啡厅、酒吧间、露天茶座、屋顶餐厅和花园、美容理发室、医疗所、洗衣房、娱乐场、商场、外币兑换处，邮政通讯、电传室，进出国人员物资代办处及出租汽车。

宾馆内设有中西餐厅、宴会厅、餐位400个，可随时为宾客供应各种美味佳肴。

〔**荆州宾馆**〕

位于荆州城内宾馆路。有楼四幢，共有客房256间（套），床位508个。设有小卖部、理发室、咖啡厅、邮电、外币兑换，汽车出租等服务项目。

宾馆有大小中西餐厅10个，特聘名厨主理荆州地方特色的传统菜点和江南风味佳肴。主楼"郢园楼"是一栋别墅式建筑，楼内设备豪华，服务周到，楼前有"将军钓鱼池"，垂柳依依，环境宁静，可接待国家元首级贵宾。

九、旅游文化与国际交流

〔**楚文化**〕

是黄河流域和长江流域两大文化系统相互影响，相互融合的产物，是古代楚国的物质文化遗存。

本世纪20年代后期，安徽蚌埠至寿县一带出土了一批战国时期的楚国铜器，由此开始了楚文化的考古学研究。50年代，楚文化的研究中心移至湖南。至60年代，探索楚文化的重点移到了湖北。

我省是楚文化的发祥地，是楚文化杰出代表屈原的故乡。楚都纪南城遗址至今犹存，先后有二十个楚王在此建都，历时411年。在江陵纪南城周围，已查明有1500座墓葬。随县擂鼓墩出土的大型宫廷乐器——曾侯乙编钟，在地下沉睡了2400余年，仍然能演奏出悦耳的中外名曲，是我省考古工作的最大发现。

在江陵县，出土的越王勾践剑，吴王夫差矛以及世界上最古老的冰箱——冰鉴，堪称世界古代青铜冶炼技术的杰出代表；出土的彩绘木雕小座屏，表明了楚国漆绘和木雕工艺的卓越成就；出土的大量丝绸，被誉为"丝绸宝库"。其工艺之精湛，花纹之别致，可与当今技术相媲美。现都珍藏在荆州博物馆。

当今对楚文化及其代表人物屈原的研究，不仅在香港、日本和东南亚，而且在苏联和美国都引起了越来越多的专家、学者的关注。这应是我省发展楚文化专项旅游的契机。

〔**古三国文化**〕

古三国遗址和纪念性建筑物在我省境内有130处，有关的三国故事和传说更是不可胜数。罗贯中的《三国演义》共120回，有70余回写到湖北。传统剧目中的"群英会"、"长坂坡"、"华容道"、"走麦城"、"三顾茅庐"、"火烧赤壁"、"刘备招亲"以及"三气周瑜"等传说故事，都可在湖北省内寻到遗址陈迹。襄樊、当阳、荆州、蒲圻、鄂州等都是古三国景点比较集中，可观性较好的地方。

历史上"刘备借荆州"、"关羽大意失荆州"的荆州城，后经明代重建，成为我国首批公布的24个历史文化名城之一，也是我国江南迄今保持最完整的一座古城。荆州城，作为古三国文化的集中地，又与楚文化交织在一起，对日本、香港、东南亚等地游客具有一定的吸引力。

〔**土家风情**〕

鄂西山区是土家族人的集中地之一。这里山峦叠嶂，百川回肠，谷深林幽，山青水秀。世代生息繁衍于此的土家族人形成了自己独特的风情。

土家族是一个能歌善舞的民族。其"坎坎歌声"、"蹲蹲之舞"，风格别致，优美动人。广为人知的民间舞蹈有"摆手舞"、"跳丧舞"和"耍耍舞"，到处可听到“陪嫁歌”、“伴郎歌”、“砍柴歌”、“放牛歌”、“采茶歌”和“清江号子歌”。土家歌舞，激情粗犷，充满了浓郁的劳动和生活气息。

土家族人大多修筑木制吊脚楼，以防野兽侵袭。服饰上也大同小异，喜欢穿青蓝色衣服，女子常着大襟衣，袖口和裤脚都镶有花边，男子大多穿多纽扣、镶边对襟短衣，姑娘出嫁时都要穿露水衣，打露水伞。其“西蓝卡普”织锦，也具有明显的土家风格。

土家族人有自己的节日。每年农历四月初八，是土家人传统的“牛王节”；每年五月初七和七月十二日的“女儿会”，是土家青年男子恋爱、择偶的聚会。此外，土家族人在食俗、婚俗、年俗及禁忌上也有自己的特点。

土家风情，淳厚浓郁，令旅游者想往。

〔楚国历史与文化国际学术讨论会〕

1988年11月，由武汉大学等单位共同举办的首届楚国历史与文化国际学术讨论会在汉举行。来自七个国家和地区的六十余名专家学者参加了讨论会。

中外学者一致认为，楚文化是中原文化与江汉文化相融合，同时吸收了诸多的土著文化精华而构成的一种包涵多种文化因素，同时又独具特点，容量极大，渗透力和生命力极强的崭新文化；是汉文化形成的重要基础，其影响力持续数千年而不衰，在中国文明发展史上占有极其重要的地位。

这次讨论会，对扩大楚文化的国际影响，加强国际间的文化交流起了积极的推动作用。

十、湖北省旅游事业大事记

〔全省旅游局长会议〕

1989年全省旅游局长会议于7月19日～22日在武汉召开。出席会议的有地、市、州旅游局长，涉外宾馆、饭店经理和省直有关部、委、办、厅、局及局属单位代表共120人。这次会议的主要议题是传达中央及国务院领导同志对旅游工作的指示；落实1989年全国旅游局长会议提出的各项任务；分析我省旅游发展形势和当前存在的主要问题；研究解决我省旅游业在治理整顿、深化改革中继续发展的办法和措施；讨论修改我省旅游“八五”发展规划。袁亚莹局长在会上作了题为《以四中全会精神为指针，树立信心，克服困难，为振兴湖北旅游事业而奋斗》的工作报告，省政府张怀念副省长、省外办李学文主任出席了会议，张副省长作了重要讲话。

这次会议的召开，正值我国平息动乱和暴乱不久。面对这场动乱，我省旅游行业的广大干部职工坚守岗位，想方设法，保证了来鄂旅游客人的安全及正常旅游活动的开展，以实际行动同动乱作斗争，经受了考验。张怀念副省长要求全省旅游战线的干部职工要认清形势，振奋精神，坚定不移地发展国际旅游业，尽快扭转当前旅游经济滑坡的局面，在新的形势下重振我省旅游业。第二要抓关键，做实事，上水平。从实际出发，积极应变；发扬艰苦奋斗的创业精神，厉行节约，积极主动做好对外宣传和推销、招徕工作；抓住时机搞好队伍整顿和旅游从业人员的培训工作。第三要加强领导，搞好协调配合，希望各有关部门积极坚决地贯彻执行省政府关于进一步发展全省旅游事业的通知精神，各级政府一定要尽量帮助旅游战线解决必须解决的困难，各级旅游局都必须加强自身建设，特别是班子建设。

〔尽快恢复旅游采取的措施〕

1989年，由于春夏之交在北京发生了动乱和反革命暴乱，我省旅游业的发展受到了首当其冲的重大损失。来鄂游客大幅度下降，5、6、7、8月退团急剧增多。据我省几家大旅行社截止7月底的统计，取消旅游团（组）12600人，减少外汇人民币收入858万元。为了尽快恢复旅游，湖北省旅游局采取了一系列措施。6月17日向全省各地下发了《关于尽快恢复旅游的通知》；各地旅行社通过传真、电传致电致函与自己的老客户取得联系；派员分赴香港、西德、法国进行宣传推销；召开“旅游促进发展”新闻发布会；摄制5部简介片；11月份组织邀请海内外旅行社代理商八十余人，举办了考察长江三峡旅游业务洽谈会；举办了武汉国际龙舟赛、旅游联谊会；开展多种经营，增加服务项目；开展双增双节，加强成本核算，控制计划外开支；利用淡季，进行行业整顿和队伍整顿。经过全省旅游系统广大职工的共同努力和奋力拼搏，全省旅游业在一定程度上减少了动乱造成的损失。去年，全省共接待30多个国家和地区的外宾和华侨、港、澳台同胞57167人。累计接待89716人次，创汇720.2万美元，均达到1988年近七成的水准。旅游商品创汇19.6万美元，比上年增长63.3%。

〔长江三峡旅游线考察洽谈会〕

1989年11月23日～12月6日，在省旅游局的组织下，由局属五家企业联合邀请了国内各海外旅游总公司，国旅总社、部分分支社，有关旅游饭店的业务人员和港、台、美国等地的旅行商共八十余人，考察了长江三峡及沿线停靠城市的部分景点，考察了湖北“一点两线”的主要景点。

这次考察活动由于得到省政府、省外办领导的重视以及省民航局、铁路汉口站和沿线各停靠城市领导及旅游部门的协助和配合，取得了圆满成功，使湖北旅游形象首次以整体态势出现在各地同行面前。代表们反映一进入湖北境内就感受到湖北各级政府对旅游工作重视的气氛，对带团来湖北在吃、住、行、游、购、娱六要素上放心了。在武汉考察了黄鹤楼、省博、东湖、长江大桥和归元寺等景点后，深感武汉是个大有潜力的华中重镇，同时提了一些很好的建议，如充分利用东湖广阔的水面开展一些活动，延长客人在汉停留时间。看了晴川和江汉两个饭店改造的样板房均感满意。在长江沿线考察了荆州、宜昌、巫山、万县、重庆等地。对省博陈列的二千四百年前的编钟及奏乐，长江三峡雄伟状观、形神兼备的群峰，宜昌集三国线、三峡线于一体的发展旅游的有利条件，荆州博物馆陈列的二千三百多年前的战国时期的丝绸，二千一百多年前的西汉古尸，对沙市的轻纺工业及其宁静、整洁的明星城市留下了深刻的、难以忘却的印象。

一些旅行商和代表在洽谈中，对巴东神农溪古朴野趣的漂流，道教武当山，神农架的原始神秘，都流露出组团、带团的意愿。

在考察活动中，根据洽谈的进展情况分别召开了景点介绍，线路、项目介绍，民航铁路交通座谈等三次专业会，以及有关宣传外联推销的征求意见会和各种小型业务洽谈会。

这次考察和洽谈，对长江三峡客源的增加将发挥潜在的积极影响力，将进一步提高湖北的知名度，促进了同海内外旅游界同行的联系；促进了宣传自己，了解对方；巩固和结识了新、老客户。

〔首次“中国古代科学文化国际交流·曾侯乙编钟专题”活动〕

为庆祝随州曾侯乙编钟出土10周年，经中宣部、文化部和省人民政府批准，由省对外文化交流协会、省博物馆和武汉音乐学院联合主持，于1988年11月3日～8日在武汉市首次举行了“中国古代科学文化国际交流·曾侯乙编钟专题”活动。参加活动的有来自美国、加拿大、澳大利亚、日本等国，以及香港、台湾和内地诸省市的专家学者共六十余人。

活动举行了5场学术讨论会，宣读或交流了学术论文四十余篇。代表们参观了《曾侯乙墓出土文物陈列》、《湖北出土音乐文物陈列》、《湖北省博物馆馆藏珍品展览》，观摩了《曾侯乙编钟音乐会》、《道教音乐会》以及大型歌舞《编钟乐舞》。还组织赴随州市实地考察了曾侯乙墓发掘遗址，参观了市博物馆，观摩了《古代之乡民歌民舞演唱会》和电影《随州曾侯乙墓》，赴荆州参观考察了古城遗址及地区博物馆，赴钟祥县参观了显陵及博物馆。

〔黄鹤楼中秋赏月〕

1988年9月24日～26日由省、市旅游局、黄鹤楼公园管理处、中国国际文化交流中心湖北分会和湖北电视台、武汉晚报联合主办了首届黄鹤楼中秋赏月活动。凭借名楼和传统节目集自然景观与人文资源于一体的特色旅游，吸引世界各地的各界人士到湖北、武汉旅游观光，使他们在旅游中了解、认识湖北，提高湖北在国际上的知名度。

来自美国、日本、法国、西德、丹麦、瑞士、加拿大、新加坡、泰国、香港、台湾等国家和地区一千一百多名外宾和武汉地区各界人士二千多人一边赏月，一边观看了省歌团舞演奏的编钟和著名气功师张加陵神奇的轻气功以及书画、雕刻、剪纸、绣花、灯彩、泥塑等表演项目。为搞好旅游地方产品宣传，制作10个有关厂家的商品广告，吸引中外客商，提高厂家和产品的知名度。做到了以旅游带动贸易，经贸推动旅游，走出了“旅文结合”、“旅贸结合”的新路子。省政府副秘书长刘定桐任这次活动的总指挥。

〔神农溪首漂〕

1988年8月2日～6日，省旅游局举办了湖北龙年旅游活动之一的神农溪首漂活动。应邀前来参加漂流的有美国、西德及香港等国家和地区的旅行社、国内有国家旅游局、有关旅行社、省、市有关部门和新闻单位共有代表125人。出发前在晴川饭店由国旅武汉分社宴请了中外来宾，张怀念副省长出席宴会并致欢迎词。

位于巴东县境内的神农溪是长江三峡线上独特的旅游景点，全长20公里。代表们乘扬子江旅游船抵巴东港后，分别登上两头尖的原始扁舟“豌豆角”人力小木船，开始漂流。

通过神农溪首漂推销活动，不仅加强了对外宣传，扩大了长江三峡旅游线及神农溪在国外的影响，提高了湖北旅游知名度，而且进一步开拓了客源市场，初步预订1989年神农溪漂流专项旅游的欧美游客已达一百余人。

（邢国丽　刘晗　陈清银）

湖　南　省

概　况

1989年

1989年湖南旅游业经受了严峻的考验，全年接待入境旅游者5.57万人次，比1988年下降17%，创汇859.41万美元，比上年增加23%；接待国内旅游者590万人次，回笼货币1.56亿元，与1988年同期比较，分别增长18.9%和18.5%；从4月开始，由于受到全国范围的动乱的影响，全国旅游经济呈现严重滑坡的景象，6、7月间降至谷底，8月以后开始逐步回升。

湖南旅游业的管理机构在1989年内得到了加强，经国务院批准，以国家重点风景名胜区武陵源为中心的大庸地级市的各级领导机构，经各级人民代表大会选举于3月产生，确立了以旅游业为这一地区的龙头产业。3月1日，湖南省人民政府府批转了省旅游局《关于加强旅游行业管理》一文，进一步明确了全省各级旅游行政管理部门是各级政府主管旅游事业的职能部门，负责对本地区旅游行业实施归口管理。湖南旅游业全行业管理1989年以旅游企业为重点，并以提高服务质量和管理水平为中心。旅游宾馆的管理，结合全国旅游宾馆星级评定工作，各旅游宾馆重点进行了各部门人才培训和规章制度等软件建设，有2家宾馆评定为二星级，6家宾馆评定为一星级；旅行社的管理，对思想、财务、价格等方面进行了整顿，有4家旅行社因经营不善和制度不健全，被省旅游局、省工商行政管理局吊销了营业许可证和营业执照。

1989年湖南旅游资源开发，优先制定了一系列的发展规划，先后组织制定了《2000年湖南省旅游事业发展规划》、《湖南省国土利用规划——旅游行业规划》和《湖南省"八五"旅游发展规划》，各地区旅游部门也组织制订了各地的旅游业发展规划，为科学地开发湖南旅游资源提供了依据；全省年内削减或缓建7个旅游投资项目，以保证重点项目建设的进行，全年共完成投资910万多元，新开发旅游景点和项目40余个。

湖南国际旅游市场开发，在1989年内由于动乱的影响正常秩序被搅乱，难度增大。面对阻力重重的国际客源市场形势，区分各市场的具体情况，积极向与我有合作关系的旅行商联系，宣传北京平暴事实真相，尽量消除旅游者的不安心理。湖南海外旅游总公司在整个动乱过程中，与国外旅行商坚持联系，并通过我驻外旅游机构多方做工作，使湖南国际客源从8月份起逐步回升，下半年自主外联为上年同期的八成。中国国际旅行社长沙分社、湖南省职工旅行社等先后派员赴香港组织客源。1989年内全省向国外旅游者和旅行商发送各种文字、音像资料2万余套（份），并着重对港澳台、东南亚市场推出了16条湖南主要旅游路线。根据调查重新调整了湖南国际旅游的促销重点，确定以日本、港澳台、东南亚等近距离市场为主要方向。与此同时积极做好在省内的旅游业宣传，3、4月间以全国旅游宣传周为中心，利用各种新闻媒介发表电视、广播专题讲话，举办湖南省旅游知识竞赛；9月27日"世界旅游日"前后，全省各旅游企业广泛举办各种小型旅游展览和服务表演活动；全省各级旅游部门和经营国内旅游业务的旅行社，不失时机地开展国内旅游业务，在广东、上海、北京、武汉等地，先后举办了11次国内旅游展览。

湖南旅游产品主要有传统工艺产品、土特产和少数民族产品两大类。传统工艺品、土特产，长沙市有湘绣、湘瓷、菊花石雕、烟花，岳阳市有岳州扇、君山茶、龟蛇酒，益阳市有水竹制品、松花皮蛋，常德市有桃花石雕、仿古漆器，邵阳市有翻簧竹刻、墨晶石雕、滩涂年画等；少数民族产品有苗族的织锦、银饰，土家族的织锦、蓝印花布等。1989年湖南旅游产品开发共投资15万元，建设了岳阳市华容县矿泉水和零陵地区祁阳县编织厂两个项目，其中祁阳县编织厂的海滩浴巾、龙须草编织品已销往港澳地区和东南亚各国。

1989年湖南旅游教育工作以在职培训为中心，全年共举办全省性的旅游宾馆经理、旅行社经理、导游人员培训班5期，共有339人次参加了培训。年内重点扶植长沙大学旅游系、湖南旅游职业中专学校、长沙市旅游职业技术学校办学，到1989年底省内开办了旅游系（科）、旅游专业大专班。旅游职业中专、旅游职业高中共9所，在校学生700多人。全省29家旅行社的220名导游员参加了全国导游资格考试，合格的204人，及格率为92%，加免试55人，共有259人获得了导游证书。

历史回顾

湖南境内有数不胜数的名山大川、飞瀑流泉、珍禽异兽和奇花异草，集奇、险、幽、秀、雄、野之大成，景象万千。湖南历史悠久，民族众多，已发掘的文物已达20余万件，地方特产亦十分丰富。得天独厚的旅游资源为湖南旅游事业的发展提供了优越的条件。

建国以来，湖南旅游事业曾两度掀起高潮。一次是50年代初期，韶山作为革命纪念地先后对内对外开放，来湖南参观、学习、游览的人民群众和国外友好人士越来越多；60年代中、后期，韶山毛泽东旧居作为国家重点文物保护单位，平均每年接待游客50～60万，最多一年达100多万。另一次是70年代中期，随着长沙马王堆西汉女尸及数千件珍贵文物的发掘，奇迹引起了许多国家和人民的瞩目，历久不衰。

湖南旅游业的真正起步，是在党的十一届三中全会以后。湖南旅游业围绕以经济效益为中心，以改革开放为动力，基本实现了六个明显的转变，即：由过去只抓国际旅游业转变为国际国内旅游业一起抓；由封闭式的独家经营转变为开放式的多家经营；由只重接待转变为开发旅游资源和接待并重；由单纯依靠国家投资转变为国家、地方、部门、集体、个人一起上，内资外资一起上；旅游业经营从事业型转变为企业型；由重发展重点地区旅游业转变为统筹发展全方位旅游业。

实践证明，这"六个转变"取得了明显的效果。据统计，1979～1989年十年间共接待海外游客37万人次，国内游客2600万人次，旅游外汇收入2300万美元，并有逐年增长之势，1988与1978年相比，创汇增长了5倍。经过10年努力，湖南老旅游区迅速恢复和完善，新旅游区陆续开发和建设，总体上形成了"东边一线，西边一片”的格局，建成了十大各具特色的旅游区：东部沿京广铁路线，有以人文景观为主要特点，自然风景资源相配套的长沙、韶山旅游区，岳阳洞庭湖旅游区、衡阳南岳旅游区，郴州旅游区，永州、梧溪旅游区，宁远九疑山旅游区；西部沿枝柳铁路线，有以自然景观为主要特点，浓郁的民情风俗相配套的武陵源旅游区，永顺猛洞河旅游区，吉首、凤凰旅游区和常德桃花源旅游区。其中南岳衡山、岳阳洞庭湖、大庸武陵源已被国务院列为全国重点风景名胜区，长沙是我国第一批历史文化名城之一。80年代重点开发的大庸武陵源旅游区，是一处具有原始生态系统砂岩峰林景区，举世无双。

与旅游事业的发展相适应，湖南旅游业管理机构也逐步建立健全，全省14个地、州、市和部分县（市）成立了旅游局（办），主要风景旅游区成立了管理局。全省旅游业从业人员已达1.1万多人，较10年前增长了11倍多。旅游交通状况越来越好，长沙黄花机场已于1989年9月建成启用，每周有110多架次起降通往全国各大城市。各主要旅游区均通火车，均有公路相连，路况良好。在旅游设施建设方面，全省拥有旅游宾馆180多家，客房万余间，其中旅游涉外定点宾馆37家，旅行社33家，旅游车船队11个，已具备年接待20万国际游客，1000万国内游客的能力。（董亦兵）

广　东　省

概　况

1989年

〔在挫折中经受考验〕

1989年是开放改革以来旅游业发展不平凡的一年。四月下旬至六月上旬出现的动乱和北京发生的反革命暴乱，使旅游业受到很大的冲击和遭受严重的损失，广东旅游业出现了前所未有的滑坡：游客人数大幅度下降，饭店严重开房不足，外汇收入减少。从5～7月广东几个主要旅游城市的粗略统计，海外旅游团退团3337个，退团人数超过5万人，大量的散客和商务旅游者也纷纷取消来华计划。7月份，广东入境旅游人数比上年同期下降30.7%，旅游部门接待人数下降77.3%。面对严峻的形势，广东省旅游局提出“同心协力，重振广东旅游业”，作为全省旅游行业的行动口号和奋斗目标。省旅游局和全省旅游行业，根据中央的治理整顿和深化改革的方针，及国家旅游局关于重振中国旅游的部署，狠抓宣传促销，疏通客源渠道，整治旅游环境和秩序，致力于迅速恢复广东旅游业。经过全省上下团结一致的共同努力，全省旅游业从8月份开始回升。全年总的情况比“6·4”风波后估计的要好，恢复得比较快。全年经广东省各口岸入境总人数为2392.8万人次，比上年减少17.2%，其中外国人71.3万人次，比上年减少19.4%；由旅游部门组织接待的为131.4万人次，比上年减少41.2%，其中外国人27万人次，比上年减少47.9%；广东省旅游部门组织国内旅游者出境旅游的团体人数为214947人，比上年减少12.%；全省旅游部门的营业收入为73亿元人民币，比上年增长12%；全省国际旅游外汇收入总数为19.39亿元外汇券，折合5.2亿美元，比上年减少13.3%；1989年全省涉外宾馆、饭店541座，客房65886间，床位142473张，全省全年平均开展率为61.6%，比上年减少近11个百分点。

〔多层次、多渠道、多形式开展宣传促销，疏通客源渠道〕

“6·4”风波后，面对客源大幅度下降的现实，广东省旅游局把疏通客源渠道作为首要任务，在全省范围内有效地组织起宣传促销活动。据不完全统计，“6·4”风波后全省旅游行业共派出297人次到海外做宣传招徕工作，并分别邀请香港、澳门、台湾、马来西亚、菲律宾、新加坡、日本、法国、墨西哥等地区和国家的旅游界人士共83批688人次到省内国内实地考察。省旅游局的领导亲自组织和带队出访了香港、澳门、加拿大、英国等国家和地区，做了大量的宣传促销工作。其中9月4～11日由省旅游局、各市旅游局和一类旅行社负责人组成的“广东省旅游界访港澳促销团”，进行了较大规模的促销活动。在广泛拜访新老客户和香港的六个旅游协会的同时，召开有250多家旅行社和18家新闻媒介单位参加的招待会，做了大量的宣传解释工作，有效地改变了港澳地区旅行社放弃经营中国旅游转营东南亚旅游的现象。

各市、县旅游主管部门和旅游企业，都积极进行促销活动。有的由地方政府布置统一行动，有的与兄弟部门联合行动，有的则采用民间交往的形式，通过拜访海外旅游界的友好人士、华侨团体、乡亲社团、旅行商社等渠道，利用各种节日和喜庆活动以及举办各种联谊活动等形式，加强与海外的联系，扩大宣传招徕的效果。中山市9月和11月分别举行了海外同胞建设中山表彰会和遍及40多个国家和地区共一千多名代表参加的恳亲会，为该市的经济发展和恢复旅游业做了很大的努力。

此外，广东省驻港澳旅游机构，也配合省内积极做好宣传促销工作。广东（香港）旅游有限公司在"6·4"风波后压力很大的情况下，增加投资100万港元的广告费用，联络19家旅行社统筹组客，创造了全年组客7.1万人的历史最高记录，比上年翻了一番。

同时，为了扩大广东旅游影响，招展海外市场，1989年广东省旅游局还组织有关旅行社先后参加了西班牙旅游展览、香港旅游博览、日本旅游展览、伦敦旅游展览，有效地宣传广东旅游形象。

〔治理旅游环境，整顿旅游秩序〕

整治旅游环境和秩序是1989年广东省旅游工作的重要一环。一是结合对旅行社进行重新登记和清理整顿公司，把关、停、并、转的原则应用于整顿旅游企业，把一些不合条件的旅游企业公司、旅行社砍掉。广州市旅游局发布了《外地旅行社驻广州办事机构管理暂行办法》。二是整顿旅游市场，清查取缔港澳私人旅行社在广东省内的非法经营活动。如广州市在查清事实的基础上，停止了香港"亚洲假期"、"故乡假期"、"高美旅游有限公司"等私人旅行社在穗的非法经营。三是开展"全员集训"，切实整顿旅游队伍。1989年8月，省旅游局成立了全省整顿工作办公室，连续举办了4期旅行社、饭店总经理学习班。12月28日省旅游局向海内外发布了《公告》，把不准司陪人员收受回扣、索取私收小费、换购外汇的规定公诸于众，让海内外旅游界和广大旅游者共同监督。

〔发挥广东优势，发展短线旅游〕

改革开放后十年的旅游发展历史，已经形成粤港澳大三角旅游区广东省内段的4条主要干线和三十多条旅游分支线。1989年"6·4"风波后，发展长线旅游相当艰难，广东省及时改变策略，重点发展中、短线旅游，省旅游局组织广州地区三家一类社的外联部勘查和制定四条标准路线，并推出四个新的旅游产品：深圳的"锦绣中华"微缩景区、珠海白藤湖的水乡风光、乐昌的漂流旅游、乳源和连南的瑶寨风情旅游。至11月，全省的短线旅游已恢复到1988年同期的92%。

〔加强横向联系，重视区域协作〕

为加强粤港澳大三角旅游界的联合、协调，以便协力向国外进行推销和拓展，1989年12月广东省旅游局在珠海举行了有粤港澳大三角旅游界40多名代表参加的联席会议。会议讨论了联合推销的问题以及决定成立粤港澳大三角旅游协调机构，并积极筹办1990年粤港澳旅游界联欢会工作。港澳两地旅游界反映甚好，准备把广东的旅游线路和旅游新产品积极向港澳地区和国际市场推销。

在加强粤港澳大三角旅游协调的同时，重视加强国内的横向联系。1989年12月在广州召开了由广东倡议的南方七省区（广东、福建、湖南、湖北、广西、贵州、云南）旅游协作会议，讨论了如何加强区域协作、共同利用各省区的旅游资源和优势，取长补短形成一个有竞争力的旅游网络，共同对外促销等问题。七省区代表一致拥护加强区域联合，共同开拓市场。

〔我国首批星级饭店在广州诞生〕

根据《中华人民共和国旅游涉外饭店星级评定规定》和国家旅游局关于以广州地区的饭店为评星级试点的决定，国家旅游局和广东省、广州市旅游局从1988年11月起，开始在广州地区进行饭店星级评定试点工作。经过饭店申请，检查员按标准逐项打分审查，特别是深入实际，广泛收集宾客意见，对管理水平和服务质量反复认真进行评定，于1989年初完成对首批申报星级饭店的试点工作。国家旅游局于5月25日在白云宾馆召开的首批旅游涉外饭店星级评定发布会上，宣布了广州地区的22家旅游饭店被评为全国首批星级饭店。首批评上星级的饭店：四星级有中央酒店；三星级的有白云宾馆、流花宾馆、爱群大酒店、广州宾馆、南湖宾馆、华侨酒店、东山宾馆；二星级的有红棉大酒店、新亚大酒店、新华大酒店、北京大酒店、白宫酒店、广东大酒店、南方大厦大酒店、华粤大厦、粤新大酒店、梅花园林宾馆、天河酒店、天河宾馆、天河大厦；一星级有肇庆酒店东楼。

〔开展旅游研究，活跃研讨气氛〕

1989年，广东省旅游科研工作有了进一步进展。6月由广东旅游出版社出版了研究广东旅游的论文专集《旅游之光》，其中，对广东的旅游管理体制、行业管理、旅游资源开发利用、国际旅游市场开发等问题都有比较深入的研究，是广东旅游科研的重要成果。

广东省旅游理论界的理论刊物《广东旅游》杂志在1989年有了进一步的调整和更新，为广东旅游理论界创造了一个自由研讨的阵地。如《广东旅游》上发表的《论改革广州市旅游管理体制的紧迫性》和《话说广东国际旅游之危机，理顺价格是当前紧急出路》等有份量、有争论，使广东旅游理论界的讨论研究气氛空前活跃。

同时，为推进广东旅游科研的进一步发展，1989年广东省成立了全省第一个旅游研究的专门机构——广东省社会科学院旅游研究室。

〔加强旅游教育，培养专业人才〕

1989年，广东省的旅游教育工作得到进一步强化。除了继续办好中山大学等六所高等院校的旅游系、旅游专业班以及二所旅游中专、五所旅游职业中学的正规教育外，还广开渠道举办各种专业班、培训班，培养旅游业专门人才。广东省旅游局会同省旅游学会举办了"大专导游班"；会同中山大学举办了"酒店管理大专证书班"，并组织了两期旅行社经理研讨班和两期三星级以下饭店总经理培训班，培训了122名旅行社经理和130名饭店总经理级的管理人员；培训考核了一批厨师、调酒师以及宾馆服务员，给168名厨师、22名调酒师、257名宾馆服务员颁发了证书。

历史回顾

〔在改革开放中蓬勃发展〕

广东旅游业，起步较早。新中国成立后，世界各国来华的外交官员和友好人士、广大回国探亲观光旅游的华侨和港澳同胞，大部分经港澳由广东口岸入境。为做好接待工作，50年代初广东成立了以接待外国人为主的国际旅行社广州分社和以接待华侨、港澳同胞、外籍华人为主的广东省中国旅行社系统，办理旅行游览服务，广东旅游业开始形成。

1978年中国共产党第十一届三中全会后，实行对外开放，对内搞活经济的政策。1979年在广东实行特殊政策、灵活措施，先后开办了深圳、珠海、汕头三个经济特区，广州、湛江、珠江三角洲等经济开发区。这给广东旅游业的发展创造了极其有利的条件。同时，广东气候温和适宜旅游，自然和人文旅游资源丰富，毗邻港澳两个国际旅游地区，华侨众多，发展旅游业具有天时、地利、人和的有利条件。1979年以来，通过国家、地方、部门、集体、个人一起上的办法，自力更生和利用侨资、外资相结合，大力发展旅游，迎来了广东旅游业蓬勃发展的新阶段，使广东旅游业跻身于全国旅游业发达省份的行列，并成为第三产业新崛起的创汇大户，到1988年，广东省旅游设施已具有相当规模，“软件”建设也有显著进步。全省旅游涉外饭店、宾馆发展到490座，客房6万多间，占全国旅游涉外饭店总房间数的1/4强，拥有白天鹅宾馆、花园酒店、中国大酒店、东方宾馆四家被列为世界超千间客房的豪华级饭店和一批现代化游乐设施及国际标准高尔夫球场；拥有307家旅行社，其中一类社7家，二类社196家，三类社66家，不列类38家；拥有导游3000名，其中外语导游600名，具有接待300万名游客的导游服务力量；全省从事旅游业人员12万多人，占全国旅游从业人员总数的1/3左右，加上间接为旅游服务的人数超过60万人，形成了一支颇具规模的新的旅游业大军。从1979年～1988年，全省专业旅游部门共接待境外旅游者1532.6万人次，平均每年增长17.3%，从1980年～1988年，全省国际旅游外汇收入近38亿美元。1988年全省国际旅游外汇收入达到22亿多元外汇券（折合6.01亿美元），名列全国第二，比1980年增长66倍。

〔全国第一个旅游合资企业的诞生〕

实行开放政策以后，许多华侨和港澳同胞愿为祖国和乡梓效力。澳门的吴福先生，于1979年11月与珠海经济特区合作建设石景山旅游中心。第一期投资1890万港元，在石景山兴建西班牙别墅式宾馆。从1980年2月动工，到同年10月建成营业，建设速度快，工程质量高，园林环境优美，室内装饰华丽，现代设备齐全。在管理方面，实行程序化、制度化、标准化的科学管理方法，开广东省旅游饭店现代化建设和管理之先河。它是广东旅游业执行开放政策的第一个成果，并在全省产生了积极的影响。尔后，一大批合资合作的宾馆饭店在广东相继建成并开始营业，有效地解决了住的问题，为广东旅游业的迅速发展奠定了重要的基础。

〔全国第一个进行改造的宾馆的出现〕

广州市的东方宾馆，始建于1960年，1973年扩建，是当时广州最高级的宾馆。到了70年代末，在旅游业迅速发展的形势下，显得设备残旧落后，加上经营管理不善，经济效益甚低，长期靠国家财政补贴过日子，不加改造，实难适应客观需要。因此，东方宾馆决定引进外资，对宾馆进行改造。这是全国第一个进行改造的宾馆。1980年第一期引进外资4500万港元，边改造边营业。经过一年的努力，改造后的东方宾馆面貌焕然一新，不仅增设了中央空调、闭路电视、音响、烟感防火、电脑电话等五大系统的现代化设备，而且把大堂、中西餐厅、客房、商场装饰得富丽堂煌。1980年获利1147万元，比1979年改造前增长了2.3倍。创造了当年改造当年还清第一笔外资贷款2200万港元的优异成绩。

东方宾馆的改造成功，在旅游界引起了很大震动，人们看到了建设旅游宾馆饭店这一事业前景美好；大有可为；由此在全省掀起了改造旧宾馆饭店的热潮。广州市的白云宾馆、广州宾馆、流花宾馆、人民大厦、华侨大厦、越秀宾馆以及全省各地市县的一大批宾馆、饭店、酒家、旅店、商场为适应形势也先后进行了改造，更新了设备，改善了服务，丰富了旅游生活，提高了经济效益。

〔全国第一个加入“世界一流酒店组织”的白天鹅宾馆〕

1979年，广东省旅游局和以香港知名人士霍英东先生为代表的香港维昌发展有限公司合作，在广州兴建白天鹅宾馆，投资4900万美元和200万人民币。它是一幢完全由中方自己设计、建造和管理的现代化大型宾馆，主楼34层，总建筑面积11万平方米，有一千多间客房，三十多个大小餐厅。附有花园、舞厅、游泳池、健身房、美容厅、商场、咖啡室、酒巴间、银行、邮电、车队。客人吃、住、用车、购物、电话、洗衣等各项服务，都可使用“信用卡”。美国前总统尼克松先生1985年访问中国时，曾下榻白天鹅宾馆。他高度称赞宾馆的设计、建筑和管理，赞美宾馆的总统套间是他所住过的几十个国家高级酒店最好的一间。

“世界一流酒店组织”于1985年上半年派员专程考察白天鹅宾馆，认为设计独特、设备高级、管理和服务均优，达到国际一流酒店水准，邀请白天鹅宾馆加入“世界一流酒店组织”。白天鹅宾馆应邀加入，成为中国第一个被世界公认为第一流的现代化酒店。

〔全国第一个现化代大型游乐园〕

1983年，广东中山市引进外资在市区东南面长江水库大坝下面兴建一个现代化大型游乐园——中山长江乐园，1983年7月15日建成开幕。这是我国第一个具有东南亚先进水平的大型综合游乐场。乐园占地面积4万平方米，它的正面是仿照古代紫禁城设计，城楼气势雄伟。乐园内有一个梅花型花坛和自动控制的彩色喷水池。喷水池周围设有“翻滚飞车”、“激流探险”、“龙跃云霄”、“弹跳猩猩”、“五爪蜘蛛”等十八个新型游乐项目。乐园于1984年加入了国际游乐协会组织。

〔全国第一个高尔夫球场〕

1984年，广东中山温泉宾馆在温泉区兴建一个高尔夫球场，11月投入使用。这是我国大陆境内第一个建成启用的高尔夫球场，它率先填补了我国体育运动项目的空白。

球场座落在温泉宾馆北侧，占地面积50万平方米。设有国际标准的72棒、18洞，18条球道总长5591米。球场地域广阔，地形坡度和缓，高低层次、沙洼、水塘、小丘、水沟的分布恰到好处。球场的球台、球盘全铺上柔软的美国良种“百慕达”草。整个球场装有自动化洒水系统，还附设有菲律宾情调的球会会所。内设豪华餐厅、酒吧、日式温泉浴池、球棒出租、游泳池、网球和别墅区等设施，是国内外高尔夫球爱好者理想的康乐天地。

〔四条旅游短线热线的形成〕

“南粤自古形胜地”，广东省的自然景观和人文景观的旅游资源十分丰富，名山古刹、湖泊园林、温泉溶洞、岛峪海滩等遍布全省。但是，丰富的旅游资源在解放后虽进行过一些开发，却进展迟缓，特别是十年动乱中，古迹文物被毁坏，风景名胜被糟踏，经历了历史上空前的劫难。实行对外开放政策后，国外游客大量涌进，国内游客也日渐增多，广东旅游事业走上了有组织有计划有领导的轨道，旅游资源的开发利用，也被提上了首要的议事日程。在这种情况下，全省各级政府和旅游部门、文化部门、园林部门，纷纷筹款拨款，海外华侨和港澳同胞也踊跃捐资投资，开发旅游资源、修复文物古迹，建设风景区、点。在建设发展中，摸索前进，逐步联点成线，形成了以广州为中心向全省辐射的吃、住、玩、买配套成龙的旅游线。其间，由于游客的流向，出现了广州到惠阳、东莞、深圳；广州到顺德、中山、珠海；广州到佛山、肇庆；广州至清远、英德、韶关等四条旅游短线热线。

1.广州到惠阳、东莞、深圳线

这条旅游热线是1979年由于开办深圳经济特区而形成发展起来的。这条线上有广东四大名山之首的罗浮山、崇山峻岭，飞瀑流泉，云烟缥缈，景色非凡，为中国道教发源地之一，留有葛洪遗迹多处。惠州西湖，山光水色，塔影湖波，拱桥垂柳，翠岸红荷。宋代大诗人苏轼曾谪贬于此，留有名篇甚多。朝云墓、白鹤峰东坡故居、合江楼、东西新桥，都为游人必到之地。城西十多里有汤泉、九叠瀑布，飞流直下，极富山林野趣。东莞则有清代民族英雄林则徐在鸦片战争中抗击英军侵略的虎门炮台遗址和烧毁鸦片的销烟池，以及后来修建的纪念馆。蛇口有南宋少帝赵昺陵墓。这条线上建有许多现代化的宾馆饭店。其中，中高级的如深圳市的西丽湖度假中心、石岩湖旅游中心、香蜜湖度假村、南海宾馆、银湖宾馆、深圳湾大酒店、小梅沙大酒店，东莞市的东莞宾馆、虎门宾馆、华侨大厦，惠州市的汤泉宾馆等，无论设备、食住、均属上乘。附设的香蜜湖游乐园、深圳湾游乐园和小梅沙海滨浴场，更是广招来客。

2.广州到中山、珠海线

这条旅游热线也是在实行对外开放、开办珠海经济特区后形成的。在这条线上，中国伟大的民主革命家孙中山先生故居——翠亨村，名闻中外，广大内外游客，常常专程前来瞻仰。顺德清晖园，为广东四大名园之一，独具岭南风格，小巧玲珑，幽雅别致。斗门白藤湖，依山临海，风光清秀，以全国首创第一个农民旅游度假村而名扬内外。广东水乡珠江三角洲的自然风貌，蔗林蕉园，金橙红荔，都对游客有很大吸引力。沿途城市建有许多旅游宾馆，富有民族特色和地方风格，如秦代阿房宫式的拱北宾馆，岭南园林庭院式的珠海宾馆、中山温泉宾馆，豪华富丽的中山国际酒店、富华酒店，西班牙式的石景山旅游中心、珠海度假村。还有全国第一个兴建的中山长江乐园、第一座具有国际标准的中山温泉高尔夫球场、珠海珍珠乐园、高尔夫球场。旅游、休息、娱乐经已配套成龙。

3.广州到佛山、肇庆线

这条旅游线原有一定基础。改革开放后修复旧景观，开拓新景点，建设改造服务设施，日益兴旺发达。在这条线上，有我国四大古镇之一的佛山，历史长达一千三百多年。市内著名的祖庙，继承唐宋建筑风格，装饰精美的陶塑，石雕、砖雕、木雕，造型生动，结构严谨。石湾陶瓷，工艺精湛，釉色滋润，形象逼真，驰名世界。肇庆七星岩，湖光山色，交相辉映，山石嶙峋，溶洞奇特，摩岩石刻甚多。有李邕、包拯笔迹，为世上珍品。鼎湖山为岭南四大名山之一。山中庆云寺，为广东四大名刹之一。鉴真和尚的日本弟子智睿坐化于此，建有纪念碑。鼎湖山位于北回归线上，森林繁茂，有大面积亚热带原始林木。1979年联合国于此建立了“人与生物圈”生态系统定位研究站和自然保护区。此外，封开白石岩、云浮蟠龙洞都属喀斯特溶洞，千姿百态，奇景迭出。封开的原始人穴居遗址，亚热带原始森林，尤其知名。这条线上有佛山的佛山宾馆、旋宫酒店、南国酒店、华侨大厦，肇庆市的松涛宾馆、芙蓉宾馆、华侨大厦等高、中档饭店，设施配套，设备齐全。

4.广州、韶关线

在这条旅游线上，有英德的“宝晶宫”溶洞，洞内石柱林立，色彩斑烂、绚丽多姿。有距今60～100万年前的曲江“石峡文化遗址”（即著名的马坝人洞穴）。有岭南四大古刹之一、南宗发源地、六祖慧能主持过的南华寺。在仁化县，有岭南四大名山之一的丹霞山，山峰如削，色似丹砂，远处望去，云蒸霞蔚。在南雄有史称岭南第一关的梅岭关。梅岭栈道系唐朝丞相张九龄主持所凿，历来为兵家必争之地。陈毅同志在粤赣边领导游击战三年，留下《梅岭三章》的不朽诗篇。在乐昌有金鸡岭和古佛岩。在清远有飞来峡。

四条旅游短线热线通过不断的建设发展，吃、住、行、游、购基本配套成龙。旅游资源得到不断开发和利用，交通和住宿配套设施也日益完善。作为全省旅游中心城市的广州在其中就显得尤为突出。改革开放以来，广州不仅修复了大量历史文化古迹，而且进一步开辟建设了白云山、越秀山、番禺莲花山、清远飞来峡、龙门南昆山等风光秀丽的旅游区和景观点；建造了南湖、东方、大阳岛三个现代化设备的游乐园；同时，新建和改造了70多家旅游宾馆饭店，旅游交通也在迅速发展。以广州为中心的四条旅游短线热线的形成及其配套的不断完善，大大提高了广东旅游的吸引力和竞争力。

〔旅游活动的全方位展开〕

为了适应当今世界单纯观光旅游，正在被形式多样、内容丰富的多样性旅游所取代的发展趋势。近年来广东省各级旅游部门充分发挥自己的主观能动性，在办好常设项目的同时，根据本地区的特点和旅游优势，针对旅游客人的不同要求，不断开发各种特色的旅项游目。如经常举办一日游、一地游、自行车游和各种友好联欢、科技交流、专业会议活动；举办花展游、中秋游、秋色工艺欣赏、地方风味品尝、吃荔枝、看龙舟、学烹调、学针灸、游泳、潜水、新婚、保健、疗养等专项旅游活动。特别是韶关的漂流旅游、湛江的潜水旅游、乳源的狩猎旅游独具特色，倍受欢迎。广东欢乐节，广州、汕头、佛山的美食节，深圳荔枝节，各地龙舟赛，广州～自贡经贸灯会等大型活动也别出心裁，吸引了大量国内外游客。丰富多彩的特项旅游活动的展开，使广东的社会文化旅游资源得到进一步开发和利用，给广东旅游带来了蓬勃生机和巨大活力。

〔“港澳游”的创办〕

广东省旅游部门根据省港澳关系密切和侨眷众多的特点，于1983年11月和1984年4月先后举办省内居民“香港游”和“澳门游”业务。这是广东实行“特殊政策、灵活措施”后的一项创举。从创办到1988年，全省参加“港澳游”的人数超过54万，受到省内外人民群众的欢迎。

〔“粤港澳大三角旅游区”的战略构想〕

1987年，广东省旅游局在深入调查研究和充分论证的基础上，提出了“粤港澳大三角旅游区”的战略构想，即加强以珠江三角洲为重点的广东全省和香港、澳门这个大三角旅游区域的旅游业务合作，使香港的“金融中心”、“购物天堂”，澳门的游乐名城和广东的风景名胜互相补充和依靠，互相联结。这一设想的提出是旅游战略研究上的重大突破。随着广东省旅游资源开发工作持续而切实地展开和交通条件的改善，大三角旅游区内以改革开放中的中华民族文化、岭南地区的地方文化和港澳地区中西合壁式的文化为内容的旅游产品，具有日益强大的组合优势。这一独特的组合产品，在国际旅游界可望有持久而强大的吸引力，完全有可能办成亚太地区乃至全世界的一个新兴的重要旅游区。

“粤港澳大三角旅游区”的战略构想的提出受到国家旅游局的肯定，并被国务院经济战略研究中心列为重要课题。

1988年7月，广东省旅游局在中山市召开了“粤港澳大三角旅游发展研讨会”，把“粤港澳大三角旅游区”的战略构想进一步由理论探讨阶段推进到实施论证阶段，解决了广东旅游发展战略中的三个关键性问题：（1）坚定了走发展区域旅游的道路；（2）坚持了对外开放和合作，选择了合作对象；（3）确定了客源市场的重点是利用港澳的客源市场并与港澳联合向外开发新的客源市场。

〔改革旅游管理体制，促进旅游生产力发展〕

1978年以前，广东的旅游业基本上是处于行政接待状态。主要接待对象是经过广州入境的驻华使领馆外交官、科技专家、友好人士和一部分华侨。接待的费用，初期由国家财政支出。六十年代，对自费旅游者采取不赔不赚的原则，谈不上经济受益。随着国家的对外开放，学习外国办旅游业的经验，从1979年起，酝酿着旅游管理制度改革。在吸取第一批中外合资旅游企业的经验后，广东旅游事业的改革步伐大大加快，出现了以下三个明显转变：

1.从行政性外事接待向服务性企业的转变。1979年在旅游业迅速发展的情况下，广东省人民政府决定旅游同外事分家，成立了省旅游局，改变了过去那种只管完成行政任务、不计成本、不问经济效益办旅游的作法，开始把旅游当作“无烟工业”、“风景出口”的企业实体来经营。1983年春，国务院提出“友谊为上、经济受益”的方针，进一步明确旅游是综合性的经济事业。这个带根本性的转变，给广东省旅游业带来了活力。从接待少数外事人员转变为接待广大的境外旅游客人；从不计成本、不算经济效益转变为独立核算、自负盈亏。这不仅调动了旅行社、宾馆、饭店、车队的积极性，而且促进了旅游企业的发展和服务质量的提高。东方宾馆1973

年亏损36万元，扩建了西楼以后，共有客房1200多间，年盈利也仅只100万元。而1980年在对宾馆进行改造之时同时实行体制改革，独立核算，当年盈利就达1147万元。以全省旅游业而言，1979年的营业收入为3000多万元。改革后的1985年达到了二十四亿六千多万元。这表明体制改革后明显的经济效益，是广东省旅游业发展史上的一个大的突破。

2.从单一经营向综合性经营的转变。1978年前，旅游接待单位经营单调，仅供吃住或只有简单的小卖部，远不能适应游客的需求。营业收入的绝大部分来自客房、餐厅，盈利不多。体制改革之后，开始从单一经营向综合性经营转变，在较大的旅游宾馆饭店，不仅吃、住、玩、买和交通、邮电配套齐全，就连日常的票务、美容、健身、舞厅、音乐茶座、游泳等活动项目也一应诸全。深圳的香蜜湖度假村、深圳湾大酒店、东方宾馆等处还附设有大型游乐园。有的单位还以旅游为主，同时开展为旅游服务的农、工、贸多种经营，发展旅游横向经济。如深圳、珠海、中山等市旅游总公司多年来坚持“一业为主,多业经营”,积极开拓跨省市、跨地区、跨行业的旅游贸易市场，成为企业众多、旅工贸综合经营的多元化、多功能的集团式经济实体公司。珠海旅游总公司1988年属下已拥有五大实业集团公司，管辖宾馆、旅行社、酒店、游乐场、进出口贸易公司、商场、外向型工厂八十多家，1988年经营总额收入超过12亿元，出口创汇1亿美元，成为珠海市国民经济的一大重要支柱。

3.从行政管理向企业管理的转变。过去的一套行政结构和管理办法被逐步取消，代之而起的是新方式、新方法。近几年来，广东从省到县的旅游宾馆、饭店、旅行社，都实行了总经理负责制，把科室改为部门，科长改为经理，实行垂直领导。分清职责和任务，制定了一套岗位责任制，对每项工作、每项操作规程、每项服务程序，都要求做到标准化、程序化、系列化、制度化，并在岗位责任制之中体现出责、权、利的统一。奖勤罚懒、奖优罚劣，有效地克服了“吃大锅饭”的弊端。

旅游管理体制的改革给旅游企业带来了活力，促进了服务质量的提高，推动了旅游生产力的发展，使广东旅游业迅速发展，很快就处于全国的先进行列。广东省旅游业在开放口岸、饭店数量质量、接待国际旅游者、汽车、旅游服务队伍、引进华侨外资发展旅游业、管理水平和服务质量等八个方面在全国处于领先地位。广东旅游业在全国的这种特殊地位，主要得力于开放政策，得力于旅游管理体制的改革。

〔多层次、多形式的旅游教育〕

旅游人才的培养是旅游业发展起来的新课题。广东省的旅游教育培训工作，经历了从无到有、从低层次到高层次的发展。从1979年开始，广东省旅游部门就重视抓好对职工、管理人员、服务技术人员的培养教育和提高工作，多年来已探索和形成了多层次、多形式的在职教育培训方法，建立起全省、市、县三级结合的教育培训体系，培养出一支素质较好的旅游队伍。到1988年，全省已有经过考核评定的三级以上服务员五千多名，三级以上厨师和点心师近四千名。1988年以来，又进一步加强同本省各高等院校的合作、办好各市的旅游职业中学，发展正规教育，使广东旅游教育培训工作从原来群众性自发的旅游培训发展到在职培训和学校正规教育相结合的“双轨制”旅游教育。到1988年，全省有中山大学、暨南大学、广州大学、社会科学大学、广州教育学院、广州市财贸管理干部学院等6家高等院校开设了旅游系或旅游专业班（含成人教育），还有旅游中专2所，旅游职业中学5所。正规旅游教育的发展，使广东旅游教育培训工作从低层次步入了较高层次。

〔迅速发展的旅游交通〕

发展旅游要依靠交通的发展。在对外开放初期，广东省的陆海空交通条件比较差，旅游者入境后散不开，出不去，误机、误车、误船之事时有发生，弄得旅游和交通部门狼狈不堪，游客怨言甚多。为了解决交通问题，全省旅游部门和交通部门互相密切配合，迅速加强对公路、铁路、航空、航运的建设。到1988年，全省旅游交通条件有了显著改善，陆海空交通与全国各地以及港澳地区交织成网。广州民航局以购进和租用形式引进美国波音“737”、“757”客机近30架。1988年民航运力达到390万人次，通达国内重点旅游城市和香港、曼谷、马尼拉、新加坡、悉尼等国际城市；省内深圳、珠海两个直升飞机场在1984年建成投入使用，汕头、湛江、惠阳、佛山、韶关等市的旅游局与民航站也分别开拓国内旅游包机和香港旅游包机业务。省内公路交通条件也迅速改善。全省旅游系统购进大中小客车六千多辆，交通部门和其它部门也都办起了出租汽车公司。同时，以广州为中心通往省内18个市的公路干道也有明显的改善，基本上实现黑路面设施。广州到九龙直通火车,每天有4趟客车对开。广州到深圳的对开客车,也由3趟增到13趟。广州开往内地的客车也增加了不少车次，同时新增了广州到桂林、西安、杭州、成都等新线路，购置新客车500多辆。1988年11月广州铁路局开设深圳到韶关的空调旅游列车。海运以广州为中心定期班轮可通往湛江、汕头、海口、三亚、厦门、上海、香港、澳门；同时，全省还有其它三十多个口岸与香港、澳门有直通客轮往来；内河航运以广州为中心定期班轮省内可通往肇庆、江门、封开、清远、飞霞、石岐、珠海、惠州、博罗、太平、东完、三埠、万顷沙和金沙度假村等地。

迅速发展的旅游交通，为广东旅游业的发展提供了有利条件。

大事记

1989年

7月　广东社会科学院旅游研究室正式成立。这是广东省第一个旅游研究的专门机构。

8月　广东省旅游局成立全省整顿工作办公室。旅游环境和秩序的整治工作在全省全面铺开。

9月4日“广东省旅游界访港澳促销团”前往香港、澳门，进行大规模的促销活动。

11月　深圳的“锦绣中华”微缩景区建成并开放。它是目前世界上面积最大、内容最丰富的实景微缩景区。

12月　粤港澳大三角旅游界联席会议在珠海举行，参加会议的有粤港澳旅游界的四十多名代表。大会讨论了粤港澳旅游界联合推销的问题以及决定成立粤港澳大三角旅游协调机构。这次会议对于加强粤港澳旅游界协作、共同开拓国际旅游市场具有重大意义。

12月24日～26日由广东倡仪的南方七省区（广东、福建、湖南、湖北、广西、贵州、云南）旅游协作会议在广州举行，会议就如何共同利用各省区的旅游资源和优势，取长补短形成一个有竞争力的旅游网络，共同对外促销等问题进行了探讨。国家旅游局何若泉副局长到会作了重要讲话；匡吉副省长出席了开幕式，并作了重要讲话。通过这次会议，加强了广东同南方其它省区的区域协作。

12月28日　广东省旅游局向海内外发布《公告》，把不准司陪人员收授回扣、索取私收小费、换购外汇的规定公诸于众。

1989年经国家旅游局和省旅游局分别审核评定公布的两批3～4星和1～2星级饭店广东省共有41家。旅游饭店星级评定工作的开展有效地推动旅游的行业管理。

（刘益华）

广西壮族自治区

概　况

〔**综述**〕1989年1～5月，广西旅游业发展情况良好。旅游重点城市桂林，1～5月份共接待201481人，较上年同期增长24.9%。“6·4”事件后，来广西的游客急剧下降。桂林市6月份仅接待9707人，比1988年同期下降77%，7月份接待5375人，下降87%。在旅游业陷入低谷的困难面前，我区各级旅游部门遵照国家旅游局的工作部署，在自治区党委和人民政府的领导下，抓整顿旅游队伍工作，对广大职工进行坚持四项基本原则和反对资产阶级自由化的教育，抵制不正之风，清除党内的腐败现象，更坚定了发展有中国特色的社会主义旅游事业的决心；加强对外宣传促销工作，促使国外游客人数迅速回升；整顿旅游市场，治理旅游环境，加强旅游行业的管理；在旅游企业中，大力开展双增双节活动，努力提高经济效益。

经过全区各旅游部门的努力，广西旅游业的经济损失减少到最低程度。同时，随着旅游形势的逐步好转，来桂游客得到较快回升。桂林市10月份接待25684人，为1988年同期的36.7%，11月份17611人，为1988年同期的52.8%，12月份17054人，为1988年同期的80.9%。

〔**接待人数情况**〕1989年，广西接待入境旅游者329692人，较1988年下降36.39%。其中，外国人148303人，下降54.63%，港澳同胞60174人，下降44.53%，台胞105316人，增长39.1%，华侨15899人，增长1.2倍。主要客源国1989年来广西人数与1988年相比，日本48921人，下降56%；美国24545人，下降61%；西德13032人，下降28%；法国12234人，下降43%；英国8847人，下降48%；澳大利亚4875人，下降34%。

1989年，广西各地市接待海外游客中，桂林市306583人，南宁市5639人，柳州市4836人，梧州市9944人，北海市2539人，分别只达到1988年的64%、47%、48%、77%、98%。

〔**旅游经济收入**〕1989年，广西旅游业外汇收入1.8亿元外汇人民币（下同），比1988年下降26.5%。其中，劳务性的旅行社业务收入0.2亿元、住宿费0.32亿元、交通费0.8亿元、文化娱乐费0.013亿元，商品性收入为0.4亿元。

1989年，海外旅游者在广西平均停留天数为2.07天，人均旅游者消费559.7元，每天人均消费270.3元。

〔**国内旅游**〕1989年，广西各地大力抓好旅游基础设施和旅游景点的建设，以适应国内旅游的发展需要。玉林地区从实际情况出发，自力更生，群策群力，首先以发展国内旅游为基础，积极开发旅游资源，扩大国内旅游，并为逐步开始海外旅游创造条件。宜山县的白龙洞公园、桂平县的西山景区、陆川县的龙珠湖、玉林市的龙泉洞、北流县的勾漏洞、龙州县的小连城等，国内旅游接待管理经营较好，善于开展多种经营，经济和政治效益显著。如桂平西山景区1989年接待国内旅游人数为60万人次，国内旅游收入为248万元人民币。

1989年，广西国内旅游人数为393万人次（按国家旅游局新的统计口径），回笼货币4.3亿元人民币。

〔**旅游景区建设**〕桂林漓江旅游通航(近期)整治工程两大组成部分之一的漓江航道疏浚工程，于3月和7月分别通过了初步验收和正式验收，提前一年竣工交付使用。疏浚工程由国家旅游局投资1000万元，1986年开始勘测、设计，经过两个枯水期的施工，完成了桂林至阳朔全线90公里66处滩险的疏浚整治任务。共完成疏浚工程量242493.9立方米，水下炸礁18847.4立方米，导治筑坝47760.6立方米（包括丁坝77座、顺坝7座、锁坝3座），达到了工程的设计要求，即在补水流量达到30米^3／秒的条件下，漓江水深0.75米以上，航道尺度（最小水深×航道宽度×曲度半径）桂林水文站以上为0.8×12×150米；桂林水文站以下为0.8×15×150米，保证漓江旅游船全年从桂林到阳朔顺利通航。

漓江整治工程的另一大组成部分的补水工程（对青狮潭水库大坝加高加固，对其东西干渠防渗补漏，以减少库渠水流失，在枯水季节向漓江补水）至1989年底已累计完成投资1644.95万元（该工程由国家旅游局投资2000万元），大部分工程已完工。

1989年，广西有10家涉外旅游宾馆进行续建，其中利用外资约1600万美元。年中，桂林市的香江饭店（600床位）和环球大酒店（468床位）落成开业。香江饭店位于桂林火车站后面，是桂林市目前高度最高（67.8米，20层），唯一有顶层旋转餐厅和瞭望厅的涉外旅游饭店，是鸟瞰桂林全景，饱览秀丽山水风光的佳处。环球大酒店位于解放桥头西面，地理位置适中，交通方便。

著名的桂林芦笛岩公园和桂海碑林陈列室1989年继续分别投资35万元和25万元进行扩建工程，扩大景点的环境容量，增加新的游览内容。

广西的民族风情区（柳州市、融水苗族自治县、三江侗族自治县、金秀瑶族自治县）的民族风情旅游项目和基础设施建设又有新的进展。柳州市在龙潭公园投资120万元（其中国家旅游局贷款50万元，地方财政拨款70万元）新开工建设侗族茶室、陈列室、寨门、卫生间和瑶族休息轩等11项工程，当年竣工9项。三个民族自治县则都投资建设了入境游客接待室、修复了供参观游览用的民族建筑物和民俗游乐设施等。

离中越边境不远、位于宁明县的“左江山民族山寨”宾馆，在原已完成两幢住宿接待用的花楼房（84床位）之后，1989年又自筹投资66.6万元，修建了厨房、餐厅以及完善了供水、供电、电讯等设施。现该宾馆已具备了接待入境游客的基本条件。

属于广西桂东南旅游区的贵港市、陆川县、北流县，1989年都分别自筹了一批资金用于风景点建设和接待设施的改造，提高了接待能力。

〔**旅游发展规划**〕广西旅游局在1988年编写出《广西“八五”旅游发展规划大纲》的基础上，1989年编写出了初稿、修改稿。针对“6·4”风波造成的旅游“滑坡”情况，调整了规划中有关的数字指标。经广西壮族自治区旅游事业委员会的审议，该规划已于年底编制完成。

在广西城乡规划设计院的帮助下，广西的国家级风景名胜区——桂平西山风景区的规划于1989年编制完成；广西自治区级隆安县龙虎山风景区规划也于1989年开始着手编制。

〔**饭店星级评定**〕1988年12月，广西壮族自治区旅游局成立了旅游涉外饭店星级评定领导小组，下设办公室，负责全自治区星级评定工作的具体实施；同时召开了全自治区各地、市旅游局长、业务主管人员以及饭店总经理参加的星级评定动员大会。1989年2月，自治区旅游局星级评定办公室印发了《旅游涉外饭店星级评定摸底情况表》，针对广西各市旅游涉外饭店发展不平衡的特点，确立了星级评定工作采取先试点后推广、先重点后一般的原则进行。桂林市是全自治区星评工作的试点和重点，试点工作着重进行了选树一至三星级标杆饭店。各旅游涉外饭店在完成自检达标和观模标杆星级饭店后，认真填报了《饭店星级申请书》。截止12月底，自治区旅游局星级评定办公室初次评定了桂林、南宁、柳州、北海4市50家申报星级的饭店，其中已达标并经自治区旅游局星级评定机构和国家旅游局星评委员会批准评定星级的共11家（均在桂林市）。它们是：四星级桂山大酒店，三星级桂林宾馆、凯悦酒店、漓江饭店、榕湖梅花庄、松园度假村，二星级桂星酒店、玉桂宾馆、桂林大酒店、华侨大厦，一星级泰和饭店。

12月，在开展星级评定工作的同时，自治区旅游局星级评定办公室对已获星级的饭店进行了复核，并给管理和服务水准下降的一家饭店提出了口头提醒，给三家饭店发出警告通知书，从而促进了获星饭店强化保星意识。

〔**旅行社整顿**〕1989年，广西各级旅游行政管理部门，把整顿接待入境旅游者的二类旅行社，作为治理旅游经济环境、整顿旅游经济秩序的头等任务来抓。桂林市是全自治区整顿工作的重点。1～5月，由自治区旅游局和桂林市旅游局联合组成的检查组，深入桂林16家旅行社，对财务帐目、对外报价、外汇收支、服务质量、经营管理等情况进行全面检查，摸清了致使各旅行社接待服务质量下降、经济效益不高的主要原因有：人员素质较差、管理基础薄弱、削价竞争普遍、拖欠款严重、承包过滥、外联秩序混乱等。针对这些问题，采取了四项整治措施：一是对存在上述问题严重、影响较大的6家旅行社，给予停业整顿一个月的处罚。在停业整顿期间，各旅行社对照《旅行社管理暂行条例》，对所存在的问题，逐条检查，提出措施，及时整改。经检查验收后，这批旅行社已于10月份全部恢复营业。二是清理违反国家有关规定的承包合同。纠正个人承包或聘用社外人员承包散客部、外联部的错误做法，责令旅行社辞退社外承包人员，解除承包合同，使以“承包”和“聘用”名义卖牌子扰乱旅游市场和外联秩序的现象得到制止。三是加强散客部的管理。通过对各旅行社散客部的人员编制、营业场所、业务范围、财务制度及管理监督措施作出明确规定，扭转了散客市场混乱，“野马”导游人员从中渔利的局面。四是完善旅行社费用结算制度，追回境内外旅行社拖欠款。截止2月底，境内外旅行社拖欠桂林市旅行社的旅游费用总计达1915万元外汇人民币，形成了境内外拖欠旅行社款，旅行社拖欠饭店和车船企业款，饭店和车船企业拖欠银行款的恶性循环局面，以致造成桂林旅游企业的资金周转发生困难，严重影响正常经营活动的困局。对此，桂林市旅游局制定了《关于追回境内外旅行社拖欠款问题的决定》，对拖欠款的清理、催收、处罚监督作了具体规定，5月份便追回拖欠款1531万元，从而维护了国家和企业利益，缓解了旅游企业资金周转困难的状况。12月，为深化治理整顿，桂林市旅游局还会同市工商局、公安局发布了《关于进一步治理整顿桂林市旅游市场的通告》。年内，柳州、梧州、北海等市旅游局，根据本地实际情况，布置了整顿工作。梧州市旅游局会同市物价局，对旅行社的外汇收支及价格执行情况进行了检查，纠正用人民币收取入境旅游者费用作法。柳州市旅游局在整顿期间督促旅行社追回境内外拖欠款55万元。

〔**旅行社的设立和变更**〕 1989年，广西设立、变更了一批旅行社。

1月，经国家旅游局批准，广西壮族自治区旅游总公司成立，这是继桂林旅游总公司成立之后广西第二家具有外联招揽权的一类旅行社。年内，经自治区旅游局批准成立的其它旅行社还有：二类旅行社玉林海外旅行社；三类旅行社南宁铁路旅行服务分公司、南宁铁路旅行服务支公司。

1989年，根据自治区人民政府《关于将中国旅行社划归侨务部门领导的通知》，属二类旅行社性质的广西壮族自治区中国旅行社、桂林市中国旅行社、柳州市中国旅行社在改变隶属关系后，经自治区旅游局批准，分别重新组建为：广西海外旅行社、桂林市海外旅行社、柳州市海外旅行社隶属关系均不改变；此外，桂平县中国旅行社亦更名为桂平县海外旅行社。6月，桂林旅游总公司更名为桂林海外旅游总公司，并于11月与桂林海外旅行社合并，原二类旅行社桂林海外旅行社同时撤销。11月，原属桂林市交通局主管的漓江旅行社，划归桂林市人民政府经济委员会主管。

截止12月底，全自治区共有旅行社65家，其中一类旅行社2家，二类旅行社30家，三类旅行社33家。

〔**宣传外联和促销**〕 1989年初，广西旅游局召开了全自治区旅游宣传工作座谈会，统一对做好旅游促销工作重要性的认识，明确提出要改进和加强宣传外联工作，积极组织促销活动。桂林市旅游局在4月份就隆重开展旅游宣传周活动，通过多种形式，大张旗鼓地宣传桂林的旅游资源和硬件软件建设发展情况。“6·4”事件后，在市委市政府领导下，采取“走出去，请进来”的方法，一方面主动邀请日本、美国、港澳台等国家和地区的老客户和新闻记者到桂林举行洽谈会；同时，组织全市骨干旅游企业的外联人员分赴日本、马来西亚、新加坡、美国、欧洲以及香港等地区开展宣传推销；并积极采取措施做好旅游安全管理的实际工作和宣传工作。这些活动对宣传桂林和全国安定团结的形势及恢复广西的旅游形象都产生了良好的影响。

1989年，广西旅游局与中央新闻电影制片厂组织拍摄了广西旅游电影《啊，广西》；协助重庆市电视艺术制作中心拍摄旅游风光风情片《华夏猎奇》广西民族风情部分；与西南五省六方联合组团赴泰国进行了宣传推销。南宁地区旅游局去年突出抓了花山左江风景名胜的宣传招徕，将新闻风光片《左江揽胜》转录成录像带，通过桂林涉外饭店的闭路电视多次播出，并赠送给北京、南京、无锡、苏州等地市在有关场合播放。随着宣传招徕工作的开展，花山已为越来越多的人所向往。广西自治区旅游局派驻香港的桂江旅游有限公司，积极推销广西旅游线路，去年共组织了1500人到广西旅游，比上年增加4倍。 （余小军　李文宁　李梧章　林新河）

海　南　省

概　况

1989年

1989年，海南省旅游系统在省委、省政府的直接领导和国家旅游局的具体指导下，贯彻中央治理整顿、深化改革的方针，不断优化海南旅游的软、硬环境。在北京“6·4”风波影响和全国进一步治理整顿的形势下，虽然旅游人数有所下降，但下降率低于全国平均数，旅游收入略有增长，从管理、服务到基础设施，都比上年提高了一个档次，为未来旅游业的发展增添了后劲。

一、国内外游客人次及其构成

1989年，来海南旅游的国内外游客总数为88.05万人次，比1988年下降19.7%。

1989年来海南的国际游客为11.05万人次，比上年下降44.8%。其中：外国人为2.21万人次，比上年下降37.8%；华侨为2384人次，比上年下降65.9%；港澳台同胞为8.6万人次，比上年下降45.4%。

1989年来海南的国内游客为77万人次，比1988年下降14.1%。

二、旅游营业收入及创汇情况

1989年海南全省旅游系统营业收入为2.39亿元人民币，比上年增长3.9%。全省国际旅游营业创外汇2251万美元，比上年下降45.02%。

三、全省旅游业人财物投入概况

1989年海南全省旅游系统共有干部、职工约1万人，比上年新增约2000人；各级政府和有关部门通过多种形式多种渠道集资扩建旅游基础设施，其中海南地方财政新投入200万元人民币，全省新建并开业的15家涉外宾馆自筹资金15836万元人民币和200万美元，新增加空调客房1042间，床位2272张。至此，海南省拥有旅游涉外宾馆64家，客房6596间（其中空调房4897间，一般房699间），床位1.45万张（其中空调床位1.03万张，一般床位4231张），已居全国第六位。开房率也远高于全国平均水平。全省拥有的旅游汽车已增加至四百多辆。

此外，1989年全省与外商签订旅游“三资”企业项目协议31宗，协议总投资7385万美元和4160万元人民币。

〔发展规划与旅游立法〕

一、海南省旅游业发展战略与规划定稿

为了避免决策行为的短期性和片面性，增强战略意识，海南省旅游部门不惜重金投资15万元，制定海南省旅游发展战略总体规划。委托曾为联合国完成风景区规划课题的上海同济大学风景旅游研究中心的专家学者，自1988年5月始，对海南全省的旅游资源及相关问题进行了全面系统的调查分析和论证，提出了海南旅游发展的战略目标、实施步骤和系列对策。一年多后，此项成果——《海南省旅游发展战略及风景区域规划》，通过专家评审，已于1989年定稿编印，上报送海南省政府审批。从此，海南特区旅游发展有了明确的目标、科学的依据和可行的措施，在战略规划上走在了全国旅游业的前列。

《海南省旅游发展战略及风景区域规划》包括系统而简明的总报告和系列化的十二个分报告：《海南旅游发展战略目标的几个问题》、《旅游客源市场分析与对策》、《风景旅游资源评价与分区》、《海滨沙滩资源评价与开发》、《旅游结构与设施规划》、《旅游交通规划》、《水资源的旅游供需分析》、《民族风情资源的类型、评价与发展》、《生态环境整治与植物景观旅游规划》、《风景环境整治》、《旅游商品规划》和《风景旅游资源类型》。

二、海南省旅游系列法规着手草拟

为了克服管理行为的盲目性和随意性，强化法治观念，海南省旅游局自1989年11月着手组织制定海南省旅游系列法规。他们委托海南省战略与规划研究会组织和聘请岛内外法律专家，拟订具有大特区特色的海南旅游法规体系。这套法规体系包括九个法规：《海南旅游投资条例》、《海南旅游资源保护条例》、《海南涉外宾馆及饭店的管理条例》、《海南旅游税收管理条例》、《海南“三资”旅游企业管理条例》、《海南旅行社管理条例》、《海南旅游建设项目申报条例》、《海南旅游人才管理条例》、《海南旅游签证管理条例》。

制定这套海南旅游法规的指导思想是：根据我国基本法律和中央给予海南省特殊优惠政策，借鉴国际惯例和发达国家旅游法规的成功经验，结合海南特区的实际，把海南旅游管理和发展纳入法制的轨道，为海南旅游业的起飞和吸引海内外投资提供制度与法律的保证。这套法规已于1989年制订了工作方案并开始着手草拟工作。

〔治理整顿与深化改革〕

一、机关建设的改革创新

海南旅游局从1983年白手创办起家，坚持自力更生建设设施、办事业。没要国家一分钱事业费的事业单位。到1989年底还上交国家关税和税金47万元，归还贷款550万元，实现了经济上的完全自立。

二、旅行社的治理整顿

到1989年底，全省旅行社已达42家，初步形成一个档次基本合理、功能齐全、渠道多元化的旅游接待体系。但是，发展中也出现一些消极因素。

在中央治理整顿、深化改革的方针指引下，在国家旅游局的统一部署下，从1989年1月开始，海南省成立了以副省长王越丰为组长、省旅游局主要负责人吴乾翔为副组长的清理整顿旅行社领导小组，开展了全面清理整顿旅行社的工作。

这次清理整顿，以国家旅游局颁发的旅行社管理暂行条例和《导游人员管理暂行规定》等为依据，以治理旅游市场、搞好组织建设、纠正行业不正之风、提高服务和经济效益为重点。经整顿，撤销缺乏基本办社条件、管理混乱的旅行社5家；经营不善、接待能力低而降类经营的旅行社2家（二类降为三类）；对经营活动不正常、办社条件不俱全的15家旅行社，限期继续整顿；对经营管理好、信誉高、创汇多的1家二类社，报请国家旅游局审批升格为类一类社；6家政企不分的旅行社已同行政单位脱钩；25家办社条件基本达标、整改较好的旅行社予以保留并准予重新登记。此外，制止了非法经营和越权经营；查处了违法乱纪的导游人员19名、管理人员3名；为提高服务质量，共举办各种培训班18期.培训员工700多人次，输送100多人到有关院校深造；对全省213名导游人员进行了资格考试，其中128名获国家旅游局颁发的导游合格证书，27名取得业余导游资格。从此，整个大特区旅游业管理初步纳入了规范化的轨道。

三、涉外饭店的星级评定

海南省1989年首次开展旅游涉外饭店星级评定工作，遵循国际惯例，改革内部管理。首先选择南天大酒店和泰华酒店进行星级评定试点，严格按照国家旅游局规定的评定程序和评星标准，进行检查打分、征询顾客意见，进行综合分析。经星级评定试点，南天、泰华两家店皆初评为三星级饭店，上报国家旅游局复核确认。与此同时，全省非试点单位的涉外饭店也组织了评星政策和程序的学习，进行外出考察、现场研究和打分练习，广泛开展自学、自查、自评、严格按照星级饭店标准，整改达标。

总之，通过治理整顿和评星试点等项改革，全省旅游业的服务质量和管理工作水平有了明显的提高，为海南旅游业走向九十年代创造了新的条件。

〔旅游活动与设施发展〕

一、八十年代最后一个“三月三”

“三月三”是黎、苗族人民的传统节日。八十年代最后一个“三月三”，盛况空前。

东方黎族自治县东方镇是“三月三”的发源地，这天尤其热闹非凡，数千名黎苗族同胞欢聚在此。丛林里青年男女成双成对进行“山恋”；河涧边，黎家后生举行打粉枪、射箭比赛；坡地上，节奏明快的竹竿舞吸引着如潮的观众。中老年黎族男女也来吟歌对唱，追寻往昔的恋情。白沙黎族自治县、乐东黎族自治县许多乡镇也分别举行了相当规模的庆祝活动。

此般洋溢着少数民族风情的“三月三”庆祝活动，引来海内外数千游客前往观光。

二、“琼联杯”中国围棋名人战

由中国南海琼联贸易（集团）公司赞助，在人民日报海外版、中国围棋协会的安排下，“琼联杯”中国围棋名人战第二阶段赛事7月3日～13日在海南省海口市、三亚市和通什市举行。参加赛事的棋手有：陈祖德八段、聂卫平九段、华以刚八段、王汝南八段、马晓春九段、刘小光九段、钱宇平九段、王群八段、俞斌九段、杨晖（女）七段、杨晋华六段、程晓流六段、吴毅肇七段、华学明（女）六段、王谊五段、马石五段。

中国围棋名人战是国内最高水平的赛事之一。第一届比赛1988年在北京举行。第二届1989年2月在北京开始，7月3日转到海南。7月13日，最后一轮比赛在通什结束，马晓春九段和钱宇平九段不分胜负，不得不移师北京进行快棋决赛。7月19日，马晓春九段在北京胜钱宇平九段，获得对上界名人刘小光九段的挑战权。与刘小光九段决赛后，将产生第二届名人战的名人。

这次富有魅力的“琼联杯”中国围棋名人战，招徕海内外游客上万人前来观战。

三、接待日本“和平之船”观光访问团

12月6日～7日，中国青年旅行社海南分社接待了日本“和平之船”观光访问团一行265人。这是“6·4”以后来华人数最多的一个国外旅游团，也是海南历史上人数最多、规模最大的国外旅游团。在海南省各有关部门和地方政府的通力协助下，接待工作获得了成功。

该旅游团6日上午从三亚港上岸，分海口、三亚、兴隆、八所、通什五个组进行旅游观光活动。八所组参观地点为石碌铁矿山、八所港、万人坑。在万人坑，面对当年被日本侵略者残杀的中国老百姓的累累白骨、许多日本朋友流下了忏悔的眼泪。7月21日，该团全体成员会聚三亚，乘“和平之船”圆满离去。

四、潜水旅游

海南岛位于热带地区，拥有许多迷人的小岛和宽阔的海域，那里沙滩平缓，海水清澈，年平均水温18°C至20°C，海底景物十分丰富，是发展特殊旅游项目——潜水旅游的理想场所。1988年9月，海南建省后，中外游人日渐增多，海南中国旅行社发挥本地优势，从湛江潜水旅游学校引进专门人才，并从海外购进专用设备，不失时机地成立了三亚潜水旅游公司。1989年起，公司正式接待游客。

和菲律宾、台湾等地相比，海南潜水旅游服务具有价格和质量双重优势。游客潜入水底，可以欣赏到形形色色的珊瑚、夜光螺、龙虾和热带鱼，可用特种枪捕猎海底动物，而无鲨鱼袭击的危险。1989年，中旅社三亚潜水旅游公司接待游客200人次，总收入5万多元外汇人民币。

目前，三亚潜水旅游公司正在积极寻找合作伙伴，以添置汽车、海底照相器材和潜水游艇，拓展这个旅游项目。

五、泰港游

经有关单位批准，泰国、香港十日游活动1989年4月在海南省率先开展了。海南省的主办单位是海南香港旅游公司（隶属海南省旅游局、驻地香港），组团单位是海南中国旅行社、中国国际旅行社海南分社和海南省旅游总公司。

该项目旅游日程安排为：头天经由香港转机曼谷，第六天结束泰国游飞回香港，第十天由香港飞回海口市。旅游收费标准分为：A级7750元港币，食、宿、游费用由组办单位全包；B级7200元港币，泰国费用由组办单位全包，香港只包食、宿；C级6250元港币，泰国费用全包，香港境内游客可自行活动，费用自理。

1989年，海南省组织的泰港游总人数为1267人次。其中海南中国旅行社组织220人次，中国国际旅行社海南分社组织497人次，海南省旅行总公司组织550人次。旅客成份以工商界人士最多，农林界人士次之，知识界最少。泰港游主办单位免费为商务旅游者提供商务咨询服务。

泰港游之前，海南省曾经举办过香港、澳门单项旅游活动。

六、新增添的旅游设施

截止1989年底，海南省已经开发和正在开发的旅游景点，共39个：五公祠、琼台书院、海瑞陵园、邱陵墓、马鞍岭火山口、秀英滨海游泳场、铜鼓岭、海口人民公园、宋庆龄故居、文昌孔庙、建华山椰林、琼山红树林自然保护区、文昌红树林自然保护区、万泉河、琼海石岭公园、麒麟菜自然保护区、东山岭、大洲岛、兴隆温泉、南湾猴岛、天涯海角、鹿回头、大东海、牙龙湾、落笔洞、山城通什、番茅黎寨、毛岸苗村、海南民族博物馆、太平山度假村、百花岭瀑布、东坡书院、热带植物园、松涛水库、枫木鹿场、玉龙泉、临高角、小鸟天堂。其中：尖岭温泉、百花岭文化村和儋县小鸟天堂是1989年开始投资新建的旅游点。

1989年新落成开业的涉外旅游宾馆、酒店计15家，它们是：海口航空大厦、金燕宾馆、南昌大厦、八一大厦、金鼎大厦、三亚国际大酒店、三亚金陵度假村、兴隆康乐园大酒店、桂林洋中超乡村俱乐部、明珠大厦、三亚飞天酒店、三亚唐南宾馆、冶金部三亚休假村、三亚广亚食品大厦、南油三亚服务大楼。

七、新开辟的旅游交通线

1989年底，海南省辟有国内、地区及国际航空线14条，它们是：

海口——北京	海口——昆明
海口——广州	海口——西安
海口——上海	海口——沈阳
海口——北海	海口——湛江
海口——成都	海口——汕头
海口——三亚	海口——曼谷
海口——香港	海口——新加坡

其中，通往三亚、北海、西安、湛江、汕头的航线是1989年新辟的；飞往曼谷、新加坡的航班是不定期包机。

1989年，海南已开通的航海线计有海口——广东湛江、海口——广州、海口——香港、海口——汕头6条。其中，海口——北海是1989年新开通的，海口——汕头春节期间临时通航。

1989年，海南东干线半幅高速公路第一期工程府城——黄竹段64.7公里，工程量已经完成过半，文昌县文城至烟墩的二级公路改造工程建成通车；白沙县牙叉至邦开的出口路路基加宽工程基本完成；清澜港外公路10月已建成投入使用。全省公路里程已达12891公里。已开发的39个旅游点绝大部分已经通车。

〔**旅游宣传与学术研讨**〕

一、编印大型画册《金色的海南岛》

1989年4月，海南建省一周年前夕，海南省旅游局和香港金苹果出版社联合出版了16开208页的大型画册《金色的海南岛》。发行量为1万册。

二、出版大型画册《宝岛海南》

1989年8月，海南省旅游局与新加坡哥伦比亚集团出版了8开大型画册《宝岛海南》。首版为中英文对照本，印数4000册。其后，该集团还准备续出6000册及其它语种版本。新加坡哥伦比亚集团的董事长蔡兴荣先生是新加坡华人，祖籍海南琼海县，《宝岛海南》画册由他筹划主编。海南省委、省政府领导人许士杰、王越丰等同志出席了在海口市举行的《宝岛海南》发行仪式。

三、拍摄旅游系列影片《金色海南岛》

1989年起，海南省旅游局组织拍摄以海南风光为题材的旅游系列影片《金色海南岛》，第一集《椰风海韵》已拍摄完成，在北京、海口等地首映后，观众反映良好。该系列影片以7种外国语言对外发行，拍摄制片计划将拍五集以上。

四、举办《走向九十年代的海南旅游业》有奖征文

1989年11月，海南省旅游局和海南日报理论部、海南省战略与规划研究会联合举办《走向九十年代的海南旅游业》有奖征文活动，向全国征求海南旅游业发展的理论和对策。

海南省旅游局还接待了日本、香港等地以及国内各大报刊记者来琼采访，在国内外发表了一大批宣传海南旅游的文章、报道。并在海南日报和海南经济报组织了两个宣传海南旅游的新闻专版。1989年1月由海南省中国旅行社提供海南人民出版社出版了16开彩印画册《海南岛游踪》。

〔**旅游资源**〕

海南省具有极其丰富而又独具特色的自然旅游资源和人文旅游资源。据专家考察，全省可供开发的旅游点计有241处。其中：具有国际吸引力的计有16处以上，它们是：牙龙湾、五指山、尖峰岭、莺歌岭、七指岭、东山岭、百花岭、大田坡鹿、黑冠长臂猿、通什山城、兴隆温泉、尖岭仙泉、儋县夫妻泉、东坡书院、保亭毛感地下宫、昌江王下风光等。目前，全省已经初步开发和正在开发的旅游点计有39处。海南丰富的旅游资源可分为四个部分，它们依次是：自然风光、人文景观、民族风情和珍稀物种。

〔自然风光〕

热带海岸　热带海岸是当今世界上最热门的旅游场所。海南岛海岸线总长为1528公里，大多是砂质海滩。漫长的海岸上分布着众多的沙滩、海湾、泻湖、岛礁、岬角、岩岸、孤丘、奇石、珊瑚、热带鱼和红树林等景观。碧波万顷的海中，洁净柔软的细沙，挺拔浓绿的柳林，灿烂明媚的阳光，构成热带海滨秀美壮观的诱人画面。其中有闻名中外的牙龙湾、芝兰湾、大东海、小东海、香水湾、三亚湾、秀英海滨、天涯海角等等。清澜港外、博鳌港附近、小海口门、新村港口门、莺歌海、八所镇鱼鳞洲以及北面的面前湾、白马井南面等，也是建立海滨浴场的好场所。

热带原始森林　海南岛地形中间高四周低，山地、丘陵、台地、阶地、沿海平原构成了多姿多彩的地貌景观，其中尤以山地区域的风景资源最为丰富，如五指山、七指岭等等。那里不仅山形奇特，气势雄伟，适宜旅游和探险，并且森林密布，气侯宜人，拥有许多珍贵的动植物和奇异的溶洞，具有很高的观赏价值和研究价值。其中乐东县的尖峰岭、昌江县坝王岭、陵水县的吊罗山和五指山是保存完好的热带原始森林区。最为典型的是尖峰岭，它拥有1000公顷的热带雨林的原始状态，是世界上少有的大面积热带雨林，1976年已经辟为自然保护区。

河流、水库、瀑布、温泉　海南地处热带，雨量充沛，河流众多。全岛集水面积在100平方公里以上，独流入海的河流共90条。这些河流因蜿蜒有致，河水清澈以及独具特色的两岸风光而成为旅游胜地。从沿岸风光、水质等条件分析，可作观光旅游的河流以万泉河最佳，南渡江、昌化江稍次，文澜河、南圣河再次。岛内人工水库也不少，尤以松涛、南扶、长茅、石碌等水库兼具山光水色之美，不是湖泊，却胜似湖泊。琼中地区山涧瀑布众多，其中百花岭瀑布、五指山瀑布、鹦歌岭瀑布、太平山瀑布、枫果山瀑布等久负盛名。此外，海南岛地热资源丰富，温泉分布广泛。多数温泉矿化度较低，水量大，温度高，所在区域景色宜人，如兴隆温泉、天南第一泉等，适宜发展集体观光、疗养、科研于一体的旅游事业。

热带田园风光　海南岛一片热带田园风光，片片胶园，层层梯田，错落有致的农舍，辛勤劳作的人们，加上新奇的热带作物和枝头摇摆的热带水果，构成了海南旅游极富特色和情调的重要方面。

〔人文景观〕

名胜古迹　海南岛有两千多年的成文史，留下丰富的历史遗迹。比较著名的有：儋县白马井镇上的（汉代）伏波将军庙以及和伏波将军有关的白马井；为被贬到海南的唐代高官李德裕、李纲、胡铨、赵鼎、李光修建的五公祠；古代曾经才人辈出的东坡书院；因粤剧“搜书院”出名的琼台书院、崖州故城、黄道婆客居地、海瑞故居，位于海口市的海瑞陵墓、丘浚陵墓（二者均为明代名臣）。除此以外，海南岛还有众多的古塔、古牌坊、古庙、古祠堂、古文化遗址以及穆斯林墓葬群，可供专家考古研究，供文人墨客及中外游人发思古之幽情。

革命纪念地　从晚清、民国初年算起，海南和中国当代革命结下了不解之缘，留下的革命纪念地计有：文昌县昌洒镇宋庆龄祖居、琼山县林文英（孙中山战友）纪念牌和纪念亭、琼崖纵队遗址、苏维埃政府旧址、金牛岭烈士陵园、白沙起义纪念馆、加积镇红色娘子军塑像。以及为琼崖革命领导人、革命烈士冯白驹、杨善集、李硕勋等人建立的纪念地，为在解放海南的战役中牺牲的解放军官兵修建的纪念碑等等。

〔民族风情〕

海南岛有近百万少数民族居民。由于历史、文化的渊源以及地域的相对封闭，他们至今保留着许多淳朴而饶有兴味的民风、民俗和生活习惯，如三月三节日、番加风情、人偶同台戏、黎苗族歌舞。最为典型的少数民族村落有香茅村黎寨、陡水河苗村等。使海南岛的社会风貌显得多彩多姿。

黎族人民在长期的生活实践中创造了富有特色的民族文化。譬如，“船形屋”便是他们创造的一种建筑样式。这种建筑高架于空中，屋顶酷似船蓬，别具一格。游客在此住宿，仿佛置身黎寨之中。黎族妇女用简单的“踞织机”织出的筒裙、花带、裙头等，纺、织、染、绣四项工艺特色鲜明，纺织品的精美可与杭州的织绵缎相比。黎族还是一个能歌善舞的民族。农历三月三，是黎族人民传统的赛歌节，男女群众载歌载舞，抒发情怀，尽情娱乐，连续几昼夜。黎族人民饮食俭约，不事考究，但祖祖辈辈也积累了一些富有异趣的饮食文化，如竹筒烤饭、山兰米酒等等。

生活于岛上的苗、回等民族亦有不同于汉、黎的风俗。

〔珍稀物种〕

海南岛沿岸及南海诸岛周围的热带海洋资源，其数量之丰，品种之珍，均居全国首位。五光十色的新生事物，既使游人大饱眼福，又给他们增添了丰富的食谱。而海洋盛产的各种珊瑚、珍珠，又为发展旅游工艺品提供了取之不尽的原材料。

海南岛上还有各种珍禽异兽，如长臂猿、猕猴、雨燕、坡鹿、黑熊、云豹、穿山甲、大灵猫、野猪、山鸡等等，总计有鸟类三百多种，兽类七十多种。为了保护物种，便于游人观赏，国家已在海南设立了许多野生动物自然保护区和驯养场，如昌江县坝王岭黑冠长臂猿保护区、东方县大田坡鹿保护区、屯昌养鹿场、陵水县南湾半岛猕猴驯养保护区等等。

海南岛还有众多珍稀植物和外地游客难得一见的热带作物。在海南岛生长的一千多种乔木具有明显的热带雨林、季雨林特征。其中，花梨、田生、子京、坡垒、海南粗榧和琼棕等，均属珍稀树种。此外，岛上还有药用植物二千五百多种，以及大量热带花卉、观赏树木。海南岛重要的热带作物有橡胶、椰子、油棕、咖啡、可可、腰果、剑麻等，重要的热带水果有菠萝、香蕉、荔枝、龙眼、芒果、菠萝蜜、神秘果等等。凡此种种，均向人们展示出这座热带旅游宝岛的生动图景。

历史回顾

中华人民共和国成立四十周年来(1949～1989年)，海南旅游业经历了一个从自然、自发生成状态逐步向自觉、自为开发层次发展的过程。尤其是改革开放与经济开发促进了这个过程的转变。1980年以来，海南旅游业的总投入约10多亿元人民币；总共创汇达1.4亿美元，其中旅游系统直接收汇6516万美元；开办旅游“三资”企业十一家。

〔建省前发展概述〕

据史籍记载，宋、元、明三朝近千年间，专程来海南游历的仅有18人。清代至民国期间海南游人亦颇稀疏。中华人民共和国建立后，海南旅游业开始出现生机。1956年2月，海南第一家旅游机构——海南华侨旅行服务社成立，接待少数来琼观光的华侨。1974年，海南中国旅行社成立，开始有组织地接待华侨和国内外旅游团体。

海南旅游业的自觉发展是于1983年真正起步的，这年4月，中共中央作出加快海南岛开发建设的决定指出：“海南有条件逐步建成国际避寒、冬泳和旅游胜地”。并就如何发展海南旅游业作了原则指示。据此，海南行政区政府随即把旅游业同能源、交通、通讯一道列入重点开发项目，并于1983年4月，首次成立海南旅游局，统一管理全岛的旅游开发和发展。1986年1月，国务院召开全国旅游工作会议，宣布把海南岛列入全国7个重点旅游城市和地区之一。海南旅游业虽然起步较晚，但由于中央政策的指导和地方政府的重视，数年之中迅速崛起。

自1983年起始，海南逐步建立了各级旅游管理机构和经营机构；组建、培训了旅游管理和旅游服务队伍；开辟了“五公祠”、“海瑞墓”、“天涯海角”、“大东海泳场”等一系列自然与人文景点；兴建了泰华酒家、海口宾馆、金融大厦、华侨宾馆、南天大酒店、通什度假村等数十家涉外宾馆；拓展了香港——海口三、四、五日游和八日环岛游等旅游线路；开发了大量有海南特色的旅游商品和具有纪念性、艺术性、实用性的旅游纪念品，颇受海内外游客欢迎。

据统计，1980年到1986年，全岛旅游部门接待国际游客共14.5万人次，平均每年递增47.8%。1987年乘着中央决定海南筹备建省办大特区的东风，全岛接待国际游客17万多人次，超过前六年的总和。

〔建省后发展概述〕

1988年4月海南建省以来，海南省政府在制定全省发展战略时，把旅游业列入工农贸旅并举的全省四大支柱产业之一。由于中央给予的大特区优惠政策和海南进一步改革开放的吸引力，加之旅游部门的再接再励，海南旅游业开始飞跃发展。

据统计，仅建省的1988年，全省共接待国内外游客118.6万人次，比上年增长57.9%，旅游营业总收入2.3亿元，比上年增长23.8%。其中接待外国游客33.7万人次，港澳台同胞16.1万人次，分别比上年增长548.5%和13.2%，旅游创汇5759万元，比上年增长40.1%。全省当年新建并开业的涉外宾馆14家，新增空调客房993间，床位298张。到1988年底，全省拥有涉外宾馆49家，客房5945间，床位1.1万张。

1988年，海南还改进了旅游交通建设，扩建了海口机场（可起降波音757客机），并筹建三亚凤凰机场，新辟了海南通向国内外的航空与航海线。

经过建省前后几年的努力，海南旅游业创造了一个良好的开端，食、住、行、乐、购逐步配套完善，中国唯一的这块热带旅游基地正在形成。（张世跃）

四　川　省

概　况

1989年

〔国际旅游接待情况〕 1989年第一季度全省国际旅游接待量与1988年同期基本持平，4月份上升16.3%。5月中旬开始受到动乱影响，6月份客源陡然下降，比1988年同期下降72.9%；7月份下降78.9%，为最低谷，绝对数比1988年同期减少14766人；8月份下降73.9%；9月以后逐月份好转。

据年终统计，1989年，全省共接待国际旅游者（亦称海外旅游者，指来四川旅游的外国人、华侨及港澳台同胞，不含外事公费邀请人数，下同）101359人，比1988年接待的170820减少69461人，下降40.66%，大体上相当于1985年的接待量（1985年接待10.2万人）。其中：接待外国人52908人，下降51.3%，不及1988年接待量（108726人）的一半；接待华侨及港澳台同胞48451人，减少13046人，下降率为21.9%。

外国人接待量大幅度下降。从客源地区构成分析，降幅最大的为美洲国家，比1988年减少15007人，下降56.8%。以下依次为：欧洲国家比1988年减少20277人，下降47.7%；大洋洲减少1846人，下降42.5%；亚洲减少9418人，下降38.9%。在接待人数1000人以上的12个主要客源国中（1988年接待1000人以上的客源国家有13个）降幅均超过40%，法国下降62.4%，加拿大下降60.8%，意大利下降5.1%，美国下降56.9%，英国下降49.5%。这12个主要客源国依接待量的顺序是：日本、美国、联邦德国、法国、英国、澳大利亚、瑞典、瑞士、加拿大、荷兰、意大利、新加坡。

台湾同胞来川旅游人数大幅度增长，华侨和港澳同胞下降。1989年全省接待台胞旅游者31041人，比1988年增加9153人，上升41.8%，其主要原因是台湾同胞回大陆探亲、寻旧的热情很高，台湾当局进一步放宽了台胞来大陆探亲、旅游的限制，为台湾同胞返回大陆旅游提供了较好的机会。华侨和港澳同胞旅游人数17410人，比1988年下降56.7%。

在年接待总量中，外国人所占比重逐年下降，华侨及港澳台同胞（旅游界称为"四种人"）所占比重逐年上升。从1985年至1989年5年间，外国人所占比重分别为：76.2%、74.2%、71.4%、63.6%、52.2%；"四种人"所占比重分别为23.8%、25.8%、28.6%、36.4%、47.8%。

从接待地区分析，以成都为中心的川西地区1989年接待62870人，比1988年下降43.7%。其中，乐山峨眉山景区接待11436人，下降46.2%；九寨沟黄龙景区接待7772人，下降88.3%。以重庆为中心的川东片区接待38489人，下降35.6%，其中万县地区（长江三峡景区）接待20510人，下降44.9%；大宁河小三峡接待17629人，下降36.5%；丰都接待7020人，比1988年的5480人上升28.1%。

从主要旅行社接待量分析。中国国际旅行社成都分社（简称国旅成都分社）接待7564人，减少13134人，降幅达63.5%；国旅重庆分社接待13704人，减少20607人，下降60%；四川省中国旅行社接待5268人，减少4165人，下降44.2%；成都国际旅游公司接待3779人，下降50.1%。

从旅游者来川停留天数分析。1989年总的停留天数31.74万人天，下降32.5%。人均停留天数3.13天，比1988年的2.75天增加0.38天，上升13.8%。其中外国人的人均停留天数3.88天，增加0.97天；上升33.3%；"四种人"人均停留2.31天，减少9.17天，下降6.9%。

客源大滑坡的情况深刻地表明，旅游业具有一定的脆弱性，旅游业作为一项依托性很强的产业，格外需要一个稳定和平的环境，社会局势不稳定，会使旅游业陷入停滞状态，威胁旅游业的发展，而且首当其冲。

〔旅游经济效益〕 客源是旅游经济效益的基础，客源滑坡必然导致效益下降。由于旅游部门采取各种补救措施，经济效益降幅不大。1989年，全省旅游外汇收入9992.2万元（外汇券人民币，下同），比1988年下降10.3%。

全省国营旅游企业（旅游系统）营业收入11229万元，与1988年的13462万元下降16.59%。省属旅游企业目前有6家：锦江宾馆、岷山饭店、国旅成都分社、四川海外公司、省旅游汽车公司、中国旅游服务公司四川省公司，是全省旅游企业中的骨干。

〔国内旅游〕 据统计，1989年国内旅游接待2114万人次，比1988年下降15.5%。据32个定点单位统计，国内游客下降16%。据31个经营国内旅游的企业统计，营业收入1773万元，利润271.8万元，其中盈利在5万元以上的企业12家，亏损单位5家。除了动乱是主要因素外，党政机关取消工作假、严格禁止公费旅游，以及交通费用提高也是影响国内旅游的原因。但与国际旅游相比较，国内旅游下降幅度明显低于国际旅游，说明其具有发展的相对稳定性和广泛的社会基础。

〔旅游促销与宣传〕 1989年6月，动乱刚刚平息，省旅游局和成都、重庆市旅游局，各一二类旅行社，迅速调整对外招徕战略，把旅游宣传的重点放在恢复地方旅游形象和重振旅游，努力宣传四川的局势稳定，旅游活动正常开展，广泛向海外旅行商、旅游记者、知名人士以及我国驻海外旅游办事处散发了形势介绍材料、旅游线路资料等宣传品。7月初，省旅游局通过中新社记者，向海外发出"四川局势稳定，旅游尽可放心"的报道，同时，还向美国驻成都总领事馆、日本《读卖新闻》驻京记者，以及港澳记者来川采访团等介绍了四川局势；与香港新闻通讯社合作编辑出版了《旅游与贸易》杂志的"四川专辑"；与香港《中国旅游画报》合作刊登了"川江之旅"专栏；邀请首都对外发行报刊记者来川采访，宣传四川旅游业形象。

在困难的条件下，省旅游总公司及省属旅游企业参加了在新加坡、联邦德国、法国、英国、泰国等地的推销活动，散发各类宣传品3万余册，稳定了一些老客户，组织了一些旅游团组来川。邀请海外旅游记者、旅行商方面、省旅游局和一些旅行社，分批邀请日本、马来西亚、台湾、香港等国家和地区旅游商，来川考察成都、重庆和乐山、九寨沟、长江三峡等旅游线路。其中尤以西南五省六方联合邀请的东南亚旅行商考察长江三峡线路取得较大成功。四川的一些旅行社、旅游饭店还派出推销组到沿海口岸城市参加旅游洽谈会，开展推销活动。

省旅游局1989年印制中、英、法、德4个文种的宣传册6万多份，全省各旅游部门印制的宣传品有20多万册。省旅游局与四川电视台合作拍摄了《川南行》、《天下山水之观在蜀》两部旅游电视片，制作了介绍熊猫的幻灯片。

根据国家旅游局安排，1989年全省旅游界对国内开展了两次大的宣传活动，即4月1日～7日的全国旅游宣传活动和9月27日"世界旅游日"纪念活动，举办了各种层次的旅游电视专题节目、电视文艺晚会、旅游有奖征文、旅游摄影大赛，出版了旅游专刊等；成、渝两市及重点旅游区还制作了大型广告牌，开展了街头宣传咨询活动。广泛宣传了四川旅游的十年发展和光明前景，增加了社会对发展旅游事业的理解和支持。

〔**旅游设施建设**〕 1989年旅游基础建设继续贯彻治理整顿的方针，进一步从计划管理和工程技术监督上加强管理。全年安排19个项目，国家投资金额600万元，与1988年的590万元大体相等。去年，九寨沟宾馆已竣工验收，在建的有乐山女神宾馆，西昌凉山宾馆、成都桃李园饭店、平武宾馆。与此同时，省旅游局想尽各种办法，筹集资金87.2万元，安排了10处景点配套设施的小额补贴，其中重点安排42.2万元用于海螺沟景区复路和宝兴县蜂桶寨大熊猫放养的设施建设。

〔**旅游人才培训**〕 1989年，对各类旅行社的导游人员进行培训，统一进行资格考试。全省各类旅行社参加考试的导游人员共953人，考试合格者747人，合格率78.4%，加上符合条件免试的，全省有902人获得了导游人员资格证书。按照岗位轮训三年计划，1989年省旅游局开办两期旅游饭店经理培训班，培训经理人员60人。省旅游学校原校址在郫县唐昌镇附近，1989年夏，学校新迁，校址在成都火车南站附近。

〔**旅游机构变迁**〕 1989年重庆市经过整顿筹备，正式建立了重庆市旅游事业管理局，行使对重庆市旅游全行业管理的职能。至年底，全省21个市、地、州，已有成都、重庆、乐山、自贡、宜宾、万县、阿坝等7个市（地、州）建立了旅游局，其余的市、地、州普遍设立了旅游管理机构与外事办公室合署办公。1989年新建1家一类旅行社——成都海外旅游公司。至年底，全省有一类旅行社3家：四川海外旅游公司、重庆海外旅游公司和成都海外旅游公司，二类旅行社26家，三类旅行社78家。

历史回顾

中华人民共和国成立后，五十年代四川省开始办理国际接待事务，是在当时的省和重庆市人民政府交际处内分别设立的中国国际旅行社成都分社和重庆分社，主要接待苏联和东欧国家的旅游团，接待量很小。六十年代中期，由于中苏关系僵化，两个旅行社工作停顿。

1978年以后，国家实行对外开放的政策，旅游业又被重新提上议事日程，国旅成都分社、国旅重庆分社和四川省中国旅行社，相继重建或建立。1978年下半年四川开始对外开放，成都和重庆两个中心城市和长江水域，共接待国际旅游者2500人次。

1979年，全省开放峨眉山、乐山市、万县地区的忠县、万县市、奉节、巫山等13个市县，当年接待国际旅游者1.7万余人，以后，四川旅游业一直稳步增长，1980年接待2.7万人次，1985年突破10万大关，1987年为历史最高水平，达18万多人次，1988年因西藏、拉萨市骚乱的影响，接待人数略有下降。1989年与全国各地一样受动乱影响，出现大滑坡，接待人数仍超过10万（详见统计表），从1979年至1988年10年间，全省累计接待国际旅游者85.44万人次，年平均递增率30%。全省旅游十年收汇累计共达3.69亿元外汇人民币，年平均递增率为33.17%。

在发展国际旅游的同时，随着人民生活水平的提高，从1983年开始，国内旅游也迅速发展起来，据当年不完全统计，全省各主要旅游点共接待国内旅游者约1250万人次。到1986年，全省国内旅游人数达到2500万人次，比1983年翻了一番，据测算，国内游客回笼货币7.5亿元。1987年国内旅游人数增长到2700万人次，回笼货币9亿元。1988年人数虽然比1987年略有下降，但消费水平提高，回笼货币超过10亿元。

1979年开始，全省各有关部门，对各地旅游资源进行了不同程度的普查，截止1985年的普查结果是，全省148个县（区）共有各类风景旅游区（片）119个，景点546处，全省现有全国重点风景名胜区9处，是全国风景名胜区总数的10.7%。这9处是：青城山—都江堰、九寨沟—黄龙、剑门蜀道、乐山大佛—峨眉山、长江三峡（含小三峡）、重庆缙云山、贡嘎山、蜀南竹海、金佛山等。有省级风景名胜区19处。全省有全国重点文物保护单位24个，省级文物保护单位150多处，各类自然保护区15处。

1979年，由省建委主持，逐步对风景名胜区进行规划，1982年四川省政府批准了峨眉山风景区总体规划；1987年国家城建部代表国务院批准了九寨沟风景名胜区和黄龙风景名胜区的总体规划。

其它各风景名胜区分别是成立了规划领导小组，正陆续制定规划。

全省国际旅游的发展。十年来，已经形成两个旅游片区，一是以成都为中心，联结乐山、峨眉山和九寨沟、黄龙等景区的四川西片区，一是以重庆为中心，连结万县、丰都、长江三峡和宁河"小三峡"等景点的川东片区。

旅游基础设施初具规模，从1979年起，一方面对原有接待所进行改建，一方面投资新建饭店，如今，全省已有旅游涉外饭店39家，可供外宾使用的客房有7000余间。全省有旅游车辆600多辆，8000多座。全省有一类旅行社3家，二类旅行社26家，三类旅行社78家。全省旅游系统职工已有1.78万人。

1979年以来，全省交通状况有了很大改善。公路交通方面，重点修建和改造了成都、重庆通往旅游区的公路，成都到都江堰市的二级公路、成都至德阳的大仲公路已通车使用；成都至乐山的二级公路改造基本完工；成都至九寨沟的两条公路中，茂县至松潘公路已修复通车，成都经平武至南坪的路段正在改建；各景区内的公路都进行了不同程度的整治。航空方面，1983年成都双流机场进行了改建，1989年末重庆江北国际机场投入使用，由成都、重庆至全国各主要大城市都有定期航班。省内航线，成都至万县（梁平）、成都至南充、成都至泸州都已开通。为了直接从海外引客入川，从1985年开始，开办了成都至香港的直航包机业务，目前已增至每周三个航班。1987年开办了重庆至香港直航包机每周两班的业务。铁路交通方面，铁路部门已采取了旅游热线上增加车辆，增挂空调车厢，旺季增开旅游专列等措施。改善了陆上长途客运和重点景区的旺季客运工作。内河航运方面，长江三峡旅游线，1989年已有高档旅游船12只，客床位共1300多张。1990年初又有“长江明珠”豪华游船下水。

旅游管理机构情况，1978年在改革开放中，建立四川省旅游游览事业管理局（简称四川省旅游局，属省府序列内编制。1983年四川省级机构改革时，省旅游局并入省外办，保留旅游局名义。1984年7月省政府决定成立四川省旅游总公司，保留省旅游局的牌子，行使全省旅游行业管理职能，管理省属旅游企业。现任局长周绍全，副局长夏仲勋、曾廷忠、周化勋。

1979年至1989年四川国际旅游统计

项目 / 年份	接待总人数	年增长率 %	人均停留天数	营业收入（万元）	年增长率 %	外汇收入（万元外汇人民币）	年增长率 %
1979	17595		3.00	452.25	—	202.50	—
1980	27595	56.85	2.07	660.76	46.11	390	92.58
1981	34163	23.79	2.32	941.51	42.49	489	25.38
1982	50486	47.78	2.24	1251.67	32.94	680.80	39.22
1983	54893	8.73	2.24	1398.49	11.73	730.70	7.33
1984	73843	34.52	2.42	2166.56	54.92	947.69	29.69
1985	102000	38.13	2.60	3781.89	74.56	1857.84	96.04
1986	142557	39.75	2.85	6328	67.3	3110.28	67.41
1987	180487			8575	35.51	3301.52	6.15
1988	170820	-5.4	2.75	13462	56.99	3811.84	15.46
1989	101359	-40.66	3.13	11229	-16.59	2837.76	25.55

重振四川旅游 我们面临的选择

四川省旅游局局长 周绍全

巴山蜀水，钟灵毓秀

当旅游作为现代文明的一种方式在神州大地兴起之后，天府之国向海内外游客敞开了大门，展示了它多姿的风采：鬼斧神工的长江大小三峡，俊逸秀美的峨眉山，如诗如画的九寨沟黄龙寺，都江堰、乐山大佛、大足石刻、古三国遗迹、杜甫草堂、武侯祠，以及众多的雄关险隘、古刹庙观……有的是神奇的大自然赋予的，有的是古老的巴蜀文化的结晶。有中国现代史画卷上，红军长征路上的雪山、草地、大渡河、泸定桥、以及红岩村、抗战陪都等等都在四川的版图内。今日的四川，她的人口、风貌、川酒川菜、川戏、川茶、川江号子……仍然对游客具有无穷的魅力。被选作第11届亚运会吉祥物的人见人爱的大熊猫，也是唯四川独有的特产。四川有省级以上的风景名胜区9处（约占全国的1/9）省级以上文物保护单位143处，其中国家级的33处；自然保护区17处，其中国家级的2处。四川的旅游资源，可以一言以敝之：种类丰富，得天独厚。

四川旅游业，在改革中起步，在改革中迅速发展，到1988年，全省国际旅游的年接待人数达17.08万人，当年外汇收入11135万元外汇券人民币，分别为十年前的9.7倍和17.5倍。十年累计接待海外旅游者85.4万人次，收入外汇券人民币3.69亿元，年平均增长率分别为30%和33.17%。1989年国内旅游全省接待2500万人次，收入近十亿元。1989年，四川旅游业和全国各地一样，经历了前所未有的大滑坡和由此带来的严重困难的考验，国际旅游下滑40%，国内旅游下降17%左右。

目前，重振旅游业的任务摆在我们面前。这既是形势发展的客观要求，又是广大旅游职工的强烈愿望。在重振四川旅游的道路上，我们面临三个方面的挑战：其一，全国各地都在重振旅游，有的省市区打出了一些新套数，有了新的突破，四川怎么办？其二，今年以来出现了接待旺季，台胞蜂拥来川，我们的“硬件”准备和思想准备是否充分？其三，经过去年淡季的整顿旅游市场和整顿职工队伍，服务质量是否适应重振四川旅游的要求？

在挑战面前，我们要作出选择——正确认识形势，注意分析四川旅游的特殊性

迎接挑战，必须正确认识形势，除了共性认识之外，重要的是认识旅游业的特殊性，由此进一步。还要认识四川旅游的特殊性。旅游是人类文明发展到一定程度的产物，只有社会经济发展到一定水平后，才会产生现代意义的旅游。反过来，旅游一旦发展起来，在促进经济发展，促进经济交往和信息交流，提供社会就业，丰富人们生活情趣，陶冶情操等方面发挥愈来愈大的作用。我国改革开放以来，旅游获得长足的发展，成为一项新兴的经济事业。这就是旅游业的社会功用性，亦即我们通常说的社会效益。如同任何新兴的经济事业在大发展时期一样，旅游业的社会效益远远大于其本身的经济效益。

1989年的那场政治风波以后，各个经济行业都出现困难，市场疲软，资金周转困难，都面临治理整顿的任务，这是普遍的共性。看不到这一点，只强调旅游业自身的困难，不考虑全局的困难，是一种片面的认识。与此同时，我们也要看到，任何事物都有它的特殊性。旅游业与其它行业相比，其特殊性主要表现在：第一，依托性很强，旅游集“食、住、行、游、购、娱”六大要素于一体，它的发展是以各行各业的发展为基础，如果没有各行各业的配合和支持，就谈不上旅游业的发展；依托性还表现在，旅游业特别需要一个稳定安全的社会环境，1989年动乱，旅游业首当其冲受到严重影响，蒙受的损失最大。第二，旅游业的发展要适量超前。旅游业涉外性很强，国际旅游要适合海外旅游者的要求，符合国际标准，因而在饭店设施、餐饮质量、交通工具等方面的消费要超过国内一般水平。又由于它的硬件建设有一个过程，不能等游客来了才去修桥铺路、建造饭店，因而必须适量超前。第三，治理整顿的重点不同。在治理整顿中，有的行业需要紧缩，放慢速度或撤并，资金投放需要严格控制。旅游业却正处于大发展时期，从总体上看它目前的发展规模还不适应改革开放的要求，且旅游业需要适量超前发展。因而，旅游业治理整顿的重点是旅游市场混乱，有的地方旅行社过多过滥和少数大城市饭店建设过剩等。在治理整顿中，旅游业不能紧缩，国家在资金投放、规划建设、设备更新等方面还应予以扶持，必要时可采取必要的倾斜政策。

四川旅游业的特殊性主要有三点：其一，旅游资源特别丰富，观赏品位高，适合各种不同类型的旅游者，发展的潜力很大，前景肯定愈来愈好。其二，四川经济不发达，人口多，社会负担重，人均工农业总产值，在全国一直处于中下水平，经济是制约旅游发展的重要因素，必然从总体上影响旅游业的发展。第三，四川地处内陆，交通不便，景点分散，重要景点离中心城市远，通往景区交通状况较差。如果说，成都到乐山峨眉需三天左右，重庆游大小长江三峡需四天左右海外游客能够接受的话，那么，到九寨沟或海螺沟需要七天左右，至少在时间上他们难以接受，只能望“沟”兴叹了。至于

到九寨沟的航空交通，限于经济原因短期内难以解决。

我们要正确认识面临的挑战，正视困难，充满信心。同时，要通过广泛的宣传，使各级党政部门、全社会都能理解和支持旅游业，了解旅游业的发展趋势、了解它的社会效益，了解它的困难，了解它的需求，让更多的人关心旅游业、支持旅游业。

加强行业管理，认真抓好治理整顿工作

重振旅游业，不是一哄而起，而是要加强行业管理，切切实实地做好治理整顿工作，使各旅游企业之间的竞争成为服务质量的竞争。去年的大滑坡，给不少旅游企业造成经营困难，今年旺季来得早，各旅游企业都急于接待更多的游客，这种愿望和行动可以理解。但有的企业为一己之利，竞相削价，跳档经营，严重影响了旅游业的声誉。我们通常说要引入竞争机制，实际上，竞争客观上已经存在，只是在许多情况下竞争不是服务质量上的竞争，而且竞相压价，相互倾轧，结果是外商得利，国家受损失，造成小费回扣之风屡禁不止。如果让这种“竞争”恶性发展，只能陷入这样的“怪圈”，越为“竞争”服务质量越下降，客源就会越少；客源越少，又会加剧这种不合理的“竞争”，最终会使旅游业夭折。

服务质量是旅游业的生命线。这一点往往被人忘记，或者说，口头上承认，实际工作中却忽视了这一点。如果说，由于旅游业起步较晚，与其它的行业相比硬件建设上滞后（当然有的地方宾馆建设也有过多的情况），那么，与硬件建设相比，旅游业的软件建设更是滞后。在“食、住、行、游、购、娱”各个环节，游客都希望得到良好的服务。如果服务质量不好，即使“硬件”再“硬”，客人也会乘兴而来，扫兴而去；相反，如果热情周到的服务，就会弥补硬件中的某些不足，客人也会满意的。中国是发展中国家，许多海外旅游者对中国旅游业的硬件建设没有过高的企求，来华前就有这方面的思想准备，而对服务质量的好坏没有思想准备。有的海外游客说：“没想到在中国还可以住上这么好的饭店，没想到服务方面这么不如人意”。这句话很值得我们深思。

重振四川旅游业，今年的首要任务是抓好旅游业的治理整顿，要抓好整顿旅行社，整顿旅游市场，整顿旅游队伍三个环节。旅行社过多过滥，相互削价竞争，甚至信誉好，遵守价格规定的旅行社在这种“竞争”中失败，客户被挖走，这种状况不能再继续下去了。四川涉外旅游饭店的星级评定工作去年有成效，要抓好巩固工作，今年全省试行建立全行业质量管理网络，组成队伍行使质量检查和监督职能。四川旅游景区多，景区脏乱差的问题必须认真治理。峨眉山、青城山的滑竿，对于了解四川民风民情，帮助一些年老体弱者爬山本来不无作用，但过多过滥就会形成强行兜售，围哄游客，从而影响声誉。事实上，当地管理部门认真抓了一下，情况就会好得多；抓得不紧，又旧态复萌。所以，关键是加强管理问题。通过治理整顿，要健全竞争机制，使竞争在公平的环境中进行，成为服务质量的竞争。

强化旅游职工队伍的思想政治工作和业务培训

旅游业是“窗口”行业，处在改革开放的第一线。邓小平同志指出的十年来的最大失误在于教育，这句话完全适用于旅游业。旅游业的职业特点，旅游职工队伍迅速扩大，如果放松了思想教育，更易受到腐朽思想的侵蚀。事实上，由于近年来放松了思想政治工作，旅游业私收小费和回扣等不正之风屡禁不止，在有的地方甚至愈演愈烈，成了一个顽症。个别职工丧失国格人格，在金钱面前忘了是中国人。这些消极丑恶现象如果任其泛滥，重振旅游业就会成为一句空话。提高旅游服务质量关键在于提高广大从业人员的素质，而提高素质必须政治素质和业务素质并重。因此，我们一时一刻也不要忘记我们旅游业的社会主义方向，决不能把社会主义的旅游业与资本主义旅游业混为一谈，必须不断地充实和发展我们旅游业的悠久民族文化的内涵，为此，必须加强旅游业职工队伍的政治工作和业务技术培训。

在加强思想政治工作业务技术培训中，我们已经和正在采取的措施，一是坚持四项基本原则，开展五讲四美三热爱活动。要加强爱国主义教育，热爱祖国大好河山，弘扬中华民族的优良传统和崇高美德，抵制崇洋媚外的意识和行为；要加强理想、道德、纪律教育，抵制“一切向钱看”的错误倾向；要加强艰苦奋斗的教育，反对大手大脚铺张浪费，勤俭办企业，勤奋工作，努力学习。二是开展职业道德教育，增强服务意识，提倡文明服务。要教育广大职工热爱自己的行业，热爱自己的岗位，象雷锋同志那样，干一行，爱一行，钻一行，树立全心全意为人民服务的思想和主人翁的精神。三是在广大青工中开展“青春在旅游业中闪光”的主题活动。目前青年职工已占旅游职工总数80%左右，重振旅游业希望在青年，他们是一支重要的力量，在活动中培养扩大青工爱祖国、爱旅游事业、爱本职工作的热情，树立艰苦奋斗、奋发图强的主人翁精神。四是进行全员在岗和管理人员分期脱产培训。采取对全行业的职工在本职工作岗位边工作边学习，学业务知识、技能、操作规范，提高他们的业务能力、水平和服务工作质量。对各级各类管理干部，实行每二、三年脱产2～3个月的分批轮训，学专业知识和业务规范，提高他们的管理工作水平，做好本职工作。五是抵制资产阶级思想的腐蚀。要采取措施，尽快刹住私收小费回扣等行业不正之风，严肃查处违纪违法事件，要一查到底，抓住不放，通过查处，从反面教育广大职工，改变失之过宽的状况。

推出奇、特、新的旅游项目　大力开展联合促销工作

重振四川旅游业，在宣传促销上不仅要推出传统项目，而且要积极推出奇、特、新的专项旅游；不仅依靠省内而且大力开展联合促销。在旅游线路和旅游项目的推销上，我们要实行传统产品和新兴产品并重的原则。要充分利用传统项目和传统线路已经打开销路，配套建设已经基本完备的优势，尽力扩大它们的知名度，以吸引更多游客入川。今年，长江三峡和大宁河小三峡出现持续不衰的旺季，我们要抓住这一好势头，组织好接待和客源分流工作。

与此同时，我们要积极探索和推出一些专项旅游，在奇、特、新三个字上下功夫。据对海外游客的调查，来川旅游的想了解民俗民情的旅客约占60％，而四川对开放人文旅游资源、发展专项旅游重视不够。一些海外游客说，西安是几千年中国历史的缩影，上海是近百年中国近代史的典型，而四川则是人杰地灵的天府之国，是中国十年改革开放的摇篮。四川应积极开发以十年改革开放和巴蜀民俗风情旅游为主的人文旅游项目。乐山和自贡将现代科学、古老文化、民风民俗、秀丽风光、人文资源、农村巨变有机结合，推出龙舟会、灯会等综合旅游项目，得到了海内外游客的欢迎。乐山五通桥的民俗旅游在地方财政紧张的情况下，走民办公助的路子，从实际出发，他们让客人坐茶馆、下棋、玩纸牌、摆龙门阵、吃住在农户家中，体验民俗情趣，了解我们的民俗风情，增添了人情味，增进了我们同友好朋友的感情。这种项目投资不多，既丰富了旅游的内容，又增加了旅游者新的美的文化享受，农户也增加了收入，一举多得。他们邀请驻华使节及其家属来五通休假。西方国家的经济较为发达，可谓“饭来张口、衣来伸手”。但人情味很薄。邀请他们亲自体验一下中国民俗，外宾非常高兴。他们说，乐山五通民俗旅游是中国农村的一个窗口，通过这个窗口，了解到了巴蜀文化，看到了四川农村十年改革的巨变。

四川在发展探险旅游、体育旅游、登山旅游、科技旅游、国际会议旅游、国际商务旅游等方面都有很大的潜力。成都、重庆等城市既是开展观光旅游的好地方，又具备开展科技旅游、国际会议旅游、国际商务旅游的好条件。我们应该考虑到海外旅客不仅关心中华民族的古代历史文化，更关心四川当代文化，有计划地收集现代文物和科技成就，创建、完善一系列风格独特的博物馆、艺术馆、民俗风情馆、现代科技馆，定会在旅客中有相当吸引力。我们将利用这一优势，不断提高旅游的层次。

西南地区是我国旅游资源丰富的地区之一，长久以来，在联合组织线路、联合对外推销、联合开发旅游资源等方面做得不够。我们应积极参加已有的西南五省区六方旅游协调会，扩大相互间的联合推销，同时加强对沿海地区和其它省市的联合。

重振四川旅游业，任重而道远。目前旺季已经来临，启开了良好的兆头，但前进的路上还有许多困难的挑战，挑战就是希望，挑战就是动力。让我们勤奋工作，迎接挑战，为发展中国旅游业作出应有的贡献。

大事记

1989年

〔旅游涉外饭店星级评定工作〕1989年全省进行了涉外旅游饭店的星级评定工作。年初召开旅游饭店工作会议作出部署，一季度摸底试评，二季度正式铺开，先后对成都、重庆、乐山、自贡、内江等市的25家饭店进行评查，评审出星级饭店20家（其中三星级5家，二星级8家，一星级7家）。1989年正式公布的星级饭店有6家，即，三星级3家：成都锦江宾馆、成都饭店、重庆饭店；二星级两家：乐山嘉州宾馆、成都“西藏饭店”；一星级1家：成都光明宾馆。其余14家饭店已全部报批，将公布。

〔旅游队伍整顿工作〕1989年，国家旅游局7月西安会议决定在全国旅游界开展职工队伍整顿工作，省旅游局成立了整顿旅游队伍领导小组，决定全省所有旅游企业全员整顿集训，重点是旅行社和旅游汽车公司，整顿内容的重点是整顿旅游界和收小费、回扣等不正之风。要求各旅游企业组织落实，时间落实，制度落实。分三个阶段，第一阶段学习文件材料，从思想认识上提高；第二阶段开展反腐蚀和职业道德教育，组织自查、举报，制止行业不正之风；第三阶段建章建制。至年底这项工作多数旅游企业已经铺开，有的已初见成效。

〔锦江宾馆、岷山饭店被骚乱侵扰〕在成都发生骚乱过程中，6月5日深夜至6日凌晨，少数歹徒和不法分子先后冲击成都岷山饭店和锦江宾馆，搞打砸抢烧活动，两个饭店广大员工奋起护卫，省旅游局和饭店各级领导亲临现场指挥，在闻讯紧急赶来救援的武警部队有力支援下，制止了骚扰活动，保卫了国家财产和住店中外客人的安全。据事后统计，两个饭店直接经济损失20多万元。

锦江宾馆、岷山饭店是省属旅游企业中的骨干企业，事件发生后，他们两个饭店迅速组织全店职工加深对动乱性质和危害性的认识，全店职工更加团结，护店爱店的精神普遍加强。很快清除了骚乱的痕迹，在一两日之内恢复了正常营业。　（张巨雄）

贵　州　省

概　况

贵州省简称“黔”，位于北纬24°30′～29°13′和东经103°31 —109°30′之间，平均海拔1000米，全省面积约17.6万平方公里，人口约3100万。

贵州地处高原山区，复杂多变的地形和特殊的岩溶地貌形成了以奇山、秀水、溶洞为主要特色的自然风光。这里有雄伟壮观的黄果树大瀑布，高74米、宽81米，集水面积770平方公里；有天下奇观织金洞，洞中有8大景区47个洞厅，面积达35万平方米，其堆积物包括世界溶洞中的主要形态类别；有珍稀动植物宝库梵净山，全山面积567平方公里，有高等植物二千种以上，珍稀动物304种，还有茂兰喀斯特原始森林，是世界上同纬度罕见的亚热带古迹游览地。贵州是多民族大杂居小聚居地区，世居着苗、布依、侗、彝、水、回、仡佬、壮、瑶、满、白、土家等12个少数民族，人口近一千万，占全省人口的31%。他们在长期的生产生活中创造了光辉灿烂的文化，各兄弟民族热情好客，能歌善舞，迎送客人都有其独特的礼节仪式，如唱拦路歌，跳芦笙舞，敬牛角酒等；其风情习俗、婚恋嫁娶方式也各具特色，节日集会活动繁多，较为大型的民族节日每年就有四百多个，如龙船节、吃薪节、爬坡节、四月八、苗年、端阳节等等，活动内容包括跳芦笙、演地戏、对歌、斗牛、赛马、斗雀、赛龙舟、踩鼓、游方等：其传统的民族建筑、如鼓楼、风雨桥、吊脚楼、石板房等被称为中国建筑文化中的瑰宝。民族工艺更是多彩斑斓，蜡染、扎染、挑花、刺绣制品和玉屏箫笛、黄平泥哨、大方漆器、地戏面具等，都是受欢迎的旅游纪念品；民族食品，包括贵州茅台酒等各类名酒、波波糖、刺梨系列饮料、盐酸菜等也颇受游客青睐。此外，贵州冬无严寒，夏无酷暑，气候温和，年平均气温为15.6C，四季皆宜旅游。这些客观条件成为发展旅游业的基础和优势。

但是，长期以来由于种种原因，人们对贵州存在着一些偏见和误解。党的十一届三中全会以来，“对外开放，对内搞活”的伟大战略决策揭开了历史上划时代的一页，人们才开始对贵州进行再认识——原来这里不仅有丰富的地上地下宝藏，而且是不可多得的旅游胜地。它的旅游特色迅即引起了中外人士的关注。近十年来，在党和政府的关怀下，在各行各业的大力支持下贵州旅游业从无到有蓬勃发展。

十年来，贵州旅游业在进行自身建设的同时，作为一项新兴的经济事业，不仅为国家积累了资金，为社会劳动就业提供了机会，而且推动了商业、饮食、旅馆、交通、邮电、市政建设及对外经济技术交流与合作等相关行业的发展，繁荣了市场，活跃了城乡经济，促进了全省经济的发展。

一、贵州旅游机构逐步建立并不断得到充实和加强

1980年以前，贵州的旅游接待工作由贵州省人民政府外事办公室承担。1980年建立了贵州省中国旅行社和贵州省外事旅游车队，贵州花溪宾馆辟为外事旅游宾馆；1981年中国国际旅行社贵阳分社建立；1982年设立贵州省旅游局，与贵州省人民政府外事办公室合署办公1988年9月，省旅游局与省外事办分开办公，现局机关设立1室6处和党委及培训中心。

近几年，安顺、贵阳、黔东南、黔西南、黔南、遵义等地相继建立了旅游局，还有部分县也建立了旅游局。至1989年底全省共有一类旅行社1个；即贵州海外旅游总公司；二类社11个：即中国国际旅行社贵阳分社、贵州省中国旅行社，贵阳市中国旅行社，安顺中国旅行社，中国国际旅行社凯里支社、中国青年旅行社贵州分社、中国国际体育旅游公司贵州公司、中国金桥旅游公司贵阳分公司、贵州文化艺术旅行社、贵州华侨旅行社，贵州铁路旅行社。此外，省旅游局下属3个公司：中国旅游服务公司贵州分公司，贵州省旅游摄影艺术公司，贵州省旅游建设公司。

至1989年底，全省行业管理单位46个，拥有旅游从业人员3814人（含宾馆、饭店、车队、风景区职工），其中有英、日、法、德、泰、俄、朝鲜、西班牙、阿拉伯等语种翻译导游人员百余人。

二、旅游景区的开发和服务设施建设取得了较大进展

贵州可供游览的景区甚多，根据省政府制定的“全面考察、统一规划、重点开发，边接待边建设边完善”的方针，景区建设是分期分批进行的。1982年，黄果树风景区被批准为全国首批40个国家级重点风景名胜区之一以后，先后开发了水帘洞和天星景区，开辟了滑石哨民族村寨，修建了宾馆，设施基本配套，景区初具规模；1983年，安顺龙宫对游客开放，将水洞、旱洞、石林和田园风光融为一体，也颇具吸引力；1984年，地下岩溶博物馆织金洞的发现一鸣惊人，被誉为“大自然创造的大奇迹”，引起旅游者的极大兴趣。这些景区与清镇的红枫湖、平坝的天台山等游览点连线成片，形成了以安顺为中心，以自然风光为主，民族风情为辅的贵州西线旅游区，也是贵州的主要游览地。

为了满足国际游客对人文旅游景观和特殊旅游项目的需求，1982年，贵州旅游的东翼——黔东南州被辟为民族风情旅游区。居住在这里的各少数民族以其奇异的民俗风情，古朴的民族建筑及独到的文化艺术使旅游者流连忘返。这些浓郁的民族特色和地方特色与舞阳河的青山绿水、青龙洞的文物古迹紧密结合，相得益彰，形成以凯里为中心，以民族风情为主，以自然风光为辅的东线旅游区。

贵阳作为贵州省省会所在地，是全省旅游的集散地。这里也不乏旅游景观：如诗如画的花溪公园，小巧玲珑的南郊溶洞，曲径通幽的黔灵山，还有森林公园、甲秀楼、百花湖等，都是游客向往的旅游点。

此外，贵州北部的历史名城遵义，赤水十丈洞瀑布，东部的梵净山自然保护区，南部的茂兰喀斯特原始森林，西部的威宁草海，黔西的百里杜鹃林，西南部的泥凼石林、马岭河峡谷、安龙招堤等开发中的风景区，都各具特色。贵州东西旅游线的延伸和扩展，将把全省广泛布局的各游览点连接成一个比较完善的旅游网，显示着贵州旅游的巨大潜力。

至1989年底，国家旅游局先后投资21460万元，直接用于旅游交通，宾馆饭店及景区的建设。至此贵州共有国家级风景名胜区5个：黄果树、龙宫、织金洞、红枫湖、舞阳河；国家级自然保护区2个：梵净山、茂兰；有省级风景名胜区6个：六仲河、百里杜鹃，九龙洞、招堤、百花湖、马岭河峡谷；另有国家级文物保护单位8个：遵义会议会址，杨粲墓、奢香墓、大屯土司庄园、青龙洞、息峰集中营、普定穿洞、从江增冲鼓楼；省级文物保护单位237处。

贵州旅游服务设施近几年发展也较快。主要旅游景区如贵阳、安顺、凯里等地的一些原有宾馆饭店经过改造或改建，已具备接待国际游客的条件。同时利用外资新建一些现代化宾馆：贵州饭店为三星级，高106.4米，31层，是目前西南地区的最高建筑。贵阳金筑大酒店高86米，26层。这两家饭店拥有床位1100张，可大大提高省会贵阳的旅游接待能力。至1989年底，全省共有涉外饭店12家，除上述2家中外合资饭店外，还有贵州花溪宾馆、贵州云岩宾馆、贵州八角岩饭店、贵州侨谊大酒店、贵州金桥饭店、安顺民族饭店、安顺虹山宾馆、贵州黄果树宾馆、凯里民族宾馆、遵义宾馆，总共有标准房1442间，床位2884个。

旅游接待车队2个：贵州省外事旅游车队和安顺外事旅游车队，加上各地旅游部门的接待用车共有128辆、1636座。

在西南航空公司的大力支持下，贵州民航局努力改善贵阳磊庄机场的导航设施，加大热线航班密度以扩大运客量；1989年7月，贵州省航空公司成立；同时，贵州铁路旅行社开辟了贵阳—安顺旅游特别快车；5月，贵州文化艺术旅行社开设了贵阳—广州专线旅游汽车客运，11月，贵阳市汽车运输公司三场，贵州侨谊大酒店和贵阳市三环旅游服务社又增开了贵阳—广州汽车专线旅游。与此同时，贵阳至黄果树的一级公路正在加紧施工。这些积极措施为促进贵州旅游业发展起到了很好的作用。

三、旅游宣传工作逐步加强并取得了一定成效

为了拓展国内国际旅游市场，贵州省旅游局和各级旅游部门做了大量宣传促销工作。至1989年底，先后印制了反映贵州风光和民族风情的中外文对照、图文并茂的画册、折页、明信片、宣传画、挂历及幻灯片等各种宣传品数十万份，发往国内外旅游市场。

在所拍电影电视片中，《贵州风情》在法国塔布国际旅游电影节上荣获塔布博览会奖和特别提名奖；《中国西南行》在捷克斯洛伐克国际旅游电影节上获最高奖——金花奖。

为了进一步提高贵州旅游的知名度，在省政府、国家旅游局和各总社的关怀安排下，贵州省旅游局和一些旅行社参加了国际国内的一些旅游展览和促销活动，如：“香港云贵川三省旅游展览”、“香港贵州省出口商品展销会”、“联邦德国汉诺威国际工业博览会”、“泰国五省区六方旅游推销展览”、“澳大利亚悉尼假日和旅游展览”、“香港中旅系统旅游资源展览”、“新加坡贵州省出口商品展销会”、“美国芝加哥1988年旅游展销会”、“加拿大多伦多假日与会议旅游”、“杭州86中国国际旅行社旅游展销会”、“北京87中国国际旅行社旅游展览”、“深圳国际金融和技术合作洽谈会”、“珠海88旅游展览”。1989年又参加了“法国巴黎国际旅游博览会”、“泰国旅游促销洽谈会”等等，以各种形式介绍贵州旅游资源和旅游线路招徕客人。

此外，重视利用外力为我宣传，每年都接待几批国外文字和摄影记者，藉此对外树立贵州旅游形象。

为了扩大宣传面，1987年，云贵川三省人民出版社联合出版了双月刊旅游杂志《逍遥游》，现改名为《西南旅游》，已发行20期；安顺地区旅游局创办了全省第一家不定期旅游报《西线旅游报》，已发行5期。

四、旅游接待与创汇

随着风景区的开发和服务设施的建设，贵州省在开展国内旅游的基础上，十年来已接待来自五大洲30多个国家和地区的入境旅游者共107848人次，创汇1443.04万元（外汇人民币）。

贵州旅游业由于起步晚，底子薄，目前仍处于初创阶段。在从业人员的努力工作下，从1980年起至1988年，旅游接待数和创汇数一直呈上升趋势。1989年，全国旅游发展“八五”规划纲要确定将云贵建成新的旅游热点地区，为贵州旅游业的大发展带来了良好机遇，使旅游战线职工深受鼓舞，更加紧了各方面的工作。因此，在1～5月形势发展很好，接待和创汇均比1988年同期有较大幅度的增长。但是，“6·4”以后，旅游业突受重挫，形势急转直下，出现了前所未有的大滑坡而跌入低谷，几乎所有的旅行团全部退掉，散客所剩无几。省政府和旅游部门采取了各种应急措施，努力挽回损失，使情况有所好转。1989年，全省共接待海外游客13666人，仅完成年计划的50.61%，较1988年下降42%；旅游部门直接创汇308.34万元，完成年计划的68.5%。

五、旅游商品的开发与销售

旅游商品是对外宣传的工具，也是创汇的重要途径。为了加强旅游商品的生产和销售，贵州省先后成立了旅游产品开发经营领导小组和贵州省旅游产品生产供应公司，着重抓旅游商品的开发、生产和销售。近几年来，贵州省注意发挥地方和民族特色的优势，在保留传统工艺和独特风格的基础上有所创新，突出旅游商品的纪念性、艺术性和实用性，根据不同层次游客的需要，开发了一批具有宣传价值的新产品，如旅游风光汗衫、扇子、香币、吊牌、竹帘画；土特产品和民族工艺品牙州陶、织金砚、黄平泥哨、玉屏箫笛、大方漆器、工艺人形，挑花、刺绣，蜡染、扎染；民族食品如龙泉饮料、刺梨饮料、独山盐酸菜等等。

1986年，全省有14大类1232件旅游商品参加了“全省首届旅游产品、工艺品、民族用品展评会”和“全国第19届旅游产品内销工艺品展销会”；1987年，省旅游产品生产供应公司新开发的200多种旅游工艺品中，微型地戏面具，民族小布人和木偶工艺人、工艺砂器、布贴贺年片、民族织锦包等5种获全国优秀旅游产品称号；1988年，在“全国第22届旅游品、工艺品交易会”上，省工艺美术研究所的竹拼壁挂、省轻工研究所的夜郎陶、安顺市服装厂的彩色蜡染服装、贵阳市工艺美术研究所的蜡染壁挂、安顺民族工艺厂的地戏面具砂器、独山绣品厂的缎贴龙凤座垫等6种产品获全国优秀旅游品奖；镇宁蜡染厂、贵州师范大学、贵州民族学院联合设计的古傩戏蜡染壁挂中的6幅被中国美术馆收藏；1989年，省旅游产品生产供应公司有14个产品荣获新设立的“贵州省工艺美术百花奖”优秀创作设计奖，有5件产品获“全国第8届百花奖”优秀创作设计二等奖，有55件新开发优秀产品参加了“建国40周年工艺美术品展览”，有9个产品在省优秀民族用品评比活动中获优秀民族用品奖，有3个产品获全国优秀民族用品奖。在全省轻纺工业第4届优秀新产品评比中获一等奖1个，二等奖3个，优秀新产品12个。

六、旅游队伍的教育和培训

自1988年3月贵州省旅游培训中心批准成立以来，在有关处室配合下，先后多次举办了旅游英语、日语培训班、导游培训班、粤语培训班等，1989年还举办了全省整顿旅游队伍领导干部集训班等。

1983年创建的贵阳市旅游服务学校已招生1200人，历届毕业生不仅活跃在全省旅游工作第一线，还有一批到北京、广州、深圳、海南等地从事旅游工作。该校设有服务、烹调、导游、摄影、美容和美发等专业，配有各种实习操作室供学生理论与实践相结合。同时还聘请2名外籍教师任教，以提高教学水平。

七、贵州旅游协会

1988年4月，贵州旅游协会成立，下设的旅行社分会、饭店分会和旅游商品开发研究会、对外宣传研究会已经成立并开展了一系列工作。

八、受表彰的集体和个人

1986年，在全国优质服务竞赛活动中，国旅贵阳分社、省中国旅行社的日语导游吴继红和外事旅游车队驾驶员江佐才受到总社表彰；1987年该旅行社的英语、日语导游王克西、何鸣，1988年，该旅行社英语导游张鹏华分别获总社表彰；1988年，贵阳市金桥饭店餐厅部班长于子华、黄果树宾馆餐厅副主任韦秀苹被评为全国旅游系统先进个人，安顺龙宫风景区被评为先进集体，受到国家旅游局的表彰。

1988年，安顺虹山宾馆布依族服务员罗志英当选为第七届全国人大代表。

1989年，贵州省旅游局计划财务处荣获国家旅游局颁发的“统计工作优秀奖”。

大 事 记

1988年

9月4　贵州省政府办公厅以黔府办（1988）126号文明确省旅游局与省外事办公室分署办公。

9月9日　贵州省人民政府以黔府任（1988）15号文任命省政府副秘书长龚成华同志兼省旅游局局长。

12月1日　贵州省政府办公厅以黔府（1988）175号文决定成立省旅游发展规划领导小组。由刘玉林副省长任组长，省政府秘书长谢养惠、副秘书长兼省旅游局局长龚成华任副组长。

1989年

1月10日～6月10日　省旅游局统一组织全省各类旅行社导游人员进行培训考试和考核，其中85人获得导游资格考试合格证书，71人获导游证。

1月19日　省旅游协会饭店分会成立。

2月16～22日　由国家旅游局统一安排，省旅游局梁炜副局长等一行三人赴法国巴黎参加“国际旅游博览会”。

2月25日　王朝文省长在省七届人大二次会议上的《政府工作报告》中指出：“要有计划、有重点地开发旅游资源，加强旅游设施建设，改善经营管理和提高服务质量，使我省旅游业在近期内有较快的发展”的指导思想。

3月1日～12月29日　省旅游局在局直属企业开展专业技术职务首次评聘工作，评出高级职称1人，中级职称20人，初级职称22人。

3月21～24日　中国旅游饭店协会副会长李权中赴黔考察贵州饭店、金筑酒店、金桥饭店、侨谊酒店、云岩宾馆、遵义宾馆等旅游涉外宾馆饭店。

3月22日　国家旅游局制定的《“八五”期间我国旅游业发展规划纲要》讨论稿中提出：“贵州省要加快西部旅游线（贵阳—红枫湖—安顺—黄果树—织金洞）的配套建设，与云南省联成网络，以便更好地打进国际市场；黔东南旅游线及黔南荔波风景区，也要加紧规划论证和外部交通配套建设，逐步开发，并同广西的桂林连成区域路线……，要求在“八五”期间，贵阳机场要扩大包机飞行，昆明机场要开辟成新的国际航空口岸，以形成海外—贵阳—昆明—海外的国际旅游环路，把云贵地区建成我国新的旅游热点地区”。

3月31日　王朝文省长在贵州日报题词“发展贵州旅游，促进经济繁荣”；刘玉林副省长在贵州日报发表题为“发展旅游业，促进经营繁荣”文章；龚成华局长当晚发表电视讲话，介绍贵州旅游业发展情况，省广播电台于次日两次转播。

4月1～7日　根据国家旅游局统一安排，省旅游局举行旅游宣传周活动。贵州日报连续数日发专版刊旅游宣传文章；在省会贵阳市主要街道悬挂巨幅布标并设立旅游咨询台，散发宣传资料；贵阳、安顺两市各有关旅游涉外饭店服务员组成模特儿队上街游行宣传。

4月9日　张树魁、刘玉林副省长主持召开省旅游发展规划领导小组座谈会。会议听取了全国旅游局长会议精神的汇报，研究贵州旅游业发展的有关重要问题。讨论并原则同意我省《“八五”旅游发展规划纲要》（草案）。

5月1～9月23日　省旅游局与香港文光出版社、贵阳晚报社联合主办贵州“美景杯”旅游征文大赛，评出一等奖二篇，二等奖三篇，三等奖六篇，优秀奖八篇。

5月6日　经省财贸工会黔财工字（89）第17号文件批复，同意省旅游局成立局工会工作委员会。

5月9～13日　省政府在贵阳召开全省旅游工作会议。张树魁、刘玉林副省长到会作了重要讲话。出席会议的有关地州市和厅局的负责同志，各地州市和有关县旅游局局长，国家级风景管理区和各一、二类旅行社、涉外旅游宾馆、饭店、车队负责人。会议在总结前几年工作的基础上，主要研究和讨论了我省《“八五”旅游发展纲要》和提高旅游接待服务质量等有关发展旅游的几个政策性文件，并就抓好我省旅游景点建设，旅游商品开发等工作进行了部署。

5月15～23日　国家旅游局副局长何若泉、资源开发司副司长蔡贻谟等一行三人，赴黔考察黔东南、贵阳市及安顺地区的旅游资源、景点及设施。刘玉林副省长会见了何副局长一行，龚成华局长陪同实地考察。

6月8日　省府办公厅下发黔府办（1989）77号文《关于提高旅游接待单位服务质量的通知》。

6月19日　省旅游局召开局机关全体职工和直属企、事业单位负责人大会。再次传达学习邓小平同志在接见首都戒严部队军以上干部时的重要讲话，并传达学习刘正威书记、王朝文省长在全省领导干部会议上的讲话。按照全省领导干部会议提出的坚持一手抓学习，一手抓工作的要求，对省旅游局机关和局直属单位的学习和工作进行了安排。

6月24日　省旅游局下文成立贵州旅游行业技师考评委员会，姜风格副局长任主任委员。

6月27日　贵州省旅游协会旅行社分会在都匀召开成立大会。

7月1日　贵阳至安顺旅游特快专列正式开通，省旅游局、贵阳铁路分局和社会各界热心旅游事业的人士百余人参加了首次通车典礼。

7月9日　王朝文省长在省旅游局转报关于全国旅游业严重滑坡的简报上批示：“我省刚刚起步，又遇这种困难，要积极主动开展对外开放活动，服务质量要提高，安全要做到万无一失，总之，要积极，不要消极等待”。

7月13日　省旅游局召开贵阳地区一、二类旅行社和旅游涉外宾馆（饭店）经理会议，传达王朝文省长7月9日的批示，联系我省旅游实际，研讨加快恢复和发展我省国际旅游的对策。

7月13～24日　国家旅游局资源开发司郭治司长等一行二人赴黔考察，同时转达国家旅游局已确定我省关岭县为该局的扶贫点。张树魁、刘玉林副省长先后会见了郭治司长，龚成华局长陪同进行了考察。

7月17日　经省外事办公室安排，英国驻华使馆二秘戴维坤先生采访贵州旅游业现状和发展规划。龚成华局长会见了戴先生，并回答了有关问题。

7月26～30日　西南五省六方联合推销工作研讨会在贵阳召开。云南、四川、广西、西藏、重庆、贵州各方的旅游局局长和海外旅游公司经理，以及桂林市、成都市旅游局长和海外旅游公司负责人、长江重庆旅游公司负责人出席了会议；会议主要研究西南各方联合推销的策略、方式和原则，为联合赴泰国推销招徕作准备。

8月3日　省旅游局邀请省政府驻京、津、沪、广州、深圳、珠海、海南、湛江、南宁、北海、重庆等十一个办事处主任在贵阳座谈，共商发挥驻外办事处信息灵、渠道多“窗口”作用，加强贵州旅游宣传工作大计。省政府谢养惠秘书长、覃绍德副秘书长、龚成华局长出席了会议。

8月9～17日　贵州举办首届民族民间艺术节，省旅游局特邀美国、日本、西德、泰国、新加坡、新西兰、澳大利亚和香港、台湾等9个国家和地区客户23家46人，以及国内各旅行社49家105人，来黔观摩并考察了旅游线路。

8月18～20日　刘玉林副省长率省政府秘书长谢养惠，副秘书长兼省旅游局长龚成华，建设厅副厅长秦保苏等深入织金洞、黄果树瀑布群和龙宫等旅游景区，现场考察并研究解决上述景点接待设施建设中存在的问题。

8月22～25日　龚成华局长到凯里、台江、镇远、黄平等县（市）考察我省东线旅游资源，并就即将开工的凯里新宾馆建设方案、香炉山、舞阳河风景区及民族村寨的配套建设等问题提出了“群策群力、全面规划、突出重点、分步实施”的指导思想。

9月5～10日　经省旅游局邀请，国家旅游局在贵阳召开全国旅游期刊工作座谈会。北京、上海、广东、安徽、山东、山西、陕西、四川、贵州等省市的旅游期刊负责人参加了会议，国家旅游局沈受君副司长出席了会议。

9月22日　省旅游局委托省工艺美术研究所设计，缩建于深圳“锦绣中华”微缩景区的黄果树瀑布、苗寨、侗寨、布依寨等贵州旅游景点建成并于十一月份正式对外开放。

9月27日　省旅游局在贵阳举行建国四十周年暨纪念“世界旅游日”庆祝晚会。会上举行了贵州“美景杯”旅游征文揭晓颁奖仪式，旅游系统职工表演了内容丰富多彩的文艺节目。省、市有关领导、各地州（市）旅游局负责人及旅游系统的职工六百多人出席了晚会。

9月29日　中港合资高107米共31层，有400间标准客房的贵州饭店正式试营业。

10月11～17日　国家旅游局统一安排组织的日本旅游记者团一行四人赴黔采访旅游线路。龚成华局长会见了记者团一行。

10月12日　省旅游局成立整顿旅游队伍领导小组。龚成华局长任组长、姜风格、梁炜副局长任副组长。

11月13～17日　由省旅游局邀请，加拿大《中国旅游信使》杂志记者一行二人赴黔采访我省旅游风情。

11月18～22日　经国家旅游局批准，云南、贵州、四川、广西、西藏、重庆五省区六方联合在泰国首都曼谷举行“中国西南五省区六方旅游展洽会”。龚成华局长及省海外旅游总公司副总经理张盛春分别以副团长和团员身份赴泰参加了这次活动。

11月24日～12月23日　省旅游局会同省物价局对全省一、二类旅行社进行旅游涉外价格大检查。

12月4～9日　省旅游局在花溪宾馆举办整顿旅游队伍领导干部集训班。各地州（市）旅游局、旅行社，旅游涉外宾馆、旅游车队和风景区负责人共计49人参加了集训。集训班学习了五中全会文件，听取了贵州省委六届三次全会精神的传达，听取了国家旅游局在苏州召开的整顿旅游队伍现场会议的经验介绍，并进行了热烈的讨论。龚成华局长在集训班会议上作了重要讲话。

12月19～21日　省旅游局会同省统计局、市统计局和在花溪明秀宾馆联合举办全省旅游行业统计人员集训学习班。

12月28日　中美合资兴建的高86米，共26层有150间标准客房的金筑酒店部分试营业。

12月30日　省旅游局举办省旅游迎春联谊晚会，答谢社会各界对贵州旅游工作的支持，省委、省府领导及有关厅局负责同志应邀出席了晚会。

（刘秀鸾　张贵东）

云　南　省

概　况

1989年

1989年共接待国际旅游者74431人次（274422人天），比1988年下降38.6%，其中外国人40127人次（165115人天），比1988年下降47.7%，华侨2111人次（7564人天），比1988年下降15.1%，港澳和台湾同胞32193人次（101743人天），比1988年下降23.7%，（其中，台湾同胞10640人次、27089人天，比上年增长44%）。全年旅游外汇收入3958万元（外汇人民币），比上年下降18.9%。

全年有组织接待的国际旅游者27232人次，其中外国人11911人次，华侨226人次，港澳台同胞15095人次，旅游外汇收入1682.8万元（外汇人民币），旅游创汇762.6万元,国际旅游全年营业收入10428万元,其中旅行社1938.4万元，饭店7902.1万元,旅游服务公司263.8万元，旅游汽车公司323.7万元，全年实行利润656.9万元，均比上年有所下降。

省内重点地区全年接待海外旅游者和旅游创汇收入情况：昆明74431人次,创汇3689万元（外汇人民币），大理11282人次，创汇29万元，西双版纳4548人次，创汇21万元，丽江5941人次，创汇5万元。

1989年,全省旅游工作重点抓了以下方面：一是积极主动做好对外宣传招徕工作，并开展了各种有效的宣传促销活动。1989年12月由和志强省长率领云南省政府代表团访问了缅甸、泰国、老挝三个国家，就双边开展对外贸易、经济技术交流和旅游活动进行了广泛深入的协商会谈，并达成了一些协议。1989年11月15日～11月23日，由云南省旅游局局长李禄安率西南五省区六方（云、贵、川、藏、桂、渝）旅游展览代表团一行16人赴泰国进行大型联合促销活动。代表团在曼谷亚洲饭店举行了新闻发布会，开展了旅游图片展览，宣传品散发，旅游录像片播放等项宣传促销活动，还考察了曼谷、猜还及帕塔等地旅游业发展情况。泰国四十余家旅游业同行及社会知名人士共二百余人参加了展洽会。这次活动，扩大并加强了我国西南地区在泰国及东南亚地区的影响，对发展中、泰旅游交往起到了积极的作用。1989年云南省海外旅游总公司先后在香港、泰国、新加坡、马来西亚、菲律宾组织了五次对外宣传促销活动。二是抓住旅游业不景气的时机，全面开展了对旅游市场整顿，对饭店进行星级评定，对旅游行业职工普遍进行“坚持四项基本原则，反对资产阶级自由化，清除腐败现象和纠正不正之风”的整顿工作。省旅游局9～11月在石林、昆明举办了两期有地、州、市旅游局及旅行社、涉外定点旅游饭店、旅游商店、旅游餐馆等单位领导参加的整顿旅游队伍骨干培训班，每期15天，先后有二百余人参加了培训。还对全省12家旅行社的对外报价进行了清理整顿，并先后三次协调配合公安、工商、园林、交通、卫生等部门对重点风景区的旅游市场和旅游秩序进行了检查和整顿。三是各旅游企业调整经营方向，面向社会广开财源，努力增加收入，节省开支。如昆明地区的金龙饭店、昆明饭店、翠湖宾馆、海棠饭店、金花宾馆放下大饭店的架子，既为中外游客，也为当地群众服务，推出了一系列灵活多变、价格适中的经营服务项目，收到了良好的经济效益和社会效益。四是进行了机构改革。省旅游局自1978年成立以来，一直是三块牌子（即云南省旅游局，国旅昆明分社、云南省中国旅行社），一个机构和一套人员，企业性质的经济实体。长期以来，省旅游局成天忙于日常的接待工作，难以对全行业进行宏观协调管理，也阻碍着全省旅游业的发展。为了改变这种不正常的局面，1989年5月，根据省政府云政函（1989）12号批复意见，局、社领导认真细致地做了大量准备工作，于7月15日正式决定将省旅游局与旅行社分开，省旅游局作为省政府的行政职能部门，旅行社为局下属企业，并新组建了全省唯一的一类社——云南省海外旅游总公司。省旅游局机关下设办公室、综合处、企业管理处、人事教育处、对外联络处等十个处室。从而结束了省旅游局多年来局、社合一、政企不分，关系不顺的历史，为振兴云南旅游业开创了新局面。五是开展了云南省“八五”旅游发展计划和十年规划的编制工作。根据国家旅游局和省计委有关文件的精神，为争取云南旅游业在“八五”期间更加健康、协调地发展，1989年9月省旅游局和省经济研究所联合组成编制小组，到年底已完成了规划初稿工作。六是组织了“青春在旅游业中闪光”系列活动。根据团中央和国家旅游局通知精神，共青团云南省委员会和云南省旅游局决定，从1989年9月到1990年5月开展“青春在旅游业中闪光”系列活动。活动的宗旨是：提高旅游业青年职工思想政治和业务素质，引导和鼓励青年发挥生力军作用，为振兴云南旅游业立志建功，作出贡献，活动的内容有：1.与《云南日报》合办“青年与旅游业”征文活动，报纸将定期选登有关稿件，利用新闻媒介扩大社会影响。2.围绕推行规范化、标准化服务，开展各种优质竞赛活动，鼓励青年为搞好本职工作，而刻苦钻研技术，努力提高业务水平。3.评选“青年服务标兵”、“优质服务先进个人”和“先进单位”活动。4.为庆祝建国四十周年，组织文艺汇演和“旅游杯”篮球和足球比赛。

1989年，云南旅游资源的保护、开发和旅游景点的建设工作得到了进一步的加强。全省城建、园林、环境、旅游、文化等部门协同配合，在继续抓好老的旅游景点的保护、维修和配套完善的基础上，还开发建设了一批新的旅游景点。昆明：1989年新建两座公园：1.金殿茶花园。昆明市政府于1988年投资八十多万元在金殿植物园的基础上建设了占地50亩的茶花园，并种植了几十个品种的云南山茶花及各种观赏植物，于1989年春节建成对外开放。1989年，省、市有关部门又投资二百余万元，建成了占地面积11公顷的水景园、蔷薇园、木兰园、雪松草坪和竹类植物区等五组景区。园内还修筑了一些具有民族风格的楼阁庭院、园林小品、游廊、游路等设施。与茶花园连成一片，增加了整个金殿植物园的游览内容。2.筇竹寺郊野公园。1989年昆明市政府投资100万元在筇竹寺后山八工田建设郊野公园。该园占地面积45公顷，已建成中心区建筑造景413平方米及1800平方米的叠水池，并种植各种苗木花卉9200株。园内以自然野趣和植物景观为主，以较少的仿木、仿竹式园林小品点缀山林。公园整体设计新颖，风格别致。3.石林风景区：1989年7月7日，由国家旅游局、昆明市建委、路南县石林镇政府共同投资120万元建设的大小石林第一期排污工程正式开工，该项工程设计铺设截污管道2750米，修建箱型沟386米，窨井94个，开挖隧道32米，全部工程预计在1990年2月完工。投入使用后，大小石林的水质污染问题将会得到较大改善。九乡风景区，位于宜良境内，占地面积30平方公里。1988年宜良县政府靠贷款、借款280万元开发建设了第一期工程——叠虹桥溶洞风景区，整个工程于1989年国庆前夕完工，10月1日正式对外开放。该景区由卧龙洞、神女宫、白象洞及翠荫峡等四个连贯的区域组成。洞内游程3200米，峡谷荡舟游程600米，其中，两条总高约30米的“雌雄双瀑”，双桥天然相叠的“叠虹桥”为国内溶洞少见的景观。4.西双版纳风景区。1989年，由国家建设部和景洪县政府共同投资63万元，其中用于民族风情园规划及配套设施建设25万元，江边公园修建大门、花台及绿化8万元，孔雀湖配套建设5万元，制作周恩来总理彩色塑像25万元。5.大理风景区。1989年由城建、交通、园林、文化、林业和统战等部门共投资304.9万元，其中用于三塔、蝴蝶泉、洱海公园、将军洞、金梭岛、大理古城等原有旅游景点16个项目的维修、绿化及配套设施建设148.3万元，用于感通寺旅游专线公路、挖色和海东旅游码头。三月街赛马场。新建双鹤公园等7个项目的专项建设投资156.6万元。6.通海秀山风景区。1988年6月由通海县政府拨26.5万元动工兴建秀山后山的旧白龙寺重建工程，即年底已建成游廊。曲桥、水池、休息亭、茶室等设施。秀山风景区总体规划也于年内完成。

1989年，云南省旅游局在旅游教育和人才培训方面主要抓了三项工作。一是编印了《旅游员工手册》6000册，收集汇编了从1981年以来国家有关部门关于加强旅游业职工队伍建设，强化行业管理，纠正不正之风等有关文件，下发到省内各涉外旅游企业，做到每个职工人手一册，并组织全体职工认真学习，作为搞好旅游服务工作的行为规范。二是组织了全省首次导游人员资格考试，在考试之前，先后举办了两期培训班，每期15天，共培训了来自省内各地旅行社导游人员180名。通过培训和考试，使导游人员的文化素质和业务水平有了不同程度的提高。三是组织了全省11家旅游饭店21名服务员、厨师于6月15日赴香港美丽华大酒店集团接受为期半年的业务技术培训，培训期间，正值平息北京反革命暴乱事件后不久，海外反华宣传纷纭，全体学员并没有因此而动摇，仍然坚守岗位，认真学习，按期圆满地完成了培训任务回到工作岗位。

1989年秋，昆明大学旅游系旅游饭店管理和旅游外语（英语、日语）专业为我省旅游业输送了第一届大学专科毕业生105名。1989年，该系“走出学校、面向社会”开办了为期一年的“旅游外语专业证书班”，培训学员23名，为建水燕子洞风景区开办了为期半年的“旅游综合素质培训班”，培训学员45名，并选派骨干教师到西双版纳开办了为期3个月的“饭店服务人员培训班”，培训学员30名。

1989年，云南省旅游商品的生产开发和销售、创汇，由于受到动乱影响，海外旅游客源急剧减少，出现了严重滑坡，全年旅游商品销售外汇收入862万元，占全省旅游外汇收入的21.8%，比上年下降27.6%。面对海外游客减少，旅游业大滑坡的不利局面，旅游商品生产单位及时调整经营方向，面向国内游客和当地群众开发生产了一批既新颖大方、又实用价廉的旅游新产品。如昆明市工艺美术公司1989年新开发旅游产品18种，新花色51种，其中：补绣挂壁、砂仁包、民族头像印花包、双层摆连衣裙、冰花腊染、斑铜酒爵等品种投入市场很受欢迎。昆明翠湖宾馆商品部在旅游商品销售创汇方面成绩卓著，1989年销售额达889万元，出口外汇收入90万美元，实现利润135.4万元，占整个宾馆总利润的66.7%，一个宾馆商品部的利润大大超过客房、餐饮的经营利润，这在全国宾馆、饭店中也是少见的。

1989年6月27日。经过半年多筹备的昆明旅游品股份有限集团公司正式成立。该公司是科、工、贸相结合的经济实体，实行独立核算，自负盈亏。公司将根据中外旅游者需求，组织科研单位研究开发新的旅游商品，研究改进包装，实现产品的小型化，多样化，并及时组织生产，做好销售工作。

历史回顾

云南地处祖国西南边陲，地形复杂，气候多样，动、植物种类繁多，历史悠久，民族众多，风情浓厚，无论自然旅游资源还是人文旅游资源都极为丰富。集自然风光、民族风情和人文景观为一体，是云南旅游资源的总体特征，加之优良的气候条件，形成了区别我国其它地区的独特旅游资源，具有发展旅游业的资源优势。

新中国的云南旅游事业奠基于五十年代中期。1956年组建了中国国际旅行社昆明分社，并兴建了全省第一幢旅游涉外饭店——昆明饭店，开始了旅游接待工作。当时主要是接待我国政府邀请的外宾、各国过往昆明的外交使节和回国观光的华侨、港、澳同胞以及少量的外国自费旅游者。至1966年，除官方外宾外，共接待外国自费旅游者和回国观光的华侨、港、澳同胞约5000人。“文化大革命”使云南省刚刚起步的旅游业陷入瘫痪状态。1966年至1977年，除接待各国驻北京使馆的部分人员到昆明度假旅游外，几乎没有接待外国自费旅游者和国外侨胞。

党的十一届三中全会确定的“改革、开放”方针给云南旅游事业的发展带来了新的生机和活力。为促进旅游业的发展，经省委、省人民政府决定，1978年组建了云南省旅游局，并成立了省旅游领导小组，加强了全省旅游事业的领导和管理。旅游工作也由招待型转变为注重经济效益的经营型。1978年，旅游业不断发展壮大，接待海外旅游者人数持续增长，旅游经济效益逐步提高。根据国家确定的旅游业在国民经济中的产业地位，1986年，省政府第一次把发展旅游业纳入了云南省国民经济和社会发展第七个五年计划，并提出了扶持旅游业发展的相应政策。至此，旅游业作为云南省国民经济和社会发展的一个组成部分，正在逐步成长为一项新兴的经济及社会事业。

接待国际旅游人数和经济效益持续稳定增长。1979年全省共接待来滇海外旅游者13444人次，1988年来滇海外旅游者增长为121312人次，增长了9倍，十年间，年平均增长27.7%。据统计，1979年到1988年，全省累计接待来滇国际旅游者624722人次；其中，旅游部门组织接待的为446380人次，是“文革”前十年接待人数的89倍。昆明是云南省发展旅游的中心城市，也是多数人来滇旅游的第一站，1986年接待海外旅游者已突破10万大关，成为全国接待10万旅游者以上的城市之一。旅游创汇，1979年至1988年，全省旅游外汇收5886万美元，其中，1988年创汇1312万美元，占当年全省非贸易创汇的85.5%。旅游经济效益方面，据对省旅游局直属企业的统计，1979年营业总收入为228万元，实现利润为96.6万元，旅游创汇82.9万美元，到1988年增长为总收入4458万元，利润1088万元，创汇340万美元，分别比1979年增长19.5倍、11.3倍和4.1倍；1978年至1988年，累计营业总收入达19456万元，实现利润5741万元，旅游创汇3千万美元。

各类旅游企业有了较快发展。十年来，随着各地区、各部门兴办旅游积极性的高涨，旅游企业增加较快。据统计，全省现有各类大小旅游企业50余家，其中主要是以从事国际旅游业务为主的二类旅行社和旅游饭店、宾馆发展较快。目前，全省已有一、二类旅行社10家，旅游涉外饭店21座，涉外旅游定点商店11家，旅游定点餐馆8家。此外，随着经济的发展和人民生活水平的提高，国内旅游也逐渐发展起来，经营国内旅游业务的企业也在逐步增多。

旅游业职工队伍不断壮大，人员素质和服务质量有了相应提高。随着旅游业的发展，旅游职工队伍也随之成长起来。据不完全统计，全省现有旅游直接从业人员五千余人，比1978年增长了10倍多，如再加上从事国内旅游的工作人员则更多。旅游业的发展相应地带动了第三产业和相关产业的发展，解决了大量人员的劳动就业问题。近几年，为适应旅游业发展的要求，各旅游经营单位普遍重视了旅游人才培训，注意抓好“软件”建设。各企业除选送人员到专门的旅游院校（专业）培养外，还采取走出去，请进来，开办在职短训班，新招职工上岗前培训班等多层次和多种形式的培训办法，以提高职工队伍的政治素质和业务素质。为加强旅游人才培训，1985年以来，昆明地区先后在昆明大学等院校设立了旅游系或旅游班。几年来，这些学校已为旅游行业培养多层次的专门人才近千人，从而有效地提高了职工队伍的整体素质，有力地促进了服务质量的提高。

各级旅游行政管理机构已逐步建立。目前，全省对外开放的29个市县中的大部分市、县和地、州已先后成立了旅游局，未对外开放的保山、德宏、瑞丽等地、县，也成立了旅游局。旅游管理机构的建立，对于实行旅游业的分级管理，促进该地区旅游业的发展起到了积极的作用。

旅游资源得到了一定程度的开发和利用。旅游资源是发展旅游业的第一要素。云南旅游资源极为丰富，截止1988年底，全省已有国家级风景名胜区6个，省级风景名胜区10个，国家级历史文化名城3个，省级历史文化名城4个，国家级重点文物保护单位17处，省级重点文物保护单位102处，其余还有不少市、县级风景名胜区。根据旅游资源的分布地域，全省可分为昆明、大理、西双版纳、丽江、怒江、德宏（含保山）、玉溪、滇南、滇东北等旅游片区。1978年以来，随着旅游事业的发展和各级政府对旅游业认识的加深，全省旅游资源得到初步开发利用，并为促进各地经济发展发挥了一定作用。特别是近几年，在国家的扶持下，地方各级政府对旅游资源的保护和开发建设都投入了一定的资金，使全省一大批吸引力强、观赏价值高的旅游资源等得到了保护和开发利用。目前，许多旅游风景名胜资源在分等列级的基础上，进行了总体规划，划定了风景区范围，制定了保护法规，有的正在进行详细规划，有的正在丰富和充实其内容，进行配套建设。近几年，以昆明（含石林）、大理、丽江和西双版纳为重点的旅游风景区的开发配套建设有了进一步加强，一些知名度较高的景观点设施得到了进一步完善，与之相连的配套工程也有了相应改观，如昆明的西山、金殿、石林，大理的蝴蝶泉、崇圣寺三塔、洱海公园，丽江的玉峰寺万朵茶花、黑龙潭景点，西双版纳的民族风情等重点景观项目。此外，值得肯定的是滇南地区以卡斯特岩溶为特征的地下洞穴旅游资源，也得到了较好的开发利用，并已成功地对游人开放，取得了较好的经济效益，每年吸引国内游客上百万，促进了该地区经济的发展。如泸西县阿庐古洞、建水县燕子洞、宜良县九乡风景区等。

旅游饭店建设发展迅速。1978年，昆明地区仅有旅游涉外饭店3家。最近几年，随着各行各业兴办旅游积极性的提高，全省旅游饭店建设得到了较快发展，先后新建、扩建和改建了一批旅游饭店。到1989年底，全省开放地区已有旅游涉外饭店21座，客房二千七百余间（包括开放地州属政府部门管理的允许接待旅游外宾的宾馆）；其中，昆明地区已有旅游饭店10座，客房1500间，占全省旅游饭店客房总数的55%以上；其余饭店主要分布在大理、丽江、楚雄、思茅、版纳、玉溪等开放地区。

旅游交通有了较快发展和改善。“七五”以来，随着国家经济建设的发展，云南省交通事业得到了较快发展和改善，从而为旅游业的发展创造了必要的条件。目前，昆明机场扩建的一期工程已经完工，主跑道已投入使用；新建的景洪、芒市二级机场已於1990年4月正式通航；昆明至广州的直达列车已於1989年正式通行，贵昆、成昆两条出省铁路干线的电气化施工正在进行；昆明至石林二级公路的改线工程即将完工；澜沧江河道的疏浚和出境航运工作正在努力之中。这些与旅游业关系密切的交通条件的改善，必将促进云南省旅游业的进一步发展。

（于建明　李大全）

西　藏　自　治　区

概　况

西藏地处我国西南边疆，青藏高原西南部，面积一百二十多万公里，平均海拔四千米以上，是世界上面积最大，海拔最高的高原，素有“世界屋脊”之称。它拥有世界最高峰——珠穆朗玛峰，被誉为“世界第三极”。

丰富而独特的旅游资源

在西藏纷繁众多的旅游资源中，最令人瞩目的是众多的庙宇、灵塔，广袤纵横的群山，烟波浩瀚的高原湖泊以及茂密的森林峡谷。西藏的山不仅以其险峻高拔的雄伟气势使人折服，西藏的湖也不只因景色秀丽让人惊叹，它们还与神奇的传说、美妙的神话紧紧相连，而形成别具一格的神山、圣湖。自然资源十分丰富。

除这些景象万千的自然风光外，人文资源也十分丰富。对国内外旅游者最富吸引力的还是与寺庙、宗教有关的历史文化。西藏是全民信教的地区，藏民族的许多传统节日都充满宗教色彩。这一切使西藏成为一个登山、探险、观光、科学考察与研究宗教文化、历史等特殊旅游区域。总之，西藏有气势磅礴的高山高原，有奔腾的河流，星罗棋布的湖泊，有莽莽苍苍的森林，千年不化的雪山冰塔，灿烂的佛教文化，悠久的历史古城，以及众多的寺庙，浓郁的民俗风情等丰富而独特的旅游资源，对外界有强烈神秘感，是吸引中外旅游者的好地方。

近十年的旅游发展概况

西藏旅游业起步于1980年。随着我国对外开放政策的实施和不断深入，西藏逐渐向世界敞开了长期封闭的大门，旅游业得到迅速发展。

西藏旅游业的发展，经历了初创、发展、滑坡、逐步恢复的过程。从五十年代至十年动乱的近二十年中，西藏处于严密的封闭状态，只有极少数外国人到过西藏。1975年，美籍华裔女作家韩素音访问西藏拉萨后，撰写了《拉萨——没有墙的城市》一书，在国际上引起强烈的反响，自此，逐步掀起了一股“西藏热”。但受旅游接待能力所限，来藏的多为官方客人，而观光、旅游的外国旅游者为数甚少。这种情况一直持续到1984年。整个西藏仍处于半封闭状态。

从1980年到1984年，中央领导同志相继视察西藏工作时指出，西藏应大力发展旅游业。自治区党委、人民政府也为西藏旅游业发展制定了一系列方针政策，中央和九省市援建的四十三项工程的竣工，为西藏旅游业的发展创造了良好的条件。十年来，西藏旅游行业接待外国旅游者共123144人，营业总收入1.97亿元，实现利润3250万元，创汇3271万美元。西藏的外国旅游者主要来自欧美等三十多个国家和地区。

近十年来，接待人数的增长是迅速的。1984年，接待1570人，1985年增至1.54万人，1986年达3万人，1987年创西藏旅游最好年景，全年共接待外国旅游者达4.35万人。

在1984年以前，全区只有一家有较好条件能接待外国人的招待所，仅有床位九十多张。现拥有拉萨假日酒店、西藏宾馆、泽当饭店等二十家涉外饭店、总床位达四千余张。为便于外国旅游者进藏旅游，在北京、西安分别建立了涉外的“珠穆朗玛宾馆”，成都建立了“西藏饭店”。除饭店、宾馆能提供旅游车辆外，自治区旅游汽车公司还能提供大、中、小型豪华旅游车，从旅游初创时期几辆车发展到现在已有二百多辆。1984年前，全区只有一家旅行社，现已有旅游主管部门五个，旅游企业34家，其中旅行社11家。全区旅游从业人员达3000人。

已开放的地区有五市、县。即拉萨市、日喀则县（日喀则镇）、那曲（那曲镇）、乃东县（泽当镇）、聂拉木县（樟木区）。

主要旅游路线有5条：拉萨—日喀则—樟木，拉萨一泽当，拉萨—格尔木，拉萨—珠峰大本营（登山、山间徒步旅游专线），拉萨—阿里。以航空编组的旅游线路有：成都、北京、上海、广州、加德满都—拉萨。

主要旅游参观点：拉萨地区有布达拉宫，罗布林卡，大昭寺、小昭寺、哲蚌寺、色拉寺、清真寺、卓玛拉康、帕拉罗布、龙王潭、甲玛林卡、帕崩康、羊八井地热等；日喀则地区有扎什伦布寺、夏鲁寺、白居寺、萨加寺、定日县（观珠峰）樟木等；山南地区有雍布拉康、敏珠林寺、罗珠寺、桑耶寺、藏王墓、雅垄河谷等；阿里地区有圣山—岗仁波齐峰、圣湖—马旁雍错。

西藏各旅行社为旅游者设计了拉萨佛法圣地游，草原漫游、拉萨蓝宝石湖游、拉萨文化游、西藏历史游、神密珠峰游、西藏纵横游、雅垄河谷探秘游、天湖牧场行、帕里高原游、羌塘草原游、飞越喜玛拉雅等不同日程的观光游览。

目前西藏已开放的山峰，海拔在6200米以上的有22座，海拔7500米以上的是：珠穆朗玛峰，希夏邦马峰、摩拉马青峰，章子峰、纳木拉尼峰、卓奥友峰、库拉岗日峰、格重群峰。珠穆朗玛峰高达8848米。

西藏旅游业从无到有，从小到大，发展至今已初具规模。实践证明，旅游业作为一项新兴产业，在西藏的改革开放和经济建设中，具有一定的发展优势和潜力。

但是从1987年“9·27”骚乱事件后，一小撮分裂主义分子在拉萨制造了多起骚乱，使西藏方兴未艾的旅游业受到严重影响。1988年全区只接待外国旅游者22736人，比1987年减少20764人，尤其是1989年3月5日，拉萨再次发生严重骚乱事件，拉萨实行戒严，从而使1989年一季度出现的旅游恢复势头，再次受到沉重打击，陷入前所未有的困境，又受1989年5、6月间，北京发生的动乱和暴乱的影响，加之拉萨至加德满都班机停航，致使客源锐减，仅1989年3～6月份，就取消旅游团队404个，约7000余人，造成直接经济损失二千多万元外汇人民币。1989年全区仅接待外国旅游者3603人。全区旅游行业第一次出现了亏损现象。

当前西藏旅游战线全体职工，决心振奋精神，团结拚搏，抓住时机，在维护西藏局势继续稳定的前提下，争取持续、稳步的恢复和发展西藏旅游业。西藏旅游业的发展是有美好前景的。

大 事 记

1984年

3月20日　在拉萨召开西藏自治区第一次外事、旅游工作会议。会议的主要任务：以党的十二大精神为指针，统一思想、提高认识，开创西藏外事、旅游工作的新局面。自治区人民政府杨宗欣副主席到会祝贺。

1984年秋　中央在北京召开西藏工作会议。会议决定由中央投资，内地九省市帮助建设四十项工程，同年国务院在京召开西藏旅游工作会议，研究西藏旅游业发展规划，其中旅游饭店及与旅游有关的工程总投资占43项工程总投资的60%。

1985年

2月1日　国务院批转了国家旅游局、西藏自治区人民政府《关于西藏旅游事业发展规划的报告》。

1985年2月27日　尼泊尔旅游局局长贾纳克，增帕率领尼泊尔旅游代表团一行7人对西藏进行访问，就中尼旅游合作进行了商谈。

1985年7月　拉萨人民政府批准成立拉萨市旅游公司。

1985年9月10日　国家旅游局组织世界20个国家和地区旅行社访藏代表团一行30人，由中国旅游协会副会长乔加钦同志任团长，访问了西藏。

1985年9月18日　尼泊尔政府旅游代表团，赴西藏进行为期14天的访问。就中尼旅游合作及登山、外贸、民航和文化交流进行了商谈。

1985年11月28日　西藏自治区人民政府批准成立西藏自治区旅游总公司，将1979年12月成立的西藏旅游事业管理局与中国国际旅行社拉萨分社合署办公，隶属自治区外事办公室。

1986年

1月30日　《关于加强零散旅游者管理工作若干问题的暂行规定》报经自治区人民政府批准执行。

3月25～4月1日　经自治区人民政府批准，在拉萨饭店召开全区旅游工作会议。此次会议由自治区人民政府协调，统一了思想认识，为大力发展西藏旅游业；奠定了思想基础。

5月　西藏旅游总公司与香港招商局集团签订《关于合作开展西藏旅游事业的意向书》，决定合资建立“中国西藏珠穆朗玛旅游有限公司”，并决定与美国假日酒店有限公司合作经营管理拉萨饭店。于同年8月8日正式签约。

8月19日　中国西藏珠穆朗玛旅游有限公司在香港正式成立并开业。

12月28日　经自治区人民政府批准，撤销原1982年元月成立的西藏自治区旅游总公司。成立西藏自治区旅游局，为自治区人民政府管理旅游业职能机构。实行政企分开。对全区旅游业实行行业管理。

12月23日　根据1986年5月四省区五方经济协调会第三次会议通过的《关于共同发展旅游业的意见》，为促进旅游工作的协调发展，西藏自治区旅游局参加了西南五省区六方旅游协调会，并在昆明市参加了西南五省区六方第一次旅游协调会议。

1987年

3月18～23日　世界旅游组织秘书长拉瓦特先生为首的赴藏考察团一行四人，对西藏林芝、日喀则地区进行旅游资源考察，并与西藏自治区旅游局研究确定援助西藏旅游项目。

4月15日　在拉萨召开西藏自治区第二次旅游工作会议，着重研究加强西藏旅游管理工作等问题。

6月1日　西藏宾馆经过一年试营业后，举行正式开业典礼，为宣传扩大西藏旅游业的影响，邀请国内外有影响的旅游局、旅行社、宾馆、饭店人士和记者光临。

7月4日　西藏自治区旅游局与中国民航成都管理局就拉萨—加德满都—拉萨间飞机通航事，签订议定书，于7月28日由中国国际旅行社拉萨分社与民航成都管理局正式签约。

8月1日　西藏自治区旅游局向自治区人民政府送审《西藏自治区旅游教育培训七年规划》报告，得到确认。

8月8日　拉萨饭店正式挂牌"拉萨假日酒店"开业，邀请国家旅游局、国内外各大旅行社、自治区党政领导、各界知名人士举行了开业典礼。

8月28日　拉萨—加德满都—拉萨首航成功，飞机班期为周五一班。

9月11日　中国职工旅行社拉萨分社成立。

9月21日　西藏自治区旅游局与西藏自治区物价局联合颁布《西藏自治区国际旅游价格管理暂行规定》。

9月13～17日　应国家旅游局局长韩克华的邀请，墨西哥旅游部长安东尼奥·恩里克思·萨维格纳克一行六人，访问西藏，促进了中墨两国之间的旅游交往。

9月27日　少数分裂主义分子，在拉萨市八角街，制造打、砸、抢、烧、杀骚乱事件，致使西藏旅游业受到严重影响。旅藏外国人受到严格控制。拉萨—加德满都航班停航。

11月10日　中国金桥旅游公司拉萨分公司成立，中国国际旅行社日喀则支社，中国国际旅行社山南支社成立。

11月14日　国家教育委员会、国家旅游局、国务院西藏经济工作咨询小组，联合向北京、上海等九省市印发了《关于为西藏培养旅游人才的计划》，对为西藏培养旅游人才给予了大力支持。

11月25日　中国青年旅行社西藏分社成立。

1988年

2月25日　国务院对西藏自治区人民政府《关于恢复西藏对外国旅游者开放的请示》进行了批复。强调"恢复西藏对外国旅游者开放的关键是加强管理"。

3月28日　在拉萨召开西藏自治区第三次旅游工作会，研究贯彻国务院《关于恢复西藏对外国旅游者开放的批复》，原则上不接待背包散客，前往西藏的外国旅游者均应参加旅游团组，经西藏旅游局确认后进藏旅游。

8月6日　西藏宾馆、拉萨假日酒店、中国国际旅行社等九个单位联合举办"全国首届世界屋脊旅游交易会"，国内各大旅行社、宾馆、饭店、西藏各界知名人士140余人应邀。交易会进行了业务交流，增进了友谊。

10月29日　国家旅游局以旅企字（88）第091号文，批准西藏自治区成立"西藏旅游总公司，该公司为一类旅行社，直接归属西藏自治区旅游局管理。

11月21日　成立西藏国际旅游旅行社协会。

1989年

1月4日　西藏旅游摄影学会在拉萨成立，并于1989年5月在拉萨举办"国旅杯"西藏旅游摄影展。

3月1～5日　西藏自治区首届旅游涉外饭店星级评定研讨班在拉萨举行，自治区地市外事旅游局局长及各饭店、宾馆总经理参加了研讨班，经过考试、审批星级评定检查员7人。

3月5～7日　拉萨再次发生骚乱，国务院于3月7日发布从3月8日零时起拉萨市区实行戒严令。在拉萨的外国旅游者限期离藏。西藏旅游业再次受到沉重打击。

3月13日、14日　全国导游资格考试西藏自治区组委会举行西藏自治区参加全国首届导游人员资格考试，有九家旅行社现职导游人员59人应考（男38人、女21人），英语导游58人，德语1人。平均年龄23岁，最大年龄29岁，最小年龄18岁，取得导游证书者占总人数18.6%。

4月20～22日　在拉萨召开各地市旅游局局长及各旅游企业负责人会议，贯彻1989年3月全国旅游局局长会议精神，针对西藏旅游业面临的严重困难，研究、探讨如何开展西藏旅游工作的意见，会议决定，振奋精神，多种经营，千方百计，渡过难关。

10月2日　西藏自治区旅游局召开拉萨地区旅游系统1989年税收、财务、物价、外汇大检查动员大会，并成立了以旅游局局长阿沛·任青为组长的17人"大检查"领导小组。

（连天福　樊齐尧）

陕　西　省

概　况

1989年

〔**接待旅游者人数和创汇**〕1989年1～5月，旅游业保持稳步发展势头，接待海外旅游者和旅游外汇收入分别比上年同期增长26.7%、34.1%。由于春夏之交动乱影响，旅游业受到严重冲击，出现滑坡，经过各方面的努力，8月份开始逐步回升。1989年全省共接待海外旅游者212036人，完成调整计划的101%，比上年下降42%，其中外国人137861人，华侨1446人，分别比上年下降52.3%和69.9%，港澳台胞72729人，比上年增长0.9%，平均每一旅游者在陕停留1.94天，比上年减少0.05天。旅游外汇收入14210万元外汇人民币，完成调整计划的109%，比上年下降33.2%，其中商品性收入3687万元外汇人民币，劳务性收入10523万元外汇人民币，分别比上年下降32.6%和33.4%，平均每一旅游者在陕消费670.2元，比上年增加88.5元，增长15.2%。省旅游局系统营业收入5886.47万元，创汇3341.58万元外汇人民币，实现利润1160.27万元，分别比上年下降66.3%、45.8%和64.9%。

〔**旅游行业整顿**〕年初，全省旅游行业开展了以“整顿队伍，端正作风，全员培训，提高素质”为中心的整顿培训工作。通过整顿思想作风，整顿纪律，整顿旅游市场秩序，加强旅游行业管理，坚决纠正旅游行业不正之风，提高干部职工的思想政治素质；通过培训，加强旅游职工队伍的业务建设，提高干部的经营管理水平和职工的业务技术水平，改变“软件”差的状况。经过三个月的全员整顿培训，取得了比较好的效果。按照国家旅游局的统一部署，二月份对全省经营国际旅游业的一、二类旅行社从事导游和兼职导游人员组织了导游资格统考，并在统考前对907名报考人员集中进行了专业培训。为了加强行业管理，提高服务质量，省旅游局代省政府拟写了《陕西省旅游业管理暂行规定》，《规定》经省政府颁发后，全省旅游行业进行了认真学习、广泛宣传和深入贯彻，先后抓了旅行社经营作风的整顿和旅游参观点的秩序整顿，会同配合工商管理、外汇管理等部门对旅游商品市场和旅游外汇市场进行了整顿，对旅游涉外饭店、商店、餐馆进行定点审查，颁发了定点标志。原陕西省民间旅行社接待的“三国之旅”SCT—0314旅行团，3月16日在四川剑门境内翻车，造成重大伤亡事故，整顿中被撤销。开展了旅游饭店的星级评定，到1989年底22家定点涉外旅游饭店中有9家评定星级，其中三星级饭店3家，二星级饭店5家，一星级饭店1家。两院一部《通告》发布后，全省旅游行业认真贯彻《通告》精神，结合整顿队伍，纠正不正之风，狠抓私自收受回扣的调查处理。在省委、省政府的重视和领导下，省旅游局和检察、公安、监察等部门一起，相互配合协作进行查处，各旅游经营单位积极宣传《通告》，宣讲政策，对全体职工进行思想发动。经过各方面的努力，查处工作取得了一定突破，不少司陪人员主动交待了问题，上交了非法所得。加强了内部审计，局系统审计机构边组建、边工作，积极发挥审计监督职能，全年共完成了11项审计任务。

〔**旅游市场开拓**〕省旅游局将加强宣传推销，努力扩大客源市场作为1989年的一项重点工作，先后参加了在英国、法国、联邦德国、日本等国家举办的旅游展销活动，并派人去国外推销招徕。1989年集中抓了三次比较大的活动：一是10月份在全省广泛开展了旅游宣传活动。在省、市旅游局的联合组织下，通过播放电视讲话、专题宣传片、放映旅游电影专场、组织专版文章，在主要街道旅游景点设立大型广告牌、插挂彩旗、标语、张贴宣传画，同时组织了部分旅游院校的学生开展宣传咨询和模特队上街宣传。通过这些活动，重点宣传了改革开放十年来旅游业所取得的成绩以及旅游业在社会发展和国民经济中的地位和作用，使社会各界和人民群众加深了对旅游业的了解，更加关心和支持旅游业。二是7、8月间，省旅游局在香港宋城举办了“西安月”旅游宣传活动。陕西艺术表演者向香港各界表演了《唐·长安乐舞》，巨笔书法、仿唐清真宴、剪纸、面花等艺术。在国旅西安分社和陕西省中旅社的积极协助下，先后两次举办了香港旅游界招待会，艺术表演与座谈会相结合，积极向香港旅游界宣传陕西的旅游资源，介绍陕西的旅游环境。香港电台和十多家报刊对这次活动进行了宣传报道，取得了比较好的效果。三、9月份在西安隆重举办了“世界旅游日”活动，把旅游宣传推向高潮，在海内外产生了较大影响，并受到世界旅游组织和国家旅游局的好评。

1989年由省海外旅游总公司、西安市海外旅游总公司、国旅西安分社、陕西省中旅社、青旅陕西分社等单位自主外联海外旅游者共19189人，比上年下降37.8%。

〔**世界旅游日活动**〕受国家旅游局委托，省旅游局会同有关部门和地市，在西安隆重举办了1989年世界旅游日庆祝活动。9月26日举行的“认识中国、了解陕西”外文图书展、古都西安集邮大展以及新闻发布会为世界旅游日活动拉开了序幕。9月27日上午在西安电影制片厂兴建的仿古建筑秦王宫，隆重举行了1989年世界旅游日活动暨陕西省文化艺术节开幕式；下午举行了秦始皇兵马俑三号坑开馆剪彩仪式，并正式对外开放。二千多名内外宾怀着先睹为快的心情，兴致勃勃地观赏了秦兵马俑的雄伟军阵；晚上中外来宾观看了《仿唐乐舞》。游览了西安古城墙。28日，客人对陕西的西线旅游景点进行考察，参观了茂陵、乾陵和著名古刹法门寺出土的地宫珍宝和佛骨舍利。这次庆祝活动规模大，规格高，内容丰富，开幕式场面壮观，被国内外来宾称为旅游界的一次盛会。出席庆祝活动的有国务院副总理吴学谦，国务院副秘书长李昌安，国家旅游局局长刘毅，中国旅游协会会长韩克华等有关领导和张勃兴、侯宗宾等陕西省党政军主要领导同志，应邀来陕的1470多名内外宾，他们当中有来自世界33个国家和地区的565名外宾，包括世界旅游组织的代表，一些国家友好省市代表和新闻记者，215家海外旅行社的负责人以及来自全国各地的旅游部门的负责人和旅行社的经理。

“世界旅游日活动”的主要特点和收获：（1）活动内容丰富多彩，从政治、经济、文化、社会生活、宗教信仰等方面整体地宣传了经过动乱以后中国社会稳定繁荣的新面貌。从旅游业的角度看，这次活动包含了吃、住、行、游、娱、购等方面的内容，使国外旅行商亲身体验了组织旅游团来中国，来陕西的乐趣。（2）庆祝活动的内容安排上着眼于旅游线路和项目的宣传促销，推出了一批新的旅游项目，使参加活动的旅游界人士看到，陕西不仅有兵马俑、帝王陵、书法石刻等丰富的静态旅游资源，还有民俗表演等丰富多彩的动态旅游资源，发展现代旅游大有潜力。（3）庆祝活动与业务洽谈相结合，加强了陕西旅游界同国内外旅游界的联系。陕西省中国旅行社、青旅陕西分社等单位在邀请客人参加旅游日活动以后还组织考察了“丝绸之路”旅游线路，获得客人好评。省和西安市海外旅游总公司是新成立不久的一类旅行社，通过这次活动，同国内外客商建立了广泛的联系。（4）旅游宣传与文化活动相结合为旅游业向高层次发展作了有益的尝试。这次庆祝活动的一个突出特点就是旅游与文化同台、经济与艺术齐飞，庆祝活动与陕西省文化艺术节联合举行，三秦大地的古老文化，民风民俗与现代旅游意识相结合，凝聚成强大的历史感染力，激发了游客的共鸣感与参与感。（5）对外宣传与对内宣传相结合，使社会各界和人民群众增强了对旅游业的了解，进一步明确了发展旅游事业对于促进对外开放，促进社会发展，促进友谊和团结的重要作用，从而更加积极主动地支持旅游业的发展。

〔**旅游业滑坡和回升**〕 1989年前5个月，旅游业保持了持续发展的好势头。由于春夏之交发生的动乱和北京反革命暴乱之后，一些西方国家的歪曲宣传及其政府的制裁措施，使旅游业受到极大影响，来陕人数锐减。据统计，全省13家旅行社5月份海外旅游客户退团433个共113人，占接待人数的21.9%。6月份后，客户退团数越来越多，来西安的海外旅游者日留宿量降至200人左右，床位利用率仅2.5%。7月份跌至谷底，一些旅行社无团可接，旅游汽车公司大多数车辆停运，一些外籍管理人员离境回国，旅游业陷入萧条的境况。在旅游业面临严重困难的形势下，全省旅游行业认真贯彻党中央、国务院和省委、省政府的指示，为了稳定广大职工思想情绪，保证正常的生产和生活秩序，积极开展工作，采取有力措施力求把损失减少到最低限度。主要抓了四个方面的工作：一是认真学习中央有关文件和中央领导同志的重要讲话，用十三届四中全会精神统一干部职工的思想认识，稳定队伍，坚定信心，共度难关。各单位利用各种形式做深入细致的思想政治工作，同时有组织有计划有领导地搞好在职培训。先后抓了一线人员的外语培训，岗位业务知识和专业技能培训以及部门经理以上管理人员培训，提高了管理人员和服务人员的业务素质。此外，由省旅游局牵头，分别举办未参加国家旅游局组织的饭店经理考前培训的宾馆、饭店副总经理以上人员，以及其他旅游企业副经理以上人员培训班和旅游财会人员培训班，聘请西北大学等有关院校的教师授课，系统地学习了旅游经营管理知识。二是重视做好治安保卫工作。重点抓了防破坏、防火与防盗，确保国家财产的安全。三是积极做好对外宣传招徕工作。为了消除国外旅游者的疑虑，争取旅游业形势好转，旅游部门和有关方面主动配合，采取8条措施积极向海外旅游客户宣传，邀请国外记者来西安采访，疏通客源渠道，对来华旅游的客人请民航、旅行社、宾馆予以优惠，争取客源尽快回升。四是广开生产经营门路，增收节支。各企业根据实际情况，制定开源节流的具体方案和办法，尽量增加收入，同时采取措施回收资金，紧缩开支，提高企业的生存能力。西安宾馆、唐城宾馆、人民大厦等单位根据海外旅游客源锐减的情况，及时调整经营方向，积极向社会开放，承揽生意，开办新的经营项目，增加了收入。为了帮助企业克服困难，省旅游局组织机关干部深入基层调查研究，帮助指导工作。在各方面的支持配合下，经过旅游行业全体职工的努力，8月份旅游业逐步回升。

〔**省政府常务会议听取旅游工作情况汇报**〕 6月17日，徐山林同志主持召开省政府常务会议，听取了省旅游局关于争取陕西省旅游业形势尽快好转的几个问题的情况汇报。为了迅速扭转这种严重局面，会议要求：（一）全省旅游行业要抓紧做工作，尽快扭转“滑坡”局面。工作的目标是：旅游人数争取1989年秋季回升，1990年旺季恢复到1988年同期水平；全省旅游业1989年力争不亏损，1990年恢复盈利。（二）广泛开展对外宣传活动，消除外宾的思想疑虑，同时尽可能地实行优惠政策，努力争取客源。会议指出，旅游业的生死存亡，主要取决于旅游行业的自我宣传，自己救自己，关键是争取客源。要采取各种方式、各种渠道，充分利用老关系和友好团体，千方百计加强对外宣传，用事实说明真象，消除疑虑，同时要实行优惠政策，开展优质服务。（三）调整经营项目，大力开展增产节约活动。各涉外宾馆、饭店、商店等，在客源不足的情况下，要尽量调整经营项目，增加服务品种，开展增收节支，开源节流，把动乱给旅游事业造成的损失减少到最低限度。会议还确定了几个具体问题，包括从贷款和流动资金等方面帮助旅游企业解决面临的困难以度过难关。为了落实省政府常务会议精神，省旅游局分别同财政、工商、税务、银行、电力、土地管理、计划等部门协商，较好地解决了有关问题。

〔**旅游景点和建设设施**〕 秦兵马俑三号坑展馆峻工

于1989年9月27日“世界旅游日”正式对外开放。秦兵马俑三号坑位于一号俑坑的西端北侧，南距一号坑25米，东距二号俑坑约120米，平面呈“凹”字形，东西长17.6米，南北宽21.4米，深5.2～5.4米，总面积约520平方米，坑内发掘出战车一乘，陶质武士俑68尊，青铜兵器94件。西影秦王宫经过配套建设，成为一处新的旅游参观点。法门寺完成了配套工程陈列室的建设，陕西博物馆完成了展馆主体及部分墙面砖和少量内装修工程，西安唐代艺术博物馆和咸阳博物馆的建设都有良好的进展。旅游公路的建设，继乾陵至法门寺的旅游环形线路基本建成后，西安至三原的一级公路已于年底竣工通车，西安到临潼的高速公路路基工程已经过半。除了上述重点工程外，还修建了通往旅游参观点的道路108公里。咸阳国际机场的建设，已完成了机场的跑道及滑行道，候机楼航营楼也基本完工。1989年有西安古都大酒店、建国饭店、神州假日酒店和西影大酒店相继建成开业，新增床位三千一百多张。

历史回顾

陕西旅游业是新中国成立后开始起步的。十年动乱期间，接待业务基本停顿。1978年党的十一届三中全会确定改革开放方针，旅游业获得迅速发展，目前已具有一定规模。到1988年十一年间，全省共接待海外旅游者165万多人，年平均递增38.9%，其中外国人146万人，华侨2.1万人，港澳台胞16.8万人；旅游外汇收入7.43亿元外汇人民币(折2.42亿美元)，年平均递增52.9%。国内旅游业方兴未艾，仅1985年至1989年四年间，全省接待国内游客达4260多万人次。旅游业在对外开放中发挥了先导和桥梁作用，促进了陕西的对外经济、文化和科技交流，增进了和世界各国人民的友好往来和相互了解，激发了海外侨胞和港澳台胞的爱国热情。

旅游资源开发取得好进展。陕西是中华民族的发祥地之一，省会西安又是世界著名古都，历史上有11个王朝在此建都，尤其是汉唐盛期，西安曾是我国政治、经济、文化中心，也是对外交往的中心。全省有国家重点文物保护单位37处，省级重点文物保护单位284处，县级文物保护单位1500多处，其中仅帝王陵墓就有72座，馆藏文物二百多万件，形成了一部完整的地上地下的立体历史教科书，被誉为“天然历史博物馆。”加上雄伟奇险的西岳华山、风景秀丽的骊山、太白山、气势壮观的黄河壶口瀑布等自然景观，旅游资源极其丰富，发展旅游业具有得天独厚的优越条件。近几年来，全省在充实和完善原有旅游参观点的同时，积极开发新的旅游资源和旅游景点。秦始皇兵马俑的发掘已轰动世界，被誉为世界第八奇迹。法门寺地宫珍宝和佛骨舍利的出土，令人举世瞩目。耀州瓷窑遗址，唐华清宫御汤遗址等名胜古迹的发掘修复，引起了国内外的关注，西安城墙的修复，城墙、护城河、林带三位一体，更使古城锦上添花。到1988年，全省对外开放的风景名胜区，旅游景点和参观单位169处，初步形成了以西安为中心，以文物古迹为特色的东西南北四条旅游线路和九个不同内容与风格特色的旅游区。其中，西安市区以城墙、钟楼、鼓楼、大雁塔、小雁塔、清真寺、半坡、省博物馆和八路军西安办事处等为主要参观点，对国内外旅游者具有极大的吸引力。东线以秦兵马俑为龙头，包括骊山风景名胜区、华清池，往东延伸至华山风景名胜区，每年接待国内外游客四百多万人次。西线以法门寺为龙头，包括茂陵、乾陵、杨贵妃墓、咸阳博物馆等。形成南北环形线路，并开发了“丝绸之路”旅游线路，每年接待国内外游客二百多万人次。此外，南线的长安古寺庙旅游景区，汉中旅游区及三国旅游路线，北线的延安黄陵旅游区，塞上风光旅游区等，近年来也抓紧开发建设。每年接待大量游人。

旅游设施具有一定规模，综合接待能力日益提高。旅游饭店建设较快。1978年全省只有西安人民大厦、陕西宾馆两座旅游饭店，共550张床位，可接待国外旅游者，1982年以来相继建成了西安宾馆、唐城宾馆、钟楼饭店、古都酒店，金花饭店，唐华宾馆等旅游饭店。到1988年底，全省有涉外旅游定点饭店22座，客房5500间，旅游出租汽车日益增多，穿行于市区与旅游参观点之间，仅西安市1988年拥有各种类型的旅游车辆达二千一百多辆。旅游道路逐步形成网络，全省通往各旅游点的道路40条，其中旅游专线公路9条，就连素以奇险著称的西岳华山，1985年也修筑了登山的石砌台阶路，并在“千尺幢”“百尺峡”等险要处修了复道。民航增加了飞机与航班，1988年西安有图154等大中型飞机12架，通往全国各地的航线35条，并开辟了西安至香港的旅游包机。随着旅游设施的建设和完善，综合接待能力日益提高，旅游者进不来、出不去、住不下、走不动等紧张状况已日趋缓和。

旅游商品开发取得成绩。到1988年全省旅游商品生产部门由最初的工艺美术等个别行业的少数厂家发展到轻工、纺织、文物、国防、乡镇企业等十多个行业系统的五百多个厂家。产品由原来的9大类、19个品种，二千多个花色，发展到34个大类、三千多个品种、上万个花色。产值由1981年的5400万元增加到2亿元。1988年全省旅游商品销售创汇2815万元外汇人民币，是1979年的9.2倍。

旅游职工队伍日益发展壮大。1988年全省旅游业直接从业人员2.5万人，间接从业人员约12万人，其中省旅游局直属单位干部职工3185人。旅游教育初步形成体系，西北大学、西安交大、西安外语学院的旅游系不仅承担全省旅游行业高层次的教育培训，而且承担国家旅游局的计划委托代培和西北地区的旅游短期培训任务。

省旅游学校和西安的一些旅游职业学校承担初中级管理人员和服务员的教育培训。经过旅游院校的专门教育和各单位的在职培训，培养和建设了一支素质较好的旅游职工队伍。

旅游体制改革取得初步成效。1979年以来逐步进行了旅游体制改革。省旅游局作为省政府工作部门，逐步加强了对全省旅游行业的统一管理，同时制定了陕西旅游业发展战略和“七五”发展规划。各地市及部分旅游工作任务重的县相继成立了旅游管理机构。省旅游事业委员会加强了对旅游业的领导，较好地协调了各方面的关系。旅游企业实行承包经营责任制，获得了好的经济效益。1987年，省旅游局会同省财政厅，与省旅游局所属七家企业签订上交财政协议书，调动了企业和职工的积极性，当年共创汇5216.8万元外汇人民币，比上年增长66.7%，占全省同期旅游创汇的31.2%。1988年，省中旅社实行招标承包，引进竞争机制，全社接待海外旅游者68000多人，营业收入2300万元，实现利润270万元，创建社以来最好水平。1988年，全省旅游创汇超过1000万元外汇人民币的企业达六个，其中，西安航空公司6346.9万元外汇人民币，国旅西安分社1368.9万元外汇人民币，西安宾馆2100万元外汇人民币，唐城宾馆1837.5万元外汇人民币，金花饭店1974.6万元外汇人民币，钟楼饭店1693.3万元外汇人民币，横向经济联合有了长足发展。1986年，陕西与西北其它省、区建立了旅游协作关系，联合开发“丝绸之路”旅游线路，已取得成效。国旅西安分社、省中旅社、青年旅行社陕西分社和省海外旅游总公司等旅行社先后和国内外二百多家旅游经营单位建立了业务联系。此外，还成立了西安人民大厦集团等旅游经济联合体，发挥旅游业整体优势，提高竞争能力。

旅游业的大发展，是振兴陕西经济的突破口，有力地带动和促进了第三产业的发展，取得了良好的社会综合效益。1985年，省委、省政府作出了《关于大力发展旅游业的决定》，提出“把发展旅游业作为振兴陕西经济的突破口”，进而使旅游业成为全省重要经济支柱之一。1987年，全省旅游业直接收入5.22亿元，间接收入13.42亿元，旅游业总收入18.64亿元，在产业部门中仅次于机械电子和纺织业，居第三位。旅游外汇收入1.67亿元外汇人民币，是全省第二创汇支柱。旅游业的大发展，有力地促进了产业结构的调整和优化。1980年，全省第一、二、三产业产值的比例为32:48:20，1987年，调整为29:43:28，7年间第三产业上升了8个百分点，接近第一产业产值。临潼县以旅游业为龙头，大力发展第三产业。1986年，全县五万多人从事以旅游业为主的第三产业，从业人数占全县总人口的10%，总收入相当于全县国民收入的57.5%，其中直接从事旅游业的收入占第三产业总收入的36%以上，上缴税收相当于全县农业税的71%，1979年到1988年，全县接待国内外旅游者二千多万人次，是该县总人口的40倍。过去粮棉型的农业县成了商品经济发达的旅游胜地。许多祖辈与黄土打交道的农民，从发展旅游业中找到用武之地，走上了治穷致富的道路。华清池畔的东尧村有二百多人，过去在人均不足一分的耕地靠种菜维持生计，经济十分拮据，现在全都参与经营旅游服务业，办起了餐馆、旅社、游乐场、停车场、商场和照像馆等三十多家小企业，集体收入由1979年的五万多元猛增到1986年的100万元，户户年收入超过万元。位于乾陵陵区的石马道村，全村55户人家，往年每个劳动日值不到三角钱，人均纯收入不过半百，全村只有18间竹杆房，多数人住着祖辈留下的旧窑洞。发展旅游业给他们带来了生机，村民依靠乾陵旅游区的有利条件，在开发旅游纪念品上大显身手，许多人从事刺绣品生产，成了颇有名气的刺绣专业村。妇女们跨出关中，到全国各地推销，产品打入了北京和东南沿海的许多地区。兴办旅游业给石观道村带来了福音，全村先后盖起新房三百多间，往日的土包子如今住上了二层楼的洋房了，大多数人家里有了电视机、洗衣机等现代化家用电器，1987年人均收入已达800元。

陕西旅游资源得天独厚，发展旅游业具有非常广阔的前景。1985年，省委、省政府决定大力发展旅游业，制定了旅游业的发展目标和有关政策。国家也将西安列为全国七个旅游重点城市和地区之一。旅游业的发展目标是：到本世纪末，把陕西建成以西安为中心，以文物古迹为特色的国际旅游胜地。届时西安成为西部内陆的出入境口岸城市和面向全国的旅游客源中转地，成为世界旅游名城和我国的非贸易创汇基地之一，管理水平和服务水平争取达到国际中上水平。为了实现上述目标，准备分三步走，一步一个台阶。第一步，按照“七五”规划要求，打基础，抓配套，上水平，树信誉；第二步，实施“八五”规划，抓改革，促振兴，求效益，创特色，旅游业管理水平和服务水平逐步达到国内同行业的先进水平；第三步，实施“九五”规划，到2000年，全面实现本世纪末的旅游发展目标，争取创一流水平，在国际旅游市场上有较强的竞争力。目前，咸阳机场、西安至临潼的高速公路、秦俑馆扩建工程、陕西历史博物馆等与旅游业关系密切的重点项目正在加紧建设，全省旅游行业的干部职工满怀信心为重振旅游业而团结一致，奋力拼搏。可以预料，在不久的将来，陕西一定会成为国内外旅游者向往的国际旅游胜地。

大 事 记

〔**陕西省旅游局成立**〕陕西省旅游局前身系陕西省人民政府外事办公室的一个接待组。根据中央关于加强对旅游业领导的指示和国家旅游总局的通知，经陕西省革命委员会批准（陕革发〔1978〕95号），1978年11月正式成立陕西省旅行游览事业管理局，行政机构分设，业务上受国家旅游总局指导，日常党务工作由省外办领导，与省外办同为一个党组。随着旅游事业的发展和旅游工作队伍的壮大，1980年12月1日，经省委批准（陕组干〔1980〕258号），陕西省旅行游览事业管理局与省外办正式分开，独立组建党组，同属省政府职能部门。为了便于开展对外业务，1981年成立陕西省旅游公司，与省旅行游览事业管理局为一套机构两块牌子。1983年6月15日，根据国家旅游局的通知精神和省政府机构改革及工作部门设置的规定，陕西省旅行游览事业管理局更名为陕西省旅游局，主要职责是统一管理全省旅游业。省旅游局成立以来，已历任四届局长（1）李继忠（1978·11～1979·11）；（2）魏明中(1979·11～1982·7)；(3)陈兴亮(1982·7～1988·5)；（4）孔庆森（1989·12至今）；1988年5月至1989年11月由副局长王步唐同志主持省旅游局工作。

〔**省旅游事业委员会成立**〕1981年9月，省人民政府为了加强对全省旅游工作的统一领导，决定成立陕西省旅游工作领导小组，副省长李连璧任组长，鲁曼（省外办主任，省政府副秘书长）、李树春（省政府副秘书长）、魏明中（省外办副主任、省旅游局局长）、马周全（省民航局副局长）为副组长，省计委副主任刘定洲等13名同志为领导小组成员。领导小组不设办事机构，日常具体工作由省旅游局负责办理。为了适应旅游事业发展的需要，加强对全省旅游事业的统筹规划和协调领导工作，同时鉴于原领导小组成员绝大多数已变动工作，1986年2月，省政府决定重新成立旅游领导小组。副省长孙达人任组长，省旅游局局长陈兴亮任副组长，省政府副秘书长张世聊等12人为领导小组成员。领导小组下设办公室，负责日常具体工作，办公地点设在省旅游局，省旅游局副局长王步唐同志兼办公室主任。1989年1月，根据《陕西省人民政府转发省编委关于清理省政府系统非常设机构的意见的通知》精神，省政府决定将陕西省旅游领导小组改名为陕西省旅游事业委员会。副省长孙达人担任委员会主任，省旅游局副局长王步唐、西安市副市长张富春任副主任，省政府办公厅副主任孙武学、宝鸡市副市长者建国、咸阳市副市长强文祥、省旅游局副局长张镇行等有关部门的17名负责同志担任委员。省旅游事业委员会的办事机构为省旅游局。

〔**陕西省旅游学会成立**〕 1986年3月23日成立。学会挂靠陕西省旅游局，受陕西省社会科学学会联合会领导。陕西省外办主任、省旅游局长陈兴亮任学会会长。陈泽忠、朱玉槐、陈全方为副会长、魏明中、何炼成、贾生鑫、孙木一担任学会顾问，常务理事32人，学会会员近五百人。学会成立后，配合全省旅游业中心工作，先后就制定陕西旅游业发展规划，旅游体制改革问题，组织学会中的有关专家、学者举行座谈会进行研讨，为旅游部门出谋献策。学会还聘请有关专家、学者为旅游工作人员讲授旅游方面的知识。为了扩大旅游宣传，提高陕西的知名度，1987年，省旅游学会和省旅游局联合创办了《旅游博览》杂志。杂志立足陕西，面向全国，辟有“旅游文萃”、“旅游资源开发”、“文物与文彩”、“三秦风物”、“旅游信息”等近20个栏目。1987年5月，全国政协副主席、中国佛教协会主席、民进中央副主席赵朴初为《旅游博览》题写了刊名。

〔**西北旅游协作区成立**〕 1986年6月12～13日在西安市朱雀饭店召开西北旅游协作区成立大会暨第一届年会。参加会议的有西北五省旅游部门的代表、国旅总社、北京市旅游局、陕西省有关部门的负责同志以及七省市国旅系统横向联合研讨会的代表。会议确定了在“平等自愿、互惠互利、统一协调、相互支持”的原则下建立五省（区）之间长期的旅游协作关系，通过了《关于成立西北旅游协作区的协议》，推选出协作区年会理事会及秘书处成员，并召开了第一次理事会；同时还召开了地方外联、人才培训、对外宣传三个专业座谈会。陕西省副省长孙达人出席成立大会，代表省政府向大会表示热烈祝贺并作了重要讲话。

〔**1982年全省旅游工作会议**〕 2月5日～14日在西安宾馆召开。出席会议的有省级有关部门的负责同志，有关地市（县）主管外事旅游工作的负责同志、外办主任、主要旅游参观点、旅游接待经营单位的代表共162人。会议的主要任务是贯彻落实《国务院关于加强旅游工作的决定》和全国七省、市旅游局长会议精神，总结了全省旅游工作，部署1982年旅游工作任务，讨论制定全省旅游业管理八项规定，其中包括《陕西省人民政府关于旅游工作管理体制的暂行规定》、《关于旅游服务工作的暂行规定》等。副省长、省旅游工作领导小组组长李连璧传达全国旅游工作会议精神，省长于明涛、副省长惠世恭等领导同志出席会议并讲话。会议期间，省政府两次召开常务会议听取汇报，研究代表们提出的问题，对当前急需解决的问题作出了决定。

〔**1985年全省外事旅游工作会议**〕 5月7～13日在西安市长庆油田招待所召开。出席会议的有关地、市（县）主管外事旅游工作的负责同志，外办主任、旅游局长，省级有关部门的负责同志，以及有关涉外旅游单位同志共178人。会议传达贯彻省委、省政府《关于大力发展旅游业的决定》，总结了1982年以来全省外事旅游工作情况，部署了1985年工作任务，对外友协陕西分会、省高教局、省农牧厅、西安市二轻局和临潼县等10个单位介绍了经验。李庆伟、周雅光、牟玲生、李连璧、孙达人和魏明中等省党政领导同志先后到会讲话。李庆伟省长在会议结束时讲话指出，省委、省政府决定把发展

旅游业作为振兴陕西经济的突破口，是具有战略意义的决策。孙达人副省长代表省委、省政府对会议作了总结。周雅光、李连璧同志也先后就搞好陕西外事旅游工作的改革和宣传，提高涉外人员的素质，加强对外事、旅游工作的统一领导和管理提高服务质量等问题讲了话。

〔**1986年全省旅游工作会议**〕 3月18日至23日在西安止园饭店召开。会议由省旅游领导小组主持，出席的有各地、市（部分县）和省级有关部门的负责同志、旅游局长、以及主要旅游企业事业的负责同志共147人。会议传达贯彻1986年全国旅游工作会议精神，重点解决对发展旅游业的认识问题，讨论了《陕西省旅游事业"七五"发展规划》，部署了1989年全省旅游工作。省委、省政府对这次会议十分重视，2月13日，省委常委会议听取了省旅游局的工作汇报，讨论了发展陕西旅游事业的有关重要问题，并决定召开全省旅游工作会议。旅游工作会议开始时，孙达人副省长作了题为《统一思想，加快步伐，大力发展旅游事业，为促进陕西经济腾飞而奋斗》的报告。会议期间，省委书记白纪年、副省长张斌、张勃兴、孙达人一起听取了省旅游领导小组的汇报。3月23日，白纪年等领导同志出席大会并讲话。白纪年同志提出，要解放思想，全党重视，大家动手，各方配合，加快步伐把陕西旅游事业搞上去。并对全省当前旅游工作任务概括为"总结经验，打好基础，树立信誉，提高水平，使旅游事业在'七五'期间有一个突破性发展，成为陕西的一个重要经济支柱。"会议代表参观了第19届全国旅游产品展销会，考察了西安金花饭店和西安宾馆。

〔**1987年全省外事旅游工作会议**〕 3月31日～4月4日在长安县招待所召开。出席会议的有有关地、市（部分县）、外办、旅游局、省级对口单位及涉外、旅游单位的负责同志共156人。会议听取了省外办主任、省旅游局长陈兴亮和省旅游局副局长王步唐关于全国外办主任和全国旅游局长会议精神的传达。何克敬、王步唐同志分别代表省外办、省旅游局作了全省外事工作和旅游工作报告，秦元恺同志传达了外交部第二次借调公勤人员工作会议精神，省委书记白纪年、副书记周雅光和副省长徐山林到会讲话，副省长孙达人作了书面发言。会议代表学习了党中央关于外事旅游工作政策，提高了思想认识，明确了外事工作必须为我国的外交政策服务，旅游工作要"抓改革、保重点、上水平、求效益"；同时明确今后一个时期特别是1987年要抓的几项主要工作。

〔**1989年全省旅游局长会议**〕 4月21日在省旅游局机关召开。出席会议的有各地、市及部分县旅游局长，一、二类旅行社总经理和涉外旅游定点饭店中方副总经理，及省级有关部门的负责同志共110多人。会议传达贯彻1989年全国旅游局长会议精神，部署了1989年全省旅游工作任务。会议提出，1989年全省旅游工作要贯彻治理整顿、深化改革的总方针，按照全国旅游局长会议精神，全面贯彻国务院办公厅转发的关于加强旅游工作的十条意见，以及省政府关于旅游业管理的暂行规定，整顿旅游秩序和旅游队伍，加强行业管理，提高服务质量，同时可加强宣传推销，扩大客源市场，努力完成全年的接待和旅游创汇任务。

〔**陈慕华视察陕西旅游工作**〕 1980年10月15日～10月21日，当时主管旅游工作的国务院副总理陈慕华来陕西视察旅游工作，陪同前来的有原国家旅游局副局长万复等。陈慕华同志听取了省旅游局的工作情况汇报，召开了服务工作、旅游参观点、旅游建设规划座谈会，参观了秦俑博物馆、华清池、乾陵、昭陵、咸阳博物馆和西安市内的名胜古迹。10月20日陈慕华同志听取了于明涛省长的汇报后说，西安旅游资源十分丰富，历史上曾是11个朝代建都的地方，又是佛教圣地，"丝绸之路"的起点，还有延安、八路军办事处等，古城墙保护得很好。近几年，开发建设旅游点做了很多工作，积累了一些经验，也初步训练了一支干部队伍。从几个座谈会来看，大家信心满高，愿意把这些资源开发建设好，服务质量有改进，这些是进一步前进的基础。有几点要继续努力。一是发展旅游业要有个规划。旅游业不仅仅是外事工作，而且是经济工作，因此要很好规划，应该扬长避短，省里统一抓、各个部门配合。二是实施规划可以采取联合的办法进行。完全靠国家投资拿不出来，实行联合投资发展旅游业，这样建设可能比较快些。三是要提高服务质量。要建立旅游服务标准，培训旅游管理人员和服务人员，不断提高思想素质和业务素质。

〔**谷牧视察陕西旅游工作**〕 1986年6月，当时主管旅游工作的国务委员谷牧同志来陕西视察旅游工作。陪同前来的有国务院副秘书长、旅游协调小组副组长王书明同志等。谷牧同志参观了西安地区的主要旅游景点，视察了唐城宾馆等旅游企业。7月3日，谷牧同志听取了陕西省暨西安市领导同志关于文物、旅游工作的汇报，并作了重要讲话。谷牧同志充分肯定了陕西的文物、旅游工作的成绩，说他是第三次来西安，这次看的东西最多，对西安将来以文物古迹为重点的旅游业发展前途，大大地增强了信心，赞成省委、省政府提出把旅游业作为发展陕西经济的支柱之一是对的，是有远见的。按制定的规划去抓，计划全部实现了，陕西就真正成为东方的古罗马，亚洲的古罗马。谷牧同志对文物古迹的保护，旅游点建设项目和配套设施建设规划，纠正旅游行业不正之风，提高经营管理水平等作了指示。强调要调动各行各业，各部门的积极性，要调动地方的积极性，共同兴办旅游业。

〔**吴学谦视察陕西旅游工作**〕 1989年9月24日～28日，中共中央政治局委员、国务院总理，国家旅游事业委员会主任吴学谦，在国务院副秘书长李昌安、国家旅游局局长刘毅等陪同下，考察了陕西旅游业的发展情况。吴副总理先后视察了法门寺、周原文化遗址、正在建设中的咸阳机场、西安城墙、清龙寺、唐华宾馆、古都艺术大厦、西安宾馆、金华饭店、秦始皇兵马俑博物馆、华清池、唐乐宫等单位和旅游景点，出席了在西安秦王宫举行的1989年世界旅游日活动暨陕西省第二届艺术节开幕式。吴学谦副总理参观法门寺后对法门寺的修复工作很满意。当得知法门寺参观门票价格偏低时，吴副总理指出这么珍贵的文物，这么小的珍宝馆，参观的人不能太多，从保护文物方面来说，也应当提高门票价格。同时，他还征询了刘毅局长的意见。9月28日吴副总理听取省政府工作汇报后作了指示。谈到关于发展旅游业的问题时，他说：我在外交部时，里根要来西安看兵马俑，引起了我对陕西旅游业的重视。我这是第三次来陕西，这几年陕西变化很大，可以这样说，陕西发展旅游业有了一定基础，“硬件”很不错、建设了不少好的宾馆；“软件”也有了一些基础，培养了一些人，但还没有跟上，陕西文物古迹很多，十几个王朝在这里建都，可以说中国的传统文化就在这里，陕西发展旅游业有着得天独厚的条件。当前，要利用外国游客少的时机，抓紧培训人员，提高管理水平和服务水平。旅游系统存在的不正之风，对发展旅游事业有很大影响，不能忽视反对资产阶级自由化这个问题，对要回扣、乱收费、敲诈勒索等现象绝不能允许，要进行整顿。

〔中共陕西省委、陕西省人民政府作出关于大力发展旅游业的决定〕 1984年12月，省委研究室和省旅游局联合组织调查组，对全省旅游业现状、发展前景和发展规划，从八个方面进行综合调查，为省委、省政府决策提供了科学依据，同时起草了《关于大力发展旅游业的决定》，作为省委工作会议讨论的重点文件。1985年3月，省委、省政府作出《关于大力发展旅游业的决定》，（陕发〔1985〕10号），明确提出“把发展旅游业作为振兴陕西经济的突破口”，进而使旅游业成为陕西的重要经济支柱之一，并将其列入全省国民经济和社会发展的长远规划和年度计划；提出了开创陕西旅游工作新局面，要实现三个突破性发展的奋斗目标和工作措施，以及应当放宽的有关政策。《决定》第一次明确了旅游业在发展陕西经济中的战略地位和作用，有力地调动了全省各地各部门和人民群众办旅游业的积极性。

〔陕西旅游业“七五”发展规划的制定和实施〕 1985年省委、省政府作出《关于大力发展旅游业的决定》后，省旅游局着手研究制定陕西旅游业发展战略和“七五”规划。1986年初全省旅游工作会议对“七五”规划进行了认真讨论，并逐步开始实施。1987年，省政府第39次常务会议讨论通过《陕西省旅游事业“七五”发展规划》，印发全省执行。《规划》分析了陕西旅游业的现状和发展的有利条件，明确了“七五”期间旅游业发展指导思想，要以西安为中心，以文物古迹为龙头，打基础，抓配套，上水平，树信誉；坚持国际旅游、国内旅游一起抓，硬件、软件一起抓，扩大接待规模和提高服务质量一起抓，加强思想政治工作和提高经济效益一起抓的方针，使陕西旅游业持续、稳定、协调地健康发展。同时确定了发展目标和“七五”期间的主要任务。“七五”前三年，规划执行情况较好，接待旅游者人数和外汇收入持续增长，旅游资源开发和配套设施建设取得突破性进展。1989年6月，由于受动乱和北京反革命暴乱影响，旅游业出现严重滑坡，经过各方面努力，9月份逐步回升。1990年预计可以恢复到接近1987年的接待和创汇水平。

〔检查旅游行业私自收授回扣〕 1989年9月，陕西省旅游行业结合贯彻最高人民法院、最高人民检察院和监察部的《通告》精神，按照省委、省政府要求，成立了陕西省检查旅游行业私自收授回扣领导小组，副省长徐山林、孙达人分别任组长，副组长，省旅游局、省监察厅在全省普遍开展了私自收受回扣问题的检查。通过思想教育，宣传政策和调查检举，不少司陪人员主动交代收受回扣的问题，并上交了非法收入。

〔省旅游局七家直属企业上交财政收入承包〕 为了深化企业改革，进一步搞活旅游企业，增强发展后劲，确保财政收入稳定增长，1987年11月，陕西省旅游局和省财政厅一起，同省旅游局所属的国旅西安分社、西安宾馆、唐城宾馆、朱雀饭店、省旅游汽车公司、省旅游服务公司、省外事旅游图片社七家企业签订了上交财政收入承包协议书，承包期四年，自1987年1月1日至1990年12月31日。从而在旅游企业实行经营承包责任制方面迈开了新的步伐。通过承包，有力地调动了企业和职工的积极性，经济效益明显提高，各企业都超额完成当年的承包任务。1988年，七家企业营业总收入和实现利润比1987年分别增长17.7%、35.1%。

〔陕西省中国旅行社实行招标承包〕 1988年初，陕西省中国旅行社在全省公开招标承包，原中旅社副总经理岑明在中标，出任该社总经理。这是陕西省旅游系统第一家实行公开招标承包的旅游企业。岑明在同志担任总经理后，大胆改革经营管理机制，理顺企业内部关系。由总经理提名，报经省侨办批准任命了副总经理，同时聘任了各部门经理，实行部门经理任期经营目标承包。狠抓企业管理和旅游宣传招徕，经济效益和服务质量明显提高。

〔国旅西安分社招聘总经理〕 1988年12月20日至1989年1月25日，省旅游局组织了国旅西安分社进行了总经理的招聘工作。省政府办公厅、省劳人厅、省财政厅、省体改委、省外办和国旅总社、中旅总社、青旅总社及省会计事务所、省律师事务所等有关部门和单位，对招聘工作给予了指导和协助。招聘工作坚持公开、平等、民主、择优的竞争原则，通过省报、省电台和省电视台，向全省各界发布了《招聘公告》。对应聘者的资历、政绩、应聘报告、公开演讲和答辩等四个评审项目，按规定分别以百分制计分方式进行打分，取最高分者为最终应聘者。国旅西安分社原副总经理张小可同志被聘为国旅西安分社总经理。省旅游局向他颁发了聘书并同他签订了经营承包合同。这次招聘工作在省旅游局企业中是第一次，为进一步深化企业改革、引进竞争机制、提高人事工作的透明度进行了有益的探索。

〔**龙年旅游活动**〕 1988年是中国传统的龙年，根据国家旅游局的统一部署，陕西省人民政府成立了龙年国际旅游活动组织委员会，协调各方面的力量，组织安排了以“龙”为主体的、富有浓郁特色和地方特色的旅游活动。1987年12月31日举行陕西省龙年国际旅游活动开幕式，为这项活动揭开了序幕。其它主要活动有龙年古城灯会、祭黄帝陵、登华山苍龙岭、龙年文物展、法门寺珍宝展、地方风味自助餐和龙年民间艺术活动等。

〔**香港西安月旅游宣传活动**〕 1989年7月至8月间，陕西省旅游局在香港宋城举办了“西安月”旅游宣传活动。陕西艺术表演者向香港各界表演了《唐·长安乐舞》、巨笔书法、仿唐清真宴、剪纸、面花等。在国旅西安分社和陕西省中旅社积极协助下，先后两次举办了香港旅游界招待会，积极向香港旅游界宣传陕西的旅游资源，介绍陕西的旅游环境。香港电台和十多家报刊对这次活动进行了宣传报道。

〔**1989年世界旅游日活动**〕 受国家旅游局委托，1989年世界旅游日活动在西安隆重举行。这次活动规模大，规格高，内容丰富，开幕式场面壮观，被国外来宾称为旅游界的一次盛会。出席庆祝活动的有国务院副总理吴学谦、国务院副秘书长李昌安、国家旅游局局长刘毅等国家旅游事业委员会的有关领导和陕西省党政军的领导同志，以及应邀来陕的1470多名国内外来宾，其中包括世界旅游组织的代表和来自33个国家和地区的565位外宾。这次庆祝活动贯彻党的十三届四中全会精神，坚持对外开放，以重振旅游业为目标，与陕西省第二届文化艺术节联合举行，将古代文化与现代旅游意识相结合，推出了一批富有新意与陕西特点的旅游新项目。9月26日举行“认识中国，了解陕西”外文图书展；古都西安集邮大展；以及新闻发布会，为世界旅游日活动拉开了序幕。9月27日上午，在西安电影制片厂兴建的仿古建筑秦王宫隆重举行1989年世界旅游日活动暨陕西省文化艺术节开幕式。下午，秦始皇兵马俑三号坑举行开馆剪彩仪式，正式对外开放。晚上，中外来宾观看了《仿唐乐舞》，游览了西安古城墙。28日，来宾们对陕西的西线旅游景点进行了考察，观赏了著名古刹法门寺和地宫出土佛骨舍利等文物珍宝。这次活动重点宣传了中国改革开放政策和旅游业形势，为疏通旅游客源渠道，联络感情，稳定和扩大客户，争取陕西旅游业的尽快回升和振兴发挥了积极作用，同时对促进旅游与文化艺术的结合进行了有益的探索，并取得良好成效。

〔**秦兵马俑博物馆扩建**〕 秦兵马俑馆包括一、二、三号坑，是个完整的军阵布局。一号坑1979年对外开放。为了适应旅游业的发展，根据国家旅游局、国家文物局的意见，陕西省计委于1986年12月15日立项批准“秦兵马俑扩建工程”初步设计方案，扩建内容包括二、三号坑展馆及其附属工程项目。总投资为4851.35万元，总建筑面积为40916平方米。三号坑展馆于1987年5月30日开工，1989年9月27日正式对外开放；三号坑展馆于1988年11月开工，预计1991年完工。

〔**西安城墙修复**〕 1983年底国务院正式批准开工修复西安城墙，西安市同时成立环城建设指挥部具体负责城墙主体修复工程，总投资为1.35亿元。截至1989年底，13.7公里长的古城垣已修葺完毕，大部分城墙缺口券洞已分段连接起来，女儿墙、流水槽、垛城和登城马道已恢复，890亩的环城林带已郁郁葱葱。护城河经过全城人民近三年的义务劳动，基本上清除了淤泥，疏通了河道，拓宽加深土岸，修缮了桥坝、管闸、码头、洮台，部分地段开辟了水上游乐项目。经过修复和建设，西安城墙已成为以明城墙、护城河、环城林带和环城路四位一体的环城公园。

〔**法门寺地宫文物出土，法门寺修复对外开放**〕1987年5月29日，陕西省人民政府举行新闻发布会，宣布在陕西省宝鸡市扶风县法门寺塔基地宫中，发现了唐代所深藏后迷失千年之久的释迦牟尼指骨舍利，和供养舍利的大批唐代珍贵文物。这是陕西省继秦始皇兵马俑之后的又一次重大考古发现，引起了国内外的关注。全国政协副主席、中国佛教协会主席赵朴初出席新闻发布会，并宣布中国佛教协会决定为修复法门寺捐助人民币10万元。根据省政府和国家文物、旅游等部门的要求，宝鸡市很快制定了法门寺的修复和建设规划，决定重新修建宝塔，建珍宝阁陈列地宫出土文物，并作为全省重点建设项目，抓紧施工。1988年11月9日法门寺建设一期工程竣工，博物馆正式对外开放。从此，法门寺成为陕西西部旅游线路的一个重要旅游景点，吸引了不少国内外游人。

〔**陕西历史博物馆兴建**〕 陕西历史博物馆是根据周恩来总理生前遗愿于1984年立项的。1986年国家计委根据中央书记处的决定，同意在西安新建历史博物馆，作为中央补助地方的大中型建设项目。国家计委、文化部、文物局派员在西安审查计划任务时，明确馆名正式定为“陕西历史博物馆”。该馆地址在西安市小寨东路与翠华路交叉口西北侧，为现代化建筑物，建筑规模53743平方米（其中馆区主要建筑物42266平方米，辅助建筑2677平方米，生活福利8800平方米），总投资1.24亿元。1986年11月28日破土动工修建，为全省“七五”重点工程建设项目，属国家级水平。该馆陈列将主要表现以周秦汉唐为主的中华民族前半期辉煌历史文化。

〔**西临高速公路建设**〕 起于西安市官厅，终止于临潼县荷家村，全长23.8公里，路基宽26米，4车道，设计行车速度120公里／小时，车流量25000辆／昼夜，工程总投资为17900万元。全线共有大桥6座，长1120米，涵洞45道，通道41处，分离式立交9处，互通式立交1处。该工程为1989年开工，预计1991年建成通车。

〔**咸阳机场建设**〕 1987年8月20日开工兴建。总投资达4亿元。机场占地4000亩，地面建筑群共112万平方米，跑道长3000米，宽60米，是一座按照国际标准修建的民航一级机场，具有先进的导航设备和气象设施，可以起降波音747等当今世界上最重的飞机，可以直航南亚、西亚和日本。两年多来，经西北设计院等六、七个设计单位精心设计，铁一局、武汉市市政总公司等十几个施工单位施工，1989年底已能起降飞机，1990年10月1日将投入使用。

〔**西安—香港旅游包机**〕 1982年8月15日，经陕西省人民政府申请，国务院、中央军委批准，由陕西省中国旅行社和香港中国旅行社联合主办的西安—香港直航旅游包机正式通航。首航飞机为三叉戟，乘客105人，其中包括陕中旅邀请的香港国际旅行社、香港中航公司、商界、旅游协会的知名人士，新华社、大公报、文汇报等新闻单位。这条航线的开辟对陕西的经济和旅游业的发展起到了积极的促进作用。目前每周往返两次航班。

·先进人物·

全国模范翻译导游鱼新平

鱼新平同志是中共党员，1974年毕业于洛阳外语学院，1978年由部队转业到国旅西安分社任翻译导游，1982年10月5日因病殉职，年仅29岁。鱼新平同志生前热爱党、热爱祖国，认真学习马列主义、毛泽东思想，把自己的青春奉献给了祖国。不论在什么工作岗位上，他都能自觉做到不为名，不图利，全心全意为人民服务，坚持用共产党员的标准严格要求自己，充分发挥了共产党员的先锋模范作用。鱼新平同志十分热爱旅游事业，以顽强拼搏的精神刻苦学习业务知识，努力提高工作能力，在繁忙的接待工作中，总是迎着困难上，年年出色完成翻译导游任务，以辛勤的劳动和最好的服务，向来自世界各国的旅游者传播了中国人民的友谊，为祖国的旅游事业赢得了荣誉。鱼新平同志从部队转业到旅游战线工作后，始终保持着革命战士艰苦奋斗的优良作风，自觉抵制精神污染和社会上的不正之风。从不利用涉外工作之便为自己谋取私利。他严格遵守外事工作纪律，廉洁奉公，一尘不染，为涉外人员树立了榜样。鱼新平同志有着崇高的思想境界和高尚的道德情操，他总是把自己比作“鱼”，把集体比作“水”，一事当前，他首先考虑的是国家、集体和周围的同志，从不计较个人的利害得失。他团结同志，尊重领导，严于律己，诚恳待人。他的一言一行都闪耀着共产主义思想的光芒，展现了新时期革命青年的精神风貌。根据鱼新平生前模范事迹，陕西省旅游局党组追认他为优秀共产党员，模范翻译导游。省委、省政府两个直属机关党委作出“关于向鱼新平同志学习的决定”，号召省级机关全体共产党员、共青团员向鱼新平学习。《人民日报》、《陕西日报》等报刊报道了鱼新平同志的先进事迹。1984年3月15日，国家旅游局决定追认鱼新平为“全国模范翻译导游，”号召全国旅游战线职工向鱼新平学习。1990年3月，陕西省旅游局党组再次做出在全省旅游行业深入开展学雷锋做鱼新平式的好职工活动。省旅游出版社出版了《鱼新平之歌》，大力宣传鱼新平的先进事迹。

省劳动模范徐进前

徐进前同志系中共党员，现任唐城宾馆总工程师。参加工作三十多年，先后参与15个国家重点项目和国防尖端项目的施工安装和技术指导，转战80多个施工现场。1983年调唐城宾馆筹建处负责施工准备和安装工程建设。在时间紧，困难大，要求高的情况下，他常常废寝忘食地拼命工作，一心扑在建设工地上，每天工作十五、六个小时。有一次，他患急性阑尾炎住院做手术，但仍放心不下工作，术后第二天就让人带来设计图纸在病床上研究。病未痊愈又提前出院投入紧张的筹建工作。在宾馆筹建工作期间，他谢绝高薪聘请和优厚待遇，坚持艰苦奋斗，扎根筹建处工作。他多次拒收礼品、好处费和贿赂，始终坚持原则，不为金钱所动，甚至连一名港商送的三条“万宝路”香烟也一根未动地交给组织。徐进前同志勤奋工作，成绩突出，一心为公，艰苦奋斗，赢得了领导和同志们的赞扬。1987年他被陕西省人民政府、省总工会评为全省劳动模范，1988年3月评为全省旅游行业先进个人，同年8月又被国家旅游局评为全国旅游优质服务先进个人。

陕西青年十杰赵宏

赵宏同志系中国国际旅行社西安分社英语导游。1982年从事导游工作，先后接待过近百个外国旅游团，接待游客人数累计达一万多人次。赵宏在接待工作中深知积累知识的重要，他勤奋好学，不断进取，逐渐地对中华民族悠久历史和灿烂文化中有了广泛深入的了解。为了丰富自己的学识，他做了大量的搜集、研究和整理工作，积累了5000多张知识卡片，写了六万多字的导游日记；为《中国旅游大全》撰写了文稿；参加了《陕西旅游》、《长安故乡之旅》等旅游读物的编写工作，翻译和撰写了上百篇文章和新闻稿件在《陕西日报》、《中国旅游报》等报刊杂志上发表。1984年元月，他在陕西省政府直属机关团委组织的“振兴中华，建设陕西”读书活动知识竞赛中获一等奖；1986年10月，他在“我为振兴陕西献计献策”征文中获三等奖。他将自己广博的知识灵活运用到接待工作中，导游讲解生动形象，幽默风趣，深受游客喜爱；他对旅游者提出的问题总是给以满意的回答；他以极大的热情，周到的服务，赢得客人高度赞扬。1987年，在国旅系统优质服务竞赛中，外国游客多次给赵宏打满分。1989年5月，赵宏在国家旅游局组织的“〔春花杯〕中国导游大赛”中荣获十佳导游称号。在平凡的工作岗位上，赵宏以强烈的民族自豪感为海外旅游者服务，让世界人民了解中国，为增进各国人民与中国人民之间的相互了解和友谊，进而为维护世界和平奉献着自己的青春和知识。1990年2月被评为“陕西省青年十杰”之一。（黄启勋）

甘　肃　省

概　况

1989年

甘肃省位于中国的西北部，地处黄河上游，与陕西、青海、新疆、四川、宁夏、内蒙古等省区相邻。地域辽阔、历史悠久、文化灿烂、文物古迹颇多，多民族聚居，风土人情各异，旅游资源丰富，具有得天独厚，绚丽多彩的人文和自然景观。尤其是“丝绸之路”驰名中外，被誉为世界艺术宝库的敦煌莫高窟和东方雕塑馆天水麦积山，对海内外旅游者有极大的吸引力。到1989年，甘肃已有44个市、县（区）对外开放，并且逐步形成了以“丝绸之路”为轴线，以敦煌为龙头，以兰州为中心的西、南、东三条旅游干线，九个旅游区，108个旅游景点。到1989年累计接待海外旅游者18.85万人，旅游创汇2246.94万美元。尤其是1988年，接待海外游客达41661人，旅游行业创汇首次突破一千万美元大关，旅游行业营业收入逾亿元，已成为甘肃非贸易创汇的主要支柱，逐步发展成为甘肃的主要外向型经济产业部门。

1989年是甘肃旅游发展史上不平凡的一年，上半年，发展形势喜人，来甘肃的海外游客和经济效益都有较大幅度增长，但是到6月以后，由于受动乱和北京反革命暴乱的影响，使甘肃旅游业遭受严重损失，出现了大滑坡。全年接待海外旅游者16948人，比1988年下降59.3%，旅游营业收入5549.85万元，比1988年下降20%，实现利润548.89万元，比1988年下降57%，创汇1056.97万元（外汇人民币）比1988年下降32%。在困难的形势中，甘肃旅游系统的干部职工，以省长办公会议纪要精神和国家旅游局七月西安“重振旅游”座谈会会议精神为指导思想，树立信心，统一认识，克服困难，共度难关。以治理整顿旅游市场，提高服务质量为重点，加强基础设施建设，加强外联促销，在广大职工中开展坚持四项基本原则教育和业务培训。广开门路，开展多种经营，弥补损失。到1989年底。全省68家旅游企业没有一家发生亏损。

在治理整顿中，甘肃旅游企业继续完善经济承包责任制，增强旅游企业竞争意识，组建了一类旅行社甘肃海外旅游总公司，甘肃省中国旅行社从兰州分社划出独立经营。新批准成立四家二类旅行社。在旅游市场的整顿中，我们还重点抓了涉外宾馆、饭店的星级评定，涉外商店、餐馆的定点管理，旅行社的整顿审查。全省现有一类旅行社1家，二类旅行社18家，旅游定点饭店、宾馆24家（客房2643间），旅游定点商店22家、餐馆4家，旅游汽车公司一家。1989年6月开始，进行了饭店星级评定工作，这也是甘肃旅游涉外饭店管理工作逐步走向行业管理，向国际化、规范化迈进的开始。为了强化行业管理，制定颁布了一系列管理条例、规则、办法。使旅游市场的秩序和旅游服务质量有了明显的好转。1989年全省翻译导游人员，经过培训学习后，参加了国家旅游局组织的统一考试。对考试合格者颁发了导游证。对不合格者限制接团，这对翻译导游人员提高外语水平和服务水平，也是一次大促进。

为了更好地为海外旅游者提供旅游商品和保证餐饮质量，加强行业宏观管理，1989年8月，甘肃省旅游局与工商管理局等五个部门联合公布了全省22家定点商店和4家餐馆。兰州地区有定点商店7家，定点餐馆2家，河西地区有定点商店14家，天水有定点商店、餐馆各1家，平凉有定点餐馆1家。

在走出去积极开展宣传促销活动的同时，甘肃旅游系统还采取把国外客户请进来实地考察的办法，开展促销活动。1989年甘肃省海外旅游总公司、甘肃省中国旅行社、中国国际旅行社兰州分社，先后邀请日本、新加坡、泰国、台湾、香港、英国、意大利、瑞典、荷兰等国家和地区旅行社商到甘肃境内考察丝绸之路旅游景点、设施及线路，使他们对甘肃加深了解，产生了兴趣，扩大甘肃在海外的影响。

积极参与国际市场竞争，逐步拓宽客源渠道，在“全面吸引，重点促销”的指导思想下，1989年，甘肃省旅游系统先后派出三个外联推销组，赴美国、加拿大、英国、瑞士、法国、联邦德国参加旅游展览和推销活动，提高甘肃在海外的知名度。

甘肃旅游职工队伍是一支比较年轻的队伍，目前25岁以下的职工947人，占总人数的47.6%，35岁以下职工552人，占总人数的27.7%，45岁以下的328人，占总人数的16.4%，55岁以下的141人，占总人数的7.8%。大专以上文化程度322人，中专、高中文化程度的1025人，初中文化程度769人。管理干部266人，专业技术人员264人。

在旅游业蓬勃发展的同时，旅游队伍不断壮大。为了逐步提高旅游队伍的业务素质，甘肃旅游系统采取各种形式，进行不同内容的业务培训。现有的职工中，一部分是大专院校本科或专科毕业的，一部分是经大专院校进修或短期培训班培训的，一部分是旅游中专、旅游职业中学毕业或短期培训的，一部分是结合工作岗位培训的。据统计全省旅游系统职工有49%是经过不同程度培训的。全省目前从事旅游业的人员达四千三百多人，并组建了一支二百多人的具有英、日、德、法、意、俄等外国语种的导游翻译专业队伍。基本上形成了多层次，多功能的旅游综合接待体系。

1989年积极组织旅游系统职工参加全省优质服务竞赛活动，并制定出严格的参赛标准。在全国优质服务赛评比中，酒泉宾馆被评为先进单位，金城宾馆客房部，敦煌宾馆客房部被评为先进集体。还有3人被评为先进个人。

根据国家旅游局“重振旅游”要进行“全员集训”的指示精神，甘肃旅游系统从1989年冬季开始，对职工分批分期进行集训。甘肃省人民政府非常重视这一工作，及时向各地政府部门批转了甘肃省旅游局关于开展全员集训工作的报告，并且提出了具体意见和要求，有力地推动了全员集训工作的全面展开。在集训中以党的十三届四中、五中全会精神和江泽民同志1989年国庆讲话为指针，以坚持四项基本原则，反对资产阶级自由化和清除腐败现象，清查私收小费、回扣、贪污、受贿，纠正行业不正之风，打击经济领域的犯罪活动为主要内容。通过全员集训后，提高了广大干部职工的政治思想觉悟，基本扼制了行业不正之风。与此同时开展业务培训和岗位练兵，进一步建立和完善各项规章制度。全员集训，是对职工队伍一次很好的思想建设、组织建设和业务建设。为适应旅游事业的发展，甘肃旅游系统各级组织都重视职工队伍的建设，提高人员素质。现有的职工队伍，有49%都经过各种类型的专业培训。使旅游服务人员的水平向规范化、标准化、程序化的方向持续努力，经营管理水平和服务质量不断提高，在抓业务培训的同时，加强职工队伍的思想政治工作和坚持四项基本原则的教育，首先是抓好党员的思想政治教育工作和思想建设，增强了党组织的战斗力。而且对广大职工进行坚持四项基本原则教育，在思想上，行动上与党中央保持一致。在春夏之交的动乱中，职工思想稳定、队伍稳定、坚持正常工作，旅游系统没有一人参加动乱活动，经受住了政治斗争的考验。在全员集训过程中，甘肃省政府非常重视，批转了省旅游局的报告及安排意见，有力地推动了集训工作的顺利进行。通过全员集训，提高了认识，统一了思想，为政治稳定打下了良好的基础，增强了坚持发展社会主义旅游业的信心。其次是基本上刹住了行业不正之风。在此同时还开展业务培训和岗位练兵，进一步建立和完善各项规章制度，为迎接九十年代旅游业的更大发展创造了有利条件。

历史回顾

远在周、秦、汉时期，帝王贵族的巡视和旅游就在甘肃留下了足迹和传说。特别是汉唐时期“丝绸之路”开通以后，中外交往日益增多，随着交通和贸易的发展，国内外有些旅游者和探险家在陇原大地上陆续进行漫游和考察，出现了“萌芽”状态的旅游活动。

1979年以前，甘肃绝大部分地区处于对外封闭状态，只接待一些为数很少的来访外宾和非经营性的旅游观光客人。

党的十一届三中全会以后，在改革开放政策的推动下，甘肃旅游事业开始兴起，1979～1980年，首先开放了交通便利、文物甚多、知名度较高的兰州、敦煌、酒泉、嘉峪关等地。当时来甘肃的海外旅游者人数较少，大部分是组团客人。两年间接待海外游客7541人，收入142.6万元，其中外汇收入38.36万美元。为了适应旅游业的进一步发展，加紧新建和改造了一批基础设施，增加接待能力，为以后的旅游业发展创造有利条件。

1981～1985年的“六五”期间，随着旅游机构的逐步建立，旅游业队伍也相应得到发展。五年内，全省共接待海外游客6.78万人，收入4649.2万元，其中外汇收入730.11万美元，五年内平均递增分别为29.63%、82.66%和60.66%。1985年与1979年相比，接待人数增长6.45倍，达18508人。旅游收入增长69.17倍，达2214万元。至1985年，全省开放12个市、县（区），涉外宾馆12家，旅游部门从业人员993人，其中翻译导游人员80人，旅游车辆166辆。旅游业的迅速发展引起社会各界的关注和支持，民航、铁路、城建、文化、新闻出版等部门给予了积极的配合，旅游服务工作出现了国家、地区、部门一起上的局面。有了自主外联权以后，1985

年，自主外联组团来甘肃的海外游客达1599人，在接待总人数中的比重逐渐上升，海外客源发生了变化，来甘肃旅游的华侨和港澳台同胞逐年增加，五年内共接待24157人，收到了较好的经济和社会效益。

1986～1988年甘肃旅游业得到进一步发展，1986年国家正式将旅游业列入国民经济发展计划，甘肃省政府为适应旅游业快速发展的形势，明确提出“因势利导、突出重点，以敦煌为龙头，以兰州为中心，带动和促进全省旅游业的全面发展”的战略指导思想。甘肃省旅游局在增强自身建设的同时，加强了旅游行业的宏观管理和业务指导，保证了旅游业的顺利发展，三年内，共接待海外旅游者900万人，旅游部门收入14972.05万元，其中外汇收入1193.6万元，平均年递增31.06%、46.2%和13.2%。至1988年全省已有9个地、县（市、区）成立了（外事）旅游局，旅行社增加到15家。涉外饭店23座，从业人员4299人。逐步由接待型转向经营型。增强了竞争意识，并且积极参加国际客源市场的竞争，1986、1988年分别参加了在联邦德国和日本举办的国际旅游展销会和博览会，全面宣传介绍了甘肃“丝绸之路”旅游景点、饭店设施、交通道路等，从而扩大影响，增加了客源。

从1988年开始，甘肃的旅游系统推行了政企分开，逐渐由接待型转向经营型，由事业型转向生产型，提高了旅游企业的经营活力，逐步增强了旅游企业的竞争力。

甘肃旅游业虽然起步晚，但十年来发展速度快，经济效益显著，成绩突出，已成为一个引人注目的产业，十年共接待海外旅游者17.15万人，占全国同期的1.17%，平均年递增81.72%；其中外汇收入1962.07万美元，占全国同期的1.69%，平均年递增55.58%，由于甘肃旅游线路长，客人逗留时间长，平均每接待一个海外旅游者收取汇114.41美元，比全国同期平均水平高45.08%；旅游部门纯利润3189.6万元人民币，平均年增长72.4%。

1987年11月到1988年6月，组织全省旅游从业人员562人参加了中央电视台和国家旅游局等十个部门联合举办的“服务工作全面质量管理”电视讲座的学习。并参加全国统一考试，取得了优异成绩，平均分数达到89.65分。1988年元月，甘肃省旅游局分片组织全省翻译导游人员集中学习。国家旅游局颁布的《导游人员管理暂行规定》、《社会主义旅游职业道德规范》、《关于严格禁止在旅游业务中私自收授回扣和收取小费的规定》等项规定。教育翻译导游人员树立起良好、高尚的旅游道德，纠正行业不正之风。同时各地按专业要求制订培训计划，开展全行业的岗位培训和就地培训。天水宾馆邀请北京讲师团到天水举办短期英、日语培训班，邀请兰州金城宾馆培训部派人去举办业务培训班，这样既达到培训的目的，又不影响正常经营。旅游系统还先后选送多批业务骨干到各大专院校和省外对口单位学习，开阔视野，增长才干。1988年全省宾馆一次送出22人到香港美丽华大酒店学习，武威市一次送出50多人到西安旅校学习、培训。

〔旅游宣传、促销〕

从甘肃旅游业开始兴办，就重视对外宣传和促销活动。这对甘肃旅游业的迅速发展起了先导和开拓作用。1978年以来，共制作旅游宣传品18种，计140.2万册（份），拍摄旅游电影4部，录像片11部，并通过各种渠道将这些宣传品传递到旅游者和国外旅行商手中。先后邀请和接待了7个国家和地区的记者组、团28人，通过他们发表文章、图片宣传甘肃。仅香港《中国旅游》画报就刊登甘肃旅游景点照片近百幅。甘肃旅游系统的干部、职工先后向各种报刊、杂志写文章近百篇，发照片50幅。所有这些，都对扩大甘肃在国际上的影响，提高旅游产品的知名度，招徕旅游者，起到了积极的作用。

旅游宣传品中，印刷品主要有《甘肃旅游》（画册）、《丝绸之路》（画册）、《甘肃旅游指南》、《甘肃导游图》、《甘肃特殊旅游项目介绍》、《丝绸之路40景》（画册）、《丝绸之路旅游线路》、《丝绸之路导游图》以及甘肃主要旅游城市的导游图、简介、各主要旅游景点招贴画等。宣传品文种齐全，内容丰富，图文并茂，系统、全面地介绍了甘肃旅游产品，突出了甘肃旅游资源“唯我独有”的特点。

电影、录像片生动形象地介绍了甘肃旅游资源以及旅游线路、设施等情况。电影有《大西北奇观》、《丝路漫游》、《丝路情》、《拉卜楞寺》、录像片有《甘肃旅游线路》六集、《敦煌导游》等。

甘肃省旅游局注重组织全省旅游系统各单位参加国内外举办的各种旅游展销会。参加1982年在北京举办的国际旅游展览会，1985年在杭州举办的特殊旅游项目交易会；1988年在西柏林举办的第二十二届国际旅游博览会；1988年国家旅游局在日本举办的“中国旅游展览会”；1989年在伦敦举办的第十届世界旅游博览会；甘肃旅游局组织有关方面力量，参加国内、国际展销会，大力开展了对外宣传、广交朋友，积极招徕促销，吸引海外旅游者，扩大旅游客源，收到良好效果。

〔机构沿革〕

在改革开放政策的推动下，甘肃旅游业逐步兴起，为了适应旅游业发展的形势和要求，1978年9月，在甘肃省人民政府外事办公室设立旅游处，1979年2月设立甘肃省旅行游览事业管理局，与省外事办公室合署办公。1981年6月，经省人民政府批准，与省外事办公室分离出来独立工作，1983年8月全省进行机构改革，更名为甘肃省旅游局，又与甘肃省外事办公室合署办公成立一个党组。1986年，经甘肃省人民政府批准，甘肃省旅游局与甘肃省外事办公室彻底分开，单独办公，正式列入省政府序列。

随着旅游业的不断发展，兰州、天水、嘉峪关、敦煌市、酒泉地区、武威（地、市）、平凉地区、榆中县、天水市北道区陆续成立了（外事）旅游局，到1989年，全省共有地、市（县、区）旅游局10个，逐步形成了省、地（市）、县（区）三级旅游行政主管部门。

〔旅游企业〕

1979年，甘肃现代旅游业开始兴办，为了接待来甘的海外游客，成立了中国国际旅行社兰州分社、甘肃省中国旅行社、甘肃华侨旅行社。当时三家旅行社是三块牌子、一套人马，这也是甘肃的第二批旅行社。1984年，甘肃华侨旅行社并入甘肃省中国旅行社。对外是两个旅行社的牌子，甘肃省中旅社对内实际在国旅分社设一个科，仍然是一套人马。1984年，甘肃共青团省委设立了中国青年旅行社甘肃分社，1988年，甘肃省总工会设立了中国职工旅行社甘肃分社，1989年元月，根据国家旅游局批准的国旅体制改革方案，甘肃省旅游局决定成立一类旅行社——甘肃海外旅游总公司，并决定将甘肃省中国旅行社从国旅兰州分社划出，独立开展旅游业务。

从1980年到1988年，兰州、敦煌、酒泉、嘉峪关、天水、武威、张掖、平凉、安西、夏河等地先后设立了中国国际旅行社支社。1989年，根据甘肃省省长办公会议纪要精神，本着“一地一社”的原则，各地国旅支社除敦煌、夏河支社外全部都更改了名称，并冠以当地地名，同时又批准成立了铁道、体育、飞天、太阳能四家旅行社，1989年底，全省共有一、二类旅行社19家，其中兰州地区8家，有甘肃海外旅游总公司，中国国际旅行社兰州分社，甘肃省中国旅行社，中国青年旅行社甘肃分社，中国职工旅行社甘肃分社，甘肃省国际体育旅行社，兰州旅行社，兰州铁道旅行社。河西地区8家，即甘肃酒泉国际旅行社、甘肃嘉峪关国际旅行社，中国国际旅行社敦煌支社，敦煌飞天国际旅行社，敦煌太阳能国际旅行社，甘肃张掖国际旅行社，甘肃武威国际旅行社，甘肃安西国际旅行社。其它地区三个旅行社，即甘肃天水国际旅行社，甘肃平凉国际旅行社，中国国际旅行社夏河支社。

1979年甘肃对外开放以后，旅游系统没有自己专门接待海外游客的饭店、宾馆。最初接待海外游客的饭店在兰州主要有三家：兰州饭店、友谊饭店、宁卧庄宾馆。在其它地区也只有一些地方的招待所。

兰州饭店位于市中心东区，始建于1955年，占地面积5.8万平方米，建筑面积3.3万多平方米，拥有客房390间，床位900余张，服务项目比较齐全。

友谊饭店是兰州市接待中外游人及贵宾的大型旅游涉外饭店之一，建于1956年，占地近七万平方米，建筑面积4.4万平方米。现有前、后、东、西四幢客房楼，建筑风格迥然不同，中西结合。饭店有客房590间，床位1400多张，服务设施齐全。

宁卧庄宾馆建于1958年，是甘肃接待外国元首、官员、社会名流及党和国家领导人的国宾馆，宾馆环境十分优雅怡人，院内建有人工湖，凉亭、花坛、假山、竹林等，与整个建筑浑然一体，充分展现了北国园林风格和江南风光情调。还设有酒吧，大、小礼堂，室内游泳池、电影院、钓鱼池等娱乐场所。

1982年，省旅游局开始筹建金城宾馆，1984年8月南楼正式建成营业，1987年11月西楼建成营业。新建的金城宾馆是甘肃旅游系统的第一座现代化旅游涉外宾馆。以接待来自世界各地的旅游团体、个人、外国专家、贵宾以及国内游客为主。宾馆建筑面积2.5万平方米，共有三百多套客房。既有标准间，也有双套间和豪华套间，中央空调等现代化设施俱全，舒适典雅。宾馆前厅设计更是独具一格，与厅内现代化装饰融为一体，使人赏心悦目。宾馆内餐厅、咖啡厅、酒吧间、舞厅昼夜营业。可同时举办各种大型招待会、冷餐会、自助餐、宴会等。并设有商品部，经营各种旅游纪念品和工艺美术品。

胜利宾馆于1982年动工修建，1987年竣工开始营业，位于兰州中山路商业区，共有287间客房，570张床位。主楼为18层，设有屋顶花园，娱乐厅、咖啡厅、蘑菇厅、喷泉鱼池、夜总会、观光电梯等，以供游客观赏全城美景。

兰化宾馆是兰州市旅游涉外宾馆之一，也是接待国外专家及工程技术人员的宾馆。1985年8月动工修建，1987年4月完工营业，占地5万多平方米，建筑面积1.5万平方米。馆内装饰豪华，陈设典雅，服务设施先进，有客房125间，总床位260张，宾馆设有舞厅、花房、商店、摄影部、美容室等服务性部门。

虹云宾馆1986年11月破土动工，1988年7月竣工营业，占地8900平方米。建筑独具风格，装饰典雅大方。拥有客房108间，床位362张。

甘肃民航中川第一宾馆，建筑面积五千多平方米，有床位三百多个。服务设施齐全，设备先进。有闭路电视，文娱用品等，供乘客候机时娱乐。

在旅游业迅猛发展带动下，从1980年开始，旅游重点地区也陆续改建、新建一批旅游涉外饭店、宾馆。新建的宾馆主要有天水宾馆、平凉宾馆、嘉峪关长城宾馆、酒泉宾馆、玉门宾馆、柳园外宾接待站等。敦煌市有敦煌宾馆、丝路宾馆、飞天宾馆、太阳能宾馆、冷湖招待所、敦煌第二宾馆。武威有天马宾馆、凉州宾馆。其它地区还有张液宾馆、安西外宾接待站、拉卜楞宾馆、临夏饭店等。

〔旅游资源〕

甘肃是中国古文化发祥地之一。远古时期，甘肃的先民就在泾河、渭河流域创造了黄河流域灿烂的文化；大地湾挖掘出大量制作精细的彩陶至今有七千多年历史，闻名于世，因此甘肃号称“陶都”。盛极一世的古代“丝绸之路”贯穿甘肃全境，长约2000公里，有许多闻名中外的名胜古迹和珍贵文物；震惊中外的中国工农红军二万五千里长征曾经过陇东、陇南地区和河西地区，有很多值得观看的革命遗址；甘肃是多民族聚居地，有着不同的习俗、信仰，这也是旅游资源的重要内容；特殊的地形和复杂多变的气候，戈壁绿洲，雪山冰川，形成了锦绣山川。甘肃丰富的古代文化遗产，奇异的西北自然风光，辉煌的现代建设成就，给发展旅游业提供了广阔的前途和很大潜力。

甘肃的旅游资源，具有独特和丰富，且沿古“丝绸之路”分布的特点。雄厚的旅游资源能够满足当今世界旅游者访古、游历、考察和探险的需求，适宜开展多种形式的旅游活动。全省已挖掘出各个时代的文物1000多种，列为国家的重点保护的单位7处，列为省级重点保护单位有230处。目前已形成以“丝绸之路”为轴线的东、西、南三条旅游线，9个旅游区108个景点。

1.敦煌旅游区。共有14个旅游点，其中10个开放游览。主要有莫高窟、玉门关、阳关、鸣沙山（又名月牙泉）、白马塔、沙洲故城、南湖、敦煌博物馆等景点，以莫高窟最为著名。莫高窟开凿于前秦建元二年（公元366年），现存十个朝代的洞窟492术，壁画4.5万平方米，彩塑像2千多身，是世界现存佛教艺术最伟大的宝库。若把壁画排列起来，能延伸三十多公里长，是世界上面积最大，规模最大，内容最丰富的一个画廊。敦煌艺术是中华民族灿烂文化发达的象征，聪明智慧的结晶。近几十年来，国内外学者对敦煌艺术极感兴趣，不断进行研究，形成了一个专门学科“敦煌学”。

2.酒嘉旅游区。共有10个旅游点，主要有“天下雄关——嘉峪关，楼晋砖画墓，“七一”冰川，东晋壁画墓，酒泉钟古楼，桥湾城，酒泉泉湖公园，长城博物馆，夜光杯厂等。

嘉峪关是万里长城西止点，是我国古代闻名中外的伟大建筑之一，现在的嘉峪关重建于明洪武二年（公元1372年），至今已有六百多年历史。如今，这座劳动人民的伟大建筑，显得更加雄伟壮丽，登楼远望，长城似游龙浮动于戈壁瀚海，忽隐忽现。天晴之日，或海市蜃楼，或塞上风光，奇特景色，尽收眼底。

东晋壁画墓，是1977年在酒泉城西北丁家闸发掘的，距今已有1600多年，是甘肃河西走廊东晋壁画墓的第一次发现。酒泉丁家闸壁画的发掘，对研究东晋十六国时期河西地区的历史，社会经济，政治制度、阶级关系、民族关系和社会生活及文化思想等，都有一定意义。壁画墓的壁画构图严谨，层次分明，技法娴熟，敷料鲜丽，对于研究甘肃石窟壁画艺术的历史提供了借签资料。

魏晋墓，距嘉峪关市东22公里处的新城乡，荟集着规模巨大的古墓群，在方圆10公里的范围内，有大小墓穴1600余座，其中价值最高的是魏晋墓，墓葬多为中小官吏和庄园主的家族砖室墓，有二室和三室之分，形制、结构大体相同。三室墓由墓道、墓门、前室、中室、后室组成。前室是祭祀之地，也是会客室，四壁嵌画像砖，大多为一砖一画。有农耕图、牧中图、采桑图、鹰犬逐兔图、宰杀家禽图，形象逼真，实为生活记实画，画面多用白描手法，几笔勾勒即成，色彩多为赭色，给人以凝重淳厚之感。

中室东西两壁嵌有画像砖。左壁画为男主人的生活图，右壁画反映多是女主人的生活状况。这些画面寓形寄意，形象生动，构图简洁，朴实自然，具有浓郁的生活气息。

3.兰州旅游区。兰州是甘肃省的政治、经济、文化、交通中心，又是一个新兴的工业城市。风景秀丽，气候宜人，旅游景点众多。著名的景点有炳灵寺、兴隆山，市区有五泉山、白塔山、兰山公园、文物博物馆、黄河汽船游、羊皮筏子游等景点。

炳灵寺石窟在永靖县西南，黄河北岸的小积石山中，它以特有的古老石雕艺术，成为“丝绸之路”上的文化瑰宝。石窟保存着从西秦、北魏、隋、唐、宋、元、明、清各朝代约一千五百多年的历史文物，现存窟龛183个，内有大小石雕像694身，泥塑82身，壁画九百多平方米。石雕泥塑，千姿百态，各具风采。下寺崖畔的一尊大坐佛，从脚指到头顶足有27米，上半身利用天然的石柱峰雕成，下半身是泥塑的，这尊摩崖大佛造于唐代。

兴隆山，古称争秀山，是突出于黄土高原的石质山地，距兰州市60公里，在榆中县城西南5公里。山上森林茂密，四季常青，山清水秀，鸟语花香，气候宜人，是甘肃著名的风景区和游览胜地。每逢夏季，兰州、青海、西安等地的旅游爱好者及外宾游览观光络绎不绝。

兴隆山有很多历史悠久的古迹。据史料记载，远在公元前一千多年的西周，就有人在此山修行。唐宋时期，山上神殿甚多，香烟缭绕，称为洞天府地，是“甘肃之名山，兰郡之胜境”。全山有胜景24处，最佳8处。

甘肃省博物馆是一所具有一定规模的地方性博物馆，现有藏品四万二千多件，新获居延汉简两万余枚。珍贵文物中甘肃彩陶以其光彩的色泽，明快的线条，绚丽的图案，自然的写实风格，受到人们的普遍赞誉；西周早期的青铜器，不仅种类繁多，而且形制凝重结实，花纹造型端庄典雅，文字结构工整严谨；还有西汉木器、铜器、漆器、毛笔、木筒和丝绸品、魏晋壁画砖、西夏文物等，多为罕见，堪称文物中的珍品，受到国内外文物专家的重视。

五泉山是兰州著名的风景区，始辟于汉代，因有五泉而得名，山上层楼叠阁。殿宇雄伟、金壁辉煌、气象非凡。槐柳遮道，溪流如带，山花似锦，使人有清新出俗之感。山中还有“泰和铁钟”，“铜接引佛”等重要文物，均为省级重点保护文物。

白塔山位于兰州黄河北岸，海拔一千七百多米，山势起伏，有“拱抱全城”之雄姿。其中“白塔层峦”为兰州八景之一。白塔寺西北方，林木葱葱、朝阳山、马头山、冠云山、环翠山峰峦层迭。浓阴深处，有休息亭，供游人小息，亭前有蓄水池。这里山高林密，是登山远眺，避暑纳凉的好地方。

羊皮筏子乃兰州黄河上独特的水上运输工具。最大的皮筏用六百多个羊皮筏扎成，长12米，宽7米，六把桨，载重量20吨～30吨。皮筏既不消耗能源，又不污染环境，故为兰州独特的旅游工具。目前正在恢复。

4.天水旅游区。天水旅游区是甘肃古代文物较多的地区，共有31处。主要的有麦积山石窟、伏羲庙、甘泉寺、双玉兰堂、玉泉观、秦安大地湾遗址等。其中最为著名的是麦积山石窟和秦安大地湾遗址。

麦积山位于天水市东南45公里处，是秦岭山月牙泉西端小陇山中的一座孤峰，状似农家的麦垛，故取名麦积山。远在公元四、五世纪，随着佛教艺术传入我国，麦积山开始享有盛名。据史料记载，石窟开凿于十六国时期，后经西秦、北魏、西魏、北周、隋、唐、五代、宋、元、明、清等十多个朝代的不断开凿、重修、遂成为中国著名的大型石窟群之一。现有洞窟194个，数以千计的泥塑，石雕造像和一千多米的壁画。麦积山石窟，以其精美的艺术价值闻名中外，历史学家范文澜曾誉石窟为“陈列塑像的大展览馆”。著名雕塑家刘开渠曾说：“敦煌如果是一个历史壁画的大画馆；麦积山则是我国历代的一大雕塑馆。”麦积山石窟系统地反映了我国泥塑艺术的发展和演变过程，被誉为“东方雕塑馆”。

秦安大地湾遗址，位于天水的秦安县五营乡。它保存了距今五千至七千多年前极为丰富的新时器时代早期文化，即大地湾一期文化，仰韶早、中、晚期四个阶段的文化遗产。它对于探讨甘肃东部地区考古编年与序列，了解黄河上游的新石器时代诸文化的发展和相互关系，具有重要意义。大地湾遗址总面积32万平方米，文化层厚度平均在2米以上，是一处完整的原始部落居住遗址，可分为居住区、制陶区和墓葬区。现已清理出原始住房址240座，灰坑342个，墓葬79个，窑址38个，壕沟8条，出土各类文物八千余件。据测定，大地湾最早的文化遗址比仰韶文化要早一千多年。其中F411房基遗迹还有一幅距今5000年左右的地画，对研究我国古代绘画史具有重要的价值。大地湾遗址的发现。曾轰动了中外考古界和文物界。

5.甘南临夏旅游区。有旅游点16处，最为著名的是夏河县拉卜楞寺，是藏传佛教（喇嘛教）格鲁派（黄教）六大寺院之一，曾是甘、青、川、藏族的政治、宗教、文化中心。建筑面积达四十余万平方米，形成以六大学院和诸类佛殿、囊穴为主体的富有藏族特色的宏伟建筑群。还有红军长征的著名战役遗址——腊子口、临夏红园等旅游参观地。

6.平凉庆阳旅游区。共有旅游点8个，平凉崆峒山有“崆峒为全国道教第一山”之称，兼有北国山势之雄和江南山水之秀，山势险峻，古柏参天，林木葱茏。庆阳西峰有著名石窟——北石窟寺等。

7.张掖旅游区。有旅游点12处，其中主要的有5处，张掖大佛寺的释迦牟尼侧卧涅槃像，仅耳朵就有2米多长，为国内最大的卧佛。高台烈士陵园，安葬着中国工农红军西路军第5军烈士的忠骨。朱德手书“烈士陵园”。叶剑英祭扫烈士陵园时，曾有《西游杂咏高台》诗句。另有张掖木塔、祁连山冰山和艾黎捐赠文物陈列馆、山丹培黎图书馆等。

8.武威旅游区。有17处旅游点，尤其是1969年10月，在武威雷台出土的东汉稀世珍品“马超龙雀”（俗称“铜奔马”），轰动中外。已被定为中国旅游的标志。另有武威钟鼓楼、文庙、西夏碑、海葬寺、沙漠公园等旅游点。

9.陇南旅游区。共有6个旅游景点，其中最为著名的有甘肃文县大熊猫自然保护区，大熊猫又名花猫，是深受世界各国人民喜爱的珍稀动物。它是濒临绝灭的“远古动物生存至今的活化石”。还有武都县的万象洞、文县天池、白水江自然保护区。宕昌县的哈达铺红军长征纪念馆等。

从1979年以来，围绕古“丝绸之路”的资源优势和特点，开发和修缮景点44项，投资总额累计达2969万元。目前对旅游资源全面系统的普查和综合规划、综合开发工作尚待进行，交通、通讯、环境卫生、服务水平等方面问题，亦待逐步解决，以充分发挥甘肃旅游的优势，适应旅游业发展形势的需求。

〔旅游商品〕

甘肃旅游业的迅速发展，对增进中外友好往来，促进全省经济和社会发展，起了积极作用。在旅游业的促进下，勤劳智慧的甘肃各族人民，利用当地资源，继承传统工艺，生产制造了许多精美的工艺美术品，这些集有中国风格、民族风格和地方风格，兼纪念性、艺术性和实用性于一身的旅游纪念品，充分反映了中国古老文化，同时也是独具匠心的旅游宣传品，成为吸引广大旅游者争相购买，馈赠亲友的热门货。一些地方风味的食品和小吃，经过整理和改进，成为国内外旅游者一饱口福的佳肴，也给旅游者在甘肃的游览观光留下了无限的回味和美好的遐想。

旅游工艺纪念品：

1.铜奔马。于1969年在武威出土的东汉铜奔马因其由铜而制，故名“铜奔马”，是甘肃著名的文物，原物定为国家一级保护文物，收藏于国家博物馆，已成为全国旅游标志。出土后，曾在欧美数国展出，博得国际艺术界和考古爱好者的极高赞誉，是工艺美术品中稀世之宝。现由甘肃省工艺美术厂依据原物精心雕塑，铸造出“铜奔马”仿制品，已有大中小三种型号，造型维妙维肖，达到真假难分的水平，旅游者多争相购买。

2.洮砚和嘉峪关石砚。洮砚世称中国四大名砚之一，具有坚细雅丽，发墨细快，保湿利笔等特点，深为历代书画家所珍爱，洮砚产于甘南卓尼县洮河东岸的喇嘛崖。北宋著名鉴赏家赵希鹄著《洞天清禄集》中说：“惟洮河绿石，北方最贵重，绿如蓝、润如玉、发墨不减，端溪下岩，然石在临洮大河深水之底，非人力所致，得之为无价之宝。”可见洮砚得之不易，极为名贵。洮砚的雕刻工艺特点是透雕和带盖。为适应旅游外宾的需求，精制了小型袖珍砚、汉简砚、瓦当砚、古钱砚等众多砚型，并增加了古装仕女、敦煌飞天、甘肃名胜古迹等砚型。

嘉峪关石砚，嘉峪关石产于嘉峪山，俗称地溜石，其质地润泽，既不费墨，又不费笔，现在，甘肃省工艺美术厂采选嘉峪山石精制出的造型古朴、雕饰精美的嘉峪关石砚，使年久失传的工艺美术品获得新生，并受到国内外旅游者、书画家和名砚收藏家的欢迎。

3.酒泉夜光杯。是我国具有悠久历史的传统工艺，是用祁连山一带的酒泉玉石巧磨细琢而成的，它质地细腻，纹理天然光滑透明，杯壁薄如蛋壳，色泽有脆绿，黑绿、鹅黄、羊脂白等。现已远销欧、亚、美三大洲的许多国家和地区，深受国际市场的欢迎，唐代诗人王翰的“葡萄美酒夜光杯”和叶剑英同志“评泉品酒看光杯”的佳句，使夜光杯名扬千古，盛誉宇内。夜光杯具有耐高温，抗严寒的优点。斟烫酒，不爆不裂；历寒冬，不冻不炸。盛酒后，色不变，味更浓，被称为白玉之精。

4.天水雕漆。雕漆是中国古老工艺，相传在商代就已有雕漆盘和雕漆盆的制作工艺。1916年，雕漆工艺传到天水，传统的雕漆工艺就在这里发展起来，其水平仅次于雕漆艺术之冠的福建。

天水雕漆继承了古老雕漆工艺，吸取营养，经过改进、推陈出新，富有自己的特点。它漆面乌黑、光亮、均匀，漆底平整、坚实、不怕酸碱腐蚀，不怕烧、不怕烫，造型古朴、大方、雅致。采用的装饰方法多为石刻镶嵌。用五光十色的古料及象牙、玉石等，雕刻成人物、花鸟、走兽、文物等，镶嵌在围屏或桌面上，并交替运用镶银、贴金、印棉、胎花、描金、彩绘等装饰方法，立体感突出，形态生动，逼真。现在，天水雕漆已获得“免验”出口信誉，销往亚洲、欧洲、非洲的三十多个国家。

5.刻葫芦。这是兰州的独特工艺美术品，据《皋兰县志》记载，刻葫芦起源于清代。后来逐渐发展成为一种独特的工艺美术。

葫芦形状象鸡蛋，艺人们用高超的技艺把图案刻在葫芦上，刻针不带颜色，远近、明暗、浓淡等，都以清晰的单线条体现，不借色彩渲染，犹如国画的白描，有的还在葫芦上自刻书法或仿刻历代名家书法，很有笔墨趣味。

刻葫芦曾一度发展成为兰州市出口工艺品之一，行销英、德、匈、苏等国，年销售量达一千多件，随着旅游业的发展，刻葫芦已成为旅游商品，产量逐年增加。

6.保安腰刀。是保安族人民传统的手工艺品，具有工艺精巧，美观大方，刀刃锋利，经久耐用，携带方便的特点，富有民族风格和地方特色。据考证，早在保安族从青海同仁县迁徙甘肃临夏大河家前，就有人从藏族制刀工匠处学习制刀手艺，来大河家后大量制作，至今已有120多年的历史，由最初的“波日香”、“黑膛刀”两种刀样，逐步创造出了“双刀”、“双叠刀”、“什样锦”等新产品。

7.甘肃地毯。甘肃全省有近三十家地毯厂，一个丝毯厂。从1972年逐步发展起来，1975年以后大量出口，主要有高级机拉洗、高级机油洗、仿古地毯、植物杂色机拉洗等品种。甘肃地毯原料充足，质量好（超过50%），毯面光滑，弹性好，尤以临洮地毯质量最好。临洮地毯厂手工织做的仿古地毯在全国地毯评比中，已被评为仿古地毯质量第一名。目前，这个厂的产品已成为国内外公认的具有高度艺术欣赏价值的珍品。这个厂手工织做地毯已有几百年的历史。地毯质地柔软，毯面光亮，图案美观雅致。

8.嘉峪关工艺系列产品。嘉峪关市新近已生产制造出六个种类：三十多个品种的旅游工艺美术纪念品，主要有驼绒画、戈壁石秦腔脸谱画、戈壁石画、风雨雕造型、魏晋墓砖画缩制品、嘉峪关夜光杯系列产品等，嘉峪关还有十几个品种的文物复制品。

秦腔脸谱，以工笔画方式进行艺术彩绘，使秦腔戏剧千姿百态的脸谱形象栩栩如生跃然石上，成为现代家庭典雅的装饰品和馈赠，收藏佳品。

风雨雕造型，是利用戈壁残石，制出形态各异，造型优美的各种人物，具有大自然的巧夺天工艺术之美。

地方风味食品：

兰州烤小猪：这是一道中外游客喜食的地方名菜。

这种佳肴选用初生40天左右的小猪（约重8～9斤）去毛洗干净，除去内脏，挂上烤叉，用木炭直接炙烤。然后将皮切成1.5寸长、6分宽的长方块装盘上宴，配以春饼、荷叶饼、芝麻饼等主食，再将头、脑、蹄、尾、骨等摆成小猪形状装盘，浇上少许辣椒油后上桌。

烤小猪色泽金黄泛红，外脆内嫩，肥而不腻，味鲜异常。据传，兰州烤小猪有多年历史。最先由兰州民生园独家经营，现在兰州各大宾馆，饭店均有此道名菜。

高三酱肉。这是本世纪20年代初，一位姓高排行第三的厨师，吸取了兰州地区各种酱肉的特点，烹调的一种具有独特风味的酱肉，高三的酱肉是取肥猪的前身段肉为原料，佐以冰糖、桂子、丁香、肉桂、花椒、草果、大香等调料，温火焖煮数小时而成。高三酱肉色泽红黄，味美醇香，嫩而不烂，肥而不腻，因此成为兰州独具一格的佳肴，深受人们的欢迎。

还有镶金鱼发菜、百花全鸡、糖醋鲤鱼、拔丝洋芋、炸羊尾、高担酿皮、静宁烧鸡、浆水面、河州包子、马保子牛肉面、灰豆子等名特小吃。

珍禽异兽和土特产：

甘肃地域辽阔、地形复杂，气候的纬度和垂直地带明显，自然形成三个地理区域：陇南山区、东部黄土高原和西部“河西走廊”。在这辽阔的区域内，生长着许多珍禽异兽，其中不少是我国特产或世界稀有的珍贵动物。生长在甘肃文县地区的珍稀动物大熊猫，还有金丝猴、盘羊、羚羊、野骆驼、野牦牛、白唇鹿、娃娃鱼。

甘肃土特产种类众多，久负盛名。果品干货有兰州白兰瓜、玫瑰、冬果梨、黑瓜子，花牛苹果、发菜、蕨菜、薇菜、金针菜、黑木耳等。中药材有当归、大黄、党参、黄芪等，特别受到港台和东南亚游客的青睐，尤其是为开展特殊旅游项目提供了良好的条件。

大事记

1989年

1月4日　甘肃省旅游局与局属六家企业签订“经济责任书”，向各企业下达了1989年度主要经济指标。

1月5日　甘肃省旅游局、甘肃省财政厅联合制定《关于对省旅游局直属企业利润留成分配比例的暂行规定》，之后，局属各企业按《规定》执行利润留成。

1月17日　全省旅游系统财务、统计工作会议在兰州召开，历时三天。省财政厅决定设立旅游发展基金并将省旅游局直属六家企业纳入预算内管理。

2月10日　甘肃省旅游局召开全省旅行社、旅游涉外饭店经理座谈会，传达学习国家旅游局关于旅游涉外饭店开展评定星级规定和措施，研究落实旅行社整顿的措施。

2月19日　中国国际旅行社兰州分社派员参加国旅总社组织的赴日本考察研修团，历时十二天，在日本进行考察活动。

3月17日　兰州市旅游协会成立并召开了第一次会员大会。会议通过了协会章程，选举产生了第一届理事会，段均平当选为会长。

18日　甘肃省副省长张吾乐、阎海旺听取甘肃省旅游局贯彻落实国家旅游局《关于加强旅游工作的意见》的汇报并作了重要指示。

4月7日　根据国家旅游局《关于对导游人员实行合同管理的通知》精神，省旅游局在全省旅游系统翻译导游人员中首次实行合同管理，与导游资格考试成绩合格者签订导游服务合同书，推行戴证上岗导游的制度。

4月13日　甘肃省旅游局成立监察室，任命贾世阔同志为监察室主任。直属各企业设立监察科或专职监察员，加强机关和企业的廉政建设。

4月17日　甘肃省旅游局制定《甘肃省旅游局直属企业接待国外组团游客工作的暂行规定》，避免接待过程中的漏洞和失误，以促进接待服务质量的提高。

4月18日　甘肃省旅游局在金城宾馆召开兰州片会议，贯彻落实“全国旅游局长会议”精神。参加会议的有兰州、天水、平凉、夏河等地、市旅游局长，一、二类旅行社经理以及定点饭店经理。旅行社经理汇报旅行社整顿进展情况。

4月20日　由省政府副秘书长孔令鉴同志主持，在兰州金城宾馆召开有省计委、省旅游局、省民航局、兰州铁路局等部门参加的首次旅游协调例会，主要解决旅游旺季期间交通运力问题。

4月25日　甘肃省旅游局在酒泉宾馆召开河西片会议，传达贯彻“全国旅游局长会议”精神，参加会议的有武威、张掖、酒泉、嘉峪关、敦煌等地、市的旅游局局长和旅行社经理、定点饭店经理。会后又另举办了旅游涉外饭店星级评定检查员学习班。

4月25日　第二次旅游、民航、铁路交通例会在兰州金城宾馆召开，这次会议主要是沟通情况，研究解决协调交通运力问题。

4 月　甘肃省旅游局根据省财政厅“继续深入地开展增产节约、增收节支运动”的精神，在旅游系统开展了“双增双节”运动，并提出了贯彻落实的具体措施。

5月4日　省旅游局以甘旅办（1989）062号文向各地、市旅游局、各一、二类旅行社、各旅游宾馆及涉外单位转发了甘肃省人民政府省长办公会议纪要，就加强旅游工作提出九条意见。

5月8日　甘肃省旅游局制订《关于切实提高旅行社服务质量的暂行规定》、《切实提高旅游宾馆服务质量的暂行规定》，《规定》中提出了加强导游人员的思想政治、职业道德教育；切实提高导游及接待的服务质量；加强监督检查工作，纠正不正之风。对旅游饭店、宾馆的岗位服务质量做出了具体规定。

5月10日　甘肃省旅游局、省工商局、外汇管理局、卫生厅、公安厅联合下发《关于整顿旅游经济秩序、加强旅游市场管理的通知》，要求各地旅游、工商、公安、物价、外汇管理部门按照《通知》精神，互相配合，加强对旅游景点的管理和检查，以维护甘肃旅游业的声誉。

5月12日　甘肃海外旅游总公司派出二人推销组赴巴黎、法兰克福、西柏林、汉堡、慕尼黑，历时15天，洽谈外联组团业务。

6月12日　甘肃省旅游局根据国家旅游局和省长办公会议纪要精神，本着“一地一社”的原则，全省除夏河、敦煌因参加国旅集团未更改名称外，其它各地旅行社统一更改了名称并冠以当地地名，更改名称后的各地旅行社，仍为二类社。

6月14日　甘肃省旅游局将甘肃省旅游涉外饭店星级评定领导小组改称为“甘肃省旅游涉外饭店星级评定委员会”，委员会由局长卫孺牛同志任主任委员，副局长鲁逢魁同志任副主任委员，黄玉成、卢玺凯、丁寿埴、柳玉峰、韩德猛、李生甲同志为委员，省旅游局企业管理处承办具体业务工作。

6月21日　经甘肃省旅游局审查，批准成立二类旅行社“甘肃敦煌太阳能国际旅行社”、“甘肃敦煌飞天国际旅行社”。

6月28日　甘肃省旅游局向全省旅游系统下发了“关于全省开展旅游服务质量和物价大检查的通知”，大检查时间为三个月（8～10月），检查重点是旅游涉外宾馆、饭店的服务质量、卫生、设备维修保养；翻译导游的服务质量和态度；汽车的维修保养、安全卫生及服务；旅行社的对外报价、对内拨款和结算。

6月29日　根据《甘肃省国土总体规划纲要》工作方案，省旅游局下发了“关于调查旅游资源的通知”，这是旅游系统第一次对甘肃旅游资源进行大规模、系统、全面的调查，为今后充分开发、利用、掌握甘肃旅游资源，发挥优势创造良好的条件。

7月1日　甘肃省旅游局、省工商局、外汇管理局、卫生厅、公安厅联合公布甘肃省首批定点饭店24家，定点餐馆4家，定点商店22家，并颁发了“定点标志”和《经营许可证》。这是甘肃首次对旅游涉外单位实行定点管理，也是加强旅游行业的宏观管理措施之一。

7月3日　根据国家旅游局《关于尽快恢复旅游的紧急通知》精神，甘肃省旅游局召开会议进行讨论研究，针对旅游业出现的严重滑坡局面。提出了五条措施，主要是统一认识，振奋精神，加强宣传招徕工作；加强企业经营管理，增收节支、广开生产门路；提高服务质量，加强业务培训。

7月30日　甘肃省旅游局在天水召开了全省旅游工作会议，会议历时四天，会议主要任务是贯彻落实国家旅游局西安“重振旅游”座谈会议精神和讨论研究提出甘肃“重振旅游”的措施，会上省旅游局局长卫孺牛作了《学好四中全会文件，统一思想，认清形势，迎接旅游事业的新发展》的工作报告。

8月3日　应国家旅游局邀请，由省旅游局宣传外联处接待日本旅游记者团一行五人来甘肃进行采访，历时八天，沿“丝绸之路”考察了甘肃的重点旅游区。

8月10日　甘肃省旅游局、工商局联合制定下发《甘肃省旅游涉外定点餐馆管理办法》、《甘肃省旅游涉外定点商店管理办法》。在《管理办法》中明确提出了接待条件、服务质量、价格以及外汇管理等经营管理方面的标准和要求。

8月17日　根据甘肃省政府《关于重点检查几个法律执行情况的通知》精神，省旅游局成立了以副局长高宗义同志为组长的执法检查领导小组，从八月下旬开始，历时三个月，重点检查旅游行业法规的执行情况，在检查中严肃查处了旅游行业职工存在的问题和旅游系统职工的执法情况。

9月9日　甘肃省旅游局“印发《全国人民代表大会关于惩治贪污罪贿赂罪的补充规定》的通知”，要求全省旅游系统在贯彻落实两院一部两个《通告》的同时，认真学习《补充规定》，严肃查处经济领域的各种违法犯罪活动。

9月13日　为了扩大东南亚客源市场，甘肃省中国旅行社与金城宾馆联合举办“丝绸之路国际旅游业务洽谈会”，邀请新加坡、台湾、香港和澳门等地区九家旅行社来兰参加了会议，并对“丝绸之路”重点旅游景点及服务设施进行了实地考察，历时九天。

9月27日　甘肃省旅游局组成代表团参加了在西安举行的“世界旅游日”纪念活动，同国外和港澳台地区十多家旅行社进行业务洽谈和联系。同时，兰州市的各家旅行社共同在兰州市中心广场举办了首届旅游咨询活动，宣传旅游知识和介绍甘肃省旅游业在改革开放十年中的发展概况和所取得的成就。

10月13日　《甘肃省“八五”旅游发展规划纲要》论证会在兰州金城宾馆召开，会议邀请各有关部门的负责同志和专家、教授，对《纲要》进行论证。

10月23日　甘肃省政府向全省各地政府部门批转了甘肃省旅游局《关于对全省旅游涉外企业进行全员集训的报告》，并且提出了具体意见和要求，并举办了全员集训骨干培训班，之后全省旅游系统分期分批开展全员集训工作。

10月24日　国家旅游局在兰州召开了历时四天的全国旅游安全管理工作座谈会，参加会议的有国家旅游局，国务院有关部、委、各省、市、自治区，计划单列市旅游局的代表共86人。会议总结了自1987年以来旅游安全工作的经验,讨论了《旅游安全管理暂行办法》(草案),国家旅游局副局长何若泉同志就当前旅游业的形势、旅游安全工作的重要性以及今后的旅游安全工作的部署作了重要讲话。

10月28日　甘肃省旅游局首次派出由省旅游局副局长鲁逢魁同志带队的一行三人赴北美外联推销组。前往美国、加拿大，开展外联促销活动。

11月3日　甘肃海外旅游总公司接待了由日本和平观光旅行社组织的80人旅游团，在嘉峪关举行了修复长城赞助活动。

11月14日　赴北美推销组在加拿大温哥华与天鹅国际旅游公司总裁刘敦仁先生就宣传、推销“丝绸之路”旅游线路，以及组织客源到甘肃旅游观光等，签订了为期五年的协议。

11月28日　由甘肃省旅游局副局长高宗义同志为组长的三人推销小组赴英国,参加在伦敦举行的第十届“世界旅游博览会”，并分别在英国、瑞士进行了外联推销活动。

12月6日　根据国务院、省委、省政府关于扫除“六害”的部署，甘肃省旅游局结合旅游系统的实际，将扫除“六害”列入全员集训内容，在职工中进行扫除“六害”的教育和查处工作。

12月14日　根据国家旅游局《关于向模范导游葛正启同志学习的决定》，甘肃省旅游局转发了《决定》，号召甘肃旅游系统的广大职工广泛、深入地开展向“模范导游葛正启同志”学习的活动。　（阎　赤）

宁夏回族自治区

概　况

宁夏旅游事业开拓较晚，1982年，宁夏接待有史以来第一批港澳学生旅游团队。因宁夏当时还没有专门的旅游机构，故接待该团队的是宁夏外事办公室接待处。

在全国旅游业发展浪潮的推动下，来宁夏游客日益增长，1986年夏，宁夏成立了旅游局。

1986年～1987年，是宁夏旅游业初创的起步阶段，1988年～1989年，在国家旅游局和地方政府的关怀支持下，宁夏旅游业得到了较快的提高和发展，增加了景点设施，提高了接待能力。现已具备初期接待条件。

宁夏现有九个旅行社。其中一类社一个，即：宁夏海外旅游总公司。二类社五个，即：中国国际旅行社银川分社、宁夏中国旅行社、宁夏国际观光旅游公司、中国康辉旅行社银川分社、宁夏国际体育旅行社。三类社三个，即：中卫旅行社、青铜峡旅行社、固原地区旅行社。有涉外饭店十家，可供接待外宾的标准床位1500多张。

宁夏20个市县中，相继已对外开放的有16个市县，即：银川市、永宁县、吴忠市、青铜峡市、中卫县、固原县，同心县、石咀山市、灵武县、平罗县、贺兰县、盐池县、惠农县、西吉县、海原县、中宁县。对外开放的主要景点有二十多个，其中有：西夏王陵、海宝塔、银川南关清真寺、沙坡头、青铜峡水库、战国秦长城、宁夏博物馆、吴忠市回族农家、吴忠农贸市场、一百零八塔、中卫高庙、黄河古老水车、石空寺石窟、须弥山石窟、贺兰山小滚钟口、承天寺塔、同心清真大寺、明代长城、贺兰山岩画、永宁纳家户清真寺、沙湖旅游区、老龙潭等。国家级风景名胜区有西夏王陵风景区。

国家重点文物保护单位有七个，即：海宝塔、须弥山石窟、西夏王陵、水洞沟遗址、拜寺口双塔、同心清真寺、青铜峡一百零八塔。

设特殊游二项：一、黄河特殊游。黄河，中华民族的象征，炎黄子孙的母亲。中卫至青铜峡河段，全程二百公里。乘黄河上古老交通工具——羊皮筏游黄河，西岸可见明代长城遗迹，古老水车、黄河鸟岛、青铜峡谷、一百零八塔等塞外田园自然景观，以及回汉民俗风情，别有情趣。二、沙漠特殊游。骑上双峰骆驼穿越腾格里沙漠，你可亲身体会到沙漠中许多有趣的事，领略早、晚的沙浪奇景异观和奇特的沙中湖泊以及风云突变的沙漠气候特点等，都会把你带入那远古的丝绸之路梦幻世界里。

首府银川市是全国历史文化名城。

为开拓宁夏国际旅游市场，招徕客源，旅游局先后印制了十多种旅游宣传品。

1985年，组织一个考察小组赴日本作旅游学习考察，并在东京召开宁夏旅游情况发布会。1986年，参加“杭州86中国特殊旅游项目交易会”。1987年，参加在北京举行的“87中国国际旅游展览会”。参加在香港举办的“中国旅行社（87）旅游展览会”。1988年，参加“珠海88旅游展览会”。参加在英国举办的“89伦敦世界旅游博览会”。

经四年多的努力宣传招徕工作，1986年～1988年来宁夏旅客，有了明显的增长：1986年，接待外国游客1740人次；1987年，接待外国游客3208人次；1988年，接待外国游客2726人次。

1983年～1988年，国家和地方政府为宁夏的旅游建设共投资650万元。经多年的筹建，现有正式对外开放的景点20多个。主要的景点可分为三个类型：

第一类：银川旅游区（西夏文化）

当游客来到宁夏旅游观光时，在银川市30公里区内，便可饱览迄今已有一千年历史，占地五十平方公里，葬有西夏历代帝王陵墓9座，陪葬墓193座的西夏王陵，具有阿拉伯典型建筑特色，并可容纳一千人同时做礼拜的银川市南关清真寺；已有一千五百年历史，九层11级高达54米的海宝塔；有宋代岳飞诗词中提到“贺兰山”的避暑胜地一贺兰山小滚钟口；富有塞外湖光沙色的沙湖旅游区，以及宁夏博物馆，银川夜集市等众多景点。

第二类：黄河风情游

宁夏素有“塞上江南”之富饶美称。只要旅客乘着旅游车沿黄河两岸奔驰在由银川赴吴忠市、青铜峡市大道上，便可观赏公路两旁银川平原那稻香鱼肥、畜壮果甜的美丽富饶“江南”景色；可目睹中国古老引黄灌渠水利枢纽的秦渠、汉渠、唐徕渠等沟渠成网的壮观风采；可见到中国仅存着的夏钵式喇嘛塔群108塔的奇观。以及在吴忠市访回族农家情趣横生的“回乡乐”等。

第三类：沙坡头旅游区

当游客来到中卫县沙坡头旅游区时，展现在眼前的首先是那山、沙、水融合一体的神奇景色。还可骑上那双峰骆驼，漫游在浩翰的腾格里沙漠上，在驼背上一步一晃地回味着那古丝绸之路上的神话般情趣。可乘古老黄河上的交通工具——羊皮筏子，荡漾在广阔的黄河中，以及滑行于一百米高的沙丘，享听着那奇妙的鸣沙钟声等，都会把人带入梦幻般的境界里。

宁夏旅游业起步较晚，现尚存许多急待努力克服和解决的问题。较为突出的有三：

1.宁夏旅游业管理人材极缺，特别是些经过旅游专业培训人材较少。故宁夏旅游业经营管理水平较低，服务质量还不高。

2.交通还比较困难。倘若能增加银川至上海、广州的飞机和火车、航班次，宁夏旅游业将会得到更大的发展。

3.旅游商品现已开发39个系列、433个品种，这些商品具有回族的特色和地方特色，但还极不丰富，今后将重点开发生产。

（郑维奇）

“马踏云雀”奔向世界

宁夏回族自治区旅游局局长　蒋纵舟

两千年前，丝绸之路是中国春秋战国时期享有盛名的中国特有丝绸产品而得名。它是一条联系世界古国的纽带；是中国人民与中亚西亚及欧洲人民商贸、旅游与友谊之路。

在这条丝绸古道上，曾留下中国西汉时期的张骞、东汉的班超、唐代的玄奘等人的光辉业绩；在这条丝绸古道上，也曾出现过跨亚洲、非洲及欧洲波斯帝国、马其顿帝国、罗马帝国、奥斯曼帝国等。同时也在这条丝绸古道上，还诞生并传留至今的伊斯兰教、佛教和基督教的世界三大宗教。

历经两千多年的古丝绸之路，以它悠久的历史文化，给西北五省区人民，不仅留下了许多举世闻名的灿烂文化遗产，同时还蕴藏着富有而又珍贵的自然景观。如甘肃的敦煌莫高窟、嘉峪关、拉卜楞寺；新疆的交河古城、塔付库尔干石头城和秀丽的天池，青海的鸟岛、塔尔寺和孟达天池；宁夏的西夏王陵、一百零八塔和须弥山石窟；以及陕西省已被列入世界八大奇观的秦始皇兵马俑、乾陵和华清池等等，都是当今人类文化艺术宝库中的珍品。还有，像那能歌善舞的新疆维吾尔、哈萨克族人民和青海藏族人民节奏明快而钢强的歌舞曲，以及陕西省的仿唐乐舞、甘素省的丝路花雨、宁夏的西夏土风等白族歌舞，都是丝绸之路绚丽多彩的民族风情，吸引着越来越多的中外游客。

丝绸之路上，文物古迹丰富夺目；自然景观、民族土风神奇独特。西北五省区为更好地开发这块富有魅力的旅游资源；发展区域性的旅游产品优势；联合开拓其国际旅游市场，在1986年夏，西北五省区旅游协作区，在西安市宣告正式成立了。

西北五省区旅游协作区成立以来、由单纯的联合对外宣传活动，逐渐进入了以整体促销为主的联合协作阶段，前景喜人。

丝绸之路，它象征着中国旅游标志的马踏云雀中的那匹俊马；以西安秦俑为一双炯炯凝视着前方的眼睛；以河西走廊的甘肃、“塞上江南”的宁夏、江河之源的青海、神奇多彩的新疆为飞奔在丝绸之路上的力壮四蹄，不停地飞奔着，飞奔，奔向世界！

青　海　省

概　况

1978年，党的十一届三中全会确定了改革、开放、搞活的方针，青海长期封闭的大门开始对外敞开，旅游业应运而生。为了适应旅游业发展的需要，1982年6月省政府批准成立了青海省旅游局，负责全省旅游事业的发展规划和协调管理工作，并成立了中国国际旅行社西宁分社、青海省中国旅行社和青海省旅游汽车队（现已改为公司)，专门负责接待来参观游览的国内外旅游者。从此，青海旅游业开始逐步走向有规划、有管理的发展阶段。1985年以后，全省综合接待能力、服务水平、接待条件都有了明显的改善和提高，旅游业取得了显著成绩。截止1989年底，全省经营国际、国内旅游业务的各类旅行社共12家、拥有一批懂英、法、德、日、意等国语种和普通话、粤语的翻译、导游骨干队伍。“国际旅行社西宁分社”和新成立的“青海旅游总公司”与十几个国家和地区的三十多家海外旅行商社建立了业务交往，开展了直接对外组团业务。全国四十多家一、二类旅行社同青海省建立业务联系与合作。这种与国内、外旅行机构开展的交往与合作领域还在逐步扩大。根据海外旅游者的需要，由青海省一、二类旅行社设计，以旅游线路为特征的旅游产品不断增加，目前，我青海向海外推销的旅游线路约二十条，向国内、外旅游者开放的景区、景点达三十多处。旅游活动项目在保持原有高原牧区风光的基础上增设了探险、山间徒步、宗教朝圣、狩猎、观鸟、登山、漂流、民族风情等突出我省民族和地方特色的十多个特殊旅游项目。旅游资源开发利用和基础设施建设有了新的进展，全省新建和改建了一批具有民族风格并达到星级标准的旅游饭店（宾馆）和接待站共七家，拥有标准客房一千二百多间，基本解决了境内主要旅游线路上的食宿接待问题。以营运海外旅游者为主要力量的青海省旅游汽车公司不断壮大，全省现有各类进口旅游汽车近百辆，载位一千二百多个，年运力近万人次，形成了比较有保障的省内旅游交通。为了满足国内、外旅游者购物需要，成立了青海旅游服务公司，旅游物资和旅游商品的经营活动不断扩大。目前，全省专门为旅游者开设的购物商店十多处，购物品种数百种。随着旅游业的发展，全省旅游行业拥有管理、接待服务人员近千人。至此作为我省旅游基础经济的四大组成部分（旅行社、旅游饭店、旅游交通、旅游购物）构成了初具规模的旅游经济体系和产业队伍。并充分显示出它的力量和经济效益。据统计，至1989年底的7年中，除接待探亲访友、进行宗教、商务旅游的归国藏胞外，全省累计接待西欧、北欧、北美、亚洲、大洋洲以及港澳台等五十多个国家和地区的海外旅游者达九万六千多人次（其中外国人约六万多人次，港澳台胞，华侨等约三万六千多人次)，带来社会经济效益约一千五百多万元人民币。国际旅游业的发展，推动了国内旅游的兴起。几年来，全省各风景区、旅游点接待国内旅游者达四百多万人次。国内旅游者用于旅游交通、食宿参观、购物等方面的费用二千多万元，为国家回笼了货币，支持了经济建设。

概括起来，青海旅游事业健康发展有五个方面的标志：一是接待海外游客人数成倍增长；二是外汇收入逐年持续增加；三是形成了具有一定竞争能力的经营线路和独具青海民族和地方特色的专项旅游产品；四是接待能力和水平不断提高；五是旅游接待设施逐步完善和健全。虽然全省旅游业初具产业雏形，但和旅游热点的兄弟省市相比，青海省的旅游业对青海经济发展的影响和作用还很小，是个有待发展的新兴产业。

这里需要特别强调的是：（1）省委、省政府对省旅游事业的发展十分重视，国家旅游局对青海省旅游基础设施建设十分关心。尽管省财力非常困难，但从1982年以来，省政府对全省旅游设施建设进行了必要的投资，中央投资一千一百多万元，这些投资重点用在改善交通条件、接待设施和旅游点的建设。主要项目有：新建了黑马河至鸟岛和循化孟达自然保护区的旅游专线公路、青海宾馆、格尔木宾馆、鸟岛宾馆、青海湖帐篷宾馆、塔尔寺宾馆以及塔尔寺酥油花展室、日月亭、北禅寺外宾休息室等，改造了湖东种羊场、省博物馆、柳湾彩陶中心的部分接待和参观设施。这些项目已大部分建成并投入使用，初步缓解了全省旅游宾馆不足、设施差、综合接待能力不强的局面，为今后旅游业的发展奠定了一个良好基础。（2）大力进行了宣传、招徕推销活动。几年来，全省用于向国外开展宣传推销的经费达四十多万元，出版了突出青海旅游业为特点的音像制品、旅游画册、景点介绍等宣传品二十余种，向三十多个国家和地区散发。参加了伦敦、香港和北京、杭州等国内外举办的国际旅游展销会。几次派遣专门人员到国外推销洽谈业务，力争确立青海旅游产品在国际市场的地位。

为了扩大青海的影响，曾先后邀请和接待了中外记者六批共三十多人来省海参观采访，在国内外的报刊、杂志上发表了不少文章、消息，正面宣传报道了青海旅游业发展状况，提高了青海在国际上的知名度。让世界了解青海、让青海了解世界成为现实。(3)青海省旅游业稳步的走过了七、八年的里程，经历了一个从无到有、从小到大的创业阶段，达到了现有的产业规模，是在铁路、民航、公安以及省内外有关部门的支持和配合下，经过全体旅游战线的同志们共同努力所取得的。

纵观青海旅游业，总的发展形势是好的。1989年是青海旅游业发展中不平凡的一年，面对着重重困难，经受了严峻考验。元月至五月来青海的海外游客有较大幅度的增长，发展势头很好。全省接待旅游团队四十多个，共四百多人，比上年同期分别增长25%和23%。但是进入六月下旬以后，由于受动乱和暴乱的影响，加上拉萨骚乱，青海旅游业面临受挫的双重影响，出现了大滑坡，遭受了严重的经济损失。全年全省旅游接待人数5060人次，外汇收入完成约30万美元。分别为年计划数的26%和23%。比1988年分别减少了75%和76%。

国旅西宁分社外联组团年初预计可达三十多个约五百人，外汇收入四十多万美元，结果只来了两个团，外汇收入仅3万美元。就全国范围来讲，青海旅游业受到冲击和损失是十分严重的。究其原因：一是青海不仅受到北京动乱暴乱的影响，而且受到拉萨少数人骚乱的影响，使参加世界屋脊汽车探险旅游的旅行团纷纷退团和改线，使青海唯一能在国际市场具有一定竞争力的世界屋脊汽车探险旅游，面临着不能正常营运和向外推销的困难，计划接待的国旅、中旅总社和兄弟省市的旅行团，几乎全部取消，全年接待的海外旅游者仅相当于1984年的接待水平。二是客源市场不稳。虽然西欧各国是青海的主要客源市场，但这个市场还不十分稳固，客源流向和流量时有波动。尽管目前青海正在积极开拓新的客源市场，争取新的客户。但是，与新客户建立正常的信任合作关系需要一个过程，这样势必影响今明两年全省旅游接待人数和创汇收入的增长。三是从总体上讲，我省旅游服务质量差，管理水平低，不少海外旅游者对青海的餐饮质量和服务态度时有抱怨投诉，损害了青海的旅游声誉，也是客源减少的一个因素。应当看到，随着世界旅游业的发展，国际竞争日益加剧，要使我省的旅游业在国际上享有信誉，除了好的硬件建设之外，更重要的是应当有好的服务质量和管理水平。对大多数旅游者来说，他们并不要求住豪华饭店，只是想得到良好的服务。常有这样的情况，一个旅行团的住宿条件差一些，但由于接待人员服务热情周到，最后使客人得到满意。由此可见，旅游接待服务质量的高低是维护旅游信誉、促进旅游业发展的关键，必须引起各级旅游接待部门、交通部门的高度重视。四是长期以来，由于省内旅游景区的基础设施差，活动项目单调，尤其是老景点内的旧设施得不到改造和完善，多年一个样，缺乏生气，逐步失去了吸引力。实际上失去了很大一部分回头客，直接影响到青海省客源的增长。当前，在分析和估价青海旅游业发展形势时，既要客观全面地看到上述不利因素，认识到这是前进中的暂时困难，更要看到迅速恢复青海省旅游业具备以下有利条件：（1）党的十三届五中全会确定的继续治理整顿，深化改革，稳定大局，对外开放的方针政策，是指导我国旅游业走出困境的正确方针，尤其是解除北京部分地区的戒严，表明我国政治稳定、经济稳定、社会稳定，有利于消除海外旅游者的疑虑，稳定了做中国旅游生意的海外旅行商，表明了外国人来我国旅游是安全的。（2）全省旅游系统内部改革逐步深化，进一步调动了旅游企业自主经营的积极性。1989年旅游企业奋力开拓的一系列促销活动和多种经营，将在今年发挥效益。旅游职工队伍经过整顿建设，政治思想素质，业务素质都有明显提高，主人翁责任感得到加强，一个群策群力，共度难关的拼搏精神已经形成，具备了恢复青海省旅游业的内部环境。（3）经过几年的建设，省具备了一些达到旅游接待标准的设施，能够为海外旅游者提供满意服务。现代化的青海宾馆和曹家堡机场今年建成使用，将明显改善全省旅游交通和旅游者的食宿条件，提高接待标准和能力。这是改善青海旅游形象的重要物质基础。（4）美丽富饶的青海蕴藏着丰富的旅游资源，可供观赏的人文景观和自然景观很多。境内除雄伟壮观的山川、各类湖泊、特殊地貌、温泉、森林及野生动物等旅游资源外，还有举世闻名的鸟岛和高原“西双版纳”孟达自然保护区，有喇嘛教黄教六大寺院之一的塔尔寺和有“小故宫”之称的瞿昙寺。这些独具特色、富有吸引力的旅游资源，是海外旅游者特别是欧、美国家的旅游者十分向往的地方，也是将这种潜在的旅游优势转化为现实的经济效益，迅速恢复青海旅游业的有利条件。目前，全省旅游战线上的广大职工，正在为重振青海旅游业而振奋精神，积极行动。这样，我们就能够度过难关，走出低谷，青海旅游业恢复和振兴的日子就会很快到来。

（周映梅、杨襟山）

新 疆 维 吾 尔 自 治 区

概 况

新疆位于我国西北部，全区面积一百六十多万平方公里，是我国面积最大的省区，占全国土地面积的1/6。人口一千四百万，主要民族有维吾尔、汉、哈萨克、回、柯尔克孜、蒙古、俄罗斯、锡伯、塔吉克、乌孜别克、塔塔尔、达斡尔、满等民族。新疆地形主要特点是三列高大的山脉（昆仑山、天山、阿尔泰山）夹着两个巨大的盆地（塔里木盆地和准噶尔盆地）。新疆的气候以天山为界，北疆为温带大陆性干旱半干旱气候，南疆为暖温带大陆性干旱气候。除准噶尔盆地和阿尔泰山西南迎风坡可受到大西洋湿润气流的微弱影响外，其它地区降雨稀少，年温差、日温差极大，大陆性极为显著。极端最低气温—49.8°C；极端最高气温47.6°C。新疆特殊的地理位置和气候条件，使她成为独特的绿洲农业区，以“瓜果之乡”闻名于世。由于各民族不同的历史渊源和东西方不同宗教文化的影响，使这一地区保留了炯异灿烂的民族文化和众多的历史遗迹。古“丝绸之路”的奇传轶闻、高昌古城、交河古城的古老文明。克孜尔千佛洞、库木吐拉千佛洞壁画所体现的辉煌艺术，楼兰遗址所承载着的兴盛与衰败的经历，令世界各国的学者、旅游者、考古家、探险家和文学艺术家以及宗教徒为之倾倒！这些古老的历史文化遗产和各民族的文化特征、独特的生活习惯，构成了新疆最有吸引力的人文旅游资源。广阔土地上的凌峻的冰峰、壮丽的雪山，广阔无垠的戈壁和瀚海沙浪使新疆更加神奇、更加具有魅力。

新疆旅游业是1978年开始发展的，截止1989年底累计接待中外旅游者近26万人，累计创汇7571万美元。11年来旅游接待量和创汇数每年都以30%以上的比例增长。1988年全年接待中外旅游者5.9万人次，比上年增长44.45%，创汇1850万美元，比上年增长33.15%，显示了新疆旅游业发展的巨大潜力和良好的基础。

1989年新疆旅游业由于受到动乱和反革命暴乱的影响，出现了大滑坡，全区共接待中外旅游者59129人，比1988年下降0.33%，创汇1060万美元，比1988年下降42%。创汇大幅度下降的主要原因是组团旅游人数锐减。

根据党的改革开放的方针，国务院已公布新疆25个市县对外开放，它们是乌鲁木齐市、吐鲁番市、石河子市、喀什市、哈密市、昌吉市、阿克苏市、库尔勒市、阿图什市、和田市、伊宁市、塔城市、阿勒泰市、博乐市、克拉玛依市、奎屯市、鄯善县、托克逊县、阜康县、霍城县、库车县、疏附县、叶城县、莎车县、塔什库尔干县。这些市、县的开放，对开发利用新疆丰富的旅游资源，发展旅游经济创造了前提条件。经过十年的努力，乌鲁木齐、吐鲁番、喀什、库车等地已成为新疆的旅游热点地区，“丝绸之路”旅游线已成为全国旅游“热线”。

截止1989年，新疆已有各类旅行社26家，其中一类旅行社一家、二类旅行社23家、三类旅行社两家，全疆旅游职工已发展到2070人，专业导游人员有121人，具备了一定的接待能力。

年度	接待人数	增长幅度（%）	创汇数（万元）	增长幅度（%）
1978	88		4.6	
1979	1832	195.2	92.8	1917.39
1980	3941	115.35	232	150
1981	6893	74.90	385.4	66.12
1982	7933	15.00	421.1	9.26
1983	14753	85.96	548.6	30.27
1984	14318	－2.94	333.56	－39.19
1985	19904	39.01	440.7	32.12
1986	30486	53.17	829.36	88.19
1987	41072	34.72	1382.38	66.68
1988	59330	44.45	1840.65	33.15
1989	59129	－0.33	1060	－42
累计	259679		7571.1	

旅游基础设施已初具规模，全区已有旅游涉外饭店27家，共有标准床位4886张。乌鲁木齐正在建设的两家合资饭店，即：乌鲁木齐环球大酒店和新疆大酒店分别有800张和764张标准床位，将于1991年建成并投入使用。全区共有专业旅游汽车367辆，能较好地保证旅游接待工作。

新疆旅游资源的开发利用工作已进入提高和完善阶

段。在国务院公布我区开放25个市县后，全区已开通乌鲁木齐——吐鲁番、乌鲁木齐——喀什、乌鲁木齐——和田、乌鲁木齐——红其拉甫、乌鲁木齐——哈密、乌鲁木齐——伊宁等七条旅游路线，吸引了大量的中外旅游者。目前已开发的旅游资源主要是人文旅游资源，其中包括古代社会遗迹和近代社会设施及生产建设成就、宗教遗迹和民俗民情旅游资源。对自然旅游资源的开发利用还处于初级阶段，有待于进一步发展和深化。随着世界旅游市场的变化，近年来新疆开展了许多特殊项目的旅游，如汽车探险旅游、自行车探险旅游、登山旅游和徒步穿越大沙漠旅游等，拓宽了新疆发展旅游业的路子。

目前，新疆政治稳定，民族团结，经济建设飞速发展，农业已连续获得第十二个丰收年。工业发展稳步上升，大型能源工业的发展已达到一定水平。石油工业的发展已成为我国“八五”计划的重点，继克拉玛依石油城建成之后，塔里木油田石油“会战”又拉开序幕。交通发展迅速，新疆航空公司已成为全国航线最长的省级航空公司。新疆民航通往国内各城市的主要航线有乌鲁木齐至北京、上海、广州、杭州、哈尔滨、大连、西安、兰州、成都、沈阳、洛阳、郑州、福州、敦煌等14条航线；在新疆境内有乌鲁木齐通往库车、阿克苏、喀什、和田、库尔勒、富蕴、阿尔泰、克拉玛依、伊宁等十条航线；同时新疆目前已开辟的国际航线有北京——乌鲁木齐——莎迦——伊斯坦布尔和乌鲁木齐——阿拉木图两条航线。中苏国际铁路已于1990年9月接轨，届北疆铁路已成为连接欧亚大陆的桥梁。公路建设已完成配套网络，南疆通往红其拉甫的中巴国际公路为通过口岸的中外旅游者提供了便利的条件。

新疆将成为中国未来的石油基地、煤炭化工基地和重工业基地，新疆发展旅游业有着广阔的前景。

一、新疆旅游资源开发、利用及管理

新疆具有丰富的自然旅游资源和人文旅游资源：

1.雄伟的高山。新疆多险峻的高峰，海拔超过7000米以上的山峰有16座，目前对外开放的山峰已达11座，居全国首位。已开展登山旅游，山间徒步旅游和冰川旅游。

2.浩瀚的沙漠。新疆有世界第二大沙漠——塔克拉玛干大沙漠，还有古尔班通古特沙漠。近几年，不断有外国旅行社要求开展横穿或环绕沙漠探险旅游，已开展过从和田市到阿克苏市的穿越“死亡之海”沙漠探险旅游，开展过沿塔克拉玛干大沙漠南缘的沙漠探险旅游。

3.高山湖泊。新疆有许多高山湖泊，如国家重点风景名胜区——天山天池，风光秀丽的赛里木湖和全国最大的内陆淡水湖“博斯腾湖”都是游览和避暑胜地。

4.新疆的公路线很长，通车里程达二万多公里。已开展了汽车拉力赛和摩托车拉力赛、自行车旅游等旅游项目。

5.新疆地处祖国西北，与苏联、蒙古、阿富汗、印度、巴基斯坦等国接壤，边界线长达五千多公里。历史上有许多内陆口岸。现已开放的口岸有通往巴基斯坦的红其拉甫口岸，通往苏联的霍尔果斯口岸和吐尔尕特口岸。已用于开展跨国旅游。

从乌鲁木齐到中苏边界的北疆铁路修通和苏联铁路接轨后，将成为从中国的连云港到荷兰鹿特丹港的横贯欧亚的大陆桥，对于开展国际旅游将具有重要意义。

6.新疆有众多的自然保护区，保持着大自然的原始风貌，有许多珍禽异兽。在东准噶尔盆地的戈壁沙漠中有大面积的硅化木、恐龙化石。可开展科学考察旅游。

7.新疆素有“瓜果之乡”的美称。吐鲁番的葡萄，鄯善的哈密瓜，库尔勒的香梨，库车的杏，叶城的石榴，阿图什的无花果等等，质量均属上乘。可开展品尝瓜果旅游。

8.新疆是举世闻名的“丝绸之路”的重要路段，是古丝绸之路的要冲和东西方文化荟萃之地。丝绸之路进入新疆后，分北、中、南三道。由于干旱少雨，地广人稀等原因，沿丝绸之路保存了大量的文物古迹。目前，属国家级重点文物保护单位有十处，它们是：高昌故城、交河故城、柏孜克里千佛洞、克孜尔千佛洞、库木吐拉千佛洞、北庭故城、阿巴克和加墓，阿斯塔那古墓群，额敏塔、楼兰古城遗址。属自治区重点文物保护单位有120处，这些都是重要的人文旅游资源。其中大部分都已作为参观游览项目对外开放。

9.多姿多彩的民族风情和文化艺术。新疆是多民族聚居的地区，各民族在长期的历史发展中形成了各具异彩的风俗习惯，衣食住行、婚丧嫁娶、节日喜庆都各具特色，是开展民俗旅游的宝贵资源。

现已开展的有：观赏民族歌舞，访问少数民族家庭；品尝少数民族风味佳肴（如烤全羊、烤羊肉串、抓饭、烤包子、拉条子等），观看民族传统体育竞技活动（如赛马、刁羊、姑娘追等）；购买民族手工艺品（如地毯、花帽、小刀、乐器、刺绣等）。

二、1989年新疆国际旅游市场开发和国际旅游交往活动

（一）巴基斯坦是我国的友好邻邦，古丝绸之路把两国连在一起。为了利用这条丝绸之路，吸引和招徕第三国旅游者搞“跨国旅游”，新疆旅游部门与巴基斯坦旅游部门为发展双方的合作，从1987年开始，每年举行一次会谈。据1989年年会议定，双方组成了“丝绸之路”电视片联合摄制组。联合摄制组一行10人，从6月开始到8月底，依次拍摄了巴基斯坦伊斯兰共和国的伊斯兰堡、拉瓦尔品第、拉合尔、卡拉奇、白沙瓦、吉尔吉特等城市和中国新疆的塔什库尔干、喀什、阿图什、阿克苏、库车、库尔勒、吐鲁番、哈密、乌鲁木齐、伊宁等地的风光名胜、文物古迹、民俗民情、风味佳肴、歌舞、旅游购物及旅游设施。巴基斯坦旅游发展有限公司与中国新疆旅游局联合摄制的“丝绸之路”电视片，从1990年开始由双方向世界旅游市场宣传推销。

（二）为了发展和新疆相毗邻的苏联哈萨克斯坦共和国和吉尔吉斯共和国旅游部门之间的合作，1989年3月，新疆旅游局相继接待了这两个加盟共和国的旅游委员会代表团。经过会谈，产生了纪要。双方表示愿在组织第三国旅游者跨国旅游以及联合宣传推销等方面进行合作。

（三）参加了国家旅游局牵头组织的1989年在巴黎举办的国际旅游博览会和1989年11月在伦敦举办的国际旅游博览会，并与外国旅行商进行了广泛接触和业务洽谈，取得了较好的宣传推销效果。

（四）新疆海外旅游总公司于5月派出推销小组到日本，11月派出推销小组到西班牙、瑞士等国进行宣传推销。8月邀请阿联酋两位旅行社经理来新疆实地考察旅游路线。

三、行业管理情况

新疆旅游行业管理工作是从1989年开始的。主要抓了以下几项工作：

1.整顿旅行社

1989年对全区范围内18家一、二类旅行社进行了整顿。按照国家旅游局有关文件精神，要求各旅行社必须在人、财、物三方面实行政企分开。截止1989年底，全疆十三家骨干旅行社中已有十二家实行了政企分开，切实做到了独立核算、自负盈亏。对达不到《旅行社管理暂行条例》和《旅行社管理暂行条例施行办法》规定条件的，要求限期拿出整改方案，并努力达到。同时要求各旅行社健全财务制度，彻底清理外国旅行社和国内旅行社的拖欠款，年内仅中国国际旅行社欠款250万元。

为理顺新成立的一类社与其它二类社在外联中的关系。防止超越经营范围的情况发生，自治区旅游局要求新疆海外旅游总公司除接待国外同行和记者团外，少接待旅游团（组），把主要精力放在外联上。

整顿中重点抓了翻译导游和驾驶人员私收回扣、索要小费问题，查处了1988年至1989年旅游行业十一个接待单位134人私收回扣问题，共退回现金98014.2元，其中千元以上的29人，最多的达四千余元。对个别情节严重者还给予行政处分和经济处罚。对拒收回扣、小费的同志进行了大力表彰，给予新疆旅游汽车公司党支部副书记买买提·尼牙孜和乌鲁木齐铁道旅行社导游姚新同志以通报表扬。通过正、反两方面的教育，使旅游从业人员对私收回扣、小费问题有了正确认识，基本刹住了这股行业不正之风。同时，在整顿过程中还加强了外国旅游者投诉案件的处理。

在整顿中注意一手抓整顿、一手抓发展。1989年全区共批准成立了六家旅行社。其中阜康瑶池哈萨克乡村旅行社的成立，既体现了少数民族特色、又能依靠旅游脱贫致富。

2.定点管理

1989年由自治区旅游局会同公安、工商、物价、外汇管理、卫生检疫等部门。对乌鲁木齐地区申请从事旅游接待服务的饭店（宾馆）、商店（工厂）、餐馆进行了联合检查和反复评审。在此基础上，确认了24家为新疆首批定点旅游涉外单位。并于1989年6月3日召开了颁发定点标志大会，自治区副主席黄宝璋同志到会讲话。目前全区共有定点旅游涉外饭店15家、商店（厂家）17家、餐馆2家。为了加强管理，自治区旅游局规定，任何旅行社、翻译导游、驾驶人员不得带领组团外国旅游者到非定点单位住宿、购物、用餐。

3.星级评定

为保证星评工作的顺利开展，自治区旅游局成立了星级评定领导小组，下设办事机构，共有星级检查员8人。其中3人经国家旅游局培训合格，获得了《中华人民共和国旅游涉外饭店星级检查员检查证》。

1989年3月，自治区旅游局举办了全疆涉外饭店经理培训班，学习《中华人民共和国评定旅游涉内饭店星级的规定的标准》，部署了1989年星评工作。9月，在各饭店自查、达标的基础上，开展了乌鲁木齐地区评星试点工作。经反复检查反复评审，共评出我区第一批星级饭店五家。其中二星级三家：新疆友谊宾馆、新疆华侨宾馆、新疆昆仑宾馆；一星级二家：乌鲁木齐红山宾馆、新疆体育宾馆。并报国家旅游局，统一向国内外作了公布。

4.旅游安全管理

1989年自治区旅游局还将旅游安全管理列入行业管理。年底，在本系统范围内组织开展了一次安全生产大检查，对全年发生的不安全事故及其处理情况作了认真的调查了解。对尚未处理的事故督促其尽快作出处理。同时还研究了不安全隐患的整改措施、加强了安全生产管理机构、强化了安全管理办法，收到了良好成效。

经自治区人民政府批准，自治区旅游委员会业已成立，将对新疆的旅游行业管理起到协调和推动作用。

四、新疆旅游组织机构和管理体制

新疆自治区旅游局下设五处一室。即办公室、宣传处、企业管理处、计财基建处、人事教育处、机关党委，行政编制39人。直属企业6个，即：新疆海外旅游部公司、国旅乌鲁木齐分社、新疆旅游汽车公司、新疆友谊宾馆、中国旅游服务公司新疆公司、新疆大酒店有限公司（中外合资企业）。

新疆自治区有两个地、市成立了旅游局(处)，即：喀什地区旅游处、吐鲁番地区旅游处。旅游处和外办合署办公，即一套人马两块牌子的有六个地、州、市。

即：乌鲁木齐市、昌吉回族自治州、巴音郭楞蒙古自治州、克孜勒苏柯尔克孜自治州、和田地区、阿苏地区、哈密地区。以上所有旅游处（局）都设有旅行社。

新疆自治区有五家旅行社分别加入了全国旅行社集团，即：国旅乌鲁木齐分社、吐鲁番支社、喀什支社加入了国旅集团；新疆中国旅行社加入了中旅集团；中国青年旅行社新疆分社参加了青旅集团。

五、新疆旅游教育培训情况

1989年按照国家旅游局的统一部署，进行了导游人员资格考试工作，成立了考评领导小组和考评委员会。对23家旅行社的130名导游进行了考试。考试前举办了导游人员辅导班，对23家旅行社149名导游进行了培训辅导，通过考试有51人取得了全国导游人员资格考试合格证书。同时，给35名符合免试条件的导游也发了导游证。对考试不及格的导游人员，还举办了英、日语导游强化班，有7个旅行社的43人参加了学习，通过考试，37人取得了临时导游证书。同时，对导游人员、服务员、炊事员等还通过多种形式进行了业务培训，提高了他们的素质。

附：新疆开放市、县主要旅游景点和参观点

1.乌鲁木齐旅游区

自治区展览馆：位于乌鲁木齐市友好北路。1965年建成使用，占地面积6.2万平方米，展厅面积七千余平方米。曾先后举办过五十多个内容不同的展览。1985年10月1日开展的“自治区成立30周年成就展览”尤为生动精彩。后院陈列有重30吨左右的世界第三、全国最大的陨石。

自治区博物馆：位于乌鲁木齐市西北路，是新疆维吾尔自治区文物收藏保管和科研中心。博物馆创办于1953年，建筑富有新疆地方民族特色。面积近1.7万平方米，其中实用陈列面积七千多平方米。馆藏珍贵文物已达数万件，先后举办过不同类型新疆历史文物陈列展览十余次。目前开放的陈列有：《新疆历史文物陈列》再现了原始社会以来至公元1840年新疆历史发展的概况。陈列文物一千余件，主要有距今一万年的人头骨化石、属于新石器时代的多种石器、彩陶器，以及后来各个历史时期的丝织物、棉毛织物、铜器、铁器、木器、玉器等。《新疆民族民俗展览》较系统地反映了以维吾尔、哈萨克、蒙古、柯尔克孜、回等12个主要少数民族在服饰、节庆、居室、饮食、婚葬、礼仪、禁忌等方面的各自不同的特色。《新疆古尸展览》陈列有距今3800年的楼兰女古尸，距今3200年的哈密女古尸和距今300年的且末男古尸，是目前我国保存较好的古人遗体标本。此外还展出了东汉夫妻合葬古尸，唐代高昌大将张雄古尸及其它有关“丝绸之路”出土的丰富多彩的历史文物，还有《馆藏历代书画展览》。

新疆人民会堂：位于乌鲁木齐市友好北路北端。1985年8月建成，是融维吾尔族建筑风格和现代建筑风格于一体的大型建筑，建筑面积达2.9万平方米，正厅三层，高34米，内有3160个座位的大会堂，设8种语言同声传译装置和自动升降舞台，侧厅格局别致，有圆桌会议厅，多功能会议厅和13个地、州会议厅。整个建筑外部雄伟壮观，内部装饰富丽堂皇，风格典雅。

八路军驻新疆办事处纪念馆：座落在乌鲁木齐市胜利路二巷一号院内。旧址为一幢土木结构青砖压檐砌腰、中苏合壁式二层黄色楼房，是1937年～1942年抗日战争时期中国共产党设在新疆领导抗战的办事机构所在地。陈云、邓发、陈谭秋三位党代表先后在办事处主持工作。周恩来、王稼祥、蔡畅、刘亚楼等许多党的高级干部在由延安去苏联的往返途中都曾居住这里。“纪念馆”建成后，陈列了《抗日战争时期党在新疆的革命斗争事迹》，并陆续展出了邓发、陈潭秋、毛泽民、杜重远、林基路等十一位革命烈士的遗物、简历和生平事迹。

乌鲁木齐烈士陵园：座落在乌鲁木齐南郊燕尔窝。1956年初建，1975年重修。占地面积七千余亩。陵园内建有陈潭秋、毛泽民、林基路、乔国祯、吴茂林等五位烈士的陵墓并安放着其他革命烈士的骨灰。馆内陈列有上述五位烈士及杜重远烈士的生平事迹和遗物。整个陵园庄严肃穆、环境幽雅。

洋行大寺：亦称塔塔尔寺：坐落在乌鲁木齐市解放南路南端。初建于1987年，为塔塔尔族人士捐款修建。1919年又由当地德和洋行出资重建。

洋行大寺占地面积约三千多平方米。寺前前厅仿中亚细亚建筑布局、为三通廊式，装饰华丽。大寺顶部系塔塔尔建筑风格，耸立八角棱形塔楼一座。大寺内有四间礼拜堂毗连，可同时容纳千余教民作礼拜，洋行大寺是当地维吾尔、哈萨克、塔塔尔、乌孜别克等民族宗教活动的主要场所。

新疆外贸地毯厂：位于乌鲁木齐市鲤鱼山脚下，是新疆主要的出口地毯生产厂家和旅游商品定点厂。主要产品是，高级羊毛手工栽绒“丝路”牌地毯，其设计新颖，选料精良，图案精致，做工精细，将浓郁的地毯民族技艺和外来风格融为一体，极富特色，独具一格。

乌鲁木齐市地毯总厂：位于乌鲁木齐市经二路。该厂生产的地毯富有浓郁的新疆少数民族特色和东方式地毯的特征，多以“卡西满”（维吾尔语意：天女散花）、“阿娜尔古丽”（维吾尔族语意：石榴花）构图，深受游客喜爱。

自治区文物商店：坐落于乌鲁木齐市解放南路325号。建筑面积2700平方米。一楼、二楼主要经销旅游纪念品、民族工艺品、玉雕、宝石、及各种文物复仿制品。三楼、四楼设文物陈列展览，古今书画展览，古旧地毯展览等项目，是自治区旅游定点商店之一。

乌鲁木齐市绣品厂：位于乌鲁木齐市新华南路，该厂以少数民族传统的绣花、挑花、搅结、绊金等古老手工工艺绣制各种图案。主要生产高档精美的床罩、枕套和窗帘、裙衫以及维吾尔、哈萨克等少数民族喜爱的20多个品种的花帽。

乌鲁木齐乐器厂：位于乌鲁木齐市解放南路，该厂主要生产维吾尔族乐器如沙巴依、手鼓、热瓦甫、都塔尔以及哈萨克族的冬不拉，柯尔克孜族的库姆孜等。

乌鲁木齐玉雕厂：位于乌鲁木齐市人民路。该厂主要生产人物、花卉、鸟兽、瓶炉、金、银手饰及各种造型的旅游工艺品，产品以新疆和田白玉、哈密黄玉、玛纳斯碧玉及各色宝石为原料。

天池：位于昌吉回族自治州阜康县境内，距乌鲁木齐120公里。古称“瑶池”，传说是西王母盛宴周穆王的“瑶池仙境”。1982年被列为国家重点风景名胜区。天池在博格达峰的群山之中，水面海拔1980米，长3400米，最宽处约1500米，面积4.9平方公里，最深处达105米，在地质学上属冰碛湖。天池东侧有天山东部最高峰博格达峰，海拔5445米，高峰旁边还有9座4300米以上的高峰。这里群山环抱一潭碧水，雄伟挺拔的雪峰，倒影在池中，满山苍松迭嶂，郁郁葱葱，林间花草丛生，湖光山色浑然一体，夏季风景秀丽、如诗如画，冬季雪景迷人，又是天然冰场。

南山西北杨沟：位于北天山的喀拉乌成山北麓，距乌鲁木齐市西南75公里，地处中山与低山区过渡带，海拔2252米。周围雪峰点点，群山峻峭、云杉挺拔、绿草如茵。在沟的尽头，景色更为美妙。绿树遮蔽处，断崖壁立，一条高达四十余米，宽约2米的瀑布如白练悬空，一泻而下，似银龙飞舞，轰鸣如鼓。来这里游览，可作客于哈萨克族的毡房，也可观赏哈萨克族牧民的赛马、叼羊、“姑娘追”等传统体育活动，喜爱马术的年经人，租来当地哈萨克牧民的骏马，便可扬鞭驰骋宽阔的草坪上。

红山：位于乌鲁木齐市中心。因山上红岩嶙嶙而得名。山势陡峻、悬崖绝壁，气势十分雄伟。山体长约1.5公里，宽1公里，最高处海拔910米。山巅有一座8米多高的9级青灰色实心砖塔，人们叫它“镇龙塔”，建于1788年，至今完好无缺。红山经过40年的建设，红岩秃岭的红山已披上碧绿的新装，并修建了凉亭、登山石梯，盘山柏油路等设施，供游人游览休息。白天登山远眺，乌鲁木齐可一览无余，黄昏时分可欣赏乌鲁木齐的“八景”中的“塔映斜阳”。

2.吐鲁番旅游区：

火焰山：位于吐鲁番市区东南40公里。山体东南走向，为天山支脉之一，形成于五千万年前的喜玛拉雅造山运动时期。东西长100公里，南北宽约10公里，最高处海拔851米。山势纵横起伏，主要为红岩矿构成，因夏季气候干热，在强烈阳光照射下，红色矿岩熠熠发光，宛如阵阵烈焰，故名。火焰山处在“丝绸之路”北道上。至今仍留有许多文化古迹和历史佳话。明吴承恩的著名小说《西游记》中描写的唐僧师徒过火焰山、孙悟空三调芭蕉扇勇斗铁扇公主的神话故事，就是以此山为题材的。唐诗人岑参的“火山突兀赤亭口，火山五月火云厚，火云满天凝未开，飞鸟千里不敢来”的诗句，形象地描绘了火焰山的情景。

艾丁湖：旧称觉洛浣。维吾尔语称艾丁库勒，意为“月光湖”，距吐鲁番市40公里。湖盆东西长约40公里，南北宽约8公里，面积为152平方公里。湖面低于海平面154.43米，是我国最低的地方，为世界第二低地（次于约旦死海）。目前湖水由于长年不断的蒸发，海已干涸。主要出产盐，芒硝。到艾丁湖旅游，站在湖边，人们很容易被海市蜃楼和湖面干涸的假象迷惑，因而往往陷入泥潭。由于这种特殊的地理状况和典型的荒漠景观，中外游客到此游览、摄影，探奇者络绎不绝。

交河故城：亦称雅尔湖故城，由两条古河床交叉环抱，形成“孤岛”故称交河。座落在吐鲁番市西约13公里的雅尔乃孜沟中。它最早是西域三十六国之一的“车师前国”的都城。故城建于一个自北向南，高30余米的黄土台地上，长1650米，最宽处300余米，无城垣，崖岸笔立如削，壁垒天然。城内建筑遗址，约22万平方米。故城内寺院佛塔，坊曲街巷等建筑遗址保存完好。清光绪二十七年（1901年）曾出土唐开元十年（公元722年）的莲花经一卷。城外有高昌和唐代的墓群。1961年，交河故城被列为全国重点文物保护单位。

高昌故城：高昌故城位于吐鲁番市以东偏南约46公里。高昌城始建于公元前一世纪，维吾尔语称亦都护城。汉称高昌壁、高昌垒，为丝路重镇。后经高昌郡高昌王国、西州等长达1300余年之变迁，而于公元十四世纪毁弃于战火。城廓高耸、街衢纵横，城垣保存基本完好，护城河道的残迹犹存。全城可分为外城、内城、宫城三部分。布局略似唐代之长安城，外城大体呈正方形，墙厚12米，高11.5米，周长5.4公里。为夯土板筑，部分地方用土坯修补。有马面，两边附瓮城、内城居外城正中，西南两城墙大部保存完好，周长约3公里，宫城为长方形，居城北部，北宫墙即外城北墙，南宫墙即内城北墙，这一带尚存多座3.4米高的土台。城内“可汉堡”、“唐僧讲经台”等建筑引人注目。1961年，这里被列为全国重点文物保护单位。

柏孜克里千佛洞：位于吐鲁番市区东40公里，火焰山峡谷木头沟中。洞窟创建于南北朝末期，迄于元代。唐代名“宁戎窟”其特点为有些窟采取了开凿石窟与土坯砌建并用的建筑形式，为银山以西各窟所未见。以横顶直洞为主，亦有中柱式洞、方形双套洞和圆顶方形洞。

现已编号石窟77个，其中尚存残余壁画40余幅。壁画总面积约1200余平方米，是古代高昌地区保存最好，内容最丰富的一处石窟。第39窟中的各国王子举哀图，绘有十三个佛门弟子，从他们的头饰和面容可看他们具有西域各种不同民族的特征。第16窟中“伎乐图”中古代乐器“小息雷”的形象以及第17窟中“地狱变”的壁画，均为目前中国佛窟中所罕见。1982年这里被列为全国重点文物保护单位。

苏公塔：位于吐鲁番市区以东2公里处。该塔建于清朝乾隆年间（1778年），是新疆现存最大古塔，建筑风格别具一格。塔旁立有维吾尔、汉两种文字的石碑，系十八世纪中叶吐鲁番郡王苏来满为其父亲额敏所建，故又称额敏塔。高44米，底径10米，塔身呈下粗上细的圆柱形，以黄色方砖砌筑，上有图案、花纹15种。塔身在不同高度和方向开出14个窗口，构造极其精致，颇为壮观。沿塔内71级螺旋阶梯，可登临塔顶。塔内无一基石，亦无木料，全凭一砖砌螺旋形，中心支柱承担整个塔身重量，至今仍巍然屹立。苏公塔旁，是吐鲁番最大的清真寺，与古塔浑然一体。寺院是长方形，寺门为尖顶拱形，中间殿堂可容上千人作“乃玛孜”（礼拜），每逢宗教节日，寺内外人如潮涌，热闹非凡。

坎儿井：分布于吐鲁番盆地各地。约一千一百余条，全长约5000公里。“坎儿”是“井穴”的意思，为一种特殊灌溉系统。由竖井，地下渠道、地面渠道和“涝坝”（小型蓄水池）四部分组成，一般长约3公里，最长者达二、三十公里。坎儿井已经有二千多年的历史，工程之伟大，与万里长城、京杭大运河并称为中国古代三大工程。现存的坎儿井多属清代以来陆续修建。如今，仍浇灌着大片绿州良田。吐鲁番市郊五道岭坎儿井、五星乡坎儿井，可供参观游览。

葡萄沟：位于吐鲁番市东约16公里。南北长8公里，宽半公里。葡萄种植面积达210余公顷，主要生产有无核葡萄以及马奶子、玫瑰红、比夹干、喀什哈尔、黑葡萄和琐琐葡萄等品种。这里水渠纵横，树木茂密，空气湿润，气候凉爽宜人，为避署胜地。

阿斯塔那——哈拉和卓古墓群：该古墓群位于吐鲁番市区东南约40公里处，有地下博物馆之称。经考证，墓葬的年代，最早的是西晋秦始九年（公元273年），最晚的是唐大历十三年（公元778年）。1959年开始发掘，出土大量丝绸织品、陶器、木器、钱币、泥俑和数千件官、私文书等。其中较著名的有绢本的伏羲女娲图、舞乐图、围棋仕女图、牧马图、禽兽纹锦等，现开放三个墓穴供游人观赏。墓中除干尸外，还有人物和花壁画。1957年被列为自治区重点文物保护单位。

吐鲁番市博物馆：坐落于吐鲁番市中心。展览主要介绍了吐鲁番地区历史发展过程及在“丝绸之路”上所处的重要位置，展出有在吐鲁番高昌故城、交河故城、阿斯塔那——哈拉和卓古墓群及其它古代文化遗址中出土的石器、干尸、文书典籍、丝织物品、泥偶木俑、墓志绘画、瓜果食品、陶器古币等系原始社会末期至近代的各类文物。有助于全面了解吐鲁番古代灿烂的文化。

3.喀什旅游区

艾提尕清真寺：坐落于喀什市中心。建于1442年，该寺由礼拜堂、教经堂、门楼、水池和其它一些附属建筑组成，南北长140米，东西宽120米，总面积16800平方米。寺门是用黄砖砌成，石膏勾缝，线条清晰。门两旁半嵌在墙壁里的砖砌成的圆柱，高达18米，圆柱顶上是召唤用的小塔楼。清真寺的正殿长160多米，进深16米，可同时容纳六、七千名穆斯林礼拜。一百四十根绿色雕花木柱、成网状排列，支撑着白色的密顶棚。上面每隔不远就有一幅绘有各种花卉图案的藻井，使人目不暇接，整个建筑给人以庄严、肃穆、宏伟、壮丽的感觉。是我国最大的一座具有代表性的清真寺古建筑。

阿巴克霍加墓（香妃墓）：位于喀什市东北约5公里处、是新疆著名的伊斯兰建筑。始建于公元1640年前后，陵墓主体高26米，底面横长39米，圆拱直径17米，基祠全部用绿色琉璃砖砌成，鲜艳夺目，门上绘有美丽的图案，两边的墙壁上装饰着米黄色的石膏花饰，雕刻精细，顶呈圆形。陵墓厅堂高大宽敞，无梁柱。祠内坟墓层迭环列，埋葬着阿巴克霍加一家五代，共72人。传说，霍加后裔中有一个叫伊帕尔汗的女子，是乾隆皇帝的妃子，由于她身上有一股浓郁的沙枣花香，人们便称她为“香妃”。香妃死后由其嫂苏德香将其尸体护送回喀什，并葬于阿巴克霍加墓内，因而有人又将这座陵墓叫做“香妃墓”。

马赫穆德·喀什噶里陵墓：位于喀什市48公里的疏附县乌帕尔乡。马赫穆德·喀什噶里为公元十一世纪人，我国维吾尔族杰出的学者、语言学家，出身于哈拉汗王朝贵族，著有《突厥语辞典》。安放墓葬的房屋长10米、宽6米，土木结构。陵墓周围有清真寺、文物陈列室及金水泉等。

喀什大巴札：位于喀什市城东吐曼河边，占地约130亩。巴札即农贸市场的意思。喀什巴札是新疆最大的农贸市场。早在2000多年前，这里就是商品集散地。每逢星期日赶“巴札”这天，附近3个市、县、27个乡的农牧民，天不亮就驾车骑驴，从四面八方来赶“巴札”，车水马龙，熙熙攘攘，非常热闹。三万多辆载人和运货的毛驴车鱼贯进入市场、景况甚为壮观。农闲时可达八、九万人，农忙季节不下五、六万人。各种土特产、日用百货、驴马、牛羊、干鲜水果、粮油蔬菜、肉食蛋禽、木料柴草、民族手工艺品、饮食服务、加工修理等应有尽有，日成交额约30万元左右。

4.克孜勒苏旅游区

喀拉库里湖：距喀什市190公里，位于慕士塔格冰峰下，面积约十平方公里，湖深约三十米，海拔3600米。因湖水呈墨绿色，故称“喀拉库里”，即黑湖的意思。雄伟的慕士塔格山峰、公格尔峰和公格尔九别峰倒映其中，湖光山色，十分秀丽。湖中有小橡皮艇可为游览提供方便，湖岸有毡房、板房可供游人下榻。

慕士塔格峰、公格尔峰：距喀什市190公里。慕士塔格峰海拔7555米，山顶冰层厚100～200米，当地牧民称它为“冰山之父”。该峰是一座穹形隆起的山体，四周因冰川和流水切割形成不少深邃的峡谷，它们与高大浑圆雪峰组成了独特的壮丽景观。公格尔峰为昆仑山的高峰之一，海拔7719米。山顶常年积雪，山间悬挂着条条银光闪闪的冰川，极为壮观。慕士塔格峰和公格尔峰群的冰川面积约650平方公里，是一个冰川的银色世界。

5.伊犁旅游区

果子沟（亦称塔勒奇沟）：距伊宁市约70公里，自古为我国中原通往中亚、欧洲的一条重要通道，现仍为新疆西北部的一条重要交通干线。该沟为一峡谷，全长28公里。地势险要，夹岸峰峦耸峙、怪石林立，松桦繁茂，果树杂生，野花竞放，泉流清冷，山路曲折弯环，引人入胜，显示了大自然的无限生机。林则徐在其《荷戈纪程》一书中曾引述祁鹤皋的话赞颂这里，“如入万花谷中”，加之这里雪峰终年不化，气候寒冷，实为盛夏避暑胜地，因其百花争艳，野果飘香而蜚声中外。

圣佑庙：位于距伊宁市200公里的昭苏县城西北2公里处，建于1886年，是蒙古族喇嘛教徒进行宗教活动的场所。大殿前悬有“钦建圣佑寺”的匾额。诸殿飞阁金檐，雕梁画栋，金碧辉煌，喇嘛教建筑风格甚浓。殿内挂有帐幔，大部来自西藏，作工精致。庙内飞鸟翔集，树木繁阴，在白云、山峰的映衬下，庙宇宁静肃穆、气势雄伟。

虎黑鲁铁木儿汗麻札：距伊宁市80余公里。建于十四世纪的元代，距今已有600年的历史。虎里鲁铁木儿汗为成吉思汗七世孙。整个陵墓建筑为砖灰结构，面积150平方米，高14米，墓室作穹隆式，无木柱横梁，造型简洁，装饰丰富，有暗梯可以登临至墓顶，正面门额上有阿拉文伯的诵辞，墙壁上全系用紫、绿、蓝、白四色琉璃砖砌成的各种形式的几何图案，精美别致，色彩浓郁，是新疆最古老的伊斯兰建筑形式。

惠远钟楼：距伊宁市区30公里，是1872年后仿照旧城式样另建的一座新城，现城垣残存，可见高大城壁，周约7公里。城南北长2公里，东西宽1.5公里。1897年，在城中央起造一座三重钟楼，飞檐画栋，红瓦铺顶，气势雄伟，相传系仿北京鼓楼形式建造，至今保存完好。

6.阿克苏旅游区

克孜尔千佛洞：又称赫色尔石窟，位于阿克苏地区拜城县境内。始凿于公元3世纪，6～7世纪为盛期，是古龟兹国的一处石窟寺群，也是我国四大石窟之一。现已编号的洞窟236个。石窟分支提窟和毗河罗窟，目前窟较完整，壁画保存较完好的有75个洞窟。壁画总面积约1万平方米。壁画主要题材为佛教的因缘和本生故事，题材丰富多彩，如第17号顶，即绘有本生故事画38件之多，故被称誉为“故事画之冠”。此外，除了宗教内容还有许多反映当时生产、生活、民间习俗、狩猎、商旅来往、音乐舞蹈和民族风貌的画面。同时，石窟后壁有不少古代龟兹文题纪，为研究壁画内容和龟兹文化提供了主要依据。

库木吐拉千佛洞：位于库车县城西南30公里处。大约始凿于公元四世纪，是库车县境内现存洞窟最多的一处石窟群，现已编号的洞窟有112个，其中保存有壁画和古龟文字刻壁者约四十余窟。现存的“西方净土”、“东方药师”、“法华”、弥勒”等大型故事画，造型优美，形象生动。1961年被国家列为第一批重点文物保护单位。

托木尔峰：位于新疆阿克苏地区温宿县境内。是天山的最高峰，海拔7435米。自然景色壮观。托木尔峰与海拔6995米高的汗腾格里峰遥遥相对，整个峰区冰川密接交错，千姿百态，飞舞于寒空谷，好似条条玉龙，实为壮观。这里是旅游、登山、科学考察的胜地。

7.其它旅游点

楼兰故城：在新疆巴音郭楞蒙古自治州若羌县罗布泊西岸。是汉代通西域南路必经之地，在东西方文化交流上曾起过重要作用，后被沙漠埋没，有“沙漠中的庞贝”之称。1900年为我国维吾尔族爱尔迪克发现。1979年和1980年新疆考古工作者对楼兰进行了数次考察。古城城周1316米，城垣部分残存。城中布局主次分明。城中有一土台，墙厚1.1米，残高2米，坐北朝南，位置突出，为全城主要建筑。城东有佛塔一座，残高达10.4米，塔身用土坯、木料、柳条砌筑，是全城最高大的建筑物。城西南为住宅区，已塌。墙壁大多用两排红柳，中间夹泥，以苇绳加固后，外面再抹泥筑成。屋顶亦用类似材料修筑，城中有一条古水道，自西北向东南穿越而过，是研究古楼兰城内水源的重要材料。城周围还有一些佛寺烽燧等遗址、遗迹和古墓。出土的汉五铢钱，贵霜王国的钱币、唐代钱币、汉文和佉卢文残简，丝毛织品残件、漆器、木器、玉器、铁器、料珠、金银戒指、耳环以及玻璃器皿碎片等文物，对研究中西亚交通、东西文化交流和我国边疆与内地历史联系等均极有价值。

和田玉雕厂：位于和田市中心。和田玉石主要产于昆仑山。古人云：“凡玉，贵重者尽出于阗。”和田玉石分脂玉、墨玉、翠玉等。脂玉温润如羊脂洁白无瑕，墨玉黑而透亮，翠玉色泽绿如翡翠，都是雕琢玉品的名贵材料。该厂主要生产戒指、玉镯、印章、器玩等玉雕品。

和田地毯厂：和田地毯厂位于和田市。和田地毯自古以来就名扬中外，历史悠久，早在两千年前的“丝绸之路”上，和田就有“地毯之乡”之称。和田地毯做工精细，图案丰富多彩。它的工艺、图案、配色与波斯地毯的风格十分接近，图形多边框，以几何花型为主、且中间衬底边与外边颜色一致，该厂年产地毯2万多平方米。

哈纳斯湖：位于新疆阿尔泰地区布尔津县北部。是一个综合性自然保护区，海拔1300多米，南北长25公里，东西宽2公里，平均湖深100米，湖水由雪水溶汇而成，呈深绿色，宛如一块碧玉。四周山体高差很大，垂直自然景观带非常明显，自山脚而上，有黑钙土草甸草原带、山地黑灰土针阔叶林带、山地漂土针叶林带、亚高山草甸带、高山草甸带、冰沼土带和永久冰雪带等七个自然景观带。这里是我国唯一的古北界欧洲——西伯利亚动植物分布区，有植物近千种，兽类34种，鸟类100余种，昆虫300余种，鱼类8种。哈纳斯湖是极其美丽富饶的，但是也确实带有一点神秘色彩，人们在不同的天气和不同的位置看湖面，会发现湖水有着不同的颜色。在夏季，站在喀纳斯湖西侧海拔2000米的哈拉特山顶还可以看到“峨眉胜景”——喀纳斯云海佛光。

（秦斌明 李长生 崔金筐 李德元 易维维 杨显荣）

发展中的新疆旅游业

新疆维吾尔自治区旅游局局长

热合满·艾合特木

新疆旅游业是1978年起步的，在党的十一届三中全会以来的正确路线指引下，在积极贯彻落实改革开放的方针中，得到迅速发展。旅游业作为一个涉外经济产业部门，尤其是对新疆来说，从它特殊的地理位置、民风民俗、自然环境等发展旅游业的条件与许多内地省区相比，更有其独特之处，它必须以中华民族的国家安全为前提，以边疆地区的对外开放为条件，以良好的国际环境和内部的社会稳定、民族团结的大局为基础。因此，大力促进新疆旅游业的发展，将对地区的经济建设和国家的繁荣昌盛有现实和深远的意义。

一、新疆旅游业的回顾

新疆旅游业的发展，虽然起步晚，但发展速度快。从1978年成立自治区旅游局到1988年底的10年间，新疆旅游业的发展速度是以每年平均超过30%的比例增长的。在正式开办旅游业的第一个年头，全区仅接待中外旅游者88人，创汇4.6万美元。到1988年全区接待外国旅游者和华侨、港、澳、台同胞以及外籍华人已达5.9万多人，创汇1850万美元，十年内，接待人数和创汇数分别增长了673.2倍和401.2倍。截止1989年底，全区累计共接待中外旅游者24.7万人，创汇7140万美元。

新疆具有丰富、独特的旅游资源，雄伟的高山、浩瀚的沙漠、神奇的冰川、美丽的湖泊、辽阔的草原、众多的文物古迹，举世闻名的“丝绸之路”，多姿多彩的民俗风情等，历来都对中外旅游者具有极大的吸引力，为开展多种形式的旅游项目，提供了得天独厚的资源。

随着党的“对外开放、对内搞活”的方针政策的贯彻落实，全区到目前为止，已开放25个县(市)，并自己开放了红其拉甫、霍尔果斯、吐尔朵特、塔克什肯和乌鲁木齐空港等五个口岸。开放地区的不断扩大和口岸的增加，为旅游业发展创造了更加有利的条件。

十余年来，新疆旅游接待能力有了很大的发展。从事专门旅游接待业务的一、二类旅行社已达到24家，从事国内旅游接待业务的三类旅行社也发展了两家。专业旅游从业人员已有两千多人，有英、日、德、法、俄等五个语种的专业翻译导游一百二十多人。在全区开放地区中已建立起一百多个旅游参观点，且布局逐渐趋于合理，较为均衡地分布在天山南北，反映了中华民族古老灿烂的文化和新疆独特的山水风光。

新疆旅游服务设施的建设进展很快，目前，全疆有涉外旅游接待能力和接待条件的饭店共计41家，总建筑面积为482710平方米，有客房5674间，共有床位14159张。其中定点的旅游宾馆、饭店已发展到27家，标准床位已达4886张。

新疆旅游交通状况有了很大改善。目前，由乌鲁木齐通往全国大中城市的民运航线有14条，通往新疆境内南北疆城市的航线有10条，同时还有北京——乌鲁木齐——沙迦——伊斯坦布尔和乌鲁木齐——阿拉木图等国际航班。经兰新铁路线，南、北疆铁路使乌鲁木齐市与全区内外许多大城市相连接，境内公路四通八达，网连各地、州、市、县，畅通各个旅游景点，对旅游业的发展提供了条件。

二、今后的设想

新疆发展旅游业的规划和设想，应根据国际形势变化和自身旅游业的发展情况作出科学的论证。

新疆旅游业应在今后几年内奋力开拓，重振旅游，恢复客源。

（一）新疆旅游业发展的战略目标

根据“八五”规划和到本世纪末的发展设想，1991年全区计划接待中外旅游者3万人次，创汇为1850万美元。“八五”期间的其它各年，以1991年的基数为准，每年的接待数和创汇额分别比上年递增20%左右。到2000年（当年）全区接待游客争取达到27万人次，创汇将突破一亿元大关。

（二）新疆发展旅游业的指导思想

——继续贯彻执行党的“一个中心、两个基本点”

的方针和“积极发展旅游业”的具体政策。旅游业的发展速度要略高于国民经济发展的总体速度，旅游经济效益要明显高于传统产业。

——要发挥地方、部门、集体、个体的积极性共同办旅游，把发展旅游与扶贫工作结合起来，积极开展乡村、牧区旅游。

——大力促进旅游业六大要素（行、住、吃、游、购、娱），在新的基础上协调发展，增强综合接待能力和创汇能力。

——加快改革开放的步伐。各级旅游行政管理部门要切实转变职能，加强宏观管理和指导，强化行业管理、规范化管理和质量管理。旅游企业要各显神通，协调一致对外，不断提高管理水平和经济效益。

——加强对外宣传招徕，要以国际市场的需要为向导，以我区旅游资源为依托，在继续抓好日本、欧美和“四种人”旅游者招徕的同时，大力开辟对苏联、蒙古、东欧和西亚各国的客源市场，要利用霍尔果斯、吐尔尕特口岸积极发展对第三国和港澳同胞的跨国旅游。同时要重视抓好国内旅游。

——进一步完善“丝绸之路”中道，加强和开发“丝绸之路”南道和北道，积极开展我区除汉族以外的其他12个主体少数民族的民俗、民情旅游，突出我区独特的山、川、草、沙、林、湖等自然风光为内容的多种项目的特种旅游活动。

（三）新疆发展旅游拟采取的措施

1.加强对外宣传，开拓国际客源市场。除进一步抓好各种旅游宣传品的印制销售、积极参加国内外各种宣传招徕活动、邀请外国旅行商和记者团来新疆采访组团等促销工作外，拟结合新疆实际重点抓好以下几点：

（1）和邻近的巴基斯坦、苏联等国加强合作，共同宣传推销将双方连接在一起的“丝绸之路”旅游路线。

（2）积极开办诸如“天池蟠桃会”、“吐鲁番葡萄节”、“龟兹文化艺术节”、“古尔邦艺术节”、“少数民族运动会”、“那达慕大会”等国际旅游宣传招徕活动，以及与外贸外经相结合的旅贸展销活动，以吸引更多的外国旅游者。

（3）加强与兄弟省区的横向联系，进一步沟通新的客源渠道。要根据国内外的需要适时开辟新航线，对已通航的国内主要旅游城市可根据旅游季节的变化，灵活调整民航班次，以保证旅游者进得来，出得去，不失时机地招徕各兄弟省区外联的组团客户。

2.积极开辟唯我区独有旅游新项目，充分发挥我区旅游资源的优势，重点开发以下旅游产品：

（1）“丝绸之路”旅游。分南、中、北三道，利用飞机、火车、汽车以及马匹、骆驼等搞跨省乃至跨国旅游。

（2）度假观光旅游。“回到大自然去”，如草原旅游、森林旅游、沙漠旅游、温泉旅游、高山湖泊旅游等。

（3）体育旅游。如登山、攀岩、滑雪、滑冰、滑沙、汽车、摩托车拉力赛、自行车、钓鱼、狩猎旅游等。

（4）考察旅游。如民俗、宗教、文物、科学、社会、语言等旅游活动。

（5）探险旅游。如横穿天山、楼兰考古、穿越沙漠等探险旅游活动。

3.加强旅游设施建设

“八五”期间，重点保证“丝绸之路”南、中、北三道的设施配套，要本着“完善中道、加强和开发南、北道”的指导思想和量力而行的原则进行。

4.加强培养人才，提高服务质量

除有计划在内地大专院校培训人才外，新疆也要将培训旅游人才列入教育发展计划。拟在新疆大学开设旅游系，同时要加强旅游成人教育和岗位培训，特别要注意对少数民族旅游人才的培训，使我区旅游管理和服务水平有明显提高。

5.重视旅游商品的生产和销售

旅游部门要与轻工、商业部门密切合作，注意挖掘维吾尔、哈萨克、柯尔克孜、塔吉克、蒙古、俄罗斯等少数民族传统工艺品的潜力，组织生产、制作。要注意旅游商品的地方性、艺术性、纪念性和实用性，形成我区的拳头产品，建立我区旅游商品生产基地和购物中心，理顺旅游商品的产、供、销一条龙的关系，利用白带优势，满足旅游者购物需要和全国旅游企业销售的需要。

6.采取有效措施，变旅游淡季为旺季

淡季时间过长一直是新疆旅游业发展的一大制约因素。缩短淡季，加长旺季，化淡季为旺季，是新疆旅游发展的一个至关重要的问题。为此，我们要积极开展楼兰探险旅游、横穿塔克拉玛干大沙漠旅游、狩猎旅游以及滑雪、滑冰、滑沙旅游，还可以举办一些诸如“龟兹古代文化艺术节”等活动，吸引中外旅游者在冬季来新疆旅游。

三、从旅游业发展中得到的启示

1.旅游资源要有计划的合理开发，不能一哄而起，万宝齐亮。旅游设施的投资建设要注意布局合理，要考虑整体的投入产出效果。对旅游资源的开发，要有计划、分期分批地逐步进行，以不断推出新的旅游产品，以吸引更多旅游者和回头客前来旅游。旅游设施的建设，要与城市的规划、建设以至一个开发区的规划建设统盘考虑，注重整体效果。旅游资源的开发和旅游景点的建设，要从它的地理位置、历史沿革、社会发展的长远规划进行全面的科学论证。近几年来，我区旅游资源的开发，总的来说是比较合理的，“丝绸之路”沿线人文旅游资源的开发比较快，在世界上显现了一些知名度较高的旅游城市，如乌鲁木齐、吐鲁番、喀什和库车县等，已成为我区旅游业的重要支撑点。“丝绸之路”中道已成为旅游热线，与苏联通航和铁路接轨后，“丝绸之路”北线也将升温，北疆旅游资源的开发和旅游设施的建设也将会出现一个较大的飞跃。随着“丝绸之路”南道逐步开通，将促使南疆各地旅游资源的开发和旅游设施的建设进一步有计划地向着合理化和科学化发展。

2.旅游业的发展既要调动社会的积极性，又要加强全行业管理，保证优质服务。中央和自治区领导曾多次强调要动员全社会办旅游，要调动各方面的积极性，这是我们发展旅游业必不可少的社会基础，我们要按照国务院和国家旅游局关于进一步清理整顿旅行社和加强旅游全行业管理的指示精神，切实治理整顿好旅游秩序和旅游环境，实行行业统一管理，定点服务、定期检查、严格监督。要采取必要的奖优汰劣措施，保证各旅游企业能够提供优质服务。提高服务质量，提高旅游声誉，是最可靠最有效的宣传招徕，是不断扩大客源的最有效的措施。

3.旅游宣传促销要统一行动，确保整体利益。旅游宣传推销是保证客源、开辟国际市场的主要手段，但我们的的宣传目标是推销新疆乃至全国的旅游产品，不能简单的宣传某几个“点”或某一条“线”，也不能各行其是，到世界各国乱串乱撞，造成资金、人力和时间的浪费，甚至内部各企业之间也不择手段地争客源、争市场，致使肥水流入“他人田”。要集中资金，集中宣传优势，在认真听取我国驻外旅游机构和上级旅游部门意见的基础上，统一组织，协调对外，在一些重点国际客源市场上，要取得突破性进展。

4.认真贯彻“以旅游养旅游”的方针，并采取一些优惠的政策，支持旅游业的发展，建议政府有关部门考虑对各级旅游骨干企业，除上缴营业税外，将所得税和能源交通基金全部返还给所属旅游行政管理部门，由各级旅游行政管理部门建立旅游发展基金，设立财政专户，主要用于对外宣传招徕、行业管理费用、景点建设和旅游配套设施建设。同时要采取优惠政策，解决旅游汽车的更新和购置问题。

5.加强领导，协调发展。旅游业是综合性的经济事业，发展旅游需要民航、铁路、交通、银行、邮电、商业、城建、文物等多部门、多方面的支持与配合。同时，旅游业又是具有综合功能、带动性很强的行业，对提高经济效益、社会效益，以及增进国际间的友好往来和经济贸易有着积极的作用。因此，各级党委、政府要重视加强对旅游业的领导，协调各方面的关系，促使其健康迅速发展，要在确保国家安全、社会稳定、民族团结的前提下，力争较快较多地开放一些城市。对于那些暂时难以开放而旅游团队经常路过的地段，有关部门应允许在不停车、不逗留的前提下给予通行。

总之，我们要继续狠抓旅游业的改革开放和治理整顿，使我区旅游业的各项管理工作逐步走向程序化、规范化、标准化和制度化，使新疆的旅游业有个更快的发展，为国家的经济建设作出更大的贡献。

部 分 城 市 概 况

沈　阳　市

1989年沈阳市的旅游事业，在贯彻中央“治理经济环境、整顿经济秩序”方针的形势下有了进一步的发展。

沈阳市是辽宁的政治、经济、文化中心，沈阳不仅交通便利、经济发达，而且历史悠久，古迹众多，旅游资源十分丰富，有利于旅游业的发展。改革开放十年来，市有关部门先后投资修复、扩建和开放了一些旅游景点，进一步丰富了旅游资源，增加了旅游收入。沈阳故宫是我国尚存、保存完整的两个古代宫殿建筑群之一，通过修复、扩大开放，增加了接待能力。北陵、东陵是清太祖努尔哈赤和清太宗皇太极的陵墓，经过修整，吸引了更多的游客。近年来开放的新乐遗址博物馆和无垢净光猞猁塔，以其独有的魅力展现了中华民族的古老文化。截止1989年底沈阳市对外开放的旅游景点已有四十余处。另外，近年来沈阳市的城市面貌也有了进一步的改观。宽敞的街道既便利了交通，又美化了环境；街心景点星罗棋布，犹如一颗颗灿烂的明珠镶嵌在繁华的闹市里；南运河带状公园清水常流、绿树如荫，将沿岸6座公园18座游园连为一体。这些都使古老的沈阳处处显示出青春的活力，为越来越多的中外游人所瞩目。

随着旅游事业的发展，近年来沈阳市新的旅游经营单位不断增加，1989年底旅游从业人员已达五千余人。为了适应对旅游业管理的需要，沈阳市1985年筹建沈阳市旅游局，并逐步由旅游经营机构的系统管理向属地化管理和行业管理过渡。1987年3月沈阳市旅游局与市外事办公室合并，合署办公，对外仍保留沈阳市旅游局名称，行使政府管理职能。1989年为了贯彻中央“治理经济环境、整顿经济秩序”的方针，加强行业管理，根据国家旅游局和辽宁省旅游局关于整顿旅游市场和整顿旅游队伍的精神，市旅游局对驻沈的旅行社进行了整顿。经过整顿，取缔了一家非法经营的旅行社，并对存在问题较多的3家二类旅行社作出了拟予取缔和限期改正的意见。为了提高旅游从业人员的素质，市旅游局注重抓教育培训工作。1984年举办一、二类旅行社经理培训班一期，培训经理13人，并进行了任职资格考试，还培训二、三类旅行社导游人员91名，并为其中52名取得任职资格的导游员颁发了导游证书。为了提高旅游服务质量，市里组织了优质服务检查评比工作，全市共有5个单位、8个集团、11名个人被评为省级优质服务的先进单位、先进集体和先进个人。另外，根据国家旅游局涉外宾馆饭店进行星级评定的要求，经报国家旅游局和辽宁省旅游局批准，辽宁凤凰饭店被评为三星级饭店、华厦饭店被评为二星级饭店、东宁宾馆被评为一星级饭店，其它饭店的星级评定工作正在进行中。

1989年，由于受“两乱”和一些西方国家制裁的影响，全国的旅游接待工作出现了大的滑坡，沈阳的旅游接待工作也受到一定的影响，旅游接待人数和旅游外汇收入略有下降，但因为沈阳处在旅游的温冷线地区，加之来沈旅游人员中商务旅游比重很大，所以影响也不是很大。1989年，沈阳共接待来华参观、旅游、探亲访友、经济贸易以及从事科技、文化交流的国外旅游者25947人，比1988年减少7354人，下降幅度为22%。其中外国人为17101人，比1988年减少2346人，下降幅度为12%，华侨504人。比1988年减少263人，下降幅度为34.3%，港澳台同胞为8342人，比1989年减少4745人，下降幅度为36.3%。1989年来沈海外旅游者主要来自日本、美国、苏联和台湾。

1989年海外旅游者在沈阳的平均逗留天数为3.4天，比1988年延长0.4天。

1989年沈阳市旅游外汇收入为4870.2万元（外汇人民币，下同），占辽宁省旅游外汇收入的23.4%，比1988年减少了520.3万元，下降幅度为9.7%。其中：商品性外汇收入为3276.1万元，占旅游外汇总收入的67.3%，比1988年减少535.7万元，下降幅度为14.1%。商品性外汇收入中，商品销售收入为2948.1万元，占商品性收入的90%；饮食销售收入为327.9万元，占商品性收入的10%。劳务性外汇收入为1594万元，占旅游外汇总收入的32.7%，增加15.3万元，增长幅度为9.6%。劳务性外汇收入中旅游业务费收入为272.6万元，占劳务性外汇收入的17.1%，住宿费为669.2万元，占劳务性外汇收入的42%。长途交通费为475.3万元，占劳务性外汇收入的29.8%。

1989年，国外旅游者在沈阳人均消费支出达1876.9元，比人均消费支出最多的1988年增加16%，其中人均购物支出比1988年增加10.4%，人均劳务性支出比1988年增加29.6%。

为了适应旅游业发展的需要，近年来沈阳市加强了旅游接待服务机构和服务设施的建设，旅游服务设施日趋完善。截止1989年底，沈阳已有各级旅游管理部门批准的旅行社17家，其中：一类社2家、二类社11家、三类社4家，翻译导游人员一百余人。旅游涉外饭店13家，共有客房1721间，床位3385张。旅游汽车公司3家，各种汽车219辆。基本可以满足国外旅游者的各种需要。

近年来沈阳的旅游交通有了很大的改善。1988年11月投入使用的沈阳桃仙机场，是目前我国较大型的机场之一，可起降大型、远程飞机，年客运量可达700～800万人次，并具备国际通航的条件，现有通往国内各大城市的航班和沈阳—香港的国际直航包机，预计今后还会开通几条国际航线，使沈阳逐步成为一个较大型的国际口岸，届时将更加方便中外旅客的旅行。

沈阳的铁路交通也十分方便。沈阳是东北地区最大的铁路交通枢纽，铁路干线通往六个方向，日平均旅客发送量已达12万人以上，并有通往苏联、朝鲜的国际列车途经沈阳。正在兴建中的沈阳北新客站将进一步改善沈阳的旅游交通条件，提高铁路客运能力，满足游客的需求。

沈阳的公路交通四通八达，连接着沈阳周围的城市群。现已正式通车的沈阳—大连高速公路是我国第一条高速公路，全长375公里。路基宽26米，连接沈阳、辽阳、鞍山、营口、大连5大工业城市，从沈阳乘汽车到大连只需4个小时，比原来节省三分之二的时间，提高了效率。沈阳至本溪的高速公路现已修至桃仙机场，以后还将逐步延伸。沈阳至抚顺等地的高速公路也在计划筹建中。这些都会更加方便旅游者在沈阳周围的活动。

（朱　平）

大　连　市

大连，依山傍海，风景秀丽，气候宜人，交通便利，是国务院确定的港口、工业、旅游城市。国家的改革开放政策和积极发展旅游业的方针，使大连的旅游业进入了一个新的发展时期。旅游业已成为大连国民经济中一项重要产业。

大连旅游业起步于五十年代中期，而其真正作为一项产业，还是在1979年以后。1979年以前，大连经营国际旅游业务的旅行社只有一家，随着旅游需求的日益增长，现登记注册的旅行社已达16家。其中，一类旅行社1家，二类旅行社9家，三类旅行社6家，1979～1989年，全市共接待了来自世界一百多个国家和地区入境游客36.21万人次，年平均递增率为20%，旅游外汇收入累计达1.03亿多美元，年平均递增率为68%。1989年的外汇收入是1979年的100倍，达2949万美元。国内旅游接待人数1983年约为四十万人次，1988年则增加到500万人次，综合经济效益约达4.5亿元人民币。

包括行、住、吃、游、购、娱“六大要素”在内的旅游产品的不断充实完善，为旅游业的发展提供了必要的前提。

行——大连的交通便利。从1984年起，先后扩建了机场和开辟了一批新航线，更新和增加了客运船舶，修筑了高速公路、大型高架立交桥以及海滨游览路等，从而改善了在大连旅游交通条件。经过扩建的大连机场可以起降诸如波音747等大型客机，陆续开通了大连至东京和香港的国际航线，以及至北京、哈尔滨、上海、广州、西安、乌鲁木齐、厦门、成都等22条连接国内旅游城市的航线，使大连成为我国重要的出入境口岸；大连海港不仅是我国首位的对外贸易港口，也是重要的客运港口，有八条客运航线与广州、上海、天津、青岛等港口城市跨海相连；延伸至全国各地的铁路线，可直达北京及东北地区各主要城市，年客运量达3200万人次；城乡公路里程达三千三百余公里，路面质量也不断得到改善；市内公共交通营运线路扩充为28条，营运车辆达八百余辆，此外，还有一千三百余辆计程出租车昼夜提供服务。

住——旅游涉外饭店由1985年以前的6家、八十余间客房，发展为现在的56家，七千余间客房。饭店档次齐全，以中低档为主，也有可接待豪华等游客的高档饭店。饭店布局合理，风格各异，或矗立闹市，或坐落海滨，交通便利，环境优美。

吃——几年来我市在原有餐饮的基础上又引进了国外的各种餐饮菜肴。经营中餐、西餐、日本风味、朝鲜风味、伊斯兰风味的各种大小餐馆、餐厅遍布市区，选用大连沿海盛产的以海珍品为主要原料制作的、富有大连地方特色的各种海味名菜，最受国内外游客喜爱。

游——大连的旅游资源经过多年的规划开发，已经逐步形成了一个以市区为轴心，以南部海滨为主体，以海滨景色为基调，以旅顺口和金石滩为两翼的，包括新金县安波温泉、庄河县冰浴、长海县海王九岛等在内的，海上与陆地、市区与郊县相联系的旅游网络。大连海滨——旅顺口和金石滩，在1988年同时被国务院确定为国家级重点风景名胜区。为了扩大旅游产品的综合吸引能力和顺应国际旅游市场的新变化，陆续举办了赏槐会、国际马拉松比赛、服装节、艺术节，兴办了海岛垂钓和野炊、军用轻武器射击等二十余项专项旅游活动。

购——大连的旅游商品生产厂家已发展到八十多家，销售网点增加到350处。其中友谊商店、新友谊商店、文物店等最受游客青睐。贝雕、玻璃制品等传统旅游商品已小有名气，今年又开发了金州石工艺品、艺术陶瓷制品、玩具、布贴画、根雕和多种饮料、食品等新商品，加之外采的二百多个品种，基本可以满足游客的购物需要。

娱——为了满足海外游客的娱乐活动，特别是满足夜生活的需要，全市开设了多家舞厅、酒吧、咖啡店、台球室、棋牌室等娱乐服务设施，有的饭店还配备了保龄球和网球场、游泳池、健身房、桑拿浴等康乐设施。另外，大连的杂技、歌舞、京剧等节目，具有浓郁地方色彩的民俗表演，丰富了游客的娱乐需求。

随着旅游产品的逐步调整充实，旅游队伍日益壮大，全市从业人员已发展到近万人。这支队伍，训练有素，结构合理，具有较高的思想和业务素质。

1989年，是大连旅游业面临危机、经历曲折的一年，也是旅游战线全体职工克服困难、奋力拚搏、取得较好成绩的一年。

年初，国际、国内稳定的形势，我国旅游业持续发展的大气候，为我市旅游业创造了良好的机遇和继续发展的条件。加之，1989年我市旅游旺季到来的时间早于往年，1～5月全市共接待18901名海外游客，呈现出良好的发展势头。6～8月，正值旅游业持续发展之际，春夏之交的动乱和暴乱，使旅游业出现了空前的大滑坡，海外旅行商纷纷取消组团计划。截止6月10日，共有123个海外旅游团（组），30艘国际游船，约16513人次不能来大连，使我市生机勃勃的旅游业陷入困境。面对这种情况，我们冷静分析，采取对策，力争尽快摆脱困境。

积极主动，多方位、多层次、多手段地进行市场促销。我们邀请了日本、澳大利亚、美国、苏联、南朝鲜、台湾和香港的27家46名海外旅行商采访，参加情况介绍会，新路线发布会，洽谈业务、考察路线；邀请海外新闻、出版和社会知名人士来访，请他们宣传大连的好形势，提高大连知名度；先后派出11个团（组），出访日本、美国、苏联、朝鲜和香港等国家和地区参加国际旅游展销会，广泛接触旅行商，进行市场促销活动；编印、制作了《大连特种旅游》、《大连导游图》、《大连风光明信片》和专供外联洽谈用的《欢迎你来大连》，以及电视艺术片《金石滩》等录像带。应邀来访的日本著名歌唱家尾形大作先生在日本拥有众多歌迷，他演唱的“美丽的大连”歌曲磁带，在日本已发行100万盘，他的影响有可能在日本掀起“大连热”。

根据市场形势变化和游客需求，及时推出了丰富多彩的旅游项目。我们发挥优势，在动乱期间，举办了以吸引日本游客为主的大型赏槐旅游活动；之后，又利用在大连举办“东北地区暨内蒙古出口商品交易会”、“中国首届民间艺术节”和“中国艺术节——大连之夏”的机会，广泛吸引游客；11月，又举办了第三届大连国际马拉松赛；除此外，还新开辟了保健康复旅游、海味药膳、访古马车和中国传统文化研修等针对性较强的专项旅游活动；还向海外推出了组织第三国游客到朝鲜、苏联进行跨国旅游的新路线，许多旅行社还重新整理、编排了一批国内新的旅游路线。这些旅游活动项目及新路线的推出，对扭转形势、遏制滑坡起到了积极的作用。

全面加强基础工作，努力提高服务质量。我们利用游客减少的一段时间，抓紧进行旅游队伍整顿，加强了政治思想工作，进行了遵纪守法教育、爱国主义教育、职业道德和职业理想教育；举办了各类人员培训班，重点对二千多名第一线服务人员进行了培训；对全市各类旅行社进行了整顿，重新颁发了经营许可证，有135名翻译、导游人员参加并通过资格考试，旅行社对导游人员实行了合同制管理；开展了有258家旅游经营单位参加的大连市旅游行业优质服务竞赛活动，涌现出10个先进单位、20个先进集体、10名最佳工作者和189名先进工作者；还对全市旅游涉外饭店进行了星级评定，全市评出三星级饭店2家，二星级饭店7家，一星级饭店3家；起草了《大连市旅游行业管理暂行规定》等法规。有力地提高了从业人员的政治思想觉悟，改进了管理水平，提高了服务质量。这些工作成果，充分体现在接待海外游客过程中，受到了他们的好评，使我市旅游行业的服务工作，向标准化、规范化和程序化方面迈进了一大步。

广开门路，创收节支，提高综合经济效益。面对客源减少的局面，我市多家旅游经营单位一方面主动封存电话、汽车等闲置设备，压缩日常开支；另一方面，充分利用自身条件，开展多种经营，采取开办商店、餐馆、广告公司、舞厅、劳务出租等方式，增收节支，弥补损失。

由于采取了以上措施，在海外游客比1988年减少33%的情况下，旅游外汇收入不仅没有减少，而且还比1988年增加了1.4%。尤其是海外游客人均消费由1988年的438美元，提高到674美元，高于全国平均水平。

（吕万山）

长 春 市

长春，是一座美丽的城市，它位于我国东北地区中部，是吉林省政治、经济、文化中心，省会所在地，也是全国十五个中心城市和十四个计划单列城市之一。

长春辖五个区、五个县（市）。面积18881平方公里，人口626.6万人，城区面积158平方公里，城市人口206.9万人，有27个民族。夏日，是游览避暑胜地。冬季，是冰雪旅游的理想城市。

长春是“末代皇帝”旅游专线的重要城市之一。又是国家二类旅游项目中第十五条旅游线的重要城市。

长春旅游资源及参观景点在国内外享有盛誉，1989年来长春旅游的外国人，华侨、港澳台胞为8025人次，外汇收入430万元外汇人民币，同1988年来长春相比人数减少为21.6%，外汇减少25.8%。

为发展长春旅游事业，1989年投资修建了净月潭风景区古墓等；修缮恢复了溥仪充当伪傀儡皇帝时的寝宫缉熙楼；增加旅游涉外宾馆的配套设施。

缉熙楼是溥仪和皇后、皇妃的起居地，是一座普通二层楼房，1989年投资30多万元进行修缮恢复原貌，据当事人回忆按当时的布置恢复原样。从伪皇宫正门莱熏门经长春门，便来到四合院的院落，缉熙楼立在正面。溥仪与皇后婉容、祥贵人谭玉玲便居住在这里；二楼东侧为皇后婉容所居，有卧室、书房等；一楼西侧原是客厅，祥贵人谭玉玲进宫后，改做她的卧室。

长春宾馆是长春市具有现代化服务设施的宾馆之一，是1989年吉林省第一座被国家旅游局批准为三星级宾馆饭店，坐落在市中心人民广场西南侧，南邻地质宫（伪新皇宫），宾馆庭院面积四万多平方米，院内果树成林，绿树成荫，人工湖畔，柳絮倒垂；每逢春季，丁香盛开，鸟语花香，景致宜人。

长春南湖宾馆，坐落在南湖公园西南部，庭院占地80多公顷，四季景色宜人，栽树108种，22万多株，绿化覆盖率达87%，是长春环境最美的宾馆之一。南湖宾馆是50年代建筑的，是接待国家级领导人的国宾馆，随着吉林省和长春市旅游事业的发展，1989年在宾馆主楼南侧原8栋，投资80多万元进行装修改造，改为旅游涉外宾馆桦林楼，建筑面积5541平方米，为四角形三层楼房，标准间77间、套间6间，共有162张床位，有会议厅、酒吧、咖啡厅、按摩室，商务中心设有国际国内直拨电话、电传、传真、复印、兑换外币等。

长春市净月潭风景区管理局，是1984年末经市委、市政府批准成立的，负责长春市的旅游工作和净月潭风景区的规划、管理、经营工作，1986年根据长春市旅游事业发展的需要，市委、市政府决定将长春市净月潭风景区管理局改为长春市风景旅游局，办公地点从净月潭风景区迁到市人民政府办公楼内，下设旅游业务处、规划处、计划财务处、区政管理处、秘书处。

长春市海外旅游公司，隶属长春市风景旅游局，是1989年8月20日经国家旅游局批准具有对外招徕权的一类旅行社，地址在斯大林大街2号，省春谊宾馆院内南侧，内设中旅部、日本部、贸易部、综合部。可承办包价旅行团队，散客委托、国际会议等项目业务，经营长春市、吉林省及全国各旅游路线的观光旅游项目，以及多种专项旅游业务，配有英、日、德、俄、朝、粤等语种的导游人员。

长春市海外旅游服务公司，下设一个国际商场，地址在斯大林大街2号，春谊宾馆西侧，营业面积近100平方米，流动资金30多万元，是经市政府1989年11月28日批准的，主要经营旅游商品，为来长春的外国人、华侨、港澳台胞提供国内外名特优产品、地方土特产品，外汇烟酒、金银手饰等。这个商场是长春市旅游商品打入国际市场和对外贸易创汇的窗口。

旅游路线有长春市内两日游的两条线路。

第一条线

伪皇宫——缉熙楼、勤民楼、同德殿、御花园等

参观溥仪的卧室、书房、佛堂、药房和婉容、谭玉玲的卧室及婉容吸鸦片的房间。参观日本帝国主义侵华罪行展览等。

地质宫（伪新皇宫）、八大部

参观地质宫（伪傀儡皇帝的新宫殿），伪国务院、八大部（即伪军事、司法、经济、交通、兴农、文教、

外交、民生部和伪最高综合法衙），这都是殖民地时代留下来的遗迹，已成为教育后代人的教材和日本军国主义侵略我国的历史见证。

净月潭风景区

距市区12公里，是一处山、林、水、田相结合的游览区，有林海供人探幽寻胜，有水面供人游泳、荡舟、垂钓，可称是浩瀚的水面，幅员辽阔的森林，起伏重叠的山岭。人文景观有金代开国元勋完颜娄室古墓，净月潭是北方著名的旅游胜地，游人可在这里野营、度假、野炊、露宿。

第二条线

长春电影制片厂

长影是新中国第一座电影制片厂，是我国规模较大的影片生产基地，也是著名的旅游点，游人在这里可以参观摄影棚、特技车间、道具库、服装库、仿建的故宫养心殿、前门一条街、球幕电影等。有幸的游人能参观拍摄电影的部分场景。

长春市少年宫

少年宫位于儿童公园南侧，是培养幼儿少年人才，开展文体活动的场所。宫内开设有美术、书法、舞蹈、音乐、弦乐、管乐、钢琴、武术、电子等专业的六十多个培训班。游人可参观幼儿班、中班、大班，并能观看到艺术团和其它专业班的表演。

汽车城

长春第一汽车制造厂，称为“汽车城”，是我国汽车制造业的基地，1953年动工兴建，1956年投产，全厂现有职工近7万人，厂区面积1400万平方米，年产近10万辆新型ＣＡ—141解放牌汽车，新增奥迪牌高级轿车已投入批量生产。游人到此可看到中国第一部“东风”牌小轿车，还可参观生产汽车的全过程。

游人还可参观汽车城市容及“共青团花”。“汽车城”有配套的科研机构和大中专、中小学教育系统，还有旅游公司和旅游涉外宾馆和餐馆。

（张恩林　贾丽萍）

哈　尔　滨　市

〔综述〕 1989年旅游人数和外汇收入大幅度下降。全年接待国际旅游者5814人，比上年下降40.1%。其中，外国人8827人，比上年下降37.8%；港澳台同胞16628人，比上年下降40.7%；华侨359人，比上年下降58.6%。日本、美国、联邦德国、加拿大、英国、泰国、意大利、澳大利亚等国家客源大幅度下降。日本下降60.4%，美国下降53.8%，联邦德国下降46.9%，加拿大下降43%，英国下降62.1%，泰国下降28.8%，意大利下降53.9%，澳大利亚下降59.6%，苏联、法国、新加坡游客有所增长。苏联1733人，比上年增长249.4%，法国304人，比上年增长48.3%，新加坡321人，比上年增长1.6%。

国际游客在哈尔滨逗留天数有所增加。1989年平均每一国际旅游者在哈尔滨逗留2.86天，比上年增长11.4%。

全年旅游外汇收入1882万元(外汇人民币，下同)，比上年下降24.5%。其中商品性收入908万元，比上年下降27.4%；劳务性收入974万元，比上年下降21.6%。劳务性收入中，旅行社和旅游业务费收入150万元，比上年下降47.2%；宿费357万元，比上年下降14.1%；长途交通费451万元，比上年下降13.4%，其中民航379万元，比上年下降2.3%，铁路60万元，比上年下降31%。

1989年，全市旅游部门的经济效益也大幅度下降，全年营业收入6209万元（人民币，下同）比上年减少621万元，下降10.7%；利润总额470万元，比上年减少231万元，下降33%。在全市6家较大的旅行社中，2家略有盈利，其余4家均亏损。

1989年全市国际旅游业不景气的主要原因：一是民航机票价格上浮过多。每年1～2月哈尔滨冰雪节期间，是哈尔滨的旅游旺季，是一年中客源最集中的时期，主要客源是港澳台同胞。1985年至1988年的4年中，同期来哈尔滨的人数平均每年递增23.6%。而1989年广州至哈尔滨机票上涨1.5倍，冰雪节期间来哈尔滨的国际旅游者仅为16287人，比上年下降39.3%，比预计来的人数减少75%。二是受动乱和暴乱的影响。1989年6月至12月来哈尔滨旅游的人数仅为5803人，比上年同期下降54.3%；旅游外汇收入428万元（外汇人民币），比上年同期下降70.4%。三是旅游景点缺乏吸引力，经营管理不善，服务质量不高。

〔全国七城市旅游业青年优质服务竞赛〕 由北京、哈尔滨、西安、成都、桂林、福州、洛阳等7个城市团委和旅游局联合举办的“全国七城市旅游业青年优质服务竞赛”表彰会，1月20～24日在哈尔滨召开。这次活动从1988年6月开始，历时半年，竞赛地点先后设在洛阳、福州和哈尔滨。竞赛以文明示范服务操作比赛为内容，包括客房布置、中西餐摆台、兑对鸡尾酒等项目。会上，先进集体和先进个人做了典型经验介绍，并对旅游业发展问题做了理论研讨。主题为《旅游业发展之我见》的理论研讨活动，从旅游业的经营、管理与服务、旅游业青年队伍的分析与展望、旅游业共青团工作的研究与探讨等3个方面分析了中国旅游业及青年旅游队伍的现状，阐述了青年旅游工作者对发展中国旅游业的意义、作用和肩负的责任，强调了树立有社会主义特色的中国旅游形象的必要性和迫切性。

〔**确定全市旅游业三年发展思路**〕 市旅游局面临国际市场复杂多变的形势和大部分企业的实际状况，确定了全市旅游业今后三年的总思路：坚定不移地贯彻、执行治理整顿和深化改革的方针，树立"一个转向"思想，确立"一个增加、三个提高"总目标，实行"一个大力开发，三个整顿"的措施，为重振旅游业做贡献。"一个转向"，即由过去的铺摊子、上项目、抓基本建设为重点的开发阶段转向以治理整顿、加强经营管理、增加经济效益为重点的巩固提高阶段。"一个增加、三个提高"，即增加客源和创汇；提高经济效益，提高队伍素质，提高行业管理能力。在客源和创汇上，力争三年迈出三大步，接待人数每年递增52.2%，创汇平均递增68.6%。1992年接待人数达到6800人，创汇115万元（外汇人民币）。"一个大力开发"，即大力开发国际客源市场，采取少投入、快产出的办法，主动出击，带指标走出去找客源，注意接待零散客人，注意信息的收集、整理和反馈。在宣传接待、旅游新路线开发、优质服务竞赛和市场开发理论研究上，力求有所突破。"三个整顿"，即整顿企业、整顿队伍、整顿行业。局属企业从1990年开始试行经济指标责任制。在原始数据准确、底数清楚、递增或减亏指标明确的基础上确定不同形式的指标责任制。在以旅游为主的原则下，鼓励企业探索以旅游为主、多种经营的新路子。整顿队伍的关键是加强各级领导班子的建设。在行业管理上要起步趟路，探索经验。积极探索全市旅游行业管理模式，由过去的单纯管理企业向管理行业的方向转化。

〔**海外旅游商来哈尔滨考察**〕 11月初，来自日本、美国、加拿大、比利时、新西兰、苏联、泰国、新加坡以及香港、台湾等10个国家和地区的91名旅游商，应邀来哈尔滨市旅游考察。客商们参观了哈尔滨玉泉狩猎场，对狩猎场开设的冰雪、狩猎等具有自己特点的旅游项目产生了兴趣。客商们还游览了哈尔滨市容，就近考察了桃山狩猎场、五大连池、黑河等地的旅游资源。客商对在哈尔滨市开展中国与苏联的旅游项目反应强烈，建议加强哈尔滨市的旅游设施建设，增添新的旅游项目，大力开展宣传促销工作，提高知名度。考察期间，全市8家国际旅行社就客源接待问题同海外旅游商洽谈200余次，签订书面组团协议58份，达成口头协议19项，预计组团5000人。

（刘云平　康洪业）

南　京　市

1989年，是南京旅游业经受了困难和考验的一年，也是南京市旅游局以及南京市旅游服务联营公司成立以来艰苦创业的第三个年头。三年前，南京旅游业的国际旅游部分，由省属在宁旅游企业经办；国内旅游部分，则由商业部门以及其它部门组织经营，没有统一的管理机构。1987年，南京市委、市政府根据"对内搞活、对外开放"的方针，为发挥南京港的枢纽作用和旅游资源优势，发展旅游事业，决定建立南京市旅游局和南京市旅游服务联营公司。与此同时，市政府还决定将新落成的南京玄武饭店和隶属于商业部门的南京市旅游公司（三类社）整体移交给旅游局，作为开展工作的基点。三年来，南京市旅游局以及旅游服务联营公司，边组建边着手进行行业规划和管理，边积极开展对外业务，着重于"硬件"和"软件"两方面的建设，为南京旅游业的发展打下了较好的基础。在行业规划和管理方面，编制完成了南京旅游发展总体规划；制定了《关于加强南京书画市场管理的暂行规定》、《南京市国内旅游服务计费试行办法》等五个法规，并对国际旅游接待实行定点服务管理，对国内旅游组织行业协会进行管理；《南京旅游业全行业管理暂行规定》，也已报市政府审批。为了发展自身，南京市旅游局直接组建了南京海外旅游公司，以及南京市友好旅行社和航空旅行社两个二类社；建立了全国首家由旅游部门主管的地方航空公司——中联航南京公司；成立了南京市旅游产品总公司；与秦淮区合资经营南京得月台国际购物中心；与海南省旅游总公司在三亚市合资建设金陵度假村；与日本名古屋市合资建设南京古南都饭店等。此外，由南京市旅游局牵头，与东南大学、南京市女子中专等联合组成南京旅游人才培训中心，承担对南京地区旅游人才的培训任务。三年的辛勤劳作，使南京市的旅游系统已初具框架，卓有成效地增强了旅游业的行业管理功能和综合接待能力。南京地区现已拥有江苏海外旅游公司等2家一类旅行社，国旅南京分社等10家二类旅行社，南京旅游社等22家三类旅行社，金陵饭店等9家旅游定点饭店，金桥饭店等9家涉外饭店，友谊商店等21家旅游购物定点商店，宁鹿汽车有限公司等6家国际旅游定点汽车、船舶公司，玄武湖白苑等5家国际旅游定点餐馆，扫叶楼等7家国内旅游定点餐馆，以及中联航南京公司。

1989年，南京旅游业与全国其它城市一样，受春夏之交政治风波的波及，一度陷入困境。面对严峻的形势，省、市旅游部门齐心协力，同舟共济，以崇高的使命感积极主动开展工作，一手抓宣传促销，消除动乱影响，一手抓治理整顿，树立良好的南京旅游形象。在宣传促销方面，主动邀请海外旅行商来大陆实地考察；以日本、东南亚等为主要市场目标，派出推销小组进行重点促销；利用全国性和地方性各种大型旅游活动，广泛进行宣传招徕，特别是集中力量办好江苏国际旅游周，并积极开辟适销对路的新项目、新线路、新景点；加强与兄弟城市的横向联系，发展区域性旅游等。在治理整顿方面，全面开展行业职工队伍整训；依据法规综合治理旅游市场；组织导游员资格考试，抓好旅行社的整顿；进行饭店评定星级工作，以及搞好旅游定点服务管理等。6月，正值旅游业跌入谷底之际，南京市旅游事业委员会正式成立，给予了旅游工作有力的推动。在省直属驻宁旅游企业和南京市旅游部门的共同努力下，南京地区全年共接待海外旅游者17.59万人次，旅游创汇收入12181万元外汇人民币，分别为上年的61.3%和90.3%。两项指标均超出国家旅游局的预测指标，取得了令人欣慰的成绩。此外，全市22家三类旅行社全年共接待国内游客42.9万人次，回笼人民币697万元。

值得提到的是，1989年的南京旅游业，尽管受到外部突发性事件的影响面临巨大困难，但仍然信心十足地坚持不懈地进行基本建设，并富有实实在在的成效。10月中下旬，国家旅游局刘毅局长来南京视察，并现场察看了秦淮风光带等景点建设以及金陵旅馆管理干部学院建设情况，给予了较好评价。其成果主要表现在以下几个方面。

一、关于旅游资源的开发。最为突出的是秦淮风光带（一期工程）顺利建成。该项目的建设始于1984年，是在南京市政府的直接领导下进行的，1986年被国家旅游局列为重点项目，至1989年底，共实施94个子项，完成建筑面积16万平方米，投入资金9000多万元（其中国家旅游局安排2250万元）。至此，夫子庙文庙、学宫、贡院三大古建筑群全部复建落成，贡院街、贡院西街店面改造基本完成，向国内外游客展示了明末清初江南街市的风貌。瞻园扩建、香君故居、萃苑小游园、得月台、中华门城堡等建筑也已建成对外开放。该项目作为江苏国际旅游周的主要内容，于11月1日正式举行开放仪式，获得圆满成功。

二、关于旅游饭店建设。引人注目的是，由南京市旅游服务联营公司和海南省旅游总公司在三亚大东海之滨合资建设的金陵度假村，于12月16日正式对外试营业。该项目总建筑面积1.5万平方米，拥有148间客房以及中西餐厅、酒吧、舞厅等。其工程于1988年6月开工，1989年11月建成，速度和质量在海南有口皆碑。金陵度假村的建成并开业，是促进南京和海南两地旅游业合作和发展的良好开端。在建设期间，国家旅游局何光暐副局长曾到施工现场视察。此外，由南京市旅游服务联营公司与日本名古屋市南京古南都饭店投资株式会社合资建设的南京古南都饭店，也于12月29日开工建设。该饭店主楼共26层，拥有300间客房和40间商务办公用房及其它服务设施，计划1992年建成。这个项目的合作成功，将成为南京旅游业的对外经济贸易发展的一个重要"窗口"。

三、关于旅游交通。由南京市旅游局主管的中国联合航空公司南京公司（拥有两架运七客机），自1988年底开航以来，已开辟南京至福州等10条航线，并根据江苏海外旅游公司等旅行社要求，承办包机业务，开通4条包机航线。该公司1989年共执行航班150个，包机72架次，飞机航程29万公里，接待宾客1.4万人次（其中海外游客2518人次），营业收入162万元（其中外汇人民币37.7万元），在试营运的第一年就取得较好成绩。旅游航空业务的开展影响很大，九江、汕头等许多中小城市也来联系合作通航。福建省还购置了一架运七飞机，加入了该公司，计划于1990年一季度投入。此外，南京机场国际候机厅于1989年1月落成并投入使用，大大改善了接待出入境旅客的条件。在铁路交通方面，我国第一列双层空调客运列车于4月开始在沪宁线上运行。旅游部门还和铁路部门共同投资，改造了三节旅游专用车厢，投放南京至苏州铁路线运行，专供观光旅游的外国人、华侨、港澳台同胞使用。

四、关于旅游人才培训。1989年初，南京市旅游局首次召开旅游教育工作会议，研究确定了教育培训工作的近期目标和全年的工作计划。全年共举办12期业务培训班，800余人参加了培训。"中心"还将培训与旅游市场治理整顿有机结合起来，重点是全市导游员培训、国内旅行社经理培训，以及旅游企业领导干部集训。为了加强政治思想工作，提高队伍素质，金陵旅馆培训中心、丁山宾馆等旅游涉外饭店还将岗前培训生381人送往南京炮兵学院短期军训，开创了饭店预备服务员军训的先例。受训人员经过严格、正规的强化训练，不仅增强了国防意识和掌握了基本的军事知识及技能，更重要的是磨练了意志和毅力，培养了服从命令、听从指挥、团结守纪、举止文明的好作风、好习惯，增强了整体观念。其效果与旅游涉外饭店对员工的要求很贴切，值得提倡。

（邢定康）

杭　州　市

（一）1989年，杭州市旅游业在持续发展中受到"6·4"政治风波的重大冲击，经过广大干部职工的努力，已走出低谷，得到较快的恢复和发展，为"重振旅游"打下了较好的基础。

接待人数和旅游创汇低于上年水平。1～5月份接待海外游客14.8万人次，比上年同期增长30.7％。6月初受动乱影响，出现了前所未有的大滑坡。经过各方面努力，8月份客源开始回升，第四季度出现了恢复和发展的势头。但总接待量和总创汇数仍低于上年水平。全年接待海外游客24.85万人次，比上年下降28.8％，其中外国人、华侨下降幅度较大，外国人下降55.8％，华侨下降53％；而港澳台同胞略有增加，比上年增长2.4％。旅游外汇收入1.09亿元外汇人民币，比上年下降37％。接待国内游客1653万人次，比上年下降6％。

杭州市旅游总公司系统接待人数和创汇数略好于全市水平。全年接待海外游客13.58万人次，比上年下降20％，接待量占全市的比重，由上年的48.6％增加到54.6％。创汇4233.6万元外汇人民币，比上年略有减少。

对外宣传招徕进一步加强。针对客源下降的情况，旅游部门多次召开市场销售会议，分析形势，研究对策，明确市场推销的重点目标。同时先后联合推出"西湖之秋"旅游项目和杭州——黄山旅游线。举行"西湖之秋"旅游项目新闻发布会，有14家海内外报纸进行了报道，造成了一定的声势。各旅行社和饭店、宾馆积极主动地开展各种有针对性的宣传促销工作，争取到一批客源，并为1990年的客源打下了较好的基础。

整顿旅游队伍工作全面开展。省市旅游部门相继成立了整顿集训领导小组，开展整顿集训工作。杭州市旅游总公司在部署面上工作的同时，侧重抓了全系统部门以上骨干的集训工作。先后举办了两期基层主要领导集训班和三次部门以上干部参加的报告会。各旅游企业普遍组织干部职工进行轮训学习，提高了广大干部职工的思想认识，振奋精神，努力搞好接待服务工作。同时刹住了索要小费私授回扣的不正之风。各单位内部建设管理也有了加强，特别是旅游涉外饭店积极创造条件，为星级评定作准备，经评审考核，友好饭店、新侨饭店和望湖宾馆首批被定为三星级饭店。

增收节支取得一定成效。在旅游业面临困难的情况下，各企业狠抓经营开拓，千方百计增加收入。杭州海外旅游公司积极扩大招徕客源，全年接待海外游客2.2万人次，创利34万元，是全市同行业中接待量和经济效益唯一取得双增长的单位。杭州天马洗衣公司在坚持为饭店洗涤服务的同时，积极发展外贸服装洗涤业务，经济效益明显增加。全年营收247.8万元，实现利润60.1万元，分别比年计划增长147.8％和233.8％。同时狠抓节约活动。通过加强对设备、设施的维修保养，控制修理、改造，核定合理库存量，降低水、电、煤、气、油料消耗，妥善处理用工等一系列措施，为企业节约了大量开支，也为渡过暂时困难创造了有利条件。

行业管理有所加强。为了坚决刹住旅游行业不正之风，省市旅游部门提出了整治方案，在机场、车站、码头、主要风景区、宾馆、商场等设立了投诉箱，公布了举报专线电话。省中旅社、省青旅社对定点餐馆逐个重新落实。省外事汽车公司对索要小费私授回扣作了若干规定。国旅杭州分社和杭州海外旅游公司分别成立了优质服务检查小组，定期到各风景点、餐馆、饭店、商场抽查导游上岗情况，取得了较好的监督效果。杭州市旅游总公司会同市工商行政管理局对全市（包括市属各县）三类旅行社进行了为期10个月的清理整顿，组织专人有重点的进行了检查，经过验收，对符合旅行社开办条件的29家旅行社发放了业务经营许可证。同时，举办了三类旅行社经理业务培训班，组织导游人员实地观摩学习，对导游人员持证上岗情况进行了多次检查，使之逐步纳入行业管理轨道。

1989年，省市旅游部门组织导游人员参加北京春花杯中国导游大奖赛。省中旅社的周思奋、国旅杭州分社的聂闻文荣获全国最佳导游称号；杭州海外旅游公司的马成中、梁晓帆荣获全国优秀导游称号。

根据国家旅游局和原劳动人事部关于旅游行业实行技师聘任制的实施意见，省市旅游部门在杭州9家旅游饭店开展了评聘技师的试点工作，评出18名工人技师和5名高级技师。

旅游景点增加。新建的苏东坡纪念馆正式开馆。黄龙洞景区新辟了汲古园，六和塔景区等增加了人文历史古壁画。杭州碑林和太子湾公园分别完成了第一期工程并对外开放。龚自珍、于谦故居修复完工。

附表：

1.杭州市1989年接待海外游客人数统计表；

2.杭州市1989年来杭外国人结构表。

表一：杭州市1989年接待海外游客人数统计表（单位：人）

总计	外国人	华侨	港澳台	其中：台胞
248502	66094	18819	163589	114811

表二：杭州市1989年来杭外国人结构表(单位：人)

国　籍	人　数	国　籍	人　数
总　计	66094	美　国	9533
日　本	19804	英　国	1591
菲律宾	1504	法　国	3147
新加坡	3084	西　德	5075
泰　国	2402	澳大利亚	2121
印　尼	189	其　他	17648

（二）杭州市是国务院确定的国家重点风景旅游城市和历史文化名城，是浙江省的政治、经济、文化中心。自然赋予的独特环境和几千年的人类历史活动，形成了大量的自然景观和人文景观，成为海内外人士向往的旅游胜地。

改革开放以来，杭州市的旅游事业得到蓬勃发展，来杭游客迅速增加。1988年接待海外游客34.92万人次，比1978年的5.3万人次增加5.5倍，平均每年增长20.6%。国内游客达1759万人次，比1978年的600万人次增加近3倍。1988年旅游外汇收入1.73亿元外汇人民币，比5年前增长5.3倍。国内旅游收入达17～20亿元人民币。

为适应接待工作需要，经杭州市人民政府批准，1983年8月成立了杭州市旅游总公司。至1988年末，杭州市旅游总公司拥有11家企业，职工3000余人，符合国际旅游标准的客房1500间，各种进口出租汽车170辆，形成了吃、住、行、游、购、娱配套成龙的旅游经营集团。同时，受杭州市人民政府委托，对全市旅游事业行使行政管理职责。

杭州市经营国际旅游业的单位1988年有14家，其中一类旅行社2家，二类旅行社10家。经营国内旅游的三类旅行社31家。旅游线路大幅度拓展，已发展到400多条，其中常年经营的旅游线路有40多条，基本上形成了以杭州西湖风景区为中心的向全国辐射的旅游网络。

旅游服务设施日臻完善。至1988年末，杭州市区共有宾馆、饭店、招待所707家，床位85085张。其中旅游涉外宾馆13家，客房三千余间，与1978年相比，旅游涉外宾馆增加了3倍，客房增加了6倍。新建的友好饭店、新侨饭店、黄龙饭店、望湖宾馆和国际大厦、杭州大厦等已先后开业。原有的宾馆、饭店大多进行了改造、装修、扩建。现在高中低档客房配套，能满足各种不同层次海外游客的需要。市区旅游交通车辆已增加到1500辆左右，西湖游船有各种船只580只，风景点商业、饮食业服务网点有五百多家，构成了游憩、娱乐、饮食、购物一条龙服务网络。

旅游景点增加。杭州市先后投资扩建、修建、新建公园、风景名胜三十多处，增强了旅游区、风景点的功能和吸引力。扩建曲院风荷公园，修复新建了望湖楼、镜湖厅、灵峰探梅、圣塘路等景区，丰富了观光内容，增加了景点容量。采取多种措施，改善西湖水质，使西湖风景区更美、更丰富、更大了。开发了钱塘江、富春江、新安江和千岛湖——“三江一湖”新的旅游线，充实了旅游活动内涵，使游览区得到延伸和发展。具有地方特色的杭州胡庆余堂中药博物馆古建筑群已建成对外开放，中国丝绸博物馆、中国茶叶博物馆、南宋官窑博物馆即将建成并对外开放。

对外宣传促销活动积极开展。确定了“美哉，杭州”的旅游对外宣传口号，并制定了旅游标志图案。出版了形式多样的宣传画册、幻灯片、电视录像等资料，提高了杭州在国际上的知名度。通过全方位、多渠道、多形式的宣传促销，与世界各主要客源国（地区）和国内各口岸城市、重点风景旅游城市的旅游企业建立了广泛的业务联系，开辟了客源渠道。先后推出修学、教育、书法、体育、民俗、宗教、会议、仿古、钱江观潮等数十种地方特色旅游项目，举办了杭州桂花节、桐庐中药节、西湖夜游等大型旅游项目活动，在国内外产生了一定的影响。

旅游专业队伍逐步壮大。到1988年底，市区从事国际旅游业的职工已加强到六千多人，建立和培养出一支包括英、日、法、德、意、俄、朝等世界主要语种及粤、闽等方言的翻译、导游队伍，形成了较强的外联接待能力。为培养专业人才，杭州大学和杭州商学院先后设置了旅游经济系和饭店、餐饮专业。省市旅游部门开办了旅游职工中等专业学校和旅游职业学校，成立了浙江省国际旅游培训中心。

市属七县旅游事业发展迅速，尤以“三江一湖”沿线的富阳、桐庐、建德、淳安四县较为突出。桐庐县开发瑶琳仙境后，游客接待量已连续三年超过百万人次，成为全国县城接待游客之冠。富阳县推出“农家乐”特种旅游项目，游客增长较快，1988年达到28万人次。建德、淳安两县大力开发新安江、千岛湖，使杭州西部旅游线的知名度日益提高。1988年两县接待游客分别达到86.2万和22万人次。

（傅民安）

宁　波　市

一、旅游资源现状

宁波旅游资源丰富，以“人文景观奇特，自然景观壮美，深水良港得天独厚”著称，文化遗迹，风景名胜遍布。全市有各级文物保护点1046处，其中国家级重点文物保护单位5处（保国寺、天一阁、它山堰、河姆渡古文化遗址、上林湖越窑遗址），省级重点风景名胜区2处（奉化溪口雪窦山风景名胜区、东钱湖风景名胜区）。宁波主要可参观、游览的风景名胜有：具有7000年文明史的河姆渡古文化遗址，我国现存最古老的藏书楼天一阁，江南最古老、最完整的北宋木结构建筑保国寺；号称“东南佛国”、日本佛教曹洞宗“祖庭”的天童禅寺，藏有佛国珍宝“释迦牟尼真身舍利”的阿育王寺和雪窦寺；独立于东海之滨的招宝山，风景如画、浙江省最大的淡水湖东钱湖，春水宜浴的南溪温泉以及蒋介石先生父子故里溪口雪窦山风景区。此外，还有市内的月湖，建于唐代的天封塔和热闹非凡的老城隍庙、鼓楼及市郊的梁山伯庙等。

宁波属亚热带季风气候，年平均温度16.2°C，四季宜游。

二、旅游业现状及旅游组织机构

随着改革开放的深入，宁波与世界各国的交往不断扩大，海外客人到宁波洽谈贸易、旅游观光、佛教朝拜、学术讨论及探亲访友的越来越多，旅游业也得以较大发展。全市现有涉外旅游饭店9家，客房总数为1070间（套），床位2223张，其中三星级饭店2家（亚洲华园宾馆、宁波饭店）。各类旅行社21家，其中一类社1家（宁波海外旅游公司），二类社3家（国旅宁波支社、宁波中旅社、奉化中旅社），三类社17家。旅游从业人员达1500余人。

履行全市旅游全行业管理的机构是宁波市旅游公司，设总经理室、办公室、企业管理处、宣传处、政治处、劳动工资处、计划财务处。直属单位有亚洲华园宾馆、宁波饭店、海外旅游公司、国旅宁波支社、宁波中旅社、友谊汽车出租公司、旅游服务公司、友谊旅游综合经营部、天马旅游用品厂等。

三、1989年组织接待及客源情况

1989年，克服了由于大气候影响造成的重重困难，实现了年初确定的目标。全市接待国际旅游者22400人次，营业总收入3424万元，创汇1544.9万元外汇人民币。

宁波接待的国际游客多达三十几个国家和地区，其中港澳台居首位，占58.04%，其次分别为菲律宾、日本、新加坡和美国。

四、通讯、交通现状

宁波交通、通讯发展较快。程控电话可直拨100多个国家和地区。民航班机已通北京（每周四、六）、上海（每周二、四、六、日）、广州（每周四、六）、武汉（每周二、六）、厦门（每周三、五、日）、南京（每周二、四）、青岛（每周四）、南昌（每周四）等城市，有34个航班在宁波站起降。1990年栎社国际二级机场将全面开通，不仅能增加国内各大城市的航线航班，而且还计划开通日本、香港等国家和地区的国际航线。客轮通往上海、香港、温州、普陀山等地。铁路通往全国各地。市内交通便捷，22条公交汽车线路穿梭于市区街道及市郊主要乡镇；以中外合资宁波友谊汽车出租公司为主体的135辆各类豪华型双空调汽车，为来宁波的中外游客提供了极大方便。

五、培训、教育情况

培训、教育是旅游业加强经营管理、提高服务质量的重要环节。1989年举办的职业道德、导游专业、财会业务和旅游综合理论等各种培训班共8期，参加的干部职工和专业人员近300余人。其中全国导游人员资格统考中，取得了良好成绩，合格率75.2%，二类社合格率达91.3%，居全国之首，三类社合格率75.4%，争得全省第一。为了提高旅游业干部队伍的业务素质和管理水平，还与杭州大学联合主办了宁波旅游系统（专业证书）大专函授班，参加学员110人，1990年秋季可毕业。

加强培训、教育与持久开展优质服务活动结合，掀起争先进、学先进的良好风气。1989年，宁波市制订了优质服务制度，开展了一月一评优秀服务员活动，涌现了一批先进单位和个人。亚洲华园宾馆、宁波饭店2名服务员在宁波市“十业百家优质服务竞赛”中评为先进个人；国旅宁波支社、宁波中旅社2名同志分别被国旅总社和中旅总社评为全国国旅和中旅系统优质服务先进个人。同时，在全国中旅系统十大城市优质服务竞赛中，宁波市的导游服务、车辆服务、饭店餐饮、客房服务等综合服务分别荣获第二名。此外，还举行了一次全市导游演讲比赛，增进了导游强化业务知识的积极性。

六、重大旅游推销活动

1989年3月，市旅游公司派出洽谈推销组赴日本东京，举办了“宁波旅游观光说明会”，推出31条旅游线路和10多个特殊旅游项目，与30多家日本旅行商进行广泛接触和业务洽谈，收到了较好的效果。下半年，宁波海外旅游公司派员赴港外联，不仅稳定和招徕了部分团体，还获得了海外市场信息。利用其他出访机会，抓住机会疏通客源，也是招徕客源的好方法。4月，由市旅游公司督造的“宁波旅游龙船”，在日本横滨国际博览会上进行为期80天的展览，参展人员在“龙船”的操作表演介绍工艺精湛的宁波旅游产品同时，走访了日本有关旅行社和饭店，进一步扩大了宁波在日本的影响。各旅游企业也根据各自的优势，横向联系、内外结合、联合促销，既给企业带来直接的经济效益，又树立了宁波旅游的整体形象。

七、宣传招徕情况

重视宣传招徕工作，对旅游业的发展起着举足轻重的作用。1989年，编印了《宁波旅游》、《宁波导游图》及旅行社、饭店指南，旅游景点指南等二十余种图书及导游图和四十余万册宣传品；拍摄制作了3部风光录像片；在国内外报刊刊登介绍宁波旅游文章近百篇。同时，先后邀请了国内二十余家新闻单位和香港、日本、比利时等国家新闻记者、电视台摄制组来宁波采访、拍摄。

（俞根岳）

厦门市

今年，继续深入治理整顿，大力振兴旅游业。北京发生政治风波，对我市旅游业严重影响，六月份来厦境外的游客比上年同期下降70.79%，各家宾馆开房率处于历史最低水平。面对严峻的形势，市政府领导及时召集全市旅行社、涉外宾馆总经理会议，研究对策。局领导也多次深入旅行社、宾馆，讨论克服困难办法。经过努力，旅游业迅速复苏，逐步发展，全年接待海外游客13.8万人次，比上年下降8.2%，旅游创汇突破一亿大关，达1.13亿元外汇人民币，比上年增长18.94%。台胞7.3万人次，增长22%。这一年，旅游设施进一步完善，服务质量有所提高，旅游形势逐步好转。

全年主要抓了以下工作：

（一）对全市导游员进行强化培训和资格考试，对考试及格导游员发放导游证，实行佩证导游制度，定期检查，纠正无证导游混乱现象。

（二）整顿旅行社。对全市九家二类社、八家三类社分批进行整顿验收发放许可证，并与公安、工商部门配合整顿旅游市场，取缔非旅游部门经营旅游业务的非法活动。

（三）加强对外宣传，扩大影响。组织涉外宾馆总经理赴香港参加第三届国际旅游博览会，重新制作厦门旅游线路系列图，拍摄胡里山炮台和鼓浪屿两个旅游风光片，世界旅游日举行彩车宣传活动，邀请港、台旅行社同仁来厦考察，宣传了厦门，争取了客源。

（四）进行宾馆星级评定。对全市申请评星的21家宾馆分批评级。第一批已经国家旅游局和省旅游局批准并发证，有四星级一家（悦华酒店），三星级两家（鹭江宾馆、信息酒店）和二星级两家（航空宾馆、集美宾馆）。第二批七家已评议完备，待审批。

（五）开辟新的旅游线路。重点开辟海沧慈济宫，吸引台胞回乡朝圣、祭祖。厦门到沼屿的海上旅游线，也招徕了大批游客，开辟短期旅游线路，以补长线之不足，如不少旅行社增辟了一日、二日、三日游，悦华等饭店发挥自身优势，在饭店内开展一日游活动，深受游客欢迎。

（六）大抓培训工作。在旅游业滑坡期间，抓住时间，加强职工培训，全市集中宾馆业务骨干240多人，进行为期一周的强化培训，学政治，学业务。许多旅行社、宾馆利用空隙时间，分批组织员工学习、培训，提高了政治业务素质和服务水平。

厦门旅游业是随着经济特区的建设而起步的。特区建设带动了旅游业，旅游业的发展促进了特区建设。

一、接待海外游客人数猛增。1981年为26994人次，1989年为13.8万人次，增长413%。如以最高的1988年的15.2万人次为例，则增长463%。10年间每年平均以23%的增长速度发展。两年多来台胞跃为主要客源，去年占55%。

二、旅游资源开发。10年来对12个自然景观类型、34个人文景观类型和169个景点进行扩建、修建、完善和配套，已形成集美、鼓浪屿、万石岩和南普陀四个游览区。

三、旅行社。1981年前，全市只有中国旅行社一家，发展到目前已有一类社1家，二类社9家，三类社7家，共17家。

四、涉外宾馆。1981年前，只有2家涉外宾馆，130间客房。目前可以接待海外游客的旅游宾馆21家，拥有客房2100间。

五、旅游队伍。目前直接从事旅游业的员工将近一万人，加上间接从事旅游业的人员，共五万多人。

五、旅游交通。厦门已初步形成海、陆、空立体交通运输网络。高崎国际机场已开辟通往国内主要城市及香港、新加坡、马尼拉等28条航线，每周127个航班。海运方便，南至广州、香港，北抵温州、上海，均有定期客运航班，内河、内海也有客轮航班。公路四通八达。铁路连结全国铁路网。通讯便捷，可与国内119个大中城市及18个国家和地区直拨通话，电传、图文传真也甚普及。市内出租汽车一千二百多辆，招手即可上车，游客出门方便。

六、旅游创汇发展迅速。1981年旅游创汇25万美元，1989年为3050万美元，增长121倍。

七、旅游促进了特区经济建设。随着旅游业的发展，外商来厦投资办企业日益增多，仅去年，“三资”企业创造产值占全市总产值49%。台湾当局放宽台胞回大陆探亲政策两年多来，已有十二万多台胞来厦门探视旅游，洽谈业务，投资办企业，已批准合资企业237家。

青　岛　市

1989年上半年青岛市旅游业发展态势较好，1～6月份全市接待海外宾客较上年同期增长13.85%，旅游外汇收入较上年同期增长69.51%，国内旅客较上年同期增长5.51%，国内旅游收入较上年同期增长27.46%。

春夏之交的政治风波，使全市旅游发展严重受挫，原订来青岛旅游的团队陆续宣布取消，一时间旅游客源落入低谷。在严峻的形势面前，青岛市旅游局根据上级党和政府的指示精神，及时分析形势，采取各种对策，把因动乱和反革命暴乱所造成的损失降到最低限度。全市旅游战线上的广大干部职工，响应市旅游局的号召“克服困难、坚定信心，重振青岛旅游业”。旗帜鲜明，坚守岗位，表现了较高的政治觉悟。由市旅游局组织的全市导游员考试，一百五十余名导游人员在交通中断的情况下，仍准时赶到规定的风景点，按计划完成了现场考试任务。市旅游主管部门按照国家旅游局在西安召开的重振旅游座谈会的部署，着重抓了五个方面的工作。一、加强对外宣传和促销工作。通过发传真、写信等形式，向海外人士大力宣传国内事实真相，同时，积极向海外展开促销攻势。二、利用临时出现的淡季，组织行业的全员集训。组织旅游战线上的干部职工学习党的方针政策，坚定走社会主义道路的信念，强化各类岗位业务技能训练，提高人员素质。三、广泛开展双增双节活动，在旅游企业中千方百计增收节支。四、整顿旅游市场。以整顿旅行社为重点，以提高接待服务质量为宗旨，对不符合条件的旅行社进行了整顿和清理。五、搞好旅游涉外饭店星级评定工作。通过有关评审机构评定，授予华侨饭店全省第一家二星级饭店。

1989年全市共接待海外人士5.7万人次，超过调整接待计划的4.48%，较上年实际接待量下降4.86%。其中，外国人33650人次，华侨455人次，港澳同胞11319人次，分别比上年下降10.91%、22.62%和9.47%，接待台湾同胞12041人次，较上年增长26.55%。在这些海外人士中，观光游览、探亲访友和公务旅游者共42174人次，较上年减少9.45%，其中住宿游客39130人次，较上年下降8.36%，游客住宿总天数124489人天，较上年下降7.87%，人均住宿3.18天，较上年增加0.02天。青岛市主要客源国日本游客比上年减少13.78%，美国游客比上年减少42.66%，西德游客比上年减少0.12%。到青岛进行商业活动和旅游的南朝鲜客人比上年增长了近30倍，达到1289人次。

全市涉外旅行社接待工作，受动乱影响最大，三家涉外旅行社共接待8421人次，较上年总接待量减少

36.62%，其中国旅青岛支社减少34.81%，青岛中旅社减少57.31%，青旅青岛分社减少31.07%。

全市涉外宾馆共接待海外游客39130人次，较上年下降8.36%，其中：海天大酒店9047人次，汇泉王朝大酒店8639人次，黄海饭店8358人次，八大关宾馆2827人次，华侨饭店2684人次。1989年全市经济效益最好的中外合资宾馆是青岛汇文宾馆。

1989年全市旅游外汇收入总计9458.78万元外汇人民币，比上年增长56.05%。在接待人数下降的情况下，旅游外汇收入仍保持了较大幅度的增长，其主要原因是：（1）旅游涉外宾馆各种服务设施档次提高，综合接待能力增强。如：汇泉王朝大酒店对老楼进行了装修，硬件上了档次；海天大酒店多功能厅建成并投入使用；石峰宾馆开放了卡拉OK，增添了“石老人之夜”等多种娱乐活动，吸引了游客，增加了创汇。（2）长途交通条件不断改善，外汇收入增幅较大。民航部门增加了青岛飞往国内其它城市的航线的密度，调整了部分航线，增强了运力。青岛旅游航空服务公司经营的青岛——香港的直航游旅包机由每周一班增至每周三班。（3）邮电通讯状况有了很大好转，这方面的外汇收入增长也很快。

1989年全市共接待国内游客441.19万人次，虽然较上年下降12.12%，但它表明青岛仍不失为国内旅游的“热点”城市之一。由于加强了国内旅游的经营和管理工作，全市三类旅行社共接待游客54万人次，较上年增加了1.16倍，全年共接待一日游客94万人次，全市国内旅游业回笼人民币约2.97亿元，较上年增加6.83%。

（孟祥毅）

武　　汉　　市

1989年，全市接待来汉旅游的外国人、华侨、港澳台同胞4.9万人次，比上年下降32.7%，全年旅游外汇人民币收入3665万元，比上年下降26.6%。一年来，为发展我市旅游采取的主要措施是：

1.调整旅游局的领导班子。为加强对我市旅游工作的领导，适应改革开放和中部崛起的发展战略的需要，经市委、市政府研究决定，采取公开招选的办法调整市旅游局的领导班子。从三月底开始，历时两个多月，通过平等竞争和严格考核，经招选领导小组综合评定，市政府常务会议讨论同意，报请市人大批准，正式任命原武汉市工业大学常委组织部长王中复同志，为武汉市旅游事业管理局局长，尔后由局长提名，经市委组织部审查同意和推荐，市政府任命了李正义、朱鼎华、陈兆龙三位副局长，从而组成了市旅游局新的领导班子。

2.组建武汉市旅游总公司。为了开拓国际旅游市场，根据国家旅游局《关于批准武汉市旅游总公司为一类社的批复》，武汉市编制委员会下发了《关于组建武汉市旅游总公司有关问题的通知》，明确市旅游总公司以武汉国际旅行社和中国国际旅行社汉口支社为基础组建，并明确为相当副局级企业。隶属市旅游事业管理局领导。为尽快开展国际旅游业务，市政府和市委组织部于1989年11月底先后任命辜汉臣（原市旅游局局长）、胡仁祥（原市旅游局党委副书记）分别担任市旅游总公司的总经理和副总经理。开业前的准备工作正在抓紧进行。

3.扩大宣传，提高武汉旅游的知名度。为了让世界了解武汉，使武汉旅游进入国际市场，武汉市旅游局先后与香港新闻通讯社、香港观光杂志合作，出版了两期系统地介绍武汉旅游业状况的专辑，并在世界范围发行。同时还与湖北电影制片厂合作，摄制了《鄂西北线》旅游风光片，供旅游企业对国内外旅游者播放。在市政府的领导下，由武汉体育学院、市旅游局等单位首次主办了具有民族传统的专项旅游活动——《武汉龙舟邀请赛》。通过上述活动，扩大了武汉旅游在国内外的影响，并为我市解放四十周年的纪念活动增添了热烈气氛。

4.挽回损失、重振旅游。平息暴乱以后，我市旅游行业采取了各种应变措施，为挽回损失、重振我市旅游取得了良好效果。武汉国际旅行社，为保证国际游客的安全，在接待工作中坚持政治影响第一，经济效益第二的原则，在市内交通尚未完全恢复正常的情况下，对来汉的旅游者及时改变行程、改乘汽车、轮船等方法保证客人游览和中转，尽管增加了费用，他们仍然坚持按标准搞好每一次接待，受到同行和外国游客的赞扬。不少外国旅游团慕名而来，他们还率先接待了到我国旅游第一个进入故宫的外国旅游团。国旅汉口支社，以及江夏、武汉旅行社也采取积极措施招徕游客。在接待台胞的旅游服务工作中，坚持收费合理，主动提供食、住、行、游等各种方便。在国内旅游方面，对因动乱而取消或缓走团队一一上门宣传推销，变死团为活团。为满足国内游客的不同需要，变长线旅游为短线旅游，并开辟岛上、海上旅游景点，充实游程节目，增强对游客的吸引力。由于各旅行社的共同努力，我市国际旅游业务恢复较快，仅10月份接待入境旅游者一千多人，全年局属旅行社有组织接待的入境旅游者4568人，完成年计划的75%。

中港合资企业——长江大酒店，针对平暴以后经营情况大幅度滑坡的局面，根据我国政府公开宣布的有关政策法律，董事会及时制订三项对策：

一是通过各种途径，大力宣传我国政府继续坚持改革开放的政策、广招客源。通过合资方——香港公司在香港报刊上连续刊登长江大酒店的广告，热诚欢迎海内外客商和旅游者到武汉来经商和旅游。酒店梁总经理还亲自与国外旅行社和美国、澳大利亚、加拿大等国驻香港办事处进行广泛联系，宣传武汉稳定的社会环境和良好的社会秩序，并表示提供优惠条件欢迎他们组团来汉旅游。各部门经理也利用自身的各种关系，与香港、厦门、珠海等地旅行社和旅游饭店联系，希望他们向酒店输送客源。通过上述努力，七、八两个月酒店接待全国各地输送来汉的外国旅游团达60多个，计一千二百多人，使这两个月的客房出租率达到79.5%，其中旅游团组织的外宾就占15%。

二是登门拜访，争取客源。驻店董事和总经理亲自到省市对外经贸部门和有关进出口公司登门拜访，征求意见，了解客源信息，开辟客源渠道，七月份他们从市外运公司获悉该公司拟邀请日本、香港等地的二十多位专业技术人员，来汉研究集装箱的港口建设的信息，他们以七折优惠争取到这批客人进店住了一个多月。他们从省经贸厅获悉，七月份拟在汉召开全省外商投资企业协会会员大会的信息，又以免收外汇改付人民币不加收费的提供优质服务等优惠，把这个会议引进了酒店住了近一周。为酒店增加收入10万元。他们从市贸促会获悉，香港高威展览会公司拟于十月份在汉举办国际医疗器械展览的信息后，立即通过香港公司派人与高威展览公司接触。经协商以七折优惠争取到这批参加展览的五十多人在酒店住了十天，为酒店增加收入近2万美元。其中仅客房收入即达1万美元。

三是下浮房价吸引客源。酒店在淡季期间，为了吸引客源，他们把豪华客房的房价由每晚700元外汇人民币下浮到350元外汇人民币。九月份来自马来西亚有身份的商务客人一行五人到酒店下榻，经过有针对性的宣传，每人住了一套豪华间，而且住了三天，为酒店增加收入5250元外汇人民币。在平息暴乱的一段时间，由于海外客源骤减，他们还破例把酒店的二楼实行对国内客人开放，同时给予收取人民币不加收费的优惠，吸引了不少来自广东、上海、香港的客人，使七月份酒店二楼客房的出租率每天均在80%以上。通过上述措施，七月份以来，客源逐步回升，经济效益逐月好转，截至年底，全年完成营业总收入1746万元，其中外汇人民币收入1320万元，实现利润692万元，超额完成了原定660万元的利润目标。

5.大战100天，开展双增双节运动。平息暴乱后，我市旅游企业，面对客源市场不景气，各种原材料价格上涨的情况，积极响应市委、市政府大战100天的号召，动员干部职工坚持艰苦创业，勤俭办店、灵活经营，开拓增收门路，为完成年度计划作贡献。武汉饭店根据市场变化，及时调整经营策略。推出八种不同档次的客房和灵活浮动的价格，满足不同旅客的需要，为饭店增加收入12万元。为了挖掘企业的潜力，他们又及时改造东楼客房，并组织职工自己动手制作窗帘，铺地毯，搬运家具，不仅节约费用4000元，而且使新改造的客房提前半个月投入营业，为饭店增加收入8.5万元。为了减少燃料的消耗，他们修建了煤棚，加强了管理，节约用煤438吨。他们还发挥副营业务部门创收的积极性，狠抓糕点的花色品种和质量，使饭店的糕点打进了武汉市场的柜台，为饭店拓宽了增收的门路。市旅行总社所属人民饭店和汽车队，在双增双节运动中，坚持自己动手维修锅炉和汽车，既保证了经营的正常运转，又节约了修理费。人民饭店餐厅在公宴减少的情况下，及时组织时令菜肴与顾客见面，并在色香味型上狠下功夫，从而吸引了大量零星顾客，保证了全店经济效益目标的超额完成。

（彭琼芳）

广　州　市

〔**综述**〕 1989年，广州各口岸入境的海外旅游者146.53万人次，比上年减少11.03%。其中外国人21.2万人次，华侨1.53万人次，港澳同胞106.74万人次，台湾同胞17.06万人次。广州地区主要涉外宾馆（酒店）接待海外游客124.96万人次，比上年减少38.3%。其中接待外国人26.5万人次，接待台湾同胞19.44万人次，分别比上年减少44.73%、15.98%，海外游客在广州人平均停留1.95天。另外，接待国内游客303.45万人次，比上年减少3.68%，国内游客在穗人平均停留2.49天。

1989年广州地区旅游外汇收入（包括铁路、民航、交通、电讯等）共9.48亿元外汇人民币，比上年减少1.53亿元，下降13.89%，这是自1984年以来首次出现的负增长。其中劳务性收汇6.85亿元，比上年减少11.47%，商品性收汇2.63亿元，比上年减少19.61%。157个主要旅游企业（包括主要的涉外宾馆、旅行社、餐馆、汽车公司和游乐场等）的营业收入26.02亿元，比上年增长4.87%，外汇收入6.7亿元外汇人民币，比上年减少8.97%，上缴税利3.41亿元，比上年减少22.31%。企业的经营费用率比上年增加6.88个百分点，达到42.25%，利润率为9.82%，比上年下降4.62个百分点。

造成旅游业较大幅度跌落的原因：主要是从年初开始出现的接待海外游客量的减少。1～5月，广州主要涉外宾馆接待海外游客62.08万人次，比上年同期减少22.07%，特别是受“6·4”事件影响，6、7、8三个月，广州市接待的海外游客分别只占上年同期的27.1%、33.42%、48.67%，主要涉外宾馆的平均开房率分别是60.4%、67.7%、70.3%。5～9月，全市32家主要旅行社共接到2797个海外旅游团（共5.44万人次）的退团通知，仅此一项，即减少直接外汇收入约1900万元。在接待量骤减的情况下，旅游企业的营业收入和外汇收入反而略有增加或下降幅度较小，反映出物价指数的提高。

面对滑坡，广州地区旅游部门以积极主动的态度做了大量的工作：采取请进来、走出去的方式，反复向海外新闻界、旅游界做工作，请旅游者放心前来；协调组织广州地区各旅游企业以及民航共同订出优惠价格，吸引游客，扶持海外经营中国旅游业务的旅行社；组织举办了第三届广东欢乐节和广州美食节，努力丰富访穗游客的文娱生活；发起组织全国计划单列市和杭州、桂林等16个城市旅游局长联谊会。并于12月下旬在广州召开首次会议，各地出席会议的旅游局长和一类旅行社经理提出了发挥联合的优势，重振旅游业的要求。

这一年，广州地区的一类旅行社先后开办了广州市居民赴泰国、新加坡—香港旅游业务。国内旅游方面，各旅行社共组织29161个旅行团，其中前往深圳、珠海特区的旅行团占17.21%。由于受“6·4”风波、市场疲软及飞机、火车票提价等因素影响，国内旅游也出现萎缩，各旅行社的业务量比上年减少30.92%。

1989年，受国务院经济社会发展研究中心的委托，广州市旅游局承担了撰写《中国旅游经济发展战略广州子战略》的工作，在国家旅游局有关部门指导下，通过对旅游客源市场、旅游资源构成、旅游管理体制等主要问题进行研究、分析，提出了2000年广州旅游业发展的战略目标，以及实现各项目标的步骤和对策，为广州市旅游事业发展规划的制订提出了依据。接着，又按照国家旅游局的要求，组织力量编写了《广州市“八五”旅游发展规划大纲（讨论稿）》，经市有关部门联席会议讨论、修改后上报国家旅游局。

旅游业务拓展 为使广州的国际旅游业获得更大的市场，1989年2月27日至3月18日，广州市旅游局首次组织旅游业务拓展小组，专程前往香港、意大利罗马、巴厘、联邦德国西柏林、法兰克福、法国巴黎等城市。参加了西柏林国际旅游交易会，在巴黎举行了广州旅游介绍会，走访了我国家旅游局驻巴黎、法兰克福的办事处，同意大利南部五省120家旅行社组成的旅游联盟主席洽谈了开展意大利至广州旅游的意向，分别拜会了广州的友好城市巴厘、法兰克福的市长和法国国家旅游局、法兰克福市旅游局，考察了旅游线路和各档次的酒店，同18家旅游行社进行了业务洽谈，初步达到“了解别人、宣传自己、物色客户、建立关系”的目的。

2月23～26日，广州市旅游局组织包括从化、番禺县在内的10个旅游企业，参加了在香港举行的，89国际旅游博览会，积极向国外和港澳台旅游客商推销广州旅游产品，引起了外商特别是台湾客商组织游客到广州和内地旅游的兴趣。

旅游市场秩序整顿 1989年1月2日，广州市人民政府发布了《外地旅行社驻广州旅游办事机构管理暂行办法》，规定外地旅行社在广州设立办事机构必须办理登记手续。广州市旅游局会同省旅游局按规定批准了18家外地旅行社驻广州的旅游办事机构；查处了8家在广州非法经营的外地旅行社，其中香港高美旅游贸易公司已由国家旅游局对外通告，终止与其业务往来，停止核发其旅游签证；对53家外地（多数为港澳台）旅行社作出中止其非法经营并限期撤点出境的决定。通过整顿，初步建立了宏观控制的旅游市场秩序。这次整顿工作的做法和经验，得到国家旅游局的肯定和推广。

涉外宾馆、酒店评星级 根据《中华人民共和国评定旅游涉外饭店星级的规定》和《中华人民共和国涉外饭店星级标准》，在广州进行了旅游涉外饭店星级评定试点工作。由广州市旅游局会同广东省旅游局组织实施，在饭店申请的基础上，由国家旅游饭店星级检查员逐项审查后，按规定程序报批。于1989年5月和9月，分两批公布了广州地区一至四星级饭店共37家。其中一星级饭店2家：肇庆酒店东楼，西城酒店南楼；二星级饭店25家：红棉大酒店、新亚大酒店、新华大酒店、北京大酒店、广东大酒店、南方大厦酒店、白宫酒店、华粤大厦、粤新大酒店、梅花园林宾馆、天河酒店、天河宾馆、天河大厦、东亚酒店、同福乐酒店、云山大酒店、飞霞大厦、望星楼宾馆、沙河大饭店、华燕宾馆、新侨酒店、燕岭大厦、白云机场旅客服务公司、华丽宫大酒店、花城宾馆；三星级饭店9家：白云宾馆、流花宾馆、爱群大厦、广州宾馆、南湖宾馆、华侨酒店、东山宾馆一号楼、远洋宾馆、新大地宾馆新楼；四星级饭店1家：中央酒店。经过初评，推荐为五星级饭店的中国大酒店、白天鹅宾馆、东方宾馆和花园酒店，已报全国旅游涉外饭店星级评定委员会审批。其它涉外饭店将分期分批继续进行星级评定。

星级饭店的诞生，标志着广州地区的旅游涉外饭店正式加入了国际饭店业的星级行列。

旅游人才培训 1989年，广州市共拥有正规学制的旅游职业技术培训学校五间：广州市服务旅游中专、广东省旅游培训中心、广州市第一、第二、第三旅游高级职业中学（其中酒店业管理培训中心三间，饮食服务技术咨询培训中心一间）；这些学校都有各自的直观教学室、语音室、化学物理实验室、电化教学室等设备，拥有一支较丰富的教学实验经验的教师队伍，开设了包括旅游、服务、厨点、酒店、导游、经济管理等方面20多门专业课程，并且编写了注重实用的各类教材，其中一些专业教材，已被内地25个省、市的500多个旅游单位（包括70多间学校）作为通用培训教材。另外，广州市还有中山大学等八所大专院校开办了旅游系或旅游专业。1989年度，各旅游职业中学毕业生350多人，经过各种旅游专业技术培训考试合格的达5000多人，其中广州市劳动部门发证承认具有专业职称的四级以上厨点师、宴会服务师达3050人。广州市旅游局组织了市属36家旅行社的393名翻译导游员参加了全国统一标准的导游资格考试，共有203人取得了导游资格证书。以输出酒店管理人员为主要业务的东方酒店管理公司，应聘为西安、福州、汕头等地旅游酒店的前台、客房、餐厅、厨房、人事管理等方面提供顾问管理和人员培训等项服务，仅1989年就收取劳务、管理费20多万元。

为了在竞争中保持优势，东方宾馆、花园酒店、白天鹅宾馆、中国大酒店、华侨大厦等企业，不仅有设备先进的员工培训中心，还同旅游职业高中以定向培训的形式开展联合办学，绝大部分学生毕业前就确定了去向。由于学校的教学同实践结合较紧密，用人单位对专业毕业生的评价很好，即使在旅游业滑坡的情况下，毕业生仍然供不应求。

广州旅游人才培训工作得到各级领导重视，发展很快，初步形成一个内容齐全，水平较高，实用性强的旅游职业技术培训基地。

旅游交通发展 1989年，广州地区旅游交通的紧张状况有所改善。航空客运方面，新引进的两架波音757客机，于9月投入营运，使白云机场的运力增加了400个航座。并先后开通了广州至吉隆坡、广州至黄山、广州至连云港等国内外定期航班，以及广州至珠海的直升飞机航线、广州至阳江的小型客机（8座位）航线。中国联合航空公司、上海航空公司、沙漠航空公司也分别在广州设立分公司或代理点，先后开通和增加了广州至杭州、北京、上海等方向的航班，并在各大宾馆开办代订机票业务。广东海外旅游总公司和侨生国际旅游公司分别于3月和12月在广州开办了电脑代订香港到世界各地的国际机票业务。铁路方面，继上年开通自深圳经广州至韶关的旅游列车后，8月起，有20个车厢的空调列车编入了广州至长沙的75／76次特快列车编组。

新广州（香港）旅游有限公司 广州市旅游局和香港越秀企业有限公司合办的新广州（香港）国际旅游有限公司，于1988年12月经香港政府批准注册，1989年5月领到旅游牌照开业。该公司设在九龙尖沙咀，主要业务是向海外宣传广州旅游资源和接待条件，组织海外游客到广州和内地观光旅游，代办商贸人士的入境签证和分项旅游服务，并为各界人士筹划和安排商贸洽谈、专业会议、展览以及为广州市的酒店业采购设备、零配件，及少量商品进出口业务。此外，还办理交通票务和代订酒店房间。该公司是广州市旅游业派驻境外的第一家企业，开业以来，已经在联系海外客户和组织海外旅游团、旅游宣传等方面取得了可喜的业绩，逐渐显示出旅游外派机构的综合效益。

东方国际会议中心 广州东方宾馆自筹资金，将原东方国际俱乐部改造成东方国际会议中心，于1989年1月6日对外营业。该会议中心装有6种语言的同声传译装置、可编程序和幻灯机、投影机、电影放映机等先进设备，使用面积2000平方米，共有大型会议厅一个，小会议厅四个，可同时举办600多人参加的国际会议或1000人的高级酒会，并可为客户提供商业展览场地、时装表演等服务。开业以来，已接待国内、外各种会议150个，并每晚在大会议厅开设东方音乐晚会，取得了很好的经济效益和社会效益，开业第一年营业收入就达到110万元。

一批新的旅游景点建成开放 1989年，广州市先后修建了一批旅游景点，丰富了旅游文化的内容。在越秀山——景岗文化古迹游览线上，修复了中山纪念堂内的孙中山遗嘱纪念碑，修建了广州美术馆碑廊、越秀山的五羊仙庭等景点。

花县芙蓉嶂度假村。由花县新华地区城建办及花县芙蓉镇政府共同集资近1000万元，经过两年的开发，于1989年7月对外开放。度假村青山环抱、绿树成荫，以面积3万平方米的天然游泳池为主，并建有一批亭、台、楼、阁。附设600个床位的旅舍，可供2000人同时就餐的中档餐厅，食、住、游、玩基本配套，交通方便，成为广州附近新兴的旅游景点。

番禺横档岛旅游区。由番禺县南北台发展公司筹资200万元，国家投资50万元，对珠江口虎门横档岛的历史文物遗迹进行修复，并建设了一批旅游服务设施，于1989年5月正式开放。该旅游区距广州60公里，水陆交通方便。岛上现有清朝遗留的大型炮台9个，暗堡坑道密布，兵房、弹药库等供游人参观。新建的大型泳场，沙滩长三百多米，伸出水中一千多米，附有海鲜餐厅、观海亭、长廊和烧烤场、帐篷等。

鸣春谷。坐落在白云山风景区天南第一峰与九龙泉之间滴水岩谷地上，首期投资5000万元，占地约5万平方米，包括鸣禽笼鸟挂廊和大型鸟笼景区两部分。大鸟笼以18根高10～20米的钢柱支撑，悬索式张网，用不锈钢和镀锌网笼罩12500平方米山谷。内中可放养包括孔雀、天鹅、白鹭等各种禽鸟500只，是目前东南亚最大的人工鸟园景观。该项目于国庆前向社会开放以来，至年底已接待国内外游客11万多人次。

东征烈士墓修复。位于黄埔长洲岛，建立于1926年6月，总面积约五千多平方米，是为纪念1925年2月和10月两次东征以及其他战役中牺牲的516名黄埔军校学生而建。临江的“东征阵亡烈士纪念坊”门额为蒋中正题书。于国庆前夕重新开放的墓园，修缮并新建了1100多米围墙，显得庄严肃穆。

东方乐园新项目。“欢乐中华”艺术小人国，由近千个装有微型电机的艺术小人，身穿各民族服饰载歌载舞，通过声、光的效果，以木偶剧的形式，浓缩表现祖国的锦绣河山和20多个民族的风情习俗。“金钟小镇”民俗风采街，则是一座仿清末民初岭南建筑风格的庭苑。建筑面积约5000平方米，共两层，内设一个搭有戏台的小广场，可供开展武术、杂耍、绝招等民间艺术表演。周围有七十多间仿古装饰的铺面，分别经营各类工艺品和风味小吃。

风味餐饮新内容 1989年，广州的餐饮业又增加了不少新的风味餐饮新品种。2月份，广州市第一家专营朝鲜菜的朝鲜火锅城在环市东路开业，这间由中外合资经营的餐厅，聘请了朝鲜族的厨师和懂多种语言的朝鲜族带班姑娘，服务员身穿朝鲜族服装，口操朝鲜语、日语、普通话、广州话接待顾客，按照朝鲜族的风俗习惯分季节经营烤食和冷食。11月份，由越南归侨投资、经营正宗越南风味菜肴的“越南美味一乐也”餐厅，在龙津西路开业，该店的招牌匾额由越南老革命家黄文欢同志题写。12月份继越秀天安大厦内的台湾餐厅后，由台湾商人投资专营台湾菜式的“老爷餐厅”在先烈南路华泰宾馆开张营业，受到台湾游客的欢迎。各餐饮企业纷纷在餐饮服务上竞出妙计，出奇制胜。东方宾馆特邀香港鲍鱼大王杨贯一来穗献艺，向游客推出享誉海外的名菜“阿一鲍鱼”，并为顾客表演精湛的烹调技艺。江南大酒店西式快餐厅，服务员穿着溜冰鞋接待顾客，别具特色。一些格调、档次较高的酒吧、酒廊、西餐厅、咖啡厅，开始时兴为顾客调制鸡尾酒饮料，各企业的调酒师，大都是自己培养的年轻人，可以调制出上百种世界流行鸡尾酒。（张　铭　郑继芳）

深　圳　市

1989年1～5月份，全市旅游业发展正常，接待游客人数、创汇和住房率三项主要指标，均与1988年同期大致持平。但在“六·四”风波的冲击下，全市旅游业和全国一样出现“滑坡”。6月份仅接待海外过夜旅客4.06万人，比5月份减少53%，全市住房率仅为59%，比1988年同期低27%。面对旅游业出现的萧条，中共深圳市委和市政府予以高度重视。在六月下旬举行的荔枝节记者招待会上，市政府主要领导向记者介绍了深圳社会安定、经济繁荣的事实，宣传我国坚持改革开放、一国两制的方针。对消除海外新闻、旅游界误解起了很大作用。7月份游者有所上升，住房率已升达65%。8月份，深圳旅游协会和深圳对外文化交流协会联合邀请港澳36家新闻、文化、旅游界一行52人，考察深圳旅游业，这是北京平息暴乱以后港澳记者入境采访人数最多的一次。港澳主要新闻媒介均对这次活动作了大量详细如实的报道，尤其对“锦绣中华”、“仙湖植物园”、大亚湾核电站介绍尤详。此次为期三天的考察活动通过展示深圳社会安定和经济繁荣局面，宣传了改革开放方针，对消除“六·四”以来港澳同胞产生的疑虑和消极影响产生很好作用。9月份以来，港澳游客剧增，锦绣中华和仙湖植物园游客如云，日近万人，深圳旅游业逐步复苏。经过全行业对外加强宣传促销，对内加强旅游企业和旅游队伍整顿，增收节支，提高管理和服务质量的努力工作，深圳旅游业取得1989年接待过夜游客333.79万人次，其中境外过夜游客85.45万人，创汇4.34亿元（外汇人民币）的可喜成绩，在全国旅游城市中，深圳接待人数居第二位，创汇额居第四位。

在改革开放的十年中，深圳旅游业从仅有二家旅行社、七间旅店和几间饮食店、总投资数百万元、年接待过夜游客不足千人的起点，发展为拥有24家旅行社、十多处旅游点、宾馆酒店76家、旅店110家、招待所288家，共有客房2.2万间，总床位5.6万张，总投资超过20

亿元，可达到年接待游客600万以上的接待能力。十年来，深圳市累计接待过夜海外游客530多万，为特区常住人口的15倍以上；接待过夜国内游客达1000万以上，还接待了“一日游”的国外游客840多万。从1984年起，深圳每年接待的国内外游客均为特区居民数的5～8倍，这个比例与世界各著名旅游城市相比也不算低了。10年来，旅游业为国家创汇超过21亿元（外汇人民币），成为深圳市的重要创汇大户之一。深圳旅游业从在国内外默默无闻到一枝独秀。

深圳旅游协会

深圳旅游协会成立于1986年12月，是由深圳市各旅游企业及与旅游事业有密切关系的单位，自愿联合组织起来的行业性组织，具有社会团体法人地位，现有会员72家。

深圳旅游协会在旅游企业和政府之间起桥梁和纽带作用，反映会员的愿望和要求，传达政府的意图。

旅游协会以为旅游企业服务、维护会员的合法权益、推动全市旅游事业的发展为宗旨，以下列工作为己任：

1.对全市旅游资源的开发利用、旅游风景点的建设与布局、旅游宾馆的建设及规模、旅游设施的完善、近期与长期发展计划的可行性等，认真做好调查研究，及时提出建设性意见，加强对旅游业的管理。

2.采取各种有效形式，积极开展对外宣传推销活动，以提高深圳旅游的知名度和吸引力，致力拓展旅游市场。

3.配合工商行政管理等部门，做好旅游监察工作，打击旅游走私活动，维护会员的合法权益。

4.提供旅游咨询服务，及时传递旅游信息，并就改善经营管理、提高服务质量和经济效益等方面向会员提供建设性意见，组织会员交流经验，以促进旅游同业之间的团结合作，共同发展。

5.增进本地区同国内外同行业组织的联系和友谊，代表本行业参加国内国际同行业的会议及有关社会活动，积极开展同国内外旅游界的友好往来与合作。

深圳市旅游管理办公室

深圳市旅游管理办公室是市人民政府的职能机构，负责对全市旅游行业的管理。

（江　山　朱春雷）

桂　林　市

1989年是桂林旅游业发展史上极不平凡的一年，春夏之交的政治风波给桂林旅游业巨大冲击，造成前所未有的大滑坡，6～7月份全市接待入境者15082人，比上年同期下降80%。在暂时困难面前，桂林市旅游局坚持中国共产党“一个中心、两个基本点”的基本路线，遵照国家发展旅游业的方针政策，依靠群众，克服困难，共渡难关，取得较好成绩。

一、旅游业接待人数和主要经济指标回升较快。1～5月份全市共接待入境旅游者182327人，比上年同期增长13%；旅游营业总收入8438万元，增长36%。“六·四”风波之后，接待人数急剧下降。面对严峻的形势，旅游部门采取请进来、走出去的方法，多渠道、多层次开展宣传促销，主动吸引客源。11～12月份共接待入境旅游者33425人，全年共接待入境旅游者306583人，其中外国人143974人，港澳台同胞146977人，全市旅游营业总收入35903万元（含民航、铁路）。

二、新辟旅游服务项目。为丰富客人的游览生活，推出了夜游漓江、漓江两日游、餐厅点唱、卡拉OK等新项目，寓乐于游、游乐结合，深受旅游者的欢迎。

三、坚持国际服务标准，服务质量明显提高。制定了统一的服务标准，实现旅游服务的规范化、制度化，坚持文明服务、站立服务、微笑服务、礼貌服务。本着互利互惠、自愿结合的原则，由国旅桂林分社、旅游车船公司、榕湖饭店、漓江饭店、民航广西区局和香港中航假期等单位组成了半松散型的联合集团公司，为旅游者提供“一条龙”服务，较好地满足旅游者多层次、多方面的需要。

四、旅游企业应变能力得以增强。在旅游业出现大滑坡的情况下，旅游管理部门指导企业“坚持一业为主，开展多种经营”。如桂林市车船公司在做好旅游客运的同时，利用现有技术力量和设施，开展车辆检测，船舶修造和商品批发销售业务，全年多种经营收入达323万元，占总收入的33.6%。

五、强化行业管理，旅游市场秩序进一步好转。停业整顿了六家严重违反《旅行社暂行管理条例》的二类旅行社，追回境内外旅行社拖欠款一千五百多万元。在全国旅游涉外饭店星级评定中桂山大酒店评为四星级饭店，桂林宾馆、凯悦酒店评为三星级饭店，桂星酒店等五家评为二星级酒店，加强了涉外书画店、药店、餐馆、工艺品店、歌舞厅的管理；整顿了旅游客运市场，完善了涉外游江管理；依法取缔“野马”，旅游市场秩序逐步好转。

桂林是国家七个旅游重点城市之一，以“山青、水秀、洞奇、石美”闻名于世，素有“山水甲天下”之美誉。在中国共产党的改革、开放总方针的指引下，桂林旅游业蓬勃发展，1988年接待入境旅游者人数仅次于北京、上海、广州，居全国第四位；如按城市人均接待量计，则居全国之冠，同时桂林也是全国第一个接待入境旅游者人数超过市区人口数的城市。

桂林旅游业的发展经历了一个艰苦创业、逐步发展的过程。中国共产党十一届三中全会以前，桂林旅游业发展缓慢。1973年，全市仅有一家284张床位的榕湖饭店接待入境旅游者，且档次低、设备陈旧；仅有旅游车辆10辆、漓江游览木船几艘；直接从事旅游的人员不足200人，旅游环境差、景点建设落后，配套服务设施简陋，道路不平、电灯不明、房屋破旧、服务单一，曾一度出现住宿难、乘车难、乘船难和吃饭难等问题。从1973年至1977年，总共接待入境旅游者不到4万人。1978年中国共产党十一届三中全会确定的“改革、开放”的总方针，给桂林旅游业的发展注入了活力，带来了生机。改革十年，桂林旅游业发展迅速，取得了引人瞩目的成绩。

1.旅游接待人数和营业收入逐年增长。1988年全市接待入境旅游者479378人，比1978年的48157人增加了近10倍；旅游营业总收入达21491万元（不含民航、铁路），比1978年的750万元增长28.5倍。

2.旅游“硬件”建设初具规模。为加快宾馆建设，1978年以来，市政府通过各种渠道先后引进外资2亿多美元，先后建成丹桂大酒店、桂山大酒店、文华大饭店、花园酒店、桂林宾馆等合资饭店。到1988年止，全市共有旅游涉外饭店35家，共有客房5826间，床位12200张，彻底改变了过去那种“来到桂林住地下”的状况，增强了接待能力；有二类旅行社15家，三类旅行社20家；旅游车船企业15家，涉外游船55艘，涉外车辆526台。为解决旅游者进出难问题，对桂林机场进行了扩建，使空运能力提高了2倍，有14条航线可直飞北京、上海、广州、西安等国内主要旅游城市及香港等地。引进日本12000门程控电话已开通使用，整修和新修了市内旅游设施，加快了旧城改造和城市道路建设，旅游环境有了很大的改观。

3.旅游“软件”建设同步发展。为适应旅游业发展的需要，注重多层次、多渠道、多形式地培训旅游人才。新建了培养旅游人才的基地——桂林市旅游专科学校和一所职业中学，另有五所中学开办了十个旅游职业班，经过旅专和职业中学培养的各类旅游专门人才4300人，中高级旅游管理人员948人，英、日、德、法、俄、西班牙等语种的翻译导游员621人。各级各类服务人员的服务态度、质量意识和业务素质逐年提高。

4.旅游业带动了其它产业的迅速发展。“一业兴、百业旺。”旅游业发展刺激了工艺美术品，宾馆和餐馆消费品，建材、食品、服装等行业的发展。1988年在全旅游行业创汇的3398万美元中，地方工业品、食品在内的商品性收入约占1/3；1988年市工艺美术公司年产值达2831万元。旅游业的发展还带动了市郊农村经济发展，刺激了农副产品的增长，1988年全市生产的鲜菜、肉类分别比上年增长7.4%和4.73%，副食品自给率逐年提高。

5.旅游业的社会综合效益日益明显。发展旅游业不仅为桂林市经济发展注入了活力，而且扩大了劳动就业，降低了待业率，1988年桂林市待业率仅为1.85%，低于全国平均水平，对社会安定起了很大作用。旅游业发展还促进了市政建设的发展，为人民生活创造了良好的环境；同时也促进了桂林市对外政治、经济、文化交流以及同世界各国人民的友好往来。对外开放10年来，先后同日本的熊本市、新西兰的黑斯廷斯市、美国的奥兰多市结为友好城市，双边在经济技术、文化教育、卫生体育等领域进行了广泛的交流，并充分利用外国专家、学者来桂林旅游之机，开展学术交流活动。

成　都　市

1979年至1989年，共接待境外旅游者62.34万人次，其中外国人38.06万人次，创汇2.4亿元外汇人民币。居全国49个旅游统计城市的前20名。

成都地区现有各类旅行社44家。其中，一类社2家，二类社10家，三类社32家。共有各类导游人员450人。

现有旅游涉外饭店19家，总床位9405张。有国内旅游者住宿的旅馆、饭店等2309家，总床位20万张。有涉外餐饮点、购物点27个；旅游汽车公司1个，出租汽车公司7个。

现有国家级风景名胜区1处（都江堰—青城山风景名胜区），省级风景名胜区4处，市级风景名胜区3处，市内游览点11处。

有国家级重点文物保护单位6处，省级19处，市级82处。

成都市旅游事业管理局，是1988年底经市委、市政府批准成立的直属市人民政府领导的局级机构，负责统一管理全市国际国内城乡旅游业。

1989年接待境外旅游者62753人次，其中外国人32372人次，港澳台同胞30124人次，华侨257人次；团体26330人次，散客36423人次。外汇收入5075.38万元外汇人民币。

旅游业的兴起，带动和促进经济的繁荣：

一是带来了城区建设和交通面貌大改观。为适应旅游需要，加快了城市建设步伐。城区新建房屋和改造旧房140万平方米。扩宽了16条主要街道和两座桥面，新增设施134处，新建排污管道1.478万米。绿化街道种树88680株、修整街道小花圃200个，新建街巷112条。开通了从成都到各景区的公共汽车和都江堰至各景点的小旅游车150辆，新建公路200公里。成都到都江堰的公路也由三级路面改建成现在的一级路面（53公里）。

二是带来劳动结构的变化和第三产业的兴盛。现有商业网点6500个，饮食业网点1530个，服务网点1100个，分别为1980年的5倍、9.5倍和6.3倍。三个行业的年经营收入达2100万元。旅游业的兴起，共安置待业青年8000人，从事第三产业的劳动力比重由1980年的7.86%提高到25.1%，从事旅游直接服务和旅游产品加工的人员达1.4万多人，占第三产业人员的36%。各类旅游产品生产工厂由1980年的92个发展到141个，占全市工业产值的30%，其中有31种产品获国家、省、市的各种金、银、优奖。

三是带来了横向经济联合的新发展。由于旅游带来更多信息，结识更多朋友，目前，成都市已同全国20多个省、自治区、直辖市的42个地、市县以及50多个科研单位、大专院校建立了经济技术协作关系。

（严于雄）

重　庆　市

〔综述〕 1989年，在重庆旅游发展史上，是非常特殊和困难的一年，同时，又是在严峻危机面前奋力恢复的一年，是在不平凡的经历中做了大量工作并取得可喜成绩的一年。前五个月，旅游形势已呈现好势头。1～5月份接待来渝国际旅游者21329人，比1988年同期增长9.22%；外汇收入1984万元（外汇人民币），较上年同期增长25.97%。但5月份后，旅游业形势急转直下。为了缓解旅游大滑坡并争取能尽快得到恢复，在市委、市府的领导和帮助下，各个方面大力的支持下，旅游战线上的全体干部职工采取一手抓宣传促销，争取客源；一手抓治理整顿，提高服务质量，增收节支，提高效益等措施，努力减少损失。通过艰苦的共同努力，1989年，全市接待国外旅游客人38487人，比上年减少35.59%，但下降幅度比全省平均降幅40.64%，少5个多百分点；创汇收入达到4548万元（外汇人民币），比上年增收241万元。同时，接待国内旅游者391万人次，比上年减少9.5%；回笼货币4462万元人民币，较1988年上升20.43%。

客源市场情况发生变化　一是外国人来渝人数锐减，所占市场份额下降。1989年来渝的外国人共20533人，仅为上年的48.28%，占来渝国际旅游者总数的53.35%，比上年下降了近18个百分点。从地区看，来渝外国人数较1988年减少比例的情况是：大洋洲减少58.45%，美洲减少56.32%，亚洲减少45.83%，欧洲减少43.68%。亚洲客源下降，主要是日本与东南亚各国下降幅度大，如日本为上年的58.25%，印尼为上年的7.82%，新加坡为上年的25.62%，泰国为上年的32.24%。而欧洲降幅较其它地区相对小一些的原因是：比利时、荷兰和瑞典来渝游客分别比1988年增加28.97%、35.97%和35.83%。

二是美国仍为重庆市首位客源国，其余国家客源地位次序有所变化。与1988年相比，美国仍相对领先，法国从第2位降为第4位，西德由第3位升到第2位，日本由第4位升到第3位，加拿大由第6位降为第8位，新加坡由第8位降为第10位，瑞士由第9位升到第6位，意大利由第10位降为第12位。1989年来渝旅游人数居前12位的客源国依次为：美国（4770人）、西德（3441人）、日本（2850人）、法国（2333人）、英国（1366人）、瑞士（865人）、澳大利亚（691人）、加拿大（685人）、荷兰（412人）、新加坡（352人）、瑞典（345人）、意大利（280人）。

三是台胞来渝人数继续增长。1989年接待的港澳台同胞人数共达17740人，与上年相比增加4.48%。其中，港澳人士为3057人，下降46.89%；而台胞为14683人，增加30.82%，使台胞来渝人数在港澳台同胞来渝人数中占82.77%，比上年高出16.67个百分点，达到全年来渝国际旅游者总数的38.15%。1～5月份接待台胞7105人，较上年同期增长91.82%，除淡季的1、2月份和12月份外，平暴后的6、7、8这3个月份来渝台胞都在560人以上，其余月份均在一千人以上。

四是来渝国际旅游者人均停留天数略有增加。与1988年相比，人均在渝停留天数由2.05天上升到2.30天，其中，外国人由1.93天上升至2.45天，华侨由1.20天上升至2.12天，港澳台胞由2.43天降为2.12天。

适应发展形势　加强行业管理　为了适应重庆市旅游事业的发展，加强对旅游行业的管理，市政府决定成立重庆市旅游事业管理局。市旅游局于1988年10月开始筹备，在筹备组做了大量的思想和组织准备工作的基础上，重庆市旅游事业管理局于1989年3月27日正式批准成立。方镛任局长、史锦杰、严麟任副局长，编制30人，9月增编至35人。内部机构设有办公室、行业管理处、规划开发处、人事培训处、计划财务处、安全保卫处。市旅游局成立后，理顺各种关系，制定有关规章制度，旅游管理工作逐步展开，加强了行业管理和宏观调控能力。对全市有关公司、旅行社进行了清理和审核，严格按条件并结合重庆的情况从总体上把住审批关。为进一步加强对旅游行业的管理，提高旅游服务质量，维护旅游业声誉，重庆市从12月1日起，对接待入境旅游团的旅游涉外饭店、购物商店、饮食餐馆实行审批定点挂牌。申请涉外定点挂牌的饭店、商店、餐馆，必须经过市公安局、市旅游事业管理局、市外事办公室等部门认可。旅游涉外宾馆（饭店）的设施设备水平和服务水平，必须达到一星级饭店的最低要求。市旅游局向获准涉外定点的单位颁发《旅游涉外定点单位》标志牌，标志牌须置于各单位正门入口处或其它明显位置。已确定的涉外定点单位，如降低服务质量标准，违反国家有关法令、法规和政策，违法经营，采取不正当手段招徕客源，扰乱重庆地区旅游市场，败坏重庆旅游业声誉的，除按有关规定处罚外，将撤销其涉外定点单位资格。情节严重者，市旅游局将提请市工商局吊销其营业执照。年内，进行了第一批审定，获准定点挂牌的单位有20家。其它申请定点挂牌的单位，都在积极努力创造条件，以求来年的第二批或第三批获准。实行定点挂牌管理，促进了旅游服务质量的提高。

日趋增强的旅游综合接待能力　过去，旅游基础服务设施匮乏成为制约重庆市旅游业发展的一个重要因素，通过几年的建设和发展，到1989年，全市旅游综合接待能力明显增强，饭店和床位数已趋饱和，开始呈供大于求的现象。

1989年初，重庆扬子江假日饭店、雾都宾馆、人民宾馆东楼相继建成或改建完毕正式投入营业，使重庆市旅游涉外饭店达到11家，它们是：重庆扬子江假日饭店、人民宾馆、重庆宾馆、重庆饭店、渝州宾馆、沙坪大酒店、雾都宾馆、建设宾馆、长江宾馆、大足宾馆、北山宾馆。其中前六家为合资合作饭店。

新建的重庆扬子江假日饭店位于长江南岸，共有23层，总高度为79.5米，从饭店可以鸟瞰全城，聘请国际假日饭店管理集团管理，有客房383间，779个床位，既有大量的标准间，也有不少的豪华间、套间、公寓套房以及总统套房。服务设施先进，功能齐全，独具特色，预评为四星级饭店。

到1989年底，全市共有客房1782间，拥有带卫生间的床位3638张，客房紧张的矛盾得到缓解，平淡季床位过剩。

1989年，全市共有各类旅行社17家，其中有外联权的一类社一家，即重庆海外旅游公司；二类社七家，即国旅重庆分社、重庆市中国旅行社、重庆长江旅游公司、国旅重庆长江支社、青旅重庆分社、重庆天鹅旅游公司、国旅大足支社；主要经营国内旅游的三类社九家，即重庆铁路旅行社、重庆港客运总站旅游部、重庆联运旅行社、重庆天府旅行社、重庆园林旅游服务公司、重庆交通旅行社、重庆钓鱼城旅游公司、长寿湖旅游开发公司、沙坪旅游公司。全市已拥有各类导游210人，旅游经营机构已满足目前重庆旅游业发展的需要。

全市各涉外宾馆和一、二类旅行社职工总人数年底已达3457人，旅游服务队伍基本形成。交通环境也逐步改善，江北机场通航，火车站全面扩建，长江游船增至10条，共有舱位1390个，客班船36条，有二等舱位1200余个，年运载力共达15万人。服务设施的完善，接待能力的提高，为重庆旅游业的大发展奠定了良好的基础。

治理旅游环境　整顿旅游秩序　重庆市旅游业近年来发展迅速，涉外饭店不断增多，服务队伍不断壮大，市旅游局为适应长江黄金水道旅游事业的发展，纠正不正之风，1989年在全行业开展了治理整顿工作，在“硬件”上抓了设施的建设，在“软件”上进行了队伍的培训和整顿。

旅游饭店是旅游业的重要支柱，饭店的服务质量和设备条件直接影响旅游业的效益和声誉。为了使重庆的旅游饭店从整体上较快达到国际同等饭店水平，使饭店发展走上正规化、专业化和科学化的道路，争取更多客源，争创更多外汇，全市11家旅游涉外饭店按星级评定的规定和标准，开展了星级评定工作。各饭店根据自身不同的条件，申报了不同的等级。部分饭店因条件不具备暂缓申报。各饭店按星级标准添制了不少服务设施，在服务态度、服务质量、服务水平等方面均有较大的改善和提高，接待能力大为增强，通过自评、互评和大量争创工作，把重庆市的饭店质量朝着国际化、标准化大大推进了一步。经全国旅游涉外饭店星级评定委员会最后审定，重庆饭店首批荣获三星级饭店称号，其它饭店的星级评定工作正在争创和审评之中。

整顿旅游队伍的工作在1989年也拉开了序幕，整顿以一、二类旅行社为重点，以导游和驾驶员队伍为突破口，全面查处私收小费、索取回扣和倒换外币等不正之风。1～4月份，由市旅游局组织分两期对川东片区的导游人员进行了资格培训考试。共有十六家旅行社259名导游人员参加了培训和考试。全考区所有应参加培训的导游全员参加，其中专职导游229名，兼职导游30名，有227名取得了导游合格证书，占87.64%，并分别与所在企业签订了合同，拟实行带证上岗制度。年底，还进行了以思想政治教育为主的全员培训。这样，通过提高政治素质和业务素质，重庆市的旅游形象逐步得到恢复，旅游行业的不正之风开始得到纠正。

参加协作网络活动　开展多种形式促销　1989年重庆市旅游业开展了各种形式的横向联系，主要参加了长江沿岸中心城市联谊会，五省六方协调会，十四个计划单列城市联谊会等三个联合体的活动，强化了相互协调、密切配合的旅游协作网络，在竞争中加强了同业的联系和广泛协作。全年开展了形式多样的促销活动，参加了西南五省六方共同赴泰国的宣传促销，邀请了七十余人次的客商和记者来访，其中通过联合体邀请了4个国家的13个客户从武汉沿江而上来渝考察；派出了3个推销组分别到英国、法国、西德、新加坡、泰国、香港调查市场，参加展销，进行业务洽谈。为了克服旅游大滑坡的不利影响，仅市海外旅游公司在六月份内就向海外11个国家和地区六十余家旅行社发送传真、电传230份次，对促进市场复苏起到了积极的作用。

（麦锡中　罗永刚）

西　安　市

西安古称长安，是陕西省省会。全国计划单列市和重点旅游城市之一。全市面积9983平方公里（其中市区861平方公里）；人口574.46万人（其中市区257.69万人），人口密度为575人／平方公里。现辖三个城区（碑林区、新城区、莲湖区），四个郊区（未央区、雁塔区、坝桥区、阎良区），六个县（长安县、蓝田县、临潼县、高陵县、周至县、户县）。

〔**旅游接待人数**〕　1989年，西安共接待来华旅游者21.20万人。比上年下降了42.03%，西安的主要客源国游客人数剧减。1989年来西安的美国游客只有3.05万人，比上年下降56.87%；日本游客2.08万人，下降71.89%；法国游客1.56万人，下降29.48%；西德游客1.95万人，下降12.16%；台湾和苏联的游客有所增加，1989年来西安探亲观光的台胞为5.8万人，比1988年增长4.07%；苏联游客197人，比上年增加38.73%。

〔**旅游外汇收入**〕　1989年，全市旅游外汇收入1.41亿元外汇人民币，比1988年减少33.22%；商品性收入下降了32.68%；劳务性收入下降33.41%。

1989年，市属旅游企业共创汇4342.93万元，比上年下降32.29%。

1989年西安旅游入境人数及收入情况

项　目		1989年	1988年	1989年比1988年增长（%）
旅游入境人数（万人）		21.20	36.58	－42.03
其中	外国人	13.79	28.89	－52.28
	华侨	0.14	0.48	－69.86
	港澳台胞	7.27	7.21	0.92
旅游外汇收入（万元外汇人民币）		14125	21452	－33.12
其中	商品性收入（外汇人民币）	3681	5468	－32.68
	劳务性收入（外汇人民币）	10444	15684	－33.41

〔**旅游企业经营**〕　由于客源市场的急剧变化，西安旅游业出现了十多年来第一次大滑坡，旅游企业受到沉重打击，大部分企业亏损严重。据对48家涉外旅游企业的初步统计，29家出现不同程度的亏损，亏损额达到7847.48万元人民币，其中旅行社有7家亏损，占统计旅行社的50%，亏损额为53.52万元人民币；有16家旅游

饭店亏损，占统计旅游饭店的80%，亏损额达7310.21万元人民币；游览点有两家，车队、餐馆、商店各有8家亏损，5家单位亏损额合计达483.68万元人民币。

在亏损企业中，合资合作企业亏损最为严重，据对12家合资合作旅游企业统计，12家企业全部亏损，亏损额达7627.14万元人民币，其合资合作旅游饭店亏损7163.14万元。

旅游饭店客房出租率降低。1989年只有39.29%，比1988年降低18个百分点。

〔**旅游宣传与国际旅游市场开发**〕 1989年是西安市旅游宣传与国际市场开发工作最为活跃的一年。除积极协助或参与国家旅游局、陕西省旅游局组织的各项活动外，西安市通过各种渠道，各种形式开展了宣传与推销活动。2月份，中国康辉旅行社西安分社派人赴日本，与东京、京都、大阪、奈良等市的旅游客户进行广泛的接触，并建立了业务联系；4月份，按国家旅游局的要求，西安市组织了各旅游涉外单位向全市人民发送了大量旅游宣传品，在西安市电视台发表了电视讲话，使社会各界了解和支持旅游，促进旅游业的发展；7、8月份，西安市旅游局组织西安地区有关旅游单位联合开展了对外宣传推销活动。以市长名义或本单位的名义邀请客户来西安考察旅游环境。全市共邀请了美国、加拿大、日本、香港、泰国等国家和地区的15批共113家旅行社的总裁或总经理及一些海外新闻工作者来西安考察访问。8月份，市旅游局派员到香港考察了解旅游市场情况，并与一些客户建立了联合推销的合作关系；9月份，重点抓了“9.27”世界旅游日活动，一方面配合陕西省旅游局做好组织工作，另一方面组织旅行社和新闻单位一起推出了动态旅游新项目——“黄河民俗特色游”，收到了很好效果；11月份，西安市旅游局组织人员赴加拿大进行宣传推销和业务考察。

〔**新开发旅游资源及旅游项目**〕 1989年西安旅游部门推出了一批新的旅游项目，开发了一些新的景点。其中主要的有：法门寺、秦始皇兵马俑博物馆三号坑、秦王宫、丝绸之路旅游等。

西安因其千年帝都的历史，悠久灿烂的文化，稀世罕见的文物古迹，自古以来成为中外人士向往的地方。

周、秦、汉、唐在此建都时，商贾云集，游人纷至，汉朝时期，汉政府用鲜血和财富开辟了“丝绸之路”这条连接中国与西欧大陆的通道。从此，我国古老的文化顺着这条道路传播到世界众多的国家。同时又有许多国家和地区的使者、游客、商人顺着这条道路来到西安。随着商贾游人的穿梭往来，我国的黄河文化又融进了恒河流域文化、希腊文化、波斯文化（至今在西安鼓楼附近仍可见黄发灰眼的波斯人后裔）。

在我国政治、经济中心东移后，西安做为我国西北的军事重镇和物资集散地，仍吸引着众多游人。公元1275年，意大利旅行家马可·波罗不远万里专程游历了西京（西安）；明朝天启年间(公元1623年)，我国著名的旅行家徐霞客也曾涉足长安，凭吊古都；我国近代文化巨匠鲁迅先生也曾于1924年7月来西安讲学、游览。1936年，震惊中外的“西安事变”在此发生，西安成为有志青年奔赴延安的桥头堡。但在旧中国，百业凋零，文物古迹严重失修。加之交通不便，西安的旅游业尚处于自发的零散状态，大部分游客为公务旅游、商务旅游、科学考察、宗教朝圣之类。

新中国成立后，做为外事交往，西安接待了一些来自苏联和东欧的旅游者。六十年代，万隆国际会议后，中华人民共和国的地位空前提高，来自西欧、北美的旅游者逐年增多，当时，承担旅游者接待任务的只有中国国际旅行社一家。“十年动乱”期间，西安的旅游接待业务基本停顿。

1972年，随着“中美上海公报”的发表和中日邦交关系的恢复，来西安的外国旅游者逐年增加。

自1978年以来，西安旅游业迅速发展，现在，西安已同北京、上海、广州、桂林等城市一样，成为全国旅游热点城市。西安的旅游业已成为振兴西安经济的一个突破口。

〔**接待人数**〕 1978～1988年的11年中，全市累计接待海外旅游者达165万人，平均递增38.9%；其中外国人146.11万，占88.5%；华侨2.09万，占1.3%；港澳台胞16.82万，占10.2%。各年接待海外游客量如下表：

年　份	人数（万人）	比上年增长（%）
1978	1.45	
1979	2.58	77.93
1980	4.00	55.04
1981	6.70	67.50
1982	9.09	35.67
1983	12.38	36.19
1984	15.13	22.21
1985	21.15	39.79
1986	25.78	21.89
1987	30.10	16.76
1988	36.58	21.34
合　计	164.94	39.48

1978～1988年11年中，在旅游接待人数保持高速增长的同时，旅游外汇收入也有很大增长。11年，西安旅游业累计创汇达7.41亿元外汇人民币，年平均递增57.9%。各年旅游外汇收入数详见下表：

年　份	外汇收入（万元外汇人民币）	比上年增长（%）
1978	305.20	
1979	775.09	153.96
1980	1756.90	126.67
1981	2481.40	41.25
1982	3172.10	27.83
1983	3848.90	21.33
1984	4712.02	22.42
1985	7099.40	50.65
1986	12133.20	70.90
1987	16708.10	37.30
1988	21152.00	26.60
合　计	74144.29	57.90

〔**西安的旅游资源**〕　主要由闻名于世的人文景观和独具风格的自然景观构成。

人文景观。主要是代表华夏文明的周秦汉唐以来的古遗址、古墓葬、古建筑、古寺院以及考古发掘的钟鼎铭文、三彩陶俑、石刻壁画、佛骨舍利等珍贵文物。此外还有风土民情、民间艺术等人文资源。目前，文物古迹重点保护单位共计98个。其中国家级13个、省级71个、市级14个，此外还有县级文物保护单位160余个。具有保护价值尚待颁布的文物保护单位多达数百个。专家鉴定的出土珍贵文物十二万多件。由于文物荟萃，西安素有"天然历史博物馆"之称。

自然景观，主要以西安及其周围的著名风景名胜著称。历史上久负盛名的"长安八景"——华岳仙掌、骊山晚照、坝柳风雪、曲江流饮、雁塔晨钟、咸阳古渡、草堂烟雾、太白积雪，至今大都可供观赏。而新近开发的华清秀色、兴庆湖光、汤浴温泉、辋川溶洞、楼观幽林以及翠华山、南五台的山野风光，无不引人入胜。

新中国成立后，由于政府对文物古迹的不断整修，尤其是七十年代以来的治理，新建与开发，西安市已经形成了多个各具特色的旅游区。

西安市辖区以内的有：

骊山旅游区。主要景观有：被称为"世界第八奇迹"的秦兵马俑博物馆和秦始皇陵；唐玄宗与杨贵妃洗浴的贵妃池遗址和华清宫；"西安事迹"遗址五间厅和兵谏亭；鸿门宴遗址；唐名刹庆山寺遗址及释迦如来舍利宝帐、鎏金铜座银椁等稀世珍宝；海拔1302米的郁郁苍苍的骊山；西绣岭上的老君殿、长生殿以及传说周幽王博取褒姒一笑的烽火台。

明城旅游区。主要景观有：古人类和古文物遗址——半坡村博物馆、陕西省历史博物馆、西安碑林；古都遗址——西周丰镐、车马坑、秦阿房宫、汉长安城、唐大明宫与兴庆宫遗址；古建筑——小雁塔、钟楼、鼓楼、东西南北四城楼；古城堡——当今世界上规模最大、保存最完整的西安明代城墙及初具规模的环城公园；古寺院——大兴善寺、卧龙寺、清真大寺、广仁寺、安庆寺、城隍庙、东岳庙和八仙庵；革命旧址——八路军西安办事处、"西安事变"旧址新城黄楼、止园和张学良、杨虎城公馆；还有公园绿地——兴庆宫公园、莲湖公园、革命公园、劳动公园、儿童公园和动物园。

大雁塔曲江池旅游区。主要景观有：唐慈恩寺及大雁塔、曲江池遗址、植物园、青龙寺、秦二世胡亥墓、汉文帝坝陵、王宝钏寒窑以及唐代艺术博物馆为中心的"三唐"建筑群。

长安终南山北麓旅游区。主要景观有：长安樊川的兴教寺、杜公祠、杨虎城将军陵园、华严寺、香积寺、翠华山、太乙宫、南五台、圭峰山与草堂寺等。

蓝田王顺山辋川旅游区。主要景观有：公主岭蓝田猿人遗址、辋川王维故居遗址、锡水溶洞、水陆庵与悟真寺、蔡文姬墓、汤浴温泉等。

楼观台旅游区。主要景观有：老子讲经台、老子墓、楼观台森林公园、重阳宫、美陂湖。

太白山旅游区。主要景观为太白山森林植物园。有国家保护的世界珍贵动物大熊猫、金丝猴，山峦起伏、群峰耸立，海拔3767米，高瀑飞泻，森林密布。有冰川遗迹，冰川湖清澈碧绿。山顶常年积雪，绮丽壮观。古长安八景之一的"太白积雪"即在此处。

西安市周围有：

华山。位于西安城东120公里的华阴县南，古称"西岳"。为全国"五岳"之一，五峰并立，险峻奇秀。山下有玉泉院，山上有千尺幢、百尺峡、老君犁沟、苍龙岭、长空栈道、舍身崖、鹞子翻身等天然奇景。

茂陵。位于西安西北40公里处的兴平境内。为汉武帝刘彻陵墓。封土形似覆斗，高46.5米，殉葬品豪华丰富。陵东1公里处，有霍去病墓。墓前陈列有马踏匈奴以及卧马、石人等各种造形生动的精雕石刻14件，并建有茂陵博物馆，陈列珍贵文物。

昭陵。位于西安西北70余公里处的九峻山上。为唐太宗李世民陵墓。墓侧山峦起伏，极为壮观。墓前陈列举世闻名的“昭陵六骏”等碑石艺术珍品。昭陵博物馆藏有丰富的珍贵文物。

乾陵。位于西安西北85公里的梁山上，为唐高宗李治与女皇武则天合葬墓。规模宏大，气势雄伟。墓前有华表、翼马、朱雀、石人、《述圣记碑》、《无字碑》以及61尊少数民族和外国使者的石像等生动逼真的石刻。在17个陪葬墓中已发掘的永泰公主墓、章怀太子和懿德太子墓，有大量壁画、三彩俑和精美石刻。

法门寺。位于西安西北扶风县境内，为我国著名古刹，相传始建于东汉。唐代寺中供奉佛指舍利，是当时四大佛教圣地之一。1987年在寺塔基下，发现建于咸通十五年（874）的唐塔地宫，清理出佛指舍利及金银器、陶器、玻璃器、石雕等稀世珍宝600余件，陕西省已将其辟为旅游区。

杨贵妃墓。位于兴平县西13公里的马嵬坡，墓周为陵园，面积3000平方米，墓高3米，砖砌圆形，内有历代名人的题咏碑刻。

航空：至1988年底，西安机场共有35条航线通达全国35个大中城市，航线总里程达3.8万公里，仅次于北京、上海、广州，居全国第四位。1987年西安机场共发送国内外旅客共55万人次，其中海外游客25.51万人次；

铁路：西安每天有92列客车始发或过往，其中西安始发的有33对客车，年发送量为241.4万人次，其中海外旅客4.64万人次；

公路：以西安为中心，连接各旅游点的公路均已修通，总里程为2316公里；各种旅游汽车已达2123辆。

通讯：西安市和全国各地市电话联接实现了自动和半自动拨号。市内交换机总容量为10.39万门。其中自动7.19万门，电子、半电子1500门，程控1.3万门，可供出租电话线路489条，有国际长途电话线路4条，国际用户电传、电报交换机和公众电报自动交换机构均已投入运营。

到1988年底，西安有生产和供应旅游商品的企业已达800多个。生产的旅游商品有三千多个品种，一万多个花色，产值达三亿多元，其中最受海外旅游者欢迎的是唐三彩、唐墓壁画、古碑帖等。在这些旅游购物品中，许多产品具有浓郁的民族特色和地方色彩，如户县农民画、马夹、皮影等，深受海外游客欢迎。

1978～1988年十一年中，西安地区各旅游部门为开发国际旅游市场做了大量的工作，如1985～1987年三年中，陕西旅游出版社向海外旅游者提供了各种文字的导游图、宣传册约六十万册；省市各旅游部门拍摄旅游影片9部，旅游风光片25部，制作旅游幻灯片15万套。

1985年以后的三年中，旅游部门先后参加了在香港、日本、美国、法国、加拿大举办的不同类型的旅游博览会、交易会多次，扩大了西安在国际上的影响，建立和发展了新的客户关系。到1988年，已形成了以日本、北美、西欧、香港为主要客源市场，东南亚、南朝鲜为潜在客源市场的市场格局。

为适应旅游业发展的需要，西安市加强了供水、供电、城区道路和卫生设施的建设，使城市基础设施状况有所好转。西安日供水量已达63万吨，日供电量六百多万度。对南大街、劳动路、朱雀大街等十余条街道进行了修建拓宽，对一批卫生设施进行了改建或扩建。

随着人民生活水平的提高，来西安旅游的国内游客逐年增加。1982年，只有505.6万人次，1987年，增加到1200万人次，增长了2.4倍，平均年递增18.9%。国内旅游收入达10亿元人民币，从西安市国内旅游者的客源结构看，来自内陆近邻地区的占61%，来自沿海地区的占26%，来自边远地区的占13%；从旅游者的年龄结构看，20～30岁的占69%，45岁以下的总共占90%以上；从旅游动机看，洽谈业务、开会、考察等公务旅游占42%，探亲休养度假旅游占48%。

随着旅游业的发展，西安市从事旅游接待的旅游企业迅速增加，经济效益逐年提高。到1988年，全市旅游企业及相关行业旅游外汇收入已达21152万元，其中中央企业收入6623.57万元，省属旅游企业收入6874.97万元，市属旅游企业收入达6414.31万元，外地驻西安及县级单位收入7239.15万元，同年全市旅游企业共上缴税金898万元，创利润总额4713万元。

在旅游企业中，创利税最多的是旅行社和饭店。据1988年对全市九家主要旅行社的统计，营业收入达15085.78万元人民币，上缴税金127.72万元，创利润1592.36万元；1988年全市饭店的全员劳动生产率达到31490元/人，人均实现利税11682.6元／人，平均利润率达到32.5%，全市饭店业共上交税额741万元人民币。

十一届三中全会以来，我国实行了新的对外开放政策，旅游事业得以迅速发展，西安的旅游业也逐步由外事接待型向经营服务型转化，逐渐成为西安发展外向型经济的重要产业和非外贸创汇的主要来源。改革开放初期，我们贯彻国家、部门、地方、集体、个人一起上以及自力更生与利用外资相结合的方针，旅游业得以长足发展。但是也造成了政出多门、多头领导、难以实行全行业管理的局面。比如西安市有34座涉外饭店，分属20多个单位主管，其中属旅游部门直接管理的仅6家。致使许多饭店的设施和服务水平达不到基本的要求。这种状况严重地束缚和阻碍了旅游生产力的发展，为了统一对外，积极参与国际旅游市场竞争、协调各部门间的关系，就得建立起一个真正能够运用系统方法通盘考虑、协调各种矛盾的健全有力的权威的宏观管理机构，以实现旅游全行业的统一管理。1978年陕西省旅游局正式成立，旅游业的行业管理开始由微观管理向宏观管理过渡。省旅游局与省外办、市外办陆续受理批准了一批涉外接待单位，并对它们进行了管理，但尚未形成健全有力的工作系统。

1985年西安市旅游事业管理局成立。在加强自身建设的同时，与省旅游局一起投入了西安地区的旅游全行业管理工作。通过开展优质服务竞赛检查评比活动，将西安地区的各旅游涉外单位纳入了全行业管理的范围。1986年省政府陕政办发（1986）228号文转发了《省旅游局关于加强对全省旅游行业管理的几个问题的报告》，旅游局正式进入政府职能管理部门的角色，先后制定了旅游涉外饭店、旅行社、汽车公司、商店、餐馆、参观点的优质服务竞赛检查评比细则，印制了大量的宾客意见征求表，初步建立了各系统的服务规范，建立了服务质量信息反馈系统，从而体现了旅游管理部门强健有力、有权威、高效能的管理核心作用，提高了西安地区的旅游服务质量和知名度，为全面实行行业管理奠定了坚实的组织基础。

经过一段时间的实践，西安市旅游局逐步摸清了西安地区旅游业的发展情况。同时也积累了一些管理经验。1988年市政府市政发（1988）106号文批转了《市旅游局关于涉外旅游服务单位的审批和管理问题的请示》，要求市旅游局作为市人民政府负责全市旅游业行业管理的职能部门，把我市以国营企业为主导的多种经济形式、多渠道、少环节的旅游服务业经营体制和充满活动力的旅游服务业管理体制建立和完善起来。同时要求各旅游服务单位自觉接受并支持市旅游局加强宏观管理，搞好全行业的统筹、协调和服务、监督。至此，市旅游局开始了对西安旅游业的行业管理，变革管理手段和方式，按照“政企分开，统一领导，分级管理，统一对外”的原则，由微观直接管理为主，转变为宏观间接管理为主。运用行政的、经济的和法律的手段，同时采取“行业合作，共同发展；条块合作，统筹安排；企业竞争，宏观管理”的方针，处理行业与条块之间的关系，从而使西安旅游全行业管理工作初见成效。西安市旅游局在强化行业管理方面，主要抓了以下几项工作：

制定旅游发展战略。根据国家社会经济发展计划，制定西安市旅游业发展的中长期规划和年度计划。1989年编制了西安市“七五”期间旅游发展规划，西安市政府并在“国民经济和社会发展第七个五年计划”（1986～1990年）中提出了要将旅游业做为发展我市国民经济的重要产业之一，以旅游业的发展带动第三产业的发展。此后，1989年8月，又制定了西安市“八五”期间旅游发展规划，从而使西安旅游事业得以按照规划协调、稳步、健康地向前发展。

强化管理手段，树立管理权威。市旅游局从城市综合治理的角度，根据城市容量和城市基础设施能力，对辖区内开办的旅游企业进行宏观控制和管理。首先，根据市政府（88）106号文规定和上级其它有关文件精神，受理西安地区旅游服务单位（宾馆、餐馆、车队、旅行社、购物点、参观点等）的涉外审批和管理。由市旅游局会同外办、公安、物价、工商、税务、文化、市容整顿、消防、卫生防疫等部门进行一次性审查，方便了企业，减少了办事环节，提高了办事效率。其次，对西安地区的旅游涉外单位实行定点管理。根据定点标准先后批准了20家餐馆、24家商店、18家参观点、8家专营车队为旅游涉外定点单位，并与省旅游局一起，对宾馆饭店实行星级评定管理制度，对各类旅行社实行导游员资格考试管理制度。1989年元月成立了西安市旅游业整顿办公室，专门负责西安旅游市场的整顿以及受理客人投诉等工作。整顿办成立后，运用多种手段，采取各种奖惩措施，对西安旅游市场进行整顿，特别是突出了服务质量问题和私自收授回扣问题，提高了服务质量，制止了不正之风的蔓延，从而强化了市旅游局的职能，初步将多部门所有制的旅游涉外单位纳入全行业管理轨道。

运用法律手段，以法治理旅游行业。一方面，坚定不移地贯彻执行国家和地方政府关于发展旅游业的方针、政策和法令、法规；另一方面结合实际制定了一些地方旅游管理办法和规定。其内容涉及体制改革、资格审定、旅游价格、市场管理、服务质量等；如《关于对西安地区旅游涉外服务单位审批和管理问题的规定》、《关于旅游涉外购物点及餐厅有关定点问题的通知》、《关于西安地区各旅游涉外单位开展淡季整顿培训工作的意见》、《关于西安地区各旅游涉外餐厅严禁在餐厅内经营旅游工艺美术品的通知》、《关于搞好西安地区各旅游涉外单位对外联合推销的通知》、《关于报道旅游接待计划的通知》、《关于对西安地区旅游涉外参观点实行定点管理的通知》、《关于有私自收授回扣行为的旅游涉外单位和个人必须在限期内主动交待问题的通知》、《关于西安市旅游涉外饭店加收服务费的若干规定》、《关于加强旅游治安管理工作的通知》、《关于在全市商业服务业深入开展文明经营示范活动的通知》等，有效地规范了企业行为，保证了行业管理工作的顺利进行，同时也为实现以法治理旅游行业的目标，作了有益的尝试。

理顺各部门间的关系　做好协调配合工作。1985年，西安市外事领导小组成立，负责协调解决西安旅游业发展中出现的重大问题，并经常召集外办、公安、工商、物价、文物园林、文化、市容整顿、公用事业、卫生防疫、消防等部门召开各种类型的座谈会、协调会，从而创造良好的外部环境，及时解决旅游业发展中遇到的困难，加快了旅游业发展的步伐。

近一、二年内，西安市各县也先后设立了旅游管理机构，分级管理辖区内的旅游业，有利于协调本地区旅游业内部的合理结构，避免企业盲目发展，增强政府的调控能力。

西安旅游业的全行业管理要从初始阶段向纵深方向发展，还需做大量艰苦的工作，同时要把握住目前旅游业稳步发展的良好时机，不断探索、勇于创新，从而走出一条具有自我完善、自我发展机制的西安地区旅游业全行业管理的道路。

（侯学东）

旅行社概况

中国国际旅行社总社

概　况

一、一场政治风波，使业务工作倒退

1989年是我国旅游业受到严重打击的一年，国旅总社的业务也由起初的发展势头急转为大滑坡。从上半年的情况看，1989年应是一个好年景，总社1～5月份外联人数比上一年同期增长5.8%，达87555人。下半年的预订情况也看好。但是“六·四”以后的短短几天内，下半年的预订团几乎被全部退掉，美加地区七月只来49人，八月份53人；英国、北欧地区七月份一人没来、八月份也只来43人。由于“六·四”以后的急剧滑坡，总社1989年全年外联组团人数只有108869人，比上一年下降52.5%，还不及1978年总社的组团人数（124555人），外汇收入和利润也都没有达到1978年水平。国旅总社受“六·四”风波的影响至少后退了十年。

二、加强销售，重振客源

国旅总社在改革开放时期的大发展，经过一场政治风波，又退回到了原来改革开放初期的起点上。但是，这个起点的内外环境已和十几年前大不相同。与当时供不应求的客源市场相反，外国旅游者由于受西方国家对中国的制裁及一些不切实际宣传报道的影响，纷纷取消来华；而国内各旅行社之间由于客源的锐减，使竞争更趋激烈。总社在3月下旬国旅集团成立后，于四、五月间和有关分社联合组成了三个代表团分赴美、日、欧等主要客源市场推销。“六·四”以后，为了重振客源，总社克服各种困难，紧缩和节约内部企管开支，加强了对推销的投入，大量邀请客户来访，让他们了解中国的真实情况，消除误解。八月份有137人次客户代表应总社邀请参加北京市旅游局主办的国际旅游研讨会。九月份，总社又邀请客户28人次参加在西安举办的世界旅游日活动和在曲阜举行的孔子文化节活动。十一月份又邀请了61家客户共79人参加深圳旅游洽谈会。还认真接待了美中贸易委员会旅游代表团、西德对华旅行社工作代表团和日本对华旅游恳谈会代表团等。此外，还接待了几十个由客户组织的旅行社代理人团。除了请进来外，总社全年共派出54人次参加了16个国家和地区的旅游展销会，还派出26批共53人次出国推销。这些工作对恢复客源市场起到了一定的作用。

三、抓集团建设、搞投资开发

经过长期的酝酿和筹备，1989年3月23日，国旅集团在北京正式宣告成立。王尔康任董事长，集团成员包括总社及137个分支社。国旅集团的成立是国家旅游局对旅行社体制进行结构调整的一项改革，其目的在于排除国旅的内部竞争，促进旅游系统的健康竞争、发展。

在成立国旅集团的过程中和集团成立后，为了增强国旅内部的凝聚力，提高队伍素质、改善服务质量，总社加强了培训工作，1989年总社全年共安排了59个分支社的257人次参加12个培训班的业务学习。参加培训的人员有经理以及翻译导游、财务、票务、计调人员等。9月份，总社投资100万元与北京第二外国语学院联合建立的“国旅集团培训中心”正式建成开课。除组织国内培训外，总社还同客户或友好组织合作，用相互邀请等办法，为分支社争取出国短期考察和较长时间进修的机会。在“六·四”前共组织了22个分支社的49人次分别前往日本、西德、西班牙、美国、苏联、匈牙利等国访问，还安排了一些分社经理和翻译赴美国、日本、西德进修。进修时间最长的三年。

为使国旅集团向紧密型、多元化方向发展，总社组建了投资开发部，在国家旅游局的领导下，1989年总社先后同有关分支社合作，兴办了海南旅游实业公司、海南省牙龙湾民族旅游文化村、上海游乐总会、张家港矿泉水厂、杭州金沙港旅游文化村等项目，还买进了西安唐乐宫餐馆的部分股份。

回　顾

中国国际旅行社（以下简称国旅）是新中国成立最早、规模最大的旅行社系统之一。十年改革开放中，它为我国国际旅游业的发展做出了重大的贡献，1978年至1987年，十年累计接待外国旅游者达3248410人次，收汇约15亿美元。与同期全国接待外国旅游者总人数（9148100）和全国旅游创汇数（96.72亿美元）相比，分别相当于其1/3强和约1/6。也即是：十年中，平均每三个来华的外国旅游者中至少有一个是由国旅接待的；而全国旅游业每收入6美元就有1美元是国旅的劳动所得。

在十年改革开放中，国旅除为我国旅游业发展作出贡献外，队伍也得到了壮大。1978年以前，国旅分支机构只有36个。到1987年已达208个，遍布全国各旅游城市和主要风景点；职工总人数达到13317人，其中翻译导游人员由1977年六百多人发展到4323人，有日、英、法、德、意、西、葡、俄、瑞典、丹麦、芬兰、罗马尼亚、希腊、阿拉伯、波斯、朝鲜、泰、新蒙、老挝、越南、缅甸、印尼、乌尔都、斯瓦西里和世界语等25个语种。

十年的改革开放也使国旅在各方面发生了深刻的变化。十年中我国旅游接待条件不断扩充和完善，旅游热点城市外宾住房由短缺紧张逐步趋于和缓；国际旅游市场从卖方向买方转变；旅游体制的改革，打破了独家垄断的局面，出现了严峻的竞争。为了适应发展变化的形势，国旅严格执行国家的方针政策，改革创新，开拓进取，参与竞争，不断提高服务质量，改善经营管理。在指导思想上，从追求高速度转变为追求高效益、高质量；在经营方式上由封闭式转变为开放式，实现了由原来的政治接待为主的行政外事单位向以为国家创汇为主的经济活动型现代化企业的转变。

一、挖潜力、打基础，为我国旅游业高速发展做贡献。

1978年，我国各行各业还是百废待兴，旅游基础设施和接待条件十分薄弱。但是，刚刚结束了长期封闭状态的中国吸引着许许多多的外国旅游者，而改革开放实现四化的宏伟目标也迫切要求我国旅游业的高速发展。正是在这种困难与期望中，国旅承担起开展国际旅游业务的重任，积极贯彻执行国家大力发展旅游业的方针政策，充分调动各方面的积极性。一方面大量引进客源；另一方面充分利用现有接待条件，积极搞好综合平衡，在全国旅游部门中最早引进计算机系统参与管理，并采用包机、包房等办法，尽力解决旅华外宾的住房、交通问题。同时，为了适应日益庞大的对外联络销售和对内组织接待的需要，逐步建立起一整套规章制度，使各项工作规范化。如为了保证旅游团在华期间能顺利实现中外双方共同确认的旅行计划，国旅总社制订了拨款办法、接待计划文电格式、全程陪同和地方陪同工作细则等。

经过国旅全体职工的艰苦努力和各有关部门的大力支持配合，1978年国旅接待人数首次突破十万人大关，达到124555人，比1977年增加了一倍多。至1984年，国旅的接待人数持续保持高速增长，年平均增长率超过20%。在同期来华的外国旅游者中，国旅引进和接待的人数占了近一半，为我国旅游业的高速发展做出了重大贡献。

二、适应市场需要，开发旅游新产品，开展多样化旅游。

在1977年以前，国旅的业务基本上是以旅游团的形式安排参观游览，游览路线主要是华东线；参观项目则是工厂、农村、人民公社、医院、学校及大寨、林县等。1977年以后，随着开创中国式旅游道路的提出，以及旅游开放城市的增加，签证手续的简化，旅游景点的整修，国旅及时地适应国际旅游市场的需要，推出旅游新路线、新项目，旅游路线逐步扩展到全国各地，并扩大旅游形式，除团体旅游外，教育、家庭、会议、奖励等旅游形式也得到了较快的发展。

1.丰富多采的旅游新线路、新项目

1978年以后，在北京、上海、苏州、杭州、广州、桂林很快成为旅游热点城市，并相互交叉成为热线之时，国旅便开始把目光转移到长江上。1979年下半年，国旅在交通部的协助下，开辟了长江三峡旅游路线。1980年又开辟了大运河旅游，同年，“丝绸之路”的第一批旅游团成行，他们从西安出发，途经兰州、敦煌、吐鲁番、乌鲁木齐等地。此后，国旅还与外国旅行社合作，把旅游线路延伸到欧亚大陆，不论是从英国伦敦首发的“丝绸之路”火车专列，还是从法国巴黎驶出的旅游车队，均沿着这条旅游线路，载着各国人民的友好情谊抵达中国首都——北京。此外，国旅还开发了世界屋脊之旅、黄河游等旅游热线。

根据不同层次旅游者的需要，总社还开设了质量要求高、经济收益大的豪华旅游路线。从1980年起，利用北京钓鱼台国宾馆、上海西郊宾馆以及各地大型别墅、豪华宾馆，组织豪华旅游。1982年，总社为美国、日本的豪华旅游团开设了由北京至洛阳、西安、南京、上海，或由西安折往成都、昆明相向对开的豪华列车旅游。次年，总社又与英国促进旅行社合作，开设了由英国伦敦始发，经西伯利亚，从中国二连入境，再经呼和浩特直达北京的东方快车旅游路线。

在开辟新线路的同时，国旅总社与各地分支社合作，根据各地地方特色，开辟了许多旅游新项目。如云南、广西、新疆、贵州等地的民情风俗旅游，无锡的太湖钓鱼旅游、苏州的寒山寺除夕撞钟旅游、杭州的仿古旅游、教育旅游、临汾的丁村民俗旅游、福州的汽车旅游、北京的十三陵直升机旅游、徒步长城旅游等等。

2.多样化的旅游形式

1978年以后，国旅多次召开委托代办座谈会，制订委托代办实行办法和收费标准。1982年国家旅游局在涿县召开了“家庭和散客旅游工作会议”。同年，国旅总社成立了散客处，把开展散客旅游作为适应市场需要的旅游形式来抓。此后，多次召开散客工作会议，总结推广散客工作经验，制订国旅系统散客业务规章制度和各项收费标准，很快形成国旅的全国性散客接待网络。

1980年9月，国旅接待的"第一届国际矿山规划开发技术讨论会"是在中国首次举办的较大规模的国际会议，也是我国旅游部门首次承办的会议旅游业务项目。同年，国旅总社还在北京承办了由英国促进旅行社等客商主办的"中国——1980"国际旅游会议。这两项国际会议旅游的成功接待，表明中国是一个极富魅力的国际会议旅游目的地，而国旅已具有承办此项业务的能力。

1982年总社正式成立了国际会议处，并确定了北京、上海、天津、北戴河、广州、哈尔滨、杭州、南京、武汉、昆明、长沙和南宁等12个城市作为举办国际会议的重点城市。国际会议处从成立到1987年共承办和接待了七十多个不同规模和领域的国际会议，其中规模最大的是有1500多名外国代表参加的第71届世界语大会。此外，国际银行维地信用卡年会、万事达信用卡董事会、百事可乐董事会和中法心血管研讨会等也都是在世界上享有盛名的大型会议。

1985年，国旅总社加入了"亚洲地区国际会议与观光局协会"，成为该协会在中国大陆的唯一会员。

三、更新观念、开拓进取，以质取胜

1984年是我国旅游业发生新质变化的重要一年：国际旅游市场由卖方向买方转变，而我国旅游业长期形成的政企不分、过分集中的旧体制，在一系列重大改革措施中被打破了。国家相继批准成立了一批新旅行社；外联权和签证通知权下放到地方；政企分家，旅游经营单位企业化等，改变了国旅的内、外部环境，最终使国旅、特别是总社的经营方式和指导思想发生了深刻的变化。

1.加强推销招揽，开拓国际旅游市场

随着买方市场的形成及市场竞争的日趋激烈，等客上门已成为历史。国旅总社逐步树立起企业开拓进取的经营意识，"走出去，请进来"积极开拓客源市场。每年派出十几批参展团赴美国、日本、西德、瑞典、法国、英国、西班牙、意大利、澳大利亚及东南亚国家和港澳地区参加各种国际旅游展销活动；并多次派出推销团组分赴各主要客源国进行推销招揽；还大量邀请客户来访，组织接待旅行社代理人团等。1986年12月，国旅总社与各地分支社在北京联合举办了"1987年中国国际旅行社展销会"。国旅在世界各地的客户代表云集北京。这是国旅建社以来规模最大、展销结合的一次盛会。

总社在加强推销的同时，注意改进服务态度，提高工作效率，逐步形成了"主动、快捷、准确、热情"的外联销售工作作风，受到客户的广泛好评，赢得了信誉。到1987年，总社在海外的客户已由20年前的一百多家增加到五百多家。日本、美国、法国、西德、英国和澳大利亚成为较为稳定的六大客源国。

近几年来，总社还抓住国际形势进一步缓和的有利时机，积极主动开拓苏联、东欧及南朝鲜，以色列和台湾地区客源市场，使国旅的客户在海外的覆盖面不断扩大，形成全方位的客源市场。

2.加强全面质量管理，多方面为旅客提供优质服务

1984年的旅游体制改革，打破了落后的旧体制，但由于宏观调控一时没跟上，旅游市场曾出现混乱现象，一些旅行社的削价竞争严重地冲击着国旅的客源市场。国旅总社作为国家的大型骨干企业，如何既严格执行国家的政策法规，又能在不平等的竞争条件下稳住和扩大客源呢？国旅总社充分地认识到，以质取胜是唯一的出路，只有向旅游者提供高质量的服务，才能在竞争中立于不败之地。因此采取了加强全面质量管理的七项措施：（1）重视服务质量的信息反馈；（2）加强流量控制，不断提高综合平衡能力；（3）逐步通过经济合同的方式确立与交通、饭店、商业等部门乃至分支社及其它地方接待单位的业务关系；（4）加强上下站联络，增加问询渠道；（5）在使接待工作程序化、规范化的同时，不断提高导游陪同人员的素质；（6）加强安全管理，并为旅游者提供诸如保险、急救等多方面的服务；（7）建立服务质量管理的检查监督机制。

1985年，在总社的倡导下，国旅率先在旅游系统中开展优质服务竞赛。总社通过发放"访华评价表"，请旅游者对各地及各项服务质量打分评价，及时地收集到各方面的接待服务质量信息，并反馈给地方。同时还制订了"加强上下站联络的规定"，修订了"全程陪同工作细则"和"地方陪同工作细则"等。

优质服务竞赛促进了总社及各地分支社不断加强思想政治工作，改善服务态度，提高管理水平。1986年，北京、上海、广州、西安、桂林等热点城市的国旅分支社，相继在机场或车站设立服务台，负责解答旅游者问询及上下站联络工作。总社及一些分支社还专门成立了质量管理机构，对各项接待工作进行规范和监督。随着竞赛的深入开展，优质服务已成为国旅的基本经营战略和工作方针，并在国旅系统中涌现了大量的好人好事和一批先进单位和模范人物，被全国总工会授予全国先进工作者光荣称号的总社董应烈同志和苏州支社董晓明同志便是突出的代表。

3.重视干部培训，提高队伍素质

竞争，最终是队伍素质的竞争，素质不高便谈不上高质量服务、高水平管理。重视队伍素质是国旅的优良传统。从1954年成立起，国旅就十分重视对入社人员的上岗培训，并多次通过召开国旅系统翻译导游工作会议对干部进行培训，以提高队伍素质。1984年以后，国旅的干部培训进一步得到重视，内容和形式也日趋丰富多

样。有上岗培训，有淡季各类内容的讲座，有经理集训班，企业管理研讨班，还有外语、委托代办、国际联运、财会、计算机、数据通讯技术等专项短训班等。此外，国旅不仅重视提高干部的业务水平，注重对干部进行职业道德教育，国旅还大量选派干部出国进修深造。

十年的旅游大发展，使国旅的干部受到了极好的锻炼，国旅几乎成了我国旅游业的大熔炉，许多干部被输送到各级旅游管理机构、旅游院校、旅游饭店、其它旅行社以及各部门的外事岗位，并成为各部门的骨干力量。

四、实施体制改革，向集团化企业发展

国旅实行企业化问题，在历史上酝酿已久，1978年国务院财政部和中国旅游事业管理总局确定国旅总社从1979年起实行事业单位企业管理，开始在“经营上按企业管理，财务上实行单独核算”，并确定了总社从利润中按比例留成，设立三项专用基金帐户，为国旅总社的企业化奠定了基础。1982年国旅总社与中国旅游事业管理总局开始按“政企分开”的原则，分署办公。1984年国家旅游局正式批准国旅总社成为企业单位。

1984年9月，全国旅游工作会议决定下放外联权和签证通知权。11月国旅总社受国家旅游局委托，在北京召开了全国外联工作会议。会上总社决定1985年外联计划维持1984年的水平，以便尽可能腾出一些热点城市的饭店床位，支持扩大地方外联。1985年国旅地方外联增长了34.4%。从此，国旅地方外联有了较快的发展。至1987年国旅系统接待总人数为504980人，其中地方外联人数达254809人，已超过系统总接待量的一半。

各地分支社参与外联销售后，加快了国际旅游的发展速度，但同时也加剧了国旅系统内部不健康的竞争，使国旅系统出现了一些新的矛盾和问题，一度造成了客源市场的混乱和企业的短期行为。为了理顺国旅总社与分支社的关系，从1986年起，总社及国家旅游局多次召开会议，讨论国旅的体制改革问题。1988年国家旅游局决定体制改革后的国旅走集团化的道路，使国旅逐步成为一个现代化大规模、多元化、紧密型的旅游企业集团，为促进旅游事业的发展，开创了新的局面。

（林德崇）

·先进人物·

中国有个董先生

——记中国国际旅行总社翻译董应烈

董应烈同志是中国国际旅行社总社日语翻译，朝鲜族，现年59岁。他热爱祖国、热爱旅游事业，刻苦钻研业务，不断探索工作方法，努力宣传导游，热情周到地为旅游者服务，为我国的外事工作和旅游事业做出了突出的贡献。为了党和人民的事业，他严于律己，勤勉奋斗，严守纪律，廉洁奉公，起到了一个共产党员的先锋模范作用。

一、钻研业务　热情宣传

有人认为，旅游翻译就是吃喝游玩，其实并不是这样。作为一名合格的旅游翻译，对于外语水平、知识面、办事能力、行为修养，特别是政策水平和思想素质的要求是很高的。

为了做好宣传导游工作，让世界各国人民更多地了解中国，老董不断努力学习和掌握中国各地的风俗民情、山川河流、名胜古迹、历史渊源、国情和国家体制、民主党派、宗教政策、少数民族情况以及群众生活等各方面的政策、制度的知识。老董平时非常注意收集报纸、广播及有关材料，积累知识。他坚持每天早晨收听新闻广播，晚上收看电视新闻联播，一条条都记在他陪团用的小本子上。因为这是他每天要向客人介绍的节目之一。

老董在陪团过程中总是作好充分的准备，向客人热情宣传，使客人对中国有个新鲜感并产生浓厚的兴趣。去年十二月初，老董接待一个南朝鲜旅游团，其中四人多次来京，二人是第一次来京。在安排参观故宫时，以前来过的不想再看了，老董就带了第一次来京的二人去参观。参观结束后，其他四人听了二人的参观介绍，提出来要老董再给他们作一次故宫导游。结果四人又一次参观后都十分感动地说：“故宫以前我们看过几次，但这次听你介绍后就觉得好像以前根本没有参观过一样，今后我们一定再来旅游，到时我们还要请董先生给我们导游。”

董应烈同志导游艺术的魅力在于说真话。他讲我国的落后面，能让人看到中国的希望；讲中国的进步面，能让人知道还有落后的因素。总之，他介绍情况有条有理，实实在在，听了很使人信服。

在来华的旅游者中，由于各种原因，有时也提出些不友好的问题。遇到这种情况，老董不愧为经验丰富的旅游翻译，他往往是在坚持原则的前提下，先策略地反提出问题，引起旅游者自己互相争论，最后老董再作“总结性发言”，摆事实，讲道理，使他们心服口服。

有一次，老董陪同的一个日本旅行团，听完老董介绍中国解放前后的对比和在党的十一届三中全会路线指引下，将要实现四个现代化，摆脱贫穷落后的面貌时，有位客人便问道：“新中国变化那么大，为什么经常有人劫飞机跑到台湾去？”老董说：“我们这里跑到台湾的、劫飞机的有多少人？但台湾原副总统李宗仁和国民党的高级将领和知名人士通过美国、香港回到大陆的有多少人？”听完，那个客人高喊：“我输了！”全团客人都大笑起来。

作为一名旅游翻译，董应烈很能体察人心。在陪团中，他既能和年老的客人谈得来，也能和年轻的客人谈得来。为了工作，他学会了上百首日本歌曲和朝鲜歌曲。有流行歌曲、儿童歌曲，还有两国各地的民歌。他讲累了就带领大家唱歌，这样既可以活跃陪团气氛，也可以交流感情。

有一次，老董陪同一个日本少年儿童访华团。孩子们原来指望有位美丽的小姐或英俊的小伙子陪同他们。没想到下飞机迎接他们的是个老头儿，感到很失望。旅游刚开始时，这些小游客们在汽车里打闹。老董领他们唱歌，又给他们讲故事，车里很快就鸦雀无声了。老董给他们讲日本侵华时如何对中国人民欺辱屠杀；又讲他自己家在抗日战争时期的悲惨遭遇：5岁死了母亲，父亲又被日军抓去当苦工，背军火，摔伤了腿，兄弟5人流离失散……。讲新中国成立以后他自己如何学习日语，二十多年来又如何努力从事中日友好工作，为了中日两国人民世世代代友好下去……那传情的动人故事，孩子们都听入了神，感动得流下了眼泪。一路上，他们结为亲密的伙伴，孩子们都亲昵地叫他老爷爷。逢人便说："陪同我们的董爷爷可好啦……"。

老董陪团有很大的凝聚力，不管多大的旅行团，遇到什么样的困难，还是多么不规矩的旅游者，老董都能胜任陪同工作。不管年老的还是年轻的旅行者，都很尊重老董。他德高望重、令人敬服。在几百人的宴会上，老董只要讲几句话，就会全场起立，报以热烈的掌声。

二、勤奋工作　优质服务

有人说："旅游翻译是国家民族的一面镜子"，这话很有道理。外国旅游者在董应烈身上看到了中国人民好客、爱客、勤奋、忠诚的高贵品格。

董应烈陪团二十多年，摸索总结出一套工作规范，自己"严格遵守"；每到一地他都首先把自己的房号告诉客人，以便有事找他；第一顿饭他都亲自领客人去餐厅安排好座位；每顿饭，他都到餐厅问有什么变化，客人有什么要求，如有的要开水吃药、有的要稀饭、有的要咸菜，服务员不懂日语等，老董都一一帮助办好。他还坚持每天早餐时向客人报告天气预报，是冷是热，是雨是雪，叫大家别忘了带好相应的衣物、雨具。

在老董的陪团规范里还有一条，就是只要一开始陪团，不管白天还是夜晚，全部时间都是属于客人的。他陪团有个决心，就是一定要让客人高兴而来，满意而归。

老董认为，作为全程陪同一定要坚持随团活动。往往有的陪同一到参观点就"放羊"了，让客人自己去看，而自己却躲在冷饮点喝冷饮聊天。

老董陪团时除特殊情况外，都随团活动。泰山、黄山、五台山，他不知爬了多少次。北京的长城他每次都陪客人爬到最高点。有一次，100多人的大学团，比赛爬长城，老董竟第一个爬到最高点。老董认为，坚持随团活动不仅服务周到，随走随讲，增加客人的游兴，也便于保护客人的安全。有一次一位女客人在长城上突然犯心脏病，老董急忙跑到下边，请附近部队的医生，当即抢救治疗，第二天病人又可以随团参观了。病人及全团对老董十分感激。

陪团工作吃饭睡觉都没规律，陪客人参观游览风雨无阻。老董患有胃肠炎七、八年，还有中耳炎经常流脓，白癜风太阳一晒就扩散，但他从未影响过出差陪团。只要开始陪团，似乎他自己的一切都忘了。这样一位老人本应得到别人的关照，但在陪团中，老的小的客人他都一一关照到。日本著名的冈崎嘉平太老先生年已90高龄，是周总理和陈毅副总理生前的老朋友，前年随团访华时，日方没有指派专人照顾他，这个任务"理所当然"地落到了该团全陪董应烈身上。在华十几天里，每顿饭都是老董从房间里搀扶他到餐厅安排好。上下汽车、楼梯和参观游览全靠老董搀扶着。离华前他伸出大拇指赞扬老董说："你真是周总理教育出来的好国民！"

老董在几十年的导游工作中，始终把自己比作宣传员、服务员。他对客人除了热情宣传以外，关心得也十分周到，时刻把我国旅游事业声誉放在第一位。宁可自己付出十倍的艰苦，也要为游客争取一分的方便。

陪旅游团常常遇到困难，造成客人抱怨投诉，使我国的旅游声誉受到影响。作为陪同翻译，董应烈都是尽到最大努力，以弥补损失，挽回影响。有一次老董陪一个70多人的大团去西安，一下飞机便被告知，年轻的地陪承担不了翻译工作，请老董导游；西安宾馆没房间，只能住普通招待所。对这种情况，老董凭着多年的工作经验，加之接团以来和客人相处的感情，就满怀信心地开始了。到旅馆后，乘同一飞机来的另外两国家的旅行团见这样的旅馆都不肯下车。但老董陪的团没有一个人提意见。旅馆不能提供旅行团就餐，全团在西安三天都步行到街里餐馆吃饭。整天参观游览，全身是汗和灰尘却没有洗过一次澡。早晨洗脸和晚上洗脚都是老董和服务员一起用盆子端水分别送到70多个客人的房间里。白天参观，老董一个人轮流到三个汽车里讲解导游。全团客人见他如此感人的工作，都激动的说，只要有董先生在，我们的旅行总是成功的。

三、坚定信念　无私奉献

董应烈同志是个普普通通的共产党员，今年已经59岁了。他是1947年17岁时入党的。他几十年如一日，忠心耿耿，任劳任怨，除了奉献一无所求，在平凡的工作岗位上履行着崇高的职责——一个共产党员终身的职责。

老董一辈子勤俭耐劳已成习惯，在工作中他时刻想着为国家节约每一分钱。老董几十年搞外事，经得多、见得广，吃过许多美味佳肴，到过许多高级豪华的场合，但他艰苦奋斗的作风没有改变。他在工作中很少乘出租汽车，有事尽可能坐公共汽车。在荣誉和待遇面前他总是躲得远远的，而在困难和艰苦面前，他却总认为只有他承担比任何人都“合适”。1983年春，为援助西藏旅游事业，要派一名日语翻译去西藏工作一年。老董得知后便立即主动报名去西藏。他在申请报告中写道：“我是党培养多年的一个党员，……应带头到最艰苦的地方去，请组织上批准我去西藏工作的愿望”。虽然上级规定援藏的翻译要35岁以下的年轻同志，但是组织上最后不得不批准了年过半百的董应烈同志的请求。

其实，老董家里也有困难，他爱人也已50多岁，承担了全部繁重的家务劳动。当年他家住团结湖，13岁的小女儿在木樨地上小学，每天都是由他爱人乘公共汽车接送。老董的成绩，是离不开他爱人和全家人的贡献和支持的。

当问起董应烈同志二十多年的陪团感受时，他笑笑说，最艰苦也最愉快的是在西藏工作这一年。从拉萨到日喀则380多公里的山路，汽车就像在石头上跳舞。剧烈的颠簸加重了人们的高山反应，老董陪团都是一路上导游介绍情况。有一次汽车行驶到海拔四千多米的羊卓雍湖，突然下起大雨，造成山路塌方，堵住了去路，大家决定返回拉萨。当时是五个团同行，客人去不成日喀则十分遗憾，但老董仍坚持过去。他首先动手搬石垫路。见此情景，其他翻译、司机和各团客人也都干了起来。奋战了三个多小时，终于开通了路，汽车过去了。客人们见老董满身满脸都是泥，都非常感激。汽车途中时常坏轮胎，老董就是司机的好帮手。他白天翻译导游，休息时就帮司机修补轮胎、打气、刷车，还要洗刷途中吃饭的餐布餐具。

董应烈是个老党员，时时处处履行着党的纪律。近年来，社会上的不正之风蔓延到了旅游界，私收“回扣”和“小费”的事常常发生，但董应烈从不为金钱所动。他认为，共产党员一定要经得住改革开放的考验，经得住金钱的考验。一次老董陪团到敦煌鸣沙山下月牙泉边的一家个体青年商店买东西。白天给老董回扣被拒绝了，但他们见老董仍热情地介绍商品，帮客人买东西，觉得实在过意不去，竟在晚上到宾馆把老董找出去说：“地陪和司机不懂外语，什么忙也没帮还拿了，你那么辛苦为什么不拿。我们从来没见过你这样的……。”边说边把回扣钱交给他，但老董还是说服了店主。

有人说：“凭老董这服务质量，要是吃小费和回扣，早就成为中国的富翁了”。这话确实不假。老董陪同一个旅行团时，一路上帮他们解决不少困难。特别是团中有几个客人每天晚上都要针灸到11点多钟。临出境前，团长拿出一叠钱说：“这是全团的心意”。而老董却谢绝说：“最好的纪念是两国人民的友谊”。

一些外国客人知道中国有不收小费的规定，往往采取“暗送小费”的办法，以表达他们对翻译陪同优质服务的感激之情。有一次老董陪日本前众议员访华团，在广州出境告别时，秘书长交给老董一个信封，说是一封感谢信。待客人告别后，老董根据“以往的经验”，便立即打开信封，见里面有500元钱和一封感谢信。老董急忙向海关说明情况，进到里边把钱送还给了客人。此时全团客人都把感激和敬佩的目光投向了老董。

二十多年来，董应烈以他高质量的服务和出色的工作，在日本客人心中留下了美好的记忆，为我们的祖国和民族争得了荣誉。为宣传中国，了解日本，提高我国的旅游声誉，增进中日两国人民之间的了解和友谊尽到了他“民间外交家”的职责。一位名叫宫村的日本旅游者来信说：“我是下决心一辈子为中日友好做贡献的人……董先生陪同我们，一路上我是感动得几次掉下眼泪的……从董先生身上，使我更相信在地球上确实存在像中国人民这样伟大的民族”。

董应烈的热情好客和周到服务，连阅历广泛的日本《朝日新闻》和《读卖新闻》的记者也为之深受感动。他们专门把老董的话录下音，回去登报和播放，用来教育日本的下一代。记者们说：“他不当官，扎扎实实地干工作，太可贵了”，“这样的老人在日本是要大受颂扬的”，“他是真正的英雄”。

董应烈同志原籍是黑龙江省宁安县，他在东北解放战争的四平战役中担任担架小队长。1950年任小学教导主任、校长。1952年任宁安中学党支部书记。他多次被评选为优秀少先队辅导员、省级优秀教师代表、工会先进分子。1983年和1986年被评为国家旅游局和国旅总社优秀共产党员；1986年被评为国旅系统优质服务竞赛先进个人；1986年被选为中央国家机关第六次党代会代表。1988年被国家旅游局授予“全国旅游优质服务先进工作者”称号；同年被北京市评为“民族团结与进步先进分子”，被国家旅游局和全国财贸工会授予“省部级劳动模范”称号。

董应烈同志于1956～1961年东北延边大学函授部朝文本科毕业，六、七门功课均为5分。他使用日语和朝语在我国的外事和旅游工作第一线奋斗了二十多年。他多次陪同我代表团和友好访问团，出访日本和朝鲜。并为邓小平、李先念、王震、廖承志等党和国家高级领导人当翻译。翻开董应烈的历史，是一部先进和模范的历史，一部光荣和奉献的历史。

在二十多年时间里，有多少个节假日星期天，家人要团聚，亲友要拜访，爱人孩子要去公园玩玩，但他放弃了。当他想到自己出差陪团的时间一天天的缩短时，恨不得一天也不放过去。他把旅游团一批批迎来，又一批批送走。春夏秋冬，迎来送去，这就是一个旅游翻译的足迹，一个中国旅游翻译的足迹。

中 国 旅 行 社

中国旅行社成立于1949年11月。数十年来，尤其十一届三中全会以后，中国旅行社有了很大发展。

为适应我国旅游事业发展和深化旅游体制改革的需要，中国旅行社现已形成以旅游服务为主，多元化、多功能、多层次的全国性的经营国际旅游业的经济联合组织。现在中旅系统有旅行社三百多家，旅游饭店170座，侨汇公司、免税商场、提货点64处，旅游汽车服务公司、车队三十多个，大小旅游车二千四百多辆，从业人员三万多人。

1984年中国旅行社总社（以下简称中旅总社）由事业单位改为企业单位，实行多种经营，大力开拓新的客源市场。目前，中旅总社在京有：丽都假日饭店、华侨饭店、中旅总社汽车服务公司、中国华侨旅游侨汇服务公司及丽都饭店管理有限公司等直属企业，共有干部员工三千多人。

1985年和1987年，中旅总社又将原直属企业中的广东、福建两省中旅社的产权、财权、经营权分步骤地下放给地方。两社下放给地方后，经过几年的努力，经济效益成倍增长，自我发展能力大大增强。1988年，福建省中旅社的利润达三千七百多万元，比下放前的七百多万元增长五倍多，主要经济指标在全省同行业中均一跃为领先地位。1988年，广东省中旅社的利润达五千多万元，比下放前增长9倍。

1988年全系统共接待外国游客、华侨、港澳台同胞100万余人，相当于1956年至1965年十年的接待总和。

“六·四”风波后，旅游业大滑坡。中旅总社总经理高音及时召开中旅系统四十多家省市中旅社经理会议，提出了中旅如何从困境中摆脱、渡过难关等一整套设想，稳定了中旅队伍，使中旅努力走出了低谷。1989年中旅接待量比1988年下降23.6%，在全国旅游行业中下降率属最低。

中旅系统在积极改革、勇于进取、抓好硬件建设的同时，也注重抓好软件建设。中旅系统率先在国内旅游行业中进行陪同导游培训与考核，颁发导游证，开展职业道德教育和优质服务竞赛。几年来，中旅系统以良好的服务质量赢得了信誉，在海内外有很高的知名度。1988年，被国家旅游局评为先进单位。

中国旅行社总社下设：接待部、对外销售部、出境部、综合业务部、计划价格部等十多个职能部门。

中国旅行社总社的主要业务范围和服务项目有：

1.承办、接待海外各种旅行团。

2.为入境的零散旅客代订交通票；预订客房；接送、托运行李和组织参观游览、购物等联运业务以及其它委托项目。

3.为入境的旅客疗养；科技、文化、体育交流；洽谈贸易和投资、咨询等提供服务。

4.经办全国各地归侨、侨眷、港澳台同胞眷属及其他人员出境旅行团。

5.为中国公民因公因私出境代办外国签证和公证书认证以及代订国际机票，代办旅途接送、安排住宿等联运业务。

6.经营饭店管理业务，引进国外先进企业的管理方法和技术，按国际标准培养管理人员。

7.经营“国外买单、境内提货”和免税商品业务。

中国旅行社总社设在北京。

中国旅行社的宗旨是，宾客至上，服务第一。

（胡定邦）

中国青旅集团

概 况

1989年对我国旅游业来说是比较特殊的一年，中国青旅集团也是如此。上半年，青旅旅游业务迅速发展，创历史最好水平；而下半年，业务量猛跌下来，中国青旅集团和总公司的外联、接待人数都比1988年同期下跌65%多，从而使1989年全年接待量比1988年有所下降，中国青旅集团外联99836人次，总公司外联19215人次，分别比1988年下降29%和17%。

（一）上半年

在1988年发展势头良好的基础上，青旅集团研究了客源市场的新情况，总结1988年经营上的长处和不足，制订了新的经营方针，完善了各项规章制度，加强了旅游队伍等基本建设。

1989年3月，青旅集团在深圳召开了第一届董事会第一次会议。为加强集团内部管理，增强凝聚力，提高整体竞争能力，会议认真讨论并通过了《关于中国青旅集团地方公司经营管理问题的若干意见》、《中国青旅集团外联工作条例》、《中国青旅集团财务管理暂行条例》、《中国青旅集团服务质量标准》、《中国青旅集团对外卖价对内拨款的原则》等五个管理条例。为了更快地发展旅游业务，会议着重研究了进行海外销售的问题，再次强调要以总公司为龙头，发挥地方积极性进行统一外联，积极开拓客源市场，并提出了1989年全集团自联20万人次的目标。一届一次董事会的召开，为全集团1989年旅游业务进一步发展奠定了基础。

为了贯彻落实一届一次董事会议的精神，进一步提高外联工作水平，中国青旅集团外联工作会议于四月初在杭州召开。会议就外联客户情况、海外开发的方式，海外推销手段和途径以及集团“外联工作条例”等进行了交流和讨论，更加明确了外联工作的指导思想。

由于增强了推销意识，狠抓了海外销售，外联工作取得了很大成绩。在招徕淡季客源上成效尤为明显。在激烈的竞争环境中，各受委托外联的地方公司积极想办法、订措施，及时研究海外市场的变化，调整主攻方向，招徕了一大批淡季游客。如福建公司，充分利用组台胞团的优势，1～5月份外联4648人，突破了1988年同期零的纪录，打了一个漂亮的翻身仗。就总公司来看，1～5月份外联势头良好，欧美客源市场形势喜人，前五个月外联仅团队就达6563人，为1988年同期的2.5倍多，日本和港台市场的客源也有较大幅度的提高。

4月25日，集团财务工作会议在北戴河召开。这次会议讨论和研究了《集团财务管理细则（征求意见稿）》，使青旅财务工作逐步纳入了标准化、正规化的轨道。

青旅集团一手抓客源，一手抓质量。2月底颁布了《中国青旅集团总公司接待服务质量奖罚条例》，同时，编印了《陪同手册》，制定了《中国青旅集团全程陪同工作细则》、《中国青旅集团地方陪同工作细则》、《陪团中若干问题的处理原则》等规章制度，分别于上半年陆续下发给各地方公司。广东、云南等公司制订了1989年质检工作计划，先后成立了质检小组，做到质检工作有人来抓、有章可循。

各项工作有条不紊地开展，使中国青旅集团接待人数和服务质量上获得了双丰收。1～5月份，青旅集团自联人数为63167人次，比1988年递增13.5%，其中增长较快的总公司自联人数为13945人次，为1988年同期的2.3倍。此外，在5月份的“春花杯”全国导游大赛中，中国青旅集团9名选手中有4人被评为“十佳导游”，5人被评为“全国优秀导游”，成为获奖最多的单位。

6月初，北京发生了反革命暴乱，全国旅游行业均受到冲击。中国青旅集团总公司及各地方公司的广大干部职工坚守岗位，尽最大努力来保证旅游业务的进行。“6·4”后的几天里，总公司在丽都饭店成立临时办公机构，认真做好每一个旅游团队的接待工作，得到了日本旅游行业协会及游客的好评。

（二）下半年

“两乱”使我国旅游业从高峰滑到了低谷。为了稳定青旅队伍的思想，齐心协力渡过难关，集团董事长胡焕章于7月4日在桂林召开了部分分支社、地方公司经理会议。会议针对当地面临的困难，研究了旅行社如何求生存、求发展的各种途径，并正式提出：要利用人为的“淡季”整顿青旅队伍。与此同时，总公司向全集团系统发出了《关于认真学习四中全会精神，努力抓好当前工作的通知》，要求各地方公司继续做好外联工作，加强基础建设，开源节流以增加积累。

8月份，在西安召开的全国旅游工作会议提出了“全面吸引、重点促销”的外联工作方针，青旅集团各公司积极贯彻。总公司及各地方公司的外联人员日以继夜地加倍工作，不辞辛苦地向客户做各种宣传解释和推销工作。针对欧美、日本等国对来华旅游采取了一些抵制措施，主营中国旅游的旅行社开始转向，一些游客也因对我国现状不了解而取消到中国旅行的现状，根据国家旅游局提出的“全面吸引、重点促销”的方针，青旅总公司和各地方公司调整了外联力量，着重对港台地区和南朝鲜以及东南亚加强宣传攻势，并取得了较好的效果。总公司继续加强对南朝鲜旅游市场的开发，在招徕南朝鲜客源上迈出了可喜的一步，取得了较大成绩。

利用“两乱”造成的旅游“淡季”，青旅系统抓紧自身建设和各类业务培训。总公司各业务部门先后对导游人员、外联人员和接待人员进行了集中培训，专家授课、专题辅导、实地训练、示范表演等各类业务培训。

11月9日至13日，青旅集团第一届董事会第二次会议在西安召开。15日至20日，集团第二次成员大会在武汉召开，会议审议了胡焕章董事长作的1989年度集团工作报告，分析了旅游市场现状，研究了尽快复苏旅游的措施，讨论了集团长期和近期发展目标及青旅精神、口号、统一服装等问题。

继集团董事会与成员大会之后，集团海外销售部于11月21日在成都召开了成立大会并举行了第一次会议，会议分析了1990年旅游市场形势，研究了联合推销的计划和在海外设立办事机构的设想。11月23日，集团温冷点海外推销会也在成都召开，会议对温冷点地区的旅游工作进行了认真的分析研究。此后不久，12月27日至28日，海外销售部第二次会议在上海召开，会议研究了外汇汇率调整后集团应采取的相应措施，公布了“菜单式服务”的收费和拨款办法。至此，中国青旅集团对外推销工作的正规化和海外销售的统一形象初步形成。

12月5日，中国青旅集团在中国旅游学院举办的首届经理岗位证书培训班正式开学，34家地方公司的39位正副经理及总公司的3位管理人员参加了近50天的学习。这表明中国青旅集团向正规化、标准化的管理迈出了具有历史意义的一步。

回　顾

1979年，中国青年旅行社在党的十一届三中全会确定的改革开放政策的推动下应运而生。

十年来，中国青年旅行社在团中央、国家旅游局的正确领导和各有关方面的支持下，艰苦创业，开拓进取，与海外60多个国家和地区的300多个旅游组织建立了业务往来，在全国50多个旅游城市建立了旅行社分支机构，发展成为全国旅游业三大骨干旅行社之一。十年来青旅共接待海外游客642147人，创汇六亿多元外汇人民币，为中国旅游事业的发展作出了一定贡献。

一、辛艰的创业，曲折的发展

青旅事业兴办之初，无论是在设备上，还是在资金上，都不具备办旅游的条件。白手起家、因陋就简，自力更生、勤俭创业，可以作为青旅初创阶段的一个写照。没有办公室，就在宿舍楼的过道里摆几张桌子办公；没有足够的通讯设备，大家就充分利用仅有的两部电话进行联络；安排房、餐、游览、交流活动，没有公务车，就骑上自行车满城跑；没有旅游车辆，就从别的单位借，而且借来的也大都是旧车，青旅职工们就自己动手，把车刷洗得干干净净、清洁明亮，再加上一些装饰物布置得漂漂亮亮。

办旅游，资金更是一个极其重要的条件。青旅是我国第一家旅行社企业，它在创建之时就明确了其企业性质——自负盈亏、独立核算，没有行政拨款可以利用。因此，在筹建时，青旅的创业者们就定下了“不花国家一个钱”作为自己的起点，不仅是“不花”，就连贷款都没要。

物质条件上的困难容易克服，但在当时还遇到了一些意想不到的困难。社会上有些人对建立青旅提出了不同看法。认为：建立青旅是不务正业，也没有必要，还会导致国内旅游市场的竞争等。一些地方和单位对青旅还采取了不合作的态度。所有这些，都使青旅的发展处于十分被动的位置。

面对困难，青旅干部、职工发挥共青团富有活力、富有朝气的传统和优势，用辛勤的汗水，浇灌出丰硕的成果。

首先，青旅用自己的朴素服务赢得了声誉。这朴素的服务包含两个内容：一是实事求是，以自己现有的实际条件和优势，招徕、接待客人；二是真诚热情的服务，朴实无华，尽最大可能满足客人要求，使客人处处感到温情。1979年8月，青旅在北戴河接待一个香港青少年夏令营旅游团的过程中，一个团员晚上丢失了一串项链，青旅的陪同、接待人员打着手电在海滩上用手一步一步地摸，一连找了几个小时，次日凌晨又接着去找，终于找到了这串项链。这件事情，在旅游团员们返回香港后被传为佳话，青旅的名声不胫而走。类似这样的例子还有许多。依靠这种朴素热情的服务，青旅使海外客商纷纷找上门来，到1979年底，预订的海外团队已达一百多个，总人数过万人。这给青旅的发展带来了一个良好的开端。

在业务量猛增、实力逐步壮大的同时，青旅加强了基础建设。在车辆配备方面，由开始时的四处借车、租车，发展到买翻新车和进口旅游车。在宾馆设备上，1980年4、5月份，投资改建了中央团校的两座宿舍楼，作为自己的宾馆——万年青宾馆，同年7月底就投入使用，这是当时北京第一家装有空调设备的宾馆。与此同时，侣松园宾馆的翻建工程也圆满完成。这样，青旅就有了自己的车队和两个涉外宾馆四百多个床位，具备了办旅游的基本物质条件。

从创建初始，中国青年旅行社就注重加强旅游业务人员的培训。1980年3月，举办了首届培训班，这在以后形成了制度。青旅还从社会上择优录用自学成才，品学兼优的青年，并加以培养、提高，在一定程度上加强和提高自己的业务实力。

经过近一年的筹办，青旅的业务量迅猛增长，这给“中国青年旅行社”的正式成立创造了条件。1980年6月27日，中央正式批准成立中国青年旅行社。这更加振奋了青旅干部职工的创业精神，上下团结更加紧密，工作热情更加高涨。从此，青旅事业步入了更快的发展进程。

在经营上，青旅注意发挥自己的优势。在对外招徕上，青旅通过同与我国有友好关系的一百多个青年、学生组织的联系，很快扩展到与这些国家的旅游机构的联系，开发了新的旅游市场，有了一些自己的客户。在组织接待上，充分利用全国各地、各级团组织，收到事半功倍的效果，并在此基础上，形成自己的特点：内容丰富、项目众多，不仅有观光旅游，而且兼重人文旅游，在旅游同时进行学术交流、座谈、参观访问、演出等等。开展人文旅游活动，更拓展了青旅的业务发展领域，收到了社会、经济双重效益。

1980年，青旅首战告捷，接待游客10545人次，创汇过千万，盈利逾百万。在1981年3月份，中央召集的旅游界有关负责人会议上，中央领导同志对青旅成绩给予了肯定。这次会议，成为青旅发展史上的一个重要的转折点，使青旅在社会上尤其在旅游界确立了其应有的位置。1981年4月，凡有旅游业务的共青团省、自治区、市委员会先后成立了青年旅游机构，一些旅游热点城市成立了中国青年旅行社地方分支社。

从此，青旅发展出现更加喜人的形势，在全国逐步形成接待网络。青旅上海、广东、广西、江苏、浙江等地方分支社的旅游业务日益兴旺。1981年，青旅接待人数呈直线上升，共接待27741人次，是1980年的2.7倍。

1982年后，由于我国当时的条件还不能适应旅游业务的飞速发展，全国旅游工作会议提出了“五个统一”的原则，团中央书记处也对青旅提出了“以提高服务质量为主，量力而行，稳步前进”的要求。青旅压缩调整接待数量，狠抓服务质量的提高，控制各分支社的外联，使青旅进入了稳步的发展、提高的阶段。

二、大发展阶段

党的十二大召开以后，我国旅游业的发展出现了新局面。国务院对全国旅游业的发展作了一系列指示，并纳入国民经济发展计划。国家旅游局十分重视青旅的工作，给予了多方面指导，并指示青旅要增加客源，尽快发展起来。1984年，经国家正式批准，中国青年旅行社有了外联权和签证通知权。中国青年旅行社的经营、组织能力进一步提高，在国内外的影响进一步扩大。1984年3月，团中央召开全国青年外事旅游工作会议，团中央书记处书记刘延东在会上作了题为《开创青年外事旅游工作的新局面》的讲话。社会大环境给青旅的大发展提供了有利条件。青旅再次出现大发展的好势头，各项业务迅速发展起来。

对外招徕、推销工作有了较大的提高、发展。中国青年旅行社成为三大骨干旅行社后，更加注重外联工作。1984年，青旅改变了发展初期主要依靠海外几家旅行社主动送客、等客上门的状况，由总社主动出击、对外推销，参加海外旅游展销会，派出外联人员到国外宣传、招徕。总社外联工作的开展，扩大了青旅系统的客源，使青旅在旅游业务上向正规化迈进了一步。1984年，青旅接待游客达4.7万人次。

随着旅游业务的开展，仅靠中国青年旅行社总社一家外联已不能满足全系统发展的要求。1985年，中国青年旅行社总社根据国家旅游局的指示精神，委托少数口岸城市分支社进行外联。这给青旅的客源市场带来了较大变化，客源量大增。1985年，接待游客5.2万人次。经过一段时间的摸索、实践，青旅外联推销工作逐步形成了自己的模式，即发挥中国青年旅行社总社、地方分支社两个积极性，以总社为龙头，总社、地方社联合推销。1986年至1987年，中国青年旅行社系统进行了三次大的联合推销活动，取得了很好的效益，既保证了系统统一对外形象，又扩大了客源市场。青旅外联工作的重点，放在推出新项目、开发新市场上，注意加强和国外一些中小旅行社的联系，既做层次较高的豪华等旅游团，也不放弃收益较薄的经济等旅游团。其指导思想是“有本事从外国人口袋里掏钱”，绝不和国内的旅行社打内战，在同一个客源市场争来争去。经过几年的外联工作，中国青年旅行社在日本、东欧、西欧及美国开辟了一些新市场，有了一批关系较稳定的新、老客户。旅游业务在1985年的基础上又有较大的发展，1987年接待量达12.3万人次。

在旅游业务的发展过程中，中国青年旅行社实力更加增强，特色和优势更加鲜明。在日本市场上，1983年，中国青年旅行社和日本每日交流公司共同组织了中日青少年体育比赛、文艺演出和书法、摄影等交流活动，以及观光游览。此后每年一次，人数逐年递增。1987年，访华团人数增至1600多人，在同一天里分批抵达北京。在北京的三天里，要举办开幕式、闭幕式、八场演出、三个展览，要组织40个体育团队的80场比赛，要安排中央领导同志的接见，还包括一天的长城游览，然后在同一天里用十八架包机全部飞离北京分赴南京、上海、杭州等几个城市，在这几个城市又进行同样内容的交流活动。如此复杂、庞大的活动，中国青年旅行社依靠自己的力量安排得圆满成功，充分证明了中国青年旅行社的实力，日方极为满意。1985年至1988年，中国青年旅行总社四次接待了日本“东海号”游船。在欧美市场上，1981年开始每年一度，接待美国杨百翰大学学生艺术团的访华演出，收到了较好的社会效益，扩大了青旅的知名度。1987年接待了比利时“布鲁塞尔——北京青年友谊列车”一行338人在北京为期一周的参观游览和友好交流，此外，还接待了一些演出、访问交流团。中国青年旅行社在接待这些旅游团的过程中，逐渐闯出了自己的路子，在两个效益上都收到较好的效果。

1985年10月，由中国青年旅行社自己组织筹办的国际青年旅游会议在北京香山饭店开幕。来自世界各地二十个国家和港澳地区的63家青年旅游组织的一百多名代表参加了会议，国际青年旅游组织联合会、国际学生旅游会议及国际青年旅游协会的负责人都应邀参加了会议。召开这样的会议，无疑提高了中国青年旅行社在国际上的知名度，中国青年旅行社成为我国第一家成功地举办了国际旅游会议的旅行社，展示了青旅的实力，对青旅的发展起了推动作用。

1984年以后，中国青年旅行社系统地方分支机构进一步发展，具备一定接待能力的分支社增加到41家，尤其广西、上海、广东几家分支社和全国铁道分社的发展速度更为突出。

在业务发展的同时，中国青年旅行社注重自身的建设。1984年11月，青旅总社向团中央呈送了《中国青年旅行社关于实行全面改革的请示报告》，主要内容是，调整机构，下放权力，实行承包。同年12月团中央批准了该报告。1985年中国青年旅行社全面贯彻了改革方案，在理顺共青团和青旅的关系上迈出了第一步，增强了企业活力。1985年6月，中国青年旅行总社根据当时系统内部存在的种种问题和弊端，向团中央报送了第二次改革方案：端正企业经营思想和指导方针，加强系统管理和干部管理，加强对本系统的业务指导。这次改革在系统内兴办起了一批为旅游事业服务的小型企业，引起了全系统对旅游基础设施建设的重视，相对稳定了青旅干部队伍，促进了青旅系统化管理。1987年11月，在厦门召开了青年旅行社系统体制改革研讨会，会议讨论了《青旅系统管理体制改革方案》、《中国青旅集团章程（草案）》，中国青年旅行社集团的雏型渐趋形成。

在接待人数一长再长的过程中，中国青年旅行社坚持抓优质服务，抓业务人员的培训。1985年2月，在北京举办了全系统导游培训班，1986年在南昌召开了第一次中国青旅系统服务质量会议，从而使中国青年旅行社的优质服务走上新的台阶。1988年又举办了昆明培训班。总社及各分支社每年都组织淡季培训，提高业务水平，进行优质服务教育。中国青年旅行社总社1987年荣登一类旅行社服务质量榜首，获首都首届旅游紫禁杯先进企业奖，总社导游员马琳获得了最佳导游员称号。1988年，中国青旅江苏、广东、广西、陕西、浙江、洛阳等分支社也在优质服务竞赛活动中受到当地旅游管理部门的表彰。

1988年，是中国青年旅行社在已有的基础上，全面“起飞”的一年，中国青旅事业的各方面都取得了很大成就。这一年，接待海外游客147296人次，创青旅建社以来最高水平。中国青年旅行社总社成立了港台部，建部当年就实现了接待人数过万、营业额超千万的高纪录，在港台市场上站稳了脚跟，并具备了一定的实力。在欧洲客源市场上，联邦德国和法国市场有新突破，淡季团队陆续入境；南斯拉夫市场继1987年拓展之后，开始有大批团队来华。对东南亚和南朝鲜市场的开发开始筹备并取得了一定进展，1988年底、1989年初总社成立了亚大部。对苏联市场的开发亦有所进步，和苏联卫星国际旅行社等旅游机构的联系进一步密切，1988年底接待了苏联青年友好之船。

1988年，青旅总社组织了几次规模大、影响广的旅游活动，大大提高了中国青年旅行社的声誉。中法雪铁龙汽车旅游团，由南向北行程近五千公里；中日楼兰旅游探险团经过长时间的准备终于成行，这在我国尚属首次，在日本国内也产生很大影响。青旅总社还接待了配合竹下登访华而来的“第一回青少年友好集会”代表团650人，在劳动人民文化宫组织了中日青年大联欢，吴学谦副总理和日本首相竹下登等中日领导人出席了联欢会。同年十月，青旅总社在北京组织接待了国际青年旅游组织联合会的年会。

1988年，中国青年旅行社系统的体制改革逐渐成形。1月，在广州召开了各地方分支社经理会议，研究了中国青年旅行社系统体制改革的初步设想。12月，在北京再次召开全系统经理会议，会议讨论了成立青旅集团的有关事宜；16日，中国青旅集团正式宣告成立，这是我国旅游行业成立的第一家集团。国务院副秘书长李昌安、团中央第一书记宋德福、国家旅游局局长刘毅在成立大会上讲了话。从此，中国青年旅行社走上集团化管理的道路。

大事记

1989年

2月25日　颁发《中国青旅集团总公司接待服务质量奖罚条例》十二条。

3月28～31日　中国青旅集团在广东深圳召开第一

届董事会第一次会议。团中央书记处书记李克强出席会议并讲了话。会议选举胡焕章同志为第一届董事会董事长，并根据董事长提名，通过了厦门公司总经理陈伟彬同志兼任秘书长的决定。会议讨论了第一批成员单位的情况，通过了集团各项管理原则和条例，研究了青旅集团在“七五”计划后两年的工作规划。

4月7～10日　在杭州举行外联工作会议，就外联客户情况、整体竞争的手段和方式、价格和竞争的关系；海外旅游市场开发的方式、海外推销手段和途径，以及集团“外联工作条例”等事宜，进行了交流和讨论。

5月13日　就“关于成立《中国青旅集团》之事”上报国家体改委。

5月16日　全国导游大赛结束，中国青旅集团成为获奖最多的单位，集团参赛的9名选手中4人被评为“十佳导游”，他们是：总公司王刚，广西公司刘志钊，四川公司张素娆，全国铁道公司李良义。

7月4日　青旅集团董事长胡焕章在桂林召开部分地方公司经理会议，会议就旅游大滑坡的状况，研究了青旅发展的多种途径，并提出利用“淡季”整顿青旅队伍，提高业务水平。

7月5日　总公司发出《关于认真学习四中全会精神，努力搞好当前工作的通知》，指出：要认真学习党的十三届四中全会精神，坚定克服暂时困难的信心；继续积极做好对外宣传招徕工作；搞好内部调整，加强基础建设；开源节流，增加积累。

11月9～13日　集团第一届董事会第二次会议在西安召开，会议审议接收了集团新成员，讨论了1989年工作要点和集团近期、长期发展规划，审议了集团拟组几个专门工作小组的提案和地方公司经理职务名称使用的暂行规定，讨论了青旅精神、口号、统一标志、服饰等。

11月15～20日　集团第二次成员大会在武汉召开，在重庆结束。会议主要议题是：一、审议1989年集团工作报告；二、分析旅游市场，研究尽快复苏旅游的措施；三、讨论集团近期以及长期发展目标、青旅精神、口号、服饰等；四、通报新成员单位情况。

11月21～22日　集团海外销售部在成都召开了第一次会议。根据董事会会议决定，由王勉生同志任海外销售部主任。会议议程有：分析1990年旅游市场形势，确定海外销售部的性质和职能，讨论价格体系；研究联合推销计划和在海外设立办事机构的设想；制定工作制度；明确分工等。

11月22～24日　总公司与国旅、中旅及港中旅首次联合举办“1989年中国深圳旅游洽谈会”。洽谈会邀请了香港、台湾、新加坡、日本、泰国、美国等182家旅行社的290余名客人。

12月5日～1990年1月20日　在北京中国旅游学院举办了首届旅行社经理岗位证书培训班，34家地方公司的正副经理和总公司在职干部共39人顺利通过了培训考核，获得国家旅游局颁发的“岗位合格证书”。

中国青旅集团总公司
1989年经济统计资料

1.接待人数：30200人
　其中，自联人数：21778人
　　（含：团队19215人，散客2563人）
2.营业额：4857万元（外汇人民币）

中国青旅集团1989年
经济统计资料

1.接待人数（自联）：99836人
　其中，外国人：39559人
　　　　港澳台胞：60218人
　　　　华侨：59人
2.营业额：10693.6万元（外汇人民币）
　（注：不含多种经营）

（郭东杰）

附　载：

台湾、香港、澳门概况

1989年的台、港、澳旅游市场

刘桐茂

台湾、香港和澳门是中国领土不可分割的组成部分，随着我国改革开放政策的实施和旅游业的不断发展，来大陆旅游、探亲和从事商业活动的港、澳、台同胞与日俱增，并成为我国内地旅游业的重要客源。

台湾：台湾旅游业开创于1956年，目前已具相当规模，成为其国民经济的重要组成部分，进一步发展出入境旅游，已被当局看作加强对外联系，扩大影响的重要施政方针。1988年全岛接待国际旅游者193.5万人，比上年增长9.9%，列世界第32位；旅游外汇收入22.89亿美元，以0.42亿美元之差超过中国大陆居世界第24位。1989年国际旅游接待人数突破200万大关，达200.4万，比上年增长3.57%；旅游外汇收入24亿美元，比上年增长4.85%。

经济贸易的持续发展，国民收入的进一步提高（人均达7000美元）及闲暇时间的增加，促发了居民的外出旅游的欲望。特别是1979年当局开放了出境旅游后，到岛外旅行人数剧增，以每年10%的速度增长。1987年11月起，当局又逐步放宽赴大陆旅游探亲限制，使出游人数剧增。1988年全岛有160.2万人到海外度假、观光或探亲，比上年增长51.4%；旅游外汇支出约40亿美元，收支逆差17.1亿美元。1989年6月后虽受大陆局势影响，外出旅游人数一度减少，但马上回升，全年出境旅游人数超过国际旅游接待人数，也突破200万大关，达210.78万人，比上年增长31.6%，旅游支出约50亿美元，收支逆差26亿美元。目前，每十个台湾人中就有一人到台湾岛以外地区旅行，超过日本每14～15人中一人出国旅游的纪录。

从旅游去向看，台湾旅游者的活动范围多集中于亚洲地区。1987年当局开放大陆旅游探亲后，这一特征更加明显。1989年在亚洲国家和地区旅行的台湾人，占其出境旅游总人数的90.89%，而1987年只有77.15%。从增长速度看，近几年赴亚洲国家和地区的台胞旅游人数持续增长，而赴欧美地区人数下降。其中，1989年有81.1万台胞把香港当作了自己外出旅游的第一站，加上它地转道而来者，香港全年接待台湾旅游者113.29万，比上年增长21.1%。值得注意的是，由于经香港赴大陆较其它路线可节省一半费用和时间，故香港已成为台胞赴大陆探亲、旅游的主要中转站。台湾出境旅游者其它旅游目的地（旅游第一站）的情况是：赴日本47.4万（加上经它地转道而来的，日本共接待台湾旅游者50.1万），比上年增长40%；赴泰国25.87万，比上年增长67%；赴南朝鲜13.39万，增长33.9%；赴美国15.76万，减少6.4%；赴欧洲1.85万（主要是荷兰1.39万），减少16.74%。由于台湾人消耗能力较强（约为一般观光客的2.5倍），已成为不少国家和地区争相招徕的对象。

从近几年台湾外出旅游人员的构成看，以下两类人员成为外出旅游大军的主体：一是经理、秘书和职员，另外是家庭主妇和退休人员。前者1988年占出游总人数的50.83%，虽人数还在不断增加，但近几年所占比重减少。后者1988年占出游总人数的18.95%，所占比重正在逐年增加。从年龄看，1988年，30～39岁的中年人数量在各龄层中居首位，占27.86%；20～29岁的青年占17.39%，但由于当局对男性青年的出境限制，这一龄层女性占了三分之二以上；60岁以上老人占18.83%，由于开放大陆探亲缘故，男女性老年人比例从1987年的3比2变为1988年的5比2。

香港：旅游业是香港经济的重要支柱，良好的地理位置、特殊的历史文化、完备的旅游接待设施和自由港的经济环境，为旅游业的发展创造了条件，使香港成为亚太地区最大的国际旅游者集结地和中转站，有“购物天堂”和“美食天堂”的美誉，30年来旅游入境人数增长了32倍。1988年有558.9万国际旅游者到港访问，旅游外汇收入333.3亿港元（41.66亿美元），分别列世界第16位和10位。1989年国际旅游接待人数虽受内地局势影响，下降4.4%，为536.1万人，但旅游收入仍达369亿港元（46.1亿美元），比上年增长8%。

香港是重要的地区客源市场，1988年外出旅游人数为156.99万人（含赴澳门和内地旅行人数），1989年达181.37万，增长15.5%。在日本、台湾之后，居亚太地区客源市场第三位。在这些出境旅游者中，有四分之三在亚洲国家和地区旅行。长期以来，台湾是香港游客首选的旅行目的地，近十年前往者有减少趋势，1989年虽比上年有所增加，但仍未达到1981年30.7万的最高数字；泰国近两年一跃成为港客最喜欢的度假、观光地，1989年有36.15万香港人前去旅游，比上年增长10.65%，也就是说有19.9%的香港出境旅游者在自己的行程中安排了泰国；菲律宾则一直是港人传统的旅游目的地，1989年前往旅游人数为18.78万，比上年增长8.8%；1989年到日本旅游的香港客人为20.49万，增长30%，仍是港客重要的旅游目的地。从1989年前往旅游的人数看，赴亚洲地区的香港旅游者均有不同程度增长，平均增幅为17.1%；赴欧洲国家（仍以英国为主）增长13.4%，其中赴法国人数虽基数不大，但增长50%。然而，到美国旅游人数却减少至11.1万，减幅1.6%。另外，到澳门旅游的香港同胞1988年为473.65万，1989年达480.77万，增长3.6%。

澳门：澳门是世界三大赌城之一，包括博彩业和观光业在内的澳门旅游业，是澳门经济的主要支柱。1988年接待国际旅游者（不计香港居民）100.5万，旅游外汇收入50亿澳元(6.25亿美元)，占全澳门国民生产总值的25%，其中博彩业收入占80%；1989年接待国际旅游者增到100.9万人。

特殊的地理位置及交通条件使澳门的主要旅游客源几乎均从香港而入，又因对港客实行免签证而使大批香港居民赴澳门旅游。1988年经水路从香港赴澳门的旅游者为554.3万，1989年达600万，其中香港居民占了82%。值得一提的是，大陆实行开放改革使澳门从香港旅游的一个伸延点变为中国旅游的又一进出口。有关统计表明，绝大多数赴澳者为暂作停留再转往内地的过境者，以及在澳停留一日或当日返回的香港居民。各种因素构成了澳门旅游业对香港一定程度上的依赖关系。据统计，1989年有16%的赴香港旅游者还要到澳门旅游。另外据1983～1989年有关统计，到澳门旅游的外籍客人中，有15%的人继续到中国内地旅游。

近年来，澳门居民出境旅游的逐年减少，1988年为2.4万人，旅游支出5.91亿美元。有一半以上的外出旅游者是赴内地旅游。

1988年港澳台同胞到内地旅游入境人数为2977.3万人，比1980年增长4.79倍，占全国旅游入境总人数的93.9%，其中有组织接待242.7万人。1989年虽受内地局势影响，港澳台同胞旅游入境仍达2297.19万人。

1988年到大陆旅游探亲的台胞为43.8万人，1989年增至54.1万人，增长23.6%，占我国有组织接待人数的16.7%，是台湾出境旅行总人数的25.7%及台湾赴亚洲地区旅游人数的28.2%。

1988年全国有组织接待香港和澳门旅游者198.95万人（其中大多数为香港居民），占有组织接待总人数的61.5%。1989年为126.72万人，比上年减少36.3%。

台湾的旅游业

沈受君

台湾位于祖国大陆架东南100多公里的海上，全省包括台湾岛、澎湖列岛、钓鱼岛、黄尾屿、南小岛、赤尾屿、彭佳屿、棉花屿、花瓶屿、兰屿、绿岛等岛屿，面积3.6万平方公里，人口1990.38万（1988年底）。主岛台湾是我国最大的岛屿，南北长约380公里，东西宽20—150公里，面积35774.6平方公里，台湾山脉纵贯全境，占全岛面积的三分之二。玉山海拔3997米，为本省和我国东部最高峰。

台湾当局将台湾划为1省和2个"院辖市"，即台湾省、台北市和高雄市；省辖市5个（基隆、台中、台南、新竹、嘉义），16个县。

台湾为热带、亚热带气候，夏长无冬，平原地区常年不见霜雪。气候温暖湿润，且多山地丘陵，植物生长环境良好，森林茂密，自然景色优美。台湾的旅游资源丰富，著名的游览区有：素有"台湾八景"的绝胜之称的日月潭，阳明山的郊野公园，每年春为"花季"，乌来风景区、北投温泉区和关平岭温泉，不仅都是疗效显著的温泉疗养地，而且都有著名的瀑布，景色壮丽；素有"神木（即3000年以上树龄的'周公桧'神木）、云海、日出"三大奇观的阿里山，是全台最佳避暑胜地；号称"西太平洋海上乐园"的兰屿，多彩蝶；玉山峰顶常年积雪，远望如玉，晶莹耀目，故得名，是观赏雪景的好去处。台湾文物古迹甚多，著名的有：孔庙、赤崁楼、安平古堡、郑成功庙、恒春古城等。台湾寺庙、教堂甚多，全台有龙山寺440多座，以台北龙山寺最负盛名，视为福建泉州龙山寺重要分支、台湾早期移民祖籍标志。台南市是台湾最古老的城市，古庙多达166座，基督教天主教堂40余座，市内珍贵文物古迹之多居全台之冠，而以"四大古刹"开元寺、弥陀寺、竹溪寺和法华寺为最著。国民党当局当年逃台时携走大批珍贵文物，计五千余箱，现藏珍贵文物25万件，其中部分文物常在台北故宫博物院展出。此外，台湾的高山族同胞，主要生活在山地，大都保留着自己独特的传统风俗和人情风尚，台湾称之为山地文化，丰富的旅游资源，是台湾旅游业赖以发展的重要条件。

一、台湾旅游业的发展

台湾旅游业的发展，与大多数国家的发展规律是一致的，即先发展国际旅游业，以增加外汇收入；随着台湾经济和社会的发展、人民收入和假期的增加，在岛内旅游逐步发展；经济和社会的进一步发展，人均收入的不断提高，人们要求出境旅游的需求就必然产生和不断增长。目前，台湾旅游业在亚洲太平洋地区已占有相当重要的地位。

1.台湾的国际旅游业。台湾国际旅游业始于五十年代，当局为增加外汇收入，于1956年即设立了观光开发领导机构——台湾观光协会。此后，访台国际游客，除个别年份外，均是大幅度增长。1956年共接待访台游客14974人，其中外籍游客11734人，占78.4%，华侨旅客3240人，占21.6%。1989年访台游客首次突破200万大关，达2004128人，比上年增长3.6%，比1956年增加了133倍，年平均增长率达12%；其中外籍游客1768543人，占88.2%，比上年增长4.2%，比1956年增加了150倍；华侨旅客235585人，占11.8%，比上年下降1.2%，比1956年增加了71倍。

在1956～1989年的34年中，按其接待人数的增长速度看，大致可分为三个时期：

1）1956～1973年为高速增长时期。1957～1973年17年的年平均增长率达26.6%。这一时期，除1958年接待比上年下降8%外（当年因国民党军队骚扰福建沿海，气氛紧张所致），历年都有较大幅度增长。17年中12年的增长率均在20%以上，其中3年的增长率在40%以上，4年的增长率在30～40%之间，最高的1961年达78.6%，这是由于1960年11月1日起台湾实行72小时旅游免签证的直接结果。这项措施到1965年7月31日停止实施，对此后的旅游发展不无影响。

2）1974～1978年陡落复起时期。七十年代初的石油危机给世界经济以极大的影响，加之，1971年10月25日，第26届联大通过恢复中国在联合国的一切合法权利和把台湾的代表逐出联合国的提案，以及1972年9月中日两国建交，这一切，尤其是作为台湾主要客源市场的日本游客去向的变化，都给台湾旅游业以很大影响。因而1974年访台游客为819821人，比1973年下降了0.6%，之后又有回升，1976～1978年年增长率在10～18%之间。1974～1978年5年年平均增长率为9%。1976年首次突破百万人大关。

3）1979年以后的缓慢增长时期。1979年中国大陆实行对外开放政策以来，大量的国际游客访问大陆，直接影响到访台游客的增长，尤其是1979～1985年的7年中，台湾接待游客人数的年平均增长率仅1.92%，其最高的1979年比上年增长5.5%，最低的1985年比上年下降了4.3%，1986年以后又有所增长。1986年比上年增长10.3%；1987年和1988年分别增长9.3%和9.9%。1979～1989年11年年平均增长率为4.2%。

台湾旅游外汇收入，1956年为93.6万美元，1989年预计收入可达24亿美元，比上年增长4.85%，比1956年增加了2563倍，年平均增长率达26.9%。

在1956～1989年的34年中，台湾旅游外汇收入除1958、1982年和1985年三年有所下降外，其中24年均为两位数的增长率，有9年的年增长率在40%以上，最高的1963年比1962年增长120.3%和1973年增长91%。

1957～1973年的17年中，旅游外汇收入年平均增长率高达38.8%，当然，这一时期是世界国际旅游业蓬勃发展之故，也包括1956年起点较低的因素在内。但是，值得指出的是1974～1978年接待人数陡落复起时期，旅游外汇收入仍保持较大幅度增长势头，年平均增长率仍达19.9%，大大高于旅游人数9%的年平均增长率。

1979年以来，旅游外汇收入除1982年和1985年分别比上年下降11.8%和9.7%外，历年均有所增长，尤其是1986年以后，增长幅度较大，1986年和1988年分别比上年增长38.4%和41.4%。1979～1989年11年旅游外汇收入年平均增长率达13.3%，也大大高于同一时期旅游接待人数4.2%的年平均增长率，当然，旅游外汇收入的增长高于接待人数的增长，也包括通货膨胀因素在内，但是，消费水平的提高也是重要因素之一。

访台外籍游客一向是亚洲居首位，七十年代起，占访台游客人数65%以上；美洲，主要是北美次之，七十年代约占25%左右，八十年代以来有所下降；再次为欧洲，仅占5%左右，八十年代以来有所增加；大洋洲由于本身人口不多，故访台游客仅占1～2%；非洲游客最少，至今尚未过1%。

1989年在访台外籍游客176.9万总人数中(华侨23.5万人未计在内），亚洲游客达132.67万人，占75%；美洲游客26.95万人，占15.2%，其中北美游客25.7万人，占14.5%，欧洲游客13.11万人，占7.4%；大洋洲游客2.56万人，占1.5%；非洲游客1.4万人，占0.8%。

从访台游客国籍来看，1989年，前12位的客源国是：日本96.2万人，占访台外籍游客总数的54.4%；美国23.3万人，占13.2%；南朝鲜13.86万人，占7.8%（南朝鲜游客比上年猛增59%，首次超过马来西亚而居第三位）；马来西亚6.66万人，占3.8%；新加坡5.43万人，占3.1%；英国3.34万人，占1.9%；菲律宾2.97万人，占1.7%；联邦德国2.74万人，占1.6%；印尼2.73万人，占1.6%；加拿大2.4万人；占1.4%；泰国2.13万人，占1.2%；澳大利亚2.07万人，占1.2%。

值得指出的是，台湾在延长旅客在台停留时间方面取得了显著的效果，1956～1962年间，每一旅客平均在台停留2.5夜；1963～1974年间，每一旅客平均在台停留4～5夜；1975年以后已超过6夜；近几年来已达7夜。停留夜数的增加，必然会带来更大的经济效益，故每一旅客平均在台消费额，1956～1962年间仅62.5美元；1963～1970年为100美元；1971年起超过200美元；1973年已近300美元；1974年超过400美元；1980年已超过700美元；1987年已达900多美元；1988年突破1100美元，1989年已近1200美元。如1989年按每一旅客平均在台停留7夜计算，每一旅客每天平均消费额高达171美元，即使按8夜计算，每一旅客每天平均消费额也达150美元。怪不得《商业旅游者》1988年4月载文介绍，商业旅客（一般要比普通旅游者消费水平高）在亚洲各大城市的每日消费水平台北为235美元，仅次于东京(388美元)而列第二。

2.台湾岛内旅游业。随着台湾经济和社会的发展，人民收入和假期的增加，在岛内旅游不断发展。1971年全台湾岛内旅游达1400多万人次，年人均约一次。1980年岛内旅游已达3200多万人次，年人均1.7次。自1979年开放出岛旅游后，部分岛内旅游转入出岛旅游，但岛内旅游一直保持在年人均1.7～2次上下。

从近几年台湾48处主要风景名胜区游客（包括岛内和外籍游客）统计看，旅游人数增长幅度较大。1986年为2320.8万人次，1987年增至3368.4万人次，比1986年增长45.1%；1989年已达5200万人次，比1987年又增54.4%。

3.台湾的出岛旅游。由于台湾经济发展到了较高水平，台湾人民已不满足于岛内旅游，出岛旅游的愿望日益强烈。虽然台湾当局对出境有种种限制，但七十年代初，不少人以公务、探亲等名义出岛而实际是去旅游的逐渐增加，许多公司、工厂也大力提倡远距离旅游，因而去香港、日本、东南亚、美国等地的游客越来越多。据台湾当局统计，这些出岛人员中约有20%纯粹是为了观光游览的目的而去。

按旅游发达国家的一般规律，人均国民收入在1000美元以上时，人民出境旅游的意愿将愈益强烈。1977年台湾的人均国民收入已达996美元，1978年则达1226美元。在此情况下，当局于1978年12月30日由“内政部”、“国防部”共同公布《国民申请“出国”观光规则》，从1979年起开放出岛旅游。

据统计，1979年开放出岛旅游，当年出岛旅游人数即达312446人次，以后历年大幅度上升，1980年比1979年猛增55.2%。1982年已达640669人次，比1979年增长了一倍多。1987年突破100万人次大关；1989年进而突破200万大关，达2107813人次，占总人口10%以上，以百分计凌驾在日本之上（台湾10人中就有1人出岛旅游，而据1988年统计，日本每14.5人中有1人出境旅游）。

台湾人民出岛旅游目的地主要是香港、日本、东南亚和美国。以突破百万大关的1989年为例，赴亚洲849516人次，占80.3%，其中赴日本的29.5万人次，占80.3%，居首位，占出岛旅游总人数的27.9%；赴香港19.55万人次，居第二位，占18.5%；赴美国16.4万人，居第三位，占15.5%；赴东盟五国25.4万人次，占24%，其中赴泰国11.55万人次，占10.9%，居第四位；南朝鲜居第五位，9.8万人次，占9.3%。此外，赴欧洲计26672人次，占2.5%；赴大洋洲为四千多人次，赴非洲为五千多人次。1989年出岛旅游人数为2107813人次，其中亚洲地区1915893人次，占90.9%；美洲地区159408人次，占7.6%；欧洲地区18549人次，占0.9%；非洲地区12829人次，大洋洲仅1134人次。按国家和地区来分，赴香港旅游人数达810977人次（其中60%是赴大陆探亲旅游的），居首位（1988年赴香港旅游人数为621864人次，赴日本旅游人数340488人次，虽都比上年有较大增长，但赴港人数首次超过赴日本人数而居首位），占出岛旅游总人数的38.5%；赴日本474245人次，退居第二位，占22.5%；赴泰国258668人次，跃居第三位，占12.3%；赴美国157565人次，退居第四位，占7.5%；赴南朝鲜133867人次，居第五位，占6.4%。

以1989年与1987年相比较，台湾赴亚洲地区旅游人数增长了1.26倍，赴非洲也有较大增长（1.53倍）；但赴美洲、欧洲和大洋洲旅游的绝对人数都有大幅度下降，分别下降7.9%、30.5%和72.2%。究其原因，主要是1987年10月台湾当局正式宣布台湾同胞赴大陆探亲具体办法以来，大量台胞回大陆探亲旅游，1988年共45万人，1989年达54.1万人，比上年增长23.6%，因而赴亚洲地区旅游人数的比重必然会大幅度增长，已由1987年的80.3%上升到1989年的90.9%，当然相应地会减少去其它地区旅游的人数。回大陆探亲的台胞大多是经过香港转赴内地，因而台湾抵港人数骤增，1989年达810977万人，比1987年的195501人增加了3.15倍，也就自然地超过赴日本旅游人数而居首位。此外，1989年赴日本、泰国和南朝鲜的旅游人数也有较大增长，分别比1987年增长了60.1%、124%和36.6%。

近几年来，台湾出岛旅游人数猛增，主要因素还在于当局陆续发布了一些有利于出岛旅游的措施，如简化申办出岛旅游手续、降低出境证照费用（1988年7月起从4000元〔新台币，下同〕降为2000元）、不断放宽出岛旅客携带外币的限额（从1984年前的每人每天限额100美元，经多次放宽，1987年已提高到每人每次出境可携带5000美元）、开放旅行社登记，尤其是开放赴大陆探亲的规定以及新台币大幅升值等。因此，1989年出岛旅游人数210多万，已首次超过了接待国际旅游人数200多万的总额。

在国际旅游收支方面，自1982年起，历年收支均呈逆差。鉴于台湾外汇储备逐年增加，目前外汇储备已达774亿美元，故国际旅游收支出现逆差对经济并无多大影响。预计1989年出岛旅游外汇支出约50亿美元，而旅游外汇收入为24亿美元，旅游收支逆差高达26亿美元，支出超过收入一倍以上。这标志着台湾旅游业在从接待创汇型向客源输出型转变过程中又迈出实质性的一步。

二、台湾的旅馆设施和交通条件

除旅游景区外，旅馆设施和交通条件是旅游业赖以发展的重要基础，因此，这些年来台湾的旅馆和交通等设施都有了很大的发展。

1.旅馆设施的发展。据台湾“观光局”统计，1987年台湾共有旅馆107家，客房20222间，其中国际观光旅馆43家，客房13223间，一般观光旅馆64家，客房6999间。半数以上的旅馆集中在台北市，计国际观光旅馆24家，客房8751间，一般观光旅馆34家，客房4372间；其次是高雄市，计国际观光旅馆6家，客房1649间，一般观光旅馆5家，客房431间。

1987年台湾的国际观光旅馆的年平均住房率为69.6%，最高的11月和10月，分别为83.4%和77.4%，12月最低，为62.1%。国际观光旅馆平均住房率最高的是台中市，为74%；台北市次之，为72.9%，而且最高的11月份达89.3%。

由于旅客不断增加，旅馆客房出现求大于供现象，台北高级旅馆尤感不足，年平均住房率由1987年的72.9%上升到90%（1988年上半年）。故一些热点城市正在加紧建设新旅馆，台北市于1989年至1990年上半年就有5家高级旅馆相继开业，共计客房2821间，其中五星级两家：凯悦大酒店873间，丽晶酒店567间，其它三家为：财神酒店405间，西华大饭店335间，鼎鼎大饭店641间。此外，经当局核准正在筹建中的国际观光旅馆尚有台北的霖园大饭店，客房288间，以及高雄、台南、台中、花莲等城市的7座饭店，建成后将增加客房2032间。

2.台湾民用航空运输的发展。台湾与外界的交通，主要是航空运输，因此，当局对航空运输的发展极为重视。1968年从事航空运输业的企业单位仅4家，1984年已达170多家。1963年以前，只有台北国际机场可以通航，1966年高雄国际机场投入使用，1979年，规模巨大的具有现代化设施的桃园国际机场开始运行，台湾的航运能力迅速提高。此外，台湾还有可供民航起降的机场13处，其中包括纯粹为旅游者服务的直升机场2处和离岛小型机场5处。

台湾原有6家航空公司经营民航业务，但其中只有中华航空公司一家经营国际空运业务。1989年台湾“交通部”批准了台湾长荣集团要求成立长荣航空公司的申请。该集团已决定投资新台币100亿元，拟经营国际定期客货运航线。计划初期购买11架中程及远程新客机，定于1992年飞航香港和日本航线，1993年飞航美国航线，1995年飞航欧洲航线。而亚太地区的泰国、新加坡、马来西亚和澳大利亚也是该公司计划发展飞航的目标。长荣航空公司的成立，打破了台湾国际空运业务30年来均由中华航空公司一家独占的局面。

1952年，台湾的民航飞行只有5133架次，客运量2.6万人次；1986年已达143115架次（国际40566架次），客运量1013万人次。据国际航空运输协会统计，台湾是世界增长速度居第二位的航空客源市场。预计1990年台湾的国际航空客运量达970万人次，比上年增加8.7%。1993年将达1280万人次。

三、台湾的旅游组织机构和旅行社

台湾“交通部”下设“观光局”，作为全台湾的旅游行政管理机构，其主要职责是：制定与旅游有关的政策、法令及监督其实施；制定旅游开发整体规划和各大风景区规划以及安排旅游建设投资和维护管理；旅游市场调研及旅游统计工作；对旅馆和旅行社进行宏观管理；派遣驻海外旅游宣传推广机构等。

民间性的旅游社团组织有：台湾观光协会（1956年成立）、“中华民国”旅游事业协会（1964年成立）、“中华民国”观光事业协会（1969年成立）、“中华民国”旅游事业管理学会、“中华民国”观光导游协会（1970年成立）、台北市旅行商业同业公会（1969年成立）。

近几年来，随着台湾旅游业的迅猛发展，台湾旅行社也迅速增多。据统计，台湾旅行社自1988年元月开放营业执照后，旅行社数量猛增。1987年底，台湾共有439家旅行社，至1989年6月15日止，已增至868家，增长近一倍。目前台湾的旅行社分为综合、甲种、乙种三类，自开放旅行社执照后，新增的旅行社中，以甲种旅行社最多，1987年底为290家，至1989年6月15日止，已达655家，增长了125%；在地区方面，以高雄市增加最多，1987年底为63家，至1989年6月25日止，已达132家，增长109%。据统计，1987年台湾共有1393名导游人员，其中专职导游425名，特约导游968名。

四、台湾为发展旅游业采取的主要措施

台湾为加速旅游事业的发展，除加速旅馆和交通设施的建设外，还采取了一系列相应措施，主要有：

1.加强旅游景区的开发和建设。六十年代起，台湾当局开始重视旅游景区的开发和建设。七十年代初，曾多次邀请美国夏威夷的专家考察全岛，台湾“观光局规划司”一起参与研究，于1971年底提出了《台湾地区观光事业综合开发计划》报告书，在此基础上，台湾当局于1976年核定了台湾《观光游憩资源开发计划》。

早在1961年台湾“第三个经济建设四年计划”开始时，台湾当局就把旅游开发作为“经济计划”的组成部分。在历次的“经济计划”中，对旅游开发的投资都作了较为详细的安排。如在1980～1989年的中期经济和社会计划中，有120项投资计划项目超过20亿，其中旅游开发即有4项。在这个10年计划中，旅游建设项目的总投资额为485亿元，其中用于风景区的开发与管理81.6亿元，公园的建设212亿元，森林游览胜地的开发20亿元，共计313.6亿元，占总投资额的64.7%。其余的投资主要用于兴建旅馆、培训人才和开展国际旅游宣传。

台湾于1985年2月1日成立“台湾省旅游事业管理局”，专门负责旅游规划开发和经营管理等工作。1986年又成立“风景区开发督导协调小组”，同时制订台湾风景游乐区开发执行方案，全面从事风景游乐区的开发建设。3年多来，台湾风景区的规划与建设有了相当成果。首先依岛内观光资源特点及民众旅游需求，将台湾划分为15个观光旅游系统，使各风景区连点成线，再扩展成面，建设成完整的观光游憩系统。其次，辅导县市制订观光整体发展计划，目前，已对南投等11个县市制订的观光发展方向和开发顺序作出安排。再次，为充分利用岛内有限资源，当局委托学术团体及专家学者制订风景区规划方案达54件，并自1988年起，为期4年规划开发北海岸、观音山、八卦山及茂林4处风景区。

台湾“交通部观光局”自成立东北角和东海岸风景特定区以来，正在加强开发建设，1989年又成立澎湖风景特定区，并已编列预算新台币800万元，制定风景特定区整体规划，1990～1991年将先拟定风景特区计划，筹建管理处；1991～1993年，进行据点规划，从事海域游乐活动规划、岸边服务设施及资源管理整建；1993年以后，依核定计划进行开发资源建设及经营。

2.注重提高旅游服务质量。为提高各风景区的服务水平，有关当局对全岛70余处风景旅游点进行整修，1986年至今总投资3.4亿元，使旅游设施得到较大改善，为游客提供了方便。与此同时，还注意抓了风景区的经营管理。首先在各县市成立“观光课”，以强化观光行政管理体系，并将原来属于其他部门经营的一些游乐点收归“旅游局”主管，以便统一管理。另外，对风景区的摊贩管理、环境整洁维护、旅游安全等，也都通过取缔、检查、兴建公厕、设置焚化炉、垃圾桶、设立危险标志等，予以改进。为缓解春节及其他节假日所出现的旅游热潮，主管部门还专门制定节假日风景区游客缓运

及交通秩序维护计划。

3.鼓励民间开展艺术活动，丰富旅游项目。台湾有关部门特别注意利用观光节及各种传统节日，大力开展各种民间艺术活动，如元宵节的“观光节”活动、“舞狮大会”、“山地歌舞比赛”、“民俗艺术访荐”等活动，以此丰富游乐项目，吸引游客。最近，有关部门提议将在1991年举办“观光年”活动。台湾报纸声称如能利用1991年美洲旅游协会（ＡＳＴＡ）在台举行第61届年会和第三届台北国际旅游展览举行的好时机，配合全年度的台湾民俗、民艺、美食、节庆、观光等系列节日活动，将政府与民间力量结合起来，串成一个吸引国际人士的观光年，通过各种传播媒介的宣传报道，让世界更多的人知道台湾的美景和美食，为今后开拓更广泛的客源市场创造条件。

4.加强旅游宣传。为加强国际旅游宣传，在1980～1989年旅游建设项目投资中，拨出17.5亿元专款用于对外宣传。台湾利用各种宣传手段积极开展宣传促销活动，如经常在国外30多种的报刊上刊登旅游广告，参加各旅游发达国家举办的主要国际旅游交易会和展览会，印制各种旅游宣传品，还派出联合宣传推销组赴岛外开展推广活动，如1984年11月台湾旅游业联合组成推广团赴东南亚五国进行了为时13天的推广活动，为开拓客源产生了积极效果。

同时，台湾还加强对岛内旅游宣传教育。为倡导正常有序的休闲游乐活动，革除不良习气，防止不法事件，主管部门投以大量人力、物力，广为宣传观光旅游。台湾“旅游局”1986年设立“旅游服务中心”，提供民众电话咨询服务，以及各种旅游手册，并注意与报纸、广播、电视等传播媒体合作，做好观光旅游的宣传工作。

香港旅游业

沈受君

人称“弹丸之地”的香港，位于广东省东南海岸，珠江河口以东。面积1071平方公里，人口573.61万（1987年底）。

香港与旅游资源丰富的地区相比，其名胜古迹并不多，自然风光也一般。但是，由于它所处的地理位置，使它成为世界各地与中国内地保持联系的重要桥梁。香港以其世界重要金融、贸易中心的地位，加上交通方便，成为亚洲通往世界各地的中转站，从而吸引了众多的旅客。

香港向以“购物天堂”而享誉海外，加之旅游基础设施的不断完善和服务质量的提高，因而旅游业一直保持着持续增长的势头。近年来，台湾当局放宽出境旅游限制，使访港和经香港赴大陆的人数剧增，也为香港旅游业带来了新客源。

一、香港旅游业的持续增长

香港旅游业始于五十年代初，1953年访港游客仅43453人。其后，旅港人数逐步增加，特别是从六十年代后期到七十年代，到香港旅游的海外游客急剧上升，香港的旅游业迅速发展。1972年游客超过100万；1978年突破200万；1984年闯过300万；1987年已达450万；1988年一跃而达560万。自1984年以来，访港游客总数已连续6年超过新加坡而跃居亚洲首位。

旅游业的迅速发展，为香港带来了巨额的收益，而且其增长幅度很大。1966年香港旅游收入为12.65亿港元，1970年突破20亿，1977年超过40亿，1981年超过80亿，1985年已近145亿，1987年闯过250亿，1988年已高达333亿港元。1989年接待人数虽有所下降，为536万，但旅游收入仍有所增长，达370亿港元，比上年增长11%，比1966年增长了28倍多。旅游业已成为仅次于纺织、电子之后创汇最多的行业。

香港游客来自世界各国和地区，其中以日本、美国和东南亚客人最多，约占全部游客的60%。日本自1971年首次超过美国来港游客人数后，至今一直保持第一位。由于台湾当局开放大陆探亲旅游，1988年台湾赴港人数已达109.4万，比上年增长了208.9%，占旅港游客总数的19.6%，已超过美国而成为仅次于日本的香港第二大客源市场；1989年，不少国家和地区旅港人数都有所下降，而台湾旅港人数仍增加3.6%，达113.3万人。西欧游客约占旅港游客总数的13%多，其中英国游客占1/3以上。

二、旅游基础设施的发展

香港旅游业所以能持续发展，首先有赖于香港酒店和交通的不断发展。

1.酒店建设。1970年香港拥有客房8567间，1980年已有酒店46家，客房增至近15000间，1985年酒店增至51家，客房达18180间，1988年又增至66家，客房达24500间，1989年已达72家酒店，客房达27269间。预计今后几年内仍有一批酒店将陆续建成。原计划1990年将有12座酒店建成开业，如果全部按计划完成，将增加客房5000间。1992年，香港酒店总数将在110～109家之间，客房可达37112～40227间。

香港酒店的住房率很高，1987年平均使用率达87.8%，仅次于拉丁美洲的波多黎各（89.7%）居世界第二，亚洲第一。1988年又创新纪录，全年平均使用率高达91%。

香港酒店在世界颇有声誉。美国、英国一些专业性刊物及有关机构分别组织的几次全球十大最佳酒店调查评选中，香港的酒店每次都榜上有名。根据1984年的评选结果，世界“十佳”中香港一地就占有4家。

2.旅游交通。来港旅客80%以上是乘飞机抵达的，其余的是从海路来，从陆路来的仅占百分之几。如1985年，访港旅客中83.4%是乘飞机抵达的，12.8%经海路和3.8%从陆地抵港。

香港唯一的机场是启德机场，1987年已有31家国际航空公司的飞机飞航香港航线，每周有591个航班抵达香港，其中机座占有比例最大的6家航空公司是：国泰航空公司（31.4%）、中华航空公司（台湾，11.7%）、泰国航空公司（8.15%）、日本航空公司（7.77%）、新加坡航空公司（5.83%）和中国民航（5.24%）。1987年抵港及离港的飞机达76643架次，比1985年增长23%。1988年10月份，共有7600余架飞机抵离。以每日开放17小时计算，平均每4分钟即有一架飞机在启德机场起飞或降落。繁忙时可能缩短至每二分钟起降一架次。

目前，香港启德机场正在扩建，耗资3亿美元,扩建后，机场吞吐量将增加50%。去年底，香港当局宣布了一项计划，准备在大屿山北的赤角岛上建一个新机场，估计造价45亿美元。现已开始前期准备工作，第一期工程二、三年后正式动工，1997年投入运营。全部工程要到下个世纪才能竣工。年运载能力为8000万人。

三、香港的旅游机构和组织

1.香港旅游协会（Hong Kong Tourist Association),成立于1958年11月。该协会是由香港政府在1957年6月21日通过一项法令设立的法定机构，负责发展香港的旅游业。该协会的目标是：促进香港发展为旅游目的地，改善旅游设施，在海外宣传香港，统筹与协调旅游行业各项活动，开拓旅游客源，并向政府提供有关旅游业的意见。香港旅游协会的最高权力机构是管理委员会。旅游协会主席和管理委员会成员均由总督委任。协会的经费，每年均由政府拨款补助，以及来自会员的会费、售卖刊物和纪念品及举办旅行团的收益。

1989年底，香港旅游协会的会员机构共有1782个，包括航空公司、酒店、旅行代理商、旅行团经营商、零售商、游轮、酒楼和其他旅游服务机构。

香港旅游协会下设10个主要职能部门，并在世界各地设有15个海外办事处（即奥克兰、巴塞罗那、芝加哥、法兰克福、伦敦、洛杉矶、纽约、大阪、巴黎、罗马、旧金山、新加坡、悉尼、东京和多伦多）。此外，旅游协会与香港的国泰航空公司订有协议，委托该公司在全球其它42个城市代理有关旅游业务。

2.香港旅游业议会（Travel Industry Council of Hong Kong），于1978年成立，是由香港六个旅行社组织联合组成，担任咨询和协调的角色，并与政府、供应商及消费者联系、沟通及协商。这六个旅行社组织是：

1）香港旅行社协会，

2）香港华商旅游协会，

3）国际华商观光协会，

4）国际航空协会审定旅行社商会，

5）港台旅行社同业商会，

6）香港中国旅游协会。

香港旅游业议会于1988年7月正式注册成为旅游业的监管机构，所有旅行代理商必须先加入6个指定的旅游业议会成员组织的其中一个，从而成为旅游业议会会员，然后才会获发牌照，准许营业。目前约有1030家旅游代理商符合资格而成为旅游业议会的会员。

该议会的主要目标是维持业内的高度专业水平及为消费者提供更佳保证。为此，该协会为业内人士及初入会者举办不同程度的训练课程；成立品质保障赔偿基金，消费者凡因旅游业议会属下任何旅游代理商的蓄意过失而蒙受经济损失，皆可申请补偿。

该议会设理事会，由17位理事组成，下设15个委员会。理事会的主要任务包括制订政策及规则、监管本会之委员会及办公室日常工作的运行，并负责讨论和表决提案等。

3.香港旅游业联会（Joint Council of the Travel Industry），成立于1987年3月，由代表香港旅游业的主要团体联合组成，包括香港旅游协会、香港旅游业议会、航空公司协会、香港酒店业商会和商店委员会。该联会下共代表约2000家机构，员工超过10万人。该联会主要是协调与旅游有关各行业之间关系，促进香港旅游业的发展。这种联合组织可能是全世界首创的同类旅游业联合组织。

除上述三个机构和组织外，尚有前面提到的六个旅行社组织、香港酒店业商会、商店委员会和航空公司协会等组织。

关于香港的旅行社，现在共有1000多家，按其业务大致可分为四类：第一类是专门接待海外旅游游客的，主要的有150家；第二类是专门代顾客订购机票和预订住房等委托代办业务的；第三类是组织本地居民赴外地旅行的，其中主要经营中国内地路线的70家，主要经营海外路线的40～50家，不少旅行社都是同时经营内地和海外路线的；第四类是专门经办大企业和商业客户出外旅行事务的。

四、香港旅游业持续发展的主要措施

香港旅游业所以能持续发展，除了酒店和交通设施有较好的基础和健全的管理机构及管理制度外，香港旅游协会在协调旅游业务活动，开展宣传推销工作，向当局提出发展措施，并和其它部门、机构一起作了大量工作。

1.大力开展对外宣传，广招游客。香港旅游协会通过15个海外办事处和国泰航空公司的42个海外办事处散发各种旅游宣传品，并不惜花费，广泛利用当地的宣传媒介开展多种广告宣传活动。旅游协会每年要安排大批海外旅游商访港（1988年1341家，1989年为2000家）；向访港的各国旅游人士（1988年达1801名，1989年1140名）介绍有关情况；并为上千名向海外报道香港旅游动态的海外传播界代表提供协助。旅游协会每年负责组织及协调香港旅游业人士参加20项左右的大型海外旅游宣传促销活动。

近几年来，香港旅游协会连续宣传香港是个四季皆宜的旅游胜地，介绍香港独有的东西方文化结合，以及在全港各地的名胜古迹。同时，宣传香港是个理想的国际会议和展览中心，改变了过去对香港作为“购物天堂”的传统宣传方式，而是强调对宾馆、酒店及其它旅游设施优质服务的宣传，以吸引更多的游客，并为香港会议展览中心开辟更为广阔的商业市场。

2.不断开发新的旅游资源和活动项目。香港经多年开发和建设，目前已拥有一大批游览参观点、康乐设施和辅助设施。其中既有著名的海洋公园、太空馆和模仿宋代首都汴京的“宋城”，以及可俯览维多利亚港及两岸高楼大厦的太平山（堪称世界奇景之一，塑造出“东方之珠”的美誉），也包括花园、动植物公园、体育馆、运动场、游泳馆、大会堂、艺术中心、博物馆、图书馆等文化体育活动场所。近几年内，海洋公园又扩建了一个水族馆、一个娱乐园和一个富有中国现代文化气息的度假村。香港康乐委员会早于1987年4月已批准在黄大仙凤德道兴建以“童话乐园”为主题的儿童游乐场。这个公园设计构想新颖，目前已选定了5个儿童熟悉的中外故事：“爱丽丝梦游仙境”、“小人国历险记”、“绿野仙踪”、“白雪公主”和“孙悟空”。由于该工程难度较大，目前正在筹建中，将于1991年底开始动工兴建。

此外，旅游协会还利用当地居民的传统风俗习惯，加以引导扩大，举办各种大型活动，如香港旅游协会主办的香港国际龙舟邀请赛，于1976年首次创办，1989年已是连续14年，参赛海外队伍达22队，盛况空前。旅游协会每年都要举办一些节日和有特色的观光路线，如在元宵节、天后诞、长洲太平清醮(又称包山节)等节日举办节日特别观光团。1989年8月13日～9月13日期间，主办“1989年食品节”。食品节的各项精彩节目包括4个特别兴趣游览节目：“学习太极品名茶”、“南北行漫游与烹饪速成班”、“新界饮食精华游”和“农家乐美食观光团”。同时，旅游协会分别在3个购物商场举办“细说稻米展览”，并举办香港食品节“中西美食大奖”。

旅游协会还于1989年首次举办“公屋纵横游”特别兴趣游览节目，专为有兴趣了解香港人生活方式的旅行团而设；此外，尚举办“香港古迹游”、“新界东北游线”、“马场观光线”、“康乐旅游线”等活动。

鉴于1988年东南亚市场客源下降，香港旅游协会于1989年春组织了赴东南亚的巡回促销活动，共推出12项适合于青年人的旅游产品，使东南亚市场了解香港不仅是个购物天堂，而且是青年人新鲜而有趣的旅游目的地。

3.保持“购物天堂”的美誉和吸引力。长期来香港以“购物天堂”闻名于世，因而吸引了大量慕名而来的游客。如何保持这一美誉及其巨大的吸引力，是香港旅游业经常关心的问题。香港不设关税，也不设销售税及工商增值税，所以这里的商品价格一般都比其他地区便宜，而且花色繁多，品种齐全，各国新产品也首先运到香港市场试销。香港的服装、珠宝、摄影机、光学用品、皮制品、手表、电器、音响设备等是游客们最热衷购买的商品。有人进行了比较，同类型的照相机，在也有“购物天堂”之称的新加坡要比香港贵一成至二成。这些对游客在选择旅游目的地时会产生一定影响。不少到日本和邻近地区去的游客和商务人员，多会顺道到香港一游。其重要目的之一是为了可以购买到称心如意的便宜货。一些高消费国家，有人甚至专程来香港购买商品。因此，在1976～1979年间，旅客在香港的购物支出要占全部消费支出的62.4～65.9%。进入八十年代，由于物价上涨，以及东南亚国家在提供类似购物条件的竞争，购物支出的百分比逐年下降，从1980年的60.8%下降到1985年的51%。近几年，经过多方努力，如制定经济法则，严惩欺骗游客、牟取暴利的销售商；在旅游旺季，推出“购物节”，以特惠价销售商品；提高各种商业推销人员的素质，加强职工培训，特别是训练职工讲礼貌，购物支出的百分比已有所回升，1988年已占消费总支出的54%，其中以日本游客购物支出最高，要占日本游客消费总额的67%。

4.积极发展国际会议和展览。据统计，参加会议和展览的成员，在香港逗留时间较其他游客多二倍，而消费要多三倍，所以香港旅游协会积极发展国际会议和展览。为此，该协会成立了香港会议局，加强这方面的宣传工作，并将“香港是个理想的国际会议和展览中心”作为协会对外宣传的主题之一。新建的会议展览中心于1988年11月正式启用。该中心有可供3000人参加的会议设施，23000平方米的展览面积和可提供1500套客房的两家酒店。

香港举办国际会议和展览的次数，由1976年的15次，增至1989年的500次，比1976年增加了32倍多。香港已被国际公认为世界第13大会议城市，并因设施齐全在亚洲名列前茅。

5.开展“礼貌运动”，不断提高服务质量。自1978年开始，香港旅游协会倡导并在包括服务员、司机、导游人员、话务员、商店售货员、银行职员、各级管理人员中开展“礼貌运动”。这项活动对旅游业服务工作的改进与提高，起了很大的推动作用。近几年来，“礼貌运动”的主题是“香港关心你”，通过这一运动改善旅游业员工的服务态度及水准，也通过各种选举，表扬表现优异的员工和商业服务单位，并从中选出礼貌大奖优胜者一名和优异奖两名。这项选举活动，1988年在香港的各食府和饮食业员工中进行，1989年，在零售店和零售业员工中开展。

五、香港居民的外出旅游

香港居民外出旅游已成风气，而且发展很迅速。

1981年香港外出旅游总人数为862.65万，其中到内地旅游的453.75万人，占52.6%；赴澳门旅游的301.59万人，占35%；赴其它地区旅游的107.31万人，占12.4%。1988年，香港外出旅游总人数已达2282.29万，比1981年增加了1.65倍。其中到内地旅游的1630.7万人，占71.5%，比1981年增长了2.6倍；赴澳门旅游的473.65万人，占20.80%，比1981年增长57%；赴其它地区旅游的177.94万人，占0.78%，比1981年增长65.8%。在赴其它地区旅游的人数中，最多的是泰国、台湾、菲律宾、日本和美国。长期来，赴台湾旅游的人数一直居首位，1979年为21.6万人，1981年和1982年曾达30.7万人，以后有所下降，为27～28万上下，可是赴泰国旅游人数，进入八十年代以来，有较大增长。1979年时，还不到10万人，1982年已超过16万人，1983年下降至13.4万人，以后逐年有所增长，1987年达25.45万人，比上年增长45.2%；1988年又增至32.67%万人，比上年增长28.4%，首次超过了台湾居首位。而1988年赴台湾旅游人数为26.46万人，比上年下降了2.5%。1988年，赴菲律宾旅游人数17.26万人，比1979年的10.1万人增长70.20%；赴日本旅游人数15.76万人，比1979年的7.13万增长了1.2倍；赴美国旅游人数11.31万人，比1979年的5.99万人增长88.8%。此外，赴欧洲地区旅游的人数，1988年为13.84万人，其中赴英国8.94万，占64.6%。

香港旅游业人士认为，今后香港外出旅游每年仍可有7～10%的增长。香港外出旅游所以能持续发展，其主要因素之一是，自1975～1976年间香港政府推行保障劳工福利计划，凡工作满一年的员工享有7天连续性有薪假期。这个福利制度实施，使香港居民有外出旅行机会。十多年来已成为香港居民生活的一部分，每年假期都会考虑到香港以外的地方旅游观光，增长知识。

澳门的旅游业

沈受君

澳门位于珠江三角洲南端，总面积16平方公里，由澳门半岛(5.87平方公里)，氹仔、路环两岛（计10平方公里）组成；人口43.43万（1987年底），97%居住在澳门半岛这块拥挤的土地上，其人口密度堪称世界之最。

一、澳门旅游业的发展

澳门旅游业始于五十年代。六十年代以来，开始兴旺起来，接待人数迅速增长。从香港方面来的游客，1965年首次突破百万人次大关，1973年超过200万人次，1979年又创300万人次纪录。1979年，中国决定对外国游客开放珠海、中山等地区，使澳门对世界各国游客增加巨大吸引力，改变了澳门仅仅是香港小小延伸点的地位，而变成了沟通香港与珠江三角洲腹地、可以双向进出的重要据点。此后，到澳门的游客不断上升。自1982年以来，澳门每年接待的游客均在400万人以上，1988年已达554万人次，1989年首次突破600万人次，保持了连续15年的增长。

访澳门的游客中，绝大多数是由香港方面入境的香港游客，如1988年，澳门共接待旅游者554.3万人次(其中港客453.8万人次，占81.9%；其他国家和地区游客100.5万人次，占18.1%），为本身人口数12倍多，其中仅其他国家和地区游客人数即为本身人口数的2.3倍。港客与其他国家和地区游客的比例大体上为八比二。

在其他国家和地区游客中，日本游客占首位，1988年为33.1万人，约占三分之一；其次为美国，共9.89万人；来自欧洲地区的游客共18.57万人，其中英国游客88980人，仅次于日本和美国占第三位；台湾游客8.4万人，占第四位，比1987年激增78%；东南亚地区游客15.65万人，其中泰国游客54090人，占第五位；澳大利亚游客3.78万人，占第六位。

游客的迅速增加，为澳门带来了可观的外汇收入。澳门旅游司曾经宣布，游客在澳门人均消费（不计赌场消费）为800澳门元。

澳门的旅游业，包括博彩（即赌博彩票业）与观光，在澳门整体经济结构中占有极为重要的地位，约占全澳门国民生产总值的25%，连同出口加工工业共占全澳门国民生产总值的近三分之二。据分析，旅游业收入中，博彩与观光旅游的比例为八比二，这两者是互相依存，互为条件的。

据经济学者估计，1989年澳门旅游业收入（含博彩业）达89.5亿澳门元，其在国民生产总值中的比重已超过出口加工工业而居首位。旅游业已成为澳门的重要经济支柱。按澳门16平方公里的面积和40余万人口的比例，澳门现阶段的旅游业就接待人数和创汇能力，即使与世界上最发达的旅游国家相比也毫不逊色。

二、澳门旅游业赖以发展的主要条件

澳门旅游业所以能如此迅速发展，主要是其国际名城的地位，良好的旅游设施，较低的消费水平和自由进出的有利条件等促成。

1.澳门地方虽小，但系国际名城，已有400多年历史，名胜古迹不少，素有“露天博物馆”之美称，如为澳门标志的大三巴牌坊、大炮台、东望洋山的灯塔和西望洋山的主教府，还有人称澳门三大庙宇的妈阁庙、普济禅院和莲峰庙，各自都具有不凡的历史。妈阁庙是澳门历史最悠久的名胜，自500年前建庙至今一直香火不断，是游人必到之处。如今澳门的英文译名（MACAO）据说亦是由此而来。普济禅院曾是几百年前反清义士聚会之处，院内还存有1844年签订“望厦条约”的石台石凳。莲峰庙则是当年两广总督林则徐巡视澳门时传见葡人的地方。此外，市区内的白鸽巢公园、贾梅士博物馆、望厦古堡、南湾花园、孙中山纪念馆等，都是颇具吸引力的旅游点。在路环和氹仔两个离岛上，海阔天空，四面环水，空气清新，气候宜人，四季鲜花盛开，景色非常迷人。氹仔岛上的菩提园、赛马场、四面佛像和东亚大学，路环岛上的黑沙海滩、竹湾水上活动中心等，都是值得一游的好地方。

由于历史的原因，几百年来的发展形成了澳门这个中西文化交汇、华洋共处的社会结构和城市结构，几十座中式庙宇和西式教堂，各自代表着不同的文化和历史，在建筑风格上也各有特色。由当地的风土人情、城市建筑、商场、摊挡、酒楼食肆等组成了这个城市的独有特色，对于外来游客同样具有强烈的吸引力。

2.澳门娱乐内容丰富多彩，博彩业品种之齐全，设备之豪华，管理之严密，都堪称“世界一流”，故素有“东方蒙地卡罗”之称。最有代表性的如葡京酒店和海上皇宫赌场，备有各种传统幸运博彩方式。同时，街头店铺有彩票出售，各种小型的娱乐性赌博摊点随处可见。澳门拥有跑狗场，有号称远东最大回力球场，建筑颇有气派，连同餐厅、商场面积达五万多平方米。最近，澳门投资20亿港元将原赛马车场改建为赛马场，赛马场面积宽广，赛道宽阔，可供12～14匹马同场竞赛，路程最短为1000米，最长为2400米。赛道分草地跑道和全天候跑道（沙地）两条。看台可容观众15000人，二楼至五楼均有冷气调节，并设有水吧和餐厅。这两座大型建筑以及在里面举行的竞赛活动，对于那些即使并非以赌博为目的而到澳门的游客，也都成为他们游览观光的重要项目之一。据估计，作为世界三大赌城之一的澳门博彩业，早已超过著名的欧洲赌城蒙地卡罗，而仅次于美国赌城拉斯维加斯。澳门的赌场均由澳门旅游娱乐公司专营。

1984年澳门政府税收总额为8.54亿澳门元，其中仅旅游娱乐公司（即博彩）上交数即达4.45亿澳门元，超过半数。1985年税收总额为9.13亿澳门元，其中旅游娱乐公司上交数为4.51亿澳门元，占49%。

3.旅游设施不断完善。为了适应客源不断增加的需要，八十年代的前五年建成了6家设备先进、服务一流的大型酒店。1986年，全澳门已有各类酒店、旅馆、客栈113家，客房总数4800多间，其中高级的酒店11家，拥有客房2800多间。豪华的酒店有葡京酒店、新丽华酒店、总统酒店、东方酒店、皇都酒店、凯悦酒店、圣地亚哥酒店等。1989年，又有东望洋和半岛两座酒店开业，环球酒店和由澳门中旅社经营的富豪酒店也已落成，酒店的客房总数已增至5000间。目前尚有26座新酒店正在筹建中，建成后可增加客房7000间。

澳门的许多大酒店，如文华东方酒店、凯悦酒店等，均有完善的会议设施，东亚大学设有文化中心，以及设备现代化的综艺馆，为召开中小型国际会议提供良好的条件。

此外，离岛郊野公园、黑沙海浴场、竹湾度假村等，形成一套设备齐全与服务配套的完善旅游设施。

4.中国的对外开放政策和香港旅游业的发展促进了澳门旅游业的发展。1979年中国实行对外开放政策以来，中国旅游业的迅速发展促进了澳门旅游业的发展，形成了澳门同内地，尤其是邻近的珠海、中山、广州互相支持，同步发展，共同受益的总趋势，香港是世界闻名的金融、贸易、旅游中心，共同的历史背景和国际自由港的特点，使香港和澳门紧密连成一体，香港旅游业的大发展也必然带动澳门旅游业的发展。今后粤港澳大三角将可望发展成为远东最主要的旅游区。

5.澳门的消费水平低于香港，饮食及旅店费用均较便宜，因而游客感到在澳门旅游经济上比较划算。澳门是自由港，游客和货币可以自由进出，签证手续简便，来去方便。这些都是发展旅游业极为有利的条件。

三、澳门为发展旅游业采取的主要措施

1.设立主管旅游机构和参加国际旅游组织。由澳督直接管辖的五个财务司中专设教育文化及旅游政务司，下设旅游司和旅游基金会等机构，负责管理旅游业和宣传推广事宜。此外，尚有澳门旅游商会和澳门酒店同业协会等行业组织。

澳门于1976年加入亚太地区旅游协会和东亚旅游协会；1981年9月成为世界旅游组织的正式成员，奠定了澳门旅游业在国际上的地位。

澳门旅游司已在纽约、洛杉矶、夏威夷、温哥华、多伦多、东京、大阪、马尼拉、新加坡、伦敦、巴黎、法兰克福、里斯本、马德里、布鲁塞尔、悉尼和香港等17个城市和地区设有海外旅游办事处，同时还利用葡萄牙驻外旅游代表处，开展咨询和推广工作，以不断拓展新客源。

2.举办丰富多采的活动项目和大力发展会议和奖励旅游。澳门经常举办各种国际性活动和大型特备节目，如格林威治大赛（赛车）、澳门水上畅游、澳门赛马会、国际龙舟赛、“世界旅游日”活动、国际烟花节、国际音乐节、澳门食品节、澳门小姐选举等，而且大力发展游客中心，展示葡萄牙文化特色、手工艺品、食品、饮料等。

会议及奖励旅游，也是澳门旅游业发展的主要目标之一。自1983年起，由国际酒店集团管理的五星级酒店陆续在澳门开业，澳门即开始发展会议和奖励旅游。过去五年，共有101个会议及奖励团，参加人数近六千六百人。

3.大力开展宣传，提高澳门在国际上的知名度。澳门旅游司每年都要派出高级官员参加世界各地举行的大型国际旅游会议，并组织澳门旅游商和酒店业参加各项国际旅游博览会和交易会，与世界各地区的旅游商接触、交流、推广和洽谈业务。同时，还邀请各国旅游商、航空公司代表到澳门考察，邀请旅游记者到澳门采访报道。

澳门旅游司决定，1990年对外宣传的三大目标是：使澳门在海外旅游市场广为人知，大力发展澳门的会议及

奖励旅游，延长游客逗留时间。由于澳门在海外旅游市场不是热门的景点，主要原因是游人不熟悉所致，澳门旅游司决定大力增强市场推广活动。如在海外各大城市进行澳门食品推广，在香港举办海报宣传活动、个人旅游展览等。为开拓欧洲市场，1990年圣诞节期间，以往欧洲一些大城市电视台举办的一年一度的游戏竞技节目，将在澳门电视台举行，这将大大提高宣传效果。

4.不断简化入境手续。过去澳门的入境手续相当繁琐，为了方便各地旅客入境，当局一再简化手续。到目前为止，除葡萄牙外，进行互免签证的国家和地区有英、美、日、民德、联邦德国等23个，上述国家和地区的游客到澳门旅游不需办理入境签证。此外，其他国家和地区的旅客虽须办理签证，但手续较为简便，收费适当。入境手续的简化，有效地吸引了海外游客。

四、澳门旅游业的发展前景

旅游业一向被称为澳门的“三大经济支柱”（出口加工工业、旅游娱乐业和建筑业）之一。因而当地政府十分重视旅游业的发展。有关人士预测，依现有基础和发展趋势看，九十年代澳门旅游业将达到一个新的发展高峰。九十年代发展澳门旅游业的有利条件有：

1.澳门各项大型建设陆续动工，特别是澳门国际机场，已于1989年9月动工，总投资35亿澳门元，计划在1993年中建成通航。国际机场建在珠江湾，旅客可直接从机场乘汽车到大陆的珠海，也可用一小时多的时间到香港中区。设计跑道长度为3400米，可供波音747客机起降。预计通航第一年可运送乘客140万人次，货物5.4万吨；到2010年，该机场每年将可运送乘客610万及货物26.5万吨。随着机场的兴建，已吸引投资者在今后几年中再兴建20多座新酒店。澳门国际机场的建成，将大大提高澳门在国际上的知名度，同时使澳门的城市功能进一步多元化。

此外，澳门已计划修建深水码头、第二澳氹大桥、松山隧道等工程，这将大大提高澳门的交通运输能力。

2.国际经济的稳定发展，特别是远东一带经济快速增长，可望使访澳旅客人数继续保持上升趋势。

3.粤港澳旅游大三角通过完善管理和内部协调，并加强各方面的协作，如三方共同携手合作在世界各地开辟客源，建立三地一线牵的旅游路线；联合培训旅游专业人才；合理开发旅游资源，增强在国际上的竞争能力等，其互补效益将得到更好发挥。

澳门旅游界人士认为，九十年代发展旅游业虽有诸多优势，但也存在不少隐患和制约因素。要使九十年代旅游业有较大发展，除继续发挥“博彩＋观光”特有结构功能外，更要注重把握时机，多方开拓，尤其对日本、南朝鲜、台湾以及东南亚各国做好宣传和拓展工作；不断完善各项旅游设施，包括兴建大型游乐设施，为访澳游客增加健康的娱乐场所，加强人才培训，提高服务水平，扩大经营。

統計資料

来华旅游入境人数

1989年各月来华旅游入境人数

月　份	总　计	外 国 人	华　侨	港澳台同胞
全　年	24 501 394	1 460 970	68 556	22 971 868
一　月	2 099 313	125 281	4 818	1 969 214
二　月	2 533 197	115 475	4 529	2 413 193
三　月	2 310 654	171 360	4 415	2 134 879
四　月	2 320 552	173 859	5 876	2 140 817
五　月	2 039 197	161 769	5 421	1 872 007
六　月	1 594 907	71 853	3 697	1 519 357
七　月	1 783 909	79 991	4 722	1 699 196
八　月	2 095 330	104 489	6 321	1 984 520
九　月	1 349 822	109 762	8 206	1 231 854
十　月	2 032 434	127 866	7 451	1 897 117
十一月	2 060 225	116 019	6 685	1 937 521
十二月	2 281 854	103 246	6 415	2 172 193

资料来源：公安部边防检查统计

1989年各月来华旅游入境外国人数（按国籍分）

国籍	一月	二月	三月	四月	五月	六月	七月	八月	九月	十月	十一月	十二月	合计	占总数比重(%)	比上年增长(%)
日本	37 298	30 020	53 503	42 602	53 651	13 937	16 171	19 345	20 609	24 271	24 110	23 311	358 828	24.6	-39.4
菲律宾	5 414	4 733	7 528	8 834	8 154	4 996	5 328	5 431	5 278	6 246	5 987	5 425	73 354	5.0	2.7
泰国	4 718	4 167	5 435	6 970	4 893	2 174	2 807	3 607	5 238	6 475	4 274	4 157	54 915	3.8	-16.6
新加坡	2 911	4 321	5 426	6 663	6 106	3 541	2 764	3 812	6 541	5 592	5 730	4 453	57 860	4.0	-11.5
印度	741	580	999	1 057	943	689	806	986	630	860	1 314	1 195	10 800	0.7	0.5
其它	8 514	8 238	10 191	11 785	12 098	9 853	8 456	15 123	14 288	14 879	13 205	10 887	137 517	9.4	-0.2
亚洲小计	59 596	52 059	83 082	77 911	85 845	35 190	36 332	48 304	52 584	58 323	54 620	49 428	693 274	47.5	-26.7
英国	6 011	7 108	9 633	10 130	7 362	2 879	3 913	5 095	4 010	6 141	5 619	4 310	72 211	4.9	-25.2
法国	3 165	4 855	6 305	11 409	5 716	1 933	2 683	2 868	2 746	3 786	3 568	2 871	51 905	3.6	-17.9
联邦德国	3 997	5 063	7 460	6 159	5 000	2 214	2 569	2 927	2 787	3 480	3 126	2 309	47 091	3.2	-31.8
意大利	1 788	1 205	2 030	2 226	1 320	779	1 109	1 732	1 145	1 873	1 268	1 347	17 822	1.2	-41.9
瑞士	1 212	1 129	1 722	1 439	1 132	508	671	1 163	884	1 398	1 394	910	13 562	0.9	-17.4
瑞典	883	603	1 115	1 715	767	413	495	457	775	982	899	725	9 829	0.7	-25.6
荷兰	964	1 047	1 567	1 818	1 227	606	991	1 173	1 333	1 231	1 060	831	13 848	0.9	-16.1
苏联	6 282	5 547	4 234	5 221	5 463	4 698	7 378	9 465	9 588	10 452	6 307	6 712	81 347	5.6	133.6
其它	7 789	6 221	9 411	9 841	5 475	3 940	5 808	7 745	9 309	7 436	7 394	6 500	86 869	5.9	6.7
欧洲小计	32 091	32 778	43 477	49 958	33 462	17 970	25 617	32 625	32 577	36 779	30 635	26 515	394 484	27.0	-6.5
美国	18 729	17 102	24 637	30 683	27 033	10 149	10 478	13 574	11 767	18 341	17 326	15 137	214 956	14.7	-28.6
加拿大	4 481	4 296	6 830	4 855	5 272	2 366	2 392	2 234	2 939	3 760	3 641	2 889	45 955	3.1	-27.4
其它	1 262	2 043	3 359	2 259	2 996	1 348	1 401	1 927	2 976	2 567	2 864	3 040	28 042	1.9	31.4
美洲小计	24 472	23 441	34 826	37 797	35 301	13 863	14 271	17 735	17 682	24 668	23 831	21 066	288 953	19.8	-25.1
澳大利亚	6 697	5 023	6 345	5 416	4 216	2 884	2 004	2 846	3 203	3 906	2 976	3 231	48 747	3.3	-20.2
新西兰	1 315	680	1 221	1 176	1 114	745	681	1 104	900	1 007	863	786	11 592	0.8	-6.7
其它	149	167	185	286	426	273	246	259	350	371	390	495	3 597	0.2	128.2
大洋洲小计	8 161	5 870	7 751	6 878	5 756	3 902	2 931	4 209	4 453	5 284	4 229	4 512	63 936	4.4	14.8
非洲	562	924	1 502	895	899	684	559	1 295	1 726	1 960	2 149	1 194	14 349	1.0	57.8
其它地区	399	403	722	420	506	244	281	321	740	852	555	531	5 974	0.4	13.0
总计	125 281	115 475	171 360	173 859	161 769	71 853	79 991	104 489	109 762	127 866	116 019	103 246	1 460 970	100.0	-20.7

资料来源：公安部边防检查统计

1984—1989年来华旅游外国人数（按国籍分）

国　　籍	1984年	1985年	1986年	1987年	1988年	1989年
日　　本	368 169	470 492	483 507	577 702	591 929	358 828
菲律宾	43 202	57 868	53 419	57 588	71 421	73 354
泰　　国	26 307	24 581	39 779	58 509	65 846	54 915
新加坡	37 403	46 543	48 584	64 107	65 413	57 860
印　　度	4 451	6 972	5 987	8 820	10 750	10 800
其　　它	80 455	109 562	123 259	126 043	139 959	137 517
亚洲小计	559 987	716 018	754 535	892 769	945 318	693 274
英　　国	62 182	71 352	79 408	83 726	96 590	72 211
法　　国	27 012	38 950	40 257	53 662	63 246	51 905
联邦德国	34 268	43 062	48 213	60 067	69 007	47 091
意大利	15 929	18 787	16 016	29 812	30 657	17 822
瑞　　士	11 068	12 365	12 811	16 999	16 420	13 562
瑞　　典	5 964	8 331	8 985	13 477	13 211	9 829
荷　　兰	7 084	9 473	9 870	13 140	16 498	13 848
苏　　联	14 031	17 701	19 200	24 749	34 826	81 347
其　　它	54 241	52 490	54 982	71 185	81 437	86 869
欧洲小计	231 779	272 511	289 742	366 817	421 892	394 484
美　　国	212 337	239 557	291 779	315 332	300 900	214 956
加拿大	30 302	35 233	41 027	52 322	63 328	45 955
其　　它	11 776	14 147	15 607	17 400	21 345	28 042
美洲小计	254 415	288 937	348 413	385 054	385 573	288 953
澳大利亚	72 671	78 135	73 189	58 587	61 049	48 747
新西兰	9 182	7 489	7 421	10 932	12 418	11 592
其　　它	236	367	487	1 069	1 576	3 597
大洋洲小计	82 089	85 991	81 097	70 588	75 043	63 936
非　　洲	5 997	4 833	5 812	6 811	9 093	14 349
其它地区	0	2 172	2 677	5 782	5 287	5 974
总　　计	1 134 267	1 370 462	1 482 276	1 727 821	1 842 206	1 460 970

资料来源：公安部边防检查统计

1989年各月来华旅游人数（按乘坐交通工具分）

月　份	总　计	船　舶	飞　机	火　车	孔　道
全　年	24 501 394	1 752 057	1 377 924	518 879	20 852 534
一　月	2 099 313	121 611	85 987	57 170	1 834 545
二　月	2 533 197	198 646	133 863	15 563	2 185 125
三　月	2 310 654	194 311	166 213	2 052	1 948 078
四　月	2 320 552	184 122	176 914	31 104	1 928 412
五　月	2 039 197	126 448	163 468	69 324	1 679 957
六　月	1 594 907	97 342	47 578	33 243	1 416 744
七　月	1 783 909	113 583	69 907	10 134	1 590 285
八　月	2 095 330	142 710	92 038	74 127	1 786 455
九　月	1 349 822	140 926	123 560	25 288	1 060 048
十　月	2 032 434	142 233	120 921	18 517	1 750 763
十一月	2 060 225	128 084	103 316	78 588	1 750 237
十二月	2 281 854	162 041	94 159	103 769	1 921 885

1980—1989年来华旅游入境人数

年　份	总　计	外国人	华　侨	港澳台同胞
1980	5 702 536	529 124	34 413	5 138 999
1981	7 767 096	675 153	38 856	7 053 087
1982	7 924 261	764 497	42 745	7 117 019
1983	9 477 005	872 511	40 352	8 564 142
1984	12 852 185	1 134 267	47 498	11 670 420
1985	17 833 097	1 370 462	84 827	16 377 808
1986	22 819 450	1 482 276	68 133	21 269 041
1987	26 902 267	1 727 821	87 031	25 087 415
1988	31 694 804	1 842 206	79 348	29 773 250
1989	24 501 394	1 460 970	68 556	22 971 868

资料来源：公安部边防检查统计

旅游者主要特征

1988—1989年来华旅游外国人数（按年龄分）

年 龄	1989年	占总人数比重（%）	1988年	占总人数比重（%）
总 计	1 460 970	100.0	1 842 206	100.0
20岁以下	118 941	8.1	141 554	7.7
21～30	362 448	24.8	419 619	22.8
31～50	619 106	42.4	761 887	41.3
51以上	360 475	24.7	519 146	28.2

1988—1989年来华旅游外国人数（按职业分）

职 业	1989年	占总人数比重(%)	1988年	占总人数比重(%)
总 计	1 460 970	100.0	1 842 206	100.0
官 员	44 795	3.1	45 423	2.5
工 农	325 265	22.2	407 804	22.1
商 人	292 023	20.0	300 769	16.3
科 技	90 600	6.2	85 941	4.7
企 业	260 930	17.9	338 402	18.4
文 教	119 076	8.2	151 849	8.2
卫 体	55 594	3.8	50 903	2.8
家 妇	128 109	8.8	216 304	11.7
其 它	144 578	9.8	244 811	13.3

1988—1989年来华旅游外国人数（按性别分）

性 别	1989年	占总人数比重(%)	1988年	占总人数比重(%)
总 计	1 460 970	100.0	1 842 206	100.0
男	953 938	65.3	1 137 188	61.7
女	507 032	34.7	705 018	38.3

资料来源：公安部边防检查统计

主要旅行社接待情况

1988—1989年全国有组织接待的来华旅游人数

	1989年				1988年				1989比1988年增长(%)
	总人数	其中			总人数	其中			
		外国人	华侨	港澳台同胞		外国人	华侨	港澳台同胞	
来华入境人数	24 501 394	1 460 970	68 556	22 971 868	31 694 804	1 842 206	79 348	29 773 250	-22.7
其中：有组织接待旅游人数	3 228 164	1 460 970	68 556	1 698 638	4 349 045	1 842 206	79 348	2 427 491	-25.8
1.*旅游部门	1 904 925	498 523	25 751	1 380 651	3 082 625	871 107	40 745	2 170 773	-38.2
1)中国国际旅行社总社	137 776	134 239	0	3 537	231 057	229 071	0	1 986	-40.4
2)中国旅行社	843 129	137 641	13 050	692 438	1 103 949	185 642	15 228	903 079	-23.6
3)中国青年旅行社	99 836	39 559	59	60 218	147 295	80 385	1 885	65 025	-32.2
4)其　它	824 184	187 084	12 642	624 458	1 600 324	376 009	23 632	1 200 683	-48.5
2.**其它部门	1 323 239	962 447	42 805	317 987	1 266 420	971 099	38 603	256 718	4.5
1)员　工	507 770	189 783	0	317 987	450 561	193 673	170	256 718	12.7
2)其　它	815 469	772 664	42 805	-	815 859	777 426	38 433	-	0.0

资料来源：公安部边防检查统计、国家旅游局

注：*旅游部门：包括旅行社、饭店及其它旅游企业。

**其它部门：包括中央各部委、群众团体及其它企事业单位。

1989年1月全国有组织接待的来华旅游者人数

	总人数	其中		
		外国人	华侨	港澳台同胞
来华入境人数	2 099 313	125 281	4 818	1 969 214
其中：有组织接待旅游人数	278 275	125 281	4 818	148 176
1.*旅游部门	157 962	34 312	1 401	122 249
1)中国国际旅行社总社	6 570	6 494	0	76
2)中国旅行社	57 622	11 613	836	45 173
3)中国青年旅行社	6 821	5 025	0	1 796
4)其它	86 949	11 180	565	75 204
2.**其它部门	120 313	90 969	3 417	25 927
1)员工	42 021	16 094	0	25 927
2)其它	78 292	74 875	3 417	—

1989年2月全国有组织接待的来华旅游者人数

	总人数	其中		
		外国人	华侨	港澳台同胞
来华入境人数	2 533 197	115 475	4 529	2 413 193
其中：有组织接待旅游人数	340 254	115 475	4 529	220 250
1.*旅游部门	236 262	35 380	1 002	200 270
1)中国国际旅行社总社	11 919	10 478	0	1 441
2)中国旅行社	108 436	9 424	861	98 151
3)中国青年旅行社	18 334	3 615	0	14 719
4)其它	97 963	11 863	141	85 959
2.其它部门	103 602	80 095	3 527	19 980
1)员工	33 784	13 804	0	19 980
2)其它	69 818	66 291	3 527	—

资料来源：公安部边防检查统计、国家旅游局。

注：　*旅游部门：包括旅行社、饭店及其它旅游企业。

**其它部门：包括中央各部委、群众团体及其它企事业单位。

1989年3月全国有组织接待的华旅游者人数

	总人数	其中		
		外国人	华侨	港澳台同胞
来华入境人数	2 310 654	171 360	4 415	2134 879
其中：有组织接待旅游人数	359 239	171 360	4 415	183 464
1.＊旅游部门	237 710	80 256	2 414	155 040
（1）中国国际旅行社总社	33 362	32 698	0	664
（2）中国旅行社	96 354	14 346	1 466	80 542
（3）中国青年旅行社	19 397	10 107	49	9 241
（4）其它	88 597	23 105	899	64 593
2.＊＊其它部门	121 529	91 104	2 001	28 424
（1）员工	46 042	17 618	0	28 424
（2）其它	75 487	73 486	2 001	—

1989年4月全国有组织接待的来华旅游者人数

	总人数	其中		
		外国人	华侨	港澳台同胞
来华入境人数	2 320 552	173 859	5 876	2 140 817
其中：有组织接待旅游人数	358 292	173 859	5 876	178 557
1.＊旅游部门	228 818	76 011	2 360	150 447
（1）中国国际旅行社总社	23 202	22 763	0	439
（2）中国旅行社	92 636	16 885	1 320	74 431
（3）中国青年旅行社	15 701	7 030	0	8 671
（4）其它	97 279	29 333	1 040	66 906
2.＊＊其它部门	129 474	97 848	3 516	28 110
（1）员工	46 166	18 056	0	28 110
（2）其它	83 308	79 792	3 516	—

资料来源：公安部边防检查统计、国家旅游局

注：　＊旅游部门：包括旅行社、饭店及其它旅游企业

＊＊其它部门：包括中央各部委、群众团体及其它企事业单位

1989年5月全国有组织接待的来华旅游者人数

	总人数	其中		
		外国人	华侨	港澳台同胞
来华入境人数	2 039 197	161 769	5 421	1 872 007
其中：有组织接待旅游人数	323 410	161 769	5 421	156 220
1.＊旅游部门	209 145	77 614	3 295	128 236
（1）中国国际旅行社总社	22 828	22 626	0	202
（2）中国旅行社	78 749	15 750	1 057	61 942
（3）中国青年旅行社	13 266	6 027	0	7 239
（4）其它	94 302	33 211	2 238	58 853
2.＊＊其它部门	114 265	84 155	2 126	27 984
（1）员工	46 939	18 955	0	27 984
（2）其它	67 326	65 200	2 216	—

1989年6月全国有组织接待的来华旅游者人数

	总人数	其中		
		外国人	华侨	港澳台同胞
来华入境人数	1 594 907	71 853	3 697	1 519 357
其中：有组织接待旅游人数	151 059	71 853	3 697	75 509
1.＊旅游部门	66 844	20 188	1 374	45 282
（1）中国国际旅行社总社	5 278	5 259	0	19
（2）中国旅行社	31 249	6 072	577	24 600
（3）中国青年旅行社	1 397	739	6	652
（4）其它	28 920	8 118	791	20 011
2.＊＊其它部门	84 215	51 665	2 323	30 227
（1）员工	45 976	15 749	0	30 227
（2）其它	38 239	35 916	2 323	—

资料来源：公安部边防检查统计、国家旅游局

注：＊旅游部门：包括旅行社、饭店及其它旅游企业

＊＊其它部门：包括中央各部委、群众团体及其它企事业单位

1989年7月全国有组织接待的来华旅游者人数

	总人数	其中		
		外国人	华侨	港澳台同胞
来华入境人数	1 783 909	79 991	4 722	1 699 196
其中：有组织接待旅游人数	185 598	79 991	4 772	100 885
1.＊旅游部门	87 447	16 464	983	70 000
（1）中国国际旅行社总社	3 588	3 546	0	42
（2）中国旅行社	41 520	5 433	506	35 581
（3）中国青年旅行社	988	369	0	619
（4）其它	41 351	7 116	477	33 758
2.＊＊其它部门	98 151	63 527	3 739	30 885
（1）员工	44 674	13 789	0	30 885
（2）其它	53 477	49 738	3 739	—

1989年8月全国有组织接待的来华旅游者人数

	总人数	其中		
		外国人	华侨	港澳台同胞
来华入境人数	2 095 330	104 489	6 321	1 984 520
其中：有组织接待旅游人数	250 762	104 489	6 321	139 952
1.＊旅游部门	133 826	24 129	1 176	108 521
（1）中国国际旅行社总社	5 087	5 049	0	38
（2）中国旅行社	65 287	7 281	540	57 466
（3）中国青年旅行社	3 424	848	0	2 576
（4）其它	60 028	10 951	636	48 441
2.＊＊其它部门	116 936	80 360	5 145	31 431
（1）员工	47 968	16 537	0	31 431
（2）其它	68 968	63 823	5 145	—

资料来源：公安部边防检查统计、国家旅游局

注：　＊旅游部门：包括旅行社、饭店及其它旅游企业

＊＊其它部门：包括中央各部委、群众团体及其它企事业单位

1989年9月全国有组织接待的来华旅游者人数

	总人数	其中		
		外国人	华侨	港澳台同胞
来华入境人数	1 349 822	109 762	8 206	1 231 854
其中：有组织接待旅游人数	211 418	109 762	8 206	93 450
1.＊旅游部门	126 596	32 053	2 829	91 714
（1）中国国际旅行社总社	8 258	8 061	0	197
（2）中国旅行社	67 939	14 795	1 245	51 899
（3）中国青年旅行社	4 321	964	0	3 357
（4）其它	46 078	8 233	1 584	36 261
2.＊＊其它部门	84 822	77 709	5 377	1 736
（1）员工	15 819	14 083	0	1 736
（2）其它	69 003	63 626	5 377	—

1989年10月全国有组织接待的来华旅游者人数

	总人数	其中		
		外国人	华侨	港澳台同胞
来华入境人数	2 032 434	127 866	7 451	1 897 117
其中：有组织接待旅游人数	272 882	127 866	7 451	137 565
1.＊旅游部门	147 681	37 145	4 149	106 387
（1）中国国际旅行社总社	7 622	7 279	0	343
（2）中国旅行社	68 053	14 186	2 498	51 369
（3）中国青年旅行社	5 569	1 504	0	4 065
（4）其它	66 437	14 176	1 651	50 610
2.＊＊其它部门	125 201	90 721	3 302	31 178
（1）员工	47 132	15 954	0	31 178
（2）其它	78 069	74 767	3 302	—

资料来源：公安部边防检查统计、国家旅游局

注：＊旅游部门：包括旅行社、饭店及其它旅游企业

＊＊其它部门：包括中央各部委、群众团体及其它企事业单位

1989年11月全国有组织接待的来华旅游者人数

	总人数	其中		
		外国人	华侨	港澳台同胞
来华入境人数	2 060 225	116 019	6 685	1 937 521
其中：有组织接待旅游人数	256 813	116 019	6 685	134 109
1.*旅游部门	141 144	34 955	2 962	103 227
（1）中国国际旅行社总社	6 295	6 240	0	55
（2）中国旅行社	69 279	12 245	1 321	55 713
（3）中国青年旅行社	5 211	1 450	4	3 757
（4）其它	60 359	15 020	1 637	43 702
2.**其它部门	115 669	81 064	3 723	30 882
（1）员工	45 101	14 219	0	30 882
（2）其它	70 568	66 845	3 723	—

1989年12月全国有组织接待的来华旅游者人数

	总人数	其中		
		外国人	华侨	港澳台同胞
来华入境人数	2 281 854	103 246	6 415	2 172 193
其中：有组织接待旅游人数	240 162	103 246	6 415	130 501
1.*旅游部门	131 100	30 016	1 806	99 278
（1）中国国际旅行社总社	3 767	3 746	0	21
（2）中国旅行社	66 005	9 611	823	55 571
（3）中国青年旅行社	5 407	1 881	0	3 526
（4）其它	55 921	14 778	983	40 160
2.**其它部门	109 062	73 230	4 609	31 223
（1）员工	46 148	14 925	0	31 223
（2）其它	62 914	58 305	4 609	—

资料来源：公安部边防检查统计、国家旅游局

注：*旅游部门：包括旅行社、饭店及其它旅游企业

**其它部门：包括中央各部委、群众团体及其它企事业单位

1988—1989年各月中国国际旅行社总社接待的来华旅游者人数

月份	1989年					1988年					1989年比1988年增减				
	人数	其中			团体人均停留（天）	人数	其中			团体人均停留（天）	人数（%）	其中			团体人均停留（天）
		外国人	华侨	港澳台同胞			外国人	华侨	港澳台同胞			外国人（%）	华侨（%）	港澳台同胞（%）	
总计	137 776	134 239	—	3 537	9.1	231 057	229 071	—	1 986	9.9	-40.4	-41.4	—	-78.1	-0.8
一月	6 570	6 494	—	76	5.1	3 420	3 420	—	0	5.9	92.1	89.9	—	—	-0.8
二月	11 919	10 478	—	1 441	7.6	6 843	6 762	—	81	7.5	74.2	55.0	—	1679.0	-0.1
三月	33 362	32 698	—	664	8.3	29 224	29 072	—	152	8.7	14.2	12.5	—	336.8	-0.4
四月	23 202	22 763	—	439	9.7	20 905	20 717	—	188	9.6	11.0	9.9	—	133.5	0.1
五月	22 828	22 626	—	202	10.7	23 211	22 769	—	442	10.4	-1.7	-0.6	—	-54.3	0.3
六月	5 278	5 259	—	19	5.1	15 894	15 655	—	239	10.0	-66.8	-66.4	—	-92.1	-4.9
七月	3 588	3 546	—	42	11.4	19 548	19 422	—	126	11.9	-81.6	-81.7	—	-66.7	-0.5
八月	5 087	5 049	—	38	10.4	23 316	23 204	—	112	10.8	-78.2	-78.2	—	-66.1	-0.4
九月	8 258	8 061	—	197	13.5	32 706	32 543	—	163	11.1	-74.8	-75.2	—	20.9	2.4
十月	7 622	7 279	—	343	11.4	35 678	35 512	—	166	10.2	-78.6	-79.5	—	106.6	1.2
十一月	6 295	6 240	—	55	7.1	13 272	13 168	—	104	6.8	-52.6	-52.6	—	-47.1	0.3
十二月	3 767	3 746	—	21	7.3	7 040	6 827	—	213	7.6	-46.5	-45.1	—	-90.1	-0.3

资料来源：中国国际旅行社总社

1989年各月中国国际旅行社总社接待的外国人数（按国籍分）

国籍	一月	二月	三月	四月	五月	六月	七月	八月	九月	十月	十一月	十二月	合计	占总数比重（%）	比上年增长（%）
日本	2 153	3 221	9 619	4 606	3 801	372	151	286	373	639	1 221	850	27 292	20.3	-60.9
菲律宾	—	—	—	2	—	—	—	—	—	—	—	—	2	0.0	-90.0
泰国	—	25	84	213	121	—	37	11	78	69	13	—	651	0.5	1 379.5
新加坡	27	111	68	48	267	—	—	—	—	—	—	12	533	0.4	851.8
印度	—	—	—	—	—	—	—	2	—	6	—	—	8	0.0	300.0
其它	19	139	235	313	175	9	13	402	181	370	584	88	2 528	1.9	145.2
亚洲小计	2 199	3 496	10 006	5 182	4 364	381	201	701	632	1 084	1 818	950	31 014	23.1	-56.3
英国	57	471	1 408	1 204	743	37	2	48	572	448	198	45	5 233	3.9	-46.9
法国	148	443	3 466	2 136	2 330	102	199	368	579	329	130	41	10 271	7.7	-47.3
联邦德国	744	1 495	1 747	1 376	1 089	72	138	168	544	268	151	89	7 881	5.9	-47.3
意大利	18	67	228	476	214	15	53	189	100	57	5	111	1 533	1.1	-72.6
瑞士	94	325	699	313	481	31	51	44	166	230	5	44	2 483	1.8	-45.2
瑞典	15	80	139	116	68	—	—	—	81	51	27	—	577	0.4	-71.0
荷兰	12	3	19	107	97	33	34	46	108	39	21	2	521	0.4	-39.1
苏联	—	241	—	—	—	—	—	—	5	2	—	—	248	0.2	-32.2
其它	155	565	1 965	1 394	527	286	110	109	525	701	427	85	6 849	5.1	-47.8
欧洲小计	1 243	3 690	9 671	7 122	5 549	576	587	972	2 680	2 125	964	417	35 596	26.5	-49.7
美国	1 559	1 692	9 506	6 696	8 431	463	93	86	418	858	403	346	30 551	22.8	-59.5
加拿大	83	49	400	180	284	6	1	28	86	124	32	9	1 282	1.0	-40.7
其它	14	64	99	122	319	48	158	51	311	161	36	6	1 389	1.0	-50.7
美洲小计	1 656	1 805	10 005	6 998	9 034	517	252	165	815	1 143	471	361	33 222	24.8	-58.7
澳大利亚	192	178	646	850	357	1 016	10	17	315	351	211	79	4 222	3.1	9.6
新西兰	—	—	—	—	80	—	—	36	—	6	6	—	128	0.1	-44.6
其它	—	—	—	—	—	—	—	—	—	—	—	—	—	0.0	—
大洋洲小计	192	178	646	850	437	1 016	10	53	315	357	217	79	4 350	3.2	6.6
非洲	—	—	—	—	—	—	—	—	—	—	—	—	—	0.0	—
其它地区	1 204	1 309	2 370	2 611	3 242	2 769	2 496	3 158	3 619	2 570	2 770	1 939	30 057	22.4	3 444.4
总计	6 494	10 478	32 698	22 763	22 626	5 259	3 546	5 049	8 061	7 279	6 240	3 746	134 239	100.0	-40.9

资料来源：中国国际旅行社总社

1988—1989年各月中国旅行社接待的来华旅游者人数

月份	1989年					1988年					1989年比1988年增减				
	人数	其中			团体人均停留（天）	人数	其中			团体人均停留（天）	人数（%）	其中			团体人均停留（天）
		外国人	华侨	港澳台同胞			外国人	华侨	港澳台同胞			外国人（%）	华侨（%）	港澳台同胞（%）	
总计	843 129	137 641	13 050	692 438	4.2	1103949	185 642	15 228	903 079	4.3	-23.6	-25.9	-14.3	-23.3	-0.1
一月	57 622	11 613	836	45 173	2.9	46 950	8 514	586	37 850	3.0	22.7	36.4	42.7	19.3	-0.1
二月	108 436	9 424	861	98 151	3.3	95 718	10 177	777	84 764	3.7	13.3	-7.4	10.8	15.8	-0.4
三月	96 354	14 346	1 466	80 542	3.8	50 826	7 427	895	42 504	2.4	89.6	93.2	63.8	89.5	1.4
四月	92 636	16 885	1 320	74 431	5.1	107 422	19 074	1 432	86 916	4.3	-13.8	-11.5	-7.8	-14.4	0.8
五月	78 749	15 750	1 057	61 942	9.2	96 863	19 335	1 921	75 607	5.2	-18.7	-18.5	-45.0	-18.1	4.0
六月	31 249	6 072	577	24 600	3.7	76 841	15 413	835	60 593	4.5	-59.3	-60.6	-30.9	-59.4	-0.8
七月	41 520	5 433	506	35 581	3.2	98 220	13 826	1 330	83 064	4.1	-57.7	-60.7	-62.0	-57.2	-0.9
八月	65 287	7 281	540	57 466	2.8	105 047	12 732	1 124	91 191	3.2	-37.8	-42.8	-52.0	-37.0	-0.4
九月	67 939	14 795	1 245	51 899	4.8	96 632	19 626	1 863	75 143	7.3	-29.7	-24.6	-33.2	-30.9	-2.5
十月	68 053	14 186	2 498	51 369	4.2	99 222	24 384	1 970	72 868	5.3	-31.4	-41.8	26.8	-29.5	-1.1
十一月	69 279	12 245	1 321	55 713	2.9	64 587	14 719	1 084	48 784	4.7	-7.3	-16.8	21.9	14.2	-1.8
十二月	66 005	9 611	823	55 571	2.9	165 621	20 415	1 411	143 795	3.1	-60.1	-52.9	-41.7	-61.4	-0.2

资料来源：中国旅行社

1989年各月中国旅行社接待的外国人数（按国籍分）

国籍	一月	二月	三月	四月	五月	六月	七月	八月	九月	十月	十一月	十二月	合计	占总数比重（%）	比上年增长（%）
日本	1 514	1 302	1 369	1 099	1 459	622	490	492	608	878	759	537	11 129	8.1	-51.1
菲律宾	323	310	961	1 718	1 688	584	453	571	1 166	550	666	422	9 412	6.8	5.2
泰国	1 581	1 766	2 462	3 604	2 614	949	706	1 491	3 076	2 892	951	1 235	23 327	16.9	-14.5
新加坡	460	804	1 311	2 203	2 394	1 456	304	390	1 924	1327	1 551	1 109	15 233	11.1	-37.8
印度	41	10	8	9	11	9	1	2	12	5	7	10	125	0.1	-69.2
其它	716	692	1 441	2 034	1 763	337	833	1 109	4 828	2 331	3 806	2 482	22 372	16.3	-30.0
亚洲小计	4 635	4 884	7 552	10 667	9 929	3 957	2 787	4 055	11 614	7 983	7 740	5 795	81 598	59.3	-29.6
英国	610	649	1 296	776	395	179	284	281	328	591	535	394	6 318	4.6	-18.3
法国	205	142	207	127	127	35	101	162	168	147	81	86	1 588	1.2	-37.2
联邦德国	190	250	298	129	93	40	99	137	118	120	285	65	1 824	1.3	-42.0
意大利	239	143	123	149	157	29	90	282	62	87	83	57	1 501	1.1	-29.1
瑞士	56	62	69	56	85	8	13	23	16	95	72	40	595	0.4	-10.3
瑞典	64	32	29	46	69	16	16	23	—	162	29	39	525	0.3	-5.2
荷兰	86	97	41	46	57	33	60	62	44	37	28	35	626	0.5	-21.4
苏联	105	66	136	130	139	54	126	62	58	167	226	255	1 524	1.1	448.2
其它	408	348	257	273	100	72	195	209	139	296	224	305	2 826	2.1	-6.5
欧洲小计	1 963	1 789	2 456	1 732	1 222	466	984	1 241	933	1 702	1 563	1 276	17 327	12.6	-16.8
美国	2 236	1 353	1 618	2 538	1 845	809	589	751	914	1 270	1 390	1 090	16 403	11.9	-41.6
加拿大	496	450	598	493	475	114	109	170	146	325	283	185	3 844	2.8	-45.0
其它	47	44	67	62	83	56	50	52	75	71	43	37	687	0.5	-20.6
美洲小计	2 779	1 847	2 283	3 093	2 403	979	748	973	1 135	1 666	1 716	1 312	20 934	15.2	-41.8
澳大利亚	1 571	469	948	804	749	211	376	408	435	485	387	324	7 167	5.2	-0.03
新西兰	252	50	169	139	113	110	71	162	106	83	97	61	1 413	1.0	41.2
其它	—	1	2	2	4	2	55	—	6	5	7	9	93	0.1	-52.6
大洋洲小计	1 823	520	1 119	945	866	323	502	570	547	573	491	394	8 673	6.3	3.7
非洲	4	32	12	11	26	7	4	7	19	48	12	56	238	0.2	-13.8
其它地区	409	352	924	437	1 304	340	408	435	547	2 214	723	778	8 871	6.4	103.7
总计	11 613	9 424	14 346	16 885	15 750	6 072	5 433	7 281	14 795	14 186	12 245	9 611	137 641	100.0	-25.9

资料来源：中国旅行社

1988—1989年各月中国青年旅行社接待的来华旅游者人数

月份	1989年 人数	1989年 其中 外国人	1989年 其中 华侨	1989年 其中 港澳台同胞	1989年 团体人均停留（天）	1988年 人数	1988年 其中 外国人	1988年 其中 华侨	1988年 其中 港澳台同胞	1988年 团体人均停留（天）	1989年比1988年增减 人数（%）	其中 外国人（%）	其中 华侨（%）	其中 港澳台同胞（%）	团体人均停留（天）
总计	99 836	39 559	59	60 218	5.3	147295	80 385	1 885	65 025	4.0	-32.2	-50.8	-96.9	-7.4	1.3
一月	6 821	5 025	0	1 796	3.7	4 429	3 925	53	451	2.4	54.0	28.0	-100.0	298.2	1.3
二月	18 334	3 615	0	14 719	4.2	20 294	4 012	186	16 096	2.9	-9.7	-19.9	-100.0	-8.6	1.3
三月	19 397	10 107	49	9 241	6.2	10 623	8 408	166	2 049	3.4	82.6	20.2	-70.5	351.0	2.8
四月	15 701	7 030	0	8 671	6.4	9 347	6 312	175	2 860	4.0	68.0	11.4	-100.0	203.2	2.4
五月	13 266	6 027	0	7 239	4.6	11 961	6 094	363	5 504	4.6	10.9	-1.1	-100.0	31.5	0.0
六月	1 397	739	6	652	3.3	13 436	6 138	311	6 987	3.7	-89.6	-88.0	-98.1	-90.7	-0.4
七月	988	369	0	619	5.7	11 464	6 624	32	4 808	5.0	-91.4	-94.4	-100.0	-87.1	0.7
八月	3 424	848	0	2 576	6.9	16 903	10 518	108	6 277	3.7	-79.7	-91.9	-100.0	-59.0	3.2
九月	4 321	946	0	3 357	8.4	14 028	8 461	112	5 455	5.1	-69.2	-88.6	-100.0	-38.5	3.3
十月	5 569	1 504	0	4 065	7.3	14 196	7 811	225	6 160	4.1	-60.8	-80.7	-100.0	-34.0	3.2
十一月	5 211	1 450	4	3 757	5.1	12 907	6 529	121	6 257	3.4	-59.6	-77.8	-96.7	-40.0	1.7
十二月	5 407	1 881	0	3 526	3.7	7 707	5 553	33	2 121	3.7	-29.8	-66.1	-100.0	66.2	0.0

资料来源：中国青年旅行社

1989年各月中国青年旅行社接待的外国人数（按国籍分）

国籍	一月	二月	三月	四月	五月	六月	七月	八月	九月	十月	十一月	十二月	合计	占总数比重（%）	比上年增长（%）
日本	3 654	1 731	6 461	3 447	3 339	572	155	330	363	586	572	1 386	22 596	57.1	-61.9
菲律宾	-	-	-	-	-	-	-	-	39	-	-	-	39	0.1	1 850.0
泰国	-	18	-	-	-	-	-	2	-	1	-	-	21	0.1	-71.2
新加坡	-	39	87	153	3	-	2	10	-	55	21	36	406	1.0	-68.2
印度	-	-	-	-	-	-	-	-	-	-	-	-	-	-	-
其它	-	-	-	-	-	-	-	-	-	-	-	-	-	-	-100.0
亚洲小计	3 654	1 788	6 548	3 600	3 342	572	157	342	402	642	593	1 422	23 062	58.3	-62.0
英国	13	173	580	230	130	13	3	17	13	48	19	-	1 239	3.1	-54.9
法国	23	206	262	457	183	9	6	3	4	48	52	2	1 255	3.2	-24.9
联邦德国	739	848	802	1 005	49	38	55	59	44	114	12	25	3 790	9.6	62.6
意大利	2	-	1	96	-	-	6	-	-	4	-	-	109	0.3	-44.4
瑞士	10	7	122	10	4	3	4	4	4	18	-	4	190	0.5	-61.6
瑞典	-	2	11	262	44	-	-	2	145	68	10	-	544	1.4	5.4
荷兰	-	-	-	-	-	11	2	-	33	-	2	-	48	0.1	-79.6
苏联	350	347	15	14	-	-	-	-	-	4	-	15	745	1.9	138.0
其它	-	20	188	89	43	-	38	47	44	153	198	129	949	2.4	-63.8
欧洲小计	1 137	1 603	1 981	2 163	453	74	114	132	287	457	293	175	8 869	22.5	-20.3
美国	68	68	672	410	599	31	8	23	24	92	49	29	2 073	5.2	-63.8
加拿大	27	93	367	108	40	-	-	-	11	7	-	15	668	1.7	-28.5
其它	-	-	-	-	-	-	-	-	-	-	-	-	-	-	-100.0
美洲小计	95	161	1 039	518	639	31	8	23	35	99	49	44	2 741	6.9	-59.1
澳大利亚	51	23	204	226	294	34	34	8	57	25	13	34	1 003	2.5	-30.5
新西兰	6	1	23	-	46	2	-	-	9	-	2	-	89	0.2	-51.4
其它	-	-	-	-	-	-	-	-	-	-	-	-	-	-	-
大洋洲小计	57	24	227	226	340	36	34	8	66	25	15	34	1 092	2.7	-32.8
非洲	-	-	-	-	-	-	-	-	-	-	-	-	-	-	-
其它地区	82	39	312	523	1 253	26	56	343	174	281	500	206	3 795	9.6	1 856.2
总计	5 025	3 615	10 107	7 030	6 027	739	369	848	964	1 504	1 450	1 881	39 559	100.0	-50.8

资料来源：中国青年旅行社

主要城市接待情况

1988—1989年主要城市接待的来华旅游者人数（一）

城市名称	外国人		华侨		港澳台同胞		1989年总计		1988年总计		1989年比1988年增减	
	人次数	平均停留（天）	人次数	平均停留（天）	人次数	平均停留（天）	人次数	平均停留（天）	人次数	平均停留（天）	人次数（%）	平均停留（天）
北京	460 208	4.3	18 867	4.7	166 085	4.1	645 160	4.3	1 203 945	4.2	-46.4	0.1
天津	26 983	5.8	975	3.7	15 175	3.9	43 133	5.1	63 882	3.9	-32.5	1.2
石家庄	3 965	3.9	223	3.5	2 124	3.2	6 312	3.6	8 435	3.3	-25.2	0.3
承德	7 108	1.6	27	1.7	1 319	1.6	8 454	1.6	15 729	1.5	-46.3	0.1
秦皇岛	4 304	4.3	235	3.1	1 448	2.0	5 987	3.7	16 372	1.9	-63.4	1.8
太原	4 669	2.0	288	2.8	3 050	1.9	8 007	2.0	13 666	1.8	-41.4	0.2
大同	6 023	2.7	34	2.2	1 092	1.8	7 149	2.6	14 607	1.7	-51.1	0.9
呼和浩特	2 782	3.7	—	—	512	1.9	3 294	3.4	12 263	2.1	-73.1	1.3
沈阳	17 101	4.1	504	1.7	8 342	2.0	25 947	3.4	33 301	3.0	-22.1	0.4
大连	27 489	4.4	308	9.3	10 983	3.8	38 780	4.3	53 696	4.6	-22.8	-0.3
长春	8 934	3.7	64	1.9	3 286	1.4	12 284	3.1	20 086	2.8	-38.8	0.3
吉林	1 484	3.5	325	2.2	9 028	2.1	10 837	2.3	19 512	2.0	-44.5	0.3
哈尔滨	8 827	3.6	359	2.9	16 628	2.4	25 814	2.8	43 102	2.6	-40.1	0.2
上海	397 696	3.8	11 342	3.5	246 741	3.1	655 779	3.5	916 392	3.1	-28.4	0.4
南京	54 377	2.2	600	2.6	117 401	1.6	172 378	1.8	269 045	1.7	-35.9	0.1
苏州	59 937	1.4	865	1.2	98 744	1.2	159 546	1.3	254 783	1.3	-37.4	0
无锡	33 098	1.4	378	1.0	66 272	1.1	99 748	1.2	164 591	1.2	-39.4	0
连云港	1 440	5.1	35	1.9	685	3.5	2 160	4.5	2 306	4.2	-6.3	0.3
南通	5 344	3.8	76	3.0	3 992	2.7	9 412	3.3	8 732	5.0	7.8	-1.7
杭州	66 094	2.1	18 819	1.8	163 589	2.1	248 502	2.1	349 246	2.1	-28.8	0
宁波	5 811	2.6	344	3.3	9 981	2.3	16 136	2.5	16 519	2.7	-2.3	-0.2
温州	517	2.9	545	3.4	1 560	3.2	2 622	3.2	4 716	3.9	-44.4	-0.7
福州	18 939	4.0	1 382	2.7	75 706	2.1	96 027	2.5	105 195	3.7	-8.7	-1.2
厦门	32 474	2.2	2 375	2.2	103 659	1.9	138 508	1.9	152 169	1.9	-9.0	0
泉州	10 593	3.8	4 471	7.3	188 306	8.4	203 370	8.1	201 356	6.3	1.0	1.8
漳州	1 139	2.4	199	1.3	6 796	2.9	8 134	2.8	7 976	4.0	2.0	-1.2

资料来源：国家统计局、国家旅游局

注：•城市接待人数不包括不过夜人数。

1988—1989年主要城市接待的来华旅游者人数（二）

城市名称	外国人		华侨		港澳台同胞		1989年总计		1988年总计		1989年比1988年增减	
	人次数	平均停留（天）	人次数	平均停留（天）	人次数	平均停留（天）	人次数	平均停留（天）	人次数	平均停留（天）	人次数（%）	平均停留（天）
九江	1 168	2.7	33	1.0	4 494	2.0	5 695	2.1	8 468	2.1	-32.7	0
济南	7 857	3.8	516	3.2	5 521	7.2	13 894	5.1	24 151	2.8	-42.5	2.3
青岛	17 610	3.4	455	4.1	21 065	3.0	39 130	3.2	42 700	3.2	-8.4	0
烟台	4 803	3.2	353	3.0	3 036	2.9	8 192	3.1	11 950	2.5	-31.4	0.6
郑州	7 776	2.1	1 711	2.0	12 426	1.8	21 913	2.0	24 443	1.9	-10.4	0.1
洛阳	15 006	2.2	536	1.6	5 638	1.8	21 180	2.0	55 169	1.6	-61.6	0.4
武汉	33 655	1.7	71	1.3	15 412	2.5	49 138	1.9	72 827	1.9	-32.5	0
长沙	5 555	3.7	164	2.6	13 488	2.4	19 207	2.8	26 010	2.4	-26.2	0.4
广州	264 895	2.2	44 795	1.9	920 087	1.8	1 229 777	1.9	2 044 368	1.7	-39.8	0.2
深圳	49 104	2.3	4 769	1.5	800 602	1.3	854 475	1.4	1 039 365	1.3	-17.8	0.1
珠海	7 090	1.8	237	1.2	237 252	1.2	244 579	1.2	345 381	1.1	-29.2	0.1
汕头	46 857	2.2	6 640	2.2	86 554	2.5	140 051	2.4	173 922	2.6	-19.5	-0.2
湛江	3 252	4.5	27	2.9	10 277	2.0	13 556	2.6	17 148	2.3	-20.9	0.3
南宁	1 535	3.7	37	3.8	4 067	2.9	5 639	3.1	11 899	2.1	-52.6	1.0
桂林	131 840	1.9	15 090	2.1	135 197	2.2	282 127	2.0	459 431	2.1	-38.6	-0.1
北海	447	3.8	1	2.0	2 091	2.5	2 539	2.7	2 589	2.4	-1.9	0.3
成都	32 377	4.6	257	2.8	30 129	2.2	62 763	3.4	111 000	2.9	-43.5	0.5
重庆	20 533	2.5	194	2.3	17 760	2.1	38 487	2.3	59 753	2.1	-35.6	0.2
贵阳	3 115	4.2	547	2.3	6 340	1.7	10 002	2.5	17 943	2.4	-55.7	0.1
昆明	40 127	2.6	2 111	2.6	32 193	3.0	74 431	2.7	121 312	2.2	-38.6	0.5
西安	137 861	2.1	1 446	1.9	72 729	1.7	212 036	1.9	365 785	2.0	-42.0	-0.1
兰州	13 700	1.9	119	2.9	2 734	1.7	16 553	1.8	36 609	1.8	-54.8	0
乌鲁木齐	22 222	2.3	—	—	3 475	3.0	25 697	2.4	40 081	2.5	-35.9	-0.1

资料来源：国家统计局、国家旅游局

注：　　*城市接待人数不包括不过夜人数。

1989年主要城市接待的外国旅游者人数（按国籍分）（一）

城市名称	合计	其中：										
		日本	菲律宾	新加坡	泰国	美国	加拿大	英国	法国	联邦德国	苏联	澳大利亚
北京	460 208	122 276	4 715	12 740	4 640	72 598	12 046	24 033	20 522	33 315	9 831	8 679
天津	26 983	12 014	389	695	382	1 348	481	1 276	801	1 382	597	908
石家庄	3 965	1 424	19	52	35	606	117	276	159	332	83	75
承德	7 108	596	83	175	250	660	173	834	1 019	1 366	125	277
秦皇岛	4 304	777	65	62	72	630	75	388	203	332	159	159
太原	4 669	1 369	10	40	60	443	190	248	614	718	35	254
大同	6 023	1 508	—	47	—	419	123	336	1 478	1 009	18	114
呼和浩特	2 782	1 140	—	55	15	384	72	131	110	58	32	199
沈阳	17 101	6 651	164	573	254	2 139	300	72	49	64	290	36
大连	27 489	18 826	132	409	214	1 562	306	515	237	680	1 161	244
长春	8 934	3 882	18	410	159	573	173	305	61	329	475	26
吉林	1 484	553	15	22	1	110	10	119	11	58	116	13
哈尔滨	8 827	3 207	9	321	89	458	180	105	304	345	1 733	120
上海	397 696	179 528	13 248	7 122	3 281	50 029	9 725	11 905	17 994	20 244	8 359	5 771
南京	54 377	15 476	412	2 448	1 731	8 276	1 633	2 678	3 278	4 653	320	1 449
苏州	59 937	26 095	59	524	215	6 906	1 566	2 739	5 344	3 741	106	1 049
无锡	33 098	10 522	218	1 212	292	5 941	286	897	815	3 621	53	660
连云港	1 440	645	53	23	—	74	15	10	14	16	8	9
南通	5 344	2 426	60	58	19	462	29	119	50	176	75	49
杭州	66 094	19 804	1 504	3 080	2 402	9 533	2 065	1 591	3 147	5 075	296	2 121
宁波	5 811	2 203	991	398	402	629	73	174	79	156	32	97
温州	517	257	—	8	—	49	7	15	27	18	4	3
福州	18 939	5 690	1 467	3 505	277	2 062	319	291	240	331	141	203
厦门	32 474	4 786	7 291	9 219	3 079	2 193	372	472	219	625	40	261
泉州	10 593	1 255	3 453	3 299	70	393	80	87	47	119	16	5

资料来源：国家统计局、国家旅游局

1989年主要城市接待的外国旅游者人数（按国籍分）（二）

城市名称	合计	其中：										
		日本	菲律宾	新加坡	泰国	美国	加拿大	英国	法国	联邦德国	苏联	澳大利亚
漳州	1 139	281	30	364	94	93	22	14	19	6	—	28
九江	1 168	533	52	60	—	220	29	41	23	43	3	9
济南	7 857	2 631	117	344	111	1 046	558	307	259	724	75	94
青岛	17 610	7 410	300	495	170	1 937	345	571	398	1 346	106	309
烟台	4 803	2 063	11	196	42	989	136	81	31	153	67	75
郑州	7 776	2 963	7	227	113	28	83	202	475	510	80	261
洛阳	15 006	6 685	1	36	48	668	101	300	2 167	2 868	20	158
武汉	33 655	4 203	31	193	160	3 991	451	1 350	1 872	2 332	131	565
长沙	5 555	2 391	41	125	39	771	133	532	101	436	29	203
广州	264 895	57 259	3 177	18 595	10 025	40 992	10 857	14 695	18 271	16 013	648	10 630
深圳	49 104	14 286	1 367	2 365	2 015	8 878	2 446	3 526	2 830	946	150	823
珠海	7 090	3 180	99	167	146	779	173	267	137	211	4	154
汕头	46 857	2 404	79	8 689	29 148	1 899	701	237	663	264	19	455
湛江	3 252	703	104	186	106	742	86	441	114	136	15	93
南宁	1 535	358	5	34	75	204	50	84	62	113	3	77
桂林	131 840	46 999	189	1 255	1 001	21 968	3 592	7 061	11 931	11 497	28	3 805
北海	447	150	—	6	—	119	29	7	26	11	—	38
成都	32 377	7 656	99	802	377	4 834	789	1 966	1 791	3 564	141	1 202
重庆	20 533	2 850	106	352	192	4 770	685	1 366	2 333	3 441	100	691
贵阳	3 115	899	151	133	44	311	65	210	231	371	18	128
昆明	40 127	9 061	136	985	769	5 502	1 069	3 027	2 296	3 108	60	1 578
西安	137 861	20 783	144	1 547	719	30 549	3 129	8 484	15 555	19 494	197	3 475
兰州	13 700	5 062	19	118	52	951	231	664	876	1 213	88	244
乌鲁木齐	22 222	6 186	33	180	23	1 567	285	1 023	777	1 139	5 772	558

资料来源：国家统计局、国家旅游局

1988—1989年全国涉外饭店基本情况（按城市划分）（一）

城市名称	饭店名称	饭店座数			客房间数			床位数			客房出租率（%）	
		1989年	1988年	增加 89/88	1989年	1988年	增加 89/88	1989年	1988年	增加 89/88	1989年	1988年
全国总计：		1 788	1 496	292	267 505	220 165	47 340	580 913	478 321	102 592	57.2	67.9
北京		150	123	27	35 023	30 585	4 438	67 950	57 921	10 029	55.8	77.6
其中：	*长城饭店				1 007	1 007	0	1 659	1 655	4	43.5	73.7
	*建国饭店				461	459	2	570	543	27	64.5	87.9
	北京饭店				763	763	0	1 526	1 526	0	60.2	86.1
	*丽都饭店				1 029	1 029	0	1 581	1 655	-74	58.7	82.5
	*京伦饭店				695	686	9	1 350	1 286	64	58.8	83.9
	友谊宾馆				1 479	1 640	-161	2 958	3 280	-322	67.1	88.3
	西苑饭店				1 167	1 251	-84	2 334	2 502	-168	66.6	79.4
	兆龙饭店				256	256	0	510	510	0	48.4	70.5
	*香格里拉饭店				775	786	-11	1 212	1 212	0	48.0	76.0
	国际饭店				1 049	1 098	-49	1 881	1 991	-110	36.6	—
	民族饭店				615	600	15	1 139	1 139	0	79.7	93.8
	*昆仑饭店				927	978	-51	1 487	1 522	-35	60.9	75.4
天津		18	20	-2	3 645	3 667	-22	6 945	7 149	-204	42.1	52.7
其中：	天津宾馆				299	299	0	588	588	0	64.8	63.6
	*利顺德大饭店				180	213	-33	360	418	-58	39.2	39.0
	*凯悦饭店				450	400	50	652	555	97	45.0	48.6
石家庄		3	4	-1	688	776	-88	1 319	1 639	-320	65.8	67.9
其中：	河北宾馆				348	348	0	639	639	0	61.2	66.3
承德		6	10	-4	848	1 456	-608	2 233	3 373	-1 140	38.5	41.1
其中：	承德市宾馆				184	173	11	553	533	20	58.0	49.0
秦皇岛		26	17	9	3 911	1 911	2 000	9 987	4 750	5 237	73.8	35.2
其中：	金山宾馆				212	212	0	420	414	6	36.0	37.0
太原		6	7	-1	1 520	1 439	81	3 266	3 402	-136	72.6	70.9
其中：	三晋大厦				345	364	-19	744	750	-6	85.0	93.0
大同		3	3	0	321	309	12	630	682	-52	69.2	43.2

资料来源：国家旅游局

注：*利用外资建造的饭店

1988—1989年全国涉外饭店基本情况（按城市划分）（二）

城市名称	饭店名称	饭店座数			客房间数			床位数			客房出租率（%）	
		1989年	1988年	增加89／88	1989年	1988年	增加89／88	1989年	1988年	增加89／88	1989年	1988年
其中：	大同宾馆				138	125	13	264	316	－52	95.0	63.0
呼和浩特		4	4	0	1 177	1 159	18	2 518	1 919	599	63.7	62.0
其中：	呼和浩特宾馆				456	462	－6	1 000	1 000	0	82.0	73.0
沈阳		12	11	1	1 881	1 719	162	4 029	3 674	355	66.2	79.5
其中：	凤凰饭店				237	260	－23	435	480	－45	72.3	79.7
	辽宁大厦				500	500	0	1 163	1 160	3	73.0	—
大连		40	41	－1	5 582	4 732	850	11 212	9 489	1 723	52.7	60.2
其中：	南山宾馆				230	221	9	440	440	0	66.0	89.0
	棒棰岛宾馆				270	270	0	530	516	14	40.0	50.0
	*国际酒店				360	321	39	373	441	－68	53.0	70.0
长春		6	6	0	780	1 079	－299	1 668	2 200	－532	72.7	84.9
其中：	长白山宾馆				268	268	0	576	536	40	74.9	85.4
吉林		7	5	2	690	709	－19	1 650	1 588	62	62.8	76.9
其中：	西关宾馆				60	70	－10	175	170	5	30.0	60.0
哈尔滨		13	8	5	2 787	1 779	1 008	6 487	4 287	2 200	84.1	83.2
其中：	天鹅宾馆				258	256	2	523	521	2	84.0	91.5
	北方大厦				384	382	2	1 100	1 100	0	80.0	70.0
上海		72	67	5	15 542	13 871	1 671	31 208	27 083	4 125	53.9	66.8
其中：	锦江饭店				639	639	0	1 278	1 400	－122	84.8	97.1
	和平饭店				405	408	－3	810	791	19	77.0	92.3
	虹桥宾馆				660	661	－1	1 279	1 279	0	37.0	61.0
	华亭宾馆				1 094	1 072	22	2 168	2 144	24	43.0	54.6
	上海宾馆				562	599	－37	1 114	1 200	－86	—	76.1
南京		8	8	0	1 843	2 102	－259	3 485	3 784	－299	58.1	75.5

资料来源：国家旅游局

注：*利用外资建造的饭店

1988—1989年全国涉外饭店基本情况（按城市划分）（三）

城市名称	饭店名称	饭店座数			客房间数			床位数			客房出租率（%）	
		1989年	1988年	增加 89/88	1989年	1988年	增加 89/88	1989年	1988年	增加 89/88	1989年	1988年
其中：	南京饭店				203	203	0	406	406	0	67.0	91.0
	丁山宾馆				361	369	-8	722	738	-16	60.6	83.5
	金陵饭店				728	791	-63	1 288	1 212	76	54.0	68.7
	玄武饭店				211	405	-194	414	787	-373	66.7	80.4
苏州		7	7	0	998	1 323	-325	2 006	2 896	-890	50.9	62.7
其中：	苏州饭店				147	207	-60	294	430	-136	49.8	69.4
	姑苏饭店				114	116	-2	234	239	-5	46.7	68.0
无锡		6	4	2	1 366	735	631	2 721	1 440	1 281	39.7	61.4
其中：	湖滨饭店				205	197	8	408	394	14	36.7	67.4
	无锡大饭店				388	342	46	772	684	88	25.0	—
杭州		13	12	1	3 484	3 351	133	6 988	6 832	156	56.6	68.7
其中：	*香格里拉饭店				387	387	0	686	686	0	50.3	61.7
	花家山宾馆				223	223	0	484	484	0	38.6	54.4
	望湖宾馆				356	356	0	700	700	0	71.3	82.6
	华侨饭店				307	308	-1	614	652	-38	74.7	86.7
	*黄龙饭店				557	557	0	1 049	1 049	0	38.4	45.4
合肥		6	6	0	1 069	1 255	-186	2 351	1 234	1 117	73.3	85.3
其中：	稻香楼宾馆				180	168	12	410	407	3	64.0	74.0
	友谊宾馆				93	90	3	180	183	-3	66.0	78.0
黄山		13	12	1	1 830	1 554	276	5 139	3 174	1 965	27.8	43.7
其中：	桃源宾馆				160	202	-42	459	458	1	19.9	35.0
福州		19	19	0	3 732	3 528	204	7 436	6 957	479	66.1	68.3
其中：	*东湖宾馆				196	169	27	390	382	8	55.0	73.0
	*温泉大厦				311	311	0	573	573	0	44.6	65.0

资料来源：国家旅游局

注：*利用外资建造的饭店

1988—1989年全国涉外饭店基本情况（按城市划分）（四）

城市名称	饭店名称	饭店座数			客房间数			床位数			客房出租率（%）	
		1989年	1988年	增加 89／88	1989年	1988年	增加 89／88	1989年	1988年	增加 89／88	1989年	1988年
	* 闽江饭店				400	382	18	730	796	-66	81.6	92.0
	* 外贸中心酒店				195	195	0	240	260	-20	61.0	70.0
厦门		21	19	2	2 435	2 462	-27	5 189	5 399	-210	63.6	71.2
其中：	华侨大厦				236	273	-37	484	620	-136	72.3	86.7
	* 鹭江宾馆				130	128	2	245	243	2	85.0	93.4
	* 悦华酒店				207	291	-84	395	515	-120	63.3	80.0
漳州		6	5	1	922	847	75	2 104	1 872	232	69.5	76.7
其中：	漳州宾馆				291	300	-9	645	634	11	86.5	91.0
泉州		8	10	-2	782	954	-172	1 870	2 375	-505	75.5	87.4
其中：	华侨大厦				184	189	-5	438	453	-15	78.3	85.0
南昌		4	3	1	911	903	8	2 408	2 083	325	69.3	81.5
其中：	江西宾馆				155	203	-48	375	496	-121	81.0	94.4
九江		7	7	0	941	1207	-266	2 099	2 536	-437	34.1	46.7
其中：	南湖宾馆				296	291	5	697	686	11	45.0	68.0
济南		4	4	0	807	770	37	1 686	1 573	113	63.4	68.8
其中：	齐鲁宾馆				243	253	-10	486	500	-14	44.0	63.0
青岛		17	15	2	2 484	1 732	752	5 371	3 762	1 609	65.7	74.4
其中：	* 汇泉王朝大酒店				200	160	40	380	302	78	46.3	83.4
郑州		6	4	2	1 571	960	611	3 535	2 119	1 416	70.5	80.2
其中：	国际饭店				250	257	-7	470	462	8	56.0	80.0
	中州宾馆				321	405	-84	641	800	-159	68.8	84.0
洛阳		4	3	1	622	594	28	1 298	1 170	128	43.2	—
其中：	友谊宾馆				351	324	27	756	628	128	47.7	—

资料来源：国家旅游局

注：* 利用外资建造的饭店

1988—1989年全国涉外饭店基本情况（按城市划分）（五）

城市名称	饭店名称	饭店座数			客房间数			床位数			客房出租率（%）	
		1989年	1988年	增加 89/88	1989年	1988年	增加 89/88	1989年	1988年	增加 89/88	1989年	1988年
武汉		12	12	0	2 202	1 890	312	4 885	4 412	473	63.6	72.1
其中：	*长江大酒店				205	205	0	356	410	-54	63.0	63.6
	晴川饭店				300	300	0	600	600	0	39.4	58.8
长沙		5	5	0	1 111	1 094	17	2 221	2 090	131	67.0	71.9
其中：	芙蓉宾馆				275	275	0	450	450	0	76.0	84.0
	*湘江宾馆				300	300	0	600	600	0	75.8	83.0
广州		78	65	13	21 846	20 579	1 267	45 746	41 056	4 690	66.0	81.2
其中：	*白天鹅宾馆				891	1 046	-155	2 000	2 000	0	67.2	79.8
	*中国大酒店				1 017	1 017	0	1 545	1 545	0	58.8	67.0
	*花园酒店				1 112	1 112	0	2 224	2 224	0	44.4	57.6
	东方宾馆				1 282	1 191	91	2 274	2 094	180	67.0	81.2
	白云宾馆				784	700	84	1 584	1 365	219	68.7	82.7
	*华侨酒店				391	391	0	768	799	-31	57.0	80.0
	广州宾馆				459	457	2	918	914	4	75.0	100.0
	*远洋宾馆				189	189	0	365	359	6	80.0	86.0
	流花宾馆				715	707	8	1 442	1 440	2	77.0	99.1
	南湖宾馆				376	377	-1	758	758	0	40.9	51.0
深圳		91	81	10	12 053	9 951	2 102	25 307	21 634	3 673	63.1	75.8
其中：	西丽湖度假村				420	386	34	937	881	56	25.0	39.0
	*香蜜湖度假村				442	456	-14	772	908	-136	33.7	48.2
	*深圳湾大酒店				308	308	0	630	630	0	47.4	58.4
	银湖旅游中心				181	181	0	352	352	0	29.9	49.6
	石岩湖度假村				373	373	0	743	743	0	37.9	41.8
	华侨大厦				219	224	-5	546	570	-24	94.5	97.0

资料来源：国家旅游局

注：*利用外资建造的饭店

1988—1989年全国涉外饭店基本情况（按城市划分）（六）

城市名称	饭店名称	饭店座数			客房间数			床位数			客房出租率（%）	
		1989年	1988年	增加 89/88	1989年	1988年	增加 89/88	1989年	1988年	增加 89/88	1989年	1988年
珠海		25	27	-2	3 780	4 108	-328	8 303	9 596	-1293	54.6	63.7
其中：	•石景山旅游中心				115	115	0	227	227	0	57.2	67.1
	•拱北宾馆				210	210	0	530	513	17	68.7	82.5
	•珠海度假村				573	582	-9	1 104	1 125	-21	52.0	38.3
中山		13	13	0	2 084	2 201	-117	4 242	4 737	-495	49.5	52.9
其中：	•中山温泉				295	349	-54	590	698	-108	37.7	38.5
汕头		41	42	-1	3 692	4 021	-329	8 388	9 060	-672	65.7	70.9
其中：	•华侨大厦				384	414	-30	862	1 036	-174	61.0	69.9
海口		13	12	1	2 385	2091	294	4 845	4 344	501	74.7	87.5
其中：	华侨大厦				338	338	0	628	628	0	84.0	95.8
	•泰华酒店				240	240	0	404	480	-76	46.3	61.0
三亚		15	10	5	1 150	860	290	2 605	1 934	671	52.5	76.4
其中：	三亚宾馆				94	98	-4	205	214	-9	76.2	90.0
南宁		4	4	0	1 237	1 291	-54	2 599	2 776	-177	58.1	69.3
其中：	邕州饭店				310	356	-46	639	710	-71	51.0	67.3
	西园饭店				345	343	2	730	763	-33	39.4	44.0
桂林		19	17	2	4 680	4 190	490	9 120	8 424	696	32.1	46.7
其中：	•凯悦宾馆				300	280	20	600	560	40	25.7	53.1
	桂林宾馆				259	238	21	490	476	14	37.4	58.2
	•桂山大酒店				655	651	4	1 298	1 297	1	38.9	46.7
	甲山饭店				322	322	0	644	644	0	5.4	23.8
	•花园酒店				335	335	0	668	670	-2	42.7	42.7
	漓江饭店				387	387	0	774	774	0	35.1	66.2

资料来源：国家旅游局

注：•利用外资建造的饭店

1988—1989年全国涉外饭店基本情况（按城市划分）（七）

城市名称	饭店名称	饭店座数			客房间数			床位数			客房出租率（%）	
		1989年	1988年	增加 89／88	1989年	1988年	增加 89／88	1989年	1988年	增加 89／88	1989年	1988年
成都		20	19	1	4 557	4 235	322	10 426	9 823	603	60.4	65.3
其中：	锦江宾馆				478	473	5	1 011	1 005	6	74.1	82.1
	岷山饭店				337	337	0	674	657	17	44.0	61.0
重庆		7	6	1	1 744	993	751	3 233	1 953	1 280	37.8	57.8
其中：	*人民宾馆				214	96	118	426	190	236	33.1	57.0
	*重庆饭店				200	200	0	376	376	0	51.7	52.5
贵阳		7	5	2	1 282	367	915	2 635	734	1 901	49.9	89.4
其中：	花溪宾馆				166	152	14	329	304	25	17.1	87.0
	*贵州饭店				412	-	-	800	-	-	-	-
昆明		12	9	3	1 758	1 668	90	3 724	3 659	65	59.5	63.1
其中：	昆明饭店				274	438	-164	556	902	-346	58.2	59.0
	翠湖宾馆				164	168	-4	340	336	4	50.1	52.0
拉萨		9	4	5	994	694	300	2 283	1 587	696	10.7	27.1
其中：	假日酒店				468	476	-8	896	1 108	-212	6.6	24.9
西安		20	16	4	5 608	3 885	1 723	10 693	7 865	2 828	30.8	57.4
其中：	人民大厦				587	587	0	1 174	1 174	0	48.0	63.5
	陕西宾馆				368	261	107	635	628	7	25.0	41.0
	唐城饭店				391	391	0	782	792	-10	32.3	60.7
	*金花饭店				200	200	0	400	400	0	38.0	56.4
	西安宾馆				545	545	0	1 090	1 090	0	32.0	69.3
	*建国饭店				888	-	-	1 332	-	-	14.0	-

资料来源：国家旅游局

注：*利用外资建造的饭店

1988—1989年全国涉外饭店基本情况（按城市划分）（八）

城市名称	饭店名称	饭店座数			客房间数			床位数			客房出租率（%）	
		1989年	1988年	增加89/88	1989年	1988年	增加89/88	1989年	1988年	增加89/88	1989年	1988年
兰州		8	5	3	2 228	1 721	507	4 976	3 895	1 081	72.8	75.9
其中：	友谊饭店				592	589	3	1 496	1 498	－2	70.0	67.2
	金城宾馆				300	305	－5	600	600	0	53.8	67.5
	胜利宾馆				452	321	131	1 133	717	416	85.7	79.7
敦煌		4	6	－2	288	449	－161	506	1 061	－555	29.0	50.2
其中：	敦煌宾馆				135	135	0	280	280	0	23.3	41.8
西宁		3	3	0	771	569	202	1 755	1 340	415	57.9	61.4
其中：	西宁宾馆				420	442	－22	1 000	1 100	－100	54.0	65.0
银川		3	4	－1	497	690	－193	1 105	1 478	－373	68.1	60.1
其中：	宁夏宾馆				267	276	－9	602	580	22	65.0	74.3
乌鲁木齐		13	15	－2	2 277	2 515	－238	5 333	6 339	－1006	59.5	69.4
其中：	友谊宾馆				147	138	9	300	268	32	27.0	35.0
	昆仑宾馆				426	426	0	858	858	0	50.0	53.0

资料来源：国家旅游局

注：＊利用外资建造的饭店

1989年全国涉外饭店基本情况（按地区分）

地区	饭店数（座）	房间数（间）	床位数（张）	客房出租率(%)	营业收入(万元)	利润总额(万元)	利润率（%）	固定资产(万元)
总计	1 738	267 505	580 913	57.2	1 133 579.85	44 031.76	3.93	2 203 528.24
北京	150	35 023	67 950	55.8	167 017.77	26 903.64	16.53	398 643.65
天津	18	3 645	6 945	42.1	15 204.55	-2 559.58	—	63 896.87
河北	54	9 052	22 189	60.6	9 285.61	739.95	7.97	28 953.24
山西	15	2 490	5 247	68.5	4 801.26	191.66	3.99	12 682.00
内蒙古	18	3 502	6 392	65.7	3 595.71	-280.82	—	13 497.53
辽宁	89	12 034	26 706	56.3	41 753.09	841.93	2.10	143 450.90
吉林	27	2 432	5 754	67.6	5 065.80	660.10	13.61	17 223.20
黑龙江	37	5 466	13 597	68.6	12 733.00	1 605.00	12.87	38 532.00
上海	72	15 542	31 208	53.9	84 507.40	142.30	0.17	243 271.20
江苏	35	5 930	11 734	49.6	30 460.60	1 305.65	4.29	67 509.67
浙江	36	6 099	12 733	61.0	30 101.43	-962.17	—	46 698.65
安徽	63	7 730	19 055	59.7	5 581.46	799.84	15.32	19 106.72
福建	72	9 349	20 043	65.2	36 564.04	1 584.67	4.53	48 639.78
江西	32	4 709	11 405	54.2	5 256.33	-41.15	—	14 221.99
山东	66	9 136	19 927	57.0	30 047.83	1 597.59	5.57	62 944.46
河南	28	5 022	12 154	62.5	9 049.57	741.23	8.26	15 740.15
湖北	72	9 985	22 680	61.3	11 902.69	2 351.14	20.32	30 142.73
湖南	34	4 729	11 359	48.9	9 657.70	-450.46	—	25 418.98
广东	541	65 886	142 473	61.7	516 218.19	19 487.95	3.78	597 895.79
海南	43	4 712	10 029	60.6	19 137.80	402.58	2.20	29 474.72
广西	44	8 354	17 240	40.5	19 292.43	-5 754.50	—	78 574.47
四川	87	13 949	33 379	51.5	24 644.56	-98.60	—	60 820.13
贵州	14	1 977	4 417	50.8	2 325.56	-25.79	—	12 422.27
云南	20	2 639	6 218	54.2	7 231.90	513.22	7.14	14 487.28
西藏	13	1 329	2 963	10.7	1 131.49	-483.59	—	16 450.00
陕西	24	6 033	11 590	32.2	12 893.80	-7 274.07	—	55 207.56
甘肃	25	3 833	8 541	64.3	8 488.85	995.09	12.54	12 808.69
青海	6	847	1 966	57.4	1 133.85	27.22	2.41	2 788.61
宁夏	9	1 060	2 478	61.4	1 716.30	155.80	9.57	4 512.40
新疆	44	5 011	12 541	55.3	6 779.28	915.93	13.81	27 512.60

资料来源：国家旅游局

1989年全国涉外饭店基本情况（按经济类型和规模划分）

饭店经济类型和规模	饭店数（座）	房间数（间）	床位数（张）	客房出租率(%)	营业收入(万元)	利润总额(万元)	利率润（%）	固定资产（万元）
一、饭店经济类型								
总　计	1 788	267 505	580 913	57.2	1 133 579.85	44 031.76	3.93	2 203 528.24
国　营	1 328	189 206	426 091	59.9	620 627.47	73 525.54	12.01	1 164 837.51
*合　营	12	2 124	4 368	45.9	5 999.91	-304.16	—	15 033.42
外方独资	1	775	1 085	48.4	10 612.30	-5 779.20	—	47 005.80
中外合资	138	30 311	55 576	46.5	181 399.31	-13 617.85	—	496 481.31
中外合作	161	29 965	58 233	52.8	273 918.12	-10 310.82	—	405 657.23
集　体	145	15 063	35 416	55.0	40 835.54	538.53	1.38	74 274.97
个　体	3	61	144	48.4	187.20	-20.28	—	238.00
二、饭店规模								
总　计	1 788	267 505	580 913	57.2	1 133 579.85	44 031.67	3.93	2 203 528.24
客房总数500以上	49	36 529	70 295	56.9	243 319.85	28 741.57	11.81	503 905.75
客房总数300—499	142	51 036	104 255	55.9	226 300.95	201.83	0.09	512 409.67
客房总数200—299	234	56 221	119 949	57.6	213 511.79	-255.61	—	458 307.53
客房总数100—199	555	77 536	177 285	56.6	256 424.06	5 048.15	2.01	478 330.17
客房总数99以下	808	46 183	109 129	59.3	194 023.20	10 295.82	5.37	250 575.12

资料来源：国家旅游局

注：* 合营：指全民与集体合营

1989年全国各地区涉外饭店数（按经济类型和规模划分）

地区	饭店经济类型								饭店规模					
	总计	国营	*合营	外方独资	中外合资	中外合作	集体	个体	总计	客房总数500以上	客房总数300—499	客房总数200—299	客房总数100—199	客房总数99以下
总计	1 788	1 328	12	1	138	161	145	3	1 788	49	142	234	555	808
北京	150	93	4	0	24	0	29	0	150	15	21	25	46	43
天津	18	8	0	0	9	1	0	0	18	0	4	4	5	5
河北	54	50	0	0	2	0	2	0	54	2	4	11	21	16
山西	15	14	0	0	0	1	0	0	15	0	3	0	8	4
内蒙古	18	17	0	0	1	0	0	0	18	1	1	5	4	7
辽宁	89	64	0	0	16	3	6	0	89	2	6	10	30	41
吉林	27	27	0	0	0	0	0	0	27	0	0	3	4	20
黑龙江	37	36	0	0	0	0	1	0	37	1	3	6	12	15
上海	72	54	3	1	7	5	2	0	72	7	7	12	29	17
江苏	35	28	1	0	5	0	1	0	35	1	2	10	8	14
浙江	36	27	0	0	5	3	1	0	36	1	5	4	14	12
安徽	63	52	1	0	2	1	7	0	63	0	3	6	26	28
福建	72	51	0	0	9	8	4	0	72	0	4	11	23	34
江西	32	27	0	0	3	1	1	0	32	0	1	6	18	7
山东	66	52	0	0	9	1	4	0	66	0	5	10	21	30
河南	28	27	0	0	1	0	0	0	28	1	5	3	10	9
湖北	72	67	0	0	1	0	4	0	72	0	5	14	25	28
湖南	34	29	1	0	2	2	0	0	34	0	2	6	10	16
广东	541	342	1	0	20	120	56	2	541	12	27	43	129	330
海南	43	33	1	0	3	3	2	1	43	0	1	4	15	23
广西	44	30	0	0	9	3	2	0	44	1	11	8	11	13
四川	87	73	0	0	4	2	8	0	87	0	9	20	31	27
贵州	14	12	0	0	1	0	1	0	14	0	1	2	5	6
云南	20	11	0	0	1	0	8	0	20	0	1	3	10	6
西藏	13	8	0	0	0	0	5	0	13	0	1	0	3	9
陕西	24	13	0	0	4	7	0	0	24	4	5	1	9	5
甘肃	25	24	0	0	0	0	1	0	25	1	3	0	10	11
青海	6	6	0	0	0	0	0	0	6	0	1	1	0	4
宁夏	9	9	0	0	0	0	0	0	9	0	0	1	4	4
新疆	44	44	0	0	0	0	0	0	44	0	1	5	14	24

资料来源：国家旅游局

注：*合营：指全民与集体合营。

旅游企事业基本情况

1988—1989年全国＊旅游企业基本情况

地区	1989年						1988年					
	企业数（户）		从业人员（人）		＊＊＊＊固定资产（万元）		企业数（户）		从业人员（人）		＊＊＊＊固定资产（万元）	
	＊＊旅游业	＊＊＊旅馆业	＊＊旅游业	＊＊＊旅馆业	＊＊旅游业	＊＊＊旅馆业	＊＊旅游业	＊＊＊旅馆业	＊＊旅游业	＊＊＊旅馆业	＊＊旅游业	＊＊＊旅馆业
总计	3 317	100 443	147 109	1 530 186	318 002	2 154 888	2 352	64 064	120 379	1 450 754	282 575	1 723 847
北京	108	3 156	7 186	100 034	18 683	222 810	91	2 488	7 122	97 459	16 165	161 285
天津	33	1 110	3 222	28 013	2 817	34 628	30	875	1 016	26 445	4 226	28 649
河北	102	4 394	1 688	71 311	2 155	66 361	66	3 048	1 304	63 854	1 797	59 450
山西	49	2 731	1 431	34 437	1 578	30 242	60	1 741	1 243	35 820	1 230	38 160
内蒙古	33	3 272	519	35 157	1 285	31 345	23	2 151	455	36 306	827	29 081
辽宁	142	4 805	3 690	81 929	2 300	240 567	114	3 594	4 473	83 109	5 791	76 560
吉林	101	2 611	1 351	37 566	1 260	69 009	48	2 228	1 430	47 566	1 117	44 106
黑龙江	86	4 776	2 956	73 912	4 312	76 906	59	4 376	2 741	80 893	4 159	83 331
上海	197	2 829	24 563	77 888	107 631	189 092	143	1 467	14 446	46 352	57 856	125 516
江苏	280	7 253	12 636	93 638	19 948	89 331	74	1 452	1 055	18 777	1 507	14 617
浙江	261	4 088	10 397	51 924	20 179	61 333	190	2 697	10 014	51 253	19 954	56 470
安徽	122	4 352	5 006	61 931	6 314	48 693	99	3 176	2 990	61 689	5 766	44 349
福建	160	2 525	4 570	40 991	5 000	39 736	110	1 596	3 916	40 861	3 858	37 693
江西	77	3 141	1 454	38 473	1 543	29 234	52	2 055	1 813	41 059	2 056	29 483
山东	61	4 849	1 140	88 662	1 812	107 935	68	4 083	2 443	98 721	2 834	126 691
河南	107	5 434	1 944	79 428	2 414	77 170	78	3 911	1 778	78 257	2 173	72 433
湖北	82	5 316	3 600	64 471	5 719	67 106	86	3 489	5 565	68 512	8 991	59 380
湖南	68	3 701	1 089	43 634	1 314	52 917	58	2 763	1 188	49 294	1 340	59 408
广东	503	5 175	36 884	124 036	75 209	205 006	385	3 066	33 017	116 366	69 513	194 871
海南	94	487	4 145	12 137	8 902	31 059	55	221	3 289	10 686	6 131	26 384
广西	117	2 672	2 253	36 300	2 395	54 656	84	1 817	4 820	43 520	7 119	47 468
四川	200	9 937	7 058	95 656	5 768	118 069	116	4 969	6 333	95 897	18 833	98 226
贵州	72	1 235	930	12 784	756	8 825	45	707	1 117	15 347	959	11 199
云南	63	3 419	1 716	33 892	7 112	38 924	33	1 453	1 284	31 808	6 561	35 300
西藏	20	94	1 083	1 683	4 294	6 111	61	110	1 666	3 618	25 713	27 925
陕西	51	2 889	1 698	49 627	2 398	66 434	57	1 987	1 614	44 967	2 492	48 275
甘肃	83	1 667	2 126	24 708	3 372	37 747	46	1 063	1 657	24 455	2 836	36 374
青海	12	335	225	5 185	627	6 984	4	237	108	5 429	272	8 221
宁夏	5	489	74	6 629	40	8 743	6	250	123	7 606	212	9 119
新疆	28	1 701	475	24 150	865	37 915	11	994	359	24 828	287	33 823

资料来源：国家工商局

注：＊旅游企业指内资企业，不包括中外合资、合作等外资企业。

＊＊旅游业指经营国际、国内旅游业务的旅行社、旅游服务公司、旅游车船公司、旅游商店等旅游企业。

＊＊＊旅馆业指涉外饭店、社会旅馆、招待所及其它住宿设施。

＊＊＊＊指固定资产原值。

1985—1989年全国*国际旅游从业人数

城市	1985年	1986年	1987年	1988年	1989年
全国	168 357	276 463	356 801	438 987	517 363
其中：					
**北京	8 351	43 684	67 088	71 917	86 026
天津	3 306	3 447	7 025	8 022	7 400
石家庄	788	838	884	1 275	1 562
承德	64	63	683	734	1 649
秦皇岛	—	—	306	750	3 097
太原	141	207	1 796	1 997	2 342
大同	232	522	489	589	589
呼和浩特	545	696	717	1 783	1 812
沈阳	521	776	2 907	2 939	3 743
大连	513	670	6 424	9 274	9 994
长春	535	636	657	699	795
吉林	53	374	862	839	794
哈尔滨	861	1 146	3 470	4 043	5 911
**上海	4 444	23 089	23 536	36 060	39 935
南京	4 260	5 012	6 284	6 541	6 675
苏州	1 669	2 242	2 689	3 342	4 200
无锡	2 206	2 581	3 361	3 507	3 775
杭州	4 164	4 922	6 578	7 547	9 080
合肥	1 052	1 364	1 264	1 755	2 031
黄山	743	2 011	1 551	2 336	3 664
福州	2 501	3 270	6 779	7 266	7 937
**厦门	1 633	3 629	3 395	5 310	5 399
泉州	940	1 441	1 616	1 535	1 663
漳州	214	840	1 017	1 208	1 424
南昌	1 043	1 266	1 177	1 690	1 905
九江	890	1 117	1 053	1 216	1 216
济南	720	1 410	1 747	1 796	1 779
**青岛	524	3 632	4 007	5 586	6 670
郑州	893	1 028	1 726	1 764	1 829
洛阳	624	682	720	1 155	1 124
武汉	1 561	3 126	3 472	3 701	4 688
长沙	414	553	840	568	1 939
广州	50 998	56 983	59 973	63 357	66 553
深圳	8 122	9 169	11 625	14 599	25 141
珠海	4 632	6 260	8 555	10 249	7 859
中山	4 482	5 238	5 353	6 019	6 121
汕头	3 177	3 729	3 881	4 618	7 261
南宁	1 225	1 834	2 145	2 190	2 269
桂林	2 698	3 498	8 447	10 188	9 405
成都	1 267	1 689	4 620	8 149	8 095
重庆	588	626	2 691	3 334	3 885
昆明	1 401	1 467	2 098	3 387	4 368
拉萨	313	1 025	1 458	1 691	1 839
**西安	1 786	5 832	6 808	11 624	11 687
兰州	477	546	2 155	2 687	3 425
敦煌	251	232	—	411	481
乌鲁木齐	369	727	3 162	3 124	3 401
贵阳	1 120	1 769	1 032	735	2 846
银川	8	77	—	863	863
西宁	31	38	849	781	713

资料来源：国家旅游局

注：*国际旅游从业人数，指接待国际旅游者的涉外饭店、旅行社、旅游服务公司、旅游行政管理部门等旅游企事业单位的直接就业人数。

**1985年仅统计旅游局所辖单位职工人数，只包括隶属单位的饭店、旅行社等单位职工人数。

1989年全国国际旅游从业人数（按单位划分）

地区	合计	涉外饭店	旅行社	旅游车船公司	旅游服务公司	旅游管理机构	其它
总计	517 363	370 643	56 818	35 183	9 894	9 446	35 379
北京	86 026	59 661	3 856	18 025	139	504	3 841
天津	7 400	6 310	303	441	104	93	149
河北	7 933	6 435	247	259	48	738	206
山西	3 635	2 829	231	62	208	153	152
内蒙古	3 466	2 928	151	115	57	153	62
辽宁	20 188	18 514	523	327	110	324	390
吉林	1 840	1225	171	71	184	119	70
黑龙江	10 500	9 531	433	162	70	100	204
上海	39 935	30 765	2 073	4 050	493	122	2 432
江苏	19 326	12 300	1 662	1 953	2 364	389	658
浙江	12 448	9 483	1 001	768	95	185	916
安徽	10 736	7 037	918	271	253	900	1 357
福建	18 704	13 364	3 507	647	583	338	265
江西	5 436	4 727	299	231	83	96	—
山东	15 962	10 672	928	1 639	1 023	593	1 107
河南	8 256	5 679	914	235	228	496	704
湖北	10 910	9 147	428	544	237	331	223
湖南	6 134	4 684	421	208	361	161	299
广东	146 888	94 903	30 656	2 446	2 035	1 418	15 430
海南	9 923	7 929	1 675	65	43	46	165
广西	15 138	11 830	1 645	1 197	192	182	92
四川	18 945	14 954	1 435	336	203	1 046	971
贵州	3 814	2 578	139	56	304	120	617
云南	4 897	4 208	411	141	40	97	—
西藏	2 313	1 447	553	82	140	91	—
陕西	12 492	5 494	1 097	561	59	270	5 011
甘肃	5 596	4 581	513	110	192	142	58
青海	945	840	58	17	18	12	—
宁夏	1 057	873	60	58	14	52	—
新疆	6 520	5 715	510	106	14	175	—

资料来源：国家旅游局

1989年全国旅游院校基本情况

地区	旅游院校数 总计	旅游院校数 其中：*高等院校	旅游院校数 其中：中等专业学校	旅游院校数 其中：**职业中学	旅游院校学生数 总计	旅游院校学生数 其中：*高等院校	旅游院校学生数 其中：中等专业学校	旅游院校学生数 其中：**职业中学
总计	354	69	14	271	53 042	8 551	2 090	42 401
北京	56	10	—	46	12 907	2 907	—	10 000
天津	4	2	—	2	1 073	632	—	441
河北	7	1	1	5	655	21	—	634
山西	8	—	—	8	775	—	—	775
内蒙古	3	—	—	3	92	—	—	92
辽宁	19	3	—	16	5 146	116	—	5 030
吉林	4	2	—	2	1 182	63	—	1 119
黑龙江	3	—	—	3	374	—	—	374
上海	40	10	—	30	6 233	2 080	—	4 153
江苏	58	4	1	53	5 419	95	312	5 012
浙江	6	2	1	3	895	278	232	385
安徽	6	3	2	1	519	207	—	312
福建	8	3	—	5	1 035	155	—	880
江西	6	1	1	4	780	30	—	750
山东	22	2	1	19	2 122	87	—	2 035
河南	10	3	1	6	1 699	146	600	953
湖北	12	4	1	7	1 053	—	100	953
湖南	7	2	—	5	490	114	—	376
广东	23	7	2	14	3 303	—	—	3 303
海南	—	—	—	—	—	—	—	—
广西	3	2	—	1	607	607	—	—
四川	21	2	1	18	2 452	—	296	2 156
贵州	4	—	1	3	422	—	230	192
云南	5	1	—	4	955	228	—	727
西藏	—	—	—	—	—	—	—	—
陕西	14	4	1	9	1 924	752	320	852
甘肃	2	1	—	1	511	33	—	478
青海	2	—	—	2	343	—	—	343
宁夏	—	—	—	—	—	—	—	—
新疆	1	—	—	1	76	—	—	76

资料来源：国家旅游局

注： *高等院校指旅游高等院校及开设旅游系（专业）的普通高等院校。

**职业中学指旅游职业中学及普通职业中学中的旅游专业班。

1988—1989年全国旅行社单位数

地区	旅行社总数		一类社		二类社		三类社	
	1989年	1988年	1989年	1988年	1989年	1988年	1989年	1988年
总计	1 617	1 573	61	44	834	811	722	718
北京	77	84	16	15	51	33	10	16
天津	28	28	1	—	13	17	14	11
河北	39	28	1	1	17	12	21	15
山西	36	38	—	1	21	22	15	15
内蒙古	17	14	1	—	15	14	1	—
辽宁	53	49	3	2	31	27	19	20
吉林	24	39	1	—	11	19	12	20
黑龙江	21	24	2	1	19	23	—	—
上海	89	93	1	—	24	23	64	70
江苏	128	120	2	1	51	44	75	75
浙江	120	100	3	1	35	27	82	72
安徽	52	39	1	—	16	12	35	27
福建	62	60	2	1	30	29	30	30
江西	40	42	1	1	14	17	25	24
山东	55	70	2	1	22	26	31	43
河南	51	52	1	1	40	43	10	8
湖北	63	73	1	1	29	39	33	33
湖南	30	40	1	1	13	21	16	18
广东	275	266	7	7	199	194	69	65
海南	43	39	1	1	31	27	11	11
广西	65	57	2	1	29	29	34	27
四川	103	105	3	2	22	25	78	78
贵州	12	11	1	1	11	8	—	2
云南	19	10	1	—	10	8	8	2
西藏	10	9	1	1	9	8	—	—
陕西	44	44	2	1	23	24	19	19
甘肃	21	23	1	1	18	14	2	8
青海	9	8	1	—	5	3	3	5
宁夏	5	5	—	—	2	3	3	2
新疆	26	23	1	1	23	20	2	2

资料来源：国家旅游局

1988—1989年二十五家外资饭店主要经济指标

项目	单位	1988年	1989年	1986年比1988年增长%
营业收入	万元	146 028.1	163 342.4	-10.6
全员劳动生产率	元／人	55 448.1	67 047.3	-17.3
人均实现利税	元／人	4 280.6	13 988.9	-69.4
人均收汇额	外汇券元／人	38 643.1	46 358.7	-16.6
平均利润率	%	4.0	17.0	-13.0
平均收汇率	%	69.7	74.7	- 5.0
平均客房出租率	%	53.4	68.3	-14.9
标准间平均房价	元／间天	229.9	246.2	- 6.6
平均每间客房收入	元／间年	42 205.4	56 321.4	-25.1
营业收入构成		100.0	100.0	-
客房	%	37.7	41.5	- 3.8
餐饮	%	31.3	30.7	0.6
商品	%	14.9	15.0	- 0.1
其它	%	16.1	12.8	3.3

资料来源：国家旅游局

1989年全国学建国饭店主要经济指标

地方／项目	全员劳动生产率（元／人）	人均实现利税（元／人）	人均收汇额（外汇券元／人）	平均利润率（％）	平均收汇率（％）	平均客房出租率（％）	标准间平均房价（元／间）	平均每间客房收入（元／间）	国际旅游者占住宿人夜数比重（％）	营业收入构成（％）			
										客房	餐饮	商品	其它
总平均	28 173.2	6 917.4	10 726.9	20.3	38.1	59.4	109.4	22 945.2	38.9	42.8	24.4	24.7	8.1
北京	32 270.0	11 250.2	17 007.0	30.0	52.9	61.4	163.9	34 549.0	60.5	58.6	17.8	17.6	6.0
天津	19 051.7	4 618.7	2 807.7	20.3	14.7	74.0	85.4	23 073.7	20.0	49.1	23.8	19.1	8.0
河北	17 534.5	1 049.4	2 540.7	3.0	14.5	51.5	47.6	8 913.0	14.6	32.6	35.1	21.3	11.0
内蒙古	11 689.7	－32.4	—	—	—	51.5	47.7	8 921.6	7.9	39.3	36.2	22.0	2.5
辽宁	34 123.6	11 104.2	9 328.2	28.4	27.3	72.8	77.1	27 485.1	55.4	41.8	26.8	28.5	2.9
吉林	21 880.0	2 773.8	3 684.6	8.9	16.8	76.7	47.1	14 921.3	15.8	50.7	25.7	21.9	1.7
黑龙江	33 342.7	5 521.5	4 107.4	12.4	12.3	83.9	76.7	23 468.6	26.7	32.5	15.4	45.1	7.0
上海	30 122.5	8 730.7	15 340.2	23.9	50.9	63.6	139.8	31 786.2	60.2	48.3	23.8	15.3	12.6
江苏	22 758.0	4 615.7	8 315.2	16.5	36.5	54.7	90.8	19 964.2	39.3	42.4	34.7	20.6	2.3
浙江	23 181.7	3 844.4	5 449.9	12.1	23.5	61.1	80.4	16 185.5	24.2	38.4	28.6	28.4	4.6
安徽	10 885.5	2 649.6	2 828.7	19.7	26.0	44.8	51.0	8 761.7	4.4	84.9	15.1	0.0	0.0
福建	48 062.7	9 711.0	27 109.1	16.9	56.4	79.3	67.3	17 985.5	23.7	17.1	12.4	49.1	21.4
江西	14 772.9	5 052.1	2 964.8	30.2	20.1	82.2	76.1	22 610.6	16.3	58.4	33.6	0.0	8.0
山东	30 437.4	2 886.5	3 603.9	8.0	11.8	47.1	102.7	14 820.1	56.6	25.8	27.2	41.7	5.3
河南	17 785.6	2 588.9	2 525.4	10.8	14.2	52.4	57.6	11 036.6	18.7	39.7	28.2	31.4	0.7
湖北	13 805.8	1 270.6	3 691.9	5.0	26.7	43.4	81.3	12 882.9	53.2	50.3	27.3	19.4	3.0
湖南	49 538.3	－1 964.9	5 201.5	—	10.5	57.4	57.4	12 026.5	8.3	17.8	21.5	45.3	15.4
广东	32 584.5	9 062.1	5 457.5	23.6	16.7	66.0	112.4	27 079.2	39.2	30.4	41.4	21.8	6.4
广西	15 129.2	－1 489.8	3 869.9	—	25.6	35.2	51.2	5 817.8	18.8	27.7	26.8	38.0	7.5
四川	30 218.3	4 151.2	6 523.5	10.5	21.6	58.0	96.3	21 098.1	37.2	27.4	25.5	37.7	9.4
贵州	15 698.6	460.8	2 442.1	0.3	15.6	17.1	29.7	2 122.3	16.4	16.8	21.5	58.9	2.8
云南	21 170.4	4 351.3	3 173.1	17.0	15.0	58.7	66.4	9 713.2	25.3	26.2	21.8	48.0	4.0
陕西	16 401.9	712.7	8 038.2	1.0	49.0	37.9	82.7	11 359.1	71.2	41.1	23.7	31.4	3.8
甘肃	23 120.8	4 339.8	2 883.0	15.2	12.5	69.9	41.0	10 386.6	4.0	32.0	27.6	34.1	6.3
青海	18 961.4	281.3	—	—	—	54.6	34.2	6 473.8	3.5	34.9	21.7	36.7	6.7
宁夏	12 798.5	1 662.6	286.4	9.7	2.2	—	—	7 286.2	—	38.1	30.6	29.7	1.6

资料来源：国家旅游局

1988—1989年十个主要城市旅游外汇收入

单位：万美元

城　　市	1989年	1988年	1989年比1988年增长（%）
北　　京	46 755.87	67 474.20	-30.7
上　　海	22 065.58	28 387.28	-22.3
南　　京	3 242.56	3 588.10	-9.6
苏　　州	1 155.03	1 958.55	-41.0
无　　锡	1 438.00	1 498.81	-4.1
杭　　州	2 908.60	4 655.17	-37.5
西　　安	3 760.50	5 717.13	-34.2
桂　　林	4 656.00	6 381.94	-27.0
广　　州	24 395.60	29 443.88	-17.1
深　　圳	11 565.66	12 825.29	-9.8

1978—1989年全国旅游外汇收入

年　份	外汇收入（百万美元）	发展指数（以1978年为100）	每年增长百分比（%）
1978	262.90	100.0	—
1979	449.27	170.9	70.9
1980	616.65	234.6	37.3
1981	784.91	298.6	27.3
1982	843.17	320.7	7.4
1983	941.20	358.0	11.6
1984	1 131.34	430.3	20.2
1985	1 250.00	475.5	10.5
1986	1 530.85	582.3	22.5
1987	1 861.51	708.1	21.6
1988	2 246.83	854.6	20.7
1989	1 860.48	707.7	-17.2

资料来源：国家统计局

1988—1989年全国旅游外汇收入构成

单位：万美元

项目	1989年		1988年		1989年比1988年增长（%）
	收入总额	占总收入比重（%）	收入总额	占总收入比重（%）	
总计	186 048	100.0	224 683	100.0	-17.2
一、商品性收汇	63 052	33.9	89 482	39.8	-29.5
1.商品销售收汇	46 852	25.2	69 239	30.8	-32.3
2.饮食销售收汇	16 200	8.7	20 243	9.0	-20.0
二、劳务性收汇	122 996	66.1	135 201	60.2	-9.0
1.提供住宿收汇	40 507	21.8	50 281	22.4	-19.4
2.长途交通、邮电服务收汇	62 565	33.6	60 270	26.8	3.8
3.市内交通服务收汇和其它服务项目收汇	19 924	10.7	24 650	11.0	-19.2

资料来源：国家统计局

附录　主要旅游统计指标解释

1.来华旅游入境人数：

指来我国探亲访友、度假、观光、参加会议或从事经济、文化、体育、宗教等活动的外国人、华侨、港澳台同胞人数。包括过夜人数和不过夜人数。统计时旅游者每入境一次统计一次。

来华旅游入境人数不包括下列人员：

（1）应邀来华访问的政府部长以上官员及其随行人员。

（2）外国驻华使馆人员。

（3）常驻我国一年以上的外国专家、留学生、记者、商务机构人员等。

（4）乘坐国际航班过境的旅客、机组人员和在口岸逗留不过夜的铁路员工以及船舶驾驶人员和其它人员。

（5）边境地区往来的边民。

（6）回大陆定居的华侨、港澳台同胞。

（7）已在我国定居的外国人和原已出境又返回在我国定居的外国侨民。

（8）归国的我出国人员。

2.有组织接待的来华旅游者人数：

指经过旅行社、旅游公司、饭店等旅游接待单位及政府部门、群众团体等企事业单位组织接待的旅游者人数。包括来华旅游入境的所有外国人、华侨和经过上述部门接待的港澳台同胞。不包括不经任何单位接待，自己入境并在亲友家过夜的港澳台同胞。统计时团体由主办单位统计，零散客只统计入境第一站人数。

3.外国人：

指外国国籍的人，加入外籍的中国血统华人也计入外国人。

4.华侨：

指持有中国护照，但侨居外国的中国同胞。

5.港澳台同胞：

指居住在我国香港、澳门地区和台湾省的中国同胞。

6.职业：

指外国旅游者来华前从事的职业。

7.团体人均停留天数：

指参加旅行团的旅游者平均在中国境内停留的天数。计算公式为：

$$团体人均停留天数=\frac{\Sigma团体旅游者人数\times停留天数}{\Sigma团体旅游者人数}$$

8.旅游外汇收入：

（也称国际旅游收入）系指我国为入境的国际旅游者（包括过夜和不过夜旅游者）提供的商品及各种服务所得到的外汇收入。

旅游外汇收入分为两大类，第一类是商品性收入，第二类是劳务收入。

（1）商品性收入：指提供给旅游者实物形式的商品而得到的外汇收入。包括销售商品和提供饮食所得到的外汇收入。

①商品销售收入：指销售给旅游者商品而得到的外汇收入。如：各种生活用品、工艺美术品、药品、书报杂志等。

②饮食销售收入：指为旅游者提供膳食、饮料等而得到的外汇收入。

（2）劳务性收入：指为旅游者提供劳务性服务而得到的外汇收入。包括旅行社旅游业务费收入、宿费、长途交通费、市内交通费、邮政电讯费、文化娱乐费等各项费用收入。

①旅行社旅游业务费收入：指旅行社营业外汇收入中扣除支付给有关部门的宿费、餐费、交通费、文娱活动费等费用开支后余下的翻译导游费、各项手续费及其它服务性收入。

②宿费：指为旅游者提供饭店、宾馆客房住宿服务而得到的外汇收入。

③长途交通费：指为旅游者提供飞机、火车、轮船、汽车等长途运输服务而得到的外汇收入。

④市内交通费：指为旅游者提供市内交通服务而得到的外汇收入。

⑤邮政电讯费：指为旅游者提供邮寄文件、包裹、长途电话、电报等服务而得到的外汇收入。

⑥文化娱乐费：指为旅游者提供游览、游船、弹子房等各种文化娱乐服务而得到的外汇收入。

⑦其它：指上述各项目以外为旅游者提供的其它服务，如医疗、美容、洗染等而得到的外汇收入。

9.涉外饭店：

指经有关部门批准，允许接待外国人、华侨、港澳台同胞的饭店。

10.客房数：

指涉外饭店实际可用于接待旅游者的客房间数。

11.床位数：

指涉外饭店实际可用于接待旅游者的床位数。

12.客房出租率：

指报告期内涉外饭店每天租出客房数之和除以饭店实有客房数和日历天数之积。反映住宿设施的使用情况。统计时，不论是国际旅游者还是国内旅游者，只要使用了住宿设施，都应计算。计算公式：

$$\text{客房出租率}=\frac{\text{报告期内每天租出的客房数之和}}{\text{报告期内实有客房数}\times\text{报告期日历天数}}\times 100\%$$

13.全员劳动生产率：

指旅游企业平均每一职工（包括其它人员），在单位时间内（日、月、季、年）平均实现的营业收入。计算公式：

$$\text{全员劳动生产率}=\frac{\text{报告期内旅游企业总营业收入}}{\text{报告期内旅游企业平均职工人数}}$$

14.人均实现利税：

指旅游企业平均每一职工实现的利润和上缴国家的税金（包括：营业税、城建税等）总额。计算公式：

$$\text{人均实现利税}=\frac{\text{报告期内旅游企业利润}+\text{税金总额}}{\text{报告期内旅游企业平均职工人数}}$$

15.人均创汇额：

指旅游企业平均每一职工在报告期内实现的外汇收入。计算公式：

$$\text{人均创汇额}=\frac{\text{报告期内旅游企业外汇收入}}{\text{报告期内旅游企业平均职工人数}}$$

16.利润率：

指报告期内旅游企业实现的利润总额占营业收入总额的比重。计算公式：

$$\text{利润率}=\frac{\text{报告期内旅游企业利润总额}}{\text{报告期内旅游企业营业收入总额}}\times 100\%$$

17.平均收汇率：

指报告期内旅游企业的外汇收入占营业收入的比重。计算公式：

$$\text{平均收汇率}=\frac{\text{报告期外汇收入总额}}{\text{报告期营业收入总额}}\times 100\%$$

18.标准间平均房价：

指报告期内旅游饭店（宾馆）标准客房（通常指普通双人房）实际的平均房价。计算公式：

$$\text{标准间平均房价}=\frac{\text{报告期客房收入总额}}{\text{报告期租出的客房数总和}}$$

19.营业收入构成：

指饭店（宾馆）营业收入中各部门（如：客房、餐饮、商品及其它部门）收入所占的比重。

20.国际旅游者住宿人夜数比重：

指饭店（宾馆）住宿的来华旅游的外国人、华侨、港澳台同胞人夜数总和占饭店（宾馆）接待的旅客人夜数总和的比重（人夜数总和等于所有过夜旅游者住宿夜数之和，不过夜的旅游者不统计在内）。

21.学建国饭店：

建国饭店是北京市旅游局同外商合资兴建的一座旅游饭店，具有较高的管理水平和良好的服务质量。1984年7月，国家旅游局根据国务院领导同志“要选择50个饭店，完全按照建国饭店经营管理方法进行管理”的指示，在全国范围内选择了50家条件较好的饭店为学建国饭店。1985年以后，又新增了64家饭店，把学建国饭店扩大为114家。

22.一类旅行社：

经营对外招徕并接待外国人、华侨、港澳同胞、台湾同胞来中国、归国或回内地旅游业务的旅行社。

23.二类旅行社：

不对外招徕，只经营接待第一类旅行社或其它涉外部门组织的外国人、华侨、港澳同胞、台湾同胞来中国、归国或回内地旅游业务的旅行社。

24.三类旅行社：

经营中国公民国内旅游业务的旅行社。

25.合营饭店：

一般包括全民与集体合营，全民与私人合营，集体与私人合营三种。本书中的合营饭店目前只有全民与集体合营一种。

26.中外合资饭店：

指股权式的经营方式，即我方与外方共同兴建的饭店。合资双方按出资比例分配利润或亏损，共同经营，共担风险。按照我国有关规定，合资经营饭店中，外方出资比例不得低于25%。

27.中外合作饭店：

指契约式的经营方式，即我方提供土地、劳动力等，外商提供资金、设备、材料、技术等，双方合作建成的饭店。合作双方按照协议确定双方的利润分配比例和各自应承担的风险。

28.外方独资饭店：

指在中国境内设立的全部资本由外商投资的饭店。

29.旅游车船公司：

指旅游部门所属的从事运送外国人、华侨、港澳台同胞的旅游车船公司。

30.旅游服务公司：

指旅游部门所属的为外国人、华侨、港澳台同胞服务，专营各种旅游商品的商店、服务公司。

31.旅游管理机构：

指各级代表政府管理旅游业的机构，一般指各级旅游局或外办、侨办等主管旅游的单位。

32.旅游院校：

指旅游学院、旅游专科学校、旅游中专、旅游职业高中等。

33.企业户数：

指已办理开业登记，直接从事生产经营，实行独立核算的工商企业。独立核算企业必须具备下列三个条件：（1）行政上有独立的组织形式；（2）独立核算盈亏，编制独立的资金平衡表；（3）能独立与外单位进行业务往来并在银行开有独立帐户。

34.从业人员：

全民所有制、集体所有制工商企业的从业人员，包括固定职工、临时职工、计划外用工和其它用工，合营及其它经济类型工商企业的从业人员还包括在企业中工作的私方人员。

國際交往紀事

我国与外国政府旅游部门签订合作协议情况

国家旅游局自成立以来，积极发展同外国政府旅游部门的双边关系。特别是随着我国实行改革开放政策以来，成绩尤为明显。从70年代末始，国家旅游局一共同二十一个国家签订了合作协定，执行计划、备忘录和会谈纪要等，为我国在旅游领域，尤其是在宣传、信息、人才培训和资源开发方面对外开展交流与合作奠定了基础，同时，增进了中外旅游界的相互了解。

一、政府协定

1.中华人民共和国政府和罗马尼亚社会主义共和国政府旅游合作协定

时间：1978年8月21日

签字人：黄华　安德烈

地点：布加勒斯特

2.中华人民共和国政府和墨西哥合众国政府关于旅游合作的协定

时间：1978年10月27日

签字人：卢绪章　吉·罗赛尔

地点：北京

3.中华人民共和国政府和马耳他共和国政府关于旅游合作的协定

时间：1980年2月1日

签字人：卢绪章　克里蒙纳

地点：瓦莱塔

4.中华人民共和国政府和阿拉伯埃及共和国政府关于旅游合作的协定

时间：1981年4月6日

签字人：韩克华　纳泽尔

地点：北京

5.中华人民共和国政府和新加坡共和国政府关于旅游、民航及展览合作的协定

时间：1986年2月17日

签字人：刘中一　李显龙

地点：新加坡

6.中华人民共和国政府和塞浦路斯共和国政府旅游合作协定

时间：1986年5月21日

签字人：骆亦覃　马夫罗马迪斯

地点：尼科西亚

7.中华人民共和国政府和匈牙利人民共和国政府旅游合作协定

时间：1987年3月31日

签字人：朱安康　文采

地点：布达佩斯

8.中华人民共和国政府和希腊共和国政府旅游合作协定

时间：1988年4月16日

签字人：何光玮　基里亚齐斯

地点：北京

9.中华人民共和国政府和巴基斯坦伊斯兰共和国政府旅游合作协定

时间：1988年4月30日

签字人：韩克华　穆罕默德·汗

地点：北京

二、会谈纪要

1.中国国家旅游局代表团和苏联国家国际旅游委员会代表团会谈纪要

时间：1987年6月15日

签字人：韩克华　巴浦洛夫

地点：莫斯科

2.中华人民共和国国家旅游局代表团与德意志民主共和国交通部代表团会谈纪要

时间：1987年11月6日

签字人：韩克华　克劳斯·沃尔夫

地点：北京

3.中华人民共和国国家旅游局代表团和保加利亚人民共和国旅游协会代表团会谈纪要

时间：1988年8月31日

签字人：刘毅　阿伏拉莫夫

地点：北京

4.中华人民共和国国家旅游局代表团和朝鲜民主主义人民共和国国家旅游总局代表团关于旅游合作的会谈纪要

时间：1989年5月31日

签字人：刘毅　全基甲

地点：北京

5.中日青少年修学旅游会谈纪要

时间：1987年9月15日

签字人：韩克华　森喜朗

地点：北京

三、谅解备忘录

1.中国旅行游览事业管理总局和美利坚合众国商务部关于发展双边旅游关系的谅解备忘录

时间：1982年8月5日

签字人：韩克华　彼得·麦科伊

地点：北京

2.中华人民共和国国家旅游局与菲律宾共和国旅游部关于旅游合作的谅解备忘录

时间：1989年4月21日

签字人：刘毅　　纳莎林娜·林

地点：马尼拉

3.中华人民共和国国家旅游局和泰国旅游局关于旅游合作的会谈备忘录

时间：1990年3月14日

签字人：刘毅　　功·塔帕朗西

地点：北京

四、执行计划

1.中、新旅游合作联合委员会1986年至1987年旅游合作执行计划

时间：1986年6月28日

签字人：韩克华　　林振明

2.中国与匈牙利1986年和1987年旅游合作执行计划

时间：1986年6月23日

签字人：韩克华　　文采

地点：北京

3.中华人民共和国国家旅游局和墨西哥合众国旅游部旅游合作计划

时间：1988年9月26日

签字人：章新胜　　安东尼奥·恩里克斯·萨维尼亚克

地点：墨西哥城

1989年我国旅游业国际交流活动

1.　4月27日～5月12日　1989年朝鲜第一批友好参观团来华，访问我国北京、上海、广州、杭州。全团15人，由朝鲜南道行政经济指导委员会副委员长李仁载率领。

2.　5月9日—24日　我国1989年第一批赴朝友好参观团一行15人访朝。以辽宁省人大常委会副主任程金相同志为团长，访问了朝鲜平壤、南浦、咸兴、开城等地。

3.　5月22日～31日　以朝鲜国家旅游总局局长全基甲为团长的旅游代表团一行四人访问我国北京、上海、广州。朝中双方签订关于旅游合作的会谈纪要。

4.　8月31日～9月11日　以山西省副省长白清才为团长的1989年中国赴罗马尼亚友好参观团一行15人访问罗马尼亚的布加勒斯特、康斯坦察、玛玛亚海滨旅游区、图尔恰、多瑙河三角洲、布泽乌、布拉索夫、锡比乌、费尔恰等地。

5.　10月24日～11月8日　以陕西省副省长孙达人同志为团长的1989年第三批赴朝友好访问参观团一行十五人访问朝鲜平壤、元山、金刚山、南浦、咸兴、开城、妙香山等地。

6.　11月9日～24日　以朝鲜政务院对外服务局副局长金关模为团长的1989年朝鲜访华团一行15人访问我国北京、沈阳、桂林和广州等地。

7.　9月28日～10月7日　以国家旅游局人事教育司司长董衡为团长的国家旅游局赴保加利亚考察团一行10人访问考察保太阳海岸、金沙滩、阿尔贝娜旅游区。

8.　2月22日　刘毅局长在北京饭店会见马来西亚旅游业务交流访华团。

9.　3月4日　刘毅局长在国际饭店会见蒙古旅游局长。

10.　3月15日　刘毅局长会见泰国饭店协会会长一行。

11.　7月17日　刘毅局长会见捷克斯洛伐克商业和旅游部长。

12.　10月7日　何光暐副局长在钓鱼台会见古巴古共中央书记处书记索托一行

旅遊機構

·行 政 管 理·

中华人民共和国国家旅游局

国家旅游局是领导我国旅游工作的政府机关。管理国际、国内旅游事业，及时提出我国旅游发展的战略目标、方针、政策，编制发展旅游事业的长期、中期规划和年度计划，并组织实施，管理国家发展旅游事业投资和旅游业利用外资工作的有关事情。研究提出优化旅游产业结构的政策措施，管理全国旅游资源的普查，并会同有关部门组织指导开发利用；归口审批和管理旅行社、旅游涉外饭店；制定各项服务规范，组织实施，监督检查；管理旅游涉外事务和旅游签证，制定扩大国际客流市场的战略计划并组织实施；负责与各国政府及国际旅游组织间的旅游业务往来的协订、协议和签定；会同有关部门发展旅游产品，协调交流运输等。国家旅游局下设十个职能司室，其名称和主要职能如下：

1.办公室（主任：殷明连　副主任：张永义　张连生）

协助局领导处理日常工作；协调机关各部门工作；负责值班、公务、交电、档案、综合起草文件、保卫、来信来访、投案处理以及机关房产、行政事务等工作。

2.政策法规司（司长：李铁英　副司长：荆子玉）

就我国旅游业发展中的重大问题，开展综合性、全局性的政策研究，提出对策建议；研究旅游改革方面的事情；起草或参与起草局内重要报告、文件；负责拟定旅游法规及重要规章制度，检查旅游法规执行情况；编印政策、法规指导和信息服务为主要内容的刊物；指导地方的旅游调研和法规建设，指导驻外旅游办事处的调研工作。

3.计划统计司（司长：孙　钢　副司长：王松交）

根据我国旅游业发展的总体规划目标，组织编制我国旅游业中长期发展规划、年度计划和基本建设计划；主管旅游部门进口机电设备和审批；管理全国旅游统计工作和综合平衡工作。

4.人事教育司（司长：董　衡　副司长：夏全阳　常殿元）

负责局机关干部和直属企事业单位的领导班子的任免管理工作；负责旅游行业的劳动工资、职称评定制度的改革和实施；制定旅游培训教育工作的具体规划并组织实施；组织编审教材、加强旅游“软件”建设方面的有关工作。

5.财务外汇管理司（司长：张培根　副司长：李　扮）

管理旅游行业财务成本和外汇管理方面的各项规章制度及旅游企业（包括中外合资旅游企业）各项会计制度的制定检查；负责局直属企事业单位（包括驻外机构）的财务业务指导和检查。

6.国际市场开发司（司长：李铁非　副司长：顾树保　胡国友）

研究制定开拓国际客源市场的战略和具体实施办法；负责旅游对外宣传并组织实施，开发国际旅游客源市场。

7.旅行社饭店管理司（司长：贾德炳　副司长：袁宗堂　李汉本）

对全国各旅行社和旅游涉外饭店进行行业指导；负责全国一类旅行社和中央单位开办二类旅行社的审批和业务管理工作；对全国三类旅行社实行宏观指导；审批各地新建或改建的高档（四、五星级）旅游涉外饭店、兴建中外合资饭店、聘请外国饭店管理集团管理饭店，建立国内饭店管理公司的事宜；负责饭店分等定级和旅行社、饭店的服务规范、服务质量的检查评比工作；制定和检查旅游价格；受理海外旅游部门和旅游者的投诉事宜。

8.资源开发司（司长：郭　治　副司长：蔡贻模）

负责全国旅游资源的普查；研究制定全国旅游资源

的开发利用规划；负责旅游风景游览区的管理协调工作；研究提出旅游产品的开发计划并组织实施。

9.综合业务司（司长：李海瑞）

负责旅游交通运输方面的协调工作和研究对旅游交通部门的管理建设方面的事务；负责旅游商品、纪念品产供销方面的组织协调工作；承担"国家事业委员会"的会务及决定的贯彻落实工作。

10.国际联络司（副司长：杨柳荫）

统一管理旅游行业的外事政策；主管与外国政府及国际旅游组织间的旅游业务往来及协议、协定的签订事项；负责我国派驻境外的旅游机构（包括旅游企业）和外国及港澳地区在华开设旅游机构的审批管理事宜；负责局系统的外事管理和接待工作。

11.中国旅游协会（会长：韩克华　副会长：乔加钦　侯　颖）

中国旅游协会是全国性的旅游全行业的组织。它是由旅游部门、与旅游业直接有关的部门以及对旅游事业有研究的专家学者组成的，是从事旅游科学研究、探索和传播现代旅游经济理论与实践经验的社会团体。

中国旅游协会的主要任务，是围绕加快发展具有中国特色的社会主义旅游事业开展调查、研究、咨询服务。也就是要发展高层次的咨询参谋作用，为领导机关决策的民主化、科学化服务。在政府旅游管理部门和旅游企业之间发挥桥梁和纽带作用。促进旅游经济和旅游生产力的发展。

12.中国旅游饭店协会（会长：李权中）

中国旅游饭店协会是由旅游饭店及其它相关的单位组成的行业性组织，在国家旅游局的领导下遵循"一个中心、两个基本点"的方针，不断提高旅游饭店的管理和服务水平，促进旅游事业的发展。在国家的有关法律和法规范围内，为会员饭店服务，维护会员的合法权益。协会在会员和政府部门之间发挥桥梁和纽带作用。向政府反映会员的愿望与要求，接受政府委托办理的事宜。

中国旅游饭店协会的任务是：协调会员之间的关系；维护会员饭店的合法权益；研究总结交流饭店经营管理的经验；组织业务培训，提高会员饭店人员的业务水平；提供饭店经营管理和设施信息诸方面的咨询服务；组织与国外饭店之间的经验交流与合作；向政府有关部门提出建议；承办政府部门委托办理的事宜。组织出版协会刊物。

地方旅游管理机构

北京市

北京市旅游事业管理局
地址：北京市东城霞公府街13号
电话：554096

天津市

天津市旅游局
地址：天津市河西区友谊路18号
电话：318812

河北省

河北省旅游局
地址：石家庄市育才街22号
电话：614405

承德市旅游局
地址：承德市中华路11号
电话：223502

秦皇岛市旅游局
地址：秦皇岛市河北大街
电话：334394

唐山市旅游局
地址：唐山市西山道
电话：24114

廊坊市旅游局
地址：廊坊市金光道40号
电话：22928

保定市旅游局
地址：保定市东风西路1号
电话：37921

张家口市旅游局
地址：张家口市长青路6号
电话：7519

石家庄市旅游局
地址：石家庄市长安西路58号
电话：632901

邯郸市旅游局
地址：邯郸市人民路176号
电话：26420

邢台市旅游局
地址：邢台市中兴路58号
电话：3939

沧州市旅游局
地址：沧州市新华中路80号
电话：23130

承德地区旅游局
地址：承德地区行署楼内
电话：223873

张家口地区旅游局
地址：张家口市桥东区解放大街13号
电话：4982

石家庄地区旅游局
地址：石家庄市新开路73号
电话：745991-

邢台地区旅游局
地址：邢台市桥东区红星街
电话：7900-

邯郸地区旅游局
地址：邯郸市人民路178号
电话：24392

衡水地区旅游局
地址：衡水市新华路21号
电话：5041-

沧州地区旅游局
地址：沧州市迎宾路1号
电话：23242

遵化县旅游局
地址：遵化县北大街
电话：2920

正定县旅游局
地址：正定县宁荣街
电话：2721

涞水县旅游局
地址：涞水县政府楼内
电话：219

抚宁县旅游局
地址：抚宁县南戴河海滨
电话：442824

秦皇岛北戴河区旅游局
地址：秦皇岛市北戴河区平安路4号
电话：442195

秦皇岛市山海关区文物旅游局
地址：秦皇岛市山海关三条招待所
电话：551330

赞皇县旅游局
地址：赞皇县城内大街1号
电话：388

元氏县旅游局
地址：元氏县车站西
电话：3366

涉县旅游局
地址：涉县振兴路41号
电话：2934

涞源县旅游局
地址：涞源县汽车站东北大楼
电话：638

围场满族自治县旅游局
地址：围场县城
电话：2394

昌黎县旅游局
地址：昌黎县乐寿园宾馆3楼
电话：662606

丰宁满族自治县旅游局
地址：丰宁县大阁镇
电话：2130

安新县旅游局
地址：安新县东大街107号
电话：230

井陉县风景文物旅游局
地址：井陉县苍岩山
电话：2121

平山县旅游局
地址：平山县政府大院
电话：497

赵县旅游局
地址：赵县政府路10号
电话：941530

临城县旅游局
地址：临城县政府大院
电话：县总机转

易县旅游局
地址：易县城关922

安国县旅游局
地址：河北安国县城民主街61号
电话：2114

乐亭县旅游局
地址：河北乐亭县乐亭镇东大街
电话：41

山西省

山西省旅游局
地址：太原市新建南路文源巷8号
电话：227201

大同市旅游局
地址：大同市迎宾东路21号
电话：522346

运城行署旅游局
地址：运城市红旗东路19号
电话：2266

忻州行署旅游局
地址：忻州市七一北路7号
电话：32715

吕梁行署旅游局
地址：离石县新建路13号
电话：2042

临汾行署旅游局
地址：临汾市解放西路水塔街
电话：4611

晋城市旅游局
地址：晋城市政府
电话：2751

五台山管理局
地址：五台县台怀镇

阳泉市旅游办公室
地址：阳泉市北大街15号宾馆内
电话：23743

芮城县旅游局
地址：芮城县政府

吉县旅游局
地址：吉县政府

黎城县旅游管理处
地址：黎城县政府

平遥县旅游局
地址：平遥县政府

永济县旅游局
地址：永济县政府

内蒙古自治区

内蒙古自治区旅游局
地址：呼和浩特市新华大街
电话：665978

辽宁省

辽宁省旅游局
地址：沈阳市黄河南大街113号
电话：466426

沈阳市旅游局
地址：市府大路
电话：720314

大连市旅游局
地址：大连市斯大林广场1号
电话：332765

锦州市旅游局
地址：锦州市解放路3段18号
电话：23915

丹东市旅游局
地址：丹东市振八街
电话：26291

营口市旅游局
地址：营口市辽河大街
电话：32913

本溪市旅游办
地址：本溪市站前电业大楼9楼
电话：25294

辽阳市旅游办
地址：辽阳市中华大街61号
电话：25725

鞍山市旅游局
地址：鞍山市南胜利路36号
电话：536364

抚顺外办旅游处
地址：抚顺市永宁街4号
电话：29756

朝阳外办旅游科
地址：朝阳市政府内
电话：2101-269

阜新市外办旅游处
地址：阜新市海州区中华路45号
电话：37567

锦西市旅游局
地址：锦西连山区兴工街二炮院内
电话：2943

兴城市旅游局
地址：兴城市光海路南门口
电话：3881

铁岭外办旅游处

旅顺口区旅游局
地址：大连市旅顺口区黄河路24号207号房
电话：2492 2524

吉林省

吉林省旅游局
地址：长春市新民大街12号
电话：885074

长春市风景旅游局
地址：长春市斯大林大街57号
电话：866396

吉林市旅游局
地址：吉林市江湾路2号
电话：454272转

延边朝鲜族自治州旅游局
地址：延吉市新华大街32号
电话：514624

通化市旅游局
地址：通化市新华大街32号
电话：2539

浑江市旅游局
地址：浑江市浑江大街152号
电话：4385

黑龙江省

黑龙江省旅游局
地址：哈尔滨市南岗区大直街124号
电话：30860 37410

哈尔滨市旅游局
地址：哈尔滨市道里区东十一道街六号
电话：417427

齐齐哈尔市旅游局
地址：齐齐哈尔市文化街4号
电话：72417

牡丹江市旅游局
地址：牡丹江市太平路
电话：23736

佳木斯市旅游局
地址：佳木斯市顺和街
电话：22130

伊春市旅游局
地址：伊春市伊春区
电话：3205

黑河地区旅游局
地址：黑河市王肃街104号
电话：3120

松花江地区旅游局
地址：哈尔滨市和平路18号
电话：229416

大庆市旅游局
地址：大庆市东风新村
电话：22797

上海市

上海市旅游事业管理局
地址：上海市中山西路2525号
电话：4391818

江苏省

江苏省旅游局
地址：南京市中山北路259号
电话：636639

南京市旅游局
地址：珠江路238号
电话：306064

苏州市旅游局
地址：苏州市十全115号
电话：227952

无锡市旅游局
地址：无锡市新生路7号
电话：204314

扬州市旅游局
地址：扬州市丰乐上街1号
电话：42611—356

连云港市旅游局
地址：新浦云山路
电话：53374

浙江省

浙江省旅游局
地址：杭州市石函路1号
电话：550487

杭州市旅游总公司
地址：杭州市延安路220号
电话：559101

宁波市旅游公司
地址：宁波市江厦街51号
电话：67784

舟山市旅游局
地址：舟山市府大院
电话：24261

温州市旅游局
地址：温州市游泳桥路1号
电话：24606

金华市旅游公司
地址：金华市解放南路
电话：23100

绍兴市旅游局
地址：绍兴市府山西路9号
电话：36671

衢州市旅游公司
地址：衢州市水亭街26号
电话：24583

嘉兴市旅游总公司
地址：嘉兴市嘉兴宾馆内
电话：3269

西湖区风景旅游局
地址：杭州市岳坟
电话：21920

富阳风景旅游局
地址：富阳县城关
电话：24290

桐庐旅游局
地址：桐庐县安乐路103号
电话：23837

建德旅游局
地址：建德县白沙镇新安路
电话：22753

千岛湖管理局
地址：淳安县新安大街45号
电话：2655

萧山旅游公司
地址：萧山市城厢镇
电话：25711转

天台旅游局
地址：天台县人民西路85号
电话：610

奉化溪口风景旅游局
地址：奉化县溪口镇
电话：5272

嵊泗风景旅游管理局
地址：嵊泗县泗礁高阜路13号
电话：890

洞头旅游管理办公室
地址：洞头北岙镇迎宾路号
电话：450

永嘉旅游管理办公室
地址：永嘉县上塘镇
电话：2939

余杭旅游管理办公室
地址：余姚市临平镇史家埭20号
电话：24732

新昌大佛寺风景管理处
地址：新昌县大佛寺
电话：23644

永康方岩风景管理处
地址：永康县方岩
电话：永康总机转

雁荡山风景管理局
地址：乐清县雁荡山
电话：0039

普陀山管理局
地址：普陀山
电话：54630

兰溪六洞山风景旅游管理处
地址：兰溪市六洞山
电话：兰溪市总机转

诸暨县旅游公司
地址：诸暨县五泄
电话：诸暨总机转

安 徽 省

安徽省旅游局
地址：合肥市梅山路4号
电话：331906

黄山市旅游局
地址：黄山市屯溪区延安路45号
电话：4019 4091

安庆市旅游局
地址：安庆市吴越街32号
电话：542679

合肥市旅游局
地址：合肥市淮河路市政府内
电话：254631

铜陵市旅游局
地址：铜陵市长江西路
电话：2219 5396

马鞍山市旅游局
地址：马鞍山市湖北路22号
电话：75979

芜湖市旅游局
地址：芜湖市镜湖路74号
电话：32865 86701转

蚌埠市旅游局
地址：蚌埠市中山街139号
电话：22025

池州行署旅游管理局
地址：贵池市
电话：3466

巢湖行署旅游局
地址：巢湖市
电话：2631

滁县行署旅游局
地址：滁州市
电话：5413

宿县行署旅游局
地址：宿州市胜利路84号

淮南市外办
地址：淮南市洞山路市政府内
电话：44191

淮北市外办
地址：淮北市政府内
电话：22175

宣城行署外办
地址：宣州市敖峰大街
电话：2724 2745

阜阳行署外办
地址：阜阳市清河路10号
电话：5923 6728

黄山风景区管理委员会
地址：黄山市黄山区汤口
电话：2115 2155

九华山管理处
地址：青阳县九华山九华街
电话：204 365

天柱山管理处
地址：潜山县

琅琊山管理处
地址：滁州市琅琊山
电话：3478 4527

福建省

福建省旅游局
地址：福州市东大路24号
电话：555148

厦门市旅游局
地址：厦门市公园西路12号之二
电话：54995

江西省

江西省旅游局
地址：南昌市福州路31号
电话：227860

南昌市旅游事业管理局
地址：南昌市沿江路
电话：51389

湾里区旅游局
地址：南昌市湾里区工农路
电话：60263

九江市旅游局
地址：九江市浔阳路64号
电话：225571

庐山旅游公司
地址：庐山河东路
电话：282478

星子县旅游局
地址：星子县秀峰
电话：县总机转

彭泽县旅游局
地址：彭泽县政府院内
电话：县总机转

湖口县旅游局
地址：湖口县石钟山
电话：32829

九江县旅游局
地址：九江县政府院内
电话：县总机转

景德镇市旅游局
地址：景德镇市莲花塘
电话：222293

鹰潭市旅游局
地址：鹰潭市梅树园新区
电话：441833

萍乡市旅游事业管理局
地址：萍乡市正大街
电话：333696

新余市旅游局
地址：新余市赣新中路
电话：441153

赣州地区旅游局
地址：赣州市厚德路129号
电话：3118

赣州市旅游局
地址：赣州市阳明路14号
电话：3784

大余县旅游局
地址：大余县南安镇建设路21号
电话：2482

龙南县旅游局
地址：龙南县城庙前路22号
电话：县总机转

吉安地区旅游局
地址：吉安市署前路2号
电话：2371—221

吉安市旅游局
地址：吉安市戴家塘5号
电话：2489

井冈山市旅游局
地址：井冈山市茨坪镇
电话：626

宁冈县旅游局
地址：宁冈县砻市镇
电话：县总机转

上饶地区旅游局
地址：上饶市中山路86号
电话：223018

德兴县旅游局
地址：德兴县银城镇朝阳路
电话：2510

玉山县旅游局
地址：玉山县冰溪镇大桥头
电话：县总机转

宜春地区旅游局
地址：宜春市秀江路1号
电话：2728

宜丰县旅游局
地址：宜丰县城
电话：2378

抚州地区旅游局
地址：抚州市赣东大道33号
电话：3482

山 东 省

山东省旅游局
地址：济南市经十路26号
电话：615868

济南市旅游局
地址：济南市经六路斜马路
电话：37762

青岛市旅游局
地址：青岛市湛流干路8号
电话：363991

烟台市旅游局
地址：烟台市毓璜顶西路17号
电话：246929

威海市旅游局
地址：威海市统一路82号
电话：222109

潍坊市旅游局
地址：潍坊市胜利大街33号
电话：223275

淄博市旅游局
地址：淄博市张店区中心路189号
电话：213341

泰安市旅游局
地址：泰安市红门路46号
电话：332077

济宁市旅游局
地址：济宁市红星中路
电话：213901—398

枣庄市旅游局
地址：枣庄市解放北路169号
电话：22276

东营市旅游局
地址：东营市府前大街14号楼
电话：331115

日照市旅游局
地址：日照市黄海一路
电话：31113

惠民地区行署旅游局
地址：滨州市黄河四路
电话：22718

聊城地区行署旅游局
地址：聊城市东西路24号
电话：222923

胜利油田接待处
地址：东营市济南路69号
电话：425113

曲阜市旅游局
地址：曲阜市南新区

河南省

河南省旅游局
地址：郑州市金水路16号
电话：553045

洛阳市旅游局
地址：洛阳市南昌路口
电话：21681

开封市旅游局
地址：开封市自由路64号
电话：24370

郑州市游旅局
地址：郑州市中原路67号
电话：448357

三门峡市旅游局
地址：三门峡市六峰路南段
电话：22242

安阳市旅游局
地址：安阳市人民大道中段
电话：25859

新乡市旅游局
地址：新乡市健康路28号
电话：23654

平顶山市旅游局
地址：平顶山市民主街1号
电话：2421

焦作市旅游局
地址：焦作市东站街62号
电话：3138

鹤壁市旅游局
地址：鹤壁市长风路18号
电话：2206

南阳市旅游局
地址：南阳市七一路95号
电话：24561

林县旅游局
地址：林县人民路26号
电话：727

灵宝县旅游局
地址：灵宝县政府院内

湖北省

湖北省旅游局
地址：汉口中山大道1365号
电话：25552

武汉市旅游局
地址：汉口合作路17号
电话：21752

十堰市旅游局
地址：十堰市朝阳路24号
电话：53430

宜昌市旅游局
地址：宜昌市沿江大道38号
电话：23225

沙市市旅游局
地址：沙市市公园路体育场右侧
电话：2325

黄石市旅游局
地址：黄石市天津路2号
电话：5931

鄂州市旅游局
地址：鄂州市鄂城区明塘路
电话：23635

荆门市旅游局
地址：荆门市象山大道27号
电话：33472

襄樊市旅游局
地址：襄樊市长征路110号
电话：3838—474

老河口市旅游局
地址：老河口市政府大楼
电话：23808

随州市旅游局
地址：随州市政府大楼
电话：22413

荆州地区旅游局
地址：江陵县荆州镇荆东路
电话：66429

洪湖市旅游局
地址：洪湖市新堤镇
电话：2831

江陵县旅游局
地址：荆州镇荆中路
电话：68529

钟祥县旅游局
地址：县人民政府大院内
电话：2624

京山县旅游局
地址：京山县新市镇
电话：21920

宜昌地区旅游局
地址：宜昌市云集路27号
电话：22515-547

当阳市旅游局
地址：当阳市玉阳镇
电话：2896

秭归县旅游局
地址：秭归县归州镇
电话：2127

五峰县旅游局
地址：五峰县城关
电话：481

宜昌县旅游局
地址：宜昌县小塔溪镇
电话：719

长阳土家族自治县旅游局
地址：长阳县玉阳镇
电话：888

兴山县旅游局
地址：兴山县高阳镇
电话：428

孝感地区旅游局
地址：孝感市城站路26号
电话：3502

黄冈地区旅游局
地址：黄冈县黄州镇
电话：53819

黄梅县旅游局
地址：黄梅县政府大院内
电话：21628

咸宁地区旅游局
地址：咸宁市温泉镇
电话：56412

咸宁市旅游局
地址：咸宁市永安镇
电话：22648

蒲圻市旅游局
地址：蒲圻市城关
电话：22971

通山县旅游局
地址：通山县通羊镇
电话：5463

郧阳地区旅游局
地址：十堰市柳林路
电话：53811-330

鄂西土家族苗族自治州旅游局
地址：恩施市舞阳坝14号
电话：22893

巴东县旅游局
地址：巴东县葵花街13号
电话：2214

利川市旅游局
地址：利川市都亭镇
电话：2514

神农架林区旅游局
地址：神农架林区松柏镇
电话：8203转

湖南省

湖南省旅游局
地址：长沙市八一东路
电话：46736

长沙市旅游局
地址：长沙市蕃正街43号
电话：45583

岳阳市旅游局
地址：岳阳市城东路25号
电话：23012

衡阳市旅游局
地址：衡阳市解放路55号
电话：22782

衡阳市南岳区旅游局
地址：衡阳市南岳镇
电话：2250

零陵地区旅游局
地址：永州市芝山路潇湘宾馆内
电话：3059转

永州市旅游局
地址：永州市政府院内
电话：3822

祁阳县旅游局
地址：祁阳县政府院内
电话：2801

宁远县旅游局
地址：宁远县政府院内
电话：005

郴州地区旅游局
地址：郴州市人民东路行署机关内
电话：23441

郴州市旅游局
地址：郴州市人民西路林邑宾馆内
电话：24086

郴县旅游局
地址：郴县政府院内
电话：25159

资兴市旅游局
地址：资兴市新宁镇
电话：市总机转

大庸市旅游局
地址：大庸市永定区政府院内
电话：2369

大庸市武陵源区旅游局
地址：大庸市武陵源区政府院内
电话：索溪峪总机转

常德市旅游局
地址：常德市武陵路31号
电话：24425-408

邵阳市旅游局
地址：邵阳市城北路6号
电话：3069

湘西自治州旅游局
地址：吉首市州政府院内
电话：3181

永顺县旅游局
地址：永顺县政府院内
电话：2874

凤凰县旅游局
地址：凤凰县沙湾
电话：凤凰县总机转

益阳地区旅游局
地址：益阳市桃花仑
电话：22392-232

广东省

广东省旅游局
地址：广州市环市西路185号
电话：677426

广州市旅游局
地址：广州市环市西路180号6楼
电话：678043

佛山市旅游局
地址：佛山市人民路107号3楼
电话：226733

江门市旅游局
地址：江门市西区大道5号
电话：359221

阳江市旅游局
地址：阳江市东风路14号
电话：22602

汕头市旅游局
地址：汕头市金砂路汕头商场五楼
电话：230061

湛江市旅游局
地址：湛江市霞山人民南路
电话：223688

茂名市旅游局
地址：茂名市人民南路92号
电话：62085

惠州市旅游局
地址：惠州市南坛南路21号
电话：230701

汕尾市旅游局
地址：汕尾市车站路
电话：33064

河源市旅游总公司
地址：河源市大桥路43号
电话：36337

东莞市旅游局总公司
地址：东莞市运河西路华侨大厦院内
电话：221179

中山市旅游局
地址：中山市民权路16号
电话：824021

韶关市旅游局
地址：韶关市风度北路
电话：83840

清远市旅游局
地址：清远市清城先锋街40号
电话：332822

肇庆市旅游局
地址：肇庆市端州四路
电话：225721

梅州市旅游局
地址：梅州市红门路5号
电话：224488

深圳市经济发展局旅游管理处
地址：深圳市人民北路物资大楼 5 楼
电话：229517

深圳市旅游协会
地址：深圳市和平路68号华侨大厦院内
电话：235234

珠海市旅游局
地址：珠海市吉大九洲大道永发大厦6楼
电话：334697

潮州市旅游局
地址：潮州市西河路口
电话：734680

广西壮族自治区

广西壮族自治区旅游局
地址：南宁市新民路40号
电话：27774

桂林市旅游局
地址：桂林市榕湖北路14号
电话：225890

海南省

海南省旅游局
地址：海口市三角池海旅办公大楼
电话：72253

四川省

四川省旅游局
地址：成都市人民南路180号
电话：27418

成都市旅游事业管理局
地址：成都市上西顺城街178号
电话：25180

重庆市旅游局
地址：重庆市中区人民路175号
电话：351448

贵 州 省

贵州省旅游局
地址：贵阳市延安中路11号
电话：523163

贵阳市旅游局
地址：贵阳市政府大院
电话：525697

安顺地区旅游局
地址：安顺虹山宾馆内
电话：24747

黔东南州旅游局
地址：凯里营盘坡东路53号
电话：2547

凯里市旅游局
地址：凯里市政府大楼内
电话：2842

镇远县旅游局
地址：镇远县政府院内
电话：231

施秉县旅游局
地址：施秉县政府院内

台江县旅游局
地址：台江县政府院内

黔西南州旅游局
地址：兴义市州政府院内
电话：2462

兴义市旅游局
地址：兴义市政府院内
电话：3374

兴仁县旅游局
地址：兴仁县政府院内
电话：203

贞丰县旅游局
地址：贞丰县政府院内

安龙县旅游局
地址：安龙县政府院内

黔南州旅游局
地址：都匀龙潭宾馆内
电话：3918

荔波县旅游局
地址：荔波县政府院内

遵义地区旅游局
地址：遵义行署院内
电话：3792

赤水县旅游局
地址：赤水县政府院内
电话：574

云南省

云南省旅游局
地址：昆明市和平新村8号
电话：34560

昆明市旅游局
地址：昆明市东风东路28号6号楼2楼
电话：23620

大理州旅游局
地址：大理市下关州政府大院
电话：5806

大理市旅游局
地址：大理古城复兴路261号
电话：大理总机转

西双版纳州旅游局
地址：景洪县允景洪镇州政府大院
电话：2323

丽江地区旅游局
地址：丽江县城行署大院
电话：丽江总机转

丽江县旅游局
地址：丽江县城县政府大院
电话：丽江总机转

德宏州旅游局
地址：潞西县芒市镇
电话：潞西总机转

楚雄州旅游局
地址：楚雄市鹿阜镇
电话：2440

瑞丽县旅游局
地址：瑞丽县城
电话：瑞丽总机转

通海县旅游局
地址：通海县城
电话：通海总机转

江川县旅游局
地址：江川县城
电话：江川总机转

澄江县旅游局
地址：澄江县城
电话：澄江总机转

元谋县旅游局
地址：元谋县元马镇县政府招待所
电话：元谋总机转

玉溪地区旅游局
地址：玉溪市
电话：222177

思茅地区旅游局
地址：思茅县城行署大院
电话：2329

泸西县旅游局
地址：泸西县城
电话：泸西总机转

曲靖地区旅游局
地址：曲靖市行署大院
电话：2583

弥勒县旅游局
地址：弥勒县弥阳镇
电话：弥勒总机转

勐海县旅游局
地址：勐海县城
电话：勐海总机转

保山地区旅游局
地址：保山市上巷街62号
电话：2583

保山市旅游局
地址：保山市上巷街
电话：2462

西藏自治区

西藏自治区旅游局
地址：拉萨市北京西路208号
电话：24793

拉萨市外事旅游局
地址：拉萨市林聚路27号
电话：23396

山南地区外事旅游局
地址：西藏山南泽当镇
电话：泽当总机转259

日喀则地区外事旅游局
地址：西藏日喀则市人民南路
电话：日喀则总机转

林芝地区旅游局
地址：西藏林芝八一镇
电话：八一镇总机转

陕西省

陕西省旅游局
地址：西安市长安路15号
电话：711365

西安市旅游局
地址：西安市北院门
电话：719185

咸阳市旅游局
地址：咸阳市渭阳中路
电话：3750

宝鸡市旅游局
地址：宝鸡市经二路
电话：3250

延安地区旅游局
地址：延安市中心街
电话：2749

渭南地区旅游局
地址：渭南市
电话：2968

汉中地区旅游局
地址：汉中市汉中路15号
电话：4682

安康地区旅游局
地址：安康市
电话：2774

扶风县旅游局
地址：扶风县城
电话：

乾县文物旅游局
地址：乾县县城

长安县旅游局
地址：长安县城

临潼县旅游局
地址：临潼县城
电话：2337

蓝田县旅游局
地址：蓝田县城

耀县旅游局
地址：耀县县城

华阴县旅游局
地址：华阴县城

柞水县旅游局
地址：柞水县城

华山管理局
地址：华山玉泉院

甘肃省

甘肃省旅游局
地址：兰州市天水路361号
电话：26847

兰州市旅游局
地址：兰州市五泉南路57号
电话：464122　464123

酒泉地区外事旅游局
地址：酒泉市仓门街2号
电话：2225

敦煌市外事旅游局
地址：敦煌市东大街1号
电话：2529 2234

嘉峪关外事旅游局
地址：嘉峪关市雄关西路6号
电话：26955

平凉地区旅游局
地址：平凉西大街125号
电话：2162

武威地区外事旅游局
地址：武威市东大街行署办公楼
电话：0935

武威市旅游局
地址：武威市肆国街民建巷2号
电话：3418

天水市旅游局
地址：天水市秦城区民主西路34号
电话：212265

榆中县外事旅游局
地址：榆中县兴陇路
电话：县邮电局转

天水市北道区外事旅游局
地址：天水北道区红旗路56号
电话：236515

宁夏回族自治区

宁夏回族自治区旅游局
地址：银川市解放西街117号
电话：22397

银川市旅游办公室

中卫县外事旅游局

青铜峡市旅游局

吴忠市外事旅游办公室

中宁县外事旅游办公室

固原地区旅游局

青海省

青海省旅游局
地址：西宁市西大街57号
电话：42931—964—865

青海旅游总公司
地址：西宁市西大街57号后楼
电话：42931—963

格尔木市旅游局
地址：格尔木市昆仑路157号
电话：2764　2001—254

新疆维吾尔自治区

新疆维吾尔自治区旅游局
地址：乌鲁木齐市新华南路32号
电话：78396

喀什地区旅游处

吐鲁番地区旅游处

乌鲁木齐市旅游处

昌吉回族自治州旅游处

巴音郭楞蒙古自治州旅游处

克孜勒苏柯尔克孜族自治州旅游处

和田地区旅游处

阿克苏地区旅游处

哈密地区旅游处

旅游驻外办事机构

中国驻纽约旅游办事处
CHINA NATIONA: TOURIST OFFICE, NEW YORK
LINCOLN BUILDING, 60 E 42ND ST. SUITE 3126, NEW YORK N.Y. 10165 U.S.A.
TEL: (212) 867-0271, 0272, 0273 (OFFICE)
TELEX: 662142 CITSNYC
FAX: (212) 5992892
CABLE: LUSHINGSHE NEW YORK

中国驻洛杉矶旅游办事处
CHINA NATIONAL TOURIST OFFICE, LOS ANGELES
333 WEST BROADWAY, SUITE 201 GLENDALE, CA91204 U.S.A.
TEL: (818) 545-7504, (818) 545-7505 (OFFICE) (818) 247-1398, (818) 247-8074 (NIGHT)
TELEX: 9102508906 CNTOLA
FAX: (818) 545-7506

中国驻伦敦旅游办事处
CHINA NATIONAL TOURIST OFFICE, LONDON
4 GLENTWORTH ST. LONDON NW1 U.K.
TEL: 71-9359422
TELEX: 291221 CTCLON G
FAX: 714875842

中国驻巴黎旅游办事处
OFFICE DU TOURISME DE CHINE, PARIS
51 RUE SAINTE ANNE 75002, PARIS, FRANCE
TEL: 42969548 (OFFICE) 43435639, 43471888, 43471887, 43435836 (NIGHT) TELEX: 612866 F OTCHINE FAX: 1-42615468

中国驻悉尼旅游办事处
CHINA NATIONAL TOURIST OFFICE, SYDNEY
FLOOR 11, 55 CLARENCE TSREET SYDNEY, N.S.W. 2000 AUS TRALIA
TEL: (02) 294057 (OFFICE)
TELEX: AA177886 CNTOS
FAX: (02) 290-1958

中国国家旅游局驻东京办事处
CHINA NATIONAL TOURISM ADMINISTRATION TOKYO OFFICE
6F HAMAMATSU CHO BUILDING, 1-27-13 HAMAMATSU-CHO,
MINATO-KU, TOKYO JAPAN
TEL: (03) 433-1461 (OFFICE)
(03) 452-6266 (NIGHT)
FAX: 03-4338653

中国驻法兰克福旅游办事处
FREMDENVERKEHRSAMT DER VOLKSREPUBLIK CHINA
ESCHENHEIMER ANLAGE 28 D-6000 FRANKFURT A.M.1
TEL: (069) 555292 (OFFICE)
TELEX: 4170360 FAC D
FAX: 069-5973412

香港中国国际旅行社有限公司
CHINA INTERNATIONAL TRAVEL SERVICE, HONG KONG
6TH—FLOOR, TOWER 2, SOUTH SEAS CENTER 75, MODY ROAD, TSIM SHA TSUI, KOWLOON, HONG KONG

总部	TEL:	7325888（总机）	
	FAX:	7217154	办公室
		7215913	日本部
		3118165	航空部
中环分社	TEL:	8104282	
	FAX:	8681657	
旺角分社	TEL:	3881619	
	FAX:	3856157	
国际贸易有限公司	TEL:	5726223	
	FAX:	8383051	
温莎酒店	TEL:	7395665	
	FAX:	3115101	

香港中旅（集团）有限公司
CHINA TRAVEL SERVICE (HOLDINGS) HONG KONG LTD.
CTS HOUSE, 78-83, CONNAUGHT ROAD, CENTRAL, HONG KONG
TEL: 5-8533888
TELEX: 73344 HKCTS HX
FAX: 5-8541383

中国国际旅行社总社驻以色列特拉维夫办事处
OFFICE OF CITS. CHINA P.O. BOX 26323 TEL-AVIV 61262 ISRAEL
TEL: 03-226272, 03-240891 (OFFICE) 03-5493049 (NIGHT)
FAX: 03-226281

·旅 游 院 校·

全国高等旅游院校

北京第二外国语学院
地址：北京朝阳区定福庄1号
电话：5762444转
旅游系、英语系、西欧语系、东欧语系、亚非语系、对外经济合作系；有英、日、法、西、德、俄、阿拉伯语等七个语种

上海旅游专科学校
地址：上海奉贤县东门港
电话：7417515转
旅馆管理、旅游财会、烹饪、导游翻译（英、日两个语种）四个系

北京旅游学院
地址：北京市朝阳门外潘家坡1号
电话：5025189转
旅游管理、旅游外语系（有英、日两个语种）

桂林旅游专科学院
地址：桂林市三里店骖鸾路一号
电话：445221
旅游经济管理、旅游外语、旅游产品工艺三个系（有英、日两个语种）

开设旅游系（专业）的普通高等院校

南开大学
旅游系　旅游经济管理专业和旅游英语专业
地址：天津南开区卫津路94号
电话：313937

杭州大学
旅游系　旅游经济专业和旅游饭店管理专业
地址：杭州市天目山路34号
电话：881224

西北大学管理学院
旅游系　旅游经济专业和旅游财会专业
地址：西安市边家村
电话：715036

西安外国语学院
旅游系旅游英语、日语导游专业
地址：西安市长安南路
电话：55851

中山大学管理学院
旅游系酒店管理专业
地址：广州市新港西路135号
电话：446300

大连外国语学院
日语导游专业
地址：大连市中山区南山路110号
电话：803121

长春大学外语学院
日语导游专业
地址：长春市五星路1号
电话：884081

上海交通大学管理学院
旅馆管理系　旅馆管理专业
地址：上海市华山路
电话：2513827—36

广州大学
酒店管理专业
地址：广州市小北下塘
电话：331781

长沙大学
旅游系
地址：长沙市熙宁街
电话：28780

昆明大学
旅游系　旅游外语专业和饭店管理专业
地址：云南昆明市人民西路
电话：82465 82445

天津商学院
文旅企业管理系　餐饮与旅游管理专业
地址：天津市津霸公路（东口）
电话：571345 571015

杭州商学院
餐饮与旅馆管理专业
地址：杭州市教工路
电话：81024

华侨大学
旅游系　旅游经济管理专业和导游翻译专业
地址：福建省泉州市城东
电话：24921

西安交通大学
饭店管理专业
地址：西安市威宁路
电话：31011

青岛大学
旅游系
地址：青岛市南区京山路
电话：84186

暨南大学

旅游经济管理专业

地址：广州市石牌

电话：774511

广州财贸管理干部学院

旅游管理专业和烹饪专业

地址：广州市越秀北路80号

旅游培训中心

天津中国旅游管理干部学院（天津中国旅游培训中心）

地址：天津马场道275号

电话：750013

南京金陵旅馆培训中心

地址：南京市中山路75号

电话：648181

部分中等旅游职业技术学校

南京旅馆学校

地址：南京市华严岗一号

电话：685217

四川旅游学校

地址：成都市火车南站西侧

电话：554175

湖北旅游学校

地址：武汉市卓刀泉小河村81号

电话：872040

浙江旅游学校

地址：杭州清泰门外三堡

电话：777667

广州服务旅游中等专业学校

地址：广州市先烈中路

电话：776797　776972

陕西旅游学校

地址：陕西省西安市小寨西路28号

电话：710061

郑州旅游学校

地址：河南郑州市经二路政四街

电话：56917

北京外事服务职业高中

地址：北京西单太仆寺街69号

电话：660883　6013880

北京劲松职业高中

地址：北京劲松八区

电话：783440　782887

北京旅游服务学校

地址：北京安定门外立水桥

电话：4215645

江苏镇江旅游职业中学

地址：江苏镇江市新河路187号

电话：26626、23622

厦门旅游职业学校

地址：厦门市大连兴馆1号

电话：22227

·宣传出版·

报　刊

旅游（月刊）16开
地址：北京崇文门西大街2号
创刊时间：1979年10月

旅潮（双月刊）
地址：广州环市东路淘金坑42号
创刊时间：1986年3月

旅游天地（双月刊）16开
地址：上海绍兴路74号
创刊时间：1980年1月

黄山（双月刊）16开
地址：黄山屯溪区延安路38号
创刊时间：1982年

风景名胜（双月刊）16开
地址：杭州小营巷酱园弄12号
创刊时间：1982年

山东旅游（双月刊）16开
地址：济南经十路26号
创刊时间：1987年1月

旅游博览（双月刊）16开
地址：西安长安北路永宁村58号
创刊时间：1986年2月

旅游文苑（季刊）16开
地址：天津友谊路18号
创刊时间：1989年

旅游纵横（季刊）16开
地址：太原新建南路文源巷8号
创刊时间：1984年

旅游生活（月刊）16开
地址：合肥庐阳饭店北苑2119号

西南旅游（双月刊）16开
地址：成都盐道街3号
创刊时间：1980年11月

旅游学刊（季刊）16开
地址：北京朝外潘家坡1号
创刊时间：1986年

旅游调研（月刊）16开
地址：北京崇文门西大街2号
创刊时间：1988年

潮汕旅游（季刊）16开
地址：汕头金砂路鮀岛宾馆202室
创刊时间：1987年7月

河南旅游（月刊）16开
地址：郑州金水路16号

中国旅游报（周二刊）对开四版
地址：北京建国门内大街甲9号
创刊时间：1989年4月1日

中国旅游报英文版（双月刊）四开八版
地址：北京建内大街甲9号
创刊时间：1989年4月25日

上海旅游报（周刊）四开四版
地址：上海中山西路2525号
创刊时间：1988年1月

江南游报（周刊）四开四版
地址：杭州市开元路108号
创刊时间：1988年12月

江南旅游报（周刊）四开四版
地址：无锡中山路118号
创刊时间：1988年3月

厦门旅游报（月刊）四开四版
地址：厦门湖滨北路特贸大厦十一楼
创刊时间：1988年5月

西线旅游报（月刊）四开四版
地址：安顺
创刊时间：1986年12月

中原旅游报（半月刊）四开四版
地址：襄樊长征路110号
创刊时间：1988年4月

现代旅游报（半月刊）四开四版
地址：南昌州路31号
创刊时间：1989年10月

桂林旅游报（周刊）四开四版
地址：桂林榕湖北路1号
创刊时间：1984年9月12日

长江旅游报（周刊）四开八版
地址：汉口沿江大道

出版社

中国旅游出版社
地址：北京建国门内大街甲9号
电话：5138866

北京旅游出版社
地址：北京北三环中路6号
电话：2013121

广东旅游出版社
地址：广州市环市东路淘金坑42—43号
电话：765824

陕西旅游出版社
地址：西安市长安路32号
电话：53201

旅游教育出版社
地址：北京市朝阳区定福庄1号
电话：5762444

·行 业 协 会·

中国旅游协会

中国旅游协会是由旅游部门、与旅游业有关的部门、多年从事旅游工作有经验者以及对旅游事业有研究的专家学者组成的社会团体，是全国性的旅游全行业的组织。它是在我国经济体制改革深入发展、我国旅游事业由初创阶段进入一个新的发展阶段的形势下筹组，经国务院批准于1986年1月30日正式成立的。它是我国第一个全国性的旅游行业组织，挂靠在国家旅游局。业务上受国家旅游局指导。

一、宗旨和任务

中国旅游协会根据党中央、国务院关于改革开放的总方针和国家的经济社会发展战略，围绕加快发展具有中国特色的社会主义旅游事业，开展调查研究、咨询等活动，为国家加强对旅游全行业的宏观管理、增强旅游企业活力服务；同时在政府旅游主管部门和旅游企业之间发挥桥梁与纽带作用，促进旅游生产力的发展。其主要任务是：

（一）对旅游业发展的战略、旅游业管理体制和有关方针政策、国内外旅游业发展态势和实践经验等进行调查研究，向国务院、国家旅游主管部门和有关方面提供建议和咨询。

（二）联系各旅游专业行业组织、旅游学术团体以及旅游企事业单位，交流情况和经验，研究有关问题，探索解决的办法，促进提高旅游经营管理素质。

（三）加强旅游经济等理论研究，开展学术交流活动。

（四）编辑出版有关资料、刊物，传播交流国内外旅游信息和研究成果。

（五）开展与国外旅游同行业组织的友好交往，促进旅游对外科学技术交流与合作。

（六）向政府有关部门反映国内外旅游者的意见和建议，承担政府和旅游主管部门交办的任务，接受旅游企事业单位委托的当办事宜等。

二、组织机构

中国旅游协会的最高权力机构是理事会。理事由各有关方面协商推举产生，任期四年。理事会每年召开一次会议。理事会闭会期间由常务理事会行使其职权。本届（第二届）常务理事会由会长、副会长（2名）、常务理事（42名）和秘书长组成。常务理事会设办公室作为办事机构，负责本会的日常具体工作。

中国旅游协会现有理事173名。各省、自治区、直辖市以及重点旅游城市、计划单列城市、经济特区、沿海开放城市的一些旅行社（或旅游公司）、旅游协会（或旅游学会），全国性的旅游经营单位（如中国国际旅行社总社、中国旅行社总社、中国青年旅行总社等）和旅游专业协会（中国乡村旅游协会、中国旅游汽车联合会），与旅游业有关的部门、旅游院校、旅游科研和宣传机构都推选了理事。协会的组成具有广泛的代表性。

在协会领导机构组成方面，由全国政协副主席谷牧担任名誉会长，全国政协常委、政协外事委员会副主任、原国家旅游局局长韩克华任会长，聘请国内外热心于我国旅游事业的专家、学者知名人士及多年从事旅游领导工作者担任名誉顾问或顾问。赵朴初、乔晓光、卢绪章、王越毅、袁超俊、庄炎林和霍英东（香港知名人士、全国人大常务委员会委员）、朱卓任（美籍华人、美国夏威夷大学旅游学院院长）为名誉顾问，孙尚清、刘明夫、孔筱、谢辰生、伍沾德（香港中国旅游协会副会长）为顾问。

中国旅游协会会员会分为团体会员、个人会员和名誉会员。凡推选理事的131个部门和单位为团体会员。

三、主要活动情况

中国旅游协会成立以来，根据章程规定的任务，积极进行了活动。

（一）开展研讨活动，组织调查研究

根据我国旅游业的发展形势和实际需要，中国旅游协会发挥其拥有一批具有丰富旅游实际工作经验和理论研究能力的专家学者的优势，组织开展调研工作，曾参与或单独组织召开了三次全国性的旅游经济理论和旅游管理体制改革研讨会，受到了全国各地旅游专业人员和有关部门的重视，先后共有200多人次参加，提交论文、调查报告120多篇。会议比较深入地探讨了如何改革旅游体制，加强旅游行业管理以及制定旅游发展战略目标和提高旅游经济社会效益等问题，提出了许多富有建设性的意见和建议，得到了旅游管理机构领导同志和有关方面的好评。通过研讨活动不仅有利于旅游领导机构决策的民主化、科学化，而且促进了旅游理论研究与实际工作的结合。推动了旅游科研工作的进一步开展。

针对1989年我国旅游业出现了滑坡的新情况，中国旅游协会与光大旅游总公司、中国旅游报、旅游杂志社等单位于1989年10月间联合召开了旅游形势座谈会，邀请旅游实际工作者和有关科研专家参加。大家分析了当前国际、国内的旅游形势，探讨了1990年我国旅游业的前景，增强了振兴我国旅游业的信心。

（二）支持地方建立旅游行业组织，提供咨询服务

随着我国旅游事业的发展和管理体制的改革，建立和发挥行业协会的作用日益受到各地的重视。全国许多地方都积极筹备成立了旅游协会。据不完全统计，全国已有26个省、自治区、直辖市和计划单列城市、重点旅游城市成立了旅游协会。中国旅游协会积极地向他们提供了咨询等服务。有些省、市成立旅游协会时中国旅游协会分别采取派出代表或以函电形式祝贺，表示支持他们的工作；有些还建立了业务上的联系，交流了工作情况等。

（三）其海外旅游行业组织建立联系，增进合作、扩大影响

开展同国际旅游界的友好交往和经验交流活动是协会的一项任务。协会先后与香港中国旅游协会、香港旅行社协会、日本旅行业协会、日本国际观光振兴会以及马来西亚、澳大利亚、奥地利、美国等国外旅游行业组织建立了联系，或接待来访，交换了有关资料，交流了工作经验，增进了相互了解，扩大了我国在国际旅游市场的影响。

此外，协会还经常注意向旅游主管部门及有关方面反映国外旅游界对我国旅游工作的意见和建议，推动改进工作。比如，香港旅游界朋友对我国旅游价格、交通、景点卫生、海关手续、接待质量等方面的工作提出了不少意见和建议。经我们整理上报并印发引起了有关部门的重视。

（四）编辑出版刊物

为了沟通信息，交流情况和研究成果，协会不定期编辑出版了《中国旅游协会通讯》，发送全国旅游系统各部门。主要刊登党和政府关于发展旅游业的方针政策和重要指示、协会工作动态。旅游业务简讯、海外旅游信息、国外旅游行业组织介绍和各地旅游协会的主要活动等。

同时，为了更好地发挥理论对实践的指导作用，促进旅游体制改革工作，协会汇编了有关旅游体制改革理论研究文章和调查报告成《旅游体制改革》一书，内部出版，发行全国。

四、适应新形势，研究新任务

为了贯彻中共十三届四中全会的精神，促进旅游协会更好地为发展我国旅游事业服务，适应旅游新形势的需要，中国旅游协会于1989年9月11日至13日在北京召开了第二届理事会首次会议。国务院副总理吴学谦、人大常委会副委员长陈慕华、国各院副秘书长李昌安、国家旅游局局长刘毅、副局长何光暐、章新胜、中顾委委员乔晓光、全国侨联主席庄炎林等出席了会议。吴学谦副总理、刘毅局长、韩克华会长在开幕时讲了话。吴副总理指出，要抓住时机，对旅游行业的企业和职工进行治理和整顿，加强坚持四项基本原则，反对资产阶级自由化的教育活动，使旅游业更好地为社会主义现代化建设服务。会议讨论并修改了《中国旅游协会章程》，选举产生了协会新的领导机构成员，研究确定了协会今后的工作。主要是围绕理顺旅游体制、治理旅游市场、整顿旅游队伍，坚决惩治腐败等问题做好调查研究，向国务院、国家旅游局和有关方面反映情况和问题，提出切实可行的建议和改进的方案，并在旅游界传播有正确导向的理论和工作经验，推动我国旅游事业沿着健康的道路前进。

这次理事会会议进一步明确了协会的工作性质、任务，对搞好旅游协会的工作，推动旅游业的改革和发展有着重要的作用。许多省、市都积极筹备成立旅游协会，加强协会的日常工作，以发挥其桥梁与纽带作用。

根据协会理事会会议确定的四项调研任务（即：①进一步理顺旅游体制，治理旅游市场；②加强思想政治工作，坚决惩治腐败，进一步树立良好的职业道德风尚；③治理整顿旅游风景区；④发展近代国际旅游，必须基本建成现代交通网络。），韩克华会长多次主持会议研究落实措施，决定先抓紧进行旅行社治理整顿、体制改革和惩治腐败两个专题的调研工作，曾先后邀请旅游部门及有关单位的负责同志和实际工作者召开了十多次座谈会，听取意见。同时还派专人到西安、桂林、福建、辽宁等省、市调查了解情况。在深入调研的基础上，已写出专题报告，《关于在旅游行业中惩治腐败，禁止私收回扣、小费、倒卖外汇的建议》已上报，促进旅游行业的治理整顿和深化改革工作。

五、领导机构成员名单

名誉会长：谷　牧

会　　长：韩克华

副 会 长：乔加钦　　侯　颖

秘 书 长：李玉莺

副秘书长：薛　毅

会　　址：北京建国门内大街甲九号

电　　话：5122907　5138866—1927

邮政编码：100740

电报挂号：CNTA　4422

电　　传：210499　CNTA　CN

传　　真：5122096

中国旅游协会章程

（1989年9月13日中国旅游协会第二届理事会会议讨论修订）

第一章 总 则

第一条 中国旅游协会是由旅游部门、与旅游业有关的部门、多年从事旅游工作有经验者以及对旅游事业有研究的专家学者组成的社会团体，是全国性的旅游全行业的组织。

第二条 宗旨

中国旅游协会根据党的“一个中心，两个基本点”的基本路线，围绕加快发展具有中国特色的社会主义旅游事业，开展调查研究、咨询等活动，为国家加强对旅游全行业的宏观管理、增强旅游企业活力服务；同时，在政府旅游主管部门和旅游企业之间发挥桥梁与纽带作用，促进旅游业的发展。

第三条 任务

一、对旅游发展战略、旅游管理体制和有关方针政策、国内外旅游发展态势和实践经验等进行广泛而有重点的调查研究，向国务院、国家旅游主管部门和其他有关方面提供建议和咨询。

二、联系各旅游专业行业组织、旅游学术团体以及旅游企、事业单位，交流情况和经验，研究有关问题，探索解决的办法，促进提高旅游经营管理素质。

三、加强旅游经济理论研究，开展学术交流活动。

四、必要时可协助有关单位开展旅游人才的培训工作。

五、编辑出版有关资料、刊物、传播交流国内外旅游信息和研究成果，宣传党和政府的有关方针政策，推动对外宣传招徕工作。

六、加强与旅游业有较多关系的行业协会的联系与合作，共同促进旅游事业的健康发展。

七、开展与国外旅游同行业组织的友好交往，促进旅游对外科学技术交流与合作。

八、向政府有关部门反映国内外旅游者的意见和建议；承担政府和旅游主管部门交办的任务；协助旅游企、事业单位委托的当办事宜。

第二章 组 织

第四条 中国旅游协会的最高权力机构是理事会。理事由各有关方面协商推举产生。理事会每年召开一次会议，必要时可提前或延期召开。

第五条 理事会的职权是：

一、制定、修改协会章程；

二、确定协会的工作方针和任务；

三、审议协会的工作报告；

四、推选会长、副会长、常务理事和秘书长；

五、聘请名誉顾问和顾问。

条六条 本协会设名誉会长。名誉会长人选由理事会推举。

第七条 在理事会闭会期间，由常务理事会行使理事会职权。常务理事会由会长、副会长、常务理事和秘书长组成。常务理事会每季度召开一次会议，必要时可提前或延期召开。

遇有必要增补副会长时，由常务理事会确定人选，理事会予以追认。

第八条 本会设常务副会长负责日常会务工作。

第九条 常务理事会设办公室作为办事机构，负责本会的日常具体工作。设副秘书长若干人，协助秘书长工作。副秘书长人选由常务理事会确定。

第十条 根据工作需要，协会可设立若干专业组织，负责进行专项活动。专业组织的设立由常务理事会决定。

第十一条 会长、副会长、常务理事、理事每届任期为四年，连选可连任。

第十二条 本会聘请国内长期从事旅游工作具有丰富经验者，以及热心于旅游业发展的知名人士和专家、学者担任名誉顾问或顾问。

第十三条 本会聘请华侨、港澳同胞、台湾同胞、外籍华人中热心我国旅游事业并作出贡献的知名人士和专家、学者担任名誉顾问或顾问。

第十四条 本会对省、自治区、直辖市旅游协会在业务上需取得联系并起一些必要的指导作用。

第三章 会 员

第十五条 中国旅游协会会员分为团体会员、个人会员和名誉会员。

第十六条 凡从事旅游经营活动的企、事业单位、旅游科研、教育和宣传机构以及与旅游业有直接关系的组织，承认本会章程，提出申请，经常务理事会批准，即成为本会团体会员。

第十七条 凡从事旅游实际工作、旅游教育、科研以及与旅游业直接有关的工作，并对我国旅游事业发展作出积极努力者，承认本会章程，提出申请，经常务理事会批准，即成为本会个人会员。

第十八条 名誉会员是一种荣誉称号，主要授予在旅游经营管理实践或旅游经济理论研究等方面作出积极贡献的旅游实际工作者或专家学者，以及热心我国旅游事业并作出贡献的华侨、港澳同胞、台湾同胞和外籍华人。

第十九条 会员的权利

一、参加本组织的有关活动；

二、优先得到本会提供的服务和编辑出版的资料、刊物；

三、对本会的工作进行批评和监督；

四、有申请退会的自由。

第二十条 会员的义务

一、遵守本会章程，执行本会决议，支持和承担本会的工作；

二、积极向本会反映情况，提出建议；

三、按规定缴纳会费。

第二十一条 会员违反本会章程或有违法行为，损害我国旅游业的信誉，常务理事会可对其进行必要的处理。

第四章 经 费

第二十二条 中国旅游协会的经费来源主要是：

一、国家事业费拨款；

二、会费收入；

三、其它合法收入。

第五章 附 则

第二十三条 本章程经理事会通过后生效，解释权属于协会常务理事会。

中国旅游协会组成人员名单

名誉会长、名誉顾问、顾问

名誉会长：谷 牧

名誉顾问：赵朴初 乔晓光 卢绪章 王越毅 袁超俊 庄炎林

霍英东（香港）

朱卓任（美籍华人，夏威夷大学旅游学院院长）

顾 问：孙尚清 刘明夫 孔 筱 谢辰生

伍沾德（香港）

中国旅游协会会长、副会长、常务理事、秘书长、副秘书长

会 长：韩克华

副会长：乔加钦 侯 颖

常务理事：（按姓氏笔划为序）

丁克坚 万 复 马 松 马志民 丁英士
王立钢 王玉清 王尔康 王奉先 王建程
白立阶 甘伟林 朱一明 乔玉霞（女）
李 强 李止舟 李玉莺（女） 李先辉
李建国 李绪荫 严廷昌 陈有生 陈兴亮
陈逸民 张玉玑 张志忠 张道一 张铭功
张德勤 岳岱衡 周振庆 赵冰如（女）
侯锡九 胡焕章 高 旭 高 音 陶永年
郭生海 郭东俊 董应烈 蒋奎生 彭湛东

秘书长：李玉莺（女）

副秘书长：薛 毅

中国旅游协会第二届理事会理事

一、旅游部门推选的理事

韩克华	全国政协常委、全国政协外事委员会副主任、原国家旅游局局长
乔加钦	原中国旅行游览事业管理总局副局长、国旅总社顾问
丁克坚	原中国旅行游览事业管理总局副局长、香港中国国际旅游有限公司董事长兼总经理
万 复	原中国旅行游览事业管理总局副局长、国旅总社顾问
岳岱衡	原中国旅行游览事业管理总局副局长、国旅总社副总经理
郭东俊	原国家旅游局计划司司长
李登奇	原国家旅游局人事司司长
李玉莺(女)	原国家旅游局政策研究室主任、研究员
尤尚文	原国家旅游局财务司负责人
沈受君	原国家旅游局宣传司副司长、编审
王尔康	国旅总社总经理、国旅集团董事长
董应烈	国旅总社政工部副主任、翻译、全国先进工作者
朱秉义	国旅总社办公室主任、副译审
车承丕	国旅总社散客部经理
陶永年	原国旅总社副总经理
李 强	原香港中国国际旅游有限公司董事长兼总经理
李更新	原香港中国国际旅游有限公司副总经理
黄 克	原国旅总社办公室主任
高 音	中旅总社总经理、中旅集团董事长
白立阶	中旅总社副总经理
李中元	中旅总社散客联运部经理
杨尔裕	中旅总社助理总经理
胡焕章	青旅总社总经理、青旅集团董事长
王建程	青旅总社副总经理
王勉生	青旅总社副总经理
杨志强	青旅总社日本部经理

陈有生　香港中国国际旅行社有限公司常务董事、副总经理
马志民　香港中旅（集团）有限公司总经理、香港中国旅行社有限公司总经理
李　葵　澳门中国旅行社总经理
范维亮　中国职工旅行社总经理、记者
叶礼艳（女）　中国妇女旅行社总经理
巢学忍　中信旅游总公司襄理、副译审
张清涵　中国旅游汽车联合会会长、首都汽车公司总经理、高级经济师
王少更　中国乡村旅游协会会长、北京市郊区旅游实业开发总公司总经理
于英士　北京旅游学会副会长、北京市委研究室副主任研究员、研究员
赵建国　国旅北京分社总经理
王仕平　北京市旅游局研究室主任
王蜜妮（女）　北京饭店西餐冷菜厨师长、全国“三八”红旗手、全国“五一”劳动奖章获得者、北京市劳动模范、特二级冷菜技师
程汝锟　天津市旅游学会秘书长
陈殿元　国旅天津分社副总经理
王　元　河北省旅游局副局长
孟宪江　河北省旅游局巡视员
葛　翌　山西省旅游协会副会长、原山西省旅游局代局长
荆　澎　山西省旅游协会秘书长
唐万鹏　内蒙古自治区旅游局旅游处副处长
道书明　国旅上海分社总经理
王润身　上海锦江旅游有限公司经理
吴怀祥　上海华亭（集团）联营公司总经理
张作璋（女）　江苏省金陵旅游有限公司负责人
杨培玉　江苏省旅游局规划处副处长
刘家骥　江苏省海外旅游公司总经理
王邦铎　浙江省旅游协会会长、浙江省旅游总公司总经理、高级工程师
徐秉文（女）　浙江省旅游协会副会长、杭州大学旅游系副教授
陈仙波　浙江省旅游协会秘书长、高级经济师
欧远方　安徽省旅游学会会长、安徽省顾委常委、省社科院研究员
江国柱　安徽省旅游培训中心副主任、高级工程师
陈宏伟　福建省旅游学会副会长、福建海外旅游总公司总经理
郭　冰（女）　福建省旅游学会副会长、原福建省旅游局副局长
林惠滨（女）　福建省旅游学会理事、省社科院副研究员
赵学义　山东旅游公司总经理
孙元传　《山东旅游》编辑部主编
张　野　江西旅游总公司总经理、翻译
孙志鸿　国旅南昌分社、江西省中国旅行社经理
艾永江　广东海外旅游总公司总经理
邝光月　广东省旅游局直属机关党委书记
曾宪元　原广东省旅游局规划处处长
刘起泉　原广西壮族自治区旅游局副局长
刘书锦　国旅南宁分社经理
李兰荪　原湖南省旅游局宣传处处长
杨开源　原国旅长沙分社经理
唐仲仪　湖北省旅游局副厅级巡视员
芮其荣　国旅武汉分社副总经理、副译审
王伯兴　河南省旅游学会顾问、河南省旅游局副局长
尤滋洲　河南省旅游学会副会长兼秘书长
陈在钦　国旅海南分社总经理
孙有禄　海南省中国旅行社总经理、高级经济师
李砚田　四川省旅游协会会长
郝　敏　四川省旅游协会副会长
李树清　原云南省旅游局副局长
和文侃　国旅昆明分社总经理
王用修（女）　贵阳市中国旅行社经理、经济师
土登益本　西藏自治区科技情报所副所长、助理研究员
王　昕　辽宁省旅游学会副秘书长
谢东林　国旅沈阳分社总经理
黄玉柱　吉林省海外旅游总公司总经理
姜　潮　黑龙江省旅游协会会长、黑龙江省旅游局副局长
韩德泉　黑龙江省旅游协会秘书长
尹绍祖　国旅西安分社名誉总经理
车　明　陕西省旅游局宣传处处长
朱玉槐　西北大学经济管理学院副院长、教授
段书宝　原甘肃省旅游局局长
纪洁夫　原甘肃省旅游局副局长
马仲仁　国旅银川分社正处级调研员
康振武　青海省旅游局局长
王殿俊　新疆维吾尔自治区旅游局党组书记
杨树森　桂林市旅游协会副会长、桂林宾馆董事长
吴松春　杭州市旅游经济学会会长、旅游总公司副经理、工程师
李　基　深圳市旅游协会会长、深圳口岸中国旅行社总经理、经济师
谢惠鹏　潮汕旅游协会会长、汕头市旅游总公司

总经理、经济师

杨赞贤　西安海外旅游总公司总经理、副编审

伍仁章　重庆市旅游局正局级巡视员

陈英钧　宁波市旅游公司总经理

谭龙生　沈阳海外旅游总公司总经理、助理工程师

金华亭　国旅青岛支社党总支书记

吕万山　大连市旅游局局长、科技管理工程师

韩立新　哈尔滨国际观光旅行社总经理、翻译

张振福　原厦门市人大常委会副主任

李兴源　广州市旅游公司总经理

辜汉臣　武汉市旅游总公司负责人

汪筱萍(女)　南京市友好旅行社总经理、会计师

李全江　成都市旅游局副局长

张在谦　国旅烟台支社经理

李德新　秦皇岛市燕山大学旅游系副主任

邓保南　福州市旅游公司总经理

二、中央各有关部门和单位推选的理事

侯　颖　中纪委委员

张玉玑　国家计委社会事业司副司长、高级经济师

张志忠　中国民航局国际司副司长

周振庆　铁道部运输局副局长

郭生海　交通部运输管理司副司长

赵冰如(女)　财政部外汇外事财务司代司长、高级经济师

彭湛东　国务院侨办国外二司司长、工程师

陈广明　国务院港澳办二司副司长

高　旭　公安部三局局长

甘伟林　建设部城建司副司长、高级工程师

张德勤　国家文物局局长、文化专员

马　松　国家物价局涉外价格司副司长、高级经济师

洪允成　中国人民银行总行办公厅主任、高级经济师

贾殿军　空军司令部管理局局长

王奉先　轻工部工艺美术总公司副总经理、高级工程师

毕金江　轻工部工艺美术总公司经理办公室主任、高级经济师

钟　群　中国人民对外友好协会秘书长

鸿　龄　中国旅游产品生产供应公司旅游部副经理、翻译

冷　林　光大实业公司副总经理

三、旅游院校、旅游科研、新闻单位推选的理事

李先辉　北京第二外国语学院院长、副编审

王景荣　北京旅游学院副院长、副研究员

邓观利　天津中国旅游培训中心领导小组副组长、高级经济师

陶　明　南京金陵旅馆培训中心筹备领导小组组长

刘　住　上海旅游专科学校常务副校长

何自强　南开大学旅游系主任、副教授

陈　纲　杭州大学旅游系副主任、副教授

陈根培　南京旅游学校教务处副主任、高级讲师

夏驷麟　四川省旅游学校副校长、高级讲师

闵　以　湖北省旅游学校代理校长

李建国　国务院经济技术社会发展研究中心外经组副组长(副局级)

乔玉霞(女)　中国社会科学院财贸物资经济研究所副研究员

张广瑞　中国社会科学院财贸物资经济研究所旅游室副主任、助理研究员

王立纲　北京第二外国语学院旅游科学研究所所长、教授

范家驹　上海旅游学会副秘书长、上海社会科学院旅游研究中心主任、助理研究员

方民生　浙江省社会科学院副院长兼经济研究所所长、研究员

李绪荫　《中国旅游报》副社长兼副总编辑、主任编辑

庄凯勋　新华社中国新闻发展公司副总经理、主任记者

蒋荫安　《人民日报》海外版副主编、高级编辑

孙国臻(女)　《中国日报》文教部主任、主任编辑

杨　洁　《经济日报》财贸部副主任、编辑

林洪岱　《世界经济导报》旅游编辑

四、特邀理事

王玉清　全国政协常委、原中共中央书记处研究室顾问

严廷昌　上海市旅游学会顾问、上海市旅游事业委员会副主任、原上海市旅游局局长

张铭功　江苏省对外友好协会副会长、原江苏省旅游局局长

蒋奎生　山东省旅游学会会长、山东省旅游局局长、教授

朱一明　广东省旅游协会会长、广东省政府副秘书长

陈兴亮　陕西省旅游学会会长、原陕西省旅游局局长

李止舟　原四川省旅游局局长

徐婉华(女)　原天津市旅游局局长

侯锡九　北京市旅游公司副总经理、北京市旅游商品供应服务总公司经理、原北京市旅游局副局长

朱汉卿　原江苏省旅游局副局长

陈逸民　安徽省国际信托投资公司总经理、原安徽省旅游局副局长

陈　斌　原广东省旅游局副局长

陈平晖　原湖北省旅游局副局长

张道一　原北京第二外国语学院院长

宋贤义　原烟台市旅游局局长、烟台市对外友好协会顾问

傅作贤　原北戴河海滨旅游公司经理

中国旅游饭店协会章程

（中国旅游饭店协会第二次会员代表大会通过）

1989年8月26日

中国旅游饭店协会遵循“一个中心，两个基本点”的方针，不断提高旅游饭店的管理和服务水平，促进旅游事业的发展，特制定本章程。

第一章 总 则

第一条 本协会名称：中国旅游饭店协会。英文名称CHINA TOURIST HOTEL ASSOCIATION（简称CTHA）。

第二条 本协会挂靠在国家旅游局，业务上受国家旅游局指导。

第三条 本协会是由旅游饭店及其密切相关的单位组成的行业性的组织，具有社会团体法人地位。

第四条 本协会在国家的有关法律和法规范围内，为会员饭店服务，维护会员的合法权益。

第二章 任 务

第五条 本协会在会员和政府部门之间发挥桥梁和纽带作用。向政府反映会员的愿望与要求，接受政府委托办理的事宜。

第六条 本协会的具体任务是：

（一）协调会员饭店之间的关系；

（二）维护会员饭店的合法权益；

（三）研究总结交流饭店经营管理的经验；

（四）组织业务培训，提高会员饭店人员的业务水平；

（五）提供饭店经营管理和设施信息诸方面的咨询服务；

（六）组织与国外饭店业之间的经验交流与合作；

（七）向政府有关部门提出建议；承办政府部门委托办理的事宜。

（八）组织出版协会刊物。

第三章 会 员

第七条 本协会以团体会员为主，吸收少量的个人会员。

凡承认本协会章程，具备国家规定的星级标准的旅游饭店，以及密切相关的单位自愿申请经当地理事推荐常务理事会批准，即可成为团体会员。

吸收饭店业的专家、学者和知名人士为个人会员。

第八条 会员的权利

（一）参加本协会举办的活动，享用本协会提供的各项服务；

（二）当合法权益受到侵害时，有权要求协会给予帮助；

（三）有建议权和批评权；

（四）有选举权，被选举权和表决权；

（五）有申请退会的自由。

第九条 会员的义务

（一）遵守协会章程，执行协会决议；

（二）遵守行规行约，维护协会的声誉和集体利益；

（三）关心协会工作，承办协会委托的任务；

（四）向协会提供资料和情况；

（五）按时缴纳会费。

第十条 申请入会和退会均需按本协会规定办理手续。

第十一条 会员不履行义务或达不到团体会员基本条件时，理事会（常务理事会）可督促其改正，拒绝改正时，可劝其退会。

第四章 组 织

第十二条 协会最高权力机构是会员代表大会，会员代表大会产生理事会。

理事候选人名单由各省、市、区会员饭店协商产生和相关单位组织推荐，会员代表大会选举通过。

理事会从理事中选举产生会长一人，副会长若干人，常务理事若干人，组成常务理事会，主持理事会的工作。

第十三条 会员代表大会每两年举行一次，由理事会（常务理事会）召集。必要时可提前或延期召开。

协会聘请名誉会长和顾问。

理事、常务理事在任期内，因各种原因不能担任理事、常务理事时，需要补选，由原单位提名，经协会理事会（常务理事会）批准。

第十四条 会员代表大会的职权：

（一）听取和审议批准理事会的工作报告；

（二）讨论并决定协会的工作方针和任务；

（三）修改协会章程；

（四）选举理事会。

会员代表大会决议由全体出席会议代表表决，超过半数方为有效。

第十五条 会员代表大会闭会期间，理事会（常务理事会）执行大会的决议，主持协会的工作，对外代表协会。

第十六条 理事会每年举行一次会议，由会长召集。理事会决议须由出席会议的理事表决，超过半数方为有效。

第十七条 会长、副会长、理事任期四年，可连选连任。

第十八条 本协会根据工作需要设立常设办事机构，负责协会的日常工作。常设办事机构在常务理事会领导下，由秘书长主持日常工作。

本协会设秘书长一人，副秘书长若干人。秘书长由理事会聘任，副秘书长由常务理事会聘任。

第五章 经 费

条十九第 本协会根据国家规定建立财务制度。

第二十条 本协会经费来源如下：

（一）会费。团体会员的会费标准由会员代表大会讨论决定。个人会员不缴纳会费。

（二）资助和捐赠。

（三）其他正当收入。

第二十一条 本协会经费用于下列开支：

（一）协会的业务活动；

（二）协会工作人员的报酬；

（三）办公设施及办公费用。

第二十二条 本协会的财务预、决算报理事会（常务理事会）审核，并向会员代表大会报告。

第六章 附 则

第二十三条 协会章程的解释权属于常务理事会，修改权属于会员代表大会。

第二十四条 本协会地址：中国北京

中国旅游饭店协会会员饭店基本条件

一、必须是领有接待外宾和华侨等四种人营业执照的涉外饭店。

二、饭店设施条件：

1.饭店建筑外观、特点具有地方风格，建筑质量一般。

2.整幢建筑有暖气，公用场所或客房有柜、窗式空调，能保证夏季室温适度，有少量套间及单人间。

3.有中、西餐兼用的餐厅设施，有三级以上厨师、领班，能供应风味中餐和普通西味；有1—2间宴会厅，布局及用具有特色，能举办小型宴会。有咖啡室或酒吧间。

4.饭店正门有适用的门厅，并备有精致的挂钟，门厅外有一定的停车面积。

5.三层以上有客房必须有客人使用的电梯。

6.电信服务，有电话、电报及邮政服务。

7.代办出租汽车服务。

8.有小卖部、理发室、有专人办理外币兑换，代办洗衣、修理等业务。

9.有完善的消防设施和保安设施。

三、标准客房条件

1.双人单间，净面积（不包括卫生间）12—14平方米，墙面为防水壁纸或普通粉墙，水磨石或水泥地面，长前铺小地毯。

2.室温冬夏适度，光线充足，空气新鲜。

3.有音响设备或14英寸彩色电视机。

4.配有一般质量的全套家具和卧具，有普通软垫床和写字台、软椅、壁柜、床头柜、有台灯、壁灯、厚窗帘，有烟具、茶具等。

5.有三分之一的客房设有卫生间，内设浴盆或淋浴，并备有洗浴用品；无卫生间的客房分设男、女浴室（一般6个床位设一个浴位、洗漱间、厕位），每日供应热水不少于8小时。

四、服务项目和服务质量

1.饭店大门有专人迎送宾客，提送行李，总服务台有昼夜值班，并有一定业务能力和外语水平的值班经理。

2.饭店各类服务人员具有社会主义道德品质，遵守外事纪律，仪容仪表整洁大方，讲究礼节礼貌，服务热情周到。一线服务人员受过专业训练熟悉本岗位业务知识，服务技术熟练，并能做到规范化，标准化，懂得本岗位一般外语会话。

3.餐饮卫生条件，符合中华人民共和国食品卫生法有关规定。

4.客房清洁无味，床单、枕套、大小毛巾、浴巾2—3天一换，新到客人全部换，茶具每天清洗消毒，供应冷、热开水，每天一换。

5.整个饭店窗明几净，卫生整洁，无垃圾死角，无蚊、蝇、老鼠、蟑螂、潮虫、蚂蚁等。

6.卫生间和公用淋浴设备、公用厕所每天清洗消毒、做到无异味。

7.代办事项无遗忘、延误现象。

五、管理水平

1.有完善的规章制度和科学管理办法，各项工作职责分明，有条不紊，店容、店貌清洁有序，工作效率高。

2.总经理和部门经理受过专业训练，熟悉本岗位业务知识，能在本岗位工作中运用外语服务，有一定管理经验，能临时应变和果断处理有关问题。

3.预订客房、结帐收款准确迅速。

4.修理修缮工作及时，门窗、墙壁、家具、设备和设施保持完好无损、正常使用；管道线路无跑、冒、滴、漏现象；卫生器具无锈水、锈蚀；无停电、停梯、停水、水灾、食物中毒事故。

5.有防水、防盗措施和非常情况下紧急疏散宾客的行动预案，确保宾客安全。

中国旅游饭店协会人员组成名单

中国旅游饭店协会第二届名誉会长、顾问、会长、副会长、秘书长

名誉会长：陈慕华

顾　　问：高登榜　霍英东(香港)　杨秉正(香港)　朱一明　张忠实

会　　长：李权中

副 会 长：王禄良　田　琼　任百尊　李家骥　李砚田　周鸿猷　侯锡九　张树檀　薛汉军

秘 书 长：车德馨

中国旅游饭店协会第二届常务理事

李权中	车德馨	卞奎星	田　琼
侯锡九	王柳庄	齐永胜	佟华龄
张钧孝	程绍良	程清祥	赵冰如(女)
顾道先	王福槭	马　松	马纪群
刘尔夫	陈世红	李保兴	张　路
宗海峰	张树檀	郭振才	任百尊
张武坚	张　先	钱学中	何义钊
胡裕茂	周鸿猷	钱国钧	王荣昌
石文藻(女)	刘普田	袁亚莹	王禄良
马尔骎	杨小鹏	刘庆曾	李庆昌
张倩铃(女)	李家骥	冯德贤	李砚田
辛　玉	薛汉军	裴长菊	高宗义
张成保			

中国旅游饭店协会第二届理事名单

卞奎星	王柳庄	田　琼	叶天雄
李　通	齐永胜	佟华龄	张钧孝
秦向琪	曹焕林	程绍良	程清祥
侯锡九	滕更新	钟锦芊	席振寰
袁青海	许森源	张玉林	方小榕
朱庆和	钱斌奎	蒋丁新	徐忠平
李　毅	陈世红	孙　湛	王福槭
乔淑华	马纪群	张　路	何　曲
张　伟	李万山	李保兴	赵冰如
张玉玑	顾道先	邓思一	李延平
马　松	何礼荪	黄正元	李泽儒
刘尔夫	庄玉海	李权中	车德馨
孟歌环	张作民	祁丽娟(女)	宗海峰
李恒祥	周绍志	张玉山	张永山
施涵蕴(女)	米光斗	霍明华	王克中
荆　澎	刘　雨	李俊文	马继武
李志贺	张树檀	王锡英	张同义
张振山	孙华民	关家满	张凤乔
崔永海	郭振才	谭　毅	傅国臣
马学武	刘明昌	孙宝忍	张武坚
吴怀强	任百尊	钱学中	张　先
胡裕茂	何义钊	钱介荣	刘冠岐
张贤秉	王谷祥	袁学娅(女)	陈卫民
吕九龙	张志毅	虞大溪	顾永才
余存熹	余炳炎	周鸿猷	钱国钧
王寿金	郭祥海	王福康	夏裕生
史茂森	吴忠友	王荣昌	徐炳生
刘　馨(女)	徐义铭	杨国亮	付祖熙
庞长清	殷守余	周怡友	郗根义
杨　祝	朱福生	石文藻(女)	李元养
尹国庆	刘爱治(女)	黄献忠	王　森
段友志	张仙朋	王志显	刘晋田
赵正义	许文祥	孙　军	袁亚莹
丁　华(女)	万绍银	张明瑾	姚亚生
杨　威	王禄良	马尔骎	张倩玲(女)
李庆昌	樊迎朝	杨小鹏	刘庆曾
陈熙炎	邓顶光	陈汝峰	郑　坤
陈德敬	席青慧	冯德贤	李家骥
叶林华	丛绍全	张少华	孙剑秋
许　发	刘絮言(女)	于金福	李砚田
郝　敏	张　崇	罗立先	李　力
范铨远	魏德芳	辛　玉	夏锦尧

旅游机构

罗光庆	段复广	高世忠	蒋柳昆	马生彪	张成保	万子华	武鸿麒
徐慕钢	施　琦	薛汉军	裴长菊	侯福祥	栾兆坤	丁万华	
马镒民	高宗义	王严琛	张克钧	艾则孜·买买提力			

企業名錄

·旅　行　社·

中央一类旅行社

中国国际旅行社总社
地址：东长安街6号
电话：5122139

中国旅行社总社
地址：东交民巷8号
电话：5129933-215　5129539

中国青年旅行社总社
地址：东交民巷乙23号
电话：5127770-124　544213

中国天鹅国际旅游公司
地址：北京饭店2020室
电话：5137766-2020　5138487

中国民间国际旅游公司
地址：新源里南路9、13号
电话：4217946　4217945

中国国际体育旅游公司
地址：朝阳区潘家园一号
电话：7719479　7716487

中国妇女旅行社
地址：北京市东四南大街103号
电话：557850 554272 553307

中国职工旅行社总社
地址：建国门外日坛路1号
电话：5128680 5125588-278

中国光大旅游总公司
地址：东城区东郊民巷20号
电话：5129988-3404 3407

中国金桥旅游公司
地址：西直门内大街172号
电话：6016037　6015993

中国和平国际旅游公司
地址：西苑饭店三号楼
电话：8313388-5328(25)　5334

招商国际旅游公司
地址：前门西大街14号和平门烤鸭店301室
电话：335635;335636

康辉旅行社总社
地址：西什库大街74号
电话：665423　6013993

中信旅游总公司
地址：建国门外大街19号
电话：5002255-4507 4508

北京海外旅游公司
地址：崇文门西大街2号
电话：5122211-707;5122246

北京新华旅游集团公司
地址：复兴门外复兴路甲23号
电话：8316476　815462

中央二类旅行社

中国教育旅行社
地址：新街口外大街28号
电话：2024640　2024639

中青旅铁道旅行社
地址：复兴门外真武庙4条4号
电话：3263640　3263650

中国文化艺术旅行社
地址：北京饭店
电话：5137766-5805 5802

中国新兴国际旅游公司
地址：西三环中路17号六楼604室
电话：6847876　8014671

国际大地旅行社
地址：西四阜内大街64号
电话：601579

海天旅行社
地址：朝阳区东三里屯3号
电话：4082595

同源国际旅游公司
地址：北京市宣武区万明路11号
电话：3014466-2328

中国国际文化旅游公司
地址：崇文门外大街119号9层
电话：7013862　7013887

中国海华旅游公司
地址：西城区中京几道12号
电话：667131-3312　6017757

北京二外旅行社
地址：朝阳区东三里屯中14楼
电话：481324　6634471-279

北京龙文旅行社
地址：新街口外大街28号
电话：2021686

中国建信旅行社
地址：西城区百万庄国家建材局内
电话：2019966-663　8311144-912

中国友谊旅行社
地址：海淀区白石桥路3号
电话：890621-2124 8021013

竹园旅行社
地址：旧古楼大街小白石桥24号
电话：4011085 444661-2120

中国供销合作社国际旅行社
地址：西直门饭店
电话：8314379 8021155-377

地方旅行社

北京市

二类旅行社

中国国际旅行社北京分社
地址：崇文门西大街2号
电话：5122256；5122211-602

北京中国旅行社
地址：崇文门西大街2号
电话：5122211-636；645；701

燕都旅行社
地址：前门外西打么厂街256号
电话：5112028；753123

北京中北旅行社
地址：宣武区万明路11号
电话：3014466-2315 2316

北京青年旅行社
地址：西城区车公庄21号
电话：892371 890981—364

东方旅行社
地址：崇文门西大街2号后小楼
电话：5122211-393 394

长城旅行社
地址：海淀区西苑饭店七号楼
电话：8316094 8317644

时效旅游公司
地址：木樨地鸿燕服务楼2楼
电话：8011671 8642635

神州旅行社
地址：东直门外新源南路19号
电话：4081306 483864

鸿蒙旅行社
地址：东城区新中街乙13号南楼
电话：4665389

华远旅游公司
地址：德胜门西大街汇通祠
电话：6013355-3013 6014841

华都旅行社
地址：朝阳区新源里南路8号
电话：5001166-8182 5001265

北京市旅行社
地址：崇文门西大街2号
电话：5122219 5122211-745

太阳石旅行社
地址：海淀区学院路13号
电话：2017154 2017836-365

中原旅行社
地址：东城崇文门内大街甲106号
电话：5128947

红蜻蜓旅行社
地址：朝阳区工体北路2号兆龙饭店
电话：5002299-3502至3506

福康旅行社
地址：东四南大街91号
电话：5120610 5129654

龙门旅行社
地址：东城区东皇城根北街16号
电话：4012179 4012180

香山旅行社
地址：香山公园香山饭店
电话：3565544—6050 2563609

五州国际旅行社
地址：朝阳区团结湖北口交通旅社
电话：583840 524008

紫薇旅行社
地址：石景山区石景山路29号
电话：876873 878031-209

旅游学院旅行社
地址：东城区交道口南大街15号
电话：4014966 878031-209

蓝天旅行社
地址：朝阳区雅宝路7号
电话：5005828 5127799-701

燕翔旅行社
地址：朝阳区将台路甲2号
电话：5006261

燕京旅行社
地址：崇文区天坛内东里2号
电话：757131-401 5112509

怡安旅行社
地址：东城区和平里北街16楼
电话：4221861 4217813

金钥匙旅行社
地址：北三环中路14号德胜饭店内
电话：2024477-202 212

安琪旅行社
地址：东城区前门东大街23号
电话：5126630 545503

方舟旅行社
地址：朝阳区枣营路甲3号
电话：5004118 5004385

龙泉旅行社
地址：朝阳区西坝河西里远方饭店
电话：4222365 4224411-509

华铁旅行社
地址：海淀区复兴路6号
电话：866215 361731-22225

龙腾旅行社
地址：朝阳区顺源里14楼
电话：4224013　4224012

天华旅行社
地址：丰台区西三环中路甲27号
电话：365481

朝阳旅行社
地址：朝阳区酒仙桥路乙21号
电话：4734915006506

天安旅行社
地址：东直门南大街8号
电话：485821486076

职工旅行社
地址：东城区台基厂3条3号
电话：5126379

三类旅行社

万山旅游公司
地址：宣武区自新路晋太高庙甲35号
电话：330257

大观园旅行社
地址：宣武区南菜园五十七号
电话：265286;3062374

华宇旅游开发公司
地址：北京西直门内后桃园九号
电话：665329

铁路旅行社
地址：东城区老钱局胡同16号
电话：541372

北华旅行社
地址：正阳门东天安百货商场前
电话：544061

四季旅行社
地址：丰台区右安门外东头条4号
电话：339621

教师旅行社
地址：天坛北门金鱼池东街12号
电话：7013235　7013236

金融旅行社
地址：团结湖北口交通旅社
电话：524223　524203

中纺旅行社
地址：东城区正义路4号
电话：544032

达美旅行社
地址：朝阳区西大望路12号
电话：593931-292595148

旅游部

长虹旅游部
地址：右安门外东滨河路侨园饭店
电话：551476

首都宾馆旅游部
地址：东交民巷20号
电话：5129988

西苑饭店旅游部
地址：海淀区二里沟西苑饭店2号楼52259室
电话：8313388

燕京饭店旅游部
地址：复兴门外大街19号
电话：867540

民族饭店旅游部
地址：复兴门内大街51号
电话：6014466-2163

昆仑饭店旅游部
地址：朝阳区亮马河21号
电话：5003388-2402

多达旅游部
地址：广渠门外忠实里四巷9号
电话：5582222(1111)-33827

天津市

中国国际旅行社天津分社
地址：天津市河西区友谊路22号
电话：314831

天津中国旅行社
地址：天津市河西区友谊路22号
电话：318974

中国青年旅行社天津分社
地址：天津市河西区乐园路1号
电话：285966(SB)

康辉旅行社
地址：天津市和平区解放北路219号
电话：318888(SB)

河北省

一类旅行社

中国河北海外旅游总公司
地址：石家庄市育才街22号
电话：614766

二类旅行社

中国国际旅行社石家庄分社
地址：石家庄市育才街22号
电话：615239

河北省中国旅行社
地址：石家庄市育才街22号
电话：614570

中国青旅集团河北公司
地址：石家庄市育才街23号前楼
电话：615961

河北旅行社
地址：石家庄市育才街22号
电话：614018

石家庄旅行社
地址：石家庄市长安西路9号
电话：47901

中国国际旅行社承德支社
地址：承德市南园东路6号
电话：226418

承德市中国旅行社
地址：承德市南园东路6号
电话：228930

承德地区旅行社
地址：承德市山庄宾馆西配楼
电话：226635

北戴河国际旅行社
地址：秦皇岛市北戴河金山路4号
电话：441338

北戴河中国旅行社
地址：秦皇岛市北戴河金山路4号
电话：441338

中国国际旅行社秦皇岛支社
地址：秦皇岛市河北大街体育场院
电话：334646

秦皇岛市中国旅行社
地址：秦皇岛市光明路副13号
电话：331634

中国青旅集团秦皇岛公司
地址：秦皇岛市建设大街农委院
电话：332634

中国职工旅行社秦皇岛分社
地址：秦皇岛市海阳路69号
电话：331069

中国国际体育旅游公司秦皇岛公司
地址：秦皇岛市文体路5号
电话：332591

中国国际旅行社唐山支社
地址：唐山市唐山宾馆院
电话：22210

中国国际旅行社遵化支社
地址：遵化县遵化饭店
电话：2169

中国国际旅行社邯郸支社
地址：邯郸市人民路176号
电话：26420

三类旅行社

秦皇岛旅行社
地址：秦皇岛市河北大街体育场院内
电话：335974

秦皇岛幽燕旅行社
地址：秦皇岛市海阳路
电话：331584

秦皇岛山海关旅行社
地址：秦皇岛市山海关区政府院内
电话：551330

秦皇岛海关长城旅行社
地址：秦皇岛市山海关铁中院内
电话：551291

秦皇岛山海关长寿山旅行社
地址：山海关东三条30号
电话：551145

秦皇岛北戴河友谊旅行社
地址：北戴河海滨鹰角路1号
电话：441965

秦皇岛南戴河旅行社
地址：秦皇岛市南戴河
电话：442824

中国青旅集团总公司北戴河旅行社
地址：北戴河海滨黑石路4号
电话：441697

承德市新华旅行社
地址：承德市新华路北4号
电话：222556

承德市神州旅行社
地址：承德市南园路6号
电话：226452

承德市职工旅行社
地址：承德市南园路6号
电话：224122

承德市火车头旅行社
地址：承德市火车站前
电话：222190

承德市碧峰旅行社
地址：承德市丽正门1号
电话：222858

承德市休干旅行社
地址：承德市潘家路1号
电话：224163

承德市京承旅行社
地址：承德市火车站前
电话：224108

承德市白云旅行社
地址：承德市翠桥西路180号
电话：226940

承德市诚实旅行社
地址：承德市石油机械厂
电话：226561

承德市承德旅行社
地址：承德市南营子大街33号
电话：225179

承德市环宇旅行社
地址：承德市旅游桥东
电话：222567

承德市热河旅行社
地址：承德市武庙路东21号
电话：224241

承德市鸿雁旅行社
地址：承德市邮电局
电话：225945

承德地区围场县旅行社
地址：河北围场县政府院
电话：2394

承德地区丰宁旅游总公司
地址：河北丰宁县政府院
电话：2130

承德地区华侨旅行社
地址：承德地区侨汇公司内
电话：225811

承德地区山庄旅行社
地址：承德地区招待处
电话：222037

山西省

一类旅行社

山西海外旅游实业总公司
地址：太原市迎泽大街51号
电话：441155

二类旅行社

中国国际旅行社太原分社
地址：太原市迎泽大街51号
电话：441155

中国国际旅行社大同支社
地址：大同市迎宾东路21号
电话：522601

中国国际旅行社五台山支社
地址：五台县台怀镇

中国国际旅行社临汾支社
地址：临汾市解放路宾馆137房间
电话：2797

中国国际旅行社运城支社
地址：运城市红旗东路19号宾馆西楼
电话：2266

中国国际旅行社阳泉支社
地址：阳泉市北大街15号宾馆西二排
电话：23494

中国青年旅行社山西分社
地址：太原市青年路6号
电话：222062

中国青年旅行社大同支社
地址：大同市迎宾东路21号
电话：522601

中国康辉旅行社大同分社
地址：大同市迎宾馆东路21号
电话：522452

中国国际体旅公司山西公司
地址：太原市双塔西街18号
电话：440971

山西杏花村汾酒厂旅游公司
地址：山西省汾阳县杏花村1号

山西省中国旅行社
地址：太原市迎泽大街51号

山西省阳泉中国旅行社
地址：阳泉市北大街15号宾馆内
电话：23494

山西省忻州中国旅行社
地址：忻州市七一北路七号
电话：32717

山西省晋中中国旅行社
地址：山西省榆次市晋中饭店东楼
电话：25812

山西省恒山中国旅行社
地址：山西省浑源县恒山旅游接待站

山西省吕梁中国旅行社
地址：山西省离石新建路13号
电话：3614

山西省长治中国旅行社
地址：山西省长治市政府外办

三类旅行社

山西省黄河旅行社
地址：太原市水西关南街29号汾东公寓
电话：440831

太原市旅游公司
地址：太原市湖滨饭店132房间
电话：223341

山西省艺术家旅行社
地址：太原市迎泽大街46号
电话：229153

山西省晋阳旅行社
地址：太原市唐明饭店606室

晋祠旅游服务公司
地址：太原市晋祠公园雨花寺
电话：221632

太铁客运段旅游中心
地址：太原市双塔北街铁路饭店

大同云岗旅行社
地址：太原市迎宾东路21号
电话：512601

大同宾馆旅行社
地址：大同市迎宾西路8号
电话：232476

大同市云中旅行社
地址：大同市民航里

黎城县旅游公司
地址：山西省黎城县大礼堂西侧

武乡县国内旅行社
地址：武乡县城内

平遥县国内旅行社
地址：平遥县城顺城路70号

绛县国内旅行社
地址：山西省绛县劳动服务大楼209房间

长治旅游服务公司
地址：长治市政府门口北侧

交城县旅行社
地址：山西省交城县外办

芮城县旅游公司
地址：山西省芮城县

沁水县旅游公司
地址：山西省沁水县政府外事办公室

内蒙古自治区

中国国际旅行社海拉尔支社
地址：海拉尔市胜利大街2号
电话：4728

扎兰屯旅行社（国旅扎兰屯支社）
地址：扎兰屯市吊桥路明月街
电话：3312

中国国际旅行社满洲里支社
地址：满洲里二道街121号
电话：2976或2225

乌兰浩特旅行社（国旅乌兰浩特支社）
地址：乌兰浩特市兴安路北路兴安宾馆院内
电话：26780

通辽旅行社（国旅通辽支社）
地址：通辽市西拉木伦大街30号
电话：32992转旅行社或34586

赤峰市旅行社（国旅赤峰支社）
地址：赤峰市昭乌达路八号赤峰宾馆院内
电话：37622　0476

中国青旅集团内蒙古公司
地址：呼和浩特市中山东路九号
电话：663560　24910

中国国际旅行社呼和浩特分社
地址：呼和浩特乌兰察布西路内蒙古饭店办公楼内
电话：24404

中国海外旅游总公司
地址：呼和浩特市乌兰察布西路内蒙古饭店办公楼
电话：26774

中国康辉旅行社内蒙古分社
地址：中国内蒙古呼和浩特迎宾路7号呼和宾馆北楼102室
电话：662200转2653

中国国际体旅内蒙古公司
地址：呼和浩特市赛马场主席台
电话：668434

中国国际旅行社包头支社
地址：包头昆区钢铁大街19号包头宾馆院内
电话：24615

东胜旅行社（国旅东胜支社）
地址：伊盟东胜市白天马路5号鄂尔多斯饭店内
电话：5091或4049

锡林浩特旅行社（国旅锡林浩特支社）
地址：锡林浩特市
电话：4392

中国国际旅行社二连支社
地址：二连市
电话：464

辽宁省

一类旅行社

辽宁省海外旅游总公司
地址：沈阳市皇姑区黄河北大街1号
电话：663887

沈阳市海外旅游总公司
地址：沈阳市皇姑区崇山中路11号
电话：729975

大连市海外旅游公司
地址：大连市西岗区畅通街1号
电话：338018(0411)

二类旅行社

中国国际旅行社沈阳分社
地址：沈阳市皇姑区黄河南大街113号
电话：466037

中国国际旅行社大连分社
地址：大连市西岗区畅通街1号
电话：335795(0411)

大连市中国旅行社
地址：大连市斯大林广场1号
电话：331258(0411)

中国青年旅行社大连分社
地址：大连市沈阳路94号
电话：336139(0411)

中国金桥旅游总公司大连分公司
地址：大连市斯大林路86号
电话：807436(0411)

中国康辉旅行社大连分社
地址：大连市中山路143号
电话：337832(0411)

中国光大旅游公司辽宁分公司
地址：大连中山区友好街1号
电话：339734(0411)

大连市国际妇女旅行社
地址：大连市中山广场3号
电话：803145(0411)

辽宁省中国旅行社
地址：沈阳市黄河南大街78号
电话：661479　463697

中国青年旅行社辽宁分社
地址：沈阳市和平区北五街21号
电话：27706　27887

新亚旅行社
地址：沈阳市黄河南大街105号
电话：660734　461225

中国金桥旅游公司沈阳公司
地址：沈阳市中山路357号
电话：21354

沈阳铁道旅行社
地址：沈阳市民主路112号明珠酒店410房间
电话：373162　371627转31003

辽宁凤凰旅游公司
地址：沈阳市黄河南大街113号
电话：460673

辽宁省国际体育旅游公司
地址：沈阳市南宁南街50号
电话：362319

辽宁省国际文化旅行社
地址：沈阳市三好街2段1号
电话：392165-484

中国国际旅行社鞍山支社
地址：鞍山市南胜利路29号
电话：534403

中国国际旅行社抚顺支社
地址：抚顺市水宁街4号（友谊宾馆院内）
电话：23341

中国国际旅行社丹东支社
地址：丹东市山上街丹东宾馆院内
电话：20187

中国国际旅行社锦州支社
地址：锦州市解放路3段18号
电话：29753

辽宁海外旅游总公司营口公司
地址：营口市渤海大街7号
电话：32667

辽宁海外旅游总公司本溪公司
地址：本溪市站前电业大楼9楼
电话：40945

辽宁海外旅游总公司辽阳公司
地址：辽阳市帛中华大街61号
电话：37317

辽宁海外旅游总公司铁岭公司
地址：铁岭市柴河街龙山宾馆
电话：25311-271

辽宁海外旅游总公司阜新公司
地址：中华路45号朝阳宾馆
电话：5491

大连市旅顺口旅行社
地址：旅顺口区忠城街63号旅顺饭店2楼
电话：3156

中国国际旅行社锦州支社兴城分部
地址：兴城市兴海路南门口
电话：25549

绥中县旅游局
地址：绥中县和平街
电话：23395　23738

辽宁省职工旅行社
地址：沈阳市崇山东路40号
电话：464112

吉林省

一类旅行社

吉林省海外旅游总公司
地址：长春市新民大街12号
电话：886800

长春市海外旅游公司
地址：长春市斯大林大街2号
电话：35275

二类旅行社

中国国际旅行社长春分社
地址：长春市新民大街12号
电话：882401

吉林省中国旅行社
地址：长春市北安路27号
电话：861676

青年旅行社吉林省分社
地址：长春市斯大林大街49号
电话：861544

吉林省国际体育旅游公司
地址：长春市西安大路123号
电话：866659

吉林省职工旅行社
地址：长春市斯大林大街副136号
电话：882967

吉林省长白山旅行社
地址：长春市新民大街12号
电话：884300

中国国际旅行社吉林分社
地址：吉林市江湾路4号
电话：0432-459204

中国国际旅行社通化分社
地址：通化市翠泉路22号
电话：0435-4624

中国国际旅行社延边分社
地址：延吉市延西街4号
电话：0433-515018

四平市中国旅行社
地址：四平市英雄大街59号
电话：0434-5679

白城中国旅行社
地址：白城市文化东路1号
电话：0436-23913

浑江市中国旅行社
地址：浑江市浑江大街152号
电话：0439-4385

延边中国旅行社
地址：延吉市友谊路2号
电话：0433-519493

延边青年旅行社
地址：延吉市友谊路
电话：0433-513554

吉林省妇女旅行社
地址：长春市斯大林大街49号
电话：802310

吉林市职工旅行社
地址：吉林市光华路1号
电话：0432-452282

吉林市青年旅行社
地址：吉林市江湾路2号
电话：0432-456768

吉林市体育旅行社
地址：吉林市江南大街
电话：0432-261336

黑龙江省

一类旅行社

黑龙江海外旅游总公司
地址：哈滨市南岗区大直街124号
电话：221088

二类旅行社

中国国际旅行社哈尔滨分社
地址：哈尔滨市中山路73号
电话：222476

哈尔滨观光旅行社
地址：哈尔滨市道里区中央大街129号
电话：415846

黑龙江省中国旅行社
地址：哈尔滨市红军街52号
电话：31476

黑龙江省青年旅行社
地址：哈尔滨市南岗区阿什河街1号
电话：31042

黑龙江省体育旅行社
地址：哈尔滨市南通街8号
电话：35374

哈尔滨市中国旅行社
地址：哈尔滨市友谊路57号
电话：416146

黑龙江省金桥旅游公司
地址：哈尔滨市尚志大街194号
电话：410600

哈尔滨市旅游公司
地址：哈尔滨市中山路107号
电话：220101

中国国际旅行社齐齐哈尔支社
地址：齐齐哈尔文化街4号
电话：72010

中国国际旅行社牡丹江支社
地址：牡丹江市新华路
电话：25734

中国国际旅行社佳木斯支社
地址：佳木斯市光复路
电话：31251

中国国际旅行社伊春支社
地址：伊春市伊春区
电话：5004

中国国际旅行社黑河支社
地址：黑河市王肃街
电话：4285

中国国际旅行社桃山支社
地址：铁力县桃山镇
电话：496

中国国际旅行社大庆支社
地址：大庆市东风新村
电话：62469

中国国际旅行社绥芬河支社
地址：绥芬河市
电话：2326

上海市

一类旅行社

上海旅游海外公司
地址：上海中山东一路33号
电话：3217200

二类旅行社

中国国际旅行社上海分社
地址：上海中山东一路33号
电话：3217200

上海市中国旅行社
地址：上海延安中路881号
电话：4338338

中国青年旅行社上海分社
地址：上海衡山路2号
电话：4331829

上海锦江旅游公司
地址：上海延安东路100号27楼
电话：3290690

上海飞鹤旅游公司
地址：上海长乐路191号
电话：4333375　4338409

上海扬子旅游贸易公司
地址：上海茂名南路58号3号楼58639室
电话：4314500

中国国际旅行社长江上海支社
地址：上海中山一路6号
电话：3217156

上海铁路局旅行社总社
地址：上海铁路新客站东副楼2楼206室
电话：6637573

新亚国际旅游公司
地址：上海西藏中路69号
电话：3270202

上海金桥旅游公司
地址：上海四平路2400号
电话：5485344

中国康辉旅行社上海分社
地址：上海秣陵路83号迎宾楼四楼
电话：6634372；6634638

上海东湖旅游公司
地址：上海茂名南路205号瑞金大厦204室
电话：4377574；4331887；4336350

上海春秋国际旅行社
地址：上海延安西路2027号
电话：2517777

上海招商国际旅游公司
地址：上海泰安路110号
电话：4317100

上海华亭（海外）旅游公司
地址：乌鲁木齐北路505号
电话：4712712　4011

上海职工国际旅行社
地址：上海农工路51号
电话：2758411

上海和平国际旅游公司
地址：上海常熟路157号
电话：4334453

上海大世界国际旅游公司
地址：上海西藏中路15号
电话：3278094

东方国际旅游运输有限公司
地址：上海陕西北路549号
电话：2584385；2584148；2566136

上海广播电视国际旅游公司
地址：上海北京东路2号
电话：3212150

上海国际文化旅游公司
地址：上海陕西南路197号
电话：4333102；4333045

上海国际友好旅行社
地址：上海延安西路33号
电话：2581770　505

上海市妇女国际旅行社
地址：上海天平路245号
电话：4330001

海鸥国际旅行社
地址：黄浦路60号
电话：3251500

江苏省

一类旅行社

江苏省海外旅游公司
地址：南京中山北路259号
电话：632754

南京市海外旅游公司
地址：南京市珠江路238号
电话：712829

二类旅行社：

中国国际旅行社南京分社
地址：南京中山北路202-1号
电话：639013转

江苏省中国旅行社
地址：南京市中山北路313号
电话：711675

江苏省旅行社
地址：南京市中山北路313号
电话：802554

青旅江苏分社
地址：南京市马鞍山路1号
电话：635164

职工旅行社江苏分社
地址：南京市中山北路202号
电话：636661

南京市中国旅行社
地址：南京市中山北路18号
电话：302741

南京友好旅行社
地址：南京市福建路54号
电话：341570

南京航空旅行社
地址：南京市中华路59号
电话：714068

金桥旅游公司南京公司
地址：南京市祁家桥8号
电话：636880

南京金陵商务旅行社
地址：南京市汉中路2号六朝春二楼
电话：742888-4620

三类旅行社

南京中山旅行社
地址：南京市中山北路204号
电话：639013

南京旅行社
地址：南京市太平南路41号
电话：649875

金陵旅行社
地址：南京太平南路41号
电话：649875

南京中北教育旅行社
地址：南京市北京东路1号
电话：712332

江苏省供销社旅游公司
地址：中华路530号
电话：627708

南京市出租汽车公司旅行社
地址：大桥南路8号
电话：771843-36

南京铁路分局旅行社
地址：热河路226号
电话：684123

南京铁路西站旅行社
地址：下关火车站候车厅

南京长江大桥旅游公司
地址：下关宝塔东街7号
电话：685132—2022

长江南京旅游公司
地址：下关江边路19号
电话：684098

中山陵旅行社
地址：四方城2号
电话：647033

南京国内旅行社
地址：中山北路25号
电话：303115

南京劳动旅行社
地址：中华门外能仁里1号
电话：629730

南京五台旅行社
地址：广州路177号
电话：631070

南京客车服务公司旅行社
地址：南京市韶山路
电话：653762

南京江海旅行社
地址：南京中山北路507号
电话：772608

南京华昌旅行社
地址：南京中山南路55号
电话：405680

南京夫子庙旅行社
地址：夫子庙大成殿内
电话：629011

南京民航旅行社
地址：瑞金路52号

南京职工旅行社
地址：中山东路工人文化宫内
电话：644352

南京市中国旅行社国内部
地址：中山路171号
电话：741884

六合旅行社
地址：六和县延安路4号
电话：659286

南京旅游公司
地址：中华路59号
电话：624043

浙江省

一类旅行社

浙江海外旅游公司
地址：环城西路2号
电话：771024—6666

杭州市海外旅游公司
地址：杭州大厦八楼
电话：558606

宁波海外旅游公司
地址：宁波饭店内
电话：68690

二类旅行社

中国国际旅行社杭州分社
地址：石函路1号
电话：552888

浙江省中国旅行社
地址：石函路1号
电话：557442

中国青年旅行社浙江分社
地址：文二街32号
电话：882741

浙江省职工友好旅行社
地址：保俶路171号
电话：552856

中国杭州旅行社
地址：延安路220号
电话：572030

浙江省供销社旅行服务公司
地址：体育场路76号
电话：553471—192

中国国际体育旅游公司浙江公司
地址：体育场路104号
电话：556410

中国金桥旅游公司杭州公司
地址：南山路钱王祠5号
电话：778318

浙江老年康乐旅行社
地址：体育场路179号
电话：553101转408

浙江建设旅行社
地址：湖滨路14号
电话：29204

浙江妇女旅行社
地址：湖滨路47号
电话：29475

杭州妇女旅行社
地址：长生路66号
电话：28820

杭州大学文化旅行社
地址：杭大专家楼
电话：861224

中国康辉旅行社杭州分社
地址：杭州香格里拉饭店内
电话：777951

中国国际旅行社宁波支社
地址：宁波饭店内
电话：68690

中国国际旅行社绍兴支社
地址：府山西路20号
电话：33252

绍兴中国旅行社
地址：府山西路20号
电话：36672

温州中国旅行社
地址：环城东路131号
电话：27481

湖州市中国旅行社
地址：红旗路66号
电话：23900转

中国国际旅行社天台支社
地址：人民西路85号
电话：610

嘉兴中国旅行社
地址：嘉兴宾馆中楼
电话：87937

中国国际旅行社富阳支社
地址：鹤山路26号
电话：22451

桐庐中国旅行社
地址：安乐路元通路口
电话：23654

建德中国旅行社
地址：白沙镇新安路
电话：2260

淳安千岛湖中国旅行社
地址：新安江大桥45号
电话：2200

奉化中国旅行社
地址：溪口镇武岭门
电话：5166

舟山中国旅行社
地址：定海
电话：24931

中国国际旅行社普陀支社
地址：定海
电话：24931

椒江市中国旅行社
地址：椒江市中山东路386号
电话：22126转

中国国际旅行社金华支社
地址：金华中国旅行社金华宾馆内
电话：23100

雁荡山旅行社
地址：乐清雁荡山

丽水中国旅行社
地址：外州宾馆内

青田中国旅行社
地址：青田华侨饭店
电话：22545

福建省

一类旅行社

福建海外旅游实业公司
地址：福州市东大路44号
电话：550111

厦门海外旅游公司

二类旅行社

中国国际旅行社福建分社
地址：福州市东大路44号
电话：555506

福建省中国旅行社
地址：福州市五四路
电话：557603转

青旅福建分社
地址：福州市东大街花园里九号
电话：555208

福建省旅游公司
地址：福州市东大路44号
电话：533803

福州旅行社
地址：福州古田路双福楼七楼
电话：532840

中国金桥旅游公司福州公司
地址：福州市五四路屏东宾馆三楼
电话：552442

职工旅行社福建分社
地址：福州市五四路工会大厦内
电话：537534

福建省西湖旅游贸易公司
地址：福州市湖滨路1号
电话：539888转

福建省体育服务公司
地址：福州市五一广场省体育馆内
电话：534143

中国国际旅行社三明支社
地址：三明年下洋游泳池大楼
电话：24802

三明中国旅行社
地址：三明市列东
电话：23491

莆田市旅行社
地址：莆田市城厢区衙后街29号
电话：23590

中国国际旅行社厦门分社
地址：厦门市湖滨北路振兴大厦十五层
电话：51822

厦门中国旅行社
地址：厦门市新华路70—74
电话：25602转

青旅厦门分社
地址：厦门市百家村路4号
电话：20019

金桥旅游公司厦门公司
地址：厦门市虎园路五号之二
电话：36330

康辉旅行社厦门分社
地址：厦门市湖滨南路220号银行大厦12层
电话：32910—589

厦门旅行社
地址：厦门市湖滨南路 86 号 西 座 5～7楼
电话：21955

厦门民谊路旅行社
地址：厦门市新华路47号文化宫后楼
电话：23640

厦门体育旅行社
地址：厦门市公园西路8号
电话：24997

厦门兴宝国际旅行社
地址：厦门市东渡路124—6号
电话：43123

中国国际旅行社泉州支社
地址：泉州市九一路9号
电话：222749

泉州中国旅行社
地址：泉州百源清池畔
电话：222192

石狮中国旅行社
地址：石狮市新大街8号
电话：471670

中国国际旅行社武夷山支社
地址：武夷山市武夷宫
电话：32258

武夷中国旅行社
地址：武夷山市武夷宫
电话：32981

中国国际旅行社漳州支社
地址：漳州市漳州宾馆内
电话：26872

漳州中国旅行社
地址：漳州市延安北路38号
电话：26620

东山县旅游公司
地址：东山省西埔镇新城路
电话：50255

福建深圳沙湾中旅社
地址：广东省深圳市宝安沙湾
电话：871582

江西省

一类旅行社

江西省海外旅游总公司
地址：南昌市八一大道78号
电话：224396

二类旅行社

中国国际旅行社南昌分社
地址：南昌市八一大道78号
电话：226681

江西省中国旅行社
地址：南昌市八一大道78号
电话：224395

中国青年旅行社江西分社
地址：南昌市福州路31号
电话：225541

中国职工旅行社江西分社
地址：南昌市福州路4号
电话：221933

江西省文化旅行社
地址：南昌市八一大道141号
电话：68307

中国国际旅行社九江支社
地址：九江市南湖路28号
电话：223390

中国国际旅行社庐山支社
地址：庐山河西路454号
电话：282497

中国国际旅行社景德镇支社
地址：景德镇市莲花塘
电话：222293

萍乡市中国旅行社
地址：萍乡市正大街
电话：333696

上饶地区中国旅行社
地址：上饶市中山路66号
电话：223959

吉安地区中国旅行社
地址：吉安市井岗山大道85号
电话：2688

井岗山市中国旅行社
地址：井岗山市茨坪镇
电话：504

抚州地区旅行社
地址：抚州市西大街69号
电话：2016

鹰谭市中国旅行社
地址：鹰谭市交通路32号
电话：222238

赣州地区中国旅行社
地址：赣州市健康路86号
电话：2699

江西省海外旅游总公司赣南分公司
地址：赣州市814大道34号
电话：6395-55

大余县中国旅行社
地址：大余县南安镇
电话：2297

三类旅行社

江西铁路旅行服务公司
地址：南昌市站前路8号
电话：226539

南昌旅游服务公司
地址：南昌市八一大道24号
电话：64882—317

南昌市劳动旅行社
地址：南昌市永叔路100号
电话：65193

南昌天马旅行社
地址：南昌市八一大道104—1号
电话：224799

长江九江旅游公司
地址：九江市龙王墩码头
电话：224495

九江市旅游服务社
地址：九江市三马路109号
电话：222803

九江铁路旅行社
地址：九江火车站
电话：222418—239

九江市交通旅游公司
地址：九江市浔阳东路61号
电话：222844-258

九江市国内旅行社
地址：九江市浔阳路64号
电话：222832

九江华江旅游服务公司
地址：九江市大中路548号
电话：222006

九江塔林旅行社
地址：九江市塔林北路35号
电话：223351

九江市香炉峰国内旅行社
地址：九江市大中路266号
电话：223818

庐山国内旅行社
地址：庐山河西路454号
电话：282497

彭泽县龙宫洞旅游服务公司
址地：彭泽县天红乡
电话：龙宫洞总机转

星子县旅游服务公司
地址：星子县秀峰
电话：星子县总机转

上饶汽运旅行服务公司
地址：上饶市胜利路50号
电话：223339

上饶地区三清山旅游公司
地址：上饶市小校场2号
电话：223002

江西铁路开发公司上饶车站旅行社
地址：上饶市火车站
电话：铁路总机转462

上饶地区圭峰旅游公司
地址：弋阳圭峰疗养院内
电话：727

玉山县旅游公司
地址：玉山县冰潭镇大桥头
电话：玉山县总机转

德兴县旅游服务公司
地址：德兴县城北大街6号
电话：2510

江西鹰潭龙虎山旅行社
地址：鹰溪市交通路21号
电话：221164

萍乡吴楚旅行社
地址：萍乡市跃进大道
电话：332343

丰城市旅行社
地址：丰城市剑光镇
电话：县总机转

宜丰县文化旅游公司
地址：宜丰县新昌大道
电话：2278

新余市旅行社
地址：新余市玉紫山
电话：222666

景德镇市瓷都旅行社
地址：景德镇市莲社北路19号
电话：222946

山东省

一类旅行社

中国山东旅游公司
地址：济南市经十路26号
电话：615858

青岛海外旅游公司（国旅青岛支社）
地址：青岛市南海路7号
电话：279692

二类旅行社

中国国际旅行社济南分社
地址：济南市经十路26号
电话：615858

山东省中国旅行社
地址：济南市马鞍山路2号
电话：613931—

中国金桥旅游公司济南公司
地址：济南市经七路244号
电话：613089

中国青年旅行社山东分社
地址：济南市纬二路370号
电话：25576

济南市国际旅行社
地址：济南市经四路227号
电话：612804

济南市中国旅行社
地址：经南市经四路227号
电话：612078

中国青年旅行社青岛分社
地址：青岛市居庸关路9号
电话：362417

青岛市中国旅行社
地址：青岛湛山大路31号
电话：362095

中国国际旅行社烟台支社
地址：烟台市毓璜顶西路17号
电话：245626

烟台市中国旅行社
地址：烟台市环山路15号
电话：224431—

中国体育旅游公司养马岛分公司
地址：牟平县县府大街188号
电话：2001

烟台妇女旅行社
地址：烟台毓璜顶西路716号
电话：243191

威海市国际旅行社
地址：威海市北山路1号
电话：223616

中国国际旅行社潍坊支社
地址：潍坊市胜利大街33号
电话：223854

中国国际旅行社淄博支社
地址：淄博市中心路189号
电话：213341

东营市国际旅行社
地址：东营市淄博路西段
电话：221751

中国国际旅行社胜利支社
地址：东营市济南路69号
电话：422057

中国国际旅行社泰山支社
地址：泰安山红门路46号
电话：333257

泰安市中国旅行社
地址：泰安市东岳大街中段
电话：338371

中国职工旅行社泰山支社
地址：泰安市普照寺路1号
电话：336374

中国国际旅行社曲阜支社
地址：曲阜市南新区
电话：412491

河南省

一类旅行社

河南省旅游总公司
地址：郑州市金水路东段
电话：26351

二类旅行社

中国国际旅行社郑州分社
地址：郑州市金水路16号
电话：552072

中国国际旅行社开封支社
地址：开封市自由路64号
电话：23737

中国国际旅行社三门峡支社
地址：三门峡市和平路中段
电话：22602

中国国际旅行社巩县支社
地址：巩县宋陵宾馆内
电话：51361

中国国际旅行社安阳支社
地址：安阳市人民大道中段
电话：25650

中国国际旅行社濮阳支社
地址：濮阳市人民路中段
电话：44035

中国国际旅行社信阳支社
地址：信阳市东方红大道240号
电话：222939

河南省中国旅行社
地址：郑州市金水路东段
电话：26351

开封市中国旅行社
地址：开封市自由路64号
电话：23737

三门峡市中国旅行社
地址：三门峡市和平路中段
电话：22602

中国国际旅行社洛阳分社
地址：洛阳市西苑路6号
电话：23701

中国国际旅行社登封支社
地址：登封县中岳大街177号
电话：72138

中国国际旅行社禹州支社
地址：禹州市迎宾路42号
电话：492

中国国际旅行社新乡支社
地址：新乡市健康路28号
电话：23658

中国国际旅行社焦作支社
地址：焦作市东站街62号
电话：3138

中国国际旅行社林县支社
地址：林县人民路26号
电话：727

中国国际旅行社南阳支社
地址：南阳市新华西路32号
电话：24561

洛阳市中国旅行社
地址：洛阳市西苑路6号
电话：22200

登封县中国旅行社
地址：登封县中岳大街177号
电话：72138

禹州市中国旅行社
地址：禹州市迎宾路42号
电话：492

巩县中国旅行社
地址：巩县宋陵宾馆院
电话：51361

安阳市中国旅行社
地址：安阳市人民大道中段
电话：25650

濮阳市中国旅行社
地址：濮阳市人民路中段
电话：44035

辉县市中国旅行社
地址：辉县市东大街2号
电话：22132

南阳市中国旅行社
地址：南阳市新华西路32号
电话：24561

中国职工旅行社河南分社
地址：郑州市金水路17号
电话：555342

郑州市国际师生旅行社
地址：郑州市正兴街43号
电话：23034

河南省中原旅行社
地址：郑州市农业路76号
电话：552579

洛阳神州旅行社
地址：洛阳市中州中路45号
电话：38395

洛阳和平国际旅行社
地址：洛阳市洛矿宾馆
电话：22711-714

新乡市中国旅行社
地址：新乡市建设路28号
电话：23658

焦作市中国旅行社
地址：焦作市东站街62号
电话：3138

林县中国旅行社
地址：林县人民路26号
电话：727

信阳市中国旅行社
地址：信阳市东方红大道240号
电话：222939

青旅集团河南公司
地址：郑州市金水路17号
电话：552191

郑州市旅游公司
地址：郑州市政府北院东楼
电话：449781

郑州市东方旅行社
地址：郑州市百花路中段
电话：448881

青旅集团洛阳公司
地址：洛阳市延安路
电话：21212

中国康辉旅行社河南分社
地址：洛阳市南昌路
电话：21787

洛阳牡丹国际旅游公司
地址：洛阳市建设路182号
电话：21671

三类旅行社

郑州铁路旅行社
地址：郑州市车站候车室二楼
电话：29439

洛阳九都旅游公司
地址：洛阳二炮招待所
电话：34120

洛阳环球旅游公司
地址：洛阳市行署路
电话：36975

开封古都导游旅行社
地址：开封市自由路人民旅社
电话：23371

登封嵩山旅行社
地址：登封县少林寺西
电话：72773

洛阳天香旅游社
地址：洛阳市天香饭店
电话：36759

洛阳东方旅行社
地址：洛阳市建设路
电话：22911-2114

开封教师服务社
地址：开封市县街小学

登封少林旅行社
地址：登封县嵩山管理局院
电话：72135

湖北省

一类旅行社

湖北省海外旅游总公司（待批）
地址：汉口江汉路58号
电话：511891

武汉市旅游总公司
地址：汉口解放大道48号
电话：21752

二类旅行社

中国国际旅行社武汉分社
地址：汉口江汉路48号
电话：25018

长江轮船海外旅游总公司（筹）
地址：汉口沿江大道89号
电话：516485

中国国际旅行社宜昌支社
地址：宜昌市云集路27号
电话：21403

中国国际旅行社荆州支社
地址：荆州镇荆东路
电话：66429

中国国际旅行社丹江口市支社
地址：丹江口市人民路10号
电话：2474

中国国际旅行社咸宁支社
地址：咸宁市温泉镇
电话：56412转

中国国际旅行社蒲圻支社
地址：蒲圻市城关
电话：2971

中国国际旅行社三峡支社
地址：宜昌市沿江大道三峡宾馆
电话：23225

中国国际旅行社沙市支社
地址：沙市公园路体育场附近
电话：2325

中国国际旅行社十堰支社
地址：十堰市朝阳路24号
电话：53430

中国国际旅行社襄樊支社
地址：襄樊市长征路46号
电话：2880转

中国国际旅行社随州支社
地址：随州市随州宾馆
电话：22513—402

中国国际旅行社黄石支社
地址：黄石市天津路2号
电话：5931转

中国国际旅行社鄂州支社
地址：鄂城区明塘路
电话：23522

中国国际旅行社荆门支社
地址：荆门市象山大道27号
电话：33472

中国国际旅行社丹江口支社
地址：丹江口市丹江口工程管理局
电话：2122—246

湖北省中国旅行社
地址：汉口中山大道1365号
电话：21666

武汉市中国旅行社
地址：汉口车站路2号
电话：27598

宜昌地区中国旅行社
地址：宜昌市云集路27号
电话：21403

荆州地区中国旅行社
地址：荆州镇荆东路
电话：66429

天门市中国旅行社
地址：天门市竟陵镇
电话：2399

郧阳地区中国旅行社
地址：十堰市柳林路
电话：53811—330

丹江口市中国旅行社
地址：丹江口市人民路10号
电话：2474

黄冈地区中国旅行社
地址：黄冈县黄州镇
电话：53352

咸宁地区中国旅行社
地址：咸宁市温泉镇
电话：56412转

宜昌市中国旅行社
地址：宜昌市沿江大道38号
电话：23225

沙市中国旅行社
地址：沙市公园路体育场右侧
电话：2325

荆门市中国旅行社
地址：荆门市象山大道27号
电话：33472

十堰市中国旅行社
地址：十堰市朝阳路14号
电话：53430

襄樊市中国旅行社
地址：襄樊市长征路46号
电话：2880转

鄂州市中国旅行社
地址：鄂城区明塘路
电话：23522

丹江口工程管理局中国旅行社
地址：丹江口市工程管理局内
电话：2122—246

湖北省旅行服务社
地址：汉口北京路9号
电话：28340

湖北省青年旅行社
地址：武昌水果湖东一路7号
电话：813729

宜昌市青年旅行社
电话：23144—360

三类旅行社

武汉市旅行总社
地址：汉口江汉路69号
电话：20916

武汉旅行社
地址：汉口解放大道330号
电话：357651

江夏旅行社
地址：汉口合作路17号
电话：23450

江南旅行社
地址：武昌中南路2号
电话：874087

武汉长江旅游公司
地址：汉口沿江大道66号
电话：21161—3753

武汉旅游客车服务公司
地址：汉口大智路韩家巷2号
电话：21708

武汉旅游公司
地址：汉口中山大道762号
电话：22138

武汉市大通旅行社
地址：汉口自治街38号
电话：357686

武汉客运公司客运旅游部
地址：汉口沿江大道67号
电话：356712—3125

武汉出租汽车旅游部
地址：汉口友谊街6号
电话：355772

武汉市华昌旅行社
地址：汉阳鹦鹉大道32号
电话：442587

宜昌旅行社
地址：宜昌市中山路43号
电话：22350

三峡旅游社
地址：宜昌市二马路1号
电话：21706

宜昌长江旅游公司
地址：宜昌港九码头
电话：23908—6237

江峡旅行社
地址：宜昌市云集路29号
电话：21403

峡州旅行社
地址：宜昌县小溪塔镇
电话：314转619

高岚旅行社
地址：兴山县高阳镇
电话：240

清江旅行社
地址：长阳县龙舟坪镇
电话：357

葛洲坝旅游服务公司
地址：宜昌市葛洲坝工程局内
电话：22011转2374

归州旅行社
地址：秭归县归州镇
电话：2227

长坂坡旅行社
地址：当阳县玉阳镇
电话：488

沙市旅游业公司
地址：北京路136号
电话：3252

通山县旅游服务公司
地址：通山县城关镇
电话：2468

鄂州市旅行社
地址：鄂州市南浦路
电话：23522

南漳旅行社
地址：南漳县城关

黄石旅行社
地址：黄石市天津路2号
电话：5931转

黄冈地区旅游服务公司
地址：黄冈县黄州镇
电话：52371

随州市旅游公司
地址：随州市随州宾馆内
电话：22461

十堰市旅行社
地址：十堰市朝阳路
电话：22712

神农架旅行社
地址：神农架林区松柏镇
电话：8174

荆门市文化旅行社
地址：荆门市金虾路156号
电话：32751

湖南省

一类旅行社

湖南海外旅游总公司
地址：长沙市五一东路芙蓉宾馆后栋
电话：27356

二类旅行社

中国国际旅行社长沙分社
地址：长沙市八一东路春华路
电话：22250

湖南省中国旅行社
地址：长沙市八一东路春华路
电话：25101

中国青年旅行社湖南分社
地址：长沙市中山路湘江宾馆内
电话：41866

湖南职工旅行社
地址：长沙市民主东街22号
电话：26516

长沙国际友城旅行社
地址：长沙市五一东路长沙大厦银河酒店内
电话：41274

长沙铁路旅行社
地址：长沙市五一东路附11号
电话：26326—4737

中国国际旅行社衡阳支社
地址：衡阳市广东路28号附1号
电话：32337

衡阳市中国旅行社
地址：衡阳市广东路28号附1号
电话：32337

中国国际旅行社南岳支社
地址：衡阳市南岳区政府办公楼
电话：2250

南岳中国旅行社
地址：衡阳市南岳区政府办公楼
电话：2250

中国国际旅行社韶山支社
地址：湘潭市韶山区政府办公楼
电话：2444

韶山中国旅行社
地址：湘潭市韶山区政府办公楼
电话：2444

中国国际旅行社岳阳支社
地址：岳阳市城东路25号
电话：22482

岳阳市中国旅行社
地址：岳阳市城东路25号
电话：22482

常德市中国旅行社
地址：常德市滨湖路
电话：24425

张家界国家森林公园旅行社
地址：大庸市武陵源区张家界宾馆
电话：102

株洲市中国旅行社
地址：株洲市新华西路4号
电话：24748

三类旅行社：

长沙旅游服务社
地址：长沙市五一中路湖南旅社内
电话：46685

长沙市云帆旅行社
地址：长沙市中山西路口
电话：25531

长沙惠通旅行社
地址：长沙市黄兴中路96号
电话：25927

长沙湘民旅行社
地址：长沙市集后街71号
电话：27750

湘潭旅行社
地址：湘潭市建设北路
电话：24748

武陵源中国旅行社
地址：大庸市武陵源区索溪峪
电话：索溪峪总机转107

永定区中国旅行社
地址：大庸市解放路
电话：2928

慈利县中国旅行社
地址：大庸市慈利县城慈利宾馆
电话：498

慈利县明珠旅行社
地址：大庸市慈利县零阳路
电话：475

桑植县中国旅行社
地址：大庸市桑植县城东正街
电话：290

衡阳市青年旅行社
地址：衡阳市环城北路61号
电话：26521

郴州中国旅行社
地址：郴州市飞虹路飞虹大厦
电话：24625

宁远县中国旅行社
地址：宁远县城解放路
电话：005

湘西自治州中国旅行社
地址：吉首市武陵路
电话：3181

吉首市中国旅行社
地址：吉首市人民北路吴雨巷
电话：2038

永顺县中国旅社社
地址：永顺县城
电话：2307

永州旅行社
地址：永州市潇湘中路
电话：3418

广东省

一类旅行社

中国广东海外旅游总公司
地址：广州市环市西路179号
电话：678356

广东省中国旅行社
地址：广州市侨光路2号
电话：336888

中国青年旅行社广东分社
地址：广州市环市东路509号
电话：773471

广州市旅游公司
地址：广州市环市西路155号
电话：662314

深圳市旅游总公司
地址：深圳市迎春路旅游中心大厦
电话：255742

珠海市海外旅游有限总公司
地址：珠海香洲吉大景山中珠海宾馆内
电话：332822

汕头市旅游总公司
地址：汕头市金沙东路尾
电话：230061

二类旅行社

中国国际旅行社广州分社
地址：广州市环市路179号
电话：677151

中国国际旅行社
地址：从化温泉宾馆
电话：总机转

中国国际旅行社深圳支社
地址：深圳市和平路船步街2号
电话：238401

中国国际旅行社蛇口支社
地址：深圳市蛇口工业区太子路旅游大厦
电话：692261

深圳市国际旅行社
地址：深圳市建设路南洋大厦A座二楼
电话：227511

中国国际旅行社珠海支社
地址：拱北水湾路19号
电话：85376

中国国际旅行社汕头支社
地址：汕头市金砂东路鮀岛宾馆一楼
电话：25226

中国国际旅行社潮州支社
地址：潮洲市太平路状元亭巷1号
电话：2628

中国国际旅行社佛山支社
地址：佛山市祖庙路67号
电话：87923

中国国际旅行社西樵山支社
地址：西樵山白云洞
电话：县总机转

中国国际旅行社中山支社
地址：中山市中山路2号
电话：22243

中国国际旅行社江门支社
地址：江门市西区大道西园里上
电话：32471

中国国际旅行社台山支社
地址：台城镇通济南路1号
电话：24768

中国国际旅行社新会支社
地址：县城镇北大路19号
电话：63485

中国国际旅行社肇庆支社
地址：肇市康乐北路
电话：23228

中国国际旅行社惠阳支社
地址：惠州市南坛南路旅游大厦内
电话：4298

中国国际旅行社湛江支社
地址：湛江市霞山人民大道二路6号
电话：22559

韶关支社
地址：韶关市沙湖路
电话：5109

广东省中国旅行社
地址：广州市侨光路2号
电话：336888

广州市中国旅行社
地址：广州市环市东路天胜村42号
电话：339965

广东省从化县中国旅行社
地址：从化县温泉
电话：县总机转

广东省花县中国旅行社
地址：新华镇秀全大道
电话：县总机转2851

广东省番禺县中国旅行社
地址：市桥镇大北路90号
电话：22127

广东省增城县中国旅行社
地址：县城西园路29号
电话：2262

广东省清远县中国旅行社
地址：清远县城中山公园内
电话：32185

广东省清远县飞霞山中国旅行社
地址：清远县飞峡内
电话：县总机转

广东省英德县（旅游公司）中国旅行社
地址：英德县城和平中路
电话：22710

广东省连县中国旅行社
地址：广东连县人民路
电话：23898　23268

广东省连南县中国旅行社
地址：县政府大楼内
电话：县总机转

广东省连山县中国旅行社
地址：连山吉田镇
电话：县总机转

中国旅行社深圳口岸社
地址：深圳市和平路50号
电话：22811转696

深圳市中国旅行社
地址：深圳市宝安路
电话：40890

广东县宝安县中国旅行社
地址：深圳市华丽路
电话：240890

广东省汕头市中国旅行社
地址：汕头市汕樟路
电话：33966

广东省潮州市中国旅行社
地址：潮州市环城西路34号
电话：2237　2783

广东省饶平县中国旅行社
地址：黄冈镇丁未路
电话：2259

广东省澄海县中国旅行社
地址：澄海县中山路8号
电话：22128

广东省潮阳县中国旅行社
地址：潮阳县棉成中华路128
电话：22428

广东省揭阳县中国旅行社
地址：榕威镇新兴大街
电话：22393

广东省普宁县中国旅行社
地址：流沙镇新河西7号
电话：2166

广东省惠来县中国旅行社
地址：惠来县惠城南门大街
电话：2451

广东省揭西县中国旅行社
地址：河婆镇河山路76号
电话：583

广东县揭西县棉湖中国旅行社
地址：揭西县棉湖镇
电话：县总机转

拱北中国旅行社
地址：珠海市拱北水湾路5号
电话：85777

广东省珠海市中国旅行社
地址：珠海市香洲槟南路
电话：86849

广东省斗门县中国旅行社
地址：井岸镇广霞路尾
电话：22647

广东省湛江市中国旅行社
地址：下山人民大道22号
电话：24966

广东省茂名市中国旅行社
地址：茂名市河东延宾路
电话：26018

广东省高州县中国旅行社
地址：高州县观山
电话：2348

广东省信宜县中国旅行社
地址：解放路109号
电话：2581

广东省电白县中国旅行社
地址：水东镇东阳北街45号
电话：22841

广东省南海县西樵山中国旅行社
地址：南海西樵白云洞
电话：56799

广东省佛山市中国旅行社
地址：佛山市祖庙路14号
电话：86511

广东省三水县中国旅行社
地址：西南镇新华北路54号
电话：32878

广东省顺德县中国旅行社
地址：顺德大良镇新路47号
电话：23028

广东省高明县中国旅行社
地址：高明镇沿江路30号
电话：22277

广东省中山市中国旅行社
地址：中山市石岐中山路
电话：22034

广东省中国旅行社江门口岸社
地址：江门市港口公路15号
电话：33611

广东省开平县中国旅行社
地址：开平长沙西郊
电话：22819

广东省台山县中国旅行社
地址：台城通济路1号
电话：24768

广东省恩平县中国旅行社
地址：恩平县恩城镇河南西堤
电话：22664

广东省新会县中国旅行社
地址：新会县城镇北门
电话：22664

广东省鹤山县中国旅行社
地址：沙坪北街
电话：82117

广东省阳春县中国旅行社
地址：春城镇南新路5号
电话：2599

广东省阳江市中国旅行社
地址：阳江县江城镇东风二路
电话：22235

广东省肇庆市中国旅行社
地址：肇庆市天宁北路90号
电话：22952

广东省高要县中国旅行社
地址：肇庆市人民中路12号
电话：23113

广东省罗定县中国旅行社
地址：罗定县城桥头北
电话：23529

广东省德庆县中国旅行社
地址：德庆县城镇
电话：2936

广东省怀集县中国旅行社
地址：县城环城西25号
电话：县总机转227

广东省广宁县中国旅行社
地址：中华路12号
电话：32293

广东省新兴县中国旅行社
地址：县城关镇中山公园
电话：2271　　2245

广东省四会县中国旅行社
地址：四会南街镇新风路8号
电话：2391

广东省郁南县中国旅行社
地址：郁南县都城镇中山路31号
电话：2691

广东省封开县中国旅行社
地址：江口镇河堤路45号
电话：713

广东省云浮县中国旅行社
地址：环城东路
电话：22779

广东省韶关市中国旅行社
地址：韶关市解放路162号
电话：3378

广东省仁化县丹霞山中国旅行社
地址：仁化县丹霞山
电话：县总机转

广东省乐昌县中国旅行社
地址：乐昌县政府招待所内
电话：31113

广东省乐昌县金鸡岭中国旅行社
地址：乐昌县坪石镇政府招待所
电话：总机转

广东省曲江县中国旅行社
地址：曲江县马霸镇县招待所
电话：66003

广东省乳源县中国旅行社
地址：乳源县城鹰峰三路
电话：529

广东省南雄县中国旅行社
地址：南雄雄州镇建设路12号
电话：22909

广东省梅州市中国旅行社
地址：梅县市东山大道华侨大厦内
电话：24903

广东省兴宁县中国旅行社
地址：兴宁县兴华路27号
电话：32205　　52431

广东省大埔县中国旅行社
地址：大埔县湖寮镇文化路10号
电话：52301

广东省蕉岭县中国旅行社
地址：蕉城镇安宁街16号
电话：2211　　2410

广东省存丰顺县中国旅行社
地址：汤坑镇汤坑路46号
电话：63459

广东省五华县中国旅行社
地址：水寨兴华路83号
电话：43383

广东省惠阳地区中国旅行社
地址：惠州市环市西路64号
电话：30702

广东省惠州市中国旅行社
地址：惠州西湖孤山
电话：3335

广东省惠州市汤泉中国旅行社
地址：惠州市郊小金口汤泉酒店
电话：33462

广东省博罗县中国旅行社
地址：博罗县城北门西三路6号
电话：2830

广东省惠东县中国旅行社
地址：平山镇广汕路68号
电话：22030

广东省河源市中国旅行社
地址：县上角西路1号
电话：32830

广东省连平县中国旅行社
地址：连平县城人民南路
电话：2790

广东省紫金县中国旅行社
地址：紫金县城新紫路47号
电话：189

广东省海丰县中国旅行社
地址：海城镇广汕公路边
电话：22756

广东省陆丰县中国旅行社
地址：东海镇广汕公路边
电话：21470

广东省东莞县中国旅行社
地址：莞城镇运河西路4号
电话：223824

广西壮族自治区

一类旅行社

广西旅游总公司
地址：南宁市新民路40号
电话：22042

桂林市海外旅游总公司
地址：榕湖北路14号
电话：226233

二类旅行社

中国国际旅行社桂林分社
地址：榕湖北路14号
电话：225744

桂林市中国旅行社
地址：信义路29号
电话：226235

中国青年旅社行广西分社
地址：育才路10号
电话：442336

桂林市杉湖旅行社
地址：西凤路18号
电话：223882

桂林市甲山旅行社
地址：中隐路桃花新村甲旅大厦
电话：223782

中国康辉旅行社桂林分社
地址：中山南路228号
电话：332345

桂林地区旅游公司
地址：滨江北路123号
电话：223013

桂林市环球旅行社
地址：环城西路八一桥西侧
电话：335898

桂林市榕湖旅行社
地址：信义路29号
电话：222687

桂林市漓江旅行社
地址：三多路4号
电话：225361

桂林市桂冠旅行社
地址：环城西二路1号
电话：332706

桂林市旅游社
地址：杉湖北路19—1号
电话：225750

桂林市台联旅行社
地址：三多路15号
电话：222999

桂林阳朔旅行社
地址：龙珠路1号
电话：222548

中国国际旅行社南宁分社桂林旅游部
地址：中山南路229号
电话：333102

中国国际旅行社南宁分社
地址：南宁市新民路40号
电话：22042

广西中国旅行社
地址：南宁市新华街7号
电话：28711

广西青年旅行社南宁支社
地址：南宁市台城路4号
电话：53657

中国国际旅行社柳州支社
地址：柳州市友谊路3号
电话：25669

柳州市中国旅行社
地址：柳州市中山东知36号
电话：22234

中国青年旅行社柳州支社
地址：柳州市三中路43号
电话：25608

中国国际旅行社北海支社
地址：北海市北部湾东路6号
电话：23500

海南省

一类旅行社

海南省旅游总公司
地址：海口市海府路三角地海旅办

公大楼
电话：74640

二类旅行社

中国国际旅行社海南分社
地址：海口市海府路三角地海旅办公大楼
电话：74640

海南省中国旅行社
地址：海口市大冈路17号

海南天马国际旅行社
地址：海口市海府路海口宾馆二楼
电话：74677

中国青年旅行社海南分社
地址：海口市文明东路210号
电话：43951

中国职工旅行社海南分社
地址：海口市海秀路9号航空大厦5楼
电话：72031-503

中国青年旅行社海口支社
地址：海口市青少年宫院内
电话：23888

海口市旅游公司
地址：海口市新化北路15号
电话：24588

海南招商国际旅游公司
地址：海口市机场东路9号院6号楼
电话：74762

中国国际体育旅游公司海南公司
地址：海口市大同横一路金路易4楼
电话：76879

南天旅行社
地址：海口市机场西路
电话：74888

海南青年旅行社
地址：海口市海府路三角池海旅办公大楼
电话：74633

海南省和平国际旅游实业公司
地址：海口市滨海新村50号
电话：74462

海南国际旅游有限公司
地址：海口市机场西路
电话：73705

海南金桥旅游公司
地址：海口市滨海新村113号
电话：73582

海南省远东旅游公司
地址：海口市海秀路海口卫检大楼
电话：73634

海南新世界旅行社
地址：海府路军区二所省开发建设总公司楼
电话：43471

中国国际旅行社三亚支社
地址：三亚市
电话：三亚总机转

通什五指旅行社
地址：通什五指山宾馆
电话：622565

文昌县旅游公司
地址：文昌县文城镇
电话：文昌总机转

文昌县中旅社
地址：文昌县文城镇
电话：文昌总机转

琼海县旅游公司
地址：琼海县加积镇
电话：琼海总机转

琼海县中旅社
地址：琼海县加积镇
电话：琼海总机转

儋县旅游公司
地址：儋县那大镇
电话：儋县总机转

儋县中旅社
地址：儋县那大镇
电话：儋县总机转

陵水县旅游公司
地址：陵水县城
电话：陵水总机转

琼中县旅游公司
地址：琼中县营根镇
电话：琼中总机转

琼山县中旅社
地址：琼山县府城镇
电话：82488

三亚市旅游公司
地址：三亚市解放路
电话：72439

万宁县东山岭
地址：万宁县东山岭中旅社
电话：万宁总机转

三类旅行社

海口市职工旅社
地址：海口市解放西路9号
电话：22506

海南省海垦旅游公司
地址：海口市海秀路56号
电话：74547

海南省森林旅游公司
地址：海口市海府路80号
电话：32162

海南汽运旅游公司
地址：海口汽车客运站
电话：72791

海南侨华旅游公司
地址：海口市大同路2号
电话：26627

海南铁矿中旅社
地址：昌江县石碌铁矿
电话：昌江总机转

万宁兴隆中旅社
地址：万宁县兴隆华侨农场
电话：兴隆总机转

海南东兴旅游有限公司
地址：海口市大同路华侨大厦456房
电话：73288-456

海南省海运旅游公司
地址：海口市海府路海口客运站

海南省京泰旅游公司
地址：海口市龙园新村CD21-2层
电话：73582

海南商业旅游公司
地址：海口市海府路三角池
电话：43960

海南朋友旅游发展部
地址：海口市海府路80号
电话：23421

四川省

一类旅行社

四川海外旅游公司
地址：成都人民南路二段19号
电话：28731

成都海外旅游公司
地址：成都市上西顺城街45号
电话：660579

重庆市海外旅游公司
地址：重庆市人民路175号
电话：350188

二类旅行社

中国国际旅行社成都分社
地址：成都总府街31号
电话：25914

四川省中国旅行社
地址：成都总府街31号
电话：660947

中国青旅集团四川分社
地址：成都多子巷22号
电话：22201

中国金桥旅游公司成都公司
地址：成都金河街18号
电话：660310

阿坝国际旅行社
地址：成都金鱼街103号
电话：668951

成都招商国际旅游公司
地址：成都东城根街36号
电话：25262

成都国际旅游公司
地址：成都市上西顺城街45号
电话：27736

成都市中旅社
地址：西珠市街90号
电话：667081

成都国际和平旅行社
地址：成都市人民南路锦江宾馆二楼
电话：583419

中国国际旅行社重庆分社
地址：重庆市人民路175号
电话：350188

重庆市中国旅行社
地址：重庆市人民路175号
电话：351248

重庆长江旅游公司
地址：重庆市陕西路4号
电话：417751-263

中国国际旅行社
地址：重庆市陕西路4号
电话：41751-263

中国青年旅行社重庆分社
地址：重庆市中山二路132号
电话：350951

重庆天鹅旅游公司
地址：重庆市民生路235号
电话：45662

中国国际旅行社大足支社
地址：重庆大足县龙岗镇工农街47号
电话：长途一22661

自贡国际旅行社
地址：自贡市檀木林宾馆内
电话：223569

内江国际旅行社
地址：内江市公园村一号
电话：22905

中国国际旅行社万县支社
地址：万县市白岩路56号
电话：24163

都江堰市中旅社
地址：都江堰市建设路292号
电话：都江堰市总机转401

都江堰市旅游公司
地址：都江堰市公园路29号
电话：都江堰市总机转361

丰都国际旅行社
地址：丰都县中山路223号
电话：245

绵阳国际旅行社
地址：绵阳市临园路371号
电话：23979

广元国际旅行社
地址：广元市北街183号
电话：22089

中国国际旅行社乐山支社
地址：乐山市白塔街19号
电话：32154

攀枝花国际旅行社
地址：攀枝花市攀枝花宾馆

成都光大旅游公司
地址：蜀都大道东段成都饭店内
电话：443345

成都中北旅行社
地址：成都市火车北站西三街
电话：334477

成都旅行社旅游公司
地址：成都市人民北路29号
电话：333188

成都成华旅行社
地址：成都市火车北站东一巷
电话：334466

成都飞鹰旅行社
地址：成都市人民南路指挥街15号
电话：665556

成都青年旅行社
地址：成都市青石桥南街79号
电话：27106

成都川西旅行社
地址：成都市西门车站
电话：668318

成都岷江旅行社
地址：成都市外西营门口57号
电话：668698

成都金中商旅公司
地址：成都二环路北一段
电话：336181

成都蜀都旅行社
地址：成都西月城街118号
电话：660076-25

成都风光旅游公司
地址：成都二环路北三段 6 号
电话：335254

四川林海旅行社
地址：成都市成华街 5 号
电话：335172

成都铁路旅行社
地址：成都市人民北路三段 9 号
电话：336393

成都旅游服务社
地址：成都市上南大街39号
电话：664168

三类旅行社

成都天府旅行社
地址：成都新南门临江路77号
电话：552109

成都旅游总社
地址：成都市陕西街130号
电话：666244

成都华西旅行社
地址：成都二号桥头
电话：662801

成都锦城旅行社
地址：成都青羊宫正街227号
电话：669647

成都联运服务公司
地址：成都市火车北站广场
电话：331010

成都红光旅行社
地址：成都市建设路11号
电话：443723-483

重庆铁路旅行社
地址：重庆中山支路176—34号
电话：350025

重庆港客运总站旅游部
地址：重庆市朝天门信义街3号
电话：42203

重庆联运旅行社
地址：重庆市临江路60号
电话：41485

重庆天府旅行社
地址：重庆市八一路21号
电话：47242

重庆园林旅游服务公司
地址：重庆市长江二路173号
电话：812963

重庆交通旅行社
地址：重庆市江家巷3号
电话：41832

重庆钓鱼城旅游公司
地址：重庆合川县合阳镇柏树街65号
电话：长途 3228 2815

长寿湖旅游开发公司
地址：重庆长寿湖狮子滩
电话：4817转旅游公司

沙坪旅游公司
地址：重庆小龙坎新街84号
电话：664194

贵州省

一类旅行社

贵州海外旅游总公司
地址：贵阳市延安中路11号
电话：523095

二类旅行社

中国国际旅行社贵阳分社
地址：贵阳市延安中路11号
电话：523433

贵州省中国旅行社
地址：贵阳市延安中路11号
电话：523388

中国青年旅行社贵州分社
地址：贵州体育馆内
电话：525013

贵阳中国旅行社
地址：贵阳市政府大楼
电话：524266

安顺中国旅行社
地址：安顺虹山宾馆内
电话：23173

中国国际旅行社凯里支社
地址：凯里民族宾馆内
电话：2601

中国国际体育旅游公司贵州公司
地址：贵州体育馆内
电话：522450

贵州文化艺术旅行社
地址：贵阳市南明堂省委礼堂
电话：523452-2950

贵州华侨旅行社
地址：贵阳市南厂路1号
电话：27966-109

贵州铁路旅行社
地址：贵阳北京路98号
电话：626724

贵州金桥旅游公司
地址：贵阳市南厂路14号
电话：523630

云南省

一类旅行社

云南省海外旅游总公司
地址：昆明市和平新村8号
电话：23922　24922

二类旅行社

中国国际旅行社昆明分社
地址：昆明市和平新村8号
电话：32895　34150

云南省中国旅行社
地址：昆明市东风东路163号
电话：36370

中国青年旅行社云南分社
地址：昆明市弥勒寺2号
电话：27968　23930

昆明风情国际旅行社
地址：昆明市北京路576号
电话：35860　35851　21777

云南科技旅游公司
地址：昆明市五一路1号
电话：29885　29707　29232

中国金桥旅游公司昆明分公司
地址：昆明市五一路266号附2号
电话：24605　24890

昆明铁路旅行社
地址：昆明市北京路铁路招待所
电话：31470

昆明康辉旅行社
地址：昆明市环城西路143号
电话：33196

中国国际旅行社西双版纳州支社
地址：景洪县嘎兰中路11号
电话：景洪总机转

昆明市旅行社
地址：昆明市东风西路9号
电话：35605　22444

西藏自治区

一类旅行社：

西藏旅游总公司
地址：拉萨假日酒店1116房
电话：24415

二类旅行社

中国国际旅行社拉萨分社
地址：拉萨市北京西路208
电话：22980

西藏自治区中国旅行社
地址：拉萨市北京西路208
电话：22980

中国青旅集团西藏公司
地址：拉萨市民族路1号拉萨假日酒店1106房

中国职工旅行社西藏分社
地址：拉萨市民族路1号拉萨假日酒店1104号

西藏自治区国际体育旅游公司
地址：拉萨市林廓东路
电话：23775　22293

中国金桥旅游公司拉萨分公司
地址：拉萨市民族东路
电话：23828　24063

中国国际旅行社山南支社
地址：山南泽当镇乃东路
电话：573735

中国国际旅行社日喀则支社
地址：日喀则市解放中路
电话：日喀则总机转

西藏阿里地区旅游公司
地址：阿里狮泉河镇
电话：狮泉河总机转

拉萨市旅游公司
地址：拉萨市林聚路27号
电话：22227转

中国西藏珠穆朗玛旅游有限公司
地址：香港干诺道中50号鳄鱼大厦

陕西省

一类旅行社

陕西省海外旅游总公司
地址：长安路北段15号
电话：7115516

西安市海外旅游公司
地址：友谊东路158号
电话：53438

中国国际旅行社西安分社
地址：长安路北段15号
电话：51419

陕西省中旅社
地址：解放路272号
电话：712557

青旅陕西分社
地址：红缨路48号
电话：27296

二类旅行社

康辉旅行社陕西分社
地址：友谊西路2号
电话：711507

西安远东国际旅行社
地址：雁塔路北段44号
电话：26119

陕西西京旅行社
地址：止园饭店内
电话：717951

金桥旅游公司西安公司
地址：朱雀大街117号
电话：55667

西安光大旅游公司
地址：友谊东路55号、珠峰宾馆内
电话：711918

职工旅行社陕西分社
地址：莲湖路143号、省总工会院内
电话：710226

西安古都国际旅行社
地址：长安路中段付2号
电话：54611

西安市中国旅行社
地址：友谊东路158号

西安招商旅游公司
地址：小寨西路26号、朱雀饭店内
电话：53311

西安文化艺术旅行社
地址：沣庆路117号

西安教育旅行社
地址：西安外国语学院内

西安和平旅游公司
地址：新城科技馆内
电话：719221

西安唐城国际旅行社
地址：陵园路南段7号、唐城宾馆内
电话：54171

西安西部国际旅行社
地址：长安路北段26号西安宾馆内
电话：711628

华山中旅社
地址：华阴县

延安国旅支社
地址：延安市

黄陵县中旅社
地址：黄陵县

咸阳中旅社
地址：咸阳市

汉中国旅支社
地址：汉中市

宝鸡国旅支社
地址：宝鸡市

甘肃省

一类旅行社

甘肃海外旅游总公司
地址：兰州市天水路361号
电话：25374

二类旅行社

中国国际旅行社兰州分社
地址：兰州市天水路361号
电话：26181 23192

甘肃省中国旅行社
地址：兰州市天水路361号
电话：27931-595 418457

中国青年旅行社甘肃支社
地址：兰州市民主西路90号
电话：466723 463910

兰州旅行社
地址：兰州市城关区陇西路42号
电话：464240

兰州铁道旅行社
地址：兰州市和政路156号
电话：22046

中国职工旅行社甘肃分社
地址：兰州市东郊巷14号
电话：26411　20136

中国国际旅行社敦煌支社
地址：敦煌市东大街
电话：2492

甘肃敦煌飞天国际旅行社
地址：敦煌市丁字街
电话：2606

甘肃敦煌太阳能国际旅行社
地址：敦煌市北大街
电话：2312

甘肃国际体育旅行社
地址：兰州市小沟头1号第二体工队
电话：23583

甘肃天水国际旅行社
地址：天水市秦城区青年北路10号
电话：213621214463

甘肃嘉峪关国际旅行社
地址：嘉峪关市新华北路1号
电话：26326

甘肃酒泉国际旅行社
地址：酒泉市仓门街2号
电话：2943　2560

甘肃张掖国际旅行社
地址：张掖市县府街65号
电话：2601

甘肃武威国际旅行社
地址：武威市建国街民建巷2号
电话：2355　2356

中国国际旅行社夏河支社
地址：夏河县来周村
电话：夏河县邮局转

甘肃平凉国际旅行社
地址：平凉市西大街84号
电话：2921

甘肃安西国际旅行社
地址：安西县招待所
电话：安西县邮局转

宁夏回族自治区

一类旅行社

宁夏回族自治区旅游局
地址：银川市解放西街117号
电话：22397

中国国际旅行社银川分社
地址：银川市解放西街150号
电话：337207

二类旅行社

宁夏中国旅行社
地址：银川市解放西街150号
电话：33466

宁夏国际观光旅游公司
地址：银川市

宁夏国际体育旅行社
地址：银川市

中国康辉旅行社银川分社
地址：银川市公园街3号
电话：35678　22131-101

三类旅行社

中国旅行社

青铜峡旅行社

固原地区旅行社

青海省

一类旅行社

青海旅游总公司
地址：西安市西大街57号
电话：42721

二类旅行社

国际旅行社西宁分社
地址：西宁市西大街57号后楼
电话：42721

青海省中国旅行社
地址：西宁市西大街57号后楼
电话：42721

中国国际旅行社西宁分社接待部
地址：西宁市七一路215号前楼
电话：45901—1109

青年旅行社青海分社
地址：西宁市七一路224号
电话：76338　76339

青海省职工对外交流中心
地址：西宁市七一路217号
电话：45911-817

青海省体育服务部
地址：西宁市山陕台1号
电话：76030　77263

湟中县中国旅行社
地址：湟中县鲁沙尔镇
电话：2452

青海湖旅行社
地址：海南州共和县

三类旅行社

青海省文化旅行社
地址：西宁市七一路224号
电话：77627　77626

青海省昆仑旅行社
地址：西宁市七一路215号
电话：45901-1110

新疆维吾尔自治区

一类旅行社

新疆海外旅游总公司
电话：23782

二类旅行社

中国国际旅行社乌鲁木齐分社
电话：27467

新疆中国旅行社
电话：70529-1400

中国青年旅行社新疆分社
电话：77078

中国金桥旅游总公司新疆公司
电话：22706

中信旅游总公司新疆公司
电话：70660

新疆体育旅行社
电话：28783

新疆西域旅行社
电话：26825

新疆大自然旅行社
电话：77174

乌鲁木齐铁道旅行社
电话：75739

新疆文化旅游公司
电话：27496

新疆绿洲中国旅行社
电话：78252-572

乌鲁木齐天山旅行社
电话：79357

中国国际旅行社喀什支社
电话：23156

中国国际旅行社吐鲁番支社
电话：22768

新疆哈密旅行社
电话：33356

新疆阿图什旅行社
电话：22176

新疆库尔勒旅行社
电话：23273

新疆阿克苏旅行社
电话：22845

新疆伊犁旅行社
电话：24911-372

新疆伊宁旅行社
电话：23837

新疆和田旅行社
电话：23846

新疆阜康县瑶池哈萨克乡村旅行社
天池管理局转
乌鲁木齐市饮服务公司旅游服务社
电话：53614

伊犁尼勒克旅行社
地址：伊犁市
电话：县直呼

塔什库尔干旅行社
地址：塔什库尔干县
电话：县直呼

中国国际旅行社集团成员单位

中国国际旅行社北京分社
中国国际旅行社上海分社
中国国际旅行社天津分社
中国国际旅行社石家庄分社
中国国际旅行社北戴河海滨旅游公司
中国国际旅行社承德支社
中国国际旅行社唐山支社
中国国际旅行社邯郸支社
中国国际旅行社遵化支社
中国国际旅行社太原分社
中国国际旅行社大同分社
中国国际旅行社太原分社
中国国际旅行社临汾支社
中国国际旅行社运城支社
中国国际旅行社五台山支社
中国国际旅行社呼和浩特分社
中国国际旅行社二连支社
中国国际旅行社包头支社
中国国际旅行社满洲里支社
中国国际旅行社海拉尔支社
中国国际旅行社沈阳分社
中国国际旅行社大连分社
中国国际旅行社鞍山支社
中国国际旅行社抚顺支社
中国国际旅行社锦州支社
中国国际旅行社丹东支社
中国国际旅行社长春分社
中国国际旅行社吉林市支社
中国国际旅行社延边支社
中国国际旅行社通化支社
中国国际旅行社哈尔滨支社
中国国际旅行社齐齐哈尔支社
中国国际旅行社桃山支社
中国国际旅行社黑河支社
中国国际旅行社大庆支社
中国国际旅行社牡丹江支社
中国国际旅行社伊春支社
中国国际旅行社南京分社
中国国际旅行社苏州分社

中国国际旅行社无锡分社
中国国际旅行社镇江支社
中国国际旅行社扬州支社
中国国际旅行社徐州支社
中国国际旅行社常州支社
中国国际旅行社连云港支社
中国国际旅行社南通支社
中国国际旅行社张家港支社
中国国际旅行社淮安支社
中国国际旅行社宜兴支社
中国国际旅行社杭州分社
中国国际旅行社宁波支社
中国国际旅行社绍兴支社
中国国际旅行社普陀支社
中国国际旅行社天台支社
中国国际旅行社富阳支社
中国国际旅行社金华支社
中国国际旅行社合肥分社
中国国际旅行社黄山支社
中国国际旅行社马鞍山支社
中国国际旅行社九华山支社
中国国际旅行社福州分社
中国国际旅行社厦门分社
中国国际旅行社泉州支社
中国国际旅行社武夷山支社
中国国际旅行社南昌分社
中国国际旅行社九江支社
中国国际旅行社庐山支社
中国国际旅行社景德镇支社
中国国际旅行社济南分社
中国国际旅行社淄博支社
中国国际旅行社烟台支社
中国国际旅行社青岛分社
中国国际旅行社曲阜支社
中国国际旅行社潍坊支社
中国国际旅行社泰山支社
中国国际旅行社威海支社
中国国际旅行社郑州分社
中国国际旅行社洛阳分社
中国国际旅行社开封支社
中国国际旅行社登封支社
中国国际旅行社信阳支社
中国国际旅行社新乡支社
中国国际旅行社三门峡支社
中国国际旅行社南阳支社
中国国际旅行社禹州支社
中国国际旅行社武汉分社
中国国际旅行社宜昌支社
中国国际旅行社三峡支社
中国国际旅行社荆州支社
中国国际旅行社沙市支社
中国国际旅行社十堰支社
中国国际旅行社长沙分社
中国国际旅行社岳阳支社
中国国际旅行社衡阳支社
中国国际旅行社南岳支社
中国国际旅行社韶山支社
中国国际旅行社大庸支社
中国国际旅行社广州分社
中国国际旅行社深圳分社
中国国际旅行社佛山支社
中国国际旅行社中山支社
中国国际旅行社江门支社
中国国际旅行社新会支社
中国国际旅行社汕头支社
中国国际旅行社从化温泉支社
中国国际旅行社潮州支社
中国国际旅行社珠海支社
中国国际旅行社韶关支社
中国国际旅行社惠州支社
中国国际旅行社湛江支社
中国国际旅行社南宁分社
中国国际旅行社桂林分社
中国国际旅行社柳州支社
中国国际旅行社梧州支社
中国国际旅行社北海支社
中国国际旅行社海南分社
中国国际旅行社成都分社
中国国际旅行社重庆分社
中国国际旅行社乐山支社
中国国际旅行社万县支社
中国国际旅行社大足支社
中国国际旅行社贵阳分社
中国国际旅行社凯里支社
中国国际旅行社昆明分社
中国国际旅行社拉萨分社
中国国际旅行社日喀则支社
中国国际旅行社山南支社
中国国际旅行社西安分社
中国国际旅行社宝鸡支社
中国国际旅行社汉中支社
中国国际旅行社兰州分社
中国国际旅行社敦煌分社
中国国际旅行社夏河支社
中国国际旅行社银川分社
中国国际旅行社西宁分社
中国国际旅行社乌鲁木齐分社
中国国际旅行社喀什支社
中国国际旅行社吐鲁番支社

中国青旅集团成员单位

中国青旅集团总公司
天津公司
河北公司
秦皇岛公司
青少年基地
山西公司
大同公司
内蒙古公司
辽宁公司
大连公司
吉林公司
吉林市公司
黑龙江公司
上海公司
江苏公司
苏州公司
无锡公司
常州公司
镇江公司
扬州公司
浙江公司
安徽公司
江西公司
福建公司
厦门公司
山东公司
青岛公司
河南公司
洛阳公司
湖北公司
宜昌公司
湖南公司
广东公司
深圳公司
广铁公司
广西公司

南宁市公司
海南公司
陕西公司
甘肃公司
青海公司
新疆公司
云南公司
贵州公司
四川公司
重庆公司
西藏公司
全国铁道公司

·旅游涉外饭店·

北京市

北京饭店
地址：东长安街22号
电话：5137766

西苑饭店
地址：海淀区二里沟5号
电话：8313388

民族饭店
地址：复兴门内大街51号
电话：6014466

香山饭店
地址：香山公园内
电话：2565544

新侨饭店
地址：东交民巷2号
电话：557731

前门饭店
地址：宣武区永安路175号
电话：3016688

燕京饭店
地址：复兴门外大街19号
电话：868721

北纬饭店
地址：宣武区西经路15号
电话：338631

上园饭店
地址：西直门外慈献寺4号
电话：899761

北展饭店
地址：西直门外大街135号
电话：8316633

华都饭店
地址：朝阳区新源南路8号
电话：5001166

燕翔饭店
地址：朝阳区蒋台路甲2号
电话：5006666

长城饭店
地址：朝阳区东环北路甲6号
电话：5005566

京伦饭店
地址：建国门外大街3号
电话：5002266

光华饭店
地址：朝阳区东环北路38号
电话：555142

南华酒店
地址：宣武区南华东街11号
电话：334431

飞霞饭店
地址：西便门西里5号楼
电话：342431

天坛体育宾馆
地址：崇文区体育馆路10号
电话：752831

达园宾馆
地址：海淀区福缘门1号
电话：284104

紫金宾馆
地址：崇文门西大街9号
电话：549251

国务院二招
地址：西直门内南顺城街2号
电话：668971

国谊宾馆
地址：西城区文兴东街1号
电话：8316611

竹园宾馆
地址：旧鼓楼大街小石桥24号
电话：444661

铁路公寓
地址：建国门外大街永安西里9 号
电话：5002211

京丰宾馆
地址：丰台区丰台路71号
电话：372411

丽都饭店
地址：朝阳区蒋台路
电话：5006688

兆龙饭店
地址：朝阳区工体北路2号
电话：5002299

昆仑饭店
地址：朝阳区亮马河21号
电话：5003388

和平宾馆
地址：东城区金鱼胡同3号
电话：5128833

王府饭店
地址：东城区金鱼胡同
电话：5128899

首都宾馆
地址：东城区东交民巷20号
电话：5129988

德胜饭店
地址：西城区北三环中路14号
电话：2024477

远方饭店
地址：朝阳区西坝河西里
电话：4224411

畅春园饭店
地址：海淀区西苑草场5号
电话：2561177

华暨度假村
地址：朝阳区十八里店老君堂
电话：786131

百灵饭店
地址：左家庄前街1号
电话：486031

京华饭店
地址：永外西罗园南里
电话：761331

惠侨饭店
地址：朝阳区和平里东街土城
电话：4214061

机场宾馆
地址：机场路
电话：558341

珠穆朗玛宾馆
地址：鼓楼西大街149号
电话：444531

国际大厦
地址：建国门外大街
电话：5002255

裕龙大酒店
地址：海淀区阜成路40号
电话：8415588

大兴宾馆
地址：大兴县黄村兴丰大街
电话：334072

紫薇宾馆
地址：石景山路40号
电话：878031

香格里拉饭店
地址：海淀区紫竹院路29号
电话：8412211

民族宫文娱部
地址：复兴门内大街49号
电话：653231

高尔夫迎宾馆
地址：十三陵水库北侧
电话：332142

顺义县招待所
地址：顺义县南路
电话：9424815

哈德门饭店
地址：崇外大街甲2号
电话：7012244

西三旗饭店
地址：昌平县西三旗东
电话：2913966

天寿山饭店
地址：昌平县十三陵胡庄
电话：6216

萃宫饭店
地址：海淀区双榆树知春路
电话：2564422

西直门饭店
地址：西直门外慈献寺14号
电话：8021155

龙潭饭店
地址：朝阳区潘家窑南里15号
电话：785161

奥林匹克饭店
地址：白石桥首都体育馆北侧
电话：8316688

燕山大酒店
地址：海淀路56号
电话：2563388

百乐酒店
地址：蒲黄榆路36号
电话：7212233

日坛宾馆
地址：日坛路1号
电话：5125586

华侨饭店
地址：东城区北新桥三条5号
电话：4016688

钟园饭店
地址：海淀区皂君庙甲16号
电话：8311155

未名山庄
地址：海淀区黑山沪
电话：2564422

芙蓉宾馆
地址：朝阳区十里铺
电话：592921

乐游饭店
地址：朝阳区劲松东口13号
电话：784761

航空饭店
地址：宣武区广外鸭子桥6号
电话：3062211

京环宾馆
地址：怀柔河光小区
电话：9623709

河北饭店
地址：东城区安内车辇店甲11号
电话：550931

蓟门饭店
地址：海淀区学院路黄亭子
电话：2012211

紫玉饭店
地址：海淀区阜成路花园村5号
电话：8411188

清华园宾馆
地址：海淀区成府路45号
电话：2562421

侨园饭店
地址：右外东滨河路
地址：338631

建国饭店
地址：建国门外大街5号
电话：5002233

永安公寓
地址：朝阳区枣营路甲5号
电话：5001188

迴龙观饭店
地址：昌平迴龙观
电话：2913931

光明公寓
地址：朝阳区亮马桥
电话：482424

明苑宾馆
地址：昌平十三陵胡庄
电话：654931

田园庄饭店
地址：海淀区圆明园西路
电话：2581177

陶然宾馆
地址：宣武区陶然亭公园内
电话：549661

昊园宾馆
地址：天坛东路甲9号
电话：754931

颐和园旅游部
地址：颐和园内
电话：2581144

崇文门饭店
地址：崇文门西大街2 号
电话：5122211

宣武门饭店
地址：宣武门东大街24号
电话：3014499

惠中饭店
地址：珠市口西大街120号
电话：3012255

大都饭店
地址：西城区车公庄21号
电话：890981

东方饭店
地址：宣武区万明路11号
电话：3014466

六亭饭店
地址：昌平县东环路
电话：335216

燕岭饭店
地址：昌平政府街19号
电话：335950

龙泉宾馆
地址：门头沟水闸北路
电话：8773366

龙山宾馆
地址：怀柔龙山路11号
电话：9623897

温阳饭店
地址：怀柔龙山路11号
电话：9623576

檀州宾馆
地址：密云县城关长安街1号
电话：3472

盘峰宾馆
地址：平谷县城关旧城街
电话：948200

房山宾馆
地址：房山区东大街
电话：9324678

延庆宾馆
地址：延庆县东大街
电话：4614

通州宾馆
地址：通县新华大街
电话：9524652

友谊宾馆
地址：海淀区白石桥路3号
电话：890621

西郊宾馆
地址：海淀区学院路13号
电话：2017836

万寿宾馆
地址：海淀区万寿路甲12号
电话：811390

钓鱼台宾馆
地址：北京832信箱
电话：868833

国际饭店
地址：建国门内大街9号
电话：5126688

丽华饭店
地址：右安门外洋桥71号
电话：7211144

芦园宾馆
地址：朝外六里屯苇子坑101号
电话：5004233

芳园宾馆
地址：东城区灯市口西街36号
电话：552305

苁乡饭店
地址：海淀区龙翔路15号
电话：2013355

望海楼宾馆
地址：海淀玉渊潭公园内
电话：868361

卧佛寺饭店
地址：香山卧佛寺内
电话：819561

香山别墅
地址：香山公园内
电话：819476

富国饭店
地址：西城富国街2号
电话：6012255

酒汕饭店
地址：朝阳蒋台路口
电话：5006622

朝阳公寓
地址：朝阳农展馆北里2号
电话：4081119

安乐山庄
地址：潭柘寺公园内
电话：3772835

北海宾馆
地址：西城地安门大街141号
电话：653631

交通饭店
地址：崇文东四块玉南街
电话：7011114

山湖宾馆
地址：怀柔县龙山中
电话：5005846

华乡公寓
地址：朝阳高碑店北路6号
电话：5003337

九花山公寓
地址：北三环半壁街南路甲1号
电话：8414440

京闽饭店
地址：朝阳十八里店周庄
电话：785979

神水宾馆
地址：朝阳双井北里14号
电话：789991—3296

中安宾馆
地址：昌平县政府街
电话：3017403

护国寺宾馆
地址：西城护国寺街125号
电话：6011113

康悦饭店
地址：海淀皂君庙4号
电话：2566688

燕化宾馆
地址：房山迎风影燕路2号
电话：9332252

三元宾馆
地址：东直门外斜街9号
电话：4082288

华厦宾馆
地址：朝阳工体北春绣路
电话：485231

景泰宾馆
地址：永外景泰西里65楼
电话：7212837

盛唐饭店
地址：海淀万泉庄王公坟2号
电话：2564433

京燕饭店
地址：石景山路40号
电话：876261

华伦饭店
地址：东城安内大街291号
电话：4422431

佳丽饭店
地址：朝阳将台路
电话：473631

华苑饭店
地址：丰台三营门
电话：7214488

御园饭店
地址：海淀太平路甲18号
电话：812249

华园饭店
地址：东直门外五里沟甲7号
电话：484016

百花饭店
地址：门头沟新桥大街13号
电话：8773164

密云饭店
地址：密云县城南门
电话：2371

西直门宾馆
地址：西直门内大街
电话：6739929

远望楼宾馆
地址：海淀北三环西路13号
电话：2013366

翔云楼宾馆
地址：海淀德外安祥北里10号
电话：4014035

万年青宾馆
地址：海淀西三环北路25号
电话：8021144

好园宾馆
地址：东城史家胡同53号
电话：5125557

京阳饭店
地址：朝外红庙延静西里
电话：5005599

朝阳大北宾馆
地址：朝阳郎家园12号
电话：596291

燕岭宾馆
地址：丰台槐树岭4号
电话：818668

金宏饭店
地址：丰台纪家庙
电话：371031

四海宾馆
地址：东直门外六公坟
电话：5006988

华谊宾馆
地址：首都机场道口
电话：3013733

龙都宾馆
地址：海淀万泉河小南庄400号
电话：2562277

国贸饭店
地址：朝阳建外大街1号
电话：5052277

国安宾馆
地址：朝阳关东店北街
电话：5004663

天津市

天津喜来登大酒店（四星级）
地址：天津市河西区紫金山路
电话：343388　333388

天津水晶宫饭店（四星级）
地址：天津市河西区友谊路
电话：310567

天津凯悦饭店（四星级）
地址：天津市和平区解放北路219号
电话：318888

天津北方宾馆（三星级）
地址：天津市塘沽区东沽闸北路1号
电话：771301

天津利顺德大饭店（三星级）
地址：天津市和平区台儿庄33号
电话：311112　311688

天津津利华大酒店（三星预备级）
地址：天津市河西区友谊路30号
电话：342222

天津第一饭店（二星级）
地址：天津市和平区解放北路198号
电话：316438　310748

新港国际海员俱乐部（二星级）
地址：天津市塘沽区新港
电话：973897　973203

龙凤酒店（一星级）
地址：天津市河东区光华路甲1号
电话：410151—5

中冀宾馆（一星级）
地址：天津市河西区围堤道1号
电话：284993

天津友谊宾馆
地址：天津市和平区南京路94号
电话：310372

天津宾馆
地址：天津市河西区滨水道
电话：319000　319200
电话：4331

河北省

河北宾馆
地址：石家庄市育才街23号
电话：615961

国际大厦
地址：石家庄市长安西路23号
电话：48961

石家庄宾馆
地址：石家庄市青园街48号
电话：612901

九州宾馆
地址：石家庄市石岗大街10号
电话：741078

辛集宾馆
地址：河北辛集市兴华路169号
电话：22783

云山饭店
地址：承德市南园6号
电话：225649

绮望楼
地址：承德市碧峰门东路1号
电话：224385

蒙古包度假村
地址：承德市避暑山庄万树园东门
电话：222269

承德宾馆南楼
地址：承德市南营子大街33号
电话：2551

山庄宾馆
地址：承德市小南门127号
电话：3506

静宜山庄
地址：承德市大佛寺路北
电话：222581

信谊大酒店
地址：秦皇岛市迎宾路
电话：332243

金山宾馆
地址：秦皇岛市北戴河东三路4号
电话：41678

海岳大厦
地址：秦皇岛市迎宾路
电话：3357

国家外国专家局北戴河友谊宾馆
地址：北戴河海滨东山鹰角路1号
电话：441965

外贸宾馆
地址：秦皇岛市友谊路30号
电话：34605

外交人员宾馆
地址：秦皇岛市保三路1号
电话：441287

海员俱乐部
地址：秦皇岛市海滨路37号
电话：331441

唐山宾馆
地址：唐山市建设北路
电话：22210

保定宾馆
地址：保定市新华北路
电话：24126

保定古城宾馆
地址：保定市城隍庙街65号
电话：26922

廊坊宾馆
地址：廊坊市解放道
电话：22583

廊坊地区招待处
地址：廊坊市金光道
电话：22961

燕郊行宫宾馆
地址：廊坊市京东燕郊
电话：2383

石油管道局宾馆
地址：廊坊市金光道
电话：25111

沧州宾馆
地址：沧州市西环中路54号
电话：24522

沧州地区招待处
地址：沧州市新华中路86号
电话：23304

外宾招待所
地址：沧州市迎宾路3号
电话：23895

华北油田宾馆
地址：河北任邱市

邯郸宾馆
地址：邯郸市中华大街74号
电话：25911

邯郸市招待处红楼宾馆
地址：邯郸市人民路87号
电话：23304

冀南宾馆
地址：邯郸市展览路
电话：28474

张家口市招待处
地址：张家口市五一路大街72号
电话：5291

张家口宾馆
地址：张家口市解放大街13号
电话：2688

宣化宾馆
地址：张家口宣化区牌楼西55号
电话：4647

顺德宾馆
地址：邢台市马路街47号
电话：4203

衡水市宾馆
地址：衡水市中华大街38号
电话：2983

衡水地区招待处
地址：衡水市人民路107号
电话：4838

山西省

山西大酒店
地址：太原市新建南路5号
电话：443901

栖贤阁宾馆
地址：五台山台怀镇

砂河宾馆
地址：山西省繁峙县砂河镇

友谊宾馆
地址：五台山台怀镇柏峪

迎泽宾馆
地址：太原市迎泽大街51号
电话：443211

云峰宾馆
地址：五台山台怀镇

并州宾馆
地址：太原市迎泽大街32号
电话：442111

三晋大厦
地址：太原市迎泽大街30号
电话：442571

三桥大厦
地址：太原市旱西关4号
电话：345885

体育宾馆
地址：太原市体育路9号
电话：775310

太原机场宾馆
地址：太原武宿机场内
电话：775421

大同宾馆
地址：大同市迎宾西路8号
电话：232476

云岗宾馆
地址：大同市迎宾东路21号
电话：521601

临汾宾馆
地址：临汾市解放西路
电话：3015

运城宾馆
地址：运城市红旗路19号
电话：2121

黄河大厦
地址：运城立交桥东侧
电话：2329

阳泉宾馆
地址：阳泉市
电话：24800

忻州饭店
地址：忻州市新建路10号
电话：23876

永济电厂招待所

长治宾馆
地址：长治市英雄北路

长治化肥厂招待所
地址：潞城县

晋祠宾馆
地址：太原市晋祠镇
电话：640063

内蒙古自治区

内蒙古饭店
地址：呼和浩特乌兰察布西路
电话：26241、26242转

昭君大酒店
地址：呼和浩特市新华大街11号
电话：662211—公关部

新城宾馆
地址：呼和浩特市呼伦南路23号
电话：27231转

包头宾馆
地址：包头昆区钢铁大街19号
电话：26612

青山宾馆
地址：包头市青山区迎宾道北端
电话：34091

东河宾馆
地址：包头市东河区南门外大街4号
电话：42936

呼盟宾馆
地址：海拉尔市胜利大街2号
电话：2212

海拉尔市宾馆
地址：海拉尔市东四道街新桥西侧
电话：4311

兴安盟宾馆
地址：乌兰浩特市兴安北路
电话：26706

满洲里国旅饭店
地址：满洲里二道街121号
电话：2976

扎兰屯宾馆
地址：扎兰屯市吊桥路明月街
电话：4845

乌兰浩特市宾馆
地址：乌兰浩特市乌兰大街
电话：25509

赤峰宾馆
地址：赤峰市昭乌达路八号
电话：34472、32005

科尔沁宾馆
地址：通辽市西拉木伦大街30号
电话：32992

通辽市宾馆
地址：通辽市建国路66号
电话：33518- 34536

鄂尔多斯饭店
地址：伊盟东胜白天马路5号
电话：5091或
4049转接待科

白马饭店
地址：锡林浩特市
电话：4873

辽宁省

辽宁凤凰饭店
地址：沈阳市皇姑区黄河南大街113号
电话：466500 46609

辽宁华厦饭店
地址：沈阳市和平区中山路5号
电话：333423 332469

沈阳玫瑰大酒店
地址：沈阳市沈河区中街路201号
电话：449941

东宁宾馆
地址：沈阳市和平区天津街100号
电话：368120

沈阳中山大酒店
地址：沈阳市和平区中山路65号
电话：333888

沈阳中兴宾馆
地址：沈阳市和平区太原北街86号
电话：432734

友谊宾馆
地址：沈阳市皇姑区黄河北大街1号
电话：466581

辽宁宾馆
地址：沈阳市和平区中山路97号
电话：729185

沈阳友园宾馆
地址：沈阳市皇姑区泰山路18号
电话：460586

沈阳迎宾馆
地址：沈阳市和平区三经街1段3号
电话：290086

沈阳金杯汽车大厦
地址：沈阳市和平区中华57号
电话：369332

沈阳天涯宾馆
地址：沈阳市沈河区惠工街四段壮业里1号
电话：724884

九州假日饭店
地址：大连市胜利广场18号
电话：808888

民航大厦
地址：大连市中山路143号
电话：333111

南山宾馆
地址：大连市枫林街56号
电话：238757

银帆宾馆
地址：大连市开发区长春路6号
电话：712888

华联宾馆
地址：大连市解放街1号
电话：806978

华联宾馆
地址：大连市文林街1号
电话：230101

虎滩宾馆
地址：大连市解放路810—1号
电话：281225

仲夏客舍
地址：大连市仲夏路1号
电话：281730

国际海员俱乐部
地址：大连市长江路1号
电话：233151

怡怡楼宾馆
地址：大连市文化街100号
电话：282121

金州宾馆
地址：大连市斯大林路412号
电话：807224

友谊宾馆
地址：大连市斯大林路137号
电话：234131

金帆宾馆
地址：大连市烟台街5号
电话：806600

碧海大厦
址址：大连市八一街26—2号
电话：3841

友好宾馆
地址：大连市友好路103号
电话：230444

七贤岭避暑山庄
地址：大连市甘井子七贤路
电话：333728

青旅宾馆
地址：大连市沈阳路94号
电话：336545

农垦宾馆
地址：大连市风光街12号
电话：335599

鞍山宾馆
地址：鞍山市南胜利路29号
电话：514066

友谊宾馆
地址：抚顺市永安广场
电话：26414

鸭绿江大厦
地地：丹东市九纬路87号

丹东宾馆
地址：丹东市山上街2号

锦州北山宾馆
地址：锦州市北京路12号

营口宾馆
地址：营口市渤海大街7号
电话：33281

阜新西山宾馆
地址：阜新市西山大街11号
电话：24905

辽阳宾馆
地址：辽阳市中华大街61号
电话：25694

龙山宾馆
地址：铁岭市银州区柴河街
电话：23111

朝阳宾馆
地址：朝阳市红星路
电话：5801

辽河油田宾馆
地址：盘锦市兴隆台区辽河大街
电话：2142

海鸥宾馆
地址：兴城市兴海路18号
电话：3685

吉林省

长春宾馆
地址：长春市新华路10号
电话：829920-29

南湖宾馆桦林楼
地址：长春市南湖大路2号
电话：883571-8

春谊宾馆
地址：长春市斯大林街2号
电话：37917

长白山宾馆
地址：长春市新民大街12号
电话：883551-55

白山大厦
地址：延吉市友谊路2号
电话：515958

银河大厦
地址：吉林市松江路175号
电话：241780

吉祥大酒店
地址：长春市解放大路80号
电话：820607

艺苑宾馆
地址：长春市斯大林大街80号
电话：827236

白鹤宾馆
地址：长春市自由大路36号
电话：885248

东关宾馆
地址：吉林市江湾路2号
电话：454272

西关宾馆
地址：吉林市船营路155号
电话：243141

江城宾馆
地址：吉林市江湾路4号
电话：457721

蔡侯宾馆
地址：吉林市中兴街136号
电话：473031

哈达宾馆
地址：吉林市哈达湾
电话：478024

浑江宾馆
地址：浑江市浑江大街124号
电话4141

通化宾馆
地址：通化市翠泉路22号
电话：3324

四平宾馆
地址：四平市南迎宾馆街17号
电话：4317

银花宾馆
地址：吉林市江南大街22号
电话：461008

雪柳宾馆
地址：吉林市光华路1号
电话：452350

玉皇山宾馆
地址：通化市玉皇路26号
电话：2121

翠园宾馆
地址：集安市胜利西路47号
电话：2128

英城宾馆
地址：四平市英雄大街16号
电话：3912

公主岭宾馆
地址：公主岭市西四长街23号
电话：5450

松原饭店
地址：公主岭市东四长路66号
电话：5802

长白宾馆
地址：长白县白山街129号
电话：2351

珲春宾馆
地址：珲春市城北路
电话：2149

敦化宾馆
地址：敦化市翰章北大街63号
电话：3331

大安宾馆
地址：大安市人民路南侧
电话：3691

白城地区宾馆
地址：白城市海明路102号
电话：36212

松苑宾馆
地址：长春市新发路1号
电话：827236

吉林省宾馆
地址：长春市斯大林大街72号
电话：863071

保险大厦
地址：长春市西安大路6号
电话：882347

华丽宾馆
地址：图们市解放路2号
电话：562245

华侨饭店有限公司
地址：长春市湖滨街1号
电话：884279

图们宾馆
地址：图们市图们大路1号
电话：3311

辽源市宾馆
地址：辽源市龙山北路6号
电话：23981

东山宾馆
地址：辽源市西安区东41街
电话：2125

黑龙江省

哈尔滨天鹅饭店
地址：哈尔滨市中山路73号
电话：220201

哈尔滨国际饭店
地址：哈尔滨市大直街124号
电话：241441

黑龙江省旅游服务公司
地址：哈尔滨市大直街124号
电话：241441-629

黑龙江省旅游汽车服务公司
地址：哈尔滨市中山路73号
电话：222278

哈尔滨友谊宫宾馆
地址：哈尔滨市友谊路57号
电话：416146

哈尔滨花园邨宾馆
地址：哈尔滨市海街10号
电话：30911

哈尔滨和平邨宾馆
地址：哈尔滨中山路109号
电话：220101

哈尔滨马迭尔宾馆
地址：哈尔滨中央大街129号
电话：410138

哈尔滨北方大厦
地址：哈尔滨市花园街120号
电话：30001

上海市

华亭喜来登宾馆
地址：上海漕溪北路1200号
电话：4391000
4396000

天鹅信谊宾馆
地址：上海江湾路111号
电话：3255255

天马大酒店
地址：上海吴中路471号
电话：4328100

静安希尔顿酒店
地址：上海华山路250号
电话：255000

西郊宾馆
地址：上海虹桥路1921号
电话：4328800
4336643

奥林匹克俱乐部
地址：中山南二路1800号
电话：4391391

静安宾馆
地址：华山路370号
电话：2551888

海港宾馆
地址：泰兴路89号
电话：2553553

海鸥饭店
地址：上海黄浦路60号
电话：3251500

上海国际机场宾馆
地址：上海虹桥路2550号
电话：2518866

上海大厦
地址：上海北苏州路20号
电话：3246260

上海宾馆
地址：上海乌鲁木齐北路505号
电话：4712712

新锦江饭店
地址：上海长乐路161号
电话：4334488

嘉定宾馆
地址：上海嘉定塔城东路搏乐路100号
电话：9534512

锦江饭店
地址：上海茂名南路59号
电话：2582582

金沙江大酒店
地址：金沙江路801号
电话：2546000

蓝天宾馆
地址：上海四平路2400号
电话：5485906

白玉兰宾馆
地址：上海四平路1251号
电话：5456888

花园饭店（上海）
地址：上海茂名南路58号
电话：4331111

宝隆宾馆
地址：上海逸仙路70号
电话：5425425

樱花度假村
地址：上海农工路77号
电话：2758350

龙柏饭店
地址：上海虹桥路2419号
电话：4329388

程桥宾馆
地址：上海虹桥路2266号
电话：4329220

城市酒店
地址：上海陕西南路5—7号
电话：2551133

高阳宾馆
地址：上海东大名路879号
电话：5413920

衡山宾馆
地址：上海衡山路534号
电话：4377050

虹桥迎宾馆
地址：上海虹桥路1591号
电话：4336920

日航龙柏饭店
地址：虹桥路2451号
电话：2593636

华夏宾馆
地址：漕宝路38号
电话：4360100

华侨饭店
地址：南京西路104号
电话：3276226

新苑宾馆
地址：上海虹桥路1900号
电话：4329900　2759900

远洋宾馆
地址：上海东大名路1171号
电话：5458888

国际饭店
地址：上海南京西路170号
电话：3275225

青年会宾馆
地址：上海西藏南路123号
电话：3261040

和平饭店
地址：上海南京东路20号
电话：3211244
3218050

七重天宾馆
地址：上海南京东路627号
电话：3220777

虹桥宾馆
地址：上海延安西路2000号
电话：2753388

江苏省

金陵饭店
地址：南京市汉中路2号
电话：742888

南京饭店
地址：中山北路259号
电话：634121

丁山宾馆
地址：察哈尔路90号
电话：605931

胜利饭店
地址：中山路75号
电话：648181

东郊宾馆
地址：中山陵5号
电话：645181

云轩山庄
地址：云轩山庄镇江路55号
电话：684274

玄武饭店
地址：中央路193号
电话：303888

中山大厦
地址：珠江路
电话：638231

梅山宾馆
地址：梅山冶金公司
电话：624421-2300

双门楼宾馆
地址：虎踞北路185号
电话：685961

晨光宾馆
地址：正学路1号
电话：628018

西华门饭店
地址：中山东路518号
电话：649221

扬子宾馆
地址：大厂镇
电话：792762转

梅花山宾馆
地址：四方城2号
电话：642990

秦淮饭店
地址：开州路23号
电话：629577

华康饭店
地址：后宰门街60号
电话：644181

金陵石化宾馆
地址：锁金村78号
电话：654167

枫叶楼宾馆
地址：金陵石油化工公司栖霞山化肥厂
电话：761233

金桥饭店
地址：北京东路77号
电话：711988（总机）

浙江省

杭州香格里拉饭店
地址：杭州市北山路78号

电话：777951

望湖宾馆
地址：杭州环城西路2号
电话：771024

花港饭店
地址：杭州环湖西路4号
电话：771324

花家山宾馆
地址：杭州法相巷13号
电话：771224

浙江宾馆
地址：杭州三台山路68号
电话：777988

杭州黄龙饭店
地址：杭州曙光路
电话：554488

杭州友好饭店
地址：杭州平海路53号
电话：777888

杭州新侨饭店
地址：杭州解放路176号
电话：776688

杭州华侨饭店
地址：杭州湖滨路15号
电话：774401

杭州大厦
地址：杭州武林广场1号
电话：558606

杭州国际大厦
地址：杭州体育场路157号
电话：556224

西子宾馆
地址：杭州南山路37号
电话：771614

西湖宾馆
地址：杭州西山路7号
电话：776889

杭州临平宾馆
地址：余杭县临平镇临博路
电话：550052

富阳宾馆
地址：富阳镇官驿路14号
电话：22491

淳安县松城饭店
地址：淳安排岭镇新安大街44号
电话：2397

杭州千岛湖宾馆
地址：淳安县淡竹乡
电话：2890

罗桐山庄
地址：建德白沙镇新电路1号
电话：2628

新安江望江宾馆
地址：建德白沙镇新电路2号
电话：2750

新安江宾馆
地址：建德白沙镇菜市路6号
电话：21369

竞秀饭店
地址：桐庐镇安乐路103号
电话：23497

桐庐宾馆
地址：桐庐镇安乐路40号
电话：23644

浙江萧山宾馆
地址：萧山市心路71号
电话：22652

宁波饭店
地址：宁波市马园路65号
电话：66334

宁波亚洲华园宾馆
地址：宁波市马园路65号
电话：66888

宁波华侨饭店
地址：宁波柳汀街130号
电话：63175

宁波甬港饭店
地址：宁波百丈东路105号
电话：34621

宁波东海饭店
地址：宁波曙光路6号
电话：32411

奉化县溪口武岭宾馆
地址：奉化市溪口镇溪南1号
电话：5401

余姚宾馆
地址：余姚市舜水南路108号
电话：24747

宁波戚家山宾馆
地址：宁波小港开发区
电话：22370

镇海招宝山饭店
地址：镇海鼓楼东路21号
电话：73512

温州饭店
地址：温州胜利路柴桥巷12号
电话：24981

温州华侨饭店
地址：温州市信河17号
电话：23911

温州景山宾馆
地址：温州市雪山路1号
电话：25911

温州雪山饭店
地址：温州游泳桥路
电话：27961

雁荡山朝阳山庄
地址：乐清县雁荡山响岭头
电话：43484

乐清县雁荡宾馆
地址：乐清县雁荡山响岭头
电话：43687

绍兴饭店
地址：绍兴市胜利路
电话：35881

嘉兴宾馆
地址：嘉兴中山中路123号
电话：86163

烟雨宾馆
地址：嘉兴环城南路紫阳街口
电话：5682

金华宾馆
地址：金华江南新区桥南路口
电话：23100

莲城宾馆
地址：丽水市灯塔街5号
电话：32707

处州宾馆
地址：丽水市中山街267号
电话：33153

青田华侨饭店
地址：青田鹤城镇临江路32号
电话：22545

兰江大厦
地址：兰溪市人民北路29号
电话：23023

天台宾馆
地址：天台国清寺外
电话：504

国清隋梅宾馆
地址：天台国清寺旁
电话：21532

湖州宾馆
地址：湖州市人民路104号
电话：2208

浙江莫干山饭店
地址：浙江省莫干山
电话：莫干山总机91

普陀山息来小庄
地址：舟山市普陀山前寺

舟山华侨饭店
地址：舟山市定海区环城东路167号
电话：23771

福建省

东湖宾馆
地址：福州市东大路44号
电话：557755

温泉大厦
地址：福州市五四路中段
电话：551818

海山宾馆
地址：福州市五四路
电话：557766

外贸中心酒店
地址：福州市五四路
电话：550154

青联宾馆
地址：福州市东大街花园里9号
电话：551705

工会大厦
地址：福州市五四路
电话：557852

华林宾馆
地址：福州市华林路36号
电话：572920

龙华大厦
地址：福州市五一路中段
电话：537012

凤凰酒家
地址：福州市杨桥路
电话：710030

江滨大厦
地址：福州市江滨路
电话：568699

侨联大厦
地址：福州市五一路
电话：557858

闽江饭店
地址：福州市五四路
电话：557895

华侨大厦
地址：福州市五四路
电话：557603

台湾饭店
地址：福州市华林路28号
电话：570570

闽都大厦
地址：福州市古田路
电话：557720

华福宾馆
地址：福州市五四路100号
电话：557898

西湖大酒店
地址：福州市湖滨路1号
电话：539888

于山宾馆
地址：福州市古田西路
电话：551668

西湖宾馆
地址：福州市湖滨路
电话：557008

梅峰宾馆
地址：福州市光铜路2号
电话：557856

漳州宾馆
地址：漳州市胜利路4号
电话：23431

芗江宾馆
地址：漳州市胜利路
电话：22680

华侨大厦
地址：漳州市延安北路38号
电话：22620

华侨饭店
地址：漳州市新华北路33号
电话：29988

东山华福酒店
地址：东山县
电话：20550

龙海华侨大厦

侨联大厦
地址：泉州市百源清池畔
电话：22192

金泉酒店
地址：泉州市百源路
电话：225078

石狮华侨大厦
地址：石狮市新街8号
电话：471670

泉州宾馆
地址：泉州市庄府巷
电话：222311

大同宾馆

兴化宾馆

莆田侨联大厦

三明宾馆
地址：三明市列东
电话：23491

三明饭店
地址：三明市列东东新一路
电话：23211

永安宾馆
地址：永安市新府路12号
电话：23542

麒麟山庄
地址：三明市麒麟山
电话：24708

大田龙山宾馆

龙岩挺秀酒店

南平宾馆
地址：南平市中山路321号
电话：25414

武夷山庄
地址：武夷山市武夷官
电话：32981

屏南华侨大厦

闽东宾馆

闽东友谊宾馆

福鼎饭店

龙首山宾馆

崇安百花宾馆

崇安武夷宾馆

武夷山溪外楼宾馆

九曲宾馆

闽北宾馆

延平饭店

剑津饭店

武夷神农乐居
地址：武夷山市城东党校路
电话：32967

幔亭山房
地址：武夷山市武夷宫
电话：32115

崇安百花岩山庄

悦华酒店
地址：厦门市湖里
电话：43333

鹭江宾馆
地址：厦门鹭江道54号
电话：22922

信息酒店
地址：厦门湖里兴隆路
电话：41666、41784

集美宾馆
地址：厦门市集美银江路
电话：48560

航空宾馆
地址：厦门市莲花新村
电话：33170

厦门宾馆
地址：厦门市虎园路16号
电话：24941

厦门华侨大厦
地址：厦门市新华路70—74号
电话：25602

金宝酒店
地址：厦门市东渡新港
电话：46888

新加坡酒店
地址：厦门市溪岸路113—121号
电话：26668

鼓浪屿宾馆
地址：厦门市鼓浪屿晃岩路25号
电话：31856

观海园旅游村
地址：厦门鼓浪园屿田尾路8号
电话：26959

白鹭宾馆
地址：厦门市虎园路6号
电话：25201

科技宾馆
地址：厦门市虎园路2号
电话：31300

东海大厦酒店
地址：厦门市中山路1 号
电话：21111

京华饭店
地址：厦门市双涵
电话：33100

厦融宾馆
地址：厦门市莲花路口
电话：26255

鹭江大厦
地址：厦门市海后路3—4号
电话：23235、22212

丽轩酒店
地址：厦门市湖里大道
电话：41041

新侨酒店
地址：厦门市中山路444号
电话：21155

鹭台大饭店
地址：厦门市蜂巢山路5号
电话：37300

海味大厦
地址：厦门市蜂巢山路1号
电话：25561

鼓浪别墅
地址：厦门市鼓浪屿美华
电话：25280

江西省

江西宾馆
地址：南昌市八一大道78号
电话：221131

青山湖宾馆
地址：南昌市福州路31号
电话：221162

南昌宾馆
地址：南昌市八一大道2号
电话：64811

象山宾馆
地址：南昌市象山北路170号
电话：771723

省外办招待所
地址：南昌市青云谱
电话：42981

南湖宾馆
地址：九江市南湖北路
电话：222272

九江石化招待所
地址：九江市浔阳路
电话：225611

庐山大厦
地址：庐山河西路
电话：282178

庐山宾馆
地址：庐山河西路
电话：282643

芦林饭店
地址：庐山芦林湖畔
电话：262120

云中宾馆
地址：庐山河南路
电话：282741

庐山别墅林
地址：庐山脂红路
电话：282525

德安共青茶山宾馆
地址：德安县共青城
电话：总机转德安共青

紫云饭店
地址：湖口县大中路
电话：32745

景德镇宾馆
地址：景德镇市莲花塘
电话：224178

景德镇合资宾馆
地址：景德镇市莲花塘
电话：225010

景德镇饭店
地址：景德镇市珠山路
电话：222301

鹰潭华侨饭店
地址：鹰潭市交通路
电话：221344

余江宾馆
地址：余江县站前路
电话：881169

贵冶宾馆
地址：贵溪县城
电话：53911

上饶宾馆
地址：上饶市中山路
电话：3015

铅山宾馆
地址：铅山县河口镇
电话：2329

婺源宾馆
地址：婺源县十字街
电话：县总机转

三清山宾馆
地址：上饶三清山梯云岭
电话：3002

赣南宾馆
地址：赣州市健康路
电话：6913

赣州宾馆
地址：赣州市健康路
电话：3057

赣州大厦
地址：赣州市八一四大道
电话：6311

西华山宾馆
地址：大余县胜利路
电话：417

宜春宾馆
地址：宜春市环城西路
电话：3441

丰城宾馆
地址：丰城市工农路
电话：市总机转

上高宾馆
地址：上高县沿江路
电话：511786

新余招待所
地址：新余市玉紫山
电话：222666

新钢招待所
地址：新余市渝水区永红巷
电话：221389

钢城大厦
地址：新余市胜利北路
电话：222490

吉安宾馆
地址：吉安市沿江路
电话：3985

白鹭宾馆
地址：吉安市井岗山大道
电话：2688

吉安市政府招待所
地址：吉安市中山东路
电话：2865

井岗山大厦
地址：井岗山市茨坪镇
电话：332

井岗山宾馆
地址：井岗山市茨坪镇
电话：221

宁岗宾馆
地址：宁岗县砻市龙江路
电话：县总机转

萍乡宾馆
地址：萍乡市广场路
电话：332254

昭萍宾馆
地址：萍乡市八一西路
电话：332689

抚州宾馆
地址：抚州市西大街
电话：2016

南丰宾馆
地址：南丰县新建路
电话：210

南昌喜来登北京烤鸭店
地址：南昌市八一大道137号
电话：69272

裕华服务企业有限公司
地址：南昌市中山路153号
电话：51534

东方大酒店
地址：南昌市胜利路70号
电话：51472

庐山醉石酒家
地址：庐山河东路
电话：281531

鄱湖酒家
地址：湖口县云亭路
电话：32762

龙宫饭店
地址：彭泽县天红乡
电话：天红乡总机转

秀峰宾馆餐厅
地址：星子县秀峰
电话：县总机转

湖口县政府招待所
地址：湖口县登山路
电话：32546

九江县委招待所
地址：九江县沙河街镇
电话：县总机转

德安县政府招待所
地址：德安县南门路
电话：2617

景德镇市普祥斋
地址：景德镇市珠山中路
电话：223193

景德镇市迎宾楼
地址：景德镇市珠山中路
电话：223071

同乐酒楼
地址：萍乡市正大街
电话：332937

赣县喜来登北京烤鸭店
地址：赣县县城赣路
电话：县总机转

黄金埠招待所
地址：余干县黄金埠镇
电话：县总机转

山东省

济南齐鲁宾馆
地址：济南市千佛山路1号
电话：47961

济南饭店
地址：济南市经三路240号
电话：38981

济南舜耕山庄
地址：济南市舜耕路1号
电话：615901

烟台芝罘宾馆
地址：烟台市宾路1号
电话：248421

烟台华侨宾馆
地址：烟台市环山路25号
电话：224431

蓬莱八仙居宾馆
地址：蓬莱县城
电话：3296

牟平养马岛度假村
地址：牟平县养马岛镇
电话：3266

潍坊鸢飞大酒店
地址：潍坊市胜利大街45号
电话：226901

潍坊宾馆
地址：潍坊市胜利大街33号
电话：222981

青州宾馆
地址：青州市范公亭路
电话：22212

临朐沂山茅舍
地址：临朐县民主路
电话：2206

泰安泰山宾馆
地址：泰安市红门路
电话：334694

泰安泰山华侨大厦
地址：泰安市东岳大街中段
电话：338116

曲阜阙里宾舍
地址：曲阜市钟楼街15号
电话：411300

曲阜孔府饭店
地址：曲阜市东华门1号
电话：412985

溜博宾馆
地址：溜博市张店区中心路189号
电话：313341

东营胜利宾馆
地址：东营市泰山路360号
电话：422031

汇泉王朝大酒店
地址：青岛市南海路9号
电话：279215

海天酒店
地址：湛山大路39号
电话：366888

石峰宾馆
地址：石老人旅游开发区
电话：597888

黄海饭店
地址：延安一路75号
电话：270215

华侨饭店
地址：湖南路72号
电话：279092

汇文宾馆
地址：上海路6号
电话：222570

八大关宾馆
地址：山海关路19号
电话：364822

北海宾馆
地址：湛流干路23号
电话：363500

栈桥宾馆
地址：太平路31号
电话：279248

太平角宾馆
地址：太平角一路19号
电话：364448

荣韶宾馆
地址：荣成路2号甲
电话：366627

迎宾馆
地址：恒山路5号
电话：285465

和平宾馆
地址：新疆路10号
电话：228698

友谊宾馆
地址：新疆路12号
电话：228865

远洋宾馆
地址：湛流干路
电话：364510

湛山宾馆
地址：湛山大路2号
电话：364055

东方饭店
地址：大学路4号
电话：261561

保险公司接待处
地址：湛流干路25号
电话：363800

崂山宾馆
地址：崂山李村
电话：496651

崂山迎宾馆
地址：崂山李村
电话：495403

胶州宾馆
地址：胶州市郑州东路33号
电话：2835

胶南宾馆
地址：胶南县人民路99号
电话：663080

新卢昌宾馆
地址：莱西城内
电话：250

即墨宾馆
地址：即墨城内
电话：812400

平度宾馆
地址：平度市东环城路
电话：762530

阿里山酒家
地址：黄岛区
电话：697123

黄岛宾馆
地址：黄岛区
电话：65952

河南省

河南省国际饭店
地址：郑州市金水路东段
电话：23413

郑州黄河饭店
地址：郑州市中原路106号
电话：48950

丽晶大厦
地址：郑州市金水路东段
电话：28046

中州宾馆
地址：郑州市金水路东段
电话：552606

洛阳友谊宾馆
地址：洛阳市西苑路6号
电话：22111

洛阳花园大酒店
地址：洛阳市南昌路
电话：21681

洛阳东方宾馆
地址：洛阳市建设路182号
电话：22207

洛阳迎宾馆
地址：洛阳市人民西路6号
电话：35155

洛矿宾馆
地址：洛阳市涧西区重庆路
电话：23991

洛阳饭店
地址：洛阳中州西路115号
电话：23561

洛阳国际旅社
地址：中州中路45号
电话：38395

开封宾馆
地址：开封自由路64号
电话：22986

开封东京大酒店
地址：开封迎宾路14号
电话：33115

登封嵩山宾馆
地址：登封中岳大街171号
电话：72755

禹州宾馆
地址：禹州市迎宾路42号
电话：492

巩县宾馆
地址：巩县新华路
电话：

新乡黄河宾馆
地址：新乡市荣校路6号
电话：53963

新乡友谊宾馆
地址：新乡市友谊路14号
电话：54941

安阳宾馆
地址：安阳友谊路1号
电话：22214

濮阳太行宾馆
地址：濮阳市灯塔路2号
电话：22012

濮阳宾馆
地址：濮阳市建设路中段
电话：45806

平顶山宾馆
地址：平顶山市沿河西路
电话：4004

南阳白河宾馆
地址：南阳市七一路
电话：4375

南阳梅溪宾馆
地址：南阳市梅溪路
电话：3925

商丘豫东宾馆
地址：商丘市凯东四街
电话：23688

商丘东方宾馆
地址：商丘市凯旋路64号
电话：3094

辉县百泉宾馆
地址：辉县苏门山下

焦作腾飞大厦
地址：焦作市民主中路
电话：4850

三门峡友谊宾馆
地址：三门峡市和平路中段
电话：21602

信阳师河宾馆
地址：信阳市解放路59号
电话：222746

信阳市宾馆
地址：信阳市胜利路210号
电话：223231

信阳市友谊宾馆
地址：信阳市东方红大道东段
电话：223151

驻马店西园宾馆
地址：驻马店市解放路43号
电话：2301

驻马店驿城宾馆
地址：驻马店市解放路东段
电话：2405

许昌市第二招待所
地址：许昌市七一路中段
电话：4242

许昌烟城宾馆
地址：许昌市七一路中段
电话：4048

漯河市宾馆
地址：漯河市老街1号
电话：22104

鹤壁宾馆
地址：鹤壁市长风路中段
电话：4702

湖北省

晴川饭店
地址：汉阳洗马长街特1号
电话：441141

江汉饭店
地址：汉口胜利街245号
电话：21253

胜利饭店
地址：汉口四维路
电话：21241 512782

璇宫饭店
地址：汉口江汉一路45号
电话：24404

长江大酒店
地址：汉口解放大道361号
电话：562828

新华饭店
地址：汉口堤角村
电话：356871

人民饭店
地址：汉口江汉路69号
电话：20916

汉口饭店
地址：汉口解放大道541号
电话：3556941

惠济饭店
地址：汉口惠济路40号
电话：21359

循礼门饭店
地址：汉口解放大道707号
电话：562188

桃花岭饭店
地址：宜昌市云集路29号
电话：22515

三峡宾馆
地址：宜昌市沿江大道38号
电话：23438

南湖宾馆
地址：宜昌市福绥路62号
电话：24033

海观山宾馆
地址：黄石市天津路2号
电话：5931转

南湖宾馆
地址：襄樊市南门外
电话：24033

东城宾馆
地址：十堰市张湾
电话：24941

十堰宾馆
地址：十堰市朝阳路24号
电话：52712转

柳林宾馆
地址：十堰市柳林路
电话：53811转

章华饭店
地址：沙市市中山路100号
电话：2041

江津宾馆
地址：沙市市公园路2号
电话：2496

荆州宾馆
地址：江陵县荆州镇宾馆路
电话：66300

清江宾馆
地址：思施市舞阳坝14号
电话：22893

鄂州宾馆
地址：鄂城区江广大道北段
电话：24981

孝感宾馆
地址：孝感市城站路44号
电话：3445

安陆市招待所
地址：安陆市城关镇新大街42号
电话：2347

泉山宾馆
地址：咸宁市温泉镇
电话：56412转

赤壁宾馆
地址：黄冈县黄州镇
电话：52481

荆门宾馆
地址：荆门市海慧路29号
电话：32445 32289

湖南省

芙蓉宾馆
地址：长沙市五一东路9号
电话：401888

湘江宾馆
地址：长沙市中山东路
电话：26261

华天大酒店
地址：长沙市解放东路16号
电话：42888

青园宾馆
地址：长沙市南郊青园路
电话：31805

蓉园宾馆
地址：长沙市八一路
电话：267806

岳阳宾馆
地址：岳阳市洞庭北路26号
电话：23011

国际大厦
地址：岳阳市南湖大道
电话：24811

云梦宾馆
地址：岳阳市城东路
电话：24498

岚园宾馆
地址：湘潭市建设路口
电话：24981

韶山宾馆
地址：湘潭市韶山区韶山冲
电话：2127

庆云宾馆
地址：株洲市车站路
电话：24851

株洲宾馆
地址：株洲市新华西路
电话：22637

回雁宾馆
地址：衡阳市广东路
电话：23214

雁城宾馆
地址：衡阳市解放路
电话：26921

南岳宾馆
地址：衡阳市南岳区磨镜台
电话：南岳区政府总机转

苏仙宾馆
地址：郴州市苏仙路
电话：23603

体育基地宾馆
地址：郴州市北湖公园内
电话：22340

潇湘宾馆
地址：永州市跃进路
电话：3059

桃林宾馆
地址：常德市建设东路
电话：25344

芷园宾馆
地址：常德市人民东路
电话：23309

延溪宾馆
地址：桃源县渔文北路
电话：3461

怀园宾馆
地址：怀化市迎丰中路111号
电话：3404

宁园宾馆
地址：怀化沅陵县城
电话：沅陵县总机转

白公城宾馆
地址：邵阳市城北路
电话：3412

自治州政府招待所
地址：吉首市人民南路
电话：3368

王村宾馆
地址：永顺县王村镇
电话：王村镇总机转

慈利宾馆
地址：慈利县城关镇东街
电话：227

大庸宾馆
地址：大庸市解放路
电话：2935

张家界宾馆
地址：大庸市武陵源区张家界
电话：张家界总机转

湘电山庄
地址：大庸市武陵源区张家界
电话：2233

幽篁山庄
地址：大庸市武陵源区张家界
电话：2266

青岩山宾馆
地址：大庸市武陵源区张家界
电话：张家界总机转

天子山庄
地址：大庸市武陵源区天子山
电话：天子山总机转

武陵源专家村
地址：大庸市武陵源区索溪峪
电话：索溪峪总机转

武陵源宾馆
地址：大庸市武陵源区索溪峪
电话：索溪峪总机转

驼峰山庄
地址：大庸市武陵源区索溪峪
电话：索溪峪总机转

芙蓉宾馆
地址：大庸市武陵源区索溪峪
电话：索溪峪总机转

广东省

白天鹅宾馆
地址：广州沙面南街1号
电话：886968

中国大酒店
地址：广州流花路
电话：666888

东方宾馆
地址：广州市流花路120号
电话：669900

花园酒店
地址：广州环市东路368号
电话：338989

白云宾馆
地址：广州环市东路367号
电话：333998

流花宾馆
地址：广州市人民北路
电话：668800

南湖宾馆
地址：广州沙河同和
电话：706706

广州宾馆
地址：广州泰康路
电话：338168

爱群大厦
地址：广州沿江路113号
电话：661445

中央酒店
地址：广州三元里国际路38号
电话：678331

远洋宾馆
地址：广州环市东路390号
电话：765988

江南大酒店
地址：广州江南大道中348号
电话：418888

广东迎宾馆
地址：广州解放北路603号
电话：332950

华侨酒店
地址：广州站前路52号
电话：663488

华侨大厦
地址：广州侨光路2号
电话：336888

南海酒店
地址：深圳市蛇口工业区
电话：692888

富临大酒店
地址：深圳市和平路
电话：365312

晶都酒店
地址：深圳市红岭路
电话：247000

新都酒店
地址：深圳市建设路
电话：220888

湾大酒店
地址：深圳市华侨城
电话：770111

银湖旅游中心
地址：深圳笔架山下
电话：222834

东湖宾馆
地址：深圳水库
电话：222727

雅园宾馆
地址：深圳市东门路
电话：222763

金碧酒店
地址：深圳市春风路
电话：252640

香蜜湖度假村
地址：深圳市深南大道西段
电话：245061

粤海酒店
地址：深圳市深南东路
电话：228339

格兰云天大酒店
地址：深圳市深南中路
电话：365307

华侨大厦
地址：深圳市和平路
电话：223811

航空大酒店
地址：深圳深南东路130号
电话：237999

珠海宾馆
地址：珠海香洲吉大景山路
电话：333718

珠海度假村
地址：珠海石花山
电话：333838

白藤湖度假村
地址：珠海斗门县
电话：223434

园林迎宾馆
地址：珠海吉大海滨路
电话：333968

银都酒店
地址：珠海拱北粤海路
电话：885857

南油珠海国际服务中心
地址：珠海特区水湾头
电话：887203

佛山宾馆
地址：佛山市汾江南路
电话：287923

华侨大厦
地址：佛山市祖庙路14号
电话：286511

西樵大酒店
地址：南海县西樵山白云洞
电话：56799转

仙泉酒店
地址：顺德县顺峰山
电话：26688

金城酒店
地址：佛山市汾江南路
电话：227228

中山国际酒店
地址：中山市中山路2号
电话：824788

中山温泉宾馆
地址：中山三乡蕹陌
电话：822811

富华酒店
地址：中山市孙文路西
电话：822034

翠亨宾馆
地址：中山翠亨村
电话：824091

京华酒店
地址：中山岐关东路
电话：824688

菊城宾馆
地址：中山小榄镇
电话：54988

华侨大厦
地址：肇庆市天宁北路
电话：232952

松涛宾馆
地址：肇庆星湖风景区内
电话：224412

肇庆大酒店
地址：肇庆端州五路
电话：235819

星岩宾馆
地址：肇庆星湖风景区内
电话：226688

封开杏花宾馆
地址：封开县城河堤路77号
电话：62301

端州大酒店
地址：肇庆市建设3路
电话：238428

龙湖宾馆
地址：汕头经济特区迎宾桥
电话：260578

国际大酒店
地址：汕头市金砂路
电话：251212

鮀岛宾馆
地址：汕头金砂东路
电话：231261

侨联大厦
地址：汕头市汕樟路中段
电话：233269

海滨宾馆
地址：汕头市外马路爱群巷1号
电话：271030

台湾宾馆
地址：汕头市外马路
电话：276500

潮汕体育宾馆
地址：汕头市海滨路
电话：276168

华侨大酒店
地址：江门市胜利路1号
电话：332524

东湖宾馆
地址：江门市港口路15号
电话：333611

新会葵园宾馆
地址：新会县中心路
电话：364801

蓬江宾馆
地址：江门市长安路100号
电话：335688

碧湖山庄
地址：韶关市西河沙湖路
电话：80711

韶关宾馆
地址：韶关解放路162号
电话：81870

风度园大酒店
地址：韶关市解放路1号
电话：81693

松山宾馆
地址：韶关市松山路
电话：75107

北苑宾馆
地址：韶关市风度北路
电话：84306

曲江南华温泉宾馆
地址：南华寺附近
电话：67022

惠州宾馆
地址：惠州环城西2号
电话：233537

西湖大酒店
地址：惠州市环城西路10号
电话：231962

汤泉宾馆
地址：惠州市郊汤泉
电话：232191

香格里拉宾馆
地址：惠州市下角东路
电话：231744

西湖宾馆
地址：惠州西湖芳华州
电话：228111

惠东华侨宾馆
地址：惠东县平山镇
电话：22988

东莞山庄
地址：东莞市莞太路
电话：223688

东莞山庄
地址：东莞市东正路11号
电话：222222

石龙宾馆
地址：东莞石龙镇
电话：613333

东方酒店
地址：东莞市解放路35号
电话：221337

双龙酒店
地址：东莞市运河西2路5号
电话：227828

广西壮族自治区

桂山大酒店
地址：桂林市穿山路
电话：443388

南宁西园饭店
地址：南宁市江南路38号
电话：29923

南宁明园饭店
地址：南宁市新民路38号
电话：28923

南宁邕州饭店
地址：南宁市新民路39号
电话：28323

南宁邕江宾馆
地址：南宁市权南路41号
电话：28123

桂林花园酒店
地址：桂林市沿江路
电话：442411

桂林文华大饭店
地址：桂林市滨江南路
电话：225588

假日桂林宾馆
地址：桂林市榕湖南路14号
电话：223950

桂林丹桂大酒店
地址：桂林市中山南路451号
电话：332261

桂林漓江饭店
地址：桂林市杉湖北路1号
电话：222881

桂林榕湖饭店
地址：桂林市榕湖北路17号
电话：223811

桂林榕湖梅花庄
地址：桂林市榕湖北路17号
电话：223811

桂林台联酒店
地址：桂林市中山中路102号
电话：222888

桂林凯悦酒店
地址：桂林市中山南路86号
电话：332510

桂林香江饭店
地址：桂林市西环一路8号
电话：333889

松园度假村
地址：桂林市漓江东路9号
电话：442311

桂林漓苑酒店
地址：桂林市安家洲
电话：222291

桂林环球大酒店
地址：桂林市解放东路1号
电话：228228

桂林观光酒店
地址：桂林市漓江路20号
电话：443722

桂林甲山饭店
地址：桂林市丽狮下路
电话：222966

桂林锦桂饭店
地址：桂林市雉山路15号
电话：335831

桂林达华大酒店
地址：桂林市中山中路171号
电话：222552

桂林友谊饭店
地址：桂林市崇信路47号
电话：333711

桂林国际饭店
地址：桂林市漓江路1号
电话：443743

柳州饭店
地址：柳州市友谊路1号
电话：24921

北海富丽华大酒店
地址：北海市茶亭路31号
电话：23300

北海宾馆
地址：北海市北部湾东路6号
电话：23511

北海迎宾馆
地址：北海市北部湾中路32号
电话：23131

海南省

海南华侨大厦
地址：海口市大同路
电话：73288 72623

琼州宾馆
地址：海口市大同路
电话：24011

海南友谊大酒店
地址：海口市大同路
电话：25566 25578

南虹大厦
地址：海口市大同路
电话：72295

五指山大厦
地址：海口市机场东路
电话：72012 72712

海南侨发温泉宾馆
地址：海口市龙昆路
电话：74999

琼州大厦
地址：海口市长堤路
电话：26284

海南宾馆
地址：海南省委大院内
电话：42894 43317

金燕宾馆
地址：海口市机场西路
电话：73699

海口航空大厦
地址：海口市海秀路
电话：73278

海口市委招待所
地址：海口市海秀路
电话：73793

八一大厦
地址：海口市海秀路
电话：72509

金鼎大厦
地址：海口市海秀路
电话：62311

南昌大厦
地址：海口市滨海大道
电话：22866

鹿回头宾馆
地址：三亚市鹿回头
电话：74877

大东海旅游中心
地址：三亚市大东海
电话：74001

牙龙湾宾馆
地址：三亚市牙龙湾
电话：73628

榆林海军第一招待所
地址：三亚市大东海
电话：三亚总机转

唐南宾馆
地址：三亚市解放二路
电话：三亚总机转

飞天酒店
地址：三亚市解放二路
电话：三亚总机转

三亚市府招待所
地址：三亚市河东路
电话：三亚总机转

新亚酒店
地址：三亚市解放路
电话：74952

海南三亚宾馆
地址：三亚市解放路
电话：74320

冶金部三亚休假村
地址：三亚市
电话：73050

海南轻工大厦
地址：三亚市解放三路
电话：73521

莺歌宾馆
地址：三亚市解放二路
电话：74476

广亚食品大厦
地址：三亚市河西路
电话：74363

三亚市委招待所
地址：三亚市解放路
电话：74841

南油三亚服务大楼
地址：三亚市解放路
电话：74470 74469

通什五指山宾馆
地址：通什市
电话：622461

通什旅游宾馆
地址：通什市
电话：622396

明珠大厦
地址：琼山县府城镇
电话：82072

中超乡村俱乐部
地址：琼山县桂林洋农场
电话：琼山县总机转

文昌中旅宾馆
地址：文昌县文城镇
电话：2461

文昌华侨之家
地址：文昌县文城镇
电话：2189

琼海县迎宾馆
地址：琼海县加积镇
电话：14-204

永丰利大酒店
地址：琼海县加积镇
电话：14-588

西园宾馆
地址：琼海县加积镇
电话：14-465

东山岭宾馆
地址：万宁县东山岭
电话：525

兴隆康乐园大酒店
地址：万宁兴隆农场
电话：万宁县总机转

兴隆温泉渡假中心
地址：万宁兴隆农场
电话：万宁县总机转

东兴亭湖宾榭
地址：万宁县东兴农场
电话：万宁县总机转

康乐大厦
地址：万宁县万城镇
电话：万宁县总机转

儋县中旅宾馆
地址：儋县那大镇
电话：儋县总机转

热作两院招待所
地址：儋县热作两院
电话：儋县总机转

海陵宾馆
地址：陵水县陵城镇
电话：陵水总机转

琼中县委招待所
地址：琼中县营根镇
电话：陵中总机转

港湾大厦
地址：东方县八所港
电话：东方总机转

海南铁矿迎宾馆
地址：昌江县石碌铁矿
电话：2226

三亚湾大酒店
地址：三亚市三亚湾
电话：三亚总机转

四川省

锦江宾馆
地址：成都市人民南路二段36号
电话：582222

岷山饭店
地址：成都市人民南路二段17号
电话：583333

京蓉宾馆
地址：成都市二环路北一段
电话：331818

成都饭店
地址：成都市蜀都大道东段1号
电话：444112

光明宾馆
地址：成都市外东麻石桥
电话：441835

珠峰宾馆
地址：成都市上西顺城街107号
电话：662441

西藏饭店
地址：成都市人民北路10号
电话：334001

阿坝宾馆
地址：成都西门金鱼村103号
电话：668957

蓉城饭店
地址：成都市陕西街130号
电话：661540

交通饭店
地址：成都市新南门汽车站临江路33号
电话：554962

兴川饭店
地址：成都市东大街109号
电话：24431

人民饭店
地址：成都市人民中路三段55号
电话：661578

园丁饭店
地址：成都石室巷
电话：28021

望江宾馆
地址：成都沙河堡42号
电话：441370

四川宾馆
地址：成都市总府街31号
电话：661155

金牛坝宾馆
地址：成都外西金牛坝
电话：29151

顺成宾馆
地址：成都市上西顺城街178号
电话：23819

重庆扬子江假日饭店
地址：重庆市南坪乡电子坪
电话：483380

人民宾馆
地址：重庆市人民路175号

嘉州宾馆
地址：东山市白塔街19号
电话：22419

红株山宾馆
地址：峨嵋市
电话：2528

就日峰宾馆
地址：乐山市篦子街
电话：22850

八仙洞宾馆
地址：乐山市中区
电话：22277

雄秀宾馆
地址：峨嵋山市报国寺
电话：2682

檀木林宾馆
地址：自贡市塘坎上路2号
电话：224116

自贡沙湾饭店
地址：自贡市滨江路2号
电话：222617

大足宾馆
地址：大足县龙岗镇工农街47号
电话：22967

眉山宾馆
地址：眉山城关下西街45号
电话：654

内江宾馆
地址：内江市公园村1号
电话：22905

内江钟楼饭店
地址：内江市中央路105号
电话：24908

绵阳市临园宾馆
地址：绵阳市临园路341号
电话：23559

绵阳市绵州宾馆
地址：绵阳市临园路371号
电话：23919

南充白鹭宾馆
地址：南充市石油东路1号
电话：4022—459

万县太白宾馆
地址：万县市高笋圹
电话：24163

宜宾酒乡宾馆
地址：宜宾市中山街东干道
电话：225941—206

长宁竹海宾馆
地址：长宁万岭小桥
电话：22882

九寨宾馆
地址：九寨沟白河镇
电话：351421

重庆饭店
地址：重庆市民生路235号
电话：45662

重庆饭店
地址：重庆市新华路41号
电话：49301

沙坪大酒店
地址：重庆市沙区小龙坎新街84号
电话：663194

渝州宾馆
地址：重庆市大坪友谊路3号
电话：811818

雾都宾馆
地址：重庆市市中区曾家岩24号
电话：351555

建设宾馆
地址：重庆市谢家湾文化二村
电话：812397

长江宾馆
地址：南岸铜元局桐梓坪
电话：49450

大足宾馆
地址：重庆市大足县龙岗镇工农街47号
电话：22661

北山宾馆
地址：重庆市大足县北山下
电话：22657

贵州省

贵州饭店
地址：贵阳市北京路66号
电话：623888

贵阳金筑大酒店
地址：贵阳市延安东路2号
电话：625888

贵州花溪宾馆
地址：贵阳市花溪区
电话：551973

贵州云岩宾馆
地址：贵阳市北京路68号
电话：625234

贵州八角岩饭店
地址：贵阳市北京路64号
电话：623323

贵州桥谊大酒店
地址：贵阳市南厂路1号
电话：23966-828

贵阳金桥饭店
地址：贵阳市瑞金中路34号
电话：24872-办公室

安顺虹山宾馆
地址：安顺白虹路73号
电话：23101 23438

安顺民族饭店
地址：安顺塔山东路
电话：22621 22500

贵州黄果树宾馆
地址：镇宁县黄果树
电话：23886

凯里民族宾馆
地址：凯里营盘坡东路53号
电话：3163- 2601-

遵义宾馆
地址：遵义老城子尹路
电话：3142 3868

云南省

昆明饭店
地址：昆明东风东路145号
电话：22063 22127

翠湖宾馆
地址：昆明市翠湖南路6号
电话：22191 21845

金龙饭店
地址：昆明市北京路575号
电话：33051 33104

海棠饭店
地址：昆明市东站路口
电话：37573 37846

茶花宾馆
地址：昆明市东风东路154号
电话：23000 22918

金花宾馆
地址：昆明市环城西路143号
电话：31211 32118

春城酒楼
地址：昆明市东风西路9号
电话：23271 23962

金孔雀饭店
地址：昆明市大观公园右侧
电话：41134 41139

南方宾馆
地址：昆明市北站
电话：36861 33687

金马大酒店
地址：昆明市东郊路28号
电话：33100 36868

石林宾馆
地址：路南县石林镇
电话：路南总机转

云林宾馆
地址：路南县石村镇
电话：路南总机转

大理宾馆
地址：大理古城复兴路261号
电话：大理总机转

洱海宾馆
地址：大理市下关
电话：5730 5347

喜洲田庄
地址：大理市喜洲镇
电话：大理喜洲总机转

大理市政府第二招待所
地址：大理古城复兴路
电话：大理总机转

版纳宾馆
地址：景洪县允景洪镇嘎兰中路11号
电话：2969 2524

思茅宾馆
地址：思茅县城
电话：思茅总机转

秀山宾馆
地址：通海县城
电话：311598

玉溪宾馆
地址：玉溪市
电话：223697

西藏自治区

拉萨假日酒店
地址：拉萨市民族路1号
电话：22221 22202

西藏宾馆
地址：拉萨市北京西路221号
电话：24966

日光宾馆
地址：拉萨市林聚路27号
电话：22227转

喜玛拉雅饭店
地址：拉萨市林廓东路6号
电话：23775

雪莲饭店
地址：拉萨市金珠东路
电话：23056

日喀则饭店
地址：日喀则市解放中路
电话：日喀则

定日珠峰宾馆
地址：定日县
电话：总机转2525

泽当饭店
地址：山南泽当镇乃东路21号
电话：山南总机转6333

樟木宾馆
地址：西藏樟木口岸
电话：樟木总机转

樟木曲乡宾馆
地址：西藏樟木口岸
电话：樟木总机转

江孜饭店
地址：江孜县
电话：8888

那曲饭店
地址：那曲镇人民东路
电话：7391

昌都饭店
地址：昌都县
电话：昌都总机转6333

狮泉河饭店
地址：阿里狮泉河镇
电话：狮泉河镇转

普兰宾馆
地址：普兰县
电话：普兰县总机转

高原旅游
地址：拉萨市纳金东路74号
电话：24916

亚旅馆
地址：拉萨市北京东路100号
电话：23496

八朗学旅馆
地址：拉萨市北京东路43号
电话：23829

吉日旅馆
地址：拉萨市北京东路19号
电话：23462

雪城旅馆
地址：拉萨市藏医院路4号
电话：23687

陕西省

陕西宾馆
地址：西安市丈八沟
电话：713831

人民大厦
地址：西安市东新街319号
电话：715111

西安宾馆
地址：西安市长安路省体育场内
电话：711351

唐城宾馆
地址：西安市陵园路南段7号
电话：54170

朱雀饭店
地址：西安市小寨西路26号
电话：63311

珠穆朗玛宾馆
地址：西安市友谊东路55号
电话：62209

体育宾馆
地址：西安市长安路省体育场内
电话：711341

解放饭店
地址：西安市解放路火车站前
电话：28946

金花饭店
地址：西安市长乐西路8号
电话：32981

唐华宾馆
地址：西安市大雁塔东侧雁引路4号
电话：711111

钟楼饭店
地址：西安市钟楼西南角
电话：718760

万年饭店
地址：西安市长乐路付11号
电话：331932

华商酒店
地址：西安市和平路131号
电话：718988

夏威夷酒店
地址：西安市友谊东路56号
电话：711288

古都大酒店
地址：西安市莲湖路48号
电话：716868

建国饭店
地址：西安市金花南路8号
电话：338888

西影大酒店
地址：西安市西影路70号
电话：711158

神州假日酒店
地址：西安市环城东路南段8号
电话：334280

榆兰酒店
地址：西安市长乐西路40号
电话：335519

阿房宫宾馆
地址：西安市东大街158号
电话：712020

新世界酒店
地址：西安市南大街5号
电话：719988

协和大酒店
地址：西安市沣镐路12号
电话：44460

西北饭店
地址：西安市长安县韦曲镇友谊街
电话：711241

书院宾馆
地址：临潼县书院路

秦宝宾馆
地址：咸阳市
电话：5008　3942

长安宾馆
地址：西安市长安县
电话：51952

彩虹宾馆
地址：咸阳市秦都区
电话：3852

秦都饭店
地址：咸阳市
电话：5235

新征宾馆
地址：兴平县七里镇

乾陵宾馆
地址：乾县乾陵博物馆

茂陵宾馆
地址：兴平县茂陵博物馆
电话：县总机转

宝鸡宾馆
地址：宝鸡市公园路
电话：4219

西府宾馆
地址：宝鸡中山路
电话：2157

汉中宾馆
地址：汉中市
电话：3232

华山宾馆
地址：华阴县华山玉泉院

延安宾馆
地址：延安市
电话：3122

榆林宾馆
地址：榆林市
电话：2943

韩城宾馆
地址：韩城市
电话：2600

黄陵宾馆
地址：黄陵县
电话：县总机转

骊山宾馆
地址：临潼县

法门寺宾馆
地址：扶风县

铜川宾馆
地址：铜川市

甘肃省

金城宾馆
地址：兰州市天水路363号
电话：27931

兰州饭店
地址：兰州市东岗西路204号
电话：22981

兰州友谊饭店
地址：兰州市西津西路14号
电话：35921　33051

安西外宾接待站
地址：安西县县府街77号
电话：县邮局转

柳园外宾接待站
地址：柳园县宾馆
电话：县邮局转

天水宾馆
地址：天水市秦城区迎宾路5号
电话：212553　212410

平凉宾馆
地址：平凉市西大街8号
电话：2921

酒泉宾馆
地址：酒泉市南大街解放桥西侧
电话：2211

嘉峪关宾馆
地址：嘉峪关市新华北路1号
电话：26321　26231

张掖宾馆
地址：张掖县县府街56号
电话：2601

天马宾馆
地址：武威市建国街民建巷2号
电话：2356

凉州宾馆
地址：武威市东大街
电话：2450　2455

敦煌太阳能宾馆
地址：敦煌市北大街14号
电话：2019　2134

敦煌宾馆
地址：敦煌市东大街1号
电话：2075　2008

敦煌飞天宾馆
地址，敦煌市丁字路南街侧
电话2609　2606

敦煌丝路宾馆
地址：敦煌市东大桥2号
电话：2050　2643

中川机场第一宾馆
地址：兰州中川机场
电话：23415转

兰花宾馆
地址：兰州西固区福利咱668号
电话：55981—2654

兰州虹云宾馆
地址：兰州市皋兰路5号
电话：26011 28311

兰州胜利宾馆
地址：兰州市中山路127号
电话：465221-275 283

兰州宁卧庄宾馆
地址：兰州市天水路238号
电话：26221-560 26222

嘉峪关长城宾馆
地址：嘉峪关市建设西路
电话：25233 25200

夏河拉卜楞宾馆
地址：夏河县来周村
电话：县邮局转

玉门宾馆
地址：玉门镇
电话：64382

临夏饭店
地址：临夏市红园路9号
电话：2413 2766

宁夏回族自治区

宁夏宾馆
地址：银川市公园街3号
电话：22131

贺兰山宾馆
地址：银川市新市区朔方路1号
电话：77301

银川绿洲饭店
地址：银川市解放西街25号
电话：26042

银川宾馆
地址：银川市玉凰阁南街50号
电话：22531

金桥饭店
地址：银川市解放西街
电话：26431

宁夏化工宾馆
地址：银川市新市区
电话：77691

固原宾馆
地址：固原县政府街
电话：817

中宁玉扇楼
地址：中宁县城

沙坡山庄
中卫县沙坡头

中卫宾馆
地址：中卫县西大街33号
电话：2285

青海省

青海宾馆
地址：西宁市黄河路20号
电话：44464

西宁宾馆
地址：西宁市七一号215号
电话：42701 45901

格尔木宾馆
地址：格尔木市昆仑路157号
电话：2066 2067 2069

胜利公园招待所
地址：西宁市黄河路20号
电话：44365

塔尔寺管理委员会
地址：湟中县鲁沙尔镇
电话：2357

青海省农林厅野生动物管理办公室
地址：西宁市八一路78号
电话：75868 75895

新疆维吾尔自治区

新疆友谊宾馆
地址：乌鲁木齐市延安路
电话：78084

新疆华侨宾馆
地址：乌鲁木齐市新华南路
电话：77797

新疆昆仑宾馆
地址：乌鲁木齐市友好路
电话：43801

新疆迎宾馆
地址：乌鲁木齐市延安路
电话：78716

新疆天山大厦
地址：乌鲁木齐市和平路
电话：22945

红山宾馆
地址：乌鲁木齐市光明路
电话：24232

天山饭店
地址：乌鲁木齐市新华南路
电话：23970

新疆体育宾馆
地址：乌鲁木齐市人民路
电话：77978

博格达宾馆
地址：乌鲁木齐市光明路
电话：24464

石化宾馆
地址：乌鲁木齐市石化总厂
电话：41338

机场宾馆
地址：乌鲁木齐市机场
电话：75615

新疆饭店
地址：乌鲁木齐市长江路
电话：52511

石油第一招待所
地址：乌鲁木齐市友好路
电话：44801

昌吉州宾馆
地址：昌吉市
电话：42143

阜康县天池宾馆
地址：昌吉州阜康县
电话：县直呼

新疆天池宾馆
地址：天池风景区
电话：27849

石河子宾馆
地址：石河子市
电话：3089

奎屯宾馆
地址：奎屯市
电话：3495

博尔塔拉宾馆
地址：博乐市
电话：2327

精河县宾馆
地址：精河县
电话：县直呼

克拉玛依外宾招待所
地址：克拉玛依市
电话：3934

塔城地区宾馆
地址：塔城县
电话：3440

阿勒泰地区宾馆
地址：阿勒泰市
电话：22024

伊犁州宾馆
地址：伊宁市
电话：23190

花城宾馆
地址：伊宁市
电话：22911

呼尔佳大厦
地址：伊宁市
电话：24491

雪岭宾馆
地址：伊宁市
电话：24619

霍尔果斯宾馆
地址：霍尔果斯口岸
电话：县直呼

吐鲁番地区宾馆
地址：吐鲁番市
电话：2301

绿洲宾馆
地址：吐鲁番市
电话：2365

吐鲁番饭店
地址：吐鲁番市
电话：2645

哈密地区宾馆
地址：哈密市
电话：2773

鄯善宾馆
地址：鄯善县
电话：548

县政府招待所
地址：托克逊县
电话：231

巴音郭楞宾馆
地址：库尔勒市
电话：22715

楼兰宾馆
地址：巴州库尔勒市
电话：22778

博斯腾宾馆
地址：巴州库尔勒市
电话：22007

库车县委招待所
地址：库车县
电话：县直呼

库车县宾馆
地址：库车县
电话：县直呼

阿克苏宾馆
地址：阿克苏市
电话：3164

阿克苏友谊宾馆
地址：阿克苏市
电话：3043

克孜勒苏州宾馆
地址：阿图什市
电话：2481

喀什噶尔宾馆
地址：喀什市
电话：22367

色满宾馆
地址：喀什市
电话：22129

齐尼瓦克宾馆
地址：喀什市
电话：22103

帕米尔宾馆
地址：塔什库尔干县
电话：县直呼

县登山协会招待所
地址：叶城县
电话：县直呼

和田行署一招
地址：和田市
电话：2250

和田宾馆
地址：和田市
电话：3570

·餐馆、商店、交通·

北京市

餐　馆

东兴楼饭庄
地址：东直门大街47号
电话：44.4382

王府井烤鸭店
地址：王府井帅府园13号
电话：557819　1642

明珠海鲜酒家
地址：地安门东大街111号
电话：4015051　5123294　541583

友谊饭庄
地址：朝内大街甲166号
电话：5138650　556876

康德林菜馆
地址：东四北大街2号
电话：445967　2597

东来顺饭庄
地址：金鱼胡同16号
电话：552092

东来顺分店
地址：王府井大街198号
电话：5110076

全聚德烤鸭店分店
地址：和平里北街16楼
电话：4213785

闽南酒家
地址：东四北大街555号
电话：442846　2947

松鹤楼菜馆
地址：台基厂大街10号
电话：545223

地坛方泽轩餐厅
地址：地坛公园南门内
电话：4210429　3110

华冠酒楼
地址：北京站东街
电话：541128

市政协文化餐厅
地址：东四北大街279号
电话：440130

康乐餐馆
地址：安内大街259号
电话：442015

五芳斋饭庄
地址：金鱼胡同20号
电话：558351-380　554159

蜀乡餐馆
地址：崇内大街40号
电话：541715　5176

聚仙楼饭庄
地址：旧鼓楼大街北口石油部服务楼
电话：4217511

世界美食中心
地址：华龙街
电话：5129138

弘发海鲜酒楼
地址：华龙街中二层
电话：5125136

悠悠酒楼
电话：王府井大街20号
电话：5128637　5127744-207

烤肉季饭庄
地址：前海东沿14号
电话：445921

四川饭店
地址：西绒线胡同51号
电话：656810　6324

仿膳饭庄
地址：北海公园内
电话：441184　2573

龙华药膳餐厅
地址：宣武门西大街129号
电话：651531　667312

鸿宾楼饭庄
地址：西长安街82号
电话：656404

莫斯科餐厅
地址：北京展览馆内
电话：894554

全素斋饭店
地址：宣内大街74号
电话：653181　4296

知味观饭店
地址：新街口南大街42号
电话：655482　665506

又一顺饭庄
地址：宣内大街9号
电话：651978 662668

来今雨轩餐厅
地址：中山公园内
电话：656676 665139

西来顺饭庄
地址：阜内大街194号
电话：549028 6014810

烤肉宛饭庄
地址：宣内大街102号
电话：657707

峨嵋酒家
地址：月坛北街4号楼
电话：863069

马凯餐厅
地址：地安门大街3号
电话：444889

贵阳饭店
地址：三里河
电话：863551 8013377

淮扬春饭庄
地址：三里河社会路
电话：8013688 8101224

北海餐厅
地址：北海公园内
电话：441088 445086

京华餐厅
地址：三里河京华自选商场三楼
电话：8013102

新风饭庄
地址：西长安街52号
电话：656095 5685

曲园酒楼
地址：西单北大街133号
电话：6014873 1414

全国政协文化餐厅
地址：太平桥大街甲23号
电话：652531-340 6013623

春宴楼饭店
地址：西直门外大街134号
电话：893808 4751

三家村酒家
地址：复兴门外大街16号
电话：362195

厚德福饭店
地址：南礼士路
电话：863506

便宜坊烤鸭店
地址：崇文门外大街丙2号
电话：750505 7012244

前门全聚德烤鸭店
地址：前门大街32号
电话：5112105 7011379

老正兴饭庄
地址：前门大街46号
电话：752686

老正兴饭庄南号
地址：永内东街中里15号
电话：7014512 1024

功德林素菜馆
地址：前门南大街158号
电话：750867 5112542

便宜坊烤鸭店西号
地址：天坛东路73号
电话：750904

上海椰城餐厅
地址：体育馆路10号
电话：753358 4786

都一处烧麦馆
地址：前门大街36号
电话：5112094 2093

豆花饭庄
地址：广渠门外马圈
电话：785721 1728 7712672

花竹餐厅
地址：前门东大街2号
电话：5122633 7708

人人大酒楼
地址：前东大街18号
电话：5112978 2042

云庆园林酒家
地址：天坛公园内
电话：755825

龙乡乐园餐厅
地址：光明路11号
电话：750647 757371-

鸿雁楼饭庄
地址：天桥南大街79号
电话：337515 3012394

马克西姆餐厅
地址：崇文门西大街2号
电话：5122001 5122211-

洞庭春酒家
地址：前门南大街204号
电话：752319

同春楼饭庄
地址：幸福大街36号
电话：5113476 7016545

御膳饭店
地址：天坛路87号
电话：752365 7012223-

小天鹅酒家
地址：宣武南新华街64号
电话：335425 543675

孔膳堂饭庄
地址：琉璃厂西街3号
电话：330689 3014824

西便门烤鸭店
地址：西便门西里3号楼
电话：3011338

新丰楼饭庄
地址：白广路大街35号
电话：363661

北京全聚德烤鸭店
地址：前门西大街14号（和平门）
电话：338031

北京吐鲁番餐厅
地址：广安门内大街175号
电话：333167

晋阳饭庄
地址：珠市口西大街241号
电话：331669

鸿兴楼饭庄
地址：天桥北纬路1号
电话：335295　332015　334158

肯德基有限公司
地址：前门西大街
电话：541415　3014131

牛街同和轩饭店
地址：牛街63号
电话：3011807　549675

大栅栏同和轩饭庄
地址：大栅栏43号
电话：337973

山城饭庄
地址：珠市口西大街161号
电话：338115　331868

泰丰楼饭庄
地址：前门西大街2号楼东侧
电话：341724　3016107

腾王阁大酒家
地址：骡马市大街79号
电话：332047　3011088

致美楼饭庄
地址：长椿街10号
电话：3013167　342016

北京烤鸭店
地址：团结湖北口3号楼
电话：5025315

鸿云楼饭庄
地址：朝外大街102号
电话：5021719　3122

峨嵋酒家
地址：东大桥关东店19号
电话：5025913

多味斋餐厅
地址：新源西里
电话：484604　484577

丰泽园饭庄北店
地址：幸福三村
电话：4217508

利康烤鸭店
地址：工人体育场南路
电话：5022663　3745

瑜园饭庄
地址：日坛公园内
电话：5004108　5025985

月坛饭店
地址：月坛公园内
电话：5005939　5022648

京来顺饭庄
地址：管庄乡建外杨闸
电话：5009581　571396

红楼饭庄
地址：广渠门外双井路口
电话：786674　3959

麒麟饭店
地址：三里屯
电话：482431-2504

富华食品有限公司
地址：建外大街19号国际大厦
电话：5002255

活鱼酒家
地址：工体东路甲6号
电话：5004447-273

淮杨饭店
地址：新源西里2号
电话：483372

汇海明珠饭庄
地址：朝阳门外红庙路口
电话：5024003　3327

醉翁亭饭店
地址：新源南路17号
电话：4081619　485528

颐宾饭店
地址：中关村东大院1号
电话：285159　284761-225

听鹂馆饭庄
地址：颐和园内
电话：2582504　2581608

全聚德海淀烤鸭店
地址：海淀路17号
电话：283995　1544

惠丰堂饭庄
地址：翠微路商场
电话：810613；863016

华鹰饭店
地址：复兴路甲14号
电话：8653686　3802

森隆饭庄西号
地址：甘家口商场旁
电话：892573　1847

海淀鸿宾楼饭庄
地址：海淀镇南大街93号
电话：2562511

丰泽园饭庄南店
地址：永定门外刘家窑北里11号楼
电话：7211521 1331

丰台饭庄
地址：丰台北大地街74号
电话：371514

定陵外宾餐厅
地址：十三陵定陵
电话：337128

定陵西式快餐厅
地址：定陵大门小广场
电话：6160

定陵酒家
地址：定陵大门内左侧
电话：894607

八达岭外宾餐厅
地址：延庆县八达岭特区
电话：3015624

八达岭餐厅
地址：八达岭关城内
电话：336272-咖啡厅

燕山餐厅
地址：八达岭
电话：3819

南口服务楼
地址：昌平南口镇交通中街
电话：昌2531—190

翼轻楼饭庄
地址：怀柔慕田峪村
电话：3014862—232

商　店

友谊商店
地址：建国门外大街17号
电话：5003311

华夏工艺品商店
地址：崇文门内大街12号
电话：546019

元隆顾绣绸缎商行
地址：崇文区天坛路55号
电话：750628

白孔雀艺术世界
地址：德胜门东北滨河路
电话：2011199

王府井工艺美术服务部
地址：王府井大街200号
电话：5127691

玉器厂外宾服务部
地址：崇文区光明路11号
电话：757371

艺美宫外宾服务部
地址：新街口外新康街5号
电话：2025857

北京珐琅厂卖品部
地址：丰台区永外安乐林10号
电话：7211675-

中国艺苑
地址：建外日坛公园内
电话：5025080

紫竹院旅游地毯工艺品服务部
地址：首体南路后地二里沟205号
电话：898010

北京画店
地址：王府井大街289号
电话：5138337

方泽轩工艺品商店
地址：地坛公园内
电话：4215041

古槐阁工艺品商店
地址：昌平县史各庄
电话：2911626

秦风珠宝店
地址：颐和园内
电话：2581144-

建华皮货店外宾服务部
地址：王府井大街192号甲
电话：555162

东华服装公司裘皮公司
地址：东城区北河沿大街121号
电话：5124953

同仁堂药店
地址：前门大栅栏24号
电话：3014883

万全堂药店
地址：崇文门外大街35号
电话：7012479

白塔寺药店
地址：西城阜城门内大街165号
电话：665977

朝阳药店
地址：朝外大街102号
电话：5023947

颐和园厂舫工艺品部
地址：颐和园公园内
电话：2581144-

颐和园绘画馆
地址：颐和园公园内
电话：2581144-

颐和园涵远堂
地址：颐和园公园内
电话：2581144—

十三陵长陵工艺品店
地址：昌平十三陵长陵

十三陵定陵工艺品店
地址：昌平十三陵定陵

湖社书画店
地址：海淀西三环现代文学馆内
电话：8419246

华宝工艺品商店
地址：西城新街口北大街53号
电话：655240

新疆地毯工艺品商店
地址：东城工体北里甲1号
电话：481225

懋隆首饰部
地址：王府井大街88号
电话：555380

懋隆工艺品店
地址：朝阳建外大街10号楼
电话：5002559

懋隆地毯商店
地址：朝阳农展馆内7号馆
电话：582331-301

星光工艺美术服务部
地址：宣武万明路2号
电话：33.5746

松鹤堂
地址：日坛公园具服殿
电话：5021627

古砚斋画廊
地址：海淀万泉河路甲64号
电话：2564805

中国画研究院画廊
地址：海淀西三环北路22号
电话：8412607

大碗茶商场三楼工艺品部
地址：前门西大街
电话：546324

友联旅游商品公司
地址：东城区朝内大街132号
电话：5137635

上关旅游服务社
地址：昌平居庸关

友谊商店十三陵分店
地址：昌平十三陵胡庄

北京青年友谊商店
地址：宣武区南新华街64号
电话：3014388

燕京书画社长城营业部
地址：延庆八达陵

燕京书画社十三陵分社
地址：昌平十三陵定陵

燕京书画社慕田峪分社
地址：怀柔慕田峪长城
电话：3014862-235

燕京书画社潭柘寺分社
地址：门头沟潭柘寺内
电话：8772244-

燕京书画祈年殿门市部
地址：天坛公园祈年殿东殿
电话：755543

燕京书画社碧云寺分社
地址：香山碧云寺禅堂院
电话：754097

燕京书画社琉璃厂门市部
地址：宣武东琉璃厂144号
电话：333091

燕京书画社卧佛寺分社
地址：北京海淀区卧佛寺院内
电话：819561-260

一得阁
地址：宣武东琉璃厂67号
电话：3017336

戴月轩
地址：宣武东琉璃厂73号
电话：335757

博古斋
地址：宣武东琉璃厂71号
电话：3012389

天宫阁
地址：宣武东琉璃厂122号
电话：543516

文房四宝堂
地址：宣武东琉璃厂99号
电话：3013859

萃文阁
地址：宣武东琉璃厂60号
电话：336054

怡舫斋
地址：宣武东琉璃厂15号
电话：337857

槐荫山房
地址：宣武东琉璃厂69号
电话：3017452

瑞成斋
地址：宣武东琉璃厂65号
电话：3017394

震云阁
地址：宣武东琉璃厂101号
电话：3017454

汲古阁
地址：宣武东琉璃厂136号
电话：335698

文盛斋
地址：宣武东琉璃厂92号
电话：334367

古艺斋
地址：宣武东琉璃厂107号
电话：3013170

锦昌
地址：宣武东琉璃厂118号
电话：333388

振寰阁
地址：宣武东琉璃厂70号
电话：330040

韫玉斋
地址：宣武东琉璃厂96号
电话：331971

敦华斋
地址：宣武东琉璃厂66号
电话：333843

墨缘阁
地址：宣武东琉璃厂108号
电话：333338

韵古斋
地址：宣武东琉璃厂80号
电话：330591

悦雅堂
地址：宣武东琉璃厂90号
电话：330020

宝古斋
地址：宣武东琉璃厂63号
电话：330146

萃珍斋
地址：宣武西琉璃厂17号
电话：330954

观复斋
地址：宣武西琉璃厂22号
电话：330023

庆云堂
地址：宣武西琉璃厂20号
电话：331209

荣宝斋
地址：宣武西琉璃厂19号
电话：335279

文物出版社门市部
地址：宣武西琉璃厂40号
电话：549703

朝花书画社
地址：宣武西琉璃厂4号
电话：336971

清秘阁
地址：宣武西琉璃厂52号
电话：3017697

来薰阁
地址：宣武西琉璃厂18号
电话：3017678

古籍书店
地址：宣武西琉璃厂34号
电话：332104

北郊工艺品厂迎宾门市部
地址：昌平沙河镇南定福黄庄
电话：2911119-16

隆源书画社
地址：东城区孔庙院内
电话：445336-16

阿里山礼品店
地址：海淀区南路11号楼
电话：2563646

珠穆朗玛宾馆商品部
地址：北京北三环中路6号
电话：2016699-532

龙宝斋
地址：崇文区龙潭路甲三号
电话：5112469

艺海轩
地址：北海团城内
电话：4013387

长城友谊商店
地址：八达岭滚天沟口
电话：371761-1769-2

北京免税商店
地址：朝阳区东三环北路1号
电话：48.5287

回龙观友谊艺苑
地址：北京市87345部队友谊艺苑
电话：2913391-463

亚奥商场
地址：西城区阜内大街293号
电话：6017826

地毯一厂展销厅
地址：东城区安外小关
电话：4211061-38

中国工艺美术品展销公司
地址：北京复内大街101号
电话：6012008

天马旅游开发有限公司
地址：海淀区双榆树青年公寓
电话：2565331

交通

北京市旅游汽车公司
地址：朝阳区枣营路中街
电话：5004578

首都汽车公司
地址：西城区月坛北街10号
电话：867084

中旅总社汽车服务公司
地址：朝阳区左家庄三元里甲19号
电话：481131-392

北京天马旅游汽车公司
地址：朝阳区北三环东路19号
电话：2012244-233

天津市

交通

天津市旅游总公司
地址：天津市河西区友谊路18号
电话：318812

天津旅游汽车公司
地址：天津市河西区友谊路18号
电话：342916

河北省

商　店

石家庄友谊商店
地址：石家庄市裕华路
电话：49315

河北省工艺美术商场
地址：石家庄市解放路71号
电话：632003

河北宾馆商场
地址：石家庄市育才街23号南楼
电话：6115815

国际大厦商场
地址：石家庄市长安西路23号
电话：48277

河北省文物商店
地址：石家庄市育才街
电话：614487

河北省旅游服务公司商店
地址：石家庄市裕华中路23号
电话：43452

河北省旅游商品开发公司商场
地址：石家庄市解放路20号
电话：632610

河北省侨汇商店
地址：石家庄市裕华中路
电话：49643

承德友谊商店
地址：承德市小南门
电话：224279

承德工艺美术服务部
地址：承德市大庄路1号
电话：225652

秦皇岛友谊商店
地址：秦皇岛市海滨路37号
电话：334609

唐山市华侨商店
地址：唐山市新华西道
电话：24782

承德地区华侨旅游侨汇服务公司
地址：承德市普宁路
电话：6802

河北省旅游商品开发公司
地址：石家庄市青园街
电话：613244

河北省旅游服务公司
地址：石家庄市裕华中路23号
电话：43452

河北省旅游侨汇公司
地址：富强大街1号
电话：44820

秦皇岛市旅游开发总公司
地址：秦皇岛市文化北路65号
电话：336496

保定市旅游开发公司
地址：保定市朝阳路1号
电话：34784

保定天马展览公司
地址：保定市朝阳路1号
电话：33124

保定市旅游服务公司
地址：保定市新华路3号
电话：25769

保定市福乐音旅游公司
地址：保定市永华北路
电话：35331

交　通

河北省旅游汽车公司
地址：石家庄市师范街
电话：24294

承德市旅游汽车公司
地址：承德市中华路11号
电话：223401

秦皇岛市旅游汽车公司
地址：秦皇岛市迎宾路
电话：331052

秦皇岛市海上旅游船公司
地址：秦皇岛北戴河游船码头
电话：442225

北戴河旅游汽车公司
地址：秦皇岛北戴河金山嘴路1号
电话：441048

山西省

交　通

大同市旅游汽车公司
地址：大同市民航里
电话：522564

山西省临汾地区外事汽车公司
地址：临汾地区
电话：4611

中国旅游服务公司山西公司
地址：太原市河泽大街35号
电话：440592

山西省翻译公司
地址：太原市司街34号
电话：346713

临汾旅游服务公司
地址：临汾市解放西路南殿一巷南

山西省旅游供应公司
地址：太原市迎泽大街40号

山西省旅游产品开发公司
地址：太原市文源巷1号
电话：228877

内蒙古自治区

交 通

呼盟旅游外事车队
地址：海拉尔市胜利1路
电话：4436

内蒙古自治区外事旅游汽车公司
地址：呼和浩特市新城区兴安南路新桥靠巷
电话：41390

包头外事旅游车队
地址：包头昆区钢铁大街19号包头宾馆院内
电话：24649

伊盟旅游汽车出租公司
地址：伊盟东胜市白天马路5号鄂尔多斯饭店内
电话：5091，4049转出租公司

辽宁省

交 通

辽宁省旅游汽车公司
地址：沈阳市皇姑屯黄河南大街六段3号
电话：466500-757

国旅大连旅游汽车公司
地址：大连市沙河口区成仁街395号
电话：404397

国旅本溪旅游汽车公司
地址：本溪市平山区解放路
电话：522564

鞍山市旅游汽车队
地址：鞍山市铁东区南胜路29号
电话：536272

国旅铁岭支社汽车队
地址：铁岭市龙山宾馆
电话：25311

国旅抚顺支社汽车队
地址：抚顺市永安广场友谊宾馆内
电话：22807

锦州市外办汽车队
地址：锦州市凌河区北京路三段12号
电话：68113

吉林省

餐 馆

长春饭店
地址：长春市重庆路43号
电话：825875

松江烤鸭店
地址：长春市北京大街23号
电话：826383

春园饭庄
地址：长春市北京街
电话：39832

中日合资联谊餐厅
地址：长春市西安大路70号
电话：866590

海外餐厅
地址：长春市西安大路副91号
电话：869953

长春华侨酒家
地址：长春市新发路14-2号
电话：802581

企业家酒店
地址：长春市重庆路44号
电话：826301

金川酒店
地址：长春市自由大路3号
电话：884224

大观园酒楼
地址：长春市西民主大街

长春电影城高丽村
地址：长春市宽平大路
电话：53688

吉林省旅游服务中心天马饭庄
地址：长春市新疆街
电话：882187转3002

延吉宾馆
地址：延吉市公园街
电话：516630

旅游饭庄
地址：延吉市建西街
电话：517824

图们江饭店
地址：延吉市新兴街
电话：518519

金达莱餐厅
地址：延吉市海兰路
电话：511740

商 店

吉林省文物店
地址：长春市重庆路79号
电话：868826

长春市雅美斋
地址：长春市文化宫二楼
电话：826744

长春市书画社
地址：长春市重庆路27号
电话：826580

海外旅游商场
地址：长春市西安大路副91号
电话：869953

长春友谊商店
地址：长春市斯大林大街99—1号
电话：884712

省博物馆旅游商品部
地址：长春市光复路九一路3号
电话：34583

伪皇宫陈列馆旅游商品部
地址：长春市光复路九一路3号
电话：38783

长春百货大楼旅游商场
地址：长春市斯大林大街59号
电话：824505

省画院美术家画廊
地址：长春市斯大林大街76号
电话：823472

喜来登百货商店
地址：吉林市站前街一号
电话：227561

吉林市关东画廊
地址：吉林市松江路191号
电话：241270

吉林市博物馆画店
地址：吉林市江南大街13号
电话：461214

吉林市龙潭山鹿场
地址：吉林市鹿场街7号
电话：461587

吉林市友谊商店
地址：吉林市吉林大街27号
电话：455488

延吉市第二百货商店旅游商品部
地址：延吉市解放路
电话：512443

国旅延边支社旅游商品部
地址：延吉市延西街
电话：514624

延吉市工艺美术服务部
地址：延吉市人民路
电话：514025

延吉市博物馆文物店
地址：延吉市新兴街
电话：512343

艺苑商店
地址：延吉市公园街
电话：517824

交　通

吉林省旅游汽车公司
地址：长春市朝阳区新民大街12号
电话：882483

国旅延连支社汽车队
地址：延吉市公园街延西路19号
电话：515018

黑龙江省

交　通

黑龙江省旅游汽车公司
地址：哈尔滨市香访区中山路73号
电话：222360

黑龙江省中国旅行社汽车服务公司
地址：哈尔滨市南岗区红军街52号
电话：30453

哈尔滨市旅游汽车公司
地址：哈尔滨市南岗区新宣化街1号
电话：225128

齐齐哈尔市旅游汽车公司
地址：齐齐哈尔市龙沙区
电话：72012

佳木斯市旅游局汽车队
地址：佳木斯市前进区市政府大楼344号
电话：23486

国旅黑河支社汽车队
地址：黑河市玉肃街40号
电话：4285

上海市

交　通

上海市旅游汽车公司
地址：上海市长宁区奂中路16号
电话：381957

上海友谊汽车服务公司
地址：上海市长乐路400号
电话：584584

上海振华汽车服务公司
地址：上海市恒丰路562号
电话：638638

上海市华侨旅游汽车服务公司
地址：上海市徐汇区渡船角路103号
电话：385151

上海市青旅汽车服务公司
地址：上海市徐汇区斜土路3200号
电话：38101—761

上海市东湖汽车服务公司
地址：上海市东湖路30号
电话：4373815

江苏省

餐　馆

魁光阁
地址：南京市夫子庙广场泮池边
电话：626626

白苑
地址：南京市玄武湖公园梁洲
电话：632745

流畅厅
地址：南京市中山陵灵谷公园
电话：641227

暗香阁
地址：南京市梅花山2号
电话：432050

得月楼餐厅
地址：南京市瞻园路1号
电话：624687

商 店

文物商店聚宝斋
地址：南京市汉中路7—11号
电话：643353

十竹斋
地址：南京市太平南路72号
电话：643313

江苏省丝绸商场外宾部
地址：地南京夫子庙贡院西街30号
电话：629340

墨缘轩
地址：南京市夫子庙东市场
电话：628764

南京市工艺美术大楼门市部
地址：南京市北京东路31号
电话：711574

艺琼阁
地址：南京市夫子庙广场西侧
电话：628039

友谊商店
地址：南京市中央路86号
电话：632802

得月台国际旅游购物中心
地址：南京市瞻园路1号
电话：624687

江苏省旅游品、工艺品展销部
地址：南京市玄武湖梁州展销馆
电话：636196

南京玉器厂门市部
地址：南京市中山东路227号和231号
电话：642866

中山陵工艺字画店
地址：南京市中山陵1—3号
电话：431973

鼓楼公园外宾部
地址：南京市鼓楼公园三楼
电话：301140

江苏省文物商店门市部
地址：南京市中山东路321号
电话：644701

中华门城堡外宾服务部
地址：南京市中华门内
电话：625752

江苏省国画院咨询服务部
地址：南京市虎踞路157—1号
电话：639835

莫愁湖金陵印社
地址：南京市水西门大街194号
电话：629484

灵谷寺松风阁工艺字画店
地址：南京市灵谷公园内
电话：646629

江苏省工艺美术公司经营部
地址：南京市贡院街97号
电话：201212

江苏省中旅旅游服务部
地址：南京市中山北路313号
电话：802704

长江大桥旅游公司桥堡服务部
地址：南京市长江大桥管理处
电话：805566

南京市书画院服务部
地址：南京市玄武湖翠洲1号
电话：635140

交 通

江苏省外事旅游汽车公司
地址：南京市中山北路204号
电话：639013转

宁鹿汽车有限公司
地址：南京市察哈尔路95号
电话：631081

金陵饭店车务部
地址：南京市汉中路2号
电话：742888转

秦淮区游船服务公司
地址：南京市秦淮区大成殿内
电话：628639

长江大桥气垫船旅游公司
地址：南京市长江大桥南桥堡码头
电话：805566

江苏省旅行社车队
地址：南京市中山北路313号
电话：802549

无锡市外事汽车公司
地址：无锡市崇安区解放新村5号
电话：228402

苏州市旅游汽车公司
地址：苏州市十全街271号
电话：225836

扬州市外事旅游汽车服务公司
地址：扬州市广陵区丰乐上街1号
电话：42611—351

无锡市外事旅游游船公司
地址：无锡市梅箕路1号
电话：665794

南通市外事旅游汽车公司
地址：南通市城山路116号
电话：511735

镇江市外事旅游车队
地址：南京市镇江市金山西路15号
电话：232788

浙江省

餐　馆

杭州天外天菜馆
地址：杭州灵隐天竺路2号
电话：775450

杭州山外山菜馆
地址：杭州玉泉8号
电话：26621

杭州楼外楼菜馆
地址：杭州外西湖30号
电话：23783

杭州梦梁楼菜馆
地址：杭州吴山路61号
电话：23565

杭州便宜坊烤鸭店
地址：杭州邮电路49号
电话：23488

杭州灵隐斋堂
地址：杭州灵隐寺内
电话：26378

杭州清风山房
地址：杭州西湖区灵山洞
电话：791080

杭州碧隐园
地址：杭州西湖区岳坟
电话：22852

杭州知味馆
地址：杭州仁和路83号
电话：26151

杭州太和园酒家
地址：杭州仁和路67号
电话：28250

杭州天香楼大酒家
地址：杭州解放路166号
电话：22038

杭州酒家
地址：杭州延安路52号
电话：26414

杭州宋城酒家
地址：杭州中山南路487号
电话：661810

杭州海丰西餐社
地址：杭州延安路59号
电话：22640

杭州奎元馆
地址：杭州解放路124号
电话：25921

商　店

杭州友谊商店
地址：杭州湖滨路18号
电话：725410

杭州国际购物中心商场
地址：杭州开元路108号
电话：775009

浙江宾馆商场
地址：杭州三台山路8号
电话：777988转

杭州文物商店
地址：杭州东坡路90号
电话：27141

浙江省工艺美术服务部
地址：杭州省展览馆
电话：550521

杭州西冷印社
地址：杭州解放路200号
电话：24540

中华旅游纪念品总公司杭州公司
地址：杭州龙井路92号
电话：771855

杭州市工艺美术服务部
地址：杭州延安路82号
电话：24378

杭州百货大楼
地址：杭州延安路260号
电话：550586

杭州解放路百货商店
地址：杭州国货路1号
电话：20891

杭州绸缎商店
地址：杭州湖滨路1号
电话：24508

杭州五星记扇厂门市部
地址：杭州湖滨路8号
电话：21327

杭州邵芝岩笔庄
地址：杭州中山中路298号
电话：23735

杭州都锦生丝织厂营业所
地址：杭州邮电路82号
电话：23417

杭州张小泉剪刀厂门市部
地址：杭州清泰立交桥西
电话：27823

杭州西湖伞厂门市部
地址：杭州体育场路140号
电话：557026

杭州胡庆余堂制药厂
地址：杭州大井巷95号
电话：27507

杭州国际会议中心
地址：环城西路2号
电话：771803

杭州飞达航空服务公司
地址：延安路220号
电话：552597

杭州天马洗衣公司
地址：北大桥
电话：885137

杭州市旅游总公司商品部
地址：长生路9号
电话：779294

交　通

杭州客车旅游公司
地址：杭州光复路135号
电话：22040

杭州汽车出租公司
地址：杭州定安路53号
电话：27227

杭州市三轮客车服务公司
地址：杭州浙江展览馆东
电话：555587

杭州市西湖游船服务公司
地址：杭州西山路16号
电话：21468

浙江省外事旅游汽车公司
地址：杭州开元路108号
电话：28349

杭州市旅游汽车公司
地址：杭州中山中路380号
电话：27786

安徽省

商　店

中国旅游服务公司浙江分公司
地址：杭州体育场路154号
电话：551998

安徽省旅游汽车公司
地址：合肥市梅山路4号
电话：31941

安徽省黄山外事旅游汽车公司
地址：安徽省黄山市
电话：2282

福建省

商　店

华联商厦（台胞购物中心）
地址：厦门市中山路1号
电话：32265　21111

厦门友谊商店
地址：厦门新华路122号
电话：23817

厦门文物店
地址：厦门市湖滨北路
电话：23363

厦门旅游服务公司
地址：厦门市思明北路103号
电话：20133

中国旅游服务公司福建省公司
地址：福州市东大路44号
电话：553388

厦门市旅游服务公司
地址：厦门市思明北路103—107号
电话：20329

泉州市旅游服务公司
地址：泉州市九一路尾荷香酒家内
电话：25490

漳州市旅游服务公司
地址：漳州市延安北路33号2楼
电话：28353

宁德旅游公司
地址：宁德市焦城北路48号
电话：22781

莆田市旅游公司
地址：莆田市湄洲宾馆内
电话：22203

将乐县旅游服务公司
地址：将乐县城关七星路
电话：22468

中国华侨旅游侨汇服务公司福建公司
地址：福州市五四路
电话：536253

交　通

福建省国际旅游航空服务公司
地址：福州市东大路44号
电话：551950

福建省旅游汽车公司
地址：福州市思儿亭
电话：572651

福建中旅企业（集团）汽车公司
地址：福州市华林路斗门46号
电话：579995

厦门友谊交通公司
地址：厦门市石泉路7号
电话：25311

国旅武夷山旅游汽车公司
地址：武夷山市五曲
电话：32071

泉州旅游汽车公司
地址：泉州市东大路中段
电话：24989

江西省

商　店

中国旅游服务公司江西省公司
地址：南昌市苏圃路91号
电话：62102

江西省华侨旅游侨汇服务公司
地址：南昌市民德路103号
电话：223516

南昌华侨友谊公司
地址：南昌市八一大道56号
电话：221774

南昌珍珠工艺品厂金银珠宝店
地址：南昌市中山路244号
电话：52796

南昌瓷器友谊商店
地址：南昌市胜利路12号
电话：54939

南昌市工艺美术厂
地址：南昌市民德路126号
电话：223053

南昌市工艺美术服务部
地址：南昌市中山路70号
电话：223652

省文物商店
地址：南昌市八一大道46号
电话：225913

江西省中国旅行社贸易部
地址：南昌市八一大道78号
电话：224395

江西省海外旅游总公司贸易部
地址：南昌市民德路26号
电话：67106

九江市陶瓷友谊商店
地址：九江市庐山路
电话：225472

九江市华侨友谊商店
地址：九江市浔阳路
电话：224650

九江市文物商店
地址：九江市浔阳东路
电话：224386

湖口县石钟山友谊商店
地址：湖口县石钟山
电话：32514

庐山陶瓷商店
地址：庐山牯岭正街
电话：282652

庐山友谊商店
地址：庐山牯岭正街
电话：282158

江西省陶瓷工业公司经销公司
地址：景德镇市珠山中路
电话：224303

景德镇瓷器友谊商店
地址：景德镇市珠山中路
电话：223742

景德镇市旅游服务公司
地址：景德镇市莲花路
电话：222946

景德镇市文物商店
地址：景德镇市莲花路
电话：224207

景德镇工艺美术服务部
地址：景德镇市珠山路
电话：224063

上饶侨汇商店
地址：上饶市抗建中路
电话：223601

吉安地区华侨友谊公司
地址：吉安市井岗山大道
电话：4665

新余市华侨友谊公司
地址：新余市建设东路
电话：222234

鹰谭华侨旅游商店
地址：鹰谭市交通路
电话：221305

交　通

江西省旅游汽车出租公司
地址：南昌市苏圃路97号（江西宾馆院内）
电话：222976

江西省外事办公室汽车队
地址：南昌市苏圃中97号（江西宾馆院内）
电话：62585

庐山外事旅游车队
地址：庐山河西路
电话：281098

井岗山外事游游车队
地址：井岗山市茨坪镇
电话：558

山东省

商　店：

友谊商场
地址：青岛市新疆路12号
电话：227570

中国旅游服务公司山东省公司
地址：济南市朝山街3号楼
电话：612575

济南市旅游商务中心
地址：济南市朝山街11号楼

电话：26608

青岛市旅游服务公司
地址：青岛市新疆路

烟台市旅游服务公司
地址：烟台市解放路

威海市旅游服务公司
地址：威海市商业街3号楼1号
电话：223429

潍坊市旅游服务公司
地址：潍坊市南大街
电话：223117

东营市旅游服务公司
地址：东营市溜博路西段
电话：221751

淄博市旅游服务公司
地址：淄博市张店区中心路189号
电话：213341

泰安市旅游服务公司
地址：泰安市红门路46号
电话：337021

德州市旅游服务公司
地址：德州市东方红路64号
电话：23429

日照市旅游服务公司
地址：日照市黄海一路
电话：31335

潍坊万发企业有限公司
地址：潍坊市北宫路308号
电话：222733

交　通

山东省旅游汽车公司
地址：济南市历下区经十路26号
电话：4791-540

济南市旅游汽车公司
地址：济南市经五路171号
电话：36350

青岛市旅游汽车公司
地址：青岛市江西路5号
电话：361793

泰山索道公司
地址：泰安市泰山中天门
电话：332189

曲阜市旅游汽车公司
地址：曲阜市南新区
电话：411637

青岛市旅游航空服务公司
地址：青岛市延安一路75号
电话：279778

泰安市旅游局汽车公司
地址：泰安市泰山区红川路
电话：7021

河南省

商　店

友谊商店

国安珠宝首饰有限公司

河南省博物馆博古斋

珠宝玉器公司

紫荆山百货大楼

河南省文物商店

商业大厦

旅游购物中心

古墓馆旅游商店

白园道时书屋

奉先寺书画店

龙实祥阁画店

旅游品生产供应公司

静虚阁

友谊商店

鼎洛斋

聚宝斋

香山服务部

工术美术品服务部

白马寺书画斋

开封市文物商店

开封市书画院

开封市工艺美术厂

开封市华侨友谊公司

开封市官瓷研究所

开封市汴绣厂

中国华侨旅游侨汇服务总公司河南分公司
地址：郑州市经二路北段
电话：551041

中国旅游服务公司河南省分公司
地址：郑州市金水大道东段
电话：23681

洛阳市旅游服务公司
地址：洛阳市安徽路1号
电话：21585

安阳市旅游服务公司
地址：安阳市友谊路1号
电话：22214

新乡市旅游服务公司

平顶山市旅游服务公司

交 通

河南省外事旅游汽车公司
地址：郑州市顺河路3号
电话：20782

开封市外事旅游汽车公司
地址：开封市自由路中段64号
电话：25188

洛阳旅游汽车公司
地址：洛阳市西工区玻璃厂路24号
电话：35032

濮阳市外事旅游车队
地址：濮阳市建设路西段
电话：44035

湖北省

商 店

武汉友谊商店
地址：汉口中山大道263号
电话：563168

武昌友谊商店
地址：武昌解放路249号
电话：872727

青山友谊商店
地址：武汉青山和平大道
电话：430080

友谊超级商店
地址：汉口宝成路6号楼
电话：511011

武汉华侨商店
地址：汉口解放大道1093号
电话：28968

武昌华侨商店
地址：武昌解放路239号
电话：875116

湖北省文物商店
地址：武昌东湖
电话：811336

湖北省文物商店分店
地址：武昌中南路13号
电话：813778

武汉市文物商店
地址：汉口中山大道1039号
电话：26243

宜昌友谊商店
地址：宜昌市西陵路
电话：21443

宜昌地区旅游侨汇商店
地址：宜昌市珍珠路
电话：24897

黄石华侨友谊商店
地址：黄石市交通路23号
电话：3426

交 通

湖北省政府外事车队
地址：武汉市汉阳琴台路110号
电话：444354

宜昌地区行署外事车队
地址：宜昌市西陵区
电话：21403

湖南省

交 通

湖南省旅游局汽车队
地址：长沙市芙蓉宾馆
电话：41095

广东省

商 店

广州市工艺旅游品商场
地址：广州市长堤大马路287—286
电话：882877

交 通

广东省旅游汽车公司
地址：广州市越秀区环市西路185号
电话：678024

广州市汽车公司
地址：广州市环市西路194号
电话：662824

广东省中旅汽车服务公司
地址：广州市站前路65号
电话：677825

广西壮族自治区

桂林市旅游车船公司
地址：桂林市七星区辅星路3号
电话：443306

海南省

交 通

海南省旅游汽车公司
地址：海口市海府路三角池海旅办公楼305室
电话：74633

海南省中旅社旅游汽车公司
地址：海口市大同路海南华侨大厦内

四川省

餐　馆

小洞天饭店
地址：民权路107号
电话：41394

北泉餐厅
地址：北碚区北温泉
电话：2526

重庆机场旅客餐厅
地址：江北西路镇
电话：长途

沙坪饭店
地址：小新街83号
电话：661126

南苑餐厅
地址：南坪村17号
电话：483391

宴宾楼饭店
地址：小龙坎新街65号
电话：664809

内泉餐厅
地址：南泉路7号
电话：485153转

皇后餐厅
地址：民族路186号
电话：45128

味苑餐厅
地址：邹容路37号
电话：41806

商　店

四川省庆余堂中药商场
地址：民权路63号
电话：41850

保康参茸店
地址：民族路179号
电话：45218

重庆市工艺美术服务部
地址：歇台子40号
电话：812425

重庆旅游商场
地址：民权路107号
电话：45095

重庆友谊华侨公司
地址：民族路173号
电话：41955

重庆市文物商店
地址：民生路238号
电话：44225

交　通

四川旅游汽车公司
地址：成都市人民南路180号
电话：22305

重庆市外事旅游汽车队
地址：重庆市中区人民南路175号
电话：55027

贵州省

商　店

贵阳华侨友谊公司
地址：贵阳延安东路
电话：626013

贵阳友谊商店
地址：贵阳延安东路
电话：626456

贵阳市文物商店
地址：贵阳公园路9号
电话：524109

贵阳市外文书店
地址：贵阳市延安东路
电话：28810

中国旅游服务公司贵州分公司
地址：贵阳市都市路
电话：522381

贵州省旅游摄影艺术公司
地址：贵阳市中华中路
电话：522767

贵州省旅游建设公司
地址：贵阳市北京路
电话：624385

贵州省旅游采印厂
地址：贵阳市花果园
电话：32058

贵州省旅游产品生产供应公司
地址：贵阳市延安东路
电话：27312

贵阳市工艺美术公司
地址：贵阳市新华路259号
电话：26745

贵阳民族商品厂
地址：贵阳市宅吉村
电话：24245　22423

安顺市蜡染厂
地址：安顺市南华路
电话：22884

交　通

贵州省航空公司
地址：贵阳市

贵州省外事旅游车认
地址：贵阳市宅吉村
电话：625121

贵州安顺外事旅游车队
地址：安顺虹山宾馆内
电话：23027

云南省

商　店

大理茶花旅游服务部
地址：大理市下关
电话：大理下关总机转

中国旅游服务公司云南省公司
地址：昆明市和平新村8号
电话：32520　32166

云南省工艺美术服务部
地址：昆明市东风西路28号
电话：24376　29230

昆明市工艺美术服务部
地址：昆明市青年路200号
电话：22200

云南石村工艺品贸易公司
地址：昆明市东风西路56号
电话：20551

交　通

云南省旅游汽车公司
地址：昆明市东风东路122号
电话：31329　25011

昆明市旅行社车认
地址：昆明市东郊菊花村
电话：72332　71524

昆明市出租汽车公司
地址：北京路45号
电话：20222　36701

西藏自治区

交　通

西藏自治区旅游汽车公司
地址：拉萨吉拜路11号
电话：24485

拉萨城关区旅游汽车公司
地址：拉萨市北京东路106号
电话：24437

日喀则旅游日喀则市汽车公司
地址：日喀则总机转
电话：2218

陕西省

餐　馆

西安饭庄
地址：西安市东大街菊花园
电话：912637

东亚饭店
地址：西安市骡马市
电话：710985

五一饭店
地址：西安市东大街
电话：715932

清雅斋
地址：西安市东大街
电话：718268

和平餐厅
地址：西安市和平路88号
电话：716832

聚丰园
地址：西安市解放路
电话：718266

曲江春
地址：西安市解放路
电话：23572

黎明餐厅
地址：西安市小南门外
电话：715981

桃李春
地址：西安市西门外
电话：42174

德发长
地址：西安市钟楼
电话：26433

同盛祥
地址：西安市西大街
电话：

南薰阁
地址：西安市咸宁路
电话：331578

瑶光楼
地址：临潼县
电话：2943

解放路饺子馆
地址：西安市解放路229号
电话：3318

商　店

西安友谊商场
地址：西安市新街口
电话：713898

西安豪华商场
地址：西安市南大街
电话：716811

西安文物商店
地址：西安市东大街
电话：715874

西安国际商场
地址：西安市东郊半坡村
电话：30047

文宝斋商场
地址：西安雁塔路
电话：711607

吉尔瑞商行
地址：西安市北院门
电话：713807

交　通

陕西省旅游汽车公司
地址：长安路北段34号
电话：52281

中旅汽车公司
地址：兴庆路甲字97号

迎宾汽车公司
地址：和平路15号

华厦汽车公司
地址：友谊东路

迎宾汽车公司
地址：止园饭店内

甘肃省

餐　馆

兰州市悦宾楼京菜馆
地址：兰州酒泉路278号
电话：465281 465985

兰州中川机场餐厅
地址：中川机场
电话：23415

平凉市春华楼餐馆
地址：平凉市新民路1号
电话：2303

天水市北道区春意斋中西餐厅
地址：农贸商场
电话：236199

商　店

兰州百货大楼
地址：兰州市庆阳路275号
电话：465348

甘肃省文物商店
地址：兰州七里河西津西路3号
电话：36461

嘉峪关市友谊商店
地址：嘉峪关市新华北路1号
电话：25042

中国旅游服务公司甘肃省天马商店
地址：兰州市天水路361号
电话：798-797

甘肃省翠宝斋
地址：兰州市东岗西路263号
23491 25786

甘肃省工艺美术服务部
地址：兰州市东岗西路267号
电话：27385 27233

敦煌市博物馆服务
地址：敦煌市东大街
电话：2981

甘肃省博物馆文物复制厂
地址：兰州七里河西津西路3号
电话：33300

敦煌市金丝挂毯
地址：敦煌市北大街15号
电话：2885

敦煌市月牙泉工艺厂
地址：敦煌市月牙泉

敦煌市眼镜厂
地址：敦煌市北大街15号
电话：2345

敦煌地毯厂
地址：敦煌市西门外
电话：2465

敦煌市工艺美术厂
地址：敦煌市东大街1号
电话：2593

酒泉夜光杯厂敦煌珠宝斋
地址：敦煌市东环路
电话：2243

敦煌市杨家桥鸣沙书画社
地址：敦煌市月牙泉
电话：2778

酒泉市夜光杯厂展销部
地址：酒泉市东大街11号
电话：3235

武威市博物馆文物展销部
地址：武威市建国街新青年巷
电话：2849

敦煌市工艺美术公司
地址：敦煌市丁字路1号
电话：2596

酒泉地区旅游服务公司
地址：酒泉市南大街70号
电话：3289

中国旅游服务公司甘肃省公司
地址：兰州市天水路361号
电话：27931 793

敦煌研究院工艺美术服务公司
地址：敦煌研究院
电话：2114 2113

嘉峪关旅游服务公司
电话：26321转公司

天水旅游服务公司
地址：市秦城区青年南路44号
电话：212645

中国华侨旅游侨汇服务总公司甘肃公司
地址：兰州市天水路361号
电话：27931-441

交　通

甘肃省旅游汽车公司
地址：兰州市天水路361号
电话：20553 27388

青海省

交　通

青海省旅游汽车公司
地址：青海省西宁市七一路
电话：45901-1110

青海省旅游服务公司
地址：西宁市教场街47号
电话：42931-96642192

青海旅游商店
地址：西宁市北大街29号
电话：48110

青海旅游汽车公司贸易商行
地址：西宁市北大街35号
电话：48025

宁夏回族自治区

商　店

银川市工艺大楼
地址：银川市解放西街33号
电话：22501

中国旅游服务总公司宁夏公司
地址：银川市古楼东街14号商业楼
电话：22487

交　通

宁夏外事旅游汽车公司
地址：银川市凤凰北街7号
电话：34561

新疆维吾尔自治区

餐　馆

乌鲁木齐伊斯兰饭庄
电话：22177

乌鲁木齐亚开西酒店
电话：78902

商　店

新疆文物商店
电话：25161

乌鲁木齐友谊商店
电话：41848

新疆玉石雕刻厂
电话：24528

新疆地毯工艺品进出口公司
电话：41842

乌鲁木齐民族乐器厂
电话：77216

乌鲁木齐民族绣品厂
电话：27644

新疆民族工艺美术厂
电话：52395

新疆天山毛纺织品有限公司
电话：78266

新疆皮革毛皮工业公司
电话：30268-410

新疆工艺美术展销中心
电话：23122

乌鲁木齐友好商场
电话：42127

乌鲁木齐民族用品商场
电话：23512

乌鲁木齐红山商场
电话：42009

中国华侨旅游侨汇服务总公司乌鲁木齐外汇免税商场
电话：77793-2001

新疆皮革毛皮工业公司

新疆友谊宾馆展销商店
电话：25258

交　通

新疆旅游汽车公司
地址：乌鲁木齐市幸福路62号
电话：25989

新疆中国旅行社旅游汽车服务公司
地址：乌鲁木齐市天山区新华南路51号
电话：28819

国旅吐鲁番支社旅游车认
电话：23217

国旅喀什支社旅游车队
电话：25039

新疆和田行署旅游处旅游车队
电话：23846

世界旅遊業

·世界旅游业·

世界旅游业发展趋缓

·沈慧蓉·

1989年世界旅游业

1989年，世界政局动荡，经济发展速度平平，自然灾害接二连三，对正在蓬勃发展的国际旅游业颇有影响。世界旅游业接待人数和收入增幅均比上年降了半成。据"世界旅游组织"初步统计，1989年世界旅游业接待人数为4.03亿人次，比上年仅增2.95%；国际旅游业收入为2087亿美元，比上年仅增7.49%。

1989年各地区国际旅游接待人数和国际旅游业收入按顺序依次排列是：欧洲，2.5亿人次、1051亿美元，各比上年增长2.03%和4.57%；美洲，7971万人次、561亿美元，各比上年增长7.27%和12.61%；亚洲，5488万人次、356亿美元，各比上年增长1.29%和10.6%；非洲，1532万人次、66亿美元，各比上年增长4.74%和4.1%；大洋洲，438万人次、51亿美元，各比上年下降4.24%和0.47%。

东欧政局的剧变，北京发生的"六·四"事件，澳大利亚飞行员长达6个月之久的罢工和加勒比海的飓风在不同程度上冲击了东欧、亚洲、大洋洲和美洲地区国际旅游业的发展。与1988年相比，亚洲地区国际接待人数和收入增幅各下降14和12个百分点，美洲基本持平，东欧和大洋洲均出现了负增长，其中东欧地区的下降幅度分别为1.24%和8.84%。

在风云突变的1989年，美国和法国的国际旅游业则东山再起，增幅竟上升至20%和10%。泰国和新加坡仍保持了一定的发展速度，增长速度分别为14%和12%。世界旅游业王国西班牙却失去了以往的风姿，呈下跌趋势，国际旅游接待人数第一次出现下降，为0.9%。北京的"六·四"事件不但冲击了中国的国际旅游业，也影响了香港地区的发展，使其接待人数下降了4.1%。南朝鲜1988年举办奥运会，当年国际旅游接待人数一下从180万增至234万。但是到了1989年，增长速度便又回到了正常的速度，从上年的25%降至14%。

80年代世界旅游业的变化

80年代，世界旅游业经历了萧条、复苏、回升三个阶段，1987年和1988年发展进入高峰，增长比例分别达到了7.81%和8.87%，但是1989年却又进入了低潮。十年间，国际旅游接待人数从2.8亿增至4.03亿，共增长了41.69%，年平均增长率在4%左右；国际旅游业收入从1023亿美元增至2087亿美元，共增长了104%，年平均增长率在10%左右，如果除去通货膨胀和汇率的因素，实际增长比例要低得多。与50年代、60年代和70年代相比，发展速度明显放慢，客源流向格局也发生了戏剧性的变化。

一、世界十大旅游接待国排列顺序的变化

近二年来，法国和美国已取代西班牙，夺取了世界旅游接待冠军和亚军，西班牙则退居到了第三位，其次是意大利、奥地利、英国、加拿大、捷克斯洛伐克、联邦德国和瑞士。捷克斯洛伐克是第一个挤入十大接待国的东欧国家。但是国际旅游业收入顺序排列与其截然不同。美国居首位，其地位日趋加强和巩固。1989年，美国国际旅游业收入达430亿美元（含国际交通费收入），首次超出了美国出国旅游消费，美国在国际旅游业收入所占份额已从9.84%上升至16.4%。西班牙国际旅游业收入共增长了139%。其它8个国际旅游业收入大国，按顺序依次排列是：法国、意大利、英国、奥地利、联邦德国、瑞士、加拿大和香港地区。

除香港地区之外，泰国、新加坡、中国、日本和南朝鲜是亚太地区国际旅游业较发达的国家。尽管泰国、新加坡和日本的国际旅游接待人数分别排在第17、第18和第29位，但是他们国际旅游收入却仅次于西方发达国家，名列第13位、第14位和第15位。中国国际旅游业接待人数和收入排列名次已分别从1980年的第12位和第33位跃为1988年的第10位和第24位。与其它发展中国家一样，我国国际旅游业收入与接待人数的比例不甚协调。

二、西欧市场渐趋冷落　东欧游兴有增无减

80年代，欧洲仍是一个主要的目的地，但已失去相当一部分客源市场，其地位已发生了动摇。1970年至1980年十年间，欧洲国际旅游接待人数和国际旅游收入分别增长了73%和46%。但是1980年至1989年十年间，两者增幅却分别下降到28.8%和74.6%，市场份额也分别从68%和59%降至61%和50%。主要原因在于西

欧的吸引力日趋减退，尤其对于美国市场。自1985年西欧发生了几起针对美国人的恐怖活动以后，美国市场一直呈疲软状态。1984年至1988年，美国赴西欧旅行人数下降15%。西欧旅游业界已意识到了这一点，并呼吁西欧各国共同努力，采取协调的政策，来扭转这种局面。

与西欧相反，过去的十年中（1989年除外），东欧国际旅游业发展呈上升势头。1988年，东欧地区国际旅游接待人数增幅为21.68%，创历史最高水平。1985年至1989年四年间，经互会国家国际旅游接待人数共增长35%，平均每年增长8.71%，比同期世界国际旅游接待人数平均增长比例高出了3个多百分点，市场份额从10.87%上升至11.85%，也略高于东盟地区。但是东欧的国际旅游业收入增长却不快，1980年为17亿美元，1989年才上升至20亿美元，十年间仅增长了14.16%，在国际旅游业收入中所占比重也只有0.96%，这主要因为东欧国家之间的交换团均用记帐结算，未折算成美元列入旅游业收入。东欧最近政局的变革已引起了西方旅游者极大的兴趣，今年赴东欧地区旅游的预定已比上年增长了30%。美国市场反应最快。

三、亚太地区国际旅游业发展降温

亚洲地区国际旅游业在经历了30年的大发展后，80年代开始降温。50年代平均增长比例是14.5%，60年代为17%，70年代为13.1%，80年代降到了8.1%。1987年和1988年是80年代亚洲地区国际旅游业增长速度最快的两个年头：接待人数分别增长了12.04%和15.45%，收入分别增长了27.06%和22.69%。但是1989年国际旅游业收入增长率却降到了11.05%，接待人数几无进展。中国国际旅游业的大滑坡，对正在降温的亚太地区国际旅游业是一个很大的打击，尽管部分取消访华的游客仍留在本地区流动。

亚洲地区区域旅行人数约占40%。欧洲市场发展好于北美市场。1984年至1989年五年间，欧洲赴亚洲地区旅行人数共增长了70%，在该地区接待总人数中所占比例已从14%上升至18%。亚太地区数东南亚发展最快。1989年，东盟六国共接待了150.38万国际旅游者，五年间共增长了54%；国际旅游业收入达77.18亿美元，五年间共增长了73%，分别占世界市场总额的3.81%和3.97%。

澳新是大洋洲的两个主要接待国，1989年共接待了318万外国旅游者，约占该地区总接待量的65%。前年澳大利亚200周年大庆，吸引了不少游客，接待人数上升了26%。但大庆一过，去年增长比例又降到了2.26%。澳大利亚飞行员的大罢工，使旅游业损失约10亿澳元。

四、美洲地区国际旅游业发展稳定

十年间，美洲地区国际旅游接待人数共增长了48%，国际旅游业收入共增长了120%，所占市场比例一直分别稳定在17%至20%和25%至29%左右，尤其在1986年至1988年期间，人数增长比例一直保持在7%或8%。1989年，加勒比海和中美地区国际旅游者接待人数各下降到了2.2%和0.7%，北美和南美则上升了10%和2.8%。

北美地区国际旅游业兴旺发达

·应乐华·

北美地区是世界上旅游最发达的地区之一。习惯上包括美国和加拿大。1989年北美地区国际旅游接待人数为5430万人次，比1988年增长9.99%，增长幅度大大超过1989年世界国际旅游接待人数增长率（2.95%），北美地区国际旅游接待人数占世界国际旅游接待总人数的13.5%。国际旅游收入达392亿美元（不含国际交通费收入），比1988年增加15.75%，占1989年世界国际旅游业收入的18.8%。具体地说，美国在1989年国际旅游接待人数为3830万人次，占世界国际旅游接待国第二位，加拿大接待1600万国际游客，占世界第七位。1988年，美国和加拿大的国际旅游收入分别为292.02亿美元和46.55亿美元，分别占世界第一和第九位。1988年，美国和加拿大出国旅游花费分别为321亿和63.2亿美元，美国的出国旅游花费占世界第一位。

一、北美地区旅游市场的特点

1.地区之间的旅游占主导地位，即近距离流动多，远距离流动少。1988年，美国国内旅游人次达11.6亿人次。1989年，美国公民国内旅游花费达3162亿美元。可见，国内旅游的规模超过中、远距离旅游的规模。1989年，美国公民去加拿大旅游人数达1220万，占美国出国旅游人数的30%左右，占加拿大接待国际旅游总人数的80%。而加拿大公民到美国旅游的人数达1520万人次，占美国接待国际游客总数的39%。由此，两国各自双向性旅游，使北美地区成为世界上旅游最活跃的地区之一，而美国游客去加拿大，使加拿大成为世界上接待一国游客人数最多的国家。由于美国和加拿大有历史渊源，政治、文化接近，而且两国之间不少人有血缘关系。加拿大85%的人居住在离美国边境150公里的土地上，交通方便，同时，两国居民互免签证，取消地区旅游的壁垒，促使两国之间的旅游。

据统计，美国去加拿大的游客中，67%的人自己开车去旅游，18%乘飞机，5%坐船，6.4%乘汽车，0.4%乘火车。50%以上的旅游是在夏季6、7、8三个月；加拿大访美游客中，66%驾车去旅游，27%乘飞机。7、8月是旺季。

2.美加自由贸易协定是促进地区之间旅游、增强北美国际旅游竞争能力的有力措施。

美加自由贸易协定取消了两国之间大多数关税，取消进口税，取消海关手续，大大方便进出境旅客，旅游支出成本减少，进一步促进商务旅游。另外，加拿大取消了外国投资审查系统，对投资额2千万美元的项目不再加以限制，这将刺激加拿大的航空公司和旅游饭店的发展。美加两国通过自由贸易协定增加了北美地区保护主义色彩，将进一步增加北美地区的旅游竞争能力。可以说，协定将使本来已占极大比例的区域旅游特别是商务旅游再进一步扩大比例，但是度假旅游不会局限于本地区，国际旅游者会以自己的嗜好去自己愿意去的世界旅游目的地，不过。各国对北美旅游市场的争夺将更加激烈、更加困难。美加贸易协定是对1992年欧洲形成统一市场的一种反映，许多美国公司将在今后几年里和欧共体合作，促进美加两国的商务旅游者去统一的欧洲，而欧洲统一市场对旅游经济的改进，对北美旅游者在今后去欧洲也具有积极的作用。

3.北美地区加强旅游政策的实施，加强旅游基础建设，加强对外市场促销，是1989年旅游发展的主要因素。

美国旅游局重点考虑的问题是旅游基础建设特别是机场和公路拥挤，国外推销经费问题。美国旅游局向国会提议：（1）建立乡村旅游基金会，以便有足够的资金促销，并且缓解旅游的拥挤问题；（2）增加美国旅游局对外促销经费。1988年至1989年年度促销经费达1380万美元；（3）美国商务部每月记录旅游业的统计数据，并在年报上报告妨碍旅游业发展的壁垒。由于各项工作都得以协调和贯彻，1989年美国国际旅游收入首次出现顺差达12亿美元。加拿大也大力进行市场促销，1989年至1990年促销费用达3000万加拿大元。重点促销市场是美国，1989年推出的广告口号是“世界隔壁邻居”。

二、北美地区出国旅游市场初析

1989年，美国出国旅游人数达4130万，比1988年增长1%。增长率减少的原因是由于美元疲软，出现短期度假趋势所致。度假旅游者占出国旅游总数的比例，从1988年的62%下降到57%，而商务旅游者则从28%增加到31%。探亲访友者1989年占27%，出国开会占4%，出国学习为目的占2%。87%的人是重复出国旅游者，75%的旅游者参加包价团。

一般来说，美国出国旅游，除三分之一去加拿大，另外三分之一去墨西哥以外，剩下的35%则去海外。在海外市场中，去得最多的地区是西欧。这是因为美国与西欧政治、文化、经济乃至血缘上有密切的关系。1989年，美国旅游者去西欧增加7%。美国去西欧人数最多的国家按顺序排列分别为英国、法国和联邦德国。去法国的旅游者增加26%，因为1989年正值法国大革命200周年庆祝活动吸引不少美国人所致。位于第4、第5位的国家意大利和瑞士，美国游客人数略有下降。美国游客去东欧国家增加24%，前往中美地区的美国旅游者增加14%，其中大部分是探亲访友。到墨西哥的美国游客仅增加2%，原因是墨西哥价格贵，另外，没有新的产品可提供，使游客兴趣不大。1989年美国到亚洲的旅游者增加36%。但是前往加拿大的美国游客下降5%，去南美下降2%，去中东下降5%，去非洲下降7%，去澳大利亚和加勒比海地区的美国旅游者各下降2%，这是由于澳大利亚飞行员罢工、加勒比海地区飓风影响所致。

三、影响美国出国旅游的因素分析

影响美国出国旅游有五大因素：1.经济，1989年经济增长速度放慢，美元贬值吸引西欧和日本游客。2.人口学因素，美国在生育高峰期出生的有8000万人，现已达25至45岁，许多人已进入高收入高花费时代，具有出国旅游最大推动力。3.社会学因素，美国人价值观念趋于现实，旅游在人们心目中，变得非常强烈。出国旅游不限于富裕阶层，相反在中等阶层中大批涌现。4.竞争因素，世界旅游市场充满着激烈的竞争，竞争对象是美国的客源，客源决定着旅游业的成败，决定国际收入的多寡，而影响竞争的主要因素是接待国旅游供给和需求协调和统一。美国旅游者非常强调供给的服务质量，要求“物有所值”。5.安全和环境因素，接待国供给的安全和环境因素是最起码的保证，旅游目的地如有政治风波、恐怖主义活动以及自然灾害、传染病暴发等，一夜之间所有旅游团都会被退光。

四、1989年北美地区（美国）来华市场简析

1989年，美国旅游者来我大陆人数21.5万人，仍然是我第二大传统的国际客源市场。其中，前5个月增长11.7%，后7个月减少50.4%，说明美国游客是受北京6.4政治风波影响 。本来应该来我国的部分游客被迫转向邻近的东南亚国家和地区，部分转向东欧。1989年美国游客去日本53.8万人，比1988年增加17.6%；去菲律宾的美国游客27万，增加17%；去泰国游客33.7万，增加10.2%；去新加坡的美国游客增加12.56%。来我国台湾地区的美国游客达23.3万，增长率达2.4%。以上增长的原因与这些国家和地区开展强有力的促销活动有关。香港接待美国旅游者达62.4万人，比1988年减少16.7%。这是因为香港和大陆有着千丝万缕的旅游联系，正是“我患伤风，他打喷嚏”。在政治风波平息后，由于我及时采取有效的政策，积极的措施，使损失减少到最低程度。国家旅游局及时制定“全面吸引，重点促销”的方针，在整顿旅游企业、整顿旅游队伍、整顿旅游市场的同时，努力恢复我形象，争取尽早恢复美国客源市场。

西欧地区旅游业发展平缓

·段正湘·

1989年对世界其他地区来说，由于受经济发展速度平缓，自然灾害频繁等因素的影响，旅游业的发展似乎不尽人意，但对欧洲地区尤其是西欧地区来说，1989年不啻是一个风调雨顺的好年成，在全世界4.03亿人次的旅游接待人数中，欧洲占其62%，达2.5亿人次，创汇1051亿美元，占1989年国际旅游收入的50.3%。

欧洲地区国际旅游业的发展，多年来一直保持世界领先地位，这其中尤以西欧地区为最。在过去的一年中，在国际旅游接待人数中处于前10位的国家中欧洲就占了8个，除地处东欧的捷克和斯洛伐克之外，其余7国均为西欧国家，这7个国家即法国、西班牙、意大利、奥地利、英国、联邦德国和瑞士，构成了世界旅游业的最发达地区。

70年代西欧旅游业占世界旅游收入的70%，1988年为65%。目前，西欧拥有客房床位2000万张，其中意大利有470万张，法国300万张，联邦德国有230万张。西欧18国的公民每年要进行10亿次旅行，平均每人每年3.5次，其中80%是在国内，平均每人每年出国旅行的次数为0.7次。出国旅行所占比例之高，在西欧各国中首推瑞士，其次是荷兰、丹麦、意大利、奥地利和联邦德国。

当今世界第一旅游支出大国是联邦德国，1989年联邦德国旅游支出为460亿马克，比上年度增长6%，超过了美国，而当年国际旅游收入为170亿马克，旅游赤字高达290亿马克。联邦德国的旅游消费占私人消费的4%，而西欧的平均数是2.7%。联邦德国人最喜欢的度假国家是意大利、奥地利、法国、瑞士、西班牙等国。

法国近二年来旅游业成绩斐然，一扫前几年徘徊不前的局面，1989年是法国大革命200周年，同时也是巴黎的象征——艾菲尔铁塔建成100周年，法国旅游部门早就着手1989年的宣传推销计划，利用这两个纪念活动，动用了7400万法郎的经费在其主要客源国进行了卓有成效的宣传招徕。为了做好接待工作，法国旅游部门印发了数以万计的宣传材料，旨在一方面教育全体国民旅游业是与每个国民休戚相关的行业，希望全体国民予以关注，不可漠然视之，法国的旅游业不愧为真正的第三产业，1988年全国旅游行业创汇高达4260亿法郎，雇佣150万人，并且每年为社会提供2.5万至3万个就业机会；法国的旅游业已可与本国的汽车工业、建筑业以及农业食品工业相匹敌。另一方面教育全体旅游从业人员必须做好本职工作，努力提高服务质量。为此，旅游部门向每位从业人员散发了印有主要客源国客人的生活习惯，日常用语、饮食喜好的接待手册。1989年法国接待了4300万名游客，成为世界第一旅游接待大国，旅游收入盈余达400亿法郎，突破了1985年的304亿法郎的纪录，1989年成为法国旅游业历史上创纪录的一年。

以阳光、海滩和独特的民俗风情而著称的西班牙，这个昔日的头号旅游接待大国，近年来却出现滑坡，1989年又从1988年的旅游接待亚军退到第三名。出现滑坡的原因很多，究其主要原因恐怕与前几年超负荷接待引发接待质量下降不无关系。近来，外国旅客常常抱怨当地接待设施不足、社会不稳定（如罢工）给旅游者造成许多困难，个别地区旅游者的人身安全也常受到威胁，这一切都是造成外国游客裹足不前的因素。西班牙旅游部门决心以1992年在巴塞罗那举行的奥运会为契机，树立西班牙这个旅游王国的新形象。

英国近十年来经济发展较为平稳，年增长率为3%，良好的经济环境为英国旅游业的发展创造了一个好的条件。近年来，国际旅游收入盈余的年平均增长率为10%，游客接待增长率为6%。1988年英国接待了1579.8万国际旅游者，创汇110.23亿美元，1989年有1655.6万游客来英伦三岛观光。

位于欧洲南部的意大利近几年经济发展迅速，1987年人均国民生产总值达到14905美元，已取代英国成为西方第五大工业国。经济的繁荣带动了旅游业的发展，而旅游业的发展又为经济的繁荣积累了资金。意大利有古老的文化，绮丽的风光和宜人的气候，每年吸引着成千上万的游客来意大利寻访古罗马文化的踪迹。1989年意大利接待了2700万旅游者，1988年旅游收入为124亿美元，均为世界第四名。

综观西欧地区旅游业的发展，可以看出该地区诸国不仅是世界主要旅游接待国，同时也是重要客源输出国，联邦德国、英国、法国、意大利、瑞士以及其他国家如荷兰、奥地利等国每年都有大批国民外出度假，客源流向主要以邻近国家为主，近年来中远距离游行渐趋增多。西欧与日本和北美是构成外国来华旅游客源市场的主要部分。西欧来华游客的主要特点是在华停留时间相对较长，我方接待效益好。近年来（1989年除外），每年均有40余万欧洲游客来华。自80年代初，我旅游部门努力开拓西欧客源市场，这其中联邦德国和意大利是极具潜力的来华旅游客源市场，为此，我国相继每年参加在西柏林、伦敦、巴黎、马德里以及米兰举办的旅游博览会，为宣传我国的丰富旅游资源，招徕更多的西欧客源做了许多工作。

亚太地区旅游业发展迅猛

·林洪滨·

亚太地区一向被称为“新开发的旅游区”，它始创于60年代初，进入70年代，随着该地区经济腾飞，对外贸易逐年增加，国际航运事业的不断发展，国际往来更加频繁，促进了该地区旅游事业的迅猛发展。从该地区旅游发展变化情况看：

60年代初，1961年该地区接待国际旅游人数为110万人，约占世界国际旅游总人数为610万人，约占世界国际旅游总人数的3.5%。到了80年代，旅游业发展更加迅猛，1981年接待国际旅游人数为1730万人，比60年代初增长了10.5倍，它占世界国际旅游总人数的比重从1961年的1.5%提高到6.1%。1989年该地区接待国际旅游人数已达5926.5万人，约占世界国际旅游总人数的14.7%，发展速度之快超出了人们的预料。

旅游业的发展，带动了其它行业，促进了该地区的经济繁荣，增加了可观的旅游外汇收入。1961年该地区旅游外汇收入仅为3.6亿美元，约占世界国际旅游外汇收入的4.9%，1971年旅游外汇收入为12亿美元，约占世界国际旅游外汇收入的5.8%，到1981年该地区旅游外汇收入猛增到92.6亿美元，比60年代初增长了25倍以上，它占世界国际旅游外汇收入的比重从1961年的4.9%提高到9.6%，其增长速度大大超过了人数增长，充分显示了旅游经济效益。1989年该地区旅游外汇收入已达407.4亿美元，约占世界国际旅游外汇收入的19.5%，超过了世界其它地区的增长速度。

亚太地区旅游业迅猛发展的主要原因和特点是什么呢？

1.政府普遍重视，各项措施得力，推动旅游业发展。

亚太地区旅游业迅猛发展，除了它拥有得天独厚、体现民族特色的旅游资源外，同各国政府普遍重视，致力于旅游资源开发，加强硬件和软件建设分不开。为了方便游客，增加客源，各国采取了许多相应的措施。如新加坡在全国开展了全民礼貌教育，加强职业道德培训，提高旅游服务质量；泰国为鼓励游客延长停留时间，将欧洲游客在泰停留14天以内免办入境签证的限制放宽到30天内；菲律宾政府为吸引更多的日本游客，允许在菲停留14天以内的旅游者免办入境签证手续等。除此，该地区主管旅游的政府部门之间还建立经常联系，沟通信息，加强交流，为促进本地区旅游业不断发展作出积极努力，取得了可喜的成果。

2.加强对外宣传，开展联合促销，吸引国外游客。

为了吸引国外游客，各国政府都十分重视加强对外宣传，开展联合促销。1967年8月，新加坡、马来西亚、菲律宾、印尼、泰国等国家组织了东南亚国家联盟（简称“东盟”），旨在“促进本地区的经济增长，社会进步和文化发展”，“促进东南亚和平与稳定”。1987年12月“东盟六国”在菲律宾首都马尼拉召开了首脑会议，会上确定1992年为“东盟旅游年”，计划共同招揽国外游客1170万人，创汇95亿美元。

近几年，亚太地区各国还纷纷举办“旅游年”及大型国际旅游活动。如“泰国旅游年”、“南朝鲜第24届国际奥运会”、“澳大利亚庆祝建国200周年”及“中国龙年国际旅游活动”等，对外开展了空前的旅游商品宣传推销活动，吸引了大量游客，取得了较好的旅游经济效益。

3.增加“特殊兴趣”旅游项目，开展形式多样专项旅游。

近几年，随着游客的兴趣爱好的改变，国际旅游方式也发生了变化。为适应游客需求，许多国家从国情出发，开展了疗养旅行、修学旅行、奖励旅行、新婚旅行和骑马、登山、滑雪、狩猎、钓鱼、烹饪、武术及森林浴、汽车、摩托车、海上冲浪等富有特色的专项旅游活动，形式多样，内容丰富，名目繁多，引人入胜。如南朝鲜大力开展的修学旅行；新加坡推出的“小印度”灯节、龙舟节等民俗风情节目；印度利用险要的自然地理环境，开展的登山、漂流等探险旅游活动，都受到了游客的欢迎。通过这些旅游专项活动，增强了旅游商品在国际市场的竞争能力，使这一地区旅游业不断保持增长势头。

亚太地区旅游业的迅猛发展，外出旅游人数不断增加，也为中国旅游事业的发展提供了广阔的客源市场。

日本是亚太地区最大的客源输出国，近几年，随着日本国内经济不断增长，日元持续保持坚挺，长期休假制度普及和政府进一步放宽出入境限制及国民对外出旅行、娱乐的兴趣增强，日本出国旅行人数逐年上升，1989年人数已达966.2万人，较上年增长14.7%，比1981年增加1倍以上。旅游外汇支出为224.6亿美元，较上年增长27.4%，约相当于1981年的4倍。据统计调查表明，目前日本全国2人中就有1人到过海外旅游，旅行平均天数为8.4天，人均总花销为56.3万日元。日本海外旅行的主要目的地是集中在香港、台湾及南朝鲜、东盟、澳大利亚等亚太近邻地区，约占出国总数的一半以上。日本也是中国最大的客源国，近几年，来华旅游人数不断增长，1987年达57.8万人，1988年达59.2万人，1989年由于受北京发生的动乱、反革命暴乱的影响，人数降至35.9万人，但作为最大客源国的地位仍保持不变。据预测表明，1990年日本出国旅行人数将比上年约增长11%，达到1070万人，可提前一年完成出国1000万人的海外旅行倍增计划。

除日本外，东南亚也是我国的主要客源市场，特别是东盟国家随着经济不断发展，国民收入增加，出国旅行人数也有明显增长。

新加坡1988年出国旅行人数为85万人，约占人口的三分之一，其中55%以上赴东盟各国旅行。由于带薪休假延长（14天～21天假期），新加坡人外出旅行开始向远途旅行目的地方向发展。从旅华情况看，近几年人数亦有增加，1987年为6.4万人，增长32%，1988年达6.5万人，增长2%，1989年为5.9万人，人数虽有所下降，但已跃居为我第四位客源国。

菲律宾每年出国旅行人数为80万人左右，1988年出国旅行目的地是：赴香港20万人，日本10万人，新加坡6万人，泰国4万人，中东地区16万人。海外旅行大部分是劳务出口或外出找工作及度假旅行。从旅华情况看，近几年人数增长很快，1988年为7.1万人，1989年7.3万人，已超过英国，成为我第三位客源国。

泰国近几年出国学习、培训和奖励旅行迅速增长，度假旅行人数也不断增加。1988年出国旅行总人数为73.3万人，比上年增长12.71%。从旅华情况看，1988年为6.6万人，1989年降至5.5万人，超过法国，为我第五位客源国。

马来西亚进入80年代，旅游业迅猛发展，跃居世界第20位主要客源国，每年出国人数约300万人，其中一半在近邻国家旅行。从旅华情况看,1989年约1万人。随着中马建交，政府也会进一步放宽对本国公民来华旅行限制，预计近一二年，来华人数可达20万人，将成为我潜在客源市场。

除东盟外，近几年，南朝鲜出国旅游市场不断扩大，人数剧增。1988年为70.5万人，较上年增长37%，1989年为121.3万人，较上年增长67.3%。旅行主要目的地是：日本约80万人，占出国总数的三分之二，其次是台湾、香港及东盟国家。随着我国与南朝鲜的贸易往来，体育等交流活动不断增加，来华人数可望增长，它将成为我国新的客源市场。

位于太平洋地区的澳大利亚，近几年随着国内经济发展，国民收入增加，出国旅行人数也不断增长。据统计，1989年已达198.98万人，较上年增长17.2%，是80年代出国旅行人数增幅最高年份。旅行主要目的地是：新西兰、英国、美国及亚洲近邻国家。从旅华情况看，1985年为7.8万人，为我第三位客源国，其后，来华人数不断减少，客源国地位也发生明显变化，1989年降至4.8万人，为我第八位客源国。

从发展趋势看,亚太地区作为“新开发的旅游区”，又是我国的近邻，旅游业发展潜力很大，其增长势头将超出人们的预料。随着该地区出国旅行人数不断增加，来华旅行人数可望迅速增长,这一地区旅游市场的开拓，前景无限广阔。

国际旅游市场的重要组成部分——苏联东欧

·刘桐茂·

近年来，苏联东欧地区的国际旅游业得到了稳步发展，在世界国际旅游市场中的地位也日趋重要。据世界旅游组织（WTO）统计，1988年有5712.9万国际旅游者到苏联和东欧国家（包括南斯拉夫）旅行，占全欧洲国际旅游接待人数的23.4%；旅游收入41.63亿美元（其中南斯拉夫20.24亿美元），占全欧洲旅游总收入的4.14%。1989年，由于政局多变，国际旅游者比上年减少1%，为5653.8万人，是1982年以来首次回落。按接待人数排列：捷克和斯洛伐克1400万，匈牙利1060.2万，南斯拉夫902.5万，保加利亚800万，苏联610万，罗马尼亚510万，波兰250万，民主德国121.1万。其中，赴罗游客比上年减少7.5%，其他国家接待人数与上年持平或略有增加。

尽管该地区大部分国家的旅游业收入相对不多，但仍是补充国家外汇储备、平衡相互间贸易关系的重要手段，受到各国政府的高度重视。

30多年来，作为职工福利待遇的重要组成部分，这一地区的出国旅游得到较快发展。近年来，居民收入的提高速度超过了生活用品市场供应及国内旅游服务设施发展的速度，使储蓄额大大增加，促进了出国度假、旅游人数的以较快速度增长。1988年有6812万苏联、东欧国家居民到国外旅行，比1987年增加13%。主要客源输出国是南斯拉夫、民主德国和匈牙利，1988年分别有2128.4万、1616.2万和1079.7万人出国旅游，占整个苏东地区出国旅游人数的70%以上。其他国家的出国旅行情况是：捷克和斯洛伐克725.8万，波兰692.3万，苏联424.3万，罗马尼亚94.8万，保加利亚50.5万。其中，南、民德、匈三国及波、苏出国旅游人数持续增加，保、捷两国相对稳定，罗马尼亚则呈递减趋势。

这一地区各国（主要是经互会成员国）之间，一直沿用互派旅游团组，费用由接待一方担负，以贸易记帐结算的方式，使该地区的国际旅游业带有明显的区域性特征，即旅游者流向呈闭环型。据统计，有95%以上的苏联东欧出国旅游者在离开本国后仍在本地区旅行，而该地区各国接待的国际旅游者中，有60%以上来自苏东国家。但是，近年来随着各国人民水平的提高及度假观点的改变，特别是各国政府逐步放宽出国旅行限制，使得到西欧、亚洲、北美地区旅行的人数有很大增长。其中，1988年苏联东欧国家赴美国旅游人数比上年增加32.5%。与此同时，参加旅行团赴传统国家旅游的人数比例相对减少。

1985年—1989年五年间，苏东地区居民来华旅游入境人数翻了两番。1989年，在日、美、西欧等我主要客源市场急剧萎缩的情况下，苏东市场异军突起，保持了良好的增长势头，全年旅游入境人数达11.5万人，比上年增长106%。其中，苏联来华旅游人数为8.13万，增长133.6%，从1988年列我国客源市场第13位跃居第3位。其他国家依次是：波兰7417人，南斯拉夫6058人，民主德国5708人，罗马尼亚4308人，匈牙利3798人，保加利亚3336人，捷克和斯洛伐克3099人。1989年该地区来华旅游人数占我国旅游入境总人数的5%和有组织接待人数的47.8%。

非洲的旅游业在发展中

·王丽敏·

非洲是一块古老的土地，它悠久的历史文化、奇异的野生动物和迷人的自然风光使之成为独具吸引力的旅游目的地。

从15世纪以来，非洲一直遭受英、法、比、葡、德、西、意等殖民主义者的残酷掠夺和压迫，非洲国家和地区先后沦为这些殖民国家的殖民地、保护国、海外省、托管地。后来，美国势力也渗入非洲。第二次世界大战前，非洲只有3个独立国家。现在，虽然非洲绝大多数国家都先后独立，但一些大国仍千方百计向非洲渗透，竭力进行控制、干涉和颠覆活动。非洲虽然拥有非常丰富的矿藏和重要的经济作物，但它的经济却一直处于不发达状态，绝大多数国家都是低收入和中下等收入国。1987年，非洲的国民生产总值为3426亿美元，仅占世界国民生产总值的2%，而非洲人口却占世界人口的10%以上。

非洲的旅游业起步晚，基础差。1950年，访问非洲的旅游者人数只有52万人，占当年全世界国际旅游者总人数的2%。1960年，访非旅游者增至75万人，但在世界上的份额却下降到1.08%。1970年，有240万人赴非洲旅游，占当年国际旅游者总数的1.5%。到1980年，访非旅游者已达到641万，它在世界上所占的份额也上升到2.25%。进入80年代以来，非洲旅游业的发展比较平稳，除1982年和1986年外，访问非洲的旅游者人数大体呈上升趋势。1987年，非洲共接待外国旅游者1011万人，比前一年增长9%。1988年的增长率在世界六大旅游区中居首位，为18.7%，共有1200万人访非。但是，非洲的国际旅游者人数在世界总数中所占的比例一直徘徊在3%上下，1988年是历来所占比例最高的一年，也只有3.08%。

1950年非洲的国际旅游收入为8800万美元，1960年是1.78亿美元，1970年是4亿美元，1980年是19.9亿美元。在80年代初的五六年里，非洲的国际旅游收入只有较小幅度的增长或下降，没能突破30亿大关。近两年增幅较大，1987年比前一年增长19%。国际旅游收入共有36亿美元；1988年的增长率高达24%，总收入为45亿美元。由于其他5个地区的国际旅游收入每年也在增长，所以非洲的国际旅游收入在世界上所占的份额一直在2.5%上下摆动，从未突破3%。

非洲拥有的旅游住宿设施在世界上所占的份额也很小。1980年非洲共有各类客房15.6万间，床位28.5万张，分别占世界总数的1.8%和1.7%。1987年，这种状况有所改善，非洲已有客房29.9万间，床位58.1万张，分别占世界总数的2.9%和2.8%。

埃及、摩洛哥、突尼斯、肯尼亚、象牙海岸、南非等国是知名度很高的旅游目的地，但在国际旅游收入和接待国际旅游者人数上能排在世界前列的却寥寥无几。据世界旅游组织1986年的统计表明，排在全世界国际旅游业前40名里的非洲国家只有摩洛哥和埃及，它们的国际旅游收入分别为第31位和第32位，接待国际旅游者人数分别排在第24位和第35位。其他非洲国家则榜上无名。

非洲旅游业的发展有其不利和有利两方面的因素。非洲地区的绝大多数国家在经济上比较贫穷脆弱，缺少配套的旅游基础设施；政局不稳和治安混乱的状况常使旅游者在选择非洲作目的地时因为缺少安全感而犹豫；连年的自然灾害加剧了经济困难和社会的不安定，这些都抑制了该地区旅游业的飞跃发展。但是，作为世界上人类文明的最早发源地和当今最大的不发达地区，非洲仍具有高速发展成商务旅游和度假目的地的潜力；一些曾有过与非洲类似问题的亚太地区国家已成功地发展了国际旅游业，建设了能接待大批旅游者的基础设施；非洲一些国家的政府越来越重视旅游业的发展，不断调整旅游政策，增加对旅游业的资金投入；由于历史和地理上的原因，英、法、西、意和联邦德国，以及北欧国家的人很愿意到非洲度假，而在美国则有许多人喜欢到非洲去作冒险旅游和狩猎旅游；非洲独特的自然景观、地理环境和历史文化是不同于其他任何地区的宝贵的旅游资源。因此可以相信，非洲地区的旅游业今后有可能以更快的速度发展，它在世界旅游业中所占的份额也将逐步扩大。

·世界主要旅游交易会·

巴黎世界旅游博览会（简称 SMTV）

巴黎世界旅游博览会(SALON MONDIAL DU TOURISME ET DES VOYAGES)是由法国旅行社协会于1976年发起举办的，迄今为止已举办了14届。

该博览会于每年2月在法国巴黎市近郊的“工业技术中心”展厅举行，会期7天。

参展的有法国和外国的旅游批发商、饭店集团、航空公司、运输公司以及为旅游业服务的行业部门。几十家外国驻巴黎的旅游办事处也竞相联合国内有关单位参展，以招徕更多的法国人到各自国家旅游。

自1990年的第15届开始，巴黎世界旅游博览会将从过去的展览会型改变为交易会型，即把过去的一天半专业日延长为三天，这样让旅游业人士有更多的时间洽谈业务。

我国自1984年起已连续6年参展，向法国观众介绍了我国主要旅游景点的旅游资源和接待设施。

（段正湘）

伦敦世界旅游博览会（简称WTM）

伦敦世界旅游博览会(WORLD TRAVEL MARKET)由英国皇冠展览公司创办于1980年，每年11月底至12月初在伦敦奥林匹克展览馆举行。博览会展期均为5天，3天为旅游业服务，两天对公众开放。博览会的主要目的是为旅游界人士提供一个交流、洽谈生意的场所。

第9届（1988年）伦敦世界旅游博览会展地面积1.94万平方米；参展单位2244个，来自113个国家和地区；参观者达37235人，各国旅游记者达1747人。博览会成交额为28亿英镑。

1989年是伦敦世界旅游博览会创办10周年，博览会主办者举行了特别仪式，庆祝博览会10年的辉煌成就。

在每届博览会开幕式上，展方都设法邀请皇室成员主持，以提高吸引力。在展览期间，英国旅游局、欧洲旅游委员会和其它有关单位还联合举办为期一天的旅游研讨会。

1984、1986和1988年，我国国家旅游局联合中国民航、地方旅游局、中国国际旅行社等单位参展。

（沈蕙蓉）

西柏林国际旅游交易会（简称 ITB）

西柏林国际旅游交易会 (INTERNATIONALE TOURISMUS BORSE BERLIN)每年3月初在西柏林市举办，会期6天，到1989年已举办了23届。

西柏林国际旅游交易会，展厅面积达4万余平方米，是国际旅游界公认的最大的旅游产品交易会，号称国际旅游界的“奥林匹克”。

6天的会期中，前2天对公众开放，后4天为旅游从业人员洽谈业务的专业日。

据展会提供的资料表明：参观该交易会的95％的观众会后都将做一次休假旅行，其中62％的人是根据展会提供的信息确定度假目的地的。西柏林国际旅游交易会的最大特点是，展会期间世界各地的主要旅游批发商以及和旅游业有关的行业人士云集西柏林，供需双方相互洽谈业务，有许多业务是在展会期间成交的。

我国自1986年起，每年均由国家旅游局组织国内有关单位参展。

（段正湘）

芝加哥国际旅游业展览会（简称 ITIX）

芝加哥国际旅游业展览会 INTERNATIONAL TRAVEL INDUSTRY EXPOSITION 是北美地区最大的国际旅游展览会。首届于1988年4月7～10日在美国芝加哥市举行，第2届于1989年4月27～30日仍在芝加哥举行。展览会每年举办一次，宗旨是为世界各国旅游供应商和购买者提供交易的机会，从而使展览会成为交流世界旅游信息的市场。展览会期间举办研讨会，邀请旅游业专家和参展单位参加，研讨旅游业存在的问题和发展趋势。

第1届展览会主题是“世界旅游之潜力”，它吸引了1万名旅游专业人员（包括参展代表6000人），这些人员来自80多个国家和地区，代表800多个参展单位。这一届展览会共设立1000多个摊位，展出面积达1万多平方米。

首届展览会顾问委员会是由世界旅游组织秘书长，美国国家旅游局局长、欧洲旅游委员会秘书长、欧洲共同体贸易和旅游委员会主席、国际航空、饭店以及旅行社负责人等14名国际旅游界知名人士组成。

我国参加了首届展览会，租用了4个摊位。我国代表在展览会的大型研讨会上介绍了我国旅游政策和发展计划，举行了记者招待会，接触了旅游商，但成交不多。

第2届展览会主题是“旅游+技术－90年代”。该届人数和规模均超过首届。来自90个国家和地区的1.1万余名旅游专业人员参展。几个亚太地区国家接受欧洲以及其它开发组织的财政援助去参展。日本租了10个摊位，南朝鲜6个，香港旅游协会和印度尼西亚、印度各租4个摊位。我国参加了该届展览会，租用了4个摊位。

（应乐华）

香港国际旅游博览会

香港国际旅游博览会是亚洲地区规模最大的旅游博览会，已举办过四次，由香港合时国际展览公司主办。

该博览会于1986年6月26～29日举办了第1届，美、加、日本等25个国家的客商参展，共设160个摊位。中国派出了由19人组成的展销团。博览会上中国的展览摊位最大，共有19个展台，面积210平方米。

该博览会于1988年1月28～31日举办了第2届，展出面积3000平方米，有35个国家的230家客商参展，并吸引了世界各地的4000名旅游界人士和2万名香港居民前来参观、咨询和洽谈业务。我国参展目的与第1届博览会不同之处是：除面向香港公众进行宣传外，主要是与各国旅游商建立业务联系，吸引来港的外国旅游者延伸到中国内地旅游。该届博览会中国派出46人的展销团，租用场地330平方米。

该博览会于1989年2月23～26日举办了第3届，地点在新建的香港会议中心。博览会将原定两年举办1次改为每年1次。第三届博览会有50多个国家的客商参展。中国派出了由各地方旅游部门和40多个企业组成的59名代表参展。

（刘桐茂）

瑞典哥德堡国际旅游交易会（简称 TUR）

瑞典哥德堡国际旅游交易会创始于1984年，由“瑞典旅行社代理人协会”、“瑞典旅游局”和“各国驻瑞典旅游办事处协会”联合举办。展地面积1.8万平方米，展台面积9000平方米，是北欧地区规模最大的国际旅游博览会。

我国于1988年正式派代表参加了哥德堡第5届国际旅游交易会。该届交易会为期4天，两天对专业人员开放，两天对公众开放，前往参观的专业人员1万余人，公众5.5万人，共有79个国家参展。

（沈蕙蓉）

日本国际观光会议（简称 JATA CON）

日本国际观光会议是由日本旅行业协会(JATA)主办的国际旅游活动。1977年11月28日在日本东京举行首次会议。参加会议的代表959名，其中外国人635名，他们来自56个国家和地区，有的是政府旅游局代表，有的是旅行业界和航空业界代表。会议期间还同时举办旅游展销会，为各国宣传介绍本国旅游情况提供良好机会，同时也是旅行商互通市场信息情报、洽谈旅行业务的好场所。

从1977年开始，日本旅行业协会每两年定期召开一次日本国际观光会议，时间大都在11月底或12月初，会期三四天。每次会议都有一个明确的主题，主要内容是探讨国际旅游市场动向、发展趋势以及面临的问题，通过交流对话，寻求解决的办法，为振兴国际旅游业作出贡献。如1987年11月30日至12月3日在东京新大谷饭店举行的第6次日本国际观光会议，参加会议的代表共958名，世界旅游组织（WTO）秘书长帕尔及美国、菲律宾、澳大利亚等国的旅游部门负责人都应邀出席了会议。会议的主题是“展望前程似锦的90年代”。

第7次日本国际观光会议于1989年11月27日至30日在东京新高轮饭店举行，报名参加会议的代表达1250名，其中外国代表768名，超过了1987年的规模。会议期间，同时举办旅游展销会。此次会议参展国家和地区共62个，设旅游展台402个（每个展台约4.42平方米）。

我国自1979年第2次日本国际观光会议起，每届都派代表参加会议。1987年第6次日本国际观光会议期间，我国国家旅游局何光暐副局长率领代表团出席会议，并由中国国际旅行社总社和中国青年旅行社总社联合组成推销团参加了旅游展销会，租了2个展台。展销中，我国旅游商品受到了日本及世界其它国家旅行商的欢迎。

（林洪滨）

·世界主要旅游组织·

世 界 旅 游 组 织
(WORLD TOURISM ORGANIZATION—WTO)

历史及成立日期：

世界旅游组织是联合国系统的政府间国际旅游组织，最早由国际官方旅游宣传组织联盟（IUOTPO）发展而来。1925年5月4日至9日在荷兰海牙召开了国际官方旅游协会大会。1934年在荷兰海牙正式成立国际官方旅游宣传组织联盟。二次大战中停止活动。1946年10月1日至4日在伦敦召开了首届国家旅游组织国际大会，并成立专门委员会研究重建该联盟。1947年10月在巴黎举行的第二届国家旅游组织国际大会上决定正式成立官方旅行组织联盟（INTARNATIONAL UNION OF OFFICIAL TOURIST ORGANIZATIONS-IUOTO）即世界旅游组织的前身，总部设在伦敦。1951年迁至日内瓦。1975年5月该联盟改为现名，总部迁至马德里。1976年成为联合国开发计划署在旅游方面的一个执行机构。

宗旨：

促进和发展旅游事业，使之有利于经济发展、国际间相互了解、和平与繁荣以及不分种族、性别、语文或宗教信仰、尊重人权和人的基本自由。并强调在贯彻这一宗旨时，要特别注意发展中国家在旅游事业方面的利益。

成员：

截止1990年4月，共有106个国家为其正式成员国，该组织还有4个联系成员和158个附属成员（各国与旅游有关的组织和公司）。

主要负责人：

秘书长安东尼奥·恩里克斯·萨维尼亚克（ANTONIO ENRIQUEZ SAVIGNAC），前墨西哥旅游部部长，1990年出任，任期四年。副秘书长弗朗赛斯克·费朗吉阿利（FRANCESCO FRANGIALLI），前法国旅游部旅游工业局局长，1990年出任。

总部：

在西班牙马德里。

地址：CAPITAN HAYA42, 28020 MADRID, SPAIN.

电话：5710628

电传：42188 O M T E

传真：5713733

出版物：

〈世界旅游组织消息〉（WTO NEWS）月刊，英文、法文、西班牙文。

〈旅游发展报告（政策与趋势）〉（TOURISM DEVELOPMENT REPORT-POLICY AND TRENDS）年刊，英文、法文、西班牙文。

〈旅游统计年鉴〉（YEARBOOK OF TOURISM STATISTICS），年刊，英文、法文、西班牙文。

〈旅游统计手册〉（COMPENDIUM OF TOURISM STATISTICS），年刊，英文、法文、西班牙文。

〈旅行及旅游动态〉（CURRENT TRAVEL AND TOURISM INDICATORS），季刊，英文、法文、西班牙文。

旅游机构：

（1）全体大会：最高权力机构。每两年召开一次。（2）执行委员会：执委由大会按照每5个正式成员国选举一个的比例选举产生，任期4年。每年至少开两次会。由22个成员国组成执委会。（3）秘书处：负责日常工作。秘书长由执委会推荐，大会选举产生。（4）常驻代表：截止1990年4月，已有64个国家在使馆或单独设立了世界旅游组织常驻代表。（5）地区委员会：为非常任机构，每年召开一次会议。共有六个地区委员会，它们是欧洲委员会、非洲委员会、中东委员会、南亚委员会、东亚及太平洋委员会、美洲委员会。

主要任务及活动：

世界旅游组织近年来的工作任务主要围绕技术合作、信息、统计、教育培训、简化旅行手续、旅游者安全及旅游设施保护、旅游环境保护等方面进行。该组织负责收集的分析旅游数据，定期向成员国提供统计资料、研究报告，制定国际性旅游公约、宣言、规则、范本，提供技术专家援助，组织研讨会、培训班，召集国际会议。

1971年，世界旅游组织的前身国际官方旅行组织联盟根据非洲国家官方旅游组织的意见，提出创立世界旅游日的设想。1979年9月，世界旅游组织第三次代表大会正式决定9月27日为世界旅游日，它是旅游工作者和旅游者的节日。创立该节日的目的在于给旅游宣传提供一个机会，引起人们对旅游的重视，促进各国在旅游领域的合作。其由来是因为国际官方旅行组织联盟于1970年9月27日在墨西哥城的特别代表大会上通过的将要成立的世界旅游组织的章程。此外，这一天恰好是北半球的旅游旺季刚过去，而南半球的旅游季节将到来的时候，正是世界各国人民旅游、度假的好时节。

世界旅游组织为每年世界旅游日提出一个宣传口号，以便突出一个旅游宣传的重点。世界各国根据这一口号的精神，开展旅游宣传，从而推动世界旅游业的共同发展。1984年以来的世界旅游日主题分别为：旅游为国际谅解、和平与合作服务（1984年）；开展青年旅游，文化和历史遗产为和平与友谊服务（1985年）；旅游：世界和平的促进力量（1986年）；旅游促进发展（1987年）；旅游，从中获取教益（1988年）；自由旅行促成世界一家（1989年）；旅游：有待认识的行业、有待开发的服务（1990年）；通讯、信息和教育：旅游发展的动力（1991年）。据该组织统计，1988年世界国内旅游和国际旅游人数达15亿人次，一年中，世界人口的三分之一进行了旅游。其中，国际旅游者达3.9亿，旅游收入达1950亿美元。国际旅游占世界总出口的6%。据估计，至2000年，旅游业将以4%的速度增长，届时将成为世界最重要的出口行业。

1989年世界国际旅游接待人数为4.03亿人次，比上年仅增2.95%；国际旅游业收入为2087亿美元，比上年仅增7.49%。

同我国的关系：

前任秘书长洛纳蒂（亦即前国际官方旅行组织联盟秘书长）1973年曾两次致函联合国国际事务代理副秘书长，宣布取消所谓"中华民国"在该组织的正式成员资格。1975年改名世界旅游组织时，大会通过了巴基斯坦等13国提案，承认中华人民共和国为中国唯一合法代表。正式取消了台湾当局的会员资格。1977年秘书长致函我外长，希望中国加入。1978年秘书长又请联合国秘书长致函我驻联合国代表团，再次敦促我参加该组织。该组织多年来与我保持友好合作关系，邀我参加各种会议和活动。1975年该组织成立大会（实为改称）时，我驻西班牙大使应邀出席了大会。1980年9月，我驻菲律宾大使出席了在马尼拉召开的首届世界旅游大会开幕式。1983年2月，我国第一次召开"中国国际旅游大会"，该组织正、副秘书长均出席会议并为我有关单位授奖。1983年10月，在印度首都新德里召开的世界旅游组织第五次会议全体大会通过决议，接纳我为该组织的正式成员。1985年是该组织成立10周年，其前身国际官方旅行组织联盟成立60周年，9月我派代表出席了其第六次全体大会并送去了李先念主席为该组织书写的"发展旅游，增进友谊，促进经济合作，维护世界和平"的题词。1986年10月13—15日在北京召开了该组织亚太地区委员会会议。16个国家和地区的代表出席了会议。在1987年9月召开的第七次全体大会上，我国首次当选为该组织执行委员会委员，并同时当选为统计委员会委员和亚太地区委员会副主席。1989年8月在巴黎召开的第八次全体大会上，我国继续当选为亚太地区委员会副主席和统计委员会委员。1989年9月世界旅游组织代表应邀来中国西安出席世界旅游日庆祝活动，该组织秘书长威利巴德·帕尔为该活动题词道："我希望人们利用旅游之机来到世界上最迷人、最吸引人的城市之一——中国西安旅游观光。秦始皇兵马俑使西安成为人类的一个文化奇迹"。几年来，我国参加了世界旅游组织召开的各次全体大会、执委会会议和地区委员会会议，并于1989年4月派团出席了在荷兰海牙召开的各国议会旅游大会，会上通过了《海牙旅游宣言》。几年来，我国还与该组织搞了若干技术合作项目。

国际旅游联盟（ALLIANCE INTERNATIONAE DE TOURISME-AIT）

国际旅游联盟是一个旅游协会的联合组织，于1898年在瑞士日内瓦成立，参加该联盟的成员有140个协会，总人数达5000万人，会员遍及85个国家和地区。

该联盟的宗旨是：研究国际旅游中出现的一切问题，提出建设性的改革意见，扶持旅游业的发展，保护旅游业的利益。

世界旅行社协会联合会

（UNIVERSAL FEDERATION OF TRAVEL AGENTS, ASSOCIATION-UFTAA）世界旅行社协会联合会是最大的民间性国际旅游组织。其前身是1919年在巴黎成立的欧洲旅行社和1964年在纽约成立的美洲旅行社，1966年10月由这两个组织合并组成，并于1966年11月22日在罗马正式成立。总部设在比利时布鲁塞尔。

该会宗旨是，负责国际政府间或非政府间旅游团体的谈判事宜，代表并为旅游工业和旅行社的利益服务。

该会在七十年代末共有76个国家参加代表18000多家旅行社，共计50多万职工，其中美国的旅行社最多，共14804家。

该组织每年召开一次全体大会，交流经验、互通情报。

该会出版发行《世界旅行社协会联合会议使报》（月刊）（«COURRIER UFTAA»）。

〔（WORLD ASSOCIATION OF TRAVEL AGENCIES-WATA）〕世界旅行社协会是一个国际性的旅游组织，创建于1949年。该协会由237家旅行社组成，其中半数以上为私营企业，分布在86个国家的208个城市中。

世界旅行社协会设有一个执行委员会，有9名委员。总部在瑞士的日内瓦，并设常务秘书处，管理协会的行政事务。协会每两年举行一次大会。协会把世界分成15个区，各区每年举行一次会员社会议，研究本区旅游业务中的问题。

世界旅行社协会旨在推动旅游业的发展，收集和传播信息，参与有关发展旅游业的商业和财物工作。

该协会每三年对各会员社的营业情况进行一次调查。在1983年的调查中，该协会所属旅行社的总营业额在20亿美元以上。

该协会出版《世界旅行社协会万能钥匙》，每年一期，免费提供给各旅行社。该刊是一份提供最新信息的综合性刊物，主要刊登会员社提供的各种服务项目的价目表，还刊登各国旅行社提供的国家概况和饭店介绍等。

协会的活动经费来源，一是会员社每年的捐款，二是出版发行《世界旅行社协会万能钥匙》年刊的利润。

妇女旅游组织国际联合会

妇女旅游组织国际联合会是世界范围的、独立的妇女旅游组织。其成员的任务是促进旅游的发展，推销旅游有关产品并提供服务。

联合会成立于1968年。当时，美国旧金山旅行者组织的成员伯郎御·伯格和马瑞恩·苏利文提议：旅游业中的妇女应组织在一起，相互提供支持、鼓励和帮助。在她们的努力下，来自澳大利亚、英国和美国等9个团体的成员于1970年召开了第一次年会。会议的主题是“人比地方更重要”。这是联合会全体会员共同关心的问题。

联合会的主要目标是：

1.帮助提高在旅游业中就职的妇女的地位，增进其效率，并为她们提供与国内及国际同行的个人接触和交换意见的机会；

2.进一步促进国际间友善和理解；

3.协助尚无妇女旅游俱乐部的地区建立旅游组织；

4.通过专业和个体教育计划的实施，使其成员的专业素质不断提高，为旅游业的积极发展作出充分贡献。

联合会广泛吸收在旅游业中就职的妇女。凡在旅游业从事推销或促进工作的妇女，以及成立一年以上的妇女旅游组织，都可申请加入联合会。个别会员无需向联合会直接交费，但每一个会员俱乐部（即地区妇女旅游组织）应为每一成员每年平均交纳会费5美元。会员俱乐部初次加入联合会需交100美元的入会费。

国际联合会每年上半年举行一次年会。另外，各个地区，如大西洋、中美洲、太平洋等每年都在本地区内举行一次秋季研讨会，所有成员均可参加。年会的最重要活动之一是“贸易交易会”。代表们可以在交易会上展出各自的产品和服务项目，并和其他公司代表取得业务联系。

联合会出版一份名为《精神》的刊物，分发给每个成员组织及个人；另一份《旅游业务》报纸，寄给俱乐部成员及选定的旅游业代表。两种刊物均为半年一期。

联合会倡导并组织旅游教育。主要目的是：使其成员获得专业知识，从而在工作中不断提高素质，发挥有效的经营和管理才能，提高领导技巧；鼓励其成员踊跃参加正在兴旺发展的旅游业。同时，发展成为一个全球性联络网。教育计划包括分组讨论、实习和知名人士的演讲报告。

联合会设研究、教育、旅游业务、公共关系等委员会。联合会的理事长、常务理事以及地区分会的正副会长均由积极热心的会员担任，以扩大其交际范围，提高领导能力。

国际旅馆协会

(INTERNATIONAL HOTEL ASSOCIATION—IHA)

国际旅馆协会是旅馆和饭店业的国际性组织，于1947年在法国巴黎成立。总部设在巴黎。

国际旅馆协会的宗旨是：联络各国旅馆协会，并研究国际旅馆业和国际旅游者交往的有关问题；促进会员间的交流和技术合作；协调旅馆业和有关行业的关系；维护本行业的利益。

该协会的会员分为正式会员和联系会员正式会员是世界各国的全国性的旅馆协会或类似组织，联系会员是各国旅馆业的其它组织、旅馆院校、国际饭店集团、旅馆、饭店和个人。该协会现有正式会员80多个，联系会员4000多个。

国际旅馆协会每两年举行一次会员大会，商讨旅游业发展中的重大问题，修改和制定有关政策和法规，选举下届主席、副主席和秘书长。国际旅馆协会设有9个委员会：财务委员会、法律委员会、经济政策研究委员会、出版发行委员会、宣传推销委员会、旅行社事务委员会、旅馆专业培训委员会、季节性旅馆和旅游胜地旅馆事务委员会、会员联系事务委员会。

该协会的主要任务是：通过与各国政府对话为促使各国政府实行有利于旅馆业发展的政策，并给予旅馆业的支持；参与联合国跨国公司委员会有关国际旅馆跨国企业方面的工作；通过制定和不断修改来完善有关经济法律文件，协调旅馆与其他行业的关系；进行调研，汇集和传播市场信息，提供咨询服务；为各会员提供培训旅馆从业人员的条件和机会。

该协会出版发行信息性双月刊《对话》、《国际旅馆和餐馆》月刊和《国际旅馆评论》季刊以及《国际旅馆指南》、《旅行杂志》和《旅游机构指南》（年刊）等。

国际民用航空组织

（INTERNATIONAL CIVIL AVIATION ORGANIZATION-ICAO）国际民用航空组织成立于1947年4月4日，同年5月，成为联合国的一个专门机构。总部设在加拿大的蒙特利尔。

该组织以1944年12月的《国际民用航空公约》（即《芝加哥公约》）为准绳，确定其宗旨是：发展安全而有效的国际航空运输事业，使之用于和平目的；制定国际空中航行原则；促进各国民航事业的安全化、正规化和高效化；鼓励民航业的发展，满足世界人民对空中运输的要求；保证缔约国的权利充分受到尊重，使各缔约国享有经营国际航线的均等机会。

国际民用航空组织的最高权力机构是大会，每3年举行一次，决定政策。常设机构是理事会，由每次大会选举的30个国家组成，常设执行机构是秘书处，由秘书长负责日常事务。

该组织现有会员国152个。我国于1974年2月15日正式加入，在同年的大会上被选为理事。

该组织出版发行《国际民用航空组织公报》月刊和《国际民用航空组织备忘录》。

国际航空运输协会

（INTERNATIONAL AIR TRANSPORT ASSOCIATION-IATA）国际航空运输协会是一个包括全世界各大航空公司的国际性组织，于1945年4月在古巴哈瓦那成立。

该协会的宗旨是：促进安全、正规和经济的航空运输；促进航空商业，并研究与此有关问题；促进与联合国国际民用航空组织的合作。

该协会的主要任务是：提出客货运率、服务条款和安全标准等，并逐步使全球的空运业务制度趋于统一；处理和协调航空公司与旅行社之间的关系。确定票价是该协会最主要的任务之一。

该协会现有会员达188家国际航空公司，包括1989年成为会员的全球最大规模的苏联航空公司。1978年10月中国航空协会成为该会的正式会员。

该协会最高权力机构为大会，大会每年召开一次。其它机构有执行委员会、常务委员会和常设秘书处。

国际航空运输协会于1989年10月30日在华沙举行的年会上选出了加鲁达印尼航空公司的总裁为1989年至1990年度的新会长。

该协会出版发行《国际航空运输协会评论季刊》和《年会备忘录》年刊。

国际铁路联盟

（INTERNATIONAL UNION OF RAILWAYS-RUI）国际铁路联盟于1922年12月1日在巴黎成立，总部设在巴黎。该组织是以欧洲铁路为主体的非政府性国际铁路组织，是联合国经济及社会理事会的咨询机构，简称“铁盟”。

该联盟的宗旨是：统一和完善铁路运营条件和技术设备并使之标准化；保证铁路联运；协调各成员组织的铁路工作。

该联盟的成员分为成员和准成员。凡是准轨和宽轨总长度在1000公里以上，办理旅客和货物运输的铁路，同意“铁盟”章程者，都可以申请参加。成员为各参加国（或地区）的铁路组织，准成员为不经营铁路或经营某一市区或郊区铁路的运输业。到1982年6月为止，共有68个成员和16个准成员。

该联盟同许多国际铁路组织有着密切而广泛的联系。

该联盟的最高权力机构是全体大会，每年召开一次大会。其管理机构是管理委员会，由该联盟主席和21个成员组成，负责管理工作，处理与该联盟有关的带普遍性的重大问题。

该联盟出版发行《国际铁路》刊物。

中国是“铁盟”创始成员之一，1970年台湾铁路管理局以“台湾铁路”名义加入。1979年6月，“铁盟”第37届全体大会一致同意中华人民共和国的铁路组织——“中国铁路”是唯一代表中国的全国铁路组织。

国际汽车联合会

（INTERNATIONAL AUTOMOBILE FEDERATION -IAF）1904年6月20日在德国汉堡成立，当时名为“国际著名汽车俱乐部协会”，1946年改为现名。

该联合会宗旨是：发展并在各国组织汽车游览；帮助汽车驾驶人员解决有关日常的交通问题；组织并促进世界汽车运动；研究与汽车有关的交通、旅游和技术问题；保护汽车用户的利益。

国际汽车联合会的成员有90多个国家和地区的汽车协会的汽车俱乐部。中国于1983年参加该组织。

该联合会的最高权力机构是全体大会，每两年举行一次；并设有委员会；由秘书长负责日常工作。

联合会出版发行《国际汽车联合会体育公报》月刊、《国际汽车联合会情况公报》和《汽车和流动杂志》等刊物。

国际旅游科学专家协会

（INTERNATIONAL ASSOCIATION OF SCIENTIFIC EXPERTS IN TOURISM）国际旅游科学专家协会于1951年5月31日在罗马成立，会址在瑞士伯尔尼。

协会的宗旨是：加强成员间的友好联系，鼓励成员间的学术活动，特别是促进个人接触，交流经验；支持具有学术性质的旅游研究机构以及其它有关旅游研究与教育的组织的活动。

该协会是由国际上致力于旅游研究和旅游教学的专家组成的学术团体，在45个国家有330多名会员。它在旅游理论研究上享有很高的威信，如著名的“艾斯特”定义。

该协会的最高权力机构为大会，每年举行一次；并设有委员会秘书处。

协会还出版发行《旅游评论》季刊和会议年度纪要等。

国际旅游学会

（INTERNATIONAL ACADEMY OF TOURISM-IAT）国际旅游学会成立于1951年5月18日，在摩纳哥的蒙特卡罗设有办事机构。

该学会的宗旨是：在发展国际旅游业的文化和人文领域，创立一套为大家所接受的旅游词汇。

该学会的成员是一些国家和地区的协会和个人，现有成员120多名。

该学会的机构有：大会，每年召开一次；专家委员会。

该学会出版发行《述评》和《国际旅游词典》等书刊。

国际旅游研究院

国际旅游研究院是第一个国际性旅游研究机构，于1988年6月21～24日在西班牙北部名城圣丹德尔召开会议并宣告成立。11个国家的20名学者出席了大会。世界旅游组织秘书长威廉巴尔德·P·帕尔博士在会上致词表示支持，并着重阐述了旅游业的国际意义，强调亟需在理论和实践上对旅游业作高质量的研究，高度重视旅游研究的价值和成果，并表示希望在研究院和世界旅游组织之间建立关系，保持联络。

该研究院的任务是：推进对旅游业的学术研究和专业调查；鼓励应用研究成果；促进旅游知识的国际传播和交流。

该院确定吸收会员只限75名；新会员提出申请并经现会员推荐，由院年度选举通过才能接纳为会员。

在这次大会上，美国威斯康辛一斯道特大学贾法尔·贾法里教授被选为首任院长；加拿大学者理查德·巴特勒被选任秘书；意大利学者弗朗哥·费拉里奥被选任司库。还选举产生了会员资格审查委员会和领导成员提名委员会。大会指出：研究院的成立只是工作迈出的第一步，今后还有大量工作有待去做，以不断提高研究院的透明度和可信度，达到国际其它学术机构广受尊重的同样高度。

世界旅游专业培训协会

（WORID ASSOCIATION FOR TRAINING TOURISMSPCOIALISTS—WATTS）世界旅游专业培训协会于1969年在意大利科莫建立。该协会是由欧洲和地中海地区国家的代表组织的、进行旅游培训的国际性协会。

该协会的宗旨是：确保国际旅游业中专业培训的合理化、规模化，力争五整套标准化专业培训大纲。

该协会现已发展成为一个国际合作中心，会员来自各国的有关官方组织、研究中心和培训组织、贸易组织、企业以及具有专业高级文凭且有实际工作经验的旅游管理人员。

该协会在下列的目标上力争达到国际水准：（1）改进和发展旅游培训教材的提供、使用和编辑工作；（2）为各种协议的签订、计划的协调和世界各国教员的培训提供方便；（3）为旅游业方面的专家提供各种信息和交流的机会，鼓励他们传授经验和知识；（4）为专业旅游组织提供场所，探索和研究各地区专业旅游培训的需要。

该协会的领导机构是由15名成员组成的国际理事会。

欧洲旅游委员会

（EUROPCAN TRAVEL COMMISSION—ETC）欧洲旅游委员会成立于1948年6月，在爱尔兰的都柏林设有办事机构。

该委员会的成员有23个欧洲国家的主管旅游部门，其中有12个欧洲共同体成员国：比利时、丹麦、法国、联邦德国、希腊、爱尔兰、意大利、卢森堡、荷兰、葡萄牙、西班牙和英国；6个欧洲自由贸易联盟成员国：奥地利、芬兰、冰岛、挪威、瑞典和瑞士；再加上塞浦路斯、马耳他、摩纳哥、土耳其和南斯拉夫。

该委员会的宗旨是：在对市场进行调查研究的基础上，组织成员国联合开发潜在的目标市场，提高世界其他地区来欧洲旅游委员会成员国旅游的水平，尤其是吸引美国、加拿大和日本的旅游者；加强彼此间的合作，交流信息，共同进行理论研究。

欧洲运输部长会议

（EUPOPE CONFERENCE OF MINISTERS OF TRANSPORT—ECMT）1953年10月17日，欧洲17个国家的运输部长在布鲁塞尔召开有美国和加拿大代表参加的大会，会上签订了关于成立欧洲运输部长会议的协定。该组织成员有：英国、奥地利、比利时、希腊、丹麦、爱尔兰、西班牙、意大利、荷兰、挪威、葡萄牙、土耳其、芬兰、法国、联邦德国、瑞士、南斯拉夫、澳大利亚、加拿大和日本也与该组织建立了联系。美国则以观察员身份参加工作。该组织总部设在法国巴黎。

欧洲运输部长会议的宗旨是：实行必要措施，保障最充分、最合理地发展整个欧洲大陆和其他地区的运输业。其具体工作为：协调欧洲国际运输组织之间的关系，并在各方面给它们以援助；从事运输、、服务需求的预报，实现陆上和空中运输的协调；进行运输经济问题的研究。

欧洲运输部长会议的主要机构是每年两次的部长理事会、副部长理事会和设在经济合作发展组织内的行政秘书处。该组织的工作人员和活动经费均来自经济合作发展组织。该组织总部设在法国巴黎。

美洲旅行代表大会

（INTER-AMERICAN TRAVEL CONGRESS—IATA）美洲旅行代表大会于1936年在美国华盛顿成立。

美洲旅行代表大会的宗旨是：协助参加美洲国家组织的国家发展旅游业。

该代表大会的成员都是美洲国家组织的成员，每三年举行一次代表大会会议。

该代表大会出版《代表大会最新动态》、《代表大会会议最新报道》等刊物。

美洲旅馆与汽车旅馆联合会

（AMERICAN HOTEL & MOTEL ASSOCIATION—AHMA）美洲旅馆与汽车旅馆联合会是美洲旅馆业及有关行业中规模最大、历史最悠久的专业组织。该联合会是由美国、加拿大、墨西哥及中、南美洲等国家和地区旅馆协会所组成的联合会。至1986年底止，它已拥有130万个旅馆和汽车旅馆。

该联合会教育部的专业课程为全世界旅馆业所广泛采用，每年有许多旅馆业从业人员进修这些专业课程，经考核后可取得高等文凭。

拉丁美洲旅游组织联盟

（CONFEDERATION OF TOURIST ORGANIZATIONS OF LATIN AMERICA—CTOLA）拉丁美洲旅游组织联盟于1957年在阿根廷的布宜诺斯艾利斯成立。

该联盟的宗旨是：加强拉美国家的旅游机构及其成员和世界上其他旅游团体的联系，以进一步发展拉美国家的旅游业。

该联盟有会员19个，其成员来自拉美国家的70个旅游组织。

该联盟出版发行《拉丁美洲旅游组织联盟展望》月刊。

加勒比旅游组织

（CARIBBEAN TOURISM ORGANIZATION）加勒比旅游组织于1989年1月11日在巴巴多斯首都布里奇顿成立。

该组织的宗旨是：促进该地区旅游业的发展。

参加该组织成立大会的有加勒比地区讲英、法、西、德等语的30多个国家的100多名代表。有24个国家的旅游部长和其他国家的旅游专家出席了会议开幕式，与会代表详细讨论了航空及水、陆交通等旅游设施的投资和发展问题，同时，还讨论了如何处理旅游和贩毒走私之间的关系问题。巴巴多斯总理在开幕式讲话中强调说，加勒比旅游组织将为外国游客提供不同于世界上任何地点的独特假期——“加勒比海形象”。

太平洋亚洲旅游协会

（PACIFIC AEIA TRAVEL ASSOCIATION—PATA）太平洋亚洲旅游协会原名太平洋地区旅游协会，1951年1月在夏威夷成立。该组织的任务是发展促进和便利太平洋地区内的旅游业。太平洋地区指以太平洋为界的地区及沿岸国家。现名是在马来西亚吉隆坡召开的1986年度太平洋地区旅游协会年会上决定的。该会是太平洋地区的重要旅游组织，总部设在美国旧金山。协会改名和在澳大利亚及新加坡设立办事处是为了改变该协会以北美为基地的历史传统，将其活动地方化，强调亚洲在太平洋旅游业中的地位。

该协会成员广泛，包括亚洲和太平洋沿岸地区及其相邻区域如欧洲各重要客源国和地区、接待国和地区等的政府机构、航海、航空和陆上运输公司、旅馆、广告公司和一些公共关系机构，还包括对太平洋地区感兴趣的各旅游协会。到1987年底，会员总数达1881个，其中政府单位和公司会员132个；普通会员1487个；非正式会员262个。

太平洋亚洲旅游协会每年召开一次全体会员大会，对市场活动及其他有关计划作出决定。

该协会设董事会，拥有董事40名，通过协会会员选举产生。为检查监督大会批准的计划的进展情况，董事会每月召开一次会议。

该协会的官员由董事会在年例会中选举产生，设总裁，第一、第二、第三副总裁，秘书和财务部长。

该协会下设三个委员会：

1.管理委员会，负责管理协会的日常工作并向董事会作出建议；

2.市场委员会，每月举行例会一次，负责讨论业经批准执行的计划，并制定出新的计划供协会大会审查批准；

3.行政委员会，主要任务是监督太平洋旅协总部内的行政事务。

该协会在世界上拥有17个分会。太平洋地区内的分会称为“地区分会”；游客来源最广的地区分会称为“促进分会”。分会成员都是太平洋旅协会员的代表。

该协会出版专业性月刊《太平洋旅行消息》发行量达12000多份。

东亚旅行协会

（EAST ASIA TRAVEL ASSOCIATION--EATA东亚旅行协会于1961年3月4日成立，创立国家和地区有日本、香港、澳门、台湾、泰国、菲律宾和南朝鲜。会员为上述7个国家和地区和政府主管旅游机构和航空公司。

菲律宾旅游部于1986年由于预算紧张无力承担按成员摊派的费用而退出了该协会。1989年6月，在台湾台中召开的第28届年会上，东亚旅行协会一致同意批准菲律宾旅游部请求重新加入该组织的申请。

东盟旅游协会

（ASEAN TOURISM ASSOCIATION--ATA）东盟旅游协会是由东南亚国家联盟五国（泰国、菲律宾、新加坡、马来西亚和印度尼西亚）的政府旅游管理机构于1979年正式成立的。现文莱也是东盟旅游协会成员。

成立东盟旅游协会的目的是为了加强合作、共同发展本地区的旅游业。

该协会制订了发展东盟“整体一位旅游”计划。1988年3月的一次会议上，制定出范围更为广泛的旅游业发展战略，并经理事会通过，内容包括市场、调研和人事等的综合行动计划，将在五年内逐步实行。行动计划的主要内容是：

市场：组织代理人和中间商的教育旅游；推动东盟推销部的活动；协调东盟内小型市场；参加东盟旅游年。

调研：建立旅游数据库；研究旅游展览会的管理。

宣传：鼓励在公司信函和名片上使用协会标志；安排正规的出版封面和出版消息；向成员提供旅游信息、旅游援助和其他服务；进一步增加东盟旅游协会奖。

人力：探索培训工作的重要性；为旅游教育设立奖学金和建立其他支持制度，起草培训计划。

社会：组织东盟娱乐节；首创每年一次的东盟旅游小姐选美活动。

该协会根据东盟“整体一位旅游”计划，编印《东盟旅游手册》和宣传资料，摄制旅游影片《到东盟去！》统一介绍东盟国家的旅游业、风景名胜和服务设施，联合招揽游客，减少了相互竞争。同时，也有利地推动了相互间的旅游，增加近邻中短途游客。

该协会每年召开一次年会，讨论促进东盟旅游业的各项活动计划。

（沈受君）

·世界旅游日·

9月27日是世界旅游日

这是由世界旅游组织确定的旅游工作者和旅游者的节日。

创立该节日在于给旅游宣传提供一个机会，引起人们对旅游的重视，促进各国在旅游领域的合作，早在1971年，世界旅游组织前身国际官方旅游组织联盟就根据非洲国家官方旅游组织的意见，提出创立该节日的设想。经过大量准备工作之后，1979年9月，世界旅游组织第三次代表大会正式决定9月27日为世界旅游日。选择这一天的原因是国际官方旅游组织联盟在1970年9月27日在墨西哥城的特别代表大会上通过了将要成立的世界旅游组织的章程，所以值得纪念。此外，这一天又恰好是北半球旅游旺季刚过去，而南半球旅游季节又刚到来之际，即这正是世界各国人民度假的好时节。从1980年起，有关国家每年都组织一系列庆祝活动，如发行邮票，举办明信片展览，推出新旅游路线，开辟新旅游点等。一些饭店和旅游服务设施还将实行减价。自1985年起，中国在北京和各地举办了欢庆世界旅游日活动。

确定世界旅游日的意义在于：发展国际、国内旅游、促进各国文化、艺术、经济、贸易的交流，增进各国人民的相互了解，推动社会进步。世界旅游组织每年都提出宣传口号，世界各国旅游组织根据宣传口号和要求开展活动。

历年世界旅游日宣传口号：

“旅游为保持文化遗产，为和平及相互了解做贡献。”（1980年）

“旅游促进生活质量的提高”。（1981年）

“旅游的骄傲：做文明的客人，文明的主人”。（1982年）

“旅游和度假是所有人的一种权利，也是一种责任”。（1983年）

“旅游为国际谅解、和平与合作服务”。（1984年）

“开展青年旅游，文化和历史遗产为和平和友谊服务”。（1985年）

“旅游——世界和平的促进力量”。（1986年）

“旅游促进发展”。（1987年）

“旅游：从中获取教益。”（1988年）

“国际旅游促进世界团结”。（1989年）

“认识旅游事业，发展旅游事业”。（1990年）

（沈受君）

附錄資料

对外国人开放地区一览表（626个）（1989年8月）

直辖市（3个）	北京市、天津市、上海市
河北省（18个）	石家庄市、秦皇岛市、承德市、保定市、唐山市、邯郸市、邢台市、廊坊市、沧州市、泊头市、涿州市、赵县、滦平县（金山岭长城）、南宫市、辛集市、沙河市、冀县、易县
山西省（9个）	太原市、大同市、临汾市、运城市、阳泉市、长治市、平遥县、洪洞县、芮城县
内蒙古（12个）	呼和浩特市、包头市、二连浩特市、满洲里市、通辽市、海拉尔市、东胜市、锡林浩特市、扎兰屯市、乌兰浩特市、赤峰市、达拉特旗
辽宁省（13个）	沈阳市、大连市、鞍山市、抚顺市、丹东市、锦州市、营口市、阜新市、辽阳市、本溪市、铁岭市、朝阳市、盘锦市
吉林省（13个）	长春市、吉林市、延吉市、四平市、辽源市、通化市、白城市、浑江市、公主岭市、梅河口市、图们市、龙井县、安图县（长白山自然保护区）
黑龙江（24个）	哈尔滨市、齐齐哈尔市、大庆市、佳木斯市、牡丹江市、鸡西市、鹤岗市、七台河市、伊春市、五大连池市、双鸭山市、安达市、绥化市、北安市、海伦县、双城县、方正县、嫩江县、肇东县、加格达奇区（属大兴安岭行政公署辖）、黑河市、五常县、尚志县、绥棱县
江苏省（11个）	南京市、苏州市、无锡市、连云港市、南通市、常州市、扬州市、镇江市、徐州市、淮阴市、盐城市
浙江省（19个）	杭州市、宁波市、绍兴市、温州市、嘉兴市、湖州市、金华市、椒江市、衢州市、丽水市、天台县、青田县、缙云县、普陀县（普陀山旅游区）、舟山市、黄岩县、临海市、玉环县、温岭县
安徽省（40个）	合肥市、芜湖市、黄山市、蚌埠市、屯溪市、马鞍山市、安庆市、淮南市、淮北市、滁州市、巢湖市、铜陵市、阜阳市、宿州市、六安市、亳州市、阜阳县、歙县、凤阳县、泾县、休宁县、九华山游览区、宣州市、潜山县、宿松县、桐城县、东至县、枞阳县、涡阳县、蒙城县、宿县、萧县、天长县、全椒县、寿县、舒城县、六安县、和县、宁国县、广德县
福建省（30个）	福州市、厦门市、泉州市、漳州市、莆田市、崇安县、三明市、南平市、邵武市、建阳县、顺昌县、建瓯县、浦城县、光泽县、松溪县、政和县、龙岩市、漳平县、上杭县、长汀县、永定县、连城县、宁德市、霞浦县、福鼎县、柘荣县、寿宁县、屏南县、周宁县、武平县
江西省（27个）	南昌市、九江市、景德镇市、鹰潭市、井冈山市、赣州市、萍乡市、新余市、宜春市、抚州市、吉安市、婺源县、德兴县、铅山县、弋阳县、南丰县、崇仁县、乐安县、宜黄县、吉安县、赣县、全南县、寻乌县、万载县、上高县、宜丰县、奉新县
山东省（13个）	济南市、青岛市、烟台市、泰安市、潍坊市、淄博市、济宁市、枣庄市、东营市、日照市、德州市、临沂市、威海市
河南省（18个）	郑州市、开封市、洛阳市、安阳市、新乡市、信阳市、南阳市、濮阳市、平顶山市、三门峡市、焦作市、鹤壁市、商丘市、许昌市、驻马店市、周口市、漯河市、温县
湖北省（54个）	武汉市、宜昌市、沙市市、襄樊市、咸宁市、丹江口市、黄石市、荆门市、鄂州市、十堰市、蒲圻市、黄冈县、洪湖县、监利县、江陵县、孝感市、应城市、汉川县、云梦县、安陆市、红安县、蕲春县、黄梅县、武穴市、石首市、仙桃市、钟祥县、京山县、松滋县、天门市、潜江县、公安县、恩施市、利川市、枝城市、巴东县、咸丰县、建始县、当阳县、枝江县、宜昌县、兴山县、秭归县、长阳土家族自治县、五峰土家族自治县、嘉鱼县、郧县、阳新县、通山县、通城县、崇阳县、罗田县、浠水县、英山县

（续上表）

湖南省 （44个）	长沙市、衡阳市、岳阳市、湘潭市、株洲市、常德市、津市市、益阳市、郴州市、资兴市、吉首市、大庸市、邵阳市、娄底市、冷水江市、永州市、冷水滩市、桃源县、临澧县、澧县、安乡县、汉寿县、南县、桃江县、沅江县、郴县、安仁县、永兴县、桂阳县、宜章县、桂东县、汝城县、桑植县、凤凰县、永顺县、涟源县、沅陵县、芷江侗族自治县、溆浦县、新晃侗族自治县、东安县、江华瑶族自治县、祁阳县、常德县
广东省 （28个）	广州市、佛山市、肇庆市、深圳市、珠海市、汕头市、湛江市、中山市、江门市、韶关市、茂名市、惠州市、潮州市、梅县市、东莞市、高要县、兴宁县、惠阳县、博罗县、河源县、陆丰县、海丰县、惠东县、新兴县、云浮县、四会县、封开县、德庆县
海南省 （18个）	海口市、三亚市、琼山县、定安县、琼海县、琼中县、陵水县、乐东县、万宁县、屯昌县、澄迈县、临高县、儋县、文昌县、保亭县、白沙县、东方县、昌江县
广西壮族自治区 （21个）	南宁市、桂林市、北海市、柳州市、梧州市、玉林市、钦州市、融水苗族自治县、三江侗族自治县、金秀瑶族自治县、龙胜各族自治县、隆安县、合浦县、灵山县、宾阳县、桂平县、容县、贵县、北流县、兴安县、陆川县
四川省 （38个）	成都市、重庆市、乐山市、万县市、云阳县、自贡市、渡口市、泸州市、德阳市、绵阳市、广元市、内江市、涪陵市、宜宾市、南充市、西昌市、巫溪县、丰都县、江安县、长宁县、珙县、兴文县、松潘县、南坪县、马尔康县、茂汶羌族自治县、奉节县、巫山县、忠县、万县、雅安市、遂宁市、达县市、达县、名山县、梁平县、汶川县、理县
贵州省 （23个）	贵阳市、安顺市、遵义市、凯里市、六盘水市、施秉县、清镇县、镇远县、黄果树风景区、遵义县、安顺县、毕节县、铜仁县、兴义县、织金县、江口县、大方县、黔西县、赤水县、独山县、台江县、平坝县、都匀市
云南省 （29个）	昆明市、大理市、玉溪市、楚雄市、曲靖市、通海县、景洪县、勐海县、思茅县、丽江纳西族自治县、洱源县、剑川县、宾川县、巍山彝族回族自治县、禄丰县、武定县、元谋县、南华县、永仁县、大姚县、姚安县、个旧市、开远市、建水县、弥勒县、泸西县、永胜县、江川县、澄江县
西藏自治区 （5个）	拉萨市、日喀则市、那曲县（那曲镇）、乃东县（泽当镇）、聂拉木县（樟木区）
陕西省 （39个）	西安市、咸阳市、延安市、宝鸡市、韩城市、铜川市、汉中市、华阴县、蒲城县、黄陵县、南郑县、勉县、留坝县、略阳县、榆林市、定边县、靖边县、横山县、安康市、石泉县、汉阴县、宁陕县、紫阳县、旬阳县、平利县、白河县、镇坪县、岚皋县、商州市、丹凤县、柞水县、宁强县、渭南市、华县、甘泉县、安塞县、志丹县、子长县、延长县
甘肃省 （25个）	兰州市、白银市、嘉峪关市、酒泉市、天水市、临夏市、金昌市、玉门市、张掖市、武威市、平凉市、西峰市、民勤县、庆阳县、岷县、武都县、宕昌县、成县、文县、迭部县、舟曲县、安西县、永靖县、敦煌县、夏河县
青海省 （14个）	西宁市、湟中县（塔尔寺）、格尔木市、共和县、刚察县（青海湖鸟岛）、贵德县、乐都县、化隆回族自治县、循化撒拉族自治县、都兰县、乌兰县、玛多县、尖扎县、同仁县
宁夏回族自治区 （13个）	银川市、吴忠市、青铜峡市、灵武县、中卫县、盐池县、中宁县、平罗县、同心县、固原县、西吉县、海原县、石咀山市
新疆维吾尔自治区 （25个）	乌鲁木齐市、石河子市、吐鲁番市、喀什市、哈密市、库尔勒市、阿克苏市、阿图什市、昌吉市、库车县、莎车县、疏附县、塔什库尔干塔吉克自治县、阜康县、伊宁市、霍城县、鄯善县、托克逊县、叶城县、博乐市、阿勒泰市、克拉玛依市、塔城市、奎屯市、和田市

中华人民共和国公民出境入境管理法

（1985年11月22日第六届全国人民代表大会常务委员会第十三次会议通过）

第一章　总　　则

第一条　为保障中国公民出入中国国境的正当权利和利益，促进国际交往，特制定本法。

第二条　中国公民凭国务院主管机关及其授权的机关签发的有效护照或者其他有效证件出境、入境，无需办理签证。

第三条　中国公民出境、入境，从对外开放的或者指定的口岸通行，接受边防检查机关的检查。

第四条　中国公民出境后，不得有危害祖国安全、荣誉和利益的行为。

第二章　出　　境

第五条　中国公民因私事出境，向户口所在地的市、县公安机关提出申请，除本法第八条规定的情形外，都可以得到批准。

公安机关对中国公民因私事出境的申请，应当在规定的时间内作出批准或者不批准的决定，通知申请人。

第六条　中国公民因公务出境，由派遣部门向外交部或者外交部授权的地方外事部门申请办理出境证件。

第七条　海员因执行任务出境，由港务监督局或者港务监督局授权的港务监督办理出境证件。

第八条　有下列情形之一的，不批准出境：

（一）刑事案件的被告人和公安机关或者人民检察院或者人民法院认定的犯罪嫌疑人；

（二）人民法院通知有未了结民事案件不能离境的；

（三）被判处刑罚正在服刑的；

（四）正在被劳动教养的；

（五）国务院有关主管机关认为出境后将对国家安全造成危害或者对国家利益造成重大损失的。

第九条　有下列情形之一的，边防检查机关有权阻止出境，并依法处理：

（一）持用无效出境证件的；

（二）持用他人出境证件的；

（三）持用伪造或者涂改的出境证件的。

第三章　入　　境

第十条　定居国外的中国公民要求回国定居的，应当向中国驻外国的外交代表机关、领事机关或者外交部授权的其他驻外机关办理手续，也可以向有关省、自治区、直辖市的公安机关办理手续。

第十一条　入境定居或者工作的中国公民，入境后应当按照户口管理规定，办理常住户口登记。入境暂住的，应当按照户口管理规定办理暂住登记。

第四章　管理机关

第十二条　因公务出境的中国公民所使用的护照由外交部或者外交部授权的地方外事部门颁发，海员证由港务监督局或者港务监督局授权的港务监督颁发，因私事出境的中国公民所使用的护照由公安部或者公安部授权的地方公安机关颁发。

中国公民在国外申请护照、证件，由中国驻外国的外交代表机关、领事机关或者外交部授权的其他驻外机关颁发。

第十三条　公安部、外交部、港务监督局和原发证机关，各自对其发出的或者其授权的机关发出的护照和证件，有权吊销或者宣布作废。

第五章　处　　罚

第十四条　对违反本法规定，非法出境、入境，伪造、涂改、冒用、转让出境、入境证件的，公安机关可以处以警告或者十日以下的拘留处罚；情节严重，构成犯罪的，依法追究刑事责任。

第十五条　受公安机关拘留处罚的公民对处罚不服的，在接到通知之日起十五日内，可以向上一级公安机关提出申诉，由上一级公安机关作出最后的裁决，也可以直接向当地人民法院提起诉讼。

第十六条　执行本法的国家工作人员，利用职权索取、收受贿赂的，依照《中华人民共和国刑法》和全国人民代表大会常务委员会《关于严惩严重破坏经济的罪犯的决定》处罚；有其他违法失职行为，情节严重，构成犯罪的，依照《中华人民共和国刑法》有关规定追究刑事责任。

第六章 附 则

第十七条 中国公民往来香港地区或者澳门地区的管理办法，由国务院有关部门另行制定。

第十八条 在同中国毗邻国家接壤边境地区居住的中国公民临时出境、入境，有两国之间协议的，按照协议执行，没有协议的按照中国政府的规定执行。

国际列车和民航国际航班乘务人员、国境铁路工作人员的出境、入境，按照协议和有关规定执行。

第十九条 公安部、外交部、交通部根据本法制定实施细则，报国务院批准施行。

第二十条 本法自1986年2月1日起施行。

中华人民共和国公民出境入境管理法实施细则

（1986年12月3日国务院批准 1986年12月26日公安部、外交部、交通部公布）

第一章 总 则

第一条 根据《中华人民共和国公民出境入境管理法》第十九条的规定，制定本实施细则。

第二条 本实施细则适用于中国公民因私事出境、入境。所称“私事”，是指：定居、探亲、访友、继承财产、自费留学、就业、旅游和其他私人事务。

第二章 出 境

第三条 居住国内的公民因私事出境，须向户口所在地的市、县公安局出入境管理部门提出申请，回答有关的询问并履行下列手续：

（一）交验户口簿或者其他户籍证明；

（二）填写出境申请表；

（三）提交所在工作单位对申请人出境的意见；

（四）提交与出境事由相应的证明。

第四条 本实施细则第三条第四项所称的证明是指：

（一）出境定居，须提交拟定居地亲友同意去定居的证明或者前往国家的定居许可证明；

（二）出境探亲访友，须提交亲友邀请证明；

（三）出境继承财产，须提交有合法继承权的证明；

（四）出境自费留学，须提交接受学校入学许可证件和必需的经济保证证明；

（五）出境就业，须提交聘请、雇用单位或者雇主的聘用、雇用证明；

（六）出境旅游，须提交旅行所需外汇费用证明。

第五条 市、县公安局对出境申请应当在三十天内，地处偏僻、交通不便的应当在六十天内，作出批准或者不批准的决定，通知申请人。

申请人在规定时间内没有接到审批结果通知的，有权查询，受理部门应当作出答复；申请人认为不批准出境不符合《中华人民共和国公民出境入境管理法》的，有权向上一级公安机关提出申诉，受理机关应当作出处理和答复。

第六条 居住国内的公民经批准出境的，由公安机关出入境管理部门发给中华人民共和国护照，并附发出境登记卡。

第七条 居住国内的公民办妥前往国家的签证或者入境许可证件后，应当在出境前办理户口手续。出境定居的，须到当地公安派出所或者户籍办公室注销户口。短期出境的，办理临时外出的户口登记，返回后凭护照在原居住地恢复常住户口。

第八条 定居国外的中国公民回国后出境，凭有效的中华人民共和国护照或者有效的中华人民共和国旅行证或者其他有效出境入境证件，无需办理签证。

第三章 入 境

第九条 定居国外的中国公民短期回国探亲、访友、投资、经商、旅游等，凭有效的中华人民共和国护照或者有效的中华人民共和国旅行证或者其他有效入境出境证件入境，无需办理签证。

第十条 定居国外的中国公民要求回国定居的，应当在入境前向中国驻外国的外交代表机关、领事机关或者外交部授权的其他驻外机关提出申请，也可由本人或者经由国内亲属向拟定居地的市、县公安局提出申请，由省、自治区、直辖市公安厅（局）核发回国定居证明。

第十一条 定居国外的中国公民要求回国工作的，应当向中国劳动人事部门或者聘请、雇用单位提出申请。

第十二条 定居国外的中国公民回国定居或者回国工作抵达目的地后，应当在三十天内凭回国定居证明或者经中国劳动人事部门核准的聘请、雇用证明到当地公安局办理常住户口登记。

第十三条 定居国外的中国公民短期回国，要按照户口管理规定，办理暂住登记。在宾馆、饭店、旅店、招待所、学校等企业、事业单位或者机关、团体及其他机构内住宿的，应当填写临时住宿登记表；住在亲友家的，由本人或者亲友在二十四小时内（农村可在七十二小时内）到住地公安派出所或者户籍办公室办理暂住登记。

第四章 出境入境检查

第十四条 中国公民应当从对外开放的或者指定的口岸出境，入境，向边防检查站出示中华人民共和国护照或者其他出境入境证件，填交出境、入境登记卡，接受查验。

第十五条 有下列情形之一的，边防检查站有权阻止出境、入境：

（一）未持有中华人民共和国护照或者其他出境入境证件的；

（二）持用无效护照或者其他无效出境入境证件的；

（三）持用伪造、涂改的护照、证件或者冒用他人护照、证件的；

（四）拒绝交验证件的。

具有前款第二、三项规定的情形的，并可依照本实施细则第二十三条的规定处理。

第五章 证件管理

第十六条 中国公民出境入境的主要证件——中华人民共和国护照和中华人民共和国旅行证由持证人保存、使用。除公安机关和原发证机关有权依法吊销、收缴证件以及人民检察院、人民法院有权依法扣留证件外，其他任何机关、团体和企业、事业单位或者个人不得扣留证件。

第十七条 中华人民共和国护照有效期五年，可以延期二次，每次不超过五年。申请延期应在护照有效期满前提出。

在国外，护照延期，由中国驻外国的外交代表机关、领事机关或者外交部授权的其他驻外机关办理。在国内，定居国外的中国公民的护照延期，由省、自治区、直辖市公安厅（局）及其授权的公安机关出入境管理部门办理；居住国内的公民在出境前的护照延期，由原发证的或者户口所在地的公安机关出入境管理部门办理。

第十八条 中华人民共和国旅行证分一年一次有效和二年多次有效两种，由中国驻外国的外交代表机关、领事机关或者外交部授权的其他驻外机关颁发。

第十九条 中华人民共和国入出境通行证，是入出中国国（边）境的通行证件，由省、自治区、直辖市公安厅（局）及其授权的公安机关签发。这种证件在有效期内一次或者多次入出境有效。一次有效的，在出境时由边防检查站收缴。

第二十条 中华人民共和国护照和其他出境入境证件的持有人，如因情况变化，护照、证件上的记载事项需要变更或者加注时，应当分别向市、县公安局出入境管理部门或者中国驻外国的外交代表机关、领事机关或者外交部授权的其他驻外机关提出申请，提交变更、加注事项的证明或者说明材料。

第二十一条 中国公民持有的中华人民共和国护照和其他出境入境证件因即将期满或者签证页用完不能再延长有效期限，或者被损坏不能继续使用的，可以申请换发，同时交回原持有的护照、证件；要求保留原护照的，可以与新护照合订使用。护照、出入境证件遗失的，应当报告中国主管机关，在登报声明或者挂失声明后申请补发。换发和补发护照、出境入境证件，在国外，由中国驻外国的外交代表机关、领事机关或者外交部授权的其他驻外机关办理；在国内，由省、自治区、直辖市公安厅（局）及其授权的公安机关出入境管理部门办理。

第二十二条 中华人民共和国护照和其他出境入境证件的持有人有下列情形之一的，其护照、出境入境证件应予以吊销或者宣布作废：

（一）持证人因非法进入前往国或者非法居留被送回国内的；

（二）居住国内的公民持护照、证件招摇撞骗的。

护照和其他出境入境证件的吊销和宣布作废，由原发证机关或其上级机关作出。

第六章 处 罚

第二十三条 持有伪造、涂改等无效证件或者冒用他人证件出境、入境的，除可以没收证件外，并视情节轻重，处以警告或者五日以下拘留。

第二十四条 伪造、涂改、转让出境、入境证件的，处十日以下拘留；情节严重，构成犯罪的，依照《中华人民共和国刑法》的有关条款的规定追究刑事责任。

第二十五条 编造情况，提供假证明，或者以行贿等手段，获取出境入境证件，情节较轻的，处以警告或者五日以下拘留；情节严重，构成犯罪的，依照《中华人民共和国刑法》的有关条款的规定追究刑事责任。

第二十六条 公安机关的工作人员在执行《中华人民共和国公民出境入境管理法》和本实施细则时，如有利用职权索取、收受贿赂或者有其他违法失职行为，情节轻微的，由主管部门酌情予以行政处分；情节严重，构成犯罪的，依照《中华人民共和国刑法》的有关条款的规定追究刑事责任。

第七章　附　　则

第二十七条　中国公民因公务出境和中国海员因执行任务出境管理办法，另行制订。

第二十八条　本实施细则自公布之日起施行。

中国公民因私事往来香港地区或者澳门地区的暂行管理办法

（1986年12月3日国务院批准　1986年12月25日公安部公布）

第一章　总　　则

第一条　根据《中华人民共和国公民出境入境管理法》第十七条的规定，制定本办法。

第二条　本办法适用于内地公民因私事往来香港地区（下称香港）或者澳门地区（下称澳门）以及港澳同胞来往内地。

第三条　内地公民因私事前往香港、澳门，凭我国公安机关签发的前往港澳通行证或者往来港澳通行证从指定的口岸通行；返回内地也可以从其他对外开放的口岸通行。

指定的口岸：往香港是深圳，往澳门是拱北。

第四条　港澳同胞来往于香港、澳门与内地之间，凭我国公安机关签发的港澳同胞回乡证或者入出境通行证，从中国对外开放的口岸通行。

第二章　内地公民前往香港、澳门

第五条　内地公民因私事前往香港、澳门定居，实行定额审批的办法，以利于维护和保持香港和澳门的经经繁荣和社会稳定。

第六条　内地公民因私事前往香港、澳门，须向户口所在地的市、县公安局出入境管理部门提出申请。

第七条　有下列情形之一的，可以申请前往香港、澳门定居：

（一）夫妻一方定居香港、澳门，分居多年的；

（二）定居香港、澳门的父母年老体弱，必须由内地子女前往照料的；

（三）内地无依无靠的老人和儿童须投靠在香港、澳门的直系亲属和近亲属的；

（四）定居香港、澳门直系亲属的产业无人继承，必须由内地子女去定居才能继承的；

（五）有其他特殊情况必须去定居的。

第八条　有下列情形之一的，可以申请短期前往香港、澳门：

（一）在香港、澳门有定居的近亲属，须前往探望的；

（二）直系亲属或者近亲属是台湾同胞，必须由内地亲人去香港、澳门会亲的；

（三）归国华侨的直系亲属、兄弟姐妹和侨眷的直系亲属不能回内地探亲，必须去香港、澳门会面的；

（四）必须去香港、澳门处理产业的；

（五）有其他特殊情况，必须短期去香港、澳门的。

第九条　内地公民因私事申请前往香港、澳门，须回答有关的询问并履行下列手续：

（一）交验户口簿或者其他户籍证明；

（二）填写申请表；

（三）提交所在工作单位对申请人前往香港、澳门的意见；

（四）提交与申请事由相应的证明。

第十条　本办法第九条第四项所称的证明是指：

（一）夫妻团聚，须提交合法婚姻证明，以及配偶在香港、澳门有永久居住资格的证明；

（二）去香港、澳门照顾年老体弱父母或者无依无靠的老人、儿童投靠香港、澳门亲属，须提交与香港、澳门亲属关系及其在香港、澳门有永久居住资格的证明；

（三）继承或者处理产业，须提交产业状况和合法继承权的证明；

（四）探望在香港、澳门亲属，须提交亲属函件；时间急迫的，应尽可能提交与申请事由相关的说明或者证明；

（五）会见台湾亲属或者会见居住国外的亲属，须提交亲属到达香港、澳门日期的确切证明。

第十一条　公安机关出入境管理部门受理的前往香港、澳门的申请，应当在六十天内作出批准或者不批准的决定，通知申请人。

第十二条 经批准前往香港、澳门定居的内地公民，由公安机关出入境管理部门发给前往港澳通行证。持证人应当在前往香港、澳门之前，到所在地公安派出所注销户口，并在规定的时间内前往香港、澳门。

经批准短期前往香港、澳门的内地公民，发给往来港澳通行证。持证人应当在规定时间内前往并按期返回。

第十三条 内地公民申请去香港、澳门，有下列情形之一的，不予批准：

（一）属于《中华人民共和国公民出境入境管理法》第八条规定情形的；

（二）不属于本办法第七条和第八条规定情形的；

（三）编造情况、提供假证明，欺骗公安机关出入境管理部门的。

第三章　港澳同胞来内地

第十四条 港澳同胞来内地，须申请领取港澳同胞回乡证。港澳同胞回乡证由广东省公安厅签发。

申领港澳同胞回乡证须交验居住身份证明，填写申请表。

不经常来内地的港澳同胞，可申请领取入出境通行证。申领办法与申领港澳同胞回乡证相同。

第十五条 有下列情形之一的，不发给港澳同胞回乡证或者入出境通行证：

（一）被认为有可能进行抢劫、盗窃、贩毒等犯罪活动的；

（二）编造情况，提交假证明的；

（三）精神病患者。

第十六条 港澳同胞驾驶机动车辆来内地，应当按照广东省人民政府有关规定申请行车执照，驾驶人员还须向广东省公安厅出入境管理处申请驾驶港澳机动车辆来往内地的许可。

第十七条 港澳同胞短期来内地，要按照户口管理规定，办理暂住登记。在宾馆、饭店、旅店、招待所、学校等企业、事业单位或者机关、团体及其他机构内住宿的，应当填写临时住宿登记表；住在亲友家的，由本人或者亲友在二十四小时内（农村可在七十二小时内）到住地公安派出所或者户籍办公室办理暂住登记。

第十八条 港澳同胞要求回内地定居的，应当事先向拟定居地的市、县公安局提出申请，获准后，持注有回乡定居签注的港澳同胞回乡证，至定居地办理常住户口手续。

第四章　出入境检查

第十九条 内地公民往来香港、澳门以及港澳同胞来往内地，须向对外开放口岸或者指定口岸的边防检查站出示出入境证件，填交出境、入境登记卡，接受查验。

第二十条 有下列情形之一的，边防检查站有权阻止出境、入境：

（一）未持有往来港澳通行证件、港澳同胞回乡证或其他有效证件的；

（二）持用伪造、涂改等无效的往来港澳通行证件或者港澳同胞回乡证，冒用他人往来港澳通行证件或者港澳同胞回乡证的；

（三）拒绝交验证件的。

具有前款第二项规定的情形的，并可依照本办法第二十六条的规定处理。

第五章　证件管理

第二十一条 港澳同胞回乡证由持证人保存，有效期十年，在有效期内可以多次使用。超过有效期或者查验页用完的，可以换领新证。申请新证按照本办法第十四条规定办理。

第二十二条 前往港澳通行证在有效期内一次使用有效。往来港澳通行证有效期五年，可以延期二次，每次不超过五年，证件由持证人保存、使用，每次前往香港、澳门均须按照本办法第六条、第八条、第十条的规定办理申请手续，经批准的作一次往返签注。经公安部特别授权的公安机关可以作多次往返签注。

第二十三条 港澳同胞来内地后遗失港澳同胞回乡证，应向遗失地的市、县或者交通运输部门的公安机关报失，经公安机关调查属实，出具证明，由公安机关出入境管理部门签发一次有效的入出境通行证，凭证返回香港、澳门。港澳同胞无论在香港、澳门或者内地遗失港澳同胞回乡证，均可以按照本办法第十四条规定重新申请领取港澳同胞回乡证。

第二十四条 内地公民在前往香港、澳门之前遗失前往港澳通行证、往来港澳通行证的，应立即报告原发证机关，并由本人登报声明，经调查属实的，重新发给证件。

第二十五条 港澳同胞回乡证持证人有本办法第十五条规定情形之一的，证件应予以吊销。

吊销证件由原发证机关或其上级机关决定并予以收缴。

第六章　处　罚

第二十六条 持用伪造、涂改等无效的或者冒用他人的前往港澳通行证、往来港澳通行证、港澳同胞回乡证、入出境通行证的，除可以没收证件外，并视情节轻重，处以警告或五日以下拘留。

第二十七条 伪造、涂改、转让前往港澳通行证、往来港澳通行证、港澳同胞回乡证、入出境通行证的，处十日以下拘留；情节严重，构成犯罪的，依照《中华人民共和国刑法》的有关条款的规定追究刑事责任。

第二十八条 编造情况，提供假证明，或者以行贿等手段，获取前往港澳通行证、往来港澳通行证、港澳同胞回乡证、入出境通行证，情节较轻的，处以警告或五日以下拘留；情节严重，构成犯罪的，依照《中华人民共和国刑法》的有关条款的规定追究刑事责任。

第二十九条 公安机关的工作人员在执行本办法时，如有利用职权索取、收受贿赂或者有其他违法失职行为，情节轻微的，可以由主管部门酌情予以行政处分；情节严重，构成犯罪的，依照《中华人民共和国刑法》的有关条款的规定追究刑事责任。

第七章 附 则

第三十条 本办法由公安部组织实施，负责解释。

第三十一条 本办法自公布之日起施行。

中华人民共和国外国人入境出境管理法

（1985年11月22日第六届全国人民代表大会常务委员会第十三次会议通过）

第一章 总 则

第一条 为维护中华人民共和国的主权、安全和社会秩序，有利于发展国际交往，特制定本法。

外国人入、出、通过中华人民共和国国境和在中国居留、旅行，适用本法。

第二条 外国人入境、过境和在中国境内居留，必须经中国政府主管机关许可。

第三条 外国人入境、出境、过境，必须从对外国人开放的或者指定的口岸通行，接受边防检查机关的检查。

外国的交通工具入境、出境、过境，必须从对外国人开放的或者指定的口岸通行，接受边防检查机关的检查和监护。

第四条 中国政府保护在中国境内的外国人的合法权利和利益。

外国人的人身自由不受侵犯，非经人民检察院批准或者决定或者人民法院决定，并由公安机关或者国家安全机关执行，不受逮捕。

第五条 外国人在中国境内，必须遵守中国法律，不得危害中国国家安全、损害社会公共利益、破坏社会公共秩序。

第二章 入 境

第六条 外国人入境，应当向中国的外交代表机关、领事机关或者外交部授权的其他驻外机关申请办理签证。在特定情况下，依照国务院规定，外国人也可以向中国政府主管机关指定口岸的签证机关申请办理签证。

同中国政府订有签证协议的国家的人员入境，按照协议执行。

外国对中国公民入境、过境有专门规定的，中国政府主管机关可以根据情况采取相应措施。

持联程客票搭乘国际航班直接过境，在中国停留不超过二十四小时不出机场的外国人，免办签证。要求临时离开机场的，需经边防检查机关批准。

第七条 外国人申请各项签证，应当提供有效护照，必要时提供有关证明。

第八条 应聘或者受雇来中国工作的外国人，申请签证时，应当持有应聘或者受雇证明。

第九条 来中国定居的外国人，申请签证时，应当持有定居身份确认表。定居身份确认表，由申请人向申请定居地的公安机关申请领取。

第十条 中国政府主管机关根据外国人申请入境的事由，发给相应的签证。

第十一条 从事国际航行的航空器或者船舶抵达中国口岸时，机长、船长或者代理人必须向边防检查机关提交旅客名单；外国的飞机、船舶还必须提供机组、船员名单。

第十二条 被认为入境后可能危害中国的国家安全、社会秩序的外国人，不准入境。

第三章 居 留

第十三条 外国人在中国居留，必须持有中国政府主管机关签发的身份证件或者居留证件。

身份证件或者居留证件的有效期限，根据入境的事由确定。

在中国居留的外国人，应当在规定的时间内到当地公安机关缴验证件。

第十四条 依照中国法律在中国投资或者同中国的企业、事业单位进行经济、科学技术、文化合作以及其他需要在中国长期居留的外国人，经中国政府主管机关批准，可以获得长期居留或者永久居留资格。

第十五条 对因为政治原因要求避难的外国人，经中国政府主管机关批准，准许在中国居留。

第十六条 对不遵守中国法律的外国人，中国政府主管机关可以缩短其在中国停留的期限或者取消其在中国居留的资格。

第十七条 外国人在中国境内临时住宿，应当依照规定，办理住宿登记。

第十八条 持居留证件的外国人在中国变更居留地点，必须依照规定办理迁移手续。

第十九条 未取得居留证件的外国人和来中国留学的外国人，未经中国政府主管机关允许，不得在中国就业。

第四章 旅 行

第二十条 外国人持有效的签证或者居留证件，可以前往中国政府规定的对外国人开放的地区旅行。

第二十一条 外国人前往不对外国人开放的地区旅行，必须向当地公安机关申请旅行证件。

第五章 出 境

第二十二条 外国人出境，凭本人有效护照或者其他有效证件。

第二十三条 有下列情形之一的外国人，不准出境：

（一）刑事案件的被告人和公安机关或者人民检察院或者人民法院认定的犯罪嫌疑人；

（二）人民法院通知有未了结民事案件不能离境的；

（三）有其他违反中国法律的行为尚未处理，经有关主管机关认定需要追究的。

第二十四条 有下列情形之一的外国人，边防检查机关有权阻止出境，并依法处理：

（一）持用无效出境证件的；

（二）持用他人出境证件的；

（三）持用伪造或者涂改的出境证件的。

第六章 管理机关

第二十五条 中国政府在国外受理外国人入境、过境申请的机关，是中国的外交代表机关、领事机关和外交部授权的其他驻外机关。

中国政府在国内受理外国人入境、过境、居留、旅行申请的机关，是公安部、公安部授权的地方公安机关和外交部、外交部授权的地方外事部门。

第二十六条 受理外国人入境、过境、居留、旅行申请的机关有权拒发签证、证件；对已经发出的签证、证件，有权吊销或者宣布作废。

公安部和外交部在必要时，可以改变各自授权的机关所作出的决定。

第二十七条 对非法入境、非法居留的外国人，县级以上公安机关可以拘留审查、监视居住或者遣送出境。

第二十八条 县级以上公安机关外事民警在执行任务时，有权查验外国人的护照和其他证件。外事民警查验时，应当出示自己的工作证件，有关组织或者个人有协助的责任。

第七章 处 罚

第二十九条 对违反本法规定，非法入境、出境的，在中国境内非法居留或者停留的，未持有效旅行证件前往不对外国人开放的地区旅行的，伪造、涂改、冒用、转让入境、出境证件的，县级以上公安机关可以处以警告、罚款或者十日以下的拘留处罚；情节严重，构成犯罪的，依法追究刑事责任。

受公安机关罚款或者拘留处罚的外国人，对处罚不服的，在接到通知之日起十五日内，可以向上一级公安机关提出申诉，由上一级公安机关作出最后的裁决，也可以直接向当地人民法院提起诉讼。

第三十条 有本法第二十九条所列行为情节严重的，公安部可以处以限期出境或者驱逐出境处罚。

第八章 附 则

第三十一条 本法所称的外国人是指依照《中华人民共和国国籍法》不具有中国国籍的人。

第三十二条 同中国毗邻国家的外国人，居住在两国边境接壤地区的，临时入中国国境、出中国国境，有两国之间协议的按照协议执行，没有协议的按照中国政府的规定执行。

第三十三条 公安部和外交部根据本法制定实施细则，报国务院批准施行。

第三十四条 外国驻中华人民共和国外交代表机关、领事机关成员以及享有特权和豁免的其他外国人入境后的管理，按国务院及其主管机关的有关规定办理。

第三十五条 本法自1986年2月1日起施行。

中华人民共和国外国人入境出境管理法实施细则

（1986年12月3日国务院批准　1986年12月27日公安部、外交部公布）

根据《中华人民共和国外国人入境出境管理法》（以下简称《外国人入境出境管理法》）第三十三条的规定，制定本实施细则。

第一章　入　境

第一条　外国人入境，应当向中国的外交代表机关、领事机关或者外交部授权的其他驻外机关申请办理签证。

外国人持有中国国内被授权单位的函电，并持有与中国有外交关系或官方贸易往来国家的普通护照，因下列事由确需紧急来华而来不及在上述中国驻外机关申办签证的，也可以向公安部授权的口岸签证机关申请办理签证：

（一）中方临时决定邀请来华参加交易会的；

（二）应邀来华参加投标或正式签订经贸合同的；

（三）按约来华监装出口、进口商检或参加合同验收的；

（四）应邀参加设备安装或工程抢修的；

（五）应中方要求来华解决索赔问题的；

（六）应邀来华提供科技咨询的；

（七）应邀来华团组办妥签证后，经中方同意临时增换的；

（八）看望危急病人或处理丧事的；

（九）直接过境人员由于不可抗拒的原因不能在二十四小时内乘原机离境或需改乘其他交通工具离境的；

（十）其他被邀请确实来不及在上述中国驻外机关申请签证，并持有指定的主管部门同意在口岸申办签证的函电的。

不属上述情况者，口岸签证机关不得受理其签证申请。

第二条　公安部授权的口岸签证机关设立在下列口岸：北京、上海、天津、大连、福州、厦门、西安、桂林、杭州、昆明、广州（白云机场）、深圳（罗湖、蛇口）、珠海（拱北）。

第三条　根据外国人来中国的身份和所持护照的种类，分别发给外交签证、礼遇签证、公务签证、普通签证。

第四条　签发普通签证时，根据外国人申请来中国的事由，在签证上标明相应的汉语拼音字母：

（一）D字签证发给来中国定居的人员；

（二）Z字签证发给来中国任职或就业的人员及其随行家属；

（三）X字签证发给来中国留学、进修、实习六个月以上的人员；

（四）F字签证发给应邀来中国访问、考察、讲学、经商、进行科技文化交流及短期进修、实习等活动不超过六个月的人员；

（五）L字签证发给来中国旅游、探亲或因其他私人事务入境的人员，其中九人以上组团来中国旅游的，可以发给团体签证；

（六）G字签证发给经中国过境的人员；

（七）C字签证发给执行乘务、航空、航运任务的国际列车乘务员、国际航空机机组人员及国际航行船舶的海员及其随行家属。

第五条　外国人申请签证须回答被询问的有关情况并履行下列手续：

（一）提供有效护照或者能够代替护照的证件；

（二）填写签证申请表，交近期二寸半身正面免冠照片；

（三）交验与申请入境、过境事由有关的证明。

第六条　本实施细则第五条（三）项所说的有关证明是指：

（一）申请D字签证，须持有定居身份确认表。定居身份确认表由申请人或委托其在中国的亲属向申请定居地的市、县公安局出入境管理部门申请领取；

（二）申请Z字签证，须有中国聘雇单位的聘请或雇用证明，或被授权单位的函电；

（三）申请X字签证，须有接受单位或主管部门的证明；

（四）申请F字签证，须有被授权单位的函电；

（五）申请L字签证，来华旅游的，须有中国旅游部门的接待证明；

（六）申请G字签证，须持有前往国家（地区）的有效签证。如果申请人免办前往国家（地区）的签证，须持有联程客票；

（七）申请C字签证，按协议提供有关的证明。

外国人来中国定居或者居留一年以上的，在申请入境签证时，还须交验所在国政府指定的卫生医疗部门签发的，或者卫生医疗部门签发的并经过公证机关公证的健康证明书。健康证明书自签发之日起六个月有效。

第七条 下列外国人不准入境：

（一）被中国政府驱逐出境，未满不准入境年限的；

（二）被认为入境后可能进行恐怖、暴力、颠覆活动的；

（三）被认为入境后可能进行走私、贩毒、卖淫活动的；

（四）患有精神病和麻风病、艾滋病、性病、开放性肺结核病等传染病的；

（五）不能保障其在中国期间所需费用的；

（六）被认为入境后可能进行危害我国国家安全和利益的其他活动的。

第八条 外国人持有联程客票并已定妥联程座位搭乘国际航班从中国直接过境，在过境城市停留不超过二十四小时，不出机场的，免办过境签证；要求离开机场的，须向边防检查站申请办理停留许可手续。

第九条 国际航行船舶在中国港口停泊期间，外国船员及其随行家属要求登陆，不出港口城市的，向边防检查站申请登陆证，要求在陆地住宿的，申请住宿证。有正当理由需要前往港口城市以外的地区，或不能随原船出境的，须向当地公安局申请办理相应的签证。

第二章　入出境证件检查

第十条 外国人抵达口岸，必须向边防检查站缴验有效护照和中国的签证、证件，填写入出境卡，经边防检查站查验核准加盖验讫章后入境。

第十一条 外国航空器或者船舶抵达中国口岸时，其负责人负有下列责任：

（一）机长、船长或代理人必须向边防检查站提交机组人员、船员名单和旅客名单；

（二）如果载有企图偷越国境的人员，发现后应立即向边防检查站报告，听候处理；

（三）对于不准入境的人员，必须负责用原交通工具带走，对由于不可抗拒的原因不能立即离境的人，必须负责其在中国停留期间的费用和离开时的旅费。

第十二条 对下列外国人，边防检查站有权阻止入境或出境：

（一）未持有效护照、证件或签证的；

（二）持伪造、涂改或他人护照、证件的；

（三）拒绝接受查验证件的；

（四）公安部或者国家安全部通知不准入境、出境的。

第十三条 外国人出境，须缴验有效护照或者其他有效证件，以及准予在中国停留的签证或者居留证件。

第十四条 被签证机关指定通行口岸的外国人和外国人的交通工具，必须从指定的口岸入、出境。

第十五条 对于本实施细则第十二条所列被阻止入境的外国人，如不能立即随原交通工具返回，边防检查站可以采取必要的措施限制其活动范围，并令其乘最近一班交通工具离境。

第三章　居　　留

第十六条 持标有D、Z、X字签证的外国人，必须自入境之日起十日内到居住地市、县公安局办理外国人居留证或外国人临时居留证。上述居留证件的有效期即为准许持证人在中国居留的期限。

外国人居留证，发给在中国居留一年以上的人员。

外国人临时居留证，发给在中国居留不满一年的人员。

持标有F、L、G、C字签证的外国人，可以在签证注明的期限内在中国停留，不需办理居留证件。

第十七条 外国人申请居留证件须回答被询问的有关情况并履行下列手续：

（一）交验护照、签证和与居留事由有关的证明；

（二）填写居留申请表；

（三）申请外国人居留证的，还要交验健康证明书，交近期二寸半身正面免冠照片。

第十八条 外国人居留证有效期可签发一年至五年，由市、县公安局根据外国人居留的事由确定。

对符合《外国人入境出境管理法》第十四条规定的外国人，公安机关可以发给一年至五年长期居留资格的证件；有显著成效的可以发给永久居留资格的证件。

第十九条 根据中国政府同外国政府签定的协议免办签证的外国人，需在中国停留三十日以上的，应于入境后按本实施细则第十六、十七条申请居留证件。

但是，《外国人入境出境管理法》第三十四条规定的外国人，不适用前款的规定。

第二十条 外国人在签证或居留证件有效期满后需继续在中国停留或居留，须于期满前申请延期。

外国人在中国居留期间，如果发现患有本实施细则第七条第四项规定的疾病，中国卫生主管机关可以提请公安机关令其提前出境。

第二十一条 在外国人居留证上填写的项目内容（姓名、国籍、职业或身份、工作单位、住址、护照号码、偕行儿童等）如有变更，持证人须于十日内到居住地公安局办理变更登记。

第二十二条 持外国人居留证的人迁出所在市、县，须于迁移前向原居住地的公安局办理迁移登记，到达迁入地后，须于十日内向迁入地公安局办理迁入登记。

定居的外国人申请迁移，须事先向迁入地公安局申请准予迁入的证明，凭该证明按前款规定办理迁移登记。

第二十三条 出于维护国家安全、社会秩序或其他公共利益的原因，市、县公安局可以限制外国人或外国机构在某些地区设立住所或办公处所；已在上述限制地区设立住所或办公处所的，必须在市、县公安局迁移通知书指定的期限内迁至许可的地区。

第二十四条 在中国定居的外国人必须每年一次在指定的时间到居住地的公安局缴验外国人居留证。

公安局认为必要时，可通知外国人到出入境管理部门缴验外国人居留证，外国人应按通知指定的时间前往缴验。

第二十五条 在中国居留或停留的年满十六周岁以上的外国人必须随身携带居留证件或者护照，以备外事民警查验。

第二十六条 在中国出生的外国婴儿，须于出生后一个月内，由其父母或代理人持出生证明向当地公安局申报，办理登记手续。

第二十七条 外国人在中国死亡，其家属或监护人或代理人须于三日内持死亡证明向当地公安局申报并缴销死者的居留证件或签证。

外国人非正常死亡，有关人员或发现者应当立即向公安机关报告。

第二十八条 《外国人入境出境管理法》第十九条所称的中国政府主管机关是指中华人民共和国劳动人事部。

第四章 住宿登记

第二十九条 外国人在宾馆、饭店、旅店、招待所、学校等企业、事业单位或者机关、团体及其他中国机构内住宿，应当出示有效护照或者居留证件，并填写临时住宿登记表。在非开放地区住宿还要出示旅行证。

第三十条 外国人在中国居民家中住宿，在城镇的，须于抵达后二十四小时内，由留宿人或本人持住宿人的护照、证件和留宿人的户口簿到当地公安机关申报，填写临时住宿登记表；在农村的，须于七十二小时内向当地派出所或者户籍办公室申报。

第三十一条 外国人在中国的外国机构内或在中国的外国人家中住宿，须于住宿人抵达后二十四小时内，由留宿机构、留宿人或者本人持住宿人的护照或居留证件，向当地公安机关申报，并填写临时住宿登记表。

第三十二条 长期在中国居留的外国人离开自己的住所临时在其他地方住宿，应当按本实施细则第二十九、三十、三十一条规定申报住宿登记。

第三十三条 外国人在移动性住宿工具内临时住宿，须于二十四小时内向当地公安机关申报。为外国人的移动性住宿工具提供场地的机构或个人，应于二十四小时前向当地公安机关申报。

第五章 旅　行

第三十四条 外国人前往不对外国人开放的市、县旅行，须事先向所在市、县公安局申请旅行证，获准后方可前往。申请旅行证须履行下列手续：

（一）交验护照或居留证件；

（二）提供与旅行事由有关的证明；

（三）填写旅行申请表。

第三十五条 外国人旅行证的有效期最长为一年，但不得超过外国人所持签证或居留证件的有效期限。

第三十六条 外国人领取旅行证后，如要求延长旅行证有效期、增加不对外国人开放的旅行地点、增加偕行人数，必须向公安局申请延期或者变更。

第三十七条 外国人未经允许，不得进入不对外开放的场所。

第六章 出　境

第三十八条 外国人应当在签证准予停留的期限内或者居留证件的有效期内出境。

第三十九条 持有外国人居留证件的人，在其居留证件有效期内出境并需返回中国的，应当在出境前按本实施细则第五、六条有关规定向当地公安机关申请办理返回中国的签证。

持有居留证件的外国人出境后不再返回中国的，出境时应向边防检查站缴销居留证件。

第七章 处　罚

第四十条 对非法进入中国境内的外国人，可以处五百元以上、二千元以下的罚款，或处三日以上、十日以下的拘留，也可以并处限期出境或驱逐出境；情节严重，构成犯罪的，依法追究刑事责任。

第四十一条 对违反本实施细则第十一条规定，拒绝承担责任的交通工具负责人或其代理人，可以处五百元以上、二千元以下的罚款，或处三日以上、十日以下的拘留。

第四十二条 对违反本实施细则第十六、十九、二十、二十一、二十二、二十三条规定，非法居留或者违反居留管理规定的外国人，可以处警告或一百元以上、五百元以下的罚款，或处一日以上、三日以下的拘留；情节严重的，并处限期出境。

第四十三条 对违反本实施细则第二十四、二十五条规定，不按要求缴验居留证，不随身携带护照或者居留证件，或者拒绝民警查验证件的外国人，可以处警告，或处二十元以上、五十元以下的罚款；情节严重的，并处限期出境。

第四十四条 对未经中华人民共和国劳动人事部批准私自谋职的外国人，在终止其任职或就业的同时，可以处二百元以上、一千元以下的罚款；情节严重的，并处限期出境。

第四十五条 对违反本实施细则第四章规定，不办理住宿登记或者不向公安机关申报住宿登记或者留宿未持有效证件外国人的责任者，可以处警告，或处十元以上、五十元以下的罚款。

第四十六条 对违反本实施细则第三十四、三十六、三十七条规定，未经批准前往不对外国人开放地区旅行的外国人，可以处警告，或处三十元以上、一百元以下的罚款；情节严重的，并处限期出境。

第四十七条 对伪造、涂改、冒用、转让签证、证件的外国人，在吊销或没收原签证、证件的同时，可以处五百元以上、二千元以下的罚款，或处三日以上、十日以下的拘留，也可以并处限期出境；情节严重，构成犯罪的，依法追究刑事责任。

第四十八条 由于不可抗拒的原因而违反《外国人入境出境管理法》及本实施细则的，可免予处罚。

外国人无力缴纳罚款的，可以改处拘留。

第四十九条 本章规定的各项罚款、拘留处罚，也适用于协助外国人非法入境或出境、造成外国人非法居留或停留、聘雇私自谋职的外国人、为未持有效旅行证件的外国人前往不对外国人开放的地区旅行提供方便的有关责任者。

第五十条 被处罚人对公安机关的罚款、拘留处罚不服的，在接到通知之日起十五日内，可以通过原裁决机关或者直接向上一级公安机关申诉，上一级公安机关自接到申诉之日起三日内作出最后裁决。被处罚人也可以直接向当地人民法院提起诉讼。

第五十一条 本章规定的处罚，由公安机关执行。

第八章 其他规定

第五十二条 外国人申请各项签证、证件的延期或者变更，须履行下列手续：

（一）交验护照和签证、证件；

（二）填写延期申请表或者变更申请表；

（三）提供与延期或者变更事由有关的证明。

第五十三条 外国人申请各项签证、证件或者申请签证、证件延期、变更，必须按规定缴纳签证、证件费。

各项签证、证件的收费标准，由公安部和外交部另行制定。

同中国政府订有签证费协议国家的人员，按有关协议执行。

第五十四条 不满十六周岁的外国少年儿童，与其父母或监护人使用同一护照的，随其父母或监护人来中国时，可以不单独办理入境、过境、居留、旅行手续。

第五十五条 外国人所持中国的签证、证件如有遗失或损坏，应当立即向当地公安局出入境管理部门报告，申请补领或换发。遗失外国人居留证的，须在当地政府报纸上声明作废。

第五十六条 本实施细则涉及的各种签证、证件和申请表的式样，由公安部和外交部另行制定。

第五十七条 本实施细则自公布之日起施行。

第一批全国重点文物保护单位名单(共计180处)

(一)革命遗址及革命纪念建筑物(共33处)

编号	分类号	名称	时代	地址
1	1	三元里平英团遗址	1841年	广东省广州市三元里
2	2	金田起义地址	1851年	广西壮族自治区桂平县金田村
3	3	太平天国忠王府	1860—1863年	江苏省苏州市东北街
4	4	韶山冲毛泽东旧居	1893年	湖南省湘潭县韶山冲
5	5	江孜宋山抗英遗址	1904年	西藏自治区江孜县
6	6	黄花岗七十二烈士墓	1911年	广东省广州市
7	7	武昌起义军政府旧址	1911年	湖北省武汉市
8	8	北京大学红楼		北京市东城区沙滩
9	9	上海中山故居	1919年	上海香山路
10	10	中国社会主义青年团中央机关旧址	1920—1921年	上海市淮海路渔阳里
11	11	中国共产党第一次全国代表大会会址	1921年	上海市兴业路
12	12	广州农民运动讲习所旧址	1926年	广东省广州市中山四路
13	13	“八一”起义指挥部旧址	1927年	江西省南昌市
14	14	秋收起义文家市会师旧址	1927年	湖南省浏阳县
15	15	海丰红宫、红场旧址	1927—1928年	广东省海丰县中山西路
16	16	广州公社旧址	1927年	广东省广州市维新路
17	17	井冈山革命遗址	1927—1929年	江西省井冈山
18	18	古田会议会址	1929年	福建省上杭县古田村
19	19	中山陵	1929年	江苏省南京市紫金山
20	20	瑞金革命遗址	1931—1934年	江西省瑞金县
21	21	遵义会议会址	1935年	贵州省遵义市
22	22	泸定桥		四川省甘孜藏族自治州泸定县
23	23	延安革命遗址	1937—1947年	陕西省延安县
24	24	卢沟桥		北京市丰台区
25	25	平型关战役遗址	1937年	山西省繁峙县、灵丘县
26	26	八路军总司令部旧址	1938年	山西省武乡县
27	27	新四军军部旧址	1938—1941年	安徽省泾县
28	28	八路军重庆办事处旧址	1938—1946年	四川省重庆市红岩村及曾家岩
29	29	冉庄地道战遗址	1942年	河北省保定市
30	30	天安门		北京市
31	31	鲁迅墓		上海市虹口公园
32	32	中苏友谊纪念塔	1957年	辽宁省旅大市
33	33	人民英雄纪念碑	1958年	北京市天安门广场

(二)石窟寺(共14处)

编号	分类号	名称	时代	地址
34	1	云冈石窟	北魏	山西省大同市
35	2	莫高窟	北魏至元	甘肃省敦煌县

编号	分类号	名称	时代	地址
36	3	榆林窟	北魏至元	甘肃省安西县
37	4	龙门石窟	北魏至唐	河南省洛阳市
38	5	麦积山石窟	北魏至明	甘肃省天水市
39	6	炳灵寺石窟	北魏至明	甘肃省临夏回族自治州临夏市
40	7	响堂山石窟	东魏、北齐至元	河北省邯郸市
41	8	克孜尔千佛洞	唐至宋	新疆维吾尔自治区拜城县
42	9	库木吐喇千佛洞	唐至宋	新疆维吾尔自治区库车县
43	10	皇泽寺摩崖造像	唐	四川省广元县
44	11	广元千佛崖摩崖造像	唐、宋	四川省广元县
45	12	北山摩崖造像	唐、宋	四川省大足县
46	13	宝顶山摩崖造像	宋	四川省大足县
47	14	石钟山石窟	南诏、大理（公元649—1094年）	云南省大理白族自治州剑川县包括石钟寺、狮子关、沙登。

（三）古建筑及历史纪念建筑物（77处）

编号	分类号	名称	时代	地址
48	1	太室阙	东汉	河南省登封县
49	2	少室阙	东汉	河南省登封县
50	3	启母阙	东汉	河南省登封县
51	4	冯焕阙	东汉	四川省渠县
52	5	平阳府君阙	东汉	四川省绵阳县
53	6	沈府君阙	东汉	四川省渠县
54	7	孝堂山郭氏墓石祠	东汉	山东省肥城县
55	8	嘉祥武氏墓群石刻	东汉	山东省济宁市
56	9	高颐墓阙及石刻	东汉	四川省雅安县
57	10	褒斜道石门及其摩崖石刻	汉至宋	陕西省汉中市
58	11	安济桥（大石桥）	隋	河北省赵县
59	12	安平桥（五里桥）	南宋	福建省晋江县
60	13	永通桥（小石桥）	金	河北省赵县
61	14	嵩岳寺塔	北魏	河南省登封县
62	15	四门塔	东魏	山东省历城县
63	16	大雁塔	唐	陕西省西安市
64	17	小雁塔	唐	陕西省西安市
65	18	崇圣寺三塔	唐、五代	云南省大理白族自治州大理市
66	19	房山云居寺塔及石经	隋、唐辽、金	北京市房山区
67	20	兴教寺塔	唐	陕西省长安县
68	21	苏州云岩寺塔	五代	江苏省苏州市
69	22	祐国寺塔（铁塔）	北宋	河南省开封市
70	23	定县开元寺塔（料敌塔）	北宋	河北省定县
71	24	佛宫寺释迦塔（应县木塔）	辽	山西省应县
72	25	六和塔	南宋	浙江省杭州市
73	26	广惠寺华塔	金	河北省正定县
74	27	妙应寺白塔	元	北京市西城区
75	28	真觉寺金刚宝座(五塔寺塔)	明	北京市海淀区
76	29	海宝塔	清	宁夏回族自治区银川市
77	30	义慈惠石柱	北齐	河北省易县
78	31	赵州陀罗尼经幢	北宋	河北省宁晋县
79	32	南禅寺大殿	唐	山西省五台县
80	33	佛光寺	唐至清	山西省五台县
81	34	大昭寺		西藏拉萨市
82	35	昌珠寺		西藏乃东县
83	36	光孝寺	五代至明	广东省广州市
84	37	独乐寺	辽	河北省蓟县
85	38	晋祠	宋	山西省太原市
86	39	奉国寺	辽	辽宁省义县

编号	分类号	名　　称	时 代	地　　址
87	40	清净寺	宋	福建省泉州市
88	41	善化寺	辽、金	山西省大同市
89	42	隆兴寺	宋	河北省正定县
90	43	保国寺	北宋	浙江省余姚县
91	44	华严寺	辽、金、清	山西省大同市
92	45	白马寺	金至清	河南省洛阳市
93	46	永乐宫	元	山西省芮城县
94	47	武当山金殿	元、明	湖北省光化县
95	48	萨迦寺	元	西藏萨迦县
96	49	广胜寺	元、明	山西省洪洞县
97	50	观星台	元	河南省登封县
98	51	居庸关云台	元	北京市昌平县
99	52	曲阜孔庙及孔府	金至清	山东省曲阜县
100	53	故宫	明、清	北京市
101	54	万里长城—八达岭	明	北京市延庆县
102	55	万里长城—山海关	明	河北省秦皇岛市
103	56	万里长城—嘉峪关	明	甘肃省酒泉市
104	57	西安城墙	明	陕西省西安市
105	58	天坛	明	北京市崇文区
106	59	北海及团城	明、清	北京市西城区
107	60	布达拉宫	明至民国	西藏拉萨市
108	61	噶丹寺	明初至清	西藏拉萨市
109	62	扎什伦布寺	明初至清	西藏日喀则市
110	63	智化寺	明	北京市东城区
111	64	塔尔寺	明	青海省湟中县
112	65	沈阳故宫	清	辽宁省沈阳市
113	66	国子监	清	北京市东城区
114	67	雍和宫	清	北京市东城区
115	68	普宁寺	清	河北省承德市
116	69	普乐寺	清	河北省承德市
117	70	普陀宗乘之庙	清	河北省承德市
118	71	须弥福寿之庙	清	河北省承德市
119	72	武侯祠	清	四川省成都市
120	73	杜甫草堂	清	四川省成都市
121	74	拙政园	明、清	江苏省苏州市
122	75	颐和园	清	北京市海淀区
123	76	避暑山庄	清	河北省承德市
124	77	留园	清	江苏省苏州市

（四）石刻及其他（共11处）

编号	分类号	名　　称	时 代	地　　址
125	1	西安碑林	汉至近代	陕西省西安市
126	2	爨宝子碑	东晋	云南省曲靖县
127	3	爨龙颜碑	南朝	云南省陆良县
128	4	药王山石刻	隋至明	陕西省铜川市
129	5	段氏与三十七部会盟碑	大理（公元937—1094年）	云南省曲靖县
130	6	重修护国感应塔碑（西夏碑）	西夏（公元1032—1227年）	甘肃省武威县
131	7	苏州文庙内宋代石刻	南宋	江苏省苏州市
132	8	溪州铜柱	五代	湖南省湘西土家族苗族自治州永顺县
133	9	峨眉山圣寿万年寺铜铁佛像	宋至明	四川省峨眉县
134	10	沧州铁狮子	后周	河北省沧县
135	11	保圣寺罗汉塑像	北宋	江苏省吴县

（五）古遗址（共26处）

编号	分类号	名　　称	时 代	地　　址
136	1	周口店遗址	旧石器时代	北京市房山区
137	2	丁村遗址	旧石器时代	山西省临汾县
138	3	仰韶村遗址	新石器时代	河南省渑池县
139	4	半坡遗址	新石器时代	陕西省西安市
140	5	城子崖遗址	新石器时代	山东省章丘县
141	6	郑州商代遗址	商	河南省郑州市
142	7	殷墟遗址	殷	河南省安阳市
143	8	丰镐遗址	周	陕西省长安县
144	9	临淄齐国故城	周	山东省益都县
145	10	曲阜鲁国故城	周至汉	山东省曲阜县
146	11	侯马晋国遗址	东周	山西省侯马市
147	12	楚纪南故城	东周	湖北省江陵县

编号	分类号	名称	时代	地址
148	13	郑韩故城	东周	河南省新郑县
149	14	赵邯郸故城	战国	河北省邯郸市
150	15	燕下都遗址	战国	河北省易县
151	16	阿房宫遗址	秦	陕西省西安市
152	17	汉长安城遗址	西汉	陕西省西安市
153	18	汉魏洛阳故城	东汉至北魏	河南省洛阳市
154	19	高昌故城	高昌（公元500—640年）	新疆维吾尔自治区吐鲁番市
155	20	雅尔湖故城	高昌（公元500—640年）	新疆维吾尔自治区吐鲁番市
156	21	大明宫遗址	唐	陕西省西安市
157	22	太和城遗址	南诏（公元649—902年）	云南省大理白族自治州大理市
158	23	渤海国上京龙泉府遗址	渤海（公元698—926年）	黑龙江省宁安县
159	24	辽上京遗址	辽	内蒙古自治区巴林左旗
160	25	辽中京遗址	辽	内蒙古自治区宁城县
161	26	古格王国遗址		西藏扎达县

（六）古墓葬（共19处）

编号	分类号	名称	时代	地址
162	1	黄帝陵		陕西省黄陵县
163	2	孔林	东周	山东省曲阜县
164	3	秦始皇陵	秦	陕西省临潼县
165	4	茂陵	西汉	陕西省兴平县
166	5	霍去病墓	西汉	陕西省兴平县
167	6	辽阳壁画墓群	汉、魏	辽宁省辽阳市
168	7	洞沟古墓群	高句丽（公元前37—公元668年）	吉林省辑安县
169	8	封氏墓群	北魏至隋	河北省吴桥县
170	9	昭陵	唐	陕西省乾县
171	10	乾陵	唐	陕西省乾县
172	11	顺陵	唐	陕西省咸阳市
173	12	六顶山古墓群	渤海（公元698—926年）	吉林省延边朝鲜族自治州敦化县
174	13	藏王墓		西藏穷结县
175	14	王建墓	五代前蜀	西川省成都市
176	15	岳飞墓	南宋	浙江省杭州市
177	16	明孝陵	明	江苏省南京市
178	17	十三陵	明	北京市昌平县
179	18	清东陵	清	河北省遵化县
180	19	清西陵	清	河北省易县

注：台湾省的全国重点文物保护单位名单待解放后补列。〔原编号第3号“太平天国忠王府”于一九六四年十月二十六日经国务院批准撤销〕

第二批全国重点文物保护单位名单（共计62处）

（一）革命遗址及革命纪念建筑物（共10处）

编号	分类号	名称	时代	地址
1	1	林则徐销烟池与虎门炮台旧址	1839—1841年	广东省东莞县
2	2	太平天国天王府遗址	1853—1864年	江苏省南京市
3	3	义和团吕祖堂坛口遗址	1900年	天津市
4	4	安源路矿工人俱乐部旧址	1922年	江西省安源市
5	5	八七会议会址	1927年	湖北省武汉市
6	6	西安事变旧址	1936年	陕西省西安市

编号	分类号	名称	时代	地址
7	7	白求恩模范病旧室址	1938年	山西省五台县
8	8	西柏坡中共中央旧址	1948年	河北省平山县
9	9	宋庆龄故居	1963—1981年	北京市
10	10	宋庆龄墓	1981年	上海市

（二）石窟寺（共5处）

编号	分类号	名称	时代	地址
11	1	巩县石窟寺	北魏至宋	河南省巩县
12	2	须弥山石窟	北朝至唐	宁夏回族自治区固原县
13	3	乐山大佛	唐	四川省乐山市
14	4	柏孜克里克千佛洞	唐至元	新疆维吾尔自治区吐鲁番市
15	5	飞来峰造像	五代至元	浙江省杭州市

（三）古建筑及历史纪念建筑物（共28处）

编号	分类号	名称	时代	地址
16	1	修定寺塔	唐	河南省安阳县
17	2	玉泉寺及铁塔	宋	湖北省当阳县
18	3	万部华严经塔	辽	内蒙古自治区呼和浩特市
19	4	华林寺大殿	宋	福建省福州市
20	5	开元寺	宋至清	福建省泉州市
21	6	灵岩寺	唐至清	山东省长清县
22	7	玄妙观三清殿	宋	江苏省苏州市
23	8	岩山寺	金	山西省繁峙县
24	9	北岳庙	元	河北省曲阳县
25	10	紫霄宫	明	湖北省均县
26	11	显通寺	明至清	山西省五台县
27	12	哲蚌寺	明	西藏自治区拉萨市
28	13	色拉寺	明	西藏自治区拉萨市
29	14	皇史宬	明	北京市
30	15	悬空寺	明	山西省浑源县
31	16	天一阁	明至清	浙江省宁波市
32	17	古观象台	明至清	北京市
33	18	经略台真武阁	明	广西壮族自治区容县
34	19	瞿昙寺	明	青海省乐都县
35	20	北京城东南角楼	明	北京市
36	21	都江堰	秦至清	四川省灌县
37	22	蓬莱水城及蓬莱阁	明	山东省蓬莱县
38	23	太和宫金殿	清	云南省昆明市
39	24	豫园	明至清	上海市
40	25	恭王府及花园	清	北京市
41	26	网师园	清	江苏省苏州市
42	27	程阳永济桥	民国	广西壮族自治区三江侗族自治县
43	28	拉卜楞寺	清	甘肃省夏河县

（四）石刻及其他（共2处）

编号	分类号	名称	时代	地址
44	1	常德铁幢	宋	湖南省常德市
45	2	地藏寺经幢	大理（937—1094年）	云南省昆明市

（五）古遗址（共10处）

编号	分类号	名称	时代	地址
46	1	元谋猿人遗址	旧石器时代早期	云南省元谋县
47	2	蓝田猿人遗址	旧石器时代	陕西省蓝田县
48	3	大汶口遗址	新石器时代	山东省泰安县
49	4	河姆渡遗址	新石器时代	浙江省余姚县
50	5	周原遗址	西周	陕西省扶风县、岐山县
51	6	铜绿山古铜矿遗址	周至汉	湖北省大冶县
52	7	丸都山故城	高句丽（公元前37年至公元668年）	吉林县集安县
编号	分类号	名称	时代	地址
53	8	湖田古瓷窑址	五代至明	江西省景德镇市
54	9	金上京会宁府遗址	金	黑龙江省阿城县
55	10	明中都皇故城及皇陵石刻	明	安徽省凤阳县

（六）古墓葬（共7处）

56	1	司马迁墓和祠	西汉至宋	陕西省韩城县
57	2	杨粲墓	宋	贵州省遵义市
58	3	宋陵	北宋	河南省巩县
59	4	李时珍墓	明	湖北省蕲春县
60	5	郑成功墓	清	福建省南安县
61	6	清昭陵	清	辽宁省沈阳市
62	7	成吉思汗陵	1954年迁建	内蒙古自治区伊金霍洛旗

第三批全国重点文物保护单位名单(共计258处)

（一）革命遗址及革命纪念建筑物（共41处）

编号	分类号	名称	时代	地址
1	1	洪秀全故居	清代中期	广东省花县
2	2	林则徐墓	1826年	福建省福州市
3	3	堂子街太平天国壁画	1853—1864年	江苏省南京市
4	4	大沽口炮台	1858年	天津市塘沽区
5	5	太平天国侍王府	1861年	浙江省金华市
6	6	望海楼教堂	1869—1904年	天津市河北区
7	7	黄兴故居、墓	1874年 1917年	湖南省长沙县、长沙市
8	8	绍兴鲁迅故居	1881—1898年	浙江省绍兴市
9	9	刘公岛甲午战争纪念地	1888—1895年	山东省威海市
10	10	李大钊故居	1889年	河北省乐亭市
11	11	孙中山故居	1892年	广东省中山市
12	12	朱德故居	1895—1907年	四川省仪陇县
13	13	茅盾故居	1896—1910年	浙江省桐乡县
14	14	周恩来故居	1898—1910年	江苏省淮安市
15	15	刘少奇故居	1898—1916年	湖南省宁乡县
16	16	任弼时故居	1904—1915年	湖南省汨罗市
17	17	秋瑾故居	1907年	浙江省绍兴市
18	18	云南陆军讲武堂旧址	1909—1928年	云南省昆明市
19	19	辛亥秋保路死事纪念碑	1913年	四川省成都市
20	20	国民党“一大”旧址（包括革命广场）	1924年	广东省广州市
21	21	黄埔军校旧址	1924—1927年	广东省广州市
22	22	中华全国总工会旧址	1925—1927年	广东省广州市
23	23	北伐汀泗桥战役遗址	1926年	湖北省咸宁市
24	24	红安七里坪革命旧址	1927—1934年	湖北省红安县
25	25	龙华革命烈士纪念地	1927—1937年	上海市徐汇区
26	26	雨花台烈士陵园	1927—1949年	江苏省南京市
27	27	平江起义旧址	1928年	湖南省平江县
28	28	中国工农红军第七军、第八军军部旧址	1929—1930年	广西壮族自治区百色市、龙州县
29	29	长汀革命旧址	1929—1933年	福建省长汀县
30	30	湘鄂西革命根据地旧址	1930—1932年	湖北省洪湖市、监利县
31	31	宁都起义指挥部旧址	1931年	江西省宁都县
32	32	鄂豫皖革命根据地旧址	1931年	河南省新县
33	33	红四方面军总指挥部旧址	1932—1935年	四川省通江县
34	34	平顶山惨案遗址	1932年	辽宁省抚顺市

编号	分类号	名称	时代	地址
35	35	瓦窑堡革命旧址	1935年	陕西省子长县
36	36	八路军西安办事处旧址	1937—1946年	陕西省西安市
37	37	中共中央中原局旧址	1938—1939年	河南省确山县
38	38	陈嘉庚墓	1953年	福建省厦门市
39	39	冯玉祥墓	1953年	山东省泰安市
40	40	郭沫若故居	1963—1978年	北京市西城区
41	41	聂耳墓	1980年	云南省昆明市

（二）石窟寺（共11处）

编号	分类号	名称	时代	地址
42	1	孔望山摩崖造像	东汉	江苏省连云港市
43	2	北石窟寺	北魏至宋	甘肃省西峰市
44	3	南石窟寺	北魏至唐	甘肃省泾川县
45	4	万佛堂石窟	北魏	辽宁省义县
46	5	驼山石窟	北周至唐	山东省青州市
47	6	南龛摩崖造像	隋至宋	四川省巴中县
48	7	千佛崖造像（包括龙虎塔、九顶塔）	唐至明	山东省济南市历城区
49	8	大佛寺石窟	唐	陕西省彬县
50	9	卧佛院摩崖造像	唐	四川省安岳县
51	10	钟山石窟	北宋	陕西省子长县
52	11	通天岩石窟	宋至明	江西省赣州市

（三）古建筑及历史纪念建筑物（共111处）

编号	分类号	名称	时代	地址
53	1	安丰塘（芍陂）	春秋	安徽省寿县
54	2	灵渠	秦	广西壮族自治区兴安县
55	3	它山堰	唐	浙江省鄞县
56	4	木兰陂	北宋	福建省莆田县
57	5	燊海井	清	四川省自贡市
58	6	金山岭长城	明	河北省滦平县
59	7	南京城墙	明	江苏省南京市
60	8	平遥城墙	明	山西省平遥县
61	9	崇武城墙	明	福建省惠安县
62	10	兴城城墙	明至清	辽宁省兴城市
63	11	正阳门	明至清	北京市
64	12	清远楼	明	河北省张家口市宣化区
65	13	光岳楼	明	山东省聊城市
66	14	岳阳楼	清	湖南省岳阳市
67	15	观音桥	宋	江西省星子县
68	16	洛阳桥	宋至明	福建省泉州市
69	17	广济桥	宋至明	广东省潮州市
70	18	古纤道	明至清	浙江省绍兴市
71	19	直隶总督署	清	河北省保定市
72	20	卓克基土司官寨	清	四川省马尔康县
73	21	大屯土司庄园	清至民国	贵州省毕节县
74	22	白鹿书院	清	江西省九江市
75	23	岳麓书院	清	湖南省长沙市
76	24	西秦会馆	清	四川省自贡市
77	25	聊城山陕会馆	清	山东省聊城市
78	26	社旗山陕会馆	清	河南省社旗县
79	27	胡庆余堂	清	浙江省杭州市
80	28	太庙	明至清	北京市
81	29	社稷坛	明至清	北京市
82	30	北京孔庙	元至清	北京市东城区
83	31	孟庙及孟府	明至清	山东省邹县
84	32	龙川胡氏宗词	明至清	安徽省绩溪县
85	33	陈家祠堂	清	广东省广州市
86	34	泰宁尚书第	明	福建省泰宁县
87	35	丁村民宅	明至清	山西省襄汾县
88	36	潜口民宅	明	安徽省歙县
89	37	东阳卢宅	明至清	浙江省东阳县
90	38	祥集弄民宅	明	江西省景德镇市
91	39	崇礼住宅	清	北京市东城区（东四六条63—65号四合院）
92	40	牟氏庄园	清至民国	山东省栖霞县
93	41	寄畅园	明至清	江苏省无锡市
94	42	环秀山庄	明至清	江苏省苏州市
95	43	十笏园	明至清	山东省潍坊市
96	44	罗布林卡	清	西藏自治区拉萨市
97	45	何园	清	江苏省扬州市
98	46	个园	清	江苏省扬州市
99	47	南通博物苑	清	江苏省南通市
100	48	樊敏阙及石刻	东汉	四川省芦山县

编号	分类号	名称	时代	地址
101	49	“治世玄岳”牌坊	明	湖北省丹江口市
102	50	许国石坊	明	安徽省歙县
103	51	大士阁	明	广西壮族自治区合浦县
104	52	增冲鼓楼	清	贵州省从江县
105	53	开元寺钟楼	唐至清	河北省正定县
106	54	法兴寺	唐	山西省长子县
107	55	天台庵	唐	山西省平顺县
108	56	风占寺及塔林	唐至清	河南省临汝县
109	57	昭仁寺大殿	唐	陕西省长武县
110	58	青莲寺	唐至清	山西省晋城市
111	59	镇国寺	五代至清	山西省平遥县
112	60	大云院	五代至清	山西省平顺县
113	61	玉皇庙	宋至清	山西省晋城市
114	62	大庙飞来殿	宋至元	四川省峨眉县
115	63	云岩寺	宋至清	四川省江油县
116	64	天宁寺大殿	宋至元	浙江省金华市
117	65	崇福寺	金	山西省朔县
118	66	夏鲁寺	元至清	西藏自治区日喀则市
119	67	法海寺	明	北京市石景山区
120	68	双林寺	明	山西省平遥县
121	69	殊像寺	清	河北省承德市
122	70	安远庙	清	河北省承德市
123	71	广允缅寺	清	云南省沧源县
124	72	景真八角亭	清	云南省勐海县
125	73	岱庙	宋至清	山东省泰安市
126	74	西岳庙	明至清	陕西省华阴县
127	75	北镇庙	明至清	辽宁省北镇县
128	76	玄贞观	明	辽宁省盖县
129	77	万荣东岳庙	元至清	山西省万荣县
130	78	解州关帝庙	清	山西省运城市
131	79	花戏楼	清	安徽省亳州市
132	80	青龙洞	清	贵州省镇远县
133	81	泉州天后宫	清	福建省泉州市
134	82	牛街礼拜寺	明至清	北京市宣武区
135	83	西安清真寺	明至清	陕西省西安市
136	84	同心清真大寺	清	宁夏回族自治区同心县
137	85	净藏禅师塔	唐	河南省登封县
138	86	云龙寺塔	唐	广东省仁化县
139	87	凌霄塔	唐至宋	河北省正定县
140	88	朝阳北塔	唐至辽	辽宁省朝阳市
141	89	灵光塔	渤海	吉林省长白朝鲜族自治县
142	90	闸口白塔	五代	浙江省杭州市
143	91	栖霞寺舍利塔	五代	江苏省南京市
144	92	三影塔	北宋	广东省南雄县
145	93	广教寺双塔	北宋	安徽省宣州市
146	94	崇觉寺铁塔	北宋	山东省济宁市
147	95	瑞光塔	北宋	江苏省苏州市
148	96	飞英塔	南宋	浙江省湖州市
149	97	释迦文佛塔	南宋	福建省莆田县
150	98	天宁寺塔	辽	北京市宣武区
151	99	崇兴寺双塔	辽	辽宁省北镇县
152	100	辽阳白塔	辽至金	辽宁省辽阳市
153	101	银山塔林	金至元	北京市昌平县
154	102	拜寺口双塔	西夏	宁夏回族自治区贺兰县
155	103	一百零八塔	元	宁夏回族自治区青铜峡市
156	104	广德寺多宝塔	明	湖北省襄樊市
157	105	曼飞龙塔	清	云南省景洪县
158	106	金刚座舍利宝塔	清	内蒙古自治区呼和浩特市
159	107	苏公塔	清	新疆维吾尔自治区吐鲁番市
160	108	旅顺监狱旧址	1898—1945年	辽宁省大连市
161	109	息烽集中营旧址	1937—1946年	贵州省息烽县
162	110	上饶集中营旧址	1941—1942年	江西省上饶市
163	111	“中美合作所”集中营旧址	1943—1949年	四川省重庆市

（四）石刻及其他（共17处）

编号	分类号	名称	时代	地址
164	1	将军崖岩画	新石器时代	江苏省连云港市
165	2	花山岩画	战国至东汉	广西壮族自治区宁明县
166	3	亚沟石刻	金	黑龙江省阿城市
167	4	南京南朝陵墓石刻	南朝	江苏省南京市
168	5	丹阳南朝陵墓石刻	南朝	江苏省丹阳市

编号	分类号	名称	时代	地址
169	6	老君岩造像	宋	福建省泉州市
170	7	云峰山、天柱山摩崖石刻	北魏	山东省掖县、平度县
171	8	铁山、岗山摩崖石刻	北周	山东省邹县
172	9	白鶴梁题刻	唐至清	四川省涪陵市
173	10	浯溪摩崖石刻	唐至清	湖南省祁阳县
174	11	袁滋题记摩崖石刻	唐	云南省盐津县
175	12	怡亭铭摩崖石刻	唐	湖北省鄂州市
176	13	九日山摩崖石刻	宋	福建省南安县
177	14	焦山碑林	南朝至清	江苏省镇江市
178	15	大金得胜陀颂碑	金	吉林省扶余市
179	16	松江唐经幢	唐	上海市松江县
180	17	南诏铁柱	南诏	云南省弥渡县

（五）古遗址（共49处）

编号	分类号	名称	时代	地址
181	1	腊玛古猿化石地点		云南省禄丰县
182	2	西侯度遗址	旧石器时代	山西省芮城县
183	3	金牛山遗址	旧石器时代	辽宁省营口县
184	4	和县猿人遗址	旧石器时代	安徽省和县
185	5	水洞沟遗址	旧石器时代	宁夏回族自治区灵武县
186	6	穿洞遗址	旧石器时代	贵州省普定县
187	7	大窑遗址	旧石器时代	内蒙古自治区呼和浩特市
188	8	磁山遗址	新石器时代	河北省武安县
189	9	大地湾遗址	新石器时代	甘肃省秦安县
190	10	马家窑遗址	新石器时代	甘肃省临洮县
191	11	马厂塬遗址	新石器时代	青海省民和县
192	12	陶寺遗址	新石器时代	山西省襄汾县

编号	分类号	名称	时代	地址
193	13	平粮台古城遗址	新石器时代	河南省淮阳县
194	14	屈家岭遗址	新石器时代	湖北省京山县
195	15	牛河梁遗址	新石器时代	辽宁省凌源县、建平县
196	16	昂昂溪遗址	新石器时代	黑龙江省齐齐哈尔市
197	17	二里头遗址	夏商	河南省偃师县
198	18	尸乡沟商城遗址	商	河南省偃师县
199	19	盘龙城遗址	商	湖北省黄陂县
200	20	三星堆遗址	商周	四川省广汉县
201	21	琉璃河遗址	西周	北京市房山区
202	22	薛城遗址	东周	山东省滕县
203	23	淹城遗址	东周	江苏省武进县
204	24	秦雍城遗址	东周	陕西省凤翔县
205	25	禹王城遗址	东周至汉	山西省夏县
206	26	中山古城遗址	战国	河北省平山县
207	27	秦咸阳城遗址	战国至秦	陕西省咸阳市
208	28	姜女石遗址	秦汉	辽宁省绥中县
209	29	居延遗址	汉	内蒙古自治区额济纳旗、甘肃省金塔县
210	30	玉门关及长城烽燧遗址（包括大方盘、小方盘）	汉	甘肃省敦煌市
211	31	楼兰古城遗址	汉至晋	新疆维吾尔自治区若羌县
212	32	西海郡古城遗址	汉至南北朝	青海省海晏县
213	33	邺城遗址	曹魏至北齐	河北省临漳县
214	34	嘎仙洞遗址	北魏	内蒙古自治区鄂伦春自治旗
215	35	平城遗止	北魏	山西省大同市
216	36	隋唐洛阳城遗址	隋唐	河南省洛阳市
217	37	北庭故城遗址	唐	新疆维吾尔自治区吉木萨尔县
218	38	北宋东京城遗址	北宋	河南省开封市

编号	分类号	名称	时代	地址
219	39	蒲与路故城遗址	金	黑龙江省克东县
220	40	元上都遗址	元	内蒙古自治区正蓝旗
221	41	圆明园遗址	清	北京市海淀区
222	42	上林湖越窑遗址	东汉至宋	浙江省慈溪县
223	43	什邡堂邛窑遗址	隋至宋	四川省邛崃县
224	44	长沙铜官窑遗址	唐至宋	湖南省望城县
225	45	间磁村定窑遗址	唐至元	河北省曲阳县
226	46	黄堡镇耀州窑遗址	唐至元	陕西省铜川市
227	47	钧台钧窑遗址	宋	河南省禹县
228	48	大窑龙泉窑遗址	宋至明	浙江省龙泉县
229	49	屈斗宫德化遗址（包括浔中、盖德、三班）	宋至明	福建省德化县

（六）古墓葬（共29处）

编号	分类号	名称	时代	地址
230	1	八岭山古墓群	东周至明	湖北省江陵县
231	2	擂鼓墩古墓群	战国	湖北省随州市
232	3	田齐王陵	战国	山东省淄博市
233	4	长陵	西汉	陕西省咸阳市
234	5	杜陵	西汉	陕西省长安县
235	6	中山靖王墓	西汉	河北省满城县
236	7	广武汉墓群	汉	山西省山阴县
237	8	张衡墓	东汉	河南省南阳县
238	9	麻浩崖墓	东汉至南北朝	四川省乐山市
239	10	打虎亭汉墓	东汉	河南省密县
240	11	张仲景墓及祠	东汉	河南省南阳市
241	12	阿斯塔那古墓群	晋至唐	新疆维吾尔自治区吐鲁番市
242	13	磁县北朝墓群	北朝	河北省磁县
243	14	桥陵	唐	陕西省蒲城县
244	15	龙头山古墓群	渤海	吉林省和龙县
245	16	南唐二陵	五代	江苏省江宁县
246	17	司马光墓	北宋	山西省夏县
247	18	辽宁及奉陵邑（包括祖陵及祖州城、庆陵及庆州城）	辽	内蒙古自治区巴林左旗、巴林右旗
248	19	西夏陵	西夏	宁夏回族自治区银川市
249	20	僰人悬棺葬（墓）	宋与清	四川省珙县
250	21	伊斯兰教圣墓	明	福建省泉州市
251	22	奢香墓	明	贵州省大方县
252	23	苏禄王墓	明	山东省德州市
253	24	显陵	明	湖北省钟祥县
254	25	徐光启墓	明	上海市徐汇区
255	26	李自成墓	清	湖北省通山县
256	27	永陵	清	辽宁省新宾满族自治县
257	28	福陵	清	辽宁省沈阳市
258	29	阿巴和加麻札（墓）	清	新疆维吾尔自治区喀什市

第一批国家重点风景名胜区名单

1.八达岭——十三陵风景名胜区 八达岭位于北京西北延庆县境内，是万里长城重要隘口——居庸关的外口。山势险峻，长城依山而筑，居高临下，工程浩瀚，气势雄伟。明十三陵位于北京北部昌平县境内，山环水抱，南部有龙虎二山对峙，形同大门。其内分列着十三座明代帝王的陵寝，每陵各居一山，明楼、殿阁隐现于苍松翠柏之中。1985年修建了十三陵水库，使风景名胜区更添新色。八达岭——十三陵一带还分布着望京石、点将台、居庸关、云台、沟沟崖、铁壁银山等名胜古迹。

2.承德避暑山庄外八庙风景名胜区 位于河北省承德市，坐落在峰峦起伏的山谷盆地中。避暑山庄建于1703—1790年，是规模宏大的皇家园林，由宫殿和苑景两部分组成。宫殿布局严谨，建筑朴素；苑景充分利用丰富多样的自然地形，运用我国传统的造园手法，集中了古代南北园林艺术之精华。外八庙融合了汉、蒙、藏等民族的建筑形式，如众星拱月，环列于山庄的东部和北部。分布于群山中的奇峰异石如磬锤峰、双塔山、罗汉山等，与山庄建筑相互映衬，使人文美与自然美融合一体。

3.秦皇岛北戴河风景名胜区 位于河北省秦皇岛市西南，南临渤海，北靠联峰山。北戴河海滩漫长曲折，沙软潮平，林木苍翠，有鸽子窝、金山嘴、老虎石、观音寺、望海亭、莲花石等景点，是我国著名的海滨风景名胜区。秦皇岛市东北还有万里长城重要关城“天下第一关”——山海关以及孟姜女庙、孟姜女坟、老龙头等名胜古迹。

4.五台山风景名胜区 位于山西省五台县东北，以台怀镇为中心，周围屹立着东、西、南、北、中五个山峰，称作五台。五峰之内称台内。最高峰北台海拔3058米，素称“华北屋脊”。五台山是古老的花岗岩、片麻岩构成断块上升的山地，山顶平展如台，河谷溪流不断。五台山为我国四大佛教名山之一，早在东汉就在此建佛教殿堂，现存唐、辽、元、明、清等寺庙及遗迹近百处，台外南禅寺和佛光寺建于唐代，是我国现存最早的木结构建筑，其它珍贵文物亦很多。五台山还是抗日战争和解放战争时期晋察冀边区政府所在地，松岩口有白求恩大夫建立的模范医院。

5.恒山风景名胜区 位于山西省浑源县城南。恒山主峰海拔2016米，为石灰岩质断层山，山势雄伟，奇峰壁立，自古被封为北岳。有天峰岭、翠屏峰、金龙峡、姑嫂崖、飞石窟、千佛岭、悬空寺等胜景。悬空寺建于金龙峡西侧翠屏峰悬崖上，上载危岩，下临深谷，楼阁悬空，分外壮观。还有彩陶文化、青铜器遗址、汉崞县古城遗址、内长城以及古墓葬等古迹。

6.鞍山千山风景名胜区 位于辽宁省鞍山市东南。为花岗岩体剥蚀低山丘陵，群山层峦起伏，山峻崖峭，形状万千，最高峰仙人台海拔708米。山上林木繁茂，有植物八百多种和珍贵的黑鹤等鸟兽近百种。自隋唐以来千山成为佛道两教活动之地，目前尚存祖越、龙泉、中会、大安、香岩等寺观二十座，古塔、石碑、题刻等名胜古迹多处，有“东北明珠”之称。

7.镜泊湖风景名胜区 位于黑龙江省宁安县西南。镜泊湖为牡丹江上火山形成的熔岩堰塞湖。湖泊四面环山，水平如镜，湖岸曲折，山重水复，有吊水楼瀑布、白石砬子、大孤山、小孤山、珍珠门等景区。湖西为张广才岭的茂密森林，生长着许多珍贵动、植物。还有十座雄伟的火山口和许多熔岩洞。

8.五大连池风景名胜区 位于黑龙江省德都县西北。为火山地质自然风景，十四座火山锥平地而起，形态各异，五个连通的熔岩堰塞湖蜿蜒其间。老黑山和火烧山为二百多年前喷发的近期火山，火山地貌完整，有“火山地质博物馆”之称。火山熔岩形成的丰富地貌与山、水、森林融合在一起，构成特殊的景观，有温泊云雾、三池冰裂、石浪闻声、桦林沸泉等景点。

9.太湖风景名胜区 位于江苏省苏州、无锡两市和吴县、宜兴、无锡三县境内。太湖中有岛屿四十八个，山水结合，层次丰富，自成天然画卷。太湖东、北、西沿岸和湖中诸岛，为吴越文化发源地，遗存大批文物古迹，如春秋时期阖闾城、越城遗址、隋代大运河、唐代宝带桥、宋代紫金庵、元代天池石屋、明代扬湾一条街以及大量名寺古刹，古典园林等。还有关于吴王夫差、越王勾践、孙子、范蠡、西施、项羽、范仲淹等历史人物传说和遗迹。

10.南京钟山风景名胜区 位于江苏省南京市，以钟山（紫金山）和玄武湖为中心。钟山三峰相连形如巨龙，山、水、城浑然一体，雄伟壮丽，气势磅礴，古有“钟山龙蟠，石城虎踞”之称。地处北温带和亚热带之交，为南北植物引种过渡地带，植物品种丰富，林木繁茂。有中国民主革命伟大先驱者孙中山先生的陵墓——中山陵以及辛亥革命名人墓。还和孙权墓、明孝陵、灵谷寺等名胜古迹多处。

11.杭州西湖风景名胜区 位于浙江省杭州市。西湖风景妩媚，早在南宋即出现“西湖十景”，经过历代装点，使江湖、山林、洞壑、溪泉、春华秋实、夏荷冬雪等自然之胜与古刹丛林及造园家的雕凿融为一体，正如苏东坡诗：“水光潋滟晴方好，山色空蒙雨亦奇；欲把西湖比西子，淡妆浓抹总相宜。”杭州为吴越古都，又是丝绸之府、鱼米之乡，人物辈出，留下不少可歌可泣的史实和传诵千古的诗篇，与西子湖畔大量名胜古迹互为印证。

12.富春江——新安江风景名胜区 位于浙江省钱塘江上游，下起富阳，上至淳安。两岸山色清翠秀丽，江水清碧见底，素以水色佳美著称；更兼许多具有浓厚地方特色的村落和集镇点染，使富春江、新安江画卷增色不少。新安江水库碧波万顷，湖中岛屿密布，林木繁茂，有千岛湖之称。沿江有鹳山、桐君山、瑶琳洞、赋溪、姥山、龙山等景区，还有严子陵钓台、方腊洞、灵栖洞等名胜。

13.雁荡山风景名胜区 位于浙江省乐清县东北。雁荡奇秀是因构成山体的流纹岩断裂发育，经风化作用而形成的奇特地貌。奇峰怪石，古洞石室，层峦叠嶂，飞瀑流泉，蔚为壮观。主峰百岗尖海拔1150米。灵峰、灵岩、大龙湫为全山风景中心。大龙湫瀑布高达190米，直泻龙潭。雁荡山古负盛名，唐初即在山上建寺院，宋时曾有十八古刹、十六亭、十院之盛。

14.普陀山风景名胜区 位于浙江省普陀县。为我国四大佛教名山之一。相传自五代建“不肯去观音院”之后，历代相继兴建寺院，其中普济、法雨和慧济三大寺是我国南方清初寺庙建筑群的典型。普陀山四面环海，群岛罗列，碧海蓝天，风景奇特，素有“海天佛国”之称。古人云：“山兼海之胜，当推普陀山。”岛上有千步沙、百步沙海滩以及潮音洞、梵音洞、南天门、西天门等风景点二十多处。

15.黄山风景名胜区 位于安徽省南部太平、黟县、休宁、歙县交界处。为峰林状花岗岩高山构成的山岳风景名胜区。山体雄伟奇特，玲珑巧石，万姿千态，主峰莲花峰海拔1840米，黄山美在奇松、怪石、云海、温泉“四绝”。黄山松生长在峰石峭壁间，苍劲、刚毅，尤以迎客松的美姿著名。黄山雨量充沛，林木繁茂，云蒸雾涌，自然景色变幻莫测，主要景点有北海、西海、天都峰、玉屏楼、云谷寺等。黄山以其非凡的自然美膺得“五岳归来不看山，黄山归来不看岳”之誉。

16.九华山风景名胜区 位于安徽省青阳县境内。是花岗岩体构成的山岳风景名胜区，山势雄伟高拔，主峰十王峰海拔1341米。宋王安石誉为“楚越千万山，雄奇此山兼”。九华山是我国四大佛教名山之一，东晋开始佛教传入，佛教寺庙相继而建。建筑形式以佛教殿堂与皖南民居相结合而独树一帜。尤其九华街一带之寺庙，各抱地势，高低错落，形成以化城寺为中心的优美古建筑群，享有“佛国仙城”之号。九华山的苍松、翠竹、岩洞、怪石、飞瀑、流溪、田园、山庄，也别有情趣。

17.天柱山风景名胜区 位于安徽省潜山、岳西两县境内。是花岗岩构成的山岳风景名胜区，主峰海拔1490米，壮丽峻秀，多瀑布、清泉，林木茂密，海拔千米以上多黄山松，千姿百态，其“迎客松”犹如黄山“迎客松”之同胞姊妹。天柱山古称皖山，现存三祖寺等寺庙和历代文人留下的摩崖石刻二百多处。

18.武夷山风景名胜区 位于福建省崇安县境内。是以“丹霞地貌”为特征的风景名胜区。“有声欲静三三水，无势不奇六六峰”，以盘流山中的九曲溪为中心，沿溪森列三十六峰，碧水丹山，奇险秀丽。九曲溪每曲成异境，大王峰、玉女峰、天游峰、接笋峰、小桃源、水帘洞、流香洞、一线天各有其胜。还有古越族安置在绝壁上的“船棺”，宋代朱熹创办的紫阳书院，元代御茶园以及历代摩崖石刻等名胜古迹。

19.庐山风景名胜区 位于江西省九江市南，东濒鄱阳湖，北临长江。是以平地拔起的地垒式断块山为主体的山岳风景名胜区。主峰大汉阳峰海拔1474米。庐山风景具有雄、奇、险、秀的特色。自古有“匡庐瀑布誉满天下”的盛名。位于五老峰东的三叠泉，水分三级挂落于铁壁峰前，落差120米。山上有仙人洞、三宝树、龙首岩、含鄱口等景点，山下有晋代东林寺，宋代的观音桥和白鹿洞书院等名胜古迹。

20.井冈山风景名胜区 位于江西省井冈山县。井冈山属南岭北支，罗霄山脉中段，为中国革命第一个农村根据地。有毛泽东、朱德、彭德怀、陈毅等无产阶级革命家和工农红军革命斗争的遗迹多处。英雄的业绩和壮丽的河山相互辉映，光照千秋，故朱德同志题为“天下第一山”。井冈山以石灰岩、砂页岩为主，亦有花岗岩出露，山高谷深，林木茂密，山泉飞瀑，溪流澄碧，终年不断，还有大型溶洞和许多珍稀动、植物。

21.泰山风景名胜区 位于山东省泰安市。是古老的片麻岩构成的断块山地，崛起于华北大平原东缘的齐鲁丘陵之上，主峰海拔1545米，山势磅礴，雄伟壮丽，常被喻为中华民族伟大崇高的象征。泰山为五岳之首，自秦皇、汉武、唐宗、宋祖，直至明清，历代帝王封禅祭祀，文人墨客吟咏题刻，留下丰富的文物古迹，被誉为露天的历史、艺术博物馆。有岱庙、普照寺、碧霞祠、经石峪刻石、灵岩寺等名胜古迹和玉皇顶、日观峰、月观峰、石坞松涛、鹰愁涧、龙潭瀑布等景点以及许多古树名木。

22.青岛崂山风景名胜区 位于山东省青岛市。包括青岛海滨和崂山两部分。青岛海滨岬角曲折，丘陵起伏，其中分布着公园、浴场、寺院等，隔海有薛家岛、竹岔岛、琅琊台等景区。崂山为我国近海名山，海山毗连，雄奇秀美。主峰崂顶海拔1133米，山上奇峰异石，清泉回流，可观海上云气岚光、壮丽日出等。还有道家宫观，名人诗文刻石等名胜古迹多处。

23.鸡公山风景名胜区 位于河南省信阳市南。为低山丘陵风景，是本世纪初发展起来的避暑游览地。山岭苍翠秀丽，报晓峰海拔784米，形似引颈啼鸣的雄鸡。鸡公山地处我国南北植物过渡带，雨量充沛，气候宜人，植物繁茂，有一千二百多种。云海、日出、飞瀑、流泉，四季景色变化动人，主要景点有报晓峰、灵华山、青龙潭、将军石等，还有大量山庄别墅和山村民居。

24.洛阳龙门风景名胜区 位于河南省洛阳市南。龙门山系熊耳山之分支，由西向东到龙门突然断裂，分成东西两山，巍然对峙，伊水中流，形成一座天然石阙，称为“伊阙”。伊水西岸山势陡峭，自北魏始开凿佛教石刻，现在窟龛二千一百多个，佛像十万余尊，碑刻题记三千六百多块，佛塔四十多座，是我国三大石窟艺术宝库之一。洛阳为九朝故都，龙门自古为帝王游幸，文人荟萃之地，附近还有关林、白居易墓等古迹。

25.嵩山风景名胜区 位于河南省登封县境内。中岳嵩山由太室山（海拔1494米）和少室山（海拔1512米）等组成，雄峙中原，群峰耸立、层峦叠嶂。地处古都汴、洛之间，自古为文人荟萃之地，历代帝王将相、文人学士、高僧名道、拳豪义侠留下了大量名胜古迹，如始建于北魏的少林寺，规模宏大的中岳庙，我国四大书院之一的嵩阳书院和院内的两株“将军柏”，以及我国现存最古的嵩岳寺塔、太室、少室、启母三汉阙和古天文观测台等。

26.武汉东湖风景名胜区 位于湖北省武汉市武昌区。东湖水面辽阔，港汉曲折，依自然环境，分为听涛、磨山、落雁、白马、吹笛、珞洪等景区。沿湖山峦起伏，以磨山最为秀丽，四季花木繁茂，春兰、夏荷、秋桂、冬梅都很著名。有梅林近百亩，七十多个品种。还有楚王、屈原、刘备、关羽、李白、岳飞等历史名人的遗迹多处。

27.武当山风景名胜区 位于湖北省均县西南。峰奇谷险，洞室幽邃，景色绮丽。主峰天柱峰海拔1612米。武当山为道教圣地之一，自唐以来不断有所建筑，从古均州城至天柱峰一线一百四十余里，分布着数十组元、明、清历代古建筑群，有的在高峰之巅，有的嵌入峭壁，有的隐现于山麓、涧谷、石洞之中，同地形完美结合，工程浩大，工艺精湛，成功地体现了“仙山琼阁”的意境，犹如我国古建筑成就的展览。

28.衡山风景名胜区 位于湖南省衡山县。南岳衡山主要由花岗岩构成，山势雄伟，群峰簇拥，主峰祝融峰海拔1290米。现存南岳庙、祝圣寺、福严寺、南台寺等寺庙多处。祝融峰之高，藏经殿之秀，方广寺之深，水帘洞之奇为南岳“四绝”。衡山林木繁茂，终年翠绿，奇花异草，四时郁香，素有“五岳独秀”之称。历代帝王和文人墨客来此巡狩、祭祀、聚会、讲学，留有许多古迹和大批诗词、题咏、摩崖石刻。

29.肇庆星湖风景名胜区 位于广东省肇庆市。包括七星岩和鼎湖山两部分。为石灰岩峰林型山水风景。七星岩湖面广阔，七座苍翠的山岩，矗立湖滨，排列如同北斗。岩内多溶洞，岩壁上留有许多题刻。鼎湖山群峰竞秀，古木参天，以丛林古刹、飞瀑流泉著称。散布在庆云寺周围的数千亩自然林，属南亚热带常绿季雨林型，具有独特的岭南景色。

30.桂林漓江风景名胜区 位于广西壮族自治区东北部。是典型的岩溶峰林地貌，山奇水秀，为著名的山水风景名胜区。“江作青罗带，山如碧玉簪”。山石突起，或孤峰婷婷，或峰丛连座，森列无际。漓江及其支流，环回于石山峰林之间，山环水抱，秀丽无比。素有“桂林山水甲天下”之称。桂林“无山不洞”，以芦笛岩、七星岩等溶洞最著名。风景区内文物古迹很多，仅石刻有两千多件，遍布各风景点，还有秦堤灵渠、秦汉古严关遗址、明靖江王城等。

31.峨眉山风景名胜区 位于四川省乐山地区。包括峨眉山和乐山大佛两部分。峨眉山为平畴突起的断块山。东部低山，势如锦屏，中部群峰如笋，西部山势巍峨，素有“峨眉天下秀”之称。主峰金顶海拔3099米。登金顶可观云海、日出、“佛光”、“圣灯”四大奇观。从山麓到山顶分别属三个不同的气候带，雨量充沛，植物三千多种，故有“植物王国”之称。峨眉山是我国四大佛教名山之一，有报国寺、伏虎寺、万年寺、清音阁、洗象池等名胜古迹多处。乐山大佛在岷江、青衣江、大渡河三江交汇处，开凿于唐，高71米，为全国之冠。与山、水、寺、塔共同组成了一处蜀中胜景。

32.长江三峡风景名胜区 位于四川省东部和湖北省西部。为以长江峡谷水道为主的河川风景名胜区，西起四川奉节，东至湖北宜昌。长江三峡是瞿塘峡、巫峡、西陵峡的总称。两岸群山笔立，崔嵬摩天，幽邃峻峭。三峡以瞿塘雄、巫峡秀、西陵险和观三峡云雨驰名。沿江的名胜古迹有丰都名山、忠县石宝寨、云阳张飞庙、奉节白帝城以及大量赞颂三峡风光的题刻。长江支流大宁河的小三峡，山清水秀，奇峰壁立，林木葱茏，猿声阵阵，饶有野趣。

33.黄龙寺——九寨沟风景名胜区 位于四川省松潘、南坪县境内。是以众多的高原湖泊、瀑布和植物景观为主的自然风景。黄龙寺面对白雪皑皑之玉翠山，沟内彩池密布，遍地奇花异草；九寨沟内有成百个阶梯彩色湖泊，无数飞瀑流泉奔腾倾泻，串连其间，景色秀丽奇艳，世所罕见。黄龙寺、九寨沟二者毗连，但又被高山阻隔为各自独立、各具特点的两大景区。

34.重庆缙云山风景名胜区 位于四川省重庆市北碚区和合川县城附近。包括缙云山、北温泉、合川钓鱼城以及北碚至钓鱼城间嘉陵江沿岸风景名胜。缙云山、北温泉的山岳江河、温泉峡谷、丛林古刹、溪流瀑布、奇葩异卉展示了巴山蜀水幽、险、雄的特色。山中植物有一千七百余种，有“川东小峨眉”之称。合川钓鱼城是南宋抗元的古战场，该城三面临江，屹立江心，尚存古城墙和七座城门以及护国寺、忠义祠等古迹。

35.青城山——都江堰风景名胜区 位于四川省灌县境内。青城山背靠岷山雪岭，面向川西平原，四周密林青翠，岁寒不凋，诸峰环绕，状若城郭，故名。主峰大面山海拔1300米。以幽古闻名，素有“青城天下幽”之称。青城山为我国道教发祥地之一，名胜古迹、文赋墨迹极为丰富。都江堰是我国古代劳动人民创建的伟大水利工程，不仅消除水患，而且使川西平原成为“天府之国”，有都江堰、二王庙、伏龙观、斗犀台、安澜索桥、玉垒关等景点。

36.剑门蜀道风景名胜区 位于四川省绵阳地区。是在连绵不断的秦岭、巴山、岷山之间，以“蜀道”为纽带的风景名胜区。蜀道是从陕西汉中、宁强入川至广元、剑阁，梓潼的古栈道，绵亘数百里。沿线地势险要，风光峻丽，唐代李白有“蜀道难，难于上青天”的描述。蜀道中分布着众多的名胜古迹，有古栈道、三国古战场遗迹、武则天庙皇泽寺、唐宋石刻千佛岩、剑门关、古驿道翠云廊、七曲山大庙、李白故居等。

37.黄果树风景名胜区 位于贵州省镇宁和关岭两县接壤处。为以黄果树大瀑布为中心的风景名胜区。大瀑布位于犀牛滩，落差74米，宽81米，瀑下为水深17米的犀牛潭，瀑布周围景色瑰丽，河流曲折，地形起伏，有许多激流险滩和瀑布群。还有石林、溶洞和布依族、苗族村寨以及红岩碑、关索庙、天龙庙等古迹。

38.路南石林风景名胜区 位于云南省路南彝族自治县境内。石林为石灰岩岩溶地貌的一种特有形态，以怪石林立，突兀峥嵘，千姿百态，变化无穷为特征。其生动奇异的形象，犹如莽莽森林，又似千队万骑，令人遐想联翩，流传下来许多传神的命名和神话故事。石林壁峰之中，翠蔓挂石，金竹挺秀，山花香溢，季鸟和鸣，使千嶂崖峰显得生气盎然。附近还有芝云洞、奇风洞、长湖、月湖、飞龙瀑等景点。当地彝族人民的歌舞、风情，更使风景名胜区增添色彩。

39.大理风景名胜区 位于云南省大理白族自治州。为以苍山洱海为中心的湖泊山岳风景名胜区，包括剑川县石宝山景区和宾川县鸡足山景区。苍山挺拔壮丽，主峰海拔4112米。山上有三千多种植物，是我国植物资源宝库。洱海为高山淡水湖。湖面海拔1966米，碧水清波，山水相映，明媚秀丽。在下关至上关间分布着古南诏德化碑、大理三塔和蝴蝶泉等名胜古迹。这里白族等少数民族有丰富多彩的民居、民俗和许多优美的民间故事、神话传说。

40.西双版纳风景名胜区 位于云南省西双版纳傣族自治州。以允景洪为中心，包括勐仑、勐遮和澜沧江一线，为茂密的原始森林和热带雨林风光，以动植物资源繁多著称。勐仑河谷热带雨林是西双版纳植物王国的缩影。勐遮有景真八角亭、勐邦水库、曼冷缅寺、茶王树等景点。澜沧江一线有称为“孔雀之乡”的橄榄坝、小白塔、仙人洞、大宗河瀑布、虎跳石等景点以及多种野生植物群落。西双版纳是以傣族为主的多民族聚居区，有独特的民俗、民居建筑和园林村落。

41.华山风景名胜区 位于陕西省华阴县境内。西岳华山属秦岭山脉，由花岗岩构成，平地拔起，直插云霄。落雁峰最高，海拔2154米。华山以奇险著称，在青柯坪、千尺幢、擦耳崖、苍龙岭、长空栈等景点。华山松高大参天，多生长在海拔1500米以上的地带，与险峰奇石相得益彰。华山为道教胜地之一。规模宏大的西岳庙位于华阴县城北，还有玉泉院、仙姑观等名胜和许多历代名人题刻，以及神话传说。

42.临潼骊山风景名胜区 位于陕西省临潼县境内。临近古城西安、咸阳，以名胜古迹众多著名。骊山林木苍郁，素有“绣岭”之称，远望似一匹骊马，最高峰海拔914米。周、秦、汉、隋、唐等王朝均在骊山建离宫，利用温泉沐浴，有华清池等名胜。骊山东有秦始皇陵和兵马俑坑，一号坑已建起规模宏大的兵马俑博物馆。兵马俑雕塑精美，造型生动，是文化艺术珍品。骊山西北有五千年前姜寨母系氏族社会村落遗迹，东北还有鸿门宴遗址等。

43.麦积山风景名胜区 位于甘肃省天水县境内。以石窟造像为主，自然风景也很秀丽，分为麦积山、仙人崖、石门三个景区。在僧帽山、罗汉岩、香积山、三扇岩、独角峰等奇峰环抱中，麦积山一秀突起，石窟即开凿于悬崖峭壁上，现存石窟佛龛一百九十四个，泥塑、石雕七千二百余件，壁画一千余平方米，北朝“崖阁”八座，是丝绸之路上的佛教圣地。风景区内植被良好，山峦叠翠，被誉为西北黄土高原的一颗明珠。

44.天山天池风景名胜区 位于新疆维吾尔自治区阜康县境内。是以高山湖泊为中心的自然风景区。天山博格达峰海拔5445米。终年积雪，冰川绵延。天池在天山北坡三工河上游，湖面海拔1900多米。湖畔森林茂密，绿草如茵。随着海拔高度不同可分为冰川积雪带、高山亚高山带、山地针叶林带和低山带四个自然景象带。在天池同时可观赏雪山、森林、碧水、草坪、繁花的景色。附近还有小天池、灯杆山、石峡等景点。天池古称“瑶池”，清乾隆时始以“天镜”、“神池”之意命名为天池。

第二批国家重点风景名胜区名单

一、野三坡风景名胜区 位于河北省涞水县境内，面积四百六十平方公里。风景区内地质年代地层出露比较齐全，分为金京坨、阳明山、佛经洞、金华山、野三坡、拒马河等景区，其中突出的是层次多变的群峰和深邃难测的百里峡谷。“老虎嘴”、“不见天”、“观音回首”、“龙潭映月”等二十余处自然景点，其雄、险、奇景观为华北地区罕见；白草畔景区植物种类繁多，较好地保存了原始森林的自然风貌；拒马河、小西河四季不冻不竭，河岸如意岭下，单体突起的沙丘和百米宽的沙滩与山影水石融汇一起，构成水浴、沙浴、日光浴三结合的天然浴场。区内有省级重点文物保护单位野三坡龙门峡摩崖石刻、大龙门城堡、蔡树庵长城等文物古迹。因地处偏僻，还保留有古老的风俗民情。

二、苍岩山风景名胜区 位于河北省井陉县南部，面积约一百八十平方公里。这一地区历史悠久，地层古老，风景名胜资源丰富。苍岩山福庆寺自然风光与人文景观浑然一体，有碧涧灵潭、桥殿飞虹、虚阁藏幽、说法危台等十六景，虎影仙迹、白鹤泉、观日峰、孤石古柏等七十二观，千姿百态的山景、没皮空心的白檀树、建在断崖危壁间的桥楼殿等。风景区内有北魏至清代的千佛洞石窟寺，柿庄宋、金时代墓群壁画，杨庄古长城以及外围景点娘子关和韩信背水一战的白石岭古战场等古代文化遗址。

三、黄河壶口瀑布风景名胜区 位于山西省吉县和陕西省宜川县之间，面积约一百平方公里，为省级风景名胜区。黄河壶口瀑布以排山倒海的独特雄姿著称于世，气势壮观。五百余米宽的黄河洪流收成一束，从二十余米高的断层石崖飞泻直下，倾入三十余米宽的石槽之中，听之如万马奔腾，视之如巨龙鼓浪，形成“雷首雨穴”、“百丈龙槽”、“彩桥通天”等奇观。区内还有孟门夜月、斗法龟牛等景点及明代码头、同治长城、四铭碑亭、龙门飞渡等人文景观；有唐太宗李世民带兵征战的挂甲山，宋元年间的坤柔圣母殿，其结构与造型为古建筑少见。

四、鸭绿江风景名胜区 位于辽宁省丹东市鸭绿江下游浑江口至江海分界处的大东港之间，江段全长二百一十公里，面积约四百平方公里，包括水丰湖、太平湾、虎山、大桥、东港等五个景区。风景区内碧绿的江水蜿蜒，江中翠岛棋布，沿岸群山叠翠，鹤鸟翱翔，浩瀚的水丰湖是我国东北最大的水库，巍巍虎山是明代长城的起点，鸭绿江大桥是中国人民志愿军抗美援朝战争胜利回国的凯旋门。区内还有一万八千年前丹东人洞穴遗址、汉代西安平县遗址、万里长城遗址以及现代桥梁、水丰电站大坝、园林工程等丰富的人文景观。

五、金石滩风景名胜区 位于辽宁省大连市金州区，海陆面积约一百一十平方公里，由山、海、滩、礁组成。有完整多样的沉积岩，典型发育的沉积构造，丰富多彩的生物化石，是我国北方罕见的震旦系、寒武系地质景观。绵延二十余公里的海岸线，浓缩了古生代距今约五～七亿年的地质历史，是一个天然地质博物馆，受到国内外地质学界高度评价。区内有多种奇特海蚀造型地貌，蚀崖、溶沟、石牙、溶洞等形成一个天然的海滨雕塑公园，可供观赏游览、进行地质科研活动。金石滩有大型海水浴场和垂钓场，为风景区增添了度假休息的丰富内容。

六、兴城海滨风景名胜区 位于辽宁省兴城市，依山面海，面积四十二平方公里。景区集山海、古城、温泉于一地，分为五个景区，有五十多个景点。古城城垣是国内保留完整的四座古代城池之一；温泉储量丰富，可治疗多种疾病；海滨浴场绵延十四公里，沙细滩缓，潮稳波清，亭台楼阁掩映绿树之中；首山平地突起，海拔三百多米，秀木环绕；还有古烽火台和朝阳寺古刹等。菊花岛山石秀美、古树参天，南有伥山岛和阎山岛，北有磨盘山，一大三小相映成趣，岛上还有辽代大龙宫寺、大悲阁、八角琉璃井、唐卫洞古迹。

七、大连海滨——旅顺口风景名胜区 位于辽宁省辽东半岛南端，东临黄海，西濒渤海，包括大连海滨与旅顺口两个景区，由海滨四十五公里公路联成一体，陆域岛屿面积一百零五平方公里。大连海滨景区海岸线长达三十余公里，水面浩瀚，碧海蓝天，岛屿、礁石婷立海面，气象万千；白云山庄莲花状地质构造地貌和由岩溶礁石构成的黑石礁如同“海上石林”，为世所罕见。旅顺口是我国历史上的海上门户，地形雄险壮阔，留有众多古迹，景区内有重点文物保护单位四十七处，其中有中国近代史上记载中日甲午战争和日俄战争以及日本侵华战争的各种工事、堡垒等战争遗迹多处，是进行爱国主义教育的课堂。旅顺口外礁岛棋布，口内峰峦叠翠，自然风光绮丽多彩。

八、松花湖风景名胜区 位于吉林省吉林市，松花湖风景区分为十个景区，面积约七百平方公里。湖区内水面辽阔，植被繁茂，林相丰富，气候宜人。骆驼峰、北天门、五虎山、卧龙潭、石龙壁等景区湖光山色秀美壮丽，适合开展水上、冰上、山上多种游览观光、休憩活动。冬季沿江十里长堤上的冰雪树挂景观，为国内罕见，是本风景区一大特色。区内冰雪资源独具优势，青山雪场景区是我国高山滑雪运动基地。松花湖内有四十八种鱼类和其他水族生物，茫茫林海栖息生长着约一百四十种野生动物和一百六十种野生经济植物，出产“东北三宝”。还有“西团山文化”、原始公社遗址等历史古迹。

九、“八大部”——净月潭风景名胜区 位于吉林省长春市境内，由伪满洲帝国傀儡皇帝宫殿、伪国务院及其下属“八大部”等历史建筑与山清水秀的净月潭自然风光组合而成，面积一百五十一平方公里，1986年定为省级风景名胜区。这里也是一种类型的历史纪念地，通过实物使人们了解中国这段灾难历史，从中得到教益，伪皇宫位于城区东北部，宫殿分内外两庭。外庭主要有勤民楼、怀远楼、嘉乐殿；内庭主要有缉熙楼、同德殿，还有御花园、书画库、跑马场等附属建筑，为省级重点文物保护单位。净月潭位于市区东南，分为潭北山色、潭南林海、月潭水光和潭东村舍四个景区，水景为主，山村衬托，植被丰富，有大片森林、山花、药用植物以及脊椎动物八十二种，鸟类六十多种。山村中有金代古墓两处。

十、云台山风景名胜区 位于江苏省连云港市，包括花果山、孔望山、宿城、海滨四大景区，面积约一百八十平方公里，1984年定为省级风景名胜区。山岳地层经长期的海水浸蚀冲刷和频繁的地质变化，形成有千奇百态的海浪石、海蚀洞及壮丽的石海胜景。景区内大小山头一百三十四座，峻峰深涧，奇岩坦坡；玉女峰为江苏省最高峰；云台山为我国古代文学名著《西游记》花果山的原型，为景区增添了神奇色彩。孔望山有丰富的古代文化遗迹。宿城景区幽谷深邃，有“世外桃源”的意境，海滨则宏阔舒朗。风景区植被覆盖率达80%以上。

十一、蜀岗瘦西湖风景名胜区 位于江苏省扬州市西北部，由古城遗址、蜀岗名胜、瘦西湖自然风光和古典园林群等组成，面积六点三五平方公里，1984年定为省级风景名胜区。古城遗址位于风景区北部，为春秋战国吴王夫差筑的邗城、汉吴王濞筑的广陵城、十里长街的唐城以及后周的周小城、宋宝佑城遗址，城区遗址保存较好。蜀岗有唐鉴真大和尚东渡日本前主持的大明寺、北宋欧阳修营建的平山堂及苏轼建造的谷林堂等古典园林和古建筑，有1973年新建的鉴真纪念堂。瘦西湖景区湖水面积九点七公顷，湖区利用桥、岛、堤、岸的划分，使狭长湖面形成层次分明、曲折多变的山水园林景观。

十二、天台山风景名胜区 位于浙江省天台县城北，面积一百零五平方公里，1985年定为省级风景名胜区。天台山属仙霞岭支脉，主峰华顶山海拔一千一百一十米。区内悬崖峭壁，峰峦连绵，植被繁茂，溪瀑奔泻。主要景点有华顶山、水珠帘、仙人座、絮云洞等。天台山植物种类繁多，有黄山松、金钱松、竹柏、银杏、厚朴、红楠等。天台蜜桔久负盛名，六绵杜鹃遍布高山，盛产雾茶及多种中药材。天台山开发于东晋，隋智顗大师建寺创佛教“天台宗”，现有国清、高明、方广等古寺庙，其中国清寺区范围内有唐一行墓、宋报恩塔、历代摩崖、碑刻及佛像等珍贵文物。赤城山洞为道教十大洞天之一。

十三、嵊泗列岛风景名胜区 位于浙江省舟山群岛北部，由钱塘江与长江入海口会合处的数以百计岛屿群构成，气候宜人，具有滩多、礁美、石奇的特色，1985年定为省级风景名胜区。景观较集中的有泗礁、黄龙、枸杞、嵊山、花鸟等岛。沙细滩阔，坡度平缓，其中泗礁岛上的基湖沙滩面积约六十万平方米，南长涂沙滩面积约四十万平方米，是理想的海浴场所。嵊山东崖、黄龙岛元宝石等众多奇石怪礁耐人观赏，妙趣横生。岛上有明清以来摩崖石刻多处。花鸟岛有建于1870年的远东第一大灯塔，与渔港景色、渔村风貌等组成了特有的景观。嵊泗夏季凉爽，海产品丰富，适于避暑度假。

十四、楠溪江风景名胜区 位于浙江省永嘉县境内，1985年定为省级风景名胜区。楠溪江系瓯江下游最大的支流，干流全长一百四十五公里，江流蜿蜒曲折，两岸绿林葱郁，呈典型河谷地貌景观。风景区沿江分布，可分为小楠溪至大若岩、古庙溪至太平岩、花坦溪至水岩、孤山溪至狮子岩、鹤成溪至石桅岩、张溪至四海山六个景区。景区内有“百丈瀑”、“含羞瀑”、“莲花瀑”、“梯瀑”等五十多处瀑布。奇岩林立，石桅岩一峰拔起，三面环溪，相对高差三百多米。有台湾水青冈、银杏、华西枫杨等多种国家重点保护珍贵树种。大若岩山麓江滨村寨风貌独特，保存有宋代以来亭台楼阁、庙观祠殿牌楼等古建筑。

十五、琅琊山风景名胜区 位于安徽省滁州市西，古称摩陀岭，包括琅琊山、城西湖、姑山湖、三古等四大景区，面积一百一十五平方公里，1987年定为省级风景名胜区。主要山峰有摩陀岭、凤凰山、大丰山、小丰山、琅琊山等，以茂林、幽洞、碧湖、流泉为主要景观特色。区内动植物种类繁多，乔木树种有三百二十七种。琅琊山人文景观丰富，有始建于唐代的琅琊寺。醉翁亭为我国四大名亭之一，它和丰乐亭都因镌有欧阳修文、苏东坡字而著名。三古景区（古关隘、古驿道、古战场）、卜家墩古遗址留下了大量的古迹和文物。此外著名碑碣有唐吴道子画观音像，唐李幼卿等摩崖石刻、元代数百处摩崖石刻等。

十六、清源山风景名胜区 位于福建省泉州市北郊，包括清源山、九日山、灵山圣墓和西北洋四大景区，面积五十多平方公里，1987年定为省级风景名胜区。清源山是闽中戴云山余脉，峰峦起伏，石壁参差，望州亭巨石、罗汉峰等象形岩石遍布全山。山上水景丰富，泉、涧、潭、瀑约有一百三十五处。区内人文景观数量多且集中，唐以来各个朝代儒、道、佛三教竞相占地造宇。现有中外驰名的开元寺、紫泽宫道观等。宋代老君造像是国内尚存的最大道教石雕造像，伊斯兰教的灵山圣墓被誉为“世界第三麦加圣地”。

十七、鼓浪屿——万石山风景名胜区 位于福建省厦门岛南部，与金门岛隔海相望，总面积二百三十多平方公里，有“海上花园”之称。鼓浪屿面对大海，周围被大陆、半岛、列岛所环抱，形势壮阔。岛山岗峦起伏，露天岩多呈球块状，日光岩、英雄山等巨石堆垒，势如涌出。景区内四季如春，林木苍翠，花草斑斓，建筑多依山而筑，环境幽雅，并有郑成功水操台故址、郑成功纪念馆等历史遗迹。万石山景区位于市区南部，巨大孤石万千散布，奇岩怪石构成独特地质景观。万石湖畔，有热带、亚热带观赏树木四千余种。五老峰下有唐代南普陀寺，营造精致，为闽南佛地之一。

十八、太姥山风景名胜区 位于福建省福鼎县南部，面积约六十平方公里，1987年定为省级风景名胜区。太姥山屹立东海之滨，峰峦交错，裸露的花岗岩形成狭谷、峭壁、深渊等多种景观，特别是据有各种民间传说的造型景石三百六十余处。此外，珍珠泉、七龙泉、九曲泉、兰溪、九鲤溪及溪口、龙庭、赤鲤三大瀑布等泉、溪、瀑布也富有特色。景区内人文景观丰富，有朱熹隐居处、郑樵讲学处、明抗倭古战场及历代摩崖石刻数十处，还有国兴寺、白云寺、瑞云寺等规模较大的寺庙。

十九、三清山风景名胜区 位于江西省玉山、德兴两县境内，包括西华台、三清宫、玉京峰、三洞口、梯云岭、玉灵观、石鼓岭等七个景区，面积约二百二十平方公里，主峰玉京峰海拔一千八百多米，1985年定为省级风景名胜区。景区以奇峰异石、泉瀑溶洞、云海佛光、名贵动植物、第四纪冰川遗迹等构成丰富的自然景观，被誉为“黄山姊妹山”，其中“巨蟒出山”、“女神峰”和“观音听琵琶”为三大奇景。景区内植被垂直分布明显，有一千多种植物，其中珍贵稀有植物黄山松、华东黄杉、华东铁杉等。人文景观有包括三清宫道观在内的古建石刻二百二十余处。

二十、龙虎山风景名胜区 位于江西省鹰潭市西南，地跨贵溪、余江两县，面积约二百平方公里，1985年定为省级风景名胜区。龙虎山属武夷山余脉，具有典型丹霞地貌特征。区内奇峰竞出，丹崖碧水，有龙虎山、排衙石、张家山、尘湖山、五湖等一百六十多处景点。贯通景区的芦溪水，联结各主要景点，既可泛舟赏景，亦可徒步游赏。龙虎山人文景观十分丰富，是道教正一派发源地，有著名道观大上清宫。仙水岩至飞马祖岩长达十华里的山崖洞穴里，有春秋战国时期古越族崖墓群。龙虎山东部的象山有南宋大理学家陆九渊的“象山书院”等。

二十一、胶东半岛海滨风景名胜区 位于山东省胶东半岛东北部，包括陆上烟台蓬莱和威海成山头两片区及海上长山岛、黑山岛、庙岛、刘公岛等岛屿，1985年定为省级风景名胜区。区内海湾岬角曲折多姿，地形起伏，林木繁茂，海蚀地貌如天然群雕，人文景观十分丰富。蓬莱以“海市蜃楼”驰名中外，蓬莱水城是国内保护完好的古代海军基地。水城西北丹崖山巅的蓬莱阁，面海凌空，气势雄伟，是神话里“八仙过海”的地方。长岛有“海上仙岛”之称，威海刘公岛是我国著名海上重镇，北洋水师曾在此建立基地。成山头是我国东部“天涯海角”，地势险要，秦始皇两次登临，留有众多古迹，历代著名的风景名胜地。

二十二、大洪山风景名胜区 位于湖北省，地跨随州市和钟祥、京山两县，主峰海拔一千多米，面积约三百三十平方公里，1987年定为省级风景名胜区。景区内有成片的楠木等数十种名贵树木和漫山的兰蕙、杜鹃等数百种奇花异草。古树参天、峰峦叠翠，成为本景区主要特色。区内有上百个溶洞，海拔八百五十米的“鄂中瑶池”、白龙池和落差一百余米的柳门口四叠飞瀑，为华中地区罕见。区内保存有“屈家岭”、“冷坡垭”等新石器文化遗址，绿林军起义的古战场遗址、随州曾侯乙墓编钟、明嘉靖皇帝之父墓陵以及第二次国内革命战争旧址等大量文物古迹。

二十三、武陵源风景名胜区 位于湖南省西北部，包括大庸市张家界、慈利县索溪峪和桑植县天子山三个景区，总面积约三百六十平方公里。武陵源风景区地层以红砂岩、石英砂岩为主，经长期地质变化、水流切割、风化剥蚀，形成罕见的砂岩峰林峡谷地貌，数以千计的石峰危岩平地拔起，形态各异，婷婷玉立于金鞭溪、索溪等峡谷两侧。峰上奇松挺拔，灌木丛生，时有云雾萦绕，景色神奇。区内山奇水秀，湖、潭、溪、瀑比比皆是，野生动植物资源丰富。此外还有张良墓、马公亭、朝天观、龙凤庵、接风庙等人文景观。

二十四、岳阳楼洞庭湖风景名胜区 位于湖南省岳阳市，包括岳阳楼古城区、君山、南湖、团湖、芭蕉湖、汨罗江、铁山水库、福寿山、黄盖湖等九个景区，总面积一千三百多平方公里，1987年定为省级风景名胜区。雄踞洞庭湖的岳阳楼，建筑精巧雄伟，为我国江南三大名楼之一，尤以楼内范仲淹的《岳阳楼记》宋代匾额著称于世。洞庭湖烟波浩渺，横无涯际。君山地形独特，古迹众多，为洞庭湖中最大岛屿。岛上历有三十六亭、四十八庙、舜帝的“二妃墓”、汉武帝的“射蛟台”等珍贵历史文物。汨罗江畔有屈子祠、杜甫墓等。

此外，附近还有慈氏塔、宋代文庙、鲁肃墓、黄盖湖三国古战场等名胜古迹。

二十五、西樵山风景名胜区 位于广东省南海县西南部，面积十四平方公里。西樵山是七、八千万年前由海底火山喷发岩浆、岩块、火山灰后形成的死火山，山体外陡内平，状若莲衣复合，大秤峰居群峰之首，九龙岩、冬菇石、石燕石等峰岩形态万千。西樵山岩石节理发育，裂隙纵横，富有潜水，形成多处水景，有二百三十二口泉眼，二十八处瀑布。早在新、旧石器时代西樵山就有人类活动，留下历代地下采石场等许多历史遗迹，史学界称为“西樵山文化”。明朝中叶成为南国理学名山，保存有“云泉仙馆”、“白云古寺”、大量摩岩石刻等文物古迹。

二十六、丹霞山风景名胜区 位于广东省仁化、曲江两县境内，包括丹霞山、韶石山、大石山三个景区，面积约一百八十平方公里，为省级风景名胜区。风景区内红色砂砾岩层形成的独特地貌，奇峰林立，丹崖赤壁，地学中的“丹霞地貌”一词源出于此。丹霞山多茂密的中亚热带常绿阔叶树林，红岩绿树，景色绚丽。区内锦江蜿蜒穿行于峰峦之间，岩穴古洞、流泉飞瀑时时可见，有岭南名刹别传寺、锦石岩庵堂及金龟岩、五仙岩、燕岩等多处寺庙古迹，还有舜帝南巡奏韶乐胜迹及丰富的摩岩石刻等人文景观。风景区外围地区有金鸡岭、九泷十八滩、南阜寺、古佛寺马坝人出土遗址等自然历史遗迹。

二十七、桂平西山风景名胜区 位于广西壮族自治区桂平县境内，以西山为中心，包括金田村、金田营盘、浔州古城、白石洞天、大滕峡、罗丛岩、紫荆山、大平山原始森林等，总面积约二千平方公里。桂平西山以“石奇、树秀、泉甘、茶香”著名，峰峦嵯峨，数十乃至百余立方米的巨石叠阵，加之绿荫遍地、古树参天，形成壮丽景色。西山历史悠久，保留有较为完整的广西佛教建筑、庙宇，历代文人墨客赞赏西山诗词对联四千余首，周围有太平天国革命遗址金田村等历史文化遗存。

二十八、花山风景名胜区 位于广西壮族自治区宁明、龙州两县境内，以古代壮族的大量山崖壁画为主要特色，分布于二千八百多平方公里范围之内，大壁画有六十四处，最集中的是花山和棉江两处。宁明花山高约二百五十米，形似鹰嘴，峭壁临江，钟乳凝结。崖壁画面巨大，高约四十米，长约二百米，有各种人、物图像三千一百余幅，人像最高达三米，最小的只有三十厘米，并有各种鸟兽和圆形图案，岩画用赤红色单线条勾勒，线条粗犷，形象生动，是研究壮族历史文化及民族学、考古学、民俗学的珍贵史料。风景区内峰峦耸秀，碧水萦回，风光秀丽，有酒壶山、白鹤山、神仙板、宝剑山、紫霞洞、响水瀑等景点，自然景观和其它人文景观丰富。

二十九、贡嘎山风景名胜区 位于四川省甘孜藏族自治州境内，以贡嘎山为中心，包括泸定县海螺沟、九龙县伍须海和康定县木格错，面积一万余平方公里，1986年定为省级风景名胜区。贡嘎山海拔七千五百多米，主峰周围六千米以上的高峰四十五座，现代冰川一百五十九条。海螺沟内有我国最高最大的冰瀑布及冰川孤、冰川断层、冰川消融等景观。九龙伍须海和康定木格错以高山湖泊、原始森林、草原、瀑布、温泉为景观特色。区内高原植物野生动物种类丰富。贡嘎山是红军长征经过的地方，有泸定铁索桥等许多革命史迹、遗址。

三十、金佛山风景名胜区 位于四川省南川县境内，山体海拔八百～二千二百多米，面积约二百六十平方公里，1986年定为省级风景名胜区。金佛山古称九递山，素为巴蜀四大名山胜景之一，古称“南方第一屏障”，以原始奇特的自然山峦、林壑为特色。植物群落随地势高差呈垂直带分布。奇特的方竹和实心竹漫山遍野。区内岗岭崖壁、沟涧洞石兼有，瀑、溪、泉众多。“三泉映辉”以在同一断面有三眼不同温度的热泉水而著名。还有一日三涨的潮水泉和常年恒量的一碗水泉等。因特定自然条件形成的气象景观有金佛晚霞、白云朝晖等。

三十一、蜀南竹海风景名胜区 位于四川省长宁、江安两县境内，面积约一百二十平方公里，以竹林景观为主要特色，兼有许多文物古迹，1986年定为省级风景名胜区。景区内峰峦二十八座，山山皆竹，郁郁葱葱，以楠竹为主，有人面竹、花竹、算盘竹、绵竹、黄竹、罗汉竹、香妃竹等三十余种。数十条飞瀑流泉不竭，三叠飞瀑高约二百米，宽约十五米，十分壮观。山岭有洞穴二十余处，仙寓洞长五百米，半面敞宽，洞内雕像石刻神态逼真。天宝洞长一千五百米，高二十米，为半边山洞，上为形似刀削的红色石壁，下面深谷万丈，春夏红岩绿树，繁花似锦。

三十二、织金洞风景名胜区 位于贵州省织金县境内，面积约四百五十平方公里，1987年定为省级风景名胜区，分为织金古城、织金洞、裸结河峡谷、洪家渡等四大景区。织金城始建于1382年，古城三面环山，一水贯城，城内有清泉七十一处，庵、堂、庙、寺五十余处，其中财神庙以结构奇特著称，保安寺与山洞地势巧妙结合。织金洞属高位旱溶洞，是我国大型溶洞之一，全长十多公里，面积三十多万平方米，两壁最宽处一百七十三米，垂直高度大多在五十至六十米，最高达一百五十米。洞内空间开阔，岩质复杂、渗漏多变，分为“迎宾厅”、“万寿宫”等十个景点，拥有四十多种岩溶堆积形态，各具特色，被称为“岩溶博物馆”。洞外有地面岩溶、峡谷、溪流、瀑布等自然景观。这里有布依、苗、彝等少数民族，许多民族风情颇受人们喜爱。

三十三、㵲阳河风景名胜区 位于贵州省镇远、施秉、黄平三县境内，面积四百平方公里，1987年定为省级风景名胜区。㵲阳河谷分西峡、龙王峡、诸葛峡及高碑湖。峡内奇峰碧水，岩浴钟乳，景点四十多处。云台山位于㵲阳河上游，地形起伏大，众多孤峰高达三百余米，组成千山万壑的岩溶景观。铁溪为㵲阳河支流，两岸原生植被丰富，石柱峰等奇峰异石耸立于河谷之中。镇远历史文化名城，有青龙洞、中元洞、和平村、中共镇远地下党支部旧址等人文景观，以青龙洞为代表的古建筑群，依山傍水，布局和设计别具特色。

三十四、红枫湖风景名胜区 位于贵州省清镇、平坝县境内，湖水面积五十七平方公里，湖中岛屿一百多个，以岩溶地貌和湖光山色为特色，1987年定为省级风景名胜区。湖区分为北湖、中湖、南湖和后湖。北湖碧波万顷，中湖水狭山奇，南湖山重水复，后湖群峰环水。南湖将军湾溶洞群中的将军洞，长达六百多米，有三个洞中湖，白而透明的各种钟乳石倒映水面，似水晶宫殿，形成山里有湖、湖里有岛、岛上有洞、洞中有湖、洞湖相通的奇特景色。

三十五、龙宫风景名胜区 位于贵州省安顺县境内，面积二十四平方公里，1987年定为省级风景名胜区。龙宫风景区以壮观瑰丽的水溶洞、洞穴瀑布和旱溶洞独特的岩溶地貌为特色，并有田园山寨、山野峰峦、嶙峋石林及丰富多采的民族风情作衬托。地下暗河全长十五公里，穿越大小二十多座山，串连九十余个洞穴。

三十六、三江并流风景名胜区 位于云南省西北横断山脉纵谷地区，金沙江、澜沧江、怒江三条大江在云南省境内并靠奔流四百多公里，最近处直线距离仅六十六公里，这种景象世所罕见，加之无际山野峡谷，形成地貌奇观。风景区分金沙江、澜沧江和怒江、独龙江三个片区。景区内高山雪峰横亘，梅里雪山连绵数百里，太子雪山海拔六千七百四十米，是云南第一高峰。有澜沧江石登至中排峡谷、怒江双腊瓦底嶂谷等高山峡谷相间并行的大峡谷，在澜沧江沿途有欧亚板块和印度板块碰撞的地质现象。中甸县大人雪山丫口有秀丽的林海雪原景观。该风景区藏族、纳西、傈僳等少数民族聚居地民风民俗丰富多姿。

三十七、昆明滇池风景名胜区 位于云南省昆明市。滇池为滇中高原的陷落湖，水面海拔一千八百多米，面积约三百平方公里。西山为滇中名山，有“睡美人”之称誉，登山揽湖，“五百里滇池，奔来眼底”，令人心旷神怡；山上林木苍翠，有元代华亭、太华西佛寺建筑群，有嵌缀峭壁之上的三清阁建筑群。西岸片区有大观楼、海埂、西园、曹溪寺以及城西北筇竹寺等重点景区、景点。东岸片区为滇文化发祥地，有呈贡龙潭山旧石器时代遗址、石寨山新石器时代遗址、天子庙战国“滇墓”、晋城古镇等。

三十八、丽江玉龙雪山风景名胜区 位于云南省丽江、宁蒗、中甸三县境内，由四个景区组成，总面积七百七十多平方公里。玉龙雪山有终年积雪的雪峰十三座，南端主峰扇子陡，海拔五千五百多米。位于玉龙雪山与哈巴雪山之间的虎跳峡，峡谷迂回约二十公里，江面最窄处仅三十米，江滩至两岸峰顶高差约三千九百米，为世界最深峡谷。长江第一湾，历来兵家必争之地，以山峦、奇岩、溶洞为特色。泸沽湖景区内深林幽湖与少数民族古风民俗融为一体。丽江古城民居独具风格，在我国建筑史上占有重要地位。风景区内纳西族千余年前创造的东巴文、纳西古乐、白砂壁画等有较高历史文化价值。

三十九、雅砻河风景名胜区 位于西藏自治区山南地区南部，是藏民族的发祥地之一。这里雪山冰川、田园牧场、河滩谷地、古老文化遗址和民风民俗等构成一幅幅神秘、古朴而又壮丽的画面。区内植物种类丰富，植被随海拔变化呈垂直带分布。人文景物有西藏最早的宫殿雍布拉康、西藏第一座寺庙桑鸢寺、全国重点文物保护单位昌珠寺和藏王墓群等。保留着中世纪建筑特色的民居以及民风习俗、宗教活动等，都具有鲜明的地区特点。

四十、西夏王陵风景名胜区 位于宁夏回族自治区银川平原西部。风景区由滚钟口、西夏王陵、拜寺口和三关古长城四个景区组成，1983年被定为自治区级风景名胜区。西夏（公元1038～1227年）王朝建都银川，贺兰山当时即被当作皇家林苑。山上建有“离宫”、“避暑宫”等皇家宫殿和皇家寺院。贺兰山绝壁千仞，松林如海，极目东望，银川平原黄河如带，阡陌纵横，沟渠如网，稻谷飘香，一派“塞上江南”景色。规模宏伟的西夏王陵古墓群为代表的西夏文物古迹是研究西夏文化历史的宝贵资源。

国家第一批历史文化名城名单（24个）

北 京

燕、蓟重镇，辽的陪都，金、元、明、清的故都，地上地下文物保存非常丰富，为世界闻名的历史文化古城。有天安门、人民英雄纪念碑、毛主席纪念堂、故宫、北海、天坛、颐和园、十三陵、万里长城和中国猿人遗址等重要革命和历史文物。

承 德

位于河北省北部。古代属幽燕地区，清代为直隶承德府。现在除保存古长城外，还有避暑山庄（又称承德离宫或热河行宫），外八庙等大量具有历史艺术价值的古建筑。

大 同

位于晋北大同盆地。古城平城，是北魏初期的国都，辽、金陪都，有公元四五三至四九五年北魏时期开凿的云冈石窟。古建筑很多，如上下华严寺、善化寺、九龙壁等。

南 京

为东吴、东晋、南朝、明朝等建都的历史名城，素有虎踞龙盘之称。文物古迹很多，有石头城、南朝陵墓、石刻和明孝陵、明故宫遗址、太平天国天王府、孙中山临时大总统办公处、中山陵等。

苏 州

春秋时为吴国都城，隋、唐为苏州治所，宋代为平江府。历来是商业手工业繁盛的江南水乡城市，与杭州齐名，并称“苏杭”。保存着许多著名的古代园林，集中了我国宋、元、明、清建造的园林艺术精华。

扬 州

春秋吴王夫差开始在这里筑“邗城”，隋朝开凿大运河以后，更成为南北交通的要冲，工商业发达、文化繁荣，是历史上闻名的商业城市和中外友好往来的港口。有唐城遗址、史公祠、平堂山、瘦西湖、何园、个园等文物古迹。

杭 州

我国古都之一，秦置钱塘县，隋为杭州治，五代时是吴越国都，南宋时以此为行都，是世界著名的游览城市，西湖风景秀丽，名胜古迹很多，如灵隐寺、岳庙、六和塔等。

绍 兴

春秋时为越国都城。有著名的兰亭、清末秋瑾烈士故居、近代鲁迅故居和周恩来同志祖居等，是江南水乡风光城市。

泉 州

位于福建省晋江下游北岸。唐时设州。南宋和元朝曾为我国最大的对外贸易港口，为著名的侨乡。现存名胜古迹很多，著明的有清净寺、开元寺、洛阳桥、九日山摩崖石刻、清源山等。

景德镇

位于江西省东北部，是古代的瓷都，保存很多古代窑址、明代民居以及宋塔等古建筑。现在是以生产瓷器为主的工业城市。

曲 阜

位于山东省中部偏南。春秋战国时为鲁国都城，秦置鲁县、隋改曲阜。有孔子故里，孔府、孔庙、孔林和鲁国故城遗址。

洛 阳

为我国著名的九朝故都。名胜古迹以市南龙门石窟最有名。城东白马寺是我国第一座佛寺。还有汉魏故城遗址、西周王城、隋唐故城遗址、关林以及大量的古墓葬。

开 封

古称汴梁。五代后周、北宋均建都于此，称东京，为著名古都之一。文物古迹有铁塔、繁塔、龙亭、禹王台、大相国寺和北宋汴梁城遗址等。

江 陵

位于湖北省中部偏南。春秋楚国都城郢都在此。汉置江陵县，唐为江陵府，清为荆州府治。现存有楚纪南城遗址、明代城垣和大量古墓群等。

长　沙

秦置长沙郡，辖今湖南东部，隋改今名，唐天宝年间曾改为潭州，明改为长沙府。有毛泽东同志早期从事革命活动的中国共产党湘区委员会旧址（清水塘）、湖南第一师范学校、爱晚亭、船山学社等。还有麓山寺、岳麓书院、马王堆西汉古墓等古迹。

广　州

秦为南海郡郡治所在，五代十国时为南汉都城，一直是我国对外交通贸易的港口和城市。近代反帝反封建斗争迭起，是第一次国内革命战争的策源地。有光孝寺、南海神庙、六榕寺花塔、镇海楼、三元里平英团旧址、广州公社旧址等文物古迹。

桂　林

历史上是广西政治、文化中心和军事重镇。秦始皇时在此开凿了著名的水利工程——灵渠。漓江流经市中，还有独秀峰、叠彩山、七星岩、月牙山、芦笛岩等，山清水秀，素有“桂林山水甲天下”之称。

成　都

秦汉以后，一直是西南的政治、经济和文化中心。名胜古迹很多，著名的有杜甫草堂、武侯祠、王建墓、望江楼、青羊宫等等。

遵　义

位于川、黔交通线上，向为黔北重镇。一九三五年一月，中国工农红军长征途中，在此召开了中国共产党中央政治局扩大会议，确立了毛泽东同志在全党的领导地位，在中国共产党历史上具有伟大意义。城内和周围有遵义会议会址、毛泽东同志旧居和红军坟、娄山关等等。

昆　明

汉代为建伶、谷昌县地，唐为益宁县，元置昆明县，为中庆路治所。有汉、彝、回、苗、白、傣等民族。有滇池、西山、翠湖、圆通山、金殿、大观楼、黑龙潭等文物古迹。

大　理

位于云南省大理白族自治州中部、洱海之滨，为南诏及宋代大理国都城所在地，又是我国与东南亚诸古国文化交流、通商贸易的重要门户。现保存的南诏太和城遗址、大理三塔、南诏德化碑等，是体现云南与中原地区文化密切关系的重要文物。

拉　萨

位于雅鲁藏布江支流拉萨河北岸，从公元七世纪初，就是西藏地区的政治经济中心，是座历史悠久的古城。市内尚保存着宏伟的布达拉宫、大昭寺和罗布林卡园林等重要古建筑。

西　安

位于关中平原渭河南岸，原名长安。周、秦、汉、西晋、前秦、赵秦、后秦、西魏、北周、隋、唐都建都于此，是世界闻名的历史古城。遗存有大量地上地下文物，如西周的丰、镐，秦阿房宫，汉长安城，唐大明宫遗址、大雁塔、小雁塔以及明钟楼、鼓楼、碑林等。周围还有秦俑博物馆、古咸阳城、半坡遗址等。

延　安

在陕北延河之滨。城区有宝塔山、凤凰山和清凉山对峙，是我国革命圣地。一九三七至一九四七年，中国共产党中央和毛泽东同志在此领导全国革命。解放后建有革命纪念馆。

第二批国家历史文化名城名单（38个）

上　海

上海是我国近代科技、文化的中心和国际港口城市。古代这里为海滨村镇，唐天宝十年（751年）设华亭县，宋设上海镇，元置上海县。上海具有光荣的革命历史，是中国共产党的诞生地，近、现代许多重要历史事件和历史人物的活动都发生在这里，如小刀会起义、五卅运动、上海工人三次武装起义、淞沪抗战等。现存革命遗址有中共一大会址、孙中山故居、鲁迅墓、宋庆龄墓、龙华革命烈士纪念地等。文物古迹有龙华塔、松江方塔、豫园、秋霞浦、唐经幢等。上海近代的各式外国风格建筑在建筑史上也具有重要价值。

天　津

天津是我国北方重要的港口贸易城市、交通枢纽。从金、元时起，由于漕运兴盛促进商业繁荣而发展起来。明代在此设卫建城，进一步奠定了古城的基础。保存的文物古迹有天后宫、文庙、广东会馆等。革命遗址有大沽口炮台、望海楼遗址、义和团吕祖堂坛口遗址、觉悟社、平津战役前线指挥部等。传统文化艺术有泥人张彩塑、杨柳青年画、天津曲艺等。现存的过去各国租界地的外国式建筑和清末民国初年的别墅式建筑和街道，如同一个近代"建筑博物馆"，很有特色。

沈 阳

位于辽宁省中部，汉代建侯城，辽、金时为沈州，明代在金、元旧城址上重建沈阳中卫城，一六二五年清太祖努尔哈赤迁都沈阳，扩建城池，增筑外城，是清入关前的政治中心。沈阳故宫是除北京故宫外，保存最完整的宫殿建筑群。城北的北陵（昭陵）和城东北的东陵（福陵）是皇太极和努尔哈赤的陵墓。其它文物古迹还有抗美援朝烈士陵园、周恩来同志少年读书处，以及永安石桥、塔山山城和一些寺观等。

武 汉

位于长江的中游，武昌、汉口、汉阳三镇相联，水陆交通便利，号称九省通衢。武汉历史悠久，自商周、春秋、战国以来即为重要的古城镇，宋、元、明、清以来就是全国重要名镇之一。武汉还是革命的城市，辛亥革命武昌起义、"二七"罢工、"八七"会议等都发生在这里。现存的革命遗址、名胜古迹，有武昌起义军政府旧址，二七罢工旧址，八七会议会址，向警予、施洋烈士墓及胜象宝塔、洪山宝塔、归元寺、黄鹤楼、东湖风景名胜区等。

南 昌

位于江西省北部，赣江下游，为江西省的省会，全省政治、经济、文化的中心。南昌水陆交通发达，形势险要，自古有襟三江而带五湖之称。汉代在此设了豫章郡治，隋为洪州治，唐、五代至明、清一直是历史名城。南昌还是革命的英雄城市。一九二七年八月一日，周恩来、朱德、贺龙等在中共前敌委员会领导下，组织了南昌起义，打响了反对反动统治的第一枪，开创了中国共产党领导的武装斗争和创建人民军队的新纪元。现存的革命遗址和名胜古迹有"八一南昌起义"总指挥部旧址和纪念馆、纪念塔、革命烈士纪念堂、方志敏烈士墓及青云谱、百花洲等。

重 庆

位于长江与嘉陵江汇合之处，水陆交通发达。战国时候，重庆为巴国国都，称江州。其后两千多年一直为重要的城市，留下的文物古迹有巴蔓子墓、船棺、岩墓、汉阙等。在近代史上，重庆也占有重要的地位。辛亥革命时期为同盟会的重要根据地之一，抗日战争时期，以周恩来同志为首的中共南方局驻在这里。现存有曾家岩、红岩村八路军办事处旧址，新华日报旧址及白公馆烈士牺牲纪念地等。还有南温泉、北温泉、缙云山等名胜古迹。

保 定

位于河北省中部，西周属燕，至战国中期为燕国辖地，北魏建县，唐至明为州、路、府治，清为直隶省省会。今旧城始建于宋，明增筑，尚存部分城墙。保定不仅是历代军事重镇，还是一座著名的文化古城。自宋设州学，清末、民国初年曾为北京的文化辅助城市。革命纪念地有保定师范学校、育德中学、协生印书局、石家花园等。文物古迹有大慈阁、古莲花池、钟楼、直隶总督署、慈禧行宫、清真西寺等。

平 遥

位于山西省中部，城始建于周宣王时期。现在保存完整的城池，为明洪武初年重建，城墙高十二米左右，周长六点四公里，有垛口、马面、敌楼、角楼、瓮城等。城内街道、商店、衙署等比较完整地保持着传统格局和风貌，楼阁式的沿街建筑、四合院民居以及市楼、文庙、清虚观等古建筑都很有特色。城北的镇国寺万佛殿和殿内塑像是五代遗物，雕塑和壁画十分精美。城西南的双林寺，殿宇规整，寺内彩塑也有很高艺术价值。

呼和浩特

"呼和浩特"蒙语意为青色的城，自古就是北方少数民族与汉族经济文化交往地。现老城为明代所建，清初在其东北建新城。呼和浩特有许多喇嘛庙，著名的有大召、席力图召、乌素图召等。此外，还有金刚宝座塔、清真大寺、将军衙署旧址、昭君墓、万部华严经塔、清公主府等名胜古迹。

镇 江

春秋时称朱方、谷阳，秦称丹徒，三国时孙权筑京城后称京口，北宋始称镇江，为府治。沿长江有著名的京口三山，金山有金山寺、慈寿塔、"天下第一泉"等；焦山有定慧寺和"瘗鹤铭"等著名碑刻，北固山有甘露寺及宋铸铁塔等，南朝梁武帝称之为"天下第一江山"。市内文物古迹有元代石塔，石塔附近还保持着古街道风貌，还有清代的抗英炮台和纪念辛亥革命先烈的伯先公园，南郊风景区有招隐寺等。

常 熟

商末称勾吴，西晋建海虞县，南朝梁时称常熟，自唐以后为县治所在。古城布局独特，城内有琴川河，西北隅有虞山伸入，人称“十里青山半入城”。现虞山上保存有明代城墙遗迹，城内街道基本保持明、清格局。文物古迹有商代仲雍墓、春秋言子墓、南朝梁昭明太子读书台、南齐兴福寺宋代方塔、元代大画家黄公望墓等。虞山风景秀丽，有剑门奇石、维摩寺、辛峰亭等名胜。

徐 州

尧封彭祖于此，称大彭氏国，春秋有彭城邑，战国时为宋都，项羽亦曾在此建都，三国时为徐州州治，清代为府治。自古兵家必争，是有名的军事战略要地。文物古迹有汉代戏马台遗址、兴化寺、大士岩、淮海战役烈士陵园，还有汉墓多处，出土有汉画像石、兵马俑、银缕玉衣等。所辖沛县有元代摹刻刘邦“大风歌”碑。南郊有云龙山、云龙湖风景区。

淮 安

位于江苏省北部，秦汉设县，隋、唐至清历为州、郡治，元、明以来，漕运、商业发达，为运河要邑。城池始建于晋，元、明增筑，三城联立，至今格局未变，尚保留有部分城墙遗迹。文物古迹有周恩来同志故居、青莲岗古文化遗址、文通塔、金代铜钟、关天培祠及墓、镇淮楼、韩侯祠、勺湖园、漂母祠、吴承恩故居、梁红玉祠等。

宁 波

位于浙江省东部，早在七千年前已有相当发达的河姆渡原始文化，秦时设鄮县，自唐以后历为州、路、府治，并为重要港口，近代为“五口通商”的口岸之一。文物古迹有保国寺、天童寺、阿育王寺、天封塔，我国现存最早的私人藏书楼天一阁，还有明代的甲第世家、清代大型民居等。宁波是我国烧制青瓷最早的地方之一，古代造船及海外贸易发达，宋代已有整套涉外机构，目前尚有遗迹可寻。

歙 县

位主安徽省南部，秦代设县，自唐至清历为州、府、郡治。城池始建于明，现保存有南、北谯楼及部分城垣。城内有大量明、清宅及庭园，一些街巷还基本保持着明、清时代风格。文物古迹有许国牌坊、李太白楼、长庆寺砖垣、棠越村牌坊群、新安碑园，明代古桥等。歙县人文荟萃，有许多名人遗迹，还有歙砚、徽墨等传统工艺品。

寿 县

位于安徽省中部，古称寿春，春秋为蔡侯重邑，后历代多为州、府治。城墙始建于宋，兼有防洪功能，经明、清修整，至今保存完好。文物古迹有报恩寺、范公（仲淹）祠、孔庙等，附近出土许多战国墓葬。城郊有八公山、淝水，是著名的“淝水之战”的古战场。

亳 州

位于安徽省西北部，曾称亳县，因商汤王立都而得取名，以老子之故乡，曹操、华佗之故里而传闻中外。北周时即名亳州，涡河绕流城东北，古代水运较发达，商贾云集，会馆林立，曾为商埠，是我国古代四大药材基地之一。亳州一些老街依然保持着明清建筑的浓厚风貌。现存的文物古建筑有商汤王陵、曹操家族墓群、华佗故居、文峰塔、明王台、花戏楼和古地道等。

福 州

秦代设闽中郡，后一直为福建的政治中心，宋末、明末两次作为临时京都。福州汉代即有海外贸易，宋代为全国造船业中心，近代是“五口通商”口岸之一。城池始于汉代的冶城，晋、唐、五代、宋几次扩大，奠定了现在市区三山鼎立、两塔对峙的格局。市区文物古迹有宋代华林寺大殿、崇福寺、乌塔、白塔、戚公祠、开元寺等，郊区鼓山有涌泉寺及历代摩崖石刻，还有王审知墓、林则徐祠堂和墓、林祥谦陵园等。市区三坊七巷保存有大量明、清民居。

漳 州

位于福建省东南部，战国属越，晋设县，自唐以后历为州、郡治所。宋末已有漳人去台湾，是台湾同胞及海外侨胞的祖居地之一。文物古迹有唐代咸通经幢、南山寺、文庙、陈元光墓、芝山红楼革命纪念地等。周围有明建仿宋古城赵家堡、明代铜山古城、清代军事城堡诒安堡、宋代石桥和云洞岩摩崖石刻等。

济 南

战国时为历下城，自晋以来历为州、府、郡治所。市区有风景优美的大明湖和趵突泉、黑虎泉、珍珠泉、五龙潭四大泉群，泉水串流于小巷、民居之间，构成独特的泉城风貌。文物古迹有城子崖龙山文化遗址，孝堂山汉代郭氏石祠，隋代四门塔，唐代龙虎塔、九顶塔、灵岩寺，宋代塑像、千佛山、黄石崖等名胜古迹。

安 阳

位于河南省北部，是商代的殷都，秦筑城，隋至清历为州、郡、路、府治所。市区西北部的“殷墟”出土有大量甲骨文、青铜器，其中有著名的“司母戊”大方鼎。旧城基本保持传统格局并有许多传统民居。文物古迹有文峰塔、高阁寺、小白塔等，城北有袁世凯陵墓，城西水冶镇有珍珠泉风景区。

南 阳

位于河南省西南部，古称宛，战国时为楚国重邑，东汉称陪京，后历为府治。文物古迹有两千年前的冶铁遗址、战国时宛城遗址，汉代画像石刻，还有玄妙观、武侯祠、医圣祠、张仲景墓、张衡墓等。

商 丘（县）

位于河南省东部，舜封契于商，契后裔汤在此建商国，北魏、南宋短时做过帝都，秦置睢阳县，自汉代以后历为郡、州、府治。现县城始建于明，称归德府，城池内方外圆，城墙及城河、城堤保存较完整，城内棋盘式道路、四合院民居基本保持传统格局与风貌。文物古迹有阏伯台、三陵台、文庙、壮悔堂、清凉寺等，还有梁园、文雅台等遗址。

襄 樊

位于湖北省北部，周属樊国，战国时为楚国要邑，三国时置郡，后历代多为州、郡、府治。襄阳城墙始建于汉，自唐至清多次修整，现基本完好，樊城保存有两座城门和部分城墙。文物古迹有邓城、鹿门寺、夫人城、隆中诸葛亮故居、多宝佛塔、绿影壁、米公（芾）祠、杜甫墓等。

潮 州

位于广东省东部，是著名侨乡。古城始建于宋，现东门城楼及部分城墙保存完好。城内南门一带有很多明、清民居及祠宇，反映了潮州建筑的传统风貌。市区有开元寺、葫芦山摩崖石刻，宋代瓷窑遗址、凤凰塔、文庙、韩文公祠、涵碧楼等文物古迹。市区西南有以桑浦山为中心的名胜古迹区。传统的潮州音乐、戏曲及手工艺品对台湾、东南亚均有影响。

阆 中

位于四川省北部，是古代巴蜀军事重镇，汉为巴郡，宋以后称阆中，历代多为州、郡、府治所，清兵初入川时曾为四川首府。古城内有许多会馆等古建筑，还保留着主要的历史街区，传统风貌保存较好。汉、唐为天文研究中心之一，现存唐代观星台遗址，文物古迹还有张飞庙、桓侯祠、巴巴寺、观音寺、白塔等，城东大佛山有唐代摩崖大佛及石刻题记。丝绸是著名的传统产品。

宜 宾

位于四川省南部，金沙江、岷江交汇处，有“万里长江第一城”之称。曾为古西南夷僰侯国道，汉为僰道，北宋始称宜宾，历为州、郡、府治所。文物古迹有翠屏山、流杯池、旧州塔、汉代墓葬、唐代花台寺、大佛沱石刻以及赵一曼纪念馆等。

自 贡

位于四川省南部，生产井盐已有两千年历史，为著名“盐都”。现存南北朝时的大公井遗址，有的清代盐井至今仍在生产，杉木井架高达百米，蔚为壮观。自贡还以“恐龙之乡”著称，在大山铺出土大量恐龙化石，建有恐龙博物馆。此外还有西秦会馆、王爷庙、桓侯馆、镇南塔等文物古迹。

镇 远

位于贵州省西部，汉设无阳县，宋置镇远州，后历为州、府、道治，是古代东南亚入京城的主要通道。㵲阳河穿城而过，北为府城，南为卫城，皆明代建，现保留有部分城墙。城内基本保持着传统风貌，四合院民居及沿河建筑富有地方特色。文物古迹有青龙洞古建筑群、四官殿、文笔塔、天后宫、谭家公馆、祝圣桥等。城西十六公里处有㵲阳河风景区。

丽 江

位于云南省西北部，是纳西族聚居地，战国时属秦国蜀郡，南北朝时纳西族先民羌人迁此，南宋时建城，元至清初为纳西族土司府所在地，后为丽江府治。现老城区仍保存传统格局与风貌，具有浓郁的地方特色，新建民居亦就地取材，采用传统形式。文物古迹有木氏土司府邸、明代创建五凤楼、保存有纳西族古代壁画的大宝积宫琉璃殿、玉峰寺、普济寺，还有纳西族古代象形文字的“东巴经”、纳西古乐等。附近有玉龙雪山、长江第一湾、虎跳峡等风景名胜。

日喀则

位于西藏中南部，古称“年曲麦”，很早就是藏族聚居地，交通方便，环境优美，是后藏地区的政治、经济和文化中心。该地建城已有五百余年历史，十四世纪初，大司徒绛曲坚赞建立帕竹王朝，得到元、明中央政府的支持，当时日喀则为十三个大宗谿（行政机构名称）之一。噶玛王朝时期，西藏首府设此。现基本保存藏式传统建筑风貌。有西藏三大宗之一扎什伦布寺，雄伟壮丽，为历世班禅驻锡之地。城东南有珍贵的宋、元建筑夏鲁寺等。

韩 城

位于陕西省东部，西周时为韩侯封地，春秋称韩源，秦、汉为夏阳县，隋代称韩城县。旧城内保存大量具有传统风貌的街道及四合院民居，还有文庙、城隍庙等古建筑群，城郊有旧石器洞穴遗址、战国魏长城、司马迁祠墓、汉墓群、法王庙、普照寺、金代砖塔等名胜古迹。

榆 林

位于陕西省北部，古长城边，著名的沙漠城市，是古代军事重镇和蒙汉贸易交往地。古城建于明代，现城墙大部分尚存，城内古建筑很多，有新明楼、万佛楼、戴兴寺、关岳庙以及牌坊等。城北有古长城、镇北台、易马城、红石峡雄山寺，还有凌霄塔、青云寺、永济桥等。榆林传统手工业发达，民间音乐“榆林小曲”脍炙人口。

武 威

位于甘肃省中部，古称凉州，六朝时的前凉、后凉、南凉、北凉、唐初的大凉都曾在此建都，以后历为郡、州、府治。是古代中原与西域经济、文化交流的重镇，是“丝绸之路”的要隘，一度曾为北方的佛教中心。著名的凉州词、曲、西凉乐、西凉伎都在这里形成和发展。文物古迹有皇娘娘台新石器文化遗址，唐大云寺铜钟、海藏寺、罗什塔、文庙、钟楼、雷台观及碑刻等。雷台汉墓出土的铜奔马为国家文物珍品。

张 掖

张掖位于甘肃河西走廊的中部，水草丰茂，物产富饶，因有“金张掖”之称。自汉武帝元鼎六年（公元前111年）开设河西四郡以来，张掖一直为通往西域欧亚各国的“丝绸之路”的重要城市。现存的文物古迹丰富，有大佛寺、木塔、西来寺、鼓楼、大土塔、黑水国汉墓群等。大佛寺内的大卧佛身长34.5米，为全国最大的卧佛。市内还保存有不少明、清时期的民居，具有明显的地方特点。

敦 煌

位于甘肃省西部，周以前为戎地，秦为大月氏地，汉武帝时设置敦煌郡，为古代“丝绸之路”上的重镇。自宋至清雍正年间称沙州，乾隆年间改名敦煌县。文物古迹有莫高窟千佛洞，是中外闻名的艺术宝库；城南月牙泉，在茫茫沙漠中泉水澄碧，有“沙漠第一泉”之称。还有敦煌古城遗址和白马塔、古阳关遗址、汉代烽燧遗址、玉门关等。县境内有汉代长城遗址三百华里，烽火台七十余座，还有寿昌城、河仓城等古城遗址。

银 川

秦为北地郡所辖，南北朝时屯田建北典农城。自古引黄灌溉有“塞上江南”之称。现银川旧城为唐始建，新城前身为清代建的满城。西夏时名兴州，在此建都达一百九十年。保存有承期天寺塔、拜寺口双塔，西夏王陵等。其它文物古迹还有海宝塔、王皇阁、鼓楼、南门楼、清真寺以及阿文古兰经、古代岩画等。

喀 什

位于新疆西部，古称疏勒、什噶尔，汉为疏勒属国都城，自汉至清均为历代中央政府管辖，是古代“丝绸之路”的重镇。文物古迹有艾提尕尔清真寺、阿巴克和卓陵墓、经教学院、艾日斯拉罕陵墓、斯坎德尔陵墓、玉素甫·哈斯·哈吉甫麻扎儿及佛教石窟三仙洞等。喀什是维吾尔族聚居地，街道、民居、集市以及音乐、舞蹈、手工艺品都有浓郁的民族特色。

公安部、外交部、总参谋部关于公布中外籍人员入出境通行口岸的通知

（1986年3月26日）

按照《中华人民共和国外国人入境出境管理法》、《中华人民共和国公民出境入境管理法》和国务院颁布的《边防检查条例》的规定，出入境人员应从对外开放或者指定的口岸通行。为使中外籍人员明确各入出境口岸通行的规定，特作如下通知：

一、下列71个口岸准予中外籍人员入出境：

机场：

北京（首都）、上海虹桥、天津张贵庄、哈尔滨（阎家岗）、沈阳（东塔）、大连周水子、西安、昆明、乌鲁木齐（地窝堡）、南宁（吴圩）、桂林、成都（双流）、南京、杭州、厦门高崎、福州义序、广州白云、海口。

港口：

上海（包括宝钢、石化码头）、天津、大连（包括新港）、营口、秦皇岛、青岛（包括黄岛）、烟台、石臼、威海、黄县龙口、北海、防城、梧州、南京、连云港、南通、张家港、福州、厦门、泉州、温州、宁波、广州（包括洲头咀）、黄埔（包括芳村）、汕头、汕尾、海口、湛江（包括霞海、南油码头）、深圳蛇口（包括赤湾）、惠阳澳头、太平、八所、开平三埠、三亚、珠海九州、中山、江门、肇庆、番禺莲花山、台山广海、深圳大亚湾、深圳梅沙。

陆地口岸：

图们、丹东、满洲里、二连、聂拉木（樟木）、深圳罗湖、深圳文锦渡、深圳沙头角、珠海拱北、广州（火车站）、红其拉甫。

二、下列十四个口岸仅限于毗邻双方国家人员按证件上指定的口岸通行：

集安、和龙县南坪、龙井县开山屯、龙井县三合、浑江市临江、绥芬河、黑河、霍尔果斯、巴克图、吐尔尕特（原叫托云）、普兰、吉隆、畹町、瑞丽。

三、下列十二个口岸经特殊批准者，方可入出境：

机场：

和田、海拉尔。

港口：

广州大铲岛、珠江口桂山岛、东山、海门、舟山沈家门、惠阳三门岛、拱北湾仔。

陆地口岸：

友谊关、河口、亚东。

四、经批准从第二、三项所列口岸入出境者，其入出境证件应由签证部门加盖签章“持证人可自×××入（出）境”。如改从第一项所列口岸入出境，边防检查站可放行。

五、对被限定从某指定口岸入出境者，签证部门应在其证件上签章或在我签证正下方手书注明“限持证人自×××入（出）境”。除指定口岸外，其他各口岸边防检查站均不予放行。

外国旅游企业驻华办事处

名称	首席代表名称	地址	电话
日本交通公社驻北京办事处	铃木胜	建外大街甲26号长富宫办公楼8层	5139001
日本近畿国际旅行社驻北京办事处	坂本一敏、喜多和一	长富宫办公楼2层	5139826 5139827
日本旅行公司驻北京办事处	林邦俊	朝阳区呼家楼京广中心3002室	5014567
日本通运公司驻北京办事处	宇佐美凯义	东三环北路5号发展大厦502室	5010530 5010531
日本东急观光旅行社驻北京办事处	齐藤隆行	东三环北路5号发展大厦520室	5013168
日本旅行开发公司驻北京办事处	野村研几	长富宫一层	5139858
美国运通公司驻北京办事处	贾立军、孙鸿燕（副）	建外大街1号国贸大厦2702室	5052228 FAX：505281
美国东方旅行社驻北京办事处	王子衡	京伦饭店2039室	5002397
（英）太古（中国）公司驻北京办事处	陈南禄	国际大厦1201室	5003888 5002255-120
香港雅达公司驻北京办事处	马浩中	建外大街19号国际大厦28楼F座	5002255-2868
香港冠京华公司驻北京办事处	王大荣	崇文门饭店1120室	5122211-1120
香港百事活公司驻北京办事处	周华	丰台刘家窑华侨公寓9号楼2单元10号	763759
香港立明旅行社驻北京办事处	杨树云	昆仑饭店340房间	5003388-340
香港世界旅行社驻北京办事处	陈明怡	国际俱乐部114室	5004509 5025997
瑞典中国旅行社有限公司驻北京办事处	奥萨	卢堡大厦1803室	5123625
法国通济隆公司驻北京办事处	舒歌莲	北京饭店3061室	5137766-3061
日本游船航空服务公司驻北京办事处	出口哲男	西苑饭店后楼126房间	890721-126，127
日本通运公司上海事务所	深尺善　松下藤彦	上海茂名南路205号瑞金大厦1503	
日本交通公社驻上海办事处	菅原诚一	上海瑞金大厦2103室	332173
日本近畿旅行社驻上海办事处	北馆裕正	上海瑞金大厦2303室	332256 332324
日本旅行公司驻上海办事处	高尾修二	上海瑞金大厦2302室	333318
日本东华旅行社驻上海办事处	芳贺和子	上海锦江宾馆3515房间	582582-3513
香港立明国际旅行社驻广州办事处	杨树云	广州市广东科学馆	
美国太平洋旅游企业公司驻北京办事处	彭爱莲	建外大街1号国贸大厦地下层104室	5053505

主　　编：张希钦
副 主 编：张嘉齐
责任编辑：关家声
封面设计：龚威健
技术编辑：李崇宝　汪友林

中国旅游年鉴（1990）
*
中国旅游年鉴编辑委员会编
中国旅游出版社出版
（北京建内大街甲9号）
新华书店北京发行所发行
北京外文印刷厂印刷
*
开本：850×1168毫米　1/16开　印张：43.25　字数：1500千
1990年10月第一版　1990年10月第一次印刷
印数：5000册　定价：59.50元
ISBN 7—5032—0312—9/Z·60